Herders Theologischer Kommentar zum
Zweiten Vatikanischen Konzil

KOMMENTARE

OE · UR · CD · OT · PC

GE · NA · DV

HERDERS THEOLOGISCHER KOMMENTAR
ZUM ZWEITEN VATIKANISCHEN KONZIL

Herausgegeben von
Peter Hünermann und
Bernd Jochen Hilberath

unter Mitarbeit von
Guido Bausenhart, Ottmar Fuchs,
Helmut Hoping, Reiner Kaczynski,
Hans-Joachim Sander,
Joachim Schmiedl,
Roman A. Siebenrock

Band 3
Orientalium Ecclesiarum
Unitatis redintegratio
Christus Dominus
Optatam totius
Perfectae caritatis
Gravissimum educationis
Nostra aetate
Dei Verbum

Orientalium Ecclesiarum
kommentiert von Bernd Jochen Hilberath

Unitatis redintegratio
kommentiert von Bernd Jochen Hilberath

Christus Dominus
kommentiert von Guido Bausenhart

Optatam totius
kommentiert von Ottmar Fuchs und Peter Hünermann

Perfectae caritatis
kommentiert von Joachim Schmiedl

Gravissimum educationis
kommentiert von Roman A. Siebenrock

Nostra aetate
kommentiert von Roman A. Siebenrock

Dei Verbum
kommentiert von Helmut Hoping

FREIBURG · BASEL · WIEN

Bibliographische Information der Deutschen Bibliothek:

Die Deutsche Bibliothek verzeichnet diese Publikation in der Deutschen Nationalbibliographie; detaillierte bibliographische Daten sind im Internet über ⟨http://dnb.ddb.de⟩ abrufbar.

Alle Rechte vorbehalten – Printed in Germany
© Verlag Herder, Freiburg im Breisgau 2005
www.herder.de
Umschlaggestaltung: Finken & Bumiller, Stuttgart
Satzherstellung: SatzWeise, Föhren
Gesetzt in der Minion und der Abadi
Gedruckt auf umweltfreundlichem, chlorfrei gebleichtem Papier
Druck und Bindung: Druckpartner Rübelmann GmbH, Hemsbach 2005
ISBN 3-451-28561-4

Dankesworte

Für die großzügige Gewährung von Druckkostenzuschüssen danken wir sehr herzlich
dem Vorsitzenden der Deutschen Bischofskonferenz, Karl Kardinal Lehmann, Bischof von Mainz,
sowie dem Verband der Diözesen Deutschlands,
Friedrich Kardinal Wetter, Erzbischof von München und Freising,
Dr. Gebhard Fürst, Bischof von Rottenburg-Stuttgart,
Dr. Josef Homeyer, Bischof em. von Hildesheim,
Dr. Alois Kothgasser, Erzbischof von Salzburg,
Dr. Reinhard Marx, Bischof von Trier,
Dr. Manfred Scheuer, Bischof von Innsbruck,
Dr. Ludwig Schick, Erzbischof von Bamberg,
Dr. Robert Zollitsch, Erzbischof von Freiburg,
der Initiative Unità dei Christiani e.V.

Bernd Jochen Hilberath   *Peter Hünermann*

Inhalt

Abkürzungen und Hinweise IX

Theologischer Kommentar zum
Dekret über die katholischen Ostkirchen
Orientalium Ecclesiarum 1
von Bernd Jochen Hilberath

Theologischer Kommentar zum
Dekret über den Ökumenismus
Unitatis redintegratio 69
von Bernd Jochen Hilberath

Theologischer Kommentar zum
Dekret über das Hirtenamt der Bischöfe in der Kirche
Christus Dominus 225
von Guido Bausenhart

Theologischer Kommentar zum
Dekret über die Ausbildung der Priester
Optatam totius 315
von Ottmar Fuchs und Peter Hünermann

Theologischer Kommentar zum
Dekret über die zeitgemäße Erneuerung des Ordenslebens
Perfectae caritatis 491
von Joachim Schmiedl

Theologischer Kommentar zur
Erklärung über die Christliche Erziehung
Gravissimum educationis 551
von Roman A. Siebenrock

Theologischer Kommentar zur
Erklärung über die Haltung der Kirche
zu den nichtchristlichen Religionen
Nostra aetate 591
von Roman A. Siebenrock

Theologischer Kommentar zur
Dogmatischen Konstitution über die göttliche Offenbarung
Dei Verbum 695
von Helmut Hoping

Register
   Personenverzeichnis 833
   Sachverzeichnis 842

Abkürzungen und Hinweise

Abkürzungen, die nicht eigens aufgeführt sind, richten sich nach: Lexikon für Theologie und Kirche, hg. v. Walter Kasper u. a. (Band 11), Freiburg u. a. ³2001 bzw. nach: Siegfried M. Schwertner, Internationales Abkürzungsverzeichnis für Theologie und Grenzgebiete (IATG²), Berlin – New York ²1992.

AD I	Acta et documenta concilio oecumenico Vaticano II apparando, series I (antepraeparatoria), 4 vol. in 15 partibus, Indices, Typis Pol. Vaticanis, 1960–1961.
AD II	Acta et documenta concilio oecumenico Vaticano II apparando, series II (praeparatoria), 4 vol. in 11 partibus, Typis Pol. Vaticanis, 1964–1995.
AD I/II App.	Acta et documenta concilio oecumenico Vaticano II apparando, series I, vol. II, Appendix in 2 partibus.
Apost. Konst.	Apostolische Konstitution
AS	Acta Synodalia sacrosancti concilii oecumenici Vaticani II, 6 vol. in 32 partibus, Appendix (2 vol.), Indices, Typis Pol. Vaticanis, 1970–1980.
Catechismus ad parochos	Catechismus ex Decreto Concilii Tridentini ad Parochos, Pii V. et Clementis XIII. Pont. Max. iussu editus, Regensburg 1886.
DiH	Zweites Vatikanisches Konzil, Erklärung über die religiöse Freiheit *Dignitatis humanae*
COD	Conciliorum oecumenicorum decreta, hg. v. Guiseppe Alberigo u. a., zit. nach der dt. Ausg., hg. v. Josef Wohlmuth, 3 Bde., Paderborn u. a. 1998–2002.
Enchiridion Clericorum	Sacra Congregatio de Institutione Catholica, Enchiridion Clericorum. Documenta Ecclesiae futuris sacerdotibus formandis, Vatikan ²1975.
Ep. Apost.	Epistula Apostolica
HKG	Handbuch der Kirchengeschichte, hrsg. v. Hubert Jedin, 7 Bde., Freiburg i. Br. 1962–1979.
Litt. Apost.	Litterae Apostolicae
VAS	Sekretariat der Deutschen Bischofskonferenz (Hg.), Verlautbarungen des Apostolischen Stuhls.

Zur leichteren Orientierung sind in der lateinisch-deutschen Studienausgabe der Dokumente des II. Vatikanischen Konzils die einzelnen Abschnitte der Artikel eines jeden Konzilsdokumentes nummeriert. Zum Beispiel: SC 5, 2 = zweiter Abschnitt von SC 5. Diese Zitationsweise wird – bei Bedarf – auch in den Kommentarbänden verwandt.

Abkürzungen und Hinweise

Die Bibliographien zu den einzelnen Konzilsdokumenten finden sich am Ende der jeweiligen Kommentare. Im laufenden Text des Kommentars werden die Literaturverweise in verkürzter Form gegeben.

Die Personen- wie die Sachregister der einzelnen Kommentare sind – um der Übersichtlichkeit willen – integriert und finden sich am Ende dieses Kommentarbandes.

Theologischer Kommentar zum Dekret über die katholischen Ostkirchen
Orientalium Ecclesiarum

von Bernd Jochen Hilberath

Inhalt

A. Einleitung 5
    I. Der „Gegenstand" dieses Dekrets 5
   II. Die Last der Geschichte 7
  III. Zur Textgeschichte 11
      1. Die vorvorbereitende Phase 11
      2. Akteure und Aktivitäten der Vorbereitungskommission ... 13
      3. Die Konzilskommission und die erste Sitzungsperiode 16
      4. Eine lange Zwischenzeit 19
      5. Diskussion und Verabschiedung in der dritten Sitzungsperiode 21

B. Kommentierung 23
     I. Zum Titel 23
    II. Das Vorwort (OE 1) 25
   III. Die Teilkirchen bzw. Riten (OE 2–4) 27
   IV. Die Wahrung des geistlichen Erbes (OE 5 und 6) 34
    V. Die östlichen Patriarchen (OE 7–11) 36
   VI. Die Ordnung der Sakramente (OE 12–18) 46
  VII. Der Gottesdienst (OE 19–23) 53
 VIII. Der Umgang mit den Brüdern der getrennten Kirchen
      (OE 24–29) 56
   IX. Abschluss (OE 30) 63

C. Rückblick als Ausblick 64

D. Bibliographie 67

A. Einleitung

I. Der „Gegenstand" dieses Dekrets

Wer sind die katholischen Ostkirchen? Wir wollen einmal unterstellen, dass die Konzilsväter noch wussten, auf wen sich der ihnen vorgelegte Text bezieht, zumal dieser eine Vorgeschichte hatte und nicht sogleich unter diesem Titel in die Konzilsdebatte eingebracht wurde. Vermutlich wussten die Bischöfe, zumindest seit der Vorbereitungsphase des Konzils, dass es eine Kongregation für die Ostkirchen gab, folglich auch eine entsprechende Vorbereitende Kommission und schließlich dann die Konzilskommission. Freilich ist eine ganze andere Frage die, wer von den aus aller Welt in Rom zusammengekommenen Bischöfen eine Vorstellung von dem hatte, was die katholischen Ostkirchen sind. Heutige Leserinnen und Leser der Konzilsdokumente werden bei „Ostkirchen" vermutlich die Orthodoxen Kirchen (des Ostens) assoziieren. „Katholisch" könnte ja im Sinne des Glaubensbekenntnisses eine durchaus zutreffende Charakterisierung dieser Kirchen sein. Freilich wird in konfessionskundlicher Perspektive, bei der Bezeichnung von De-nominationen, „katholisch" im engeren Sinn gebraucht und ist dann in der Regel identisch mit „römisch-katholisch". „Römisch-katholische Ostkirchen" sind nun aber wiederum schwer vorstellbar. Auflösung des kirchenkundlichen „Rätsels": Es handelt sich um ursprünglich und im Wesentlichen im Osten (des römischen Reiches) beheimatete Kirchen, die mit der römisch-katholischen Kirche verbunden sind. Deswegen werden sie auch „Unierte" genannt, und ihr ekklesiologischer Status wird zumal von den Orthodoxen Kirchen mit dem Ausdruck „Unitatismus" belegt und damit zugleich abgelehnt. Insofern diese Kirchen das Papsttum anerkennen, sind sie „römisch-katholisch"; insofern sie ihre eigene Liturgie, ihr eigenes Kirchenrecht haben, sind sie katholisch, spiegeln sie eine katholische Vielfalt innerhalb der römisch-katholischen Kirche. Jedenfalls könnten sie diese spiegeln, wenn sie einen entsprechenden Freiraum hätten. Bis zum Zweiten Vatikanischen Konzil kann davon kaum die Rede sein, so dass das Misstrauen gegenüber „dem Westen" die einschlägigen Konzilsdebatten prägt. Ob durch das hier zu kommentierende Dekret und die nachfolgende Überarbeitung des Codex für die katholischen Ostkirchen schon eine (kopernikanische) Wende eingetreten ist, bleibt umstritten.

Die Konzilsväter hatten die Chance, Vertreter, ja eben bischöfliche Kollegen, Mitbischöfe dieser Kirchen leibhaftig kennen zu lernen. Wie im Bereich der Ökumene, ermöglichte auch hier, gewissermaßen innerhalb der (römisch-) katholischen Ökumene, das Konzil einen Lernprozess, der als solcher schon Bedeutung hat. Nicht alle „Römer" haben sich indes auf diesen Prozess eingelassen. Dass auch tatsächlich gelernt wurde, zeigt sich z. B. daran, dass in bestimmten Phasen der Textgeschichte die Lateiner sich äußerst zurück hielten, nichts diktieren wollten. Dem stand teilweise Uneinigkeit auf Seiten der ostkirchlichen Vertreter entgegen, so dass auch auf dieser Seite Lernprozesse gemacht wie auch verweigert werden konnten.

Welchen Mitbischöfen von welchen Kirchen konnten die nicht aus diesen Kirchen kommenden Konzilsväter begegnen?

Im Laufe der Geschichte[1] haben sich mehr oder weniger große Gemeinschaften von Gläubigen aus allen Orientalisch-Orthodoxen Kirchen und aus den Kirchen der byzantinischen Orthodoxie[2] mit dem Apostolischen Stuhl in Rom verbunden, so dass es jeweils nebeneinander existierende, häufig in Spannung zueinander stehende Kirchen gibt. Einzige Ausnahme ist die maronitische Kirche, die zur Zeit der Kreuzzüge als Ganze eine Union eingegangen ist. Parallel zu den Orientalisch-Orthodoxen Kirchen[3] entstehen also die (unierten) Kirchen des armenischen, koptischen, äthiopischen, westsyrischen sowie syro-malankarischen Ritus. Aus der Tradition der Apostolischen und Katholischen Kirche des Ostens („Ostsyrer") kommt die Kirche der Chaldäer; eine mit dieser verwandte, doch eigenständig sich entwickelnde Kirche ist die syro-malabarische Kirche Südindiens (Thomaschristen). Die parallel zu den Kirchen des byzantinischen Ritus entstandenen Kirchen werden nach ihrer nationalen Zugehörigkeit z. B. Ukrainische, Rumänische, Ungarische, Bulgarische unierte Kirche genannt, aber auch unabhängig von ihrer nationalen Zuordnung „griechisch-katholische Kirchen".

Besondere Bedeutung kommt dem Melkitischen Griechisch-Katholischen Patriarchat von Antiochien und dem ganzen Orient, von Alexandrien und Jerusalem zu, dessen Vertreter Protagonisten der Konzilsdebatte und „Ghostwriter" des Ostkirchendekrets darstellten. Diese legten Wert darauf, dass ihre Mitarbeit beim Konzil nicht wie die ihrer Vorgänger auf dem Ersten Vatikanischen Konzil in Vergessenheit geriet, und publizierten deshalb die Dokumente, aus denen hervorgeht, was „wir mit Gottes Gnade und Hilfe auf dem Konzil realisieren konnten"[4]. Auf diese Weise sollte gewiss nicht nur vor den eigenen Gläubigen Rechenschaft abgelegt werden. Es ging und geht auch darum, den römischen Imperialismus bzw. lateinischen Kolonialismus, wie er (kirchen-)politisch seit der Eroberung Konstantinopels durch die Kreuzfahrer 1204 und doktrinär-kanonistisch seit

---

[1] Vgl. dazu Edelby, Kommentar 144–148; danach datieren die Unionen wie folgt: mit den Chaldäern 1551, den Armeniern 1740, den Westsyrern 1783, den Kopten1899; die Maroniten im Umfeld des Klosters des hl. Maron wurden während der 40jährigen Vakanz in Antiochien (702–742) zur Kirche, die sich 1182 mit Rom vereinigte; die Melkiten konstituierten sich 1724. Zur ausführlichen Information vgl. Hajjar, Zwischen Rom und Byzanz.
[2] S. a. den Kommentar zu UR 13, 2 sowie die Verweise im Sachregister; dazu Suttner, Art. Ostkirchen.
[3] S. a. Zoghby, Den zerrissenen Rock flicken 180 f.
[4] L'Église Grecque Melkite au Concile X. – Der Band enthält die wichtigsten Dokumente aus der vorvorbereitenden und vorbereitenden Phase und dann in weiteren 18 Kapiteln Eingaben etc. zu den Schemata, geordnet nach Sachaspekten, wobei die ekklesiologischen Themen überwiegen. Spezifisch sind die Kapitel „Die Patriarchen in der Kirche", „Episkopat und römische Kurie", „Das katholische Lehramt" und „Kodifikation des kanonischen Rechts".

dem IV. Laterankonzil von 1215 den christlichen Orient zu erdrücken und unterdrücken suchte, ein für alle Mal Einhalt zu gebieten. So hat auch bei diesem Konzilsdokument die „Vorgeschichte" ihre spezifische Relevanz.

II. Die Last der Geschichte

Zwei Zielen sollte das vierte Konzil im Lateran 1215 dienen: dem nächsten Kreuzzug und der (in diesem Zusammenhang auch instrumentalisierten) Kirchenreform. Unter den Teilnehmern (insgesamt 800, davon 404 Bischöfe) waren die Bischöfe der lateinischen Ostkirche, anwesend waren auch der Patriarch der Maroniten, die seit 1182 mit Rom in Union waren, und der Legat des Patriarchen von Alexandrien, aber niemand von den „Griechen". Die vierte vom Konzil verabschiedete Konstitution ist überschrieben „Hochmut der Griechen gegen die Lateiner"[5]. Ohne jede Sensibilität für das eigene Fremde bzw. das fremde Eigene[6] wird schwarz-weiß gemalt: „Wir möchten den Griechen, die in unseren Tagen zur Obödienz des Apostolischen Stuhls zurückkehren, gern unsere Gunst und Hochachtung erweisen und tragen ihre Lebensweisen und Riten, soweit wir es im Herrn vermögen, mit. Dennoch wollen und dürfen wir ihnen nicht in dem entgegenkommen, was die Seelen gefährdet und dem Ansehen der Kirche schadet. Nachdem sich nämlich die griechische Kirche mit einigen ihrer Verbündeten und Anhängern aus der Obödienz des Apostolischen Stuhls gelöst hatte, begannen die Griechen die Lateiner zu verachten ... Deshalb erlassen wir mit Empfehlung des heiligen Konzils die strenge Vorschrift, dass sie solches in Zukunft nicht mehr tun sollen. Sie sollen sich wie gehorsame Söhne ihrer Mutter, der hochheiligen römischen Kirche, anpassen, auf dass ‚eine Herde und ein Hirte' (Jo 10,16) sei." Die fünfte Konstitution „von der Würde der Patriarchen" erneuert die alten Privilegien und bestätigte die traditionelle Rangfolge der Patriarchatssitze, jedoch: „Jede dieser Kirchen behält ihre Würde in folgender Weise: Nachdem ihre Vorsteher vom römischen Bischof als Insignie der bischöflichen Amtsfülle das Pallium empfangen und ihm dabei den Treu- und Gehorsamseid geleistet haben, verleihen auch sie ihren Suffraganen eigenverantwortlich das Pallium und nehmen von ihnen das kanonische Versprechen für sich und das Gehorsamsgelöbnis für die römische Kirche entgegen."[7] In diesem Klima „zwischen Rom und Byzanz", von der einen Seite als Untergebene, von der anderen als Verräter eingestuft, existieren die katholischen Ostkirchen. Nachdem es den Konzilien von Lyon 1274 – in dessen Glaubensbekenntnis „die Patriarchen des Ostens ... gleichsam als päpstliche Delegierte [erscheinen]"[8] – und von Florenz 1439 – gescheitert an der „geschlos-

---
[5] Text bei Wohlmuth, Dekrete 2, 235 f.
[6] Vgl. Neuner – Kleinschwärzer-Meister, Handbuch 30: „Versuche gewaltsamer Latinisierung der Orthodoxie zeigten einen Mangel an Feingefühl, Menschenkenntnis und Verständnis für die Eigenart der orientalischen Menschen."
[7] Wohlmuth, Dekrete 2, 236.
[8] Neuner, Ökumenische Theologie 80; vgl. in diesem Band den Kommentar zu UR 17.

sene[n] Opposition im Klerus, im Mönchtum und im Volk"[9] – nicht gelungen war, eine Union mit dem Osten herzustellen, kam es nach dem Trienter Konzil zu den Unionen mit Teilen der Orientalischen Kirchen. In der Perspektive von Trient „maß die Ekklesiologie der westlichen Kirche dem Petrusamt so viel Bedeutung zu, dass sie an der vollgültigen Kirchlichkeit der Orientalen zweifelte und die Aufnahme der Kirchengemeinschaft mit der römischen Kirche … für eine Förderung der Orientalen in gnadenhafter Hinsicht hielt"[10]. Für Papst Benedikt XIV. ging dies so weit, dass die katholischen Orientalen zum lateinischen Ritus übertreten sollten; er sprach in der Konstitution *Etsi pastoralis* für die Italo-Griechen vom 26. 5. 1742 sowie in der Enzyklika *Allatae sunt* vom 26. 7. 1755 von der „praestantia ritus latini", was wegen der umfassenderen Bedeutung von „ritus", auf die wir im Kommentar noch zu sprechen kommen, mit „Höherwertigkeit des Lateinertums"[11] wiederzugeben ist. Die Zeit um das Erste Vatikanische Konzil stellt Hajjar unter die Überschrift „Die großen Prüfungen der Uniaten: 1862–1983", und er fasst die Entwicklung in dieser kirchengeschichtlichen Epoche so zusammen: „Auf die lebhaften Reaktionen der Uniaten in den ersten Debatten folgt eine pessimistische Passivität, bis Leo XIII. in seinem Wohlwollen die morgenländischen Bischöfe zur Mitarbeit und zur Mitausführung seines Erneuerungsprogramms einlädt."[12] Wie so oft darf der politische Faktor nicht übersehen werden, insofern „das Eingreifen des europäischen Kontinents in die Lebensinteressen der Türkei die Pläne einer Einkreisung und eines Aufsaugens der unierten Gemeinschaften durch den triumphierenden Latinismus [politisch unterstützt]"[13].

Von den Aktivitäten Pius' IX. fand die Bildung einer Sonderkommission „für Angelegenheiten des orientalischen Ritus" am 6. 1. 1862 (Fest der Erscheinung!) innerhalb der Kommission für die Verbreitung des Glaubens, wodurch der christliche Orient nicht mehr den Nichtgetauften gleichgestellt wurde, zunächst ein positives Echo. Aber bis auf das Zugeständnis des eigenen liturgischen Ritus drängte der Papst auf eine „Vereinheitlichung der Kirchendisziplin"[14]. Als 1867 alle Patriarchen der katholischen Ostkirchen in Rom anwesend waren, revidierte Pius IX. das Statut des armenischen Patriarchats: Der Patriarch darf vor der Bestätigung und den Empfang des Palliums aus Rom weder inthronisiert werden noch Jurisdiktion ausüben, die Bischöfe werden letztlich von Rom erwählt. Die entsprechende Bulle *Reversurus* erscheint am 12. 7. 1867. Die Ausdehnung dieser Statuten auf alle unierten Kirchen konnten der melkitische und der maronitische Patriarch verhindern. Die Chaldäer dagegen nehmen die Bulle für sich an, was sie dann aber im Zusammenhang der Auseinandersetzung um die Jurisdiktion über die Kirche von Malabar sehr schnell bereuen. Am Ende (1877) muss sich der chaldäische Patriarch unterwerfen und kann so ein Schisma verhindern. Immer-

---

[9] Ebd. 81.
[10] Suttner, Art. Ostkirchen 1205 f.
[11] Ebd. 1206. – Auszüge aus *Etsi pastoralis* in DH 2522–2524.
[12] Hajjar, Zwischen Rom und Byzanz 221–244, Zitat: 222. Im Folgenden beziehe ich mich auf diese Ausführungen.
[13] Ebd.
[14] Ebd. 225.

hin erreicht er eine Revision der Bulle *Reversurus*: Die Bischöfe dürfen den Patriarchen wählen, dürfen die Wahl aber erst nach der Zustimmung Roms bekannt geben.

Im Kontext dieser Krise wurde das Erste Vatikanische Konzil vorbereitet. In der Kommission „Super missionibus et ecclesiis ritus orientalis" sowie in den Konzilssitzungen kämpften vor allem die Patriarchen der Melkiten (Gregor Yussef) und der Chaldäer (Joseph Audo) und der Syrer (Philipp Arqus) für die Respektierung und die Rechte der katholischen Ostkirchen. Gegner fanden sich im eigenen Lager, auf keinerlei Verständnis, wohl aber auf taktische Manöver trafen sie bei den Lateinern. In der Kommission ging es vor allem um die Themen: einförmige oder doppelte Disziplin, Autorität der Patriarchen, die lateinischen Missionare, die latinisierende Erziehung, der Übertritt zum lateinischen Ritus und die Reform des orientalischen Mönchtums. Die Situation lässt sich so zusammenfassen: „Die Verhandlungen der vorbereitenden Kommission ... haben schon die Hauptziele der latinisierenden Bestrebung gezeigt. Die Reaktion der typischsten Vertreter der unierten Kirchen, die vorausgesehen, aber neutralisiert werden konnte, bekundet deren Klarblick, Verantwortungsbewusstsein und Mut. ... Im Begriff, offiziell absorbiert zu werden, definiert das Uniatentum des Nahen Ostens seine traditionellen Standpunkte und fordert die Bewahrung eines Status, den die Union des Konzils von Florenz und das jahrhundertelange Miteinanderleben sanktioniert haben."[15] Während der unierte Episkopat zur Einstimmigkeit bei der Verabschiedung der Konstitution *Dei Filius* beitrug, war er in der Frage der Unfehlbarkeit und des Primats gespalten. Der melkitische Patriarch bekannte sich zum Primat, plädierte aber leidenschaftlich dafür, durch die Konstitution *De Ecclesia Christi*, durch ein neues Dogma, das über frühere Konzilien hinausgehe, der Kirche des Orients die Rückkehr nicht zu verunmöglichen. Patriarch Yussef empfahl die Ausübung „einer abgeschwächten Pentarchie", ein Zusammenwirken der fünf altehrwürdigen Patriarchate, wonach der römische Patriarch nur in außergewöhnlich schwerwiegenden Fällen intervenieren solle. Nach Meinung des einschlägigen Chronisten erscheint „die Zusammenfassung dieser Beweisführung ... schier umstürzlerisch: den vollen Inhalt der Konstitution *De Ecclesia Christi* anzunehmen bedeute den Ruin und die Vernichtung des Status der ganzen griechischen Kirche. Denn die Grundlage der patriarchalen Regierung sei seine Immunität und seine Autonomie. Nehme man diese Strukturelemente weg, zerstöre man das ganze kirchliche Gefüge. – Solche Darlegungen können die erhabene Versammlung aber nur mit Erstaunen und Widerwillen erfüllen"[16]. Da es auch an Solidarität fehlte, kehrten die drei Patriarchen „unverstanden und betrübt in den Orient heim", sie unterschrieben im Nachhinein mit entsprechenden Vorbehalten hinsichtlich der Rechte und Privilegien der Patriarchen. Fazit: „Der Glaube der Uniaten bleibt also unerschüttert. Aber in ihrem Geist brennt eine Wunde, die sich kundgibt in ihrem unaufhörlichen Protestieren gegen die Ein-

---

[15] Ebd. 236.
[16] Ebd. 239.

schränkung ihrer Rechte und Privilegien, die in der Person ihrer Patriarchen geheiligt sind."[17]

Mit Papst Leo XIII. änderte sich das kirchliche Ost-West-Verhältnis, auch hier sind persönliche Beziehungen einerseits und neue politische Konstellationen andererseits hilfreich. Seit Beginn seines Pontifikats (1878) war Papst Leo um die Orientalischen Kirchen besorgt, er ließ „die Möglichkeiten einer Wiederaufnahme des Gesprächs mit der Orthodoxie über eine kirchliche Einigung"[18] sondieren. Als Haupthindernis erwies sich nach wie vor die Latinisierungspolitik der westlichen „Missionare", gepaart mit einer weitgehenden Unkenntnis der orientalischen Tradition und Kultur. 1882 entsprach der Papst der Bitte der griechischen Regierung, „Bischofssitze des griechischen christlichen Raumes nicht mehr lateinischen Prälaten mit dem Titel *In partibus infidelium* [„In den Gebieten der Ungläubigen"] zuzuteilen"[19]. Eine Reihe weiterer päpstlicher Maßnahmen lockerte die Beziehungen, vor allem löste der internationale Eucharistische Kongress in Jerusalem 1893 „eine Reihe von Initiativen aus, die Leo XIII. zum Papst des christlichen Morgenlandes machen und zum Pionier der ökumenischen Bewegung im zeitgenössischen katholischen Leben"[20]. Wichtigstes Ereignis war das „Gipfeltreffen" mit unierten Patriarchen im Vatikan, dessen Ergebnis aus päpstlicher Sicht in der Enzyklika *Orientalium dignitas* vom 30.11.1894[21] veröffentlicht wurde. Nüchterne Kenner der Materie konstatieren, dass dadurch „die Ehrwürdigkeit wenigstens der östlichen gottesdienstlichen Traditionen"[22] anerkannt werde. Nach einem Rückschritt unter Pius X. nahm Benedikt XV. die Initiative Leos XIII. wieder auf und errichtete 1917 durch das Motu Proprio *Dei Providentis* die Kongregation für die Ostkirchen (congregatio pro Ecclesiis Orientalibus), welch weitgehend für die entsprechende Jurisdiktion verantwortlich wird. Pius XI. dehnte durch das Motu Proprio *Sancta Dei Ecclesia* vom 25.3.1938 die Zuständigkeit auch auf die Gläubigen des lateinischen Ritus aus. Zugleich behauptete er: „Denn die römischen Päpste halten dafür, dass die liturgische Verschiedenheit, entstanden aus der besonderen Eigenart der Völker, weit davon entfernt, der Einheit des heiligen Glaubens und des Gottesdienstes zu widersprechen, im Gegenteil eine Empfehlung und ein Ruhm für diese Einheit ist…"[23] Nicht unerwähnt bleiben darf in diesem Zusammenhang die Gründung des „Päpstlichen Instituts für Orientalische Studien" 1917 sowie einschlägiger wissenschaftlicher Reihen und Zeitschriften seit Ende des 19. Jahrhunderts. Pius XI. förderte durch seine Enzyklika *Rerum Orientalium* die ostkirchlichen Studien. Noch entscheidender wirkte sich vermutlich die Tatsache aus, dass religiöse Kongregationen orienta-

---

[17] Ebd. 242.
[18] Ebd. 243.
[19] Ebd. – Jurisdiktionell-administrative Maßnahmen belasten auch heute noch immer wieder das Verhältnis Roms zu den Orthodoxen, in den letzten Jahren z.B. zur Russisch-Orthodoxen Kirche.
[20] Ebd. 244.
[21] Vgl. AAS 27 (1894/5) 257–264.
[22] Suttner, Art. Ostkirchen 1206.
[23] Zit. nach Hajjar, Zwischen Rom und Byzanz 254f.

lische Zweige errichteten, was im Übrigen schon die vorbereitende Kommission für das Erste Vatikanische Konzil vorgeschlagen hatte. Am bekanntesten dürfte die Initiative der später in Chevetogne ansässigen Benediktiner unter Dom Lambert Baudouin sein. Papst Pius XI. entsprach schließlich dem Wunsch der Kongregation nach einem eigenen kanonischen Recht für alle unierten Kirchen. Was während seines Pontifikats erarbeitet wurde, veröffentlichte sein Nachfolger Pius XII. in mehreren Etappen von 1949 bis 1952. Besonders bei den Melkiten stieß das erst 1957 promulgierte Recht bezüglich der kirchlichen Personen auf Widerspruch, der vor allem die Stellung der Patriarchen betraf. Auf der Kairoer Patriarchalsynode im Februar 1958 hielt kein anderer die entscheidende Rede als Maximos IV., der zu den beeindruckendsten Persönlichkeiten des Zweiten Vatikanischen Konzils zu zählen ist.[24] Das Zweite Vatikanum sah sich freilich nicht nur mit diesem Bestreben nach (relativer) Autonomie konfrontiert. Mit Rücksicht auf „kleine, zum Eigenstand unfähige und auf Schutz durch die römische SC Orient. [Kongregation für die Ostkirchen] angewiesene unierte Gemeinschaften ... durften in OE die Bestimmungen über Eigenständigkeit der katholischen Ostkirchen nicht schroff ausfallen"[25]. Durch diese und andere Spannungen ist die Entstehungsgeschichte von *Orientalium Ecclesiarum* gekennzeichnet.

III. Zur Textgeschichte

1. Die vorvorbereitende Phase

Die Kürze des Dekrets spiegelt seine ursprüngliche Intention wie deren weiteres Schicksal. Obwohl in der vorbereitenden Phase sehr viele ökumenische Themen zur Behandlung auf dem Konzil vorgeschlagen wurden, war es zunächst nur die Kommission für die Ostkirchen, die sich auf diesem Themengebiet betätigte bzw. betätigen durfte. Im Kommentar zum Ökumenismusdekret wird nachgezeichnet, wie das Sekretariat zur Förderung der Einheit der Christen allmählich in das Konzil hineinwuchs und zumindest in Bezug auf die ökumenisch relevanten Themen eine führende Rolle spielte. In der ersten Sitzungsperiode war das Einheitssekretariat noch nicht mit eigenen Textentwürfen vertreten, aber es genügte schließlich die Kenntnis der einschlägigen Arbeit, so dass an dem von Kardinal Bea geleiteten Sekretariat vorbei nichts mehr in Sachen Ökumene verhandelt werden konnte.

Die einschlägigen Aktivitäten des melkitischen Patriarchen Maximos IV. begannen mit einem persönlichen Brief im Nachgang zu seinem Besuch bei Papst Johannes XXIII., in welchem er die kuriale und römische Dominanz in der vorvorbereitenden Kommission kritisierte. Während andere Ostkirchen durch ihre Bischöfe oder kleinere Gruppen auf die Anfragen Kardinal Tardinis antworteten,

---
[24] Zur Situation der katholischen Ostkirchen am Vorabend des Konzils s. Hajjar, Zwischen Rom und Byzanz, 6. Kapitel: „Das Uniatentum heute".
[25] Suttner, Art. Orientalium Ecclesiarum 1130.

reagierten die Melkiten ihrer synodalen Traditionen entsprechend auf einer im August 1959 abgehaltenenen Plenarsynode, so auch die Syrer und Armenier. Dies verdient insofern Erwähnung, als damals wie heute Verantwortliche der römischen Kurie es vorziehen, mit einzelnen Bischöfen zu verhandeln und diese so zu behandeln. In aller Unterschiedlichkeit waren sich die Orientalen darin einig, dass das Konzil folgende Punkte zu behandeln habe: Erleichterung der communicatio in sacris mit den Orthodoxen; Gültigkeit der vor einem nichtkatholischen Amtsträger geschlossenen Mischehe; Vereinheitlichung des Ostertermins, der Fastendisziplin; Ausweitung des Gebrauchs der Umgangssprache; Errichtung einer eigenen Hierarchie für die Orientalen in der Emigration; neue Wertschätzung der patriarchalen Struktur. Grundsätzlich wurde jeder (weiteren) Latinisierung der Kampf angesagt.[26] In ökumenischer Hinsicht favorisierten die Verantwortlichen der katholischen Ostkirchen eine entschiedene Annäherung an die orthodoxen Mitchristen. Freilich war auch hier[27] ein Lernprozess vonnöten, den Edelby selbst als „Bekehrungsprozess" beschreibt: „Wahre Ökumeniker im strengen Sinn des Wortes und in dem Geist, der sich schrittweise während des Konzils entwickelte, fand man zum Anfang wenig in ihren Reihen. In dieser Hinsicht werden die Orientalen wie ihre Kollegen aus dem Okzident nur durch das Konzil ‚bekehrt'. Ihr ‚Uniatismus' wandelte sich nur sehr langsam in einen ‚Ökumenismus'. Aber zumindest waren ihre Zuneigung zu ihren orthodoxen Brüdern und der häufige Kontakt mit diesen für die meisten eine ausgezeichnete Vorbereitung."[28]

Braucht es einen eigenen Hinweis darauf, welche Bedeutung der *Ökumene des Lebens* für die ökumenische Bewegung zukommt? Während des Konzils haben sich offenbar viele Teilnehmer auf diesen Lehr- und Bekehrungsprozess eingelassen. Braucht es nicht gerade auch im ökumenischen Anliegen die Bereitschaft zum lebenslangen Lernen? Müssen wir dann gerade auch in dieser Hinsicht von einem „verdrängten Aufbruch"[29] sprechen?

Die Orientalen waren übrigens durchweg gegen jede dogmatische Definition, damit die Kluft zwischen ihnen und den Orthodoxen nicht noch größer werde. Umgekehrt befürworteten sie das „verheiratete Priestertum" auch im „Westen". Hinsichtlich des unter Pius XII. promulgierten kanonischen Rechts waren die katholischen Ostkirchen ganz unterschiedlicher Auffassung: den einen erschien das Recht zu lateinisch, anderen zu orientalisch, einer dritten Gruppe schließlich „zu byzantinisch, um wirklich orientalisch"[30] zu sein. Höchst umstritten war unter den Hierarchen der Ostkirchen auch das von den Kopten und Chaldäern favorisierte Prinzip: ein Patriarchensitz – (nur) ein Patriarch, ein Bischofssitz – (nur) ein Bischof. Andere, auch die Melkiten, optierten für Kooperation der Pa-

---

[26] Vgl. Edelby, Kommentar 58.
[27] Vgl. das Motto des Kommentars zum Ökumenismusdekret in diesem Band.
[28] Edelby, Kommentar 58.
[29] Vgl. Schneider, Der verdrängte Aufbruch; s. a. Suttner, Das Ökumenismusdekret (in dem Sammelband mit dem bezeichnenden Titel „Aufbruch des Zweiten Vatikanischen Konzils heute"). Wie ein roter Faden zieht sich durch die nachkonziliaren Bilanzen: dass das Konzil erst der Anfang war, sein Geist lebendig bleiben und die Bereitschaft zu Umkehr und Erneuerung nicht erlahmen dürfe. S. a. den dieses Kommentarwerk abschließenden Band.
[30] Edelby, Kommentar 59.

triarchen und Bischöfe an einem Ort. Auch dieses Szenario ist charakteristisch: Wenn das Achten auf die Zeichen der Zeit, wenn Inkulturation und (Neu-) Evangelisierung (rechtlich) konkret werden, dann scheiden sich die Geister. Erklärt diese Beobachtung nicht auch, weshalb bald nach dem Konzil, in der Phase der „Umsetzung", ehemalige „Kampfgefährten" unterschiedliche Wege gingen, ja z. T. in polemischer Opposition sich gegenüberstanden?

2. Akteure und Aktivitäten der Vorbereitungskommission

Als Johannes XXIII. Pfingsten 1960 mit dem Motu Proprio *Superno Dei Nutu* die vorbereitenden Kommissionen einsetzte, begann auch die Arbeit der vorbereitenden Kommission für die katholischen Ostkirchen, die sich freilich auch mit Angelegenheiten die nichtkatholischen Orientalen betreffend befassen sollte. Vorsitzender wurde der damalige Sekretär der gleichnamigen Kongregation Kardinal Cicognani, der es auch später als Kardinalstaatssekretär blieb, als Sekretär fungierte der zu den Basilianern gehörende Ukrainer Athanasius Welykyj. Die Kommission umfasste außer dem Vorsitzenden und dem Sekretär 28 Mitglieder.[31] Davon kamen zwei Drittel aus den Ostkirchen, wobei nach Möglichkeit alle Gemeinschaften entsprechend repräsentiert sein sollten. Neben dem melkitischen Bischof Edelby waren Mitglieder: zwei Ukrainer, je ein Russe und ein Weißrusse, zwei Rumänen und ein Vertreter der Italo-Albaner; dann aus dem nicht-byzantinischen Bereich ein Kopte und ein Äthiopier, je zwei Maroniten und Syrer, ein Chaldäer und ein Armenier, zwei Vertreter der Malabaren und einer der Malankaren. Hinzu kam als Vertreter für den lateinischen Ritus der frühere Apostolische Delegat in der Türkei Giacomo Testa. Die meisten der anderen Mitgliedern (mit beratender Stimme) waren (in Rom arbeitende) Ostkirchenexperten, darunter vier Jesuiten vom päpstlichen Institut für den christlichen Orient. Zur Seite standen den Mitgliedern eine Schar von Fachberatern wie der lateinische Patriarch von Jerusalem Kaldany, Dr. Remmers vom holländischen Apostolat für die Wiedervereinigung und Professor für Ökumene in Münster, der Prior von Chevetogne Dom Becquet, der Dominikaner Benoît vom Jerusalemer Bibelinstitut, der Augustiner und Direktor der Zeitschrift „Der christliche Osten" Alfons M. Mitnacht[32]. In der Wahrnehmung des Melkiten Edelby waren alle Kommissionsmitglieder animiert, den Schwestern und Brüdern in den katholischen Ostkirchen zu helfen; in concreto gingen freilich die Tendenzen z. T. weit auseinander. So hatte der „vor-ökumenische"[33] Uniatismus noch zahlreiche Anhänger, inklusive des Konzepts vom überlegenen lateinischen Ritus. Die Kommission sollte päpstlichem Auftrag gemäß vier Fragen bearbeiten: Rituswechsel; Gottesdienstgemeinschaft (communicatio in sacris); Wiederversöhnung orthodoxer Christen; die wichtigsten Fragen der kirchlichen Disziplin, soweit sie als die Ori-

---

[31] Vollständige Aufzählung ebd. 64 f.
[32] Vgl. dessen Einführung in das Dekret.
[33] Edelby, Kommentar 65.

entalen betreffend nicht in anderen Kommissionen auf der Tagesordnung standen.[34] Aufgeteilt in 7 Sektionen (neben der theologischen, juristischen, historischen, liturgischen, „unionistischen" und pastoralen eine für die „nichtkatholischen Orientalen) wurden in 56 Plenarsitzungen 14 Vorlagen erarbeitet.

Gemessen an dem „außergewöhnlichen Interesse ..., das schon von vielen Orthodoxen, vor allem von Patriarch Athenagoras, bekundet worden war", stellte vor allem das dritte Thema „nur eine schwache Antwort"[35] dar. Trotz der Einrichtung einer einschlägigen Unterkommission erwies sich die Kommission selbst „als bemerkenswert unflexibel den aktuellen Herausforderungen gegenüber"[36]. Erst im Juni 1961 reiste eine Delegation nach Konstantinopel, um den Patriarchen über die Arbeit zu berichten. Am Vorabend des Konzils übertrug dann Papst Johannes XXIII. „seinem" Kardinal Bea und dem zunächst nur für die Kirchen „im Westen" zuständigen Einheitssekretariat die Aufgabe, Gespräche mit den Orthodoxen zu führen.[37]

Für die erste Plenarsitzung waren drei Entwürfe (Stichworte: Riten, Patriarchen, communicatio in sacris) vorbereitet worden. Edelbys programmatischer Gegenvorschlag führte sowohl zur Erweiterung des Themenkatalogs wie zur theologischen Vertiefung der Debatte und der Texte. So wurde in dem Schema *De ritibus*, das an erster Stelle die Oberhoheit des Papstes über alle Riten betonte, die Vielfalt der Riten als Ausdruck der Katholizität theologisch gerechtfertigt und herausgestellt, dass auch der Papst unbeschadet seines Primats „als Bischof von Rom seinen eigenen Ritus hat"[38]. Im Blick auf die nachkonziliare Liturgiereform und deren bis heute anzutreffende Infragestellung ist zu registrieren, dass die Vorlage auch die Bildung neuer Riten nicht ausschließt. Es ging also prinzipiell, d. h. theologisch und nicht nur rein kanonistisch betrachtet[39], um eine theologische Würdigung der Pluralität von Riten in der Kirche, was dem hier zu Grunde liegenden Verständnis von Ritus entsprechend auf eine grundsätzliche Wertschätzung von Partikularkirchen hinausläuft. Edelby trug durch seine Interventionen wesentlich dazu bei, dass die Theologie der (katholischen und dadurch ein Stück weit auch der Orthodoxen) Ostkirchen im Konzil präsent war, zumindest gehört

---

[34] Zur Arbeit der Kommission vgl. die Darstellungen bei Edelby, Kommentar 66–72; Hoeck, Einleitung 362 f.; Mitnacht, Einleitung 5; Müller, Aus der Arbeit 703–705 und Caprile, Entstehungsgeschichte 708–714.
[35] Komonchak, Der Kampf 226.
[36] Ebd.
[37] Vgl. ebd. – Die unterschiedliche kommentierende Berichterstattung durch Edelby bzw. Komonchak spricht für sich.
[38] Vgl. ebd. 227.
[39] Freilich ist jede rechtliche Kodifizierung, zumindest implizit, von einem theologischen Konzept geleitet. Schon allein auf Grund dieser Beobachtung kann es hier nicht um eine alternative Gegenüberstellung von Theologie und Recht gehen. Ideal wären eine Theologie, die rechtlich greift, und ein Kirchenrecht, das seine implizite Theologie reflektiert und offen legt. Gleichwohl besteht eine gewisse Asymmetrie: Die Lehre von der Kirche bestimmt das Recht der Kirche (oder sollte es bestimmten); im Streitfall kann nicht die im Recht implizierte oder von diesem eigenständig vorausgesetzte Ekklesiologie zur Norm erhoben werden, sondern ist im dogmatischen (systematisch-theologischen) Diskurs die ekklesiologische Grundlage zu klären.

werden konnte und sich, in einzelnen Punkten jedenfalls, auch Gehör zu verschaffen wusste.

Wie schwierig sich dies gestaltete, zeigt der Weg des zweiten vorbereiteten Textes *De patriarchis orientalibus*, in dem es ursprünglich nur um die Frage gehen sollte, ob die Patriarchen zu Kardinälen ernannt werden sollten und welche Rangfolge angemessen sei. Wiederum sorgt Edelby sowohl für die thematische Ausweitung wie die theologische Fundierung. Sein Vorstoß führte sogar zu einer Grundsatzdebatte über die Wiedereinführung der Patriarchatsstruktur in der lateinischen Kirche. Hierin wurde der melkitische Bischof von Abtpräses Johannes Hoeck massiv unterstützt. Die Zentrale Vorbereitungskommission stellte dem ihr vorgelegten Text ein Vorwort voran, in dem „eine ziemlich abweichende theologische Sicht der Autorität und Rolle der Patriarchen" vertreten wird, die der Position S. Tromps entspricht, während das Votum des Einheitssekretariats mit dem Vorschlag der Kommission übereinstimmte. Für die ekklesiologische Diskussion bis in unsere Tage hinein ist relevant, welches Konzept von Jurisdiktion göttlichen Rechts hier vertreten wurde: Diese gibt es nämlich nur auf zwei Ebenen, der päpstlichen und der (von dieser her vermittelten!) bischöflichen. Für die Patriarchen hatte dies zur Folge, dass ihnen eine „supra-episkopale Gewalt" zukommt, also „eine Teilhabe an der Primatialgewalt des römischen Papstes und ihm somit bei allen Veränderungen, Erweiterung oder Einschränkung, unterworfen"[40]. Für den (aufgenommenen oder verweigerten) Lernprozess ist kennzeichnend, dass dieses Vorwort von einer Gruppe römischer Experten ausgearbeitet, aber von der Ostkirchen-Kommission nie angenommen wurde.

Insgesamt wurden der Zentralen Vorbereitungskommission 11 Texte vorgelegt.[41] Neben denen über die Riten und die Patriarchen waren dies Entwürfe zu folgenden Themen: Vollmachten der (ostkirchlichen) Bischöfe; Stundengebet; Sakramente; Kalender und Osterfeier; Volkssprachen in der Liturgie; Katechismus und Katechismusunterricht; Einheit der Kirche; communicatio in sacris; Kirchengebote. Die Zentrale Kommission verwies den Text über die Kirchengebote an die Revision des Codex, die communicatio in sacris wurde zur Angelegenheit des Hl. Stuhls erklärt, die übrigen Texte sollten zu einem einzigen Schema *De Ecclesiis Orientalibus* zusammengefasst werden, bis auf den Entwurf *De Ecclesia unitate* „Ut omnes unum sint", der mit dem 11. Kapitel des Kirchenschemas und dem Entwurf des Einheitssekretariats über den Ökumenismus zu einem Text umgearbeitet werden sollte.[42] Jedoch entschied das Staatssekretariat „aus bisher ungeklärten Gründen, dass es ein eigener Text bleiben sollte, und deshalb wurde es im ersten Band der für die Diskussion auf der ersten Sitzung des Konzils vor-

---

[40] Komonchak, Der Kampf 229.
[41] Inhaltsangabe zu allen Texten bei Caprile, Entstehungsgeschichte 708–714; kurze Hinweise bei Komonchak, Der Kampf 226–231. Edelby, Kommentar 69–71, zählt 15 Texte, da unter der Überschrift *De Ecclesiae Sacramentis* vier Einzeltexte vorgelegt wurden und die Kommission noch einen 12. Text ausarbeitete (*De habitu clericorum*), der von der Zentralen Kommission völlig fallengelassen wurde.
[42] Vgl. den Kommentar zu UR (A.II. Textgeschichte) in diesem Band.

bereiteten Texte abgedruckt"[43]. Das Schema *De Ecclesiis Orientalibus* führte also in 96 Artikeln die Ausführungen der übrigen Vorentwürfe zusammen.

3. Die Konzilskommission und die erste Sitzungsperiode

Mit Konzilsbeginn übernahm die Konzilskommission für die katholischen Ostkirchen die Arbeit. Während Präsident und Sekretär in ihren Funktionen blieben, gehörten nur noch fünf Mitglieder der vorbereitenden Kommission auch der Konzilskommission an. Diese bestand anfangs aus 26 (16 gewählten, 10 vom Papst ernannten), seit Ende der zweiten Sitzungsperiode aus 30 Mitgliedern. In der endgültigen Besetzung gehörten der Kommission an:[44]

Kardinal Cicognani als Präsident, als Vizepräsidenten der Erzbischof von Santiago de Compostela Kardinal Quiroga Y Palacios sowie der Erzbischof von Belgrad Gabriel Bukatko; die Patriarchen Stephanos I. Sidarouss (Kopten), Maximos IV. Saigh (Melkiten), Meouchi (Maroniten), Alberto Gori (lateinischer Ritus), Paul II. Cheikho (Chaldäer), Ignatios P. XVI. Batanian (Armenier); Kardinal Testa; die Erzbischöfe: de Provenchères (Aix-en-Provences), Ziadé (Beirut, Maronit), Da Silveira d'Ebroux (Curitiba), Rabbani (Administrator des syrischen Erzbischofs), Baudoux (St.Bonifaz/Kanada), Bucko (Ukraine), Thangalathil (Syro-Malankarisch), Parecattil (Malabarisch), Kavukatt (Malabarisch), Baraniak (Posen), Yemmeru (Addis Abeba), Senyshyn (ukrainisch, Philadelphia), Edelby (Melkit, Berater des Patriarchen Maximos IV.); dann die Bischöfe Scapinelli di Leguigno (Beisitzer der Kongregation), Perniciaro (Italo-Albaner), McEntegart (Brooklyn), Jansen (Rotterdam), Gad (Apostolischer Exarch zu Athen), Sapelek (Apostolischer Visitator der Ukrainer in Argentinien) und schließlich Abtpräses Johannes M. Hoeck OSB von Scheyern. Sekretär blieb Welykyi, ihm wurde der Abbé Carlo de Clercq zugeordnet. Schließlich sind die Experten zu nennen: Mansourati (Syrer), Eid (Maronit), Raes SJ, Pujol SJ, Stephanou SJ, Talatinian OFM (Kustodie des Heiligen Landes), Khalifé SJ (Universität Beirut), Faltin OFMconv (Sekretär für die Kodifikation des Ostkirchenrechts).

Während die Mitarbeit der etwa zehn Experten aus der vorbereitenden Kommission sich förderlich auswirkte, bedeutete die Initiative des Papstes, „möglichst alle größeren orientalischen Kirchen …, die meisten sogar durch ihre Spitzen (darunter alle 6 Patriarchen)" vertreten sein zu lassen, nicht nur die Voraussetzung „für eine gebührende Berücksichtigung aller Standpunkte", sondern auch eine Erschwernis der Arbeit, „da die weiten Entfernungen und die starke berufliche Inanspruchnahme gerade dieser Mitglieder gemeinsame Sitzungen der ganzen Kommission außerhalb der Konzilsperioden nur zweimal möglich machten und daher die so wichtige intersessorische Arbeit mehr als in anderen Kommissionen in den Händen einiger weniger Periti lag. Dazu kommt, dass, wie bekannt,

---

[43] Ebd. 231.
[44] Ich folge der Aufstellung bei Edelby, Kommentar 74 f.

die Ansichten und Interessen der orientalischen Kirchen in manchen Punkten weit auseinander gehen und dass daher gerade in entscheidenden Fragen eine Verständigung schwierig war. Manche unbefriedigende Kompromisse und Lücken des Dekretes haben hierin ihren Grund"[45].

Die Kommission tagte vom 27.11.1962 bis zum 14.11.1964 in 42 Plenarsitzungen. Vom 26. bis 28. und am 30.11.1962[46] wurde das Schema *De Ecclesiae unitate „Ut omnes unum sint"* mit dem bekannten Ergebnis diskutiert.[47] Es verwundert nicht, dass in einer von der hitzigen Debatte um *De fontibus revelationis* müden und auf die Auseinandersetzung über *De Ecclesia* wartenden Versammlung die Melkiten die theologische Brisanz des Textes aufzeigen mussten, zumal auch Kardinal Bea sich aus taktischen Gründen an dieser Front nicht verkämpfte.[48] Als er sich am letzten Tag der Debatte zu Wort meldete, stimmte er der Auffassung der Kommission vom niedrigen Stellenwert dieses Textes zu. „Nach Beas Meinung wird das Spiel anderswo stattfinden!"[49] Da die Melkiten auch bei den übrigen Unierten so gut wie keine Unterstützung fanden, „blieben sie auf eine traurige Weise allein"[50]. Dabei waren und sind ihre Interventionen von grundsätzlicher Bedeutung nicht nur für das Verhältnis zu den katholischen Ostkirchen, sondern für die Ekklesiologie insgesamt. Im Kern ging es und geht es um das Verhältnis von Ortskirche und Universalkirche. Die jüngeren einschlägigen Äußerungen der Glaubenskongregation[51] bestätigen die Aktualität; sollen die Melkiten weiterhin „auf eine traurige Weise allein bleiben"? Wenigstens seien an dieser Stelle ihre Hauptkritikpunkte und Bedenken in Erinnerung gerufen.

Entsprechend dem unter den Melkiten abgesprochenen Interventionsplan eröffnete Patriarch Maximos IV. in französischer (!) Sprache die Beiträge seitens dieser Kirche.[52] Er kritisiert die historische Unkenntnis[53] der Verfasser: Man darf in der Tat nicht vergessen, dass man sich an eine Kirche wendet, die in ihren konstitutiven Elementen eine vollkommen apostolische Kirche ist … Das ist eine erstgeborene Kirche Christi und der Apostel. Ihre historische Entwicklung und Organisation sind ausschließlich das Werk der Väter, unserer griechischen und orientalischen Väter. Sie schuldet, was sie ist, dem Kollegium der Apostel, das

---

[45] Hoeck, Einleitung 362.
[46] Beachte den Hinweis bei Ruggieri, Der schwierige Abschied 383[75].
[47] Das weitere Schicksal dieses Schemas ist im Kontext des Ökumenismusdekrets zu behandeln (s. den Kommentar in diesem Band). An dieser Stelle wird auf die Debatte deshalb eingegangen, weil es sich um die Vorlage der Ostkirchenkommission handelte, vor allem aber wegen der grundsätzlichen ekklesiologischen Bedeutung der melkitischen Interventionen.
[48] Ebd. 373–385; Ruggieri überschreibt diesen einschlägigen Abschnitt im Anschluss an eine Tagebuchnotiz von Edelby (vgl. 377) mit: Der große Tag der Melkiten.
[49] Ebd. 384.
[50] Ebd. 385.
[51] Kongregation für die Glaubenslehre, Communio; Dominus Iesus; Schwesterkirche.
[52] Vgl. AS I/3, 616–618 (Maximos IV.), 624–627 (Erzbischof Nabaa), 638–640 (Edelby), 640–643 (Erzbischof Zoghby, ebenfalls in französischer Sprache). Sofern es sich nicht um Zitate handelt, folge ich der Zusammenfassung bei Ruggieri, Der schwierige Abschied (der Titel erscheint jetzt in besonderem Licht!).
[53] Man könnte auch von einer tendenziösen Geschichts-Schreibung reden.

allzeit in der Kollegialität des Episkopats, mit Petrus im Zentrum, mit seinen verschiedenen Pflichten und Rechten lebendig ist."[54] Wenn man sich wirklich der Orthodoxie zuwenden wolle, müsse man zuerst über die Kollegialität des Hirtenamtes sprechend, erst dann über den Papst als Zentrum. „Dieser Punkt ist absolut bedeutend (capital). Ihn zu vergessen wäre tödlich."[55] Nach dem Patriarchen sprach Erzbischof Nabaa zum praktischen Teil der Vorlage. Er stelle seine Rede unter das Motto „In caritate ad veritatem"[56]. Wie oft ist seit Konzilsende vom Dialog der Wahrheit und der Liebe gesprochen werden! Ob das (noch zu entwickelnde) Konzept einer Ökumene des Lebens[57] zu einer angemessenen Verhältnisbestimmung, die ja keine additive sein kann, sondern eine integrale werden muss, voranschreiten kann? Schließlich macht Nabaa auf die Einseitigkeit der Rede von der Umkehr aufmerksam: „Auch die Katholiken haben die Pflicht, zu den getrennten Brüdern zurückzukehren"[58]! Edelby schließlich kritisierte absprachegemäß die mangelnde theologische Tiefe des ersten Teils der Vorlage: „In Nr. 6 werde die sichtbare Einheit der Kirche unter dem Papst bekräftigt, aber über die Kollegialität schweige man sich aus; in Nr. 7 werde das Kirchesein der orientalischen Gemeinschaften nicht anerkannt, was im Widerspruch stehe zu dem, was die Päpste selbst Jahrhunderte hindurch mindestens hunderte Male … proklamiert hätten; in Nr. 9 werde nicht von der Beziehung der anderen Christen zum mystischen Leib Christi gesprochen, und es werde behauptet, dass sie unterschiedslos ‚vieler Mittel zum Heil' beraubt seien; das Schema scheine bisweilen sogar am ewigen Heil der Orientalen zu zweifeln."[59] Erzbischof Zoghby geht noch mal auf das Verhältnis der „Schwesterkirchen" zueinander ein. Die orientalische Kirche ist eine „Quell-Kirche" (Église source), „durch die Apostel und ihre unmittelbaren Schüler gegründet, geboren ohne Hilfe einer anderen Kirche, da sie ja vor allen anderen geboren wurde"[60].

Cicognani, Welykyi und andere versuchten das Schema zu retten, indem sie es in seinem Anspruch herabsetzten. Schließlich wurde am 1.12.1962 bei 36 Gegenstimmen (darunter die Melkiten?) und 8 ungültigen Stimmen mit dem Votum von 2068 Konzilsvätern die Zusammenarbeit mit dem 11. Kapitel von *De Ecclesia* und dem Ökumenismus-Text des Einheitssekretariats beschlossen. Verbunden war dieses Votum mit einer positiven Anerkennung „als Zeichen des Wohlwollens gegenüber den Orthodoxen"[61].

---

[54] AS I/3, 616f.
[55] Ebd. 617.
[56] Ebd. 625.
[57] Vgl. auch die entsprechenden Hinweise im Kommentar zu UR.
[58] AS I/3, 626.
[59] Ruggieri, Der schwierige Abschied 381f.
[60] AS I/3, 641.
[61] Grootaers, Zwischen den Sitzungsperioden 558.

4. Eine lange Zwischenzeit

Es gab Kommissionen, die nach der ersten Sitzungsperiode eine „zweite Vorbereitung"[62] des Konzils in Angriff nahmen. Die Ostkirchenkommission war durch ihre Vorgeschichte belastet und ihre Arbeit durch die erwähnte Zusammensetzung erschwert, „doch im Unterschied zu anderen Kommissionen sind die Aktivitäten der Ostkirchenkommission von Anfang an und bis zu ihrem Schlussvotum dadurch geprägt, dass ihre Mitglieder nicht in der Lage sind, untereinander einen Minimalkonsens herzustellen. Diese Feststellung verkleinert nicht die herausragende Rolle, welche die in Rom versammelten Bischöfe der Ostkirchen auf dem Konzil insgesamt gespielt haben – eine Rolle, die in keinem Verhältnis zu ihrer geringen Zahl und ihren bescheidenen Mitteln steht"[63]. Die wichtigsten Fragen, in denen die Orientalen geteilter Auffassung waren, sind: „1) der Ausdruck der ‚Partikularkirchen'; 2) das Prinzip des verpflichtenden Verbleibs in den Ursprungsriten; 3) die Wiederaufwertung der Institution der Patriarchate; 4) das Problem der Communicatio in sacris."[64]

Die Konzilsmehrheit, die sich auf den ökumenischen Lernprozess einließ, war in der Ostkirchenkommission durch eine Minderheit repräsentiert, zu der neben den Melkiten ein Großteil der Maroniten und einige lateinische Bischöfe zu zählen sind. Einige Maroniten, vor allem aber die Chaldäer und Armenier standen für die konservative Konzilsminderheit, welche aber die Kommissionsmehrheit bildete. „Diese stehen ... dem römischen Zentralismus am nächsten und widersetzen sich radikal den Vorschlägen von Maximos IV. und Abtpräses Joahnnes M. Hoeck OSB."[65] Ein Übriges tat die Gruppe der sog. Römischen Experten, die „ihrem Schema aus der Vorbereitungsphase verhaftet [blieben], dessen ekklesiologischer Uniatismus natürlich im Widerspruch zum Ökumenismus stand, der eine der wichtigsten Inspirationsquellen der Konzilserneuerung ausmachte"[66]. Auf ihren Einfluss wird zurückgeführt, dass die Kommission in der Zwischenzeit zwischen erster und zweiter Sitzungsperiode nicht einberufen wurde. Die ersten Wochen nach Ende der ersten Sitzungsperiode waren durch das Tauziehen zwischen Cicognani und Bea, zwischen der Ostkirchenkommission und dem Einheitssekretariat bestimmt. Erstere(r) sah das vorgelegte Schema trotz der (wohl verdrängten) massiven Einwände als nach wie vor aktuell an, was die Arbeit der Gemischten Kommission, die dem zweiten Teil des Konzilsbeschlusses gemäß einen gemeinsamen Text erarbeiten sollte, ungemein behinderte. Im Januar 1963 konnte Kardinal Cicognani in seiner Eigenschaften eben auch als Vorsitzender der Koordinierungskommission das Schema *De Ecclesiis orientalibus* in der Zuständigkeit seiner Kommission belassen. Im März versuchte er dann, dem Einheitssekretariat die Zuständigkeit für das Verhältnis zu den Orthodoxen zu entziehen. Nicht zuletzt die Anwesenheit Papst Johannes' XXIII. scheint Cicognani ver-

---
[62] S. den einschlägigen Beitrag von Grootaers, Zwischen den Sitzungsperioden, hier: 552–567.
[63] Ebd. 552.
[64] Ebd. 554.
[65] Ebd. 556.
[66] Ebd. 556 f.

anlasst zu haben, das entsprechende dritte Kapitel des Schemas *De oecumenismo* unter der Bedingung dort zu belassen, dass auch die Beziehungen zu den Protestanten behandelt würden. Eine Kehrtwendung[67], die „von der Kommission für die Ostkirchen als Niederlage und sogar als Katastrophe empfunden [wurde]"[68]. Für die Sache einer (ökumenischen) Ekklesiologie war das zukunftseröffnend, insofern „die ‚uniatistische‘ Schule ... ihre privilegierte Position" zugunsten der „wirklich ökumenische[n] Perspektive des Dialogs"[69] verlor.

Erst eine Woche vor Eröffnung der zweiten Sitzungsperiode kam die Ostkirchenkommission am 20.9.1963 wieder in einer Vollversammlung zusammen. Inzwischen hatten die „Experten" gearbeitet. Die von der Koordinierungskommission verlangte Zusammenfassung der Einzeltexte und die weitere Kürzung (von 96 auf 44 Artikel eines Schemas *De disciplina Ecclesiarum orientalium*) wurde bis April geleistet. Eingefügt wurde ein aus dem Schema *De Ecclesiae unitate* stammendes II. Kapitel unter der Überschrift *De unione Christianorum orientalium*. In dieser Fassung wurde das Schema am 22.4.1963 genehmigt und an die Konzilsväter verschickt. Bis Ende Januar 1964 gingen etwa 400 Modi ein, die während der zweiten Sitzungsperiode und in einer Arbeitswoche im März 1964 verhandelt wurden. Die massivste Kritik kam erwartungsgemäß von den Melkiten, die den Kampf also noch nicht aufgegeben hatten. Maximos IV. kritisierte, dass allein von Partikularkirchen im Osten die Rede sei. Zwei den Rituswechsel und die Mischehe betreffende Passagen wurden ohne Kontaktnahme mit der Kommission verändert. Schließlich ging es pars pro toto um den Status und die Würde der Patriarchate, die nicht vom Papst abhänge. „Wenn das Patriarchat als solches nicht göttlichen Rechts ist, so ist es doch nicht weniger apostolisch und auf eine sehr alte Vätertradition gegründet." Um dies zu realisieren, sei noch viel Arbeit notwendig, „denn, fürwahr, in der katholischen Kirche erscheint die Institution des Patriarchats den Parteigängern des Zentralismus wie der Erzfeind"[70]. Damit aber rückt auch der Dialog der Liebe und der Wahrheit mit den Orthodoxen in weite Ferne. Die Aufwertung des Bischofsamtes bot eine gute Basis, die allerdings verspielt wurde, als es der kurialen Richtung gelang, dass nach heftigen Auseinandersetzungen die Patriarchen zu Kardinälen „befördert" wurden, was zugleich ein Schlag gegen die zukünftigen Bischofssynoden bedeutete, an denen die Patriarchen als solche teilnehmen wollten.[71]

Auf die Tagesordnung der zweiten Sitzungsperiode kam das Dekret nicht. Weil die Koordinierungskommission am 23.1.1964 weitere kräftige Kürzungen verlangte, ging erneut das Sekretariat mit einigen Experten an die Arbeit und verfasste ein von 54 auf 29 Artikel reduziertes Schema, das von der Kommission beraten, vom Papst freigegeben und Ende April an die Konzilsväter versandt wurde. Die

---

[67] Grootaers, ebd. 560f., kann sich die Kehrtwendung Cicognanis nur durch ein (nicht belegbares) Eingreifen des Papstes erklären.
[68] Ebd. 561.
[69] Ebd.
[70] So das Votum Maximos' IV. auf der Basis der Bemerkungen des Heiligen Synod vom August 1963, in: L'Église Grecque Melkite 301.
[71] Grootaers, Zwischen den Sitzungsperioden 565 und Anm. 291, spricht von einer „Revanche".

etwa 80 Modi wurden zu Beginn der dritten Sitzungsperiode von der Kommission beraten und, soweit angenommen, auf einem Zusatzblatt zum bereits versandten Schema ausgeteilt, was die Übersicht nicht unerheblich beeinträchtigte.

Wenn man mit Edelby die anfänglichen 15 Texte als Text A und die von der Zentralen Kommission zurückgegeben 9 Texte als Fassung B zählt, so beginnt das eigentliche Schema *De Ecclesiis Orientalibus* mit der Fassung C, die im Frühjahr 1963 erarbeitet wurde.[72] So ergibt sich folgende Übersicht:

A: 15 Einzeltexte der Vorbereitungskommission
B: 9 Einzeltexte (8 zur Disziplin, Schema *De Ecclesiae unitate*)
C: Schema vom Frühjahr 1963
D: Schema vom Frühjahr 1964
E: Schema D und Modi als Anhang.[73]

5. Diskussion und Abstimmung in der dritten Sitzungsperiode

Diskutiert wurde das Schema am 15., 16., 19. und 20. 10. 1964. In den 30 Redebeiträgen und 13 schriftlichen Eingaben wurde eine enorme Bandbreite deutlich, die „von der bedingungslosen Empfehlung bis zur völligen Ablehnung"[74] reichte. Die Situation wurde dadurch erschwert, dass die Vertreter der Ostkirchen selbst recht unterschiedlicher Meinung waren, die lateinischen Konzilsväter aber nichts gegen den Mehrheitswillen der Orientalen aussagen und festlegen wollten. Der an dem Geschehen selbst höchst aktiv beteiligte Abtprimas Hoeck beschreibt das Szenario so: „Nur eine Ablehnung aber hätte das Schema noch entscheidend beeinflussen können. Allgemein formulierte Änderungsvorschläge, wie sie von einer Reihe von Vätern in der Aula vorgetragen wurden, fanden – mochten sie noch so begründet und beachtenswert sein – in der Kommission leider keine Berücksichtigung, weil deren Majorität in einer betont formalistischen und juristischen Haltung immer den Text in possessione betrachtete … Dazu kam, dass größere Eingriffe in diesem Stadium schon wegen Terminschwierigkeiten und wohl auch wegen einer gewissen Ermüdung der Kommission nicht mehr möglich waren."[75] Der maronitische Bischof Doumith von Sarba (Libanon) sowie der Koptische Patriarch Stephanos I. Sidarouss von Alexandrien hätten auf ein eigenes Schema verzichtet und die einschlägigen Aussagen gern in die Kirchenkonstitution integriert gesehen. Entscheidend war schließlich die geschlossene Haltung der Melkiten, für die der Bischof von Akka Hakim am Tag vor der Abstimmung im Namen von insgesamt 70 unierten Bischöfen erklärte: „Das Schema als Ganzes zu akzeptieren ist ein positiver weiser und konstruktiver Akt, da er uns ja erlaubt alles

---

[72] So die Zählung bei Edelby, Kommentar, während Hoeck, Einleitung, die im Januar 1963 zu einem ersten Schema zusammengefassten 8 Einzeltexte Textform A nennt, so dass nach ihm das Schema von 1963 B, das von 1964 C heißt (konsequenterweise müsste er den in der dritten Sitzungsperiode vorgelegten Text als D bezeichnen).
[73] AS III/4, 485–493 (Modi: 494–516).
[74] Hoeck, Einleitung 363.
[75] Ebd.

Gute, was das Schema enthält, zu behalten, während im Gegenteil ein negatives Votum einfach und zugleich Gutes und Schlechtes zerstört. Gewiss wissen wir, dass der Text nicht vollkommen ist. Aber, bitte, war der Text früherer Schemata vollkommen? Und sollte unser Text vollkommen sein? ‚Gott allein ist vollkommen', sagt ein arabisches Sprichwort."[76]

Welche Interventionen waren für die Melkiten besonders wichtig?[77]

Kardinal König vermisste eine Erwähnung der orthodoxen Kirchen, die immerhin 95 % der Christen im Orient ausmachten. Sie müssten ausdrücklich Kirchen genannt werden, die vor einem orthodoxen Priester geschlossenen Ehen seien gültig und statt von communicatio in sacris sei von Interkommunion zu sprechen. Auf Königs Linie lag auch Kardinal Lercaro. Der Erzbischof von Lwow Joseph Slipyi bat inständig darum, definitiv die Angst zu vertreiben, als sei eine Union mit Rom gleichbedeutend mit Latinisierung. Er schloss mit den Worten: „Habt Erbarmen mit uns, ehrwürdige Väter, da wir Orientalen sind!" Wichtig war selbstverständlich das Engagement von Abtprimas Hoeck in Sachen patriarchalischer Struktur, auf das bei der Kommentierung zurückzukommen sein wird.

Nachdem das Schema grundsätzlich angenommen war, wurden seine Teile in sieben Einzelabstimmungen akzeptiert, wobei die Artikel 2–4 über die Riten bzw. Teilkirchen nicht die erforderliche Zweidrittel-Mehrheit und die Artikel 7–11 über die Patriarchen die meisten Neinstimmen erhielten. Auf Grund der Modi wurde der Text an 40 Stellen geändert oder ergänzt. In einer zweiten Abstimmung wurden dann auch die Artikel 2–4 in der überarbeiteten Fassung mit der erforderlichen Mehrheit angenommen. Bei der Schlussabstimmung gab es bei 2110 Ja-Stimmen nur noch 39 Gegenstimmen.[78]

Die Bedeutung des Ostkirchendekrets kann leicht unterschätzt werden. Doch trotz seiner relativen Kürze und seines Charakters als Dekret impliziert der Text eine Fülle gewichtiger theologischer Themen. Noch wichtiger war der mit seinem Werdegang verbundene Lernprozess, selbst da, wo er verweigert wurde, und diese Feststellung gilt gerade auch angesichts der aktuellen Zeichen der Zeit. Nicht von ungefähr ist diese Einleitung im Verhältnis zum Kommentar relativ ausführlich geraten. Im Folgenden machen wir nur an den wichtigsten Stationen des Prozesses kommentierend Halt.

---

[76] AS III/5, 106 (der Bischof zitiert das Sprichwort dann auch auf Arabisch!).
[77] Ich beziehe mich auf Edelby, Kommentar 83–96. Vgl. AS III/4, 528 ff.; AS III/5, 11 ff. 64 ff. 106 ff.
[78] Die Zahlen der einzelnen Abstimmungen bei Edelby, Kommentar 97–101.

B. Kommentierung

Mehr noch als im Fall von UR handelt es sich bei dem Konzilsdokument über die katholischen Ostkirchen um ein Dekret, das heißt: Es geht überwiegend um disziplinarische und kanonistische Feststellungen. Doch einerseits implizieren auch diese eine bestimmte Theologie (Ekklesiologie, Konzeption von Ökumene). Darüber hinaus finden sich gerade in den ersten Artikel von OE sowie in manchen Wendungen und Termini ausdrückliche theologische Optionen. Wie in unserer Einleitung verdeutlicht, sind sie durchweg im Rahmen der Textgeschichte und der Diskussion in der Konzilsaula zu beleuchten, damit sie auch in der Perspektive der heutigen Zeichen der Zeit in ihrem Gewicht gewürdigt werden können.[1]

I. Zum Titel

In diesem Sinn ist schon ein Hinweis auf den Titel des Dekrets aufschlussreich.[2] Bis zur Vorlage im Oktober 1964 lautete die Überschrift des Schemas *De Ecclesiis Orientalibus*. Erst während der Debatte wurde das in mehr als hundert Modi vorgebrachte Anliegen berücksichtigt, zur genaueren Bezeichnung das Adjektiv „katholisch" hinzuzufügen. Zwar betreffen einige Aussagen auch die von Rom getrennten Orthodoxen Ostkirchen, das Dekret richtet sich aber an die mit Rom verbundenen („unierten") Ostkirchen. „Nur" noch für diese war ja die Ostkirchenkommission zuständig, nachdem die ökumenischen Aktivitäten zunehmend oder ausschließlich vom Sekretariat für die Einheit ausgingen bzw. diesem übertragen wurden. So haben die Aussagen des Dekrets über die katholischen Ostkirchen und mehr noch der mit ihnen verbundene Lernprozess zwar auch Relevanz für den ökumenischen Dialog mit den Brüdern und Schwestern in anderen „Kirchen und kirchlichen Gemeinschaften". Mehr noch aber ist OE ein Testfall für die (im konfessionellen Sinn verstandene) innerkatholische Bereitschaft und Fähigkeit zum Katholischsein (im Sinne des Glaubensbekenntnisses). Und dies ist die Voraussetzung für die Teilnahme an der ökumenischen Bewegung. Die „Communio-Einheit der Kirchen" als Zielvorstellung des ökumenischen Prozesses „können wir nur dann ökumenisch glaubwürdig vertreten, wenn wir in unserer eigenen Kirche das Verhältnis von Universal- und Ortskirche als Einheit in der Vielfalt und als Vielfalt in der Einheit exemplarisch verwirklichen. Eine einseitig

---

[1] Ich orientiere mich im Folgenden an den Kommentaren der Augen- und Ohrenzeugen Edelby (und Dick) und Hoeck.
[2] S. o. A.I.

universalistische Sicht dagegen weckt schmerzliche Erinnerungen und Misstrauen; sie wirkt ökumenisch abschreckend. So ist es für das Gespräch mit den orthodoxen wie mit den evangelischen Kirchen bzw. Kirchengemeinschaften wichtig, aufzuzeigen, dass eine Partikularkirche (ebenso ein Patriarchat, eine evangelische Landeskirche wie jede andere konfessionelle Gruppierung) nur in universalkirchlicher Gemeinschaft in vollem Sinn Kirche Jesu Christi sein kann, dass aber auf der anderen Seite solche Communio-Einheit die Einzelkirchen und ihre legitimen Traditionen nicht unterdrückt und nicht aufsaugt, sondern ihnen einen Raum legitimer Freiheit gewährt, weil nur so die ganze Fülle des Katholischen konkret verwirklicht werden kann"[3]. Das Verhältnis zu den katholischen Ostkirchen war ein Testfall für das „ökumenische Konzil". Den Test der Katholizität zu bestehen, war nicht leicht; er hatte Umkehr und Lernbereitschaft zur Voraussetzung und wurde zusätzlich dadurch irritiert, dass die Vertreter der Ostkirchen selbst unterschiedliche Auffassungen davon hatten, wie das „ostkirchliche Modell" einer „Einheit in der Vielfalt und Vielfalt in der Einheit" realisiert werden sollte.

Orientalisch ist ja nur noch in einem bedingten Sinne geographisch zu verstehen, nämlich als Hinweis auf den Entstehungsort bzw. den primären Prägeort dieser Kirchen. Orientalisch-orthodoxe und katholische Ostkirchen gibt es längst auch außerhalb des (vorderen) Orients. An der angedeuteten Problematik und dem damit gegebenen Status eines „Testfalls" ändert diese Beobachtung freilich nichts. Bezeichnen doch „östlich" und „westlich" nach wie vor „zwei Seinsarten in der Kirche, zwei partiell unterschiedliche Formen kirchlichen Lebens"[4]. Lebendigen Anschauungsunterricht wurde den Konzilsvätern dadurch geboten, dass auf Anordnung Johannes' XXIII. der morgendliche Gottesdienst jeweils in einem anderen ostkirchlichen Ritus gefeiert wurde. Im Blick waren also Kirchen (Plural!) innerhalb der einen katholischen Kirche; deshalb forderten einige Vertreter der Ostkirchen die Integration der Aussagen in die Kirchenkonstitution![5] Dadurch wären einerseits die katholischen Kirchen der Gefahr enthoben worden, doch irgendwie als Ausnahmeerscheinungen betrachtet zu werden. Andererseits hätte eine entsprechende Thematisierung in *Lumen gentium* denjenigen Kräften, allen voran Abtprimas Hoeck, Auftrieb gegeben, die für die Wiederaufnahme der Patriarchatsstruktur auch in der westlichen bzw. in der Gesamtkirche eintraten. So hätten gewiss auch einige Ausführungen in dem Dekret über die Hirtenaufgabe der Bischöfe einen sinnvollen Platz gehabt. Wie schon erwähnt waren darüber hinaus äußere Umstände (Zeitdruck, die geringe Vertretung seitens dieser Kirchen in den Konzilskommissionen) hinderlich. Andererseits gab es Gründe für die Verabschiedung eines eigenen Dekrets, vorgetragen von Kardinal Cicognani in seiner Relatio zur Eröffnung der Debatte und massiv in die Waagschale geworfen durch Patriarch Maximos IV. (und seiner Synode). Während der Kardinal die darin zum Ausdruck kommende Wertschätzung der katholischen Ostkirchen in den Vordergrund stellte, hob der Patriarch hervor, dass es einige spezifische, nur

---
[3] Kasper, Das Verhältnis 802 f.; Kardinal Kasper beruft sich auf UR 4.
[4] Edelby, Kommentar 105.
[5] Vgl. zum Folgenden Hoeck, Kommentar 363 f.

die katholischen Ostkirchen betreffende Fragen gäbe. Vielleicht spielt auch eine Rolle, dass sich Papst Johannes XXIII. persönlich für die Errichtung dieser Konzilskommission eingesetzt hatte.

Eingangs nannte Kardinal Cicognani drei Punkte, an denen sich die Kommission besonders schwer tat und schließlich der Mehrheitsmeinung folgte: Rituswechsel, Mischehen, communicatio in sacris.

II. Das Vorwort (OE 1)

Zu den umstrittensten Artikeln des Dekrets gehört schon das Vorwort. Es wurde dem Text vorangestellt, als die Koordinierungskommission die Zusammenfassung der verschiedenen Einzeltexte zu einem einzigen Dekret forderte.[6] Besonders die Melkiten kritisierten den Paternalismus der ersten Fassung, der auch im endgültigen Text nicht ganz ausgemerzt ist. Die Asymmetrie bleibt bestehen, wenn mit der „katholischen Kirche" doch die römische bzw. lateinische Kirche gemeint ist. Wenigstens konnte erreicht werden, dass die Behauptung, „die katholische Kirche" habe das Eigensein der Ostkirchen immer hochgeschätzt, in eine Aussage im Präsens abgewandelt wurde, was den historischen Gegebenheiten wesentlich gerechter wird. Besonderen Widerspruch löste die Formulierung aus, dass die „katholische" Kirche für die Ostkirchen besondere Sorge (sollicitudo) trage. Nach einer anderen Seite hin ambivalent ist der im Vorwort ausgedrückte Wunsch, dass die orientalisch-katholischen Kirchen „blühen und mit neuer apostolischer Kraft die ihnen anvertraute Aufgabe erfüllen mögen". Damals wie heute wird diese Formulierung bei den Orthodoxen Kirchen den Verdacht hervorrufen, Rom rufe zur Proselytenmacherei auf. In der Tat befinden sich die katholischen Ostkirchen in einer unangenehmen „Sandwich"-Situation: Auf der einen Seite drückt sie der paternalistische Stil bzw. das Zögern Roms hinsichtlich der vollen Anerkennung als legitime Teilkirche, auf der anderen Seite sehen die Orthodoxen Kirchen in ihnen illegitime Brüder (Schwestern), die für die ökumenische Bewegung eher ein Hindernis als eine Brücke darstellen. Einige Vertreter der katholischen Ostkirche haben in dieser Hinsicht aus ihrem Herzen keine Mördergrube gemacht.[7] Immerhin ist im verabschiedeten Text von der diesen Kirchen „anvertraute[n] Aufgabe" (munus) und nicht mehr von ihrer missio die Rede. Den katholischen wie den orthodoxen Orientalen hätte man entgegenkommen können, wäre der Modus akzeptiert worden, im gesamten Dekret statt vom „Apostolischen Stuhl" vom „römisch-katholischen Stuhl" zu sprechen und dadurch anzuerkennen, dass es auch andere Apostolische Sitze (im Osten) gibt.

Die Sensibilität der orientalischen Väter[8] spiegelt auch die Diskussion um Formulierungen im letzten Satz. So wurde auf ihren Wunsch hin der Zusatz gestrichen, die Kapitel würden von den Patriarchen und Kirchenführern vorgelegt, weil

---
[6] Text D nach Edelby, C nach Hoeck.
[7] Vgl. stellvertretend Zoghby, Den zerrissenen Rock flicken.
[8] Vgl. Hoeck, Kommentar 366.

ja nicht behauptet werden könnte, dass alle dahinter stünden. Andererseits wurde bemerkt, dass auch Punkte, die in dem Dekret angesprochen werden, „der Vorsorge der östlichen Synoden" hätten überlassen werden können. Im Übrigen ist diese letzte Passage ohnehin ein dürres Überbleibsel eines Textes über die Synodalverfassung der Ostkirchen, die ja auch für die westliche(n) Kirche(n) von grundsätzlicher Bedeutung sein sollte.

Eine Bemerkung zur Charakterisierung der apostolischen Überlieferung in der Kirche ist noch vonnöten. Hier geht es ja um einen heiklen Punkt sowohl im ökumenischen Dialog mit den Orthodoxen wie mit den aus der Reformation hervorgegangenen Kirchen. Die konkreten Umstände von Diskussion und Abstimmung führen einerseits zu einer verbesserten, andererseits aber auch zu einer problematischen Textfassung. Korrigiert wurde die ursprüngliche Formulierung, die undifferenziert von dem Erbe „von den Apostel und den Vätern her" sprach, während es jetzt heißt „von den Aposteln über die Väter". Freilich stellt sich in Gesprächen mit orthodoxen Theologen häufig heraus, dass diese in den Kirchenvätern die maßgebliche Interpretation der apostolischen Überlieferung sehen, während Theologinnen und Theologen aus den westlichen Traditionen auf unterschiedliche Weise versuchen, die Heilige Schrift als norma normans non normata auch methodologisch zur Geltung zu bringen.[9] Eine weitere Veränderung (aus stilistischen Gründen!) muss als problematisch eingestuft werden: An die Stelle der Version „das von Gott überlieferte Erbe" trat die Formulierung „das von Gott geoffenbarte ... Erbe". Ist schon fragwürdig, inwiefern die Tradition allgemein als von Gott getragen bezeichnet werden kann (man müsste schon zwischen der Tradition und den Traditionen deutlich unterscheiden!), so erscheint es noch weniger präzis, von einer von Gott geoffenbarten Überlieferung zu sprechen.

Insgesamt lässt sich sagen, dass auch der endgültige Text dem Wunsch der Melkiten und anderer Konzilsväter, es solle alles vermieden werden, was den Eindruck erweckt, dass die katholische Kirche über die orientalischen Kirchen wie über von ihr getrennte Entitäten spreche, nicht genügend Rechnung trug.[10] Edelby selbst interpretiert in seinem Kommentar manche problematische Aussage ad bonam partem. So will er die behauptete Wertschätzung so verstehen, dass die katholische Kirche als die universale Kirche heute konkret den Zweig der westlichen (lateinischen, römischen) und der östlichen Kirche(n) umfasst. Da die Letzteren eine Minderheit darstellen und sich zudem angesichts ihrer orthodoxen Brüder und Schwestern in einer schwierigen Situation befinden, macht es Bischof Edelby zufolge Sinn, gerade das Erbe dieses Zweigs der katholischen Kirche hervorzuheben. In diesem Sinn also schätzt die universale Kirche das Erbe der orientalischen Kirchen, das dann auch die lateinische Kirche als Bereicherung für sich erfahren kann. Wenn dies die Perspektive des Textes ist, dann eröffnet das Dekret den Weg zu einer Wertschätzung der Brüder und Schwestern „im Osten". Diese

---

[9] S. a. den Kommentar zur Offenbarungskonstitution in diesem Bd.
[10] Vgl. Edelby, Kommentar 109.

bezieht sich dann nicht nur auf die Riten und das kanonische Recht, sondern, wie es im Vorwort selbst heißt, auf „die Einrichtungen, liturgischen Bräuche, kirchlichen Überlieferungen und die christliche Lebensordnung", ohne dass damit das ganze geistliche Erbe schon erschöpfend benannt sei. Der Hinweis auf das in spezifischer Weise gegenwärtig gehaltene „ungeteilte Erbe" verweist auf die Basis für einen innerkirchlichen und darüber hinaus für einen ökumenischen Dialog „par cum pari". In diesem Zusammenhang ist die besondere (privilegierte wie zugleich problematische) Rolle der katholischen Ostkirchen zu würdigen.[11]

III. Die Teilkirchen bzw. Riten (OE 2–4)

Papst Johannes XXIII. hatte die vorbereitende Konzilskommission beauftragt, einen Text in Sachen Ritenwechsel auszuarbeiten. Bischof Edelby fand eine Mehrheit, die dafür plädierte, die Thematik auszuweiten und ein eigenes Kapitel zur Frage der Riten in der katholischen Kirche zu erstellen. Das daraufhin erstellte Schema *De Ritibus in Ecclesia* erfuhr nicht weniger als 11 redaktionelle Bearbeitungen, bis es die Gestalt der schließlich verabschiedeten Artikel 2–4 annahm. Zu den ursprünglichen drei Artikeln des ersten Schemas machte Edelby einen aus zehn Artikeln bestehenden Gegenvorschlag. Gleich die ersten drei signalisieren die Richtung und charakterisieren zugleich die Ekklesiologie der Orientalischen Kirchen: „I. Die Heilige katholische Kirche, der Leib Christi, ist organisch aufgebaut nicht nur durch die Gläubigen, die in demselben Glauben und in demselben christlichen Leben eins sind, sondern auch durch von einer Hierarchie geleitete Gruppen, Riten oder Kirchen genannt, die sich teilweise durch ihre Liturgie, ihre Organisation, ihre Disziplin und andere Besonderheiten ihres eigenen geistlichen Erbes unterscheiden und in gleicher Weise der pastoralen Sorge des römischen Pontifex, des Nachfolgers des seligen Petrus in seinem Primat, anvertraut sind. – II. Alle diese Riten, anerkannt durch die universale Kirche, sind gleich hinsichtlich der Heiligkeit, der Würde, der Rechten, Pflichten und Privilegien. Keine Superiorität, Oberherrschaft, Hegemonie oder Exklusivität ist in der Kirche in Sachen Ritus zugelassen, alle Riten erfreuen sich des gleichen Rechts auf Entwicklung und sind in der gleichen Verpflichtung, den christlichen Glauben in der ganzen Welt zu predigen, unter dem Wächteramt der ortskirchlichen Autoritäten und der obersten Moderation des römischen Pontifex. – III. Diese Unterschiedenheit der Riten in der Kirche, weit davon entfernt der Katholizität zu schaden, manifestiert sie vielmehr und konkretisiert sie. So kann die Kirche in ihrem Herzen den unbegrenzten Reichtum der kirchlichen Traditionen bewahren

---

[11] Vgl. Edelby, Kommentar 121–123, der die spezifische Berufung der katholischen Orientalen zusammenfassend so beschreibt: „die Berufung von Minoritäten, Puffern, Stoßstangen, Vorläufern, Vereinigern, Propheten, immer ein wenig unbequem, aber selbst noch mehr gehemmt auf Grund der schwierigen Mission, die Christus ihnen anvertraut. Eine Berufung, die sie zu Boden drückt, denn sie sind sich dessen bewusst, dass sie, um diese zu verwirklichen, fast nichts sind" (123).

und seine Bedeutung den verschiedenen geistlichen Erfordernissen jeder christlichen Gruppe adaptieren."[12]

Die Konzilskommission änderte als erstes den Titel des durch die vorbereitende Kommission erstellten Schemas: aus *De Ritibus in Ecclesia* wurde *De Ecclesiis Particularibus*. Dadurch wurde einerseits verdeutlicht, dass mit „Riten" nicht nur die liturgischen Riten gemeint waren, sondern das ganz konkrete in Liturgie, Recht, Institution usw. sich präsentierende Eigenleben einer Kirche (weswegen in der letzten Fassung „bzw. Riten [seu Ritibus]" als Synonym angefügt werden konnte). Auf der anderen Seite war der Ausdruck „ecclesia particularis" insofern missverständlich, als er in anderen Konzilstexten die bischöfliche Ortskirche bezeichnet. Nicht in Frage kamen Bezeichnungen, die nur die orientalischen Kirchen charakterisiert hätten, weil ja gerade auch die lateinische Kirche bzw. der lateinische Ritus mit gemeint sein sollte. Von „Patriarchatskirchen" zu sprechen, hätte nicht alle Kirchen umfasst. Brisant bis heute bleibt die Bemerkung Abtpräses' Hoeck: „Am einfachsten – und richtigsten! – wäre es gewesen, von *autonomen* Kirchen zu sprechen; aber das wurde leider gerade von den zuständigen Orientalen nicht gewagt."[13] So muss letztlich der Sinn von „ritus" in einem Text, der das Wort in vierfachem Sinn gebraucht[14], aus dem jeweiligen Kontext erschlossen werden.

Der erste Satz in **OE 2** stellt eine modifizierte Fassung des ersten Artikels aus Edelbys Gegenvorschlag vom 14.11.1960 dar. Als wichtige Veränderung springt ins Auge, dass von der Leitung der Gläubigen im Heiligen Geist gesprochen wird, während Edelbys Rede von „demselben christlichen Leben" der römischen Tradition (Bellarmin!)[15] entsprechend ausgefaltet wird als die Gemeinschaft „durch denselben Glauben, dieselben Sakramente und dieselbe Leitung". Das mit „Teilkirchen bzw. Riten" Gemeinte lässt sich im Gefolge von Edelby so veranschaulichen: „Die Teilkirchen oder Riten, von denen unser Dekret spricht, sind also kirchliche Gemeinschaften, kirchliche Gruppen mit einer Hierarchie, die mehrere lokale Kirchen organisch in sich versammeln und sich von anderen Gruppen durch eine bestimmte Anzahl von Charakteristika unterscheiden."[16] Diese Teilkirchen können nun aus jeweils unterschiedlicher Perspektive näher bestimmt werden: Nimmt man Rücksicht auf den Sitz des Patriarchen oder Erzbischofs, spricht man z.B. von der römischen Kirche oder von der Kirche in Konstantinopel. Unter regionalem Gesichtspunkt ist die Rede von der syrischen oder malabarischen, unter nationalem Gesichtspunkt von der maronitischen Kirche, unter regionalem und nationalem von der armenischen, ukrainischen, chaldäischen oder koptischen Kirche. Auf den (liturgischen) Ritus bezogen ist die Redeweise „byzantinische Kirche(n)". Der melkitische Bischof weist noch darauf hin, dass im Vorderen Orient die Kirchen oft Gemeinschaften genannt werden bzw. durch

---
[12] Edelby, Kommentar 131.
[13] Hoeck, Kommentar 367.
[14] Vgl. Edelby, Kommentar 135 f.
[15] S. die Kommentare zur Kirchenkonstitution und zum Ökumenismusdekret!
[16] Edelby, Kommentar 140.

den Begriff der Nation bezeichnet werden können. Geläufig ist die Unterscheidung zwischen autokephalen und autonomen Kirchen[17]. Die im Westen geläufig gewordenen Bezeichnung „Riten" resultiert aus dem historischen Irrtum, die mit Rom verbundenen Kirchen unterschieden sich vom Westen lediglich in ihren liturgischen Riten.

Entsprechend groß war noch zu Konzilsbeginn die Reserve gegenüber dem Ausdruck „Teilkirche", in dem manche sogar separatistische Tendenzen vermuteten. Selbst die paulinische Bezeichnung der Ortskirche als Kirche wurde als uneigentliche Redeweise hingestellt! Das hätte bedeutet, zwischen der Universalkirche (ist das wirklich die „Zentrale"?) auf der einen und den gläubigen Gemeinschaften auf der anderen Seite Diözesen und Pfarreien lediglich als Verwaltungseinheiten zuzulassen. Im Verlauf des Konzils wurde der vom Ersten Vatikanum her bestimmte Zentralismus und Paternalismus wenigstens an dieser Stelle durch die Identifikation von Ritus und Kirche tendenziell überwunden. Demnach wird ein Ritus im weiten Verständnis von Teilkirche nicht durch ein Territorium, die Nation, den liturgischen Ritus oder die liturgische Sprache definiert. Wenn auch dies alles dazugehört, so ist doch ein Element unabdingbar: die autonome hierarchische Konstitution. Es versteht sich, dass vor allem aus ostkirchlicher Perspektive der Liturgie und damit dem Ritus im engeren Sinn zentrale Bedeutung zukommt. Entscheidend ist der liturgische Ritus jedoch schon insofern nicht, als verschiedenen Teilkirchen den gleichen liturgischen Ritus haben können bzw. in einer Teilkirche verschiedene Riten zugelassen sind.

Der hier herausgestellte eigene ekklesiologische Wert und Status der Teilkirchen wird dem Gegenvorschlag Edelbys entsprechend auch im verabschiedeten Text ausgesagt, insofern nicht nur von der Gemeinschaft der Gläubigen die Rede ist, sondern auch von den durch sie unter der Leitung der Hierarchie gebildeten Gemeinschaften. Ganz im Sinne der Communio-Ekklesiologie formuliert Edelby: „[Die katholische Kirche] ist auch eine Gemeinschaft von Gemeinschaften, eine Ecclesia Ecclesiarum."[18] Und er fügt erläuternd einen ekklesiologischen Grundsatz hinzu, der noch immer auf seine volle kommunikative und institutionelle Verwirklichung wartet: „Das Wesentliche ist es zuzugeben, dass die kirchlichen Gemeinschaften an der Basis – die Pfarreien, die Diözesen – auf organische Weise höhere kirchliche Gemeinschaften bilden, verbunden durch unterschiedliche Hierarchien, ebenso Kirchen-Riten konstituierend."[19]

Mit Edelby[20] lässt sich die Bedeutung des ersten Satzes von OE 2 so zusammenfassen:

1. Das Konzil lehnt eine ausschließlich individualistische Sicht von Kirche ab.

2. Die orientalischen Kirchen erscheinen nicht länger als ein Zugeständnis der römischen Kirche.

---

[17] Vgl. die entsprechenden Informationen im Kommentar zu UR.
[18] Edelby, Kommentar 142: «C'est aussi une communion des communautés, une Ecclesia Ecclesiarum.»
[19] Ebd.
[20] Ebd. 149–151.

3. Der Ausdruck orientalische Kirchen ist nicht mehr synonym mit „orientalischen Riten".

4. „Von den ersten Zeilen an wendet unser Dekret eine Ekklesiologie der Universalkirche an, die diese beschreibt als eine *Ekklesiologie der communio*, der Präsenz des Mysteriums. Die Grundlagen sind: zuerst die Eucharistie als das gemeinsame Gut der ganzen Ortskirche; die Liebe, der Frieden, die Eintracht zwischen den Teilkirchen; die Liebe, die das gemeinsame Gut innerhalb der Universalkirche ist; die Kollegialität des Episkopats, unter dem Vorsitz der Koordination und Leitung durch den Primat des Bischofs von Rom. – So verstanden kann die Universalkirche als eine Gemeinschaft von Ortskirchen definiert werden, deren Einheit, ausgedrückt durch die Liebe und eingewurzelt in der Eucharistie, aufrechterhalten wird durch das Kollegium der Bischöfe unter dem Primat des Papstes."[21]

Auch der zweite Satz von OE 2 geht auf einen Vorschlag Edelbys zurück. In ihm geht es um das Verhältnis von Einheit und Vielfalt, konkret darum, dass die Vielfalt der Teilkirchen die Einheit der Universalkirche gerade nicht gefährdet, sondern bereichert und stärkt. Im Verlauf der Redaktionsgeschichte wurde versucht, die Rede von den Teilkirchen wieder auf die Variation von Riten zu reduzieren. Es war wiederum die melkitische Synode von 1963, die heftig protestierte. „Es handelt sich nicht um Folklore, sondern um kirchliche Traditionen."[22] Auf Grund dieses und Anderer Engagements kehrte man zum früheren Text zurück und präzisierte die Formulierung noch dahingehend, dass die Katholizität ja gerade in der Vielfalt bestehe, durch sie also nicht gefährdet werden könne. Als komplementär dazu wurde hinzugefügt, dass sich gerade in dieser Vielfalt „eine wunderbare Gemeinschaft" ergebe.

Der letzte Teilsatz von OE 2 spricht von einem doppelten Vorsatz der katholischen (meint hier: der lateinischen) Kirche, die Überlieferung einer jeden Teilkirche zu wahren und unangetastet zu lassen sowie zugleich sich selbst den Zeichen der Zeit entsprechend zu entwickeln, wie es ja auch durch die Liturgiekonstitution geschehen ist. Katholizität bedeutet also sowohl legitime Vielfalt unter Berücksichtigung des reichen Erbes der Tradition wie legitime Vielfalt angesichts der jeweiligen Zeichen der Zeit.[23]

So können sich die katholischen Ostkirchen aufs Ganze gesehen durch das Konzil gewürdigt sehen. Sie sind nicht Folklore, sondern ein Schmuck für die gesamte Kirche und zugleich ein Prüfstein der Einheit im Glauben. Darüber hinaus sind sie ein Ort der Begegnung, an dem alle Kirchen ihre Apostolizität wieder finden, und zugleich sind sie ein Kennzeichen der Katholizität und im Blick auf die ökumenische Bewegung – zumindest aus der Sicht der Orientalen – ein Motiv der Hoffnung.[24]

---

[21] Ebd. 150 f.
[22] Ebd. 153.
[23] Kompakt ausgedrückt bei Edelby, Kommentar 156: „Die Treue zur Vergangenheit, zur ganzen Vergangenheit, kreiert den Pluralismus. Die Treue zur Gegenwart, zur ganzen Gegenwart, kreiert den Pluralismus."
[24] Vgl. ebd. 155.

OE 3 Im dritten Artikel bestätigt das Dekret die gleiche Würde der Teilkirchen bzw. der „sogenannten Riten". Dies bedeutet nichts mehr und nichts weniger als die Verabschiedung der traditionellen Konzeption vom Vorrang, ja der Überlegenheit des lateinischen Ritus. Wenn auch in dieser Formulierung unter Ritus mehr verstanden wird als nur die liturgischen Formen, so stößt das Konzil mit diesem Artikel zumindest die Tür auf zu einer Communio-Ekklesiologie, welche nicht länger die römische Kirche als Mutterkirche und alle übrigen als Töchterkirchen oder Stiefgeschwister versteht. Ja, die römische Kirche kann sich nicht einmal mehr als die ältere Schwester betrachten, was ja immer die Gefahr mit sich bringt, illegitimerweise die Mutterrolle zu übernehmen. Die Gleichheit bringt der Text dadurch zum Ausdruck, dass er von den Teilkirchen „sowohl des Ostens als auch des Westens" spricht. Edelby weist darauf hin, dass in der Konsequenz dieses Ansatzes die katholische Kirche nicht länger der orthodoxen Kirche gegenübergestellt werden kann. „Katholizismus und Orthodoxie sind zwei sich ergänzende Kennzeichen der einen und universalen Kirche Christi. Man kann höchstens noch die lateinische oder abendländische Kirche der orientalischen oder byzantinischen usw. Kirche entgegenstellen."[25] Eine solche Konzeption scheint auch den historischen Gegebenheiten eher Rechnung zu tragen, insofern das Schisma von 1054 nicht eines zwischen der katholischen und der orthodoxen, sondern eines zwischen der römischen und der byzantinischen Kirche war. Den Unterschied im geistlichen Erbe kommentiert Edelby mit einer prinzipiellen Bemerkung, die inzwischen zur ökumenischen Standardformel geworden ist: „Zwischen den Kirchen ist das gemeinsame Erbe unendlich weiter und bedeutender als das eigene Erbe; was zwischen den Kirchen gemeinsam ist, ist viel größer als das, was sie trennt."[26]

Leider ist auch der dritte Artikel des Dekrets ein Beispiel dafür, wie Grundpositionen durch Aussagen bzw. Vorbehalte auf sekundärer Ebene konterkariert werden. So ist die mehrfache Betonung des Primats unnötig. Außerdem stellt sich die Frage, ob der Terminus *gubernium* eine in den Augen der orientalischen Kirchen akzeptable Beschreibung der Aufgabe des römischen Bischofs als Papst der Gesamtkirche darstellt. Abtprimas Hoeck kommentiert: „Denn nach universalkirchlicher, d. h. vorschismatischer Auffassung ist der Papst als Papst nicht ‚*gubernator*' [Lenker], sondern Schützer und Garant der Einheit und des bonum commune [Gemeinwohls] der Kirche, ihr ‚*summus iudex*' [oberster Richter] und ‚*arbiter*' [Schiedsrichter], der also nur eingreift, wo und soweit die Einheit und Reinheit des Glaubens es als notwendig erscheinen lassen … Deshalb widerspricht auch die so unnötig häufige und manchmal geradezu aufdringliche Betonung des Primates, wie sie ursprünglich auch in unserem Dekret zu finden war (in der Fassung A 30mal, in der Fassung B 12mal, in der jetzigen noch 6mal) nicht bloß den Regeln der Klugheit, da sie doch nur verstimmt, sondern auch der Liebe."[27] Auf das Konto der gewollten oder ungewollten Unaufmerksamkeiten

---

[25] Ebd. 161.
[26] Ebd. 163.
[27] Hoeck, Kommentar 368.

ist zu buchen, dass die Betonung der Gleichberechtigung im letzten Satz von OE 3 durch ein „proinde" (daher) mit dem vorher Gesagten verknüpft wird, weil dadurch der Anschein erweckt werden könnte, die Gleichberechtigung aller Partikularkirchen begründe sich von daher, dass sie alle in gleicher Weise der pastoralen Leitung des römischen Pontifex anvertraut wären. Nein, weil sie jeweils aus eigenem Recht gleichberechtigt sind, hat der römische Bischof sie mit gleicher pastoraler Sorgfalt zu moderieren.

Im nächsten Artikel **OE 4** soll gesichert werden, was in den beiden vorhergehenden theologisch grundsätzlich ausgesagt wurde: Existenz und „Wachstum aller Teilkirchen". Freilich stecken die Probleme wieder einmal im Detail. Die unterschiedlichen Optionen für rechtliche Regelungen und pastorale Maßnahmen erklären sich aus den unterschiedlichen Kontexten („Erlebniswelten"!) der einzelnen katholischen Ostkirchen: Wie groß ist ihr Minderheitenstatus? Wie viele Gläubige leben in der Emigration, jedenfalls außerhalb der traditionellen Gebiete? Das theologisch richtige Prinzip „ein Bischofssitz – ein Bischof" usw. beißt sich in seiner Reinheit mit pastoralen Erwägungen: Man wird „die mit der Durchdringung mehrerer Jurisdiktionen verbundenen Schwierigkeiten doch als das kleinere Übel betrachten müssen, weil sonst für manche orientalische Kirchen (von einigen lebt ja nahezu die Hälfte der Mitglieder in der Emigration!) nicht nur eine akute Gefahr der Ausblutung und damit der lebensbedrohenden Verkümmerung gegeben wäre, sondern auch die Befürchtung, dass ihre auswärtigen Mitglieder sich den orthodoxen Schwesterkirchen anschließen, die für ihre Auslandsgruppen vorzügliche Organisationen geschaffen haben"[28]. Also sollten auch bisher „rein lateinische Gegenden" ein pluriformes Gesicht bekommen. Noch immer ist es ökumenische Zukunftsmusik, dass es unter einem Patriarchen oder einem (Erz-)Bischof und in einer Ortskirche eine legitime Vielfalt von „Riten" gibt, jedenfalls solange diese lebensfähig sind. Dann wäre sowohl das Einheitsprinzip wie das der Vielfalt zur Anwendung gekommen! Ist aber eine solche Vision eines nicht nur birituellen, sondern möglicherweise multirituellen Klerus ein hoffnungsloser Tagtraum? Nach Edelby ist dieser „Traum" in der „modernen Welt" endgültig passé.[29] In seiner Argumentation stützt er sich auf die melkitische Synode von 1963, deren Position er durch die unmittelbar nachkonziliare Entwicklung bestätigt sieht.

Unter Rückgriff auf das Motu Proprio Pius' XII. *Cleri sanctitati* vom 2.6.1957 wird in OE die Kooperation der verschiedenen Hierarchen in Beratungen und „gemeinsamen Werken" empfohlen – zur Förderung des gemeinsamen Glaubens und zur Schutz der Ordnung des Klerus. Edelby hatte schon im November 1960 die Einrichtung interritueller Synoden vorgeschlagen, er kommt eben aus einer Kirche, in der das Synodalwesen besonders lebendig ist.[30] Bis zu diesem „institutionellen Synodalismus"[31] dringt der Konzilstext nicht vor. Der rechtliche Cha-

---

[28] Ebd. 369.
[29] Edelby, Kommentar 181. – Edelby macht sich seine eigene Position nicht leicht und diskutiert ausführlich (190–198) Pro und contra einer Vereinheitlichung der Jurisdiktion.
[30] Ebd.187
[31] Ebd. 198.

rakter der empfohlenen „Sorge" bleibt offen. Offen bleiben auch andere, gerade für den christlichen Orient wichtige Fragen, z. B. wer gehört zu den „Hierarchen"? So blieb die Situation auch nach dem Konzil sehr unterschiedlich.[32]

Ein gedeihliches Miteinander erfordert die entsprechende Kenntnis der (anderen) Riten, die nicht nur von den Klerikern und Kandidaten, sondern auch von den Laien verlangt wird. 49 Konzilsväter hatten während der Debatte im Herbst 1964 für die Aufnahme dieses Passus, der gut zu OE 6 gepasst hätte, votiert.

Schließlich spricht der Artikel noch einen der heikelsten Punkte an, die Beibehaltung des eigenen Ritus „auf der ganzen Welt". Dies war auch nach *Cleri sanctitati* nicht immer und überall selbstverständlich, und die Gefahr der bzw. die Angst vor Proselytenmacherei bzw. Abwerbung scheinen bis heute nicht gebannt. Dennoch bleiben die konkreten Formulierung heiß umstritten, wie die Textgeschichte belegt: „Die Vorbereitende Kommission hatte ... eine Verschärfung des c. 11 von *Cleri sanctitati* gefordert, in dem Sinn, dass getaufte Konvertiten bei der Aufnahme in die katholische Kirche nicht bloß innerhalb, sondern auch außerhalb der Gebiete ihres Ritus an diesen Ritus gebunden sein sollten ... Die Fassung A (ohne Beteiligung der Kommission redigiert) war ... zum Wortlaut des genannten c. 11 zurückgekehrt, der von den Konvertiten die Beibehaltung des Ritus nur in den rituseigenen Gebieten verlangt, außerhalb desselben aber freistellt bzw. nur empfiehlt ... Die Fassung B endlich (wieder von den Periti redigiert) war ... noch einen Schritt weiter gegangen ... Diese Textänderungen wurden jedoch von der Kommission fast einmütig abgelehnt ... und die Rückkehr zum Text der Vorbereitenden Kommission wenigstens der Substanz nach verlangt ..."[33] Die Gegenstimmen[34] kamen von denen, die auf die Gewissensfreiheit verwiesen; diese Position könnte freilich die Existenz eines Ritus/einer Kirche gefährden. Andere[35] brachten dagegen vor, jeder Anschein einer beabsichtigten Latinisierung und einer Abwertung orientalischer Riten müsse vermieden werden.

Der im Oktober 1964 vorgelegte Text (D) sprach noch von „nichtkatholischen Getauften, die zur katholischen Kirche kommen"[36]. Das war eine rein negative Beschreibung, die westlichen Ohren vielleicht erst dann hören, wenn die römischen Katholiken als nicht-orthodox oder heterodox bezeichnet würden. Außerdem wird der Eindruck erweckt, nicht römisch-katholische Christen gehörten in keiner Weise zur katholischen Kirche.[37] Diesem Anschein wehrt der endgültige Text, indem er katholisch im konfessionskundlichen Sinn gebraucht und wie inzwischen auch die Kirchenkonstitution von der „Fülle der katholischen Gemeinschaft" spricht.

---

[32] Vgl. ebd. 204.
[33] Ebd. – Ausführliches Referat bei Edelby, Kommentar 217–227.
[34] Z. B. von Alberto Gori, dem Lateinischen Patriarchen in Jerusalem (AS III/5, 13 f.), von Bischof Doumith (ebd. 36–38) und schon zu Beginn der Debatte von Patriarch Stephanos I. Sidarouss (AS III/4, 530–532).
[35] Patriarch Batanian (AS III/5, 15–18), Großerzbischof Slipyj (ebd. 19–21), Bischof Zoghby (ebd. 32–34).
[36] AS III/4, 486.
[37] So veranschaulicht Edelby, Kommentar 209, die Problematik der Vorlage.

Der eigene Ritus soll also bewahrt und überall auf der Welt ohne falsches Inferioritätsgefühl geschätzt sowie nach Möglichkeit gepflegt werden. Gibt es dann noch einen Rituswechsel? OE 4 hat zwei Fälle vor Augen, den Wechsel eines katholischen Christen zu einem anderen Ritus innerhalb der katholischen Kirche und die Bestimmung des Ritus eines zur katholischen Kirche Konvertierenden.[38] Keinerlei Proselytenmacherei verträgt sich mit dem Geist des ökumenischen Dialogs der Liebe und der Wahrheit. Bis zur Erreichung der vollen Kirchengemeinschaft bzw. bis zur wechselseitigen Anerkennung als authentische Ausprägungen der einen Kirche Jesu Christi sind Regelungen für individuelle Fälle vonnöten.

Erneut streut Edelby in seinen ausführlichen Kommentar eine grundsätzliche ekklesiologische Bemerkung ein: „Man konnte sich wundern, dass das Konzil, das generell die Dezentralisierung favorisieren wollte, dieses Recht für Rom reservierte, sogar für die Fälle eines individuellen Rituswechsels."[39] Wenn Rom hier schon direktiv wirke, dann solle dies „in ökumenischem Geist selbst" geschehen, mit dem eine Latinisierung des Orients ganz sicher nicht vereinbar sei.[40]

IV. Die Wahrung des geistlichen Erbes (OE 5 und 6)

Zwischen die Ausführungen über die Teilkirchen und deren patriarchalische Struktur wurden zwei Artikel eingeschoben, die zu großen Teilen aus dem Schema *De Ecclesiae unitate* stammen. In gewisser Weise führen sie fort und konkretisieren sie, was schon im Vorwort und dann in den vorausgehenden Artikeln insgesamt ausgeführt wurde.

Nach Hoeck gilt das zu Beginn in **OE 5** ausgesprochene Lob „natürlich vor allem den alten, d.h. vorschismatischen Kirchen des Ostens und indirekt damit auch den heutigen Orthodoxen"[41]. Die „feierliche" Erklärung hat Parallelen in UR 16 bzw. ist dort aus OE übernommen. Allerdings wurde in der „schwarzen Woche" die Formulierung „ius et officium" durch „facultas" ersetzt, genauer: aus „Recht" wurde „Erlaubnis", was herablassend klingen könnte, und „Pflicht" entfiel, was anzumahnen Rom ja auch nicht zusteht.[42] Hier in OE 5 ist von den Kirchen des Ostens und des Westens die Rede, was vielleicht die Beibehaltung der Formulierung begünstigte. Als Ergebnis des konziliaren Lernprozesses kann die Rede von den „Orientales Ecclesiae" bezeichnet werden, welche die anfängliche Rede von den Orientalen bloß als Individuen ablöste. Die „Verdienste" dieser Kirchen sind im Ökumenismusdekret (UR 14 und 15) ausführlich gewürdigt.

---

[38] Vgl. die ausführliche Analyse vor dem geschichtlichen Hintergrund bei Edelby, Kommentar 212–217. Der Melkite war es auch, der das Problem in die Vorbereitende Kommission brachte (vgl. ebd. 218). Schon 1958 hatte die melkitische Synode in Kairo gegen c. 11 von *Cleri Sanctitati* Einspruch erhoben.
[39] Edelby, Kommentar 229. – Möglicherweise war der Wille zur Dezentralisierung doch nicht so ausgeprägt bzw. zeigt sich auch an dieser Stelle die Diskrepanz zwischen theologischer Grundsatzerklärung und juristischer Konkretisierung bzw. Kontrolle.
[40] Ebd. 230.
[41] Hoeck, Kommentar 370 mit Verweis auf UR 14 und 15.
[42] Vgl. ebd. 371 und die Korrektur am Kommentar von Kardinal Jaeger in Anm. 11.

Bei den Motiven für die Leitung „nach den ihnen eigenen besonderen Ordnungen" könnte neben dem „ehrwürdigen Alter", der „Gewohnheit der Gläubigen" und der „Sorge um das Wohl der Seelen" auch der ökumenische Impetus genannt werden, der „die vollkommene Beobachtung dieses überlieferten Grundsatzes … zur Wiederherstellung der Einheit als vorgängige Bedingung unbedingt" (UR 16) erforderlich hält. Der Artikel veranlasste keine großen Diskussionen, obwohl[43] ihm immense praktische Bedeutung zukommt.

Die beiden ersten Sätze von **OE 6** stammen ebenfalls aus dem Schema *De Ecclesiae unitate*. Es handelt sich quasi um eine erneute feierliche Versicherung der liturgischen und disziplinären Eigenart. Edelby nimmt diese Aussage dankbar auf und unterstreicht sie: „Die Empfehlung richtet sich ohne Unterschied an alle Orientalen, katholische und nicht-katholische. Sie sollen dem treu bleiben, was sie nach Gottes Willen sind: Orientalen."[44] Nur autonom und organisch, also nicht von außen erzwungen und gewaltsam soll die eigene Tradition weiterentwickelt werden. Dass dies mehrfach betont wird, spiegelt die mit Blick auf die Vergangenheit nicht unbegründete Angst der katholischen Orientalen. Edelby betont dies vor allem im Blick auf das kanonische Recht, das selbstverständlich weiterentwickelt werden müsse, weil „nichts für eine Gesellschaft tödlicher ist als die Immobilisierung ihres Rechts"[45]. Ist jedoch der Grundsatz „autonom, nicht von außen" bei der Revision des Ostkirchenrechts genügend befolgt worden?

Hoeck meint sogar, dass die Formulierung „wenn sie … ungebührlich abgefallen sind" [indebite defecerint] „nicht nur und nicht einmal in erster Linie auf die Orientalen selbst zu beziehen [ist], sondern auf die unseligen Latinisierungen"[46]. Edelby meint freilich auch, dass es „generell gesehen die Orientalen sind, die ihren eigenen Orient nicht kennen"[47]. Zu Hoecks Akzentuierung passt die folgende, ursprünglich aus einem anderen (Teil-) Text der Kommission stammende ermahnende Passage. Damit werden (dringende) Empfehlungen Benedikts XV. und Pius' XI. explizit aufgegriffen, wie die Fußnote 6 belegt. Obwohl Pius XI. von den Verantwortlichen in der Kongregation für die Ostkirchen ein Lizentiat bzw. Doktorat in den Orientwissenschaften gefordert hatte, waren es selten die einschlägigen Experten, die Mitglieder wurden.[48] Johannes XXIII. machte dann die Patriarchen zu rechtmäßigen (geborenen) Mitgliedern der Kommission. Freilich: Diese Geste verlängerte nur die Mitgliederliste. „Selten wurden die Patriarchen konsultiert oder einfach zu Arbeitssitzungen zusammengerufen. Man wird auf eine vollkommene Reform der Kurie warten müssen."[49] Ist die Zeit des Wartens in dieser und in anderen Hinsichten schon vorbei? Der

---

[43] Im Kontext dieses Dekrets scheint ein „weil es eben" nicht selbstverständlich, wurden doch die Konkretisierungen oft zur Nagelprobe.
[44] Edelby, Kommentar 254.
[45] Ebd. 256.
[46] Hoeck, Kommentar 372.
[47] Edelby, Kommentar 258.
[48] So das deutliche Urteil bei Edelby, Kommentar 261.
[49] Ebd. 262.

melkitische Bischof begrüßt die Forderung des Konzils nach einer „umfassenden Bildung, fundiert im Wissen und die Reichtümer des Orients in Liebe aufblühen lassend: seine Riten, seine Disziplin (Ordnung), seine Lehre, seine Geschichte, seine eigene Geistesart. Man könnte hinzufügen: seine Kunst, seine Spiritualität, seine Mystik, sein Mönchtum. Und die Liste kann unendlich verlängert werden"[50].

Der im letzten Satz des Artikels ausgesprochenen Empfehlung steht der Kenner indes skeptisch gegenüber: „Allerdings ist die empfohlene Gründung eigener orientalischer Häuser oder gar Provinzen, namentlich von Seiten exemter Orden, nicht unbedenklich, wenigstens wenn es sich dabei mehr um eine äußerliche rituelle Angleichung als um eine wirkliche innere Umwandlung handelt."[51] Dass die Empfehlung auch in umgekehrter Richtung gelten könne – die Gründung eigener „lateinischer Häuser" seitens der katholischen Ostkirchen –, gaben immerhin 73 Konzilsväter zu bedenken. Wegen der geringen Zahlen erscheint dies nach wie vor nicht relevant, aber allein schon die Vorstellung kann zum Prüfstein wahrer Katholizität werden.

V. Die östlichen Patriarchen (OE 7–11)

Wie in einem Brennpunkt lässt sich an dem Kapitel über die Patriarchen ablesen, inwiefern der Lernprozess in Sachen Katholizität angenommen oder auch verweigert wurde. Von der Diskussion über die communicatio in sacris abgesehen bildete die Auseinandersetzung über die damit verbundenen Fragen „den eigentlichen Höhepunkt der Debatte"[52], ging es doch „um das Kernproblem der orientalischen Kirchen, ja der gesamten Kirchenstruktur überhaupt"[53]. Die Interventionen und Modi waren durch unterschiedliche Interessen motiviert: „Anders sprachen die Väter über die Patriarchate, die zunächst einmal nur die unierten Patriarchate im Auge hatten; anders die, die darin ein wichtiges ökumenisches Anliegen sahen; wieder anders die, die in der Erneuerung der Patriarchatsstruktur in der Gesamtkirche eine gültige Form kirchlicher Strukturreform sahen."[54] Abtprimas Hoeck, der sich neben Patriarch Maximos IV. „aus ökumenischen und innerkatholischen Gründen"[55] am energischsten in dieser Frage engagierte, bilanziert: „Für eine befriedigende Behandlung dieser Frage hätten allerdings die Weichen von Anfang an anders gestellt sein müssen. Sie hätte nicht ... als orientalisches Sonderproblem behandelt werden sollen, sondern als gesamtkirchliches Strukturproblem ... [und zwar] von jenen, die die zentralen Dekrete [sic!] über die Kirche und das Bischofsamt vorzubereiten hatten. Man kann freilich allen

---

[50] Ebd. 263.
[51] Ebd.
[52] Müller (Hg.), Vaticanum secundum III/2, Kap. XII, 713. Müller (710–714) bietet eine gekürzte und überarbeitete Fassung des Berichts der HerKorr 19 (1965) 226–229.
[53] Hoeck, Kommentar 373.
[54] Müller (Hg.), Vaticanum secundum III/2, 713.
[55] Ebd. 714.

Ernstes zweifeln, ob dazu die Zeit schon reif war, sowohl was die theologische Reflexion angeht wie auch die gegenwärtigen konkreten Verhältnisse."[56] Inzwischen ist die theologische Reflexion über das Bischofsamt, die Kollegialität des Episkopats, die Stellung der Bischofskonferenzen und die (mögliche, freilich noch nicht realisierte bzw. zugelassene) Bedeutung der „römischen" Bischofssynode sowie das Verhältnis von Episkopat und Primat vorangeschritten, während die konkreten Verhältnisse dies kaum zeigen bzw. behindern. Was können wir für unsere Zeit aus dem Lernprozess des Konzils lernen, ablesbar an einem Text, dessen Bedeutung „weniger in den theoretischen Prinzipien" zu sehen ist, als in den „weiten Öffnungen (larges ouvertures)", die er in Aussicht stellt?[57]

Als „ökumenisches" Konzil wie als Generalsynode einer sich ihres Charakters als Weltkirche erst bewusst werdenden Kirche konnte und als Bischofsversammlung wollte das Zweite Vatikanum keine komplette Theologie des Patriarchats bzw. der patriarchalischen Struktur vorlegen. Aber es hat eine Reihe unverzichtbarer Prinzipien festgehalten.[58] Eine neue Wertschätzung der Institution des Patriarchats, teilweise sogar eine Ausweitung auf die abendländische Kirche hatten nämlich bereits viele Eingaben an die vorbereitende Kommission gewünscht. Vorgeschlagen wurde aber nur die Behandlung zweier Probleme: die Ernennung der Patriarchen zu Kardinälen und deren Rangordnung, wobei die Tendenz vorherrschte, die Patriarchen in Rom nach der Ordnung der Bischöfe einzuordnen, während sie außerhalb allen anderen vorangingen. Mit seinem in der ersten Sitzung der Vorbereitungskommission vorgetragenen „Sieben-Punkte-Programm" gab Bischof Edelby den Anstoß sowohl zu einer thematischen Erweiterung wie zu einer theologischen Vertiefung der Materie. Die Thesen lauten:

„I. Wenn man eine zutreffende Vorstellung davon haben will, was ein Patriarch ist, darf man weder wünschen noch erlauben, dass er mit der Kardinalswürde bekleidet wird.

II. Die Patriarchen der großen apostolischen Sitze im Orient (Konstantinopel, Alexandrien, Antiochien und Jerusalem) kommen ihrem anerkannten Rang entsprechend unmittelbar nach dem Römischen Pontifex und gehen durchweg jedem anderen Würdenträger voraus, der nicht ein Legat seitens des Römischen Pontifex ist.

III. Das Papstwahlkollegium setzt sich zusammen aus den großen Patriarchen des Ostens und den Kardinälen der Heiligen Römischen Kirche.

IV. Das kanonische Recht muss den Patriarchen des Ostens alle traditionellen Vollmachten der Leiter von Kirchen zuerkennen.

V. Alle lateinischen Patriarchate des Orients, die ehrenhalber wie die residierenden und insbesondere das lateinische Patriarchat von Jerusalem, müssen abgeschafft werden.[59]

---
[56] Hoeck, Kommentar 373.
[57] So beginnt Edelby, Kommentar 269, seine einschlägigen Bemerkungen.
[58] Vgl. zum Folgenden v. a. den ausführlichen Kommentar von Edelby (ebd. 269–375!).
[59] In der Begründung (273) heißt es, diese Patriarchate seien ein Nonsens, so wie es z. B. ein orientalisches Patriarchat in Rom wäre!

VI. Man kann die Ausweitung der patriarchalischen Verfassung oder einer vergleichbaren Institution in andere Regionen der katholischen Welt als fruchtbar ins Auge fassen.

VII. Am Ende wird es immer eine feste Unterscheidung zwischen den Inhabern der großen und denen der niedrigeren Patriachatssitze, die jüngere Institutionen sind, den ‚Katholikoi' und ‚Primas' andernorts vergleichbar, geben."[60]

Im Gefolge wurden den Mitgliedern und Konsultoren zehn Fragen zum Rang, den Rechten und Pflichten der Patriarchen vorgelegt, auf die unterschiedlich, ja gegenläufig geantwortet wurde.[61] Aus unserer Sicht interessiert zunächst die Antwort auf die Frage, ob auch neue Patriarchate geschaffen werden sollten, handelt es sich doch um eine unabgeschlossene Aufgabe seit dem Konzil. Edelby begründet sein Ja u. a. wie folgt: „Bis heute stellt sich der abendländische Katholizismus als eine Ansammlung von Diözesen dar, dem Heiligen Stuhl unterstellt, aber ohne organisches Band untereinander. … Seit einer gewissen Zeit werden die Bischofskonferenzen vom Heiligen Stuhl ermutigt, nachdem sie eine gewisse Zeit lang einen Dämpfer bekamen. Praktisch ist es der Repräsentant des Heiligen Stuhls, der wenigstens ein wenig durch den Rapport zu den Bischöfen des Landes die Rolle eines Leiter der Kirche, eines Patriarchen, spielt. – Um auf die Erfordernisse hinsichtlich der Einheit der Kirche eines Landes zu antworten, ohne in die unangemessenen Umstände einer übertriebenen Zentralisierung zu fallen, schlagen wir einen neuen Plan der generellen Organisation der Hierarchie vor. Überall da, wo in einem Land oder einer Region die Hierarchie genügend entwickelt ist und wenigstens zwei Kirchenprovinzen … umfasst, ist es angemessen, dieser Kirche einen Leiter zu geben. Das wird in der Regel der Bischof der zivilen Hauptstadt des Landes sein. Man kann ihn Patriarch nennen. Wir ziehen es allerdings vor, diesen Namen den Inhabern der großen apostolischen Sitze zu bewahren und diese Kirchenführer Primas zu nennen. Diese Patriarchen und Primas', zu denen ehrenhalber die Kardinäle als die Hauptmitarbeiter des Papstes in der zentralen Administration hinzukommen, bilden das Papstwahlkollegium."[62]

Ergebnis der extensiven wie intensiven Diskussionen in der Vorbereitenden Kommission war ein 13 Artikel umfassendes Schema *De Patriarchis orientalibus*, das in der Kommission freilich eine schwache Mehrheit bekam. Dieser Text (Edelby: A) wurde der Zentralen Kommission vorgelegt, versehen allerdings mit einem Vorwort, das auf die Rechte des Papstes pochte. Verfasst hatten es, an der Kommission vorbei, die von Edelby immer wieder kritisierten „römischen Experten". Die Zentrale Kommission gab nur die ersten sieben Artikel zur weiteren Behandlung zurück und strich die übrigen, in denen u. a. von der Abschaffung der lateinischen und der Schaffung neuer Patriarchate gehandelt wurde. Während alle anderen Einzelschemata zu einem einzigen *De Ecclesiis orientalibus* zusammengeführt wurden, waren die sieben Artikel des Schemas B über die Patriarchen nicht mehr als Auszüge aus den canones des Motuproprio *Cleri sanctitati*.

---

[60] Edelby, Kommentar 272–274.
[61] Edelbys ausführliche Antwort umfasst in seinem Kommentar 9 Seiten (275–283)!
[62] Ebd. 281.

Die von der Konzilskommission erarbeite Textfassung C vom Frühjahr 1963 enthielt fünf Artikel über die Patriarchen. Welchen Inhalts? Lakonisch fragt Edelby, ob es nicht peinlich sei, „ein ökumenisches Konzil einzuberufen, um solche Plattitüden zu sagen"⁶³. Massive Kritik vor allem seitens der Melkiten und der Auftrag der Koordinierungskommission zur Kürzung führten zur Ausarbeitung der Fassung D vom Frühjahr 1964. Die Artikel über die Patriarchen haben hier bereits die endgültige Anordnung. Auch jetzt noch übten die Melkiten scharfe Kritik: „Dieses Kapitel ist das am wenigsten geglückte von allen ..."⁶⁴ Nie hätten die ökumenischen Konzile nur von den orientalischen Patriarchen gesprochen, das Patriarchat sei immer eine Einrichtung der Kirche (nicht der orientalischen Kirche) gewesen. „Jeder Versuch, das Papsttum oberhalb oder außerhalb des Episkopats oder der Kirche zu platzieren, würde die Ernsthaftigkeit und die Aufrichtigkeit des Dialogs mit der Orthodoxie beeinträchtigen."⁶⁵ Es sollten folgende zwei Artikel in das Schema eingefügt werden: „Die Patriarchen bilden mit ihren Synoden die höchste Instanz in allen Angelegenheiten ihres Patriarchats, darin inbegriffen das Recht, neue Eparchien zu errichten und die Bischöfe ihres Ritus überall da, wo es opportun erscheint, frei zu ernennen, unbeschadet des unveräußerlichen Rechts des Römischen Pontifex, in besonderen Fällen frei zu intervenieren. – Überall wo eine Hierarchie eines bestimmten Ritus errichtet ist, ist diese Hierarchie dem Patriarchen dieses Ritus unterstellt, auch außerhalb der Grenzen des patriarchalen Territoriums."⁶⁶

Noch vor den Debatten der dritten Sitzungsperiode erstellte die Kommission unter Berücksichtigung der eingegangenen Voten den Text (E) als Vorlage für die Konzilsväter. Edelby schreibt es verschiedenen günstigen Umständen, nicht zuletzt dem Fehlen einiger „römischer Experten" zu, dass es ihm „wie durch ein Wunder" gelang, drei Vorschläge der Melkiten, „unter ihnen die gewagtesten und die, von denen wir niemals erwarteten, dass sie [in der Kommission] akzeptiert würden"⁶⁷, in den Artikel 7 und 9 unterzubringen. Was die Melkiten wenigstens in den Akten des Konzils vermerkt haben wollten, bekam eine knappe Mehrheit, – für Edelby ein Beweis für das Wirken des Heiligen Geistes in der Kirche!

In der Konzilsaula ging es grundsätzlich zur Sache, nachdem Patriarch Maximos IV. gleich zu Anfang das Kapitel über die Patriarchen als das schwächste von allen bezeichnet hatte. Die bereits erwähnten unterschiedlichen, ja gegenläufigen Interessen kamen zur Sprache. Von fundamentaler und zukunftsweisender Bedeutung war und ist der Beitrag von Abtprimas Hoeck.⁶⁸ Dieser bezeichnet die Frage der patriarchalischen Struktur als die ökumenische Nagelprobe: „Wenn diese Struktur nicht vollständig wieder hergestellt wird, ist unter ökumenischem Gesichtspunkt nichts erreicht ... Der Status dieser unierten Kirchen in der katho-

---

⁶³ Ebd. 285.
⁶⁴ Ebd. 287; der gesamte Text: 287–291.
⁶⁵ Ebd. 288.
⁶⁶ Ebd. 290.
⁶⁷ Ebd. 291.
⁶⁸ AS III/5, 72–75. Edelby misst er solche Bedeutung bei, dass er den ihm von Hoeck selbst überlassenen Text vollständig abdruckt (Kommentar 295–298).

lischen Kirche ist Beispiel und Probe (umgangssprachlich: Test) für die großen orientalischen Kirchen, die bislang von uns getrennt sind ... Wer würde glauben, ihnen die Autonomie verweigern zu können, derer sie sich während der tausend Jahre der Gemeinschaft mit der römischen Kirche erfreuten? ... Etwas völlig anderes ist die Ausübung dieses Primats, die sich heute völlig [toto caelo] von jener unterscheidet, die zur damaligen Zeit üblich war."[69] Hoeck weist das Ansinnen, diese Frage dem Papst zu überlassen, ab. „Es handelt sich nämlich nicht um das Zugeständnis gewisser Gnaden und Privilegien, sondern um *die fundamentale Struktur der ganzen Kirche*."[70] Und das in der Kirchenkonstitution davon nur so dunkel und anonym die Rede sei, „dass selbst die Experten das kaum durchschauten"[71], und im Dekret über die Hirtenaufgabe der Bischöfe überhaupt nicht, sei doch jetzt der Ort gegeben. Man müsse verhindern, dass dem Dekret dasselbe Schicksal zuteil werde wie dem Konzil von Florenz, deshalb solle das Kapitel gründlich überarbeitet und auch auf die beiden anderen Konzilstexte bezogen werden. Hoecks Intervention endet mit einem leidenschaftlichen Appell, den Kairos nicht zu verpassen, so dass das Konzil den Brüdern (und Schwestern) in Christus zurufen könne: „Seht, das gemeinsame Vaterhaus ist bereitet. Die Tür ist offen und noch mehr das Herz!"[72]

Andere Konzilsväter betonten, dass es nicht nur um die Patriarchen, sondern auch um deren Synoden, also um die synodale Verfassung der Kirche gehe. Die Gegenposition zu Hoeck vertrat (im Namen seines Episkopats) vor allem der chaldäische Bischof Bidawid.[73] Über die Patriarchen werde viel zu viel gesagt, die Patriarchate seien kirchlichen Rechts und mehr zivil und politisch begründet, untereinander alle gleich, während der Papst nie und nimmer als Patriarch bezeichnet werden dürfe. Wenn schon ein Aggiornamento, dann wäre das die Rückkehr zur antiken Institution. Die Bedeutung von Macht und Eitelkeit, der nicht genuin theologischen Faktoren überhaupt beleuchtet schlaglichtartig folgende Bemerkung: „Das Patriarchat der Chaldäer war das erste, das 1553 vom Apostolischen Stuhl errichtet wurde. Seit dem 17. Jahrhundert kamen andere orientalische Gemeinschaften zur Einheit der Kirche, in denen von den Päpsten die Patriarchate errichtet wurden, und das letzte der zeitlichen Ordnung nach war das jenige der Kopten ..."[74] Edelby hört heraus, was der chaldäische Mitbruder nicht ausspricht: die zeitliche Ordnung und die der Ehre stimmen nicht überein.

Die Redaktionskommission, welche die Modi, die nach der Abstimmung vom 21.10.1964 zu bearbeiten waren, diskutierte, ging in der Arbeit fast unter. Für

---

[69] Ebd. 72. – Dass man von den Orthodoxen in dieser Hinsicht nicht mehr verlangen dürfe, als im ersten Jahrtausend gelebt wurde, hat kein Geringerer als Kardinal Ratzinger vertreten (Theologische Prinzipienlehre 209). Leider scheinen die derzeitigen Verhältnisse nicht günstig, dass nach der ausdrücklichen Aufforderung der Enzyklika *Ut unum sint* von Papst Johannes Paul II. die Orthodoxen sich einladen ließen, über eine für sie zumutbare Form der Primatsausübung in einen Dialog einzutreten.
[70] Ebd. 73 (kursiv im Original).
[71] Ebd.
[72] Ebd. 75.
[73] AS III/5, 100–102.
[74] Ebd. 101 f.

tiefgreifendere Veränderungen, wie sie Maximos IV. und Hoeck vorgeschlagen hatten, war keine Bereitschaft vorhanden. Diese seien erst „an dem Tag der Union mit den Orthodoxen" möglich, erwartet Bischof Edelby. Doch bleibt die Frage, was an „innerkatholischer Katholizität" realisiert sein muss, damit es diesen Tag überhaupt geben kann. Welche innovatorischen Impulse sind im verabschiedeten Text ausgesprochen oder verborgen enthalten?[75]

OE 7,1 sollte ursprünglich als Präambel alle oberhalb des Episkopats anzusiedelnde Vollmacht nicht nur als bloß kirchlichen Rechts, sondern als durch den Papst zugestanden oder delegiert behaupten. Die Feststellung, dass die Autorität der Patriarchen kirchlichen Rechts sei, hatte Edelby als Plattitüde bezeichnet; dass alle Autorität durch den Papst vermittelt würde, das war die ekklesiologische Herausforderung. An die Stelle der Überbetonung der päpstlichen Prärogativen trat in der Fassung D die theologisch unproblematische historische Feststellung, dass „die Institution des Patriarchats seit weit zurückliegenden Zeiten in den orientalischen Kirchen in Kraft [ist]. Sie wurde schon durch die ersten ökumenischen Synoden anerkannt"[76]. Nichts dokumentiert augenfälliger den Lernprozess, wenigstens innerhalb der Kommission, aber letztlich bewusst oder unbewusst der Konzilsmehrheit insgesamt, als die Ersetzung „in den orientalischen Kirchen" durch „in der Kirche". Das bedeutet nichts anderes, als dass die patriarchalische Struktur als eine solche der katholischen Kirche und nicht länger als orientalische Besonderheit betrachtet wird.

Was heißt „seit ältesten Zeiten"?[77] Schon vor Kaiser Konstantin etablierte die Kirche regionale Strukturen, seit Nizäa 325 werden Rom, Alexandrien und Antiochien, seit dem Konzil von Konstantinopel 381 und definitiv seit dem von Chalkedon 451 kam Konstantinopel hinzu und rückte allmählich an die zweite Stelle auf. In Chalkedon wird auch Jerusalem aufgewertet, und seit Justinian spricht man von Patriarchaten und von der Pentarchie, der Ordnung der fünf Patriarchatssitze. Das Oberhaupt der Kirchen östlich des Reiches heißt Katholikos, bei den Armenier auch Katholikos-Patriarch. Ende des 16. Jahrhunderts wurde ohne Konsultation Roms das Moskauer Patriarchat kreiert. Auch einige autokephale Kirchen werden von einem Patriarchen geleitet. Bei den katholischen Ostkirchen bilden die Melkiten insofern eine Ausnahme, als ihren leitenden Bischöfen nicht durch Rom der Patriarchentitel verliehen wurde, sondern nach der Doppelwahl von 1724 einer der beiden Patriarchen sich Rom unterstellte. Es ergibt sich folgende Übersicht:[78]

---

[75] Edelby, Kommentar 301, will vor allem diese herausarbeiten.
[76] AS III/4, 487.
[77] Vgl. zum Folgenden die kompakte Information bei Suttner – Potz, Art. Patriarchat (II).
[78] S. ebd. 1466. *Zwei Konzilien* meint die von Nizäa 325 und Konstantinopel 381, also die Nichtanerkennung des Konzils von Ephesus 431, das den Nestorius verurteilte, weswegen in der früheren Dogmengeschichtsschreibung diese Christen auch Nestorianer genannt wurden. – Die orientalisch-orthodoxe Kirchen erkennen Ephesus an (daher *Kirchen der drei Konzilien*), lehnen aber die Formel von Chalkedon 451 ab (zu den inzwischen geführten ökumenischen Dialogen s. den Kommentar zu UR, Teil C.).

Orthodoxe Kirche der zwei Konzilien: Patriarchat (P.) der Apostolischen Kirche des Ostens.
Orthodoxe Kirchen der drei Konzilien (Orientalisch-Orthodoxe Kirchen): Koptisches P. v. Alexandrien, P. v. Äthiopien, Syrisches P. v. Antiochien, Armenisches P. v. Konstantinopel und Jerusalem.
Orthodoxe Kirchen der sieben Konzilien (Orthodoxe Kirchen): P. v. Konstantinopel („Ökumenisches Patriarchat"), Alexandrien, Antiochien, Jerusalem, Moskau, Belgrad, Bukarest, Sofia, Georgien.
Katholische Ostkirchen: Chaldäisches P. v. Babylon, Katholisch-koptisches P. v. Alexandrien, Syrisch-katholisches P. v. Antiochien, Maronitisches P. v. Antiochien, Armenisch-katholisches P. v. Kilikien, Griechisch-katholisches P. der Melkiten v. Alexandrien, Antiochien und Jerusalem.
Die historische Entwicklung brachte es mit sich, dass es sowohl in Alexandrien wie in Antiochien mehrere Patriarchen gibt, was in der Konzilsdebatte von Gegner dieser Institution bzw. von Verfechtern des Prinzips „eine Stadt – ein Bischof" als Argument angeführt wurde. In Antiochien gab es seit 543/544 einen orthodoxen (griechisch-melkitischen, chalkedonensischen) und einen syrischen oder jakobitischen (früher auch monophysitisch genannten) Patriarchen, zu dem im 8. Jahrhundert das maronitische Patriarchat hinzukam. In Alexandrien gibt es seit 566 eine Verdoppelung des Patriarchats, nämlich ebenfalls das orthodox-griechisch-melkitische und das koptische. Durch die unierten Patriarchate erhöhte sich dann die Zahl nochmals, in Alexandrien seit 1824, in Antiochien seit 1729, wobei der Patriarch auch für die Melkiten in Alexandrien und Jerusalem zuständig ist. Von den lateinischen Patriarchaten im Orient waren die von Konstantinopel, Alexandrien und Antiochien nur ehrenhalber, allein in Jerusalem residiert ein lateinischer Patriarch. Im „Westen" hat allein der Bischof von Rom die Funktion eines Patriarchen, nämlich des Abendlandes, inne, während die Patriarchen von Venedig, Lissabon, Westindien und Ostindien (Goa) keine jurisdiktionelle Bedeutung haben.

OE 7,2 war ebenfalls schon Bestandteil der Vorlage C, denn die Formulierungen stammen aus dem Motu Proprio *Cleri sanctitati*, wurden aber an einigen Stellen in bezeichnenderweise verändert: Statt „ihm teilen die canones die Jurisdiktion zu" heißt es jetzt „dem die Jurisdiktion zusteht", und „unter der Autorität" wurde durch „unbeschadet der Autorität" (des römischen Bischofs) ersetzt. Hinsichtlich der ersten Änderung sieht Hoeck „die geschichtliche Seite der Frage mindestens offen [gelassen]"[79], während Edelby darauf insistiert, dass die Rechte der Patriarchen älter seien als alle einschlägigen canones, ja er formuliert pointiert: „In historischer und theologischer Hinsicht schulden die Patriarchate des Orients Rom nichts, was ihre Konstituierung angeht."[80] Von erheblicher Bedeutung ist die Formulierung „des ihm eigenen Gebietes *oder* Ritus". Edelby interpretiert das lat. *seu* als „das heißt", so dass die Jurisdiktion sich auf die eigene Kirche und nicht

---
[79] Hoeck, Kommentar 374.
[80] Vgl. Edelby, Kommentar 316.

notwendigerweise nur auf ihr (ursprüngliches) Territorium bezieht. Für die katholischen Ostkirchen ist die Achtung des Primats eine Selbstverständlichkeit, nur erscheint nicht sicher, ob auch Lateiner („römische Experten"!) das Gleiche darunter verstehen. In jedem Fall ist die endgültige Formulierung für künftige Entwicklungen und Festlegungen offener als die der Vorlage.

In einer anderen Hinsicht findet Edelby die Definition „nicht glücklich", weil sie auch auf andere Kirchenführer zutrifft und das Spezifische des Patriarchen nicht benennt, denn: „Der Patriarch ist wesentlich der Inhaber eines Patriarchatssitzes."[81] Dabei bereitet zugegebenermaßen die genauere Bestimmung der *essentials* Schwierigkeiten. Auf alle Fälle beinhaltet die Bezeichnung den apostolischen Ursprung – „in Wirklichkeit oder vermutet" –, die Eigenschaft einer Mutter-Kirche, die alte staatliche Bedeutung oder die mehr oder weniger direkte Beziehung zum Primat des Petrus, und „sie ist letztlich sanktioniert sei es durch ein ökumenisches Konzil …, sei es durch ein Ensemble von politisch-religiösen Faktoren, die den Willen einer autokephalen Kirche zum Ausdruck bringen …, sei es durch ein Zugeständnis des Papstes"[82].

Der markante Vertreter (Edelby) des markanten ostkirchlichen Patriarchen (Maximos IV.) besteht freilich auf der Wechselseitigkeit: „Aber ebenso wie die Ausübung der patriarchalen Vollmacht in nichts die Prärogativen des römischen Primats mindern kann, darf die Ausübung des römischen Primats die patriarchalen Prärogativen mindern. Es handelt sich um zwei neben- und untergeordnete, aber nicht in Opposition stehende Institutionen."[83]

Was sich in 7,2 andeutete, wird in **OE 7,3** nochmals eigens thematisiert, handelt es sich doch um den heiklen Punkt der Reichweite patriarchaler Vollmacht, konkret der Zuständigkeit auch für die Gläubigen und ihre Hierarchie außerhalb der „Stammlande". Wie im Zusammenhang von 7,2 schon erläutert, geht es weniger um das Territorium als um den Ritus (im umfassenden Sinn von OE 2–4). Edelby weist daraufhin, dass die katholischen Patriarchen des Ostens „praktisch persönliche Patriarchen eines Ritus oder einer Gemeinschaft geworden sind, vielmehr als die eines bestimmten Territoriums"[84]. Dann sind noch zwei Modelle denkbar, nämlich die Zuständigkeit eines Patriarchen für die Gläubigen mehrerer Riten oder seine Zuständigkeit jeweils für einen Ritus, so dass (weiterhin) an einem Ort zwei oder mehr Jurisdiktionen bestehen (können). OE 7,3 gehört zu den drei Vorschlägen der Melkiten, die „wie durch ein Wunder" eine wenigstens ausreichende Mehrheit fanden. Die Notwendigkeit dieses Zusatzes wird von Edelby anschaulich belegt und theologisch begründet.[85] Er begrüßt letztlich auch die offene (Hoeck: „vage"[86]) Formulierung „aggregatus (angegliedert)", die stärker die personale als die territoriale Verpflichtung hervorhebe.

---

[81] Ebd. 317.
[82] Ebd.
[83] Ebd. 320.
[84] Ebd. 322.
[85] Vgl. ebd. 321–328.
[86] Hoeck, Kommentar 375.

OE 8 unterstreicht die gleiche Würde und Stellung der Patriarchen. Der Text stammt im wesentlich ebenfalls aus *Cleri sanctitati*. Die Aufzählung der klassischen Patriarchatssitze scheiterte in der Konzilskommission an der Frage, ob auch Rom mit aufgezählt werden sollte (was ja wohl erneut einen entsprechenden Vorbehalt wie in 7,2 erfordert hätte). Diese Gleichheit in der Würde bedeutet eine Gleichheit hinsichtlich der Rechte, Pflichten und Privilegien und gestattet lediglich eine „Stufung ehrenhalber".

Um welche Rechte und Pflichten es sich handelt, wird in **OE 9** angesprochen, wenn auch nicht in jeder Hinsicht ausgeführt.

OE 9,1 bietet eine dem konziliaren Lernprozess zu verdankende verbesserte Fassung der einschlägigen Bestimmung in *Cleri sanctitati*.[87] Dort war noch von einem alten „Brauch" statt „der ältesten Überlieferung" der Kirche die Rede, die Patriarchen hießen „Patriarchen des Orients", nicht der „orientalischen Kirchen". Schließlich war dort ihr Vorsitz noch begründet bzw. erläutert durch die Wendung „mit ihren sehr weiten Vollmachten, die ihnen durch den römischen Pontifex gegeben oder durch diesen anerkannt worden waren". Im Hintergrund stand auch die bereits erwähnte Diskussion um das Verhältnis von Patriarchat und Kardinalat. Aus einem äußeren und einem inneren Grund sollen die Patriarchen „mit einzigartiger Ehre bedacht werden", nämlich in Treue zur Tradition der Kirche und mit Blick auf ihre Funktion „als Vater und Haupt". Um welche Ehre geht es? Sind nicht die Kardinäle an diese Stelle getreten? Die Synode der Melkiten hatte 1963 sich ausführlich zum Rang der Patriarchen geäußert.[88] Auf einen Nenner gebracht lautet ihre Position: Nach der Tradition der Kirche, ja entsprechend „den eigenen Zeugnissen der römischen Bischöfe ... müssen in einer gesunden Ekklesiologie die Patriarchen als die ersten Helfer des Papstes, als die geborenen Helfer betrachtet werden"[89].

Weil sich das Zweite Vatikanisches Konzil in dieser wie in anderen Fragen der Ekklesiologie durch Rückgriff auf die Heilige Schrift und die altkirchliche Tradition um eine Erneuerung bemüht, bestimmt es in **OE 9,2**, dass die Rechte und Privilegien wiederhergestellt werden, wie sie zur Zeit der gemeinsamen Kirchenväter und der ökumenischen Konzilien gegeben waren.

OE 9,3 unterstreicht das Gesagte durch den Hinweis auf die gemeinsame „vorschismatische" Vergangenheit und fügt einen Hinweis auf, freilich nur in geringem Umfang, angesichts der heutigen Zeit notwendige Anpassungen hinzu.

Nun gehört 9,3 zu den drei Vorschlägen Edelbys, der nicht ohne einen gewissen Stolz OE 9,2 und 9,3 als „den Schlussstein des gesamten patriarchalischen Gebäudes, welches das Konzil wiederherstellen wollte"[90], bezeichnet. Was sieht

---

[87] Vgl. Edelby, Kommentar 332.
[88] Vgl. L'Église Grecque Melkite au Concile 155–175 (wieder abgedruckt bei Edelby, Kommentar 336–349); bereits am 8.10.1959 hatte Patriarch Maximos IV. einen einschlägigen Brief an Papst Johannes XXIII. gesandt: vgl. ebd. 145–154.
[89] L'Église Grecque Melkite au Concile 170 (Edelby 346).
[90] Edelby, Kommentar 349.

er erreicht? Die Aussage: Das Konzil legt fest (statuit) bedeutet, dass es sich hierbei nicht um einen „frommen Wunsch" oder eine vage Anregung handelt, sondern um eine Anordnung im eigentlichen Sinn. Damit dürfen, ja sollen die Patriarchen wieder sein, was sie zum Wohl der Kirche und der ökumenischen Bewegung sein können. Das müsste Konsequenzen für das künftige Ostkirchenrecht haben, was „eine enorme Arbeit"[91] bedeute. Auf die Bedeutung des ersten gemeinsamen Jahrtausends, wie sie in 9,3 erneut anklingt, wurde an anderer Stelle schon aufmerksam gemacht. Der melkitische Bischof kommt geradezu ins Schwärmen: „Man glaubt zu träumen. Wenn die katholische Kirche sich ernsthaft dazu entscheidet, diese Wiederherstellung zu bewerkstelligen, schafft sie eines der größten Hindernisse für die Wiedervereinigung der Kirchen aus dem Weg."[92]

Der ebenfalls von Edelby „geputschte" Passus[93] in **OE 9,4** stellt so etwas wie die Garantie des bisher Gesagten dar, indem er die innere Autonomie der Patriarchate festhält. Im Blick auf eine Reform des Ostkirchenrechts und indirekt dadurch auf den Dialog mit der Orthodoxie nennt der Konzilstext zwei signifikante Beispiele: „das Recht, neue Eparchien zu errichten und Bischöfe ihres Ritus innerhalb der Grenzen des Patriarchalgebietes zu ernennen". Die pastorale wie ökumenische Bedeutung von OE 9,4 bezeichnete Edelby als „den Beginn der Dezentralisation"[94]. Freilich äußert er sich trotz allem nicht euphorisch, sondern bleibt nüchtern: „Im ökumenischen Dialog stellt er [der Text] der Orthodoxie einen Tatbestand vor Augen, den der Katholizismus im Falle der Union anbieten kann. In den Augen der Katholiken selbst ist das ein ‚Test', der zeigen wird, ob man entschieden ist, dem Geist des Konzils gemäß voranzugehen, oder ob man durch mehr oder weniger gewaltsame interpretatorische Verformungen das Konzil entleeren und, koste es was es wolle, zur früheren Situation zurückkehren will."[95] Wie anschaulich die katholische Kirche ihre erneuerte Position zu präsentieren vermag, hängt auch davon ab, ob die katholischen Ostkirchen gerade in dieser Frage an einem Strang ziehen, was schon während der Konzilsdebatten nicht der Fall war.[96] Edelbys Konklusion: „[Der Konzilstext] wird entschlossene Verteidiger nötig haben. Aber schlussendlich ist es der Geist des Konzils, der triumphieren wird."[97]

Durch **OE 10** wird das von den Patriarchen Gesagte auf diejenigen katholischen Ostkirchen ausgeweitet, die (noch) nicht von einem Patriarchen, sondern von einem Großerzbischof geleitet werden. Diese haben in der Regel dieselben Rechte, aber nicht dieselben Privilegien. Die Vorbereitende Kommission hatte die entsprechende „Beförderung" für die Malabaren, Ukrainer und Äthiopier vor-

---

[91] Ebd. 354.
[92] Ebd.
[93] Er entspricht fast wortwörtlich dem Vorschlag der melkitischen Synode vom Sommer 1964 (vgl. Edelby, Kommentar 355).
[94] Ebd. 361.
[95] Ebd.
[96] Vgl. die Bemerkung Edelbys: ebd. 368.
[97] Ebd. 370.

geschlagen. Da gerade hier konkrete (politische und psychologische) Faktoren eine wichtige Rolle spielen, blieb es bei einer in **OE 11** ausgesprochenen allgemeinen Empfehlung. Gleichwohl ist damit eine Weichenstellung vorgenommen worden, gerade auch angesichts der Stimmen, die für eine Abschaffung der patriarchalen Institution votierten. „[Diese] heute abzulehnen hieße nicht nur die unierten Kirchen aufgeben, sondern es hieße auch die katholische Kirche endgültig und unwiderruflich mit der lateinischen gleichsetzen und damit auf eine Wiedervereinigung mit den orthodoxen Kirchen für immer verzichten. Was aber die Kollegialität betrifft, so waren es doch gerade die patriarchal verfassten Kirchen, in denen sie erhalten blieb und in denen sie heute noch beispielhaft in Übung ist."[98] Im Übrigen könnte die Errichtung neuer Patriarchate auch so vor sich gehen, dass in der lateinischen Kirche (Erz-)Bischöfe mit vergleichbaren Funktionen, z.B. Vorsitzende von Bischofskonferenzen, zu Patriarchen ernannt würden. Im Osten könnten sich für den ökumenischen Prozess freilich eher zusätzliche Schwierigkeiten ergeben, wie vor Jahren die administrativen Änderungen in Russland (apostolische Administraturen wurden zu Diözesen) ja auch gezeigt haben. Edelbys Option: „Die Schaffung neuer Patriarchate im Osten ist erst wünschenswert und in ökumenischer Hinsicht möglich nach der Wiedervereinigung der Kirchen."[99]

VI. Die Ordnung der Sakramente (OE 12–18)

Da es in diesem Kapitel um spezifische Fragen ostkirchlicher Sakramentenpraxis geht, hätte man diese, der in OE 5 und 6 gegebenen Garantie entsprechend, auch der autonomen Entscheidung dieser Kirchen überlassen können. Allerdings handelt es sich hier wie im folgenden Kapitel über den Gottesdienst überwiegend um interrituelle Fragen (vgl. OE 13, 14, 16, 20, 21) oder um Modifikation, wenn nicht Aufhebung römischer Anordnungen (vgl. OE 15, 17, 18), denen ein ökumenisches Konzil Gewicht verleiht, ganz abgesehen davon, dass teilkirchliche Synoden gar nicht zuständig wären. Abtprimas Hoeck erwägt eine interessante Variante ekklesiologischer Praxis: „Freilich hätte man etwa daran denken können, diese Fragen anlässlich des Konzils in einer Art panorientalischer Synode allein zu behandeln und zu regeln." Das hätte freilich entsprechender Strukturen und Regelungen (Satzung) bedurft und „wohl kaum andere Ergebnisse gezeitigt … [d]enn praktisch war ja die orientalische Konzilskommission eine solche Synode en miniature"[100], – zumindest bei Abwesenheit der von Edelby so genannten römischen Experten. Der melkitische Ko-Kommentator Ignace Dick begrüßt den Willen des Konzils, „vor der abendländischen Majorität die Legitimität der orientalischen Gewohnheiten im Bereich der Sakramente feierlich zu bestätigen und, wo es erforderlich ist, ihre Wiederherstellung [zu verlangen]"[101]. Dass nicht Voll-

---
[98] Hoeck, Kommentar 377.
[99] Edelby, Kommentar 375.
[100] Hoeck, Kommentar 378.
[101] Dick, Kommentar 379.

ständigkeit angestrebt wurde, entspricht dem Charakter von Konzilsentscheidungen. Im vorliegenden Fall wurden Abschnitte aus ursprünglich getrennten Einzelschemata zusammengezogen.

Um die Relevanz dieser vielen Zeitgenossen eher als selbstverständlich erscheinenden Passage zu ermessen, hilft einerseits ein Blick in die Geschichte des Verhältnisses zwischen Ost- und Westkirche[102] und andererseits eine Ausweitung des Blicks auf die aktuelle Situation in der römisch-katholischen Kirche. Könnte man sich angesichts jüngerer vatikanischer Tendenzen, die Liturgie der Teil- und Ortskirchen durchgängig zentral zu regeln[103], nicht geradezu eine ähnlich lautende feierliche Bekräftigung für den Bereich des „Abendlandes" wünschen? Ansonsten wird die üblich gewordene Beschwörung zur Rückkehr in die Verhältnisse des ersten, gemeinsamen christlichen Millenniums unglaubwürdig. Vom Streit über den Ostertermin abgesehen sind aus den ersten gemeinsamen Jahrhunderten keine Querelen zu vermelden. Das Konzil in Trullo (Konstantinopel 692) begann mit der Zurückdrängung „römischer" Praktiken, Gewohnheiten und kirchenrechtlichen Regelungen. Es ging um folgende Fragen: Gottesdienste in der Fastenzeit, einmaliges bzw. dreimaliges Untertauchen bei der Taufe, ungesäuertes Brot, Kommunion unter beiderlei Gestalten, Zölibat. Die Lateiner ihrerseits versuchten den „Italo-Griechen" ihren Brauch der Taufwasserweihe am Karsamstag aufzuzwingen. Mittelalterliche Theologen zogen sogar die Gültigkeit der östlichen Taufformel in Zweifel. Hatten sie das Passivum divinum in der Form „getauft wird der Diener/die Dienerin Gottes …" übersehen, oder war ihnen die kirchliche, ja amtliche Vermittlung schon so wichtig geworden? Innozenz IV. approbierte die Formel, und mehr als fünf Jahrhunderte später setzte sich Benedikt XIV. in *Etsi pastoralis* (1742) für die Legitimität des orientalischen Brauchs ein. Auch die (selbst im Westen ursprünglich) deprekative Absolutionsformel („Der Herr spreche dich los …") wurde hinsichtlich ihrer Gültigkeit diskutiert. Nichts illustriert anschaulicher, dass es letztlich um Macht geht, als die Entscheidung Clemens - VIII. von 1595: Die Italo-Griechen sollen bei der Lossprechung von „lateinischen Christen" die indikativische Formel („Ich spreche dich los …") sprechen, bei den „griechischen Gläubigen" können sie ihre deprekative Formel verwenden.[104] Weitere Streitfragen waren und blieben Ort (unmittelbar nach der Taufe?) und Spender (Priester oder Bischof) der Firmung, gesäuertes oder ungesäuertes Brot in der Eucharistie. Auch um das Öl der Krankensalbung gab es Auseinandersetzung, freilich ohne Infragestellung der Gültigkeit (und bei unterschiedlichem Usus auch unter den katholischen Orientalen). Unterschiede zwischen Ost und West gab es und gibt es auch beim Sakrament der Ordination. Von den niederen Weihen kannte der Osten nur das Lektorat, während er seinerseits das Subdiakonat dazu rechnete; materia des Sakraments war allein die Handauflegung. Verschiedentlich zwangen Päpste seit dem Mittelalter den Orientalen lateinische Formen

---
[102] Vgl. zu den folgenden historischen Informationen Dick, Kommentar 387–390.
[103] Vgl. den Kommentar Kaczynskis zur Liturgiekonstitution (bes. Teil C.) in Bd. 2 dieses Kommentarwerkes.
[104] Die Auszüge aus der Instruktion *Presbyteri Graeci* in DH 1990–1192 enthält diese Passage nicht.

auf. Schließlich oktroyierte Pius XII. noch 1949 die tridentinische Form der Trauung. Im 17. und 18. Jahrhundert stand das griechische Rituale (Euchologion) überhaupt zur Debatte, ausgelöst durch Beschwerden lateinischer Bischöfe in Süditalien. Urban VIII. richtete bei der Kongregation für die Verbreitung des Glaubens („Propaganda") eine „Kommission für die Korrektur des Euchologions der Griechen" ein, die zehn Jahre in 82 Sitzungen tagte, bis sie suspendiert wurde. Benedikt XIV. verurteilte schließlich die Haltung der „rechthaberischen Theologen"[105], die nichts anderes kennen als die lateinischen Riten. Derselbe Papst gab eine erneute Prüfung des Euchologions in Auftrag, die wiederum zehn Jahre dauerte, um mit ganz wenigen Korrekturen/Ergänzungen die Geltung zu bestätigen, „was sich uns durch Alter und Wert aufdrängt", wie Benedikt XIV. am Ende seiner Enzyklika *Ex quo primum* 1756 formuliert. Weil die Mentalität, die Papst Benedikt tadelte, nach ihm bis heute nicht ausgestorben ist, haben die einschlägigen Artikel im Grundsätzlichen wie im exemplarisch angeführten Detail eine bleibende Aktualität.

Dabei stellt **OE 12** so etwas wie eine Generallizenz dar, die eine detaillierte Behandlung aller in der Praxis auftauchenden und *von daher* die Sakramententheologie betreffenden Fragen erübrigt.[106]

OE 13 ist indirekt auch für die Entwicklung und die theologische Reflexion im Bereich der römisch-katholischen Kirche von Interesse. Hinsichtlich der Feier der Sakramente erweist sich vor dem Hintergrund des ekklesiologisch-liturgiewissenschaftlichen Grundsatzes von der Gemeinde als Subjekt der Liturgie das traditionelle Spender-Empfänger-Schema als nicht mehr adäquat, zumal wenn es individualistisch verengt wird. Wenn aber vom Diener/Spender des Sakraments die Rede ist, stellen uns Priestermangel und veränderte pastorale Situation vor prinzipielle dogmatische und kirchenrechtliche Fragen. Wie oft im Verlauf der Kirchengeschichte werden diese durch die Praxis „gelöst", zunächst jedenfalls und bis zur Rezeption oder zum Widerruf dieses Praxis. Schon lange ist selbstverständlich geworden, dass nicht nur die (Weih-)Bischöfe, sondern (gewiss im Auftrag des Bischofs) Priester (meist Angehörige des Domkapitels) die Firmung „spenden". Die Szene ändert sich, wenn es um die Ausweitung der Spendervollmacht auf Diakone oder gar nicht-ordinierte pastorale Mitarbeiter geht. Konkret betrifft dies die Feier der Krankensalbung, für die nach der Festlegung des Konzils von Trient die Priester als „eigentliche Spender" (ministri proprii) zuständig sind.[107] Sind sie in dieser Funktion die „ordentlichen" (ordinarii) oder (nur?) die „ursprünglichen" (originarii) Spender/Diener des Sakraments?[108]

---

[105] Dick, Kommentar 390.
[106] Dick, ebd., führt als Beispiel die von Erzbischof Slipyi aufgeworfene Frage an, ob die Krankensalbung durch sieben oder durch einen Priester vorgenommen werden solle.
[107] Vgl. DH 1697 (Lehrdekret) und 1719 (der dazugehörige Canon).
[108] Vgl. Hünermann, Das Apostolat für die Kranken. In der Diskussion mit Walter Kasper ging es um die Interpretation von „ordinarius" bzw. „originarius". Eine interessante Parallele zur Diskussion um den minister der Firmung auf dem Zweiten Vatikanischen Konzil.

Dass der Bischof allein der *minister ordinarius* der Firmung ist, wie der entsprechende Kanon des Trienter Konzils[109] festhält, wurde auf die Initiative von Maximos IV. hin erst in der Fassung vom Frühjahr 1964[110] gestrichen. Im Bereich der katholischen Ostkirchen entsprach dem allein die Praxis der Maroniten, bevor sie im ersten Jahrzehnt nach dem Konzil den übrigen Riten angepasst wurde. Entsprechend wurde in LG 26 dem Einwand der melkitischen Synode von 1963 Rechnung getragen und die Formulierung *ministri ordinarii* durch *ministri originarii* ersetzt. Die Bischöfe sind also nicht die „ordentlichen", also nach der kirchlichen Ordnung *die* Diener des Sakraments, sondern die „ursprünglichen", was „der orientalischen Auffassung insofern entgegenkommt, als ja auch in den Ostkirchen die Firmung nur mit dem vom Patriarchen (oder, wo dies partikularrechtlich gestattet ist, vom Bischof) geweihten Chrisma gespendet werden kann und dadurch die bischöfliche *origo* [der bischöfliche Ursprung] wenigstens angedeutet ist"[111]. Patriarch Maximos IV. schlug als mögliche Alternativen zu dem für seinen Bereich nicht zutreffenden Adjektiv ordinarius vor: der erste (primaire), authentische (authentique) Spender oder Spender eigenen Rechts (de droit propre). Solange die Beziehungen zwischen Ost und West intakt waren, machte die unterschiedliche Praxis übrigens keine Probleme.[112] Das Konzil vermied seinerseits eine nähere Spezifizierung der unterschiedlichen Vollmachten.

In **OE 14** wird das Gesagte auf die konkrete Praxis hin ausgeweitet und angewendet. Es handelt sich um drei Konsequenzen bzw. Konkretisierungen: (1) Die ostkirchlichen Priester spenden das Sakrament der Firmung gültig, auch wenn dieses in Verbindung mit der Taufe gefeiert wird. – (2) Sie können die Firmung „ostkirchlichen" Gläubigen wie „lateinischen" Gläubigen spenden. – (3) Das Gleiche gilt für die lateinischen Priester, welche die Vollmacht zur Spendung haben. Neu ist, dass die Firmung auch getrennt von der Taufe gespendet werden könnte und dass die Beschränkung auf den Ritus aufgehoben wird. Bis dato war es orientalischen Priestern nicht erlaubt, lateinischen Christen zu firmen. Schließlich ist zu beachten, dass die Firmung durch einen Priester eines anderen Ritus an der Rituszugehörigkeit des Empfängers nichts ändert, d.h. ein im ostkirchlichen Ritus gefirmter römisch-katholischer Christ bleibt „lateinischer" Katholik. Die Priester sollen die ihnen zugestandenen Rechte ausüben unter Beachtung entsprechender Vereinbarung über die Erlaubtheit. Das ist auch eine Mahnung an die „westliche" Seite, jeden Anschein von Latinisierung oder Proselytenmacherei zu vermeiden und die jurisdiktionelle Hoheit zu respektieren.

In **OE 15** geht es um das Sakrament der Eucharistie, präziser freilich um den Sonntagsgottesdienst. Insofern hätte der Artikel einen passenderen Ort im nächsten Kapitel finden können, wenn seine Materie nicht überhaupt als außerhalb des

---

[109] Vgl. DH 1630.
[110] Nach Hoeck Text C, nach Edelby (– Dick) Text D.
[111] Hoeck, Kommentar 379 (spricht irrtümlich von Artikel 27 der Kirchenkonstitution).
[112] Historischer Report bei Dick, Kommentar 394–396. – Welche nicht genuin theologische Faktoren spielen bei unseren römisch-katholischen Kontroversen eine einflussreiche Rolle?

Kompetenzbereichs einer ökumenischen Synode in die Zuständigkeit der Teilkirchen verwiesen worden wäre. Ursprünglich fand sich der Artikel bzw. seine „Sache" auch sachgerecht nicht in dem Einzelschema über die Sakramente, sondern in dem über die Kirchengebote. Dort wurde an die Pflicht zur Teilhabe an der Heiligen Liturgie, zur österlichen wie zur häufigen Kommunion erinnert. Als das Schema über die kirchlichen Vorschriften zurückgezogen und seine Materie an die Arbeitsgruppe zur Überarbeitung des Codex weitergeleitet wurde, platzierte man die einschlägigen Ausführungen im Kapitel über die Sakramente des nun einzigen Schema *De Ecclesiis Orientalibus*, wo sie schließlich zu einem einzigen Artikel zusammengezogen wurden. Zu weit ging der Mehrheit wohl der Vorschlag der Melkiten, auch noch den folgenden Artikel anzufügen: „Die alte orientalische Tradition, die Heilige Eucharistie mit Kindern zugleich mit Taufe und Firmung zu feiern, soll dort heilig gehalten werden, wo sie immer in Kraft war, und dort, wo sie aus der Übung kam, kann man sie löblicherweise wieder einrichten."[113]

So blieb es bei zwei Verpflichtungen: an Sonn- und Feiertagen an der Göttlichen Liturgie (das heißt: Stundengebet mit Eucharistiefeier) teilzunehmen und möglichst häufig zur Kommunion zu gehen. Im Bereich der Ostkirche[114] hatte das schon erwähnte Konzil In Trullo 692 festgelegt, dass die Gläubigen, die sich in der Stadt aufhalten, zumindest jeden dritten Sonntag zur Kirche zu kommen hatten, wobei diese Vorschrift im Einzelnen (Göttliche Liturgie, Stundengebet) nicht konkretisiert wurde. Seit dem 17. Jahrhundert führten die lateinischen Missionare die lateinische Disziplin ein und überzeugten Schritt für Schritt die Gläubigen davon, dass die Nichtteilnahme am Sonntagsgottesdienst eine schwere Sünde sei, während die Kanonisten weiter darüber debattierten und die katholischen Russen und Griechen mehr oder weniger bei der alten Ordnung blieben. Das Zweite Vatikanische Konzil präzisiert das Kirchengebot: Die Gläubigen sollen an Sonn- und Feiertagen am Gottesdienst teilnehmen – der die Göttliche Liturgie oder das Gotteslob (Stundengebet) sein kann – und auch schon am Vorabend mitgefeiert werden kann. Während der erste Aspekt eine Einschärfung darstellt, trägt der zweite den Regelungen (Vorschriften und Gewohnheiten) der jeweiligen Teilkirche Rechnung. Nach der alten, bei Russen und Griechen nach wie vor geübten Praxis genügt die Teilnahme am Stundengebet bzw. einzelnen Teilen dieses oder der feierlichen Liturgie. In den Gemeinschaften des Nahen Ostens wird die Teilnahme an der „Messe" verlangt, was Patriarch Maximos IV. zwei Monate nach der Verabschiedung von OE in einer Note an seine Gläubigen nachdrücklich betonte. Schließlich bedeutet die Ausweitung auf den Vorabend sowohl eine Angleichung an eine alte orientalische Tradition wie eine Rücksichtnahme auf die seelsorgerlichen Gegebenheiten, hat doch der Sonntag in islamischen Ländern einen anderen Charakter als bei uns.

Die häufige Kommunion ist den orientalischen Kirchen nicht fremd, doch konnte sie zeitweise – wie im Westen – aus der Übung kommen. Wieder gestri-

---

[113] Zit. ohne weitere Quellenangabe bei Dick, Kommentar 402.
[114] Vgl. zum Folgenden Dick, Kommentar 402–405.

chen wurde mit Rücksicht auf die unterschiedlichen Gewohnheiten ein ursprünglich vorgesehener Hinweis auf die Osterpflicht.

Aus einem ein Vorwort und acht Artikel umfassenden Einzelschema wurde schließlich dieser Paragraph **OE 16**. An die Kommission für die Bischöfe wurde ein Passus, der die weltweite Ausweitung der Beichtjurisdiktion für alle Patriarchen und Bischöfe vorsah, überwiesen. Im Dekret über die Hirtenaufgabe der Bischöfe tauchte das Anliegen zunächst noch im Anhang auf, aber nicht mehr im verabschiedeten Text. In OE 16 geht es „nur" um die Vollmacht der Priester, die auch bisher schon in der Regel für das ganze Territorium des zuständigen Bischofs galt, jetzt aber interrituell ausgeweitet wird. Was der Seelsorge („wegen der täglichen Vermischung der Gläubigen verschiedener Teilkirchen") dient, hat nur ordnungsgemäß zu erfolgen, was ja wiederum für die Gläubigen wichtig ist, also die ordnungsgemäße und unbeschränkte Erlaubnis unter Beachtung möglicher Einschränkung seitens des für einen anderen Ritus/eine andere Teilkirche Zuständigen. Vor allem Letzteres bedeutet nach Dick „eine minimale, aber zu würdigende Ausweitung"[115]. Die melkitische Synode vom Januar 1965 hat für ihren Bereich eine Erweiterung vorgenommen: Alle Priester ihrer (Teil-)Kirche, die die Beichtvollmacht haben, können sie in allen Diözesen ihres Patriarchats ausüben.

Um das Sakrament des Ordo, genauer um seine Stufen des Diakonats und des Subdiakonats geht es in **OE 17**. Auch hier ermuntert das Konzil zur Beibehaltung bzw. Wiedereinrichtung oder Rückkehr zu der ostkirchlichen Tradition. Nach ihr blieb der Diakonat vielfach als eigenständige Weihestufe erhalten. Die Subdiakone bildeten, wie schon erwähnt, mit den Lektoren (und Sängern) den niederen Klerus.[116] Ihr kirchenrechtlicher Status wurde jedoch für den Bereich der katholischen Ostkirchen durch *Cleri sanctitati* hinsichtlich Brevierpflicht und Zölibat dem höheren Klerus gleichgestellt. Anmerkung 22 weist darauf hin, dass die Rückkehr zur alten Ordnung eine teilweise Aufhebung des allgemeinen Rechts von *Cleri sanctitati* nach sich zieht.

Bemerkenswert ist vor allem der ausdrückliche Wunsch zur Wiederherstellung des (ständigen) Diakonats, während nämlich die Kirchenkonstitution in Artikel 29 dies den Bischofskonferenzen (mit Billigung des Papstes) anheim stellt. Dabei spielte freilich die Frage des Zölibats eine nicht unerhebliche Rolle, was im Fall der ostkirchlichen Praxis nicht zum Problem wird. Allerdings gab es auch hier einschlägige „Übergriffe": In einem Dekret vom 24.5.1930 erlegte Rom den ostkirchlichen Priestern in Amerika und Australien die Zölibatsverpflichtung auf.[117]

OE 18 Ein ganz schwieriges pastorales Problem[118] ist das der Mischehen, zunächst eben in seelsorglicher, das Ehe- und Familienleben betreffender Hinsicht,

---

[115] Dick, Kommentar 409.
[116] Zu den Verschiedenheiten innerhalb der katholischen Ostkirchen s. ebd. 411–413.
[117] Vgl. ebd. 410.
[118] Vgl. ebd. 415–420 (unter der Überschrift: Die neue Gesetzgebung schuf große Schwierigkeiten).

wenn nämlich eine freie Verständigung über den Ritus (der Trauung und darüber hinaus) nicht möglich ist, weil z. B. im Orient die Trauung in der Regel in dem Ritus gefeiert wird, dem der Mann angehört. Für ostkirchliche Katholikinnen bedeutete das seit der Ausdehnung des Formzwangs durch das Motu Proprio *Crebrae allatae* von 1949 Austritt aus der eigenen Kirche. Dabei wurde das Trienter Dekret *Tametsi*[119] nur auf die Italo-Griechen, Maroniten, Malabaren und einen Teil der Ruthenen angewendet, das Dekret *Ne temere* von Pius X. vom 2. 8. 1907[120] nur auf einen Teil der Ruthenen. Die Neuregelung von 1949 vertiefte den Graben zwischen den katholischen und orthodoxen Orientalen, und es war (den betroffenen Frauen) nur schwer zu vermitteln.[121]

Zwar kannte das Motu Proprio, wie die Fußnote zum Konzilstext belegt, auch eine Dispensvollmacht der Patriarchen, und seit *Cleri sanctitati* von 1957 deren Vollmacht zur „sanatio in radice", also zur Heilung der Verletzung der Formpflicht in der Wurzel, doch existierten wie bei uns im Westen noch lange Zeit kirchenrechtlich gesehen ungültige Ehen. Der Wandel in der Rechtslage war nicht zu vermitteln, und die Verpflichtung des orthodoxen Partners, den katholischen Partner nicht vom Glauben abzuhalten und mit ihm die Kinder katholisch taufen zu lassen und zu erziehen, kam einer Beleidigung gleich. Auch die späteren „Aufweichungen" bewogen nicht viele zu einem anderen als dem herkömmlichen Verhalten. Denn: Wer eine ungültige Ehe eingehen würde und keine Dispens einholt bzw. erhält, kann seine Rechten und Pflichten als Christ nur erfüllen, wenn er Mitglied eben der anderen Kirche wird. Die Dispensmöglichkeiten waren also aus Sicht der ostkirchlichen Seelsorger zu wenig, um eine gesunde Ehepastoral zu pflegen. Zum Glück kennt das Kirchenrecht die Unterscheidung von Gültigkeit und Erlaubtheit, und die Formel „gültig, aber unerlaubt" fungiert als geflügeltes Wort zur Charakterisierung des (römisch-)katholischen Rechtsgefüges. Dispens von der Formpflicht ist danach nur noch für die Erlaubtheit, aber nicht mehr für die Gültigkeit einer Ehe(schließung) erforderlich. Was im Blick auf die konfessionsverschiedenen Ehen zwischen Katholiken und Protestanten erst einige Jahre nach dem Konzil möglich wurde, konnten die Konzilsväter für die Mischehen zwischen katholischen und orthodoxen Orientalen schon zugestehen, da die orthodoxe Theologie/Lehre die Ehe als Sakrament betrachtet und Rom die Ämter und Amtshandlungen als gültig ansieht. Die konziliare Bestimmung ist insofern als pastoral klug zu bezeichnen, als auch die Mischehen mit nicht-orthodoxen Gläubigen einbezogen sind, weil der Text nur allgemein von „nichtkatholischen getauften Orientalen" spricht. Der Fachmann weiß anzumerken, dass „es ... nicht ratsam [schien], für solche verhältnismäßig seltene Fälle eine Ausnahme zu machen"[122]. Auf der anderen Seite weist er darauf hin, dass einige orthodoxe „Schwesterkirchen" anlässlich der Trauung den Übertritt zur eigenen Kirche verlangen, „was natürlich nach katholischer Auffassung unmöglich ist"[123]. In der

---

[119] Vgl. DH 1813–1816.
[120] Vgl. DH 3468–3474.
[121] Vgl. Dick, Kommentar 415 f.
[122] Hoeck 383.
[123] Ebd.

Konzilsdebatte bemerkte Kardinal König, dass die Ehe zwischen einem katholischen und einem orthodoxen Christen keine Mischehe im eigentlichen Sinne sei, während Kardinal Lercaro eine Verständigung mit der Orthodoxen Kirche riet. Da die Christen in den islamischen Ländern ohnehin eine eher schwindende Minderheit darstellen, wird der Aufruf laut werden müssen, angesichts der „Zeichen der Zeit" solche Regelungen und Praktiken zu überprüfen. Welcher Stellenwert kommt ihnen noch zu angesichts der gemeinsamen gesellschaftlichen, kulturellen, sozialen und sonstigen Herausforderungen?

VII. Der Gottesdienst (OE 19–23)

Ohne Systematik wurden in diesem Kapitel seelsorgerlich und ökumenisch relevante Reste aus vier Einzelschemata zusammengezogen. Es geht um Zuständigkeit von kirchlichen Autoritäten den (gemeinsamen) Feiertagstermin einschließlich des Ostertermins sowie die liturgischen Sprachen betreffend, um das Verhalten der Gläubigen außerhalb, also im „ritusfremden" Gebiet bzw. in interrituellen Familien und um das Stundengebet, das gemäß der eigenen Ordnung und Tradition gehalten werden soll. Mit Dick[124] kann man OE 19–21 zu einem Artikel „Heilige Zeiten" zusammenfassen, dem dann noch je ein Artikel zum Stundengebet (OE 22) und zum „Gebrauch der lebenden Sprachen" (OE 23) folgt. „Aber der Text ist ziemlich arm und trägt nichts groß Neues zur aktuellen Ordnung (Disziplin) bei."[125]

Das liturgische Jahr wurde im Osten zwischen dem 8. und 11. Jahrhundert mehr oder weniger festgeschrieben. Die wichtigen Herren- und Marienfeste sind im Großen und Ganzen überall die gleichen und werden weitgehend auch im Westen gefeiert. Unter den gegebenen gesellschaftlichen, politischen wie wirtschaftlichen Verhältnissen ist eine Mitfeier aller Feste, gar die Feier eines Festes an mehreren Terminen nicht mehr möglich. Als Hauptfeste zählte das erste Schema Weihnachten, Epiphanie, Himmelfahrt, Aufnahme Marias und Peter und Paul auf. Änderungen jeglicher Art (Aufhebung, Verlegung, Neueinrichtung) an den gemeinsamen Festen vorzunehmen soll allein der Ökumenischen Synode oder dem Apostolischen Stuhl zustehen. Das ist konsequent, „gibt es doch keine gemeinsame Autorität für alle orientalischen Kirchen, wie es z. B. die Versammlung der Patriarchen sein könnte"[126] Für den Bereich der einzelnen Teilkirchen ist neben dem Apostolischen Stuhl die entsprechende Synode des Patriarchen oder Erzbischofs zuständig. Selbstverständlich erfordert dies ökumenische Sensibilität und pastorale Klugheit, damit nicht die Gräben zwischen den katholischen Ostkirchen und den orthodoxen Schwesterkirchen vertieft werden und katholische Gläubige in interrituellen oder jeweils ritusfremden Gebieten nicht vor zusätz-

---
[124] Vgl. Dick, Kommentar 433–445.
[125] Dick, Kommentar 427. Zur Textgeschichte vgl. ebd. 429–431.
[126] Dick, Kommentar 434.

lichen Schwierigkeiten stehen. Diese Bestimmung geht insofern über die bisher geltende Ordnung hinaus, als die Synoden jetzt generell und nicht nur im Einzelfall agieren dürfen.

Wie bekannt[127] stellt in den ersten Jahrhunderten allein der Streit um den Termin des Osterfestes einen gravierenden Kontroverspunkt zwischen Ost und West dar. Nun hatte das Konzil bereits im Anhang zur Liturgiekonstitution erklärt, es sei „nicht dagegen, dass das Osterfest einem bestimmten Sonntag im Gregorianischen Kalender zugewiesen wird, wenn diejenigen, die es angeht, besonders die von der Gemeinschaft mit dem Apostolischen Stuhl getrennten Brüder, zustimmen"[128]. Das Osterfest (inklusive Fastenzeit und Karwoche) hat im Bewusstsein der Gläubigen der Ostkirchen einen höheren Stellenwert als im Allgemeinen bei den „westlichen" Gläubigen. Daraus resultiert ein starkes Interesse an einem mit den orthodoxen Schwestern und Brüdern gemeinsamen Termin, wobei das wechselnde Datum dann nicht so entscheidend wäre.[129] Nach der Festlegung auf dem Konzil von Nizäa (325) kam es nur selten zu differierenden Daten, der Unterschied (zwischen einer und fünf Wochen) wurde erst nach der gregorianischen Kalenderreform gravierend. Während im 19. Jahrhundert die katholischen Ostkirchen nach und nach den Gregorianischen Kalender übernahmen, blieben die Orthodoxen Kirchen beim Julianischen, vor allem was das Osterfest angeht. Daneben gibt es in Gebieten mit krassen Minoritätsverhältnissen partielle Gemeinsamkeiten. In den islamischen Ländern spielt auch die Glaubwürdigkeit der Christenheit eine Rolle. Da es noch zu keiner generellen Übereinkunft gekommen ist[130], trifft das Konzil eine vorläufige Regelung für die Lokalkirchen, deren „Patriarchen oder höchsten kirchlichen Autoritäten" es zukommt, entsprechende Vereinbarungen vor Ort zu erreichen. Dabei spricht sich das Dekret grundsätzlich für einen gemeinsamen Ostertermin aus!

Blieb noch das Verhalten einzelner Gläubigen zu regeln, die sich außerhalb ihres Ritusgebietes aufhalten oder in interrituellen Familien leben. Nach Dick[131] geht es neben den verpflichtenden Festen vor allem die Fast- und Abstinenztage. Von den im ersten Schema vorgesehenen Auflistungen hat man in **OE 21** Abstand genommen und sich mit zwei generellen Empfehlungen begnügt. Alles Weitere soll im Ostkirchenrecht bzw. im Bereich der Partikularkirchen geregelt werden. Das Prinzip, seinem Ritus treu zu bleiben, kennt in unserem Fall zwei Ausnahmen, wobei es sich weithin um eine Absegnung bereits geübter Praxis handelt. Bis dato hatte sich die Familie nach dem Ritus des Mannes zu richten, die Frau konnte

---

[127] S. o. die Einleitung zu OE 12–18.
[128] SC, Anhang 1.
[129] Vgl. Dick, Kommentar 435.
[130] Nicht bis zum heutigen Tag! Vgl. zum Problem Bienert, Osterfeststreit. Dick, Kommentar 437 setzt seine Hoffnung auf das Panorthodoxe Konzil; dieses ist freilich bis heute noch in seiner vorbereitenden Phase! Vgl. Papandreou, Das Panorthodoxe Konzil; Jensen, Die Zukunft der Orthodoxie.
[131] Vgl. Dick, Kommentar 438.

dem ihrigen treu bleiben, sie durfte sich aber auch dem des Mannes anschließen. Diese Ordnung wird jetzt ausgeweitet, insofern die Familie die freie Wahl des Ritus hat, weil die Einheit im gemeinsamen Feiern für eine Familie das lebenswichtigere Gut darstellt.

Um die Ordnung des Stundengebets geht es im folgenden Artikel. Dabei ist zu beachten, dass das Gotteslob der Kirche, wie **OE 22** ausdrücklich betont, „seit alter Zeit bei allen Ostkirchen in großer Ehre stand", es jedoch „nur" als das offizielle Gebet der ganzen Kirche, nicht jedoch für die Kleriker als Individuen verpflichtend war. Wer also aus einem gerechten Grund nicht am Chorgebet teilnehmen konnte, musste dieses nicht für sich „privat absolvieren". Seit dem Mittelalter gab es Versuche, auch die Kleriker der orientalischen Riten zum Breviergebet zu verpflichten, so dass sich schließlich eine breite Vielfalt an Gewohnheiten und Vorschriften ergab.[132] Es gab auch Bestrebungen, etwas zu dem in der östlichen Tradition unbekannten Brevier-Buch Analoges zu schaffen, was vor allem kleineren Kirchen entgegenkommt und den Laien die Teilnahme durch häusliches Gebet ermöglicht.[133] Zwei Prinzipien werden auch in diesem Artikel zur Geltung gebracht: die Zuständigkeit der jeweiligen Teilkirche und die erneute Achtung der eigenen Tradition. Sowohl aus ökumenischen Gründen wie auch im Interesse einer „gesunden", d.h. aus Schrift und Vätertradition gespeisten Frömmigkeit kommt der Aufforderung („sie sollen") an die Gläubigen keine geringe Bedeutung zu.

OE 23 Im Osten war das Bewusstsein von der Liturgie als „Werk des Volkes" und der Gemeinschaft als Subjekt der Liturgie immer lebendig, so dass für sie die Sprachen bevorzugt wurden, welche die Menschen verstehen. Dabei zeigt sich die byzantinische Tradition offen für mehrere Sprachen (z. B. Slawisch, Georgisch; bei den Melkiten Syrisch, später Arabisch), vor allem dann in den Ländern Osteuropas, während andere Riten national gebunden sind. Das Arabische wurde in mehreren Liturgien üblich, die jeweilige Landessprache in den russischen Missionen wie in den Auslandskirchen in Westeuropa, Amerika oder Australien. Das an die ostkirchlichen Priester in Amerika und Europa gerichtete Verbot des Gebrauchs der Landessprache durch das Hl. Offizium von 1959 bedeutete eine Kompetenzüberschreitung und stellte ein Angriff auf das Selbstverständnis der Orientalen dar.[134] Auf Intervention Maximos' IV. bei Johannes XXIII. (hier nahm ein Bischof seine partikularkirchliche Verantwortung wahr) änderte das Hl. Offizium (in einem auch in anderen Zusammenhängen zu beobachtenden „geordneten Rückzug") die Vorschrift dahingehend ab, dass bis auf das Hochgebet die Volkssprache im byzantinische Ritus erlaubt sei. OE 23 diskutiert nach der Verabschiedung der Liturgiekonstitution, die in Art. 36 für den lateinischen Bereich die Möglichkeit des Gebrauchs der Muttersprache eröffnet hatte[135], nicht mehr

---

[132] Vgl. die Übersicht bei Dick, Kommentar 440 f.
[133] Vgl. Hoeck, Kommentar 385; Dick, Kommentar 442.
[134] Vgl. Dick, Kommentar 443 f.
[135] Vgl. den Kommentar zu SC in Bd. 2 dieses Kommentarwerkes.

das Sachproblem, sondern regelt die Zuständigkeit. Die Einschränkung, dass bei Übersetzungen dem Apostolischen Stuhl Bericht zu erstatten sei, „ist erst im Gedränge der letzten Tage auf Grund eines Modus in den Text gekommen". Sie sollte freilich „nicht die Rechte der Orientalen gegenüber den Lateinern beschränken, sondern nur größtmögliche Einheitlichkeit der Übersetzungen garantieren"[136]. Auch der melkitische Kommentator sieht darin eine Möglichkeit, wie der Hl. Stuhl als „Band der Einheit"[137] fungieren kann.

VIII. Der Umgang mit den Brüdern der getrennten Kirchen (OE 24–29)

Im letzten Kapitel des Dekrets geht es um die „Außenbeziehungen" der katholischen Ostkirchen. Diese sind hier nochmals als sie selbst gefordert, haben sie doch „wesentlich eine ökumenische Rolle. Sie sollen durch das Zeugnis ihrer Existenz und ihres Status als solche wie durch ihre ökumenische Arbeit die gänzliche Versöhnung der Kirchen des Ostens und des Westens vorantreiben"[138]. Bis dahin sind – von den individuellen Fällen eines Konfessionswechsels abgesehen – Regelungen hinsichtlich der ökumenischen Begegnung, vor allem der Gottesdienstgemeinschaft, zu treffen.

Das Thema „communicatio in sacris" gehörte zu den vier Aufgaben, die Papst Johannes XXIII. der Vorbereitenden Kommission gestellt hatte; daneben freilich auch die Frage nach den „Mitteln zur Wiederversöhnung der orientalischen Dissidenten", welcher sich eine andere Unterkommission annahm. Im Zusammenhang mit der Geschichte des Dekrets[139] war bereits nachgezeichnet worden, dass im Verlaufe des konziliaren Prozesses das Sekretariat zur Förderung der Einheit der Christen auch für die Beziehungen zur Orthodoxie zuständig wurde, so dass der Ostkirchenkommission nur die spezifischen Fragen der katholischen Ostkirchen übrig blieben. Das Schicksal des Schemas *De Ecclesiae unitate* „*Ut omnes unum sint*" wurde bereits beschrieben. Referiert wurde auch, dass sich die Ostkirchenkommission bzw. ihr Präsident Kardinal Cicognani zunächst weigerten, den Beschluss am Ende der ersten Sitzungsperiode, ein einziges Schema über den Ökumenismus durch eine gemischte Kommission erarbeiten zu lassen, zu befolgen.

Das im wesentlich durch P. Gordillo SJ vom Päpstlichen Institut für den christlichen Orient und Bischof Edelby erarbeitete Schema *Communicatio in sacris* wurde von der Zentralkommission im Januar 1962 geprüft und an Papst und Kurie weitergeleitet, das Problem sollte im zu überarbeiteten Codex geregelt werden. „Die Innovationen des Schemas scheinen die Zentrale Kommission und die Unterkommission erschreckt zu haben."[140] Um welche Neuerungen handelte es

---

[136] So urteilt Hoeck, Kommentar 385.
[137] Dick, Kommentar 445.
[138] Dick, Kommentar 449. Ich verweise noch mal auf das ergreifende Zeugnis von Zoghby, Den zerrissenen Rock flicken.
[139] S. o. Einleitung (A.III.).
[140] Dick, Kommentar 453.

sich? Nachdem klargestellt war, dass es mit Häretikern und Schismatikern im formellen Sinn keine Sakramentsgemeinschaft geben kann, wurde den Orientalen (Orthodoxen), die ja nicht formell von der Kirche getrennt sind und gültige Sakramente haben, zugestanden, wenn sie spontan darum bitten, entsprechend disponiert sind und mögliche Ärgernisse vermeiden, die Sakramente der Buße, der Eucharistie und der Krankensalbung zu empfangen. Katholiken durften nur in Todesgefahr, bei längerer Abwesenheit eines eigenen Priesters oder in einer schweren Notlage diese Sakramente von einem orthodoxen Priester empfangen. Das alles solle nicht zu Indifferentismus führen, sondern die Einheit fördern.

In dem Schema *De Ecclesiae unitate* wurden als Mittel zur Beförderung der Einheit aufgezählt: „übernatürliche" (Gebet, Zeugnis eines heiligen Lebens); theologische (eine ökumenische Theologie durch Rückgriff auf die Quellen im wechselseitigen Verstehen ohne falschen Irenismus); liturgische, kanonistische und disziplinäre (Respektierung der dem Orient eigenen Riten und Ordnungen); psychologische (wechselseitiges Kennenlernen, Eingeständnis der eigenen Fehler statt „Pharisäismus", Zusammenarbeit im gesellschaftlichen Leben und im Kampf gegen den Atheismus als ausgezeichnete Vorbereitung für die Einheit); praktische (Sorge um die ökumenische Arbeit, auch in der Ausbildung; die Gründung des Einheitssekretariats wurde hier angekündigt!). Keines dieser Mittel ist überholt; man spürt, dass hier Menschen mit ökumenischer Erfahrung und entsprechender Inspiration am Werk waren![141]

Einiges aus diesen beiden Texten fand dann im Lauf der Textgeschichte Eingang in das hier zu kommentierende Dekret. Das war vor allem den Konzilsvätern aus den katholischen Ostkirchen wichtig, da sich ja vor allem die Frage einer Gottesdienstgemeinschaft im Verhältnis zu den Orthodoxen Kirchen deshalb eigens stellt, als deren Sakramente als gültig „gespendet" anerkannt werden.

Aus der Konzilsdebatte vom Oktober 1964 sind einige einschlägige Stimmen an dieser Stelle in Erinnerung zu rufen. Die Erzbischöfe de Provenchères (Aix-en-Provence) und Baudoux (St.Boniface/Canada) betonten die ökumenische Bedeutung der katholischen Ostkirchen, denen kräftige Unterstützung zuteil werden sollte. Wie schon an anderer Stelle erwähnt, plädierte Kardinal König (Wien) dafür, statt von „communicatio in sacris" von „Interkommunion" zu sprechen. Der Würzburger Bischof Stangl beklagt die Angstbesessenheit wegen möglicher Missbräuche und fordert eine großherzige und milde Behandlung der Fragen.[142] Als Gegner, welche keine Alternative zur „Rückkehr-Ökumene" sahen, präsentierten sich der koptische Bischof Scandar[143] und der maronitische Erzbischof von Aleppo Ayoub[144]. In der Abstimmung vom 22.10.1964 erhielt der Text freilich eine stattliche Mehrheit. Als wichtiger Modus wurde der Verweis auf das Ökumenismusdekret in Artikel 24 akzeptiert; dadurch wollte man denen entgegenkommen, die den mangelnden ökumenischen Charakter kritisiert hatten.

---

[141] Zum Weg beider Texte, der hier nicht nochmals nachgezeichnet werden muss, vgl. ebd. 451–457.
[142] AS III/5, 42 f.
[143] Ebd. 69–71.
[144] Ebd. 90–93.

Auch der Einschub in OE 25 „unter dem Einfluss der Gnade des Heiligen Geistes" liegt auf der Linie des Ökumenismusdekrets wie der gnadentheologisch inspirierten Ekklesiologie in den Artikeln 13–16 der Kirchenkonstitution. In OE 26 und OE 29 spiegelt sich der ökumenische Lernprozess des Konzils insofern, als nicht mehr von den orientalischen Christen, sondern von den „von uns getrennten Ostkirchen" gesprochen wird. Auch in der Überschrift dieses Kapitels wir der ekklesiale Charakter herausgestellt, im Text insgesamt geschieht dies nicht immer konsequent.

In **OE 24** konnte die Ostkirchenkommission ihre „ökumenische Magna Charta" unterbringen, während sie ansonsten ja das Herzstück ihres Schema *De Ecclesiae unitate* aus der Hand geben musste. Die katholischen Ostkirchen, eingepflanzt im Osten, aber auch zumindest teilweise vertraut mit westlicher Mentalität und abendländischen Formen des (katholischen) Christentums, sind sich dessen bewusst, dass ihnen eine einzigartige Rolle in der ökumenischen Bewegung zukommt. Schon vor dem Konzil (und nach der mehrfach zitierten Synode seiner Kirche im Jahre 1959) erklärte Patriarch Maximos IV. selbstbewusst: „Die katholischen Ostkirchen sind ein mächtiger und unverzichtbarer Faktor im Hinblick auf die Einheit der Christen. Trotz unserer kleinen Zahl sind wir uns dessen bewusst, mit einer großen Sendung beauftragt [wörtlich: belastet] zu sein."[145] Leider gilt freilich auch, was der Förderer des orientalischen Christentum Abtprimas Hoeck zu unserem Artikel bemerkt: „Was ... über die spezielle Unionsaufgabe der unierten Kirchen gesagt ist, war von jeher leider ein frommer Wunsch, als dass es viel Aussicht auf Erfolg gehabt hätte. Das liegt weniger an der Haltung der unierten Kirchen als solchen, sondern einfach an der Art ihrer Entstehung und an der Tatsache ihrer Existenz. In der Sicht der Orthodoxen sind nun einmal diese kleinen Splitterkirchen durch ‚Plünderung' bzw. Abfall von den orthodoxen Kirchen entstanden und tragen bis heute das Odium einer unlauteren Konkurrenz. Daran wird sich auch durch das Konzil kaum viel ändern."[146]

Worin sieht ein melkitischer Theologe die Rolle, diese „Mission" der katholischen Ostkirchen? „Sie ist begründet in unserem Sein selbst ... [als] eine gewisse Synthese. ... Sie ist in unsere Seele eingeschrieben ... denn wir sind durch Familienbande mit unseren orthodoxen Brüdern verbunden ... Sie ist eingeschrieben in unsere Situation ... Denn wir kennen besser die Mentalität unserer Brüder."[147] Ja, die Ostkirchen seien bereit als solche in eine Union zwischen Rom und der Orthodoxie aufzugehen: „Unsere Hierarchie hat wiederholt erklärt, sie sei bereit sich zurückzuziehen und im Falle der Union den Platz der orthodoxen Hierarchie zu überlassen."[148] Freilich ist auch der melkitische Theologe nicht blauäugig, weder was das eigene Engagement der Ostkirchen noch was die Hindernisse bei dieser „Mission" betrifft. Und da stimmt er mit Elias Zoghby überein, wenn er

---

[145] So der Patriarch auf einer Konferenz in Düsseldorf 1960; hier zit. nach Dick, Kommentar 461.
[146] Hoeck, Kommentar 386.
[147] Dick, Kommentar 461.
[148] Ebd. 462.

behauptet: „Das stärkste Handicap für unsere Arbeit an der Einheit ist, dass wir von beiden Seiten nicht akzeptiert sind."[149] Katholisch, aber nicht lateinisch, orientalisch, aber nicht orthodox – das sprengt die üblichen Kategorien! Lichtblicke gab es während der Konzilszeit. Dick erinnert an die Adresse, die der ökumenische Patriarch Athenagoras an Patriarch Maximos im Juni 1964 richtete: „Sie haben auf dem Konzil in unserem Namen gesprochen."[150]

Wie der in den Text aufgenommene Querverweis auf das Ökumenismusdekret belegt, soll das ökumenische Bemühen an den allgemeinen Prinzipien eines vor allem geistlichen Ökumenismus orientiert sein. Für die Situation der Ostkirchen spezifisch ist in der Aufzählung von OE 24 lediglich die Betonung der „Treue gegenüber den alten östlichen Überlieferungen".

Dass im Anschluss an diese Ausführungen und vor weiteren Einzelbestimmungen in **OE 25** über den Umgang mit Einzelkonversionen gehandelt wird, hält der „Lateiner" Hoeck nicht für glücklich.[151] Auch der melkitische Kollege befürchtet beleidigte Reaktionen von Orthodoxer Seite, dreht allerdings in gewisser Weise den Spieß um und fragt, ob nicht auch die orthodoxe Kirche ihrerseits „spezielle Riten habe für die, die zur Orthodoxie (zurück) kommen"[152]. Das ist charakteristisch für die ökumenische Situation: Was „als Voraussetzung für eine Einigung der Kirchen" begrüßt werden könnte, die Erleichterungen bei einer Konversion nämlich, kann auch als Aufforderung zur Konversion missverstanden werden, was die ökumenischen Beziehungen gerade mit den Orthodoxen Kirchen nicht unerheblich belastet.[153] Dabei schreibt OE 25 nur fest, was gelebte Praxis ist, jedenfalls bei den Melkiten.[154]

Bei allen Unterschieden in der Praxis gehört zur Grundüberzeugung sowohl der katholischen wie der orthodoxen Kirche, dass, wie im ersten Satz von **OE 26** formuliert, jede Verletzung der Einheit der Kirche, formale Häresie, Gefahr einer Abirrung im Glauben, jedes Ärgernisgeben und jede Vergleichgültigung in Glaubensfragen ausgeschlossen sein muss, wenn in Zeiten einer noch nicht bestehenden Kirchengemeinschaft für pastoral begründete Ausnahmefälle eine Regelung getroffen werden soll. In UR 8, 4 werden die beiden Prinzipien festgehalten, die bis dato die Haltung der römisch-katholischen Kirche bestimmen: „Die Bezeichnung der Einheit verbietet meistens eine Gemeinschaft [in heiligen Dingen = communicatio in sacris]. Die Sorge um die Gnade empfiehlt sie bisweilen." Nun sind die Bande zwischen Ost- und Westkirche ja relativ eng, wie das Ökumenismusdekret deutlich ausführte und die Aufhebung der Exkommunikation durch

---

[149] Ebd. 464.
[150] Zit. ebd. 468.
[151] Vgl. Hoeck, Kommentar 387.
[152] Dick, Kommentar 476.
[153] Hoeck, Kommentar 387, notiert in Anm. 29, dass bereits zwei orthodoxe Versammlungen OE 25 in diesem Sinn (miss)verstanden haben.
[154] Ich bin nicht sicher, ob die entsprechende Bemerkung bei Dick, Kommentar 477, verallgemeinert werden darf.

den ökumenischen Patriarchen Athenagoras und Papst Paul VI. bekräftigte. Dennoch besteht (noch) keine (volle) Kirchengemeinschaft. Aus römisch-katholischer Sicht sind allerdings die wesentlichen Voraussetzungen gegeben: gültige Sakramente, weil gültig geweihte Priester. Die Anerkennung des Papstes in den Vollmachten, die ihm das Erste Vatikanische Konzil zuschreibt, wird nicht verlangt, jedenfalls nicht als Vorbedingung für eine Gottesdienstgemeinschaft in bestimmten Fällen. Die Päpste ihrerseits schwankten seit Paul VI. zwischen dem klaren Bewusstsein, das dann auch deutlich geäußert wurde, dass nämlich sie selbst das größte Hindernis für die Einheit mit der Orthodoxie darstellen und einem Ausblenden dieses essentials. Welche Vision hatte Papst Johannes Paul II., als er die Enzyklika *Ut unum sint* in die ökumenische Welt sandte? Seitens der Orthodoxie wurde jedenfalls das Angebot des Konzils zu einer Gottesdienstgemeinschaft unter bestimmten Umständen so gut wie nicht aufgegriffen. Für eine Zeit ist die Russisch-Orthodoxe Kirche darauf eingegangen, zog sich aber dann wieder zurück. Entscheidender Grund war der schon mehrfach erwähnte, für die Orthodoxen Kirchen zentrale, nämlich die Befürchtung der Proselytenmacherei, die ja auch der Text unseres Dekrets nicht ohne weiteres als gegenstandslos abweisen kann.[155] Hier kann man Abtprimas Hoeck nur zustimmen, wenn er schreibt: „Allerdings wäre es angezeigt gewesen, wie es auch von mehreren Vätern gewünscht worden war, dass solche Regelungen nicht ohne eine offizielle Fühlungnahme mit den getrennten Kirchen getroffen worden wären. Zwar ist eine solche Verständigung in Artikel 29 … gegebenenfalls vorgesehen, aber sie vorher geschehen müssen. Da sie unterblieb, kann es nicht wundernehmen, dass das großzügige und im Grund durchaus positiv zu wertende Entgegenkommen in dieser Frage von manchen Orthodoxen wiederum nur als versteckte Abwerbung verstanden wird, umso mehr als den Orthodoxen die Teilnahme an den Sakramenten der katholischen Kirche unbeschränkter gestattet wird als umgekehrt."[156] Warum hat man nicht, so fragen wir mit Hoeck weiter, wenigstens die einschränkende Formulierung hinzugefügt „sofern ihre kirchlichen Vorgesetzten damit einverstanden sind", zumal man ja, jedenfalls immer dann wenn die eigene Autorität gefragt war, solche Vorbehalte einstreute?

OE 26 verbindet durchaus theologischen Grundsatz mit pastoraler Sensibilität und formuliert absichernd. Der seelsorgerliche Alltag kennt „vielfältige Umstände", unter denen Ausnahmen für einzelne Personen möglich sind, ohne dass die theologischen Prinzipien „göttlichen Rechts" verletzt werden, also eine flexible kirchliche Gesetzgebung nicht nur kanonisch möglich, sondern pastoral – weil „ein Heilsbedürfnis und das Wohl der Seelen drängen" – angezeigt ist. Die Angst vor Ärgernissen und Missverständnissen („Dammbruch"!) steht nicht immer in kirchlichen Regelungen so zurück wie hier, vielleicht weil Rom sich im Blick auf die Orthodoxie doch leichter tut als im Verhältnis zu den aus der Reformation

---

[155] Zur Diskussion der Problematik und den unterschiedlichen Optionen in der vorbereitenden Kommission vgl. Dick, Kommentar 480–482.
[156] Hoeck, Kommentar 388.

hervorgegangenen Kirchen. Die in diesem Artikel zusammengestellten Grundsätze gehen übrigens auf eine „höchst verdienstvolle Denkschrift"[157] des Sekretariats der Ostkirchenkommission zurück, die verschiedene Wünsche aus der vorvorbereitenden Phase berücksichtigte und an die Zentralkommission weitergeleitet wurde. Dass die katholische Kirche „oft eine mildere Handlungsweise angewendet" hätte, liest sich wie so oft ein wenig wie historische Schönfärberei. Aber meint die kirchliche Autorität ihren eigenen Verordnungen immer treu bleiben zu müssen, so dass es die jetzt eingeräumte „mildere" Praxis schon immer oder jedenfalls früher gegeben haben muss? Auch auf die Gefahr hin als selbstgerecht zu erscheinen, kann der Kommentator die Frage nicht zurückhalten, was es in dieser Hinsicht mit dem geistlichen Ökumenismus, mit Umkehr und Erneuerung, auf sich hat. Zu begrüßen ist der Rückgriff auf Basilius, der sich zu seiner Zeit, z.B. im Streit mit den Pneumatomachen, den Gegnern des Bekenntnisses zur Gottheit des Heiligen Geistes, als Vorbild in Sachen ökumenischer Verständigungsarbeit gezeigt hatte. Zu begrüßen ist ebenfalls die ausdrückliche Betonung des Willens „zur immer stärkeren Förderung der Einheit mit den von uns getrennten Ostkirchen", auch wenn diese Willensbekundung missverstanden werden kann und, wie gesagt, missverstanden wurde.

Die in UR 8, 4 aufgestellten Prinzipien kommen, was die Gottesdienstgemeinschaft zwischen orthodoxen und katholischen Orientalen angeht, nach **OE 27** so zur Anwendung: Orthodoxe Christen können die Sakramente der Buße, der Eucharistie und Krankensalbung in der katholischen Kirche von einem katholischen Priester empfangen. Voraussetzung ist, dass sie „von sich aus darum bitten". Das heißt, es wird bezüglich der Eucharistie keine so genannte „offene Kommunion" erklärt in dem Sinn, dass die Teilnahme an der Eucharistie der jeweils anderen Kirche selbstverständliche Praxis wird. Vielmehr geht es um den Einzelfall (der ja für sich zu einem „Dauerfall" werden kann). Dass der nichtkatholische (orthodoxe) Christ „in rechter Weise vorbereitet" sein soll, ist selbstverständlich und könnte aus ökumenischer Rücksicht auch unausgesprochen bleiben. Immerhin hieß es ja in OE 25, dass „nicht mehr gefordert werden [soll], als was das einfache Bekenntnis des katholischen Glaubens fordert". Solche Ausnahmefälle sind auch für Christen aus anderen (z.B. reformatorischen) Kirchen unter Umständen denkbar. Was freilich nur im Verhältnis zu den Orthodoxen bislang[158] als möglich erachtet wird, ist der umgekehrte Fall, dass ein katholischer Christ von „nichtkatholischen Spendern" die genannten Sakramente empfangen kann. Voraussetzung für diese Gegenseitigkeit ist im zweiten Fall, dass es sich um „nichtkatholische Spender" handelt, „in deren Kirche es gültige Sakramente gibt". Für die Orthodoxie ist das aus (römisch-) katholischer Sicht keine Frage, hinsichtlich der anderen „Kirchen und kirchlichen Gemeinschaften" legte man sich – bis heu-

---

[157] Ebd.
[158] Auf dem Konzil wurden die altkatholische Kirche und die Anglikanische Gemeinschaft immer wieder in ihrem besonderen Status erwähnt, Konsequenzen hinsichtlich der communicatio in sacris daraus aber nicht gezogen.

te – nicht fest. Weitere Bedingungen sind die üblichen: Notlage, „wahrer geistlicher Nutzen" (gibt es auch einen „unwahren"?), die Nichterreichbarkeit eines katholischen Priesters. Die beigefügten Adjektive (recht, gültig, wahr) können nicht nur in orthodoxen Ohren anstößig ankommen, sondern auch allgemein als Ausdruck latenten Misstrauens wahrgenommen werden. Falls dies nur ein Problem juristischer Absicherung sein sollte, stellt sich die Frage, wie weit eine solche Sprache, von ihrer juristischen Dehnbarkeit abgesehen, theologisch angemessen und pastoral empfehlenswert ist.

Weshalb nur die erwähnten drei Sakramente? Diese Frage wurde auch auf dem Konzil gestellt, einige wünschten die Ausweitung auf alle Sakramente, die Ordination ausgenommen. Das Kommissionsmitglied Hoeck fasst die Gegenargumente zusammen: „Bezüglich der Taufe war das jedoch deshalb nicht möglich, weil ja mit der Spendung dieses Sakraments normalerweise die Zugehörigkeit zur Kirche des Spenders gegeben ist; bezüglich der Ehe war es nicht ratsam, wenigstens soweit es sich nicht um eine Mischehe handelt, weil sie ja auch ein öffentlich rechtlicher Akt ist; bezüglich der Firmung endlich dürfte im allgemeinen eine dringende Notlage nicht bestehen."[159]

Die in **OE 28** angesprochenen Fälle (gottesdienstlicher) Gemeinschaft sind unproblematisch, weil es sich nicht um eine sakramentale Gemeinschaft handelt und es „zumeist um gesellschaftliche Verpflichtungen oder Rücksichten [geht], die in einer konfessionell so stark gemischten Bevölkerung wie im Osten auch für das Verhältnis der Kirchen zueinander von nicht zu unterschätzender Bedeutung sein können"[160]. Unproblematisch ist der Artikel auch deshalb, weil er lediglich bestätigt, was schon Praxis ist.

Mit **OE 29** schließt sich in bestimmter Hinsicht der Kreis, insofern nochmals an die Autorität der Ortsbischöfe erinnert wird, nicht ohne diese zu gemeinsamem Vorgehen zu ermahnen. Jetzt wird auch die schon früher fällige „Anhörung [Konsultation wäre angemessener!] auch der Hierarchen der getrennten Kirchen" je nach Fall („gegebenenfalls") angeraten.[161] Die orthodoxen Bestimmungen sind in der Regel strenger, wenn auch hier die seelsorgerliche Praxis durch das Prinzip der Oikonomia[162] gemildert werden kann. Muss zuerst das Panorthodoxe Konzil stattfinden, bevor die Ost-West-Ökumene voranschreiten kann?[163]

---

[159] Hoeck, Kommentar 389.
[160] Ebd.
[161] Wie Hoeck insistiert auch Dick, Kommentar 491 f., auf einer soweit als möglichen Wechselseitigkeit.
[162] Ich begnüge mich an dieser Stelle mit einem Hinweis auf Boumis, Das Kirchenrecht 155–158.
[163] Dick, Kommentar 492, äußert am Ende seines Kommentars entsprechende Hoffnungen. Wie lange noch müssen auch die Melkiten erwarten?

IX. Abschluss

OE 30 Erst in letzter Minute und kurz vor der Schlussabstimmung wurde dem Dekret dieser abschließende Artikel angefügt, „ein wenig aus ästhetischen Gründen, aber vor allem um gewisse Ideen und interessante Vorschläge mit hinein zu nehmen, die im Haupttext keinen Platz hatten finden können"[164]. Vier Punkte sind angesprochen: (1) die Freude „über die fruchtbare und tatkräftige Zusammenarbeit der katholischen Ost- und Westkirchen", nach Hoeck „recht optimistisch, um nicht zu sagen euphemistisch"[165] ausgedrückt; (2) die gleichzeitige Versicherung des provisorischen Charakters der Bestimmungen im Blick auf das Ziel einer vollen Kirchengemeinschaft zwischen Ost und West; (3) der fast beschwörende Aufruf zum Gebet um die Einheit wie für die Christen „jedweder Kirche", die wegen ihres christlichen Bekenntnisses zu leiden haben; (4) die Selbstverpflichtung („wir alle wollen") zur geschwisterlichen Liebe, konkretisiert durch eine Formulierung aus dem Römerbrief (12,10), die aus die erste Grundtugend ökumenischer Geschwisterliebe bezeichnet werden könnte: sich gegenseitig in Ehrerbietung zuvorkommen.

Der provisorische Charakter könnte nach Hoeck auch solche mit dem Text „versöhnen, die in manchen und vielleicht gerade in entscheidenden Punkten nicht mit ihm einverstanden sind"[166].

---

[164] Ebd. 495.
[165] Hoeck, Kommentar 390.
[166] Ebd.

C. Rückblick als Ausblick

Der Ausblick auf die Zukunft des Dekrets über die katholischen Ostkirchen und die damit verbundenen ökumenischen Hoffnungen kann angemessen als Rückblick geschehen. Insofern war die Kommentierung angesichts der heutigen Zeichen der Zeit, wie es dem Programm dieses Theologischen Kommentars zum Zweiten Vatikanischen Konzil entspricht, bereits der Blick nach vorn. Zum einen treffen wir in der Nachkonzilszeit bis heute weitgehend die gleichen Fragestellungen, vergleichbare Positionen und Tendenzen, das Ensemble von theologischen und nicht genuin theologischen Faktoren, Zusammenspiel wie Konkurrenz von lehramtlicher und wissenschaftlicher Autorität, von Basis und Leitung, von lehrmäßiger und gelebter (oder auch nicht gelebter) Ökumene. Wenn das Entscheidende dieses Dekrets wie auch des Ökumenismusdekrets der Lernprozess ist, dann ist das Entscheidende bei seiner Rezeption die Bereitschaft, diesen Prozess nachzuvollziehen und weiter zu entwickeln. Die Situation ist seit der politischen Wende in Europa nicht einfacher geworden, im Gegenteil: Seitdem hegt man z. T. auf orthodoxer Seite noch mehr den Verdacht der Proselytenmacherei, manche Ungeschicklichkeit der ökumenischen Diplomatie mag dazu ungewollt beitragen. Es zeigt sich aber andererseits auch, wie sehr gerade in den „orthodoxen Stammlanden" nationale Gefühle bestimmend sein oder werden können, so dass man sich eine Klärung des Verhältnisses von Staat, Nation und Kirche wünschte. Den in den ehemaligen kommunistischen Ländern unterdrückten unierten Kirchen geht es auch nicht automatisch besser. Sie kämpfen einerseits um die Rückgabe ihrer Kirchen, andererseits stellen sie teilweise so pointiert ihre Anrechte heraus und ihre Märtyrer vor Augen, dass sie das „in Ehrerbietung einander Zuvorkommen" nicht gerade erleichtern. Freilich: dies alles darf ein „westlicher", römischer Katholik nur mit großer Vorsicht und Zurückhaltung zur Sprache bringen. Dennoch hat Abtprimas Hoeck auch recht (und er folgt darin, wie wir sahen, nur der Überzeugung des Melkiten Dick), wenn er am Ende seines Kommentars schreibt: „Eine endgültige Lösung des hier anstehenden Problems wird erst möglich sein, wenn es – so paradox das klingt – jene Kirchen und ihre Hierarchien nicht mehr gibt, für die das Dekret bestimmt ist, sondern nur mehr *die* orientalischen mit der lateinischen brüderlich vereinten Kirchen, mit anderen Worten, wenn das Dekret eigentlich überflüssig geworden ist."[1] Dass der Uniatismus keine (Dauer-) Lösung darstellt, wissen die katholischen Orientalen selbst am besten. In den ökumenischen Dialogen mit der Orthodoxie wurde das deutlich herausgestellt. Dennoch ist seit mehr als einem Jahrzehnt das offizielle theologische Gespräch wegen

---

[1] Ebd. 391.

der Frage bzw. des Verdachts des Proselytismus blockiert.² An hoffnungsvollen Schritten sei die theologisch-wissenschaftliche Zusammenarbeit von Theologen verschiedener Kirchen und weiterer Experten hinsichtlich des Erbes und der Gegenwart der syrischen Kirche erwähnt.³

Nun handelt das Dekret über die katholischen Ostkirchen ja nur im letzten Kapitel von den Beziehungen zu den Orthodoxen Kirchen, wenn diese auch in gewissem Sinn zum Kontext des gesamten Dekrets gehören. Darüber soll freilich nicht vergessen werden, welche Bedeutung dem Dekret für den innerkatholischen Lernprozess zukommt, vor allem als Herausforderung der römischen Ekklesiologie. Insofern ist es auch indirekt wieder für die ökumenischen Beziehungen zum Osten relevant. *Orientalium Ecclesiarum* ist der Testfall für eine innerkatholische Katholizität, für das Verhältnis von Ortskirche und Universalkirche, Primat und (kollegialem) Episkopat.

In dieser Hinsicht fällt die nachkonziliare Würdigung des Dekrets durch lateinische wie orientalische Katholiken differenziert aus, vermutlich so differenziert wie die auf dem Konzil bzw. in der Konzilskommission selbst vertretenen Positionen.⁴ Wie im Fall des Ökumenismusdekrets und der Erklärung *Nostra aetate* muss man wahrscheinlich sagen, dass *Orientalium Ecclesiarum* eher aussprechen konnte, wie es nicht mehr gehen kann, als wie der Weg in die und in der Zukunft aussehen wird. Wie die „Erklärung über die Haltung der Kirche zu den nichtchristlichen Religionen" als verpflichtende Beschreibung der Haltung der Kirche im Sinne der Voraussetzung für einen noch zu führenden Dialog charakterisiert werden kann, so kann Ähnliches für *Unitatis redintegratio* und strukturell Vergleichbares, auch wenn es um einen innerkatholischen Dialog geht, für das Ostkirchendekret gesagt werden. Ein Meilenstein in der Wirkungsgeschichte von OE bzw. der konziliaren Diskussion war die Neue Fassung des Codex Canonum Ecclesiarum Orientalium (CCEO), promulgiert am 18. Oktober 1990. Es ist nicht mehr die Aufgabe dieses Kommentars, das Werk zu würdigen; dies muss den einschlägigen Expertinnen und Experten überlassen werden.⁵ Die Existenz eines eigenen Gesetzbuches für die Ostkirchen ist als solches ein Beweis für ihre Anerkennung und Würdigung als eigenständige Kirchen innerhalb der Catholica. Freilich dürfte dies nicht durch Einzelbestimmungen praktisch wieder ausgehöhlt werden. Einerseits ist der pauschale Vorwurf einer „Latinisierung im neuen ori-

---

² Seit der Vollversammlung der Dialogkommission in Freising 1990 (vgl. DwÜ 3, 555–560) blockiert dieses Problem die Arbeit; daran konnte auch der Dialog von Balamand/Libanon über den Uniatismus (ebd. 560–567) nichts ändern, wie sich dann bei der Zusammenkunft in Baltimoore im Jahr 2000 herausstellte; s. a. den Kommentar zum Ökumenismusdekret in diesem Band.
³ Vgl. die in der Reihe „Studien zur Orientalischen Kirchengeschichte" erschienenen Bände: Tamcke – Heinz, Zu Geschichte; Tamcke, Syriaca; Winkler, Ostsyrisches Christentum.
⁴ Vgl. z. B. die einschlägigen Kapitel 32–34 in Hummer, Orthodoxie und Zweites Vatikanum. Selbstverständlich sind auch die Stellungnahmen aus den getrennten Kirchen relevant, besonders aus dem Bereich der Orthodoxie. Vgl. hierzu generell als Standardwerk Brun, Orthodoxe Stimmen.
⁵ Zehn Jahre nach der Promulgation fand in Wien eine einschlägige Tagung von Kirchenrechtlerinnen und Kirchenrechtlern statt, auf der die spezifischen Strukturen der katholischen Ostkirchen untersucht wurden; vgl. Gerosa, Patriarchale und synodale Strukturen.

entalischen Kodex als unbegründet"⁶ zurückzuweisen. Als „eigenberechtigte Kirchen" stellen die katholischen Ostkirchen ein ökumenisches Modell dar⁷, das zu einem Lernprozess inspirieren könnte, wie im Sinne einer Communio-Ekklesiologie Kirchengemeinschaft als eine „Gemeinschaft von Gemeinschaften" lebbar wird. Ob freilich die Patriarchen durch den CCEO alle ihre überlieferten „Rechte und Privilegien" wieder erhalten haben⁸, müsste ebenso detaillierter erörtert werden wie das Verhältnis von Kardinalskollegium, Patriarchen, Bischofssynode theologisch weiter zu diskutieren ist und hoffentlich auch einmal in synodalen Strukturen einer Communio-Kirche abgebildet werden kann.⁹

---

[6] Erdö, Die Kodifikation 199.
[7] Vgl. Demel, Die eigenberechtigte Kirche.
[8] Einschlägig sind die cann. 78–101 des CCEO.
[9] Vgl. dazu, was die kanonistische Seite angeht, die Arbeiten von Faris und Nedungatt.

D. Bibliographie

Alberigo, Giuseppe – Wittstadt, Klaus (Hg.), Geschichte des Zweiten Vatikanischen Konzils (1959–1965), 5 Bde., bisher erschienen: Bde. 1–3, Leuven – Mainz 1997–2002.
Bienert, Wolfgang A., Osterfeststreit, in: LThK³ 7, 1171–1173.
Brun, Maria, Orthodoxe Stimmen zum II. Vatikanum, Freiburg/Schweiz 1988.
Boumis, Panagiotis, Das Kirchenrecht der Orthodoxen Kirche, in: Wilhelm Nyssen u. a. (Hg.), Handbuch der Ostkirchenkunde, Bd. 3, Düsseldorf 1997, 145–179.
Caprile, Giovanni, Entstehungsgeschichte und Inhalt der vorbereiteten Schemata. Die Vorbereitungsorgane des Konzils und ihre Arbeit, in: LThK.E 3, 665–726.
Demel, Sabine, Die eigenberechtigte Kirche als Modell für die Ökumene, in: Gerosa (Hg.), Patriarchale und synodale Strukturen 243–270.
Dick, Ignace, Kommentar zu OE [12–30], in: Les Églises Orientales Catholiques (Unam Sanctam 76), Paris 1970, 377–499.
Edelby, Neophytos, Kommentar zu OE [1–11], in: Les Églises Orientales Catholiques (Unam Sanctam 76), Paris 1970, 53–376.
L'Église Grecque Melkite au Concile. Discours et notes du Patriarche Maximos IV et des Prélats de son Église au Concile œcuménique Vatican II, Beyrouth 1967.
Erdö, Péter, Die Kodifikation des katholischen Ostkirchenrechts – Geschichte einer Latinisierung?, in: Gerosa (Hg.), Patriarchale und synodale Strukturen 191–200.
Faris, John D., The Communion of Catholic Churches: Terminology and Ecclesiology, Brooklyn 1985.
Faris, John D., The Latin Church *sui iuris*, in: The Jurist 62 (2002) 280–293.
Gerosa, Libero – Demel, Sabine – Krämer, Peter – Müller, Ludger (Hg.), Patriarchale und synodale Strukturen in den katholischen Ostkirchen, Münster 2001.
Grootaers, Jan, Zwischen den Sitzungsperioden. Die „Zweite Vorbereitung" des Konzils und ihre Gegner, in: Alberigo – Wittstadt, Geschichte des Zweiten Vatikanischen Konzils 2, 421–617.
Hajjar, Joseph, Zwischen Rom und Byzanz. Die unierten Christen des Nahen Ostens, Mainz 1972 (frz. Orig. Paris 1962).
Hoeck, Johannes M., Einleitung und Kommentar zum Dekret über die katholischen Ostkirchen, in: LThK.E 1, 362–391.
Hübner, Rainer M., Basilius der Große, Theologe der Ökumene, damals und heute, in: ders. (Hg.), Der Dienst für den Menschen in Theologie und Verkündigung (FS Bischof A. Brehms), Regensburg 1981, 207–216.
Hünermann, Peter, Das Apostolat für die Kranken und das Sakrament der Krankensalbung. Dogmatische Überlegungen angesichts der römischen Instruktion vom 13. 11. 1997, in: ThQ 178 (1998) 29–38.
Hummer, Franz (Hg.), Orthodoxie und Zweites Vatikanum. Dokumente und Stimmen aus der Ökumene, Wien 1966.
Jensen, Anne, Die Zukunft der Orthodoxie. Konzilspläne und Kirchenstrukturen, Zürich – Einsiedeln – Köln 1986.
Kasper, Walter, Das Verhältnis von Universalkirche und Ortskirche, in: StZ 218 (2000) 795–804.

Komonchak, Joseph A., Der Kampf für das Konzil während der Vorbereitung, in: Alberigo – Wittstadt, Geschichte des Zweiten Vatikanischen Konzils 1, 189–401.
Kongregation für die Glaubenslehre, Schreiben über einige Aspekte der Kirche als Communio v. 28.5.1992 (VAS 107), Bonn 1992.
Kongregation für die Glaubenslehre, Erklärung Dominus Iesus v. 6.8.2000 (VAS 148), Bonn 2000.
Kongregation für die Glaubenslehre, Note über den Ausdruck „Schwesterkirche", in: Michael J. Rainer (Red.), „Dominus Iesus", Münster 2001, 305–309.
Mitnacht, Alfons M., Einleitung zu OE, in: Dokumente des Zweiten Vatikanischen Konzils. Authentische Textausgaben, Bd. 2, Trier 1965, 5–14.
Müller, Otfried (Hg.), Vaticanum Secundum, Bd. III/2, Leipzig 1967, Kap. XII: Aus der Arbeit des Konzils am Kurzschema „De ecclesiis orientalibus – Über die Ostkirchen", 703–743.
Nedungatt, George, „Ecclesia universalis, particularis, singularis", in: Nuntia 2 (1976) 75–87.
Nedungatt, George, The Patriarchal Ministry in the Church of the Third Millennium, in: The Jurist 61 (2001) 1–89.
Nedungatt, George, A Guide to the Eastern Code, Rom 2002.
Neuner, Peter, Ökumenische Theologie. Die Suche nach der Einheit der christlichen Kirchen, Darmstadt 1997.
Papandreou, Damaskinos, Das Panorthodoxe Konzil, in: Wilhelm Nyssen u.a. (Hg.), Handbuch der Ostkirchenkunde, Bd. 3, Düsseldorf 1997, 261–286.
Papst Johannes Paul II., Enzyklika *Ut unum sint* über den Einsatz für die Ökumene v. 25.5.1995 (VAS 121), Bonn 1995.
Ratzinger, Joseph, Theologische Prinzipienlehre, München 1982.
Ruggieri, Giuseppe, Der schwierige Abschied von der kontroverstheologisch geprägten Ekklesiologie, in: Alberigo – Wittstadt, Geschichte des Zweiten Vatikanischen Konzils 2, 351–419.
Schneider, Theodor, Der verdrängte Aufbruch. Ein Konzilslesebuch, Mainz ²1991.
Suttner, Ernst Ch., Das Ökumenismusdekret – bloß eine verheißungsvolle Utopie?, in: Jacob Kremer (Hg.), Aufbruch des Zweiten Vatikanischen Konzils heute, Innsbruck – Wien 1993, 154–179.
Suttner, Ernst Ch., Art. Orientalium Ecclesiarum, in: LThK³ 7, 1130.
Suttner, Ernst Ch., Art. Ostkirchen, katholische O., in: LThK³ 7, 1204–1206.
Suttner, Ernst Ch. – Potz, Richard, Art. Patriarchat (II), in: LThK³ 7, 1465 f.
Tamcke, Martin – Heinz, Andreas (Hg.), Zu Geschichte, Theologie, Liturgie und Gegenwartslage der syrischen Kirchen, Münster 2000.
Tamcke, Martin (Hg.), Syriaca, Münster 2002.
Winkler, Dietmar W., Ostsyrisches Christentum, Münster 2003.
Wohlmuth, Josef (Hg.), Dekrete der ökumenischen Konzilien, 3 Bde., Paderborn 1998–2002.
Zoghby, Elias, Den zerrissenen Rock flicken … Wie lange wollen Katholiken und Orthodoxe noch warten?, Paderborn 1984.

Theologischer Kommentar zum Dekret über den Ökumenismus
Unitatis redintegratio
von Bernd Jochen Hilberath

Inhalt

A. Einleitung 73
   I. Der Erwartungshorizont – ein „ökumenisches" Konzil 73
      1. Ankündigung und Erwartungen 73
      2. Die römisch-katholische Kirche und die Ökumenische
         Bewegung 75
      3. Die Bedeutung des Einheitssekretariats 80
      4. Die Rolle der Beobachter 85
      5. Die Ziele des Konzils in ökumenischer Perspektive 88
   II. Textgeschichte 93
      1. Das Schema *De unitate Ecclesiae* „Ut omnes unum sint" . . . 94
      2. Das erste Schema *De Oecumenismo* vom April 1963 95
      3. Das zweite Schema und das Werden des endgültigen Textes . 101

B. Kommentierung 104
   I. Literarisches Genus und die Frage der Verbindlichkeit 104
   II. Zielbestimmung: Förderung der Einheit (Vorwort: UR 1) 108
   III. Die katholischen Prinzipien des Ökumenismus
      (I. Kapitel: UR 2–4) 113
   IV. Die praktische Verwirklichung des Ökumenismus
      (II. Kapitel: UR 5–12) 134
   V. Die von Rom getrennten Kirchen und Kirchlichen
      Gemeinschaften
      (III. Kapitel: UR 13–23) 159
      1. Zwei Kategorien von Spaltungen (UR 13) 162
      2. Erster Teil: Die besondere Betrachtung der Ostkirchen
         (UR 14–18) 166
      3. Zweiter Teil: Die getrennten Kirchen und Kirchlichen
         Gemeinschaften im Westen (UR 19–23) 177
      4. Schluss: In der Zuversicht des Glaubens (UR 24) 193

C. Wertung und Wirkung 195
   I. Ende der Rückkehr-Ökumene? 195
   II. Der Lernprozess geht weiter 200
      1. Auf der Ebene der Kirchenleitung 201
      2. Auf der Ebene der theologischen Dialoge 204
      3. An der Basis 211

III. Offene Fragen 212

D. Bibliographie 217

A. Einleitung

Das hier zu kommentierende Dekret dokumentiert auf dem Feld der Ökumene, was für das Konzil als ganzes behauptet werden kann: die katholische Kirche lässt sich auf einen Lernprozess ein. Das unübersehbare Erleben der Vielfalt einer Weltkirche, die Wahrnehmung der Mitbrüder aus den Katholischen Ostkirchen (der „Unierten") und damit einer innerkatholischen Pluralität in Liturgie, Kirchenrecht und Lebensformen, die Begegnung mit den Beobachtern aus anderen Kirchen öffneten Augen und förderten eine Lernbereitschaft, die durch theologische Berater („periti") und vor allem durch das neu gegründete Sekretariat zur Förderung der Einheit dynamisiert wurde. Wenn dieser Lernprozess mit das Entscheidende des Ereignisses *Konzil* darstellt, dann sind die Umsetzung und die Weiterentwicklung der Vorgaben des Ökumenismusdekrets entscheidend davon abhängig, dass Offenheit und Lernbereitschaft auf allen Ebenen des kirchlichen Lebens, nicht zuletzt jedoch auf der Leitungsebene erhalten bleiben oder – durch ein geistgewirktes Ereignis – aufs Neue initiiert werden.

I. Der Erwartungshorizont – ein „ökumenisches" Konzil

1. Ankündigung und Erwartungen

Allein schon der raumzeitliche Kontext signalisiert die ökumenische Intention: Am Fest der Bekehrung des Völkerapostels Paulus (25.1.1959) kündigt Papst Johannes XXIII. in St. Paul vor den Mauern vor Kardinälen, die zum Abschluss der Weltgebetsoktav für die Einheit der Christen zusammengekommen waren, die Einberufung eines „allgemeinen Konzils für die Weltkirche" an.[1] Giuseppe Alberigo[2] erinnert an die „Unschlüssigkeiten und Irrtümer", welche die Proklamation eines „ökumenischen" Konzils hervorrief. Als Kirchengeschichtler war dem Papst die altkirchliche Bedeutung von „ökumenisch" als „den ganzen bewohnten Erdkreis bzw. die Weltkirche betreffend" geläufig. In seinen Textfassungen spricht er von einem „allgemeinen" Konzil, „ökumenisch" erscheint in der offiziellen Version. Dies musste einerseits bei den anderen Kirchen Anstoß erregen. Vor allem die orthodoxen Kirchen sehen in den Konzilien des 2. Jahrtausends (Partikular-)Synoden der lateinischen Kirche; aus ihren Kreisen kommt

---

[1] Kritische Edition: Melloni, „Questa festiva ricorrenza".
[2] Vgl. Alberigo, Ankündigung 1².

bis heute Kritik an der Bezeichnung „Zweites Vatikanisches *Konzil*".[3] Andererseits führte die Ankündigung zu hochgeschraubten Erwartungen eines „Unionskonzils", bedeutete doch „ökumenisch" in einer breiteren Öffentlichkeit „die Einheit der Kirche betreffend". Bis heute wird ein Oszillieren in der Intention des Papstes selbst für möglich gehalten. Katholiken wie Nichtkatholiken rätselten darüber, ob die Ankündigung eines „ökumenischen" Konzils „eine direkte Beteiligung der anderen christlichen Kirchen implizieren würde oder vielmehr die Einladung zu einer gemeinsamen Suche nach der Einheit bedeute"[4]. Nach einiger Zeit ließen aber die Klarstellungen verschiedener Seiten nicht auf sich warten, zumal neben Hoffnungen auch Befürchtungen und Bedenken geäußert wurden.[5] In dem von Melloni edierten persönlichen Manuskript des Papstes spricht dieser „eine freundliche und erneute Einladung an die Gläubigen der getrennten Kirchen [!] [aus], mit uns an diesem Gastmahl der Gnade und Brüderlichkeit teilzunehmen, das sich so viele Seelen aus allen Teilen der Erde wünschen"[6]. Der Osservatore Romano brachte zunächst nur eine Pressemitteilung auf der Innenseite und publizierte erst Wochen später eine „gefeilte" Fassung, nämlich: „eine erneute Einladung an die Gläubigen der getrennten Gemeinschaften [!], uns zu folgen, auch freundlicherweise in dieser Suche nach Einheit und Gnade, das sich ..."[7] War das noch ein „Feilen" oder schon ein „Zurechtbiegen"? Der Kommentar eines der besten Kenner vatikanischer Vorgänge ist eindeutig: „So begann der Prozess, das Konzil herunterzuspielen, noch am selben Tag, an dem es angekündigt wurde."[8]

Interessierte Reaktionen kamen nicht nur vom Weltrat der Kirchen, sondern auch von orthodoxen und anglikanischen Stellen. Die im Westen sich allmählich ausbreitende Skepsis gegenüber einer ökumenischen Initiative der römischen Kirche zeigte sich im Bereich der Orthodoxie noch deutlicher mit Enttäuschung gepaart. Welchen Weg zur Einheit der Papst vor Augen hatte, besser: welcher ihm mit der Zeit als realistisch erschien, zeigt eine Ansprache Ende April 1959. In ihr werden folgende Schritte benannt: „im Osten zuerst die Wiederannäherung, dann die Rekonziliation und schließlich die vollkommene Vereinigung so vieler getrennter Brüder mit der gemeinsamen alten Mutter; und im Westen die großmütige pastorale Zusammenarbeit der beiden Geistlichkeiten"[9]. Die päpstlichen Charakterisierungen der Aufgaben des kommenden Konzils oszillieren zwischen inner-römisch-katholischer Reform und ökumenischem Einheitsstreben. Dabei sollte die Ausrichtung auf die Einheit der ganzen Menschheit nicht übersehen werden; angesichts konkreter politischer Ereignisse (Kuba-Krise) erhält sie immer mehr an Gewicht.

Aus nachkonziliarer Sicht ist die Beobachtung nicht ohne Reiz, dass der junge

---

[3] Das gilt auch für die von uns eingeladenen Konsultoren Basdekis und Larentzakis.
[4] Alberigo, Ankündigung 32 (mit Hinweis auf Äußerungen des Generalsekretärs des Weltrates der Kirchen W. A. Visser't Hooft).
[5] Vgl. Alberigo, Ankündigung 20–36.
[6] Zit. nach ebd. 17.
[7] Zit. nach ebd. 17[28].
[8] Hebblethwaite, Johannes XXIII. 268. Siehe dazu auch Hübner, Die prophetische Vision 205 f.
[9] DMC I 903, zit. Alberigo, Ankündigung 42.

Schweizer Theologe und spätere Peritus Hans Küng in seinem Buch „Konzil und Wiedervereinigung" die (beim Papst sich nach und nach herausbildende) realistische Einschätzung teilte: „dass das nächste ökumenische Konzil bei den ungeheuren und vielgestaltigen Schwierigkeiten einer Wiedervereinigung kein Unionskonzil sein könne ... Doch die Frage ist: Wird sich das Konzil im Proklamatorischen, Apologetischen und Zweitrangigen bewegen ..., oder wird es durch eine großzügige und tatkräftige Erneuerung der katholischen Kirche *wesentliche Voraussetzungen* für die Einigung schaffen"[10]. In die gleiche Richtung geht die Bemerkung Kardinal Beas, die Frage der Einheit könne „nicht auf einen Schlag gelöst werden. Man kann nach menschlichem Ermessen nicht erwarten, dass das Konzil sofort die Einheit verwirklicht, es sei denn durch ein großes Wunder des Heiligen Geistes"[11].

2. Die römisch-katholische Kirche und die Ökumenische Bewegung

Die Befürchtungen auf Seiten der nichtkatholischen Christenheit kamen nicht von ungefähr. Sollte eine durch die Entscheidungen des (I.) Vatikanischen Konzils geprägte Kirche tatsächlich in der Lage sein, sich auf die ökumenische Bewegung einzulassen?[12] Noch zu Beginn des Jahres 1959 erschien auf katholischer Seite ein ökumenisches Konzil, das die Kirchenspaltung zwischen Ost und West überwindet, als ein „Hirngespinst"[13]. Das Utopische, d.h. die Ortlosigkeit eines solchen Unionskonzils ergab sich aus der römisch-katholischen Ekklesiologie. Ihr zufolge war die Einheit der Kirche, ja die una, sancta, catholica et apostolica ecclesia, schon sichtbar gegeben: die römisch-katholischen Kirche ist die Kirche Jesu Christi. Von daher konnte es „ökumenische Bewegung" nur außerhalb der eigenen Kirche geben – als Rückkehr zum „Vaterhaus" bzw. zur „Mutterkirche", während es umgekehrt selbst für getaufte Christenmenschen „außerhalb der (römisch-katholischen) Kirche kein Heil" gab. Zu der Gemeinschaft in demselben Glauben und der Feier derselben Sakramente kam nämlich als drittes Merkmal des wahren Kircheseins hinzu: das „Stehen unter der Leitung der rechtmäßigen Hirten, besonders des einen Stellvertreters Christi auf Erden, des römischen Pontifex", wie Kardinal Bellarmin im Gegenzug zur Definition der Confessio Augustana VII („ist genug zu wahren Einigkeit der christlichen Kirchen, dass da einträglich nach reinem Verstand das Evangelium gepredigt und die Sakrament dem göttlichen Wort gemäß gereicht werden") lehrte.[14] Theologische Hilfskonstruktionen wie die Lehre vom votum ecclesiae, in Analogie zum Gedanken des votum baptismi, des Verlangens nach der Taufe, gebildet, mussten herhalten, um die

---

[10] Küng, Konzil und Wiedervereinigung 183. Vgl. auch die Einschätzung Küngs in seinen Erinnerungen: Küng, Erkämpfte Freiheit 357–433 (VII: Kampf um die Freiheit des Konzils).
[11] Schmidt, Bea 372f., zit. nach ebd. 45. Vgl. auch Bea, Das II. Vatikanische Konzil.
[12] Zur Entwicklung zwischen den beiden Vatikanischen Konzilien siehe Petri, Die römisch-katholische Kirche.
[13] Vgl. den Nachweis bei Alberigo, Ankündigung 29[58].
[14] Controversiarum de conciliis III, 2, 317.

Nichtkatholischen Christen nicht ganz in der Nähe der „Heiden" (Ungetauften) zu platzieren. Die römische Kirche verstand sich als „societas perfecta", was nicht vollkommene, sondern autonome und autarke Gesellschaft besagt. Kirche braucht nicht den Staat, um Kirche zu sein, und die römisch-katholische Kirche braucht nicht andere „kirchliche Gemeinschaften", um als die wahre Kirche Jesu Christi zu existieren. Sie braucht die Anderen nicht, um sie selbst zu sein; die Perspektive der Pastoralkonstitution, dass sie sich wesentlich auch von den Anderen her sehen und verstehen muss, lag der Kirche des Ersten Vatikanischen Konzils und der „pianischen Ära" weithin fern.

Auch der Gedanke, durch Erneuerung im Innern denen „draußen" die Rückkehr zu erleichtern, war nicht besonders ausgeprägt. Wer Reformen in Kirche und Theologie wollte, musste nicht selten unauffällig agieren oder wurde gar ausgegrenzt. Der Versuch, an Leben und Struktur der Alten Kirche Maß zu nehmen, führte die „Altkatholiken" aus der römisch-katholischen Kirche hinaus. Sie nahmen manche Reform vorweg, die das Zweite Vatikanische Konzil initiierte oder seitdem immer wieder gefordert wird. Zugleich aber „[steht] bereits am Beginn der altkatholischen Bewegung der Gedanke der Einheit der Christen". Schon 1872 „wurde eine Kommission eingesetzt, die in wissenschaftlicher Arbeit versuchen sollte, die kirchentrennenden Lehrdifferenzen zu bearbeiten und sie, wenn möglich, durch Glaubensaussagen zu ersetzen, die für alle christlichen Kirchen akzeptabel seien". Die Bonner Unionsgespräche von 1874 und 1875 waren „die bedeutendsten ökumenischen Gespräche im 19. Jahrhundert"; an ihnen beteiligten sich neben den Altkatholiken vor allem Anglikaner und Orthodoxe, wenig Protestanten und „selbstverständlich" keine Katholiken.[15]

Für die offizielle römisch-katholische Kirche kam nur eine „Rückkehr-Ökumene" in Frage, auch wenn seit Leo XIII. (1878–1903) Päpste „freundlicher" über „guten Glaubens" getrennte Christen sprachen.[16] Bevorzugte Adressaten waren die Orthodoxen und die Anglikaner, zu denen, was „Glauben und Kirchenverfassung" angeht, eine größere Nähe bestand. Freilich haben sich die Hoffnungen auf eine Kirchengemeinschaft mit der Orthodoxie bis heute nicht erfüllt, ja sie scheinen gegenwärtig eher weiter gedämpft zu werden. Das Tauwetter zwischen Katholiken und Anglikanern wurde 1896 von Papst Leo XIII. wieder eingefroren, als er in einer Bulle die anglikanischen Weihen für ungültig erklärte.[17] Hier gab es nach dem Konzil zahlreiche „agreements", wenn auch die durch eine Hermeneutik des Verdachts geleitete Stellungnahme der Glaubenskongregation zu den Ergebnissen von ARCIC I (erste Gesprächsrunde der Anglikanisch – Römisch-ka-

---

[15] Neuner – Kleinschwärzer-Meister, Handbuch 64.
[16] Die Bedeutung Leo's XIII. hebt Thils, Le décret 8, ausdrücklich hervor; und er fügt hinzu: „Das Milieu war nicht bereit und nicht immer günstig. Wenn das Weizenkorn nicht stirbt …". Diese Aussage steht im Zusammenhang mit der Initiative für die Gebetsoktav um die Einheit; hinsichtlich der ekklesiologischen Grundposition ist der Papst kein Vorläufer des Zweiten Vatikanischen Konzils; vgl. Bavaud, Le décret 22–24.
[17] Brief *Apostolicae curae et caritatis*: DH 3315–3319. Vgl. zum ökumenischen Hintergrund die am Fest der „Apostelfürsten" des gleichen Jahres veröffentlichte Enzyklika *Satis cognitum* über die Einheit der Kirche: DH 3300–3310.

tholischen Internationalen Kommission) die offizielle Rezeption in weite Ferne rückte.[18]

Da nur eine Rückkehr-Ökumene in Frage kam, beteiligte sich die römisch-katholische Kirche an der außerhalb ihrer entstehenden ökumenischen Bewegung nicht, ja, diese konnte als anti-römisch beargwöhnt werden.[19] Katholiken wurde die Teilnahme z. B. an der ersten Weltkonferenz der Bewegung für Glauben und Kirchenverfassung (Lausanne 1927) verboten.[20] Im folgenden Januar 1928 bringt die Enzyklika *Mortalium animos* Pius' XI. den Hauptdissens auf folgende charakteristische Formel: „Wenn man somit auch viele Nichtkatholiken finden kann, welche die brüderliche Gemeinschaft in Christus Jesus mit lauter Stimme preisen, so findet sich aber kein einziger, dem es in den Sinn käme, sich der Lehre und der Leitung des Stellvertreters Jesu Christi zu unterwerfen und ihm zu gehorchen."[21] Die Enzyklika wurde als „kompromissloses" Dokument der Rückkehr-Ökumene wahrgenommen.[22] Auf der anderen Seite regt derselbe Papst die Errichtung der ostkirchlichen Studien in Chevetogne und Niederaltaich an und formuliert programmatisch: „Für die Wiedervereinigung ist vor allem notwendig, dass man einander kennt und liebt."[23] Gilt das nur für die Begegnung mit orthodoxen Christen?

Diese Ambivalenz prägte auch das Pontifikat Pius' XII., der in seiner am Fest der Apostel Petrus und Paulus veröffentlichten Enzyklika *Mystici corporis* die vorherrschende juridische Ekklesiologie durch biblische Motive hätte aufbrechen können, jedoch unmissverständlich feststellt: „Zu den Gliedern der Kirche sind aber in Wirklichkeit [reapse] nur die zu zählen, die das Bad der Wiedergeburt empfangen haben und den wahren Glauben bekennen, die sich nicht selbst beklagenswerterweise vom Gefüge des Leibes getrennt haben oder wegen schwerster Verbrechen von der rechtmäßigen Autorität abgesondert wurden."[24] Was kann

---

[18] Text in: HerKorr 36 (1982) 288–293; dazu Ratzinger, Probleme und Hoffnungen; Frieling, Ökumenische Dialoge; kurze Übersicht zum anglikanisch-katholischen Dialog bei Neuner – Kleinschwärzer-Meister, Handbuch 142–149.
[19] Zur Information vgl. neben Lexika und Handbüchern Tavard, Geschichte; Frieling, Der Weg. Als „offizieller" Beginn der modernen Ökumenischen Bewegung wird im Allgemeinen die 1. Weltmissionskonferenz in Edinburgh 1910 angesehen; mit 1517 beginnt das dreibändige Werk von Rouse-Neill und Fey, Geschichte der ökumenischen Bewegung. Zum Verhältnis von römisch-katholischer Kirche und Ökumenischer Bewegung vgl. das XV. Kap. des 2. Bandes (Tomkins, Die Römisch-Katholische Kirche), im 3. Band den Beitrag des Konzilsbeobachters Lukas Vischer (Die ökumenische Bewegung). Weiter historisch lehrreich v. Loewenich, Der moderne Katholizismus. Im Grunde gibt es Spaltungen und Einigungsbemühungen, seit es christliche Gemeinden und Kirchen gibt. An maßgeblichen Personen als „Vorläufer[n] der ökumenischen Bewegung von den Anfängen des Humanismus bis zum Ende des 19. Jahrhunderts" orientiert ist die Textsammlung von Beumer, Auf dem Wege.
[20] Dafür nahmen mit Zustimmung des Bischofs M. Besson 17 Schweizer Geistliche als Gäste teil; vgl. Becker, Einführung 11⁴.
[21] Neuner – Kleinschwärzer-Meister, Handbuch 68, zitieren nach Rohrbasser, Heilslehre 404; vgl. den kurzen Ausschnitt zu „Aufgabe und Umfang des kirchlichen Lehramtes": DH 3683.
[22] Vgl. Tomkins, Römisch-Katholische Kirche 367 ff.; vgl. auch die detaillierte Analyse bei Bavaud, Le décret 34–42.
[23] Ebd. 67 nach Tavard, Geschichte 120.
[24] DH 3802.

die Ambivalenz augenfälliger charakterisieren als das Verbot, an der Gründung des Weltrates der Kirchen 1948 in Amsterdam (und an der zweiten Vollversammlung 1954 in Evanston) teilzunehmen, auf der einen Seite und auf der anderen die auf das Ökumenismusdekret vorausweisenden Äußerungen der Instructio des Hl. Offiziums *Ecclesia Catholica* von 1949[25], wonach der Heilige Geist in der Ökumenischen Bewegung am Werk ist, der ökumenische Dialog auf Augenhöhe („par cum pari") geführt werden soll und das ökumenische Anliegen als eines der ganzen Kirche gilt.[26] Die Orthodoxen „Gemeinschaften" werden in der Enzyklika *Orientales Ecclesiae* von 1952 „Kirchen" genannt.[27] Die differenzierende Interpretation der Enzyklika *Mystici corporis* durch Karl Rahner[28] kann zumindest in der Rückschau als theologische Meisterleistung gewürdigt werden, welche auch der offiziellen Lehre der Kirche den Weg ins Zweite Vatikanische Konzil bahnte.

An diesem „ökumenischen Straßenbau" waren nicht nur Fachtheologen beteiligt,[29] sondern auch (von Frauen und Männern inspirierte und geleitete) Basisbewegungen wie der Weltgebetstag der Frauen,[30] die Weltgebetsoktav für die Einheit der Christen[31] und das 1928 von Max Josef Metzger gegründete „Christkönigsinstitut" in Meitingen[32], auf ihre Art auch die Jugendbewegung und die Liturgische Bewegung. Aus dem Gefängnis schickte Metzger Papst Pius XII. einen dringenden ökumenischen Aufruf, ja, er forderte ein Allgemeines Konzil! Die bereits erwähnte Instructio *Ecclesia Catholica* mahnt ebenso wie das Monitum des Hl. Offiziums vom 5.5.1948; eine Beschränkung auf religiöse Gespräche im

---

[25] Vgl. AAS 42 (1950) 142–147 (diese *Instructio de motione oecumenica* datiert vom 20.12.1949 und wurde am 1.3.1950 publiziert).

[26] Zur Analyse siehe Bavaud, Le décret 43–49.

[27] Vgl. AAS 45 (1953) 5–14.

[28] Rahner, Die Gliedschaft.

[29] Vischer, Die ökumenische Bewegung 421[29] nennt als wichtige Pioniere neben den hier schon erwähnten Congar, Tavard, Rahner und Küng noch Christophe Dumont, Oliver Rousseau in Frankreich, Gustav Weigel SJ in den Vereinigten Staaten, unter den „Jüngeren" Gregory Baum und Bernard Lambert, dessen zweibändige umfangreiche Darstellung zwei Jahre nach dem frz. Original auch in dt. Übersetzung zugänglich wurde (Das ökumenische Problem, Freiburg 1964). – Der Gesichtspunkt der „Laien" ist repräsentiert in Roegele, Was erwarten wir vom Konzil?

[30] Vgl. Hiller, Ökumene der Frauen; 40 Jahre nach Eröffnung des Zweiten Vatikanischen Konzils verlieh die Katholisch-Theologische Fakultät Tübingen Pfarrerin Helga Hiller die Ehrendoktorwürde; siehe ThQ 183 (2003) 185–195.

[31] Diese, im 19. Jh. von der Evangelischen Allianz initiierte, wurde in der katholischen Kirche freilich „von oben", nämlich durch Benedikt XV. eingeführt, und zwar in der Form, welche der später zur katholischen Kirche konvertierte Anglikaner Paul Wattson 1907 vorschlug: als Gebet um die „Einheit mit dem Stuhl Petri", terminiert zwischen den Festen *Cathedra Petri* (18.1.) und *Pauli Bekehrung* (25.1.). Paul Couturier plädierte für ein Gebet nicht um „Rückkehr", sondern um die „Einheit, wie Gott sie will"; in dieser Form wird heute die Gebetswoche gehalten, seit 1966 werden die Texte von ÖRK und Einheitssekretariat bzw. Einheitsrat erarbeitet und von der Ökumenischen Centrale in Frankfurt für Deutschland herausgegeben (siehe Schneider, Gebetswoche für die Einheit).

[32] Vgl. v. Loewenich, Der moderne Katholizismus 337–341; Voss, Una Sancta; Frank, Christkönig. – Das 1917/19 in Graz gegründete Institut wurde in Christkönigsgesellschaft umbenannt und nach Meitingen verlegt. Während der männliche Zweig erlosch, ist der weibliche Zweig nach wie vor ökumenisch engagiert. Wichtig ist auch hier das Publikationsorgan, die in Zusammenarbeit mit Niederaltaich entstandene, im Kyrios-Verlag erscheinende Zeitschrift „Una sancta".

kleinen vertrauten Kreis wird favorisiert.³³ Von unschätzbarem Wert ist der „geistliche Ökumenismus" in Liturgie und Tat, der sich vor allem mit Paul Couturier³⁴ und der Gemeinschaft von Taizé verbindet, in Deutschland auch mit der Berneuchener Bewegung, der Michaelsbruderschaft, den „Alpirsbachern" und der von Friedrich Heiler seit 1929 geführten „Hochkirchlichen Vereinigung".³⁵ Gerade die Gebetswochen boten unkomplizierte Begegnungsmöglichkeiten und wurden nicht selten Anlass zur „ökumenischen Bekehrung".³⁶ Aber auch mit dem gemeinsamen Gebet hatten manche Katholiken Probleme.³⁷ Couturier hatte vorgeschlagen, „für die Einheit zu beten, wann Christus sie will und mit welchen Mitteln er sie herbeizuführen gedenkt"³⁸. Die katholischen Prinzipien der Einheit müssten in diesem Zusammenhang artikuliert werden, forderte u. a. Charles Boyer in „Unitas".

Theologische Meilensteine richteten auf: Im Sinne einer positiven Bewertung der Ökumenischen Bewegung und der möglichen Teilnahme von Katholiken der Jesuit und Mitherausgeber der „Stimmen der Zeit" Max Pribilla („Um kirchliche Einheit", 1929) sowie der Dominikaner Yves Congar („Chrétiens Désunis: Principes d'un ‚oecuménisme' catholique", 1937), der die Reihe „Unam sanctam" herausgab. Schon in den zwanziger Jahren trafen sich unter dem Patronat von Kardinal Mercier³⁹ anglikanische und katholische Theologen in Mecheln, 1934 im Priesterseminar Hermsdorf bei Berlin deutsche Theologen sowie Anglikaner und schwedische Lutheraner. Der Bonner Arnold Rademacher († 1939) war wesentlich von J. H. Newman beeinflusst; sein Schüler Dr. Mathias Laros übernahm nach der Enthauptung Metzgers die Leitung der Una-Sancta-Bewegung. Ökumenisch engagierten sich die Zeitschriften Eastern Churches Quartely (engl. Benediktiner), Irénikon (Chevetogne), Vers l'Unité Chrétienne (Istina, Paris), Unitas (Ch. Boyer, Gregoriania).⁴⁰ Der Kölner Robert Grosche gründete 1932 die Zeitschrift Catholica. 1946 bildete sich unter dem Protektorat von Erzbischof Lorenz Jaeger und Bischof Wilhelm Stählin (von der Berneuchener Bewegung herkommend) der älteste ökumenische Arbeitskreis in Deutschland.⁴¹ Für die Ökumene

---

³³ Ebd. 338 f.
³⁴ Wie manch andere führten die Erfahrungen der Kriegs- und Nachkriegszeit (hier: Begegnung mit russischen Gefangenen) Couturier zu ökumenischen Kontakten (hier: mit der Welt der Orthodoxie); auf seine Initiative hin wurde die Gebetsoktav ab 1933 in Lyon in einer Weise begangen, dass alle Christen sich daran beteiligen konnten. Nicht zuletzt führte sein ökumenischer Einsatz zur Gründung der „Groupes des Dombes", in ihrer Bedeutung etwa dem Paderborner Kreis vergleichbar. Vgl. Neumann, Couturier.
³⁵ Vgl. v. Loewenich 336. Unbedingt zu erwähnen ist auch Hans Asmussen; dazu: Aussermair, Hans Asmussen.
³⁶ Vischer, Die ökumenische Bewegung 417.
³⁷ Sie waren ganz ähnlicher Art (Befürchtung eines Relativismus) wie im Zusammenhang des Friedensgebets von Assisi (nebeneinander oder miteinander beten?).
³⁸ Vischer, Die ökumenische Bewegung 417.
³⁹ Im Rahmen der Vorgeschichte des Ökumenismusdekrets eigens gewürdigt bei Thils, Le décret 10–13.
⁴⁰ Der Erwähnung gewürdigt bei Tomkins, Die Römisch-Katholische Kirche 370.
⁴¹ Vorgängertreffen gab es schon seit 1932, beteiligt war neben R. Grosche u. a. Hermann Volk, am Vorabend des Konzils zum Bischof von Mainz gewählt, später wegen seiner persönlichen Verdienste zum Kardinal erhoben. Vgl. die einschlägige Monographie von Schwahn, Der Öku-

bedeutsame Einzelpersönlichkeiten waren außerdem Romano Guardini und Karl Adam, daneben der Schweizer Otto Karrer.

Eine wichtige Vorstufe des Einheitssekretariats bildete die 1952 auf Initiative der beiden holländischen Priester Frans Thijssen und Jan Willebrands (der später Kardinal Bea als Leiter des Einheitssekretariats folgte) gegründete „Conférence catholique pour les questions œcuméniques".[42] Von Anfang an (seit 1953 auch mittels direkter Kontakte) waren die Diskussionsthemen auf die parallele Arbeit im Weltrat der Kirchen ausgerichtet, so die Frage nach den „vestigia ecclesiae" als Pendant zur Toronto-Erklärung des Zentralausschusses von 1950 und eine ausführliche, vor allem von Y. Congar ausgearbeitete Stellungnahme zum Thema der 2. Vollversammlung des ÖRK in Evanston. „Die offene Krönung eines mehr oder weniger verborgenen Dialogs"[43] hätte 1960 eine gemeinsame Tagung der Conférence catholique und der Studienabteilung des ÖRK[44] in Assisi werden sollen. Der Prozess kam für kurze Zeit zum Stocken, als auf der Sitzung des Zentralausschusses des ÖRK auf Rhodos 1959 römisch-katholische Theologen, anwesend als Journalisten, mit orthodoxen Vertretern die Möglichkeit bilateraler Gespräche erörterten.[45] Dies wurde als Verletzung des Gastrechts gewertet, ein Eindruck, der durch eine spätere Erklärung von Radio Vatikan zunächst noch verstärkt wurde. Vertrauensbildende Maßnahmen waren, wie so oft in der Ökumene, erforderlich und alsbald erfolgreich. Während es im Vatikan mit der Kongregation für die Orientalischen Kirchen bereits eine Kontaktstelle gab, die freilich wegen der Unierten Kirchen (der „Katholischen Ostkirchen") bei den Orthodoxen eher auf Misstrauen stieß, fehlte noch ein Organ als Kontakt- wie Anlaufstelle für die aus der Reformation hervorgegangenen Kirchen. Dies war die Geburtsstunde des Sekretariats zur Förderung der Einheit der Christen, das Papst Johannes XXIII. durch das Motu proprio *Superno Dei nutu* [!] quasi einem göttlichen Fingerzeig gehorchend an Pfingsten (5. 6. 1960) errichtete.

3. Die Bedeutung des Einheitssekretariats[46]

Sekretär des Einheitssekretariats wurde der ökumenisch bestens ausgewiesene Jan Willebrands, Leiter der deutsche Jesuit und Bibelforscher Augustin Bea, der in

---

menische Arbeitskreis. Siehe auch die den beiden Gründergestalten gewidmete Festschrift: Schlink – Volk, Pro Veritate.

[42] Dazu: Vischer, Die ökumenische Bewegung 416 f.; Becker, Das Konzil und die Einheit der Christen 147 f.; Stransky, The foundation 63 f. nennt die aus der Zahl von 70–80 („within this unique fraternity") herausragenden Namen. Viele begegnen uns als Mitarbeiter oder Konsultoren des Einheitssekretariats wieder. Deutschsprachige Theologen waren: Hans Urs von Balthasar, Johannes Feiner, Balthasar Fischer, Josef Höfer, Hubert Jedin, Josef A. Jungmann, Hans Küng, Karl Rahner, Eduard Stakemeier, Hermann Volk.

[43] Vischer, Die ökumenische Bewegung 417.

[44] Hier war der wichtige Kontakt zum gesamten ÖRK Pastor Dr. Hans Heinrich Harms.

[45] Hier referiert nach Vischer, Die ökumenische Bewegung 423.

[46] Vgl. v. a. die Darstellung bei Becker, Das Konzil 144–167; Stransky, The foundation; Komanchak, Der Kampf 297–340; aus allererster Hand: Bea, Die Einheit der Christen, Zweiter Teil, v. a. das Interview zu „Organisation und Arbeitsweise" 169–178.

seinem 79. Lebensjahr am 14.12.1959 von Papst Johannes XXIII. zum Kardinal ernannt worden war und wenige Wochen danach dem Papst die Bitte vieler Christen, vor allem in Deutschland, vortrug, in Rom eine zentrale Stelle für den ökumenischen Kontakt einzurichten. Die Besetzung mit 17 stimmberechtigten Mitarbeitern und 19 Konsultoren zerstreute anfängliche Bedenken, die Organisationsbezeichnung „Sekretariat" statt, wie von Bea vorgeschlagen, „Kommission", bedeute einen minderen Rang.[47] Neben Bea[48], von 1949 bis 1959 übrigens Konsultor des Hl. Offiziums, und Willebrands[49] gehörten vor Beginn der zweiten Sitzungsperiode, mit der das Einheitssekretariat voll zum Zug kam, 12 Bischöfe (vor allem die entscheidenden Figuren der jeweiligen ökumenischen Bewegungen) und 15 Ökumeniker („Professoren der Konfessionskunde") aus 16 Nationen ihm an.[50] Erweiterungen ergaben sich durch die Einrichtung einer Unterkommission für die Frage des Verhältnisses zu den Juden sowie durch die im Frühjahr 1963 hinzukommende Aufgabe mit Blick auf die Ostkirchen.[51] Aus Deutschland stammten folgende Mitglieder: neben Bea Erzbischof Lorenz Jaeger[52], Bischof Hermann Volk[53], Prälat Josef Höfer (vormals Professor für Konfessionskunde in Paderborn), der Auditor der Rota Prälat Heinrich Ewers. Deutsche Konsultoren waren der Direktor des Johann-Adam-Möhler-Instituts, Professor Eduard Stakemeier, sowie Dr. Werner Becker vom Oratorium in Leipzig. Aus Frankreich kam neben dem hier bereits erwähnten Charles Boyer SJ Erzbischof Martin von Rouen, der ebenso wie Bischof Emile-Joseph-Marie de Smedt von Brügge wichtige Relationen vortragen wird. Im ökumenischen Vorfeld des Konzils begegneten uns schon Jérôme Hamer OP, Direktor von Le Saulchoir, und der Löwener Professor Gustave Thils, Pierre Dumont OSB von der Abtei Chevetogne, vormals Rektor des Griechischen Kollegs in Rom, sowie Willebrands' Weggefährte Frans Thijssen und der in den USA lebende Franzose George Tavard. Von Schweizer Seite gehörten zum Kreis Erzbischof François Charrière und der Churer Fundamentaltheologe Johannes Feiner.[54] Während der Konzilsdebatten wird uns Erzbischof Jean-Carmel Heenan von Liverpool wieder begegnen. Von Johannes M. Oesterreicher, Direktor des Instituts für Jüdisch-Christliche Studien an der Seton-Hall-Univer-

---

[47] Die Kommissionen entsprachen den Kongregationen; sie wurden während des Konzils durch nur mit Konzilsvätern besetzte Ausschüsse abgelöst.
[48] Vgl. die kurze Charakterisierung durch ein zeitgenössischer Mitglied des Sekretariats: Becker, Das Konzil 145–147. Ausführlicher: Leeming SJ, Augustin Kardinal Bea; Schmidt, Augustin Bea; Griesmayr, Die eine Kirche; Schmidt, Der Mensch Bea.
[49] Vgl. Becker, Das Konzil 147f.
[50] Auflistung nach Nationen ebd. 149; vgl. auch die detaillierte Auflistung in: Ist 10 (1964) 528–530 (Composition du Secrétariat). Caprile, Entstehungsgeschichte 721 spricht von 17 Mitgliedern und 20 Konsultoren aus 13 verschiedenen Ländern. Die Differenzen hinsichtlich der Anzahl und der Namen erklären sich durch die unterschiedliche Chronologie der Erfassung.
[51] Dies waren P. Alfons Raes SJ vom Orientalischen Institut in Rom und Prof. J. G. Remmers, Leiter des „Apostolats für die Wiedervereinigung" in den Niederlanden.
[52] Vgl. seine im Kontext des Paderborner Instituts entstandenen „Vorarbeiten" zum Konzil in Jaeger, Das Ökumenische Konzil.
[53] Zunächst als Konsultor, nach der ersten Sitzungsperiode dann als Bischof.
[54] Gab nach dem Konzil zusammen mit Lukas Vischer das ökumenische Gemeinschaftswerk „Neues Glaubensbuch. Der gemeinsame christliche Glaube" heraus (Freiburg ¹1973; Taschenbuchausgabe ¹⁹1993).

sität (USA), wie Gregory Baum (Toronto) aus dem Judentum konvertiert, stammt die ausführliche kommentierende Einleitung zu NAe im LThK.E II. Zu Untersekretären wurden berufen: der aus Korsika stammende Jean-François Arrighi und P. Duprey von den Weißen Vätern in Jerusalem, Kenner der Ostkirchen, später Sekretär des Einheitsrates. Der Schweizer Priester W. Salzmann ist bis heute stundenweise im Büro anzutreffen, er war für den deutschen und französischen Sprachraum zuständig, für die englischsprachige Welt der Assistent und Archivist Thomas F. Stransky. Neben Boyer war Michel Maccarone, Professor an der Lateranuniversität, der wichtigste Vertreter der Kurie, die „zur Verteidigung der römischen Auffassung neigten, dass das Ziel der ökumenischen Gespräche die Rückkehr der irrenden Brüder in die wahre Kirche sei"[55].

Stransky stellt in seiner Beschreibung der sechs „geplanten und weniger geplanten" Arbeitsschritte des Sekretariats bis zur Eröffnung des Konzils diese bezeichnenderweise unter eine Überschrift in Frageform: Offizielle Relationen oder Vorarbeit? Nur die westliche oder auch die orthodoxe Christenheit? Nur Christen oder auch Juden? Kirchenführer auf Distanz halten oder nicht? Beobachter auf dem Konzil? Welche fünf Themen für die zentrale Vorbereitungskommission?[56]

In *Superno Dei nutu* war nichts festgelegt hinsichtlich der internen Arbeitsweise des Sekretariats. Innerhalb der Kurie gab es Tendenzen, die Funktion auf Öffentlichkeitsarbeit im Blick auf „die getrennten Brüder" zu beschränken. Johannes XXIII. entschied im Kontakt mit Kardinal Bea, dass das Einheitssekretariat den vorbereitenden Kommissionen gleichgestellt wurde, ja im Unterschied zu

---

[55] Komonchak, Der Kampf 298. Komonchak konstatiert mit Überraschung, dass kein Vertreter des Hl. Offiziums Mitglied wurde. Neben den erwähnten gehörten zum Sekretariat als Mitglieder der Bischof von Kroonstad (Südafrika) G. van Velsen OP, der Koadjutorbischof T. Holland von Portsmouth, Abt Leo von Rudloff von der Abtei der Dormitio in Jerusalem, die Apostolischen Administratoren der katholischen Russen A. Katkoff sowie von Loreto A. Prinetto, Bischof I. Mansourati, der frühere Apostolische Nuntius in Ungarn A. Rotta, die Erzbischöfe von Detroit J. Dearden und von Baltimore L. J. Shenan, die Patres G.-M. Corr OSM (London) und J. Cunnigham CSP, Seelsorger der amerikanischen Katholiken in Rom. Die Kardinäle P. Marella, G. Testa und I. Antoniutti wurden der Geschäftsordnung des Konzils entsprechend nicht als Mitglieder gezählt, da sie bereits Kommissionen angehörten. Zu den Konsultoren gehörten auch der Newmanspezialist Prof. F. Davis aus Birmingham, der Dogmatiker A. Bellini (Bergamo/Mailand), der aus Jugoslawien stammende Professor an der Päpstlichen Hochschule der Propaganda G. Vodopivec, der Dominikaner C.-J. Dumont als Direktor des Zentrums „Istina" in Boulogne und Herausgeber der gleichnamigen Zeitschrift, die Jesuiten G. Weigel (Küng, Erkämpfte Freiheit 400, bezeichnet ihn als den „führenden katholischen Ökumeniker Amerikas") und M. Bévenot (England), von den „Sühne-Franziskanern" E. Hanahoe (USA), der schottische Bischof W. Hart (später durch den Papst zum Mitglied berufen), als Lazarist der Regens des Priesterseminars in Montpellier E. Diebold und der Sulpizianer P. Michalon aus Lyon, dem Wirkungsfeld von Couturier. Am Ende der zweiten sessio wurden durch die Konzilsväter folgende Mitglieder hinzugewählt: der ukrainische Erzbischof von Winnipeg M. Hermaniuk, der Bischof von Kansas City C. H. Helmsing, der Osloer Koadjutorbischof N. Gran, der spanische Bischof C. Cuadrado (Huelva), Bischof E. Primeau von Manchester (USA), Bischof L. Lorscheider von Santo Angelo in Brasilien, Erzbischof G. Ramanantoanina von Madagaskar und der südrhodesische Bischof D. Lamont von Umtali. Zur gleichen Zeit wurden vom Papst ernannt: der chaldäische Erzbischof von Kerkük (Irak) R. Rabban, der Generalminister der Minderbrüder B. Heiser (USA) sowie der Generalsuperior der CICM O. Degrijse (Belgien).
[56] Vgl. Stransky, The foundation 70–83.

diesen, deren Arbeit mit Konzilsbeginn endete, wurde das Sekretariat am 6.8.1962 als ein Organ des Konzils selbst bestätigt. In der 4. Generalkongregation vom 22.10.1962 gab der Generalsekretär des Konzils die vollständige Gleichstellung des Sekretariats mit den zehn Konzilskommissionen bekannt.[57] Dies bedeutete, dass die Schemata dort nach Art und Weise der Kommissionen behandelt, die eigenen Schemata selbst vertreten wurden, sowie die Hinzuziehung bei gemischten Materien. Es brauchte einige Zeit, bis Zusammenarbeit z.B. mit der Theologischen Kommission und der für die Orientalischen Kirchen aufgenommen werden konnte, gemischte Kommissionen kamen nur durch Druck zustande.

Superno Dei nutu hatte ebenfalls offen gelassen, ob das Einheitssekretariat auch für die orthodoxe Christenheit zuständig sei oder ob diese Aufgabe der vorbereitenden Kommission für die Katholischen Ostkirchen unter Leitung von Kardinal Cicognani zufalle. Da Bea sich persönlich dem Papst gegenüber als in dieser Hinsicht nicht ausreichend kompetent präsentierte, wurde die Thematik der Ostkirchenkommission zugeteilt. Die beiden Spezialisten für die Orthodoxie, Christophe-Jean Dumont und Pierre Dumont, sollten die Brückenköpfe zu Cicognani's Kommission bilden. Da aber die Arbeitsgruppe keinerlei Kontakt zu orthodoxen Kirchenführern aufnahm und Bea bekannt wurde, dass diese lieber mit dem Einheitssekretariat zu tun hätten, brauchte er bei Papst Johannes XXIII. nicht lange vorstellig zu werden, um mit der Kontaktaufnahme „mit allen Mitteln" betraut zu werden.[58] So kamen die Verhandlungen bezüglich der Entsendung von Beobachtern voran, wurde die Begegnung zwischen Paul VI. und dem Patriarchen Athenagoras vorbereitet, und nicht zuletzt wurde Bea mit seinem Team zum entscheidenden Autor des Ökumenismusdekrets.

Als sich Papst Johannes XXIII. durch das Gespräch mit Jules Isaac überzeugen bzw. darin bestätigen ließ, das Verhältnis Kirche-Judentum zum Thema zu machen, vertraute er dies sogleich „der Weisheit des Kardinals" (Bea) an.[59] Isaac trifft zwei Tage danach Bea, und drei Monate später gib der Papst dem Einheitssekretariat den Auftrag, eine Erklärung über das jüdische Volk vorzubereiten, und zwar „sub secreto".

Die von Anfang an nicht umstrittene Aufgabe für das Einheitssekretariat hieß Information und Ermöglichung einer beschränkten Teilnahme nicht römisch-katholischer Christen. Wie sehr sich das Einheitssekretariat in der „ökumenischen Diplomatie" bewährte, beleuchtet die Tatsache, dass schon vor seiner ersten Plenarsitzung Kardinal Bea und der Generalsekretär des ÖRK, Dr. W. A. Visser't Hooft, in Mailand zusammentrafen.[60] Schon in dieser Startphase offizieller Kon-

---
[57] Nach der Geschäftsordnung mussten (nur) acht Bischöfe hinzugewählt werden.
[58] Stransky, The foundation 71.
[59] Vgl. ebd. 73; er beruft sich auf eine Erinnerung von Msgr. Loris Capovilla.
[60] Es ist bezeichnend für diese Pionierzeit und wirft ein Schlaglicht auf das, was sich in gut vierzig Jahren hinsichtlich der ökumenischen Beziehungen geändert hat, wenn wir in Visser't Hooft Autobiographie lesen: „Angesichts der späteren Entwicklung erscheint es fast lächerlich, dass diese Begegnung derart mit Geheimnis umgeben war, dass ich noch nicht einmal meiner Frau Jetty oder meinen Kollegen davon erzählte und der Pförtner in dem Mailänder Kloster, in dem wir uns trafen, nicht nach meinem Namen fragen durfte" (Die Welt 395).

takte zeigte sich eine Asymmetrie, die z. T. bis heute das Verhältnis der römisch-katholischen Kirche zum ÖRK, dem sie noch immer nicht als Mitglied angehört, beeinflusst: Der Weltrat unterstützt die ökumenischen Bemühungen der Mitgliedskirchen, er kann aber nicht in deren Namen als offizieller „Verhandlungspartner" auftreten.[61] Und eine weitere Spannung wird schon damals sichtbar: die zwischen dem „Heiligen Offizium" (heute: Kongregation für die Glaubenslehre) und dem Einheitssekretariat (heute: Päpstlicher Rat zur Förderung der Einheit der Christen). Durch einen Appell an den Papst erreichte das Sekretariat gegen den Willen des Hl. Offiziums die Entsendung von Beobachtern zur 3. Vollversammlung des ÖRK in Neu-Delhi, allerdings durften es keine Konsultoren des Einheitssekretariates sein. In seiner Ansprache während der Eröffnungssitzung zitierte Visser't Hooft Edmund Schlink: „Zweifellos würde es für die Christenheit und die Welt schon viel bedeuten, wenn … sichtbar würde, dass beide Konzile [!] nicht gegeneinander tagen."[62]

Der anglikanische Erzbischof Fisher von Canterbury[63] brach mit seinem Besuch in Rom das Eis, dann folgten führende Persönlichkeiten der Episkopalkirche, der Baptisten, der Schottischen Presbyterianer, der Metropolit von Volos Damaskinos, der durch seinen Kampf gegen die Apartheid bekannt gewordene anglikanische Erzbischof von Capetown Joost de Blank. Nachdem Erzbischof Fisher einen ständigen Verbindungsmann nach Rom entsandt hatte, folgte im März 1962 Edmund Schlink im Auftrag des Rates der EKD.[64]

Was heute die Ökumene des Lebens[65] und der Begegnung[66] genannt wird, war schon Herzensanliegen Kardinal Beas. Ihm zufolge sollte die Arbeit des Sekretariats „immer ein wirkliches Apostolat [sein], eine Quelle der Gnaden für so viele Seelen, die aufrichtig die Einheit suchen", auch für die eigenen Seelen.[67] In dieser Perspektive wurden die einzelnen Aufgaben gesehen: informieren, und zwar wechselseitig; Kontakt zu den Beobachtern (s. u. 4.) halten; die ökumenischen Fragen wissenschaftlich studieren; mitzuhelfen, dass in den Texten des Konzils eine für nichtkatholische Christen verständliche Sprache gefunden wurde.[68]

---

[61] Vgl. Vischer, Die ökumenische Bewegung 424 f.
[62] Neu-Delhi 1961. Dokumentarbericht 13.
[63] Dazu der Insider Becker, Das Konzil 153: „Dabei bemerkte er, sein Besuch beim Papst sei zwar wichtig, aber das Sekretariat sei noch wichtiger, denn solch ein Besuch sei eine vorübergehende Sache, während das Sekretariat bestehen bleibe und weiter arbeiten werde."
[64] Von Schlinks späteren ökumenischen Aktivitäten seien nur erwähnt seine Rolle als Wissenschaftlicher Leiter des Paderborner Kreises (zusammen mit Karl Lehmann) und seine „Ökumenische Dogmatik".
[65] In jüngster Zeit besonders von Kardinal Kasper, dem Präsidenten des Päpstlichen Rates zur Förderung der Einheit der Christen, favorisiert; vgl. etwa Kasper, Ökumene des Lebens und Eucharistiegemeinschaft, in: ders., Sakrament der Einheit 55–79.
[66] Vgl. Hilberath, Ökumene.
[67] Mit dieser auf J. F. Arrighi zurückgehenden Nachbemerkung zit. bei Becker, Das Konzil 154 (zu Arrighi: 148).
[68] Vgl. die programmatische Rede Beas vor Johannes XXIII. am 8. 3. 1962: ebd. 156 f.

4. Die Rolle der Beobachter

Sollte es bei den informativen und informellen Kontakten des Einheitssekretariats bleiben, oder werden nicht-katholische Kirchen durch offizielle Beobachter beim Konzil vertreten sein?[69] Schon am 30. 8. 1959 deutete Johannes XXIII. die Möglichkeit von Beobachtern an, im Oktober erklärte Kardinal Tardini sie in einer Pressekonferenz für wahrscheinlich, und im Sommer des folgenden Jahres folgte eine eindeutige Aussage des Papstes. Allerdings galt bis dato im Vatikan der eiserne ökumenische Grundsatz des Hl. Offiziums, dass Katholiken ihrerseits nicht als offizielle Beobachter, sondern allenfalls als Journalisten an Sitzungen des ÖRK teilnehmen dürfen, was umgekehrt die Teilnahme offizieller Konzilsbeobachter ausschloss. Nun hatte das Einheitssekretariat auf die Einladung Genfs hin bereits fünf Delegierte für die 3. Vollversammlung des Weltrates der Kirchen in Neu-Delhi benannt. Kardinal Ottaviani verweigerte jedoch das nihil obstat, woraufhin Bea mit ihm einen Kompromiss aushandelte: Es konnten fünf vom Einheitssekretariat ausgewählte Beobachter reisen, diese durften aber nicht Mitarbeiter des Sekretariats oder anderer vorbereitender Kommissionen sein.[70]

In der Zwischenzeit wurde im Einheitssekretariat die Frage der Anwesenheit und des Status der Beobachter parallel zu den entsprechenden Kontakten vorangetrieben. Der schließlich erarbeitete Vorschlag musste die Zustimmung der zentralen Vorbereitungskommission erreichen, in der Cicognani als Leiter der Kommission für die katholischen Ostkirchen, wenn auch aus ganz anderer Perspektive (s. u. 5.) zustimmte, Ottaviani um Aufschub bat und Felici auf die Letztentscheidungskompetenz des Papstes verwies. Dieser blieb seinen Intuitionen und seiner klaren Linie treu: „Und wir wissen auch, dass die Ankündigung des Konzils von ihnen nicht nur mit Freude aufgenommen wurde, sondern dass viele auch für seinen Erfolg beten wollen[71] und dass sie hoffen, Vertreter ihrer Gemeinschaften entsenden zu können, um die Konzilsarbeit aus der Nähe zu verfolgen. All dies ist für uns ein Grund zu großem Trost und zur Hoffnung, und eben zur Erleichterung dieser Kontakte haben wir vor einiger Zeit ein entsprechendes Sekretariat ins Leben gerufen."[72] Nach den dann ausgearbeiteten Regeln konnten die Beobachter an öffentlichen Sitzungen und allgemeinen Versammlungen teilnehmen. Sie hatten zwar kein Rede- und Stimmrecht, brachten sich aber durch ihre intensiven Kontakte nachhaltig in das Konzilsgeschehen und die Gestaltung der Texte ein.

Auch bei anderen Kirchen und Gemeinschaften zeigten sich in der Frage der Beobachter Probleme. Auf Seiten der Orthodoxie gab es einerseits Spannungen zwischen Konstantinopel und Moskau, andererseits die Verpflichtung zum ge-

---

[69] Dieser seiner vierten Frage widmet sich Stransky, The foundation 75–80, ausführlicher. Vgl. Komonchak, Der Kampf 359–369.
[70] Es waren: E. Duff SJ (USA), M.-J. Le Guillou (Frankreich, Zeitschrift „Istina"), J. C. Groot (Niederlande, Katholische Konferenz für ökumenische Fragen) sowie aus Indien J. Edamaran und J. Extross (vgl. Stransky, The foundation 86[47]).
[71] Konkrete Beispiele bei Becker, Das Konzil 169–173.
[72] Bulla indictionis v. 25. 12. 1961 (Weihnachten!); zit. nach Komonchak, Der Kampf 364.

meinsamen, einheitlichen Handeln. Nicht zuletzt auch aus politischen Gründen lehnte das Moskauer Patriarchat im Mai 1961 eine Teilnahme nachdrücklich ab. Dies bewog Patriarch Athenagoras, der Beobachter entsenden wollte, auf die offizielle Einladung nicht zu reagieren. Inzwischen hatte Moskau jedoch eine flexiblere Haltung signalisiert. Hier wie da war es Willebrands, der die vatikanische Diplomatie betrieb. Schließlich gab gleichzeitig Moskau als Synodenbeschluss die Teilnahme von Beobachtern bekannt, während Konstantinopel mitteilte, alle mit ihm in Gemeinschaft stehenden autokephalen Kirchen würden keine Delegierten entsenden. Zwangsläufig kam die Frage auf, wer hier welches Spiel spielt. Zur ersten Sitzungsperiode kamen dann 2 Vertreter des Moskauer Patriarchats, 2 von der Orthodoxen Kirche Ägyptens (Kopten), einer von der Syrisch-Orthodoxen Kirche (Syrisch-jakobitische Kirche), 2 von der Äthiopisch Orthodoxen Kirche, ein Archimandrit der Armenisch Orthodoxen Kirche (Katholikat Cilicien) und 2 Vertreter der Russisch-Orthodoxen Kirche außerhalb Russlands.[73] Zur zweiten Sessio kamen auch Vertreter der Orthodoxen Kirche von Georgien, der Syrisch-Orthodoxen Kirche von Indien, der Apostolisch-Armenischen Kirche (Hl. Stuhl von Etschmiadzin).[74] An der dritten Sitzungsperiode nahmen dann auch 4 Vertreter des Ökumenischen Patriarchats von Konstantinopel teil, außerdem Beobachter der griechisch-orthodoxen Kirche von Alexandrien, vom Patriarchat des Katholikats des Ostens (Assyrer).[75]

Seitens der aus der Reformation hervorgegangenen Kirchen waren von Anfang an beteiligt: Altkatholische Kirche, Anglikanische Gemeinschaft (mit Bischof Dr. John Moorman von Ripon als Repräsentant des Erzbischofs von Canterbury[76]), Lutherischer Weltbund (mit den Professoren Skydsgaard, Lindbeck, Vajta, die auch nach dem Konzil maßgeblich engagiert waren), Reformierter Weltbund (Pasteur Hébert Roux aus Paris[77]), die EKD mit Professor Schlink aus Heidelberg, Weltkonvention der Kirchen Christi (Jünger Christi), Quäker, Kongregationalisten, Methodisten, Internationale Vereinigung für freies Christentum und religiöse Freiheit, schließlich der Weltrat der Kirchen mit Dr. Lukas Vischer als Sekretär/Direktor von Faith and Order und ab der zweiten Sitzungsperiode u. a. mit Dr. Nissiotis vom Ökumenischen Institut in Bossey. Später kamen hinzu: die Syrische Mar-Thoma-Kirche von Malabar, Kirche von Südindien. Außerdem waren als Gäste des Einheitssekretariats u. a. anwesend: R. Schutz und M. Thurian von Taizé, Erzpriester Alexander Schmemann von der Russisch-Orthodoxen Auslandskirche (Crestwood, New York) als hervorragender Repräsentant orthodoxer Theologie, Prof. Oscar Cullmann, Pastor Marc Boegner (Paris), Prof. Berkouwer von der Freien Universität Amsterdam.[78]

---

[73] Vgl. Becker, Das Konzil 185.
[74] Vgl. Müller (Hg.), Vaticanum secundum II 54f.
[75] Vgl. Müller (Hg.), Vaticanum secundum III/2, 56f.
[76] Vgl. Moorman, Observers. Der Bischof war Co-Chairman in der Vorbereitung und Kommissionsmitglied in der ersten Dialogphase zwischen der römisch-katholischen Kirche und der Anglikanischen Gemeinschaft (ARCIC I).
[77] Vgl. Roux, Le Concile.
[78] Vollständige Angaben in: AS App. 2, 229–287. Vgl. Alberigo, Ekklesiologie im Werden 125[8]. Für die ersten drei Sitzungsperioden gibt es eine vollständige Wiedergabe der Liste des Einheits-

Schematisch ergibt sich folgendes Bild:
1. sessio: 54 Beobachter (davon 8 Gäste) – 2. sessio: 68 (9) – 3. sessio: 82 (13) – 4. sessio: 106 (16). Für die einzelnen Kirchen und Gemeinschaften waren an Beobachterdelegierten präsent: Orthodoxe Kirchen: 13 – 19 – 26 – 33; Anglikaner: 5 – 3 + 4 Stellvertreter – 7 – 10; Kirchen der Reformation: 28 – 33 – 36 – 47.[79]

Die politischen Verwicklungen, der Wunsch Johannes' XXIII., dass die Bischöfe aus den kommunistischen Ländern sollten teilnehmen können, die Rivalität Konstantinopel – Moskau ließen gut gemeinte Motive immer wieder auch im Zwielicht erscheinen: Handelt Rom nach dem Motto „teile (die Orthodoxie) und herrsche"? Oder hat der Vatikan Moskau einen Preis für die Teilnahme der Bischöfe aus den Ländern hinter dem Eisernen Vorhang bezahlt? Auf die Dauer halfen hier nur die Klarheit des Papstes und die menschliche Art „seines Kardinals" sowie das diplomatische Geschick des Sekretärs Willebrands. So kann Komonchak resümieren: „Trotz des ziemlich bitteren Tons, in dem diese Verhandlungen mit den Orthodoxen am Vorabend des Konzils endeten, wurde der Grundsatz aufgestellt und auch weitgehend befolgt, dass das Vatikanum II in einem von Tridentinum und Vatikanum I völlig verschiedenen ökumenischen Klima stattfinden sollte. Papst Johannes, der von Anfang an die ökumenische Bedeutung des Konzils betont hatte, verglich regelmäßig das durch seine Ankündigung bei Nichtkatholiken hervorgerufene wohlwollende Interesse mit dem Misstrauen und der Feindseligkeit, die frühere Konzilien, insbesondere das Vatikanum I, begleitet hatten. Wie sich herausstellte, war die Entscheidung, Nichtkatholiken als Beobachter einzuladen, eine der wichtigsten während der Vorbereitungsperiode überhaupt. Sie hatte Konsequenzen für den Charakter und die Arbeit des kommenden Konzils, die selbst optimistische Erwartungen übertrafen."[80]

Als Kardinal Bea unmittelbar nach Konzilsende die aktuelle ökumenische Situation beschreibt, verweist er vor der Kommentierung der wichtigsten Konzilstexte auf „Tatsachen und Erfahrungen" hin: „Seit Ende der ersten Sitzungsperiode des Konzils habe ich wiederholt hervorgehoben, die Früchte des Konzils seien zum großen Teil, schon vor der schriftlichen Fixierung in den Dokumenten, auf dem Gebiet der Erfahrungen zu finden, die seitens der Teilnehmer des Konzils und – als Reflex – auch seitens des christlichen Volkes gemacht wurden, das die Arbeiten des Konzils verfolgte. Das gilt in besonderem Maße für die ökumenische Ebene."[81] Dazu haben wesentlich die Beobachter beigetragen, wobei man nicht

---

sekretariats in den von Müller hg. Bänden Vaticanum secundum I, II, III/2. Vgl. auch die Angaben in: Ist 10 (1064) 1031–1041 (Observateurs au Concile). – Alle, die gerade durch die persönlichen Begegnungen zur Ökumenischen Annäherung und Verständigung beigetragen haben, verdienten es genannt zu werden; wenn ich mich hier auf die Namen beschränke, die im deutschsprachigen Raum nach dem Konzil auf Schritt und Tritt begegnen, so ist dies zunächst ein quantitatives, kein qualitatives Kriterium.

[79] Vgl. schließlich auch: Observateurs-Délégués et Hôtes du Secrétariat pour l'Unité des Chrétiens au deuxième Concile œcuménique du Vatican, Rom 1965; Raguer, Das früheste Gepräge 213–218.
[80] Ebd. 368.
[81] Bea, Der Weg zur Einheit 8.

nur „deren Anwesenheit würdigen [sollte], sondern auch den *Einfluss*, den Beobachter und Konzil gegenseitig auf sich ausübten … Wir dürfen wirklich nicht vergessen, dass eine beträchtliche Mehrheit der Konzilsväter … auf dem Konzil tatsächlich zum ersten Mal die Gelegenheit hatte, sich der Wirklichkeit der schmerzlichen Spaltung der Christenheit gegenübergestellt zu sehen. Das geschah auf folgende Weise: Bekanntlich nahmen die Beobachter in der Konzilsaula einen zentralen Platz vor dem Tisch des Präsidiums und der Moderatoren ein. – Unter dem Eindruck der Anwesenheit solcher Gäste mussten die Konzilsväter sich sagen: Diese Männer vertreten mehrere hundert Millionen von Christen der ganzen Welt; sie sind hier mit uns zusammen, beten mit uns und nehmen an der heiligen Messe teil; sie wurden feierlich vom Papst begrüßt, sind getauft, glauben an Christus, lieben ihn, wollen für ihn Zeugnis ablegen und für ihn arbeiten. Warum sind sie dann von uns getrennt? Was für Folgen hat diese Trennung für die allgemeine Lage der Christenheit und der Welt?"[82] Es war aber nicht nur die Atmosphäre, die durch die Anwesenheit der Beobachter dem Konzil ein ökumenisches Klima bescherte. Bea würdigt ausdrücklich die Mitarbeit, ja die Zusammenarbeit, die selbst wiederum von seinem Sekretariat wesentlich gefördert wurde. Die Beobachter erhielten alle Texte und konnten an allen Generalkongregationen teilnehmen. Jeden Dienstagnachmittag diskutierten sie nach einer sachkundigen Einführung durch einen Konzilsvater oder einen Experten unter sich die Texte. Wichtige Anregungen trug Bea selbst in der Konzilsaula vor. In der Tat, das war eine Ökumene des Lebens, als sich Konzilsväter und Periti tagtäglich mit den Beobachtern und Gästen aus den anderen Kirchen trafen, die vier Sitzungsperioden zusammengerechnet ein ganzes Jahr lang „im Gebet, in der Arbeit, im Austausch der Ansichten"[83]. Mehrfach wandten sich die Konzilspäpste an die Beobachter. Bei der Verabschiedung der Beobachter bekannte Papst Paul VI. u. a.: „Wir haben Euch etwas besser kennen gelernt, nicht nur als einzelne Vertreter Eurer verschiedenen christlichen Bekenntnisse, sondern als christliche Gemeinschaften, die im Namen Christi leben, beten und wirken, als Lehrsysteme und religiöse Auffassungen und – sagen wir es ruhig – als christliche Schätze von hohem Wert."[84]

5. Die Ziele des Konzils in ökumenischer Perspektive

Diese wurden entscheidend von Kardinal Bea und seinen Mitarbeitern im Einheitssekretariat bestimmt, die ja auch wesentlich für die ökumenische Atmosphäre gesorgt hatten. Dass die in der Ökumenischen Bewegung engagierten und in ihrer Theologie ökumenisch sensiblen Protagonisten manchen Widerstand überwinden und viel Überzeugungsarbeit leisten mussten, klang bereits mehrfach an. So vertrat bei den Diskussionen um die Beobachter in der Zentralen Vorberei-

---

[82] Ebd. 9 f.
[83] Ebd. 13.
[84] Zit. nach ebd. 14.

tungskommission Kardinal Cicognani die Position, welche die römisch-katholische Kirche vor dem Ersten Vatikanum eingenommen hatte: Einladung im Sinne der Rückkehr-Ökumene an die verirrten Schafe, die eher als „Ehrengäste" denn als „Beobachter" bezeichnet werden.[85] Wieder einmal zeigte sich, wie wenig die Ostkirchen-Kommission eine Kontaktstelle zu den Orthodoxen Kirchen sein konnte.

Wie berechtigt die Kennzeichnung „ökumenischer Lernprozess" ist,[86] zeigt die Beobachtung, dass selbst Johannes XXIII. gelegentlich von der „Rückkehr der Brüder" spricht. Allerdings vermeidet er diese Redeweise bei wichtigen Anlässen und selbstverständlich im Kontext der offiziellen Einladung. In Vorträgen während der Vorbereitungszeit gibt Kardinal Bea seine und gleichzeitig die offizielle Interpretation des ökumenischen Charakters des kommenden Konzils. Mit „ökumenisch" habe der Papst die Versammlung aller Bischöfe, die mit dem Stuhl Petri in Gemeinschaft stehen, gemeint. Ziel des Konzils könne nicht die Wiederherstellung der Einheit im Sinne eines Unionskonzils sein. Das Zusammenfinden der einen Herde unter dem einen Hirten Christus nennt Papst Johannes XXIII. in seinem Motu Proprio vom Pfingstfest 1960 das Fernziel der Arbeit des Einheitssekretariats. Nahziel war der Lernprozess: „Wir müssen uns besser kennen und lieben lernen."[87] Bevor Kardinal Bea in seinen Ansprachen anvisiert, was das Konzil tun könne, unterstreicht er den Geist, in dem es stattfinden müsse: Wahrheit *und* Liebe, „denn Wahrheit ohne Liebe macht unduldsam und stößt ab, und Liebe ohne Wahrheit ist blind und nicht von Bestand."[88] In dieser Perspektive habe das Konzil Folgendem Rechnung zu tragen:
– der Tatsache, dass die „getrennten Brüder" durch die Taufe Glieder am mystischen Leib Christi sind, so dass „die Kirche" sie als „irgendwie zu sich gehörig" betrachtet;
– der doppelten Tatsache, dass sie anzuerkennen hat, was es an Gutem bei den getrennten Christen gibt, aber auch was diesen auf Grund der fehlenden sichtbaren Verbundenheit an Gnaden entgeht.

Zur Fülle der Gnadenmittel zu verhelfen, sehe die Kirche als ihre „Mutterpflicht" an, und auch wenn die getrennten Christen diese Ekklesiologie nicht teilten, sei dies „gewiss kein Grund, die Aufrichtigkeit der Kirche zu bezweifeln oder in ihrer Haltung andere – geschweige denn unedle – Beweggründe zu sehen, wenn die von ‚Einheit' oder ‚Wiedervereinigung' spricht"[89].

Es waren nicht erst die Klarstellungen des Kardinals, welche auf nichtkatholische Seite zur Nüchternheit hinsichtlich der Erwartungen führte. Eine Revision von Dogmen oder der ekklesiologischen Grundüberzeugung der römisch-katho-

---

[85] Vgl. Komonchak, Der Kampf 363.
[86] Auch Bavaud, Le décret, gab seinem Kommentar einen entsprechenden Untertitel: L'évolution d'une théologie et d'une mentalité; vgl. auch Aubert, L'évolution.
[87] So fasst Becker, Einführung 13, die Devise der Ökumeniker zusammen.
[88] Bea, Das II. Vatikanische Konzil 118 (= Die Bedeutung 126 f.). Vor allem in der Begegnung mit den Kirchen der Orthodoxie wird nach dem Konzil diese Verbindung des Dialogs der Wahrheit mit dem Dialog der Liebe zu einem stehenden Ausdruck.
[89] Ebd. 119 f. (127 f.).

lischen Kirche wurde nie ernsthaft in Erwägung gezogen.[90] Also kann es zunächst nur darum gehen, „Missverständnisse zu beheben und die ganze christliche Wahrheit klar zu erfassen und zu verstehen"[91]. Dies gilt dann auch für Katholiken, denen es oft an der notwendigen Kenntnis der getrennten Christen und an der entsprechenden Gesinnung ermangele. Denk- und Sprechweisen, Mentalitäten spielten eine nicht zu unterschätzende Rolle. Kardinal Bea verweist auch deutlich auf die kontextuelle bedingte Einseitigkeit von Lehrformulierungen. Hier bereiteten geschichtliches Denken und Wissenssoziologie den Weg zu einem wechselseitigen Verständnis; in theologischer Hinsicht setzt der Bibelwissenschaftler Bea auf die Erkenntnisse der exegetischen Wissenschaften. In seinem programmatischen Vortrag nennt der Leiter des Einheitssekretariats nach der Aufzählung einschlägiger ökumenisch relevanter Themen des Konzils (Amt, apostolische Sukzession, Lehrautorität, Petrusamt, Primat, Maria, vor allem Wesen und Gestalt der Kirche) – sie alle stehen bis heute auf der Tagesordnung! – als äußerst wichtigen Beitrag des Konzils die direkte Einflussnahme auf die Ökumenische Bewegung, indem dieses die ökumenische Verpflichtung aller Katholiken als einzelne wie in Zusammenarbeit hervorhebt.

Was hat das Einheitssekretariat während der Vorbereitungsphase über die Kontakte mit den anderen Kirchen und die Öffentlichkeitsarbeit hinaus zur Profilierung der ökumenischen Zielsetzung des Konzils an Texten erarbeitet? Bis zum Frühjahr 1961 war wohl nicht an die Vorlage eines eigenen Schemas gedacht. „Erst als deutlich wurde, dass ökumenische Sensibilität nicht die Arbeit der übrigen CPr [vorbereitenden Kommissionen] kennzeichnen würde, vor allem nicht die der CT [Theologischen Kommission], begann das Sekretariat, mit der offensichtlichen Unterstützung des Papstes, Texte für die Vorlage bei der CCP [zentralen Vorbereitungskommission] und schließlich beim Konzil selbst auszuarbeiten."[92] Zunächst waren es zehn, schließlich fünfzehn Unterkommissionen: Kirchengliedschaft nichtkatholischer Christen; hierarchische Struktur; Konversion einzelner und von Gemeinschaften und die Wiederherstellung des Diakonats (Aufgabe einer Subkommission!); Priestertum aller Gläubigen und die Stellung der Laien sowie Religionsfreiheit und Toleranz; Wort Gottes in der Kirche; liturgische Fragen (Muttersprache; Kommunion unter beiden Gestalten; Mischehen; Gebetsoktav für die Einheit [eine neue Formel]); „die zentralen ökumenischen Probleme entsprechend der heutigen Ausrichtung des Weltrates von Genf und vor allem entsprechend der Einheitsvorstellung dieses Gremiums"; Fragen, welche die Juden betreffen.[93] Entsprechend dem Leitmotiv „Wahrheit in Liebe, Liebe in Wahrheit" arbeiteten die Unterkommission nach eben der Weise, welche das Einheitssekretariat dem Konzil als ganzem empfahl, um es „auf diese Art von ökumenischem Gespräch vorzubereiten": genaue Information über die Position

---

[90] Bea reagiert in dem zit. Vortrag auf einschlägige Äußerungen. Vgl. auch Becker, Das Konzil 133–143 („Erwartungen, Hoffnungen, Wünsche bei den getrennten Brüdern"). Für viele Stimmen stehe Meinhold, Der evangelische Christ (im kath. Herder-Verlag erschienen!).
[91] Bea, Das II. Vatikanische Konzil 121 f. (131).
[92] Komonchak, Der Kampf 301.
[93] Vgl. ebd.

der getrennten Christen, Prüfung auf der Basis von Schrift und Tradition und ökumenisch orientierte Darstellung der eigenen Lehre.[94]

Einen guten Einblick in die Arbeit des Einheitssekretariats gewinnt man, wenn man mit Komonchak[95] einen Blick auf einschlägige Texte wirft, die anderen vorbereitenden Kommissionen zugestellt wurden, sowie auf die Hauptkontroverspunkte mit der Theologischen Kommission.

Die erarbeiteten Texte lassen folgende ökumenische Ausrichtung erkennen: Die Unterkommission für das Priestertum der Gläubigen möchte dieses nicht bloß als metaphorisches verstehen, was der Auffassung der Theologischen Kommission entsprochen hätte und bei der Diskussion von LG 10 ausdrücklich abgelehnt wurde.[96] Die hierarchische Ordnung blieb jedoch im Laien-Kapitel des Schemas *De ecclesia* stehen, was Stransky zu der Bemerkung veranlasste „wir haben jetzt ein Schema, das die Gemeinschaft der Gläubigen weniger betont als Mystici Corporis"[97]. Die für die Fragen der Liturgie zuständige Unterkommission plädierte u. a. für die Kommunion unter beiden Gestalten, die zentrale Bedeutung der Eucharistie, gegen die Herausstellung des Lateins als Zeichen der Einheit. Zu Kollisionen mit dem Axiom der Rückkehrökumene und den daraus resultierenden Konsequenzen für Gottesdienst und Kirchenrecht kam es in fast allen Unterkommissionen, erwartungsgemäß in der zu den Mischehen, aber auch zur Gebetsoktav (Ausrichtung der Gebete auf die Rückkehr?) und grundsätzlich in der Kommission über die Bekehrung einzelner und der Gemeinschaften. Letztere setzte wie andere Gruppen auch neu an und verfasste einen mehr pastoral gehaltenen Text, diplomatisch lanciert als Ergänzung zu dem Ökumenismuskapitel in dem Schema *De ecclesia* der Theologischen Kommission.[98] Die beiden Konzeptionen standen jedoch „in sehr deutlichem Widerspruch"[99].

Dieser trat offen zutage in zwei Grundsatzfragen, die für die Ausrichtung des Konzils entscheidend wurden: Aneignung und Weitergabe des Wortes Gottes, Wesen und Sendung der Kirche.[100] Im Bereich des ersten Themenfeldes ging es vor allem um das Verhältnis von Schrift und Tradition sowie um die Frage der Interpretation der Bibel.[101] Bis auf Boyer vertraten die Mitarbeiter des Einheitssekretariats die Auffassung, das Konzil von Trient habe die Frage des Verhältnisses von Schrift und Tradition offen gelassen; Formulierungen des Konzils sollten den Gedanken der materialen Suffizienz der Schrift nicht ausschließen und das Kon-

---

[94] Ebd. 302.
[95] Ebd. 303–340.
[96] Vgl. Hilberath, Das Verhältnis. Vermieden werden sollte eine Geringschätzung des gemeinsamen Priestertums aller Gläubigen. Die Frage, ob alles Priestertum in der Kirche als metaphorisch (im gefüllten, inzwischen weithin wieder gewonnenen Sinne) zu bezeichnen ist, weil schon das Hohepriestertum Jesu Christi kein kultisches war/ist, eröffnet eine neue Debatte; deren Ergebnis hängt wesentlich davon ab, von woher man die Kriterien zur Bestimmung des „wahren" Opfers und Priestertums nimmt.
[97] Ebd. 303[384].
[98] Vgl. dazu Becker, Einführung 18–20; den Kommentar von Hünermann zu LG in Bd. 2.
[99] Ebd. 305. Zum weiteren Schicksal der beiden Texte s. u. II. Textgeschichte!
[100] Ich folge weiter Komonchak, Der Kampf 308–340.
[101] Siehe den Kommentar von Hoping zu *Dei Verbum* in Bd. 3 dieses Kommentarwerkes.

zept einer lebendigen Tradition vertreten. Da entsprechende Vorschläge der neu gebildeten Unterkommission „Schrift und Tradition"[102] erst nach der Arbeit der Theologischen Kommission auf dem Tisch lagen, wirkten sie sich nicht auf den Text von *De fontibus revelationis* aus, wohl aber auf die Voten der Bischöfe und die Diskussion in der Aula. Hinter der Diskussion um die angemessene Interpretation der Bibel (Historizität der Evangelien, literarische Gattungen) stand die heftige Auseinandersetzung, welche der Angriff A. Romeos, Bibelwissenschaftler an der Lateranuniversität, auf das Päpstliche Bibelinstitut ausgelöst hatte. Hauptakteure waren Ottaviani und Ruffini, welche die Entfernung von Professoren betrieben. Im Zuge dieser Auseinandersetzungen verschärfte sich der Textentwurf *De fontibus*, er wirkte „in seinem Grundton misstrauisch und aburteilend gegenüber den Methoden und Ergebnissen moderner Bibelwissenschaft"[103]. Berichterstatter der entsprechenden Unterkommission zum Stellenwert der Heiligen Schrift in Leben und Lehre der Kirche war Hermann Volk, der in seiner Textvorlage mit einer Theologie des Wortes Gottes eingestiegen war. Offenbarung wurde dabei nicht als Ansammlung von Lehren, sondern als fortdauernder Dialog verstanden. Die ökumenische Relevanz wird besonders deutlich, wenn Volk dem Wort Gottes eine „quasi-sakramentale Kraft" zuspricht.[104] Dieses steht dann eindeutig über der Kirche, auch über dem Lehramt. In Volks Text zeigt sich erneut die Ausrichtung des Einheitssekretariats, das sich an das von ihm selbst empfohlene ökumenische Lernprogramm hält.

Die vom Einheitssekretariat betriebene ökumenische Zielsetzung des Konzils zeigt sich auch in den ekklesiologischen Texten, welche einige Unterkommissionen erarbeiteten. So hatte man keine Hemmungen, den Charakter der Kirche als Mysterium und in diesem Zusammenhang die protestantischerseits beklagte Unterbewertung der „unsichtbaren" (besser wohl: verborgenen) Dimension der Kirche abzustellen. Dadurch wurde auch die Autorität Christi gegenüber der Autorität der Kirche unterstrichen. Die „Definition" von Kirche ist ohne die Inspiration durch die *Confessio Augustana* kaum denkbar: „Die Kirche ist die Gemeinschaft von Gläubigen, die durch das Band des Glaubens und der Liebe im Hl. Geist verbunden sind, die eine sakramental ausgerichtete Einheit bilden und durch soziale Bande und Autorität zusammengehalten werden."[105] Die Einheit der Kirche ist Geschenk und als solches schon gegeben, Fundament ist der in der Taufe empfangene Geist Christi. Dennoch gab es heftige Kontroversen zwischen den Protagonisten der Theologischen Kommission (Ottaviani, Tromp) und Kardinal Bea über die genaue Bestimmung des Verhältnisses von getauften Nichtkatholiken (im Unterschied zu Nichtgetauften) zur Kirche sowie über das Verhältnis von Mystischem Leib Christi und (katholischer) Kirche.

Das Achten auf die Zeichen der Zeit konnte die Konzilsväter immer wieder

---

[102] Ihr gehörten an: Feiner, Boyer, Tavard, Stakemeier, Bévenot (vgl. Komonchak, Der Kampf 312[411]).
[103] Komonchak, Der Kampf 320.
[104] Ebd. 321. – Vgl. Volk, Das Wort Gottes; ders., Wort Gottes; ders., Zur Theologie; s. a. Moos, Das Verhältnis.
[105] Zit. bei Komonchak, Der Kampf 328.

darauf aufmerksam machen, dass die vom Herrn der Kirche erbetene Einheit kein Selbstzweck war, sondern dazu diene, „dass die Welt glaube" (Joh 17,21). Die Inkulturation des Evangeliums und – umgekehrt geblickt – das Sich-selbst-verstehen der Kirche von den Anderen her erfolgen in einer von der Sehnsucht nach Einheit geprägten Welt. Hier nahm das Zweite Vatikanische Konzil auf, was schon die Tagesordnung der ersten Vollversammlung von Faith and Order in Lausanne 1927 bestimmte. Im Übrigen war auch die Gründung des Völkerbundes in Genf „gedacht als Instrument zur Beförderung der Einheit der Menschheit"[106]. Die 2. Vollversammlung des ÖRK in Evanston 1954 bekannte: „Es genügt nicht, beieinander zu bleiben. Wir müssen vorwärts. Je mehr wir unsere Einheit in Christus erkennen, umso schwerer ist es zu ertragen, wenn wir vor der Welt im Widerspruch zu dieser Einheit leben."[107]

II. Textgeschichte

Wer die Reden Beas und die Aufsätze von Mitgliedern und Beratern des Sekretariats während der Vorbereitungszeit und in der Anfangsphase des Konzils liest,[108] kann leicht ermessen, welchen Einfluss diese Arbeit à la longue auf die Debatten und ihre Ergebnisse genommen hat. Von entscheidender Bedeutung war sicher, dass Kardinal Bea auch der Zentralkommission angehörte und somit das Konzilsgeschehen mit steuern konnte.[109]

In der ersten Sitzungsperiode spielte das Einheitssekretariat noch nicht die erste Geige, obwohl hinter seinen Bemühungen auch fast 300 Vorschläge von Bischöfen und Theologen aus aller Welt standen.[110] Fünf Entwürfe wurden an die Zentralkommission weitergeleitet; die Themen waren: Gebet für die Einheit; Wort Gottes; Katholischer Ökumenismus; Juden; Religionsfreiheit. Der 16 Seiten umfassende Text zum Ökumenismus[111], der zum Konzept der Rückkehr-Ökumene im 11. Kapitel von *De ecclesia*[112] im Widerspruch stand, wurde den Konzilsvätern nicht vorgelegt. Vielmehr erhielten diese, was den Ökumenismus betraf, zwei Texte ausgehändigt: neben dem 11. Kapitel des Kirchenschemas die von der Kommission für die Ostkirchen ausgearbeitete Vorlage *De unitate Ecclesiae*.[113]

---

[106] Neuner – Kleinschwärzer-Meister, Handbuch 87.
[107] Ebd. 91 zit. nach Evanston Dokumente, hg. v. F. Lüpsen, Witten 1954, 8f.
[108] Einige Kostproben bei Becker, Das Konzil 159f. und bes. 161–167 („Grundzüge des katholischen Ökumenismus").
[109] Der Peritus Hans Küng ist freilich der Überzeugung, dass Ottaviani und die Kurie zunehmend die Oberhand gewannen (Küng, Erkämpfte Freiheit 462–465.469), Papst Paul VI. sich zu einem Papst der Kurie entwickelte (500–503).
[110] Vgl. die kurze Übersicht bei Becker, Einführung 13.
[111] Vgl. Caprile, Entstehungsgeschichte und Inhalt 722.
[112] Vgl. Hünermann in Bd. 2, 313f.: Einladung „zur Rückkehr und zur Reintegration" (313). Davon wird sich das Konzept von *Unitatis redintegratio* abheben, wie wir noch nachweisen werden.
[113] Zum Folgenden vgl. auch Dumont, La genèse.

A. Einleitung

1. Das Schema „De unitate Ecclesiae ‚Ut omnes unum sint'"

Die grundlegenden Differenzen in der Zielbestimmung der Ökumenischen Bewegung zwischen dem 11. Kapitel von *De ecclesia* und der Vorlage des Einheitssekretariats wurden bereits angesprochen. Wie stand es mit den Vorstellungen der Kommission für die katholischen Ostkirchen? Sie hatte zwei Schemata entworfen, die von der Zentralkommission auch weitergeleitet wurden: zur „communicatio in sacris" mit den nichtkatholischen Orientalen und zur „Rekonziliation der orientalischen Dissidenten". Diese und andere Textentwürfe wurden zu dem Schema *De Ecclesiae unitate* „Ut omnes unum sint" zusammengefasst, das Papst Johannes XXIII. zusammen mit sechs weiteren Schemata aus 79 von der Zentralkommission weitergeleiteten Vorlagen für die erste Sitzungsperiode auswählt.[114]

Die Einheit der Kirche wird nach dieser Konzeption auf die Einheit der hierarchisch strukturierten Leitung zurückgeführt. Diese Kirche, deren „eigentliches" Haupt Jesus Christus ist, kann nur *eine* sein, so dass es neben der römisch-katholischen Kirche „keine andere Kirche [gibt], die sich als wahre und einzige zu bekennen vermöchte". Angesichts der heutigen Zeichen der Zeit registrieren wir mit skeptischem Interesse das Axiom: Je mehr Verschiedenheit, umso erforderlicher wird eine einzige Autorität. Die nichtkatholischen Christen sind „Dissidenten", auch wenn sie unsere „Brüder" bleiben. Als Mittel zur Wiedergewinnung werden u.a. genannt: Veränderung der Atmosphäre zwischen Ost und West; zurück zu den Quellen, das sind die Bibel und die Kirchenväter; die möglichst ursprüngliche Liturgie (an Stelle von Neuerungen), damit sich die Orientalen bei ihrer Rückkehr „zu Hause fühlen". Es wird dem Konzil ein offenes Schuldbekenntnis empfohlen, und die Verdienste der Orientalen werden mehrfach genannt. Theologische Kommissionen und Institute sollen die begleitende theologische Arbeit leisten. Auch Veränderungen in der Gestalt der Kirche werden – sofern päpstlich approbiert – für möglich gehalten.

Vom 26. bis 30.11.1962 wurde das Schema diskutiert.[115] An der Debatte beteiligten sich 50 Konzilsväter, die Mehrheit reagierte eher ablehnend. Dies gilt vor allem für die Patriarchen und Bischöfe der katholischen Ostkirchen (138 von 2160 Konzilsvätern), allen voran der melkitische Patriarch Maximos IV. Saigh. Hatte schon Kardinal Liénart die juristische Sprache kritisiert, so fürchtete der Patriarch, das Schema werde „gerade die wohlwollenden Orthodoxen eher erbittern als anziehen"[116]. Ins Mark des vorherrschenden römischen Ökumenismus traf er mit der Feststellung: „Die orientalischen Kirchen sind apostolische Kirchen, gegründet durch die Apostel. Sie sind keine abgeleiteten Kirchen, denn sie bestanden schon von Anfang an."[117] Erzbischof Zoghby sekundierte: „Die Kirche

---

[114] AS I/3, 528–545. Vgl. die Inhaltsangabe bei Caprile, Entstehungsgeschichte und Inhalt 712f.; ausführlicher Becker, Einführung 14–16, dem ich in meiner kurzen Darstellung folge; außerdem Bavaud, Le décret 58–64. Den vollständigen Text in französischer Übersetzung bietet Ist 10 (1964) 467–492 (Le triple point de départ).
[115] Dazu Becker, Einführung 16–18; Müller, Das Schema 386–389.
[116] Becker, Einführung 16.
[117] Ebd.

des Orients ist also eine Ursprungskirche, ganz ebenso wie die lateinische Kirche im Abendland."[118] Und Erzbischof Edelby von Edessa verlangte wegen des apostolischen Ursprungs konsequenterweise die Bezeichnung der getrennten orientalischen Kirchen als „Kirchen"! In methodologischer Hinsicht wurde nicht nur die Überwindung der juridischen Sprache eingefordert, sondern auch die Rückkehr hinter das Tridentinum zur authentischen Wahrheit des Evangeliums. Nach Müller[119] lassen sich die Voten auf zwei Haupteinwände konzentrieren: keine getrennte Behandlung der Ökumene mit den Orientalen; die flache theologische Grundlage soll durch ein Gesamtkonzept von kirchlicher Einheit abgelöst werden. Damit war Rückkehr, zumindest im Sinne einer Rückkehr zur Jurisdiktion der römisch-katholischen Kirche, kein konkurrenzfähiges ökumenisches Konzept mehr. Das Schema erhielt ein ehrenvolles Begräbnis,[120] insofern in einer Art Doppelbeschluss die Konzilsväter am 1.12.1962 das Dokument „als ein Zeichen des Gedenkens und des Wohlwollens" einstuften und zugleich ein gemeinsames Schema durch Verbindung mit dem Kap. XI von *De ecclesia* und dem *Dekret über den Ökumenismus* des Einheitssekretariats in Auftrag gaben.[121]

2. Das erste Schema „De Oecumenismo" vom April 1963

Bereits während der ersten sessio hatte das Einheitssekretariat das „Schema eines Dekrets über die Förderung der Einheit unter den Christen" (38 Paragraphen auf 19 Seiten) ausgearbeitet.[122] Es enthält bereits die späteren Kapitel über die Prinzipien, die praktische Ausübung und die getrennten Christen (in Ost und West unterteilt), dazu als 4. Kapitel „Die Haltung der Katholiken zu den Nichtchristen und besonders zu den Juden" sowie als 5. den Textentwurf zur „Religionsfreiheit". Ordnungsgemäß wurde der Text an die gemischte Kommission unter Leitung von Cicognani und Bea weitergeleitet, de facto wurde er freilich vom Einheitssekretariat unter Berücksichtigung der beiden andere Textentwürfe neu bearbeitet. Bis es soweit war, musste auch an dieser Stelle exemplarisch ein Kampf um die „zweite Vorbereitung" des Konzils geführt werden, den Bea und Willebrands mit „Geschicklichkeit, Ausdauer und letztlich auch Kampfbereitschaft" und zu guter Letzt mit Hilfe des Papstes zu ihren Gunsten entschieden.[123] Welykyi, Sekretär

---

[118] Ebd.
[119] Müller, Das Schema 386f.
[120] Vgl. Grootaers, Zwischen den Sitzungsperioden 514 unter Berufung auf D. O. Rousseau in: Irénikon 35 (1962) 530.
[121] Text der Abstimmung und Ergebnis: Müller, Das Schema 289.
[122] Vgl. die Übersicht zu Inhalt und Relationen, die Einführung von Becker, die Berichte über den Verlauf sowie Kommuniqués und Reden in: Müller (Hg.), Vaticanum secundum II, 517ff. (VI. Kapitel). Text auch bei Jaeger, Das Konzilsdekret 23–37. Ich folge der Zusammenfassung von Becker, Einführung 20–23.
[123] Vgl. die Darstellung bei Grootaers, Zwischen den Sitzungsperioden 513–520 (Zitat: 513); hieran orientiere ich mich in der folgenden Darstellung. Anders verlief dieser Machtkampf während der Arbeit an der Kirchenkonstitution, worauf sich die Bemerkung Hans Küngs bezieht (s. Anm. 108).

der Ostkirchenkommission und zugleich der entsprechenden Kongregation, vertrat nämlich die Ansicht, die Konzilsväter hätten den Entwurf gebilligt und seiner Kommission die Aufgabe von Verbesserungen aufgetragen. Was als Kampf um die Geschäftsordnung geführt wurde, entpuppte sich als Rückzugsgefecht. Offenbar konnte Cicognani die agreements mit Bea nicht einhalten, da er unter Druck immer wieder zu seiner traditionellen Position zurückkehrte. Vom 23. 2. an arbeiten drei Gemischte Unterkommissionen an neu redigierten Texten, hinter denen die von Pater Witte SJ (*De ecclesia* Kap. XI), Willebrands (*De oecumenismo catholico*[124]) und Pater Welykyi (*Ut omnes unum sint*) entworfenen Texte stehen (sollten). Ein Text von Witte bildet dann die Grundlage des ersten Kapitels des kommenden Schemas. An diesem wie an dem zweiten Kapitel arbeiteten wegen der Unbeweglichkeit der Ostkirchenkommission nur die beiden anderen Unterkommissionen. Auf Grund der Blockadepolitik konnte das Kapitel 3 in der Abschlussversammlung vom 9. 3. nicht definitiv verabschiedet werden. Willebrands schaffte es dann, auch die Glaubenskommission mit ihrem Wunsch nach Kontrolle über alle „gemischten Papiere" auszuhebeln. „Es hat den Anschein, als habe Kardinal Ottaviani ... vor der Emanzipation der treibenden Kräfte von *De oecumenismo* resigniert."[125] Die Ökumeniker im Einheitssekretariat waren freilich nicht zufrieden mit dem zweiten Abschnitt des dritten Kapitels, der erst in letzter Minute und auf die Schnelle vor der Versendung an die Konzilsväter eingefügt wurde.

Im 1. Kapitel werden die dogmatischen Prinzipien der Einheit auf den Heilswillen Gottes zurückgeführt. An die Stelle der hierarchischen Leitung tritt jetzt der Hinweis auf die Eucharistie als Sakrament der Einheit und das Wirken des Heiligen Geistes. Vom Geist gewirkt sind auch die Ämter, die selbst einem geistlichen Ziel dienen. Interessanterweise werden die Zwölf vor Petrus genannt. Tiefster Grund, Vorbild und Prinzip der Einheit ist die Einheit der Trinität. Zwischen den Kirchen herrscht keine völlige Trennung, es fehlt aber die vollkommene Gemeinschaft. Bei den „anderen", und zwar nicht den Einzelnen, sondern ihren Gemeinschaften, werden Charismen und sichtbare „Elemente" gewürdigt. Die Perspektive eines „katholischen Ökumenismus" wird im Text selbst schon gesprengt. Dieser versucht einen Mittelweg, geht jedoch noch nicht konsequent von dem Gedanken aus, dass alle Getauften Glieder am Leib Christi, der Kirche, sind.

Im 2. Kapitel geht es um die Durchführung im Sinne eines geistlichen Ökumenismus, dessen Stichworte Bekehrung und Erneuerung sind. Weil aber noch keine vorhandene Einheit bezeugt werden kann, ist Eucharistiegemeinschaft ausgeschlossen, wie das Kapitel XI von *De ecclesia* vorgegeben hatte. Auch die theologische Ausbildung und das gemeinsame Studium erhalten ihren Platz. Dagegen ist die Bedeutung des gemeinsamen Zeugnisses noch nicht ausdrücklich im Blick.

Das 3. Kapitel spricht in anerkennender Weise von den Orientalischen Kirchen. Deren (vor allem liturgische und geistliche) Schätze werden gewürdigt

---

[124] Zu diesem Text des Einheitssekretariats vgl. Bavaud, Le décret 65–69.
[125] Grootaers, Zwischen den Sitzungsperioden 519.

und nicht mehr, wie in dem Entwurf der Ostkirchenkommission, als Ausgangspunkt für eine Rückkehrbewegung gewertet. Von Rückkehr ist nicht mehr die Rede, vielmehr wird der apostolische Ursprung einiger Ortskirchen eigens betont. Als Maßstab gelten die Verhältnisse des 1. Jahrtausends, was ja in der Zeit nach dem Konzil immer wieder betont wurde. Bei der Charakterisierung der theologischen Eigenart der aus der Reformation hervorgegangenen Gemeinschaften wird eine Spannung ausgemacht zwischen der Betonung der Transzendenz Gottes und des unbedingten Angewiesenseins auf seine Gnade auf der einen Seite und der „Leugnung der wesenhaften Mittlerschaft der Kirche" auf der anderen. Dennoch gibt es eine gemeinsame Basis, die mit der Formel von Neu-Delhi zitiert wird. Desweiteren werden der Hochschätzung der Heiligen Schrift, der Taufe und der Lebenspraxis eigene Abschnitte gewidmet.

Im März wurde der Text von der Vollversammlung des Sekretariats beraten, am 22.4.1963 von Papst Johannes XXIII. autorisiert und – ergänzt durch das eilig eingefügte Unterkapitel zu den Kirchen und kirchlichen Gemeinschaften im Westen – an die Bischöfe verschickt. Auf etwa 100 Seiten gaben 60 Konzilsväter eine überwiegende zustimmende Rückmeldung. Im Allgemeinen wurde eine Verstärkung der Aussagen, gerade auch was die eigene Schuld an der Trennung der Christenheit angeht, beantragt. Hauptdiskussionspunkte, die in der Debatte wiederkehrten, waren die communicatio in sacris und die Bezeichnung der „anderen". Im ersten Punkt wünschten viele wenigstens eine Differenzierung hinsichtlich der Gottesdienstgemeinschaft mit den Orthodoxen auf der einen und den Protestanten auf der anderen Seite. Bezüglich des zweiten Aspekts zeichnete sich die Notwendigkeit grundsätzlicher Klärung ab: Haben sich nur Christen voneinander getrennt, oder ist die Kirche selbst gespalten worden? Soll das eigene „katholische" Verständnis des Ökumenismus von Anfang an herausgestrichen werden, oder soll nur das mit den Anderen Gemeinsame im Text stehen?[126] Aus nachkonziliarer Perspektive sind zwei Details wichtig: die Forderung, das gemeinsame Zeugnis der Christen als leitenden Gesichtspunkt der praktischen Zusammenarbeit zu sehen, und der Vorschlag, „communitas" durch „communio" zu ersetzen, das sich besonders in Frankreich als Übersetzung des biblischen koinonia etabliert habe. Schließlich wurde auch eine klare Äußerung hinsichtlich der Taufe als des Mittels zur Eingliederung in die Kirche gewünscht.

Nicht in den Akten des Konzils greifbar, aber von nicht zu unterschätzender Bedeutung für seinen Fortgang, das Klima und die Profilierung der ökumenischen Zielsetzung waren die Stellungnahmen nichtkatholischer Christen, Kirchen und Kirchengemeinschaften zwischen der ersten und zweiten Sitzungsperiode.[127] Diese Stellungnahmen waren häufig noch abwartend und skeptisch, in

---

[126] Diese Anliegen wurden mehr oder weniger aufgenommen. Sie wurden theologischerseits pointiert von Hans Küng vertreten, was diesen dann zu der Feststellung bringt, „dass, wie von Jan Willebrands mitgeteilt, unter anderen die Lektüre von ‚Konzil und Wiedervereinigung' im Einheitssekretariat Wirkungen gezeigt hat: Die Reform der katholischen Kirche – die liturgische, biblische, pastorale Erneuerung – wird als Voraussetzung der Wiedervereinigung stark betont. Ebenso die Notwendigkeit der inneren Umkehr und des echt evangelischen Lebens auch der Katholiken" (Küng, Erkämpfte Freiheit 504). Vgl. Küng, Konzil und Wiedervereinigung.
[127] Vgl. Grootaers, Die ökumenische Bewegung.

jedem Fall nüchtern. So erklärte der Generalsekretär des ÖRK Visser't Hooft, die entscheidende Frage laute nicht, „ob wir uns zusammenschließen können, sondern ob wir einen wahren Dialog aufnehmen können"[128]. Für das ökumenisch hoch relevante Thema „Schrift und Tradition" waren die Kontakte auf der 4. Konferenz von Faith and Order im Juli 1963 in Montreal äußerst fruchtbar. Ausgerechnet 1963 fanden mehrere Vollversammlungen statt, zu denen katholische Beobachter, z. T. Mitglieder der Redaktionsgruppe für den neuen Text *De oecumenismo* eingeladen wurden: der Lutherische Weltbund tagte Anfang August in Helsinki, die Anglikanische Gemeinschaft ebenfalls im August in Toronto. Primas Ramsey erklärte nach seiner Rückkehr, das Fernziel sei zwar die „Wiedervereinigung mit Rom", aber nicht mit der römischen Kirche in ihrer gegenwärtigen Gestalt.[129] Außerdem fand im gleichen Monat die erste Methodistische Weltkonferenz seit der neuen ökumenischen Bewegung statt; der Vorsitzende Bischof Corson war Konzilsbeobachter und gab zu Protokoll, die entscheidende Phase der ökumenischen Beziehungen käme nach dem Konzil – an der Basis. Das bedeutendste Treffen auf orthodoxer Seite war die 2. Innerorthodoxe Konferenz im September auf Rhodos. Schließlich einigt man sich auf eine gemeinsame Position: jede Kirche ist frei, Beobachter zum Konzil zu entsenden; einen offiziellen Dialog soll es unter den beiden Bedingungen geben, dass er par cum pari geführt werde und dass er sich auf die gesamte Orthodoxie beziehe.

Erzbischof Jaeger hat darüber hinaus Stellungnahmen von nichtkatholischer Seite festgehalten, die in Gesprächen oder bei Pressekonferenzen gemacht wurden.[130] Nicht nur im Blick auf den werdenden Text, sondern weit darüber hinaus bis in die heutigen Debatten hinein werden hier Probleme benannt und Desiderata angemeldet. So wird von reformatorischer Seite eine Betonung der *koinonia* und eine ausdrücklichere Würdigung der *vestigia* (besser: *elementa* oder *dona Ecclesiae*) und des ekklesiologischen Status reformatorischer Bekenntnisse gewünscht. Vorbehalte werden vor allem gegen die Rede von der Fülle und der Einheit vorgebracht. Ist Petrus immer der Garant der Einheit? Ist nicht die *viva vox evangelii* dieses Band? Da alle Kirchen auf dem Weg zur Fülle sind und keine diese besitzt, kommt auch eine Rückkehr-Ökumene nicht in Frage. Freilich gebe es nicht nur einen Mangel an Fülle, sondern auch fundamentale Gegensätze. Anglikaner wünschen eine Klärung des Sprachgebrauchs von Kirchen und Kirchlichen Gemeinschaften und betonen, dass die Anglikanische Kirche Kirche im theologischen Sinn sei. Die communio anglicana werde nicht erwähnt – gebe es ein gültiges Priestertum dann nur bei den Altkatholiken? Eine Reihe von Termini wie Gültigkeit, katholisch – protestantisch, Glaube seien neu zu definieren. Von Beobachtern kam der Vorschlag, dem Text ein Prooemium voranzustellen, das auf den vorläufigen und dynamischen Prozesscharakter hinweise. Bis heute scheint mir von fundamentaler Bedeutung der Hinweis, dass in erster Linie nicht über das Verhältnis der „getrennten Brüder" zur römisch-katholischen Kirche,

---

[128] Zit. nach ebd. 644.
[129] Zit. ebd. 648.
[130] Vgl. Jaeger, Das Konzilsdekret 42–49.

sondern über das Verhältnis aller zu Jesus Christus bzw. zum dreieinigen Gott gesprochen werden sollte. Auch bezüglich der apostolischen Tradition dürfe nicht die römische Kirche zum Maßstab gemacht werden; es gäbe apostolische Überlieferungen, die in dieser Kirche gerade nicht entwickelt wurden. Schließlich sollten im 3. Kapitel des Schemas die wichtigsten Tagesordnungspunkte für die ökumenischen Gespräche aufgeführt werden.

Das Schema wurde am 18.11.1963 den Konzilsvätern gedruckt überreicht, versehen mit drei Relationen, die teilweise schon auf die in der Zwischenzeit eingegangenen Verbesserungsvorschläge[131] Bezug nahmen. Es war gewiss von entscheidender Bedeutung, dass Kardinal Cicognani für die Einführung gewonnen werden konnte, während Erzbischof Martin von Rouen die Relatio hielt. Dadurch kam auch nochmals das Ringen um die ökumenische Position der katholischen Kirche sichtbar und hörbar zum Ausdruck. Cicognani erweist sich als Vertreter eines „irénisme pré-oecuménique" (Congar)[132] auf der Linie des Schemas *Ut omnes unum sint*. Martin betont demgegenüber die völlige Neuheit des ökumenischen Problems (Mitarbeit an der ökumenischen Bewegung statt Warten auf die Rückkehr der „getrennten Brüder"); er unterscheidet zwischen dem Fernziel der letzten, von Gott geschenkten Einheit und dem Nahziel, nämlich der Vorbereitung des Weges zur Einheit. Geschickt geht der zum Einheitssekretariat gehörende Erzbischof auf bereits laut gewordene Einwände ein und beschwört das Vertrauen einerseits in die ökumenischen Experten, andererseits und vor allem in das Wirken des Heiligen Geistes. Die dritte Relatio wird von Erzbischof-Koadjutor G. Bukatko von Belgrad für die Ostkirchenkommission vorgetragen. Diese habe eine „gewisse Mitarbeit" geleistet, einige Elemente aus ihrem Schema seien aufgenommen worden und insgesamt stehe die Kommission hinter dem Text, der durch die Debatte verbessert werden könne.

Die drei Kapitel wurden in je drei bzw. vier Generalkongregationen diskutiert, bis Kardinal Bea am 2.12. die Väter aufforderte, weitere Überarbeitungswünsche bis zum 31.1.1964 einzureichen.[133] Fast 96% der Konzilsväter hatten nämlich die ersten drei Kapitel als weitere Textbasis angenommen. Am 19.11. sprachen Bea zum 4. und de Smedt zum 5. Kapitel, die jedoch aus Zeitmangel nicht mehr diskutiert wurden. 144 Reden werden in den Konzilsakten vermerkt. Einer Minderheit ging der Text zu weit, sie war noch nicht bereit, den Lernprozess mitzugehen und den Perspektivenwechsel mit zu vollziehen. Da sollte dann doch wieder zur Rückkehr aufgefordert, die Protestanten nicht gelobt und nicht gemeinsam gebetet werden. Das heilsgeschichtliche Denken und die sich abzeichnende ökumenische Communio-Ekklesiologie waren suspekt für Theologen, die z.B. das Wirken des Heiligen Geistes außerhalb der katholischen Kirche nur als „per accidens" annahmen.[134]

---

[131] Es waren 792 zu den ersten vier Kapiteln: Soetens, Das ökumenische Engagement 305.
[132] Becker, Einführung 25, zitiert Congars Bemerkung, die auf Leo XIII. zielte, aus dem Konzilstagebuch Congars.
[133] Vgl. den ausführlichen Bericht über die Debatte bei Jaeger, Das Konzilsdekret 271–389; Soetens, Das ökumenische Engagement 304–320.
[134] Soetens, Das ökumenische Engagement 312–315, illustriert diese Position an den Reden der

Auf der anderen Seite konnte Kardinal Léger die Zustimmung so vieler Bischöfe als „echte Bekehrung" bezeichnen. Dies erinnerte an die Erfahrung bei der Hinwendung lateinamerikanischer Bischöfe zur Theologie und Pastoral der Befreiung in den ersten Jahren nach dem Konzil. Zur Profilierung der ökumenischen Kehrtwendung sollten folgende Änderungswünsche dienen: (1) Die Bezeichnung der getrennten Christen nicht als getrennte Brüder (fratres separati), also als solche, die sich einseitig oder gar von Christus getrennt hätten, sondern als „von uns getrennte Brüder" (fratres seiuncti) in dem Sinn, wie Patriarch Maximos es präzisierte: „Sie sind von uns getrennt und wir von ihnen."[135] So wurde als Alternative zur Überschrift des 3. Kapitels vorgeschlagen: „Die christlichen Brüder, die mit der katholischen Kirche irgendwie in Gemeinschaft stehen."[136] – (2) Die getrennten Gemeinschaften sollten, wenn sie schon nicht Kirchen genannt würden, so doch wenigstens mit dem biblischen Ausdruck communio/koinonia bezeichnet werden; Kardinal König schlug die Formel „Kirchen und Kirchengemeinschaften" (communitates ecclesiasticae) vor. – (3) Die Aufzählung von „Elementen" (besser wäre „Reichtümer Christi") dürfe keinen quantifizierenden Eindruck hervorrufen,[137] sondern müsse auf Christus bezogen und mit der inneren Katholizität der Kirche in Verbindung gebracht werden. – (4) Da es nicht darum gehe, der Ökumenischen Bewegung einen eigenen (römisch-)katholischen Ökumenismus entgegenzustellen, solle die Überschrift des I. Kapitels geändert werden; verlangt wurde auch die ausdrückliche Erwähnung nicht nur der Basisformel, sondern des ÖRK selbst. – (5) Von kaum zu überschätzender Bedeutung war die Intervention Bischof Pangrazio's, der die Rede von der Hierarchie der Wahrheit ins Spiel brachte und sie mit der Unterscheidung der Wahrheiten des Zieles und der Wahrheiten bezüglich der Mittel verband. – (6) Im zweiten Kapitel solle ohne Scheu von Reform und Reformation gesprochen werden. – (7) Bei der Konzeption des dritten Kapitels müsse vermieden werden, dass ein Keil zwischen die orientalischen und die westlichen Mitgliedskirchen des ÖRK getrieben werde.[138]

Weder durch den endgültigen Text noch durch seine Rezeption und Fortschreibung nach dem Konzil sind die Bedenken protestantischer Beobachter beseitigt, dass sie sich hinsichtlich des Grundanliegens der Reformation nicht verstanden

---

Kardinäle Ruffini (Palermo), de Arriba y Castro (Tarragona) und Bueno y Monreal (Sevilla). Ihnen stellt er den amerikanischen Kardinal J. Ritter gegenüber, der u. a. dafür plädiert, statt von „Gemeinschaften" von „Kirchen" zu sprechen, ohne damit ein Urteil über die Gültigkeit der Weihen und der Eucharistiefeier abzugeben (vgl. AS II/5, 527–545); wichtig war auch die Rede von Bischof Elchinger (hier: 562–565).
[135] Nach Becker, Einführung 28.
[136] Ebd. 29.
[137] Für viele andere stehe hier die kritische Rückfrage des lutherischen Beobachters Skydsgaard in seinem Vortrag beim deutschen Pressezentrum nach der Debatte über das Schema (am 27. 11. 1963): Skydsgaard, Vortrag 201–210, hier 208.
[138] Auf der anderen Seite musste auch der (berechtigten!) Empfindlichkeit der Orthodoxen Rechnung getragen werden. Papst Paul VI. tat dies z. B. dadurch, dass er den Patriarchen einen neuen Platz in der Konzilsaula zuwies, nämlich gegenüber den Kardinälen, die auf der für Lateiner würdigsten Seite, der Evangelienseite, Platz nahmen, also auf der Seite, welche für den Osten wegen der Christus-Ikone und des Throns des Hierarchen die würdigste darstellt.

fühlen. Erzbischof Jaeger sah Ansätze in der Konzilsdebatte zu einer theologischen Aufarbeitung von Spaltung und Reformation,[139] aber bis in die aktuelle ökumenische Debatte hinein wird von katholischen Theologen eine theologische Ortsbestimmung der Reformation eingefordert. Wenn von Beobachtern, aber auch von einzelnen katholischen Bischöfen „die besondere Berücksichtigung des heiligen Abendmahls bei den Kirchengemeinschaften der Reformation" vorgeschlagen wird, so steht auch dies am Beginn eines Weges, der bis heute noch nicht in jeder Hinsicht konsequent beschritten wurde.

3. Das 2. Schema und das Werden des endgültigen Textes

Zu den 60 Vorschlägen, die bereits vor der 2. Sitzungsperiode eingegangen waren, kamen nochmals 471 Voten hinzu, als das Einheitssekretariat unter Hinzuziehung von Experten aus den beiden anderen Kommissionen im Frühjahr 1964 an die Überarbeitung des Textes ging.[140] Wieder ging er seinen Weg von der Vollversammlung des Sekretariats (24. 2. bis 7. 3. in Ariccia) über die Koordinierungskommission zum Papst, der das Schema am 27. 4. 1964 approbierte. In den beiden folgenden Monaten wurde der Text versandt, im Juli kam eine Relatio des Einheitssekretariats hinzu.

Prinzipien der Neugestaltung waren: Änderungen nur, wenn sie ausdrücklich verlangt wurden; diese konnten dann gegebenenfalls auch längere Passagen betreffen; geringfügige Änderungen werden, auch wenn sie nicht notwendig sind, entsprechend den Wünschen eingefügt; nicht aufgenommen werden Vorschläge, die entweder nicht zum Inhalt oder nicht zur pastoralen Art des Schemas passen oder aber in das zu erstellende Ökumenische Direktorium gehören.[141]

Die wichtigsten im Rahmen der Überarbeitung vorgenommenen Veränderungen sind: Einfügung eines *Prooemiums*, in welchem ein Teil der Basisformel von Neu-Delhi zitiert wird. Im *ersten Kapitel* werden 11 Punkte deutlicher herausgestellt: Buße und Schuldbekenntnis, Unvollkommenheit in der Kirche, Einheit in Vielfalt, Bedeutung der Eucharistie, Bedeutung des Heiligen Geistes, Katholizität, missionarische Dimension des Ökumenismus, Dynamik der Heilsgeschichte, Gebot der Liebe, der Skandal der Trennung, Charakterisierung der Ökumenischen Bewegung.[142] Da der pastorale Charakter des Dekrets akzentuiert wurde, verzichtete man (leider!) auf die Profilierung einer ökumenischen Communio-Ekklesiologie, die in Verbindung mit dem immer wieder vorgebrachten Anliegen des gemeinsamen Zeugnisses vor der Welt den durch LG und GS markierten Spannungsbogen einer bipolaren Ekklesiologie hätte im Ansatz vorwegnehmen können. Hervorzuheben sind die Betonung der Heilsfunktion der nichtkatholischen Kirchen und Kirchengemeinschaften sowie die Unterscheidung zwischen Konver-

---

[139] So Jaeger, Das Konzilsdekret 51 f. mit Blick auf die zweite Fassung des Schemas v. 27. 4. 1964.
[140] Vgl. wiederum Bavaud, Le décret 70–90.
[141] Jaeger, Das Konzilsdekret 50.
[142] Vgl. Becker, Einführung 30.

sion und Ökumenischer Bewegung. An dem überarbeiteten *zweiten Kapitel* gefällt die Unterstreichung der notwendigen Erneuerung der (katholischen) Kirche, des Gebetes für die Einheit, der Verpflichtung aller zum ökumenischen Engagement, der Notwendigkeit der gegenseitigen Kenntnis. Im *dritten Kapitel* werden die von Rom getrennten Kirchen zusammen behandelt, wobei die Ausführungen zur Orthodoxie wesentliche Ergänzungen erfahren. Die aus der Reformation hervorgegangenen Gemeinschaften werden unter den Titel „getrennte Kirchen und Kirchliche Gemeinschaften im Abendland" gestellt, zu denen auch die vorreformatorischen Waldenser und die Altkatholiken gehören. Es wird ausdrücklich darauf verzichtet, das Proprium dieser Kirchen und Gemeinschaften auf einen Nenner zu bringen. Leider wurde auch auf Wunsch eines französischen Bischofs darauf verzichtet, die Heilige Schrift als das kostbarste Medium für den ökumenischen Dialog zu bezeichnen; Begründung (?): „weil sie der Auslegung bedürfe und nur ihr wahrer, authentischer Sinn ein solches Medium sein könne"[143].

Ab dem 5. Oktober 1964 steht das Dekret auf der Tagesordnung des Konzils. Diskussionen gab es keine mehr; es wurden die Relationes vorgetragen und dann abgestimmt. Die Berichterstatter für die einzelnen Kapitel waren Erzbischof Martin, Bischof Charles Helmsing, Erzbischof Maximos Hermaniuk, der zum ersten Teil des dritten Kapitels hervorhob, dass es keine dogmatischen Gründe waren, die zur Trennung führten, und Erzbischof John Heenan, der ausführte, unter der Überschrift des zweiten Teils des dritten Kapitels seien alle christlichen Gemeinschaften zusammengefasst, „ohne damit die Kontroversfrage lösen zu wollen, unter welchen Voraussetzungen eine christliche Gemeinschaft im theologischen Sinne als Kirche zu bezeichnen sei"[144].

In den Abstimmungen erhielt diese zweite Fassung des Dekrets eine überwältigende Zustimmung. Allerdings traf sie auch auf Vorbehalte einer bedeutenden Minderheit, so dass insgesamt fast 2000 Modi (der Sache nach dann 400) vorlagen, die dem Einheitssekretariat zugeleitet wurden. Trotz der gegebenen Zweidrittel-Mehrheit wurden alle Modi geprüft, ein auch für den weiteren ökumenischen Prozess beispielhaftes Vorgehen![145] Kriterien zur Berücksichtigung waren die Begründung und die Kongruenz mit der Intention des Schemas. In diesem Sinne wurde 29 Änderungen zur Verdeutlichungen und zur Vermeidung von Missverständnissen vorgenommen (13 am Vorwort und am 1. Kapitel; 5 am 2. und 11 am 3. Kapitel).[146] Die Minderheit ging nun den Weg über den Papst, der seinerseits einer nachkonziliaren Interpretation gegen den Wortlaut vorbauen wollte. Die Änderungswünsche bezogen sich zum Teil auf bereits abgelehnte Modi; von den 40, die der Papst an Bea weitergab, wurden schließlich 19 übernommen.[147] Dieser Vorgang gehört zu den Ereignissen am Donnerstag (19.11.1964)

---

[143] Ebd. 34.
[144] AS III/4, 13–15.
[145] Vgl. wiederum Bavaud, Le décret 91–95.
[146] So die Zahlen bei Jaeger, Das Konzilsdekret 70; Becker, Einführung, spricht von 12 Änderung zu Vorwort und Kap. 1, kommt also insgesamt auf 28.
[147] Zum Vorgehen und zur Bewertung vgl. Jaeger, Das Konzilsdekret 71–74; Becker – Müller, Die Krisen 127 f.; Becker, Die Bearbeitung 591–597; Bavaud, Le décret 96–99.

der „Schwarzen Woche".¹⁴⁸ Konzilssekretär Felici erklärte – einen Tag vor der Schlussabstimmung!¹⁴⁹ –, es seien „ad maiorem claritatem textus" noch 19 Veränderungen auf Grund „wohlwollender, autoritativ ausgesprochener Anregungen" eingefügt worden. Nach Erzbischof Jaeger sind 17 Änderungen „mehr stilistischer Art", nur die zu den Artikeln 21 und 22 hätten „größeres Gewicht, bedeuten aber auch keine wesentliche inhaltliche Änderung, wenn man sie im Zusammenhang des ganzen Textes liest. Ihr Ziel ist offenbar, bei den Katholiken Missverständnisse zu vermeiden"¹⁵⁰. Jedenfalls wurde auf diese Weise erreicht, dass am Ende den 2137 Ja-Stimmen nur 11 Nein-Stimmen gegenüberstanden.

Dieses Abstimmungsergebnis stellt das beeindruckende Zeugnis eines ökumenischen Lernprozesses dar. Wesentlich dazu beigetragen hat neben der bereits gewürdigten Begegnung mit den Beobachtern und Gästen die Begegnung Papst Paul VI. mit dem Ökumenischen Patriarchen Athenagoras zu Beginn des Jahres 1964 in Jerusalem.¹⁵¹ Hinter diesen hervorgehobenen Ereignissen steht freilich ein kontinuierliches Bemühen seitens der beiden Konzilspäpste wie des Einheitssekretariats unter Leitung von Kardinal Bea. Das mentale Ergebnis dieses Lernprozesses kann als Perspektivenwechsel bezeichnet werden: Die überwältigende Mehrheit der Konzilsväter und in jedem Fall das vorliegende Dekret (in Verbindung mit den einschlägigen Artikeln der Kirchenkonstitution) betrachten das Verhältnis der römisch-katholischen Kirche zu den anderen „Kirchen und Kirchlichen Gemeinschaften" in dogmatischer Hinsicht nicht mehr vom eigenen Standpunkt aus. Die Frage „In welchem Verhältnis stehen die Anderen zu uns?" wird prinzipiell (nicht in jeder einzelnen Formulierung) abgelöst durch die Frage „Wie stehen wir und die Anderen zu Jesus Christus, der unser Mittelpunkt ist?" Das Modell der konzentrischen Kreise hinsichtlich der Kirchengliedschaft darf nicht von den grundlegenden Ausführungen im 1. Kapitel der Kirchenkonstitution isoliert werden. Gleiches gilt für das Verhältnis von Einzelaussagen und grundlegender Perspektive im jetzt detailliert zu kommentierenden Dekret.

---

[148] Vgl. Tagle, The „Black week".
[149] Bea, Der Weg zur Einheit 41 spricht von einer „organisatorische[n] Entgleisung".
[150] Jaeger, Das Konzilsdekret 73 f.
[151] Vgl. dazu Neuner, Das Schisma.

B. Kommentierung

I. Literarisches Genus und die Frage der Verbindlichkeit

Ein *decretum de oecumenismo* haben die Konzilsväter hinterlassen. Das literarische Genus gibt uns Anhaltspunkte für die Interpretation des Textes: (1) Einem (Konzils-)Dekret kommt im Unterschied zu den Konstitutionen nicht die Aufgabe zu, theologische Grundlagen (liturgiewissenschaftliche, dogmatische, pastoral- bzw. praktisch-theologische oder eine bezeichnende Verknüpfung derselben) festzustellen, zu klären und vorzugeben, solche setzt es vielmehr voraus. Im vorliegenden Fall stellt „die Lehre von der Kirche" (UR 1,3), wie sie in der Dogmatischen Konstitution *Lumen gentium* vorgetragen wurde, die lehrmäßige Basis dar. (2) Darauf aufbauend formuliert ein Dekret Richtlinien für das Leben des Glaubens, in diesem Fall für die ökumenische Haltung und das ökumenische Verhalten der Katholiken.[1] Es handelt sich also weder um ein „ökumenisches Programm für die gesamte Christenheit" noch um ein „Unionsmanifest" und auch nicht um einen Appell oder Aufruf an die nicht-römisch-katholischen Christen.[2]

Von besonderer Bedeutung gerade für die ökumenische Bewegung ist freilich die Erfahrung, dass sich Lehre und Leben, dogmatische Grundlage und Glaubenspraxis nicht voneinander isolieren lassen. Darüber hinaus ist es für das Zweite Vatikanische Konzil in methodologischer Hinsicht geradezu charakteristisch, dass es das Konzept, wonach Pastoral als Anwendung einer immer schon feststehenden Glaubenslehre fungiert, überwindet. Im wechselseitigen Bezug der dogmatischen Kirchenkonstitution und der Pastoral-Konstitution kommt dies ebenso zum Ausdruck wie in der Beachtung der „Zeichen der Zeit" als systematischem (!) *locus theologicus*. Diese theologische Konzeption muss an das Ökumenismusdekret nicht herangetragen werden, sondern entspricht dessen Grundaus-

---

[1] Ich verwende hier die (nicht nur umgangssprachlich) übliche Bezeichnung; konfessionskundlich betrachtet fallen unter diese Bezeichnung die römisch-katholischen Christen sowie die Mitglieder der mit Rom verbundenen „katholischen Ostkirchen" (die freilich in einem eigenen Dekret angesprochen werden, was ja auch als nicht selbstverständlich auf dem Konzil diskutiert wurde; siehe den Kommentar zu OE in diesem Kommentarwerk). In der Regel meint der Text mit *ecclesia catholica* die römisch-katholische Kirche; auch da, wo *catholica* im Sinne der *notae ecclesiae* des Glaubensbekenntnisses weiter gefasst ist (und in diesem Kommentar, soweit relevant, eigens vermerkt wird), dürften viele Konzilsväter an ihre eigene Kirche gedacht haben. Die ökumenischen Protagonisten haben hier, bewusst oder unbewusst, eine Tür geöffnet; vgl. dazu die Diskussion um das *subsistit* und den Kommentar von P. Hünermann zu LG 8,2 in Bd. 2, 366–368 sowie den Kommentar zu der Formel „Kirchen und Kirchliche Gemeinschaften" (s. u.).
[2] So die ausdrückliche Klarstellung bei Jaeger, Das Konzilsdekret 52.

richtung. In UR 4,1 ermahnt es die Gläubigen, „dass sie, indem sie die Zeichen der Zeit erkennen, am ökumenischen Werk erfinderisch teilnehmen". Auch wenn in der Debatte um detaillierte Regelungen der ökumenischen Praxis wiederholt auf das in Aussicht genommene Ökumenische Direktorium verwiesen wird, enthält das Dekret selbst schon einschlägige Hinweise. Diese bleiben nicht auf das 2. Kapitel („Die Ausübung des Ökumenismus") beschränkt, vielmehr hat das erste („Die katholischen Grundsätze des Ökumenismus") immer schon die Praxis im Blick (vgl. bes. UR 4), und das zweite „führt die Gedanken des I. Kapitels über die katholischen Prinzipien in mancher Hinsicht weiter"[3].

Wie sehr die innere Verschränkung von Lehre und Leben die Perspektive gerade des Ökumenismusdekrets bestimmt, ergibt sich schließlich aus dem Verlauf des Konzilsprozesses selbst. Zwar stellt die Lehre von der Kirche das Fundament dar, dieses wurde aber nicht unabhängig von der Diskussion über den Ökumenismus gelegt. Zum Teil wurden hier Formulierungen entwickelt, die dann auch in die Kirchenkonstitution Eingang fanden.[4] Auf die Übereinstimmung von Kirchenkonstitution und Ökumenismusdekret legen die Mitarbeiter des Einheitssekretariats großen Wert, wie ein Blick in ihre Kommentare der ersten Stunde zeigt.[5] Allem Anschein nach war vor allem Kardinal Bea von diesem Zusammenhang zutiefst überzeugt.[6] Die Betonung, auf dem Boden von *Lumen gentium* zu stehen, war während des Konzils und in der Zeit danach für die Sache der Ökumene unabdingbar.[7] Zugleich ergab sich damit die Möglichkeit, die Punkte, an denen UR über LG hinausging, als der konziliaren Ekklesiologie konform auszugeben. Freilich, nach Kardinal Jaeger war es vor allem die Minderheit, der gegenüber der Zusammenhang der beiden Konzilstexte zu unterstreichen war; was sie in UR vermisste, sollte sie LG entnehmen.[8] War das der Preis dafür, dass die Communio-Ekklesiologie in UR fortgeschrieben werden konnte? Bestätigt sich dann aber nicht der Eindruck, dass die Kirchenkonstitution eine additive, aber keine integrale ekklesiologische Konzeption vorlegt? Der Hinweis auf nicht oder (zu) kurz erwähnte „Wahrheiten" sollte nicht die Funktion der Vertröstung erhalten: „Das gilt auch noch!" Das Verhältnis von LG und UR ist kein bruchloses. Hier scheint Jaeger zu optimistisch zu sein, was die Vereinbarkeit angeht.

---

[3] Feiner, Kommentar 70.
[4] Vgl. die einschlägigen Hinweise in dem Kommentar eines Augen- und Ohrenzeugen: Jaeger, Das Konzilsdekret 210–240 („Die innere Einheit des Dekrets ‚De Oecumenismo' mit der Dogmatischen Konstitution ‚De Ecclesia'").
[5] Vgl. neben Jaeger (Anm. 4) Dumont, Le décret 372 (hinsichtlich der Übereinstimmung von UR 3 mit LG [15]); Thils, Le décret 47 (UR 3 „korrespondiert gut" mit LG 8), 57.
[6] Vgl. etwa Bea, Der Weg zur Einheit 19–21.
[7] Thils, Le décret 47 hält ausdrücklich fest, dass hinsichtlich des *subsistit* die Theologische Kommission und das Einheitssekretariat die gleiche Sichtweise einnähmen. Jaeger, Das Konzilsdekret, fügt seinem Kommentar einen eigenen dritten Teil (210–240) an, der „die innere Einheit des Dekretes ‚De Oecumenismo' mit der dogmatischen Konstitution ‚De Ecclesia'" herausstellen will.
[8] Vgl. Jaeger, Das Konzilsdekret 388. Die Opposition sei freilich „im Grunde von mäßiger Art gewesen", da sie sich „keineswegs [gegen] die wesentliche Offenheit der Kirche für die ökumenische Bewegung" richtete, sondern nur „einzelne Wahrheiten" wie Primat und Kollegialität, Einheit und Ausschluss jedweden Indifferentismus reklamierte.

Denn wenn er selbst zu den „Wahrheiten ..., die in dieser Klarheit bisher noch in keinem Konzil ausgesprochen wurden", auch „die *Communio* als Strukturprinzip der gesamten Ekklesiologie"[9] zählt, trifft er ein zur Kirchenkonstitution als ganzer sperriges Urteil. Es sei denn, communio wird vom 3. Kapitel der dogmatischen Konstitution her entwickelt, wie dies bis heute auch versucht wird.[10]

Jedoch, kein geringerer als Papst Paul VI. sprach in seiner Rede zum Schluss der dritten Sitzungsperiode – am 21. November 1964, an dem die Dogmatische Konstitution über die Kirche, das Ökumenismus- und das Ostkirchendekret promulgiert wurden – davon, die „doctrina" der Kirchenkonstitution sei durch Erläuterungen des Ökumenismusdekrets vervollständigt worden.[11] So wird z. B. die heilsvermittelnde Funktion der nicht-(römisch-) katholischen Kirchen und Kirchlichen Gemeinschaften für ihre Mitglieder in UR 3,3 deutlicher ausgesprochen als in LG 15.[12] Über die katholischen Prinzipien der Einheit spricht UR 2 in „glücklicheren Formulierungen" als die Kirchenkonstitution.[13] Dieses Urteil beruht auf der oben skizzierten Überzeugung, dass die in den beiden ersten Kapiteln von *Lumen gentium* umrissene Communio-Ekklesiologie[14] die Matrix des gesamten Ökumenismusdekrets bildet[15], während es zwischen *Unitatis redintegratio* und dem dritten Kapitel der Kirchenkonstitution Differenzen gibt. In Absetzung von Grootaers[16] vertritt Küng die Auffassung: „Ottaviani, Parente, Tromp und die römische Partei haben sich im Zentrum des Kirchenschemas klar durchgesetzt."[17] Die Voranstellung der beiden ersten Kapitel habe das pyramidal-hierarchische Kirchenmodell nicht verabschiedet oder auch nur relativiert, im Gegenteil: „Die traditionelle Hierarchiekonzeption von Kapitel III degradiert das vorausgegangene Kapitel II über das Volk Gottes faktisch zum harmlosen Vorspiel."[18] Dieses Urteil eines Zeitgenossen ist ernst zu nehmen. Es wurde durch manche nachkonziliare Entwicklung verfestigt. Dennoch darf gefragt werden, ob die Situation auf dem Konzil bzw. im Text nicht offener dargestellt werden kann, auch und gerade wenn Widersprüche zu konstatieren sind. Der evangelische Beobachter Edmund Schlink warnte freilich davor, den offeneren Geist des Dekrets

---

[9] Ebd.
[10] Vgl. z. B. Kongregation für die Glaubenslehre, Communio.
[11] Vgl. AS III/8, 909–918, hier: 914: „doctrina, explicationibus completa, in schemate de Oecumenismo comprehensis"; s. a. Jaeger, Das Konzilsdekret 82 f. (zu UR 1,3) und 240: „Das Ökumenismus-Dekret ist ein pastorales Konzilsdokument, das die Lehren der Konstitution in ökumenischer Hinsicht anwendet, sie aber gleichzeitig durch diese Anwendung erläutert."
[12] Vgl. den entsprechenden Hinweis bei Feiner, Kommentar 40¹; s. a. Stransky, The decree 24.
[13] Dumont, Décret 364 (ohne Stellenangabe zu LG).
[14] So urteilt Küng, Erkämpfte Freiheit 463, mit Blick auf das zu Beginn der 2. Sitzungsperiode vorgelegte Schema über die Kirche: „Hier ist in der Tat das biblisch-patristische Communio-Modell zum Zuge gekommen, hier haben sich Desiderate des Konzils erfüllt."
[15] Jaeger, Das Konzilsdekret 239, eröffnet die „Zusammenfassung" seines Vergleichs mit dem Satz: „Die Ekklesiologie der Konstitution, welche das Fundament des Dekretes De Oecumenismo bietet, geht aus von dem Zentralbegriff der *Communio*."
[16] Küng, Erkämpfte Freiheit 463, bezieht sich auf Grootaers, Zwischen den Sitzungsperioden 490.
[17] Küng, Erkämpfte Freiheit 465.
[18] Ebd. 464.

gegen den geschlossenen Buchstaben der Konstitution auszuspielen. Die Relatio bei der Vorlage der zweiten Fassung habe die Diskussion um das Verhältnis der beiden Dokumente eindeutig geklärt, darum gelte: „Von der Kirchenkonstitution her also ist das Ökumenismusdekret zu interpretieren, nicht aber umgekehrt."[19] Ist dann eine Interpretationslinie von den beiden ersten Kapiteln der dogmatischen Konstitution direkt zum Dekret über den Ökumenismus zu ziehen? Letztlich wird die Rezeption von *Lumen gentium* entscheiden, und in diesem Prozess der Aneignung sollte die Perspektive des Ökumenismusdekrets stark gemacht werden!

Die würdigenden Aussagen über die anderen Kirchen und Kirchlichen Gemeinschaften in UR wurden ermöglicht durch eine Haltung grundsätzlicher Offenheit in der Begegnung mit den Konzilsbeobachtern und den Gästen des Einheitssekretariats, durch Sensibilität für die eigenen Schwächen wie durch herzliche Aufmerksamkeit für das „fremde" Glaubenszeugnis und andere theologische Positionen. In dieser vor allem durch die Mitarbeiter des Einheitssekretariats geprägten ökumenischen Kultur bleibt das Zweite Vatikanische Konzil Vorbild – auch in einer Phase der ökumenischen Beziehungen, in der Befürworter eines „differenzierten Konsenses" und Verfechter einer Profilierung der eigenen Identität durch dezidierte Absetzung von den Anderen aufeinander treffen. Nach einer langen Phase distanzierender Kontroverstheologie suchte (und fand!) die Mehrheit der Konzilsväter christliche Werte und „kirchliche Elemente" bei den „von uns getrennten Brüdern (und Schwestern)", und kaum einer von ihnen hätte sich träumen lassen, was in den folgenden Jahrzehnten an Gemeinsamkeiten entdeckt werden konnte. Kommt jetzt die Phase der Rückbesinnung auf das je eigene Profil? Statt Einheit in Vielfalt Vielfalt ohne Einheit, statt differenzierter Konsens fundamentaler Dissens? In den 60er Jahren gehörte die Sehnsucht nach Einheit zu den „Zeichen der Zeit", verstanden sich Kirchen und kirchliche Bünde als Zeichen und Werkzeug dieser Einheit (vgl. LG 1). Stehen heute die Zeichen der Zeit auf Pluralismus? Geht es seit der politischen Wende in Europa 1989 vorrangig um Abgrenzung, sind Nationalismus und Konfessionalismus auf dem Vormarsch? Wie sollen sich die Konfessionen verhalten? Hingen die Väter des Zweiten Vatikanischen Konzils einer Utopie nach, und erreicht heute die Nüchternheit der sogenannten Realpolitiker auch die Kirchen? Bei der Suche nach den Kriterien zur Unterscheidung der Geister in den Zeichen der Zeit bleibt das Ökumenismusdekret ein notwendiger Widerpart.

Im Übrigen gab es hinsichtlich des Titels „Über den Ökumenismus" Widerstand vor allem von deutschsprachiger Seite. Im Unterschied zum englischen und französischen Sprachraum war der Begriff unbekannt, vor allem aber haften bis heute Wortbildungen mit „-ismus" häufig negative Assoziationen an. Auch deshalb sind wohl eher Verbindungen mit dem Adjektiv „ökumenisch" (ökumenische Bewegung, ökumenische Theologie, ökumenische Telefonseelsorge) oder die Rede von „der Ökumene" gebräuchlich.[20] „De oecumenismo" war das IX. Ka-

---

[19] Schlink, Das Ergebnis 179.
[20] In diesem Punkt kann ich der Einschätzung, der Begriff sei „unterdessen ... auch im deut-

pitel des ersten Schemas *De ecclesia* überschrieben, das Einheitssekretariat übernahm schließlich diese Wendung und verteidigte sie in der Debatte.

II. Zielbestimmung: Förderung der Einheit (Vorwort: UR 1)

Das kurz „Einheitssekretariat" genannte „Sekretariat zur Förderung der Einheit der Christen", seit der Kurienreform von 1988 „Päpstlicher Rat zur Förderung der Einheit der Christen", ist nicht die vatikanische Schaltstelle zur Herstellung der Einheit der Kirchen, schon gar nicht im Sinne einer immer wieder befürchteten „Rückkehr-Ökumene". Ziel ist vielmehr die *Förderung* der Einheit. Nun beginnt das erst in der letzten Fassung hinzugefügte Prooemium nicht mit dem Stichwort „promovenda", sondern mit „unitatis redintegratio". Sollte die „Wiederherstellung der Einheit der Christen" doch als wieder zu erfolgende Integration der nicht-römisch-katholischen Christen gedacht sein? Um diese Frage, auch im Interesse der aktuellen ökumenischen Lage, zuverlässig beantworten zu können, müssen wir aufmerksam auf die einschlägigen Signale des Textes achten.

Wie das Vorwort zu verstehen gibt, verschließt das Dekret die Augen weder vor der Tatsache einer gespaltenen Christenheit noch vor der – zunächst und weithin außerhalb der römisch-katholischen Kirche entstandenen – „von Tag zu Tag größere[n] Bewegung zur Wiederherstellung der Einheit aller Christen". In diese Situation hinein erfolgt der an die Glieder der eigenen Kirche gerichtete Aufruf zum ökumenischen Engagement. Damit wird das Anliegen der Ökumenischen Bewegung aufgegriffen; wird auch ihr Programm bejaht? Wie die Toronto-Erklärung von 1950 zeigt, gibt es keine einheitliche ekklesiologische Zielvorstellung. Das Selbstverständnis des ÖRK, der keine Superkirche sein will, ließe freilich Raum für die römisch-katholische Kirche mit ihren „katholischen Prinzipien". Zur Mitgliedschaft im Weltrat der Kirchen ist es bisher nicht gekommen; bedeutet aber nicht die Anerkennung der „unter der Förderung der Gnade des Heiligen Geistes" wachsenden „ökumenisch genannten Einheitsbewegung" zugleich das Eingeständnis, dass die Einheit der Kirche, jedenfalls als sichtbare, noch zu suchen ist? Sollte diese Suche im Ernst einseitig als „Rückkehr nach Rom" verstanden werden?

Im Sprachgebrauch erhalten wir einen ersten Hinweis, welche Art von „Wiederherstellung" vor Augen ist. Während in UR 1,1 von „redintegratio" die Rede ist, verwendet der Text in UR 1,2 und 1,3 das Verb „restaurare". Dass mit „wiederherstellen" (redintegrare und restaurare werden äquivalent gebraucht) die Reintegration der nicht mit Rom verbundenen Christen gemeint sei, ergibt sich trotz der Vorsilbe re- zumindest nicht zwingend aus dem Text. Im Gegenteil, das Ökumenismusdekret bleibt auf dem Boden der Communio-Ekklesiologie, wie sie uns in den beiden ersten Kapiteln der Kirchenkonstitution begegnen, und

---

schen Sprachgebiet weithin in Gebrauch gekommen" (Feiner, Kommentar 40) nicht zustimmen. Zur Wortgeschichte und den verschiedenen Verwendungszusammenhängen vgl. Thils, Le décret 60–62.

schreibt sie in ökumenischer Perspektive konsequent fort. So sprechen einige Beobachtungen dafür, dass die Vorsilbe re- nicht nach rückwärts gewandt, sondern nach vorne hin ausgerichtet ist.

UR 1,1 Hilfreich scheint zunächst die Unterscheidung zwischen dem Nahziel (Förderung der Einheit) und dem Fernziel (Wiederherstellung der Einheit).[21] Der Text spricht von der Einheit der Christen, nicht der Kirche. Vermeidet er es, von einer Spaltung der Kirche zu reden? Im Kontext der nachkonziliaren sowohl inner-römisch-katholischen wie ökumenischen theologischen Debatte ergeben sich zwei Anfragen: (1) Begegnet uns hier das Konzept einer Kirche, die in ihrem „eigentlichen" Wesen durch die Schuld von Menschen nicht beeinträchtigt wird? Die Konzilsväter konnten sich ja mehrheitlich nicht dazu durchringen, von der „sündigen Kirche" zu reden[22], eine entsprechende Hemmung ist offiziellem (lehramtlichem und „amtlichem" theologischem) Reden bis heute geblieben. (2) Oder ist hier mit Kirche letztlich die römisch-katholische Kirche gemeint, die selbst nicht gespalten ist, von der sich aber andere „Kirchen und kirchliche Gemeinschaften" abgespalten haben? Der Wortlaut weist nicht in diese Richtung: Die „eine und einzige" (una atque unica)[23] Kirche Jesu Christi wird nicht schlechthin mit der (römisch-)katholischen Kirche identifiziert, sie wird vielmehr als durch „mehrere christliche Gemeinschaften" (Communiones) präsentiert beschrieben. Im endgültigen Text wurde gegenüber der zweiten Fassung die Aussage, dass die Jünger „Verschiedenes denken" ergänzt durch den Hinweis darauf, dass sie sich alle als Jünger des Herrn bekennen, was ja den Skandal der Spaltung erst offensichtlich macht. Deshalb verweist der letzte Satz von UR 1,1 auch auf die dreifache Folge dieser „Schizophrenie": sie widerspricht dem Willen Christi, gibt Ärgernis und schadet der Evangelisierung der Schöpfung. Die Glaubwürdigkeit der (getrennten) Christen in ihrer Missionsarbeit war eines der Hauptmotive am Beginn der ökumenischen Bewegung seit dem ausgehenden 19. Jahrhundert. Wen wundert es, dass ein japanischer und ein afrikanischer Kardinal auf das entsprechende Ärgernis nachdrücklich aufmerksam machten?[24] Im Missionsdekret (AG 15) wird denn auch ausdrücklich auf die Richtlinien des Ökumenismusdekrets zurückverwiesen und zur Pflege des „ökumenischen Geistes" (spiritus oecumenicus) unter den Neugetauften aufgerufen.

Für den Skandal verantwortlich sind keineswegs nur die Nicht-Katholiken. So behauptet der Text nicht, nur die römisch-katholische Kirche habe das Erbe Jesu Christi bewahrt. Kardinal Jaeger weist rückblickend darauf hin, dass in der Konzilsaula „wichtige Elemente" einer „Theologie der Kirchentrennungen" vorgetra-

---

[21] So schon Feiner, Kommentar 41.
[22] Vgl. Grillmeier, Kommentar 176: „Das Bekenntnis zum faktischen Existieren von Sünde und Sündern in der Kirche wird aber *in etwa* [Hervorhebung B. J. H.] zu einer grundsätzlichen Aussage weitergeführt." S. a. den Kommentar von Hünermann in diesem Kommentarwerk (Bd. 2, 369). Einschlägig: Rahner, Sündige Kirche. Jüngst gab Kardinal Kasper zu bedenken, ob sich eine evangelisch-katholische Differenz in den unterschiedlichen Motti „ecclesia semper reformanda" bzw. „ecclesia semper purificanda" zeige (Ökumenisch von Gott sprechen? 302[57]).
[23] Jaeger, Das Konzilsdekret 80, erläutert: „innerlich einige … gleichzeitig die einzige".
[24] Vgl. Feiner, Kommentar 42.

gen wurden, eine solche Theologie aber weder vorlag noch entwickelt wurde.[25] Die wachsende Anerkennung anderer Gemeinschaften als Kirchen (oder die entsprechende Verweigerung) erhöht die Dringlichkeit dieses theologischen Projekts: Was ergibt sich für die ökumenischen Beziehung aus der zu beobachtenden Tendenz, zumindest heute den Bruch zwischen Ost und West theologisch zu motivieren? Was bedeutet – theologisch gewertet – die Reformation des 16. Jahrhunderts? Die Umkehr der Christen wie der Kirchen[26] erhält in dieser Perspektive eine (un)heilsgeschichtliche Dimension. Worin liegt der Unterschied zwischen der eschatologisch erhofften Einheit des Volkes Gottes aus Juden und Heiden und der für diese Erdenzeit erbetenen Einheit der Kirche(n)? Dass Einheit nicht Einheitlichkeit besagt, betonen die Konzilsdokumente mehrfach. Problematisch, ja skandalös sind nicht unterschiedliche Wege in dem einen Pilgerstrom der Christenheit, sondern das „Gehen auf verschiedenen Wegen, als ob Christus geteilt wäre", wie der Text unter Verweis auf 1 Kor 1,13 beklagt. Paulus ermahnt die Korinther, keine „Schismata" unter sich zu dulden (1 Kor 1,10). Ausgerechnet im Kontext der Herrenmahlfeier behauptet der Apostel freilich, es müsse solche geben, weil „nur so sichtbar wird, wer unter euch treu und zuverlässig ist" (11,19). Ökumenisch „anwendbar" erscheint mir diese apostolische Ermahnung nur im Sinne einer allen Kirchen gemeinsamen Aufgabe: Nicht schielen auf die jeweils anderen Kirchen, sondern achten auf das Verhalten in der eigenen Gemeinschaft. Im Blick auf das geschwisterliche Miteinander gilt als Erweis des „spiritus oecumenicus": „Gott aber hat den Leib so zusammengefügt, dass er dem geringsten Glied mehr Ehre zukommen ließ, damit im Leib kein Zwiespalt entstehe, sondern alle Glieder einträchtig füreinander sorgen" (12,24f.).

UR 1,2 „Der Herr der Zeiten aber" – wer sonst könnte dem Auseinander und Gegeneinander, das Widerspruch, Ärgernis und Hindernis in einem darstellt, Einhalt gebieten? Die Konzilsväter haben keine Scheu davor, vom Handeln Gottes in der Geschichte zu sprechen, und sie charakterisieren den Ökumenismus als ein primär geistliches Geschehen. Nicht erst „in jüngster Zeit", da aber „in reicherem Maße" schenkt der in seinem gnädigen Heilsplan treue Gott „Zerknirschung des Herzens und Sehnsucht nach Einheit". Von dieser Gnade, also dem ökumenischen Geist der Bekehrung und der Suche nach Einheit, sind überall sehr viele Menschen bewegt – eben nicht nur in der römisch-katholischen Kirche. An Stelle der Formulierung „und auch unter unseren getrennten Brüdern ist unter der Förderung der Gnade des Heiligen Geistes eine von Tag zu Tag größere Bewegung zur Wiederherstellung der Einheit aller Christen entstanden" könnte es historisch zutreffender und ökumenischem Geist gemäßer heißen: „gerade und vor allem unter unseren Brüdern und Schwestern in den anderen Kirchen ..."[27].

---

[25] Jaeger, Das Konzilsdekret 55.
[26] Vgl. das Dokument der Gruppe von Dombes, Umkehr.
[27] Kardinal Jaeger, Das Konzilsdekret 81 f., formuliert nüchtern: „Mit Recht anerkennt das Konzil die unermesslichen Anstrengungen, die von der ökumenischen Bewegung und vom Weltrat der Kirchen seit einem halben Jahrhundert vollbracht wurden. Wir Katholiken sind in dieser Bewegung nicht die ersten gewesen. Die katholische Kirche hat sich nicht beeilt, sie hat aber

Hervorzuheben ist in jedem Fall die positive Sicht der außerhalb der römisch-katholischen Kirche entstandenen Ökumenischen Bewegung, die als Werk des Heiligen Geistes gewürdigt wird. Der Unterschied zur Enzyklika *Mortalium animos* von 1928 und auch noch zur Instruktion des Heiligen Offiziums von 1949 ist unübersehbar.[28] Schade, dass nicht der Weltrat der Kirchen (ÖRK = Ökumenischer Rat der Kirchen / WCC = World Council of Churches) an dieser Stelle ausdrücklich genannt wird, denn er ist gemeint, wenn von der „ökumenisch genannten Einheitsbewegung" die Rede ist, an der Menschen teilnehmen, „die den *dreifaltigen Gott* anrufen und *Jesus als Herrn und Erlöser bekennen* ... damit sich die Welt zum Evangelium bekehre und so gerettet werde *zur Ehre Gottes*". Die auf der dritten Vollversammlung des ÖRK 1961 in Neu-Delhi erweiterte Basisformel im 1. Artikel seiner Verfassung lautet: „Der Ökumenische Rat der Kirchen ist eine Gemeinschaft von Kirchen, die den *Herrn Jesus Christus* gemäß der Heiligen Schrift *als Gott und Heiland bekennen* und darum gemeinsam zu erfüllen trachten, wozu sie berufen sind, *zur Ehre Gottes, des Vaters, des Sohnes und des Heiligen Geistes*."[29]

Ziel dieses Ökumenismus ist die „Wiederherstellung der Einheit aller Christen" (ad omnium Christianorum unitatem *restaurandam*). In der auf der dritten Sitzungsperiode vorgelegten zweiten Fassung des Schemas stand „assequendam" (um die Einheit zu erstreben). Die Änderung in „restaurandam" folgte einem Modus, der auf das Bestehen der Einheit vor dem 11. Jahrhundert hinwies und dem man folgen wollte, ohne die bereits im ersten Jahrtausend gegebenen Spaltungen zu übersehen. Mit dieser Variante im semantischen Feld von restaurare bzw. redintegratio haben wir einen weiteren Hinweis bezüglich der befürchteten „Rückkehr-Ökumene": Nach Kardinal Jaeger ist „selbstverständlich nicht an eine ‚restaurierende' Rückkehr zu einem historischen Zustand gedacht. Das Dekret als Ganzes weist ebenso wie die Konstitution ‚Über die Kirche' immer wieder auf den heilsgeschichtlichen Weg und das lebendige Wachstum der pilgernden Kirche hin"[30].

In diesem Zusammenhang gilt es aufmerksam zu registrieren, dass nicht nur die einzelnen Christen als solche, sondern diese „auch in Zusammenschlüssen versammelt" ihren trinitarisch-christologischen Glauben bekennen.[31] Der Glaube kommt vom Hören (vgl. Röm 10,17), das Hören des Evangeliums in diesen Zusammenschlüssen führt Menschen zum Bekenntnis des Glaubens. Und diese Zusammenschlüsse nennen sie „ihre und Gottes Kirche". Damit bleibt offen, ob die römisch-katholische Kirche alle diese „Zusammenschlüsse von Glaubenden" Kirchen nennen will. Im Kontext erscheint das nicht als „unfreundlicher Akt", sondern entspricht der Toronto-Erklärung des Zentralausschusses des ÖRK von 1950,

---

den Wunsch, den Dialog zu beginnen, wie Paul VI. am 29. September 1964 beim Empfang der delegierten Konzilsbeobachter erklärte."
[28] Vgl. A. I. 2.
[29] Althaus, Ökumenische Dokumente 13.
[30] Jaeger, Das Konzilsdekret 82.
[31] „Sed etiam in coetibus congregati" wird im LThK.E 2, 43 übersetzt: „und auch in ihren Gemeinschaften". Das ist sinngemäß zutreffend, andererseits wird hier nicht der Ausdruck „communio" verwendet.

in der es unter der Überschrift „Was der ÖRK nicht ist" heißt: „Der ÖRK ist keine ‚Über-Kirche' und darf niemals eine werden … Der Ökumenische Rat kann und darf sich nicht auf den Boden einer besonderen Auffassung von der Kirche stellen … Innerhalb des Ökumenischen Rates ist Raum für die Ekklesiologie jeder Kirche, die bereit ist, am ökumenischen Gespräch teilzunehmen und die sich die Grundlage des Ökumenischen Rates ‚als einer Gemeinschaft von Kirchen' zu eigen macht, ‚die unseren Herrn Jesus Christus als Gott und Heiland anerkennen'."[32]

Eine weitere Änderung wurde am Text des zweiten Schemas vorgenommen. Während es dort geheißen hatte, dass alle nach der einen und sichtbaren Kirche trachten, wird durch die Differenzierung „*fast* alle" der Tatsache Rechnung getragen, dass nicht alle an der Ökumenischen Bewegung beteiligten „Zusammenschlüsse" oder „Gemeinschaften" nach einer *sichtbaren* Einheit streben, was selbst nochmals auf verschiedene Weise (etsi diverso modo) geschehen kann. Dass dem ÖRK selbst an einer sichtbaren Einheit gelegen ist, ergibt sich aus dem Bericht der Sektion „Einheit" auf der dritten Vollversammlung in Neu-Delhi, auf den die ersten Kommentatoren folgerichtig verweisen: „Wir glauben, dass die Einheit, die zugleich Gottes Wille und seine Gabe an die Kirche ist, sichtbar gemacht wird, indem alle, die in Jesus Christus getauft sind und ihn als Herrn und Heiland bekennen, an jedem Ort durch den Heiligen Geist in eine völlig verpflichtete Gemeinschaft geführt werden, die sich zu dem einen apostolischen Glauben bekennt, das eine Evangelium verkündet, das eine Brot bricht, sich im gemeinsamen Gebet vereint und ein gemeinsames Leben führt, das sich in Zeugnis und Dienst an alle wendet."[33] Während Feiner das Zitat hier abbricht, zitiert Jaeger auch den folgenden Satz, der wohl auf die meisten (alle?) Mitgliedskirchen des ÖRK, aber nicht für die römisch-katholische Kirche (und nicht für die orthodoxe[n] Kirchen) zutrifft: „Sie sind zugleich vereint mit der gesamten Christenheit an allen Orten und zu allen Zeiten in der Weise, dass Amt und Glieder von allen anerkannt werden und dass alle gemeinsam so handeln und sprechen können, wie es die gegebene Lage im Hinblick auf die Aufgaben erfordert, zu denen Gott sein Volk ruft."[34] Letzteres, der Versuch eines gemeinsamen ethischen Handelns, führte den ÖRK wiederholt in grundsätzliche Auseinandersetzung. Ersteres, die Anerkennung des Amtes, steht seitens der römisch-katholischen Kirche gegenüber den aus der Reformation hervorgegangenen Kirchen noch aus. Das Konzil tat nur den ersten Schritt auf die ökumenische Bewegung zu, die Anerkennung der Schwestern und Brüder als Glaubende in ihren „Kirchen und Kirchlichen Gemeinschaften" (hier: in coetibus congregati).

Zu beachten ist schließlich noch der modus verbi im Relativsatz „die wahrhaft allgemein [universalis] und zur gesamten Welt gesandt *sein soll*". Während das LThK mit „ist" übersetzt, erläutert der Kommentator Feiner den Konjunktiv *sit* (sein soll) wie folgt: „Es geht hier nicht um die Betonung der Universalität der katholischen Kirche und um die Behauptung, die nichtkatholischen Kirchen

---

[32] Althaus, Ökumenische Dokumente 106 f.
[33] Feiner, Kommentar 43; Jaeger, Das Konzilsdekret 83.
[34] Jaeger, Das Konzilsdekret 83 f.

strebten zur tatsächlichen universalen katholischen Kirche hin, sondern es wird die ökumenische Bewegung nach dem Verständnis der nichtkatholischen Christenheit beschrieben, welche die Katholizität und Universalität der Kirche nicht als etwas einfach Vorhandenes, sondern als Ziel einer Entwicklung betrachtet."[35] Heute werden wir auch diese Einschätzung noch einmal differenzieren müssen. Die Kirche des Glaubensbekenntnisses samt ihrer Kennzeichen (notae) als „una, sancta, catholica et apostolica" ist einerseits vom trinitarischen Gott her immer schon gegeben und andererseits in der Welt sichtbar zu machen. Strittig bleibt, nach welchen Kriterien die Sichtbarkeit gemessen und wie viel Gemeinsames in der sichtbaren Gestalt notwendigerweise gegeben sein muss.

UR 1, 3 Die Konzilsväter bringen jedenfalls am Ende des Vorworts ihre Freude über die vom Geist geleitete ökumenische Bewegung zum Ausdruck. Nicht skeptische, sondern hoffnungsvolle Erwartung herrscht. So möchten sie den Gliedern der eigenen Kirche auf der Basis der Ekklesiologie, wie sie in *Lumen gentium* niedergelegt wurde, „Hilfen, Wege und Weisen vorlegen", damit auch sie der in der ökumenischen Bewegung erfahrbar werdenden „göttlichen Berufung und Gnade entsprechen können".

III. Die katholischen Prinzipien des Ökumenismus (I. Kapitel: UR 2–4)

Im ersten Schema lautete der Titel „Die Grundsätze des katholischen Ökumenismus"; die Änderung zum zweiten Schema hin geschah äußerlich lediglich durch eine Wortumstellung und die Anfügung eines Buchstabens: aus „De Oecumenismi catholici principiis" wurde „De catholicis Oecumenismi principiis". Inhaltlich gesehen entspricht dies dem Duktus des Vorworts und der in ihm offengelegten ökumenischen Perspektive der meisten Konzilsväter. Es gibt keinen (römisch-)katholischen Ökumenismus bzw. es soll keine (römisch-)katholische ökumenische Gegen-Bewegung etabliert werden. Vielmehr respektiert das Konzil die außerhalb der eigenen Kirche entstandene Ökumenische Bewegung und verpflichtet alle Gläubigen sich in ihr zu engagieren – nach den eigenen Grundsätzen. Dies ist kein Sonderweg, sondern entspricht dem oben zitierten Selbstverständnis des ÖRK, ganz abgesehen davon, dass die römisch-katholische Kirche nicht Mitglied dieser „Gemeinschaft von Kirchen" ist. Eigene Initiativen[36] nach eigenen Prinzipien, aber nicht ökumenische Blockbildung![37] Dass Letzteres im-

---

[35] Feiner, Kommentar 43.
[36] So Papst Paul VI. vor Vertretern verschiedener christlicher Gemeinschaften in Bombay: „Die Tatsache, dass so viele Initiativen schon begonnen wurden, um die Trennungen zu überwinden, ist eine Quelle der Freude und des Trostes. Auch die katholische Kirche nimmt eigene Initiativen auf zur Versöhnung aller Christen in der Einheit der einen und einzigen Kirche Christi" (zit. nach Jaeger, Das Konzilsdekret 82).
[37] Die Änderung beantragt hatte Erzbischof Casimiro Morcillo von Zaragoza; die von ihm im Namen vieler anderer Väter vorgetragene Begründung ist zit. bei Jaeger, Das Konzilsdekret 84.

mer noch als Idee aktuell ist, zeigen die jüngsten Strukturdebatten innerhalb des ÖRK bzw. zwischen ÖRK und der(n) orthodoxe(n) Kirche(n), welche die Stimmen im ÖRK nach Konfessionsfamilien aufteilen wollte(n). Auch wenn römisch-katholische Christen das „römisch" nicht dezidiert herausstellen wollen und in unserer deutschen Öffentlichkeit nach wie vor von „der katholischen Kirche" die Rede ist, so ist im ökumenischen Miteinander die Bezeichnung „römisch-katholisch" immer dann angebracht, wenn es sich um die römisch-katholische Kirche handelt und nicht allgemein von der Kirche Jesu Christi die Rede ist, welche das Credo als die „una, sancta, catholica et apostolica" bekennt.[38] Zumindest solange von Kirchen und kirchlichen Gemeinschaften außerhalb der römisch-katholischen Kirche die Rede ist, kann „Katholizität" nicht für die römisch-katholische Kirche allein reserviert werden.[39] Bei der Interpretation der Konzilsdokumente ist jeweils darauf zu achten, ob die katholische oder in spezifischer Weise die römisch-katholische Kirche gemeint ist. Mit Unschärfen muss freilich gerechnet werden, zumal die mit der Ersetzung des „esse" durch das „subsistere" (s. u. UR 4)[40] vorgenommene Umorientierung sich erst durchsetzen muss (was bis heute nicht ganz gelungen ist!).

Nach Feiner ist in UR 2 (der im endgültigen Text weggelassene Titel lautete „Einheit und Einzigkeit der Kirche") nie ausdrücklich von der römisch-katholischen (Feiner: katholischen) Kirche die Rede. Allerdings gilt ebenso: „Da aber der Text deutlich sagt, dass die Kirche in der von Christus gewollten, insbesondere auch durch die Nachfolger Petri gewährleisteten [!] Einheit durch die Zeiten schreite, lässt er auch keinen Zweifel, dass nach katholischem Glauben die Kirche Christi eben in der katholischen Kirche verwirklicht ist, die auch die erwähnten sichtbaren Elemente der Einheit aufweist."[41] Andererseits wiederum gilt auch: „Trotzdem ist es für die folgenden Darlegungen entscheidend, dass hier Kirche Christi und katholische Kirche nicht einfach identifiziert werden und dass anstatt ‚Kirche Christi' nicht einfach ‚katholische Kirche' gesagt wird. Damit bleibt die Frage offen (die im folgenden Text beantwortet wird), ob die Kirche Christi nicht auch in anderen christlichen Glaubensgemeinschaften auf irgendeine Weise gegenwärtig sei."[42] Im Unterschied zum juristischen Begriff der Societas eröffne die Sicht der Kirche als Communio neue Perspektiven.

Der Konzilsbeobachter Lukas Vischer vertrat in einer Pressekonferenz die Auffassung, dass das Dekret die römisch-katholische Ekklesiologie unmissverständlich zum Ausdruck bringe. Dadurch würden die Unterschiede nicht verwischt, wofür man letztlich dankbar sein könne. Und in einem Artikel erklärte er: „Die nichtrömischen Kirchen leugnen nicht, dass die römisch-katholische Kirche sich als die einzige und eine Kirche erklären muss. Aber damit sich ein ständiger Dialog zwischen den getrennten Kirchen entwickeln kann, muss man eine Form

---

[38] S. o. Anm. 1.
[39] „Katholizismus" ist dagegen eine charakteristische konfessionelle (Aus-)Prägung.
[40] Und als Grundlage den Kommentar von Hünermann zu LG 8 in diesem Kommentarwerk (Bd. 2, 365–371)!
[41] Feiner, Kommentar 49.
[42] Feiner, Kommentar 49f.

der Gemeinsamkeit finden, welche die nichtrömischen Kirchen nicht zwingt, schon in der Periode des Dialogs die römisch-katholische Konzeption der Einheit und der Einigung anzunehmen."[43]

Hat Bea sich wenigstens in diesem Punkt gegenüber Tromp und Ottaviani durchgesetzt? In den Auseinandersetzungen während der Vorbereitungsphase wurde mit harten Bandagen gekämpft. So urteilt der Chef des Heiligen Offiziums über den Präsidenten des Einheitssekretariats: „Nicht alles, was Kardinal Bea sagt, kann akzeptiert werden, denn einiges davon ist recht gefährlich. Ich verstehe seinen Eifer, den großen Eifer, den er zeigt, seit ihm das Sekretariat für die Nichtkatholiken anvertraut ist, und er wird sich mit Sicherheit dafür einsetzen, dass beim Konzil die Tür für sie offen bleibt. Doch wir dürfen nicht übertreiben ... Die katholische Kirche und der Mystische Leib sind identisch."[44] Mit der Reservierung des Begriffs Kirche konnten sich Ottaviani und Tromp nicht durchsetzen. Sollten sie durch die Rezeptionsgeschichte „rehabilitiert" werden, indem das Ökumenismusdekret als Abirrung von der Kirchenkonstitution degradiert wird? Zumindest an diesem Punkt hat UR den Sprachgebrauch von LG auf seiner Seite, das in Artikel 15 von „den ihnen eigenen Kirchen oder Kirchlichen Gemeinschaften" spricht.

Schließlich wurden hinsichtlich des Terminus „Ökumenismus" von Konzilsvätern Ergänzungen gewünscht: konkrete Darlegung auf der einen, Beschreibung ohne schulmäßig Definitionen auf der anderen Seite. Es setzte sich die Einsicht durch, dass eine „Bewegung zur Förderung der Einheit" nicht definiert werden kann. In diesem Sinn versucht UR eine der Zielsetzung des Dekrets entsprechend für Katholiken gedachte Beschreibung. Vorausgeht die Darlegung des eigenen Verständnisses von der Einheit der Kirche.

UR 2 [Die Einheit und Einzigkeit der Kirche][45]

Bereits die ersten Kommentatoren machen darauf aufmerksam, dass der Darlegung eine bestimmte Communio-Ekklesiologie zugrunde liegt.[46] In den Konzilsdokumenten, besonders in der Volk-Gottes-Theologie, wird eine biblisch-heilsgeschichtliche, eine dynamische Sicht eingenommen. Dies gilt auch für die konziliare Communio-Theologie, die darüber hinaus die Einheit der Menschen untereinander an dem Urbild der trinitarischen Einheit orientiert. LG 2–4 mit dem Summarium in LG 4,2 ist hier ebenso vorausgesetzt wie die „pneumatologische Korrektur" der Leib-Christi-Ekklesiologie in LG 8,1.[47] Nach J. Feiner[48] be-

---

[43] Zit. bei Jaeger, Das Konzilsdekret 93.
[44] AD II/II 3, 1024 (zit. nach Komonchak, Der Kampf 331 f.).
[45] Zur Orientierung füge ich die Überschriften der zweiten Fassung des Dekrets bei; sie sind im verabschiedeten Text entfallen.
[46] So Feiner, Kommentar 45, unter Berufung auf J. Hamer, L'Église est une communion, Paris 1962 [!] und den Kommentar von Thils, Le décret, auf den auch Jaeger, Konzilsdekret 85, verweist. S. o. Anm. 14 und 15.
[47] Jaeger, Das Konzilsdekret 85, erinnert daran, dass schon in dem von Kleutgen entworfenen zweiten Schema *De Ecclesia* des Ersten Vatikanischen Konzils die verbindende und einheitsstiftende Funktion des Heiligen Geistes hervorgehoben wurde. Auch der Enzyklika *Mystici corporis* Pius' XII. ist dieser Gedanke nicht fremd; vgl. ebd. 88.
[48] Feiner, Kommentar 45.

müht sich der Text, charakteristische ekklesiologische Perspektiven in ihrer Komplementarität zur Geltung zu bringen: Ubi Spiritus, ibi Ecclesia – Ubi Eucharistia, ibi Ecclesia – Ubi Petrus, ibi Ecclesia. Unschwer lassen sich in diesen Leitideen die Schwerpunkte reformatorischer, östlich-orthodoxer und römisch-katholischer Ekklesiologie erkennen, so wie sie historisch vor allem in kontroverstheologischen Zusammenhängen verwendet wurden und bis heute wirksam sind. Jaeger ist gar der Überzeugung, dass auch unter dem reformatorischerseits favorisierten Prinzip möglich ist, „alle Konstitutivelemente der Kirche darzustellen als Bedingung der Gegenwart des Heiligen Geistes, als Frucht seiner Wirksamkeit und als Ausdruck seiner Gaben und Charismen"[49].

UR 2,1 Wie in LG 1 wird das Ziel des trinitarischen Heilshandelns, der oikonomia, angesichts der Zeichen der Zeit als Erneuerung des Menschen und als Zusammenführen zur Einheit des Menschengeschlechts beschrieben. Während in LG 1 unmittelbar von der Kirche als „Zeichen und Werkzeug für die innigste Vereinigung mit Gott und für die Einheit des ganzen Menschengeschlechts" die Rede ist, fokussiert UR 2,1 auf das „wunderbare Sakrament der Eucharistie". Dieses ist insofern der Kirche noch vorgeordnet, als es deren Einheit „sowohl bezeichnet als auch bewirkt". Hier stellt sich das Konzil in die Tradition der eucharistischen Ekklesiologie (vgl. auch LG 26), die inzwischen vor allem unter dem Einfluss der orthodoxen Theologie in der ökumenischen Bewegung noch weiter an Bedeutung gewonnen hat, zumal sie sich im Kern mit der ebenfalls ökumenisch weit verbreiteten Communio (koinonia)-Ekklesiologie verbindet. Der reformatorischen Tradition war dies weniger vertraut, weswegen an dieser Stelle daran erinnert werden soll, dass UR 1,2 das Hören des Evangeliums als kirchenstiftendes (oder mindestens: „Zusammenkünfte" von Gläubigen bewirkendes) Konstituens im Blick hat. Das ökumenische Bemühen der (überwiegenden Mehrheit der) Konzilsväter geht auf Komplementarität und wechselseitige Bereicherung, nicht auf Stabilisierung der eigenen Identität durch Abgrenzung.

Dass das Sakrament der Eucharistie „die Einheit der Kirche sowohl bezeichnet als auch bewirkt" (et significatur et efficitur), mag sakramententheologisches Prinzip seit der Didache sein,[50] als „katholischer Grundsatz des Ökumenismus" ist es noch nicht voll ausgeschöpft (s. u. zu UR 8). Der Hinweis auf den Heiligen Geist als Beistand darf nicht zur ökumenischen Standardausrede werden. So sehr es erstlich und letztlich der Geist ist, der zur Einheit führt, sind doch alle Gläubigen aufgerufen, auf den zu vertrauen, der „Herr und lebendigmachend" ist, wie der Text mit dem „Großen Credo", dem einzigen in der gesamten Ökumene verbreiteten Symbolum, sagt. Ein geistlicher Ökumenismus orientiert sich im Sinne der Unterscheidung der Geister an den Fragen: Wer oder was ist Herr (beherrschend) in unserem ökumenischen Bemühen? Und: dient dieses der Förderung des Lebens?

---

[49] Jaeger, Das Konzilsdekret 85, der sich – wie Feiner – erneut auf Thils beruft.
[50] So Jaeger, Das Konzilsdekret 86 f.

UR 2,2 Während sich der Blick im ersten Abschnitt auf die Eucharistie als die Einheit anzeigendes und bewirkendes Zeichen und Werkzeug (sacramentum) zentrierte, steht im zweiten Abschnitt der Heilige Geist im Mittelpunkt.[51] Er ist freilich kein Mittel neben der Eucharistie oder gar ihr nachgeordnet; er ist nicht sacramentum, sondern Principium![52] Der Heilige Geist bewirkt also nicht nur „jene wunderbare Gemeinschaft der Gläubigen" (miram illam communionem fidelium efficit), er muss dann auch als bewirkendes Prinzip jenes wunderbaren Sakraments der Eucharistie (Eucharistiae mirabilem sacramentum) verstanden werden. Ging nicht die ökumenische Verbreitung der Communio-Ekklesiologie Hand in Hand mit der Wiederentdeckung der Epiklese? Die Einheit der Kirche realisiert sich in fundamentaler Weise in der Einheit der „göttlichen Tugenden" Glaube, Hoffnung und Liebe. Einheit wird hier also konsequent „von innen nach außen" beschrieben, im Sinne eines geistlichen Ökumenismus, der gleichwohl seinen leiblichen Ausdruck sucht. Aber die Prägung geht von der Seele zum Leib hin, vom Geist zu den Strukturen.[53] Die eucharistische Ekklesiologie wird hier in die weitere Perspektive einer pneumatologischen Ekklesiologie eingerückt. Wie der letzte Satz dieses Abschnitts im Anschluss an Eph verdeutlicht, sind auch die Institutionen und die amtlichen – ordinierten oder nicht-ordinierten – Dienste von innen heraus zu entwickeln; die pneumatologisch-eucharistische Ekklesiologie ist auch eine charismatische Ekklesiologie.

Und diese war und ist eine ökumenische, wie die Hinweise auf entsprechende Aussagen der 2. und der 3. Vollversammlung des ÖRK in Evanston (1954) bzw. Neu-Delhi (1961) belegen.[54] Vierzig Jahre nach der Verabschiedung des Ökumenismusdekrets ist noch immer nicht selbstverständlich, was J. Feiner in seinem Kommentar zu UR 2,2 abschließend festhält: „Mit den Aussagen des Ökumenismusdekrets über den Heiligen Geist als Schöpfer der kirchlichen Gemeinschaft des Glaubens, der Hoffnung und der Liebe ist (in Verbindung mit der einen Taufe, auf die mit dem Zitat aus Eph 4,4–5 hingewiesen wird) das Fundament dafür gegeben, dass die ekklesiale Wirklichkeit der nichtkatholischen Kirchen anerkannt werden und von einzelnen Gliedern dieser Kirchen sogar gesagt werden kann, in ihnen sei die Kirche (unter diesem grundlegenderen Aspekt) voller verwirklicht als in einzelnen Gliedern der katholischen Kirche, insofern in jenen Glaube, Hoffnung und Liebe lebendiger sind als in diesen."[55]

Was im Handeln des dreieinigen Gottes grundgelegt und durch das Wirken des Herrn und Lebendigmachers stets neu gewirkt wird, realisiert sich im gesellschaftlichen Gefüge der Kirche, welches der Geist in seinen Dienst nimmt (vgl. LG 8,1). Die beiden Abschnitte UR 2,3 und 2,4 beschreiben dies im Blick auf Bleiben der Kirche in der Einheit. Der Aufbau dieses Artikels weist also eine

---

[51] Vgl. dazu LG 4; 7,1–3; 13,1.
[52] Im Text mit großem Anfangsbuchstaben!
[53] Jaeger, Das Konzilsdekret 88, meint, das Konzil habe es vermieden, den Geist Jesu Christi „Seele" der Kirche zu nennen, weil eine entsprechende „Erklärung unübersehbare theologische Diskussionen hervorrufen kann".
[54] Einschlägige Zitate bei Feiner, Kommentar 47 mit Anm. 10 u.11.
[55] Feiner, Kommentar 47 f.

deutliche Parallele zur Abfolge der ersten drei Kapitel in der Kirchenkonstitution auf.

UR 2, 3 Der erste Satz macht auch in seiner grammatikalischen Struktur (ad hanc – um nun) deutlich, dass Ämter der Kirche im Dienst ihrer Berufung und Sendung stehen.[56] Aufgegriffen wird die bereits in *Lumen gentium* rezipierte Dreiämterlehre,[57] hier als „Aufgabe" (munus) des Lehrens, Leitens und Heiligens artikuliert. Charakteristisch römisch-katholisch werden diese Aufgaben als von Christus dem Kollegium der Zwölf und „unter ihnen" dem Petrus anvertraute munera festgestellt (perfectum historicum). Obwohl in der endgültigen Fassung auf Wunsch einiger Väter der petrinische Primat noch deutlicher herausgestellt wurde, bleibt Petrus eingebunden in das Kollegium („unter ihnen"). Außerdem endet der Abschnitt mit dem Hinweis auf den „höchsten Eckstein" und den „ewigen Hirten" Jesus Christus. In der Ausübung des Petrusdienstes wird alles darauf ankommen, ob diese Relation zur Relativierung („Diener der Diener") oder zur Überhöhung der Stellung des Papstes („Stellvertreter Christi auf Erden") führt.

UR 2, 4 Was dem Zwölferkollegium und in ihm dem Petrus anvertraut wurde, geht als Aufgabe auf deren Nachfolger über, wobei die ausdrückliche Erwähnung der Bischöfe und des Petrusnachfolgers in den Text des zweiten Schemas eingefügt wurde. Erneut wird die Dreiämterlehre herangezogen, wobei dieses Mal in deutlicher Nähe zu reformatorischen Formulierung (etwa CA 5) von der „getreuen Predigt des Evangeliums" und der „Verwaltung der Sakramente" gesprochen wird und das spezifisch Katholische (bei Kardinal Bellarmin als Unterstellen unter die rechtmäßige Hierarchie, besonders den römischen Pontifex gefasst) als „Lenkung in Liebe" beschrieben und – wie die beiden ersten munera – mit dem Wirken des Heiligen Geistes verbunden wird, so dass die pneumatologische Ekklesiologie nicht verloren geht. Dieser dreifachen, einenden Aufgabe entspricht die Beschreibung der Einheit der Gemeinschaft, welche Christus vollendet: Einheit des Bekenntnisses, des (sakramentalen) Gottesdienstes, Eintracht. Die Ergänzung „Nachfolger des Petrus *als Haupt*" wurde übrigens nachträglich eingefügt. Auf Wunsch afrikanischer Bischöfe kam eine eher in die entgegengesetzte Richtung orientierte Änderung zustande: am Ende des Abschnitts war zunächst von der Eintracht der Leitung der Hirten (regiminis pastorum) die Rede, jetzt finden sich auch die Hirten in der familia Dei wieder.

UR 2, 5 Zwei grundsätzliche ekklesiologische Aussagen stellen die beiden „amtstheologischen Abschnitte" wieder in den größeren Rahmen. UR 2, 5 erinnert an die Aussagen der Kirchenkonstitution zum pilgernden und eschatologischen Charakter des Gottesvolkes. Zu der Hervorhebung der Sichtbarkeit („als für die

---

[56] Vgl. den Einsatz der einschlägigen Nr. 8 im Amtsteil der Konvergenzerklärung der Kommission für Glaubens und Kirchenverfassung („Lima-Papier"): „Um ihre Sendung zu erfüllen, braucht die Kirche Personen ..." (DwÜ 1, 569).
[57] Vgl. LG 20, 3 und 25–27.

Völker erhobenes Zeichen" – angesichts der Zeichen der Zeit als „Dienst des Evangeliums des Friedens" konkretisiert) bringt Jaeger das komplementäre Moment hinzu, wenn er kommentiert: „Der Blick auf die endgültige eschatologische Gestalt der Kirche lässt uns die pilgernde Kirche richtig einschätzen. Viele Elemente der auf Erden pilgernden Kirche sind nur vorläufig im Hinblick auf ihre eschatologische Vollendung, weil sie am Ende der Zeiten verschwinden werden. Das heißt nicht, dass irgendein Konstitutivelement der jetzigen Kirche vernachlässigt werden dürfte, wohl aber können auf diesem Wege die bleibenden Realitäten – wie das Leben aus dem Heiligen Geist – in ihrer spezifischen Bedeutung hervortreten."[58] Mehr noch: Es ergeben sich von hierher Kriterien zur Unterscheidung des zur Einheit Notwendigen.

UR 2, 6 Noch fundamentaler ist die Einordnung in diesem letzten Abschnitt, der den Gedanken von der Kirche und ihrer Einheit als Mysterium im Heilshandeln des dreieinigen Gottes aufgreift, nicht ohne diese Einheit mit der Vielfalt der Gaben zusammenzusehen. Und weiter geht der Blick von der heilsgeschichtlichen (ökonomischen) zur himmlischen (immanenten) Trinität, die als „das höchste Vorbild und Prinzip" des Mysteriums der Einheit ansichtig wird. Dabei akzentuiert die Wendung „im Heiligen Geist" die spezifische Rolle („Proprietät") des Heiligen Geistes als des Bandes der Einheit, des vinculum amoris.

UR 3 [Das Verhältnis der getrennten Brüder zur katholischen Kirche]
Dem dritten Artikel kommt eine Schlüsselstellung zu: Nachdem die Konzilsväter ihre Sicht der einen und einzigen Kirche dargelegt haben und bevor sie daraus Konsequenzen für das ökumenische Verhalten und Handeln der eigenen Kirchenglieder ziehen, müssen sie „das Verhältnis der getrennten Brüder zur katholischen Kirche" (so die Überschrift in Schema 1) auf der neu vermessenen ekklesiologischen Grundlage bestimmen. Dabei wird der folgende Argumentationsweg eingeschlagen: (a) Die in den nichtkatholischen Glaubensgemeinschaften Lebenden sind für die Trennung nicht verantwortlich; ihnen begegnen Katholiken deshalb mit „geschwisterlicher Ehrfurcht und Liebe". (b) Auf Grund von Glaube und Taufe stehen sie darüber hinaus in einer „gewissen, wenn auch nicht vollkommenen Gemeinschaft mit der katholischen Kirche". Sie sind Mit-Christen. (c) Außerdem finden sie in ihren Glaubensgemeinschaften wesentliche Elemente des kirchlichen Lebens vor – als Gabe von Christus und Weg zu ihm hin. Diese Elemente und Handlungen sind also gnadenvermittelnd. (d) Deshalb sind „die getrennten Kirchen und Gemeinschaften selbst" für den Geist Christi „Mittel des Heils". (e) Jedoch nur in der römisch-katholischen Kirche „kann man die ganze Fülle der Heilsmittel erlangen". Nicht-römisch-katholische Christen können also das Heil erlangen – nicht nur als Individuen und obwohl sie von der römisch-katholischen Kirche getrennt sind, sondern als Glaubensgeschwister in ihren Kirchen und Gemeinschaften.
Diese klaren Aussagen – „die vom Lehramt der Kirche bisher nie zu vernehmen

---
[58] Jaeger, Das Konzilsdekret 92.

waren"[59] – wurden befördert durch einige Akzentsetzungen (Verstärkungen, Zusätze) gegenüber der ersten Fassung des Dekrets: Betonung der notwendigen Erneuerung der Kirche; Fassung der Katholizität als Einheit in Vielfalt; Unterstreichung der missionarischen wie der dynamisch-heilsgeschichtlichen Dimension; Herausstellung des Liebesgebotes wie des Widerspruchs zum Willen Christi. Bezeichnend ist die Änderung der Redeweise: statt von den „getrennten Brüdern [und Schwestern]" wird nun (hier in 3,3 und 3,5) von den „von uns getrennten Brüdern [und Schwestern]" gesprochen. Wie die entsprechenden Voten belegen, soll damit das (Miss-)Verständnis abgewehrt werden, die Anderen hätten sich von den Katholiken oder gar von der Kirche getrennt. Stattdessen soll gesagt werden, dass wir voneinander getrennt sind und nur in einer unvollkommenen Gemeinschaft miteinander stehen.[60]

Im Übrigen macht das Dekret an dieser Stelle noch keinen Unterschied zwischen den Orthodoxen Kirchen des Ostens und den westlichen Reformationskirchen; dies wird erst im 3. Kapitel thematisch.

UR 3,1 Das Dekret geht insofern von der herkömmlichen römisch-katholischen Position aus, als es nicht von einer Spaltung der Kirche Jesu Christi in verschiedene Kirchen spricht, sondern von Trennungen „nicht unbedeutende[r] Gemeinschaften von der vollen Gemeinschaft der katholischen Kirche". Das Attribut „katholisch" wird hier ambivalent. Nach Meinung der Konzilsväter ist die una, sancta, catholica et apostolica Ecclesia in der römisch-katholischen Kirche verwirklicht (subsistit). Sind die „von uns getrennten Gemeinschaften" auch von der katholischen Kirche in diesem fundamentalen Sinn getrennt? UR gibt eine differenzierte Antwort und eröffnet ein weitergehendes Nachfragen. Zunächst wird im Folgenden klargestellt, dass die von uns getrennten Kirchen und kirchlichen Gemeinschaften nicht aufhören Kirche zu sein. Wem (nur) die plena communio fehlt, ist nicht Nicht-Kirche. Die Abschnitte 3,2 bis 3,4 liefern die entsprechende positive Begründung. Zwei weiterführende Fragen stellen sich über den Text hinaus: (1) Muss nicht die Überzeugung von der in der römisch-katholischen Kirche gegebenen „ganzen Fülle der Heilsmittel" relativiert werden, solange die sichtbare Christenheit in Gemeinschaften getrennt ist, oder besteht die Beeinträchtigung der vollen Katholizität „lediglich" darin, dass den anderen Glaubensgemeinschaften die Fülle fehlt? (2) Sind auch andere Kirchen Subsistenzweisen der una sancta catholica et apostolica Ecclesia?

Die Trennungen werden charakterisiert als „Spaltungen" (scissurae) und „ausgedehntere Meinungsverschiedenheiten" (ampliores dissensiones), also als schismatische und häretische Prozesse. Im Blick auf die ökumenische Bewegung sind vor allem die letzteren relevant, insofern es sich um die „nicht unbedeutenden Gemeinschaften" handelt. Die im LThK gebotene Übersetzung „Verfeindungen" trifft wohl am ehesten auf die Trennung von Ost- und Westkirche zu, die weitgehend durch (nur) indirekt theologisch relevante Faktoren vorangetrieben wur-

---

[59] Feiner, Kommentar 50.
[60] Einzelheiten zu dieser Akzentsetzung bei Jaeger, Das Konzilsdekret 55.

de. Mit Blick auf die Reformationskirchen legt sich eine Übersetzung von ampliores dissensiones mit „Fundamentaldissens" nahe. Freilich bleibt (letztlich bis heute) offen, ob es sich um eine Differenz im Grund, d. h. in der Theo-logie der gnädigen Zuwendung Gottes durch Jesus Christus und im Heiligen Geist, oder um eine grundsätzliche, d. h. gewichtige Differenz hinsichtlich der Stellung der Kirche im Heilsgeschehen handelt. Eine Antwort auf diese Alternativfrage muss berücksichtigen, dass auf reformatorischer Seite deutlicher als auf katholischer Seite zwischen beiden möglichen Differenzen ein unlösbarer Zusammenhang gesehen wird. Es geht um den Konnex zwischen dem Konsens in Grundwahrheiten der Rechtfertigungslehre und den ekklesiologischen Konsequenzen.[61]

Das neue Miteinander in einem geistlichen Ökumenismus lässt die Konzilsväter von „Schuld der Menschen auf beiden Seiten" sprechen, die zumindest „bisweilen" (also nicht in jedem Fall) vorlag. Auf dem Konzil selbst wurden Fälle der Mitschuld von Katholiken, vor allem auch von Kardinälen als Vertreter des Papstes namhaft gemacht, womit die Redner sich in die – gewiss noch nicht sehr stattliche Reihe der Schuldbekenntnisse einreihten.[62] Die heutigen nicht-katholischen Christen sind für die Trennungen nicht verantwortlich zu machen[63], bei ihnen wird die bona fides vorausgesetzt.[64]

Die Verbundenheit im Christusglauben, besiegelt durch die Taufe, ist die Basis der (noch unvollkommenen) Gemeinschaft. „Es wäre zweifellos schon etwas Entscheidendes geschehen – wenn damit auch das Ziel des Ökumenismus noch längst nicht erreicht wäre –, wenn bei allen Katholiken und bei allen Christen das Bewusstsein [dieser] Verbundenheit … lebendig und wirksam würde, wenn der ganzen Christenheit deutlicher bewusst würde, dass die entscheidende Grenze nicht zwischen den Kirchen, sondern zwischen den der getauften und der ungetauften Menschheit verläuft, und wenn die Christenheit vor der Welt dadurch deutlicher als eine Gemeinschaft des Christusglaubens und als Taufgemeinschaft in Erscheinung treten würde", schrieb vor vier Jahrzehnten Feiner in seinem Kommentar.[65] Hat sich die Situation seitdem entscheidend verändert? Welche Konsequenzen werden gezogen aus der immer wieder bei offiziellen Anlässen deklamierten Behauptung „was uns verbindet, ist größer als das, was uns trennt"? Gibt es nicht Anzeichen dafür, auch selbst eine communio non plena in Frage zu stellen? Zumindest im Bereich der sichtbaren Kirche, worauf es aber gerade ankäme? Verläuft nicht eine Grenze zwischen denen in allen christlichen Kirchen, die ihren Christus- und Taufglauben leben, und denen, die nur noch des „Ehrennamens" teilhaftig sind? Wird nicht die Notwendigkeit eines gemeinsamen Zeugnisses der Christenheit in Wort und Tat angesichts der Weltlage noch dringender?

Dem Dekret schwebt nicht eine (römisch-katholische) Uniformität vor. Als

---

[61] Vgl. Gemeinsame Erklärung zur Rechtfertigungslehre des Lutherischen Weltbundes und der Katholischen Kirche, in: DwÜ 3, 419–441.
[62] Beispiele bei Jaeger, Konzilsdekret 96; Feiner, Kommentar 51.
[63] Die römischen Katholiken hoffentlich ebenfalls nicht!
[64] Der von einigen geforderte Zusatz „falls sie im guten Glauben sind und aufrichtig die wahre Kirche suchen" wurde konsequenterweise abgelehnt.
[65] Feiner, Kommentar 52.

Aufgabe der ökumenischen Bewegung wird vielmehr die Beseitigung „schwerwiegenderer Hindernisse" benannt, die sich im Bereich der Lehre, (bisweilen auch dem) der Disziplin und (auch bezüglich) der Struktur vorfinden. Überwindung von Hindernissen zur Erreichung der plena communio der noch voneinander getrennten communitates[66] – das ist „nicht nur ein anderer Terminus für die mit Rückkehr gemeinte Sache, sondern ein anderes Denken. Der weitere Text des Dekretes zeigt deutlich, dass an eine Einigung der Kirche nur gedacht werden kann, wenn sich auch die katholische Kirche wandelt"[67].

Einen ersten Schritt in diese Richtung dokumentiert das Dekret, indem es nicht nur von der bona fides ausgeht, sondern die gemeinsame Glaubensüberzeugung auch in reformatorischer Diktion zur Sprache bringt: „aufgrund des Glaubens in der Taufe gerechtfertigt". Darüber hinaus wird nicht von der Einverleibung in den mystischen Leib Christi gesprochen, sondern von der Einverleibung in Christus (Christo incorporantur). Nach LG 14 werden die römisch-katholischen Christen „voll einverleibt" (plene incorporantur) – „der Gemeinschaft der Kirche" (Ecclesiae societati). Was die getrennten Christen verbindet, ist das innere Band in Christus; die sichtbaren, äußeren Banden sind noch nicht oder nur partiell gegeben, weswegen von einer communio non plena gesprochen werden muss. Ist es, nebenbei bemerkt, Zufall oder bloße stilistische Abwechslung, wenn an der Stelle in LG 14 der Ausdruck societas ecclesiae verwendet wird? Die Konzilsväter wollten jedenfalls die Debatte um die Kirchengliedschaft nicht aufnehmen, verzichteten daher auf die Rede vom corpus mysticum und gingen auch insofern über die einschlägige Enzyklika *Mystici corporis* hinaus, als sie nicht die Lehre vom votum ecclesiae zur theologischen Begründung des kirchlichen Christseins der Nichtkatholiken bemühten. Diese gehören auch nicht lediglich zur Seele, nicht aber zum Leib der Kirche, denn in ihren Gemeinschaften verleiblicht sich der Taufglaube, wie in den beiden folgenden Abschnitten positiv dargelegt werden wird. Während eine gestufte Gliedschaft in einer Societas kaum plausibel gemacht werden kann, erlaubt die Ekklesiologie der Communio eine differenzierte Redeweise. Dies ist Erbe und Auftrag des Ökumenismusdekrets: sich im Sinne eines geistlichen Ökumenismus zu engagieren, damit aus der in Christus gegeben Gemeinschaft eine sichtbare volle Kirchengemeinschaft wird.

UR 3,2 In diesem wie dem folgenden Abschnitt wird begründet, inwiefern die getrennten Glaubensgeschwister in ihren Gemeinschaften Gnade und Heil finden, so dass diesen „getrennten Kirchen und Gemeinschaften selbst" in 3,4 das Prädikat „Mittel des Heils" verliehen werden kann. Die Rede von den „Elementen

---

[66] Thils, Le décret 33, kritisiert, dass nur in der Präambel von *communio*, danach aber nur noch von *communitates* die Rede ist. Das Einheitssekretariat favorisierte *communio*, dessen Vorteile Congar aufgezeigt hatte. Da aber von der Kirche als ganzer als von einer Communio gesprochen wurde, meinte man, nicht von einer communio von communiones sprechen zu können. Thils fragt zu Recht, ob die Rede von „Gemeinschaften" bzw. „Kirchlichen Gemeinschaften" (communitates) besser sei.
[67] Ebd. Stransky, The decree 8, erinnert daran, dass für Papst Johannes XXIII. die Erneuerung der (eigenen) Kirche der erste realistische Schritt auf dem Weg zur Einheit darstellt.

oder Gütern" hat in der ökumenischen Theologie viel Kritik erfahren. Sie war allerdings auch schon auf dem Konzil selbst diskutiert worden, und die einschlägige Debatte gibt eine Interpretationshilfe. Vor dem Hintergrund der konziliaren Ekklesiologie (vgl. hier vor allem LG 8) nimmt der Text die komplexe Wirklichkeit von Kirche in den Blick, indem er (konstitutive) Lebensvollzüge als Ausdruck der inneren Gnadenwirklichkeit betrachtet. Dies geschieht schon in *Lumen gentium* nicht in einem additiven Verfahren, sondern in einer ganzheitlichen Sicht. Zumal in der Perspektive einer pneumatologischen Ekklesiologie[68] erweist sich das Leben der Kirche als *Vielfalt* der Gaben in dem *einen* Geist, von Christus ausgehend und zu ihm hinführend. Quantifizierendes Aufrechnen passt nicht zu einem organischen, qualitativen Verständnis von „Fülle der Katholizität".[69]

Im Übrigen ist die Rede von Elementen auch in Texten der nicht-römisch-katholischen Ökumene präsent. So heißt es in der Toronto-Erklärung des Zentralausschusses des ÖRK von 1950: „Die Mitgliedskirchen des Ökumenischen Rates erkennen in anderen Kirchen Elemente der wahren Kirche an. Sie sind der Meinung, dass diese gegenseitige Anerkennung sie dazu verpflichtet, in ein ernstes Gespräch miteinander einzutreten … Zu diesen Elementen gehören die Verkündigung des Wortes, die Auslegung der Heiligen Schrift und die Verwaltung der Sakramente. Diese Elemente sind mehr als blasse Schatten des Lebens der wahren Kirche. Sie enthalten eine wirkliche Verheißung und machen es möglich, sich in freimütigem und brüderlichem Verkehr für die Verwirklichung einer volleren Einheit einzusetzen … Die ökumenische Bewegung ist auf die Überzeugung gegründet, dass man diesen ‚Spuren' nachgehen muss. Die Kirchen sollten sie nicht geringachten, als seien sie nur Elemente der Wahrheit, sondern sollten sich darüber freuen, weil sie hoffnungsvolle Zeichen sind, die auf eine wirkliche Einheit hinweisen. Denn was sind denn diese Elemente? Keine toten Überreste der Vergangenheit, sondern machtvolle Instrumente, mittels derer Gott sein Werk tut. Fragen über die Rechtmäßigkeit und Reinheit der Lehre und des sakramentalen Lebens können und müssen erhoben werden, es kann aber keine Frage sein, dass solche dynamischen Elemente des kirchlichen Lebens zu der Hoffnung berechtigen, in vollere Wahrheit geleitet zu werden."[70] Das Konzil ist ohne Zweifel dem so beschriebenen „Prinzip" gefolgt, Kardinal Jaeger zufolge „zwar nicht die vollkommenste Begründung des Ökumenismus, aber der leichteste Weg, die ekklesiologische Bedeutung der anderen Gemeinschaften zu erkennen und anzuerkennen"[71]. Glücklich ist der Terminus „Elemente", zumindest im deutschen Sprachgebrauch, nicht.[72] Problematischer erscheint allerdings die Rede von „Spuren", die sich z. B. bei Calvin im Blick auf die „Papstkirche" findet: „So können wir durchaus nicht

---
[68] Christozentrische Ekklesiologien neigen dagegen zu einer Überbetonung der institutionellen Seite.
[69] Vgl. Thils, Le décret 46: Die Kirche ist kein Konglomerat, sondern eine lebendige Ganzheit. „Aber man kann diese Ganzheit analysieren und die konstitutiven ‚Elemente' und ganz speziell die Elemente, die sie in ihrer Einheit realisieren, feststellen."
[70] Althaus, Dokumente 110f.
[71] Jaeger, Das Konzilsdekret 94.
[72] Nach Thils, Le décret 46, entschied man sich schließlich „trotz des ein wenig abstrakten Klangs und neutrischen Ausdrucks" für „Elemente".

zugeben, dass bei den Papisten die Kirche ist. Das aber erkenne ich willig an, was die Propheten auch den Juden und Israeliten ihrer Zeit eingeräumt haben, dass Gott unter ihnen mitten im Zusammensturz noch gewisse Spuren der Kirche erhalten wollte ... Wenn wir uns also weigern, die Papisten ohne weiteres als Kirche gelten zu lassen, so leugnen wir darum doch nicht, dass es bei ihnen Kirchen gibt ... Alles in allem: es gibt in dem Sinne noch Kirchen, dass der Herr auch dort zerstreute Reste seines Volkes noch wunderbar erhält, und dass einige Zeichen der Kirche noch bleiben, deren Wirkungskraft weder die Verschlagenheit des Teufels noch menschliche Verkehrtheit zerstören kann. Weil aber anderseits die hauptsächlichen Kennzeichen, die wir feststellten, ausgetilgt sind, erklären wir, dass dem ganzen Körper wie jeder einzelnen Gemeinde die rechtmäßige Gestalt der Kirche abgeht."[73] Die Toronto-Erklärung vertritt nicht Calvins „Spuren-Ekklesiologie", sondern dokumentiert ein neues ökumenisches Zeitalter.

Angesichts immer wieder geäußerten Bedenken erscheint der Hinweis nicht überflüssig, dass diese „Elemente oder Güter", diese „inneren Gaben des Heiligen Geistes und sichtbaren Elemente" den von uns getrennten Brüdern und Schwestern in ihren Gemeinschaften nicht von der römisch-katholischen Kirche her zufließen, sondern von Christus im Heiligen Geist zuteil werden, da sie „zu Recht zu der einzigen Kirche Christi" gehören. Diese ist nach der Überzeugung des Konzils auf jeden Fall in der römisch-katholischen Kirche verwirklicht, aber die in ihr gegebene heilbringende Wirklichkeit ist auch ihr von Christus durch den Geist verliehen und bleibt unverfügbar, wie die pneumatologische Korrektur der Leib-Christi-Ekklesiologie verdeutlicht. Nicht weil sie römisch ist, subsistiert die römisch-katholische Kirche als Kirche Jesu Christi in der ganzen Fülle der Heilsmittel, sondern weil in ihr die katholische Kirche Jesu Christi eine Verwirklichungsform findet.

Eine vollständige Auflistung der Elemente oder Güter wird nicht angezielt, würde auch dem qualitativen und ganzheitlichen Charakter widersprechen. Nach Thils wird *communio* hier in dogmatischem, nicht in kanonistischem Sinn verwendet.[74] Was genannt wird, ist freilich fundamental und konstitutiv. Dann soll beachtet werden, dass die Heilige Schrift an erster Stelle genannt wird, danach das „Leben der Gnade" mitsamt den drei „göttlichen Tugenden", die seit Paulus klassische Trias. Und „andere innere Gaben des Heiligen Geistes" werden erwähnt, bevor von den sichtbaren Elementen die Rede ist. Christ sein heißt: an der Bibel orientiert aus Gott und auf ihn hin leben, in der Kraft des Heiligen Geistes und seiner Gaben; wo so gelebt wird, ist Kirche sichtbar.

Bereits vor der endgültigen Fassung und Verabschiedung des Ökumenismusdekrets hat der damalige Privatdozent Walter Kasper in seinem Tübinger Habilitationsvortrag eine noch heute bemerkenswerte Interpretation des „ekklesiologische[n] Charakter[s] der nichtkatholischen Kirchen" vorgelegt. Ausgehend von der These, dass „Wort, Sakrament und Ämter ... als Ereignisformen von Kirche eschatologisch-zeichenhafte Größen [sind]" und als solche von „sakramentaler

---

[73] Calvin, Institutio, lib. IV, cap. 11.
[74] Thils, Le décret 46.

Art", wendet Kasper die Unterscheidung von (bloßem) Zeichen (sacramentum tantum) und bezeichneter Gnadenwirklichkeit (res sacramenti) auch auf die Kirche an, um daraus hinsichtlich des ekklesiologischen Charakters anderer Kirchen zu folgern: „Je nach der sakramentalen Dimension muss demnach auch der ekklesiologische Status der nichtkatholischen Kirchengemeinschaften bestimmt werden. Hinsichtlich der res sacramenti können auch die nichtkatholischen Kirchengemeinschaften in vollem Sinn Kirche darstellen, wenn nämlich Christus in ihnen als im Zeichen gegenwärtig bezeugt wird. Bezüglich des sacramentum tantum, der rechtlich fassbaren Kirchengliedschaft, können sie allerdings nicht auf einer Ebene mit der katholischen Kirche gesehen werden. Trotzdem ist die innere Einheit auch bei ihnen schon im äußeren Bereich sichtbar durch die eine Taufe und das Bekenntnis zu dem einen Herrn."[75] In dieser Perspektive kann sogar das herkömmliche Urteil über die Ämter in nichtkatholischen Kirchen revidiert werden, „wird man doch von einem votum und vestigium ordinis bei diesen Gemeinschaften sprechen müssen. Die protestantischen Kirchengemeinschaften kennen ein Amt, das sie nicht einfach als ‚demokratische' Delegation von unten verstehen, sondern als göttliche Bevollmächtigung von oben; sie kennen des Weiteren eine kirchliche Berufung in dieses Amt"[76]. Deshalb könne man nicht länger von nur „potentielle[n] oder virtuelle[n] Kirchen" sprechen, sondern müsse diese Kirchengemeinschaften „als anfanghaft bereits verwirklichte Kirchen", als „Kirchen im Werden" bzw. „im Aufbau" im Sinn der neutestamentlichen „Auferbauung" (oikodome) und schließlich als „unvollendete Lokalkirchen" nennen.[77] Diese Etikettierungen können leicht missverstanden werden, wenn die dahinter stehende sakramentale Ekklesiologie nicht beachtet wird. Das noch „im Aufbau" Befindliche gehört auf die Seite des (bloßen) Zeichens (sacramentum tantum), nicht auf die der Heilswirklichkeit (res sacramenti)!

Was hier vor der definitiven Form des Ökumenismusdekrets gesagt wird, lässt sich Otto Hermann Pesch zufolge nach der Promulgierung nicht mehr rückgängig machen: „… grundsätzlich kann nun niemand mehr an Wortlaut und Geist des Konzils vorbei: ‚Elemente' (Kirchenkonstitution Art. 8) werden zur Kirche."[78]

UR 3,3 Diese wird in spezifischer Weise in den „heiligen Handlungen", welche die Gnade nicht nur anzeigen, sondern bewirken, also insbesondere in kirchlichen Vollzügen, welche Sakramente genannt werden, präsent. Sakramente sind nicht private Heilsveranstaltungen für einzelne Gläubige, sondern haben eine communial-ekklesiale Dimension: Sie öffnen den Zutritt zur Gemeinschaft des Heils. Offenbar tut es der Gnadenwirkung keinen Abbruch, dass diese konstitutiven kommunikativen Handlungen „auf vielfältige Weisen" vollzogen werden können, ja, jene ist auch unabhängig von der konkreten Verfasstheit. Auch hier wird also kein Unterschied zwischen den Kirchen des Ostens und des Westens

---
[75] Kasper, Der ekklesiologische Charakter 57f.
[76] Ebd. 59f.
[77] Ebd. 60.
[78] Pesch, Das Zweite Vatikanische Konzil 235.

gemacht. Im Gefolge von UR 3,1 steht die konstitutive Bedeutung der Taufe ohnehin nicht mehr zur Debatte. Dass von den „heiligen Handlungen" ausgerechnet das Abendmahl ausgenommen werden sollte, hat im Text keinen Anhalt.

UR 3,4 Aus dem Gesagten ergibt sich ein „Perspektivenwechsel". Im Zentrum des ökumenischen Denkens auch der römisch-katholischen Kirche steht nicht mehr diese Kirche selbst, zu der sich die anderen zu verhalten haben bzw. die sie von sich aus positioniert, sondern Jesus Christus, an dem sich alle Kirchen auszurichten haben.[79] Für die römisch-katholische Ekklesiologie bedeutet dies eine metanoia: „Die nichtkatholischen christlichen Glaubensgemeinschaften sind als Gemeinschaften Mittel, derer sich der Geist Christi bedient,[80] um ihre Glieder zum Heil zu führen. Es genügt also nicht, nach dem bisher üblichen Denken zu sagen, die Nichtkatholiken könnten das Heil erlangen, *obwohl* sie außerhalb der katholischen Kirche leben. Vielmehr muss gesagt werden, dass Christus ihnen das Heil schenkt *durch* die Wirksamkeit der nichtkatholischen Glaubensgemeinschaften."[81] Nach Thils kann man daraus schließen, „dass sich die Kirche Christi, auf der Ebene der sakramentalen Struktur bzw. als Heilsinstitution betrachtet, weiter erstreckt als die sichtbaren Grenzen der katholischen Communio, der katholischen Kirche"[82].

So gesehen stellt der Schluss dieses Abschnitts einen gewissen „ökumenischen Rückfall" dar, wenn es heißt, dass sich die Kraft der Kirchen und Gemeinschaften als Heilsmittel „von der Fülle der Gnade und Wahrheit selbst herleitet, die der katholischen Kirche anvertraut ist". Deutlicher und der konziliaren Volk-Gottes- bzw. Communio-Ekklesiologie entsprechender sollte es heißen: „von der Gnade und Wahrheit Jesu Christi herleitet, deren Fülle, wie wir glauben, der [römisch-] katholischen Kirche anvertraut ist". Anders wäre es, wenn „catholica" sich ohnehin auf die una, sancta Ecclesia Jesu Christi beziehen würde, was aber der durchweg verwendeten Terminologie nicht entspricht. Im Übrigen wurde „catholica" erst in jener „schwarzen Woche" angefügt, sollte also die Zustimmung der Minderheit bewirken und muss deshalb nicht als authentischer Ausdruck des konziliaren Perspektivenwechsels interpretiert werden.

„Kirchen und Gemeinschaften" (Ecclesiae et Communitates) ist eine bis dato umstrittene Formel geblieben. Wie sollen die nicht in der communio plena befindlichen christlichen Glaubensgemeinschaften bezeichnet werden? Es gab Konzilsväter, die aus dem theologischen Perspektivenwechsel die Konsequenz ziehen wollten, diese Gemeinschaften als Kirchen zu bezeichnen. Für die Orthodoxen Kirchen des Ostens war dies kein Problem und bereits üblich, wie vom Einheitssekretariat in den Anmerkungen belegt wurde. Ausschlaggebend für diese Aner-

---

[79] Vgl. Jaeger, Das Konzilsdekret 150f.
[80] Die lateinische Version „non renuit" (weigert sich nicht) kann nach Jaeger, Das Konzilsdekret 100, im Deutschen positiv wiedergegeben werden. Behält nicht gerade die wörtliche Übersetzung ihre Bedeutung angesichts der Erfahrung, dass Menschen (Kirchen) verweigern können, wo der Geist (möglicherweise) nicht verweigert? Eine wichtige Frage des geistlichen Ökumenismus!
[81] Feiner, Kommentar 54.
[82] Thils, Le décret 47.

kennung sind das in apostolischer Sukzession stehende Bischofsamt und das Vorhandensein wie die Gültigkeit aller Sakramente, also die Gültigkeit aller einschlägigen Heilsmittel wie des vor allem auf sie gerichteten ordinierten Dienstes. Sie sind also Einzelkirchen, denen „nur die verbindende Beziehung zum Träger des Petrusamtes als dem hierarchischen Faktor der Einheit aller Einzelkirchen fehlt"[83]. Nur? Bis heute schätzen die Orthodoxen Kirchen diese Differenz als gravierender ein. Andererseits: Was bedeutet der Verzicht auf „die verbindende Beziehung zum Träger des Petrusamtes" für das künftige Verhältnis zu den Kirchen der Reformation?[84]

Da aus Sicht der Konzilsväter ein in apostolischer Nachfolge stehendes Bischofsamt nicht oder nicht sicher gegeben ist und nur ein Teil der Sakramente, suchte man nach einer differenzierenden Terminologie. Kardinal König schlug vor, von Communitates ecclesiales zu sprechen. Erschwerend kam freilich hinzu, dass sich einzelne reformatorische Gemeinschaften selbst nicht als Kirche bezeichnen. So schlug das Einheitssekretariat vor, dann, wenn im Text auch reformatorische Glaubensgemeinschaften mitgemeint sind oder ausschließlich von diesen die Rede ist, die Formel „Ecclesiae et Communitates (ecclesiales)" zu verwenden. Dass nicht der vertrautere Ausdruck „communio ecclesiastica" herangezogen wird, hängt damit zusammen, dass beide Wörter schon anderweitig belegt waren: Communio bezeichnete die Verbindung aller Getauften mit der (römisch-katholischen) Kirche; ecclesiastica war innerhalb der römisch-katholischen Terminologie zur Bezeichnung von Gemeinschaften, Gesetzen und Gewohnheiten festgelegt.

Für den ökumenischen Dialog gilt es festzuhalten: (1) Nicht die Anerkennung des römischen Bischofs als Verwalter des Petrusdienstes, wohl aber ein in apostolischer Nachfolge stehendes Bischofsamt und Anerkennung aller (?) Sakramente gehören zum (vollen) Kirchesein. (2) Das Zweite Vatikanische Konzil legte nicht fest, welche reformatorischen Glaubensgemeinschaften Kirchen und welche (Kirchliche) Gemeinschaften sind. Eine Festlegung erfolgte lediglich hinsichtlich der Orthodoxen Kirchen.

UR 3,5 Abschließend bekräftigt das Dekret das Selbstverständnis der römisch-katholischen Kirche. Es entsprach dem Wunsch vieler Konzilsväter, die charakteristischen römisch-katholischen Elemente (Sichtbarkeit, hierarchische Ordnung, Heilsnotwendigkeit, Fülle und Einheit) zu betonen. Im Zentrum steht die Überzeugung, ja der theologisch zu verstehende Glaube („credimus"), dass die römisch-katholische Kirche „die allgemeine Hilfe zum Heil" ist. Im Unterschied zu den Einzelsakramenten ist sie das „generale auxilium salutis"; in diesem Sinn ist sie heilsnotwendig.[85] Mit ökumenischer Sensibilität ist zu beachten, dass nicht von der Fülle des Heils, sondern der Heilsmittel die Rede ist. Gleichwohl bleibt

---

[83] Feiner, Kommentar 55.
[84] Und für die Beziehung zu der Altkatholischen Kirche, mit denen die Gemeinsamkeit zumindest ebenso groß ist wie mit den Orthodoxen Kirchen.
[85] Vgl. DH 3869–3871 (Brief des Hl. Offiziums an Erzbischof Cushing von Boston [1949]).

die Verwendung von plenitudo in diesem Kontext missverständlich und ist ökumenisch ungebräuchlich. Dass es nicht um die Vollkommenheit der Institution geht, sondern um die für ein Sakrament zu fordernde Entsprechung von außen und innen, ergibt sich aus der in LG 1, 8 und 48 etablierten Rede von der Kirche als sacramentum (universale) ebenso wie aus dem Hinweis auf die Sündigkeit der Kirchenglieder. Freilich: „in membris suis" wurde an jenem Donnerstag der „schwarzen Woche" eingefügt, an dem die Konzilsminderheit ihre Akzente setzte. Wenigstens konnte das „iugiter" vor „crescit" gestrichen werden, nachdem mehrere Väter darauf hingewiesen hatten, dass die Kirche keineswegs stetig gewachsen sei. Eine heutige Redaktion des Textes hätte solche Formulierungen in ökumenischer Sensibilität zu bedenken.

UR 4 [Der Ökumenismus]
Nach der Darlegung der römisch-katholischen Einheitsvorstellung und der Positionierung der anderen Kirchen und kirchlichen Gemeinschaften kann nun das Aufeinanderzu im Rahmen der ökumenischen Bewegung bedacht werden. Dabei bilden die Abschnitte 4, 1 und 4, 11 eine Art Rahmen für die Beschreibung des Ökumenismus und die Verhaltens- und Handlungsanweisungen an die (römisch-katholischen) Gläubigen.

UR 4, 1 Die Einleitung greift das Stichwort von den „Zeichen der Zeit" wieder auf (s. Vorwort). Diese zu erkennen, heißt für alle (römisch-)katholischen Gläubigen, „am ökumenischen Werk erfinderisch (sollerter)[86] teil[zu]nehmen". Damit klinkt sich die römisch-katholische Kirche ein in eine Bewegung, die „heute in ziemlich vielen Teilen des Erdkreises" am Werk ist, und zwar „in Gebet, Wort und Werk", womit die drei konstitutiven Kommunikationsformen des Ökumenismus benannt werden. Erneut wird herausgestellt, dass die Ökumenische Bewegung auf das Wirken des Heiligen Geistes zurückzuführen ist. Einen gewissen neuen Akzent über das bisher Ausgeführte hinaus setzt die Formulierung „zu jener Fülle der Einheit zu kommen, die Jesus Christus will". Diese an Abbé Couturier erinnernde Formel richtet die Gläubigen nach dem Willen Christus aus und macht deutlich, dass die Fülle der Einheit noch nicht gegeben, also mit der „ganzen Fülle der Heilsmittel" nicht identisch ist. Die Einheit, die Christus will, ist offensichtlich nicht (in jeder Hinsicht) die Einheit, wie sie derzeit in der römisch-katholischen Kirche gegeben ist, schon gar nicht mit dieser Tendenz zur Uniformität, wie sie bis zum Konzil gegeben war.

UR 4, 2 Die hier folgende Beschreibung der Ökumenischen Bewegung ist nicht nur deskriptiv, sie hat auch programmatischen Charakter. Alle ökumenischen Aktivitäten („Tätigkeiten und Unternehmungen") dienen der Förderung der Einheit der Christen; ihre Verschiedenheit ergibt sich aus der Vielfalt des kirchlichen Lebens und entsprechend dem jeweiligen Kontext. Gegenüber dem ersten Schema erscheint hier eine vom Einheitssekretariat geordnete, programmatische Rang-

---

[86] Charakterisiert das geforderte Engagement präziser als die Übersetzung „mit Eifer".

folge des ökumenischen Engagements: Als erstes gilt es, alles zu beseitigen, was der Situation der „getrennten Brüder"[87] nicht gerecht wird und der Wahrheit widerspricht. So erst wird eine Atmosphäre geschaffen, in der wirkliche Begegnung möglich ist.[88] An zweiter Stelle steht der bereits begonnene „Dialog unter Sachverständigen" („dialogus" inter peritos). Dass es sich um eine besondere Form des Dialogs handelt, wird durch das Setzen in Anführungszeichen signalisiert. Deshalb ist aus dem Kontext zu eruieren, was für diesen interkonfessionellen „Dialog" charakteristisch ist, nämlich: Sein Ort ist die „in religiösem Geist" eingerichtete Zusammenkunft (conventus) von Christen; sein Ziel ist das wechselseitige Sichvorstellen durch tiefergehende Erläuterung der Charakteristika der je eigenen Position. Nachdem die Vor-Urteile ausgeräumt wurden, gibt es Raum für eine authentische Urteilsbildung! (Gemäß mittelalterlicher Disputationskunst könnte als konkretisierende Regel aufgenommen werden: Nach der authentischen Erläuterung geben die jeweiligen Gesprächspartner wieder, was sie aufgenommen und verstanden haben, worauf hin repliziert wird, ob es sich um ein adäquates Verstehen handelt.) Der Text hat hier nur den Dialog unter Experten im Blick. Auch für diesen ist das Geforderte offenbar nicht selbstverständlich, und umgekehrt sind wohl andere Gesprächsformen und -partner nicht ausgeschlossen, wenn sie in dem skizzierten ökumenischen Geist erfolgen: offen (selbstkritisch und wohlwollend) und authentisch (klar und entschieden). An dritter Stelle steht das gemeinsame Handeln, die vom Gewissen gebotene Wahrnehmung der gesellschaftlichen Verantwortung der Christen. Wenn erst in dem Zusammenhang das gemeinsame Gebet erwähnt wird, darf dies nicht im Sinne einer Nachordnung missverstanden werden; vielmehr wird das Gebet hier nicht als eigener Vollzug erwähnt (dem wird später noch ausführlich Raum gegeben), sondern im Zusammenhang der Kooperation: auch „diese umfassendere Zusammenarbeit" soll in der Perspektive des geistlichen Ökumenismus erfolgen. Dem oben nachgezeichneten Perspektivenwechsel entsprechend werden auch in diesem Abschnitt die einzelnen Christen als Glieder ihrer Kirchen und Gemeinschaften[89] gesehen. Als viertes und letztes wird die Gewissenserforschung hinsichtlich der „Treue zum Willen Christi" und das eifrige Bemühen um „Erneuerung und Reform" angeführt. Nicht nur renovatio, sondern auch reformatio bleibt im Text stehen, während zwei Väter die Streichung verlangten. Die ökumenisch relevante Begründung: beide Wörter besagen nicht dasselbe, und reformatio ecclesiae wird auch von früheren Konzilien verwendet. Auch im Blick auf manche nachkonziliare Kritik ist festzuhalten: mit „Protestantisierung" hat die Aussage des Konzils nichts zu tun!

---

[87] Der in der ersten Fassung gebrauchte Ausdruck „fratres separati" wird im 2. Schema durchweg durch „fratres seiuncti" ersetzt, um jeden abwertenden Beigeschmack zu vermeiden.
[88] Bahnbrechend wirkte in dieser Beziehung die Enzyklika *Ecclesiam suam* Papst Pauls VI.
[89] Wird nicht nur mit communitas, sondern auch mit communio ausgedrückt, möglicherweise weil die römisch-katholische Communio mit gemeint ist. Jaeger, Das Konzilsdekret 107, verweist auf Augustinus einerseits und Y. Congar andererseits.

UR 4,3 Subjekte der ökumenischen Bewegung sind alle Gläubigen, nicht nur die Experten, und alle engagieren sich „unter der Wachsamkeit der Hirten"[90]. Als ökumenische Primärtugenden werden Klugheit und Geduld empfohlen, und das „Ergebnis" ökumenischen Engagements sind in erster Linie nicht Deklarationen und Aktionsprogramme, sondern menschlich-christliche Werte: Gerechtigkeit und Wahrheit, Eintracht und Zusammenarbeit, geschwisterliche Gesinnung und Einheit. Liest man diese drei Wortpaare parallel zu 4,2, so scheinen sie der Stufenleiter des geistlichen Ökumenismus zu korrespondieren: Vorurteilsfreiheit und Authentizität, Miteinander in Wort und Tat, „ein Herz und eine Seele sein in Christus". Das ist der Weg, um schließlich alle Hindernisse zu beseitigen, die zwischen der jetzt gegebenen unvollkommenen und der erstrebten vollkommenen kirchlichen Gemeinschaft (perfectam communionem ecclesiasticam) liegen. Ausdruck der plena/perfecta communio, des Zusammenkommens aller Christen „zur Einheit der einen und einzigen Kirche", ist die „eine Feier der Eucharistie". Diese Einheit hat Christus seiner Kirche von Anfang an geschenkt, als una et unica Ecclesia wird sie (wieder) sichtbar in der una Eucharistiae celebratione. Ist sie inzwischen verloren gegangen? Nein, die Konzilsväter bekräftigen ihre Überzeugung, ja ihren theologischen Glauben („credimus"), dass diese Einheit „unverlierbar in der katholischen Kirche besteht", und sie geben ihrer Hoffnung Ausdruck, „dass sie bis zur Vollendung der Weltzeit von Tag zu Tag wachse". Der in dieser dynamischen Position liegenden Spannung wird nur eine Interpretation gerecht, die zu differenzieren bereit ist. Gegenüber Versuchen sowohl auf reformatorischer wie auf römisch-katholischer Seite, die Differenz zwischen esse und subsistere zu neutralisieren, steht der engere (hier: UR 4,3) und weitere (die Perspektive von UR) Kontext. Sollten hinsichtlich der Formulierung in LG 8 noch Diskussionen möglich sein – obwohl die einschlägige Relatio[91] schon eindeutig ist –, UR 4,3 lässt nur folgende Auslegung zu: Die Kirche Jesu Christi ist in den Spaltungen der Geschichte nicht untergegangen oder nur in Teilen existent. Zumindest in der römisch-katholischen Kirche (und gleiches nehmen die Orthodoxen und die Reformationskirchen für sich in Anspruch) ist die eine und einzige Kirche verwirklicht, freilich unter den Bedingung dieser „Weltzeit" und nicht unberührt von den Spaltungen, so dass die römisch-katholische Kirche aus zwei Gründen nicht „Kirche in Fülle" ist: (1) Die geschichtliche Realisierung der una, sancta, catholica et apostolica kann immer nur fragmentarisch, gebrochen gelingen, weswegen die Kirche ständig der Erneuerung und der Reformation bedarf. (2) Wegen der Trennungen der Kirche in Kirchen und kirchliche Gemeinschaften kann selbst die römisch-katholische Kirche, auch wenn in ihr die „Fülle der Heilsmittel" bewahrt ist, nicht die plena communio in una Eucharistiae celebratione darstellen.

Von einer Rückkehr-Ökumene ist deshalb nicht nur aus „taktischen" Gründen nicht die Rede, ihr wird durch den Perspektivenwechsel der Boden entzogen.

---

[90] Vigilantia durch „Aufsicht" wiederzugeben entspricht nicht dem Anliegen eines geistlichen Ökumenismus, wie im Übrigen auch die episkopé primär geistlich verstanden werden sollte.
[91] Sie wird von Feier, Kommentar 62, eigens zitiert.

Selbstverständlich haben die wenigsten Konzilsväter eine Anschauung der erhofften plena communio, gerade deshalb weil auch die eigene Kirche sich wandeln muss. Wenn also nicht Rückkehr, dann schon gar nicht Rückkehr zur römisch-katholischen Kirche in ihrer gegenwärtigen Gestalt. So nennen die Konzilsdokumente mehrfach, was aus römisch-katholischer Sicht für die Kirche wesentlich ist, vermag aber selbstverständlich die künftige Gestalt dieser „essentials" nicht zu beschreiben.

UR 4,4 In einer Art Zwischenbemerkung, im zweiten Schema eingefügt, streift der Text das Verhältnis von Konversion und Ökumene.[92] Angesichts der im Osten Europas seit der politischen Wende nach 1989 neu aufgebrochenen Befürchtungen liest sich die offizielle Relatio wie ein aktueller Kommentar: „Man würde den Ökumenismus ganz falsch verstehen, wenn man ihn betrachten würde als eine neue Taktik, um auf leichterem Weg Konversionen zu erzielen."[93] Es handelt sich um eine Klarstellung nach zwei Seiten hin: Konversion ist kein ökumenisches „Unternehmen", andererseits nicht ausgeschlossen bzw. auszuschließen. Der theologische Grund, der einen Gegensatz zwischen Ökumenismus und Konversion ausschließt, liegt darin, dass – wie es in der Vorlage hieß – beides als „ein vom Heiligen Geist inspiriertes Werk" bzw. – wie die in letzter Minute eingefügte Änderung formuliert – „beides aus Gottes wunderbarer Anordnung hervorgeht". Es geht um Gewissensentscheidung, nicht um Proselytismus. Deshalb wird auch der herkömmliche Ausdruck „conversio" vermieden, der als Pendant zum biblischen metanoia „die Umkehr des gottabgewendeten Menschen zu Gott"[94] bedeutet. Freilich ist auch der Ausdruck reconciliatio nicht glücklich gewählt, „da Aussöhnung doch eine vorausgehende Zwietracht voraussetzt"[95].

UR 4,5 Mit diesem Abschnitt beginnt eine Reihe konkreter Anweisungen an die Glieder der eigenen Kirche. Deshalb wurde gefordert, diese Aussagen in das 2. Kapitel des Schemas zu übernehmen. Dass dem nicht stattgegeben wurde, ist aus methodologischen Gründen zu begrüßen: Es gibt keine abstrakten Prinzipien des Ökumenismus, schon gar nicht, wenn dieser in erster Linie als ein geistlicher Ökumenismus verstanden wird. Es handelt sich nicht um das Verhältnis von doktrinären Grundsätzen und Handlungsanweisungen, sondern um das von Grundhaltungen und konkretem Verhalten.

Der kurze Abschnitt beschreibt sehr treffend die Dialektik oder Korrelativität des ökumenischen Miteinanders: „müssen ... ohne Zweifel ... besorgt sein" – „vor allem aber müssen sie selbst". Mit Blick auf die von ihnen getrennten Mitchristen wird als erstes das Gebet erwähnt, dann der dialogische Austausch (vgl. 4,2) und das Tun der ersten Schritte auf die anderen hin. Das ist getreue Wider-

---

[92] Zu den Veränderungen gegenüber der Vorlage im 2. Schema s. Jaeger, Das Konzilsdekret 109.
[93] AS III/2, 338 (zit. bei Jaeger, Das Konzilsdekret 109).
[94] Feiner, Kommentar 63. – Jaeger, Das Konzilsdekret 111, bringt es so auf den Punkt: „Man könnte auch fragen, ob beispielsweise die Anerkennung der sieben Sakramente und der Hierarchie als ‚Bekehrung' bezeichnet werden kann."
[95] Feiner, Kommentar 63.

spiegelung des Perspektivenwechsels in der ökumenischen Bewegung: nicht warten auf die Rückkehr der Anderen, sondern als erste auf die anderen zugehen! Das schließlich „geht" nur, wenn der eigene Ausgangspunkt „mit ehrlichem und aufmerksamem Herzen" reflektiert wird. Dabei sind Erneuerung und Veränderung im Handeln gefragt – das ist ökumenische metanoia/conversio. Diese fundamentale Perspektive wird hier eingeschränkt bzw. konzentriert auf den ökumenischen Dialog im engeren Sinn, insofern durch die Erneuerung „faith and order", Lehre und auf Christus zurückgehende, durch die Apostel überlieferte „Einrichtungen" (Institutionen), getreuer und klarer bezeugt werden. Die Enzyklika *Ecclesiam suam* und weitere Ansprachen Pauls VI. aus dieser Zeit verdeutlichen, dass es nicht nur um die Klärung des Zeugnisses von unveränderlichen Lehren und Institutionen geht, sondern um die Vollendung und Vervollkommnung der Gestalt der Kirche selbst.

UR 4,6 Jedem falschen, weil auf die Kirche, nicht auf Christus gegründeten „Absolutheitsanspruch" wird der Boden entzogen: Das Geschenk (nicht der Besitz!) der „ganzen von Gott geoffenbarten Wahrheit und alle[r] Mittel der Gnade" garantiert nicht die Heiligkeit der Glieder der römisch-katholischen Kirche. Aus ökumenischer Perspektive ist es hochbedeutsam, dass die Spannung „göttliches Geschenk – unvollkommene Menschen" auch als Spannung zwischen Geschenk Gottes und der sündigen und stets der Reinigung und Erneuerung bedürftigen Kirche ausgesagt wird. Gerade wenn die Kirche als Sakrament, als Zeichen und Werkzeug verstanden wird, ist die Wechselbeziehung zwischen „äußerem Zeichen" (hier: „Antlitz") und „innerer Gnade" (hier: „Wachstum des Reiches Gottes") in Rechnung zu stellen, unbeschadet des theologischen Gefälles von Innen nach Außen.

So spricht auch LG 48 von der „wahren, wenn auch unvollkommenen Heiligkeit" der Kirche. Im Kontext von UR 4,5 und 4,6 geht es um „die Heiligkeit der Kirche als Erweis ihrer Apostolizität"[96]. Noch einmal wird jedem falschen Selbstanspruch gewehrt, indem der „Triumph der glorreichen Kirche" als eschatologisches Werk und Erweis Christi bezeichnet wird. Hier in dieser Weltzeit steht Kirche nicht in der Nachfolge des triumphierenden, sondern des sich selbst erniedrigenden und leidenden Christus, womit die kenotische Christologie und Ekklesiologie von LG 8 wieder aufgenommen wird.

UR 4,7 Die drei folgenden Abschnitte erwägen ein angemessenes Verständnis von Katholizität im Sinne eines qualitativen Reichtums innerhalb wie außerhalb der römisch-katholischen Kirche. Angesichts eines zu Ende gehenden Uniformismus kann das Programm „Einheit im Notwendigen – gebührende Freiheit im (geistlichen) Leben, in Liturgie und Theologie – in allem die Liebe" auch aus heutiger Sicht noch hoch genug gewertet werden. Diese Deutlichkeit ist nicht zuletzt den Vertretern der unierten (katholischen) Ostkirchen zu verdanken. Dabei ist zu beachten, dass nicht nur von der vielfältigen Katholizität, sondern auch der reich-

---

[96] Feiner, Kommentar 64.

haltigen Apostolizität die Rede ist, auf die gerade die Kirchen des Ostens großen Wert legen. Durch den Hinweis auf die „einem jeden [jeder] gegebene Aufgabe" und die „vielfältigen Formen des geistlichen Lebens" äußert sich die charismatische Komponente der Ekklesiologie. Der Modus, den Hinweis auf die theologische Freiheit lieber auszulassen, wurde vom Einheitssekretariat mit der Begründung zurückgewiesen, dass ja ohnehin von der gebührenden Freiheit die Rede sei. Was „gebührend" ist, wird freilich auch nach dem Konzil relativ einseitig seitens der Kurie festgelegt.

UR 4, 8 Zur bereichernden Vielfalt im Innern gehört als Pendant die Entdeckung, Anerkennung und Hochschätzung der „wahrhaft christlichen Güter" bei den von uns getrennten Brüdern und Schwestern. In der Vorlage des zweiten Schemas war von den Reichtümern Christi und den Gaben des Heiligen Geistes die Rede. Wenn es zutrifft, dass aus den dona Spiritus Sancti deshalb die virtutum opera wurden, weil der Begriff „Gaben des Heiligen Geistes" schon theologisch festgelegt war, erscheint das doch eher als Ausdruck ökumenischen Kleingeistes (der zumindest bei manchen der am „Schwarzen Donnerstag" eingefügten Änderungen vermutet werden darf).

UR 4, 9 Ganz anders der Geist, der auch aus der Formulierung dieses Abschnittes spricht. Ohne Hemmungen wird von dem Wirken des Heiligen Geistes in den getrennten Gemeinschaften gesprochen und darüber hinaus festgehalten, dass diese Gaben „auch zu unserer Erbauung beitragen". Diese Einschätzung steht gegen jede Form einer Verfallstheorie, die in den jeweils anderen Glaubensgemeinschaften nur Glaubensabfall, Minimalismus u. ä. sieht. Solche Bereicherung ist nicht nur auf dem Gebiet des geistlichen Lebens, der Ethik und der Liturgie festzustellen. Der Kontakt mit den Beobachtern hat sich auch in manchen Korrekturen und Ergänzungen im Bereich der Lehre und Theologie niedergeschlagen. Als Beispiele werden angeführt: pneumatologische Akzente, Betonung des Wortes Gottes und der Heiligen Schrift, Wiederentdeckung des gemeinsamen Priestertums, Erneuerung der Liturgie in Entsprechung zu einigen Forderungen der Reformation.[97] Dieser Abschnitt gewinnt auch deshalb Bedeutung, weil er eine missverständliche Elementen-Ekklesiologie verdeutlichen kann: Hier wird nicht begutachtet, was die Anderen auch haben oder wenigstens auch schon haben; hier geht es um das, „was wahrhaft christlich ist", und es geht, wie es schon im vorgehenden Abschnitt 4, 8 hieß, um Anerkennung christlichen Zeugnisses, das „manchmal bis zum Vergießen des Blutes" gegeben wurde. Jürgen Moltmann hat in jüngerer Zeit nachdrücklich auf die ökumenische Bedeutung der Märtyrer hingewiesen und sich dabei auf Papst Johannes Paul II. berufen.[98] Mit einer gewissen Feierlichkeit, die vom Wortlaut der Präfation her rührt, wird diese Anerkennung als „billig und heilsam" qualifiziert.

---

[97] Vgl. Feiner, Kommentar 68.
[98] Moltmann, Ökumene 95, mit Hinweis auf die Enzyklika *Ut unum sint*, Nr. 84.

UR 4, 10 Als Kontrapunkt zu den letzten Abschnitten erklingt der cantus firmus von der durch die Trennungen beeinträchtigten (Fülle der) Katholizität. Freilich wird der ökumenische Perspektivenwechsel nicht rückgängig gemacht: Die Fülle kommt nicht nur bei den in unvollkommener Gemeinschaft stehenden Mitchristen nicht zur vollen Wirkung, sondern auch in der römisch-katholischen Kirche, wobei nuancierend formuliert wird, es werde „schwieriger, die Fülle ... in jeder Hinsicht in der Wirklichkeit des Lebens selbst auszudrücken".

UR 4, 11 Erneut kontrapunktierend schließt der vierte Artikel mit dem Ausdruck der Freude über das wachsende ökumenische Engagement der römisch-katholischen Gläubigen. Ausdrücklich wird die Teilnahme an der ökumenischen Bewegung den Bischöfen empfohlen, die sie „geschickt" fördern und „klug" leiten sollen, wozu auch CD 11 und 16 auffordern. Immer wieder wurde in den Debatten seitens des Einheitssekretariats auf das in Aussicht genommene Ökumenische Direktorium verwiesen, das Einzelheiten enthalte, dabei jedoch den jeweiligen Bischofskonferenzen auch wieder Spielraum lasse für ein situationsgerechtes ökumenisches Verhalten.

IV. Die praktische Verwirklichung des Ökumenismus (II. Kapitel: UR 5–12)

UR 5 Wie UR 4 sieht auch dieser einleitende Artikel des II. Kapitels Grundsätze und praktische Verwirklichung in ihrer wechselseitigen Verschränkung.[99] Er schlägt somit die Brücke zwischen den katholischen Prinzipien und den Weisungen, die der evangelische Konzilsbeobachter Edmund Schlink als die „in der eindrücklichen Schlichtheit seiner Weisungen die ökumenisch am weitesten führenden Ausführungen dieses Dekretes"[100] einschätzte. Die Satzstellung im lateinischen Text – der Beginn mit „ad totam ecclesiam" – unterstreicht die universale Verpflichtung zur ökumenischen Bewegung hin auf die Wiederherstellung der Einheit. Wie in 4, 11 werden alle Gläubigen und unter ihnen die Hirten angesprochen, darüber hinaus wird jede und jeder in der je eigenen Fähigkeit (virtus) eigens aufgerufen. Zur Klarstellung: nicht nur die Hirten, sondern alle Gläubigen wird eine zweite hinzugefügt: nicht nur die theologischen Experten in ihren theologischen und historischen Forschungen, sondern zuerst ein jeder, eine jede im täglichen christlichen Leben. Wenn der erste Schritt im Alltag eines Christenmenschen Selbstbesinnung, Umkehr und Erneuerung heißt, dann richtet sich der Appell des Ökumenismusdekrets nicht nur an die Kirchenglieder in gemischtkonfessionellen Gebieten.[101] Das Konzil ruft alle dazu auf, durch ein authentisches christliches Lebenszeugnis zur Förderung der Einheit aller Christen beizutragen, so dass sich der ökumenischen Verpflichtung niemand entziehen

---

[99] Dieser einleitende Art. steht im 2. Schema vom November 1964 ohne eigene Überschrift. Jaeger, Kommentar 121, überschreibt den Passus mit: Die Gesamtkirche trägt den Ökumenismus.
[100] Schlink, Das Dekret 206.
[101] Dies zu betonen, war Feiner, Kommentar 70, sehr wichtig.

kann. Wenn „die Anweisungen dieses Kapitels … zwar an die Glieder der römischen Kirche gerichtet, aber … in allem Wesentlichen ebenso von den anderen Kirchen als gültig anzuerkennen und zu beherzigen [sind]"[102], lässt sich die Bedeutung einer so verstandenen Basis-Ökumene kaum überschätzen.

Der zweite Hauptgedanke dieses Artikels stellt ebenfalls die Reprise eines Grundsatzes dar: Dass sich alle in der angedeuteten Weise um die Wiederherstellung der Einheit sorgen sollen, macht als solches „schon einigermaßen" deutlich (manifestat), dass „eine [geschwisterliche] Verbindung [coniunctio] zwischen allen Christen vorhanden ist". Es ist diese „heilige unruhige" (sollicitudo) und „bekümmert heilende" (cura) Für-Sorge, die zu dem führt, was schon im I. Kapitel als Zielvorstellung herausgestellt wurde: die volle und vollkommene Einheit. Da jedes ökumenische Engagement auf den angewiesen ist, der Herr ist und lebendig macht, fehlt auch hier der Hinweis auf das Wohlwollen (benevolentia) Gottes nicht.[103]

UR 6 [Die Erneuerung der Kirche]
Wie ernst es den Konzilsvätern mit der Erneuerung der eigenen Kirche als entscheidendem ersten Schritt der ökumenischen Bewegung ist, dokumentiert dieser Artikel 6, der in seinem ersten Abschnitt genau dies erneut thematisiert und ohne Einschränkung zur Pflicht macht, bevor dann im zweiten Abschnitt die bereits vorhandenen Bewegungen gewürdigt werden.

UR 6,1 Die notwendige Erneuerung der Kirche wird renovatio, aber auch reformatio genannt. Dem Widerstand gegenüber dem zweiten Ausdruck wurde bereits an anderer Stelle durch historische Hinweise auf Aussagen früherer Konzilien[104] begegnet. Nicht dem Wortlaut, aber der Sache nach erscheint in der Rede von der „ständigen Reform (perennis reformatio)", derer die Kirche „dauernd bedarf" (perpetuo indiget), das von den Reformatoren urgierte Prinzip der „ecclesia semper reformanda". Die theologische Begründung ergibt sich aus dem Pilgerstatus der Kirche und *insofern*[105] sie eine „menschliche und irdische Einrichtung" (also nicht, *insofern* sie eine göttliche Stiftung) darstellt. Diese Differenzierung ist notwendig; wenn sie einmal vorgenommen wurde und im ekklesiologischen Hinterkopf bleibt, erübrigt sich jeder Widerstand gegenüber der Rede von einer ständig notwendigen Reformation der – von ihrer menschlichen Kondition, nicht ihrer göttlichen Konstitution her – stets auch sündigen Kirche. Erneuerung der Kirche besteht im Wesentlichen „in einer vermehrten Treue gegenüber ihrer Berufung", und genau aus diesem Grund strebt diese (!) ökumenische Bewegung zur Einheit hin. Immer wieder wurde betont, dass wir einander näher kommen, wenn wir

---

[102] Schlink, Das Dekret 206.
[103] Der Hymnus in Eph 1 rekurriert für die gesamte Heilsökonomie auf den „gnädigen Willen" (des dreieinigen) Gottes; auch dies empfiehlt den Epheserbrief als „magna charta" der ökumenischen Bewegung. Vgl. jetzt Mayer, Sprache der Einheit.
[104] Die Fußnote zu UR 6,1 nennt das V. Laterankonzil.
[105] Jaeger, Das Konzilsdekret 123, verweist auf das „inquanto" in einer nichtamtlichen italienischen Übersetzung (Osservatore Romano v. 16.12.1964).

uns mühen, Christus näher zu kommen. Im Mittelpunkt der nach römisch-katholischer Tradition in konzentrischen Kreisen gezeichneten Kirchenzugehörigkeit und Kirchengemeinschaft (plena, non plena …) steht nicht die (römisch-katholische) Kirche, sondern Jesus Christus, der die pilgernde Kirche zur ständigen Reform ruft.

Umstände sowohl der Sache wie der Zeit können dafür verantwortlich sein, dass etwas im Leben der Kirche „weniger sorgfältig gewahrt" wurde. Was nach „Sach- und Zeitumständen" nicht in Ordnung war, soll also „zu geeigneter Zeit in richtiger [sachgemäßer] und gebührender [zeitgemäßer] Weise wiederhergestellt" werden. Wer ein gesundes ekklesiologisches Selbstbewusstsein und die oben genannte Differenzierung (in wechselseitigen Verschränkung) zwischen göttlicher Konstitution und menschlicher Kondition internalisiert hat, kann auch weniger ängstlich formulieren: Es wurde nicht nur „weniger sorgfältig gewahrt", es wurde auch einseitig betont, vergessen, verdreht, und zwar so, dass Kirche in ihren Gliedern wie als Institution nicht nur Glaubwürdigkeitskriterium, sondern auch Glaubenshindernis sein konnte. Selbst diese „sanfte" Formulierung („si … minus accurate servata fuerint") stieß bei einigen Konzilsvätern auf Bedenken. Ein entsprechender Modus wurde aber unter Hinweis auf die Unterscheidung zwischen depositum und Verkündigung abgewiesen, auch der Wunsch von immerhin 111 Vätern, diese Unterscheidung weiter zu erklären. Zwischen Einheitssekretariat und der Minderheit, die in einigen Punkten am „Schwarzen Donnerstag" zum Zuge kam, suchte das Konzil seinen Weg: „Es ist ganz gewiss eines der bemerkenswertesten Ergebnisse des Konzils in seinem bisherigen Verlauf, dass es das Verständnis für die Möglichkeiten und Notwendigkeiten umgestaltender Wirksamkeit im Leben der Kirche auch solchen erschlossen hat, die an so etwas nicht sehr geglaubt haben; dass umgekehrt allzu stürmischen Neuerern der Blick aufgegangen ist für die Schwierigkeiten, die aus der Natur der Sache oder aus der Übernatur der Kirche gegeben sind."[106]

Der Text bezieht die geschichtlich und kontextuell notwendige Reformarbeit auf das sittliche Leben, die kirchliche Ordnung und die Weise der Verkündigung. Kein Problem stellt das erste Moment dar, denn dies entspricht dem ständigen Appell an die Glieder der Kirche, insofern sie sündige Menschen sind. Dass auch die disciplina ecclesiastica sachgemäß bleiben kann, wenn sie zeitgemäß erneuert wird, machte den Konzilsvätern mehrheitlich immer weniger Probleme. Hinsichtlich der Verkündigung musste hinzugefügt werden, dass deren Weise von dem depositum fidei wohl zu unterscheiden ist. Genau dies hatte Johannes XXIII. in seiner Eröffnungsansprache programmatisch herausgestellt. Auf vielfache Weise hat das Zweite Vatikanische Konzil diese päpstliche Vermächtnis beherzigt, wenn es über „das Mysterium der Kirche" als pilgerndes Volk Gottes sprach, die Aufgabe der ordinierten Amtsträger von der Verkündigung des Evangeliums her konzipierte, die Heilige Schrift die „Seele" der Liturgie, Theologie, ja des gesamten kirchlichen Lebens nannte usw. Zur entsprechenden Haltung im ökume-

---

[106] Semmelroth, Unvergängliches 70.

nischen Dialog hat das Dekret schon einiges ausgeführt, eine methodologische Weiterführung erfolgt in UR 11.

UR 6,2 Dass dieser Erneuerung eine „ausgezeichnete ökumenische Bedeutung" zukommt, bedarf im Kontext des bisher Gesagten keinerlei Begründung mehr. Erneuerung in den wesentlichen Lebensäußerungen der Christen und der Kirchen insgesamt als Wachsen in der Treue zur Berufung durch Jesus Christus und unter dem Antrieb des Heiligen Geistes – das ist ausgezeichnete ökumenische „Bewegung"! Hier sind die Konzilsväter in der hoffnungsvollen Lage, dass sie mit ihrem Dekret nicht nur Appelle und Anweisungen zur Initiierung geben müssen, sondern dankbar registrieren können, was schon auf den verschiedenen Gebieten geschieht. Das Zweite Vatikanische Konzil – „es war, wenn irgendeines, ein Reformkonzil"[107] – ist nicht nur Ausgangspunkt kirchlicher Erneuerung, es ist selbst auch Frucht von Erneuerungsbewegungen seitens der Gläubigen, die sich seit Anfang des 20. Jahrhunderts verstärkten. Die Aufzählung will gewiss nicht vollständig sein, ganz zufällig ist sie nicht. Biblische und Liturgische Bewegung, die Predigt des Wortes Gottes und die Katechese werden zuerst genannt. Wenn andere Bereiche des christlich-kirchlichen Lebens (Laienapostolat, neue Formen religiösen Lebens, Spiritualität der Ehe) erst danach erwähnt werden und „Lehre und Tätigkeit der Kirche im sozialen Bereich" am Ende steht, so entspricht dies einerseits einem bis heute bei der Aufzählungen der kirchlichen Grundvollzüge zu beobachtenden Gefälle von der Liturgia über die Martyria hin zur Diakonia. Andererseits sind für das ökumenische Miteinander (vor allem eine von der Bibel inspirierte) Verkündigung und Gottesdienst vor dem Hintergrund der alten Kontroverstheologie markanter als das gewiss notwendige, von seinem Zeugnischarakter her entscheidende, in der ökumenischen Bewegung seit ihren Anfängen aber auch selbstverständliche gemeinsame Handeln. Alle „Bewegungen" zusammen werden „als Unterpfand und Vorzeichen" gewürdigt, sie stimmen die Konzilsväter zuversichtlich hinsichtlich der weiteren Schritte auf dem Weg der Förderung der Einheit der Christen.

UR 7 [Die Bekehrung des Herzens]
In den beiden vorhergehenden Artikeln waren die Gläubigen primär als Glieder der Kirche im Blick; jetzt wird der Akzent ausdrücklich auf die persönliche Bekehrung und Lebensführung gelegt.

UR 7,1 Der Artikel beginnt mit dem programmatischen Satz des geistlichen Ökumenismus: „Einen Ökumenismus im wahren Sinne des Wortes gibt es nicht ohne innere Bekehrung." Hier ist der Begriff der conversio angebracht (s. o. zu 4,4)! Begründet („etenim") wird dieses Axiom durch die sehr wohl erfahrungsgetränkte Behauptung, dass Sehnsucht und Verlangen („desideria") nach Einheit nur „erwachsen und reifen" aus einer neuen Geisteshaltung heraus, die sich in Selbstverleugnung, d. h. Überwindung des die anderen vergessenden Egozentris-

---
[107] K. Barth, Ad limina Apostolorum 59.

mus, und völlig freier Zuwendung zu den anderen äußert. Die Selbstentäußerung Gottes im Sohn und im Geist ermöglicht das „damit wir nicht mehr länger uns selber leben" (IV. Hochgebet im Anschluss an 2 Kor 5, 15). Im Heiligen Geist, der anderen Leben schenkt und in Liebe zusammenführt, findet der geistliche Ökumenismus seine Ermöglichungsgrund und sein Vorbild. Sowohl in christologischer wie in pneumatologischer Perspektive erweist sich somit eine kenotische Ekklesiologie als sachgemäß, d. h. als der Berufung entsprechend. Da die Treue zur eigenen Berufung im Leben der Kirche wie der einzelnen beständig eingefordert werden muss, werden die Gläubigen ausdrücklich auf das Gebet zum göttlichen Geist hingewiesen. Erfleht werden muss, was in der Erläuterung des Axioms Selbstverleugnung und „völlig freie Ausgießung der Liebe" genannt wurde und hier mit Selbstverleugnung, Demut und Milde und geschwisterlicher „Offenheit des Herzens" wiedergegeben wird. Ein Hinweis auf Ez 36, 24–28 wäre durchaus angebracht gewesen! Das Zitat aus dem Epheserbrief akzentuiert die beschwörende Geste (des gefangenen Völkerapostels!), wiederholt die wichtigen Stichworte wie Berufung, Demut und Milde, Geduld, Liebe und kulminiert in dem Aufruf zur (ökumenischen) Sorge, „die Einheit des Geistes im Band des Friedens zu wahren". Der Heilige Geist als trinitarisches vinculum amoris will unter den Bedingungen einer zerstrittenen Menschheit und gespaltenen Christenheit als vinculum pacis konkret werden. Schließlich werden die Ordinierten eigens zu ökumenischer Einstellung in ihrem Dienst ermahnt. Das ist mit ihrer (vorbildlichen) Hirtenfunktion zu begründen, vor allem aber mit der Gefährdung der Amtsträger, aus Dienern der Freude zu Herren des Glaubens zu werden (vgl. 2 Kor 1, 24). Der Kontext des Schriftzitats ist jedenfalls eindeutig: „Bei euch soll es nicht so sein" (Mt 20, 26).

UR 7, 2 Dem Eingestehen von Schuld und der Bitte um Vergebung wird ein eigener Abschnitt gewidmet, freilich erst im zweiten Schema. Drastischer können „Unschuldslämmer" und Praktiker der Sündenbocktheorie nicht mit der eigenen Sündigkeit konfrontiert werden. „Welch ein Wandel", kommentiert Jaeger mit Blick auf 400 Jahre konfessioneller Polemik. Dies gilt, auch wenn sich historische Beispiele für offizielle Schuldbekenntnisse anführen lassen.[108] In der Konzilsaula war dies immer noch so unerhört, dass 133 Väter die Streichung, 25 weitere eine Milderung der Passage beantragten. Das Einheitssekretariat konnte sich bei der Zurückweisung dieses Ansinnens auf entsprechende Äußerung Pauls VI., nämlich in seiner Rede zur Eröffnung der zweiten Sitzungsperiode[109] und in seiner Ansprache an die Beobachter am 17.10.1963[110], berufen. Ausgesprochen wird zuerst die eigene Schuld und Vergebungsbedürftigkeit; von der Schuld der „getrennten Brüder" wird direkt nicht gesprochen, wohl aber die Bereitschaft zur

---

[108] Jaeger, Das Konzilsdekret 127–129 (Zitat: 127) erinnert an das Schuldbekenntnis des Nuntius Francesco Chieregati im Auftrag Papst Hadrians VI. auf dem Nürnberger Reichstag 1522, die Mahnrede Kardinal Poles zu Beginn des Trienter Konzils und an seinen Vorgänger Bischof Konrad Martin, der von der gemeinsamen Schuld der Christen gesprochen hatte.
[109] AS II/1, 183–200; vgl. dazu Melloni, Der Beginn 40–45 (3.2.1).
[110] Vgl. Melloni, Der Beginn 46f. (mit Quellenangabe).

Vergebung zum Ausdruck gebracht. „Welch ein Wandel" – die Instruktion des Heiligen Offiziums von 1949 stellte dem „defectus Catholicorum" die „culpae Reformatorum" gegenüber! Bei den „von uns getrennten Brüdern" wurde schon wesentlich früher die Schuld aller an den Trennungen ausgesagt.[111] Wiederum wird nicht ausdrücklich formuliert, die Kirche sei schuldig geworden, sie sei sündig und der Vergebung bedürftig. Doch immerhin verwendet der Text den Plural: Wir.

UR 7,3 Mit dem cantus firmus des geistlichen Ökumenismus findet dieser Gedankengang einen vorläufigen Abschluss: je evangeliumsgemäßer das Leben, desto mehr wird die Einheit der Christen gefördert. Es sollte nicht übersehen werden, dass die Konzilsväter einen typisch reformatorischen Ausdruck wählen, um die christliche Lebensorientierung zu kennzeichnen. Noch theologisch grundsätzlicher wird im zweiten Satz argumentiert, indem abermals die trinitarische und die ökumenische Communio in Beziehung gesetzt werden. Die Ausrichtung des geistlichen Ökumenismus geht jedoch nicht vom trinitarischen Urbild/Vorbild zur geschwisterlichen Communio; allzu leicht könnte dies in einem rein ethischen Ökumenismus enden. Vielmehr wird die „gegenseitige Geschwisterlichkeit" gerade dadurch gefördert, dass sich die Christen in die trinitarische Gottesgemeinschaft hineinnehmen lassen.

UR 8 [Das einmütige Gebet]
UR 8,1 Das, was der Sache nach wie ein roter Faden das Dekret bis hierher durchzieht – Bekehrung des Herzens, Heiligkeit des Lebens, Gebet für die Einheit –, erhält nun auch ausdrücklich einen Namen: oecumenismus spiritualis. Damit nimmt der Text das Erbe Abbé Couturiers auf, der den „œcuménisme spirituel" programmatisch entwickelte.[112] Bis heute erscheint es wichtig, Ökumene nicht nur als Angelegenheit theologischer Fachleute und Kirchenleitungen wahrzunehmen. So würde der Dienst an der Sache mit dieser selbst verwechselt! Während die vorausgehenden Abschnitte schwerpunktmäßig der Bekehrung und dem Leben gewidmet waren, steht nun das Gebet im Mittelpunkt.

UR 8,2 Die Ausführungen können an eine bestehende Praxis anknüpfen, das „bei den Katholiken üblich"[113] gewordene Gebet für die Einheit. Wie alle in der ökumenischen Christenheit geistlich motivierten Bemühungen steht dieses Gebet im Zeichen des „hohenpriesterlichen Gebets", hier bezeichnenderweise als das Gebet des „Heilands selbst in der durchwachten Nacht vor seinem Tod" bezeichnet.

---

[111] Feiner, Kommentar 74, verweist auf die Lambeth-Konferenz von 1920, die (1.) Konferenz von Faith and Order 1927, die Gründungsversammlung des ÖRK 1948 in Amsterdam und dessen zweite Versammlung 1953 in Evanston.
[112] Zu dem entsprechenden Einfluss Couturiers vgl. Michalon, The Abbé Couturier; ders., Œcuménisme Spirituel; Curtis, Paul Couturier.
[113] „Sollemne" kann auch „feierlich" heißen; wurde es deshalb gewählt und an den Anfang des Satzes gestellt?

UR 8,3 Einen Schritt weiter in der ökumenischen Bewegung ist das gemeinsam mit den „getrennten Brüdern [und Schwestern]" vollzogene Gebet. Dieses ist nicht nur erlaubt, sondern erwünscht „unter gewissen besonderen Umständen". Zu diesen werden exemplarisch Gebetsgottesdienste für die Einheit (konkret war wohl an die Weltgebetsoktav gedacht, wohl noch nicht an den Weltgebetstag der Frauen[114]) sowie ökumenische Zusammenkünfte (conventus) gezählt. Die Bedeutung des Gebetes „mit den getrennten Brüdern [und Schwestern]" wird in zweierlei Hinsicht festgemacht: Es ist „ein sicherlich sehr wirksames Mittel" zur Erlangung der Gnade der Einheit, hat also quasi sakramentalen Charakter („perefficax medium"), und es „ein echtes Zeichen" (genuina significatio) der bis heute bestehenden Verbundenheit: „cum fratribus seiunctis adhuc coniunguntur"! Wie konnte daran angesichts des an dieser Stelle zitierten Schriftwortes „Wo zwei oder drei in meinem Namen versammelt sind, da bin ich in ihrer Mitte" (Mt 18,20) überhaupt gezweifelt werden? Wie die Zusammenkunft von Christen aus getrennten Kirchen als Zusammengekommen beurteilt wird, das nicht im Namen Christi erfolgt? In der Tat machte die offizielle Theologie vor dem Konzil zwischen getauften Nichtkatholiken und Heiden kaum einen Unterschied. Einem Nichtchristen können Christen nicht zumuten, sich mit ihnen im Namen Christi zu versammeln, jedoch ...

Im Übrigen wurde auch noch auf dem Konzil der Einwand vorgetragen, ob man gemeinsam beten könne, wenn die am Gebet Beteiligten das Ausgesprochene jeweils anders verstehen bzw. in verschiedener Intention beten. Erst durch die mehrfach erwähnte Instruktion von 1949 wurde das gemeinsame Sprechen des *Vater unser* gestattet! Inzwischen gab es nicht nur gemeinsame Gebetshefte für die Weltgebetswoche, Paul VI. feierte am Ende der letzten Sitzungsperiode einen Wortgottesdienst mit den Konzilsbeobachtern.

„Welch ein Wandel" gilt hier auch hinsichtlich der Gebetsintention: Katholiken beten nicht mehr um die Rückkehr, sondern Christen beten gemeinsam um das Geschenk der vollen Einheit. Der Begründer der Weltgebetsoktav Paul Wattson hatte noch für die Rückkehr aller Getrennten, in Einzelbitten auf die Woche verteilt, beten lassen; Couturiers Formel lautete: „Dass die sichtbare Einheit des Reiches Gottes komme, wie Christus sie will, und durch die Mittel, die er will." An den einzelnen Wochentagen wurde nicht für die Rückkehr, sondern für die Heiligung der jeweiligen Gruppen, selbstverständlich auch der Katholiken, gebetet.

UR 8,4 Manchen skeptischen Stimmen wurde durch die Klarstellung dieses Abschnitts Rechnung getragen. Die hier genannten zwei Prinzipien bestimmen über das Ökumenische Direktorium bis heute die offizielle römisch-katholische Position in der Frage der (sakramentalen) Gottesdienstgemeinschaft. Sie wird hier mit dem bis dato im Kirchenrecht und in der Moraltheologie gebräuchlichen Terminus der „communicatio in sacris" zur Sprache gebracht. Nähere Ausführungen erfolgten erst im Ökumenischen Direktorium, von dem her rückblickend klar wurde, dass es sich bei den als erlaubt hingestellten Gemeinsamkeiten um

---

[114] Dazu jetzt Hiller, Ökumene der Frauen.

eine communicatio in spiritualibus handelt. Eine communicatio in sacris dagegen wäre die Teilhabe an dem offiziellen Gottesdienst einer anderen kirchlichen Gemeinschaft, der von einem dieser angehörenden Amtsträger geleitet wird. War vor dem Konzil jede communicatio *in sacris* untersagt, so zwang der ökumenische Perspektivenwechsel, der mit dem kirchlichen Charakter anderer christlicher Gemeinschaften rechnete, zur Revision der rigorosen Haltung. Auch unter den im ÖRK vertretenen Kirchen der Reformation war eine Gottesdienstgemeinschaft lange Zeit nicht gegeben. Die dritte Weltkonferenz der Kommission für Glauben und Kirchenverfassung in Lund 1952 entwickelte eine bis heute hilfreiche Skala der unterschiedlichen engen Formen von „Interkommunion".[115] Für Lutheraner bildeten die Übereinstimmung in der Verkündigung des Evangeliums und im Glauben an die Realpräsenz Voraussetzung für eine Abendmahlsgemeinschaft; die meisten Anglikaner sahen im Gefolge des Lambeth-Quadrilateral von 1930 Eucharistiegemeinschaft als Ziel, nicht als Mittel und forderten für den Vorsteher die Ordination durch einen Bischof; die Orthodoxen ließen Kommuniongemeinschaft nur innerhalb der eigenen Kirche(n) zu. In Neu-Delhi 1961 plädierte Philip Potter aus lehrmäßiger Überzeugung für eine Interkommunion wenigstens während ökumenischer Begegnungen. Die von ihm angeführten Kriterien: dieselbe Taufe in den Leib Christi; die Versammlung mit dem Segen der jeweiligen Kirchen zum Studium desselben „Gegenstandes": „Jesus Christus, Licht der Welt" (das Thema dieser dritten Vollversammlung des ÖRK); das gemeinsame sich unter das Wort Gottes Stellen im Kontext der Zeit; gemeinsames Lobgebet und Schuldbekenntnis: gemeinsames Hören des Anrufes Gottes und gemeinsames vor Gott bringen der Welt. „Sie [die Getauften] spüren auf eine tiefe und bleibende Weise die Gegenwart des Heiligen Geistes, der sie in einer authentischen Gemeinschaft, dem Volk Gottes, vereint. Wir empfangen dadurch eine neue und wunderbare Einheit, die durch das eine Brot und den einen Wein, empfangen als der Leib und das Blut Christi, besiegelt werden will."[116]

Jedoch erst 1973 wurde durch die Leuenberger Konkordie zwischen den Reformationskirchen Europas Kanzel- und Altargemeinschaft aufgenommen. Basis war das gemeinsame Verständnis des Evangeliums. Dies ist aus römisch-katholischer (und aus orthodoxer) Sicht kein ausreichendes Fundament für eine Abendmahlsgemeinschaft. Diese ist nämlich Ausdruck bestehender Kirchengemeinschaft.

Und damit sehen wir wieder bei den beiden Prinzipien: Sakramentale Gottesdienstgemeinschaft ist einerseits Mittel der Gnade – für die Einzelnen; andererseits ist sie Ausdruck der Einheit – der Kirche(n). Als Mittel der Gnade ist in communicatio in sacris „bisweilen" zu empfehlen, als Bezeichnung der Einheit, die ja als nicht (im vollen Sinn) gegeben angesehen wird, ist sie „meistens" zu verbieten. „Meistens" ist nicht „immer", doch nach welchen Kriterien können Ausnahmen gerechtfertigt werden? Nach George Tavard ist die Wendung „nicht unterschiedslos" (indiscretim) im Sinne von „nicht voneinander zu trennen" zu

---

[115] Vgl. Thils, Le décret 109.
[116] Thils, Le décret 110, zit. Potter nach ER 14 (1962) 346 f.

interpretieren. Das heißt: Die beiden Prinzipien sind stets in ihrer wechselseitigen Beziehung zu betrachten. So interpretiert der Konsultor des Einheitssekretariats die Relatio von Bischof Helmsing, der von einem „aus zwei dialektischen Teilen bestehenden Prinzip"[117] der beiden Aspekte sprach.[118]

UR überlässt die Verantwortung dem Ortsbischof, der gegebenenfalls Bestimmung der Bischofskonferenz oder des Heiligen Stuhls zu berücksichtigen hat. Ein klares Beispiel ortsbischöflicher Verantwortung hat Bischof Elchinger von Straßburg gegeben, der selbst Konzilsteilnehmer war, indem er die Richtlinien des Ökumenischen Direktoriums „unter Berücksichtigung aller Umstände der Zeiten, Orte und Personen klug" auf die Situation der konfessionsverschiedenen (-verbindenden) Ehen angewendet hat.[119] Der Schlusssatz dieses Artikels stellt übrigens eine vom Einheitssekretariat ausgearbeitete Kompromissformel dar, mit der unterschiedliche Wünsche und Modi berücksichtigt werden sollten. Auf die Haltung der römisch-katholischen Kirche haben die Partnerkirchen immer in christlich-geschwisterlicher Geduld Rücksicht genommen.[120] In letzter Zeit wächst die Ungeduld, zumindest im Blick auf besondere seelsorgerliche Situationen (und auf die alltäglichen der konfessionsverbindenden Ehen).

UR 9 [Die gegenseitige Kenntnis der Brüder untereinander]
Es würde der ökumenischen Perspektive des Zweiten Vatikanischen Konzils nicht gerecht, würde man an dieser Stelle von einem Wechsel von der Spiritualität zur wissenschaftlichen Theologie sprechen. Auch die Ausführungen in den jetzt folgenden drei Artikeln sind in der Perspektive des geistlichen Ökumenismus zu lesen. Diese Lesart hat im Text selbst deutliche Anhaltspunkte.

Was in 4, 2 zum Dialog unter Sachverständigung ausgeführt wurde, wird hier aufgegriffen und noch deutlicher in einen Lebenszusammenhang gestellt. Um das zu entdecken, was uns jetzt schon bzw. immer noch in einer unvollkommenen Gemeinschaft verbindet, und zu erkunden, welche Schritte aufeinander zu zum gemeinsamen Verständnis des Glaubens(lebens) als nächste gegangen werden können, muss man den animus, nicht bloß die doctrina der getrennten Gemeinschaften kennen. Was hier dem Charakter des Dekrets gemäß unmittelbar den römisch-katholischen Gläubigen ans Herz gelegt wird, gilt selbstverständlich auch für die ökumenischen Gesprächspartner und – partnerinnen und erweist sich bis heute als fundamentale Voraussetzung eines fruchtbaren und nachhaltigen Dialogs. Die Kenntnis der reformatorischen Rechtfertigungslehre allein ihrer lehrhaften Gestalt nach reicht nicht aus, um sich adäquat zu ihr zu verhalten. Erst wenn wir den Geist kennen, die Gesinnung, das heißt: das, was die reformatorischen Väter damals im Sinn hatten, und das, worauf sich protestantische Christinnen und Christen, Theologinnen und Theologen, Frauen und Männern der Synoden und kirchenleitenden Organe besinnen, wenn sie auf „Rechtfertigung

---

[117] AS III/3, 328 f.
[118] Vgl. Tavard, Praying together 213 f. Dieser Beitrag stellt einen Augen- und Ohrenzeugenbericht zur Textgeschichte dar!
[119] Vgl. Elchinger, Weisungen; vgl. Centre d'Études Œcuméniques, Abendmahlsgemeinschaft.
[120] Vgl. z. B. die bei Jaeger, Das Konzilsdekret 132–134, angeführten Äußerungen.

allein aus Glauben" angesprochen werden, also nicht das Thema, sondern das dahinterstehende Anliegen und insofern oft die implizite Theologie[121], dann ist eine Begegnung[122] der hermeneutischen Horizonte möglich.

Diese Kenntnis ist nicht selbstverständlich, schon gar nicht nach Jahrhunderten, in denen die Auffassung vorherrschte, man wisse immer schon, was „der Andere" denke und sagen wolle. Erst wenn wir dazu übergehen, statt permanent Fragen an die Anderen (Texte, Gesprächspartner) zu stellen zunächst uns selbst befragen zu lassen und den anderen zu unterstellen, dass sie uns etwas (Wahrheit!) zu sagen haben, kann ein echter Dialog beginnen.[123] Erforderlich sind entsprechender Eifer und Anstrengung, konkret: das Studieren. Ein wirklich dialogisches Studium, eine kommunikative Theologie, die alle kompetenten Subjekte berücksichtigt und sich auch noch durch Fragen inkompetenter Gesprächspartner herausfordern und in ihrer „wohlwollende Gesinnung" nicht irritieren lässt, hat die Chance, „gemäß der Wahrheit" geführt zu werden. In der Nachkonzilszeit ist der Ausdruck „Dialog der Wahrheit und der Liebe", besonders in den Gesprächen mit den orthodoxen Kirchen und Theologen, zu einem feststehenden Begriff geworden.

Ein solcher Dialog hat eine Voraussetzung und eine umfassende Zielsetzung. Bedingung für einen fruchtbaren Dialog, der nicht nur Äußerung des Wohlwollens ist, sondern Wahrheit zutage zu fördern vermag, ist eine „gebührende Vorbereitung". Dem Dekret entsprechend wird sie hier ausdrücklich von den Katholiken verlangt. Nichts ist für einen der Wahrheit verpflichteten Dialog – und nur einen solchen wollen alle am ökumenischen Gespräch Beteiligten führen – misslicher als inkompetente Gesprächspartner, die ihre eigene Tradition und gegenwärtige Position nicht (hinreichend) kennen. Mancher Konzilsvater mag beim Lesen der Passage auch an die Gefahr gedacht haben, im eigenen Glauben verunsichert zu werden. Umso heilsamer ist eine Verunsicherung bei wirklich kompetenten „Katholiken". Für die Instruktion von 1949 waren noch die Priester die Adressaten. Inzwischen wurde zur Kenntnis genommen, dass auch Laientheologen (also nicht ordinierte Theologinnen und Theologen) und Laien (also Fachleute in außertheologischen Bereichen) Wesentliches zum ökumenischen Gespräch beizutragen verstehen. Dies gilt umso mehr, als die Zielsetzung des Dialogs als ganzheitliche Kenntnis der Mitchristen in anderen Kirchen und Gemeinschaften deklariert wird. Nicht nur die (heutige Gestalt der) Lehre, auch die Geschichte (dieser Lehre und darüber hinaus), nicht nur die theologische Entwicklung, sondern auch die Entfaltung der (konfessionsspezifischen) Spiritualität und Frömmigkeit (inklusive des offiziellen Kultes), nicht nur theologische Faktoren und rein religiöse Motive, sondern auch die (theologisch oft sehr relevanten) nicht direkt theologischen Faktoren psychologischer und soziologischer so-

---

[121] Vgl. dazu jetzt Scharer – Hilberath, Kommunikative Theologie.
[122] „Begegnung" erscheint mir angemessener als Gadamers Rede von der „Horizontverschmelzung"; vgl. Gadamer, Wahrheit und Methode 289 f.
[123] Diese Einsicht Gadamers erweist sich gerade in ökumenischen Gesprächen als zukunftsträchtig; vgl. ebd. 351–360.

wie – hier nicht erwähnt – ökonomischer Provenienz sollten gekannt, studiert und im Rahmen des Dialogs der Wahrheit und der Liebe berücksichtigt werden.

Das Dekret kann auf die Erfahrung römisch-katholischer Ökumeniker zurückgreifen, wenn es nicht nur das „Eigenstudium" vorschreibt, sondern empfiehlt, dieses Studium in ökumenischen Zusammenkünften (conventus) zu betreiben, besonders wenn theologische Fragen behandelt werden müssen. Für diese ökumenischen (theologischen) Gespräche stellt das Konzil eine Grundregel auf, die sich überraschenderweise auch schon in der Instruktion des Heiligen Offiziums von 1949 findet: „par cum pari". Inzwischen wird häufig vom Dialog „auf gleicher Augenhöhe" gesprochen.[124] Die Tatsache, dass davon schon 1949 die Rede war, bestätigt die Interpretation der ersten Kommentatoren, damit sei „kein ekklesiologisches, sondern ein methodologisches Prinzip" gemeint.[125] „Der Grundsatz besagt natürlich nicht, die Gesprächsteilnehmer hätten relativistisch oder indifferentistisch die Glaubensauffassungen und – deutungen aller Kirchen als gleich wahr und gleichwertig zu betrachten, denn ein ökumenisches Gespräch wäre ja sinnlos, wenn nicht jeder Beteiligte zur Glaubenslehre seiner Kirche stehen würde."[126] Dies wird durch den folgenden Nebensatz („sofern") noch bestätigt: par cum pari, das heißt: im Geist der Liebe, führen Sachverständige einen der Wahrheit verpflichteten Dialog. Kein Geringerer als Kardinal Bea erläuterte den Grundsatz so: „Das Zweite Vatikanische Konzil hat im Ökumenismus-Dekret klar gesagt, dass es für den Dialog wesentlich ist, dass er auf der Ebene der Gleichheit geführt wird ... Es darf für den Dialog keine andere Voraussetzung gefordert werden als die der Liebe, der Achtung, der Aufrichtigkeit und des Willens, auf den anderen zu hören und ihn zu verstehen."[127] In dem Interview mit einer griechischen Zeitung versäumte es der Präfekt des Einheitssekretariats nicht, diesbezüglich auf „die große Weisheit der dritten panorthodoxen Konferenz von Rhodos" hinzuweisen.

Abschließend wird nicht nur wiederholt, dass auf diesem Weg (Ökumene ist Bewegung!) die Denkweise (mens, also die Mentalität) der Mitchristen besser erkannt wird, so wir ihnen unseren Glauben geeigneter darlegen können. Das wäre einseitig nur auf die bessere Kenntnis des Adressatenkreises ausgerichtet. Zuvor ist auch davon die Rede, dass im Rahmen solcher Dialoge auch deutlicher wird, was tatsächlich (revera könnte auch „in Wahrheit" besagen) die Lage der katholischen Lehre ist. Noch einen Schritt weiter und im Blick auf den ökumenischen Gesprächspartner deutlicher wäre eine Formulierung gewesen, die zum Ausdruck brächte, dass ökumenische Dialoge allen Beteiligten, auch den Katholiken, Wesentliches über die eigene Art zu glauben und Theologie zu treiben eröffnen und zu denken geben können. Der Sache nach ist dieser Gedanke ganz sicher in dem Dekret präsent, mehr an selbstkritischer Deutlichkeit war wohl nicht immer mit größtmöglicher Mehrheit zu erreichen.

---

[124] Schon Kardinal Bea 1965 in einem Interview (s. Thils, Le décret 115); neuerdings Kasper, Situation 179.
[125] Jaeger, Das Konzilsdekret 135.
[126] Feiner, Kommentar 82.
[127] Zit. bei Jaeger, Das Konzilsdekret 136.

UR 10 [Die ökumenische Unterweisung]
Wer die Mentalität der Schwestern und Brüder kennt, wird auch in der wissenschaftlichen Ausbildung zutreffende(re) Erkenntnisse gewinnen und sach- und menschengerechte(re) Urteile fällen. Eine solche theologische Formatierung verdient alle Förderung, zumal sie sich auf die Bildung des ganzen Gottesvolkes hin auswirken soll.

UR 10,1 Ökumenische Bildung darf keine Spezialangelegenheit eines Faches „Ökumenik" bleiben, so unersetzlich eine ausdrückliche theologische Auseinandersetzung mit den Grundüberzeugungen und Lehren der anderen Kirchen als Beitrag zur angestrebten Kirchengemeinschaft auch ist. Gerade wenn die Kenntnis der Mentalität für das ökumenische Aufeinanderzu als entscheidend erfahren wird, muss Theologie in allen ihren Fächern auch eine ökumenische Haltung annehmen und Perspektive einnehmen.[128] Oftmals sind es ja gar nicht die offiziellen Lehren, sondern die alltäglichen Formen konfessionellen Christ- und Kircheseins, welche das Bewusstsein des (ganzen!) Kirchenvolkes prägen. So sind nicht nur die systematisch-theologischen Fächer, sondern auch die der Praktischen Theologie, insbesondere auch die Liturgiewissenschaft zur ökumenischen Dimensionierung ihrer Beiträge aufgerufen. Und so sehr auch das gleiche methodologische Know-how die Exegeten aus den Konfessionskirchen zusammengebracht hat, auch hier ist die ökumenische Perspektive immer wieder bewusst einzunehmen. Das hat stets auch selbstkritisch zu geschehen, nicht nur im Blick auf die Wirkungsgeschichte der biblischen Texte in den Kirchen, sondern auch in Wachsamkeit gegenüber den eigenen hermeneutischen Vorurteilen, selbst wenn nichts anderes erhoben werden soll als der reine Schriftsinn. Wenn das Dekret besonders die historischen Fächer erwähnt, liegt dies auf der bisher deutlich gewordenen Argumentationslinie. Die in Art. 9 eingeforderte „bessere Kenntnis", die nicht eine vom Leben abstrahierte Wahrheit sucht, sondern „in wohlwollender Gesinnung" erworben wird, hat nicht wenige in der Geschichte aufgestellte Hindernisse zu erkennen und zu beseitigen.

Von kaum zu überschätzender Bedeutung für den ökumenischen Dialog ist die Argumentationsrichtung dieses ersten Satzes: Die gesamte Theologie ist *auch* in ökumenischer Perspektive zu unterrichten, *damit* alle ihre Fächer immer genauer der *Wahrheit der Dinge* entsprechen. Das heißt, eine in konfessioneller Binnenperspektive betriebene Theologie kann keine genauere Erkenntnis der Wahrheit erlangen! Außerdem ruft die Formulierung ins Gedächtnis, dass die ökumenische Annäherung an die Wahrheit nicht ein sich Anfreunden mit dogmatischen Formulierungen meint, sondern ein sich Herantasten an die Wahrheit der Wirklichkeit selbst. Diese ist nicht ohne Formulierungen zu erspüren, in diesen jedoch nicht zu „haben". Hier blitzt auf, was das Konzil in OT 16 meint, wenn der Hl. Thomas (von Aquin) als Meister systematischer Theologie empfohlen wird. Denn ihm zufolge zielt der Glaubensakt nicht auf das Aussagbare, sondern auf die Sache

---

[128] Vgl. Bea, Die Einheit 105–122 (Akademische Forschungs- und Lehrtätigkeit im Dienste der Einheit der Christen).

[selbst].[129] Papst Johannes XXIII. hatte in seiner Eröffnungsansprache diesen Weg eingeschlagen, als er zwischen dem depositum fidei und dem modus enuntiandi unterschied. Es geht also nicht nur darum, die noch getrennten Brüder und Schwestern besser zu verstehen, es geht um das Verständnis der Wirklichkeit des Glaubens selbst! Dies entspricht der Überzeugung des Konzils, „dass sich auch in den anderen christlichen Glaubensgemeinschaften [sic!] echte christliche Werte und echtes christliches Leben finden und die eine Kirche Christi auch in ihnen [sic!] gegenwärtig ist"[130]. Einer der ersten Kommentatoren mahnt: „Die Priesterkandidaten [heute wird es heißen: alle, die Theologie studieren, und solche, die es wieder tun sollten] müssen ... vor einem Uniformitätsdenken bewahrt werden, mit dem Gedanken vertraut werden, dass es einen berechtigten Pluralismus in der Ausprägung des Christlichen und der Gestalt der Kirche [!] und einen berechtigten und wünschenswerten Pluralismus der Theologie gibt, der eine Bereicherung von Kirche und Theologie bedeutet und sie vor einer verarmenden Reduktion bewahrt."[131] Das Problem hat sich verschärft, die Mahnung an Aktualität nicht verloren.

UR 10,2 In der gesamten Theologie kann die Annäherung an die jeweils nur geschichtlich fassbare Wirklichkeit des Glaubens in ökumenischer Perspektive geschehen. Dies betrifft nicht nur die Forschung, sondern ebenso die Lehre. Wie der Fortgang dieses Artikels zeigt, sollen alle Gläubigen über eine entsprechende ökumenische Bildung verfügen. Dabei kommt den „künftigen Hirten und Priestern" eine Schlüsselfunktion zu. Wenn Ökumene zuerst und zuletzt heißt: den gemeinsamen Glauben miteinander leben (bezeugen und tun), dann darf „Ökumenik" keine Sache von Spezialisten sein. Insbesondere in den die ökumenischen Beziehungen direkt betreffenden Punkten soll die in 10,1 charakterisierte Theologie geübt werden. Es geht um eine „ganz genaue", das heißt: der Wahrheit entsprechende Theologie, die sich mit Polemik nicht verträgt.

UR 10,3 Die Schlüsselrolle der Priester unterstreicht der hier folgende Satz. Ganz in der Perspektive des geistlichen Ökumenismus wird die notwendige Unterweisung und Bildung als geistliche qualifiziert. Hier wird ein Herzensanliegen der Konzilsväter spürbar, das im Dekret über die Priesterausbildung bekräftigt wird.[132]

UR 10,4 Schließlich erwähnt der Text noch ausdrücklich die Situation in der missionarischen Tätigkeit. Die Erkenntnis, dass ein Neben- oder gar Gegeneinan-

---
[129] Thomas v. Aquin, STh II–II 1,2 ad 2: „actus credentis non terminatur ad enuntiabile, sed ad rem." Dass mit der Formulierung „rerum veritas", wie Jaeger, Das Konzilsdekret 58, interpretiert, „die geschichtliche Wahrheit ..., nicht das Dogma [gemeint]" sei, erscheint mir nicht zwingend. Die Übersetzung „Wahrheit und Wirklichkeit" (LThK.E 2, 83) hält das Verhältnis in der Schwebe.
[130] Feiner, Kommentar 84.
[131] Ebd.
[132] Vgl. OT 16.

der der Kirchen in der Mission der Glaubwürdigkeit des Evangeliums massiv schadet, war ja eine der Quellen der Ökumenischen Bewegung des 20. Jahrhunderts. Auf der 3. Vollversammlung des Ökumenischen Rates der Kirchen 1961 in Neu-Delhi schließen sich der Internationale Missionsrat und der ÖRK zusammen. Wie bei den Anklängen an die Basisformel des Weltrates steht auch beim Thema „Mission und Ökumene" die Versammlung von Neu-Delhi im Hintergrund des Konzilsgeschehens. Mission ist der Ernstfall (auch) der Ökumenischen Bewegung; hier muss sich das Konzept einer Theologie als Annäherung an die Wahrheit selbst bewähren. Das Missionsdekret liegt ganz auf dieser Linie.[133] Heute kann dies nur durch die Verbindung von „kleiner" und „großer Ökumene", durch die Verzahnung von ökumenischem und interreligiösem Diskurs angemessen geschehen. Wenn Mission als gemeinsames Zeugnis vor „der Welt" Ausgangspunkt und Ziel christlicher Berufung und kirchlicher Sendung darstellt, erscheinen die Lehrgestalten nochmals deutlich in ihrer Relativität, nämlich ihrer Bezogenheit auf die Wirklichkeit des Glaubens selbst, und diese gibt den Lehren und Theologien eine Struktur vor, wie der folgende Artikel erläutert.

UR 11 [Die Weise, wie die Glaubenslehre ausgedrückt und vorgelegt wird]
Da das Ökumenismusdekret sich an die Glieder der eigenen Kirche wendet, folgt dem Hinweis, dass Theologie und Glaubenslehre nur in ökumenischer Perspektive sich der Wahrheit nähern können, die Anweisung, wie im Blick auf den Dialog die eigene Überzeugung vorzutragen ist.

UR 11,1 Die Stichworte „Vollständigkeit" und „falscher Irenismus" dominieren gewiss den ersten Absatz und lassen sich bis heute entsprechend zitieren. Dennoch: der Warnung vor einem „Zu wenig", nämlich einer Verkürzung und Verdunkelung der katholischen Lehre, geht die Warnung vor einem „Zu viel" voraus: „Zu viel" an Rechtgläubigkeit wäre es, wenn zwischen dem Glauben und der Art und Weise seines Ausdrucks nicht unterschieden und dies zum Hindernis im ökumenischen Dialog würde. Hinter den Formulierungen des Dekrets steht der Wandel im Verständnis von Offenbarung und Glaube, Tradition, Lehre und Theologie, wie er sich in den Debatten vor allem um das Offenbarungsverständnis durchgesetzt hat. So redete Bischof de Smedt, Mitglied des Einheitssekretariats, während der Debatte des Schemas über die Offenbarungsquellen den Konzilsvätern ins Gewissen: „Durch die Methode der ‚klaren Feststellung der Wahrheit' war kein Fortschritt in Richtung auf eine Versöhnung zu erzielen. Im Gegenteil, Vorurteile, Verdächtigungen, Argwohn, Streit und polemische Auseinandersetzung wurden nur immer zahlreicher auf beiden Seiten." Zugleich weist der belgische Bischof den Vorwurf zurück, „dass ökumenisches Reden ein volles Bekenntnis der Wahrheit ausschließe. Wer dies behauptet, versteht nichts vom wahren Wesen des ökumenischen Dialogs. Dieser Dialog wird nicht unternommen, damit sich beide Seiten gegenseitig täuschen." Um zu beurteilen, ob ein Text „wirklich ökumenisch" sei, was „höchst schwierig und heikel" bleibe, emp-

---
[133] Vgl. AG 6.15.

fiehlt de Smedt die Hilfe der vom Papst berufenen Mitglieder des Einheitssekretariats, „erfahrene Bischöfe und Theologen mit langer Erfahrung in ökumenischer Arbeit". Mehr noch, der engagierte Ökumeniker legt selbst einen Katalog von neun Bedingungen vor, die erfüllt sein müssten, damit wir uns den Brüdern und Schwestern verständlich machen können:
(1) Vertraut sein mit Glauben, Gottesdienst und Theologie der Partner
(2) Vertraut sein mit deren Kenntnis unserer Lehre
(3) Wissen, was nach ihrer Meinung fehlt oder zu kurz kommt
(4) Überprüfen der eigenen Sprache: statt abstrakt und rein intellektuell zu reden die Sprache der Bibel und der Kirchenväter bevorzugen
(5) Berücksichtigen, was Sprache bewirkt
(6) Urteilen „wohldurchdacht und im Zusammenhang"
(7) Argumentieren mit klaren Belegen
(8) Vermeiden unfruchtbarer Polemik
(9) Hinweisen auf Irrtümer ohne zu verletzen.[134]
Ungeachtet der hermeneutischen Problematik in der Unterscheidung von Ausdruck und Gehalt fördert die seit der Eröffnungsrede Johannes' XXIII. sich durchhaltende Intention, zwischen dem Wahrheitsgehalt und der Wahrheitsgestalt zu unterscheiden, den Prozess der Wahrheit(sfindung). Sie hat sich im ökumenischen Dialog, dessen Erfahrungen selbst wohl hinter solchen Unterscheidungen stehen, seitdem bewährt, am eindrücklichsten in dem Dokument „Lehrverurteilungen – kirchentrennend?"[135], und wird derzeit als Methode des „differenzierten Konsenses" diskutiert.[136]

Wer in dieser Einstellung sich am ökumenischen Dialog beteiligt, muss nicht mehr eigens vor falschem Irenismus gewarnt werden. Dialog auf Kosten der Wahrheit hebt sich selber auf. In dieser Auffassung stimmten Kardinal Bea und Bischof de Smedt mit den Beobachtern aus anderen Kirchen völlig überein.[137] Papst Paul VI. betonte in einer Generalaudienz am 20.1.1965[138] das Zusammen beider Seiten, der von de Smedt eingeforderten Haltung und der uneingeschränkten Darlegung der Wahrheit. Der Papst reagierte auf entsprechende Befürchtungen in der eigenen Kirche. Zugleich zeigt seine Argumentation die Spannung (vermutlich nicht nur) der katholischen Position an: „Unsere Gesprächspartner mögen einsehen, dass unsere Haltung kein aprioristischer Dogmatismus ist, kein geistlicher Imperialismus, kein formaler Juridismus, sondern voller Gehorsam gegenüber der vollen Wahrheit, die von Christus kommt. Die Fülle des Glaubens ist kein eifersüchtig gehegter Schatz, sondern ein bereitstehendes brüderliches Gut, das uns umso glücklicher macht, je mehr wir es anderen geben können. Es ist nicht das unsrige, sondern das Gut Gottes und Christi."[139] Wie notwendig

---

[134] Die Rede vom 19.11.1962 in AS I/3, 184–187 (hier zitiert nach Hampe, Ende der Gegenreformation? 283–286).
[135] Lehmann – Pannenberg, Lehrverurteilungen.
[136] Vgl. die Erörterung in der Arbeit meiner Schülerin: Mayer, Sprache der Einheit.
[137] Hinweise bei Jaeger, Das Konzilsdekret 140 f.; Feiner, Kommentar 86.
[138] Vgl. AAS 57 (1965) 244–246.
[139] Zit. nach Jaeger, Das Konzilsdekret 142.

wird hier die Unterscheidung von geschichtlicher, sprachlich bedingter Gestalt und der darin angezielten Wahrheit! Wie notwendig ist hier die Beherzigung der Aussage von UR 10, dass wir nur in gemeinsamer ökumenischer Perspektive uns der Fülle der Wahrheit zu nähern vermögen! Die katholische Wahrheit ist umfassender als die römisch-katholische Ausdrucksgestalt dieser Wahrheit. Wie notwendig erscheint ein konsequentes Durchhalten der Unterscheidung von göttlicher Offenbarung und ihrer Bezeugung durch die Kirche(n)! Manche Äußerungen des nachkonziliaren römischen Lehramtes bis in die jüngste Zeit verwischen diese grundlegenden Unterscheidungen. Dazu gehört ein undifferenziertes Reden von der in der katholischen Kirche gegebenen „Fülle" ebenso wie eine sich auf den vollen Gehorsam berufende Argumentation („Die Kirche kann gar nicht anders als …"). Dass sich entsprechende Haltungen auf orthodoxer und reformatorischer Seite finden bzw. dort hervorgerufen werden, wird kaum verwundern. Deswegen schon das „Ende der Konsens-Ökumene" einzuläuten, scheint nicht nur verfrüht, sondern auch in sachlicher Hinsicht differenzierungsbedürftig. Hier können sogar die weiteren Ausführungen dieses Artikels Anhaltspunkte markieren.

UR 11, 2 Die „klare" Darstellung „des ursprünglichen und sicheren Sinns" der „reinen" katholischen Lehre darf nicht mit einem statistischen Protokollieren und einem quantifizierenden Aufzählen verwechselt werden. Während Letzteres im folgenden Abschnitt 11, 3 mit dem Hinweis auf die „Hierarchie der Wahrheiten" abgewiesen wird, spricht 11, 2 von der Dynamik des katholischen Glaubens, der „tiefer" und „richtiger" entfaltet werden kann, was in einer dem ökumenischen Dialog dienlichen Sprache erfolgen soll. In seiner Rede bei der Diskussion des ersten Schemas am 25.11.1963 brachte Bischof Pangrazio von Gorizia das Stichwort von der Hierarchie der Wahrheiten in die Debatte.[140] Eingebettet war seine Argumentation in eine grundlegende (heils-)geschichtliche Sicht der Kirche. Das vorgelegte Schema sei zu statisch und abstrakt und trage dem „dynamischen und geschichtlich-konkreten Aspekt der Kirche", ja „dem Geheimnis der Kirchengeschichte" zu wenig Rechnung. Worin besteht dies? Antwort des Bischofs: Im wesentlichen in der Dialektik von Untreue der Menschen und Treue Gottes: „Wie das Volk des Alten Bundes, so züchtigt Gott auch das in der Kirche vereinte Volk des Neuen Bundes wegen seiner Untreue in seiner unerforschlichen Gerechtigkeit in der Geschichte und hilft ihm in seiner unaussprechlichen Barmherzigkeit auf, wenn es Reue und göttliche Gnade erfleht …" Subjekt der Kirchengeschichte ist der Heilige Geist, mit dem die Menschen mitwirken, dem sie sich aber auch widersetzen können. Dabei handelt Gottes Geist oft überraschend und unerwartet, systematisch-theologisch weder vorhersehbar noch zu verstehen. Wie im Alten Bund kann auch die Kirche ihre Hoffnung allein auf Gott setzen, der „dank seiner Barmherzigkeit seine Kirche auf eine uns bislang unbekannte Weise auf Wegen führt, die keiner von uns vorhersehen und vorhersagen kann".

---

[140] AS II, VI, 32–35; fast vollständig übersetzt (unter der Überschrift „Das Geheimnis der Kirchengeschichte"!) in Congar u. a., Konzilsreden 140–143.

Dieser göttliche Dynamismus solle stärker zum Ausdruck kommen, und zwar nicht nur im Blick auf die getrennten Gemeinschaften. „Auch in der katholischen Kirche kann Gott Ereignisse, Entwicklungen [evolutiones] und Veränderungen [mutationes] bewirken, die von der heutigen Generation und auch von unserem Konzil in keiner Weise vorausgesehen werden können." Die bislang unmöglich erscheinende Einheit „kann Gott möglich machen, wenn nur alle Christen den Impulsen der göttlichen Gnade folgen". Die Rede vom Gehorsam gegenüber der göttlichen Gnade setzt einen anderen Akzent als die vom Gehorsam gegenüber der *vollen* Wahrheit!

Tiefer, richtiger und in angemessener Sprache den katholischen Glauben zu entfalten, das ist dem Kommentator J. Feiner zufolge keine pleonastische Aufreihung, sondern Widerspiegelung spezifischer Erfahrungen aus der ökumenischen Alltagsarbeit.[141] „Tiefer" (profundius) stehe gegen oberflächliche Darstellung und eine bloße Aufzählung von „Wahrheiten". Feiner wendet die Erkenntnisse der damals aktuellen Dogmenhermeneutik auf die ökumenische Situation an: Berücksichtigung der geschichtlichen und gegebenenfalls polemischen (antihäretischen) Situation, fragen nach den Intentionen, vermeiden von Rückprojizierung, Aufweisen des tieferen Zusammenhangs der einzelnen Lehren. – „Richtiger" (rectius) meine: „Das ökumenische Gespräch fordert ein differenzierteres Denken und einen präziseren Ausdruck als populäre Darstellungen der katholischen Lehre."[142] Bis heute lässt sich übrigens immer noch die nicht mehr für möglich gehaltene Erfahrung machen, dass selbst Fachtheologinnen und -theologen die Lehre der jeweils anderen mit Schlagworten (ver)zeichnen bzw. dass sie Entwicklungen nicht zur Kenntnis nehmen und sich an vorkonziliaren (Schul-)Büchern orientieren. Eine sachgemäßere Darstellung beseitigt nicht alle Hindernisse, verschleiert schon gar nicht bleibende Unterschiede, lässt aber differenzieren zwischen den Verbindlichkeitsgraden einzelner Lehren sowie ihrer überlieferten Gestalt und ihrer damaligen und gegebenenfalls heutiger Intention. – „In einer verständlichen Sprache" (modo et sermone comprehendi)[143] greift eines der Anliegen auf, die Bischof de Smedt in seiner einschlägigen Rede vorgetragen hatte. Wie lange kann es dauern, bis sich Menschen in ökumenischen Gruppen sprachlich verständigen können! Was ist dann aber auch möglich, wenn Menschen sich in einem Lebenszusammenhang verstehen!

UR 11,3 Dieser Passus hat keine Entsprechung im ersten Schema, im zweiten fehlt der mittlere, in seinem ökumenischen Potential offensichtlich bis heute noch nicht ausgeschöpfte Satz. Zunächst werden die katholischen Theologen ermahnt – nicht zur Treue gegenüber der Lehre ihrer Kirche, die wird als selbstverständlich vorausgesetzt, sondern – zu „Wahrheitsliebe, Wertschätzung und Demut". Liebe zur Wahrheit ist überflüssig (und kann durch einen formal verstandenen „Gehorsam" ersetzt werden), wenn ich schon im Besitz der Wahrheit

---

[141] Vgl. Feiner, Kommentar 86–88.
[142] Ebd. 87.
[143] Feiner gibt als Stichwort „sermone comprehensibili" (ebd.).

bin. Hier geht es freilich darum, „gemeinsam mit den getrennten Brüdern Forschungen über die göttlichen Mysterien anzustellen". Das liegt konsequent auf der in UR 10 vorgezeichneten Linie. „Wertschätzung" (caritas) ist die Grundvoraussetzung eines echten Dialogs. Dabei geht es nicht nur um die Anerkennung von Werten und „ekklesialen Elementen" in den anderen Kirchen und kirchlichen Gemeinschaft. Vorgeordnet ist das Ernstnehmen eines jeden Bruders, einer jeden Schwester als Zeuge und Zeugin in der Nachfolge Jesu aus der Kraft des Geistes. „Also schätzen wir von jetzt an niemand mehr nur nach menschlichen Maßstäben ein" (2 Kor 5,16a) – gilt nicht dieses Wort des „Völkerapostels" Paulus auf ganz spezifische Weise auch für die ökumenische Begegnung? Dieser Imperativ ist im göttlichen Indikativ begründet: „Wenn also jemand in Christus ist, dann ist er eine neue Schöpfung: Das Alte ist vergangen, Neues ist geworden. Aber das alles kommt von Gott, der uns durch Christus mit sich versöhnt und uns den Dienst der Versöhnung aufgetragen hat" (2 Kor 5,17f.). Dem entspricht die geforderte Haltung der Demut – dem alles ermöglichenden, je größeren Gott und dem in gleichem Maß beschenkten („begnadeten") Mitchristen (Mitmenschen) gegenüber. So kann es in der Tat einen „geschwisterlichen Wettstreit" auf der Basis des „par cum pari" geben. Erneut werden einerseits unterschieden und zugleich aufeinander bezogen: die Vertiefung der Erkenntnis, also die Annäherung an die Wahrheit, und die Bekundung, die Ausdrucksgestalt dieser Wahrheit. Dabei gilt, dass nur eine Vertiefung in das letztlich eine Geheimnis des Glaubens auch seiner Bekundung größere Klarheit verleihen kann. Schließlich muss auch die Rede von den „unerforschlichen Reichtümern Christi" keine fromme Phrase bleiben, sie kann vielmehr die mit der Wahrheitsliebe eingehende Demut fördern und einem falschen ökumenischen „Alles oder Nichts" einen Riegel vorschieben.

In diesen Rahmen wurde erst auf Grund der Debatte des zweiten Schemas der Satz von der Beachtung der Hierarchie der Wahrheiten eingefügt.[144] Wie wir sahen, fällt das einschlägige Stichwort in der Rede Bischof Pangrazios zum ersten Schema. Bereits im Sommer 1963 sprach der Titularbischof von Eleuterno Salomon Ferraz in seiner schriftlichen Eingabe[145] von einer zu bewahrenden „hierarchischen Ordnung der christlichen Werte": An erster Stelle stehe die „Einheit im Glauben an Christus, unseren Erlöser, den Sohn des lebendigen Gottes". Aus diesem „Fundamentaldogma" könnten „andere Dogmen leicht eruiert und von den getrennten Brüdern akzeptiert werden, wenn wir nur diesen einfachen und wahrhaft genügenden Glauben unterscheiden von einem weiteren und tieferen Verständnis des Glaubens, das er späterhin fortschreitend erworben hat, wie es auch bei den Katholiken selbst geschieht". Auf der zweiten Stufe geht es dann um die sakramentale, auf der dritten um die „juridisch-disziplinäre" Einheit. Otto

---

[144] Vgl. dazu jetzt Pesch, „Hierarchie der Wahrheiten" (mit weiterer Lit.). In seiner einschlägigen Monographie untersucht Valeske, Hierarchia veritatum, die konziliare Diskussion und die unmittelbar nachkonziliare Interpretation und verfolgt dann die Sachproblematik in der römisch-katholischen (als „Problem einer dogmatischen Wertehierarchie") wie in der „nichtrömischen" (als „Problem der Fundamentalartikel") Theologiegeschichte. Wichtig auch Velati, Una difficile transizione 462–464.
[145] AS II/5, 890 f.

Hermann Pesch nennt es eine „List des Heiligen Geistes", dass das Stichwort von der Hierarchie der Wahrheiten/Werte „zwischen der ersten Anregung und der Ergänzung des endgültigen Textes eine Entwicklung durchlaufen [hat], in der sein ursprünglicher Sinn geradezu auf den Kopf gestellt wurde"[146]. Bischof Ferraz ging es nämlich um eine gestufte „Rückkehr-Ökumene", um das „Zurückrufen der Protestanten zur Mutter Kirche"; es handelt sich um eine Unterscheidung im Dienst des dreistufigen Wegs zur Einheit der Kirche.[147]

In Bischof Pangrazios Rede wird aus einer „glaubenspsychologischen-pädagogischen Deutung der *hierarchia veritatum*, die die ‚getrennten Brüder' nur mit Entrüstung hätten zurückweisen können, ... eine objektiv-theologische Deutung", die mit den Ausführungen in LG 15 kompatibel ist.[148] Hinweisen von Pesch und Valeske zufolge stehen die Aussagen von Ferraz und Pangrazio im Zusammenhang mit den Überlegungen von Christophe-Jean Dumont, Direktor von „Istina" und Konsultor des Einheitssekretariats. Dieser hatte schon ein Jahrzehnt zuvor die Frage nach einer möglichen Hierarchie der Wahrheiten gestellt.[149] In seinem Kommentar zur Stelle[150] erinnert Dumont an seinen früheren Beitrag und grenzt sein Verständnis der Hierarchie der Wahrheiten von einem Konzept der „Fundamentalartikel" ab. Denn das Bestehen einer Rangordnung der Wahrheiten – „oder viel präziser: der Wirklichkeiten"[151] – hebe die formale Verbindlichkeit von materialiter niederrangigen Wahrheiten (Wirklichkeiten) nicht auf.

Nachdem Pangrazio, seit 1962 „Erzbischof in dem sowohl national als auch konfessionell brisant inhomogenen Länder-Dreieck Italien-Jugoslawien-Österreich", was möglicherweise „seine ungewöhnliche ökumenische Nachdenklichkeit" erklärt[152], vom Geheimnis der Kirchengeschichte gesprochen hatte (s. o.), beklagt er den quantitativen Charakter der Aufzählung von „elementa ecclesiastica". Deren „einigendes Band" und Zentrum fehle, und das sei Christus selbst, „den alle Christen als Herrn der Kirche [!] bekennen, dem zweifellos die Christen aller Gemeinschaften treu dienen wollen und der auch in den getrennten Gemeinschaften durch seine aktive Gegenwart im Heiligen Geist seine Wunder vollbringen will, freilich nicht durch die Verdienste der Menschen, sondern allein durch die Gnade seiner Barmherzigkeit"[153]. Im Lichte der aktuellen ökume-

---

[146] Pesch, „Hierarchie der Wahrheiten" 302 bzw. 300.
[147] Nachweise und Hinweise auf die einschlägige vorausgehende theologische Entwicklung bei Pesch, „Hierarchie der Wahrheiten" 310, Anm. 12.
[148] Ebd. 302.
[149] Der Beitrag „Y a-t-il une hiérarchie de valeur entre les vérités de foi?" von 1952 ist wieder abgedruckt in: Dumont, Les voies 157–161.
[150] Dumont, Décret 395–397.
[151] Ebd. 396.
[152] Pesch, „Hierarchie der Wahrheiten" 310, Anm. 13. Vgl. dazu die Erklärung des Weihbischofs und Generalvikars von San Antonio (Texas) nach seiner Rede vom 25.11.1963 im Pressezentrum: „Ich hatte mich entschlossen, diese Rede zu halten, weil es mir, der ich fast mein ganzes Leben unter Nichtkatholiken gelebt und gearbeitet habe, unerträglich geworden war, im Konzil von ihnen zu hören, als wären sie eine fremde Menschenrasse" (zit. nach Hampe, Die Autorität 2, 574[1]). – Wäre das vielleicht ein Kriterium bei der Auswahl ökumenischer Experten in theologischen und lehramtlichen Gremien?
[153] AS II/6, 34.

nischen Situation gewinnen diese Sätze ungeahnte(?) Relevanz: Katholiken bekennen sich eindeutig zu Christus als dem Herrn der Kirche; sie lassen keinen Zweifel am Glaubensernst der Brüder und Schwestern; sie bezeugen das andauernde Wirken Christi durch den Heiligen Geist in den anderen „Gemeinschaften"; sie führen dies allein auf das Werk Gottes zurück und unterstreichen somit die reformatorische Rechtfertigungslehre. Wenn dies gilt, handelt es sich nicht bei den „Gemeinschaften" dann auch um „Kirchen im eigentlichen Sinn"?

Im dritten Punkt seiner Rede parallelisiert Erzbischof Pangrazio die Struktur des Offenbarungsglaubens und die der Kirche: „Damit die unter den Christen bereits bestehende Einheit und zugleich die bislang andauernde Verschiedenheit gerecht unterschieden werden, scheint es mir von großer Bedeutung, dass die – wie ich sagen möchte[154] – hierarchische Ordnung der geoffenbarten Wahrheiten, durch die das Geheimnis Christi ausgedrückt wird, und der kirchlichen Elemente, durch welche die Kirche konstituiert wird, wohl beachtet wird."[155] Das bedeutet, „dass die Offenbarung selbst strukturiert ist"[156], und der christliche Glaube als Bezeugung der Offenbarung hat dieser Struktur zu entsprechen, ebenso die Theologie als Reflexion auf dieses Geschehen (diese Wirklichkeit) von Offenbarung und Glauben. Pangrazio nimmt also Dumonts Unterscheidung zwischen der formellen und der materialen Relevanz auf und erläutert sie folgendermaßen: „Wenn auch alle geoffenbarten Wahrheiten mit demselben göttlichen Glauben zu glauben und alle konstitutiven Elemente der Kirche mit derselben Treue festzuhalten sind, so behaupten und besitzen doch nicht alle dieselbe Stelle."[157] Diese formelle Betrachtung der Verbindlichkeit kirchlicher Lehre entspricht der traditionellen fundamentaltheologischen Unterscheidung der Gewissheitsgrade. Diese wird nun durch das Konzept der Hierarchie der Wahrheiten (Heilswirklichkeiten) ergänzt, wodurch definierten Wahrheiten der rechte Platz zugewiesen wird, sind doch nicht alle feierlich definierten Dogmen von zentraler inhaltlicher Bedeutung. Pangrazio rekurriert deshalb was die materiale Betrachtungsweise angeht auf die Unterscheidung zwischen der Ordnung des Zieles und der Ordnung der Mittel. Zur erstgenannten Ordnung gehört im Grunde das, was Karl Rahner in Absetzung von dem quantitativen Konzept der „Glaubenswahrheiten" das eine (dreieinige) Geheimnis des christlichen Glaubens nennt: Trinität-Inkarnation-Gnade.[158] Pangrazio nennt „das Geheimnis der allerheiligsten Dreifaltigkeit, der Menschwerdung des Wortes und der Erlösung, der göttlichen Liebe und Gnade gegenüber der sündigen Menschheit, des ewigen Lebens in der Vollendung des Reiches Gottes und andere."[159] Zu der sekundären Ordnung der Heilsmittel gehören z. B. „die Wahrheiten über die Siebenzahl der Sakramente, über diese hierarchische Struktur der Kirche, über die apostolische Sukzession usw.". Es handelt

---

[154] Dieser Einschub fehlt in der schriftlichen Fassung.
[155] Ebd. – So auch die folgenden Zitate.
[156] So ausdrücklich Bavaud, Le décret 91.
[157] AS II/6, 34.
[158] Vgl. Rahner, Über den Begriff des Geheimnisses.
[159] AS II/6, 34. Das „et alii" der schriftlichen Fassung und das „etc." der Rede hat möglicherweise gegenüber dem Verdacht des Reduktionismus beruhigend wirken sollen.

sich um Mittel für den „irdischen Pilgerweg" der Kirche, nicht um ewige Wahrheiten.

Entscheidend ist nun, dass Pangrazio zufolge „die Lehrunterschiede zwischen den Christen weniger jene Wahrheiten betreffen, die zur Ordnung des Zieles gehören, sondern eher jene, die sich auf die Ordnung der Mittel beziehen und die zweifelsohne den ersteren untergeordnet sind". Die Folgerung des Erzbischofs: „Wenn im Schema diese Unterscheidung gemäß der Hierarchie der Wahrheiten und der Elemente ausdrücklich herangezogen wird, würde, wie ich meine, die unter [allen][160] Christen schon bestehende Einheit besser in Erscheinung treten – alle Christen wie eine Familie wenigstens[161] in den primären Wahrheiten der christlichen Religion schon vereint."[162]

Eingebracht wurde das Stichwort von der Hierarchie der Wahrheiten während der Diskussion des zweiten Schemas (angeregt durch J. Feiner?) von Kardinal König. Da er den „Zusammenhang mit dem Fundament des christlichen Glaubens" als Kriterium nannte, war die Idee der Hierarchie der Wahrheiten in ihrer objektiven und nicht in ihrer glaubenspsychologisch-pädagogischen Intention rezipiert.[163] 40 Jahre nach Eröffnung des Zweiten Vatikanischen Konzils zeigt O. H. Pesch auf, was ein Ernstnehmen dieses Kriteriums der Hierarchie der Wahrheiten (und „Elemente") bedeuten könnte. Reicht die schon bestehende Einheit im Fundamentalen nicht zur wechselseitigen Anerkennung als legitime Ausgestaltungen der einen Kirche Jesu Christi und zur wechselseitigen Einladung zum Mahl des Herrn aus? Wenn alle Christen um des Glaubens willen laufen und den guten Kampf kämpfen, braucht es dann noch zur Aufnahme der Kirchengemeinschaft diesen „ökumenischen Hochsprungwettbewerb", indem immer neue Sprunghöhen zu überwinden sind?

Erfahrung damals und heute ist indes, dass die Hierarchie der Wahrheiten in inhaltlicher Hinsicht schwerer zu bestimmen ist als die Feststellung des formellen Grades der Gewissheit oder Verbindlichkeit. Genauer noch: Unbeschadet der durch das Glaubensbekenntnis vorgegebenen trinitarisch-christologischen Struktur ist in der ökumenischen Theologie gerade umstritten, in welchem inneren Verhältnis Wahrheiten, die auf unterschiedlichen Stufen der Hierarchie anzusetzen sind, zueinander stehen. Gehört z. B. eine bestimmte Form der apostolischen Sukzession zu den konstitutiven Elementen? Bedeutet das, dass das dreieinige Geheimnis des christlichen Glaubens nur unter bestimmten Bedingungen so bewahrt werden kann, dass auch nur so die Einheit der Kirche bewahrt bzw. Kirchengemeinschaft erklärt werden kann? Wäre schon etwas gewonnen, wenn das innere Gefüge der Glaubenswahrheiten „im christlichen Leben und im christlichen Lehren" transparent würde, wie Stransky meint?[164] Ihm zufolge gelten folgende Prioritäten: „Gnade hat höhere Bedeutung als Sünde, heiligmachende

---

[160] So in der schriftlichen Fassung.
[161] Fehlt in der schriftlichen Fassung.
[162] AS II/6, 34 f.
[163] Unbeschadet dessen gilt, dass es im Leben der einzelnen Gläubigen unterschiedliche Hierarchien von Wahrheiten und Werten gibt, was auch in ökumenischer Hinsicht von Belang ist.
[164] Stransky, The decree 39.

Gnade höhere als aktuelle Gnade, der Heilige Geist höhere als Maria, die Auferweckung Christi höhere als seine Kindheit, der mystische Aspekt der Kirche höhere als der juridische, die Liturgie der Kirche höhere als die private Frömmigkeit: die Taufe höhere als die Buße, die Eucharistie höhere als die Krankensalbung."[165] Nach Thils haben als „Wahrheiten – Dogmen oder theologische Lehren –, die das Fundament des christlichen Mysteriums selbst betreffen [zu gelten]: der Heilige Geist, die Gaben der Gnade, die Eucharistie"[166]. Nach den Aussagen des Zweiten Vatikanischen Konzils trennt uns so gesehen „nur" die Eucharistie(feier). Hier bündeln sich freilich die kirchentrennenden Differenzen, insofern, zumindest aus katholischer, orthodoxer und ein Stück weit auch aus anglikanischer Sicht, in der Eucharistie die Einheit der Kirche dargestellt wird. Kardinal Bea benannte in seinem Kommentar genau die strittigen Punkte, die auch gegenwärtig, etwa als Frage nach dem Zusammenhang von differenziertem Konsens in Grundwahrheiten der Rechtfertigungslehre und seinen ekklesiologischen Konsequenzen, virulent sind: Für den „brüderlichen Wettstreit zur tieferen Erkenntnis und klareren Bekundung der unerforschlichen Reichtümer Christi" gebe das Konzil selbst „gewissermaßen ein Beispiel. Obwohl es die schwerwiegenden Unterschiede feststellt, die zwischen uns und den getrennten Brüdern des Abendlandes bezüglich der mehr fundamentalen Punkte des Glaubens bestehen – die Lehre über Christus, die Kirche und ihr Lehramt, die heiligste Eucharistie und andere Sakramente, die Anwendung der Sittenlehre des Evangeliums auf die schwierigeren Fragen der modernen Gesellschaft –, hält es einen Dialog nicht nur für möglich, sondern ermahnt nachdrücklich, ihn zu führen, indem es ihn als den einzigen Ausweg in diesem Bereich betrachtet und eine Reihe von Punkten anführt, um die er sich drehen müsse"[167].

Nun sind wir an diesem Punkt in einer bemerkenswerten ökumenischen Lage, insofern eine Gemeinsame Arbeitsgruppe aus Mitgliedern des Päpstlichen Rates zur Förderung der Einheit der Christen und der Kommission für Glauben und Kirchenverfassung 1990 ein gemeinsames Studiendokument unter dem Titel „Der Begriff der ‚Hierarchie der Wahrheiten' – eine ökumenische Interpretation" vorgelegt hat.[168] Die Anregung dazu ging von Willem A. Vissert't Hooft aus, als Papst Johannes Paul II. 1984 den ÖRK in Genf besuchte. So haben wir eine gemeinsame ökumenische Interpretation einer wichtigen Aussage des Zweiten Vatikanischen Konzils zur Verfügung. Zunächst wird in Erinnerung gerufen, dass die Aussage von der Hierarchie der Wahrheiten „innerhalb dieses breiteren, unablässig forschenden Verständnisses von Dialog verstanden werden" muss, der „ein gemeinsames Ergründen der göttlichen Geheimnisse" darstelle.[169] Das Dekret wolle „den organischen Charakter des Glaubens" bekräftigen, sage aber „nichts aus über die Bedeutung des ‚Fundaments des christlichen Glaubens'"[170].

---

[165] Ebd.
[166] Thils, Le décret 125.
[167] Bea, Der Weg zur Einheit 100.
[168] Gemeinsame Arbeitsgruppe, Studiendokument (DwÜ 2, 751–760).
[169] Ebd. 752.
[170] Ebd. 753.

Obwohl der Begriff als solcher neu sei, finde sich die gemeinte Sache in verschiedenen theologischen Traditionen und Zusammenhängen. Genannt werden organische Ordnung innerhalb der Heiligen Schrift, im Verhältnis der Konzilien zueinander, bezüglich der Ordnung der Sakramente und des liturgischen Jahres. Für die reformatorischen Kirchen gilt das Evangelium als Zentrum des Glaubens und die Heilige Schrift als „höchste Autorität". Demgegenüber betone die orthodoxe Tradition „die kohärente apostolische Tradition", die „keine Unterscheidung zwischen primären und sekundären Wahrheiten" kenne, wohl aber Differenzierungen im Bereich theologischer Reflexion.[171] Nun bietet das Studiendokument eine Interpretation der Schlüsselbegriffe Hierarchie, Fundament und Zusammenhang. Hinsichtlich der *Hierarchie* wird die oben bereits vorgenommene Unterscheidung zwischen einer Ordnung der göttlichen Offenbarung auf der einen und der gläubigen Antwort auf der anderen Seite festgehalten. Ein Achten auf die Hierarchie der Wahrheiten könne das eigene Erbe bewusster machen wie auch zu Veränderungen führen. Als *Fundament* fungiere nach UR das Mysterium Christi (und die Heilsgeschichte), was bedeute, dass es um eine Wirklichkeit und nicht um eine Formulierung dieser Wirklichkeit geht, weshalb „der zentrale Ort, an dem dieses Fundament verkündigt, bekannt und gefeiert wird, ... der Gottesdienst der Kirche [ist]"[172]. Entscheidende Aspekte bei der Rede von einem *Zusammenhang* mit dem Fundament sind die dynamische Beziehung und die tatsächliche Anerkennung unterschiedlicher Relationen.[173] Schließlich zieht die Arbeitsgruppe Folgerungen sowohl „für das Bemühen um volle Gemeinschaft" wie „für den ökumenischen Dialog". Zunächst macht die Besinnung auf Fundament und dynamische Ordnung die fundamentale Gemeinsamkeit aller Getauften bewusst. Die bestehenden Unterschiede drücken zum Teil die legitime Pluralität christlichen Glaubenslebens aus, zum Teil stellen sie aber „noch immer entscheidende Hindernisse" auf dem Weg zur vollen Gemeinschaft dar. Die hoffnungsvolle Perspektive lautet: „Eine Anerkennung der ‚Hierarchie der Wahrheiten' könnte bedeuten, dass die ökumenische Tagesordnung auf eine Gemeinschaft im ‚Fundament' gegründet wird, die bereits besteht und den Weg weisen wird zu jener Ordnung von Prioritäten, die ein allmähliches Hineinwachsen in die volle Gemeinschaft ermöglicht."[174] Bezüglich des theologischen Dialogs wird die oben bereits aufgezeigte unterschiedliche Gewichtung der Zusammenhänge festgehalten, gleichwohl auch von einer möglichen wechselseitigen Bereicherung gesprochen. Jedenfalls könnte der Begriff der Hierarchie der Wahrheiten „in der *theologischen Methodologie und Hermeneutik* ein nützliches Prinzip sein", da es „seinem Geist nach ... *dialogisch*"[175] sei. Nicht zuletzt gibt das Studiendokument zu bedenken, dass das Prinzip „im Bereich von *Mission und gemeinsamem Zeugnis*" helfen könne, „besonders in säkularisierten und höchst komplexen Gesellschaften"[176].

---

[171] Vgl. ebd. 754.
[172] Ebd. 756.
[173] Ebd. 756 f.
[174] Ebd. 758.
[175] Ebd. 759 f.
[176] Ebd. 759.

In der Tat sollte die Frage nicht unterdrückt werden, vor welche gemeinsamen (!) Herausforderungen, auch hinsichtlich der „Hierarchie der Wahrheiten", uns die heutige Lebenssituation, lokal wie global, stellt.

UR 12 [Die Zusammenarbeit mit den getrennten Brüdern]
Mit einem nicht weiter untergliederten längeren Artikel schließen die Konzilsväter das zweite Kapitel des Dekretes ab. Es handelt sich um alles andere als einen „frommen Abgesang". Ohne Übertreibung kann vielmehr von einem „ökumenischen Manifest" bzw. vom „Ökumenischen Hohen Lied der Liebe" gesprochen werden. In der Fassung des ersten Schemas fehlte noch der erste Satz, so dass die praktische Ökumene ganz im Mittelpunkt stand. Durch die Einfügung des Aufrufs zum trinitarisch-christologischen Bekenntnis gewinnt der endgültig verabschiedete Text erneut Anschluss an die beiden Quellen der Ökumenischen Bewegung des 20. Jahrhunderts, die Bewegung für Glauben und Kirchenverfassung sowie die für Praktisches Christentum. Ohne Zweifel haben die Kontakte mit den Beobachtern dafür Sorge getragen, dass die Anliegen des Weltrates der Kirchen aufgenommen werden. Ohne die Quelle zu nennen, greifen die Konzilsväter abermals auf die Basisformel des ÖRK zurück, die ja erst 1961 in Neu-Delhi trinitarisch erweitert wurde.

Alle Christen werden aufgerufen, diesen gemeinsamen Glauben zu bekennen und Zeugnis zu geben von der untrüglichen, weil in Gott gegründeten, Hoffnung, wie im Nachklang zu 1 Petr 3,15 formuliert wird. Das Bekennen wird also mit dem Zeugnis der Hoffnung verbunden, und dieses wird in zweifacher Weise qualifiziert: Es geschehe im gemeinsamen Bemühen und in gegenseitiger Hochschätzung. Wichtig ist die Verbindung der beiden Aspekte ökumenisch gelebter christlicher Hoffnung: Eben nicht nur nebeneinander her handeln in gegenseitigem Respekt, sondern miteinander handeln. Das gemeinsame Bekenntnis ist im Bereich der *Orthodoxie* konzentriert auf die fundamentalen „Wahrheiten", auf das drei-eine Geheimnis des christlichen Glaubens. Wie gewöhnungsbedürftig dies zur Zeit des Konzils war (und bis heute geblieben ist!), zeigt der Kommentar Feiners: „Das gemeinsame Bekenntnis ist ... inhaltlich begrenzt ... Wenn es aber auch einerseits wenige Offenbarungswahrheiten sind, die gemeinsam von allen Christen bekannt und bezeugt werden können, so ist andererseits gerade hier nicht zu übersehen, dass es sich um die Wahrheiten handelt, deren ‚Zusammenhang mit dem Fundament des christlichen Glaubens' am engsten ist, die also in der ‚Hierarchie der Wahrheiten' den ersten Platz einnehmen."[177] Wenn wir die Aussagen von UR 11 ernst nehmen, kann sich die Angst vor einem ökumenischen Minimalismus verflüchtigen.

Dies ist die Basis für die *Orthopraxis*, das gemeinsame Bezeugen und Bewähren der drei-einigen Wahrheit in der heutigen Weltgesellschaft. Hier sind es die Zeichen der Zeit, welche den Christen ins (ökumenische) Gewissen hinein signalisieren, dass es keine hierarchische Über- bzw. Unterordnung von Orthodoxie und Orthopraxis, von „Weltdienst und Heilsdienst", von „Gottes- und Nächstenliebe"

---
[177] Feiner, Kommentar 90.

geben kann. Sonst wäre es sinnlos zu behaupten, dass an Gott Glaubende „in gesteigertem Maße"[178], „am meisten aber alle Christen" das zu realisieren hätten, wozu „ausnahmslos alle Menschen" schon ohnehin gerufen sind. Die theologische Begründung für die Christen lautet, dass sie „mit dem Namen Christi" bezeichnet sind. Damit wird das gemeinsame Handeln mit dem Zentrum des Glaubensgeheimnisses verknüpft. Die beiden Dimensionen des „Wesens" der Kirche, dass sie nicht aus sich selbst lebt und dass sie nicht für sich selbst lebt, werden hier miteinander verschränkt. Nicht aus sich selbst, sondern durch Christus haben die Christen „auf lebendige Weise jene Verbindung", in der sie trotz aller bestehenden Trennung „schon untereinander geeint werden". Nicht für sich selbst allein erfreuen sich Christen des Heilshandelns Gottes, sondern sie bezeugen es in der Menschheit durch Wort und Tat. Dabei wird erwartet, dass die ökumenische Kooperation „in volleres Licht" rückt, was durch Lehrgespräche möglicherweise nicht hinreichend verdeutlicht werden kann: „jene Verbindung …, in der sie schon untereinander geeint werden." Aber das Hoffnungshandeln setzt nicht nur die Communio der Christen untereinander, sondern auch „das Antlitz Christi, des Dieners, in volleres Licht". Jetzt wird klar, wieso diejenigen, die Christi Namen tragen, in gesteigertem Maße aufgefordert sind, gemeinsam zum Wohl und Heil der Menschheit zu handeln. Das entspricht dem Wesen Christi, dessen Sein Dietrich Bonhoeffer als „Dasein für andere" bezeichnete. Wenn dann wiederum mit Bonhoeffer Kirche so beschrieben werden kann: „Christus als Gemeinde existierend", dann ist Kirche das Antlitz Christi in dieser Welt, so wie es durch unsere menschliches Reden und Tun verdunkelt wird oder eben in vollerem Licht aufleuchtet.

Die folgende exemplarische Aufzählung der Arbeitsfelder darf nicht dadurch relativiert werden, dass man sie nur auf den letzten Satz hin liest. Sonst würde der gemeinsame Einsatz der Christen für die Menschen heute funktionalisiert, er diente lediglich dazu, „leicht [zu] lernen, wie sie einander besser kennenlernen und höher schätzen können und der Weg zur Einheit der Christen geebnet wird". Nun ist auch dies schon bemerkenswert, dass der gemeinsame Einsatz in der Welt als eine leichte (!) Möglichkeit gesehen wird, sich als Christen besser kennen zu lernen und zu schätzen. Das bedeutet: Die Orthopraxis ist eine nota, ein Kennzeichen des Christseins, insofern Christenmenschen sich durch das konkrete Verhalten und Handeln bewähren und ihrer Überzeugung Ausdruck geben. Oder sollte man denken, dass hier eine Hochschätzung der Praxis gemeint ist, die mit einer Kennzeichnung des Bruders, der Schwester im Glauben als „Häretiker" einhergeht? Die Konzilsväter haben wohl geahnt, dass die in christlichen Lebensvollzügen implizierte bzw. in ihnen zum Ausdruck kommende Theologie von Relevanz für die Glaubenslehre ist. Dazu würde nämlich passen, dass die gemeinsame Praxis nicht nur dem wechselseitigen Wertschätzen dienen, sondern auch „den Weg zur Einheit der Christen" ebnen soll. Das Ökumenismusdekret erweist sich

---

[178] „potiore ratione" wird im LThK.E 2, 91, mit „erst recht" übersetzt; wörtlich: „mit (noch) stärkerer Begründung".

mit dieser Position als ein wichtiger Brückenpfeiler, der den Bogen von der Kirchenkonstitution hin zur Pastoralkonstitution mit trägt.

Wie ein Präludium des Themenkatalogs von GS liest sich die Aufzählung der Felder gemeinsamen Handelns. Der ökumenische Prozess für Frieden, Gerechtigkeit und Bewahrung der Schöpfung erweist sich bei der Relecture als eine ein wenig verspätete Frucht auch der ökumenischen Vision des Zweiten Vatikanischen Konzils. War es erst das ökologische Bewusstsein, das sich im Konzilstext noch nicht bemerkbar macht, was die Christen, zumindest über den Bereich der Mitgliedskirchen des Ökumenischen Rates hinaus, zum gemeinsamen Handeln antrieb? Dabei hatte das Konzil auch in anderen Zusammenhängen diese ökumenischen Kooperationen empfohlen.[179]

V. Die von Rom getrennten Kirchen und Kirchlichen Gemeinschaften (III. Kapitel: UR 13–23)

Welche praktische Verwirklichung des Ökumenismus (II. Kapitel) ist unter Anwendung der katholischen Prinzipien (I. Kapitel) in den Beziehungen zu den anderen Kirchen und Kirchlichen Gemeinschaften möglich? Was sagt das Dekret über den Beitrag der Katholiken – denn an diese wendet es sich! – „zur klugen Ausübung der ökumenischen Tätigkeit" (UR 13,4)?

Nachdem UR 13 quasi als Vorwort das III. Kapitel eröffnet, folgt eine Abhandlung in zwei Teilen: Zunächst sollte im Titel des Kapitels von den getrennten Christen die Rede sein, was aber aufgrund der ekklesiologischen Debatten obsolet geworden war. Die entscheidende ökumenische Weichenstellung, die Angehörigen anderer Konfessionen nicht mehr als einzelne Gläubige, sondern eben zugleich als Glieder ihrer Kirchen und Kirchlichen Gemeinschaften zu schätzen, konnte nicht mehr rückgängig gemacht werden. Nun werden die Orientalischen Kirchen bzw. Ostkirchen „wie selbstverständlich" als Kirchen bezeichnet.[180] Freilich: Welcher Wandel hat sich auch hier ergeben, denkt man an die „selbstverständliche" Identifikation der römisch-katholischen Kirche mit der einzigen Kirche Jesu Christi! Folgerichtig wird der 1. Teil (UR 14–18) mit „Die besondere Betrachtung der Ostkirchen" überschrieben. Der 2. Teil (UR 19–23) ist den „getrennten Kirchen und kirchlichen Gemeinschaften im Westen"[181] gewidmet, wobei das Konzil bekanntermaßen eine konkrete Festlegung auf Kirche oder Kirchliche Gemeinschaft vermeidet und die weitere Klärung dem Fortgang ökumenischer Ekklesiologie überlässt.[182]

---

[179] Feiner, Kommentar 91, verweist auf DV 22, AA 27, AG 15.41, GS 88.90. Dass die Bibelbewegung nicht eigens erwähnt wird, muss man mit Feiner an dieser Stelle nicht bedauern, weil hier eher die Felder des expliziten diakonalen Handelns im Blick sind. Bibelbewegung, Liturgische Bewegung, Jugendbewegung haben selbstverständlich ihren Platz in der (Vor-)Geschichte des jüngsten Konzils (s. Teil A.).

[180] S. o. A.I.2.

[181] Im Zusammenhang von UR 3,4 wurde der Sprachgebrauch „Kirchen und Kirchliche Gemeinschaften" bereits erläutert.

[182] Im lateinischen Text wird das Adjektiv „ecclesiales" klein geschrieben; die deutsche Überset-

Über das zu UR 3,4 Angemerkte hinaus gilt es zu beachten, dass zwar die Überschrift zum 2. Teil von „getrennten Kirchen und kirchlichen Gemeinschaften" spricht, die Hauptüberschrift aber präziser formuliert: „die vom Römischen Apostolischen Stuhl getrennten …". Dies entspricht dem ökumenisch-ekklesiologischen Lernprozess der Konzilsväter: Zunächst einmal sind die „getrennten Christen" nicht als von Jesus Christus getrennte zu verstehen, werden sie doch „als Getaufte mit dem christlichen Namen geziert" (LG 15). Sie sind auch nicht als völlig von der Katholischen Kirche getrennte Mitchristen zu bezeichnen; vielmehr besteht nach UR 3,1 „eine gewisse, wenn auch nicht vollkommene Gemeinschaft". Deshalb wählt das Einheitssekretariat die Bezeichnung „vom Römischen Apostolischen Stuhl getrennt", die in der Tat auf alle nicht-römisch-katholischen Kirchen und Kirchliche Gemeinschaften zutrifft. Trotz der Nichtanerkennung des römischen Jurisdiktionsprimats ist mit den Kirchen des Ostens „eine gewisse Gemeinschaft in heiligen Dingen" (UR 15,3: communicatio in sacris[183]) möglich, ja „sogar in der Eucharistie zu erlauben und zu ihr zu ermutigen"[184]. Als Haupthindernis bezüglich der anderen Kirchen wird in diesem Zusammenhang regelmäßig die fehlende apostolische Sukzession genannt. Im ökumenischen Gespräch wird man sich darauf konzentrieren können und fragen, ob eine apostolische Nachfolge wirklich völlig fehlt oder ob nur deren Vollzüge und Zeichen als defizitär oder rechtlich ungültig angesehen werden. Je nachdem würde aus einem theologisch-dogmatischen Problem ein primär theologisch-rechtliches bzw. theologisch-praktisches. Das hätte dann gegebenenfalls Auswirkungen im Hinblick auf eine (wenigstens partielle) Eucharistiegemeinschaft![185]

Die Vorstellung des Zweiten Vatikanisches Konzils über das Verhältnis der katholischen Kirche zu den anderen Kirchen und kirchlichen Gemeinschaften lässt sich im Modell konzentrischer Kreise visualisieren. Wenn dabei die Ordnung der Heilsmittel im Blick ist, so steht die römisch-katholische Kirche im innersten Kreis; nur in ihr finden Menschen „die ganze Fülle der Heilsmittel" (UR 3,5). Wenn dagegen die Ordnung des Heilsziels in den Blick genommen wird, so stellt auch das Konzil Jesus Christus in den Mittelpunkt.[186] Hierfür stehen z.B.: die Aussage, dass „die Kirche …, zugleich heilig und stets reinigungsbedürftig, immerfort den Weg der Buße und Erneuerung [geht]" (LG 8,3); die Offenheit des „subsistit" (vgl. LG 8,2; UR 4,3); die Einsicht, dass es wegen der Trennung „auch für die [katholische] Kirche selbst … schwieriger [wird], die Fülle der Katholizität

---

zung im LThK.E und im Konzilskompendium wählt die Großschreibung „Kirchliche Gemeinschaften", wohl um die Bedeutung eines „feststehenden Ausdrucks" zu signalisieren.

[183] Üblicherweise „Gottesdienstgemeinschaft" genannt.
[184] Direktorium zur Ausführung der Prinzipien und Normen über den Ökumenismus (25.3.1993), Nr. 122.
[185] Centre d'Études Oecuméniques, Abendmahlsgemeinschaft.
[186] Vgl. die Auseinandersetzung mit L. Vischer („Die römisch-katholische Kirche steht in der Mitte und sieht die nichtrömischen Kirchen außerhalb ihrer Grenzen in verschiedener Nähe oder Ferne") bei Jaeger, Das Konzilsdekret 150f., der sogar behauptet: „Denn das Dekret sieht Christus als den einzigen Mittelpunkt …" (150). Mir scheint die Unterscheidung zweier Einteilungsprinzipien für das Modell der konzentrischen Kreise den Konzilstexten eher gerecht zu werden. Freilich steht die Priorität des „Christus-Modells" außer Frage!

in jeder Hinsicht in der Wirklichkeit des Lebens selbst auszudrücken" (UR 4, 10). So streben „die getrennten Brüder" nicht zur katholischen Kirche hin, sondern „auf Christus als Quell und Zentrum der kirchlichen Gemeinschaft" (UR 20). Institutionelle „Vollständigkeit" garantiert ganz offensichtlich nicht eine größere Nähe zum lebendigen Herrn der Kirche, „während eine nichtkatholische Kirchengemeinschaft, obwohl ihr manche ekklesialen Elemente fehlen, viele Gläubige haben könnte, die tiefer und innerlicher dem Evangelium folgen"[187].

Diese Interpretation einschlägiger Texte kann sich auf Mitarbeiter des Einheitssekretariats berufen. Auf Kardinal Jaegers Position wurde bereits hingewiesen. Thomas F. Stransky hebt den Fortschritt des Ökumenismusdekrets gegenüber der Kirchenkonstitution schärfer heraus. LG 14 wählt zur Kennzeichnung des ekklesiologischen Status der Katholiken den Terminus incorporatio: sie „werden der Gemeinschaft der Kirche voll einverleibt" (plene Ecclesiae societati incorporantur). Das ist eher die juristische Sprache der Mitgliedschaft in einer Gesellschaft (societas!), nicht die der (sakramentalen) Mitgliedschaft in einer Gemeinschaft (communio)! Infolge dessen lauten die Kategorien zur Kennzeichnung des ekklesiologischen Status der Nichtkatholiken und der Nichtchristen: Verbundenheit (LG 15, 1: „weiß sich die Kirche aus mehreren Gründen verbunden") bzw. Hingeordnetsein (LG 16, 1: „werden auf das Volk Gottes auf verschiedene Weise hingeordnet"). Durch die Unterscheidung zwischen „vollständig" und „unvollständig" wird in gewisser Weise das streng juristische Schema der Mitgliedschaft gesprengt, jedenfalls das Register einer gestuften Mitgliedschaft eingeführt. Zum unmittelbaren Kontext von LG 14 und 15 gehört das Eigenschaftswort „vollständig" (integer). Was heißt dies für die Interpretation von „unitatis red-integratio"?

Grade der Verbundenheit lassen sich allerdings selbstverständlicher mittels der Schlüsselkategorie der Communio zum Ausdruck bringen, was UR konsequent tut. Dann ist nicht von „vollständiger Ordnung" (LG 14, 1) bzw. „nicht vollständigem Glauben" (LG 15) die Rede, sondern von voller und „(noch) nicht voller" Gemeinschaft. Die Diskussion des Schemas über den Ökumenismus hat auch den Text der Kirchenkonstitution beeinflusst, insofern auch dort die Nichtkatholiken nicht länger bloß als Individuen betrachtet und gewürdigt werden.[188] In der Perspektive des Ökumenismusdekrets erscheint die Kirche als eine Communio von Ortskirchen (das macht ihre Katholizität aus), die von Bischöfen, die untereinander in Gemeinschaft stehen, geleitet werden (das ist Kennzeichen ihrer Apostolizität). Nun ist unschwer zu erkennen, dass in der Struktur und Praxis der (römisch-) katholischen Kirche diese Katholizität in der Gemeinschaft der bischöflichen Ortskirchen nach wie vor zu wenig ausgeprägt und von manchen gar nicht gewollt ist, während im ökumenischen Dialog bestimmte Formen der Apostolizität ganz stark gemacht werden.[189] Ist dies Anzeichen dafür, dass der Wechsel vom eher juristischen Register (societas, incorporatio, integratio) zu

---

[187] Jaeger, Das Konzilsdekret 152.
[188] Vgl. Stransky, The decree 25.
[189] Nach Thils, Le décret conciliaire 241, ist das entscheidende Kriterium für die Anerkennung des vollen Kircheseins der „gültige Episkopat".

dem theologischen Konzept der Communio noch nicht konsequent vollzogen wurde? Eine Gemeinschaft von Gläubigen (communio fidelium) wird aber in erster Linie nicht als ein Ensemble von institutionellen Elementen beschrieben. So stellt Stransky der Communio der Glaubensgemeinschaft die Institution der Mittel gegenüber.[190] Daraus folgt in der Perspektive der Communio-Ekklesiologie, dass „unitatis redintegratio" kein einseitiger Prozess sein kann, weil „die vollkommene Einheit im aktuellen Leben keiner Kirche zu finden ist"[191].

Die „Faustformel" von der Communio der Glaubensgemeinschaft und der Institution der Mittel darf nicht als Antithese missverstanden werden. Wohl aber insinuiert sie zu Recht eine gewisse Asymmetrie: Die Mittel stehen im Dienst des Glaubens. Reformatorischerseits gelten die Predigt als (reine) Verkündigung des Evangeliums und die Darreichung der Sakramente (von Taufe und Abendmahl) als die Gnadenmittel. Sowohl in der Kirchenkonstitution wie im Ökumenismusdekret wird dies anerkannt und gewürdigt, es werden sogar weitere „Elemente" aufgeführt. Auf Grund einer großen Übereinstimmung in der „Ordnung der Ziele" (vgl. „was uns gemeinsam ist, ist größer als das, was uns trennt") relativiert sich die Differenz in der Ordnung der Mittel. Das Konzil lässt keinen Zweifel daran, das den nichtkatholischen Christen die Heilswirkungen zuteil werden – trotz z. T. defizienter Mittel. Diese Einschätzung gilt im Übrigen auch umgekehrt! Wiederum ergibt sich: Weiter zu klären ist die Frage nach der ausreichenden Vollständigkeit der Mittel und nach der Verbindlichkeit bestimmter Formen in der Handhabung dieser Mittel. Welchen Weg kann die ökumenische Theologie finden zwischen der undifferenzierten Unterscheidung von Grund und Gestalt auf der einen Seite (Leuenberger Kirchengemeinschaft)[192] und der Forderung nach Vollständigkeit und Identität der Formen?[193]

1. Zwei Kategorien von Spaltungen (UR 13)[194]

UR 13,1 Mit heiligem Ernst ruft das Bild vom „nahtlosen Rock Christi" den Skandal der Zerrissenheit unter den christlichen Kirchen in Erinnerung.[195] Der Text spricht von Spaltungen (scissiones), nicht von einseitig zu verstehenden Abspaltungen (von der katholischen Kirche). Nachdem das Einheitssekretariat als gemeinsames Charakteristikum zur Kennzeichnung der Kirchen und Kirchlichen

---

[190] Ebd. 29f.
[191] Ebd. 31. Nach Stransky ist lat. „redintegratio" darin nuancierter als das englische „restoration".
[192] Basis ist die Leuenberger Konkordie von 1973, die allerdings durch theologische Lehrgespräche weiterentwickelt wird; wichtig ist vor allem: Die Kirche Jesu Christi.
[193] Dies ist Tendenz der römisch-katholischen Kirche bzw. wird ihr unterstellt, denn eine genaue Festlegung darauf, was an Mitteln in welcher institutionalisierten Form gegeben sein muss, wurde bislang vermieden oder nicht vorgenommen. Zum Problem s. Thönissen, Die Problematik.
[194] Hatte schon in der vorletzten Fassung keine eigene Überschrift, was den einleitenden Charakter unterstreicht.
[195] Vgl. die Formulierung im Vorwort zum gesamten Dekret: „als ob Christus selber geteilt wäre" (UR 1). Das Bild ist der orientalischen Tradition sehr vertraut.

Gemeinschaften die Trennung vom Römischen Apostolischen Stuhl eingeführt hatte, werden die Spaltungen nach geographischem Gesichtspunkt in zwei Hauptkategorien eingeteilt.

UR 13,2 Chronologisch gesehen ereignen sich die ersten relevanten Kirchenspaltungen im Osten des Römischen Reiches bzw. jenseits seiner östlichen Grenzen. Das Dekret erwähnt die dogmatischen Auseinandersetzungen um die christologischen Formeln der Alten Kirche.[196] Von daher sprach die konfessionskundliche Literatur von nestorianischen, nämlich gegen das Konzil von Ephesus (431) gerichteten, und monophysitischen, dem Konzil von Chalkedon (451) widersprechenden, Kirchen. Inzwischen ist nicht nur die historische Ungenauigkeit dieser Bezeichnungen erkannt, sondern durch die 1964 begonnenen Gespräche zwischen diesen Kirchen und den orthodoxen Kirchen die Unhaltbarkeit des Häresievorwurfes erwiesen.[197] Heute werden sie in der Regel „altorientalische"[198] oder „orientalisch-orthodoxe"[199] Kirchen genannt. Im Hinblick auf die theologische Verhältnisbestimmung von Lokal- und Universalkirche dürfte die Tatsache relevant sein, dass orientalisch-orthodoxe Kirchen nicht erst anlässlich der beiden Konzilien entstanden sind, sondern z.T. schon vorher außerhalb der Reichskirche existierten, z.B. die Apostolische und Katholische Kirche des Ostens („Ostsyrer") und die Armenisch-Apostolische Kirche. Mit diesem Sammelnamen werden also „fünf unabhängige Kirchen orientalischen Ursprungs"[200] bezeichnet: die Armenisch-apostolische, die Koptisch-orthodoxe, die Äthiopisch-orthodoxe, die Syrisch-orthodoxe und die Malankarische syrisch-orthodoxe Kirche. Jede der Kirchen ist Mitglied im ÖRK, untereinander haben sie Kommuniongemeinschaft. Gemeinsame theologische Basis ist die Ablehnung der christologischen Formel von Chalkedon zugunsten der auf Cyrill zurückgehenden Formel von der „einen fleischgewordenen Natur des Gott-Logos". Die Gemeinsame Erklärung mit den Orthodoxen Kirchen byzantinischer Tradition von 1989 verurteilt die Häresien des Nestorius und des Eutyches und erklärt die jeweiligen Formeln als orthodox und gleichwertig. Konsultationen mit der katholischen Kirche fanden unter dem Dach der während des Konzils gegründeten Stiftung „Pro Oriente" statt. Im Gefolge kam es auch hier zu gemeinsamen Erklärungen und einschlägigen Äußerungen von Papst Paul VI. und Patriarch Ignatios Yakub III. von Antiochien bzw. Paul VI. und dem koptischen Patriarchen Papst Schenuda III., mit dem syrisch-orthodoxen Patriarchen Ignatios Zakka I. Iwas 1984 eine communicatio in sacris entsprechend den Richtlinien des Ökumenismusdekrets. Nicht zuletzt wegen des

---

[196] Streitfeststellung (contestatio) ist Terminus technicus für den (juristischen) Prozess.
[197] Einschlägige Gespräche gab es inzwischen auch mit der Katholischen Kirche. Jaeger, Konzilsdekret 155, verweist zudem auf die zum 1500jährigen Jubiläum von Chalkedon erschienene Enzyklika Pius' XII., der zufolge „die dogmatischen Lehrunterschiede mehr scheinbar und verbal als wirklich" seien.
[198] Krüger, Ökumene-Lexikon 45–50 (Paulos Gregorios).
[199] So im LThK 7, 1125–1127 (George Nedungatt) und in Lossky, Dictionary 857–859 (Geevarghese Mar Osthatios).
[200] Nedungatt, Art. Orientalisch-Orthodoxe Kirchen 1125 (im Folgenden orientiere ich mich an diesem Art.).

päpstlichen Primats scheint „die Einigung zwischen den Orientalisch-orthodoxen Kirchen und der byzantinischen Orthodoxie [näher zu liegen] als die zwischen den Orientalisch-orthodoxen Kirchen und der römisch-katholischen Kirche"[201].

„Byzantinische Orthodoxie" bezeichnet jene orthodoxe Kirchen, „die das Christentum in der von Byzanz geprägten Form leben"[202]. Die Gemeinschaft mit Rom wurde 1054 durch wechselseitige Exkommunikation aufgehoben. Lehrmäßig stehen diese Kirchen, die sich auch als die eine Orthodoxe Kirche bezeichnen, auf dem Boden der sieben Ökumenischen Konzilien, für ihre Verfassung sind die Patriarchate charakteristisch. Zu den alten Patriarchaten (Rom), Konstantinopel, Alexandrien, Antiochien und Jerusalem kam 1589 Moskau hinzu. Patriarchen gibt es inzwischen auch in Serbien, Rumänien und Bulgarien. Weiteres charakteristisches Merkmal ist die Autokephalie, d. i. die Selbstständigkeit der Orthodoxen Kirchen. Neben den bereits erwähnten von Patriarchen geleiteten Kirchen gehören dazu Georgien, Zypern, Griechenland, Polen, Albanien, Tschechische und Slowakische Republik. Vorstufe zur Autokephalie ist die Autonomie, deren sich die Kirchen von Finnland und Estland erfreuen. Teilweise gibt es Auseinandersetzungen um die Anerkennung der Jurisdiktionen und Autokephalien. Die Orthodoxen Kirchen waren seit Beginn der neueren Ökumenischen Bewegung engagiert, nach dem Konzil gab es auch einen intensiven Dialog mit der römisch katholischen Kirche. Beide Aktivitäten sind wegen Differenzen im ÖRK bzw. bezüglich der katholischen Ostkirchen („Unierten") sowie Umbenennung Apostolischer Administraturen in Bistümer in Russland ins Stocken geraten.[203]

Das Einheitssekretariat bestand aus Gründen historischer und theologischer Gerechtigkeit auf der Rede von den „östlichen Patriarchaten" in UR 13, 2.[204] Noch größere Bedeutung kommt der indirekt mit der Wendung „Lösung der kirchlichen Gemeinschaft" verbundenen Feststellung zu, dass nicht dogmatische Gründe diese Spaltung herbeiführten.[205]

UR 13, 3 Im Westen sind die (großen) Spaltungen „nach mehr als vier Jahrhunderten" entstanden. Eine allgemeine Kenntnis der Reformation wird vorausgesetzt, so dass auch hier lehrmäßige Unterschiede nicht eigens erwähnt werden. Im Blick auf eine noch zu schreibende „Theologie der Reformation als Ereignis" sind einige Änderungen am Text der zweiten Vorlage aufschlussreich. In Parallele zu den „in Oriente" sich ereignenden Spaltungen ist hier von denen „in Occidente" die Rede. Diese Formulierung gehört zu den 19 am Tag vor der Abstimmung

---

[201] Ebd. 1127.
[202] Bremer, Art. Orthodoxe Kirchen 1144 (im Folgenden orientiere ich mich an diesem Art. Ergänzungen nach: Basdekis, Die Orthodoxe Kirche 13).
[203] Vgl. die Einschätzung durch Kasper, Situation 180–183.
[204] So die Information quasi aus erster Hand bei Jaeger, Das Konzilsdekret 156. Möglicherweise spielte eine Rolle, dass auch für die lateinische Kirche des Westens die Einführung der Patriarchatsverfassung vorgeschlagen wurde.
[205] Vgl. die Relatio von Erzbischof Hermaniuk, in: AS III/4, 10–13; hier: 12.

vorgenommenen Änderungen und ersetzt „eben in dieser abendländischen Kirche (in ipsa occidentali Ecclesia)", weil auch außerkirchliche Faktoren eine Rolle spielten.[206] Die Änderung von „seither trennten sich" zu „seither sind getrennt" geht auf das Votum von 43 Konzilsvätern zurück, welche die Schuldfrage zumindest nicht einseitig gestellt haben wollten.[207]

Auch die dritte sprachliche Abweichung wurde theologisch begründet: Während es zunächst hieß, die Anglikanische Gemeinschaft „rage hervor" (eminet), nimmt sie nach dem verabschiedeten Text „einen besonderen Platz ein" (locum specialem tenet).[208] Es war gewünscht worden, keine hierarchisierende Wertung bzw. Diskriminierung vorzunehmen. Offenbar spielte die Verwandtschaft in den Strukturen eine gewichtige Rolle, was aber die Anglikaner z. B. nicht gegenüber den Altkatholiken heraushebt. Im Übrigen spricht das Dekret von „Gemeinschaften", die entweder nationaler oder konfessioneller Natur sind. Dem Antrag, „Communiones" durch „Communitates" zu ersetzen, widersprach der ekklesiologischen Grundentscheidung, von „Communiones" zu sprechen, wenn unterschiedslos „Kirchen und Kirchliche Gemeinschaften" gemeint sind.[209] Zeitgenössische Kommentare konnten noch darauf verweisen, dass „durch die westliche Spaltung nicht ein einziger Kirchentypus mit Einzelkirchen, die in der Glaubenslehre übereinstimmen und zusammen eine sakramental-hierarchische Communio bilden würden, [entstand]" und dass „die Glaubensunterschiede innerhalb des Protestantismus … so beträchtlich [seien], dass zwischen den reformatorischen Kirchen und Gemeinschaften weithin keine Abendmahlsgemeinschaft besteht"[210]. Inzwischen hat der jetzige Präsident des Päpstlichen Einheitsrats Kardinal Kasper die Rede seines Vorgängers Kardinal Willebrands von den „Kirchen verschiedenen Typs" wieder aufgenommen.[211] Damit ist – das Wichtigste! – die Anerkennung als Kirchen verbunden; eine detaillierte Typologie liegt aber offiziell nicht vor.

UR 13, 4 deutet, erneut ohne Wertung im Einzelnen, darauf hin, dass die Trennungen (divisiones heißt es jetzt) nicht nur nach äußeren, nicht-theologischen Kriterien zu unterscheiden sind, sondern „durch die Natur und das Gewicht der Fragen, die sich auf den Glauben und die kirchliche Struktur beziehen". Abgewiesen wurde der Vorschlag, „Struktur" durch „Konstitution" zu ersetzen, da diese als Glaubensgegenstand von der (äußeren) Struktur zu unterscheiden sei.[212] Wird daran festgehalten, bedeutet dies ein Doppeltes: Unterschiede in den Strukturen gehören zum Kennzeichen der (getrennten) Kirchen, sind aber nicht Glaubensgegenstand. Wie tief reichen – so ist dann vor allem zu fragen – die Spaltungen, die sich auf den Glauben beziehen? Der Absatz bekräftigt die Intention des

---

[206] Vgl. Jaeger, Das Konzilsdekret 156.
[207] AS III/7, 671 f.
[208] Vgl. ebd. 673.
[209] Vgl. ebd. 671.
[210] Feiner, Kommentar 94 f.
[211] Kasper, Situation 184 f.
[212] Vgl. Jaeger, Konzilsdekret 157.

Konzils, die Glieder der eigenen Kirche zu einer klugen ökumenischen Praxis anzuhalten. Zu dieser Klugheit gehört, das Individuelle wie das Gemeinsame zu würdigen, nämlich den „verschiedenen christlichen Zusammenschlüssen"[213] in ihrer Eigenart Rechnung zu tragen und zugleich „die trotz der Trennung fortdauernde Bande" (nexus) nicht zu übergehen.

2. Erster Teil: Die besondere Betrachtung der Ostkirchen (UR 14–18)

Die „Besonderheit" der Betrachtung äußert sich in Stil und Inhalt. Wohlwollend, ja warmherzig wird von der Orthodoxen Christenheit gesprochen; negative Wertungen und Urteile fehlen völlig. Hier werben Fachleute der „Ostkirchenkunde" und Konzilsväter, nicht zuletzt angeregt durch ihre Kollegen aus den unierten Kirchen wie durch die Beobachter Orthodoxer Kirchen, um eine Hochschätzung der (damals?) vielen Katholiken fremden Welt der Orthodoxie. Zugleich lernen bisher eher an römischer Uniformität ausgerichtete Christen die bereichernde Vielfalt der Katholizität kennen.

UR 14 [Die eigenständige Mentalität und Geschichte der Ostkirchen]
Mit einer selbstkritischen Erinnerung an die gemeinsame Vergangenheit und das lieblose Auseinanderleben eröffnet das Dekret die Darstellung der Ostkirchen. Die dabei erwähnten Schätze im Überlieferungsgut dieser Kirchen werden in den folgenden Artikeln ausführlich gewürdigt.

UR 14,1 intoniert das Leitmotiv des Lobliedes auf „das erste Jahrtausend" gelebter Communio-Ekklesiologie, das in der Nachkonzilszeit immer wieder, und zwar von verschiedenen Stimmen, angestimmt wurde: Im ersten Jahrtausend wurde noch die Gemeinschaft der Kirche(n) als koinonia/communio realisiert, und für die Kirchengemeinschaft zumindest mit dem Osten sei die Rückkehr zu dieser gelebten Kirchenordnung genügend. Also: Eigene Wege gehen, aber nicht als „getrennte Brüder", sondern „in brüderlicher Gemeinschaft verbunden" (ecclesiae ... fraterna tamen communione ... coniunctae). Diese Verbundenheit ist inhaltlich bestimmt als Gemeinschaft im Glauben und im sakramentalen Leben.[214] Sind die aus der Reformation hervorgegangenen Kirchen, die sich auf den Boden von CA 7 (reine Verkündigung des Evangeliums und evangeliumsgemäße Feier der Sakramente) stellen, so weit von dieser „geschwisterlichen Gemeinschaft" entfernt?

Als drittes Kriterium wahren Kircheseins wird seit Kardinal Bellarmin „das Unterstellen unter die rechtmäßige Hierarchie, besonders den Bischof von Rom" aufgestellt. Über das ordinationsgebundene bzw. durch Ordination (Weihe)

---

[213] Der weite Begriff „coetus" steht hier, nicht „Communiones".
[214] Es wird nicht wie bei Bellarmin akzentuiert „in demselben Glauben und in denselben Sakramenten"; die Orthodoxie des Ostens steht außer Frage, und die Zahl der Sakramente ist im Kosmos eines sakramentalen Denkens von untergeordneter Bedeutung.

übertragene Amt, auch das des Bischofs, muss mit den Orthodoxen Kirchen nicht gesprochen werden. Wie steht es mit dem Bischof von Rom, sofern er mehr sein will als der Patriarch des Abendlandes? Der Hauptaussage von UR 14,1 wird ein Nebensatz über die „maßgebende" (moderante) Rolle des Römischen Stuhls hinzugefügt. Dieser sprang als „Moderator" in den Fällen ein, wenn es „Meinungsverschiedenheiten" (dissensiones) in Fragen des Glaubens und der Disziplin gab. Es handelte sich also um eine subsidiäre Funktion im Bedarfsfall, die „nach gemeinsamer Übereinstimmung" (communi consensu) ausgeübt wurde. Im Kontrast zu dieser gewiß idealisierenden Beschreibung der Verhältnisse im 1. Jahrtausend der Christenheit steht die Entwicklung der römisch-katholischen Ekklesiologie und Ekklesiopraxis seit der Neuzeit. Hier wurde die Apostolizität auf den Papst („Petrus") reduziert. Sozusagen als „Weltbischof" war er (Petrus/Papst) von Christus geweiht und weihte seinerseits die anderen Apostel zu Bischöfen. Was in UR 14,1 als ausgewählte historische Beschreibung daherkommt, ist aber selbst theologisch nicht unschuldig. Die Ausübung der Moderatoren-(Schiedsrichter-) Rolle setzt Konsens voraus, zumal wenn Kirchen betroffen sind, die sich „rühmen, ihren Ursprung von den Aposteln selbst zu haben"[215]. Die Existenz, ja das „Blühen" der Teil- und Ortskirchen, allen voran der Patriarchalkirchen „allen in Erinnerung zu rufen" ist „der Hochheiligen Synode ... angenehm".[216]

Der Modus eines Konzilsvaters, in diesem Zusammenhang die Patriarchatskirchen eigens zu erwähnen, wurde mit der Begründung stattgegeben, dass dadurch keine inhaltliche Änderung vorgenommen werde, da ja in UR 13 (und in LG 23) die Patriarchate bereits erwähnt seien. Sie im ersten Abschnitt des eigens den Ostkirchen gewidmeten Teils nicht anzuführen, sei kaum verständlich zu machen.[217] In dieser Apostolizität sieht das Dekret den Grund für die intensive Pflege und die Bewahrung der „brüderlichen Beziehungen" (fraternas necessitudines), „die unter Ortskirchen wie unter Schwestern herrschen müssen" (inter Ecclesiae locales ut inter sorores). Zunächst ist dies eine Aussage über die Beziehungen der Ostkirchen, die, sofern direkten apostolischen Ursprungs, untereinander Schwesterkirchen sind (die dann Tochterkirchen haben können). Darüber hinaus bedeutet dies jedoch auch, dass Rom im Verhältnis zu diesen Mutterkirchen Schwester und nicht Mutter ist.[218]

---

[215] In der zweiten Fassung hieß es noch, dass diese Kirchen „ihren Ursprung von den Aposteln selbst herleiten" (ab ipsis Apostolis originem duxisse: AS III/2, 310). Nach Jaeger, Das Konzilsdekret 161, sollten durch die Änderung „die komplizierten historischen Ursprungsprobleme einiger orientalischer Kirchen, deren direkter apostolischer Ursprung von einer ehrwürdigen Tradition behauptet wird, aber historisch schwer nachweisbar ist", berücksichtigt werden, ohne den „direkten apostolischen Ursprung" zu leugnen. Sollte diese Rücksicht nicht generell bei der Frage der apostolischen Sukzession eingenommen werden, da sie ohnehin den historischen Begründungszusammenhängen entspricht?
[216] Ist es lediglich ein Stilmittel, wenn es an dieser Stelle nicht *Sacrosancto Concilio*, sondern *Sacrosanctae Synodo* heißt? Übrigens: in *gratum* klingt auch die Bedeutung von *willkommen und Anlass haben zur Dankbarkeit* mit.
[217] Vgl. AS III/7, 674.
[218] Vgl. Jaeger, Das Konzilsdekret 161: „Die von den Aposteln im Orient gegründeten Kirchen sind von ihrem Ursprung her Schwester- nicht Tochterkirchen der römischen Kirche." – Was

UR 14,2 listet auf, was die Ostkirchen an Schatz bewahrt haben, aus dem die Kirche des Westens schöpfen konnte. Dass an die Bewahrung eines gemeinsamen Gutes erinnert werden soll, geht aus der Änderung der Formulierung „[die] von ihrem Ursprung her einen *eigenen* Schatz haben" hervor. Der interessante Vorschlag, auch von den Kirchen des Abendlands im Plural zu sprechen, wird als „dunkel und unglücklich", als „vage und gegen den Geist des gesamten Paragraphen gerichtet" abgelehnt.[219] Mit „Kirche des Westens" sei die ganze abendländische Christenheit[220] gemeint, die *eine* Sedes Apostolica Romana. Das hindert die Konzilsväter freilich nicht, im zweiten Unterkapitel von „getrennten Kirchen und Kirchlichen Gemeinschaften" zu sprechen! Auch in dieser Perspektive kann Rom nicht die Rolle der Mutter einnehmen, der ein Teil ihrer Töchter entlaufen seien. Einerseits begründet historische Abhängigkeit der von Rom aus gegründeten Kirchen noch keine einseitige Abhängigkeit, welche die bischöflichen Teil- bzw. Ortskirchen ihres theologischen Status berauben würde. Andererseits können die aus der Reformation hervorgegangenen Kirchen nicht als entsprungene Töchter bezeichnet werden; sich selbst verstehen sie jedenfalls als reformierte authentische Ausgaben der Mutterkirche.

Inhaltlich wird der (gemeinsame) Schatz in zweifacher Hinsicht charakterisiert. Aufzählend werden zunächst liturgische, geistliche und rechtliche Erbstücke erwähnt, bevor dann in einem neuen Einsatz („und auch jenes darf nicht gering geschätzt werden") das trinitätstheologische Credo und die christologischen Grunddogmen eigens erwähnt werden, welche ja auf „ökumenischen Konzilien im Osten" definiert wurden. Dass der entsprechende Glaube bis heute auch durch Martyrium und Leiden bezeugt wird, ist ein wertvoller Gedanke, der in jüngerer Zeit im ökumenischen Kontext wieder aufgegriffen wird.[221]

UR 14,3 macht auf die Dialektik katholischer Fülle aufmerksam: Das gemeinsame Erbe wurde „in verschiedenen Formen und Weisen" aufgenommen und weitergegeben, und zwar von Anfang an. Dies hängt „auch"[222] mit den verschiedenen Mentalitäten und Kontexten zusammen. Wo die Verschiedenheit innerhalb der Einheit nicht mehr gesehen oder ertragen werden kann, kommt es zu Trennungen. Freilich werden diese „inneren Motive" nur als Anlass bezeichnet. Daneben gab es „äußere Gründe".[223] Aber auch diese sind nicht allein verantwortlich zu machen, denn es fehlte auch „gegenseitiges Verständnis und gegenseitige Liebe". Was also Anlass zu Trennungen geben kann, muss unter Christen, in und zwischen (Schwester-)Kirchen noch nicht zu Spaltungen führen. Zu Recht ist gerade im Blick auf das Verhältnis der katholischen Kirche zu den Ostkirchen

---

hätte der Kardinal zur Note der Glaubenskongregation über den Ausdruck „Schwesterkirche" v. 30.6.2000 gesagt? (Dt. Text in: Rainer [Red.], „Dominus Iesus" 305–309.
[219] Vgl. AS III/7, 677.
[220] Nicht nur die katholische, wie Jaeger, Das Konzilsdekret 162, schreibt, um dann ein „dies gilt auch" hinzuzufügen.
[221] S. o. Kommentar zu UR 4,9.
[222] Womit noch, wird nicht erwähnt. Positiv wäre an den Reichtum des überlieferten Schatzes zu denken.
[223] Wobei das Dekret keine Vollständigkeit beabsichtigt; vgl. AS III/7, 678.

immer wieder davon die Rede, der Dialog der Wahrheit und der Dialog der Liebe bedingten sich wechselseitig.

Folgerichtig schließt sich in **UR 14,4** eine entsprechende Mahnung an alle – dem Charakter des Dekrets gemäß sind die Katholiken gemeint – an, besonders an jene, die sich für die Wiederaufnahme der vollen Gemeinschaft mit den Ostkirchen engagieren wollen. Aufgefordert wird konsequenterweise zur „gebührenden Rücksicht" und zur sachgerechten Urteilsbildung. Beide Haltungen gelten 1. hinsichtlich der (legitimen) Eigenheiten der Ostkirchen und 2. hinsichtlich der Beziehungen während des ersten christlichen Jahrtausends. Wie wichtig diese Verschränkung von Dialog der Liebe und Dialog der Wahrheit ist, bekräftigt das Dekret durch den abschließenden Satz.

UR 15 [Die liturgische und geistliche Tradition der Ostkirchen]
Der folgende Artikel geht die schon erwähnten „Erbstücke" nochmals durch: der sich in der Liturgie wie in der Verehrung der Gottesmutter und der Heiligen artikulierende Glaube, die Möglichkeit der Gottesdienstgemeinschaft auf Grund eines gemeinsamen Sakraments- und Amtsverständnisses, die spirituellen Reichtümer.

Geradezu klassisch-theologisch gestaltet erscheint der erste Satz von **UR 15,1**. Er setzt als „allen bekannt" voraus, dass sich der Glaube der Ostkirche(n) primär in der Liturgie, vor allem in der Eucharistie, ausdrückt. Der Text gibt ein Beispiel für das Aufnehmen der Eigenart anderer Kirchen bzw. kirchlicher Überlieferungen, indem er die Eucharistie als Quelle und eschatologisches Unterpfand dezidiert in trinitätstheologischer Perspektive beschreibt und indirekt durch Zitieren von 2 Petr 1,4 das für den Osten charakteristische soteriologische Schlüsselwort der „Vergöttlichung" anklingen lässt. Was für Kirche überhaupt gilt, wird nach Wahrnehmung der Konzilsväter in den Orthodoxen Kirchen besonders augenfällig: die (je neue) Auferbauung der Kirche durch die Feier der Eucharistie, während umgekehrt durch die Eucharistiegemeinschaft die Kirchengemeinschaft bezeugt wird. Die Präzisierung „mit dem Bischof geeint" akzentuiert diese eucharistische Ekklesiologie als Theologie der bischöflichen Ortskirche.

In diesem Zusammenhang gab es eine für die ökumenische Theologie bis heute hochinteressante Klarstellung seitens des Einheitssekretariats. Dem Vorwurf, die Rede von der Auferbauung der Kirche in den Eucharistiefeiern der einzelnen Kirchen destruiere das gesamte Motiv des Ökumenismus, wird entgegengehalten, die Anerkennung des „authentischen sakramentalen Schatzes der Orthodoxen Kirchen" sei „ein Proprium des wahren Ökumenismus". Abgelehnt wurde auch die Einschränkung, wonach die Kirche nicht in derselben, sondern nur in einer „gewissen wahren Weise" auferbaut werde. Die Entgegnung lautet: „Es ist nicht recht einzusehen (non clare perspicitur), inwiefern sich die Auferbauung der Kirche in der [katholischen] Kirche und die Auferbauung der Kirche in den Orthodoxen Kirchen unterscheide auf Grund der Eucharistiefeier als solcher (per ipsam celebrationem); der Grund der Verschiedenheit scheint in den Begleitumständen zu liegen, die sich mehr auf die kanonische Ordnung als auf die sakramentale Ordnung beziehen."[224]

In **UR 15,2** wird wiederum der mit den Ostkirchen gemeinsame Glaube durch Verweis auf Frömmigkeit und Liturgie herausgestellt. Maria wird gemäß dem Konzil von Ephesus (431) als Jungfrau und Gottesgebärerin verehrt. Dabei wird die christologische Relevanz der altkirchlichen „Mariendogmen" (Jungfrau und Gottesgebärerin) herausgestellt, während die anthropologisch-gnadentheologisch akzentuierten mariologischen Dogmen der römisch-katholischen Kirche unerwähnt bleiben. Im Zusammenhang der Heiligenverehrung werden die „Väter der gesamten Kirche" eigens erwähnt. Im Blick auf die ökumenische Ekklesiologie ist zu registrieren, dass „ecclesia universalis" hier nicht (mehr) exklusiv für die lateinische Kirche steht.

Das in UR 8,4 formulierte Doppelprinzip hinsichtlich der communicatio in sacris wird im folgenden Abschnitt **UR 15,3** für die Beziehung zu den Ostkirchen konkretisiert. Im Einzelnen sind folgende Elemente zu berücksichtigen: (1) Es handelt sich (nur, aber immerhin) um eine „gewisse" Gemeinschaft (quaedam communicatio) zwischen (noch) getrennten Kirchen. – (2) Es sollen geeignete Umstände gegeben sein. – (3) Die zuständige kirchliche Autorität muss zustimmen. (4) Die theologische Basis für diese Regelung: das Vorhandensein „wahrer Sakramente", „vor allem aber ... das Priestertum und die Eucharistie", diese wiederum „kraft der apostolischen Sukzession". – (5) Sind die Bedingungen erfüllt, ist Gottesdienstgemeinschaft „nicht nur möglich, sondern auch angeraten".

Entscheidend ist die apostolische Sukzession, sie macht Priestertum und (dadurch?) Eucharistie gültig.

Erneut bekräftigen die Antworten des Einheitssekretariats auf die Änderungsvorschläge besonders hinsichtlich der successio apostolica die durch UR eröffnete Perspektive des Ökumenismus. Von immerhin 97 Konzilsvätern wurde eingewendet, im vollen Sinn impliziere die apostolische Sukzession auch die Gemeinschaft mit dem Petrusnachfolger. Auch den Mitarbeitern des Einheitssekretariats war die schultheologische Unterscheidung zwischen einer materialen (durch die Bischofsweihe begründeten) und einer formalen (durch die Verbindung mit dem Papst gegebenen) successio geläufig, sie wollten aber nicht auf diffizile theologische Unterscheidungen eingehen. In einem Satz wird einerseits die Verbindung mit dem Nachfolger Petri festgehalten, andererseits die historische Engführung auf die Treue gegenüber dem apostolischen Zeugnis hin erweitert: „Es ist wahr, dass die apostolische Sukzession nicht nur die historische Nachfolge in der sakramentalen Linie impliziert, sondern die volle Treue in der Lehre (fidelitatem doctrinalem) und die geschuldete Gemeinschaft mit dem Nachfolger Petri."[225] Deshalb wird es abgelehnt, die Formulierung „kraft der apostolischen Sukzession" durch „kraft der sakramentalen Sukzession", „kraft der ununterbrochenen Suk-

---

[224] Vgl. AS III/7, 679 f.; Zitat: 680.
[225] AS III/7, 680.

zession" oder „kraft bischöflicher Sukzession" zu ersetzen, was 11 Väter gefordert hatten. Nein: „Aus dem Kontext geht klar hervor, dass es sich hier um eine gültige sakramentale Vollmacht handelt, die, weil sie von den Aposteln empfangen wurde, nach der Trennung niemals verloren ging."[226]

Die „gewisse Sakramentsgemeinschaft" beruht also auf einer „in engster Beziehung immer noch" gegebenen Verbindung. Den Modus, diese arctissima necessitudo abzuschwächen, lehnt das Einheitssekretariat als Minderung des intendierten Aussagesinns ab. Dagegen wurde zur Beruhigung einschlägiger Bedenken der Passus „und die kirchliche Autorität zustimmt" aufgenommen und die Aussage damit an UR 8,4 rückgekoppelt.

Zu Recht geht **UR 15,4** relativ ausführlich auf den spirituellen Reichtum des Ostens, besonders im Mönchtum, ein. Zu beachten ist weniger der „Einwand" eines Konzilsvaters, der Westen habe doch nicht alles vom Osten übernommen, als vielmehr die Empfehlung des Textes, die Katholiken des Westens sollten häufiger aus den östlichen Quellen ganzheitlicher Spiritualität trinken.

Abschließend lässt **UR 15,5** nochmals den cantus firmus anklingen und unterstreicht die „größte" Bedeutung des „überaus reichen" Erbes, das es (1) zu kennen, (2) zu verehren, (3) zu wahren und (4) zu fördern gelte. Dadurch werde die Katholizität („Fülle der christlichen Überlieferung") „treu gehütet" und schließlich „die Wiederversöhnung ... vollendet". Welcher Unterschied zu einem Ökumenismus der „Identität durch Abgrenzung"![227]

UR 16 [Die eigene Disziplin der Ostkirchen]
Obwohl nur aus einem einzigen Abschnitt bestehend kommt diesem Artikel eine Bedeutung von nicht zu unterschätzender ökumenischer Tragweite zu. Zunächst wird die eigene Entwicklung kirchlicher Ordnungen im Osten anerkannt und die entsprechende Anerkennung durch die heiligen Väter und (ökumenischen) Synoden erinnert. Zu dieser historischen und kanonischen Feststellung wird nun ein ekklesiologisches Prinzip hinzugefügt, das Prinzip der „Einheit in Vielfalt". Angesichts des noch wirksamen Uniformismus der römisch-katholischen Kirche wählen die Autoren eine doppelte Formulierung: Eine „gewisse Verschiedenheit" schadet zum einen nicht nur nicht, sie mehrt zum anderen sogar die „Zierde" der Einheit der Kirche und trägt „zur Erfüllung ihrer Sendung nicht wenig" bei, bereichert also die communio und ihre missio gleichermaßen. Fürwahr ein Grundsatz der Katholizität und der Inkulturation, verstärkt durch die im Folgenden angeführte Begründung „da diese ja der Eigenart ihrer Gläubigen mehr entsprechen und geeigneter sind, für das Wohl der Herzen zu sorgen"!

Auf dieser Basis erklärt das Konzil feierlich, den „überlieferten Grundsatz" der

---

[226] AS III/7, 680 f.
[227] So wurde auch der Modus, die Orientalen mögen umgekehrt auch das abendländische Erbe studieren, zwar als „in sich sehr opportun", aber zugleich als in diesem Dekret „deplaziert" bezeichnet (AS III/7 683).

Vielfalt in der Einheit ab jetzt – anders als zuweilen in der Vergangenheit – „vollkommen" zu beachten. Dies wird dann als „vorgängige Bedingung", die im Blick auf die Wiederherstellung der vollen Kirchengemeinschaft „unbedingt" erforderlich sei, bezeichnet. An dieser Formulierung duldete das Einheitssekretariat keinerlei Abstriche.[228] Gegenüber dem Einwand, die Wendung „die freilich nicht immer gewahrt war" sei „unnötig polemisch und selbstbezichtigend" bzw. „nicht notwendig und rieche nach übertriebener Demut", heißt es, der Text stelle lediglich ohne Polemik und ohne Übertreibung eine historische Wahrheit fest. Statt von einem unbedingten (rechtlichen) Erfordernis von einer praktischen Bedingung zu sprechen, wurde als schwer einsehbare Unterscheidung abgelehnt.

Mit dem frühen Kommentator J. Feiner sei ausdrücklich festgehalten, „dass die Aussagen des Dekrets über die (relative) Autonomie der Ostkirchen auch die Bedeutung eines Zeugnisses den anderen getrennten Kirchen gegenüber haben: eine Einigung der getrennten Kirchen kann nur als Einigung von verschiedenen ‚Kirchentypen' gedacht werden, die innerhalb der von Christus gewollten Einheit ihre Eigenart und ihre ‚kanonische' Autonomie bewahren würden"[229]. In der Tat kann es nicht Fernziel der ökumenischen Bewegung sein, sondern bildet in gewisser Weise ihre Voraussetzung, dass sich die Kirchen wechselseitig als legitime Ausprägungen der einen Kirche Jesu Christi anerkennen. Zumindest ist mit Blick auf den erreichten Stand des ökumenischen Dialogs der Liebe und der Wahrheit zu fragen, ob nicht die Möglichkeit zur Unterscheidung von ausreichender Gemeinsamkeit und erwünschter, legitimer Vielfalt (längst) gegeben ist. In diesem Sinn darf auf die Begegnung mit anderen Kirchen hin erweitert werden, was Kardinal Jaeger für das Verhältnis zu den Ostkirchen notierte: „Die Wiederherstellung der vollen kirchlichen Gemeinschaft … erfordert zu ihrer Vorbereitung nicht nur den theologischen Dialog, so notwendig er ist; sie verlangt auch den lebensmäßigen Vollzug unserer nahen Verwandtschaft mit diesen Kirchen. Wenn man sich gegenseitig durch die im Dekret genannte Gottesdienstgemeinschaft austauscht …, dann wird das Kirchenvolk auf beiden Seiten die beglückende Erfahrung der überaus engen Verwandtschaft und der starken, immer verbliebenen und bewahrten Gemeinsamkeit der Kirchen vollziehen."[230]

UR 17 [Die besondere Eigenart der Orientalen bei der Behandlung der göttlichen Lehre]
Was mit Blick auf Liturgie und Disziplin unterstrichen wurde, soll auch im Bereich der „theologischen Verkündigung" gelten. Bis heute[231] tun sich (katholische) Mitchristen schwer, Verlässlichkeit des Evangeliums und der kirchlichen Lehrverkündigung auf der einen sowie Pluriformität und Geschichtlichkeit auf

---

[228] AS III, VII/7 685.
[229] Feiner, Kommentar 104.
[230] Jaeger, Das Konzilsdekret 168 (im Anschluss an UR 15,3).
[231] Feiner, Kommentar 105, vor 40 Jahren: „Dies [Pluriformität] war aber in der katholischen Kirche nicht immer eine Selbstverständlichkeit, und wenn noch auf dem II. Vaticanum Bischöfe sich für diese Erkenntnis einsetzen mussten, so ist es auch heute offenbar noch nicht für alle Katholiken eine Selbstverständlichkeit."

der anderen Seite zusammenzubringen. Diese Schwierigkeit verschärft sich in ökumenischen Begegnungen. Was im Konzilsdekret als Bereicherung empfohlen wird – im Fremden Eigenes und im Eigenen Fremdes zu entdecken –, kann als Bedrohung der eigenen Identität erlebt werden und sich innerkonfessionell im Rufen nach Uniformität, ökumenisch in der Forderung, in gemeinsamen Texten die vertraute eigene Sprache und Denkweise wiederzufinden, artikulieren. Häufig ist in diesem Zusammenhang die Unterscheidung zwischen wissenschaftlicher Theologie und kirchlicher Lehre hilfreich, indem sie einen Raum theologischer Vielfalt in den Grenzen kirchenamtlicher Sprachregelung eröffnet. Diese Differenzierung wird hier angedeutet, wenn von der „*theologischen* Verkündigung der *Lehren*" die Rede ist.[232] Während deutlich zwischen Theologie und Lehre unterschieden wird, scheint die Wendung „theologische Verkündigung" Unterschiede (zwischen Verkündigung und Theologie, im gewissen Sinn auch zwischen Verkündigung und Lehre) zu verwischen.[233] Da aber gleich im nächsten Satz von der „Erforschung" (exploratio) der Offenbarungswahrheit die Rede ist, ist wohl die theologische Interpretation im Blick, die freilich in wissenschaftlicher Theologie und lehramtlichen Äußerungen vorgenommen werden kann. Den Ostkirchen ist freilich eine so deutliche Unterscheidung zwischen Wissenschaft und Lehre des Glaubens fremd, wobei die Kirchenväter als Vorbilder dastehen. Allerdings wird im Blick auf die „theologischen Traditionen der Orientalen" zwischen „authentischen" und folglich nicht authentischen unterschieden, eine Unterscheidung, die im Osten und Westen nach verschiedenen Kriterien vorgenommen werden könnte. Was aus der Sicht des Dekrets „authentisch" bedeutet, bemisst sich an den aufgeführten Kriterien: biblisch verwurzelt; in der Liturgie lebendig; in der lebendigen apostolischen Tradition überliefert und durch theologisch-geistliche Schriften genährt; ausgerichtet auf die Lebenspraxis und die „volle Betrachtung der christlichen Wahrheit".

Grund der legitimen Vielfalt theologischer Exploration ist die Verschiedenheit der Methodologie. UR setzt voraus, dass die Erkenntnis des „Göttlichen" bzw. des „geoffenbarten Mysteriums" nicht uniform sein kann. Da also ihm gegenüber alles menschliche Verstehenwollen als konditioniert und kontextuell einzuschätzen ist,[234] muss theologische Pluriformität grundsätzlich legitim sein. Wer einen Aspekt des göttlichen Geheimnisses angemessener wahrnimmt und beleuchtet, bereichert die Mitchristen und umgekehrt. Deshalb sind diese Unterschiede „nicht selten eher" Ergänzungen denn Gegensätze.

Die Textgeschichte belegt, dass es sich – auf dem Konzil wie in den Kirchen heute – um eine heikle Materie handelt. In den beiden ersten Fassungen stand

---

[232] Die Übersetzung im LThK.E 2, 105 „von der verschiedenen Art der theologischen Lehrverkündigung" scheint mir noch weniger deutlich.
[233] Anders, wenn *theologica enuntiatio* mit „theologischer Ausdruck" übersetzt würde.
[234] Feiner, Kommentar 105, führt in seiner Aufzählung der „geschichtlichen" Bedingtheiten nach der Geschichte selbst an zweiter Stelle die Kultur auf; sie ist innerhalb der systematisch-theologischen Prinzipienlehre erst in den letzten Jahren stärker in diesem Sinne beachtet worden; vgl. Eckholt, Poetik der Kultur; Hünermann, Dogmatische Prinzipienlehre. Ebenso steht der Diskurs zwischen Systematischer und Praktischer Theologie in dieser Frage noch weitgehend aus. S. a. den Kommentar von Sander zu GS in Bd. 4 dieses Kommentarwerkes.

allein das „potius" (eher, mehr). Der modus, vor potius ein „saepe saepius" zu setzen, gab Anlass, die Bedeutung von potius zu klären: „nicht immer und nicht in allem". Ein „sehr oft" sei daher überflüssig.[235] Stattdessen wurde am 19. November der „schwarzen Woche" ein „nicht selten" (non raro) eingeführt: oft, aber nicht sehr oft? Berücksichtigung fanden allerdings weder die Forderung, den Artikel zu streichen, weil er „gefährlich sei und den Indifferentismus fördere" (die Antwort lautete, der Text sei durch Abstimmung bereits akzeptiert), noch der durch die Sorge, es könnten auch Irrtümer der Orientalen „mit zu Ehren kommen"[236], bestimmte Modus. Als völlig inakzeptabel wurde die Behauptung, nur bei den Orientalen gebe es Irrtümer, während der Westen (Thomas von Aquin) deren Güter schon übernommen hätte[237], zurückgewiesen. Jedes Mal wurde mit dem Hinweis auf „authentisch" gekontert. Psychologisch geschickt heißt es in einer Antwort, dass das, was entgegengesetzt zu sein scheint, in Wahrheit sich komplementär verhalte, was im Prozess wechselseitigen Erklärens und Verstehens oft (erst) zu Tage käme. Feiner führt als „das klassische Beispiel der vom Lehramt feierlich anerkannten Komplementarität von divergierenden Aussagen der Ostkirchen und der lateinischen Kirche nicht nur im Bereich der Theologie, sondern der Kirchenlehre" [beachte die Unterscheidung] die durch das Konzil von Florenz anerkannte Legitimität sowohl des „ex Patre (per Filium)" wie auch des „Filioque" an.[238] Das Schicksal dieses von den Lateinern dominierten „Unionskonzils"[239] ist bekannt und sollte ebenso nachdenklich stimmen wie die Beobachtung, dass eine Verständigung hinsichtlich des „Filioque" trotz eines neuerlichen gewissen Entgegenkommens des Vatikans bis zur Stunde nicht in Sicht ist.[240] Auch in dieser Hinsicht spielen in der ökumenischen Bewegung der Gegenwart identitätspsychologische Faktoren eine wichtige Rolle, ohne dass durch diese Diagnose das Gewicht der lehrmäßigen bzw. theologischen Differenzen wegerklärt werden soll.

Einem Konzilsvater war der Schluss von UR 17, 1 weit übertrieben. Dass dies mehr Ausdruck seiner Grundstimmung als theologischer Überlegung war, bringt sein Änderungsvorschlag ans Licht: entweder solle „auf eine rechte Lebensgestaltung hinzielen" gestrichen werden, oder statt „volle Betrachtung" solle es „vollere"

---

[235] AS III/7, 686.
[236] AS III/7, 685.
[237] AS III/7, 686.
[238] Feiner, Kommentar 105 mit Verweis auf COD 501–503; vgl. DH 1300–1302.
[239] Wie die Trennung 1054, so scheint auch das Scheitern der „Unionsbemühungen" vor allem durch die nicht primär theologischen Faktoren innerhalb der unterschiedlichen Weltbilder bedingt zu sein. Dazu gehört auch die (Eroberungs-)Politik des Westens: „Vollzogen wurde das Schisma wohl erst durch die Eroberung Konstantinopels 1204 durch die Kreuzfahrer und die Errichtung des lateinischen Kaiserreiches in Konstantinopel" (Neuner, Ökumenische Theologie 79). Nach der Rückeroberung Konstantinopels waren es wiederum politische Interessen, die Unionsbemühungen begünstigten. Doch die Behandlung der Orthodoxen auf dem Konzil von Lyon 1274 (vgl. DH 850–861) kam einer Demütigung gleich: „Die Patriarchen des Ostens erschienen in diesem Glaubensbekenntnis gleichsam als päpstliche Delegierte" (ebd. 80). In Florenz hatten wohl viele aus der 200 Mitglieder starken orthodoxen Delegation unter Druck unterschrieben, die unterzeichnete Vereinbarung traf zu Hause „auf eine geschlossene Opposition im Klerus, im Mönchtum und im Volk" (ebd. 81).
[240] Vgl. Stirnemann – Wilflinger, Vom Heiligen Geist.

heißen, das Absolutum also durch den Komparativ abgelöst werden. Die Antwort ist deutlich: Es handele sich um eine Tatsachenfeststellung und mit dem Ausdruck „tendere" (hinzielen) sei das Fortschreiten auf die volle Wahrheit hin ausgesprochen, das besonders für die orientalische Theologie charakteristisch sei.[241]

Der so positiv klingende Absatz **UR 17, 2** enthält ökumenischen Sprengstoff. Indem er die mit Rom in voller Gemeinschaft stehenden orientalischen Kirchen erwähnt – traditionell „unierte", von den orthodoxen Kirchen mit eher pejorativem Unterton „Uniaten" genannt – schreibt er diesen eine gewisse Vermittlerrolle in der wechselseitigen Bereicherung der Traditionen zu. Bevor der Text, quasi in einer fast förmlichen Erklärung zusammenfassend, das im Vorausgehenden erwähnte Erbe – und zwar auch noch einmal „in seinen verschiedenen Überlieferungen" – als im Vollsinn katholisch und apostolisch würdigt, wird Gott für die Verbindung mit den unierten Kirchen gedankt. Vielleicht hätte der Text auf eine Erwähnung der „Uniaten" verzichten sollen – ihnen ist ja ein eigenes Dekret (OE) gewidmet[242] –, anstatt auf diesem „Umweg" die Traditionen des „Ostens" theologisch-kirchenamtlich zu würdigen. In der aktuellen ökumenischen Situation hätten die Beobachter aus den Orthodoxen Kirchen vermutlich die Konzilsaula nach der Verabschiedung dieses Textes aus Protest verlassen.

UR 18 [Konklusion]
Dieser Abschnitt stellt wiederum einen in seiner Tragweite nicht zu unterschätzenden „Schlussartikel" dar. Es handelt sich geradezu um eine feierliche Schlusserklärung, in der auf vergangene Konzilien und Aussagen „römischer Bischöfe" (Romanis Pontificibus)[243] rekurriert wird, ohne dass Belege aus der Tradition angeführt würden. Stattdessen wird auf die Heilige Schrift selbst und auf das sog. Apostelkonzil zurückgegangen und mit Apg 15, 28 der ökumenische Grundsatz „nichts weiter an Lasten aufzuerlegen als das Notwendige", um die Gemeinschaft und Einheit wiederherzustellen bzw. zu erlangen, in der „Urkunde" der Kirche festgemacht. Nun wird de facto bis heute auch darum, implizit oder explizit, gestritten, was zur Wahrung bzw. Wiederherstellung notwendig sei. Aber ohne Zweifel erhöht diese Maxime den Druck auf die gespaltene Christenheit.

Erneut wird dem dringenden Wunsch Ausdruck verliehen, mit allen Kräften und auf allen Gebieten die ökumenische Bewegung voranzubringen. Eigens erwähnt werden: Gebet, theologischer Dialog in Lehrfragen wie hinsichtlich der „drängenderen" (Komparativ!) pastoralen Notwendigkeiten. Diese standen mit Blick auf die Mission am Beginn der ökumenischen Bewegung seit dem 19. Jahrhundert; zu Beginn des 21. Jahrhunderts sollte die für alle Kirchen gemeinsame Herausforderung in unserer (Welt-) Gesellschaft dem Ökumenismus den ent-

---

[241] AS III/7, 686 f.
[242] Nähere Angaben zu diesen Kirchen in meinem Kommentar zu OE in diesem Band.
[243] Die Übersetzung von „pontifex" mit „Bischof" entspricht der ursprünglichen Ost und West gemeinsamen Tradition. Sie wird hier aufgenommen, während die in LThK.E 2, 107, vorgenommene Wiedergabe „von römischen Päpsten" das spätere, eingeschränkte Verständnis repetiert und damit vermutlich näher am Selbstverständnis des Konzils war.

scheidenden Anstoß geben. Das ist mehr als eine Zusammenarbeit „in weltlichen/ zeitlichen Angelegenheiten" (in rebus temporalibus), wie ein Vater ergänzt haben wollte. „Im Gegenteil", wurde ihm zur Antwort gegeben, „damit die kirchliche Communio Schritt für Schritt wiederhergestellt werde, muss sich die brüderliche Zusammenarbeit auch auf die seelsorgerlichen Herausforderungen [sollicitudines pastorales] erstrecken."[244]

Schließlich ermahnt UR die Katholiken, gerade auch mit den orthodoxen Glaubensgeschwistern, die nicht mehr in ihrer angestammten Heimat leben, „enge Beziehungen" zu pflegen. Indirekt werden die nicht genuin theologischen, wohl aber theologisch relevanten Faktoren der Ökumenischen Bewegung angesprochen, wenn der „Geist streitsüchtiger Eifersucht" gebannt und der Geist der Liebe beschworen wird. Hier klingt das Problem des Proselytismus an, den die Orthodoxen Kirchen den Lateinern immer wieder, nach der politischen Wende in Europa und der Rückkehr der „Uniaten" aus dem Untergrund bzw. der Illegalität mit Vehemenz, vorwerfen. Dabei ist zu berücksichtigen, dass am Vorabend des Zweiten Vatikanischen Konzils die dritte Vollversammlung des Ökumenischen Rates der Kirchen 1961 in Neu-Delhi ganz generell den Proselytismus als „Zerrbild des Zeugnisses" gebrandmarkt hatte.[245]

Mit dem Bild von den durch eine Wand im selben Haus getrennten Verwandten und der sich daran anknüpfenden Hoffnung, die Wand werde eingerissen und damit „eine einzige Wohnung" zum gemeinsamen Lebensraum, schließt der erste Teil des dritten Kapitels, nicht ohne den Blick auf Jesus Christus als den zur Einheit verbindenden Eckstein zu richten. Dass das Konzil von Florenz diese Hoffnung, ausgedrückt in demselben Bild, bereits erfüllt sah,[246] vermag uns heute kaum zu trösten. Feiner zufolge waren die Unionsbemühungen „letztlich deshalb zum Scheitern verurteilt, weil sie nicht durch ein allmähliches Zusammenwachsen der getrennten Kirchen vorbereitet und [nicht] im Volk und Klerus verwurzelt waren ... Eine wirkliche Einigung kann nicht ‚von oben her' einfach dekretiert werden, sondern muss ‚von unten her' wachsen. Die Einheit existiert nicht ‚in indivisibili', sondern kennt Stufen"[247]. Dieser Einsicht folgen ökumenische Bemühungen auch unserer Tage, wenn von einer „Ökumene des Lebens"[248] gesprochen und die Rezeption durch das Gottesvolk als Ganzes angemahnt wird. Eher kontrovers bleibt dagegen das Modell der stufenweisen Verwirklichung, zumindest dann, wenn es auf die Ungleichzeitigkeit des ökumenischen Prozesses in den einzelnen Kirchen selbst angewendet wird: Kann für die einen eine bestimmte Form der Gemeinsamkeit authentischer Ausdruck sein, wenn dies für andere nicht zutrifft? Wie differenziert darf Ökumene gelebt werden?

---

[244] AS III/7, 688.
[245] Vgl. Vischer, Die Einheit der Kirche 271 f.
[246] Vgl. Wohlmuth, Dekrete 2, 524, Z. 5–12.
[247] Feiner, Kommentar 108.
[248] S. o. A.I.3.

3. *Zweiter Teil: Die getrennten Kirchen und Kirchlichen Gemeinschaften im Westen*
   (UR 19–23)

Im ersten Teil des dritten Kapitels wird wohlwollend und respektvoll von den Kirchen des Ostens gesprochen und selbstkritisch die Wertschätzung ihrer geistlichen Reichtümer angemahnt. Kritische, die Unterscheidung der Lehren betreffende Hinweise finden sich nicht; entsprechende Modi wurden nicht akzeptiert. Obwohl ja auch diese Kirchen zu den „vom Römischen Apostolischen Stuhl getrennten" gehören, wird eine communicatio in sacris grundsätzlich nicht in Frage gestellt. Die von Respekt, ja Empathie bestimmte Grundhaltung bleibt auch im zweiten Unterkapitel tonangebend. In diesem Geist werden Modi, welche an dieser Stelle noch einmal den Versuch unternehmen, die Bezeichnung „ecclesia" nur den „orientalischen Gemeinschaften" oder gar allein der katholischen Kirche („una est Ecclesia, i. e. Catholica") vorzubehalten, abgewiesen.[249] Auch im Okzident gebe es Gemeinschaften, die gemeinhin „Kirchen" genannt würden, z. B. die altkatholische. Die Forderung, zur bis dato üblichen Identitätsformel („est") zurückzukehren, wird an die Fußnote 20 zu UR 3 rückverwiesen, welche unter Anführung von 22 kirchlichen Dokumenten belegt, dass die von Rom getrennten Ostkirchen „oft und beständig" als Kirchen bezeichnet wurden.[250] Darüber hinaus ergeht eine Erinnerung an die Relatio zu dem überarbeiteten Schema[251], die zu folgenden Modi Stellung nahm: Einer Gruppe von Vätern war die Terminologie nicht präzise genug; sie vermissten einschlägige, lehrmäßige Definitionen. Ihnen wurde entgegnet, dass dies dort geschehe, wo es angebracht sei. Im Übrigen aber habe das Dekret einen pastoralen Charakter und beziehe sich auf die Ökumenische Bewegung, die als solche kein geschlossenes und absolutes System darstelle und die Anwendung einer schulmäßigen dogmatischen Terminologie nicht zulasse. Eine andere Gruppe hielt die Bezeichnung „Gemeinschaften" für nicht ausreichend, da es sich um einen profanen Sprachgebrauch handele; einige forderten, statt von „Kirchlichen Gemeinschaften" gleich von „Kirchen" zu reden. Demgegenüber wird der ekklesiale Charakter der getrennten Gemeinschaften nachdrücklich betont, und die unmittelbar sich anschließende Erklärung sollte an Äußerungen aus der jüngeren Zeit als Kriterium dafür angelegt werden, wie weit sie Geist *und* Buchstabe des Konzils entsprechen: „In diesen Gemeinschaften [Coetibus] ist die einzige Kirche Christi quasi wie in Teilkirchen, wenn auch unvollkommen, gegenwärtig und durch vermittelnde ekklesiale Elemente auf irgendeine Weise wirksam."

Zugleich legen die Konzilsväter aber Wert auf die Markierung der lehrmäßigen Unterschiede, welche eine Gottesdienstgemeinschaft, vor allem eine Abend-

---

[249] Vgl. AS III/7, 689.
[250] AS III/2, 303 f.; der verabschiedete Text zitiert in UR 3 nur noch die drei Konzilien (Lateranense IV, Lyon II, Florenz); die disceptatio vom 27.4.1964 führt darüber hinaus 18 Papstworte (von Gregor VII. bis Paul VI.) sowie einen Satz der SC Indulgentiarum von 1907 an.
[251] Das am 27.4.1964 von Paul VI. approbierte Schema wurde im Mai und Juni an die Konzilsväter versandt, die ausführliche Relatio folgte im Juli. Die Ausführungen zur Terminologie: AS III/2, 334 f.

mahls- bzw. Eucharistiegemeinschaft höchstens „in manchen Fällen" (UR 8) gestattet. Die eben zitierte Relatio rückt allerdings auch unter den Gemeinschaften des Westens solche wie die Altkatholiken in die Nähe der Orthodoxen; Kriterium ist die Gültigkeit des „sacramentum ordinis" und der Eucharistie.

UR 19 [Die besondere Lage dieser Gemeinschaften]
Die Koordinierungskommission stellte das Einheitssekretariat mit der Vorgabe, den Ausführungen zu den Orthodoxen Kirchen entsprechende zu den von Rom getrennten Kirchen „im Westen" folgen zu lassen, vor eine heikle und diffizile Aufgabe. Kardinal Bea und seine Mitarbeiter wollten diesen „Kirchen und Kirchlichen Gemeinschaften" in ihrer Eigenart gerecht werden – wie können diese dann mit der erforderlichen Kürze zutreffend charakterisiert werden? Neben den lutherischen und reformierten (wie presbyterianischen) Kirchen waren die auf Grund ihres historischen Ursprungs und theologischen Gepräges eigenen „Kirchentypen" der Anglikanischen Gemeinschaft und der Altkatholiken stets im Blick. Durch den Kontakt mit den Beobachtern hatten die Konzilsteilnehmer auch folgende „Kirchen und Kirchliche Gemeinschaften" vor Augen: Disciples of Christ, Quäker, Kongregationalisten, Methodisten, Freikirchen, die Kirche von Südindien.[252] Die Differenzen zur römisch-katholischen Kirche sind unterschiedlich, manche durchaus erheblich, und beide Seiten wollten nicht, dass sie vertuscht würden – wie lassen sie sich darstellen, ohne den Eindruck zu erwecken, damit käme die Ökumenische Bewegung eher zum Stillstand?

Von einer Verbundenheit durch „besondere Beziehung und Verwandtschaft" ist schon im ersten Entwurf die Rede. Diese Verbindung (vgl. LG 15) gründet in einer Jahrhunderte lang im täglichen Leben des Volkes Gottes praktizierten „kirchlichen Gemeinschaft". Die Spaltungen sind das Ergebnis einer „äußerst schwerwiegenden Krise"[253], deren Ausbruch das erste Schema auf das 16. Jahrhundert datiert. Ab dem zweiten Textentwurf wird historisch offener und zugleich zutreffender formuliert, dass die Krise bereits im Spätmittelalter zu erkennen war[254] und dass es auch Kirchenspaltungen nach der Reformationszeit gegeben hat (man denke vor allem an die Entstehung der Altkatholischen Kirche). Schema I charakterisiert diese – in der ihm eigenen Einschränkung de facto: die aus der Reformation hervorgegangenen – Kirchen so: „Diese Gemeinschaften heben vor allem anderen die Transzendenz der Offenbarung Gottes in Christus hervor, an welcher der Mensch nur auf Grund der Gnade Gottes teilhaben kann; gleichwohl pressen sie dieses Prinzip bis dahin, dass man zur Leugnung einer

---

[252] Die Bedeutung der südindischen Kirchenunion besteht darin, dass sich hier bischöfliche und nicht-bischöfliche Kirchen zusammengeschlossen haben; zur Kurzinformation: Neuner – Kleinschwärzer-Meister, Handbuch 112 f.
[253] Dem Modus, diese „unnützen und vieldeutigen Worte" zu streichen, wird nicht stattgegeben. Es gehe gerade darum, die komplizierte historische Situation anzudeuten (vgl. AS III/7, 689). Mit dieser Position schiebt das Einheitssekretariat monokausalen Erklärungen und einseitigen Schuldzuweisungen einen Riegel vor. Bis heute steht eine (offizielle akzeptierte) theologische Bestimmung des Ereignisses Reformation aus.
[254] Zu erwähnen sind vor allem die Waldenser, die sich inzwischen der Leuenberger Kirchengemeinschaft angeschlossen haben.

essentiellen Vermittlung durch die Kirche gelangt." Diese Charakterisierung trifft nicht alle in den Spaltungen des Westens entstandenen Kirchen und kirchlichen Gemeinschaften, so dass schon allein aus diesem Grund der zweite Textentwurf eine andere Beschreibung vornehmen musste (vgl. **UR 19,1**). Die Ökumeniker wollten, nicht zuletzt durch den Kontakt mit den Beobachtern sensibilisiert, erst gar nicht die Quadratur des Kreises versuchen, nämlich die Unterschiede hinsichtlich Ursprung, Lehre und Spiritualität auch nur annähernd differenziert darzustellen, zumal diese ja nicht nur im Verhältnis zur römisch-katholischen Kirche bestehen, sondern auch die Vielfalt dieser Kirchen und Gemeinschaften selbst ausmachen. Sie verzichten dann auch darauf, an dieser Stelle (**UR 19,2**) quasi als Pendant zur markierten Differenz die gemeinsamen Elemente zu benennen. Dem Schema I zufolge sind die uns verbindenden „teuren und heiligen Bande … der Name Jesu Christi selbst und das Sakrament der Taufe". Wer etwa meint, das Ökumenismusdekret schätze nur die menschliche Seite in den von uns getrennten Kirchen, hat schon das erste Schema nicht auf seiner Seite, das erklärt: „Denn jene unsere Brüder [und Schwestern] vermögen wahrhaft mit der Liebe Christi zu leben und können durch übernatürliche Gaben erhoben werden."[255] Dass es den entscheidenden kirchentrennenden Unterschied in der Ekklesiologie sieht, unterstreicht das erste Schema, wenn es im letzten Absatz dieses Artikels ausdrücklich erwähnt, „dass es auch in Gebieten des Westens Gemeinschaften gibt, die sich sogar der Heilsmittel erfreuen, die aus einem gültigen Priestertum hervorgehen". Immerhin: ein nicht gültiges Priestertum verhindert ein „übernatürliches", d. h. ein durch die Gnade Gottes ermöglichtes, Glaubensleben nicht!

Ab der zweiten Textfassung dominiert nicht die Bestandsaufnahme im Sinne einer Elementenekklesiologie, sondern die Werbung für den ökumenischen Dialog, ja die Hoffnung auf ein Wachsen in der „gegenseitigen Wertschätzung". Das wird in **UR 19,3** auch im Blick auf die Gegenkräfte ausgesprochen, die hier moderat und im Blick auf eine positive Entwicklung hin angesprochen werden: „obwohl die ökumenische Bewegung und die Sehnsucht nach Frieden mit der katholischen Kirche noch nicht überall erstarkt sind."[256] Verschwiegen werden die Differenzen – „Unstimmigkeiten von großem Gewicht" – jedoch nicht, und sie werden nicht auf Unterschiede nicht (genuin) theologischer Herkunft reduziert.

In zweifacher Hinsicht präzisiert **UR 19,4** die Haltung von UR gegenüber der ersten Fassung: Nicht in der Ekklesiologie, sondern „in der Auslegung der geoffenbarten Wahrheit" wird die hauptsächliche Unstimmigkeit lokalisiert; und die Konzilsväter wollen „die Grundlage und Anregung zu diesem Dialog" so hervorheben, dass diese Unterschiede dem ökumenischen Dialog nicht im Wege stehen.

---

[255] AS II/5, 428.
[256] Jaeger, Das Konzilsdekret 182 f., zufolge waren vor allem das ebenfalls 1948 in Amsterdam als Pendant zum ÖRK gegründete International Council of Christian Churches und die in Lateinamerika im Sinne eines Proselytismus aktiven Sekten im Blick. Hinsichtlich des Proselytismus, der mit der ökumenischen Bewegung unvereinbar sei, verweist das Einheitssekretariat auf DiH und das Ökumenische Direktorium.

In Antworten auf verschiedene Modi beharrt das Einheitssekretariat auf dem weiten Begriff der Interpretation der Offenbarung (und nicht nur der Dogmen oder der Ekklesiologie). Nach Kardinal Jaeger wollte das Konzil „das reformatorische Christentum keineswegs als fragmentarischen Katholizismus erklären"[257]. Die Betonung der Rolle der Kirche ist nicht grundsätzlich falsch, aber einseitig; sie ist in einen größeren Rahmen hineinzustellen, der die verschiedenen Facetten des Problems der (Heils-) Vermittlung umfasst. In der Ökumenischen Theologie ist je nach Akzentsetzung davon die Rede, dass die „eigentlichen" Unterschiede im Offenbarungsverständnis[258], in der Christologie[259] oder im Menschenbild[260] liegen (wobei es wiederum innere Zusammenhänge geben kann).

Nach dieser werbenden Einleitung bemüht sich UR auch in den folgenden Artikeln, vor allem das Gemeinsame und das Schätzenswerte hervorzuheben. Einschränkungen werden in die grammatikalische Form des Konzessivsatzes (zwar – aber; obwohl – dennoch; nichtsdestoweniger) gebracht. Sie werden im wahrsten Sinn des Wortes neben-sätzlich. Im Hauptsatz werden das Christusbekenntnis, der Umgang mit der Heiligen Schrift, die Hauptsakramente Taufe und Eucharistie sowie der christliche Lebenswandel thematisiert.

UR 20 [Das Bekenntnis zu Christus]
Deutlicher noch als in UR 1 wird die weitreichende Gemeinsamkeit im Bekenntnis des Glaubens dadurch zum Ausdruck gebracht, dass sich der Konzilstext fast in paralleler Nähe zur Basisformel von Neu-Delhi bewegt. Möglicherweise ist bezeichnend, dass die Formulierung des ÖRK „gemäß der Heiligen Schrift" nicht aufgenommen, die Kennzeichnung Jesu Christi als „Gott und Heiland" dagegen zu „Gott und Herrn und einzigen Mittler" erweitert wird. Während „einzig" die Differenz markiert, ermöglicht die Rede vom Mittler die Weiterentwicklung im Sinn der „Heilsmittel". Die Erweiterung zu „*Gott und* Herrn" wurde auf Antrag eines Konzilsteilnehmers mit der Begründung aufgenommen, dass zwar Christen, welche die Gottheit Christi leugneten, nur „in einem sehr analogen Sinn" Christen seien, aber durch diese Formulierung das Dekret das Christusbekenntnis der getrennten Brüder (und Schwestern) würdige.[261] Im Blick auf die Verkündigungssituation erscheint mir interessant, dass die Ersetzung des „zuerst" durch „einzig" durch den Hinweis abgelehnt wird, dass es hier um die gehe, welche sich „offen" zu Jesus Christus als Gott bekennen. Weniger im Blick auf den ökumenischen Dialog als vielmehr in Wahrnehmung der allen Christen gemeinsamen Sendung sollte das Rechnen mit indirekten/impliziten/anonymen Christusbekenntnissen beherzigt werden.

Die beiden folgenden Sätze geben ein erster Beispiel für die aufgezeigte „zwar – aber"-Struktur. Zunächst lässt UR keinen Zweifel daran aufkommen, dass es rea-

---

[257] Ebd. 185.
[258] Vgl. etwa Herms, Einheit der Christen.
[259] Jaeger, Konzilsdekret 186, verweist auf Congar (ohne Quellenangabe); vgl. Frieling, Amt 215–218.
[260] Vgl. auch hier Frieling, Amt 212–220.
[261] Vgl. AS III/7, 691.

listisch und hoffnungsvoll zugleich sein will. Diskrepanzen, die keineswegs als geringfügig einzustufen seien, betreffen Christologie und Soteriologie, weiterhin auch die Ekklesiologie und die Mariologie. Diese Aufzählung bleibt deskriptiv und wird nicht kommentiert, die Reihenfolge spricht jedoch für sich. Es gibt einen roten Faden von der Theologie der Inkarnation bis in die Mariologie, ohne dass das eindeutige Gefälle zu übersehen ist. Interessanterweise wird die Ersetzung von „nicht geringfügig" (non leves) durch „fundamental" mit der Begründung abgelehnt, nicht alle Diskrepanzen seien von fundamentaler Art, non leves umfasse alle Differenzen. Weiter wurde gewünscht hinter „Geheimnis und Dienst der Kirche" hinzuzufügen „und über die Lehre vom römischen Pontifex als Nachfolger Petri". Darüber sei im I. Kapitel hinreichend gehandelt worden, und außerdem sei dies „ganz gewiss nicht die einzige" Differenz zu den Orthodoxen. So bleibt es bei der pauschalen Nennung der Ekklesiologie, die Fragen der Ämter ist dem Komplex „heilsvermittelnde Funktion der Kirche?" einzuordnen.

Dem Anliegen, wie es sich in der aufgezeigten grammatikalischen Struktur zum Ausdruck bringt, entsprechend erscheint es UR wichtiger, auf die Christusbeziehung der getrennten Brüder und Schwestern hinzuweisen. Das wird nicht von den Individuen je für sich ausgesagt, sondern sogleich im ekklesiologisch relevanten Sinn: Christus ist Quell und Zentrum der Communio. Im Letzten geht es nicht um die Einheit (unitas) der Kirche(n), sondern um die Vereinigung (unio) mit Christus. Glaubende sind Mystiker und Mystikerinnen, also Menschen, die „etwas erfahren haben"[262] und die deshalb die Gemeinschaft der Glaubenden suchen und fördern. Das Movens der Ökumenischen Bewegung ist jedenfalls nicht primär psychologischer, soziologischer oder gar politisch-taktischer Natur, sondern eine Herzensangelegenheit der Glaubenden. „Einheit suchen und Zeugnisgeben" verweist zurück auf die Motive zur Entstehung der modernen Ökumenischen Bewegung zu Beginn des 20. Jahrhunderts. 17 Väter votierten für die Streichung des letzten Gedankens, weil das Konzil darin schlichtweg die Missionen lobe, welche Häresien wider die katholische Wahrheit verbreiteten. Lapidare Antwort: Es handelt sich nicht um ein Lob, und die Tatsache könne nicht geleugnet werden, dass die getrennten Christen Glaubenszeugnis für Christus ablegten.[263]

UR 21 [Das Studium der Heiligen Schrift]
Wie die Christozentrik gilt die zentrale Stellung der Heiligen Schrift als ein Charakteristikum der protestantischen Christenheit. So widmet sich UR 21 in vier kurzen Abschnitten diesem Thema. Dabei wird die ökumenische Grundhaltung nicht verlassen: Die Wertschätzung nimmt breiteren Raum ein als die im dritten Absatz festgehaltene Differenz.

---

[262] Vgl. das viel zitierte Diktum Karl Rahners „Der Fromme von morgen wird ein ‚Mystiker' sein, einer, der etwas ‚erfahren' hat"; dazu die differenzierende Interpretation in Hilberath, Karl Rahner 216–218.
[263] AS III/7, 692.

Wie **UR 21,1** darlegt, bleibt die Hochschätzung der Bibel in den Schwesterkirchen keine akademische Theorie. Das „beständige und kluge[264] Studium der Heiligen Schrift" erstrebt Orientierung und heilende Kraft für das tägliche Leben. Dies zu tun geht auf die Bibel selbst zurück, so dass sich an dieser Stelle zu Recht ein Schriftzitat findet. Es wurde eingewendet, Paulus meine in Röm 1, 16 nicht die Schrift, sondern das lebendige Evangelium. Genau darum gehe es hier und in den folgenden Ausführungen, nämlich um das Wort Gottes, das in den Heiligen Schriften gefunden werde und das die Frohe Botschaft sei, lautete der Bescheid. Die Rede vom „Kult" der Heiligen Schrift sei übrigens vor allem im französischen Protestantismus durchaus geläufig, verteidigte der Sprecher die Formulierung. Dass das Gesagte nicht für alle Protestanten zuträfe, da es auch „Zerstörung der Schrift" gebe, wird als Einwand nicht aufgegriffen, da UR auch hier nicht in Details gehen wolle; außerdem intendierten die getrennten Christen nicht die Zerstörung der Bibel, „auch wenn ihre Schriftauslegung hier und da de facto destruktiv erscheinen könnte, zumindest hinsichtlich ihrer Konsequenzen"[265].

Mehr Erfolg hatten Antragsteller hinsichtlich der Formulierung des ersten Satzes in **UR 21,2**. Hierzu war freilich die Hilfe höherer bzw. höchster Autorität erforderlich, die am „Schwarzen Donnerstag" noch zwei Änderungen zur Geltung brachte. Die Fassung des zweiten Schemas lautete: „*Unter Antrieb* des Heiligen Geistes *finden* sie in den Heiligen Schriften selbst Gott, der in Christus zu ihnen spricht." Ein Vater forderte die Streichung des ganzen Absatzes, vier wollten „unter Antrieb des Heiligen Geistes" getilgt sehen. Dahinter stand die Befürchtung, hier „scheine die Lehre der Reformatoren approbiert zu werden, wonach jeder Gläubige das Licht [der Wahrheit] empfange, so dass das Lehramt überflüssig zu werden scheine"[266]. Die Antwort des Einheitssekretariats ist von fundamentaler ökumenischer Relevanz: „Über den Effekt des Wirkens des Heiligen Geistes in den Anderen zu urteilen, ist nicht erlaubt. Das *Faktum* des Antriebs des Heiligen Geistes in den Anderen können wir nicht leugnen. Durch dieses Faktum wird die Notwendigkeit des Lehramtes nicht ausgeschlossen, wie in den folgenden Zeilen ausdrücklich bestätigt wird."[267] Deutlich fällt auch die Absage an den Modus, „sie finden" durch „sie suchen" zu ersetzen, aus: „Da keine Begründung für die Änderung angegeben wird und die Brüder in der Tat Gott finden, ist am Text festzuhalten."[268]

Auf Grund der bekannten Intervention wird der Antrieb des Heiligen Geistes durch seine Anrufung, das Finden durch das Suchen ersetzt.[269] Während die

---

[264] Die im LThK.E 2, 113, vorgenommene Übersetzung von „sollers" durch „beharrlich" ist zumindest ungewöhnlich. Ungewollt wird dadurch eine gewisse Sturheit bezeichnet, während das aus „sollus" = ganz, völlig und ars = Kunst hervorgegangene sollers geistlichen Sinn und/oder hermeneutische Kunstfertigkeit signalisiert.
[265] AS III/7, 692.
[266] Ebd.
[267] AS III/7, 693.
[268] Ebd.
[269] Vgl. Auflistung und Kommentierung der „19 auf Geheiß Papst Pauls VI. am 19.11.1964 dem Ökumenismusdekret eingefügten Änderungen" in Feiner, Kommentar 124–126.

dritte Änderung, die Einfügung des „quasi", keine Änderung des Textsinns nach sich zieht (da quasi nicht mit „als ob", sondern mit „so wie" wiederzugeben ist)[270], handelt es sich nach Meinung von Zeitzeugen hinsichtlich der erstgenannten Eingriffe „um die bedeutendste von allen 19 Textänderungen, die denn auch sogleich am meisten beachtet wurde und die größte Erregung auslöste"[271]. Dass damit „eine gewisse Abschwächung des früheren Textes" gegeben ist, wird auch von denen nicht bestritten, die zumindest in der Distanz vom ersten Augenblick die Veränderungen als „nicht so gravierend" werten.[272] Eine Abschwächung liegt sicher im Vergleich mit dem zunächst vorgelegten Text vor. Zur Erläuterung führen Mitarbeiter und Zeitzeugen an, „dass die Befürworter der Änderung vor allem an die liberale Richtung im Protestantismus dachten und auch das Missverständnis glaubten abwehren zu sollen, die persönliche Lesung der Schrift genüge, ein Lehramt sei also nicht notwendig"[273]. Noch deutlicher ist die Auskunft von Caprile, auf die sich Thils in seinem Kommentar stützt: „Man wollte dadurch nicht behaupten, dass die getrennten Brüder Gott nicht in der Heiligen Schrift finden, als wären sie dazu verdammt ‚vergeblich zu suchen', sondern man wollte nur die Möglichkeit einschließen und zum Ausdruck bringen (und das gilt ebenso auch für die Katholiken), dass sie ihn nicht finden auf Grund von Hindernissen subjektiver Art."[274]

Ohne diese „Nachbesserung" hätte sich die Aufregung vermutlich in Grenzen gehalten, weil ja das Ökumenismusdekret insgesamt keinen Zweifel lässt an dem, was zunächst verbalisiert wurde. Der Heilige Geist wirkt in den von uns getrennten Brüder und Schwestern, und zwar nicht nur in den einzelnen Gläubigen, sondern in ihren Kirchen und Kirchlichen Gemeinschaften.[275]

Der Heilige Geist wirkt, und das Suchen lässt finden – und dies setzt eine neue Suchbewegung in Gang, wie der lutherische Beobachter Prof. Skydsgaard und Papst Paul VI. in ökumenischer Übereinstimmung sich wechselseitig bestätigten.[276] Unverändert blieb die Fassung dessen, was in der Schriftbetrachtung Aufmerksamkeit findet: das Leben (Jesu) Christi, seine Lehren und Taten, vor allem sein Tod und seine Auferstehung. Offenbar wird auch hier eine Christozentrik beobachtet.

Jetzt kann es keinen Zweifel mehr an der ökumenischen Grundeinstellung geben, wenn in **UR 21,3** auf die Differenzen hingewiesen wird. Basis ist ja die gemeinsame Anerkennung der göttlichen Autorität der Schrift, obwohl das bis heute für manche Katholiken nicht in dieser Ausdrücklichkeit gilt, insofern sie eher ande-

---

[270] Feiner, Kommentar 126 verweist auf entsprechende Formulierungen im kirchlichen Latein (z.B. Joh 1, 14 in der Vulgata). Letzte Zweifel an der Korrektur der Übersetzung, jedenfalls an der Intention des Textes beseitigt Jaeger, Das Konzilsdekret 191 f., durch ein Zitat von Kardinal Bea selbst.
[271] Feiner, Kommentar 126.
[272] Ebd.; vgl. Jaeger, Das Konzilsdekret 189–192.
[273] Feiner, Kommentar 126. So argumentiert auch Stransky, The decree 79[57].
[274] Thils, Le décret 164, der sich auf eine Äußerung Capriles vom 4. April 1965 bezieht.
[275] Die Erinnerung an UR 3 und 4 sowie an LG 15 mag genügen.
[276] Nachweise bei Jaeger, Das Konzilsdekret 191.

ren Loci theologici (der eigenen Erfahrung, dem kirchlichen Lehramt, einer bestimmten Theologie) den Vorrang geben. In jedem Fall war und ist die festgehaltene Gemeinsamkeit der evangelischen Christenheit eher vertraut! Wo liegt die Diskrepanz? In der Bestimmung des Verhältnisses von Schrift und Kirche, die selbst innerhalb des Protestantismus unterschiedlich ausfällt, in der Beziehung zur römisch-katholischen Kirche aber vor allem sich als das Verhältnis des „authentischem Lehramtes" zur Bibel darstellt. Daran hat sich bis heute trotz aller theologischen Bemühungen (noch) nichts Entscheidendes geändert. Andererseits muss gefragt werden, ob angesichts der gemeinsamen Basis und der Übereinstimmung im christologischen Grundbekenntnis in diesen Fragen noch kirchentrennende Hindernissen ausgemacht werden können.[277] Das Konzil hatte die Arbeiten der Vierten Weltkonferenz der Kommission für Glauben und Kirchenverfassung vor Augen, die sich im Sommer 1963 mit dem Thema „Schrift, Tradition und Traditionen" befasste. Es selbst nahm seinerseits Abschied von der Zweiquellentheorie der Offenbarung. So verbreitet sich die gemeinsame Grundeinsicht, dass die Heilige Schrift als bleibender Bezugspunkt die letzte Norm darstellt, dass sie selbst aber auch Produkt eines Überlieferungsprozesses ist, der einerseits im Kanon seinen normativen Rahmen fand und andererseits als Schriftauslegung im Zusammenspiel der verschiedenen Loci lebendig weitergeht. Denn, so der Schlusssatz dieses Absatzes, „die heiligen Worte" sind trotz der aufgezeigten Unterschiede „gerade beim Dialog hervorragende Werkzeuge", und zwar primär nicht in ihrer Verwendung als Schriftbeweis in der Hand von Theologen oder Vertretern des Lehramts oder einer subjektivistischen Schriftfrömmigkeit, sondern „in der mächtigen Hand Gottes"! Schließlich ist ja auch die Einheit, welche die christlichen Kirchen anstreben, ein Geschenk aus der Hand Gottes. Freilich käme es darauf an, die Unverfügbarkeit der Gnade mit dem durch sie ermöglichten Handeln der Menschen zusammenzubringen, damit weder ökumenische Werkerei noch gottergebener Passivismus in der ökumenischen Bewegung Platz greifen.

UR 22 [Das sakramentale Leben]
Den „Ehrennamen" Christ trägt, wer sich zu Jesus als dem Christus bekennt. Diesen Status können Katholiken ihren getrennten Brüdern und Schwestern nicht absprechen, schon gar nicht angesichts ihrer von UR jedenfalls so wahrgenommenen Christozentrik. So sehr Christusnachfolge die individuelle Überzeugung und Entscheidung erfordert, so wenig beliebig ist bei aller legitimen Pluralität der Christusbilder die Bandbreite des Christusglaubens hinsichtlich seiner „objektiven" Seite. Norma normans non normata, also erstrangige Norm bei aller Eingebundenheit in einen lebendigen Überlieferungsprozess und bei aller Vernetzung mit den anderen Loci theologici, bleibt die Heilige Schrift. Auch diese Grundüberzeugung kann gerade den Christen in den Reformationskirchen schlechterdings nicht abgesprochen werden. Christusnachfolge ist keine Sache der Einzelnen, sondern führt in die Gemeinschaft der Glaubenden, wenn nicht

---

[277] Vgl. Centre d'Études Œcuméniques, Abendmahlsgemeinschaft, These 7.1.

diese schon die Einzelnen zum Glauben geführt hat. Wer zum Glauben gekommen ist, lässt sich taufen (oder erneuert das stellvertretend für ihn/sie abgegebene Bekenntnis des Taufglaubens), das heißt: tritt offiziell ein in die Gemeinschaft derer, die Christus nachfolgen. Die Taufe erfolgt auf den Namen des Herrn Jesus oder im Namen des dreieinigen Gottes, und sie ist Eingliederung in den Leib Christi. Genährt wird das Leben aus dem Taufglauben heraus vor allem durch die Eucharistie, in der Christus kraft des Geistes die Kirche Gottes je neu erbaut und aufbaut. Stellt dies die von allen Christen geteilte Grundüberzeugung dar, dann ist die Nichtanerkennung der so verstandenen und vollzogenen Taufe eine Unmöglichkeit und die Feier der Eucharistie an getrennten Abendmahlstischen ein Skandal. Genau dies lässt – bei allen Rückschlägen – die Ökumenische Bewegung bis heute nicht zur Ruhe kommen. In welche Richtung weist das Ökumenismusdekret?

Der erste Abschnitt **UR 22, 1** unterstreicht den grundsätzlichen normativen Charakter seiner Aussage, wie schon anderweitig beobachtet, durch ein Schriftzitat. Taufe ist Einverleibung in Christus, den gekreuzigten und auferstandenen, und Wiedergeburt zum neuen, göttlichen Leben. In zweifacher Hinsicht ist diese vom Neuen Testament her begründete Überzeugung bemerkenswert: Zum einen angesichts einer gewissen Tendenz in der Katechese (wenigstens soweit es sich um Säuglings- und Kindertaufe handelt), Taufe vor allem als Aufnahme in die Kirche (Gemeinde) zu verstehen; jedoch: Gemeinde ist „nur" der Raum, nicht das Ziel! Zum anderen ergibt sich daraus auch in ökumenischer Hinsicht eine Relativierung der Kirchengemeinschaft durch ihre Abhängigkeit von der und ihre Unterordnung unter die Gemeinschaft mit Jesus Christus. Kann das von der Taufe Gesagte auch von der Eucharistie behauptet werden, dann lässt sich die These vertreten: „Abendmahlsgemeinschaft reicht weiter als Kirchengemeinschaft."[278] Sowohl hinsichtlich der Taufe als Einverleibung in Christus und von daher, obwohl in einer konkreten Konfessionskirche gefeiert, Aufnahme in die eine Kirche Jesu Christi wie auch hinsichtlich der Eucharistie als Verbindung der Gläubigen mit Christus und untereinander, wiewohl nur in einer Teilkirche realisiert, ergibt sich ein Überschuss der Tauf- und Abendmahlsgemeinschaft gegenüber der konkreten, konfessionell begrenzten Kirchengemeinschaft. Im Fall der Taufe lehnen es die meisten christlichen Kirchen ab, die Anerkennung der Taufe erst auszusprechen, wenn volle Kirchengemeinschaft erreicht ist. In der Frage des Abendmahls sehen dies die römisch-katholische und vor allem die orthodoxe Kirche anders. Gibt das Ökumenismusdekret eine Richtung vor?

Was die in der Taufe fundierte Gemeinschaft unter den Christen – nach UR 22, 2 „das sakramentale Band der Einheit"! – angeht, so verstärkt etwa das Ökumenische Direktorium noch die Aussage.[279] Die in UR 22, 1 erwähnte Bedingung der einsetzungsgemäßen Feier (Spendung) spiegelt die Sorge mancher Väter hinsichtlich der Taufpraxis einzelner Reformationskirchen wider. Zugleich kann

---

[278] Ebd., These 6.
[279] Päpstlicher Rat, Direktorium, Kapitel IV. 1.

sie als Aufforderung gelesen werden, nur in erwiesenen Zweifelsfällen eine so genannte Bedingungstaufe vorzunehmen. Ökumenisch noch gewichtiger erscheint, dass dem theologisch-juristischen Kriterium ein zweites, ein theologisch-spirituelles hinzugefügt wird: „in der gebührenden Verfassung des Herzens empfangen"[280]. Abgesehen davon, dass das Spender-Empfänger-Schema in das umfassende Konzept der Sakramente als Feiern der Kirche integriert werden muss – wozu das Konzil die Weichen gestellt hat –, klingt in dieser Sprache die pneumatologische Dimension wenigstens an, insofern es der Geist Gottes ist, der die Herzen der Menschen bewegt, bereitet, zum Glauben und in die Gemeinschaft führt und sie darin trotz allem erhält. Das bedeutet aber auch, dass sich eine Beurteilung dieses wesentlich geistlichen Vorgangs verbietet, also nur ein gewisser rechtlicher Rahmen verlangt werden kann. Dass sich der Taufglaube auch im Leben zeigt, spricht der folgende Artikel UR 23 ausdrücklich an; doch auch hier will der pneumatologische Vorbehalt beachtet sein. In ökumenischer Hinsicht folgt daraus der hermeneutische Grundsatz: Nicht die Gestalt (liturgischer, rechtlicher Art) entscheidet über das Wirken des Geistes Christi; dessen Wirken in jedem Christenmenschen ist vielmehr grundsätzlich zu unterstellen, auch wenn die äußere Form als defizient erscheinen möge.

Die sich an die Grundaussage im ersten Satz von **UR 22, 2** anschließenden beiden Sätze werden einen doppelten Effekt hervorrufen. Evangelische Mitchristen können in der dreifachen Betonung der Vollständigkeit (im Glaubensbekenntnis, hinsichtlich der Heilsmittel der Kirche sowie der eucharistischen Gemeinschaft) vor allem die Attestierung von Defiziten herauslesen. Ist „Vollständigkeit" mehr als ein quantitatives Kriterium? Das Prinzip der „Hierarchie der Wahrheiten" sollte ja im qualitativen Sinn verstanden werden.[281] Wie gewichtig sind Differenzen in der Ekklesiologie und im Bereich der so genannten Heilsmittel dann, wenn hinsichtlich des Ursprungs, des einzigen Mittlers und des Ziels Übereinstimmung herrscht? Jenseits der konfessionellen Trennungen können Christen gemeinsam die Konsequenzen des Taufglaubens entwickeln. In der Tat ist die Taufe, selbst die von Erwachsenen, nicht nur das Ende eines Weges (des Zum-Glauben-Kommens), sondern auch der Anfang (des ausdrücklichen Lebens mit Christus in der Gemeinschaft). Damit ist freilich ein geistliches Wachsen gemeint, kaum eine explizite Aneignung aller Glaubens- oder gar Lehraussagen. Was umfasst „die vollständige Einverleibung in die Einrichtung des Heils, wie Christus selbst sie gewollt hat", womit die Konzilsväter zweifelsohne allein die römisch-katholische Kirche meinten?[282] Wenn Taufe Einverleibung in den Leib Christi und Abendmahl stets neue Auferbauung desselben meint, welcher Stellenwert kommt dann

---

[280] Erscheint theologisch zutreffender als die Übersetzung „in der gebührenden Geistesverfassung" (LThK.E 2, 117).
[281] S. o. den Kommentar zu UR 11, 3.
[282] Dies wird in einer Antwort auf einen – deshalb für überflüssig erachteten! – Ergänzungsantrag unter Hinweis auf UR 2 und 3 unterstrichen. Was bedeutet es aber, wenn das Konzil eine communicatio in sacris mit den Orthodoxen Kirchen für möglich erachtet? Gehört das Papsttum zumindest in seiner derzeitigen dogmatischen und juristischen Gestalt nicht zur Vollständigkeit?

der ekklesialen Gestalt zu? Was bedeutet „Vollständigkeit", wenn der Grundsatz gilt „Einheit nur im Notwendigen"? Und wie gehen Kirchen damit um, wenn sie unterschiedliche Auffassung darüber vertreten, „wie Christus selbst sie gewollt hat"?

In **UR 22,3** formulieren die Konzilsväter die Position, die bis zur jüngsten Enzyklika *Ecclesia de Eucharistia*[283] als offizielle Lehre der römisch-katholischen Kirche wiederholt wird. Bevor auf die Frage eingegangen werden kann, ob die ökumenischen Begegnungen und theologischen Gespräche der letzten vierzig Jahre eine einfache Wieder-holung rechtfertigen, sind wenigstens zwei Interpretationsprobleme zu lösen: Was meint „sacramenti Ordinis defectus"? Was ist die „genuina atque integra substantia Mysterii eucharistici"?

Während das erste Schema nur vom Sakrament der Taufe handelte und von dorther sogleich den Artikel „Leben mit Christus" konzipierte, wurde den Vätern mit dem zweiten Entwurf ein Text vorgelegt, der dem ökumenischen Geist des Konzils treu blieb, also im Hauptsatz das Positive, das mit uns Gemeinsame, zum Ausdruck brachte und im konzessiven Nebensatz von den Differenzen sprach. Zu den letzteren gehören das Fehlen der vollen, aus der Taufe hervorströmenden Einheit sowie, vor allem „propter Sacramenti Ordinis defectum", das Nichtbewahren der vollen Wirklichkeit der Eucharistie („plenam realitatem Eucharistiae").

Der Antrag, diesen Passus 22,3 ganz zu streichen, weil er einen „schweren Skandal für das Volk" darstelle bzw. falsch verstanden werden könnte – „als wenn die Protestanten wenigstens teilweise dasselbe Sakrament hätten" –, zumal in übertriebener und lobhudelnder Weise gesprochen werde, wird mit folgender Begründung abgelehnt: „Die Streichung des Textes wäre gegen die Intention des gesamten Paragraphen, da doch der Dialog über das Sakrament der Eucharistie zu den vorrangigeren Punkten gehört. Auch kann nicht geleugnet werden, dass die getrennten Brüder in der Feier des Heiligen Mahles fürwahr das Gedächtnis des Todes und der Auferstehung des Herrn begehen."[284]

Einige Väter drangen jedoch auf terminologische Exaktheit, für sie wohl gleichbedeutend mit dogmatischer Klarheit. Eine größere Anzahl verlangte die Streichung von „plenam" (dies treffe nur für die Anglikaner zu, meinte einer). Infolge der durch Trient festgeschriebenen Trennung von Realpräsenz und Opfer einschließlich der Fixierung auf die somatische Realpräsenz, die durch die Konsekrationsvollmacht des Priesters „hergestellt" wird, während er als Spender den Gläubigen als Empfängern „das Altarsakrament austeilt", waren Konzilsväter der Auffassung, die Wirklichkeit der Eucharistie, nämlich die Realpräsenz, sei entweder gegeben oder nicht; Abstufungen seien unlogisch. Wo kein gültiges Weihesakrament, dort auch keine eucharistische Wirklichkeit, sondern nur ein „nicht wirksames Zeichen" (signum non efficax). Einige meinten, man könne von einer bloß „logischen" oder „dynamischen" Gegenwart sprechen. In sehr bezeichnen-

---

[283] Papst Johannes Paul II., Enzyklika *Ecclesia de Eucharistia* Nr. 34–46.
[284] AS III/7, 694.

der Weise spreche das Schema vom „Heiligen Mahl", fröne also dem anderswo abgelehnten Irenismus. Eindeutigkeit im Sinn von Ja oder Nein sei erforderlich; wenn schon die Bischöfe das Wort „realitas" nicht verstehen, wie sollte dies erst das Volk?

Zeitzeugen und erste Kommentatoren stimmen darin überein, die Konzilsväter (und sie selbst) seien der Auffassung, „dass im protestantischen Abendmahl die spezifische sakramentale Gegenwart Christi, wie sie die katholische Kirche mit dem Dogma von der Realpräsenz Christi und der Transsubstantiation umschreibt, sich nicht verwirklicht"[285]. Thils erinnert allerdings an ein Gespräch zwischen Joachim Beckmann, dem Präsidenten der Evangelischen Kirche im Rheinland, und Kardinal Jaeger im Jahre 1965. In diesem Kontext bestätigte der Kardinal, dass in der Formulierung von UR 22,3 „bekennen sie dennoch ... dass das Leben in Gemeinschaft mit Christus bezeichnet wird (significari)" Bezeichnen im Sinn des signum efficax gemeint sei.[286]

Abgelehnt wird von den Redaktoren die Ersetzung des „vor allem" (praesertim) durch „einzig" (unice), da auch weitere Gründe vorgebracht werden können; genannt werden keine. Des Weiteren wird erklärt, „praesertim" lasse Ausnahmen zu, wie sie etwa im Fall der Altkatholiken gegeben sei. Akzeptiert wurde der Modus, ein „credamus" einzufügen, im LThK.E 2 mit „nach unserem Glauben" übersetzt. Feiner zufolge handelt es sich um ein Glaubensurteil.[287] Dagegen versucht Hervé Legrand nachzuweisen, dass credere hier im Sinn des alltäglichen Sprachgebrauchs, also in der Bedeutung „nach unserer Meinung" aufzufassen sei.[288] Wird „glauben" strikt theologisch verstanden, macht seine Verwendung an dieser Stelle in der Tat keinen Sinn: Christen glauben an den dreieinigen Gott; nur in einem abgeleiteten Sinn „glauben" sie „an" die Kirche[289], noch abgeleiteter wäre die Wendung „an die Realpräsenz glauben". Die meisten Christen in den verschiedenen Kirchen glauben, dass Jesus Christus in der Feier der Eucharistie/ des Abendmahls unter ihnen gegenwärtig ist. 13 Väter meinten denn auch, dass der fundamentale Defekt nicht in der Leugnung des Ordo liege, sondern ein Defekt des Glaubens sei. Wenn dies, wie die ökumenischen Gespräche seither gezeigt haben,[290] vielfach nicht (mehr) zutrifft, welche Bedeutung kommt dann dem „defectus Ordinis" zu?

Zu den Modi, die bis auf die Einfügung des „credamus" abgewiesen werden, wird Folgendes erklärt: „Generell kann gesagt werden, dass der größere Teil der Protestanten an eine gewisse (aliquam) Gegenwart Christi in der Eucharistie glaubt. Das ergibt sich offensichtlich einerseits aus der Lehre der Reformatoren und aus [den Schriften der] neueren protestantischen Theologen, andererseits

---

[285] Feiner, Kommentar 118.
[286] Thils, Le décret 174. – Das Gespräch ist abgedruckt in: Jaeger, Einheit und Gemeinschaft 296–313; die einschlägige Aussage hier 307. Vgl. dazu die im Zusammenhang mit dem Kommentar zu UR 3,2 zitierten Ausführungen bei Kasper, Der ekklesiologische Charakter.
[287] Ebd.
[288] In einem unveröffentlichten Manuskript anlässlich einer ökumenischen Arbeitstagung 2002. Schon Beaupère, Décret 436, sprach von einem „klugen ‚wir glauben, dass'".
[289] Vgl. de Lubac, Credo 95–103.
[290] Verwiesen sei vor allem auf Lehmann – Pannenberg, Lehrverurteilungen.

aus dem geistlichen und liturgischen Leben. Die protestantischen Theologen drücken sich freilich auf andere Weise aus als die katholischen. Die gegenseitige Kenntnis der getrennten Brüder (vgl. Art. 9) hinsichtlich der Lehre und des geistlichen Lebens muss noch sehr gefördert werden. Weil aber der Text sehr vielen Vätern Schwierigkeiten bereitet, wird folgende Lesart vorgeschlagen: ‚plenam realitatem *Mysterii Eucharistici*'. So wird jede Gefahr einer Vieldeutigkeit bezüglich der Realpräsenz Christi im Sakrament der Eucharistie beseitigt."[291] Zu den am 19.11.1964 vorgenommenen Änderungen gehört die Ersetzung des „plenam realitatem" durch „genuinam atque integram substantiam". Während realitas eine zu schnelle Assoziation zu Realpräsenz fördert, lässt substantia an transsubstantiatio denken. Freilich passt zu einem solch eingeschränkten Verständnis die Ergänzung „ursprünglich und vollständig" nicht. Nach Jaeger meint der endgültige Text „die volle von Christus offenbarte und eingesetzte Wirklichkeit der Eucharistie"[292]. Wird diese als die substantia Mysterii eucharistici bezeichnet, so macht auch die theologische Interpretation der „Wesensverwandlung" als Wandlung nicht nur der Gaben, sondern der ganzen Feier einen Sinn.[293]

Ohne Abstriche an der Lehre der Kirche in ihrer überlieferten Gestalt zu machen, wird durch die Rede vom eucharistischen Geheimnis jedenfalls die Fixierung auf die (somatische) Realpräsenz aufgebrochen. Diese kann, wie es eine Reihe von Konzilsteilnehmern wollte, glattweg für das protestantische Abendmahl nur solange bestritten werden, als sie einzig von der Konsekrationsvollmacht eines gültig geweihten Amtsträgers abhängig gemacht wird. Vor allem aber lässt es die Formulierung zu, die gemeinsamen Überzeugungen auszusagen: dass das Abendmahl Gedächtnis des Todes und der Auferstehung,[294] Zeichen der lebendigen Gemeinschaft mit Christus und Erwartung seiner Wiederkunft in Herrlichkeit ist. Feiner schlussfolgert: „Auch der Katholik darf also die protestantische Abendmahlsfeier nicht als ein bloßes, unwirksames Zeichen betrachten."[295] Der Kommentator unterstreicht den letzten Satz von UR 22,3, dass der Dialog über diese Fragen (die Erweiterung auf die übrigen Sakramente wurde von der Redaktionskommission akzeptiert) intensiv weiter geführt werden müsse.

Im Anschluss an Thomas von Aquin[296] können wir die Konzilsaussage so verstehen, dass Katholiken und Protestanten die Deutung der Eucharistie als signum rememorativum und als signum prognosticum teilen. Trennt sie die Deutung als signum demonstrativum? Die theologischen Gespräche haben an den Tag gebracht, dass weder Luther noch Calvin die wirkliche Gegenwart Jesu Christi im Abendmahl geleugnet haben; die Verwerfung von Trient richtet sich gegen

---

[291] AS III/7, 696.
[292] Jaeger, Das Konzilsdekret 202.
[293] Vgl. Hilberath – Schneider, Eucharistie 436 (IV. 1); Lehmann – Pannenberg, Lehrverurteilungen 107.
[294] Der Modus, dies zu streichen, wird deutlich abgewiesen: „Wenn irgendetwas im Herrenmahl intendiert wird, dann ist es präzise das Gedächtnis des Todes und der Auferstehung des Herrn" (AS III/7, 696).
[295] Feiner, Kommentar 118.
[296] Thomas von Aquin, S.Th. III q.60 a.3c.

Zwingli und Splittergruppen der Reformation.[297] Wenn die „wunderbare Wandlung", von der das Trienter Konzil spricht,[298] bedeutet, dass im Abendmahl Brot nicht mehr gewöhnliches Brot, Wein nicht mehr alltäglicher Wein ist, sondern dass „in, mit und unter" den Gestalten von Brot und Wein Jesus Christus sich den Gläubigen schenkt, stellt das nicht eine auch von „Protestanten" geteilte Glaubensauffassung dar?

Oder sollte tatsächlich das „Zustandekommen" der Realpräsenz an dem gültig geweihten Amtsträger hängen? Was ist dann mit einem ungültig Geweihten, also einem Ordinierten, der von einem Amtsträger geweiht wurde, der nicht in der bischöflichen apostolischen Sukzession steht? Macht diese Ungültigkeit das Sakrament unwirklich? Wird das Spender-Empfänger-Schema ekklesiologisch-liturgisch ausgeweitet, ergeben sich neue Möglichkeiten der Würdigung der eucharistischen Wirklichkeit. Christus selbst ist als der Mahlherr das primär handelnde Subjekt der Feier. Im steht antwortend die Gemeinde als Ganze gegenüber. Auf vielfältige Weise wird Christus in ihrer Mitte gegenwärtig. Dem ordinierten Amtsträger kommt es zu, in persona Christi agens das extra nos des Heils in der feierlichen Verkündigung des Hochgebets zu repräsentieren. Soweit evangelische Theologie diesem Amtsverständnis zustimmt, verringert sich das als „defectus" bezeichnete immer mehr.

Damit stehen wir mitten im zweiten Interpretationsproblem von UR 22,3: Meint defectus das Fehlen oder nur einen Mangel? Es spricht vieles dafür, dass die in den offiziellen bzw. offiziösen Textausgaben gebrauchte Übersetzung „Fehlen" eher die Auffassung der Konzilsväter wiedergibt.[299] Für sie war, wie ja auch die theologischen Kommentatoren bezeugen, die Verbindung von Konsekrationsvollmacht und Realpräsenz so eng, dass letztere nicht zustande kommt, wenn ein entsprechendes Amt fehlt. Der verdiente lutherische Ökumeniker Harding Meyer vertritt die Auffassung, dass die unterschiedliche Bestimmung des Verhältnisses von Amt und Eucharistie „aus katholischer Sicht auch heute noch kirchentrennenden Charakter [hat]"[300]. Insofern bleibe dieser Nebensatz „vielleicht sogar der ökumenisch schwerwiegendste Verneinungssatz in diesem Konzilsdekret"[301], weil er nicht nur keine Abendmahlsgemeinschaft, sondern auch keine Anerkennung des vollen Kirche-seins zulasse. Dies sei ernst zu nehmen, weil evangelische Kirchen genauso urteilen müssten, wenn bei einer anderen Kirche „die ursprüngliche und vollständige Wirklichkeit" nicht gewahrt wäre. Wenn freilich in der Zwischenzeit in allen wichtigen traditionellen Kontroversfragen, gerade auch hinsichtlich der Realpräsenz und des Opfercharakters, Übereinstimmungen entdeckt wurde, so dass hier keine kirchentrennenden Hindernisse mehr vorliegen, welches Gewicht hat dann noch der „defectus Ordinis"? In den Thesen der Ökumene-Institute wird festgestellt: „Trotz weiter bestehender Gegensätze in der Amts-

---

[297] Vgl. Lehmann – Pannenberg, Lehrverurteilungen 94–97.
[298] DH 1652.
[299] Hierin stimmen auch die ersten Übersetzungen überein.
[300] Meyer, „… genuinam 416.
[301] Ebd. 405.

frage ist heute eine Annäherung im Grundsätzlichen erreicht, die eucharistische Gastfreundschaft ermöglicht."[302] Während die noch ungeklärten Fragen keine allgemeine Abendmahlsgemeinschaft (jedenfalls aus katholischer Sicht) erlauben, könnte eucharistische Gastfreundschaft in bestimmten Fällen („im Leben von Menschen, die in intensiver ökumenischer Gemeinschaft miteinander leben"[303]) gestattet werden, wenn folgende „Annäherung im Grundsätzlichen" akzeptiert und rezipiert wird, nämlich zu unterscheiden zwischen einem formalen und einem materialen Verständnis der ‚apostolischen' Sukzession: „Inhalt der apostolischen Sukzession ist die Weitergabe des apostolischen Evangeliums. Das kirchliche Amt erscheint dabei als Treue zur apostolischen Überlieferung und steht in deren Dienst. Als Dienst an Wort und Sakrament gehört das ordinationsgebundene Amt auch nach evangelischer Auffassung zum Sein der Kirche. Auf römisch-katholischer Seite ist das Amt zwar eine eigene Größe, aber Wort und Sakrament dienend zugeordnet."[304]

Aus katholischer Sicht ist es wünschenswert, dass evangelischerseits die Aussage „das ordinationsgebundene Amt gehört zum Sein der Kirche" und die entsprechende Konsequenz, dass das Abendmahl unter dem Vorsitz eines rechtmäßig ordinierten (rite vocatus) Amtsträgers gefeiert wird, allgemein angenommen werden. Kann aber umgekehrt römisch-katholische Lehre sich die vorgeschlagene Unterscheidung zu Eigen machen? Dass das Weiheamt der Verkündigung und Feier der Sakramente dienend zugeordnet ist, stimmt mit den einschlägigen Aussagen des Zweiten Vatikanums voll überein. Gleiches gilt für die Aussage, das ordinationsgebundene Amt sei Zeichen für das Stehen der Kirche in der apostolischen Überlieferung. Katholischerseits wird präzisiert: ein wirksames Zeichen. Damit kann jedoch nicht ein Automatismus, eine absolute Garantie gemeint sein. Letztlich muss sich auch die apostolische Amtsführung am Zeugnis des Evangeliums messen lassen. Dies wiederum ist nicht einfach an der Heiligen Schrift abzulesen, sondern im Zusammenspiel der verschiedenen Loci („Bezeugungsinstanzen") entgegenzunehmen.

Ist dies eine „progressistische Verfälschung" des Konzils? Kardinal Jaeger erinnert in seinem Kommentar an die Relatio zu LG 21: „Die Kommission beschloss, nichts zu erklären über die Frage, ob nur ein Bischof Priester weihen kann."[305] Genauere historische Kenntnisse über Priesterweihen durch Priester und die Beurteilung der Krisenzeit der Reformation als Notstandssituation, in welcher Pfarrer Pfarrer ordinieren mussten, ermöglichen eine differenzierte Antwort auf die vom Konzil offen gelassene Frage. Schließlich ist zu fragen, ob es nicht auch außerhalb der römisch-katholischen und der orthodoxen Kirche und nicht nur bei den Altkatholiken und Anglikanern (und den skandinavischen Lutheranern!) ein Amt der episkopé gibt. Mit dem verdienstvollen katholischen Ökumeniker Otto Hermann Pesch können wir heute die These aufstellen: „Wenn in der – einer

---

[302] Centre d'Études Œcuméniques, Abendmahlsgemeinschaft, These 7.3.
[303] Ebd. 10.
[304] Ebd. 60.
[305] Jaeger, Das Konzilsdekret 203.

– Kirche ein übergemeindliches Amt, gegebenenfalls sogar kollektiv ausgeübt, besteht, das alles und jedes zu tun hat wie das gemeindliche Amt und darüber hinaus zur Demonstration der Katholizität der Kirche Lehrüberwachung (Visitation, Luther: ‚Besuchsdienst') und Ordination vornimmt, dann ist ‚bischöfliche Verfassung' ihrem Grundsinn nach gegeben. Und dann kann die römisch-katholische Kirche ohne Bedenken ein solches Amt auch in einer nicht-katholischen Kirche, also in einer Kirche der Reformation anerkennen und damit diese Kirche als ‚Kirche im eigentlichen Sinne'."[306] So könnten Jahrzehnte des ökumenischen Dialogs und der Wahrnehmung zu einem „differenzierten Konsens", ausgesprochen in einer „Gemeinsamen Erklärung", führen.[307] Sind ökumenisch engagierte und versierte Theologen Träumer? Oder folgen sie konsequent dem von Kardinal Bea eingeschlagenen Weg?

UR 23 [Das Leben mit Christus]
Bereits an anderer Stelle wurde darauf hingewiesen, dass die Wahrnehmung des Glaubenslebens in UR keinen frommen Abgesang oder bloßen Anhang darstellt. Kardinal Kasper ist mit seiner Betonung der Ökumene des Lebens ganz auf der Linie seines berühmten Vorgängers. In diesem Sinn beschreiben die drei Absätze von UR 23 die Bezeugung des Glaubens im Lebenswandel, in den ihn stützenden Einrichtungen sowie – bei allen Differenzen zur römisch-katholischen Position – in ethischen und sozialethischen Fragen. Auch an dieser Stelle wurde das optimistische Bild gerügt. Die Redaktoren gaben zur Antwort: „Im Schema wird nicht gesagt, alle Protestanten seien ehrenhaft und tugendhaft, sowie dasselbe ja auch nicht einfach hin von den Katholiken gesagt werden könnte. Aber das, was gut ist, darf weil es auch schlechte Menschen gibt nicht verschwiegen werden; der Dialog der Liebe kann vieles Unpassende aus der Welt schaffen."[308] Leider ist diese Grundeinstellung bis heute nicht Allgemeingut geworden. Immer wieder meint man, erreichte Übereinstimmungen durch „selbst erlebte" Gegenbeispiele konterkarieren zu können. Der Dialog der Liebe ersetzt nicht den Dialog der Wahrheit, aber macht ihn erst zu einer authentischen ökumenischen Kommunikation! Auch eine entsprechende Einschränkung in UR 23, 2 („der Glaube, in dem Christus *von vielen* geglaubt wird") wird abgewiesen; der Aussagesinn dürfe nicht gemindert werden, und es handele sich ja nicht um eine Lobrede, sondern um eine Tatsachenfeststellung.

UR 23, 1 verweist zunächst auf die bereits in früheren Artikeln ausgeführt Grundlage christlicher Existenz: Christusglaube, Taufgnade und Hören auf das Wort Gottes (das Evangelium in der Schrift). Was so grundgelegt ist und stets neu aufgebaut wird, äußert sich in Gebet und Schriftbetrachtung, im Familienleben und im Gottesdienst der Gemeinde, also im Leben der Einzelnen und ihrer kleinen und großen Gemeinschaften. Ausdrücklich erwähnt wird die „manchmal

---

[306] Pesch, Hermeneutik des Ämterwandels 434.
[307] Ebd. 437.
[308] AS III/7, 698.

auffallende" Präsenz des gemeinsamen liturgischen Erbes. Dies erklärt im Übrigen auch die Akzeptanz der „Lima-Liturgie"[309], deren ökumenisches Potential wohl noch nicht ausgeschöpft ist.

Die Früchte des Christusglaubens beschränken sich nach **UR 23,2** nicht auf den Gottesdienst, wenn auch die Danksagung zu Recht an erster Stelle steht. Dann aber verdienen der „lebendige Sinn für Gerechtigkeit" und die Nächstenliebe hervorgehoben zu werden. Schließlich vergisst UR nicht die institutionellen Formen zur Förderung des geistlichen Lebens und zur Ausübung der Diakonie. „Geistlich und leiblich" gehören zusammen, die Sorge für die Jugend findet hier ihre Aufmerksamkeit, aber auch das gesellschaftliche Engagement und die Friedensarbeit. Das alles sind Früchte des Glaubens an Jesus Christus, ist Weltdienst als Heilsdienst.

Der dritte Absatz UR 23,3 geht in der vertrauten Weise auf Differenzen ein: sie stehen im konzessiven Nebensatz. Es gibt Unterschiede im Bereich der Ethik (das gilt bis heute, wie die Beurteilung bezüglich der Gentechnologie zeigt) und der Sozialethik (wo es inzwischen freilich auch ein Gemeinsames Wort der Kirchen gibt).[310] Entscheidend ist auch hier die Intention, nämlich Christus nachzufolgen und seinem Gebot zu folgen. Für UR stellt dies die zuverlässige Basis eines beginnenden Dialogs dar.

4. Schluss: In der Zuversicht des Glaubens (UR 24)

Die Darlegung der (katholischen) Prinzipien des Ökumenismus und der Bedingungen seiner Realisierung mündet in einen zuversichtlichen Ausblick. Diese Zuversicht gründet erstlich und letztlich auf dem „Gebet Christi für die Kirche", auf der „Liebe des Vaters" und der „Kraft des Heiligen Geistes" (UR 24,2), also im Glauben an den dreieinen Gott. So schließt das Dekret angemessen mit einem Schriftzitat, das der Hoffnung Untrüglichkeit zuspricht, weil die Gnade Gottes uns im Heiligen Geist definitiv geschenkt wurde. Am Ende steht also ein Spitzensatz christlicher Geist- und Gnadenlehre!

Vorausgeschickt wird in **UR 24,1** eine Warnung vor ökumenischem Leichtsinn und falschem Eifer. Einen „wahren Fortschritt" gibt es in der ökumenischen Bewegung nur, wenn die Wahrheit nicht suspendiert wird. Dass der Dialog der Wahrheit in den der Liebe einzubetten ist, war mehrfach zuvor unterstrichen worden. Die konkrete Formulierung gibt die Intention an, ohne die Weiterarbeit an einer konkreten ökumenischen Hermeneutik überflüssig zu machen: Orientierung an den „Aposteln und Vätern" gibt, wie z. B. die Rezeption der Lima-Texte gezeigt hat, auf, das Verhältnis von Schriftkanon und nachbiblischer Tradition

---

[309] Text und Einführung in Max Thurian (Hg.), Ökumenische Perspektiven von Taufe, Eucharistie und Amt, Frankfurt – Paderborn 1983, 213–235.
[310] Vgl. Lehmann, Ökumenische Sozialethik?

zu klären. Der an Vinzenz von Lerin erinnernde Grundsatz mit dem Glauben übereinzustimmen, den die katholische Kirche „immer bekannt hat", kann an den Schwierigkeiten zur Erfassung des „immer" nicht vorbeisehen: Was hat z. B. die katholische Kirche hinsichtlich des priesterlichen Amtes immer gelehrt? Darauf gab es in der Väterzeit andere Antworten als im Spätmittelalter oder in der nachtridentinischen Theologie. Dass hier ein beruhigendes Ende nicht erreicht wird, spricht der Schluss des ersten Absatzes deutlich ist: auch die katholische Kirche strebt noch der Fülle entgegen, auch in ihr muss der Leib Christi noch wachsen.

In **UR 24,2** spricht das Konzil den Wunsch aus, in der ökumenischen Bewegung gemeinsam mit den Brüdern und Schwestern voranzuschreiten. Zugleich wird betont, dass dadurch „die Wege der Vorsehung" nicht in menschliche Regie genommen werden sollen. Nicht immer wird die Zuordnung von göttlichem und menschlichem Tun in Sachen Ökumene theologisch präzise bestimmt: Der Heilige Geist ist der entscheidende „Faktor", die Einheit ist sein Geschenk und sein Werk. Dies hat aber nicht einfältigen Passivismus zur Konsequenz, die Christen haben sich vielmehr in das Kraftfeld des Geistes hinzustellen. Wer immer nur den Heiligen Geist beschwört, vertraut am Ende nur auf seine eigenen Kräfte. Die vermögen nur wenig, aber „alles" in der Dynamik und Gnade des Geistes Gottes.

C. Wertung und Wirkung

Der vor allem dank der Initiativen und der Beharrlichkeit des Sekretariats zur Förderung der Einheit der Christen in Gang gekommene ökumenische Lernprozess setzte sich nach dem Konzil auf allen Ebenen kirchlichen Lebens, Reflektierens und Entscheidens fort. Rückschläge und Rückschritte an der Basis, im theologischen Gespräch wie im Verhältnis der kirchenleitenden Organe und Personen zueinander sollten als notwendige „Durststrecken" durchgestanden werden. Kurskorrekturen sind gewiss immer wieder notwendig, das Ziel der ökumenischen Bewegung wird nicht aus den Augen gelassen. Dieses besteht in der sichtbaren Einheit der Kirchen, die 40 Jahre nach Abschluss des Zweiten Vatikanischen Konzils längst nicht mehr in der organisatorischen Einheit einer „Superkirche", weder der des ÖRK noch in der derzeitigen Gestalt der römisch-katholischen Kirche, gesucht wird. Realistisch angesichts des irdischen Pilgerwegs (vgl. LG 8,3 und 48–51) und im Sinne echter Katholizität als notwendiger Einheit in legitimer Vielfalt heißt das Ziel ökumenischen Bemühens: (Die) Kirchen erkennen sich wechselseitige als authentische, legitime Ausprägungen der einen Kirche Jesu Christi an.

Die bald nach der Ankündigung eines „Ökumenischen Konzils" eingetretene Nüchternheit war auch am Ende der vier Sitzungsperioden hilfreich. Insider wie Beobachter, katholische wie nichtkatholische Kommentatoren präsentierten eine differenzierte Bilanz, ihre Kommentare und Statements sind in der Regel durch die gespannte Erwartung geprägt, welches ekklesiologische Konzept sich denn nach dem Konzil behaupten würde.

I. Ende der Rückkehr-Ökumene?

Keine Frage, die (nähere) Zukunft der Ekklesiologie und Ekklesiopraxis entschied und entscheidet sich an der Verhältnisbestimmung von dogmatischer Kirchenkonstitution und „praktischem" Ökumenismusdekret, genauer: Sie entscheidet sich daran, 1. ob *Lumen gentium* in der Perspektive der beiden ersten Kapitel oder in der des dritten Kapitels gelesen wird, und 2. ob die theologische Weiterentwicklung der Ekklesiologie in *Unitatis redintegratio* als im Sinn des Konzils authentische Entfaltung auch der beiden ersten Kapitel der dogmatischen Konstitution interpretiert wird.

Die „Hinweise für Analyse und Interpretation des Dekrets über den Ökumenismus"[1] des evangelischen Kollegen Friedrich Wilhelm Kantzenbach empfehlen

---

[1] So der Untertitel des Beitrags von Kantzenbach, Die ökumenische Frage.

sich deshalb als Ausgangspunkt, weil sie den verbindlichen Charakter einer *dogmatischen* Konstitution stark machen, ohne den Unterschied zu einem formellen Dogma zu vernachlässigen: „Trotzdem werden wir die Frage aufzuwerfen haben, ob das Dekret lediglich in den Bahnen der Dogmatischen Konstitution denkt. Wir meinen, dass letztere sehr auf die Kontinuität mit dem bedeutendsten Lehrdokument in Sachen Ekklesiologie, der Enzyklika ‚Mystici Corporis', abgestellt ist und neben der Berücksichtigung anderer neutestamentlicher Bilder für die Kirche noch entscheidend im Bilde des Leibes Christi orientiert bleibt. So war es verständlich, dass die Hinordnung der römisch-katholischen Kirche zur wahren Kirche Christi noch in hohem Maße exklusiv gefasst wurde, mögen auch Ansätze vorhanden sein, die sich nicht spannungslos mit dieser Behauptung vereinbaren lassen. Umso bedeutsamer ist es, ob auch das Ökumenismus-Dekret diese römisch-katholische Ekklesiologie mehr oder weniger exklusiv geltend macht. Wäre dem so, so wäre damit eine große Schwierigkeit für das weitergehende ökumenische Gespräch geschaffen. Dass die Dogmatische Konstitution über die Kirche in den Bahnen der Enzyklika ‚Mystici Corporis' im Sinne weitgehender Identifizierung redet, wäre im Falle einer größeren Öffnung im Dekret über den Ökumenismus zu tragen und verständnisvoll zu würdigen, insofern ja nur nicht die römisch-katholische Kirche glaubt, die eine, heilige, katholische und apostolische Kirche zu sein, und es angesichts von so denkenden Mitgliedskirchen im Ökumenischen Weltrat der Kirchen nicht zu bestreiten ist, dass dieses Selbstverständnis doch zu offener Anerkennung der Wirklichkeit der Kirche in anderen Kirchen fähig sein kann. Im Dekret über den Ökumenismus fällt also konkret die Entscheidung, *wie exklusiv* die Identifizierung sich auch in der *Praxis* des Miteinanders der Kirchen geltend machen soll."[2] Kantzenbach sieht in UR nicht bloß eine Sammlung von Regeln für die ökumenische Praxis, er erkennt also durchaus das theologisch (dogmatische) Potential: „Soll das Dekret über den Ökumenismus die Beziehungen zwischen den [sic] römischen und den nichtrömischen Kirchen stärken, so darf es nicht nur pragmatisch reden, nicht nur Methoden des Gesprächs entwickeln; es muss die Frage nach der ekklesiologischen Realität der nichtrömischen Kirchen aufwerfen und zu beantworten suchen."[3]

Wie bereits erwähnt[4], sieht der Peritus Hans Küng auch noch in der definitiven Gestalt der Kirchenkonstitution einen Sieg der Kurie über das Einheitssekretariat. Dennoch gibt er sozusagen ein klares Ja zu der Anfrage von Kantzenbach: „Während die Konstitution über die Kirche mit ihrem Hierarchie-Kapitel III am entscheidenden Punkt das römische System bestätigt, eröffnet besonders die Konstitution ‚Über den Ökumenismus' neue Wege und eine neue Zukunft."[5] Schon das Schema von 1963 bedeute „einen zur Zeit Pius' XII. unvorstellbaren Fortschritt hin zur Ökumene"[6]. Nachdem auf Grund der Debatten erreicht wurde,

---

[2] Ebd. 246¹.
[3] Ebd.
[4] S. o. B.I. (die einleitende Passage).
[5] Küng, Erkämpfte Freiheit 532. Küng verstärkt (ungewollt?) das Gewicht von UR, indem er – an dieser Stelle! – aus dem Dekret eine Konstitution macht.
[6] Ebd. 504.

„dass auch die protestantischen Kirchen *Kirchen* genannt werden", steht auch fest, dass zur Umkehr alle aufgerufen sind, und zwar zur Konversion zu Christus. Von daher gilt: „Keine ‚Rückkehr' zur katholischen Kirche, sondern – so wird der Titel des Dekrets schließlich heißen – die ‚Wiederherstellung der Einheit': ‚Unitatis redintegratio'."[7] Und so zieht Küng trotz allem eine positive Bilanz im Sinne einer „durchaus *begründete[n]* Hoffnung", da „keine Türen … geschlossen … Ungezählte Türen … geöffnet [wurden]"[8]. Küng spricht gar von einer „erfüllte[n] Prophezeiung", insofern sich Anliegen der ökumenischen Bewegung und Erneuerung, wie er ihnen in seinem Buch „Konzil und Wiedervereinigung" Ausdruck gab, in Konzilstexten, besonders in UR, wieder finden. Folgende Karten zieht Küng aus seinem „Kummerkasten der Kirchenreform": „Schuld an der Kirchenspaltung auf beiden Seiten, Bitte um Verzeihung gegenüber den anderen Christen. Die katholische Kirche als Kirche der Sünder steter Reform bedürftig, im praktischen kirchlichen Leben, aber auch in der Lehre. Das Evangelium als Norm der Erneuerung. Auch nichtkatholische christliche Gemeinschaften werden Kirchen genannt. Ökumenische Haltung notwendig, gegenseitiges Kennenlernen der Kirchen, Dialog, Anerkennung des Guten bei den Anderen, Lernen von den Anderen. Zusammenarbeit auf allen Gebieten, gemeinsames Gebet der getrennten Christen, wachsende Gemeinschaft auch in den gottesdienstlichen Feiern. Theologengespräche auf gleicher Ebene; die eigene Theologie, besonders auch die geschichtlichen Fächer, in ökumenischem Geist treiben und vieles mehr." Und da wird auch der kritische Theologe ein wenig (?) stolz: „Welche Kirche hat, alles bisher Geleistete zusammen gesehen, in kaum drei Jahren für ihre eigene Erneuerung und ökumenische Öffnung mehr getan als die katholische Kirche seit Konzilsbeginn?"[9]

Küng übersieht die Rückschläge, vor allem im Zusammenhang mit der „schwarzen Woche" nicht, aber es bleibt doch „die begründete Hoffnung"! Diese trügt umso weniger, wenn sie von der Umkehr getragen ist, die bei den Einzelnen beginnt und sich nicht irre machen lässt. Als prominentes Beispiel sei das Bekenntnis Yves Congars angeführt, der ausgehend von seinen Begegnungen mit Visser't Hooft seinen persönlichen ökumenischen Lernprozess reflektiert. Umkehr der Einzelnen und der Kirchen, nicht Rückkehr kennzeichnet die ökumenische Erfahrung, die „psychologisch gesprochen, die Freude des Sich-Wiederfindens, des Zusammenseins von verschiedenen Menschen – jeder mag den anderen sogar häretisch finden –, die über alle Gegensätze hinaus durch eine ähnliche und übereinstimmende Antwort auf einen Anruf Gottes vereinigt sind [vermittelt]"[10].

Von Insidern wie Beobachtern wurde vielfach betont, dass nicht allein die Texte, also die vorläufigen Ergebnisse eines Prozesses, zu beachten seien. Oscar Cull-

---

[7] Ebd. 505.
[8] Ebd. 531 f.
[9] Ebd. 532.
[10] Congar, Ökumenische Erfahrung 75. S. auch den leidenschaftlichen Appell des Bischofs von Arras Gérard Huyghe, der als erste Bedingung „die Umkehr aller Christen" nennt (AS II/5, 753–756).

mann nennt eine solch eingeschränkte Sicht „eine unhistorische Betrachtungsweise"[11], in der Tat: ein Konzil bleibt lebendig nur in seiner Rezeption, die ihrerseits seinen „Wahrheitsgehalt" immer mehr erschließt (ihn freilich auch verdunkeln kann). Da es dem jüngsten Konzil nicht um Definitionen und Anathematismen ging, fährt Cullmann zu Recht fort: „Mehr als bei jedem anderen Konzil kommt es hier auf das ganze *Konzilsgeschehen* an, dessen Impulse ebenso weiter wirken werden wie die Texte."[12] Mit der oft beschworenen Antithese von Buchstaben und Geist des Konzils hat Cullmann nichts im Sinn, im Gegenteil: „Es ist nicht zu viel gesagt, dass das Ökumenismusdekret unsere kühnsten Erwartungen weit übertrifft. Zu Beginn des Konzils wagten wir kaum zu glauben, dass in einem offiziellen Konzilstext die nichtkatholischen Kirchen, so wie sie sind, so weitgehend anerkannt und dass ihre Eigenheiten positiv als Charismen gewertet werden. Eine ganz neuartige Auffassung des Ökumenismus hat sich hier aufgetan, aber damit auch eine im Katholizismus neuartige Auffassung von der Kirche: die römische Kirche ist nicht mehr die alleinige, die alle anderen aufsaugt."[13] Heinrich Fries sekundiert: „Die Frage, die noch in der Zweiten Session des Konzils höchst schwankend angesehen wurde und mit gewissen Verlegenheitsantworten versehen war, ist eindeutig und positiv entschieden: Sie sind Kirchen."[14] Nach Paul Evdokimov ist das Ökumenismusdekret „mehr als eine ‚Reform'. Einige seiner Aussagen sind ‚revolutionär'"[15].

Trotz mancher Irritationen, vor allem auf Grund unterschiedlicher „Schemata" (Kant) von der Kirche[16], darf doch als klare Erkenntnis gelten, was der evangelische Beobachter auf die Formel bringt: „Das Ziel des Ökumenismus ist nicht länger unsere ‚Rückkehr'."[17] Freilich gilt es, diesen Zwischenstand der ökumenischen Bewegung nicht zu verspielen. Das erfordert Eindeutigkeit in Lehre und Theologie, das verlangt vor allem eine Hermeneutik, die dem Konzilsgeschehen als einem Lernprozess gerecht wird. Dieser Rezeptionsprozess muss sich behaupten, auch gegenüber einem immer wieder aufkeimenden „Romano-Zentrismus", den schon bei Konzilsende Kommentatoren gebannt sehen wollten.[18] Rückkehr also unter keinen Umständen zu der katholischen Kirche in ihrer gegenwärtigen Verfassung; der ökumenischen Grundtugend der Umkehr muss auch sie sich befleißigen. Aber in welcher Gestalt? Wie ist die Rede von der „Fülle der Heilsmittel" zu interpretieren? Auf diese Frage wussten die Konzilsväter (noch) keine Ant-

---

[11] Cullmann, Erwartungen 55.
[12] Ebd.
[13] Ebd. 50.
[14] Fries, Sind die Christen 105.
[15] Evdokimov, in: Comments 97.
[16] S. den Kommentar von P. Hünermann zu LG. „Ökumeniker" wie Kardinal Ruffini wird es vermutlich weiter geben; Hampe, Ende der Gegenreformation? 344f., stellt dessen Statement während der einschlägigen Debatte unter die Überschrift „Gefordert ist Rückkehr"; vgl. AS II/6, 339f. (in der Diskussion zum 3. Kap. des I. Schemas). Ruffini konnte den ökumenischen Lernprozess während des Konzils nicht aufhalten. Zum Kampf des Einheitssekretariats gegen entsprechende Strömungen in der Arbeit der Unterkommissionen s. o. Kommentar zu UR 16.
[17] Cullmann, in: Comments 94.
[18] Vgl. Roux, in: Comments 106 (Roux war Gast des Einheitssekretariats!).

wort, sie wurde darum zu Recht gestellt und wartet noch immer auf eine offizielle Antwort. Schlink sah vor vierzig Jahren den „bedeutsame[n] Unterschied" in der ökumenischen Zielbestimmung darin, „dass der Ökumenische Rat die Gestalt dieser angestrebten Einheit ausdrücklich offen lässt, während der Ökumenismus der römischen Kirche die Einigung in der Gestalt anstrebt, die in der römischen Kirche bereits Wirklichkeit ist, also in der Gestalt der Anerkennung der römisch-katholischen Dogmen und des päpstlichen Primates"[19]. Lukas Vischer, ein weiterer Konzilsbeobachter, äußerte damals eine leichte, von Skepsis durchsetzte Hoffnung: „Die Hinweise, die im Dekret über den Ökumenismus gegeben werden, liefern noch keine genügende Basis. Sie sind sehr zurückhaltend, und es bedarf eines kundigen Lesers, um sie zu entdecken und für die weitere Überlegung fruchtbar zu machen … [vor allem in UR 12 jedoch] könnte darauf hindeuten, dass die Schwierigkeit allmählich überwunden werden kann und dass sich die römisch-katholische Kirche in immer stärkerem Maße bereit findet, der Gemeinschaft der Kirchen nicht nur in Offenheit gegenüberzutreten, sondern sich in sie einzufügen."[20]

Thomas Stransky beruft sich auf Papst Johannes XXIII., der ein Konzil zur Erneuerung und Umkehr der eigenen Kirche einberief, nicht eines der Rückkehr, auch nicht das eines ökumenischen „Schmusekurses"[21]. Gustave Thils hält jedenfalls den Gedanken der Communio, wenn auch in der Gestalt einer *communio non plena*, für unvereinbar mit dem Konzept einer Rückkehr-Ökumene.[22] Zwei Jahre nach dem Konzil entgegnet er entsprechenden Einwürfen bzw. Vorwürfen durch Hinweise auf den Sprachgebrauch: Der „Begriff der ‚Rückkehr' … ist sowohl aus historischen als auch aus theologischen Gründen fragwürdig geworden: Papst Paul VI. hat 1965 von ‚ricomposizione' gesprochen, das Ökumenismusdekret von einer ‚redintegratio unitatis'. Diese absichtlich unscharfe Terminologie entspricht einer offenen, Fortschritte nicht ausschließenden Ekklesiologie"[23].

Eduard Stakemeier, Erzbischof Jaegers theologischer Gewährsmann während des Konzils, verteidigt den Titel von UR gegenüber evangelischer Kritik – „Ob dabei das Wort ‚Rückkehr' gebraucht wird oder nicht, ist gleichgültig – die Sache ist da"[24] – wie folgt: „Wir möchten jedoch daran festhalten, dass der Begriff *Unitatis redintegratio*, mit dem das Dekret beginnt, eine doppelte Dynamik einschließt. Nicht nur die getrennten Brüder sollen sich im Gehorsam gegen das Wort Gottes umgestalten und erneuern, sondern auch die katholische Kirche bedarf der Reform, insoweit sie eine menschliche und irdische Einrichtung ist. Insofern unterscheidet sich der Begriff ‚Wiederherstellung der Einheit' von der ‚Rückkehr der Getrennten'."[25]

Auch Thils erinnert an die innere Logik des Dekrets, ja auch der Kirchenkon-

---

[19] Schlink, Das Ergebnis 193.
[20] Vischer, Das römisch-katholische Verständnis 234.
[21] Stransky, The decree 8.
[22] Vgl. Thils, Le décret 68 f.; ders., Le décret conciliaire 238.
[23] Thils, Oecuménisme 208.
[24] Nitzschke, Das Dekret 63.
[25] Stakemeier, Wiederherstellung der Einheit 142.

stitution: „Wo man sich das Ziel setzt, von einer unvollständigen zu einer völligen Gemeinschaft durchzustoßen, kann man der latenten Gefahr des römischen Zentralismus am wirksamsten begegnen."²⁶ Was freilich zu klären ist, spricht der Ökumeniker deutlich aus. Das ist erstens die Frage: „Wie ist die ‚wahre Kirche' zu verstehen und in welcher Kontinuität steht sie etwa zur ‚römischen' Kirche?" Die zweite, bis heute etwa in der Diskussion um Grund und Gestalt kontrovers beantwortete Frage lautet: „Wie kann das für die Kirche ‚Wesentliche' und ‚Unaufgebbare' von ‚Akzidentellem' an und in ihr unterschieden werden und wo verläuft hier genau die Grenze?"²⁷

Rückkehr der Anderen kam also wenigstens für die Ökumeniker unter den Konzilsvätern nicht in Frage, selbst wenn sie keine Vorstellung davon hatten, wie denn die eine Kirche der Zukunft aussehen soll. Das kann zu solch spannungsgeladenen Aussagen führen wie die von Kardinal Jaeger: „Dabei sagen wir in aller Aufrichtigkeit, dass nach unserem Glauben die Wiederherstellung der Einheit sich durch die Einheit aller Christen in der römisch-katholischen Kirche vollziehen wird, in welcher die einzige Kirche Christi subsistiert. Wenn alle Kirchen zusammen ihre Treue gegen den Herrn immer neu prüfen, dann kann in der Zukunft eine Wiederherstellung der Einheit geschehen unter Umständen, die wir uns noch nicht vorstellen können. Die Einheit wird eine Gabe des Heiligen Geistes sein."²⁸ Um diese Aussage nicht als Ausdruck eines „kontradiktorischen Pluralismus"²⁹ interpretieren zu müssen, gilt es die folgende Grundüberzeugung des Kardinals hinzu zu nehmen, die er als Antwort auf Lukas Vischer formuliert. Nach Vischer sieht sich die römisch-katholische Kirche als Mittelpunkt konzentrischer Kreise. Dagegen Jaeger: „Das ist eine Interpretation, welche die Perspektiven des Ökumenismus-Dekretes nicht genau und vollständig ausspricht. Denn das Dekret sieht Christus als den einzigen Mittelpunkt, von dem sowohl die katholische Kirche wie auch die von ihr getrennten Kirchen und kirchlichen Gemeinschaften in allem abhängen, was sie an Heilsmitteln besitzen, mag ihre ekklesiale Situation noch so verschieden sein. Der Heilige Geist, welcher der Geist Christi ist, schafft so bereits die tatsächliche, wenn auch unvollkommene Einheit einer abgestuften Gemeinschaft. Die katholische Kirche nimmt nicht den Platz Christi ein …"³⁰

II. Der Lernprozess geht weiter

Das Dekret über den Ökumenismus ist „nicht nur ein bloßer Text, sondern eine ökumenische Tat … Hier handelt es sich um mehr als um eine geöffnete Tür. Hier befinden wir uns auf Neuland". Für den evangelischen Beobachter bedeutete schon die Annahme des Textes durch eine „überraschend große Mehrheit … die

---

[26] Ebd. 209.
[27] Ebd.
[28] Jaeger, Das Konzilsdekret 108.
[29] Vgl. Seckler, Über den Kompromiß.
[30] Ebd. 150 f.

Öffnung einer Tür"³¹. Der erfahrene Ökumeniker, Erzbischof und (nach der dritten Sitzungsperiode ernannte) Kardinal Jaeger weiß, weshalb er seinen Kommentar zu UR mit einer Erinnerung an die Rede Bischof Elchingers in der 70. Generalkongregation am 19.11.1963³² beginnt. Der Koadjutorbischof von Straßburg, der knapp zehn Jahre später in seiner Verantwortung als Ortsbischof „Weisungen ... über die eucharistische Gastfreundschaft für konfessionsverschiedene Ehen" erlassen hat³³, bezeichnete das Ökumenismusdekret „als Gunst und Gnade Gottes für unsere Zeit"³⁴. In der schriftlichen Fassung seiner Rede³⁵ verwies Elchinger auf ein Wort Yves Congars (auf den sich übrigens auch Cullmann in der zitierten Einschätzung berufen hatte), wonach „im Dienst der Wahrheit Taten oder Ereignisse in der Kirche wirksamer sind als rein lehrmäßige Erklärungen". Und er fügt hinzu: „Von diesem Schema können wir sagen, dass es eine Tat dieser Art darstellt."

Auch in der nachkonziliaren Zeit wurden oft Taten, Gesten und Verhaltensweisen zu wichtigen Ereignissen. „Lehrmäßige Erklärungen" oder gar theologische Aufarbeitungen stehen im Dienst an der Einheit des Volkes Gottes und dem Bemühen um eine Vergewisserung im gemeinsamen Glauben. Lehramt und wissenschaftliche Theologie gehen dem Lernprozess der Kirche als Ganzer voraus und schließen durch Feststellungen Etappen des Rezeptionsprozesses. An wichtige Stationen dieses auf drei Ebenen sich vollziehenden Lernprozesses soll nun kurz erinnert werden.

1. Auf der Ebene der Kirchenleitung

Die Päpste³⁶ prägten gerade auch in ökumenischer Perspektive je auf ihre Weise das Konzilsgeschehen. Durch die Einberufung des Konzils ermöglichte Johannes XXIII. einen geschichtlichen Prozess, der neben der Gründung des Weltrates der Kirchen von Fachleuten unterschiedlicher Konfessionen als das kirchengeschichtliche Ereignis des 20. Jahrhunderts, des „Jahrhunderts des christlichen Ökumenismus"³⁷, bewertet wird. Hans Küng stellt seine Erinnerung an den „Papst, der Christ war" auch unter die Überschrift „Kirchenpolitische Wende: der erste ökumenische Papst"³⁸. Um die ökumenische Bedeutung Papst Pauls VI. einschätzen zu können, braucht(e) es mehr Abstand.³⁹ „Das Hamletartige an diesem Papst"⁴⁰ erleichtert nicht gerade eine adäquate Würdigung. In jedem Fall gilt – und das zu

---

[31] Cullmann, in: MdKI 15 (1964) 102 (diese spontane Einschätzung findet auch einen prominenten Platz in der Einleitung bei Jaeger, Das Konzilsdekret 11).
[32] AS II/5, 562–566; dt. in: Müller (Hg.), Vaticanum Secundum II, 607–610.
[33] S. Elchinger, Weisungen.
[34] AS II/5, 562.
[35] Als Fußnote 1 ebd. 565 wiedergegeben.
[36] Vgl. die Porträts in Bd. 5 dieses Kommentars.
[37] Velati, Il secolo.
[38] Küng, Erkämpfte Freiheit 428 bzw. 430.
[39] S. die Beiträge zum Kolloquium: Paolo VI e l'ecumenismo.
[40] Küng, Erkämpfte Freiheit 441.

berücksichtigen legte uns Bischof Elchinger ja ans Herz –, dass auch der zweite Konzilspapst durch sein Verhalten und seine Handlungen während des Konzils auf seine Weise versuchte, die Türen offen zu halten.[41] Ja, die zur Orthodoxie hat er persönlich weiter aufgetan; andere öffnete Kardinal Bea gewiss mit päpstlicher, wenn auch nicht immer kurialer Billigung. Das während der Konzilsdebatten angekündigte Ökumenische Direktorium erschien in zwei Teilen 1967 und 1970, die überarbeitete Fassung 30 Jahre nach der Vorlage des ersten Schemas *De oecumenismo*, am 25.3.1993. Wie Papst Johannes Paul II. vor der Plenarsitzung des Einheitssekretariats 1988 feststellte, erforderten „die Breite der ökumenischen Bewegung, die immer größere Zahl der Dialogdokumente, die dringend empfundene Notwendigkeit einer größeren Beteiligung des ganzen Volkes Gottes an dieser Bewegung und folglich auch einer genauen Information über die Lehre hinsichtlich des rechten Engagements ... dass die Weisungen unverzüglich auf den heutigen Stand gebracht werden"[42]. Im Vorwort zur Neuausgabe wird an „zahlreiche" inzwischen veröffentlichte kirchenamtliche „ökumenisch relevante Dokumente"[43] erinnert; sie betreffen die Mischehe, den ökumenischen Dialog und die entsprechende Zusammenarbeit auf den verschiedenen Ebenen. Genannt werden auch das Apostolische Schreiben Pauls VI. über die Evangelisierung in der Welt von heute *Evangelii nuntiandi* (1975) sowie das Johannes Pauls II. über die Katechese in unserer Zeit *Catechesi tradendae* (1979), im Haupttext auch der Katechismus der Katholischen Kirche von 1992. Für das immer drängender werdende Problem der communicatio in sacris wurden eine Instruktion des Einheitssekretariats sowie eine nachfolgende Erklärung zu dieser Instruktion aus dem Jahre 1975 wichtig. Nicht zuletzt die Neufassung des *Codex Iuris Canonici* von 1983 und des *Codex Canonum Ecclesiarum Orientalium* im Jahre 1990 galten und gelten als wichtige Stationen des lehramtlichen Ökumenismus nach dem Konzil. Kontrovers, auch unter den Kanonisten selbst, ist bis heute die Einschätzung des neuen Kirchlichen Gesetzbuches: Ist dieses „letzte Dokument des Zweiten Vatikanischen Konzils"[44] der hermeneutische Schlüssel zum gesamten Konzil, was ein Interpretationsmonopol bestimmter kurialer Behörden rechtfertigte, oder ist der Codex eine höchst wichtige, aber eben nur eine Station der Rezeptionsgeschichte auf der Ebene des (zentralen) Lehramts? Inhaltlich gesehen ist umstritten, wie weit die Communio-Ekklesiologie des Konzils, wie in der Apostolischen Konstitution behauptet, im Gesetzbuch berücksichtigt wurde. Diese Frage ist freilich deshalb nicht leicht zu beantworten, weil es *die* Communio-Ekklesiologie nicht gibt.[45] Kirchenrechtlerinnen, welche an die Communio-Theologie der ersten beiden Kapitel von *Lumen genitum* und von *Unitatis redintegratio* anknüpfen und

---

[41] Vgl. die entsprechenden Abschnitte in Alberigo – Wittstadt (Hg.), Geschichte des Zweiten Vatikanischen Konzils 2, IX.2; 3, IV., bes. IV. 4, V. 5 u. Abschließende Überlegungen 5; 4, VI.3, VII.2.
[42] AAS (1988) 1204; zit. in Päpstlicher Rat, Direktorium Nr. 3 (Verlautbarungen 7).
[43] Päpstlicher Rat, Direktorium 7³ (die Anm. selbst: 111).
[44] So Papst Johannes Paul II. in der Apostolischen Konstitution *Sacrae disciplinae leges* v. 25.1.1983.
[45] Vgl. dazu meine Beiträge Hilberath, Kirche als communio; ders., Communio hierarchica; ders., Zwischen Vision und Wirklichkeit.

diese stark machen wollen, sehen im Kirchlichen Gesetzbuch entsprechende Ansätze und vor allem Spielraum zur weiteren Entfaltung, vor allem auch auf der Ebene der Ortskirche.[46] Auf nichtkatholischer Seite dominiert verständlicherweise das Interesse an der Anerkennung als Kirche, die in der Regel auch in einer Eucharistiegemeinschaft zum Ausdruck kommen kann. Auch in dieser Frage gibt es kirchenrechtliche Ansätze zur Weiterführung des Lernprozesses. So meint Reinhild Ahlers in ihrer „zusammenfassenden Würdigung": „Auch bezüglich … der interkonfessionellen Zulassung zur Eucharistie, lässt der Codex – wenngleich er wiederum bemüht ist, die Identität der Communio zu wahren, indem er gewisse Abgrenzungen vornimmt – ein weiteres Fortschreiten zu. Damit dient er dem Bestreben, eine communio unter allen, die an Christus glauben, zu ermöglichen, wenn er auch selbst keinen Fortschritt in dieser Richtung bringt."[47] Myriam Wijlens schließt ihre Untersuchung zur einschlägigen nachkonziliaren Gesetzgebung mit einem Appell an die eigene Zunft: „Was sind die Konsequenzen für Theologen und Kanonisten? Sie sollen Leben und die Vollzüge der Kirche beobachten, Fakten und Ereignisse notieren, welche die Einheit behindern, mögliche Veränderungen vordenken, die zur Einheit führen, und dann dies – in Form von Probefragen, kreativen Einsichten und realistischen Suggestionen – der Aufmerksamkeit der ganzen Gemeinschaft nahe bringen."[48]

Unausgeglichen wie mancher Konzilstext, nicht in allem konsequent wie der neue CIC stellt sich auch das Ensemble päpstlicher und vatikanischen Äußerungen und Maßnahmen dar. Da stehen sich unterschiedliche Akzentsetzungen der Kardinäle Kasper und Ratzinger in Sachen Ortskirche – Universalkirche gegenüber[49]; da segnet der Papst zusammen mit dem Erzbischof von Canterbury die Gläubigen auf dem Petersplatz und übergeht dabei, dass jener nach der offiziellen Doktrin Laie ist, da anglikanische Weihen nach wie vor als ungültig gelten; derselbe Papst öffnet im Beisein anderer Kirchenführer die Pforte zum Heiligen Jahr, er überreicht den schwedischen Bischöfen einen Ring und er schreibt eine Enzyklika *Ecclesia de Eucharistia*[50], die zwar als persönliches Lebenszeugnis gewürdigt, aber vom gegenwärtigen theologischen Standpunkt aus deutlich kritisiert werden muss; da „darf" die Kongregation für die Glaubenslehre die Erklärung *Dominus Iesus*[51] veröffentlichen, der Päpstliche Rat zur Förderung der Einheit der Christen gleichzeitig weiter seine Kontakte pflegen und Dialoggruppen mit allen, die wollen, bilden. Immer wieder haben die Päpste seit dem Konzil ausgesprochen, dass sie sich dessen bewusst sind, selbst das größte Hindernis auf dem Weg zur Einheit der Kirche(n) zu sein; immer wieder konnte es auch vergessen oder zu wenig beachtet werden. Nun hat Papst Johannes Paul II. in seiner Enzyklika *Ut unum*

---

[46] Ich nenne stellvertretend die Beiträge von I. Riedel-Spangenberger und H. Hallermann in: Hallermann, Ökumene; Puza, Katholisches Kirchenrecht; Sabine Demel in verschiedenen Veröffentlichungen der letzten Jahre.
[47] Ahlers, Communio Eucharistica 188 f.
[48] Wijlens, Sharing the Eucharist 368.
[49] Vgl. Hilberath, Zum Verhältnis.
[50] VAS 159 (2003).
[51] VAS 148 (2000). Vgl. dazu Rainer (Red.), „Dominus Iesus".

*sint*⁵² alle Brüder und Schwestern aufgefordert, mit ihm nach der künftigen Gestalt des Petrusdienstes zu forschen. Der Papst erinnert darin an seine Begegnungen mit (Führern von) anderen Kirchen, gibt aber auf der anderen Seite nicht zu erkennen, inwieweit die von ihm durchaus lobend erwähnten theologischen Dialoge die Ekklesiologie wie die Zielbestimmung des Ökumenismus bestimmen oder gar verändern.⁵³ Der Papst spürt, wie viele, die sich auf ökumenische Begegnungen einlassen, die Notwendigkeit, bisherige Einschätzungen zu überschreiten, ohne sich vorstellen zu können, wohin der Weg führen wird. Deshalb kann immer wieder einmal der Verdacht hochkommen, es gehe „Rom" doch um eine Rückkehr-Ökumene. Dem steht aber zumindest das Ökumenismusdekret des Zweiten Vatikanischen Konzils entgegen, und der dort eingeschlagene „Weg der Suche nach der Ökumene" bedeutet für die katholische Kirche eine „unumkehrbar[e]" Verpflichtung.⁵⁴

2. Auf der Ebene der theologischen Dialoge

Die päpstliche Förderung der Einheit der Christen kommt nicht zuletzt in den Kontakten, Konsultationen und Arbeitsgruppen des Päpstlichen Rates gleichen Namens zum Ausdruck. Insofern zeigt dieser Abschnitt, dass sich die drei Ebenen der ökumenischen Kommunikation (Gottesvolk, Lehramt, Theologie) nicht trennen lassen, sondern in unterschiedlichem Maß wechselseitig verflochten sind. Theologinnen und Theologen arbeiten im Auftrag, sie arbeiten zu, sie betreiben aber auch ökumenische Theologie in eigener Regie und Verantwortung.

Einer breiteren Öffentlichkeit, selbst innerhalb der katholischen Kirche, dürfte kaum bekannt sein, mit welchen Kirchen und Gemeinschaften der Einheitsrat Dialoge geführt hat und aktuell führt. Vielen „westlichen" Christen traten „die Kirchen des (christlichen) Orients" erst seit der politischen Wende in Europa und den damit verbundenen Möglichkeiten aber auch Schwierigkeiten der „Osterweiterung" in den Blick. Aber auch auf offizieller kirchlicher und theologischer Ebene lösten die Begegnungen zwischen Papst und Patriarchen bzw. Kirchenführern, ja die Aufhebung des wechselseitigen Banns nicht sofort hektische ökumenische Aktivitäten aus, und das trotz der so positiven Haltung des Ökumenismusdekrets. Die Probleme zwischen dem Osten und dem Westen der Christenheit lagen und liegen vielleicht mehr denn je eben auch im politischen und psychologischen Bereich. Freilich, die Stiftung Pro Oriente veranstaltete schon 1965 ein Symposion „Wiederbegegnung von Ost- und Westkirche", an dem Metropolit Meliton und Jan Willebrands teilnahmen, der damals freilich noch nicht Präsident des Einheitssekretariats war. So verzeichnet die Sammlung „Sämtliche[r] Berichte und Konsenstexte interkonfessioneller Gespräche auf Weltebene"⁵⁵ zunächst

---
⁵² VAS 121 (1995).
⁵³ Vgl. die Stellungnahmen von Vertreterinnen und Vertretern verschiedener Kirchen in dem Themheft „Die ökumenische Zukunft des Petrusdienstes" der ThQ 178 (1998) H. 2.
⁵⁴ Papst Johannes Paul II., *Ut unum sint*, Nr. 3.
⁵⁵ DwÜ, bisher 3 Bände: 1 (1931–1982); 2 (1982–1990); 3 (1990–2001).

„nur" kirchenamtliche Erklärungen, vor allem die Papst Pauls VI. und des Patriarchen Athenagoras über die Aufhebung der Exkommunikation am Abschluss des Konzils, zum Abschluss des Rombesuchs des Patriarchen am 28. Oktober 1967 sowie des päpstlichen Gegenbesuchs im Phanar am 30. November 1979, dann zwischen Johannes Paul II. und Dimitrios I.[56] Nach diesen Kontakten und anderen Vorbereitungen konnte „die Gemischte Internationale Kommission für den theologischen Dialog zwischen der Römisch-katholischen Kirche und der Orthodoxen Kirche" 1980 mit der Arbeit beginnen.[57] Sie erarbeitete bis 1988 drei Dokumente zu Themen der Ekklesiologie und Sakramentenlehre, besonders zu Eucharistie, Weihesakrament und apostolischer Sukzession. Seit der politischen Wende in Europa steht das Problem der „katholischen Ostkirchen" bzw. „die Entstehung und Fortdauer der katholischen Kirchen byzantinischen Ritus"[58] dem Fortgang der theologischen Gespräche im Wege. So heißt es einleitend im vorläufig letzten Dokument dieser Gemischten Kommission: „Auf Verlangen der Orthodoxen Kirche wurde der normale Fortgang des theologischen Dialogs mit der Katholischen Kirche unterbrochen, um unmittelbar die Frage des Uniatismus anzugehen."[59] Dieser wird als „eine überholte Unionsmethode" abgelehnt. Papst Johannes Paul II. und Patriarch Bartholomaios I. rufen anlässlich ihrer Begegnung am Fest der „Apostelfürsten" (29. 6. 1995) ihre Kirchen auf die „Pilgerschaft zur Einheit". Sie tun dies in dankbarem Rückblick auf den bisherigen Weg, auf dem nach Auffassung der Theologischen Kommission „unsere Kirchen sich als Schwesterkirchen wiedererkennen"[60]. Dennoch war wegen des „Uniatismus"-Problems die Vollversammlung 2000 in Baltimoore die vorläufig letzte. Seitdem sind einerseits ökumenische Diplomatie und andererseits theologische Arbeit auf anderen Ebenen, z. B. der eines Symposions zum Petrusamt im Jahre 2003, gefragt.[61]

Fünf Jahre nach dem Konzil wurde durch gemeinsame Aufrufe bzw. Erklärungen von Papst Paul VI. und dem Katholikos-Patriarchen aller Armenier Wasken I., dem syrischen Patriarchen von Antiochien Mar Ignatios Yakub III. und dem koptischen Papst-Patriarchen Shenuda III. der Dialog mit den Orientalisch-Orthodoxen Kirchen initiiert. Eine gemeinsame Kommission mit der Koptisch-orthodoxen Kirche erarbeitete von 1976–1978 eine Erklärung über den gemeinsamen christologischen Glauben auf der Basis einer wechselseitigen Erläuterung des jeweiligen theologischen Sprachspiels.[62] Der Prozess wurde abgeschlossen durch die Gemeinsame Offizielle Erklärung vom 12. Februar 1988.[63] Eine Übereinstimmung im christologischen Bekenntnis konstatiert auch die Erklärung der Gemeinsamen Kommission der Römisch-katholischen Kirche und der Malanka-

---

[56] DwÜ 1, 522–526.
[57] Vgl. die „historische Einführung" durch Damaskinos Papandreou in: DwÜ 2, 526–530.
[58] DwÜ 3, 555.
[59] Ebd. 560.
[60] Ebd. 568.
[61] Vgl. Kasper, Kein Grund zur Resignation 606–608.
[62] Vgl. DwÜ 1, 541 f.
[63] Vgl. ebd. 574 f.

rischen Syrisch-Orthodoxen Kirche in Indien vom Pfingstfest 1990.[64] Da die Kommission im gleichen Jahr noch weiterarbeitete, konnten die Kirchen 1994 eine „Erklärung zur pastoralen Zusammenarbeit bei zwischenkirchlichen Ehen" vorlegen, wo es u. a. heißt: „Jedem Partner ist anzuraten, an den liturgischen Feiern seiner/ihrer Kirche teilzunehmen, aber dem Paar kann in speziellen Situationen erlaubt werden, gemeinsam an der Eucharistiefeier teilzunehmen, wenn diese Teilnahme sozial erforderlich ist."[65] Schließlich datieren aus den Jahren 1996 bis 2001 mehrere Erklärungen des Papstes und des Obersten Patriarchen und Katholikos aller Armenier sowie des Katholikos Aram I. von Kilikien.[66] Von nicht geringer dogmatischer Bedeutung ist die Gemeinsame christologische Erklärung der Katholischen Kirche und der Assyrischen Kirche des Ostens[67], weil dieser auf der Basis des Ostkirchenrechts und des Ökumenischen Direktoriums Richtlinien folgten, wonach „in (pastoralen) Notfällen" assyrische Gläubige an der Eucharistiefeier der mit Rom verbundenen Chaldäer teilnehmen können und umgekehrt.[68] Voraussetzung war die Erklärung der Glaubenskongregation vom 17. 1. 2001, dass sie die Anaphora von Addai und Mari, obwohl sie keinen formellen „Einsetzungsbericht" enthält, für gültig hält. So heißt es unter Aufnahme von UR 15: „Deshalb finden sich in der Assyrischen Kirche des Ostens, obwohl sie nicht in voller Gemeinschaft mit der Katholischen Kirche steht, ,wahre Sakramente, vor allem in der Kraft der apostolischen Sukzession das Priestertum und die Eucharistie'."[69]

Altkatholiken und die Anglikanische Gemeinschaft wurden während des Konzils mehrfach in ihrer Besonderheit gewürdigt, insofern sich für sie die Frage der Anerkennung als Kirche und der Eucharistiegemeinschaft aus römisch-katholischer Sicht in eigener Weise darstellt. Ein theologischer Dialog mit der Altkatholischen Kirche wurde jedoch erst 2004 offiziell aufgenommen. Dagegen tagte die Anglikanisch – Römisch-katholische Internationale Kommission (ARCIC) bereits in mehreren Runden. Von 1970 bis 1981 wurden Erklärungen mit jeweils nachfolgenden Erläuterungen zur Eucharistie, zum Amt sowie zur Autorität in der Kirche erarbeitet, die eine „substanzielle Übereinstimmung" (substantial agreement) feststellten. Während die Lambeth-Konferenz 1988 Übereinstimmung mit der Substanz des Glaubens der Anglikanischen Gemeinschaft erkannte, sprach die Glaubenskongregation zwar von einem Meilenstein, sah aber noch gewichtige Differenzen zur katholischen Lehre. Dies war im Übrigen neben der Gemeinsamen Offiziellen Feststellung zur Rechtfertigungslehre von 1999 die einzige offizielle vatikanische Stellungnahme zu einem mit Vertretern „westlicher" Kirchen erarbeiteten Dialogergebnis. Seit 1982 tagte ARCIC II. In dieser Arbeitsphase gab es durch den Briefwechsel zwischen den Vorsitzenden von ARCIC und Kardinal Cassidy als dem Präsidenten des Päpstlichen Rates zumindest Cassidy

---

[64] Vgl. ebd. 578–580.
[65] DwÜ 3, 579–581, hier: 580.
[66] Vgl. ebd. 582–593.
[67] Vgl. ebd. 596–598.
[68] Vgl. ebd. 599–601.
[69] Ebd. 600.

zufrieden stellende Klarstellungen zu ARCIC I.[70] In der zweiten Periode arbeitete ARCIC zu zentralen Fragen der Ekklesiologie und legte drei Gemeinsame Erklärungen dazu vor: Das Heil und die Kirche (1986)[71], Kirche als Gemeinschaft (1990)[72], Die Gabe der Autorität (1998)[73].

Christen aus den Ursprungsländern der Wittenberger und der Oberdeutschen Reformation sind vor allem an den Gesprächen mit den Lutheranern und den Reformierten Kirchen interessiert. Der lutherisch – römisch-katholische Dialog begann 1967 und führte als erstes zu dem sog. Maltabericht „Das Evangelium und die Kirche"[74]. Aus der Perspektive der Formel „Grund und Gestalt" setzte er also an zentraler Stelle an, bevor er in einer zweiten Gesprächsrunde die klassischen Kontroversfragen behandelte und folgende bedeutende Dialogergebnisse vorlegen konnte: „Das Herrenmahl" (1978) und „Das geistliche Amt in der Kirche" (1981).[75] Damit waren nach Meinung der Theologen wesentliche Hindernisse aus dem Weg geräumt, um auf dem Weg zur wechselseitigen Anerkennung der Kirchen voranzukommen. In dem Bericht „Einheit vor uns" von 1984 werden Modelle von Kircheneinheit bzw. Kirchengemeinschaft erörtert. 15 Jahre vor der Gemeinsamen Erklärung zur Rechtfertigungslehre war man weit vorangekommen: „123. Ist im Blick auf den Glauben, das sakramentale Leben und das ordinierte Amt ein Grundkonsens erreicht, der die zwischen Katholiken und Lutheranern noch bestehenden Verschiedenheiten nicht mehr als kirchentrennend erscheinen lässt und die gegenseitigen Lehrverurteilungen gegenstandslos macht, sollte ein wechselseitiger Akt der Anerkennung erfolgen. – 124. In diesem Akt geschieht die kirchlich verbindliche Anerkennung des Grundkonsenses und zugleich die wechselseitige Anerkennung, dass in der anderen Kirche die Kirche Jesu Christi verwirklicht ist..."[76] Im Blick auf „die volle Kirchengemeinschaft" erfordert dies:

„– katholischerseits Bejahung des Vorhandenseins des von Christus seiner Kirche eingestifteten Amtes in den lutherischen Kirchen unter gleichzeitigem Hinweis auf das Fehlen der Vollgestalt des kirchlichen Amtes als eines um der Kirchengemeinschaft willen gemeinsam zu überwindenden Mangels;
– Ermöglichung und gleichzeitig verbindlicher Beginn einer gemeinsamen Ausübung der Episkopé, die die Gemeinschaft im vollgestalteten kirchlichen Amt prozessual herbeiführt und impliziert."[77]

Was verhinderte die so greifbar nahe scheinende wechselseitige Anerkennung? Zum einen erfolgte von römisch-katholischer Seite keine entsprechende offizielle Stellungnahme oder gar Rezeption. Auf lutherischer Seite entstanden Probleme

---

[70] Vgl. DwÜ 3, 213–224.
[71] Vgl. DwÜ 2, 333–348
[72] Vgl. ebd. 351–373.
[73] Vgl. DwÜ 3, 262–289.
[74] Vgl. DwÜ 1. 248–271.
[75] Vgl. ebd. 271–295 bzw. 329–357. Dazwischen liegen eine Studie zu „Wege zur Gemeinschaft" und eine Stellungnahme anlässlich des Jubiläums der Augsburger Konfession (CA), beide 1980 veröffentlicht: ebd. 296–328.
[76] Vgl. DwÜ 2, 451–506, hier: 497.
[77] Ebd. (Nr. 124).

durch die gleichzeitige Annäherung an die römisch-katholische Kirche und – im Bereich der nordischen und baltischen Kirchen und den vier britischen und der irischen Anglikanischen Kirche[78] – an bischöflich verfasste Kirchen, die das „historische Bischofsamt" als für die volle Kirchengemeinschaft notwendig erachten, auf der einen Seite[79] und den Eintritt in die Leuenberger Kirchengemeinschaft[80], welche die Gestalt des Amtes nicht als essential im Blick auf eine Anerkennung als Kirchen einschätzt[81], auf der anderen Seite. Zur gleichen Zeit tauchte in der ökumenischen Bewegung und Theologie die Frage nach der eigenen Identität auf, wurde das Problem von Grundkonsens bzw. Grunddifferenz aufgeworfen und damit die Frage gestellt, ob nicht hinter den substanziellen Konsensen noch eine grundsätzliche und je nach Standpunkt kirchentrennende Differenz läge. So kam auch der Internationale lutherisch-katholische Dialog wieder zu seinen Anfängen zurück und konzentrierte sich auf das Problem des Verhältnisses von Kirche und Rechtfertigung, wozu 1993 ein einschlägiger Bericht vorgelegt wurde.[82] Um die Rezeption durch die Kirchen zu beschleunigen, vor allem um den Vatikan zu einer offiziellen Stellungnahme zu bewegen (oder aus noch anderen Gründen, die im Einzelnen schwer aufzuhellen sind), ergriff die Evangelisch-lutherische Kirche von Amerika (im Verbund mit andere Interessierten?) die Initiative zur Gemeinsamen Erklärung zur Rechtfertigungslehre, die durch die Gemeinsame Offizielle Feststellung und mit einem Anhang zu letzterer am Reformationstag 1999 in Augsburg unterzeichnet wurde. Seitdem scheint die Frage noch virulenter, wie sich ein differenzierter Konsens in Grundwahrheiten zu den Differenzen im Kirchenverständnis verhält, wenn nicht noch tiefer liegende Unterschiede ausgemacht werden müssen.

Mit der zweiten großen Richtung der aus der Reformation hervorgegangenen Kirchen, den reformierten Kirchen, gab es zunächst eine Gesprächsphase in einer Studienkommission gemeinsam mit den Lutheranern, die 1976 den Bericht „Die Theologie der Ehe und das Problem der Mischehe"[83] vorlegte. Schon im Jahr darauf konnte der Schlussbericht „Die Gegenwart Christi in Kirche und Welt" des Dialogs zwischen Reformiertem Weltbund und dem Einheitssekretariat veröffentlicht werden.[84] Wer den Verlauf der ökumenischen Bewegung auf Ebene der

---

[78] Vgl. die Porvooer Gemeinsame Feststellung in: DwÜ 3, 749–777; vorausgegangen war eine Meißener Gemeinsame Feststellung der deutschen evangelischen Kirchen und der Kirche von England, die freilich nicht so weit ging wie Porvoo; vgl. ebd. 732–748.
[79] Inzwischen liegen weitere einschlägige Texte vor: Called to common Mission (Episcopal Church und Evangelisch-Lutherische Kirche in Amerika) von 1999/2000 (vgl. DwÜ 3, 794–808); die Waterloo-Erklärung zwischen der Evangelisch-Lutherischen Kirche in Kanada und der Anglikanischen Kirche von Kanada von 2001 (vgl. ebd. 809–813) und die Gemeinsame Erklärung von Reuilly zwischen den Anglikanischen Kirchen Großbritanniens und Irlands und Lutherischen und reformierten Kirchen Frankreichs aus dem gleichen Jahr (vgl. ebd. 814–834).
[80] Text der Leuenberger Konkordie jetzt auch in DwÜ 3, 724–731.
[81] Vgl. die Auseinandersetzung der Leuenberger mit den erwähnten Dokumenten in Leuenberger Texte 4: Leuenberg, Meissen und Porvoo.
[82] Vgl. DwÜ 3, 317–419.
[83] Vgl. DwÜ 1, 359–387 (es nahmen zeitweise Beobachter des ÖRK und der Anglikanischen Gemeinschaft teil).
[84] Vgl. ebd. 487–517.

Theologie kennt, wird nicht verwundert darüber sein, dass auch hier die Ekklesiologie zum Hauptproblem wurde. Am Ende der zweiten Phase (1984–1990) erklärten sich die Teilnehmer der Arbeitsgruppe „Auf dem Weg zu einem gemeinsamen Verständnis von Kirche".[85]

Dialoge führten im Auftrag des Einheitssekretariats bzw. des Einheitsrats katholische Theologen auch mit Vertretern der Disciples of Christ in drei Phasen, in denen ebenfalls die ekklesiologische Problematik im Mittelpunkt stand.[86] Die Gemeinsame Kommission mit dem Weltrat Methodistischer Kirchen produzierte zwischen 1971 und 1981 drei Berichte, die vor den klassischen Kontroversfragen charakteristischerweise solche der Spiritualität und des Christseins in der Welt von heute ansprachen.[87] Mit dem Nairobi-Bericht von 1985[88] ist die ekklesiologische Thematik auf der Tagesordnung, die dann zu spezifischen Fragen der Apostolischen Tradition (1991), des Verhältnisses von Offenbarung und Glauben (1995) und der Lehrautorität (2000) führt.[89] 1972 beginnt der Dialog mit den Pfingstlern, der Abschlussbericht zur ersten Phase wird 1976 vorgelegt[90], der zur zweiten Phase 1982 und zur dritten unter der Überschrift „Perspektiven der Koinonia" 1989.[91] Der Abschlussbericht zur vierten Runde von 1990 bis 1997 steht unter dem Titel „Evangelisation, Proselytismus und gemeinsames Zeugnis".[92] Schließlich gab es noch je eine Dialogphase mit den Baptisten und mit Evangelikalen.[93]

Neben diesen bilateralen[94] Dialogen wurde auch eine Gemeinsame Arbeitsgruppe zwischen dem Ökumenischen Rat der Kirchen und der römisch-katholischen Kirche gebildet. Diese legt regelmäßig Berichte vor bzw. gibt Studiendokumente in Auftrag, deren bedeutendste hier genannt sein sollen: „Auf dem Weg zu einem gemeinsamen Bekenntnis des Glaubens" (1980), „Gemeinsames Zeugnis (1981)[95], „Die Kirche: lokal und universal" (1990), „Der Begriff der ‚Hierarchie der Wahrheiten' – Eine ökumenische Interpretation" (1990)[96]; „Der ökumenische Dialog über ethisch-moralische Fragen", „Die Herausforderung des Proselytismus und die Berufung zu gemeinsamen Zeugnis" sowie „Ökumenisches Lernen" als Anhänge zum 7. Bericht von 1998[97]. Der Päpstliche Rat zur Förderung der Einheit legt regelmäßig in seinem Information Service Berichte über die Gesprächsgruppen und ihren Fortgang vor.[98]

---

[85] Vgl. DwÜ 2, 623–673.
[86] Vgl. die Berichte in DwÜ 1, 233–245 (für die Phase 1977–1981), DwÜ 3, 290–305 (für die 2. Phase von 1983–1992: „Die Kirche als Gemeinschaft in Christus") und ebd. 306–316.
[87] Vgl. DwÜ 1, 388–475.
[88] Vgl. DwÜ 2, 507–525.
[89] Vgl. DwÜ 3, 442–554.
[90] Vgl. DwÜ 1, 476–486.
[91] Vgl. DwÜ 2, 581–599.599–622.
[92] Vgl. DwÜ 3, 602–638.
[93] Vgl. DwÜ 2, 374–391.392–443.
[94] Ausnahme war der lutherisch – reformiert – römisch-katholische Dialog zur Ehe.
[95] Vgl. DwÜ 1, 675–684.684–701.
[96] Vgl. DwÜ 2, 732–750.
[97] Vgl. DwÜ 3, 641–720.
[98] In Nr. 115 (2004/I–II) sind die ausführlichen Berichte der Vollversammlung vom November

Die römisch-katholische Kirche ist nicht Mitglied des ÖRK, aber katholische Theologen arbeiten seit der Weltkonferenz von Montreal 1963 (dort noch als Beobachter und Redner) bzw. seit der Vollversammlung von Uppsala 1968 in der Kommission für Glauben und Kirchenverfassung mit und entsendet 12 von 150 Mitgliedern. Wichtigstes Dokument aus der Feder von Faith and Order ist das sog. Lima-Papier, die „Konvergenzerklärungen über Taufe, Eucharistie und Amt"[99]. Auch die katholische Kirche ist der Aufforderung zur Stellungnahme gefolgt und hat eine differenzierende[100] Bewertung vorgenommen. Kein Wunder, dass auch hier Klärungen im Bereich der Ekklesiologie eingefordert werden. Das sahen auch die Mitglieder von Faith and Order bzw. in den Gremien des ÖRK, so dass als nächstes einschlägiges Studiendokument der Text „The nature and the purpose of the Church"[101] vorgelegt wurde. Demnächst ist ein (vorläufiger?) Abschlussbericht zum Rezeptionsprozess zu erwarten.

Nicht nur in den internationalen Dialogrunden, sondern auch im Bereich der nationalen ökumenischen theologischen Arbeitsgruppen läuft alles derzeit auf die Frage der Ekklesiologie zu: Was sind die Kriterien wahren Kircheseins? Wie viel Gemeinsamkeit ist notwendig, wie viel Pluralität im Ausdruck nicht nur tolerabel, sondern um der Fülle des Katholischen willen nötig? Damit hängen prinzipielle methodologische Fragen wie die nach dem Verhältnis von Schrift und Tradition bzw. Schrift, Tradition und Lehramt zusammen. In gewisser Weise bündelt sich die Problematik in dem Problemkomplex der Apostolischen Sukzession, der gegenwärtig sowohl die Internationale Lutherisch – Römisch-katholische Dialoggruppe beschäftigt wie in Deutschland den Jaeger-Stählin-Kreis.[102] So scheint ein bestimmter Problemdruck oder auch eine gewisse Sachlogik die ökumenische Arbeit der Theologinnen und Theologen auf internationaler wie nationaler Ebene zu bestimmen.

Die Auswirkungen der nationalen oder regionalen Dialoggruppen auf die jeweiligen Ortskirchen sind gewöhnlich nicht leicht zu messen. Eine Ausnahme bildet der Jaeger-Stählin-Kreis mit dem ihm aufgetragenen Projekt „Lehrverurteilungen – kirchentrennend?"[103], dessen Ergebnisse, allerdings erst nach massivem Drängen sowohl von der Deutschen Bischofskonferenz[104] wie von Rom gewürdigt wurde[105]. Ansonsten gibt sich dieser älteste ökumenisch-theologische Arbeitskreis in Deutschland selbst seine Themen vor. Leider mangelt es auch hier an der nötigen Rezeption, auch an der Basis des Kirchenvolkes. Das gilt insbeson-

---

2003 nachzulesen; vgl. auch Kasper, Kein Grund zur Resignation. – 2004 stand im Zeichen der 40 Jahre nach Promulgation von UR.
[99] Vgl. DwÜ 1, 545–585.
[100] Die Stellungnahme von 1987 ist greifbar in: VAS 79 (1988).
[101] Genf 1998; dt. Heller, Das Wesen.
[102] Von diesem liegt ein erster Studienband vor: Schneider – Wenz (Hg.), Das kirchliche Amt.
[103] Lehmann – Pannenberg (Hg.), Lehrverurteilungen. Dazu wurden zwei Materialbände und ein Band mit Stellungnahmen publiziert.
[104] Die Stellungnahme der Deutschen Bischofskonferenz ist greifbar in der Reihe „Die Deutschen Bischöfe", hg. v. Sekretariat der DBK, als Nr. 52 (1994).
[105] Die vatikanische Stellungnahme war ein vom Päpstlichen Rat zur Förderung der Einheit den Wissenschaftlichen Leitern des Arbeitskreises zugestelltes Gutachten.

dere für die das gottesdienstliche und katechetische Leben in den Gemeinden stärker als andere Themen betreffende Studie zum „Opfer Jesu Christi und seine[r] Gegenwart in der Kirche"[106]. Von den bedeutenden Studien, die auch wiederum die internationalen Dialoge beeinflusst haben bzw. dort rezipiert wurden, dürfen nicht unerwähnt bleiben die Beiträge der Groupe des Dombes (Frankreich)[107] und der lutherisch-katholischen Kommission in den USA[108].

3. An der Basis

Der Insider Eduard Stakemeier stellt in seinen Bemerkungen zur Interpretation des Ökumenismusdekrets zu Recht fest: „1. Es ist für einen mit dem Konzilsgeschehen und der Konzilsdiskussion nicht vertrauten evangelischen Kollegen ungemein schwierig, vom protestantischen Standpunkt aus das Dekret sachgerecht nach den Intentionen des Konzils zu beurteilen. – 2. Umgekehrt ist diese Aufgabe denjenigen evangelischen Theologen sehr erleichtert, die als delegierte Beobachter oder als Gäste in unmittelbarem Kontakt mit dem Ablauf der Konzilsverhandlunegn vertraut sind und im Gespräch mit den Vätern und Theologen des Konzils eine tiefere Einsicht in die Absichten und Ziele des Dekretes gewinnen konnten."[109] Freilich muss diese Beobachtung verallgemeinert werden. Es ist die durchgehende Erfahrung in der ökumenischen Bewegung auch unter Theologinnen und Theologen, dass die Teilnahme am Prozess eine entscheidende Voraussetzung dafür bildet, dessen Ergebnis nachvollziehen und würdigen zu können. So ist die ökumenische Landschaft permanent durch Ungleichzeitigkeiten geprägt.

Dies gilt nun auch im Blick auf die sog. Basis-Ökumene. Hier ist ein gerechtes und das heißt: ein differenzierendes Urteil besonders schwer zu fällen, weil wohlwollende wie misstrauische Kritiker immer nur eine partielle Erfahrung haben können. Fest steht wohl, dass die Ökumene im Kirchenvolk nicht generell gegen die der Theologen und die der Kirchenleitungen nach dem Motto „wir sind ja schon viel weiter" ausgespielt werden kann. Zum einen trifft dieses Weitersein nicht auf das Kirchenvolk als Ganzes, ja, weltweit gesehen, vielleicht noch nicht einmal auf die Mehrheit zu. Auf der anderen Seite darf dies nicht zum Vorwand genommen werden, jedes Weitersein in der gemeinsamen Erfahrung und im gemeinsamen Leben zu bremsen, bis alle mitgehen können. Schließlich bewegen ökumenische Fragen ohnehin nur noch die Gläubigen, die sich im Leben ihrer Kirchen engagieren, vor allem wenn sie Tag für Tag in ökumenischen Situationen leben (müssen). Hier ist doch vermutlich eine differenzierende ökumenische Pastoral angesagt. Schließlich muss es den „Profi-Ökumenikern" zu denken geben, wenn sich ihre Fragen im Leben „der Leute" als kaum noch relevant erweisen.

---

[106] Lehmann – Schlink (Hg.), Das Opfer.
[107] Zur Gruppe und ihren Arbeiten s. Sesboüé, Groupe des Dombes.
[108] Dazu vgl. Root, Lutheran-Roman Catholic Dialogue 721 f.
[109] Stakemeier, Wiederherstellung der Einheit 150.

Karl Rahners im Alter zunehmende ökumenische Ungeduld hat auch darin eine Wurzel.[110] Andererseits gilt: Die Ökumene, zumal wenn sie eine „Ökumene des Lebens" sein will, lebt auch heute noch von den Basisbewegungen, seien es die schon traditionellen wie die Una-sancta-Bewegung, seien es neue Dynamiken, wie sie etwa im Zusammenhang mit „Frieden, Gerechtigkeit und Bewahrung der Schöpfung", dieser europäischen Bewegung und Versammlung, die über die Stationen Basel und Graz 2007 in Sibiu (Rumänien) ankommen wird. In Deutschland wird die weitere Entwicklung des Ökumenischen Kirchentages mit Aufmerksamkeit beobachtet werden; Großereignisse können Impulse geben, das Leben spielt sich freilich entscheidend im Alltag der Menschen und Gemeinden ab.

III. Offene Fragen

Der ökumenische Lernprozess ist auf allen Ebenen auch durch das Ökumenismusdekret angestoßen oder befördert worden. Genauer freilich: Durch den Prozess, den Papst Johannes XXIII. mit der Einberufung des Konzils zu einem offiziellen Geschehen in der katholischen Kirche und im Blick auf ihr ökumenisches Engagement (was beileibe kein Gegensatz zum „geistlichen Ökumenismus" darstellt!) befördert hat. Für diesen Prozess ist gewiss entscheidend, dass an der Verbindlichkeit von *Unitatis redintegratio* nicht gerüttelt wird. Noch jüngst hatte der Präsident des Päpstlichen Rates Anlass, entsprechenden Tendenzen entgegenzutreten. Weder der Einwand, es handele sich nur um ein Dekret, noch die Zuordnung zur Kirchenkonstitution können hier in relativierender Absicht angeführt werden. Der Kardinal lässt keinen Zweifel übrig: „Eine theologische Degradierung des Ökumenismusdekretes würde vielmehr der ökumenischen Gesamtabsicht des II. Vatikanischen Konzils zuwiderlaufen."[111] Drei Regeln für die Interpretation stellt Kasper auf: 1. „Grundlegend ist die historische Interpretation", d.h. die Auslegung auf Grund der Akten und der Betrachtung einzelner Aussagen im Zusammenhang. In diesem Zusammenhang gibt der Kardinal ausgerechnet folgendes „konkretes Beispiel: Wenn es um die Beurteilung der Abendmahlsfeiern der kirchlichen Gemeinschaften reformatorischer Prägung geht, genügt es nicht aus *UR 22* nur zu zitieren, dass sie ‚die ursprüngliche und volle Wirklichkeit (substantia) nicht bewahrt haben'; man muss auch den gleich folgenden Halbsatz hinzufügen, in dem das Konzil die Bedeutung dieser Feiern positiv zu umschreiben sucht."[112] – 2. Dies soll im „Licht der Tradition" geschehen, wobei freilich „zwischen der einen Tradition und den vielen Traditionen" zu unterscheiden sei. – 3. Die Bedeutung der Rezeption liegt darin, dass in Spannung zueinander stehende Aussagen einen weitergehenden Prozess ermöglichen.

---

[110] Vgl. die soeben erschienene Würdigung durch Lehmann, Karl Rahner und die Ökumene. – Die einschlägigen Beiträge Rahners liegen vor in Rahner, Einheit in Vielfalt. Vgl. auch Hilberath, Einigung der Kirchen; ders., Karl Rahner 183–208.
[111] Kasper, Die theologische Verbindlichkeit 11.
[112] Ebd. 12^{10}.

So ließe sich auch eine Interpretationsgeschichte im engeren Sinn schreiben. In ihr wären vor allem die Bilanzen zu würdigen, die im Rhythmus von 10 Jahren aufgemacht wurden.

Das lutherische Institut für Ökumenische Forschung in Straßburg und die Päpstliche Universität Sant'Anselmo veranstalteten 1974 ein Kolloquium, um 10 Jahre nach der Verabschiedung von UR Bilanz zu ziehen. Diese fällt differenziert aus, die Einschätzungen der Teilnehmer spiegeln auch deren konfessionelle Herkunft, die damit verbundenen Hoffnungen und Befürchtungen sowie ihren jeweiligen Ort innerhalb der ökumenischen Bewegung. Je nachdem stehen dann das Problem der Unfehlbarkeit (der Kirche, nicht nur des Papstes), das der Katholizität bzw. des Verhältnisses von Lokalkirche und Universalkirche oder das Entstehen neuer kirchlicher, vor allem charismatischer Bewegungen im Blickpunkt. Katholische Theologen wie Yves Congar und Emmanuel Lanne fordern eine konsequente Weiterentwicklung der Communio-Ekklesiologie und eine Überwindung des Redens von den „Elementen der Kirche". Stärker als zu Konzilszeiten kommen die Notwendigkeit des gemeinsamen Zeugnisses in einer sich verändernden Welt, das Verhältnis von missionarischem und soziopolitischem Auftrag ins Bewusstsein. Nikos Nissiotis betont, „dass das Ökumenismusdekret ... Hoffnungen geweckt hat, die sich in den zehn Jahren seit seiner Verabschiedung weitgehend erfüllt haben. Um dies besser zu schätzen, müssen wir uns von den falschen Erwartungen freimachen, die wir während des Konzils und angesichts des Dekrets gehegt haben hinsichtlich der vollen Beteiligung der katholischen Kirche innerhalb der ökumenischen Bewegung vom gegenwärtigen Typus einer ‚Gemeinschaft von Kirchen' ... Gleichzeitig brauchen wir ehrliche und konsequente Selbstkritik"[113]. Lukas Vischer erinnert an seine Frage bei der Promulgation: „... fragte ich einen römisch-katholischen Freund: woran werden wir uns in zwanzig Jahren halten müssen? An den Text des Dekretes? Oder an die Bewegung, die ihn hervorgebracht hat und die er seinerseits hervorbringen wird? Die Antwort meines Freundes erfolgte ohne Zögern: an die Bewegung! Die Frage war Ausdruck einer Sorge, die damals manche teilten. War es wirklich hilfreich, dass die römisch-katholische Kirche ihr Verständnis der ökumenischen Bewegung in einem konziliaren Dekret niederlegte? Gewiss, dieser verbindliche Schritt war geeignet, die Kirche in die ökumenische Bewegung hineinzuführen ... Konnte sich aber der Text in fernerer Zukunft nicht im Gegenteil als Hindernis auswirken? War nicht dadurch ... zukünftigen Einsichten und Entwicklungen von vornherein eine Schranke gesetzt? Die Antwort meines Freundes war ihrerseits der Ausdruck des Vertrauens und der Erwartung, dass der Text der Dynamik der Bewegung untergeordnet bleiben werde"[114]. Damit ist wieder einmal die seit Konzilsende virulente Frage nach der Hermeneutik der Konzilsbeschlüsse aufgeworfen. Bezeichnenderweise sind es vor allem nichtkatholische Theologinnen und Theologen, die ein Zuviel an Verbindlichkeit fürchten, während viele Katholiken inzwischen gelernt haben, mit lehramtlichen Texten differenziert umzugehen. Zudem: In der „Öku-

---

[113] Nissiotis, Die Promulgation 61.
[114] Vischer, Wie weiter 141.

mene des Lebens" geht es nicht um das Deduzieren von praktischen Verhaltensweisen aus einem Dekret, sondern um Erfahrungen von Gemeinsamkeit und Unterschiedenheit, die ihrerseits zum Fortgang der Rezeptionsgeschichte als Interpretationsgeschichte beitragen. Auf der andere Seite könnten manche ökumenisch erarbeitete Dokumente der ökumenischen Praxis Hilfe leisten und Anregungen geben, – wenn sie denn rezipiert würden! Einen entsprechenden Mangel beklagen die Symposionsteilnehmer in ihrem Schlussbericht.[115]

Angesichts zunehmender Enttäuschungen formuliert Kardinal Willebrands in seiner Standortbestimmung nach zehn Jahren: „Die Zukunft des Ökumenismus fällt zusammen mit der Zukunft dieser Erneuerung. Die ökumenische Bewegung wird in dem Maße fortschreiten, in dem die Erneuerung der theologischen Besinnung über die Kirche Fortschritte machen wird, in dem diese Gesinnung die Mentalität der Seelsorger und der Gläubigen wirklich durchdringen wird, in dem Maße, in dem der ökumenische Geist das ganze Leben und alle Strukturen der Kirche beseelen wird."[116] Unmittelbar drängt sich dem ökumenischen engagierten Theologen die Frage auf: Wie weit sind wir 30 Jahre später gekommen? Noch immer ist die von Willebrands in seinem Beitrag auf biblischem und konziliarem Fundament entwickelte Communio-Ekklesiologie (Stichworte: Bedeutung der Ortskirchen, der Bischöfe, der Synodalität) noch nicht in jeder, vor allem nicht in struktureller Hinsicht Wirklichkeit geworden.[117]

Nicht nur das Ökumenismusdekret, sondern „die ökumenische Bedeutung der Konzilsbeschlüsse" insgesamt stehen in einem zwanzig Jahre danach konzipierten Sammelband zur Debatte.[118] Aloys Klein zieht (als Insider des Einheitssekretariats?!) eine äußerst positive Bilanz und spricht in „feierlichem Ton" von einer „überwältigenden Fruchtbarkeit des Dekrets": „Sowohl als Ganzes wie in seinen Einzelelementen hat das geschriebene Wort, besser: der in ihm bezeugte Geist im konkreten Leben der Gläubigen und der Kirche insgesamt Fleisch und Blut angenommen. Das heißt nicht, dass das Werk vollendet, das Programm erfüllt sei, sondern dass die Bewegung Tritt gefasst und klare Konturen angenommen hat."[119] Das klingt fast so, als hätte UR seine Funktion als „Fundament und Anstoß" (UR 19) schon erfüllt! Klein macht eben die Intentionen des Dekrets stark. So unterstreicht er abermals: „Der Begriff ‚Redintegratio' wird völlig fehlinterpretiert, wenn man darin – wie es leider immer noch gelegentlich geschieht – die Idee von einer bloßen Rückkehr der getrennten Christen in den Schoß der katholischen Kirche entdecken will. Es ist von einer Integration in eine Einheit aller Christen die Rede, nicht in die katholische Kirche, die hier als solche nicht erwähnt wird."[120] Hinsichtlich der theologischen Dialoge zieht Klein „eine stolze Bilanz", fügt jedoch mahnend hinzu, dass diese „unfruchtbar und eher akademi-

---

[115] Vgl. Békés – Vajta, Unitatis redintegratio 1964–1974, 158–167.
[116] Willebrands, Die Zukunft 79 f.
[117] Vgl. Beaupère, What sort of unity?, der gleichfalls die Entwicklung der Communio-Ekklesiologie und die Stärkung der Ortskirchen für notwendig erachtet.
[118] Vgl. Schuh, Die ökumenische Bedeutung.
[119] Klein, Die Einheit wiederherstellen 42.
[120] Ebd. 44.

sche Ereignisse [blieben], wenn sie nicht mitten in das Leben der Ortskirchen um-gesetzt und über-setzt werden"[121].

Unter dem Titel „Das Konzil war erst der Anfang" zog die Katholisch-Theologische Fakultät der Universität Münster 30 Jahre nach der Eröffnung des Konzils Bilanz. In den Rahmen dieses Kommentars gehört der Beitrag des Kollegen Garijo-Guembe, der nach den „Konsequenzen des Dialogs mit der Orthodoxie für die römische Ekklesiologie" fragt und schließlich folgende Punkte festhält: „Als erster Schritt wäre es notwendig zu zeigen, dass die Hervorhebung beider Traditionen als komplementär zu betrachten sind. Konkret heißt das, dass die von der Orthodoxie hervorgehobene Konziliarität und Synodalität der lokalen Kirchen und die primatiale Rolle Roms als sich ergänzende Elemente zu sehen sind ... dann ergibt sich daraus, dass die Rolle Roms die Autonomie, Synodalität und Mitverantwortung der anderen lokalen Kirchen nicht aus-, sondern einschließt. Von orthodoxer Seite wird erwartet – m. E. zu Recht –, dass die Kirche des Westens synodale Strukturen für ihr Leben entwickelt."[122] Ebenfalls „30 Jahre nach dem Konzil" gibt der Ökumenische Arbeitskreis Flamersheim-Euskirchen einen Band mit Bilanzen heraus.[123] Aus der Perspektive der ökumenischen Theologie erscheint besonders reizvoll das Nebeneinander einer eher gewohnten Bestandsaufnahme (Werner Löser) und die Ausschau nach künftigen Möglichkeiten „am Ende der klassischen Ökumene" (Laurentius Klein). Nicht unerwähnt bleiben darf Bernhard Härings Vision eines „Pastoralschreiben[s] Papst Johannes' XXIV. Zu Beginn des dritten Milleniums, 1.1.2001"; sie steht einmal nicht für die „zornigen alten Männer", sondern für die Theologinnen und Theologen, die sich ein Leben lang für die Erneuerung der Kirche(n) gerade auch in ökumenischer Hinsicht eingesetzt haben. Zum „Programm der nächsten Jahre" gehören nach diesem fiktiven Schreiben: 1. Die Dialogbemühungen müssen zum Ziel geführt werden. Exemplarisch wird ein Punkt genannt: „Die Bischofs- und Priesterweihen in der anglikanischen Weltgemeinschaft dürfen in ihrer Gültigkeit nicht mehr angezweifelt werden. Unser großer Vorgänger, Paul VI., hat dies symbolisch-prophetisch ausgedrückt, als er in der Basilika St. Paul in Rom seinen Bischofsring dem Bischof von Canterbury übergab. Was konnte das anderes bedeuten als die Anerkennung seiner gültigen Bischofsweihe!"[124] 2. Folgende Strukturreform wird verwirklicht: „Die römisch-katholische Kirche kehrt voll und ganz zur synodalen Struktur und Praxis der ersten Jahrhunderte, ja des ersten Jahrtausends zurück."[125] Angesichts der Tatsache, dass der jetzige Papst mehr als zwei Drittel der Bischöfe selbst ernannt hat, gewinnt die 3. Reformmaßnahme erhöhtes Gewicht: „Schon Papst Paul VI. hat ganz ernstlich daran gedacht, die Modalität der Wahl des Bischofs von Rom in einer deutlich kollegialen Form zu ordnen ... sollen vor allem die Vertreter der Bischofskonferenzen eine entschei-

---

[121] Ebd. 46.48.
[122] Garijo-Guembe, Konsequenzen des Dialogs 157.
[123] Schwörzer, 30 Jahre.
[124] Ebd. 129.
[125] Ebd.

dende Rolle bei der Papstwahl haben."[126] Auch die vierte Maßnahme hat sowohl binnenkatholische wie ökumenische Brisanz: „Es ist durch sorgfältige theologische Interpretation der Dokumente des Ersten und Zweiten Vatikanischen Konzils erwiesen, dass die Ausübung höchster Lehrautorität des Bischofs von Rom völlig eingebunden ist in das Ganze der Kirche … Deshalb setze ich mit unmittelbarer Wirkung die Bestimmung des Kodex des kirchlichen Rechtes, wonach Dissens in Bezug auf nicht-unfehlbare Lehren als Straftat erklärt war, außer Kraft (vgl. CIC, c. 1371, § 1). Wenn durch Treue-Eide und Strafdrohungen die freie Diskussion von brennenden Fragen ungebührlich eingeschränkt wird, können der Bischof von Rom und die Bischofssynode nicht wirklich wissen, was in der Kirche ehrlich rezipiert und geglaubt wird."[127]

Vierzig Jahre danach stellt Peter Neuner schließlich nochmals heraus, dass nicht nur Einheitssekretariat und Ökumenismusdekret, sondern die durchgehende ökumenische Perspektive des Konzils zur „ökumenischen Bekehrung" der katholischen Kirche entscheidend beigetragen haben. Damit wird die Rezeption von *Unitatis redintegratio* hineingestellt in die Rezeption des Konzils insgesamt. Deren Ausgang ist noch nicht deutlich zu erkennen, vielleicht brauchen Konzilien bzw. braucht dieses Konzil länger und Geduld ist angesagt. Gegenwärtig scheint es jedenfalls so, als müssten die Ansätze des Dekrets gegenüber bestimmten Interpretationen der Kirchenkonstitution stark gemacht werden. Welche theologischen Fragen bedürfen weiterer Klärung?

1. Welche Kriterien ergeben sich aus dem Bekenntnis zur „einen, heiligen, katholischen und apostolischen Kirche" für die Bestimmung des Kircheseins? Welchen Sinn macht eine Unterscheidung zwischen Kirchen und Kirchlichen Gemeinschaften?
2. Wie ist das Ereignis der Reformation theologisch zu werten?
3. Wie sind nach 40 Jahren ökumenischer Forschung und Dialoge die Formulierungen in UR 22 (defectus ordinis, genuina atque integra substantia) zu verstehen?
4. Wie kann die Hierarchie der Wahrheiten ekklesiologisch zur Geltung gebracht werden?
5. In welches Verhältnis sollen die beiden Prinzipien hinsichtlich der Eucharistiegemeinschaft gebracht werden?
6. Was folgt aus der Ökumene des Lebens für die Theologie und die offiziell Rezeption?
7. Ist die römisch-katholische Kirche schon in der Lage, ein Modell von Kirchengemeinschaft vorzustellen, das in der Perspektive des Konzils entwickelt wurde?

---

[126] Ebd. 130.
[127] Ebd. 131.

D. Bibliographie

Ahlers, Reinhild, Communio Eucharistica. Eine kirchenrechtliche Untersuchung zur Eucharistielehre im Codex Iuris Canonici, Regensburg 1990.
Alberigo, Giuseppe, Ekklesiologie im Werden. Bemerkungen zum „Pastoralkonzil" und zu den Beobachtern des II. Vatikanums, in: ÖR 40 (1991) 109–128.
Alberigo, Giuseppe – Wittstadt, Klaus (Hg.), Geschichte des Zweiten Vatikanischen Konzils (1959–1965), 5 Bde., Leuven – Mainz 1997 ff.
Alberigo, Giuseppe, Die Ankündigung des Konzils von der Sicherheit des Sich-Verschanzens zur Faszination des Suchens, in: Alberigo – Wittstadt (Hg.), Geschichte des Zweiten Vatikanischen Konzils 1, 1–60.
Aubert, Roger, L'évolution des tendances œcuméniques dans l'Église romaine depuis l'ouverture du concile, in: Irén 37 (1964) 354–374.
Aussermair, Josef, Hans Asmussen im Kontext heutiger ökumenischer Theologie, Münster 2001.
Barth, Karl, Ad limina Apostolorum, Zürich 1967.
Basdekis, Athanasios, Die Orthodoxe Kirche, Frankfurt/Main [4]2003.
Bavaud, Georges, Le décret conciliaire sur l'œcuménisme. L'évolution d'une théologie et d'une mentalité, Fribourg – Paris 1966.
Bea, Augustin Kardinal, Das II. Vatikanische Konzil und die Einheit der Christen, in: Müller (Hg.), Vaticanum secundum 1, 116–132.
Bea, Augustin Kardinal, Die Einheit der Christen, Freiburg – Basel – Wien 1963.
Bea, Augustin Kardinal, Die Bedeutung des II. Vatikanischen Konzils für die Einheit der Christen, in: ders., Die Einheit der Christen, 123–144.260–262.
Bea, Augustin Kardinal, Der Weg zur Einheit nach dem Konzil, Freiburg 1966.
Beaupère, René, Décret sur l'Œcuménisme [19–24], in: Ist 10 (1964) 421–442.
Beaupère, René, What sort of unity?, in: ER 26 (1974) 191–209.
Békés, Gerard – Vajta, Vilmos (Hg.), Unitatis redintegratio 1964–1974, Frankfurt/M. 1977.
Becker, Werner, Das Konzil und die Einheit der Christen, in: Müller (Hg.), Vaticanum secundum 1, 133–187.
Becker, Werner, Einführung [zum Dekret über den Ökumenismus], in: LThK.E 2, 11–39.
Becker, Werner – Müller, Otfried, Die Krisen der dritten Sitzungsperiode, in: Müller (Hg.), Vaticanum secundum III/2, 118–130.
Becker, Werner, Die Bearbeitung der Modi und die Ereignisse der letzten Woche des Konzils, in: Müller (Hg.), Vaticanum secundum III/2, 587–597.
Bellarmin, Robert Kardinal, Controversiarum de conciliis, in: Opera [ed. J. Fèvre] 2, Paris 1870 [unv. Nachdruck Frankfurt/M. 1965].
Beumer, Johannes, Auf dem Weg zur christlichen Einheit. Vorläufer der ökumenischen Bewegung von den Anfängen des Humanismus bis zum Ende des 19. Jahrhunderts. Ausgewählte Texte, Bremen 1966.
Bremer, Thomas, Art. Orthodoxe Kirchen, in: LThK[3] 7, 1144–1148.
Caprile, Giovanni, Entstehungsgeschichte und Inhalt der vorbereiteten Schemata. Die Vorbereitungsorgane des Konzils und ihre Arbeit, in: LThK.E 3, 665–726.
Centre d'Études Œcuméniques (Strasbourg) – Institut für Ökumenische Forschung (Tü-

bingen) – Konfessionskundliches Institut (Bensheim), Abendmahlsgemeinschaft ist möglich. Thesen zur Eucharistischen Gastfreundschaft, Frankfurt 2003.
Comments on the decree on Ecumenism, in: ER 17 (1965) 93–112.
Congar, Yves – Küng, Hans – O'Hanlon, Daniel (Hg.), Konzilsreden, Einsiedeln 1964.
Congar, Yves, Ökumenische Erfahrung und Bekehrung. Ein Bekenntnis, in: Robert C. Mackie – Charles C. West (Hg.), Gelebte Einheit (FS Willem A. Visser't Hooft), Stuttgart 1965, 67–81.
Cullmann, Oscar, Sind unsere Erwartungen erfüllt?, in: Karl Rahner – Oscar Cullmann – Heinrich Fries, Sind unsere Erwartungen erfüllt?, München 1966, 35–66.
Curtis, Geoffrey, Paul Couturier. Weltgeistlicher und Hoherpriester der Welt-Gebets-Oktav, in: Günter Gloede (Hg.), Ökumenische Profile, Stuttgart 1961, 347–353.
Demel, Sabine, Mehr als Nichtkleriker. Die Laien in der katholischen Kirhce, Regensburg 2001.
Demel, Sabine, Frauen und kirchliches Amt, Regensburg 2004.
Dumont, Christophe-Jean, Les voies de l'Unité chrétienne, Paris 1954.
Dumont, Christophe-Jean, La genèse du décret sur l'œcuménisme, in: Ist 10 (1964) 443–466.
Dumont, Christophe-Jean, Décret sur l'Œcuménisme [1–18], in: Ist 10 (1964) 355–421.
Eckholt, Margit, Poetik der Kultur. Bausteine einer interkulturellen dogmatischen Methodenlehre, Freiburg – Basel – Wien 2002.
Elchinger, Léon A., Weisungen für die Gläubigen der Diözese Straßburg über die eucharistische Gastfreundschaft für die konfessionsverschiedenen Ehen, in: Reinhard Mumm (Hg.), Eucharistische Gastfreundschaft. Ökumenische Dokumente, Kassel 1974, 109–131.
Feiner, Josef, Kommentar [zum Dekret über den Ökumenismus], in: LThK.E 2, 40–126
Feiner, Josef – Vischer, Lukas, Neues Glaubensbuch. Der gemeinsame christliche Glaube, Freiburg [1]1973 (Taschenbuchausgabe [19]1993).
Fey, Harold E., Geschichte der ökumenischen Bewegung 1948–1968, Göttingen 1974.
Frank, Karl S., Art. Christkönig. II. Ordensgemeinschaften, in: LThK[3] 2, 1140f.
Frieling, Reinhard, Ökumenische Dialoge – und was dann?, in: MdKI 39 (1988) 83–87.
Frieling, Reinhard, Der Weg des ökumenischen Gedankens. Eine Ökumenekunde, Göttingen 1992.
Frieling, Reinhard, Amt, Göttingen 2002.
Fries, Heinrich, Sind die Christen einander näher gekommen?, in: Karl Rahner – Oscar Cullmann – Heinrich Fries, Sind die Erwartungen erfüllt?, München 1965, 67–132.
Gadamer, Hans-Georg, Wahrheit und Methode, Tübingen [3]1972 ([1]1960).
Garijo-Guembe, Miguel M., Konsequenzen des Dialogs mit der Orthodoxie für die römische Ekklesiologie, in: Klemens Richter (Hg.), Das Konzil war erst der Anfang, Mainz 1991, 140–158.
Gemeinsame Arbeitsgruppe der Römisch-Katholischen Kirche und des Ökumenischen Rates der Kirchen, Studiendokument: Der Begriff der „Hierarchie der Wahrheiten" – eine ökumenische Interpretation (1990), in: DwÜ 2, 751–760
Gloede, Günter, Ökumenische Profile. Brückenbauer der einen Kirche, Stuttgart 1961.
Griesmayr, Gudrun, Die Eine Kirche und die Eine Welt. Die ökumenische Vision Kardinal Augustin Beas, Frankfurt/M. 1997.
Grillmeier, Aloys, Kommentar zum 1. Kapitel der Dogmatischen Konstitution über die Kirche Lumen Gentium, in: LThK.E 1, 156–176.
Grootaers, Jan, Zwischen den Sitzungsperioden. Die „Zweite Vorbereitung" des Konzils und ihre Gegner, in: Alberigo – Wittstadt (Hg.), Geschichte des Zweiten Vatikanischen Konzils 2, 421–617.

Grootaers, Jan, Die ökumenische Bewegung: ein verheißungsvolles Durcheinander, in: Alberigo – Wittstadt (Hg.), Geschichte des Zweiten Vatikanischen Konzils 2, 641–654.
Gruppe von Dombes, Für die Umkehr der Kirchen, Frankfurt 1994.
Häring, Bernhard, Pastoralschreiben Papst Johannes' XXIV. Zu Beginn des dritten Milleniums, 1.1.2001, in: Horst Schwörzer (Hg.), 30 Jahre nach dem Konzil, Leipzig 1993, 127–132.
Hallermann, Heribert (Hg.), Ökumene und Kirchenrecht – Bausteine oder Stolpersteine?, Mainz 2000.
Hampe, Johann Ch., Ende der Gegenreformation? Das Konzil. Dokumente und Deutung, Stuttgart – Berlin – Mainz 1964.
Hampe, Johann Ch., Die Autorität der Freiheit. Gegenwart des Konzils und Zukunft der Kirche im ökumenischen Disput, 3 Bde., München 1967.
Hebblethwaite, Peter, Johannes XXIII. Das Leben eines großen Papstes, Freiburg ³1974.
Heller, Dagmar (Hg.), Das Wesen und die Bestimmung der Kirche, Frankfurt/M. 2000.
Herms, Eilert, Einheit der Christen in der Gemeinschaft der Kirchen, Göttingen 1984.
Hilberath, Bernd Jochen, Das Verhältnis von gemeinsamem und amtlichem Priestertum in der Perspektive von Lumen gentium 10, in: TThZ 94 (1985) 311–325.
Hilberath, Bernd Jochen – Schneider, Theodor, Art. Eucharistie. B. Systematischer Grundriß, in: NHThG 1, 426–438.
Hilberath, Bernd Jochen, Kirche als communio. Beschwörungsformel oder Projektbeschreibung?, in: ThQ 174 (1994) 45–65.
Hilberath, Bernd Jochen, Einigung der Kircen – reale Möglichkeit! Der ökumenische Vorstoß Karl Rahners (1904–1984), in: Klaus Kürzdörfer (Hg.), Die Einigung der Kirchen und der Religionsunterricht. Karl Rahners Einigungsvorschlag aus pädagogischer und theologischer Sicht, Hamburg 1995, 9–36.
Hilberath, Bernd Jochen, Karl Rahner – Gottgeheimnis Mensch, Mainz 1995.
Hilberath, Bernd Jochen, Communio hierarchica. Historischer Kompromiß oder hölzernes Eisen?, in: ThQ 177 (1997) 202–219.
Hilberath, Bernd Jochen, Zwischen Vision und Wirklichkeit. Fragen nach dem Weg der Kirche, Würzburg 1999.
Hilberath, Bernd Jochen, Zum Verhältnis von Ortskirchen und Weltkirche nach dem II. Vatikanum, in: Albert Franz (Hg.), Was ist heute noch katholisch? Zum Streit um die innere Einheit und Vielfalt der Kirche (QD 192), Freiburg 2001, 36–49.
Hilberath, Bernd Jochen, Ökumene – Bewegung oder Stehempfang?, in: ThQ 182 (2002) 189f.
Hiller, Helga, Ökumene der Frauen. Anfänge und frühe Geschichte der Weltgebetstagsbewegung in den USA, weltweit und in Deutschland, Stein 1999.
Hübner, Siegfried, Die prophetische Vision des Papstes Johannes XXIII., in: Orien 66 (2002) 205–209.212–217.
Hünermann, Peter, Dogmatische Prinzipienlehre, Münster 2003.
Jaeger, Lorenz, Erzbischof von Paderborn, Das Ökumenische Konzil. Die Kirche und die Christenheit. Erbe und Auftrag, Paderborn 1960.
Jaeger, Lorenz Kardinal, Das Konzilsdekret „Über den Ökumenismus". Sein Werden, sein Inhalt und seine Bedeutung (KKTS XIII), Paderborn ²1968.
Jaeger, Lorenz Kardinal, Einheit und Gemeinschaft, Paderborn 1972.
Kantzenbach, Friedrich W., Die ökumenische Frage nach katholischem Verständnis, in: Zeitwende 38 (1967) 224–248.
Kasper, Walter, Der ekklesiologische Charakter der nichtkatholischen Kirchen, in: ThQ 145 (1965) 42–62.
Kasper, Walter, Situation und Zukunft der Ökumene, in: ThQ 181 (2001) 175–190.

Kasper, Walter, Kein Grund zur Resignation. Die katholische Kirche und ihre ökumenischen Beziehungen, in: HerKorr 57 (2003) 605–610.
Kasper, Walter, Die theologische Verbindlichkeit des Ökumenismusdekrets des II. Vatikanischen Konzils „Unitatis redintegratio", in: OR(D) 49 v. 5. 12. 2003, 11 f.
Kasper, Walter Kardinal, Sakrament der Einheit. Eucharistie und Kirche, Freiburg 2004.
Kasper, Walter Kardinal, Ökumenisch von Gott sprechen?, in: Ingolf U. Dalferth – Johannes Fischer – Hans-Peter Großhans (Hg.), Denkwürdiges Geheimnis (FS Eberhard Jüngel z. 70. Geb.), Tübingen 2004, 291–302.
Die Kirche Jesu Christi. Der reformatorische Beitrag zum ökumenischen Dialog über die kirchliche Einheit (Leuenberger Texte 1), Frankfurt/M. 1995.
Klein, Aloys, Die Einheit wiederherstellen. Die Bedeutung des Ökumenismusdekretes, in: Karlheinz Schuh (Hg.), Die ökumenische Bedeutung der Konzilsbeschlüsse, Hildesheim 1986, 41–50.
Komonchak, Joseph A., Der Kampf für das Konzil während der Vorbereitung, in: Alberigo – Wittstadt (Hg.), Geschichte des Zweiten Vatikanischen Konzils 1, 189–401.
Kongregation für die Glaubenslehre, Wo steht der anglikanisch-katholische Dialog? Eine Stellungnahme der Glaubenskongregation, in: HerKorr 36 (1982) 288–293.
Kongregation für die Glaubenslehre, Schreiben über einige Aspekte der Kirche als Communio v. 28. 5. 1992 (VAS 107), Bonn 1992.
Kongregation für die Glaubenslehre, Erklärung Dominus Iesus v. 6. 8. 2000 (VAS 148), Bonn 2000.
Krüger, Hanfried u. a. (Hg.), Ökumene-Lexikon, Frankfurt/M. ²1987.
Küng, Hans, Konzil und Wiedervereinigung, Freiburg 1960.
Küng, Hans, Erkämpfte Freiheit. Erinnerungen, München – Zürich 2002.
Lambert, Bernard, Das ökumenische Problem, 2 Bde., Freiburg – Basel – Wien 1964.
Leeming, Bernard, Augustin Kardinal Bea, in: Männer des Konzils, Würzburg 1965, 13–52.
Lehmann, Karl – Schlink, Edmund (Hg.), Das Opfer Jesu Christi und seine Gegenwart in der Kirche, Freiburg – Göttingen 1983.
Lehmann, Karl – Pannenberg, Wolfhart (Hg.), Lehrverurteilungen – kirchentrennend? 1, Freiburg – Göttingen 1986.
Lehmann, Karl, Ökumenische Sozialethik?, in: Bernd Jochen Hilberath – Jürgen Moltmann (Hg.), Ökumene – wohin?, Tübingen – Basel 2000, 123–133.
Lehmann, Karl, Karl Rahner und die Ökumene, in: Ingolf U. Dalferth u. a. (Hg.), Denkwürdiges Geheimnis (FS Eberhard Jüngel), Tübingen 2004, 331–346.
Le triple point de départ du décret sur l'Œcuménisme, in: Ist 10 (1964) 467–492.
Leuenberger Kirchengemeinschaft, Leuenberg, Meissen und Porvoo (Leuenberger Texte 4), Frankfurt/M. 1996.
Löwenich, Walther von, Der moderne Katholizismus, Witten ⁴1959.
Lossky, Nicholas u. a. (Hg.), Dictionary of the Ecumenical Movement, Genf ²2002.
Mayer, Annemarie C., Sprache der Einheit im Epheserbrief und in der Ökumene, Tübingen 2002.
Meinhold, Peter, Der evangelische Christ und das Konzil, Freiburg – Basel – Wien 1961.
Melloni, Alberto, „Questa festiva ricorrenza". Prodromi e preparazione del discorso di annuncio del Vaticano II (25. Januar 1959), in: RSLR 28 (1992) 607–643.
Melloni, Alberto, Der Beginn der zweiten Konzilsperiode und die große ekklesiologische Debatte, in: Alberigo – Wittstadt (Hg.), Geschichte des Zweiten Vatikanischen Konzils 3, 1–138.
Meyer, Harding, „... genuinam atque integram substantiam Mysterii eucharistici non servasse ..."? Plädoyer für eine gemeinsame Erklärung zum Verständnis des Herrenmahls, in: Peter Walter u. a. (Hg.), Kirche in ökumenischer Perspektive (FS Walter Kardinal Kasper), Freiburg 2003, 405–416.

Michalon, Pierre, The Abbé Couturier and his Continuing Influence, in: One in Christ 1 (1965) 6–18.
Michalon, Pierre, Œcuménisme Spirituel, Lyon 1960.
Moltmann, Jürgen, Ökumene im Zeitalter der Globalisierungen, in: Bernd Jochen Hilberath – ders. (Hg.), Ökumene – wohin?, Tübingen – Basel 2000, 87–97.
Moorman, Bishop John R. H., Observers and guests of the Council, in: A. Stacpoole (Hg.), Vatican II by those who were there, London 1986, 155–169.
Moos, Alois, Das Verhältnis von Wort und Sakrament in der deutschsprachigen Theologie des 20. Jahrhunderts (KKTS LIX), Paderborn 1993.
Müller, Otfried, Das Schema „Ut unum sint", in: ders., Vaticanum secundum 1, 386–389.
Müller, Otfried (Hg.), Vaticanum secundum, 4 Bde. in 5, Leipzig 1963–1968.
Nedungatt, George, Art. Orientalisch-orthodoxe Kirchen, in: LThK³ 7, 1125–1127.
Neumann, Burkhard, Art. Couturier, in: LThK³ 2, 1334.
Neuner, Peter, Ökumenische Theologie. Die Suche nach der Einheit der christlichen Kirchen, Darmstadt 1997.
Neuner, Peter – Kleinschwärzer-Meister, Birgitta, Kleines Handbuch der Ökumene, Düsseldorf 2002.
Neuner, Peter, Das Schisma von 1054 und seine Aufhebung 1965. Impulse im „Dialog der Liebe", in: StZ 222 (2004) 435–447.
Neuner, Peter, Das Dekret über den Ökumenismus *Unitatis redintegratio*, in: Franz Xaver Bischof – Stephan Leimgruber (Hg.), Vierzig Jahre II. Vatikanum, Würzburg 2004, 117–140.
Nissiotis, Nikos A., Die Promulgation des Dekrets „De Ecumenismo" (21. Nov. 1964). Erwartungen und Ergebnisse, in: Gerard Békés – Vilmos Vajta (Hg.), Unitatis redintegratio 1964–1974, Frankfurt/M. 1977, 36–62.
Nitzschke, Kurt, Das Dekret De Oecumenismo, in: MdKI 16 (1965) 61–68.
Observateurs au Concile, in: Ist 10 (1964) 531–541.
Observateurs-Délégués et Hôtes du Secrétariat pour l'Unité des Chrétiens au deuxième Concile œcuménique du Vatican, Rom 1965.
Oeldemann, Johannes, Die Apostolizität der Kirche im ökumenischen Dialog mit der Orthodoxie, Paderborn 2002.
Oeldemann, Johannes, Orthodoxe Kirchen im ökumenischen Dialog, Paderborn 2004.
Paolo VI e l'ecumenismo. Colloquio internazionale di studio, Brescia 2001.
Päpstlicher Rat zur Förderung der Einheit der Christen, Direktorium zur Ausführung der Prinzipien und Normen über den Ökumenismus v. 25.3.1993 (VAS 110).
Papst Johannes Paul II., Enzyklika *Ut unum sint* über den Einsatz für die Ökumene v. 25.5.1995 (VAS 121), Bonn 1993.
Papst Johannes Paul II., Enzyklika *Ecclesia de Eucharistia* v. 17.4.2003 (VAS 159), Bonn 2003.
Pesch, Otto Hermann, Das Zweite Vatikanische Konzil (1962–1965), Würzburg ¹1993.
Pesch, Otto Hermann, „Hierarchie der Wahrheiten" – und die ökumenische Praxis, in: Conc(D) 37 (2001) 298–311.
Pesch, Otto Hermann, Hermeneutik des Ämterwandels?, in: Peter Walter u. a. (Hg.), Kirche in ökumenischer Perspektive (FS Walter Kardinal Kasper), Freiburg 2003, 417–438.
Petri, Heinrich, Die römisch-katholische Kirche und die Ökumene, in: HÖ 2, 95–168.
Puza, Richard, Katholisches Kirchenrecht, Heidelberg ²1993.
Raguer, Hilari, Das früheste Gepräge der Versammlung, in: Alberigo – Wittstadt (Hg.), Geschichte des Zweiten Vatikanischen Konzils 2, 201–272.
Rahner, Karl, Über den Begriff des Geheimnisses in der katholischen Theologie, in: ders., Schriften zur Theologie 4, Einsiedeln 1960, 51–99.

Rahner, Karl, Sündige Kirche nach den Dekreten des Zweiten Vatikanischen Konzils, in: ders., Schriften zur Theologie 6, Einsiedeln 1965, 321–346.

Rahner, Karl, Die Gliedschaft in der Kirche nach der Lehre der Enzyklika Pius' XII. „Mystici Corporis Christi", in: ders., Schriften zur Theologie 2, Einsiedeln ⁸1968, 7–94.

Rahner, Karl, Einheit in Vielfalt (Sämtliche Werke 27, bearbeitet von Karl Kardinal Lehmann – Albert Raffelt), Freiburg 2002.

Ratzinger, Joseph Kardinal, Probleme und Hoffnungen des anglikanisch-katholischen Dialogs [1983, mit einem Nachwort 1986], in: ders., Kirche, Ökumene und Politik. Neue Versuche zur Ekklesiologie, Einsiedeln 1987, 67–96.

Rainer, Michael J. (Red.), „Dominus Iesus". Anstößige Wahrheit oder anstößige Kirche?, Münster 2001.

Roegele, Otto B., Was erwarten wir vom Konzil? Gedanken eines Laien, Osnabrück 1961.

Rohrbasser, Anton (Hg.), Heilslehre der Kirche, Freiburg (Schweiz) 1953.

Root, Michael, Art. Lutheran-Roman Catholic Dialogue, in: Lossky, Dictionary 720–722.

Rouse, Ruth – Neill, Stephan Ch., Geschichte der Ökumenischen Bewegung 1517–1948, 2 Bde., Göttingen 1963–1973.

Roux, Hébert, Le Concile et le dialogue œcuménique, Paris 1964.

Scharer, Matthias – Hilberath, Bernd Jochen, Kommunikative Theologie. Eine Grundlegung, Mainz ²2003.

Schlink, Edmund – Volk, Hermann (Hg.), Pro Veritate. Ein theologischer Dialog (FS Erzbischof Jaeger – Bischof Stählin), Münster – Kassel 1963.

Schlink, Edmund, Das Dekret über den Ökumenismus, in: George A. Lindbeck (Hg.), Dialog unterwegs. Eine evangelische Bestandsaufnahme zum Konzil, Göttingen 1965, 197–235.

Schlink, Edmund, Das Ergebnis des konziliaren Ringens um den Ökumenismus der römisch-katholischen Kirche, in: KuD 11 (1965) 177–194.

Schlink, Edmund, Ökumenische Dogmatik, Göttingen ³1985.

Schmidt, Stjepan (Hg.), Der Mensch Bea. Aufzeichnungen des Kardinals 1959–1968, Trier 1971.

Schmidt, Stjepan, Augustin Bea. Der Kardinal der Einheit, Graz – Wien – Köln 1989.

Schneider, Franz, Art. Gebetswoche für die Einheit, in: LThK³ 4, 324.

Schneider, Theodor – Wenz, Gunther (Hg.), Das kirchliche Amt in apostolischer Nachfolge, Bd. I: Grundlagen und Grundfragen, Freiburg – Göttingen 2004.

Schwahn, Barbara, Der Ökumenische Arbeitskreis Evangelischer und Katholischer Theologen von 1946 bis 1975, Göttingen 1996.

Schwörer, Horst (Hg.), 30 Jahre nach dem Konzil. Ökumenische Bilanz und Zukunftsperspektive, Leipzig 1993.

Seckler, Max, Über den Kompromiß in Sachen der Lehre, in: ders., Im Spannungsfeld von Wissenschaft und Kirche, Freiburg 1980, 99–103.

Semmelroth, Otto, Unvergängliches und Wandelbares in der Kirche, in: LebZeug H. 4/1964, 68–70.

Sesboüé, Bernard, Art. Groupe des Dombes, in: Lossky, Dictionary 503–505.

Skydsgaard, Kristen E., Vortrag (27.11.1963) beim deutschen Pressezentrum, in: Müller (Hg.), Vaticanum secundum 2, 201–210.

Soetens, Claude, Das ökumenische Engagement der katholischen Kirche, in: Alberigo – Wittstadt (Hg.), Geschichte des Zweiten Vatikanischen Konzils 3, 299–400.

Stakemeier, Eduard, Wiederherstellung der Einheit, in: Cath(M) 20 (1966) 136–151.

Stirnemann, Alfred – Wilflinger, Gerhard (Hg.), Vom Heiligen Geist. Der gemeinsame trinitarische Glaube und das Problem des Filioque (Pro Oriente 21), Innsbruck 1998.

Stransky, Thomas F., The foundation of the Secretariat for Promoting Christian Unity, in: 62–87.

Tagle, Luis Antonio G., The „Black Week" of Vatican II (November 14–21 1964), in: Giuseppe Alberigo – Joseph A. Komonchak (ed.), History of Vatican II, vol. IV, Maryknoll 2004, 387–452.
Tavard, George H., Geschichte der Ökumenischen Bewegung, Mainz 1964.
Tavard, George H., Praying together: *Communicatio in sacris* in the decree on Ecumenism, in: Alberic Stacpoole (Hg.), Vatican II by those who were there, London 1986, 202–219.
Themenheft „Die ökumenische Zukunft des Petrusdienstes": ThQ 178 (1998) H. 2.
Thils, Gustave, Le décret conciliaire sur l'œcuménisme, in: NRTh 87 (1965) 225–244.
Thils, Gustave, Le décret sur l'œcuménisme. Commentaire doctrinale, Paris 1966.
Thils, Gustave, Œcuménisme et Romanocentrisme, in: Oecumenica 1967, 194–209.
Thönissen, Wolfgang, Die Problematik von Grund und Gestalt, in: Cath(M) 56 (2002) 111-127.
Tomkins, Oliver St., Die Römisch-Katholische Kirche und die Ökumenische Bewegung, in: Rouse –Neill, Geschichte der Ökumenischen Bewegung 2, 359–384.
Valeske, Ulrich, Hierarchia veritatum, München 1968.
Velati, Mauro, Una difficile transizione. Il cattolicesimo tra unionismo ed ecumenismo (1952–1964), Bologna 1996.
Velati, Mauro, In secolo dell'ecumenismo cristiano, in: CrStor 22 (2001) 605–631.
Vischer, Lukas, Das römisch-katholische Verständnis des Ökumenismus und der Ökumenische Rat der Kirchen, in: KuD 12 (1966) 223–234.
Vischer, Lukas, Die Ökumenische Bewegung und die Römisch-Katholische Kirche, in: Fey (Hg.), Geschichte der ökumenischen Bewegung 406–459.
Vischer, Lukas (Hg.), Die Einheit der Kirche. Material der ökumenischen Bewegung, München 1965.
Vischer, Lukas, Wie weiter – nach den ersten zehn Jahren?, in: Békés – Vajta (Hg.), Unitatis redintegratio, 141–157.
Visser't Hooft, Willem A. (Hg.), Neu-Delhi 1961. Dokumentarbericht über die Dritte Vollversammlung des Ökumenischen Rates der Kirchen, Stuttgart ²1962.
Visser't Hooft, Willem A., Die Welt war meine Gemeinde. Autobiographie, München 1972.
Volk, Hermann, Das Wort Gottes in der Seelsorge [1960], in: ders., Gott alles in allem (2. Aufl. = GW 1), Mainz 1961, 223–235.
Volk, Hermann, Wort Gottes, Gabe und Aufgabe [1962], in: GW 2, Mainz 1966, 89–100.
Volk, Hermann, Zur Theologie des Wortes Gottes [1962], in: GW 3, Mainz 1978, 19–35.
Voss, Gerhard, Art. Una Sancta, in: LThK³ 10, 373 f.
Wijlens, Myriam, Sharing the Eucharist. A Theological Evaluation of the Post Conciliar Legislation, Lanham – New York – Oxford 2000.
Willebrands, Johannes Kardinal, Die Zukunft der ökumenischen Bewegung, in: Andreas Bauch u. a. (Hg.), Zehn Jahre Vaticanum II, Regensburg 1976, 76–94.
Wohlmuth, Josef (Hg.), Dekrete der ökumenischen Konzilien, 3 Bde., Paderborn 1998–2002.

Theologischer Kommentar zum Dekret über das Hirtenamt der Bischöfe in der Kirche[1]
Christus Dominus

von Guido Bausenhart

---

[1] Ich widme diesen Kommentar in zwar unterschiedlich motivierter, aber gleichermaßen geschuldeter Dankbarkeit zwei Bischöfen: + Dr. Georg Moser (Rottenburg-Stuttgart) und Dr. Josef Homeyer (Hildesheim).

Inhalt

A. Einleitung: Kontext 229
   I. Eine fragwürdige Arbeitsteilung: *Lumen gentium* und
      Christus Dominus 229
   II. Die Ausgangslage 232
      1. Das Erbe des Ersten Vatikanischen Konzils 232
      2. Zur Theologie des Bischofsamtes im Vorfeld des Konzils . . . 236
      3. Die Intentionen und Erwartungen 241
   III. Genese und Gestalt des Dekrets 243

B. Kommentierung 247
   I. Vorwort (CD 1–3) 247
   II. Die Bischöfe im Bezug zur Gesamtkirche (CD 4–10) 251
      1. Die Rolle der Bischöfe hinsichtlich der Gesamtkirche (CD 4–7) 252
      2. Die Bischöfe und der Apostolische Stuhl (CD 8–10) 259
   III. Die Bischöfe in Bezug auf die Teilkirchen bzw. Diözesen
      (CD 11–35) 266
      1. Die Diözesanbischöfe (CD 11–21) 266
      2. Die Umschreibung der Diözesen (CD 22–24) 274
      3. Die Mitarbeiter des Bischofs im pastoralen Amt (CD 25–35) . 276
   IV. Das Zusammenwirken der Bischöfe zum gemeinsamen Wohl
      mehrerer Kirchen (CD 36–43) 286
      1. Die Synoden, Konzilien und besonders die Bischofs-
         konferenzen (CD 36–38) 287
      2. Die Umschreibung kirchlicher Provinzen und die Errichtung
         kirchlicher Regionen (CD 39–41) 292
      3. Bischöfe, die ein interdiözesanes Amt ausüben (CD 42–43) . 292
   V. Allgemeiner Auftrag (CD 44) 293

C. Konklusion 294
   I. Episkopozentrik 296
   II. Die leitende Kategorie der „potestas" 297
   III. Das Nachsynodale Apostolische Schreiben *Pastores Gregis* (2003) 299
   IV. Ein Berufsbild 301

D. Bibliographie 304

A. Einleitung: Kontext

Das Zweite Vatikanische Konzil war ein Konzil der Kirche über die Kirche, und es war ein Konzil der Bischöfe; dies nicht nur aufgrund der Zusammensetzung, vielmehr hatten die Konzilsväter, wo sie sich mit der internen kirchlichen Struktur, also mit Blick „ad intra"[1], befassten, zuerst das Bischofsamt im Blick: Kirche sahen und dachten sie als Bischofskirche. Auf dem I. Vatikanum war innerhalb des von der Vorbereitungskommission ausgearbeiteten Schemas *Constitutio de Ecclesia* im 10. Kapitel „De Ecclesiae potestate", das der Hierarchie gewidmet war, vom Bischof gar nicht die Rede gewesen, und der Text insgesamt hatte „sich jeder positiven Darlegung über den Episkopat in der derzeitigen Struktur der Kirche, sowohl im Verhältnis zu den Priestern als auch im Verhältnis zum obersten Pontifex (enthalten)"[2]. Selbst als nach in ihrer Heftigkeit unterschiedlichen Protesten der Konzilsväter der überarbeitete, auf dem Konzil dann aber nicht mehr diskutierte Text sich im 4. Kapitel explizit dem Bischofsamt widmete, trug dieses die Überschrift „De ecclesiastica hierarchica" und nicht, wie von gewissen Vätern vorgeschlagen, „De episcopis".[3] Demgegenüber hebt das dritte Kapitel der Kirchenkonstitution des II. Vatikanum dezidiert mit der Überschrift an: „De constitutione hierarchica Ecclesiae et in specie de episcopatu" (LG 18–29).[4]

I. Eine fragwürdige Arbeitsteilung: *Lumen gentium* und *Christus Dominus*

Es fällt auf, dass das Bischofsamt auf dem Konzil selbst und dann in seinen Dokumenten – ähnlich wie die Orden, die Priester oder die Laien – eine zweifache Behandlung erfährt: in der Dogmatischen Konstitution über die Kirche (*Lumen gentium*)[5] und im Dekret über das Hirtenamt der Bischöfe in der Kirche (*Christus*

---

[1] Kardinal Suenens hatte in einem von Papst Johannes XXIII. 1962 für die Konzilsarbeit erbetenen Gesamtplan das „ecclesia ad intra – ad extra"-Schema entworfen. – Vgl. Suenens, Aux origines du Concile Vatican II, bes. 11–18; dazu: Klinger, Das Zweite Vatikanische Konzil.
[2] Aubert, Die Ekklesiologie beim Vatikankonzil 296.
[3] Vgl. Aubert, Die Ekklesiologie beim Vatikankonzil 296–304. – Leitend war die Sorge, nur ja kein Wasser auf die Mühlen eines wie auch immer gearteten Gallikanismus zu leiten. Erhellend zum Selbstverständnis der Bischöfe auf dem I. Vatikanum ist auch die Diskussion über das Schema *De episcopis et de synodis provincialibus* (vgl. Mansi 50, 358–518; vgl. a. a. O. 865–944).
[4] Der ausdrückliche Hinweis „De Episcopatu" hält sich vom ersten Entwurf an durch (vgl. Alberigo – Magistretti, Constitutiones Dogmaticae Lumen Gentium Synopsis Historica 77).
[5] Vgl. LG 18–29. – Siehe dazu die Kommentare von Rahner, Grillmeier, Vorgrimler: LThK.E 1,

Dominus). Bereits seit der vorbereitenden Phase waren zwei unterschiedliche Kommissionen damit befasst: die Theologische Kommission (*Commissio theologica*) bzw. die Bischofskommission (*Commissio de episcopis et dioeceseon regimine*).

Diese Parallelität ist nicht einfach zu klären: Die Bischofskommission mied dogmatische Fragen; ihr Vorsitzender, Kardinal Paolo Marella, erklärte der Zentralen Vorbereitungskommission gegenüber, solche seien Sache der Theologischen Kommission[6]. Die von der Bischofskommission entworfenen Texte waren darum „primär praktischer Natur"[7] und zielten auf eine Reform des Codex. Dennoch gibt es in der Vorbereitungszeit „keine Belege für eine Kooperation mit der CT, die zwei Kapitel über Bischöfe vorbereitete"[8]. Auch personell gab es zwischen beiden Kommissionen keine Schnittmengen, so dass in der Analyse des Bischofsdekrets und seiner Entstehung auch nach der Handschrift der daran Beteiligten zu fragen ist. Schon gar nicht wurde die Bischofskommission zu einer Art Unterkommission der Theologischen. Die Texte beider Kommissionen begegneten einander erst in der Zentralen Vorbereitungskommission.[9] Die von dieser 1962 eingerichtete „Unterkommission für gemischte Fragen" wünschte dann ausdrücklich, dass die Schemata der Bischofskommission erst nach Abschluss der Debatte über den Entwurf der Konstitution *De Ecclesia* auf dem Konzil diskutiert werden sollten.[10]

Die entschieden gesuchte Abhängigkeit in Fragen der Doktrin von der Theologischen Kommission mit der Konsequenz, dass man sich in der Bischofskommission davon dispensiert hielt, geht also Hand in Hand mit der Selbstbeschränkung auf Fragen der Disziplin mit der Intention, diese den veränderten Anforderungen anzupassen. Die Gleichzeitigkeit betonter Abhängigkeit und faktischen Nebeneinanders lässt einen doppelten Schluss zu: einmal den, dass man in der Bischofskommission das Verhältnis von Doktrin und Disziplin als ein Verhältnis von Voraussetzung und Ableitung bzw. Entsprechung gedacht hat[11], zum anderen den, dass man die Doktrin für hinreichend geklärt glaubte, so dass man ohne Rückkoppelung zur Theologischen Kommission sich praktischen Fragen zuwenden, also quasi Ausführungsrichtlinien formulieren zu können meinte;

210–259; Philips, L'Église et son mystère au IIe Concile du Vatican I–II; Scanzillo, La Chiesa; Betti, Dottrina sull'episcopato; Baraúna, De Ecclesia I–II (= Unam sanctam 51a–c); Hünermann (in diesem Kommentarwerk, Bd. 2).

[6] „Commissionis theologicae erat doctrinam de institutione, natura et potestate Episcoporum statuere" (AD II/II 3, 696).
[7] Komonchak, Kampf für das Konzil 207.
[8] Komonchak, Kampf für das Konzil 203.
[9] Vgl. Komonchak, Kampf für das Konzil 341–345.
[10] Vgl. Grootaers, Zwischen den Sitzungsperioden 536.
[11] Nur so kann evidenter Zusammenhang und faktische Trennung von Doktrin und Disziplin zugleich gedacht werden. In der *Sintesi finale sui consigli e suggeramenti degli ecc. mi vescovi e prelati di tutto il mondo per il futuro concilio ecumenico* heißt es: „Die logische Verknüpfung zwischen diesem Disziplinarproblem und dem Problem der Lehre über den göttlichen Ursprung und die Vollmacht der Bischöfe ist evident. Die katholische Lehre über den Episkopat muß klar dargestellt werden, um auf dem Gebiet der Kirchenordnung zu konkreten Bestimmungen über die Befugnisse der Bischöfe zu kommen." (Komonchak, Kampf für das Konzil 203, Anm. 49)

sonst hätte die parallele und unabhängige Behandlung von Voraussetzung und Konsequenzen keinen Sinn.

Wie problematisch beide Voraussetzungen und die daraus resultierende wie damit legitimierte Arbeitsteilung waren, zeigte sich bereits in der Zentralen Vorbereitungskommission, die die Schemata der Bischofskommission diskutierte, bevor man die Ausführungen der Theologischen Kommission über die Bischöfe im Rahmen des Schemas *De Ecclesia* hatte zur Kenntnis nehmen können. Die Debatte offenbarte die praktischen Fragen immanente Dogmatik, besonders „über das Verhältnis zwischen Papst und Bischöfen und über die Natur der Kollegialität und ihre Beziehung zum Papst sowie zum einzelnen Bischof"[12].

Die bei der *Commissio antepraeparatoria* eingegangenen Voten standen – sortiert nach theologischen und rechtlichen Vorschlägen – im Verhältnis eins zu acht.[13] Johannes' XXIII. Ankündigung des II. Vatikanums als eines „Pastoralkonzils" war gerade darauf angelegt, den Dualismus von *doctrina* und *disciplina* zu überwinden; „pastoral" bezeichnete für ihn „die spezifische Differenz der Lehre der Kirche"[14]. In seiner Ansprache zur Eröffnung des Konzils *Gaudet Mater Ecclesia* spricht er vom Lehramt mit „vorrangig pastoralem Charakter"; so sei alles zu prüfen nach dem Kriterium der „Triftigkeit", m. a. W.: im Programm des *Aggiornamento* wird die Identität, „die Substanz der tradierten Lehre, d. h. des depositum fidei", mit ihrer Relevanz verknüpft; bloßer Repetition wird eine Absage erteilt gegenüber verstärkter Aufmerksamkeit für das Phänomen der Rezeption („damit diese Lehre die vielen und verschiedenen Bereiche menschlicher Aktivitäten erreicht"): „Unsere Aufgabe ist es nicht nur, diesen kostbaren Schatz zu bewahren, als ob wir uns nur um Altertümer kümmern würden. Sondern wir wollen uns mit Eifer und ohne Furcht der Aufgabe widmen, die unsere Zeit fordert." Von der Triftigkeit verspricht der Papst sich die Wirksamkeit: „Die Hauptaufgabe des Konzils besteht darin, das unveräußerliche Überlieferungsgut der christlichen Lehre wirksamer zu bewahren und zu lehren." Die Kirche öffne den Menschen „den Zugang zur lebenspendenden Quelle der Lehre"[15].

Wird in der Intuition und Intention des Konzilspapstes von der „Seelsorge als geschichtliche(r) Hermeneutik der christlichen Wahrheit"[16] das konkrete Leben der Kirche im Glauben der Menschen, in den kirchlichen Strukturen bis ins Kirchenrecht nicht instrumentell ausgewertet, vielmehr selber doktrinär gewertet[17],

---

[12] Komonchak, Kampf für das Konzil 207.
[13] Vgl. den zweibändigen *Analyticus Conspectus consiliorum et votorum quae ab episcopis et praelatis data sunt*: AD I/II App. 1–2.
[14] Ruggieri, Bemerkungen zu einer Theologie Roncallis 198. – Zum traditionellen Begriffspaar *doctrina* und *disciplina* vgl. Marrou, „Doctrina" et „disciplina"; zur Kennzeichnung „pastoral" vgl. Ruggieri, La discussione.
[15] *Gaudet Mater Ecclesia* (kritische Edition von Melloni in: Alberigo u. a., Fede, Tradizione, Profezia 239–283), zitiert nach: Kaufmann – Klein, Johannes XXIII. 136 Z. 235; 138, 247; 136, 231 f.; 131, 177 f.; 134, 208–212; 129, 152–154; 140, 277 f. – Vgl. zur Interpretation Alberigo, Formazione, contenuto e fortuna dell'allocuzione; auch: Alberigo, Johannes XXIII. und das II. Vatikanische Konzil; Ruggieri, Bemerkungen zu einer Theologie Roncallis; Riccardi, Die turbulente Eröffnung der Arbeiten 17–21.
[16] Ruggieri, Bemerkungen zu einer Theologie Roncallis 194.
[17] Vgl. Ruggieri, Bemerkungen zu einer Theologie Roncallis 179; Komonchak, Der Kampf für

so folgte ihm das Konzil darin zunächst nicht: Die vorbereitende Zentralkommission sortierte die im Vorfeld des Konzils eingegangenen Voten und wies in den *Quaestiones commissionibus praeparatoriis Concilii Oecumenici Vaticani II positae*[18] alle dogmatischen Fragen der Theologischen Kommission zu, während sie alle praxisbezogenen Fragen den anderen Kommissionen zusprach, und legte damit die Schienen für die die weitere Konzilsarbeit – und eben auch die Behandlung der Themen um das Bischofsamt – bestimmende Arbeitsteilung.[19]

II. Die Ausgangslage

Die Ausgangslage für die Behandlung der Fragen um das Bischofsamt auf dem II. Vatikanum kann nach drei Richtungen hin beschrieben werden: nach dem Erbe des vorangegangenen Konzils, das gerade im Blick auf das Bischofsamt in seiner Unausgewogenheit nach einer Ergänzung rief; nach der Theologie des Bischofsamtes, wie sie bis zum Vorabend der großen Kirchenversammlung entwickelt und verbreitet war; schließlich nach den von den Bischöfen, Ordensoberen und Hochschulen eingegangenen Voten der Antepraeparatoria, in denen sich die Erwartungen und Intentionen, auch die Einstellungen der baldigen Konzilsväter spiegeln.

1. *Das Erbe des Ersten Vatikanischen Konzils*

„Es bestand allgemein Einigkeit darüber, daß eines der Hauptziele des Zweiten Vatikanischen Konzils die Vervollständigung der Ekklesiologie des Vatikanums I sein würde, und zwar durch die Behandlung von Wesen und Rolle des Episkopats in der Kirche."[20] Das I. Vatikanum beschreibt die Vollmacht (potestas) des Papstes als *ordinaria, vera, immediata* und *episcopalis* und hatte größte Mühe, deren Verhältnis zur Vollmacht der Bischöfe zu bestimmen. Das hätte die Klärung der Frage bedeutet, „wie neben einer plenitudo potestatis, d.h. einer Gewalt, die nicht nur einen Teil, sondern die ganze Fülle der von Christus der Kirche übertragenen Gewalt umfaßt, noch eine wenn auch nur relativ eigenständige Gewalt der Bischöfe möglich sein soll"[21]. Kardinal Friedrich Schwarzenberg (Prag) fragte auf dem Konzil: „Die Jurisdiktion des Papstes wurde ordentlich und unmittelbar genannt; wie verträgt sich mit ihr die ‚ordentliche und unmittelbare' Jurisdiktion der Bischöfe?"[22]

---

das Konzil 189–193; Klinger (Der Glaube des Konzils; Armut) sieht diese Intuition erst in der Pastoralkonstitution *Gaudium et spes* realisiert.

[18] Città del Vaticano 1960.
[19] Vgl. Komonchak, Kampf für das Konzil 202 f. – A. a. O. 256–340: „Vorbereitungen in Richtung ‚Lehrkonzil'".
[20] Komonchak, Kampf für das Konzil 332.
[21] Kasper, Primat und Episkopat 50. – Zum I. Vatikanum vgl. Aubert, Die Ekklesiologie beim Vatikankonzil; Scheffczyk, Primat und Episkopat; Torrell, La théologie de l'épiscopat.
[22] Mansi 52, 95B.

War im ersten, von der vorbereitenden Dogmatischen Kommission, vornehmlich auf Clemens Schrader zurückgehenden, ausgearbeiteten Schema *De Ecclesia Christi*, das beanspruchte, in 15 Kapiteln einen umfassenden Traktat über die Kirche zu entwerfen, diese ganz vom römischen Primat her konzipiert und spielten dabei die Bischöfe keine Rolle[23], nahm der nach der Konzilsdiskussion neugefasste Entwurf, dessen Redaktion weitgehend in der Hand von Josef Kleutgen lag, eine wiederum nicht unumstrittene[24] Zweiteilung vor: die vom Primat handelnde, nach der Debatte schließlich verabschiedete *Constitutio prima de Ecclesia Christi*[25] und die wegen der geschichtlichen Umstände nicht mehr zur Diskussion gekommene *Constitutio secunda*[26].

Die Intention des I. Vatikanum ging nicht dahin, das bischöfliche ius divinum zu bestreiten: Die Vollmacht des Papstes beeinträchtige nicht die ordentliche und unmittelbare Vollmacht der bischöflichen Jurisdiktion, vielmehr bejahe, stärke und schütze sie der oberste und allgemeine Hirte.[27] Auch nahm die Glaubensdeputation den Vorschlag auf, die Bischöfe als ‚Nachfolger der Apostel' und ‚wahre Hirten' zu bezeichnen[28] (DH 3061). Darüber hinaus stellte die von Papst Pius IX. zweimal ausdrücklich akzeptierte *Collektiv-Erklärung des deutschen Episkopats betreffend des deutschen Reichskanzlers hinsichtlich der künftigen Papstwahl* (1875) klar, dass „die Bischöfe nicht bloße Werkzeuge des Papstes, nicht päpstliche Beamte ohne Eigenverantwortlichkeit" seien.[29] Das Konzil hatte gallikanische Positionen im Blick[30], und die erste Sorge der Majorität galt dem päpstlichen Primat.

Besonders umstritten war die Kennzeichnung der päpstlichen Jurisdiktion: „quae proprie est episcopalis iurisdictionis potestas, ordinariam esse et immediatam"[31], weil auch die bischöflichen Konzilsväter ihre eigene Vollmacht in diesen Termini zu beschreiben gewohnt waren.[32] *Episcopalis* schreibt dem Papst als

---

[23] Vgl. Mansi 51, 539A-636A. – Dazu auch: L'ecclésiologie au XIXe siècle (Unam Sanctam 34), Paris 1960.
[24] Besonders Kardinal Schwarzenberg (Prag), Kardinal Rauscher (Wien), Bischof Ketteler (Mainz) und Bischof Stroßmayer (Djakovo) wehrten sich gegen die Isolierung der Lehre vom Primat (vgl. Mansi 52, 95 f.205 f.393 f.540–544).
[25] Vgl. DH 3050–3075.
[26] Vgl. Mansi 53, 308A-317A; NR 387–394. In gewissem Sinn kompensiert die Vorrede zur *Constitutio prima* diesen Ausfall.
[27] Vgl. DH 3061.
[28] Nachdem sich Bischof Moreno (Ivrea) und Kardinal Schwarzenberg (Prag) darüber gewundert hatten, dass das erste Kapitel (des überarbeiteten Schemas) mit der biblischen Begründung des Primats des Petrus kein Wort über die anderen Apostel verloren hatte (vgl. Mansi 52, 703C).
[29] Vgl. Rousseau, Der wahre Wert des Bischofsamtes 753; DH 3112–3117; NR 455–459. – Später wird auch Leo XIII. in seiner Enzyklika *Satis cognitum* betonen, dass die Bischöfe nicht als Stellvertreter des Papstes zu sehen seien, da sie eine ihnen eigene potestas haben (vgl. DH 3307).
[30] Besonders J. V. Eybel und P. Tamburini (vgl. Thils, Primauté pontificale 16–20).
[31] So im zweiten Schema: Mansi 52, 5D. – Im ursprünglichen Schema war von ‚episcopalis' noch nicht gesprochen worden (Mansi 51, 544); vgl. dann die Definition (DH 3060).
[32] Vgl. Thils, Primauté pontificale 17; ders., „Potestas ordinaria"; Dewan, „Potestas vere episcopalis"; Dejaifve, Pape et Évêques 55–92: „Le droits de l'épiscopat"; Betti, La costituzione dommatica „Pastor aeternus" 269–306 (Debatte über Kap. III von *Pastor aeternus*), 601–626 (Analyse des beschlossenen Kap. III), 532–539 (Synopse der Textentwicklung von Kap. III über die Bischöfe).

Papst eine echte bischöfliche Hirtengewalt zu[33], und eine Gruppe von Bischöfen fragt, wie zwei bischöfliche Jurisdiktionen über dieselben Gläubigen anders als miteinander konkurrierend gedacht und praktiziert werden können.[34] *Ordinaria* meint, dass die potestas dem Papst kraft seines Amtes (adnexum officio) zukommt, also nicht nur in außerordentlichen Fällen und nicht aufgrund einer Delegation durch die Bischöfe.[35] *Immediata* schließlich steht dafür, dass die päpstliche Jurisdiktion ohne vermittelnde, z. B. bischöfliche Instanzen ausgeübt werden kann. Man wird nicht sagen können, dass neben dem ausdrücklichen Festhalten zweier *episcopales potestates iuris divini ordinariae et immediatae* und der Anerkennung ihrer Koexistenz auch bereits beider Beziehungen zueinander zufrieden stellend geklärt worden wären.[36] Bischof Pie erläutert als Sprecher der Glaubensdeputation anlässlich der Diskussion über das überarbeitete Schema den Konzilsvätern gegenüber das Zusammenwirken beider unter Rückgriff auf Thomas von Aquin[37] als eines der Über- und Unterordnung; und *Pastor aeternus* erklärt, dass der Jurisdiktionsvollmacht des Römischen Bischofs die Hirten und Gläubigen zu hierarchischer Unterordnung und wahrem Gehorsam verpflichtet sind (DH 3060).

Die ganzen Diskussionen kreisen allein um die *potestas iurisdictionis*. Die Frage nach dem Primat stellt sich im Blick auf die *potestas ordinis* nicht. Damit steht aber das bereits in Trient umstrittene und nicht geklärte Problem des Ursprungs der bischöflichen Jurisdiktion wieder im Raum, ob in der Relation der Unterordnung auch eine Ursprungsbeziehung impliziert ist. Das I. Vatikanum lehnte eine Entscheidung darüber ab, wenngleich die vorherrschende Meinung den Papst als unmittelbare Quelle jeder bischöflichen Jurisdiktion sah.[38] – Den Vätern von Trient hatte sich dieses Problem zunächst in der Frage der Begründung der (unumstrittenen) Residenzpflicht der Bischöfe gestellt, an der Alternative einer rein kanonistischen Vorschrift oder aber einer theologischen Implikation des von Gott gestifteten Bischofsamtes, einer des antipäpstlichen Konziliarismus verdächtigten Position.[39] Die Frage nach den Rechten der Bischöfe und ihrem Verhältnis zur päpstlichen Gewalt entzündete sich dann in der Ordo-Debatte 1562 als Frage nach der Reichweite des bischöflichen *ius divinum*.[40] Die Gruppe um den Jesuitengeneral Laínez vertrat um den Preis einer strikten Trennung von Weihe- und

---

[33] Bischof Pie (Poitiers) erläutert als Sprecher der Glaubensdeputation *episcopalis* ausdrücklich als *pastoralis* (Mansi 52, 32D).
[34] Vgl. Dewan, „Potestas vere episcopalis" 703–705.
[35] Vgl. Mansi 52, 699A-C; 1105A-B.
[36] Bischof Zinelli (Treviso), Sprecher der Glaubensdeputation, gibt indirekt zu, dass ein Missbrauch nicht ausgeschlossen ist, wenn er eine Mäßigung des Apostolischen Stuhls verspricht, der nicht ohne Not in den Bereich der Bischöfe eingreifen werde, schließlich sei der Primat nicht zur Zerstörung der kirchlichen Ordnung da, sondern zu ihrer Auferbauung (Mansi 52, 1105D).
[37] Vgl. Sent. IV d.17 q.3 a.3 q.5 ad 3.
[38] Vgl. z. B. die Ausführungen Bischof Gassers: Mansi 52, 1216C (zitiert bei Dejaifve, Primat und Kollegialität 685).
[39] Der Papst verbot am 08.05.1562 die Fortsetzung der Residenzdebatte, die eine Stellvertreterfunktion erhalten hatte.
[40] Vgl. Jedin, Geschichte des Konzils von Trient IV-1, 210–270; IV-2, 50–79; Ganzer, Gallikanische und römische Primatsauffassung.

Leitungsvollmacht nach ihren Quellen wie nach der Weise ihrer Übertragung die Position, nach der der Papst der exklusive Ursprung aller Rechtsgewalt in der Kirche sei.[41] Nicht einmal die als Kompromiss gedachte Formel, ‚die Bischöfe seien von Christus eingesetzt (*a Christo in ecclesia institutos*)'[42], war schließlich konsensfähig, so dass „ein Ordo-Dekret überhaupt nur verabschiedet werden konnte, *weil* die Gewaltenfrage und daher auch die Bestimmung des Verhältnisses von bischöflicher und päpstlicher Vollmacht *ausgeblendet* worden sind und auf die ekklesiologische Einordnung des sacramentum ordinis *verzichtet* wurde"[43]. – Im Vorfeld des II. Vatikanum macht sich Pius XII. in seiner Enzyklika *Mystici corporis* die Doktrin der päpstlichen Jurisdiktion als Quelle jeder bischöflichen zu eigen[44], und für Kardinal Ottaviani, den nachmaligen Präsidenten der Theologischen Kommission des Konzils, ist dies eine „sententia certa".[45] So enthielt auch der erste der Vorbereitenden Zentralkommission vorgelegte, der Theologischen Kommission entstammende und nach einem ursprünglichen Entwurf von Sebastian Tromp Heribert Schauf zur Überarbeitung übergebene Text *De Ecclesia* die Position: „Bischöfe erhalten ihre eigentliche Jurisdiktion nicht durch die heilige Weihe, sondern direkt oder indirekt durch einen Rechtsauftrag ... vom Nachfolger des Petrus selbst."[46]

Eine doppelte Befangenheit fällt auf: Einmal ist vornehmlich das Verhältnis von Papst und Einzelbischof im Bewusstsein, während das Bischofskollegium eher im Hintergrund bleibt[47]; das wird im II. Vatikanum anders sein.[48] Zum

---

[41] Sein Votum: CT 9, 52 f.
[42] Der Vorschlag von Kardinal Guise (Lothringen): CT 9, 208, 36–38. – Zur Ablehnung durch Kardinal Simonetta: CT 9, 228, 22–229, 2.
[43] Freitag, Schwierigkeiten und Erfahrungen 47; vgl. ders., Sacramentum ordinis. Robert Bellarmin wird sagen können: „Da der Papst nicht überall sein kann, teilt er den Bischöfen einen Teil seiner Gewalt mit, diese wieder einen Teil der ihren an die Pfarrer. Diese Gewalt beruht jedoch immer in dem, der das Haupt und der Führer der ganzen Kirche ist." (Rede vom 01.08.1604: Opera posthuma, hg. v. S. Tromp, 7 Bde., Rom 1942–1945; hier Bd. 2, 118 [zitiert nach Congar, in: HDG III-3d, 55, Anm. 16]).
[44] Vgl. DH 3804 (AAS 35 [1943] 211); auch Allocutio (17.02.1942): AAS 34 (1942) 141: „Omnes pastores accipiunt a Rom. Pont. missionem et iurisdictionem"; Allocutio *Si diligis*: AAS 46 (1954) 314; Enzyklika *Ad sinarum gentem*: AAS 47 (1955) 9. – In einem Votum für die (vorbereitende) Theologische Kommission des II. Vatikanums erinnerte S. Tromp, deren Sekretär, 1961 daran, dass Pius XII. in *Mystici corporis* den Bischöfen den Titel ‚vicarii Christi' nicht zugestehen, ihn vielmehr sich selbst vorbehalten wollte, und, die Ableitung der bischöflichen Jurisdiktion von der päpstlichen betreffend, dass „Pius Pp. XII proprio Marte voluit ut haec sententia introduceretur in Encyclicam Mystici Corporis"; vgl. Komonchak, Kampf für das Konzil 333, Anm. 457. Unmittelbar nach dem I. Vatikanum hatte auch Pius IX. diese Position vertreten: vgl. Enzyklika *Etsi multa* (21.11.1873): ASS 7 (1873) 475.
[45] Vgl. Ottaviani, Institutiones Iuris Canonici Ecclesiastici 368: „... sententia, hucusque considerata probabilior, immo communis, nunc autem ut omnino certa habenda ex verbis Summi Pontificis Pii XII, secundum quam potestas in Episcopis a Romano Pontifice immediata promanat".
[46] AD II/II 3, 1040.
[47] Für das I. Vatikanum vgl. Kasper, Primat und Episkopat 57–68.
[48] Hans Küng betont am Vorabend des Konzils gegenüber vorschnellen Folgerungen aus dem I. Vatikanum („Nachdem der Zentralisierungsprozeß einen gewissen Höhepunkt erreicht habe, und der Papst ex sese, non autem ex consensu Ecclesiae unfehlbar sei, seien faktisch auch jene früheren Versammlungen des Weltepiskopates, nämlich die ökumenischen Konzilien, überflüssig

andern bleibt die bischöfliche Perspektive auf den Papst und seinen Primat gerichtet, fast fixiert; die Laien kommen nicht in den Blick; das wird sich in der Genese von *Christus Dominus* – anders als in der Kirchenkonstitution *Lumen gentium* – bis zu den Schlussabstimmungen nicht grundlegend ändern. Zwei Impulse des Konzils werden den Fortgang der Thematik bestimmen: Das Konzept der beiden *potestates* (*ordinis et iurisdictionis*) wird ersetzt bzw. unterlaufen durch das der drei *munera* (*docendi, regendi et sanctificandi*), in denen die eine *sacra potestas* lebt, und alle drei *munera* werden sakramental im Ordo begründet.[49] Sind die ersten Textfassungen von *Christus Dominus* noch überschrieben: „De Episcopis ac de dioeceseon *regimine*", so lautet der Titel schließlich – wohlüberlegt: „De pastorali Episcoporum *munere* in Ecclesia".

2. Zur Theologie des Bischofsamtes im Vorfeld des Konzils

Die Konzilsankündigung bedeutete einen mächtigen Impuls für die Theologie, ihre Kreativität und auch Produktivität. Zahlreiche Publikationen zeugen davon.[50] So waren auch die Reflexionen des Konzils über das Bischofsamt, wenn nicht vorgezeichnet, so doch vorbereitet durch die Arbeit der Theologen. Deren Gedanken kreisten vornehmlich um das Verhältnis Episkopat – Primat und darin besonders um die Stellung des Bischofs; historische Forschungen rückten die Kollegialität der Bischöfe ins Blickfeld.

Die Ekklesiologie gleichsam unmittelbar am Vorabend bzw. in Erwartung der Morgenröte des Konzils spiegelt der von Ferdinand Holböck und Thomas Sartory 1962 herausgegebene, mit einem einleitenden Wort von Kardinal König auf den Weg geschickte Sammelband *Mysterium Kirche*[51]. Holböck zeichnet in seinem dogmatischen Beitrag darin[52] den Bischof im Rahmen der ‚Kirche als hierarchisch geordneter Gemeinschaft' (251–285). Während er das Papsttum nach den Entscheidungen des I. Vatikanums dogmatisch für hinreichend geklärt sieht, erkennt er gerade darin „die Gefahr einer gewissen einseitigen Betonung der päpstlichen Primatialgewalt gegenüber der Bischofsgewalt" (262). Er unterstreicht als „apostolische Vollmachten" (265) der Bischöfe die der Lehre, der Verwaltung der sakramentalen Gnadengaben und der Leitung. Die Sakramentalität

---

geworden, und es würde konsequenterweise kaum mehr welche geben"): „Das ökumenische Konzil findet statt – auch nach dem ersten Vatikanischen Konzil und seiner Definition des Primats und der Unfehlbarkeit des Papstes. Schon durch sein Stattfinden offenbart dieses kommende Konzil wieder die alte Wesensstruktur der katholischen Kirche; sie ist episkopal und kollegial." (Küng, Konzil und Episkopat 294.295).

[49] Vgl. Bausenhart, Amt 258–262.
[50] Darum kann auch dieser knappe Abschnitt nur exemplarisch, nicht erschöpfend sein.
[51] Holböck – Sartory (Hg.), Mysterium Kirche.
[52] Holböck, Das Mysterium der Kirche. Holböck will ausdrücklich „auf die hierarchischen Ämter und ihr Verhältnis zueinander und auf die Stellung der Laien in der Kirche [eingehen], um wenigstens die Probleme aufzuzeigen, die hier seit dem 1. Vatikanischen Konzil aufgeworfen und gelöst worden sind oder deren Lösung durch theologische Forschung in Angriff genommen wurde und dem 2. Vatikanischen Konzil zur Beratung vorliegen dürften" (257). Die folgenden Seitenzahlen im Text beziehen sich auf diesen Beitrag.

der Bischofsweihe steht für ihn außer Frage, ebenso die Entscheidung der Frage nach dem Ursprung bischöflicher Hirtengewalt zugunsten der „Papaltheorie" (267). Eine deutlichere Herausstellung der ordentlichen und eigenberechtigten bischöflichen Gewalt hält er für geboten (270), wenn er auch der Meinung, „daß seit dem 1. Vatikanischen Konzil durch die einseitige Herausstellung der päpstlichen Rechte unter Umgehung der bischöflichen einem übertriebenen Zentralismus in der Kirche gehuldigt wurde und würde", mangelndes „Vertrauen auf den Hl. Geist" (273) attestiert, nicht ohne abschließend doch noch an „das Subsidiaritätsprinzip in der Kirche" (273) zu erinnern. *Alfons M. Stickler* thematisiert unter den ‚aktuellen Sonderproblemen des Mysteriums der Kirche im Kirchenrecht'[53] „Zentralismus und Dezentralisation in der Kirchenregierung" (635–640) und macht dabei beide Prinzipien stark: „In diesem Dualismus des grundlegenden göttlichen Verfassungsrechts der Kirche ist die Koexistenz von Zentralismus und Dezentralismus in der Kirchenregierung wesenhaft gegeben." (636) Geschichtlich sei die „Verschiebung des Schwerpunktes von einem zum anderen Träger der Kirchengewalt" (636), und aktuell empfiehlt er, dass „die Zentrale alles das partikulären Regierungsstellen überläßt, was diese erledigen können, um ganz frei zu werden für die ständig wachsende Fülle und Schwere der großen allgemeinen Leitung" (640).

Der Artikel „Bischof" im zweiten Band des *Lexikon für Theologie und Kirche*, erschienen 1958[54], erinnert an zwei „bis in die jüngste Zeit" (493) umstrittene Fragen: die nach der Sakramentalität der Bischofsweihe sowie die nach der Herkunft der bischöflichen Gewalt im konkreten Träger (Papaltheorie vs. Episkopaltheorie). Zugleich mahnt Michael Schmaus drei dringende Aufgaben der Theologie an: „die Klärung des Begriffs der Apostolischen Sukzession, des Verhältnisses von Primat und Episkopat sowie von Episkopat und Presbyterat" (496). Klaus Mörsdorf problematisiert die Scheidung der „potestates ordinis" und „iurisdictionis", da die Bischofskonsekration auf das dem Bischof in der „hierarchia iurisdictionis" zukommende Bischofsamt zielt (498).

Auf das bevorstehende Konzil zielte auch die von Karl Rahner und Joseph Ratzinger 1961 herausgegebene und Kardinal Döpfner gewidmete Quaestio disputata „Episkopat und Primat"[55]. Ratzinger stellt im Rückblick fest: „Das Vatikanum ist eine Verurteilung des Papalismus ebenso wie des Episkopalismus" (43)[56]: „Episkopat und Primat sind nach katholischem Glauben göttliche Vorgegebenheiten der Kirche" (43). Rahner nimmt angesichts der nicht geklärten Frage, „wie sich die hierarchisch-episkopale Struktur der Kirche zur monarchisch-papalen verhalte" (14), eine „Theologie der Verfassung" (15) der Kirche in Angriff und macht dabei den Episkopat stark: „Denn der Wille des Papstes (insofern er die oberste Gewalt in der Kirche hat) findet eine Grenze an einer Wirklichkeit, die zu

---

[53] Stickler, Das Mysterium der Kirche im Kirchenrecht 625–645.
[54] Gewiess – Schmaus – Mörsdorf – Brunner, Art. Bischof, in: LThK² 2, 491–506.
[55] Rahner – Ratzinger, Episkopat und Primat; darin die Beiträge von Rahner, Episkopat und Primat 13–36, und: Über das ius divinum des Episkopats 60–125, sowie Ratzinger, Primat, Episkopat und successio apostolica 37–59.
[56] Nicht ohne sieben Zeilen später zu präzisieren: „Papalismus i. e. S.".

der Verfassung der Kirche nach Gottes Willen selbst gehört, am Episkopat." (18) „Im konkreten Empfinden des Alltags" konstatiert er den Eindruck, „die Kirche sei eine absolute Monarchie, die der Papst als absoluter Monarch durch seine Beamten, die Bischöfe, regiere" (20). Als Schlüssel dient Rahner, das Verhältnis Primat – Episkopat als Fall der Relation Gesamtkirche – Ortskirche zu betrachten, die ‚Gewalten' also umfassend ekklesiologisch zu integrieren (21–30). Die Ortskirche sei nicht „Verwaltungsbezirk" der Gesamtkirche, sondern wahrhaft Kirche, weil sich in ihr das Wesen der Kirche „in der intensivsten und aktuellsten Weise" ereigne: „Die Feier der Eucharistie ist also das intensivste Ereignis von Kirche." (26) Rahner folgert nun: „In dem Sinn und dem Maß, in welchem die ganze Kirche in einer Ortskirche ganz da ist, in demselben Maß ist auch die Jurisdiktions- und Weihegewalt der Kirche im Ortsbischof ganz da." (29) Dann kann aber die „Essenz iuris divini" des Bischofsamtes „sinnvollerweise nicht nur in jenen Vollmachten allein gesucht werden, die man die episkopale potestas *ordinis* nennt" (65), und die Frage entsteht, „welches nun denn der Inhalt dieser episkopalen Jurisdiktionsgewalt des Episkopats iuris divini sei, die der Papst grundsätzlich nicht für sich behalten kann" (66). Eine Antwort ergibt sich für Rahner „von dem ius divinum des Gesamtepiskopats her" (68) als der „Nachfolgerschaft des Apostelkollegiums" (70), so dass er die Lösung des Dilemmas im Verhältnis zwischen Primat und Episkopat darin sucht, „daß das Kollegium als solches die vorgeordnete Größe ist und sich nicht aus einzelnen Vollmachtsträgern, die ihre (einzelnen) Vollmachten schon im voraus haben, nachträglich zusammensetzt, und daß die Primatsstellung des Primates die Stellung des Primates *in* diesem Kollegium ist und nicht eigentlich ihm gegenüber" (72). Hier erhält also das Kollegium der Bischöfe einen entscheidenden Stellenwert.

Thema deutscher Theologie nach dem 2. Weltkrieg war das Bischofsamt selten.[57] „Studien über das Bischofsamt" hatte die Kardinal Faulhaber 1949 gewidmete Festschrift „Episcopus" versammelt.[58] Darin überwiegen exegetische und historische Forschungen[59]; aktuelle Themen aus einem zeitgenössischen Diskurs sind kaum erkennbar. Klaus Mörsdorf untersucht die Regierungsaufgaben des Bischofs[60] nach seinen Funktionen als „Gesetzgeber, Richter und Verwalter seines Bistums" (262). Joseph Pascher[61] beobachtet eine nach *Mystici corporis* und *Mediator Dei* sich anbahnende „sakramentale Schau der Hierarchie …, so daß sogar ihre rechtliche Seite mit Kategorien des sakramentalen Bereiches erfaßt werden kann" (278). Die Stellung des Priesters und Bischofs nicht nur in der Liturgie, sondern im Aufbau der Kirche insgesamt wird beschrieben als „sustinere personam Christi". Hier erscheint am Horizont eine stärkere Integration der beiden

---

[57] Man müsste hinweisen auf eine Schwalbe, die noch keinen Sommer macht: Auer, Das Amt des Bischofs – nach HerKorr 12 (1957/58) 193.
[58] Episcopus. Studien über das Bischofsamt.
[59] Rudolf Schnackenburgs exegetische Studien zur Kirche sind bemerkenswert, seine Anstöße nicht zu unterschätzen (z. B. Gottes Herrschaft und Reich; Die Kirche im Neuen Testament [QD 14]).
[60] Mörsdorf, Die Regierungsaufgaben des Bischofs.
[61] Pascher, Die Hierarchie in sakramentaler Symbolik.

so strikt getrennten potestates (ordinis et iurisdictionis) unter sakramentalen Vorzeichen.[62]

Die Schul- und Handbücher verraten kaum Problembewusstsein. Franz Diekamp kennt in seiner dreibändigen „Katholischen Dogmatik nach den Grundsätzen des heiligen Thomas" (1922) noch keine Ekklesiologie; sie bleibt der Apologetik zugewiesen. Vom Bischof ist auf vier Seiten im Rahmen des Ordosakraments die Rede als zur von Gott eingesetzten Hierarchie gehörig und iure divino, nicht jedoch sakramental über den Priester erhaben. – Michael Schmaus[63] handelt in seiner „Katholischen Dogmatik" vom Bischofsamt fast ausschließlich im Rahmen des „gottmenschlichen Gepräges der Kirche"[64], und zwar innerhalb des Abschnitts „Die Rechtsgestalt der Kirche" (456–542), zu dem auch längere Ausführungen zum päpstlichen Primat gehören. Danach ist die bischöfliche Gewalt zwar „nicht eine Ausgliederung aus dem Primat"; doch: „Weil der Papst es ist, der das Bischofsamt verleiht, empfängt der Bischof den von Christus festgelegten Komplex von Gewalten unmittelbar vom Papst." (495)[65] Dies entspreche „am ehesten der ‚monarchischen' Verfassung der Kirche" (495).[66] Überraschend breit widmet Schmaus sich den frühchristlichen Ursprüngen der „Elemente der kirchlichen Rechtsgestalt außerhalb des Primats" (512), nämlich neben denen des Bischofsamtes auch denen des Presbyterats und Diakonats (514–541). Dem wird als kirchliche Lehre vorangestellt, „daß die Bischöfe die legitimen Nachfolger der Apostel sind" und „Inhaber einer der priesterlichen überlegenen Sendungsgewalt", Weihe- und Hirtengewalt (512). Ein zweites Mal ist vom Bischofsamt die Rede im Zusammenhang der notae Ecclesiae: Der Bischof gehört zu den „hierarchisch-amtlichen Faktoren" der Einheit der Kirche (578–582).[67] Zuerst ist wohl der Papst Garant der sichtbaren Einheit der Kirche, doch ist diese „auch verankert in den untergeordneten Einheitszentren, aus denen sich die Gesamtkirche aufbaut, in den Bischöfen" (578 f.). – Louis Billot[68] behandelt die Bischöfe als Nachfolger der Apostel zwischen dem Papst als Nachfolger Petri und den Konzilien und bemerkt ausdrücklich, dass das meiste über die Bischöfe bereits in den Ausführungen über den Papst dargestellt worden sei, dem auch die Jurisdiktion der Bischöfe entspringe. Die vier Paragraphen handeln von der bischöflichen „potestas" allein als einer „potestas ad regendum" (711). Ausschließlich die

---

[62] Scheuermann (Der Bischof als Ordensoberer) stellt die Rechte zusammen, die der CIC/1917 dem Ortsbischof in seinen rechtlichen Beziehungen „zu den klösterlichen Verbänden seines Sprengels, mannigfalt geartet je nach der Art dieser Verbände" (337), zuschreibt.
[63] Vgl. Schmaus, Katholische Dogmatik.
[64] Und nicht etwa im Abschnitt „Die Sendung der Kirche" (639–839).
[65] Dem Papst steht es also z. B. nicht frei, „welche Gewalt er demjenigen geben will, dem er das Bischofsamt über ein bestimmtes Bistum verleiht" (495).
[66] Schmaus wendet sich so gegen die sog. Episkopaltheorie, nach der „der einzelne Bischof seine Hirtengewalt unmittelbar von Christus empfangen", der Papst also „bloß die Person bestimmen und ihr das Bistum zuweisen" würde, weil ja auch „Christus die Apostel unmittelbar, nicht durch Petrus, berufen hat" (495 f.).
[67] Daneben und damit verbunden schreibt Schmaus von den „pneumatisch-personalen Faktoren" (569–578; vgl. 582 f.).
[68] Vgl. Billot, Tractatus de Ecclesia Christi. – 710–717: „De successoribus apostolorum episcopis"; „de successore Petri Romano Pontifice" umfasst dagegen 123 Seiten (587–709).

Bischöfe gehörten zur Hierarchie „iuris divini", ihre Jurisdiktion erstrecke sich auf Forum externum wie internum, und kein Bischof, mit Ausnahme des römischen, habe „potestas" gegenüber einem anderen, so dass alle Zwischeninstanzen, etwa ein Patriarch, ein Primas oder ein Erzbischof, zwischen dem Papst und dem einzelnen Bischof unter dem Gesichtspunkt der „potestas" irrelevant erscheinen. – Sebastian Tromp[69], Sekretär der Theologischen Kommission des Konzils, konstruiert seine Ekklesiologie ganz nach der Corpus-Christi-Theologie und bestimmt seine Sicht des Papsttums – die Bischöfe werden selten erwähnt[70] – ausschließlich nach der „Caput"-Metapher und in linearer, hierarchischer Ableitung von Christus, dem „caput mystici corporis", der auf sichtbare und unsichtbare Weise die Kirche regiert.[71] Danach gibt Christus dem Papst als seinem allgemeinen Stellvertreter (Vicarius suus Generalis) Anteil an seiner messianischen Regierung (419).[72] Die päpstliche potestas wird qualifiziert als suprema, vicaria (wobei alle Jurisdiktion immediate von Christus auf ihn herabkommt), ordinaria, episcopalis sowie schließlich – in dieser Ausdrücklichkeit überraschend – ministerialis seu diaconalis (420–426)[73]. Wie Christus kann auch der Papst „caput ecclesiae" heißen (429), sogar „caput Mystici Corporis Christi" (433), da dieses „corpus" ja mit der römisch-katholischen Kirche identisch ist (434), zwar nach Art einer Subordination (430), doch in wahrer, vom Heiligen Geist gewirkten „physischen Einheit zwischen Christus und seinem Stellvertreter auf Erden" (432); darin gründet das unfehlbare (infallibiliter) Lehren wie das tadellose (indefectibiliter) Regieren. Der Episkopat hat teil am „gubernium universalis Ecclesiae" (389–394), indem jedem Bischof (nur) ein Teil der ganzen Herde übertragen wird – darin zum einen liege der Unterschied gegenüber dem Papst (zum andern und zuerst, dass ein Bischof seine Christus vertretende potestas nicht unmittelbar, sondern durch die Ermächtigung [ope] durch den Summus Pontifex erhalte) (424), damit er dort, und nur dort (422), den Glauben der universalen Kirche verkünde, den Gesetzen der universalen Kirche Geltung verschaffe und den Ritus der universalen Kirche feiere sowie deren Sakramente spende und eben dadurch die Einheit der universalen Kirche mehre und der Welt gegenüber sichtbar mache (390).

Entscheidende Impulse verdankt das Konzil französischer Theologie nach dem Zweiten Weltkrieg. In ihrem Einfluss kaum zu überschätzen sind dabei die umfangreichen, meist übersetzten Sammelwerke, die gezielt auf das angekündigte Konzil hin konzipiert waren und zum Teil längere Monographien in Kurzfassungen aufbereiteten: „Le Concile et les Conciles" (1960)[74] kreist um Fragen der

---

[69] Vgl. Tromp, Corpus Christi.
[70] Vgl. bei Tromp, Corpus Christi den Index 561.
[71] Sectio altera, pars septima: „Ratio gubernationis: Christus caput utroque modo visibili et invisibilii regit ecclesiam" (402–437).
[72] Tromp erklärt sogar, dass Christus in seinem „Generalvikar" „hic in terra gaudebat redivivus" (419). Bei dem „regimen messianicum" handelt es sich um die munera magisteriale, regale und sacerdotale (vgl. 419 f.).
[73] Tromp, Corpus Christi 426: „Non enim praeest Papa ut praesit, sed ut quibus praeest prosit."
[74] Le Concile et les Conciles, Paris 1960; dt.: Das Konzil und die Konzile. Ein Beitrag zur Geschichte des Konzilslebens der Kirche, Stuttgart 1962

Kollegialität, des Primats und des Konziliarismus und präsentiert Studien zu einzelnen Konzilien von Nikaia bis zum I. Vatikanum. „L'Épiscopat et l'Église universelle" (1962)[75] versammelt Beiträge von 23 Autoren, die das Bischofsamt beschreiben in seinen Relationen zu Christus („Die Hierarchie als Amt und Dienst"), zu den Aposteln, zum Gottesvolk innerhalb der Weltkirche wie der Einzelkirche, auch in Formen bischöflicher Kollegialität, schließlich zum Papst mit Reflexionen auf die Einheit und Vielheit der Kirche und historischen Forschungen zum I. Vatikanum. „L'Évêque dans l'Église du Christ" (1963)[76] geht auf ein Symposium 1960 in Eveux-L'Arbresle zurück und wirft in 13 Beiträgen einen umfassenden (biblischen, historischen, systematischen wie kanonistischen, sogar spirituellen) Blick auf das Bischofsamt und das Bischofskollegium.

Die Bedeutung solcher Studien hinsichtlich des Bischofsamtes liegt vor allem darin, dass in ihrem Licht die lange Zeit bestimmende doppelte Verengung aufgebrochen werden konnte: die einer vorherrschenden kanonistischen Perspektive und die einer Fixierung auf den Papst mit seinem Primat wie auch auf die Priester, denen gegenüber die Sakramentalität der Bischofsweihe von besonderer Bedeutung war;[77] dass sie also dem Bischof seinen Ort im Leben der Kirche zurückgaben und, besonders in ihren historischen Forschungen, einen größeren Horizont zu erschließen bzw. ihn zu erinnern halfen, in dem aus der Tradition legitimierte Alternativen sich in den Vordergrund zu schieben vermochten. Die in ihnen aufgeworfenen und fundiert benannten Themen boten hilfreiche Ansätze für die bevorstehende Konzilsarbeit.

3. *Die Intentionen und Erwartungen*

Zur Ausgangslage des II. Vatikanum im Blick auf das Bischofsamt gehören neben dem Erbe des vorangegangenen Konzils, das in manchem eine Hypothek war, und dem zeitgenössischen theologischen Diskurs schließlich die Wünsche, Inten-

---

[75] Congar – Dupuy (Hg.), L'épiscopat et l'église universelle, Paris 1962; dt.: ders. (Hg.), Das Bischofsamt und die Weltkirche, Stuttgart 1964
[76] Bouëssé – Mandouze (Hg.), L'Évêque dans l'Église du Christ. Travaux du Symposium de l'Arbresle 1960, Bruges 1963.
[77] Die in Frankreich nach dem Zweiten Weltkrieg dominierende Tendenz zur theologischen Stärkung des Episkopats sah sich an zwei ‚Fronten': gegenüber dem Primat und gegenüber den Priestern (mit der Neigung, „päpstlicher zu werden als der Papst"): vgl. Guerry, L'Évêque; Martimort, De l'Évêque; Charue, Die Lehre seiner Heiligkeit Pius' XII. und seiner Heiligkeit Johannes' XXIII. über das Bischofsamt; vgl. dazu: Was ist ein Bischof? Beiträge zur Kontroverse über den Episkopat: HerKorr 12 (1957/58) 188–194. – Doch wurden auch andere Töne laut: Kardinal Suhard (Paris) sprach 1948 über den Bischof (Über das Amt des Bischofs): Gewiss sei er „Gesandter Christi", „Nachfolger der Apostel", „Priester, Führer und Lehrer"; doch sei er „vor allem der Vater seines Volkes" (313). In seinem sozialen Engagement wie seinem Einsatz für Gerechtigkeit zeuge er „nicht nur Seelen für das Leben im Jenseits; schon auf Erden und mitten in den zeitlichen Umständen ist er ein Vater in dieser Welt, ein Vater für sein Volk, und wird es bis zum Ende der Zeiten sein." (314; zu Suhard vgl. Bouëssé, L'Évêque). Colson, durch patristische Studien ausgewiesen (L'Épiscopat catholique), beschreibt das Bischofsamt als Dienst in der umfassenden Sendung der Kirche und an ihr (Qu'est-ce qu'un diocèse?).

tionen und Erwartungen, die in den Voten der Bischöfe, Ordensoberen und Hochschulen ihren Niederschlag fanden und die man in gewissem Sinn auch als Voreinstellungen bzw. Vorurteile der Konzilsteilnehmer lesen darf.[78] Nach dem vom Sekretariat der Zentralen Vorbereitungskommission geordneten *Analyticus conspectus*, einer „Verdichtung der in den Vota verstreuten Vorschläge nach einem vorgefertigten Schema scholastisch-kanonischer Art"[79], waren unter dem Aspekt der Doktrin fünf einschlägige Themenkomplexe angemahnt: „de Episcoporum Potestate" (51–54), „de origine Potestatis Episcoporum" (54–56), „de Episcopo ut Dioecesis Pastore" (56), „de relatione Potestatis Episcoporum ad Potestatem Summi Pontificis" (56–58) sowie „de Episcopo relate ad Presbyterum" (58).

Vielfach, u. a. auch von der Fuldaer Bischofskonferenz, wurde gefordert, die auf dem I. Vatikanum definierten Aussagen über den Papst sollten ergänzt werden durch eine genauere Bestimmung der Natur, Reichweite und Grenzen der potestas residierender Bischöfe[80]. Auch solle über das Kollegium der Bischöfe als iure divino zur Struktur der Kirche gehörig und seine Aufgabe in der Universalkirche gehandelt werden.[81] Gedrängt wurde auf eine Klärung der alten Frage, ob den Bischöfen ihre Jurisdiktion „immediata a Deo" oder „immediata a Summo Pontifice" zukommt (54–56). Weiter wünschte man, die Natur des Episkopats in helleres Licht zu rücken, nämlich: iure divino wahre Hirten, Lehrer und oberste Priester ihrer Ortskirchen zu sein.[82] Das Thema der Relation zwischen päpstlicher und bischöflicher potestas fragt besonders nach dem Verhältnis von „dependentia" und „autonomia" (57). In der Beziehung zu den Priestern ging es nur darum, den Unterschied, gemeint: die Superiorität, und zwar iure divino, der Bischöfe festzustellen (58).

In den Voten zur Disziplin spielen ganz praktische Fragen eine große Rolle[83] bis hin zu konkreten Vorschlägen zur Novellierung des CIC. Es geht vor allem um die Beziehungen zwischen dem Heiligen Stuhl und den Bischöfen mit dem einmütigen Tenor, die Rechte der Bischöfe zu stärken[84], darum, ihnen eine größere potestas zuzugestehen[85], sowie die bischöfliche Gewalt gegenüber den Religiosen.[86]

---

[78] AD I/II App. 1. – Die folgenden Seitenzahlen beziehen sich hierauf.
[79] Fouilloux, Die vor-vorbereitende Phase 162.
[80] „Capitulum ‚de Romano Pontifice', in Conc. Vaticano I definitum, compleatur altero capite ‚de Episcopis' et accuratius definiantur Episcoporum residentialium potestatis natura, extensio et limites." (52)
[81] „Agatur de episcopali collegio ac de eius munere in Ecclesia universa sive Episcopi dispersi sint in orbe terrarum sive sint congregati in Concilio." (52) „Definiatur collegium Episcoporum residentialium iure divino pertinere ad essentialem structuram Ecclesiae sub primatu S. Pontificis atque charismate infallibilitatis gaudere." (53).
[82] „Natura Episcopatus plenius elucidetur: Episcopos esse iuris divini ecclesiarum particularium veros pastores, doctores, summos sacerdotes." (56).
[83] Zum Beispiel: „Habitus episcopalis simplificetur" (420).
[84] „Amplius definiatur ius Episcoporum residentialium"; „Episcoporum facultates non sunt paulatim minuendae, sed firmandae et augendae"; „Novae facultates Episcopis concedantur"; „Ne sint Episcopi tantum exsecutores decretorum Curiae Romanae" (alle 425).
[85] Der Tenor: „Decentralizatio desideratur quam maxime." (430).
[86] Es handelt sich im Kapitel „Disciplina Cleri" (253–586) um die Abschnitte „De Episcopis" (407–422), „De Rationibus Inter S. Sedem et Episcopos Determinandis" (422–428), „De Maiore

III. Genese und Gestalt des Dekrets

Das zum Ende des Konzils verabschiedete Dekret *Christus Dominus* wird dann eine verwickelte Textgeschichte erlebt haben.[87] Die Zentrale Vorbereitungskommission weist nach der Sichtung und Wertung der eingegangenen *vota et consilia*[88] am 02. Juli 1960 den einzelnen Kommissionen die Themen zu, zu denen erste Schemata ausgearbeitet werden sollten.[89] Die der (vorbereitenden) Bischofskommission (Commissio de episcopis et de dioeceseon regimine) zugedachten Themen (quaestiones) betrafen die Teilung von Diözesen, die Beziehungen der Bischöfe, genauer: ihrer potestas zur römischen Kurie, zu den Pfarrern sowie den exemten Ordensleuten, die dringlichsten pastoralen Probleme in der heutigen Situation (mit der Frage nach der Gründung von Personalpfarreien in großen Städten), schließlich die Betreuung der Emigranten.[90]

Von der Bischofskommission wurden im Frühjahr 1962 der Zentralen Vorbereitungskommission sieben Schemata zugeleitet: über die Teilung der Diözesen (AD II/II 2, 496–518), die Bischofskonferenzen (AD II/II 2, 518–541), die Beziehungen der Bischöfe zu den Kongregationen der römischen Kurie (AD II/II 2, 541–576), die zu den Priestern und Pfarrern (AD II/IV 2, 577–597), über die Koadjutor- und Weihbischöfe sowie die Resignation von Bischöfen (AD II/II 3, 643–675), über Hauptprobleme der Seelsorge (AD II/II 3, 676–790) und endlich über Beziehungen der Bischöfe zu den Ordensleuten (AD II/II 4, 220–283).[91] Joseph A. Komonchak kennzeichnet diese Praeparatoria als „primär praktischer Natur. Größtenteils vermied diese Kommission dogmatische Fragen in der Annahme, daß diese entweder als sicher angenommen werden oder der CT [= Theologischen Kommission; G. B.] zur Bearbeitung vorbehalten bleiben konnten. Der Zugang war hauptsächlich juristisch, zielte auf eine Reform des Codex, dessen Ekklesiologie und Vorstellungen über die Aufteilung der Autorität in der Kirche die EP [= Bischofskommission; G. B.] anzunehmen geneigt war. Während das Bischofsamt als göttliches Recht in der Kirche angesehen wurde, betrachtete man seine Jurisdiktionsgewalt als eine aus päpstlicher Übertragung abgeleitete und durch päpstliche Entscheidung eingrenzbare. Eine gewisse kollektive Verantwortung ist in den Texten über Bischofskonferenzen und in der Vorstellung vom Bischof als *sponsor Ecclesiae universalis* erkennbar, doch ist diese nicht sehr gut

---

Potestate Episcopis Concedenda" (428–463), „De potestate Episcoporum quoad religiosos" (463–498) sowie „De dioeceseon partitione" (498–503), „De regimine dioeceseon" (504–508), „De regimine dioeceseos ,Sede vacante'" (509 f.), „De praelatis" (510–513), „De Synodo dioecesana" (513 f.), „De Curia dioecesana" (514–519).
[87] Vgl. Mörsdorf, in: LThK.E 2, 128–146; Onclin, La genèse du décret, in: La charge pastorale 73–79; Veuillot, Introduction au Décret.
[88] Vgl. Fouilloux, Die vor-vorbereitende Phase 158–168.
[89] *Quaestiones commissionibus praeparatoriis Concilii Oecumenici Vaticani II positae*, Città del Vaticano 1960. – Vgl. Fouilloux, Die vor-vorbereitende Phase 172–175.
[90] Vgl. AD II/II 1, 409.
[91] Vgl. Komonchak, Kampf für das Konzil 203–207.

entfaltet; und die hauptsächlich juristische Ausrichtung verhinderte die Ausarbeitung einer Theologie der Ortskirche."[92]

Nach der Debatte der Zentralen Vorbereitungskommission über die sieben Schemata wurden diese in zwei Texten neu geordnet (angereichert um Material aus Texten der Kommission für die Disziplin des Klerus und des christlichen Volkes [Commissio de disciplina cleri et populi]): *De episcopis ac dioeceson regimine*[93] und *De cura animarum*[94], die den Konzilsvätern am 22.04.1963 zugestellt wurden[95]. Der erste Text behandelte in fünf Kapiteln die Beziehungen zwischen den Bischöfen und den römischen Kongregationen (Nr. 2–5), die Koadjutor- und Auxiliarbischöfe (Nr. 6–16), die nationalen Bischofskonferenzen (Nr. 17–25), die angemessene Umschreibung der Diözesen und Kirchenprovinzen (Nr. 26–32) sowie die Errichtung und Umschreibung der Pfarreien (Nr. 32–37). Im Anhang waren Vollmachten aufgelistet, die den Bischöfen zukommen sollten, und Wünsche hinsichtlich der Praxis der Römischen Kurie. Aus Zeitdruck konnte allein dieser Text während der 2. Sessio vom 05.–15.11.1963 diskutiert werden.[96] Themen aus *De cura animarum* sollten – so die Koordinierungskommission nach Abschluss der zweiten Sitzungsperiode – in den Text *De episcopis …* eingearbeitet werden. Dem Wunsch der Bischofskommission wie auch vieler Konzilsväter nach Erweiterung bzw. Wiederherstellung bischöflicher Rechte und Vollmachten entsprach Papst Paul VI. noch während der zweiten Sessio mit dem Motu Proprio *Pastorale munus*[97].

Die nun einsetzende Bearbeitung in einer Unterkommission mit dem Mandat der Bischofskommission stand unter der Leitung von Erzbischof Pierre Veuillot, Koadjutor-Bischof von Paris, und Willy Hubert Josef Onclin, Kirchenrechtler in Leuven, und bescherte 1964 dem Bischofsschema nach einer Umarbeitung des Stoffes einen völlig neuen Aufbau und einen neuen Titel: *De pastorali Episcoporum munere in Ecclesia*.[98] Dieser nun endgültige Titel war Programm[99]: vom *mu-*

---

[92] Komonchak, Kampf für das Konzil 207.
[93] AS II/4, 364–435. – Gliederung bei Mörsdorf, in: LThK.E 2, 129.
[94] AS II/4, 751–826. – Gliederung bei Mörsdorf, in: LThK.E 2, 140.
[95] Nach einem Weg über die Zentralkommission (06.12.1962) zurück an die Bischofskommission (12.12.1962), dann die Koordinierungskommission, in der Kardinal Döpfner eine bedeutsame Rolle spielte (26.01.1963), eine kleine Unterkommission der Bischofskommission (unter der Leitung von Bischof Carli [Segni]) und schließlich erneut die Koordinierungskommission (20.03.1963). – Vgl. Grootaers, Zwischen den Sitzungsperioden 534–545.
[96] Vgl. AS II/4, 435–521.553–654.707–748; AS II/5, 10–94. – Zu dieser Sessio vgl. Famerée, Bischöfe und Bistümer 139–189; Mörsdorf, in: LThK.E 2, 130–138; HerKorr 18 (1963/64) 185–193. Die inhaltlichen Beiträge der Diskussion sollen im folgenden Kommentar beim jeweiligen Thema berücksichtigt werden.
[97] Vgl. die Darstellung in HerKorr (18 [1963/64] 419–421) und die Analyse und Würdigung von Mörsdorf, in: LThK.E 2, 138–140.
[98] Der Text: AS III/2, 22–44. – Noch im Januar 1963 hatte Kardinal Marella gegenüber der Koordinierungskommission daran erinnert, „daß das Vorbereitungsschema *De episcopis* bereits die kritische Revision durch die Zentrale Vorbereitungskommission durchlaufen hat, und bringt im Anschluß daran seine Überzeugung zum Ausdruck, daß eine ‚zweite Vorbereitung' nicht nur überflüssig, sondern sogar gefährlich sei. Für die Bischofskommission ist es undenkbar, ein so gut vorbereitetes Schema wieder in Frage zu stellen." (Grootaers, Zwischen den Sitzungsperioden 590).
[99] Vgl. AS III/2, 47. – Dazu Onclin, La genèse du décret, in: La charge pastorale 79–81.

nus der Bischöfe ist nun die Rede, nicht mehr vom *regimen* oder der *potestas*, dem pastoralen Anliegen des Konzils ist im Titel Rechnung getragen, und das Bischofsamt erhält seinen originären Ort: *in Ecclesia*. Nicht nur der Titel, auch der Aufbau und die wesentlichen Inhalte werden bis zur promulgierten Fassung erhalten bleiben. Nach einer Präambel, die von der den Bischöfen von Christus anvertrauten Sendung handelt (Nr. 1–3), beschreiben drei Kapitel je die Beziehung der Bischöfe zur Gesamtkirche (Nr. 4–10), zu den Ortskirchen oder Diözesen (Nr. 11–33) und schließlich die Kooperation untereinander zum gemeinsamen Wohl mehrerer Kirchen (Nr. 34–41).

Erzbischof Veuillot leitete die parallel zu den Abstimmungen über die Kirchenkonstitution, besonders deren 3. Kapitel durchgeführte Debatte des neuen Schemas während der dritten Sessio am 18., 21. und 22.09.1964 ein, erläuterte als Berichterstatter den Text und wies auf drei Intentionen hin: die um Zusammenfassung, die Grundlegung in der theologischen Lehre vom Episkopat und das Behandeln der Hirtenaufgaben des Bischofs.[100] Vor und während der Sitzungsperiode wurden rund 400 Änderungsvorschläge gemacht[101], nach deren Prüfung durch die Bischofskommission die Konzilsväter bereits am 30.10.1964 den verbesserten Text (*textus emendatus*)[102] erhielten. Relatoren waren Erzbischof Veuillot (Aufbau und Vorwort)[103], Bischof Gargitter (1. Kapitel)[104], Bischof Carli (2. Kapitel, Artikel I und II)[105], Bischof Jubany (2. Kapitel, Artikel III)[106] und Erzbischof Schäufele (3. Kapitel)[107]. Die Abstimmungen vom 04.–06.11.1964[108] brachten eine Überraschung: Mit Ausnahme des 3. Kapitels, das in den Einzelfragen und als ganzes angenommen wurde, ergab sich für die ersten beiden „die paradoxe und im Konzilsablauf *erstmalige* Situation, daß die einzelnen Nummern mit großer Mehrheit angenommen wurden, das ganze Kapitel aber nicht die erforderliche Zwei-Drittel-Mehrheit erreichte"[109]. Die Überprüfung und Einarbeitung der Modi durch die Bischofskommission geriet unter Zeitdruck, und eine Verabschiedung des Textes noch während der dritten Sessio wurde unrealistisch.

Der überarbeitete Text (*textus recognitus*) wurde den Konzilsvätern zu Beginn der vierten Sitzungsperiode ausgehändigt und schließlich bei nur zwei Gegenstimmen und einer ungültigen Stimme als Dekret *Christus Dominus* von 2319 Konzilsvätern angenommen. Die relativ lange Zwischenzeit war nicht genutzt worden, um den Text mit dem der 1964 ja bereits verabschiedeten Konstitution *Lumen gentium* besser abzugleichen; auch die „Nota explicativa praevia" findet

---

[100] Vgl. AS III/2, 60–66. – Zur Diskussion (AS III/2, 69–71.219–227.237–243) vgl. Mörsdorf, in: LThK.E 2, 141–143.
[101] Vgl. AS III/2, 385–463.755–780; III/3, 576–620.
[102] Vgl. AS III/6, 111–207.
[103] Vgl. AS III/6, 114–119.
[104] Vgl. AS III/6, 125–133.
[105] Vgl. AS III/6, 156–172.
[106] Vgl. AS III/6, 172–189.
[107] Vgl. AS III/6, 196–207.
[108] Vgl. AS III/6, 256–272.277–282.297.301.306–319.356.364–369.
[109] Mörsdorf, in: LThK.E 2, 144. – Im 1. Kapitel war besonders das Recht der Titularbischöfe zur persönlichen Teilnahme an einem Konzil umstritten, im 2. Kapitel das Verhältnis der Religiosen zum Diözesanbischof und im 3. Kapitel die Zusammensetzung der Bischofskonferenz.

keine Berücksichtigung: Das Nebeneinander von Kirchenkonstitution und Bischofsdekret blieb erhalten. In der Zwischenzeit hatte allerdings Papst Paul VI. im Motu Proprio *Apostolica sollicitudo* (15.09.1965) eine Bischofssynode eingesetzt und auch hier Wind aus den Segeln genommen. Mit den Ausführungsbestimmungen beauftragte der Papst am 03.01.1966 die Nachkonziliare Bischofskommission (*Commissio postconciliaris de Episcopis et de dioecesium regimine*), weitgehend identisch mit der Bischofskommission während des Konzils. Die Ausführungsbestimmungen ergingen dann im Motu Proprio *Ecclesiae sanctae* (06.08.1966)[110].

Das definitive Dekret *Christus Dominus* präsentiert sich nun in Gestalt eines Vorworts und dreier Kapitel:

Das *Vorwort* (Nr. 1–3) erinnert an Christus und die Apostel mit ihrer Sendung zum Aufbau des Leibes Christi, der Kirche, an den Primat des Petrus und seiner Nachfolger, an die Vollmacht der Bischöfe als Nachfolger der Apostel und erklärt die Absicht des Konzils, das Hirtenamt der Bischöfe näher zu bestimmen.

Das *1. Kapitel* – „Die Bischöfe und die Gesamtkirche" – handelt in einem ersten Abschnitt von der Rolle der Bischöfe in der Gesamtkirche (Nr. 4–7), d.h. vom Bischofskollegium und seiner Gewalt, von der neu geschaffenen Bischofssynode, der solidarischen Mitsorge aller für alle Ortskirchen und besonders für die verfolgten Bischöfe. Der zweite Abschnitt nimmt die Beziehungen der Bischöfe zum Apostolischen Stuhl ins Visier (Nr. 8–10), stellt die ursprüngliche Gewalt der Diözesanbischöfe heraus und formuliert den Wunsch nach einer Reform der römischen Kurie.

Im *2. Kapitel* – „Die Bischöfe und die Teilkirchen oder Diözesen" – ist in drei Abschnitten vor allem vom Bischof als Diözesanbischof die Rede. Der erste Abschnitt (Nr. 11–21) beschreibt in einer „Art ‚Bischofsspiegel'" die Hirtenaufgabe der Bischöfe gegenüber ihren Diözesen in ihrer ganzen Vielfalt. Hier besonders haben Intentionen des ehemaligen Schemas *De Cura animarum* ihren Platz gefunden. Der kürzere zweite Abschnitt (Nr. 22–24) widmet sich der Umschreibung der Diözesen, will Kriterien benennen und die Bischofskonferenzen damit befasst wissen, bevor dann der umfangreiche dritte Abschnitt (Nr. 25–35) sich differenziert mit den Mitarbeitern des Bischofs befasst, genauer: mit den Koadjutor- und Weihbischöfen, der Diözesankurie und den diözesanen Räten, dem Klerus und schließlich den Ordensleuten.

Das *3. Kapitel* gilt der „Zusammenarbeit der Bischöfe zum gemeinsamen Wohl mehrerer Kirchen" und äußert sich in wiederum drei eher nebeneinander gefügten Abschnitten zu den Synoden, Konzilien und besonders den Bischofskonferenzen (Nr. 36–38), zur Abgrenzung der Kirchenprovinzen und der Errichtung kirchlicher Regionen (Nr. 39–41), sowie schließlich zu Bischöfen, die ein überdiözesanes Amt ausüben (Nr. 42–43).

Mit einem *allgemeinen Auftrag* zur Reform des CIC und der Herausgabe von Direktorien schließt das Dekret (Nr. 44).

---

[110] AAS 58 (1966) 757–775.

B. Kommentierung

Der folgende knappe Kommentar zum *Dekret über das Hirtenamt der Bischöfe in der Kirche* in seinen 44 Artikeln geht kontinuierlich vor.[1] Methodisch steht der definitive Text zur Kommentierung an, dessen Gedankenschritte nachgezeichnet und in ihrer Aussageintention erschlossen werden sollen; dazu hilft ein Blick auf die Diskussionen, die der Text nach seiner Neufassung im Anschluss an die zweite Session erfahren hat, und auf die jeweils von der Kommission erwogenen Modi[2], auch auf die jeweiligen Einführungen der Berichterstatter (Relatoren). Welche Traditionslinien dabei erkennbar werden und was an den Ausführungen (aus heutiger Sicht), besonders im Blick auf ihre theologische Relevanz, auffällt, soll schließlich vermerkt werden.

Bereits der **Titel** des Dekrets verdient als Programm Beachtung: Hatte die Überschrift des 1963 diskutierten Textes *De episcopis ac de dioecesium regimine* zunächst die Bischöfe an sich und erst dann in der Beziehung zu ihren Diözesen, genauer: in einer ausschließlichen Beziehung der Leitung (*regimen*) genannt, so sieht der neue, bewusst umgestaltete Titel die Bischöfe unmittelbar *in* der Kirche verortet, lässt Raum für verschiedene Aspekte des Bischofsamtes und qualifiziert diesen Dienst betont als *Hirten*amt; man habe – so die Relatio zum Text von 1964 – dem besonderen pastoralen Anliegen des Konzils entsprechen wollen.[3]

I. Vorwort (CD 1–3)

Das **Prooemium** weist auf den christologischen, soteriologischen und ekklesiologischen Horizont hin, innerhalb dessen das Dekret das Bischofsamt situiert, und gibt

---

[1] Nach wie vor überaus nützlich sind die Kommentare von K. Mörsdorf (LThK.E 2, 127–247) sowie im Sammelband „La charge pastorale des évêques" (Unam Sanctam 71 [1969]), der in Zusammenarbeit mit Erzbischof Veuillot, der an der Entstehung des Textes federführend beteiligt war, erstellt wurde. Auch dieser Kommentar greift dankbar darauf zurück. Auch Bischof Carli (Segni), unter dessen maßgebendem Einfluss die ersten Textentwürfe zustande gekommen waren, kommentierte kurz nach dem Konzil (1967) das Dekret (Ufficio pastorale die vescovi e chiese orientali cattoliche, 187–433). – Vgl. auch den Kommentar von P. Hünermann zu *Lumen gentium* in Bd. 2 dieses Kommentarwerks.
[2] Selten wird dazu noch auf frühere Stadien der Textgeschichte zurückgegriffen werden müssen. Das Schema von 1964 habe „einen neuen Titel, eine neue Anordnung der Materie und eine neue Redaktion des Textes" erfahren (so die Relatio: AS III/2, 45).
[3] Vgl. AS III/2, 47. – Der Titel knüpft an die Überschrift über das 1. Kapitel des Entwurfs *De cura animarum* an: „De pastorali episcoporum munere" (vgl. AS II/4, 752–755).

seine dreigliedrige Struktur vor. Seit der Neufassung des Textes nach der 2. Sessio blieb das Vorwort bis zum Beschluss nahezu unverändert und undiskutiert.

Wie die Kirchenkonstitution (*Lumen gentium*), deren Konkretisierung *Christus Dominus* ja sein will, setzt auch **CD 1** betont christologisch ein: „Christus, der Herr" ist nicht nur grammatisches, sondern auch semantisches Subjekt. Er gibt den Aposteln Anteil an seiner eigenen Sendung, die auf den „Aufbau des Leibes Christi" (Eph 4,12) zielt, die Kirche. Diese Aufnahme der Einleitung von *Mystici corporis* (1943) kontrastiert allerdings mit *Lumen gentium*, das die Kirche in Christus als „Sakrament" (LG 1) einführt und insgesamt die Leib-Christi-Metapher, den ekklesiologischen Leitbegriff noch des ersten Entwurfs *De ecclesia* (1962), behutsam relativiert und in den Hintergrund treten lässt.[4] Die Elemente des Prooemiums seien – so die Relatio[5] – weitgehend dem ja noch vor den einschneidenden Veränderungen des Kirchenschemas erstellten Entwurf *De cura animarum* entnommen. Implizit sind mit dieser Einleitung die Bischöfe als Nachfolger der Apostel vorgestellt und ist darin die Grundlage ihres Auftrags benannt.

Zunächst setzt **CD 2,1** nun aber mit dem Papst als dem Nachfolger Petri, nachfolgend diesem in seinem Primat, ein. Diese bewusst biblische Begründung[6] darf wiederum als Abkehr von *Mystici corporis* gelesen werden, worin die Kategorie des Hauptes dazu gedient hatte, die besondere Position des Papstes zu erläutern.[7] An den päpstlichen Primat wird in den auch in LG 22,2 aufgenommenen Bestimmungen des I. Vatikanum[8], als solche aber nicht ausgewiesen, erinnert: die höchste (suprema), voll (plena), unmittelbar (immediata)[9], allgemein (univer-

---

[4] Im Anschluss an *Mystici corporis* (1943) hatte die aus paulinischen wie besonders deuteropaulinischen Quellen gespeiste ‚Leib-Christi'-Metapher noch die das Konzil vorbereitenden Dokumente bestimmt (vgl. den 1. Entwurf der Kirchenkonstitution [1962]: „Ecclesia Catholica Romana est Mysticum Christi Corpus …" [AS I/4, 15]). Die ‚Leib-Christi'-Ekklesiologie wird doppelt relativiert: in ihrer exklusiven Variante, in der sich die römische Kirche als den einen und darum einzigen Leib Christi betrachtete, wie in ihrer Tendenz, innerkirchliche ‚körperschaftliche' Strukturen (‚Haupt-Glieder') zu sakralisieren und so zu immunisieren. Schließlich erschwert die deuteropaulinische, die Soteriologie tendenziell zur Funktion der Ekklesiologie werden lassende Leib-Christi-Metapher den Gedanken daran, dass die Kirche sich auch in Distanz zu ihrem Herrn – sie ist ‚nur' Sakrament des Heils –, sogar in sündhafter Distanz erfahren kann. – Zur Leib-Christi-Ekklesiologie vgl. Alberto, „Corpus Suum mystice constituit"; Werbick, Kirche 277–315; Congar, Le Concile de Vatican II 137–161; Pesch, Das Zweite Vatikanische Konzil 174–179; Tromp, Corpus Christi.
[5] Vgl. AS III/2, 45.
[6] Die Kommission bleibt bei dieser biblischen Begründung („successor Petri") und wehrt die vorgeschlagene Ergänzung „ut Christi Vicarius et Ecclesiae Caput", die sich immerhin auf LG 18 berufen kann, als unnötig ab (AS IV/2, 521; vgl. auch aaO. 524). Die Redaktion hatte dem „successor Petri" ein *ut* vorangestellt, damit der Grund deutlicher werde, weshalb dem römischen Bischof diese Gewalt zukomme (vgl. die Relatio: AS IV/2, 518). – Vgl. LG 22.
[7] *Mystici corporis* stellt unter Rückgriff auf die Bulle *Unam sanctam* Bonifaz' VIII. fest, „dass Christus und sein Stellvertreter auf Erden nur ein einziges Haupt ausmachen"; unser göttlicher Erlöser übe „auch eine sichtbare, ordentliche Leitung über seinen mystischen Leib aus durch seinen Stellvertreter auf Erden" (Rohrbasser, Heilslehre der Kirche Nr. 785).
[8] Vgl. *Pastor aeternus* (DH 3059–3064). – Vgl. c. 218 §§ 1–2 CIC/1917.
[9] Dieses Wort wurde erst in der Schlussredaktion hinzugefügt und fehlt in LG 22,2.

salis) und ordentlich (ordinaria), sei die päpstliche „potestas". Alle diese Kennzeichnungen werden sich im CIC/1983 wiederfinden.[10] Dem Schema *De cura animarum*, auf das CD 2 wörtlich zurückgeht, verdankt CD 2 zwar die Ausrichtung primatialer Vollmacht auf die Seelsorge (*in curam animarum*)[11]. Doch vermag der potestas-Begriff mit dem ihm eigenen Gefälle die den Konzilsvätern so wichtige Bestimmung kirchlicher Vollmacht als eines Dienstes nicht zu integrieren. LG 18 als einer Art Präambel zum 3. Kapitel der Kirchenkonstitution ist es gelungen, die „sacra potestas" konsequent in der Kategorie des *ministerium* zu entfalten, und in der Aussage des Kirchenschemas von 1963, wonach einige nach dem Willen Christi *über* die anderen gestellt seien, wurde das „super alios" durch „pro aliis" ersetzt[12], damit „der Dienst besser zum Ausdruck käme"[13]. Die Unentschiedenheit in den Kategorien prägt und schwächt das ganze Dekret.

Es fällt auf, dass die im I. Vatikanum so umstrittene, dann in den CIC/1917 eingegangene[14] Qualifizierung päpstlicher Gewalt als *episcopalis*[15] hier – wie auch in LG 22,2 und später in den einschlägigen Canones des CIC/1983 – fehlt, obwohl sie im Schema *De cura animarum* noch so bezeichnet worden war.[16] Darf daraus geschlossen werden, dass die Konzilsväter den Eindruck vermeiden wollten, päpstliche und bischöfliche Gewalten seien unmittelbar miteinander konkurrierende; dass also der ja durchaus ‚immediate' Zugriff des Papstes auf alle Kirchen („super omnes Ecclesias") von anderer Qualität sei als die ordentliche Hirtengewalt des Diözesanbischofs; dass mithin eine Erstzuständigkeit des Ortsbischofs und der mögliche Eingriff des Papstes als subsidiär gedacht werden soll? Für die Legitimität einer solchen Interpretation spricht der eng an CD 2 angelehnte c. 333 § 1 CIC/1983, der den „Vorrang ordentlicher Gewalt" als solchen bestimmt, „durch den zugleich die eigenberechtigte, ordentliche und unmittelbare Gewalt gestärkt und geschützt wird, die die Bischöfe über die ihrer Sorge anvertrauten Teilkirchen innehaben"[17]; auch LG 27 hält fest, dass „ihre Gewalt von der obersten und allgemeinen Gewalt (suprema et universali potestate) nicht ausgeschaltet, sondern im Gegenteil bestätigt, gestärkt und in Schutz genommen" wird. Die Unterschriftsformel des Papstes unter die Beschlüsse des Konzils: „Ego

---

[10] Cc. 331, 332 § 1 und 333 § 1.
[11] Vgl. AS II/4, 751.
[12] Vgl. Alberigo – Magistretti, Lumen Gentium. Synopsis historica 168, 42.
[13] So die Relatio: „ut melius indicetur ministerium seu diakonia": AS III/1, 283.
[14] C. 218 § 2 CIC/1917.
[15] Vgl. Dewart, „Potestas vere episcopalis"; Mai, Ego N.N. Catholicae Ecclesiae Episcopus 467–489. – Msgr. Maret hatte verlangt, die Qualifizierung päpstlicher Vollmacht mit dem Zusatz „salvis iuribus omnibus episcoporum" zu versehen, damit die Bischöfe nicht als bloße Stellvertreter des Papstes erschienen (Mansi 51, 940C-941A). Msgr. Pie hatte für das *episcopalis* plädiert, da der Papst nicht nur eine Art Metropolit der Gesamtkirche sei (Mansi 52, 32D).
[16] Vgl. AS II/4, 751.
[17] „Romanus Pontifex, vi sui muneris, non modo in universam Ecclesiam potestate gaudet, sed et super omnes Ecclesias particulares earumque coetus ordinariae potestatis obtinet principatum, quo quidem insimul roboratur atque vindicatur potestas propria, ordinaria et immediata, qua in Ecclesiis particularibus suae curae commissas Episcopi pollent." – Vgl. Freiling, Subsidiaritätsprinzip 178 f.

PAULUS Catholicae Ecclesiae Episcopus" nimmt aber die Qualifizierung päpstlicher Vollmacht als einer bischöflichen wieder auf.[18]

In **CD 2,2** wird nun die Linie von Christus über die Apostel sehr linear zu allen Bischöfen als den Nachfolgern der Apostel ausgezogen, ohne weiter den ursprünglichen apostolischen Dienst zu differenzieren und dabei dessen „Nachfolgefähigkeit" präziser zu bestimmen.[19] Es scheint nur auf das grobe Schema anzukommen: hier der Papst als Nachfolger des Petrus, dort die Bischöfe an der Stelle der Apostel. Der apostolische Auftrag und die apostolische Vollmacht werden in Anlehnung an *Lumen gentium*[20] beschrieben nach dem ursprünglich christologischen Schema der „tria munera" bzw. des „triplex munus"[21]: als Verkündigungs-, Heiligungs- und Leitungsdienst. ‚Pastoral' sei der Modus aller dieser drei Dienste.[22]

Auf eine terminologische Unschärfe des Wortes „pastor" bereits hier, aber auch im ganzen Dekret ist hinzuweisen: Es oszilliert semantisch zwischen der – wie im Titel des Dekrets – alle drei „munera" umfassenden Bezeichnung und der für das „munus regendi/pascendi" im Unterschied zu den beiden anderen. Das ist nicht neu, gewinnt aber angesichts des umfassend pastoralen Charakters des Konzils doch eine besondere Bedeutung.

CD 3 nennt die Logik der Gliederung von *Christus Dominus*[23]: Es sieht die Bischöfe in einer dreifachen Relation: zunächst als Glied des Bischofskollegiums

---

[18] Vgl. Mai, Ego N.N. Catholicae Ecclesiae Episcopus. Die Formel geht auf die Gregorianische Reform, genauer auf Papst Paschalis II. (1099–1118) zurück.
[19] Vgl. Bausenhart, Amt 196–212.
[20] Vgl. LG 10.19.21.25–27.38; PO 1. – Zum „tria munera"-Schema, seiner Herkunft und christologischen, theologisch-anthropologischen, amtstheologischen und ekklesiologischen Verwendung in den Konzilstexten und in der Folgezeit vgl. Schick, Das dreifache Amt; Lécuyer, Das dreifache Amt; Semmelroth, Die Präsenz der drei Ämter Christi; Hödl, Die Lehre von den drei Ämtern.
[21] Der Ausdruck „triplex munus" scheint angemessener, weil es eigentlich um die umfassende Gegenwart und Wirksamkeit Christi in seiner Kirche geht, die nach drei Dimensionen hin systematisch entfaltet wird. Bereits eine Relatio zum *textus emendatus* des Kirchenschemas hatte vor einer Dreiteilung der Theologie gewarnt (vgl. AS III/1, 285: „... ne tripartitio theologiae imponatur"). – Zur Einheit der drei „munera" vgl. auch Lécuyer, Das dreifache Amt 187f.
[22] So die Relatio Erzbischof Veuillots 1964: „Pastoralis enim est modus docendi, sanctificandi atque gubernandi" (AS III/2, 61). In einer Würdigung des Dekrets im Anschluss an das Konzil (in „La Croix") unterstreicht Veuillot das Pastorale als Dimension aller Aufgaben des Bischofs: „Sans doute, son gouvernement sera-t-il pastoral; mais son enseignement aussi, comme sa responsabilité de présider à l'Eucharistie et de promouvoir le renouveau liturgique seront d'un pasteur qui conduit les hommes vers les eaux vives de la vérité et aux sources surnaturelles de la sainteté." (Den Artikel „L'évêque aujourd'hui" fand ich ohne Datum kopiert im Konzilsnachlass des Freiburger Erzbischofs Schäufele, des Relators des dritten Teils von *Christus Dominus*. Gerne danke ich dem Erzbischöflichen Archiv Freiburg und seinem Direktor, Dr. Christoph Schmider, für den freundlich gewährten Zugang.).
[23] Erzbischof Veuillot sieht im Rückblick nicht nur die dem Dekret zugrundeliegende Lehre, sondern auch „l'unité même de son plan et tout le mouvement de la pensée" von der Kirchenkonstitution *Lumen gentium* geprägt (in „L'évêque aujourd'hui"; vgl. vorhergehende Anm.). Will man die Gliederung von *Christus Dominus* in *Lumen gentium* grundgelegt finden, entsprechen

(uniti in Collegio seu corpore) und so in der Verantwortung für die Gesamtkirche, dann als Diözesanbischof (singuli) in der ihnen jeweils anvertrauten Ortskirche, schließlich in der Kooperation mit anderen Bischöfen (aliqui coniunctim) in gemeinsamen Fragen. Man darf der Reihenfolge auch normative Bedeutung entnehmen; denn gegen den Einwand von Bischof Carli (Segni), federführend beim ursprünglichen Entwurf *De episcopis ac de dioecesium regimine*, diese Ordnung impliziere eine primäre Aufgabe der Bischöfe gegenüber der Gesamtkirche, während diese doch gegenüber der eigenen Ortskirche bestehe, aus der dann erst eine Verantwortung für die Gesamtkirche entspringe[24], hält die Kommission an diesem Aufbau fest. Doch hätte der Einwand, mag er auch motiviert gewesen sein von der Sorge, das Bischofskollegium tangiere die Souveränität päpstlicher Vollmacht, eine Diskussion wohl verdient gehabt; spiegelt sich doch bereits in der Frage nach dem Verhältnis von Bischofskollegium und Diözesanbischof die Frage nach der Relation zwischen der *Ecclesia universalis* und den *Ecclesiae particulares* bzw. die Frage nach dem Verständnis von universaler Kirchenleitung: ob dieses seinen Ansatz nimmt bei den Kollegien der Orts- und Regionalkirchen oder aber bei einer zentral(istisch)en Leitungsidee und -praxis. Die klärungsbedürftige Offenheit dieser Frage kommt auch in der Berichterstattung Erzbischof Veuillots zum *textus emendatus* (1964) zum Ausdruck, in der er einerseits erklärt, Christus habe seine Kirche als universale gegründet, in der erst später die Ortskirchen errichtet worden seien[25], wenige Zeilen später aber betont, die Bischöfe seien in gleicher Weise (aequali ratione) zum Wohl der Universalkirche wie dem der Ortskirche geweiht.[26] In der Diskussion um das Missionsdekret hatte der Einspruch einiger Bischöfe gegen die ursprünglich formulierte Priorität der bischöflichen Verantwortung für die Universalkirche zu einer Änderung des „eher als (prius quam)" in ein „zugleich (simul)" geführt.[27]

Dass nach der dreifachen Relation das bischöfliche Amt auf jeweils spezifische Weise ausgeübt wird, wird aus der Durchführung in den folgenden drei Kapiteln deutlich. Zwei der weitreichendsten Klärungen des Konzils: die Sakramentalität der Bischofsweihe sowie die Kollegialität des Bischofsamtes finden hier in CD 3, 1, einem *Prooemium* entsprechend, eher beiläufig und thetisch Erwähnung.

II. Die Bischöfe im Bezug zur Gesamtkirche (CD 4–10)

Um eine zusammenhängende und vollständige Darstellung des Hirtenamtes der Bischöfe sei es der Kommission gegangen, berichtet Erzbischof Veuillot, um da-

---

LG 19–22 und CD 4–10 sowie LG 23–29 und CD 11–35 einander; für das 3. Kapitel des Bischofsdekrets findet sich keine Entsprechung bzw. Vorlage in der Kirchenkonstitution.
[24] Vgl. AS III/2, 73 f.
[25] „… certum sit Christum condidisse Ecclesiam suam, i. e. universalem, in qua postea tantum constitutae sunt particulares Ecclesiae seu dioeceses": AS III/6, 118.
[26] „Episcopi enim aequali ratione consecrantur ad bonum Ecclesiae universalis et bonum Ecclesiae particularis sibi commissae.": AS III/6, 118. – Vertiefendes zu diesem Fragenkomplex im Schlussband dieses Kommentarwerks.
[27] Vgl. AS III/6, 347.

mit die auf dem I. Vatikanum definierte Lehre zu ergänzen. Dies kommt insbesondere im 2. Kapitel von *Christus Dominus* zum Tragen: in der Beschreibung der Beziehung der Bischöfe zur Gesamtkirche. Dabei versteht Veuillot das von ihm vorgestellte Schema als Anwendung der in der Kirchenkonstitution dargestellten Theologie des Episkopats.[28]

1. Die Rolle der Bischöfe hinsichtlich der Gesamtkirche (CD 4–7)

Im ersten der beiden Abschnitte (**CD 4–7**) wird die gesamtkirchliche Verantwortung der Bischöfe in ihrer Zugehörigkeit zum Bischofskollegium begründet und eine daraus resultierende Solidarität unter den Bischöfen angemahnt; im zweiten (**CD 8–10**) geht es um die speziellen Beziehungen zwischen den Bischöfen und dem Apostolischen Stuhl. Es mag überraschen oder befremden, dass *Christus Dominus* unter der ausdrücklich formulierten Perspektive der Ergänzung des I. Vatikanums[29] hier die im Feuer der Frage nach dem Verhältnis primatialer und (kollegial-)episkopaler Gewalt zwangsläufig heißen Eisen nicht direkt anpackt, sondern sie als in *Lumen gentium* hinreichend geklärt sieht und sich nur noch darauf bezieht.[30]

Im Anschluss an das I. Vatikanum hatte sich die Frage gestellt, ob mit dem Jurisdiktionsprimat des Papstes und seiner „immediata potestas" nun jede Diözese zwei Bischöfe habe[31], in der Sorge, dass die eine Jurisdiktion mit der anderen konkurriere[32]; in der Furcht, dass die Bischöfe so zu päpstlichen Vikaren, d. h. zu bloßen Befehlsempfängern und ausführenden Organen würden.[33] Die Glaubensdeputation hatte unter Hinweis auf Thomas von Aquin[34] geantwortet: Zwei Jurisdiktionen würden dann nicht konkurrieren bzw. einander neutralisieren, wenn sich eine der anderen unterordne. So blieb es bis zum II. Vatikanum, wenn auch Leo XIII. in seiner Enzyklika *Satis cognitum* (1896) durchaus ein Problembe-

---

[28] „Maximi quidem momenti est ut synthetice integrum Episcoporum pastorale munus consideretur, quod hucusque a nullo umquam Concilio factum est quodque ut complementum doctrinae in Concilio Vaticano I definitae omnino requiri apparet. … Ad nostram Commissionem quidem non pertinet doctrinam de Episcopatu tradere theologicam. Illas vero propositiones et conclusiones theologicas iuxta doctrinam in Constitutione ‚De Ecclesia' traditam in hoc nostro schemate assumendas aestivimus, quae ad perfectam et theologice fundatam de Episcoporum in Ecclesia munere expositionem requiruntur.": AS III/2, 60.61.
[29] Das Bischofskollegium war durchaus bereits Gegenstand der Diskussionen auf dem I. Vatikanum gewesen. – Vgl. Dejaifvre, Primat und Kollegialität; Pottmeyer, Die Rolle des Papsttums 52–60.
[30] Bereits in den Voten zum Konzil wurde wiederholt die Klärung des Verhältnisses zwischen dem bischöflichen Amt und dem päpstlichen Primat angemahnt, z. B. von Kardinal Alfrink (vgl. AD I/II 2, 510: „Concilium clarius definiat Episcoporum munus necnon rationem quae intercedit illud inter et Episcopi Romani primatum") und dem indischen Bischof D'Souza (vgl. AD I/II 4, 191).
[31] Vgl. Mansi 52, 1096C-D, so der melkitische Patriarch Yussef.
[32] So Bischof Stroßmayer: Mansi 52, 393.
[33] So Mansi 51, 969A-B. – Vgl. Dewan, „Potestas vere episcopalis" 703–705.
[34] STh suppl. q. 8 a. 5 ad 3 (DthA 31, 283 f.); Bischof Pie (Poitiers) sekundiert mit Hinweis auf Sent. IV dist. 17 q.3 a.3 q.5 ad 3 (Mansi 52, 33A-B).

wusstsein offenbarte, wenn er neben dem Papst den Stand der Bischöfe (ordo episcoporum) zur innersten Verfassung der Kirche (intima Ecclesiae constitutio) rechnet; die Verbundenheit mit dem Papst kann aber auch Leo nur so denken, dass der „ordo Episcoporum" dem Petrus untertan ist und ihm gehorcht (Petro subsit eique pareat [DH 3308]). Ausdrücklich unterstreicht die Enzyklika, dass die Unterordnung nicht nur für die Bischöfe als einzelne gelte, sondern auch für sie in ihrer Gesamtheit.

Wenn nun das II. Vatikanum bestimmt, dass der ordo Episcoporum „gleichfalls Träger (subiectum quoque) der höchsten und vollen Gewalt über die ganze Kirche" ist (LG 22,2), bleibt die Bestimmung dieses Verhältnisses zunächst offen, auch wenn sogleich hinzugefügt wird, dass diese Gewalt „nur unter Zustimmung des Bischofs von Rom (consentiente) ausgeübt" werden kann. „Consentire" muss kein Synonym sein zu „subesse", „parere" oder „subordinatio". Die dem 3. Kapitel der Dogmatischen Konstitution über die Kirche auf Veranlassung von Papst Paul VI. als Interpretationsschlüssel beigegebene Nota praevia explicativa[35] erklärt, „consentiente" stehe dafür, dass „man nicht an eine Abhängigkeit wie von einem Außenstehenden denke" (4,1); m. a. W.: sie fügen den Papst ins Bischofskollegium ein, zumal in LG 22,2 statt „consentiente" ursprünglich „independenter" gestanden hatte, also ein Gegenüber beider Instanzen impliziert gewesen war.[36]

Der programmatische Anschluss an *Lumen gentium* zeigt sich eindrucksvoll in **CD 4**: Dieser Artikel ist fast ausschließlich aus LG 22 entnommenen Zitaten komponiert und thematisiert das Bischofskollegium als die Körperschaft (corpus episcopale) bzw. den Stand (ordo Episcoporum), zu dem die Bischöfe kraft der sakramentalen Weihe – die Sakramentalität der Bischofsordination war nicht mehr umstritten[37] – und der hierarchischen Gemeinschaft mit dem Papst und den anderen Bischöfen[38] gehören, als das Nachfolgeorgan des Apostelkollegiums; ihm kommt, nie ohne sein Haupt und wie diesem, dem Bischof von Rom, die höchste und volle Gewalt (suprema ac plena potestas) über die Kirche zu. Die fehlende Qualifizierung als „plena" im *textus emendatus* (1964)[39] hatte wesentlichen Anteil daran, dass das erste Kapitel in der Abstimmung nicht die erforderliche Mehrheit erhielt.[40] Dieses Kollegium übt seine Vollmacht z. B. in den Ökumenischen Konzilien, gleichsam seinen Vollversammlungen, aus; doch schließt der Hinweis auf diesen ausgezeichneten Fall mögliche andere Erscheinungs- und Wirkformen dieser potestas nicht aus: Sie „wird auch von der Gesamtheit der in

---

[35] Vgl. Grootaers, Primauté et collégialité; Ghirlanda, „Hierarchica communio"; Ratzinger, in: LThK.E 1, 348–359.
[36] Näheres zu diesem Fragenkomplex im Schlussband dieses Kommentarwerks.
[37] Vgl. Bausenhart, Amt 262f.; Müller, Episkopat und Presbyterat 272–288.
[38] Vgl. Ghirlanda, „Hierarchica Communio"; Aymans, Das synodale Element 167–188; Hilberath, Communio hierarchica; Corecco, Aspekte der Rezeption; Pottmeyer, Die Rolle des Papsttums 96–101.
[39] Vgl. AS III/6, 121; im Text, der den Vätern im Frühjahr 1964 übersandt worden war, war noch von „supremam ac plenam potestatem" die Rede gewesen (AS III/2, 23).
[40] Die Abstimmung am 04.11.1964 ergab 77 non placet-, 852 placet iuxta modum- sowie 1030 placet-Stimmen; vgl. Onclin, in: La charge pastorale 78.

der Welt verstreut weilenden Bischöfe ausgeübt, sooft ein Punkt der Glaubenslehre mit Zustimmung des gesamten Weltepiskopats vorgelegt oder verkündet wird oder eine disziplinäre Maßnahme, welche die Gesamtkirche angeht, unter Zustimmung oder selbst im Auftrag der Mehrheit des Episkopates promulgiert wird."[41]

Die Frage nach dem Verhältnis dieser beiden Subjekte derselben „suprema potestas" ist nicht zu vermeiden. Die Bindung der Vollmacht des Kollegiums an die „Zustimmung des Bischofs von Rom" (LG 22, 2) verhindert zwar eine rechtlich unlösbare Konkurrenz, nicht aber in jedem Fall auch bereits einen ‚politischen' Konflikt zwischen den beiden Trägern, zumal der Papst seine potestas „immer frei (libere)" (LG 22, 2), „nach eigenem Ermessen (secundum propriam discretionem)" (Nota praevia Nr. 3) bzw. „jederzeit nach Gutdünken (ad placitum)" (Nota praevia Nr. 4) ausüben kann. So bleibt die Frage, „ob die Autorität und Initiative des Kollegiums nicht *praktisch* zu einer bloßen Fiktion wird, wenn der Papst sie jederzeit unterbinden kann, wenn aber umgekehrt er jederzeit auch ohne formelle Mitwirkung des Kollegiums – nicht als *persona privata*, sondern als Haupt dieses Kollegiums – entscheiden und handeln kann."[42]

Gesucht, im Konzil jedoch noch nicht gefunden wird eine Weise, die beider Subjektsein wahrt: also weder das Haupt zum Delegierten mit imperativem Mandat der Glieder degradiert, noch das Bischofskollegium zum rein passiven Rezipienten einsamer päpstlicher Entscheidungen entwichtigt. Beide Institutionen müssen einander anerkennen und fördern in ihrer je eigenen ursprünglichen und aufeinander verwiesenen Verantwortung für die Kirche Jesu Christi, so wie Papst Paul VI. zum Abschluss der dritten Konzilssession, also nach Verabschiedung der Kirchenkonstitution bekennt: „Wir fürchten nicht im geringsten, dass unsere Autorität gemindert oder beeinträchtigt wird, wenn Wir eure Autorität anerkennen und herausstellen. Im Gegenteil."[43]

---

[41] Onclin, Die Kollegialität der Bischöfe 664. – Willy Hubert Josef Onclin, Kanonist, war mit Erzbischof Veuillot federführend bei der Neuausarbeitung des Textes nach den Diskussionen in der 2. Sessio. Zu seiner Rolle auf dem Konzil vgl. Grootaers, Actes et acteurs 420–455.

[42] Kasper, Zur Theologie und Praxis des bischöflichen Amtes 42. – Zumal der Papst entscheidet, ob er persönlich oder in Verbindung mit dem Bischofskollegium tätig werden will (c. 333 § 2 CIC/1983).
Zur unmittelbar nach dem Konzil entstehenden Diskussion darüber, wer denn nun in welcher Weise „subiectum" dieser einen höchsten Vollmacht sei, vgl. die Reflexionen im Schlussband dieses Kommentarwerks.

[43] Paul VI. fährt fort: „Wir fühlen uns stärker werden durch die Gemeinschaft der Herzen, durch die Wir zu Brüdern werden. Wir wissen, dass Wir künftig besser die ganze Kirche leiten können, da Wir Uns dessen bewusst sind, dass jeder von euch daran mitwirkt, dieses Ziel zu erreichen. Wir spüren endlich, dass Wir dem Beistand Jesu Christi noch mehr vertrauen können, da wir alle in seinem Namen innig miteinander verbunden werden und dies auch künftig sein wollen." (AAS 56 [1964] 1010 f.; übers. nach: HerKorr 19 [1964/965] 180 f.). Als Signal kann man die Formel lesen, mit der Paul VI. die Konstitutionen, Dekrete und Erklärungen des Konzils unterzeichnet hat: „Nos, Apostolica a Christo Nobis tradita potestate, illa, una cum Venerabilibus Patribus, in Spiritu Sancto approbamus, decernimus ac statuimus …" Das *una cum* Pauls VI. setzte auf das Miteinander von Papst und Konzilsvätern; der Papst handelt nicht als eine dem Konzil gegenüberstehende Instanz, sondern als sein Haupt. (vgl. Mörsdorf, Die Promulgationsformel; Hünermann, „Una cum").

Handelt es sich bei Papst und Bischofskollegium um zwei „una cum" agierende Größen, ergibt sich daraus die Sorge, beider Handlungsfähigkeit zu sichern. Dem Papst steht in der Römischen Kurie ein wirkungsvolles Instrument zur Verfügung, und Paul VI. hat mit den Konzilsvätern sich in der Bischofssynode ein weiteres geschaffen. Die Bemühungen, aus den einschlägigen Kapiteln der Kirchenkonstitution Konsequenzen zu formulieren für das „exercitium"[44] der Verantwortung des Bischofskollegiums, können dagegen kaum als erfolgreich betrachtet werden. An der offenen Problematik möglicher Konkretisierungen der „suprema ac plena potestas" des Bischofskollegiums entzündete sich schier zwangsläufig manch nachkonziliarer Streit: Der Status regionaler synodaler Versammlungen von Bischöfen etwa, immerhin die Praxis der frühen Kirche, speziell der Status von Bischofskonferenzen wird in *Christus Dominus* als „kollektiver", nicht „kollegialer" Vollzug[45] verhandelt, obwohl LG 22 für die Realität des Bischofskollegiums auch auf die von Euseb bezeugten Partikularkonzilien verweist. Und auch die Bischofssynode ist ein den Papst beratendes Gremium geblieben und hat sich nicht zum „subiectum supremae ac plenae potestatis in universam Ecclesiam" entwickelt. Nach wie vor fehlt dem Bischofskollegium neben dem Konzil ein weiteres praktikables Organ.[46]

Im Entwurf des Bischofsdekrets von 1964, der der Abstimmung zum Ende der 3. Sitzungsperiode zugrunde lag, ist ein Ansatz zu finden, dem Konzil eine flexiblere Form zu geben, die es erlaubt hätte, es mit einer gewissen Regelmäßigkeit stattfinden zu lassen. „In Nr. 4, die von der Ausübung der Gewalt des Bischofskollegiums handelt, war vorgesehen, daß alle Bischöfe, die Mitglieder des Bischofskollegiums sind, das Recht haben, an einem ökumenischen Konzil teilzunehmen oder wenigstens auf ihm vertreten zu sein, gemäß den vom Papst erlassenen Normen."[47] Die Kritik gegen eine solche Möglichkeit, ein Konzil durch repräsentative Vertreter des Episkopates durchzuführen, kam zum einen von den Titularbischöfen, die um ihre Teilnahme fürchteten, und richtete sich zum anderen gegen die Bestimmung, dass der Papst die Weise der Repräsentation bestimmen sollte. „Bei der Eile, die man wegen der vergeblich angestrebten Verabschiedung des Entwurfes zum Ende der 3. Sitzungsperiode hatte, kam es nicht dazu, den Gedanken eines ökumenischen Konzils durch repräsentative Vertreter des Episkopates weiter zu behandeln und die aufgetauchten Bedenken zu zerstreuen. Man ging den leichteren Weg und ließ die zweite Satzhälfte fallen."[48]

Neu gegenüber *Lumen gentium* und im Gegensatz zum c. 223 §§ 1–2 CIC/1917 und der darin repräsentierten Tradition der Trennung der potestates ordinis und iurisdictionis[49] wird allen Bischöfen, also auch den Titularbischöfen, als Mitglie-

---

[44] Vgl. die Relatio zur Neufassung des Schemas 1964: AS III/2, 47.
[45] Dieses Kriterium nennt Erzbischof Veuillot in seiner Relatio zum neugefassten Text 1964: „Hic [im 3. Kapitel; G. B.] ergo agitur tantum de exercitio collectivo potestatis propriae inhaerentis cuique Episcopo, quod caute distinguendum est ab exercitio collegialitatis.": AS III/2, 62. – Zu den Bischofskonferenzen vgl. unten zu CD 37–38.
[46] Vgl. Bier, Rechtsstellung des Diözesanbischofs 326–338.
[47] Mörsdorf, Das synodale Element 573.
[48] Mörsdorf, Das synodale Element 574.
[49] Vgl. Onclin, in: La charge pastorale 89–92; Bausenhart, Amt 247–250.

dern des Bischofskollegiums das Recht zur Teilnahme an Konzilien zugesprochen. Damit werden die Folgerungen aus der vom Konzil bestätigten Tradition gezogen, nach der auch die Jurisdiktion (bzw. das „triplex munus") in der Ordination gründe als eine Art „iurisdictio universalis".[50] Über das Stimmrecht ist damit, wenn es sich aus dem Argument der gesamtkirchlichen Verantwortung jedes Gliedes des Bischofskollegiums auch nahe legt, noch nichts ausgesagt.

Als Ausdruck und Instrument der kollegialen Verantwortung aller Bischöfe für die Gesamtkirche erläutert **CD 5** die Bischofssynode (Synodus Episcoporum).[51] Deren Einrichtung entspricht einem in den verschiedenen Textstadien des Bischofsdekrets von der Neufassung 1964 bis zum *textus recognitus*[52] als Wunsch nach einem „coetus seu consilium centrale" formulierten (exoptant) wie unter Vorbehalt vorgetragenen (si Eidem placuerit) Desiderat der Konzilsväter. Paul VI. entsprach dem in seinem Motu Proprio *Apostolica sollicitudo*[53], kam ihm aber zugleich auch zuvor, bevor nämlich sich dieser Wunsch im Konzil selbst hinreichend klären und differenziert hätte artikulieren können.[54] Die Vorstellungen

---

[50] Drei Momente der Übertragung des Bischofsamtes sind zu unterscheiden und in Beziehung zueinander zu sehen: Die Ordination gibt spezifischen „ontologischen Anteil" an den munera Christi; sie gliedert zugleich auf sakramentale Weise ein in das Bischofskollegium (communio hierarchica) und gibt Anteil an dem einen, diesem Kollegium von Christus übertragenen Amt; die Geistbegabung gilt der Person im Hinblick auf dieses Amt, ist also bereits eine bestimmte und gerichtete, sie „wird aber jeweils nur in dem Umfang zur *sacra potestas*, die zur Ausübung der Vollmacht Jesu Christi in der Kirche befähigt, in dem der Ordinierte durch kanonische Sendung von der Kirche als Organ in Dienst genommen ist. Dabei besteht kein Unterschied hinsichtlich der *munera* der Heiligung, der Lehre und der Leitung." (Kaiser, Absolute Ordination? 193). Der Vollzug dieses Amtes erfordert, weil alle Bischöfe Anteil daran haben, eine innerhalb des Beziehungsgefüges geregelte rechtliche „determinatio/missio", auf welche Weise und auf welche konkrete Aufgabe hin auch immer.

[51] Zur Bischofssynode vgl. Bier, Rechtsstellung des Diözesanbischofs 318–326; Mörsdorf, Das synodale Element; Acerbi, Die ekklesiologische Grundlage; Grootaers, Die Bischofssynoden; Tomko (Hg.), Sinodo dei Vescovi; Johnson, Synod of Bishops; Graulich, Bischofssynode; Aymans – Mörsdorf, Kanonisches Recht II § 62 (Lit.) zu den cc. 342–348 CIC/1983; ebenso Astrath, Die Bischofssynode.

[52] Vgl. AS III/2, 23; AS III/6, 121 f.; AS IV/2, 513.

[53] MP *Apostolica sollicitudo* (15. 09. 1965): AAS 57 (1965) 775–780 (Übersetzung in HerKorr 19 [1964/65] 641–643). – Bereits am 05. 06. 1960 hatte die vorbereitende *Commissio de Episcopis ac de dioecesium regimine* „einen entsprechenden Vorschlag gemacht, der von der vorbereitenden Zentralkommission günstig aufgenommen und von einigen Mitgliedern dieser Kommission dahin ergänzt wurde, dass eine konsultative Bischofsversammlung geschaffen werden sollte" (Mörsdorf, in: LThK.E 2, 164, mit Berufung auf eine Pressekonferenz von Kardinal Marella [L'Osservatore Romano Nr. 222 vom 26. 09. 1965]). Der Papst selbst hatte in einer Ansprache an die Mitglieder der Römischen Kurie am 21. 09. 1963 seine Absicht mitgeteilt, einen solchen Rat einzurichten, dies jedoch wiederum vom Wunsch des Konzils abhängig gemacht (vgl. AAS 55 [1963] 793–800). In seiner Ansprache zur Eröffnung der 2. Sitzungsperiode des Konzils wiederholte der Papst seine Intention (aaO. 841–859). Die Konzilsväter wiederum votierten für einen solchen Rat, indem sie am 04. 11. 1964 mit überwältigender Mehrheit (1912 gegen 81 Stimmen) den Artikel 5 des damaligen Textentwurfs zum Bischofsdekret bestätigten (AS III/6, 266).

[54] Kardinal Lercaro hatte in einer offenbar von den vier Moderatoren des Konzils mit Paul VI. abgestimmten Rede am 08. 11. 1962 (vgl. AS II/4, 618–621) eine Kommission vorgeschlagen zu allen Fragen der Beteiligung der Bischöfe an der Leitung der universalen Kirche. Dazu kam es nicht. „Der Papst zog es vor, Kardinal Marella zu bitten, in aller Eile die Textvorlage für ein *Motu*

hinsichtlich der Aufgaben und des rechtlichen Status eines solchen Bischofsrates waren noch zu keinem Konsens gereift; gewichtige Konzilsväter hatten an ein ständiges Gremium mit Entscheidungskompetenz gedacht.[55] In einer Aufsehen erregenden Rede hatte Maximos IV., der Patriarch von Antiochien, verlangt, „dass der Papst bei der Leitung der Gesamtkirche das Bischofskollegium als Nachfolger des Apostelkollegiums hinzuziehe, um es an seiner Verantwortung teilnehmen zu lassen, nicht aber die Priester, die Diakone und andere Kleriker der Diözese von Rom."[56] Der Papst verhindert einen Meinungs- und Willensbildungsprozess des Konzils, immerhin der im strengen und eigentlichen Sinn realisierten Kollegialität der Bischöfe, bricht einen solchen Prozess mindestens ab. Der definitive Artikel 5 wurde dann in Anlehnung an dieses Motu Proprio neu gefasst.

Die Einführung der Bischofssynode offenbart ihren Status und erklärt die Spannung, in der die Bestimmungen in CD 5 bzw. *Apostolica sollicitudo* stehen: einmal dass es sich in der Bischofssynode um einen Hilfsdienst für den Römischen Bischof handle, was sie zum Instrument in der Hand des Papstes definiert.[57] Zugleich sagt Paul VI., der keinen Zusammenhang zum Bischofskollegium herstellt, aber, dass die Bischofssynode „die Rolle des ganzen katholischen Episkopats" einnehmen solle, was sie als Organ des Bischofskollegiums und Repräsentation aller Bischöfe zu verstehen nahe legt.[58] Die Relatio zur Nr. 5 des Schemas von 1964 hatte festgestellt, der zu schaffende Rat der Bischöfe sei „keine wahre Repräsentation des Bischofskollegiums (non est vera repraesentatio Collegii Episcoporum)", sondern „nur irgendwie Zeichen dafür (tantum aliquomodo eius signum)" und „allein zur Unterstützung des Papstes (tantum in adiutorium Summi Pontificis)" da.[59] Diese Spannung prägt in der Folgezeit auch die ordentlichen und außerordentlichen Versammlungen dieser Einrichtung. Unbestritten

---

proprio zu erstellen, durch das dann im September 1965 die Bischofssynode institutionalisiert wurde, ein Organ, das weit entfernt war von dem Vorschlag des Kardinals von Bologna und den Erwartungen der Konzilsmehrheit." (Famerée, Bischöfe und Bistümer 159 f.).

[55] Zu den unterschiedlichen Vorstellungen vgl. Johnson, Synod of Bishops 247–272. – Damit war ein „Weg gesucht und gefunden, der von Freund und Feind des Kollegialitätsprinzips begrüßt worden ist. Die einen durften versichert sein, dass der Papst von Zeit zu Zeit Vertreter des Episkopates zusammenrufen wird, um sie an den Aufgaben der Gesamtkirchenregierung teilhaben zu lassen, und die anderen konnten sich damit beruhigen, dass die Prärogativen des päpstlichen Primates durch die Einsetzung der Bischofssynode in keiner Weise berührt worden ist." (Mörsdorf, Primat und Kollegialität 39).

[56] Congar – Küng – O'Hanlon (Hg.), Konzilsreden 101. – Der Patriarch fährt fort: „Der besondere Hof von Rom, der zur Diözese von Rom gehört, darf sich nicht an die Stelle des Kollegiums der Apostel setzen, das in ihren Nachfolgern, den Bischöfen, weiterlebt." (ebd.).

[57] Vgl. MP *Apostolica sollicitudo*: „institutum ecclesiasticum centrale" (AAS 57 [1965] 776). Dazu gehört auch der beratende Status der Bischofssynode wie die Tatsache, dass mit dem Ende jeder Versammlung auch die Aufgabe der teilnehmenden Bischöfe endet.

[58] Vgl. MP *Apostolica sollicitudo*: „partes agens totius catholici Episcopatus" (AAS 57 [1965] 776). – Trotz der Erklärung des Papstes in seinem Motu Proprio, er errichte einen „stabile Episcoporum consilium pro Ecclesia universa", und der sei „natura sua perpetuum" (AAS 57 [1965] 776), ist die Bischofssynode kein ständiges Kollegium.

[59] Vgl. AS III/6, 127.

ist sie ein Medium der Teilhabe aller Bischöfe an der Sorge für die Gesamtkirche.[60]

Die im MP *Apostolica sollicitudo* ausdrücklich vorgesehene Teilnahme auch von nicht-bischöflichen Religiosen findet in CD 5 keine Erwähnung.

Für das Bischofsamt als ein kollegiales ist die Zuordnung zur Gemeinschaft der Mitbischöfe konstitutiv, und jede Ortskirche lebt in der „communio" mit allen anderen. **CD 6** mahnt darum wie LG 23,2 in wörtlicher Anlehnung an die Enzyklika *Fidei donum*[61] die spezifische Solidarität der Bischöfe untereinander an.[62] Ausdrücklich hingewiesen wird auf die Missionsgebiete und Teile der Kirche, in denen der Priestermangel die Seelsorge gefährdet (CD 6,1); angeregt wird eine Motivierung aller Gläubigen für ein Engagement in den Werken der Evangelisierung und des Apostolats, auch für einen persönlichen Einsatz, speziell auch von Priestern, in den pastoralen Notstandsregionen der Kirche (CD 6,2); schließlich werden die Bischöfe angehalten, anderen Kirchen in Not auch wirtschaftlich unter die Arme zu greifen (CD 6,3).[63] Diese Mahnungen sind nicht folgenlos geblieben; Hilfswerke, der persönliche Einsatz einzelner und Partnerschaften von Diözesen und Gemeinden haben diesen Impuls aufgenommen. Förderlich waren gewiss einerseits der persönliche Kontakt der Konzilsbischöfe untereinander, anderseits das auch aus anderen Quellen gespeiste breite Engagement für die sog. Dritte Welt.

CD 7 erinnert – auch vor der nicht nur kirchlichen Öffentlichkeit – an die um des Namens Christi willen bedrängten und verfolgten Mitbrüder und ihr hartes Schicksal und legt den Bischöfen die Solidarität tätiger Sorge und des Gebetes ans Herz.

---

[60] J. Ratzinger fasst zusammen: „In der theologischen Bestimmung erscheint nicht nur der primatiale Aspekt kirchlicher Verfassung, sondern auch die Intention der Verbindung von Bischofskollegium und Papst wie auch eine Beziehung zur Weltverantwortung der Kirche. Rechtlich gesehen hingegen gehört die Synode ganz und ausschließlich dem Rechtsbereich des Primates zu; sie *berät* den Papst, und eventuelle eigene Beschlussrechte sind Delegationen aus päpstlicher Vollmacht, nicht vom Kollegium her." (Kirche, Ökumene und Politik 53).
[61] Vgl. Pius XII., Enzyklika *Fidei donum* (21.04.1957): AAS 49 (1957) 225–250.
[62] Hier wie auch im folgenden Artikel CD 7 ist nicht wie in den voraufgehenden Artikeln die Gesamtkirche im Blick, vielmehr die Situation bzw. Not einzelner Ortskirchen, die auf die Solidarität der Gesamtkirche angewiesen sind wie auch einen Anspruch darauf haben.
[63] Das MP *Ecclesiae sanctae* (06.08.1966) enthält Ausführungsbestimmungen zu CD 6 (wie zugleich auch zu PO 10) hinsichtlich der besseren Verteilung des Klerus (I. Nr. 1–4) und der wirtschaftlichen Unterstützung von Diözesen in Not (AAS 58 [1966] 759–761). – Vgl. Mörsdorf, in: LThK.E 2, 155–157.
Die Richtlinien der Kongregation für den Klerus *Postquam Apostolis* für die Zusammenarbeit der Teilkirchen untereinander und insbesondere für eine bessere Verteilung des Klerus in der Welt (25.03.1980) unterstreichen noch einmal, dass die Ortskirche sich nicht in sich selbst verschließen dürfe, dies würde „ihre Lebensdynamik beeinträchtigen … Dagegen schöpft sie jedesmal neue Kraft, wenn sich ihr Horizont auf die anderen hin ausweitet" (Nr. 14).

2. Die Bischöfe und der Apostolische Stuhl (CD 8–10)

Der zweite Abschnitt des ersten Kapitels widmet sich den besonderen Beziehungen zwischen den Bischöfen und dem Apostolischen Stuhl.[64] Dieses Thema drängte bereits in den Voten der Bischöfe vor dem Konzil auf die Tagesordnung.[65] Es fällt auf, wie zwischen dem Papst selbst und der römischen Kurie unterschieden wird. Bereits in der Systematisierung der vor dem Konzil eingegangenen Voten wird die Thematik Primat – Episkopat den Lehrfragen zugeschlagen, während, davon abgetrennt, die Beziehungen zwischen den Bischöfen und der Kurie unter die Fragen der Disziplin subsumiert wurden.[66] Diese Thematik war darum von der Zentralkommission der Vorbereitenden Bischofskommission aufgegeben worden.[67]

CD 8 nimmt die nach der Gliederungssystematik des Dekrets eigentlich zum 2. Kapitel gehörende fundamentale[68] Erklärung zur Vollmacht der Bischöfe in ihrer eigenen Diözese (Episcoporum in propria dioecesi potestas) vorweg, muss es auch, um die Bischöfe und ihre Vollmacht gegenüber dem Apostolischen Stuhl in Position zu bringen. Klar und unmissverständlich wird den Bischöfen in **CD 8a** alle ordentliche, ursprüngliche und unmittelbare Vollmacht (potestas ordinaria, propria ac immediata)[69] zugesprochen, die zur Ausübung ihres Hirtenamtes (ad exercitium eorum muneris pastoralis) in ihren Diözesen gehört, und zwar *per se*, d. h. aufgrund ihres Titels als Nachfolger der Apostel, *ex divina institutione* (LG 20,3), nicht aus der Vollmacht des Nachfolgers des Apostels Petrus. Genau dies war in der Bischofskommission und in der Aula noch höchst kontrovers diskutiert worden; die Relatio zum 1963 vorgelegten Schema hatte unter Hinweis auf Pius VI. erklärt, es sei schismatisch oder doch wenigstens irrig zu behaupten, der Bischof habe von Christus alle Rechte (iura) zur guten Leitung

---

[64] ‚Apostolischer Stuhl', seit dem c. 7 CIC/1917 synonym mit ‚Heiliger Stuhl', meint nach c. 361 CIC/1983 den Papst wie die Einrichtungen der Römischen Kurie. Anträge, hier vom ‚Heiligen Stuhl' zu sprechen, wurden wiederholt abgelehnt (z. B. AS III/2, 48).
[65] Der *Analyticus conspectus*, der die eingegangenen Voten systematisiert präsentiert, registriert unter der Überschrift „De rationibus inter S. Sedem et Episcopos determinandis" (AD I/II App. 1, 422–428) 36 Voten mit dem Tenor: „Amplius definiatur ius Episcoporum residentialium"; „Episcoporum facultates non sunt paulatim minuendae, sed firmandae et augendae"; „novae facultates Episcopis concedantur"; „ne sint Episcopi tantum exsecutores decretorum Curiae Romanae" (alle 425).
[66] Vgl. den *Analyticus conspectus*: AD I/II App. 1.
[67] Dem allgemeinen Hinweis auf die Beziehungen zwischen den Bischöfen und den Kongregationen der Römischen Kurie wird die speziellere Frage hinzugefügt, welche Befugnisse für die Leitung der Diözesen den Bischöfen dauerhaft gewährt werden könnten (vgl. AD II/II 1, 409). Die Vorbereitende Kommission legte im Februar 1962 ein Schema dazu vor (vgl. AD II/II 2, 541–546), das dann 1963 als Kapitel 1 in den Entwurf *De episcopis ac de dioecesium regimine* (vgl. AS II/4, 365–367) integriert wurde; nach der Neufassung 1964 behielt es seinen systematischen Ort im 1. Kapitel von *De pastorali episcoporum munere in ecclesia* (vgl. AS III/2, 25 f.; AS III/6, 123 f.; AS IV/2, 514–517; schließlich AS IV/5, 566 f.).
[68] Vgl. die Relatio zur neuen Textfassung 1964: „fundamentum constituit propositionum seu conclusionum, quae de iuribus Episcoporum in hoc articulo statuuntur" (AS III/2, 48).
[69] Zu diesen drei Epitheta vgl. Bier, Rechtsstellung des Diözesanbischofs 132–137.

seiner Diözese erhalten.⁷⁰ Doch hat sich diese ursprüngliche bischöfliche Vollmacht gegenüber der im I. Vatikanum erklärten (DH 3060), vom Zweiten Vatikanischen Konzils bestätigten (CD 2, 1) und dann im CIC/1983 (c. 333 § 1) kodifizierten Unmittelbarkeit der Vollmacht des Papstes (potestas immediata) über die Gesamtkirche und alle Ortskirchen zu behaupten, deren Bischöfe für ihre Diözesen dieselbe Vollmacht beanspruchen dürfen (vgl. auch LG 27, 2).⁷¹

Auf die Frage der Vereinbarkeit beider Unmittelbarkeiten hat sich das Konzil nicht eingelassen. Sie ist wohl auch leichter in negativer Abgrenzung zu beantworten: Reichskanzler von Bismarck hatte eine Klarstellung provoziert mit seiner Feststellung, mit dem I. Vatikanum sei die bischöfliche Jurisdiktion, weil der Papst „in jeder einzelnen Diöcese die bischöflichen Rechte in die Hand zu nehmen" in der Lage sei, in der päpstlichen aufgegangen, so dass die Bischöfe lediglich noch seine „Beamten ohne eigene Verantwortlichkeit" seien. Der deutsche Episkopat antwortete in seiner berühmten „Collectiv-Erklärung" (1875), dies alles treffe so nicht zu, denn die Bischöfe seien „vom heiligen Geiste gesetzt und an die Stelle der Apostel getreten, (sie) weiden und regieren als wahre Hirten die ihnen anvertrauten Herden", wie es in *Pastor aeternus* heißt (DH 3061).⁷² Pius IX. bestätigt im selben Jahr diese Erklärung; er habe dem nichts hinzuzufügen (DH 3117). Die Enzyklika *Satis cognitum* Leos XIII. (1896) wiederholt, die Bischöfe seien „nicht bloße Stellvertreter der römischen Päpste, denn sie besitzen eine eigene Gewalt"⁷³. Beider ‚Gemeinschaft' ist jedoch wiederum als ‚Unterordnung und Gehorsam' beschrieben.⁷⁴

Bischof Zinelli, der Sprecher der Glaubensdeputation, hatte in den Debatten des I. Vatikanums versichert, der Apostolische Stuhl werde nicht unnötig in die Belange der Bischöfe eingreifen, da der Primat nicht zur Zerstörung (in destructionem) der Ordnung der Kirche da sei, sondern zu ihrem Aufbau (in aedificationem)⁷⁵. Und dass der Papst „seine Vollmacht jederzeit nach Gutdünken ausüben" könne, wird in der *Nota praevia explicativa* des II. Vatikanums mit dem Nachsatz versehen: „wie es von seinem Amt her gefordert ist", worin man eine Bindung und Begrenzung dieser Vollmacht sehen darf. Auch das eigene Ur-

---

⁷⁰ Vgl. AS II/4, 442. Es ging um die Interpretation der Synode von Pistoia (1786); vgl. DH 2606. – Nach dem definitiven Text in *Christus Dominus* sieht auch Correco ausgeschlossen, die Jurisdiktionsvollmacht „als einen Ausfluss der Primatialgewalt anzusehen, denn es [= das Konzil; G. B.] sagt ausdrücklich, dass der einzelne Bischof ,per se' und unmittelbar alle ordentlichen Gewalten besitzt" (Correco, Der Bischof 279); auf der Basis seiner Analyse der Genese von LG 27 urteilt auch Betti, die Qualifizierung der Bischöfe als „vicarii et legati Christi" lasse ihre Vollmacht als eine eigenständige und eigenberechtigte (propria) erscheinen, „cioè non delegata da nessuno, neppure dal Papa" (Betti, Dottrina sull'Episcopato 436).
⁷¹ Vgl. Krämer, Universales und partikulares Recht 59–62; Mörsdorf, Unmittelbarkeit der päpstlichen Primatialgewalt. – Speziell zu c. 333 § 1 CIC/1983: Werneke, Ius universale 109–115.
⁷² Text und Kommentar bei Rousseau, Der wahre Wert des Bischofsamtes; DH 3112–3117.
⁷³ Rohrbasser, Heilslehre der Kirche Nr. 653.
⁷⁴ Rohrbasser, Heilslehre der Kirche Nr. 654.659.
⁷⁵ Vgl. Mansi 52, 1105D.
Der Antrag des Bischofs Vérot, die Lehre, nach der der Papst alles „pro nutu suo" regeln könne, solle mit dem Anathema belegt werden, wurde zurückgewiesen, da dies offensichtlich falsch sei und nicht verurteilt zu werden brauche (vgl. Bacht, Primat und Episkopat 1461 f.).

teil (propria discretio) ist „auf das Wohl der Kirche ausgerichtet (intuitu boni Ecclesiae)" (Nota Nr. 3). Es sind innere Bindungen, keine rechtlichen Begrenzungen der päpstlichen Vollmacht, die die Beziehung Primat – Episkopat zum Wohl der Kirche gedeihen lassen. Die in dieser Beziehung angelegte Spannung lässt K. Rahner auf „das rechtlich ungesicherte Vertrauen in den Beistand des Geistes der Kirche"[76] setzen. Auch die Kirchenkonstitution spricht davon, dass der Kirche „Struktur und Eintracht der Heilige Geist immerfort stärkt" (LG 22,2).

Die seit Trient offene Frage nach dem Ursprung der Jurisdiktionsvollmacht der Bischöfe ist hier jedenfalls prinzipiell entschieden[77], vorbereitet durch die in *Lumen gentium* (LG 21,2) erklärte Bindung der potestas iurisdictionis bzw. des munus regendi an die Ordination[78], also die theologische Einsicht, dass die Bischofsordination nicht nur auf das corpus Christi verum, sondern auch auf das corpus Christi mysticum zielt.[79] Die Kommission folgte dem Votum vieler Konzilsväter und sprach von der „Ausübung" (exercitium) des Hirtendienstes; nicht auf die christusunmittelbare potestas als solche, lediglich auf deren rechtliche Bestimmung (determinatio) zum Vollzug in der Kirche bezieht sich die Autorität des Papstes gegenüber den Bischöfen.[80] Dieser grundsätzlichen Erklärung bischöflicher Vollmacht folgt unvermittelt – sprachlich und besonders sachlich – der Hinweis, dass davon das päpstliche Vorbehaltsrecht unangetastet sei.

Der vorbereitenden Bischofskommission war von der Koordinierungskommission nach Sichtung erster Textentwürfe beschieden worden, wo immer von ‚Vollmachten' und ‚Privilegien' die Rede sei, „zunächst das allgemeine Prinzip anzuführen, wonach die residierenden Bischöfe ganz regulär sämtliche Vollmachten besitzen, ohne die sie nicht in der Lage wären, ihre Aufgaben zu erfüllen"[81]. Die vorbereitende Kommission für die Ostkirchen war – im Unterschied zur Bischofskommission – von Anfang an davon ausgegangen, dass dem Bischof eigenberechtigte und ordentliche Jurisdiktionsvollmacht zur Leitung seiner Diözese zukomme und dass im Zweifelsfall die Rechtsvermutung für die ordentliche Voll-

---

[76] Rahner, Episkopat und Primat 35.
[77] Modi, die potestas iurisdictonis unmittelbar vom Papst abzuleiten, fanden keine Berücksichtigung mehr (z. B. AS III/8, 94 [Modus 190], aaO. 71 f. [Modus 78]); noch in *Mystici corporis* hatte es geheißen, dass die Diözesanbischöfe „eine ordentliche Jurisdiktionsgewalt besitzen, die ihnen unmittelbar gleichfalls vom Papste erteilt wird" (AAS 35 [1943] 211 – Übersetzung nach Rohrbasser, Heilslehre der Kirche 487 N 786).
[78] Vgl. Lécuyer, Bischofsweihe als Sakrament; Breuning, Verständnis des katholischen Bischofsamtes 20 f. – Vgl. das ‚prophetische' Wort K. Rahners (Pastoraltheologische Bemerkungen 171): „Die konziliare Erklärung, daß die sakramentale Bischofsordination alle drei Ämter (Lehr-, Priester-, Hirtenamt) verleiht, wird den Kanonisten noch viel Kopfzerbrechen machen."
[79] Vgl. Ratzinger, Bischöfliche Kollegialität 50 f.
[80] Zum Verhältnis „potestas" – „exercitium potestatis" vgl. Krämer, Dienst und Vollmacht 71–115.
[81] Grootaers, Zwischen den Sitzungsperioden 537. – Kardinal Alfrink verband mit der Frage nach den Rechten der Bischöfe die nach der Anwendung der Gesetze der Universalkirche auf die Ortskirchen (vgl. AD I/II 2, 511: „Congruum esse videtur, ut singuli Episcopi leges universalis Ecclesiae in sua dioecesi exsequantur pro regionum, temporum morumque diversitate, utque illarum legum dispensationes concedere valeant, cum non ad Ecclesiae partem regendam Episcopi sint delegati, verum pro suo quisque territorio potestatis legislativae riminisque Ecclesiae universalis sint participes").

macht des Bischofs gelte.[82] Für viele Konzilsväter hatte das herrschende System der gewährten Dispensen einer Position der Diözesanbischöfe entsprochen, nach der sie bloß Delegierte, von der Zentrale der Christenheit aus mit der Verwaltung eines bestimmten Territoriums Beauftragte seien.[83] Mit CD 8a ist das traditionelle Konzessionssystems, wonach den Bischöfen Vollmachten erteilt werden[84], durch das Reservationssystem abgelöst, wonach sich der Papst gewisse Befugnisse vorbehält. K. Mörsdorf bewertet dies als „eine grundsätzliche Umkehrung in dem Verhältnis von Papst und Diözesanbischof; für letzteren streitet nunmehr die Vermutung, daß er alle Gewalt besitzt, die zur Ausübung seines Hirtenamtes erforderlich ist"[85]. Die in CD 8a formulierte Grundnorm wird als c. 381 § 1 Eingang in den CIC/1983 finden mit einer bedeutsamen Auslassung: Von der bischöflichen Vollmacht ist nicht mehr als von einer *per se* zukommenden die Rede[86], auch die Stichworte „vicarius Christi" (LG 27) und „iuris divini" fallen nicht. G. Bier urteilt darum zurückhaltend und formuliert als Kern der Norm: „Der Diözesanbischof kann alles, was ihm nicht entzogen ist", und schließt: „Zwar haben die Diözesanbischöfe jetzt alle erforderlichen Kompetenzen. Aber was erforderlich ist, legt der Papst fest."[87]

Die in *Christus Dominus* zum Ausdruck kommende Option der Konzilsväter verändert die Perspektive, so dass nun die Rechtsvermutung zugunsten der Kompetenz des Bischofs spricht und die primatiale Gewalt gleichsam begründungspflichtig ist, wenn sie auf diözesane Belange des Bischofs Einfluss nimmt. Dieser Einfluss ließe sich nach dem Prinzip der Subsidiarität denken.[88] Bereits Ende 1963 hatte Paul VI. in seinem Motu Proprio *Pastorale munus*[89] vierzig „Fakultä-

---

[82] Vgl. AD II/II 3, 1281.
[83] Für Kardinal Alfrink vgl. Grootaers, Zwischen den Sitzungsperioden 538, Anm. 225; ders., Une restauration de la théologie de l'épiscopat.
[84] Die tridentinische Formel dafür war: „tamquam sedis apostolicae delegati" (COD 740, 8) bzw. „tamquam delegati apostolici" (738, 31) oder „sedis apostolicae delegati" (738, 18). Sie „war der kanonistische Kunstgriff", der die Stärkung der Autorität der Bischöfe in ihren Diözesen ermöglichte, „ohne päpstliche Prärogativen grundsätzlich zu beseitigen", „eine kanonistisch elegante, theologisch aber unbefriedigende Lösung des Problems der bischöflichen Gewalt" (Jedin, Delegatus Sedis Apostolicae 427.428).
[85] Mörsdorf, in: LThK.E 2, 160. – Ähnlich Müller, Stellung des Diözesanbischofs 101 f.; Weigand, Änderung der Kirchenverfassung 410 f. – Dennoch bleibt, dass CD 8a den einzelnen Diözesanbischöfen die Vollmacht „erteilt" sieht, ohne allerdings zu sagen, von wem; konsequenterweise hätte man diese Vollmacht einfach festgestellt.
[86] Vgl. Bier, Rechtsstellung des Diözesanbischofs 133–137. „Mit dem ‚per se' sollte näherhin gesagt sein, daß die Gewalt des Diözesanbischofs nicht aus der Gewalt des Papstes abgeleitet, sondern eine gegenüber der päpstlichen Gewalt eigenständige Gewalt göttlichen Rechtes ist." (Mörsdorf, in: LThK.E 2, 158).
[87] Bier, Rechtsstellung des Diözesanbischofs 250.251. – Vgl. aaO. 249–260.
[88] Vgl. Freiling, Subsidiaritätsprinzip 100–104.
[89] Vom 30.11.1963: AAS 56 (1964) 5–12. – Vgl. auch HerKorr 18 (1963/64) 419–421. Der Textentwurf *De episcopis ac de dioecesium regimine* vom 05.11.1963 hatte in einem Anhang „facultates" zusammengestellt, die „ipso iure" den Bischöfen zuerkannt werden müssten (AS II/4, 382–391), und das alles unter das Stichwort ‚Dezentralisierung' gestellt, die bereits vom I. Vatikanum gewünscht worden sei (Hinweis auf Mansi 53, 39), wie unter die Kriterien des „bonum commune" sowie der „ecclesiastica unitas" (AS II/4, 383).

ten"⁹⁰, bislang dem Apostolischen Stuhl reservierte Vollmachten, den Bischöfen als ordentliche Rechte übertragen und acht Privilegien gewährt, damit also die „causae reservatae" eingeschränkt, „wobei wohl offen blieb, ob die Begründung dieser Einschränkung eher in der Delegation eigentlich päpstlicher oder in der Anerkennung originär bischöflicher Zuständigkeiten liegt"⁹¹.

CD 8b benennt eine Konkretion dieser sensiblen und umstrittenen Frage, nämlich die Vollmacht des Diözesanbischofs, in einem speziellen Fall die Verpflichtung einer kirchlichen Rechtsvorschrift aufzuheben.⁹² Das „geistliche Wohl (bonum spirituale)" bildet dabei das Kriterium und bestimmt die Reichweite⁹³ der Dispensvollmacht⁹⁴, die auch durch den Hinweis auf besondere Vorbehalte seitens der höchsten Autorität der Kirche eingeschränkt wird. Das Motu Proprio *De Episcoporum muneribus* (1966) listet dann die bis Inkrafttreten des neuen Kodex geltenden päpstlichen Dispensvorbehalte im Einzelnen auf.⁹⁵ Bischof Kempf (Limburg) hatte während der 3. Sessio in einer schriftlichen Eingabe zum neu gefassten Schema gebeten, dem Vorbehalt zugunsten des Römischen Bischofs (sibi vel alii auctoritati causas reservandi – jetzt CD 8a) die Worte „ob bonum commune Ecclesiae" hinzuzufügen, und dabei an die Eröffnungsansprache Pauls VI. zur 3. Sessio erinnert, in der der Papst ausführte, er werde, wenn sein apostolisches Amt es verlange, sich etwas vorzubehalten, was zur Ausübung bischöflicher Vollmacht gehöre, Grenzen bestimmen, Formen festsetzen und Vorgehensweisen regeln; das alles verlange „das Wohl der Universalkirche selbst (ipsum Ecclesiae universae bonum)" und auch die Einheit der Kirche.⁹⁶ Die Relatio der Kommission hatte zuvor zum neugefassten Text vom Frühjahr 1964 vermerkt, man habe es für opportun gehalten, die Worte „propter bonum commune" und „ad fidei et disciplinae unitatem servandam", worin Grund und Grenze des

---

⁹⁰ Es ist nicht leicht, „facultas" zu übersetzen: ‚Befugnis' hieße – bereits interpretierend –, dass dieses ‚Können' ein vom Papst zugestandenes, aber kein mit dem Bischofsamt ursprünglich gegebenes wäre.
⁹¹ Freiling, Subsidiaritätsprinzip 12.
⁹² Vgl. im einzelnen Mörsdorf, in: LThK.E 2, 166–171. Er beschreibt auch Sinn und Zweck dieser Vollmacht: „nicht die Bischöfe vom allgemeinen Kirchengesetz freizustellen, sondern sie instand zu setzen, den ihnen anvertrauten Gläubigen auch dann dienen zu können, wenn diese durch die Beobachtung eines allgemeinen Kirchengesetzes in eine Situation geraten, die ihrem geistlichen Wohl abträglich ist" (169). – Nach c. 87 § 1 CIC/1983 kann der Diözesanbischof im Interesse des geistlichen Wohls der Gläubigen von Disziplinargesetzen der höchsten kirchlichen Autorität mit Ausnahme des Prozess- und Strafrechts und der Fälle, deren Dispens dem Apostolischen Stuhl oder einer anderen Autorität vorbehalten ist, dispensieren.
⁹³ Es geht also nicht z. B. um das Prozessrecht.
⁹⁴ Ein weitergehender Änderungsantrag „ob iustam causam" wurde abgelehnt mit dem Hinweis, dass die Dispensvollmacht dem munus pastorale gelte (AS IV/2, 525).
⁹⁵ Paul VI., MP *De Episcoporum muneribus* (15.08.1966): AAS 58 (1966) 467–472. Freiling, Subsidiaritätsprinzip 179–182, listet die nach dem CIC/1983 der gesamtkirchlichen Ebene vorbehaltenen und die auf ortskirchlicher Ebene nicht ohne besondere gesamtkirchliche Mitwirkung zu entscheidenden Fälle auf. – Zur Dispensvollmacht auch Bier, Rechtsstellung des Diözesanbischofs 255–259; Lederer, Neuordnung des Dispensrechtes.
⁹⁶ Vgl. AS III/2, 414. Kardinal Bea hatte bereits 1963 dasselbe vorgeschlagen: AS II/4, 657; ebenso Bischof Jubany: AS II/4, 684.

päpstlichen Vorbehalts (causa seu finis reservationis) zum Ausdruck kämen, aus dem Vorgängertext zu streichen.[97]

CD 9 spricht von den Hilfsorganen des Papstes: der Römischen Kurie und den Päpstlichen Legaten. Das Dekret sieht in CD 9,1 die römischen Behörden in der Autorität des Papstes zum Wohl der Kirchen und als Dienstleistung für die Bischöfe – man wird dies wohl als normativen Indikativ lesen dürfen. Die Anerkennung der „außerordentlichen Hilfe" der Kurie ist denn auch in Parenthese gesetzt zum ausdrücklichen Wunsch in CD 9,2, dass diese den Bedürfnissen der Zeit, der Regionen und der Riten angemessen neu geordnet werde, und zwar umfassend: „insbesondere was ihre Anzahl, ihren Namen, ihre Zuständigkeit und die ihnen eigene Vorgehensweise sowie die Zuordnung der Arbeiten untereinander betrifft". Erst in der Schlussredaktion eingefügt wurde – hier wie dann auch in CD 10,1 – der Wunsch, auch die Aufgabe der Päpstlichen Legaten genauer zu bestimmen; im Zusatz „unter Berücksichtigung des je eigenen Hirtenamts der Bischöfe" kommen wohl Motiv und Intention deutlich zum Ausdruck. Die gewünschte „genauere Bestimmung" des Amtes der päpstlichen Legaten war als Einschränkung oder Begrenzung gemeint gewesen. Hier meldet sich das in CD 8a formulierte theologische Selbstbewusstsein der Bischöfe, das ihre ursprünglichen Rechte auch im Umgang mit den Gesandten des Papstes gewahrt sehen will. Die Bestimmung des c. 269 § 1 CIC/1917, die Päpstlichen Legaten dürften die freie Ausübung der Gewalt der Ortsbischöfe nicht behindern, und die praktischen Erfahrungen damit haben den Wunsch der Konzilsväter offenbar nicht erübrigt.[98]

Das Motu Proprio *Sollicitudo omnium Ecclesiarum* (24.06.1969) Pauls VI.[99] ordnete das Legatenwesen neu und sieht dessen erste Aufgabe in der „Hilfe für die Bischöfe, Priester, Ordensleute und alle Christgläubige", sekundär erst in der Vertretung gegenüber staatlichen Instanzen. Damit werden die Legaten ausdrücklich zu Instrumenten der Sorge des Papstes „für das gemeinsame Wohl der gesamten Kirche und für das Wohl der einzelnen Kirchen" (CD 2,1). Der CIC/1983 übernimmt in den cc. 362–367 die Bestimmungen des Motu Proprio, spricht nun aber nicht mehr von der „Überwachung (advigilare) des kirchlichen Lebens" (vgl. c. 267 § 1,2 CIC/1917). Es wird sehr von der konkreten Amtsführung der Päpstlichen Legaten abhängen, die zwar den Dienst der Vermittlung leisten sollen, aber auf die Seite der einen der zu vermittelnden Größen gehören, ob das latente Misstrauen der Konzilsbischöfe weiter Nahrung findet. In den Antworten auf die *Lineamenta* zur Bischofssynode 2001 gaben jedenfalls, dem *Instrumentum Laboris* zufolge, „viele Bischöfe dem Wunsch Ausdruck, dass die Beziehung zwischen dem Nachfolger des Petrus und den Diözesanbischöfen über die Dikasterien des Heiligen Stuhls und die päpstlichen Vertreter immer stärker vom Kriterium der gegenseitigen Zusammenarbeit und brüderlichen Hochschätzung geprägt sein

---

[97] Vgl. AS III/2, 48.
[98] Zur (auch belasteten) Geschichte des päpstlichen Gesandtschaftswesens vgl. Walf, Entwicklung des päpstlichen Gesandtschaftswesens; Ganzer, Das päpstliche Gesandtschaftswesen; Rees, Päpstliche Legaten 147–152.
[99] Vgl. AAS 61 (1969) 473–484; lat./dt. in: NKD 21, 40–67; dazu: Schmitz, Kommentar.

soll als konkrete Verwirklichung einer Communio-Ekklesiologie unter Achtung der Zuständigkeiten" (Nr. 70).[100]

CD 10 nennt konkretere Wünsche für die Kurienreform und die Nuntien: Das Personal, das ja das Wohl der ganzen Kirche im Auge haben soll, sollte internationaler zusammengesetzt werden (CD 10,1); Bischöfe, zumal Diözesanbischöfe, sollten Mitglieder kurialer Institutionen werden, damit sie dem Papst umfassenderen Einblick in die Vielfalt der Ortskirchen geben könnten (CD 10,2). Die angeregte und dann auch umgesetzte Internationalisierung der Kurialen bringt gewiss ein breiteres Spektrum von Stimmen und Perspektiven in Rom zur Geltung, macht die dortige Kurie darum aber nicht schon zu einem Organ der Weltkirche.[101] Schließlich sollten in der Kurie auch Laien verstärkt zu Wort kommen – „beratend", wie die Relatio auf Einwände hin beschwichtigt, und sie müssten ja auch nur gehört werden[102] –, damit „auch diese in den Angelegenheiten der Kirche die ihnen angemessene Rolle spielen".

Die Behörden und Einrichtungen der Römischen Kurie dienen dem Papst in der Ausübung seines höchsten Hirtenamtes. Das während des Konzils ins Bewusstsein getretene Bischofskollegium als Träger der „suprema potestas in universam Ecclesiam" entbehrt außerhalb eines Konzils solcher Organe; die Bischofssynode ist kein solches.[103] Auch die dem Wunsch der Konzilsväter entsprechende Entscheidung Pauls VI., dass jeder römischen Kongregation sieben Diözesanbischöfe als ordentliche Mitglieder angehören sollten[104], vermag diesen Mangel nicht zu kompensieren, weil diese Bischöfe einerseits damit ja gerade in die Kurie als das Exekutivorgan des Papstes integriert werden[105] und anderseits nur an den jährlichen Vollversammlungen, nicht aber an den häufigeren ordentlichen Sitzun-

---

[100] In der Einleitung des MP *Sollicitudo omnium Ecclesiarum* klingt ein Verständnis für diese Sorge an, wenn Paul VI. auf einen Brief Gregors des Großen verweist, in dem es heißt: „Wenn die jedem einzelnen Bischof zustehende Jurisdiktion nicht gewahrt wird, was geschieht dann anderes, als dass die kirchliche Ordnung, die durch Uns behütet werden soll, durch Uns verwirrt und durcheinandergebracht wird?"

[101] Vgl. die Sorge des Erzbischofs von Bhopal, Eugene D'Souza: „Könnte vielleicht schon ein großer Vorteil davon erwartet werden, dass einige Bischöfe zu Mitgliedern oder Konsultoren der römischen Kongregationen ernannt werden? Das wäre nur ein unwesentlicher Unterschied oder Schritt, nicht aber eine tiefgreifende Reform. Wenn aber solche Fragen nicht geklärt werden, wenn die Vollmacht der Kurie nicht, wie dies weitaus die meisten der hier Anwesenden wünschen, genau umschrieben wird, wird mindestens nach einigen Jahren alles wieder beim alten sein. Wenn 2200 Bischöfe, die aus der ganzen Welt zum ökumenischen Konzil versammelt sind, gewissen Druckmaßnahmen zuweilen nur schwer widerstehen können, was werden dann diese wenigen, auf die verschiedenen römischen Kongregationen verteilten Bischöfe vermögen?" (Congar – Küng – O'Hanlon [Hg.], Konzilsreden 98). – Zur Römischen Kurie vgl. Acerbi, Die ekklesiologische Grundlage 219–225; Hallermann, Römische Kurie.

[102] Vgl. AS IV/2, 526.527. – Mitglieder der kurialen Behörden sollten sie ja ohnehin nicht werden (vgl. aaO. 527).

[103] Auch der CIC/1983 handelt nach c. 336 vom Bischofskollegium in den fünf weiteren Canones ausschließlich vom Konzil.

[104] Paul VI., MP *Pro comperto sane* (06.08.1967): AAS 59 (1967) 881–884.

[105] Vgl. c. 360 CIC/1983: „Die Römische Kurie, durch die der Papst die Geschäfte der Gesamtkirche zu besorgen pflegt und die ihre Aufgabe in seinem Namen und seiner Autorität zum Wohl und zum Dienst an den Teilkirchen ausübt, …".

gen teilnehmen. Der theologischen Dignität des Bischofskollegiums entspricht bis heute keine angemessene Pragmatik.

Die Reform der Römischen Kurie steht immer wieder, m. a. W. zu oft auf der Tagesordnung[106]: Paul VI. hatte am 21.09.1963 in einer Ansprache an die Mitglieder der Kurie bereits eine Reform angekündigt[107]; zum Ende des Konzils reformierte er zunächst das Heilige Offizium[108], 1967 dann die gesamte Kurie[109]. 1969 mahnte die erste außerordentliche Bischofssynode weitere Reformen in der Kommunikations- und Handlungsweise an. Weitere Reformschritte mündeten dann in die Apostolische Konstitution Johannes Pauls II. *Pastor Bonus* (28.06.1988)[110] sowie das *Regolamento generale della Curia Romana* vom 04.02.1992[111] und 30.04.1999[112]. In seinem Apostolischen Schreiben *Novo millenio ineunte* (06.01.2001) hebt Papst Johannes Paul II. jedoch erneut an: Was die Reform der Römischen Kurie betreffe, bleibe „sicherlich noch viel zu tun" (Nr. 44).

III. Die Bischöfe in Bezug auf die Teilkirchen bzw. Diözesen (CD 11–35)

Das umfangreiche 2. Kapitel (CD 11–35) nimmt den Diözesanbischof in der Beziehung zu seiner Ortskirche in den Blick, und zwar in drei nicht sehr systematisch komponierten Abschnitten; der Eindruck drängt sich auf, dass die Konzilsväter hier abgehandelt haben, was ihnen ‚auf den Nägeln brannte', so dass auch keine umfassende Erörterung des Bischofsamtes als des Amtes der Leitung eines Bistums in all seinen Bezügen zu erwarten ist.

1. Die Diözesanbischöfe (CD 11–21)

Der erste Abschnitt bestimmt den Begriff der Diözese, entfaltet dann das Bischofsamt nach dem Schema der drei munera, behandelt Fragen des Apostolats sowie der Beziehungen zum Staat und diskutiert abschließend die Amtsdauer eines Diözesanbischofs.

CD 11 definiert in **CD 11, 1** die Diözese als „Teil des Volkes Gottes"[113], also nicht territorial, sondern personal als Gemeinschaft von Gläubigen, für die der Bischof

---

[106] Vgl. Provost, Reform der Römischen Kurie; Reese, Im Inneren des Vatikan 148–278.
[107] Vgl. AAS 55 (1963) 793–800; erneut 1965 unter Bezug auf das Bischofsdekret: AAS 57 (1965) 978–984, bes. 980f.
[108] Vgl. Paul VI., MP *Integrae servanda* (07.12.1965): AAS 57 (1965) 952–955.
[109] Vgl. Paul VI., Apostolische Konstitution *Regimini Ecclesiae Universae* (15.08.1967): AAS 59 (1967) 885–928.
[110] Vgl. AAS 80 (1988) 841–934. – Vgl. dazu Cattaneo, Der ekklesiologische Ort.
[111] Vgl. AAS 84 (1992) 201–267.
[112] Vgl. AAS 91 (1999) 630–699.
[113] Hier wird der Antrag, die Bezeichnung „Volk Gottes" um die Erwähnung des „corpus Christi mysticum" zu erweitern, abgelehnt mit der Begründung, letzteres sei in ersterem bereits mitgemeint (vgl. AS IV/2, 562).

mit seinem Presbyterium[114] die Hirtenaufgabe wahrnimmt. Erzbischof Veuillot will hier die Aussagen des zweiten Kapitels der Kirchenkonstitution über das Volk Gottes eingeschrieben sehen.[115] Darüber hinaus darf hier daran erinnert werden, dass in jeder Ortskirche die eine Kirche Jesu Christi „innewohnt und wirkt" (CD 11,1). Jede Ortskirche ist wahrhaft und heißt – wie schon im Neuen Testament – zurecht „Kirche" (LG 26,1), weil sie unter der Leitung des Bischofs der Ort ist, an dem Eucharistie gefeiert wird, „aus der die Kirche immerfort lebt und wächst", der Ort des „von Gott gerufenen neuen Volkes", an dem „durch die Verkündigung der Frohbotschaft Christi die Gläubigen versammelt" werden, an dem „Christus gegenwärtig" ist.[116] Diesem wahren Kirchesein entspricht die Fülle des Ordo-Sakraments im Bischofsamt (LG 21,2).

Das Wesentliche dieses Hirtenamtes wird in schlichter, aber tiefer Weise beschrieben: die Sammlung der Gemeinschaft im Heiligen Geist durch das Evangelium und die Eucharistie.[117] Man mag auch hier das Schema des *triplex munus* entdecken, das aber noch einmal pneumatologisch fundiert wird. So bildet die Diözese eine Ortskirche (Ecclesia particularis)[118], in der die eine, heilige, katho-

---

[114] Mit „presbyterium" sind hier neben den Diözesan- auch die Ordenspriester gemeint (vgl. AS IV/2, 562). Der Vorschlag, die erwähnte Kooperation auch auf „andere Helfer, die Laien nicht ausgenommen (etiam cum aliis adiutoribus, laicis non exceptis)", zu erweitern, wurde abschlägig beschieden, weil den Laien ja nicht zukomme, das Volk Gottes zu leiten (quia laici non pascunt populum Dei)" (ebd.). Die in LG 36 noch verhalten, in AA 2 explizit festgestellte Teilhabe aller Getauften, also auch der Laien, am munus regendi ist auch hier nicht mitbedacht.

[115] Vgl. seinen Beitrag in „La Croix" (s. oben Anm. 22).

[116] LG 26 verdankt sich einer von Karl Rahner angeregten (vgl. Schneider, Kirche als Eucharistiegemeinschaft) Intervention von Weihbischof Eduard Schick (Fulda) in der 45. Generalkongregation (10.10.1963): Congar – Küng – O'Hanlon (Hg.), Konzilsreden 29–31. – Vgl. Nocent, Die Ortskirche.

[117] Die profilierte Erwähnung der Eucharistie wird begründet, sie sei „causa unionis" (AS IV/2, 562).
Eine von der Eucharistie her entworfene, orthodoxer Ekklesiologie nahe kommende (vgl. Kallis, Eucharistische Ekklesiologie; Brun, Orthodoxe Stimmen 198–208) Ekklesiologie tendiert dazu, die Unterschiede zwischen der Diözese und der Pfarrgemeinde zu nivellieren (vgl. auch LG 26; SC 10.41 f.). In ihrer mittelalterlichen Variante hatte sie den Gedanken einer Sakramentalität der Bischofsordination als obsolet erscheinen lassen – dem Bischof kommt gegenüber dem Priester im Blick auf das corpus Christi verum keine weiter reichende Vollmacht zu –, worauf nun aber gerade das II. Vatikanum größten Wert legt (vgl. LG 21). – Zum Zusammenhang von Eucharistie und Gemeinde vgl. Bode, Zusammenhang von Eucharistie und Gemeinde auf dem II. Vatikanum; Thaler, Gemeinde und Eucharistie; Forte, La Chiesa nell'Eucaristia; Balducci, Kirche als Eucharistie.

[118] Ich ziehe die Bezeichnung „Ortskirche" der Übersetzung „Teilkirche" vor, um die Assoziation zu verhindern, die Gesamtkirche (Ecclesia universalis) sei die bloße Summe ihrer Diözesen, wenn auch in CD 11, obwohl hier die „ecclesia particularis" mit der Diözese identifiziert wird, der territoriale Bezug nicht eigens genannt und dann im CIC/1983 nicht mehr als konstitutives, wohl aber determinatives Element der „Ecclesia particularis" angeführt wird (c. 369 in Verbindung mit c. 372 § 1). „Ecclesiae particulares" sind aber vor allem Diözesen (c. 368) und auch nicht-diözesane „Ecclesiae particulares", etwa Rituskirchen, erstrecken sich über Territorien (c. 372 § 2). Die lokale Bindung des Bischofsamtes kommt nicht zuletzt in der bis heute festgehaltenen relativen Ordination zum Ausdruck, wenn auch bei den Titularbischöfen nur in fiktiver Weise. H. de Lubac plädiert für die Bezeichnung „Einzelkirche" (Quellen kirchlicher Einheit 31–54). – Forte, Laie 81, Anm. 1: „Der Begriff ‚Ortskirche' kann als äquivalent und austauschbar mit dem der ‚Teilkirche' gelten. In Anlehnung an *Lumen Gentium* 23 („in quibus et ex quibus una

lische und apostolische Kirche des Credo wirksam präsent ist; aus solchen Ortskirchen und in ihnen besteht die eine und einzige katholische Kirche (LG 23,1).

CD 11,2 konzentriert dann den Blick auf die Bischöfe, resümiert knapp, was in CD 8a vorweggenommen wurde, und erinnert daran, dass sie – unter der Autorität des Papstes – als „eigentliche, ordentliche und unmittelbare Hirten" ihr „Amt des Lehrens, Heiligens und Leitens" wahrnehmen. Neu ist der Hinweis auf die zu achtenden Rechte der Patriarchen oder anderer hierarchischer Autoritäten, bei denen an die Metropoliten und kollegiale bzw. kollektive Organe (Synoden, Bischofskonferenzen) zu denken ist, von denen im ersten Kapitel gehandelt wurde bzw. im dritten gehandelt werden wird. Das Bischofsamt, wiewohl bleibender Ausgangs- und Bezugspunkt, ist noch einmal eingebunden in ein differenziertes Gefüge, in dem sich die Einheit der Kirche ausdrückt und vollzieht.

CD 11,3 beschreibt die apostolische Aufgabe der Bischöfe in pointiert pastoraler, nicht kanonistischer Weise: sich als Zeugen Christi mit ganzem Herzen wahrhaft allen Menschen zuzuwenden.

CD 12–18 entfalten in betont pastoraler Sicht und Diktion – gleichsam als „Bischofsspiegel"[119] –, was zum Bischofsamt gehört, nach dem bereits bekannten systembildenden Schema des *triplex munus*. Es hatte in den ersten Kommissionsentwürfen noch keine Rolle gespielt[120], bis es, die Textentwicklung der Kirchenkonstitution aufnehmend, im neugefassten Entwurf von 1964 und sodann die folgenden Entwürfe hindurch zum Gliederungsschema wurde.[121] Vieles in diesen Artikeln ist dem Entwurf *De cura animarum* entnommen.

Eine doppelte Bedeutung kommt der Verwendung der „tria munera"-Konzeption in den Konzilstexten zu[122]: Einmal tritt, indem sie die „potestas"-Terminologie verdrängt, ein bis dahin gängiges Verständnis des kirchlichen Amtes in den Hintergrund, das zuerst von Befugnissen und Vollmachten bestimmt ist, und das Amt wird primär unter der Perspektive der Sendung gesehen und damit in der doppelten Relation zu Christus wie zur Kirche als Volk Gottes. „Der traditionelle

---

et unica Ecclesia catholica exsistit') kann man sagen, daß die Ortskirche mehr das *in quibus* zum Ausdruck bringt, das heißt das konkrete, historisch-lokale Zutagetreten des Geheimnisses der *Catholica* in den einzelnen Kirchen. Der Begriff ‚Teilkirche' dagegen unterstreicht vorwiegend das *ex quibus*, also die konstitutive und notwendige Verwiesenheit der Ortskirche auf die universale Gemeinschaft der Kirchen, zusammengefaßt und manifestiert im Einheits-Dienst des Bischofs der Kirche, die ‚den Vorsitz führt in der Liebe', des Bischofs von Rom. Diese stärker ‚universalistische' Relevanz erklärt, warum man vom Standpunkt des Kanonischen Rechts aus den Ausdruck ‚Teilkirche' bevorzugt, wie gleichzeitig die stärkere Akzentuierung der raum-zeitlichen Konkretion des geschichtlichen Wirkens des Geheimnisses der Kirche erklärt, warum man vom Standpunkt der theologischen Reflexion über die ‚Ortskirche' lieber auf diesen Ausdruck zurückgreift." – vgl. auch Villemin, Le diocèse.

[119] Vgl. Legrand, in: La charge pastorale 144–146.
[120] Mit einer Ausnahme: im zu den Praeparatoria (1962) zählenden Entwurf *Praecipuae de animarum cura quaestiones* (AD II/III, 300–339).
[121] Vgl. Krämer, Dienst und Vollmacht 29.
[122] Vgl. Bausenhart, Amt 258–262.

Begriff der ‚potestas', der schon von Cyprian und Tertullian eingeführt worden ist, erfährt seine theologische Differenzierung im ganz anders gelagerten hermeneutischen Medium der Begriffe ‚Sendung (missio)' und ‚Dienst (ministerium)'."[123] Zum andern wird im „tria munera"-Konzept die Trennung von ordo und iurisdictio im Ansatz überwunden mit der Intention, „die Konsekration nicht mehr allein an den ‚kultischen' Vollzug, sondern an den ganzen Heilsdienst zu binden. Das ‚Wesen' des Priestertums soll damit aus den Einengungen auf den Kult allein befreit und in eine ursprüngliche Weite seiner umfassenden Bestimmungen herausgeführt werden"[124].

Besonders und bedeutsam am Schema der „tria munera" ist, dass es – und zwar in signifikant anderer Weise als das „potestas"-Konzept[125] – Christologie, Ekklesiologie und speziell Amtstheologie bereits im Ansatz integriert: Das Wirken Christi, die Sendung der Kirche, d.h. aller Getauften und die besondere Aufgabe des kirchlichen Amtes werden in derselben Terminologie gefasst. Das ursprünglich christologische Schema sucht den ganzen Christus in seiner umfassenden Wirksamkeit zu beschreiben. Gerade diese muss aber nun auch die Kirche in ihrer Gesamtheit bestimmen und leiten, will sie Kirche Jesu Christi sein und bleiben; darin liegt ihre sakramentale Identität: Im kirchlichen Selbstvollzug als Wirken der drei „munera", der als geschenkter ganz der ihre ist, muss sich ihr Herr selbst aus-wirken. Nicht anders kann darum auch das kirchliche Amt im Allgemeinen, das bischöfliche im Besonderen sich bestimmen lassen, wenn es einerseits in das Volk Gottes integriert ist und an seiner Sendung teilhat und anderseits eben dieser Sendung dienen und so die sakramentale Identität der Kirche sichern helfen will.

CD 12–14 nehmen den Ausgang beim *munus docendi*. Die Verkündigung des Evangeliums wird unter den bischöflichen Hauptaufgaben hervorgehoben, was aber nicht als Überordnung verstanden werden kann, denn CD 15 wird den Heiligungsdienst als theologische Mitte verstanden wissen wollen.[126] Ziel (finis)[127] der Verkündigung des vollständigen Mysteriums Christi ist der Glaube (CD 12,1); der Hinweis auf die soteriologische wie ekklesiologische Bedeutung der irdischen Dinge (CD 12,2) mündet in ein breites Spektrum menschlicher Lebenssituationen und -bereiche, denen in der Lehre der Kirche ein hoher Stellenwert zukomme (CD 12,3). Der Weg (ratio) der Verkündigung soll zeitgemäß sein, die christliche Lehre dabei aber geschützt werden, stets von mütterlicher Sorge

---

[123] Lehmann, Das dogmatische Problem 158.
[124] Lehmann, Das dogmatische Problem 160.
[125] Hier herrscht eine andere Logik: „potestas" ist immer bevollmächtigte Vollmacht *über* andere, die nur als Rezipienten ins Spiel kommen, (an) denen etwas geschieht; vgl. die Rede von der „ecclesia docens – discens", „dominans – oboediens", „ducens – ductus" ... Die christologische Begründung des Amtes dominiert darin derart, dass sie keinen rechten Ausgleich findet mit der ekklesiologisch-pneumatologischen.
[126] „*Munus sanctificandi*, per quod Episcopi figura in suo veluti theologico centro collocatur" (AS III/2, 63).
[127] Die Relatio von 1964 gliedert die drei Artikel nach „finis", „ratio seu methodus" und „instrumenta" (AS III/2, 63).

motiviert und begleitet (CD 13,1). Vertrauensvoller, deutlicher, demütiger und kluger Dialog[128] wird als Weg der Verkündigung bezeichnet (CD 13,2). Vielfältigster heute verfügbarer Medien soll sie sich dabei bedienen, wobei die Konzilsväter Predigt und Katechese den ersten Rang zuschreiben (CD 13,3). CD 14 formuliert dann Kriterien für diese Katechese im Interesse eines lebendigen Glaubens wie für die Ausbildung der Katecheten, worin neben der Lehre der Kirche auch Psychologie und Pädagogik Berücksichtigung finden sollten, und regt schließlich eine verstärkte Aufmerksamkeit für das Erwachsenenkatechumenat an.[129]

CD 15 stellt in seinen Ausführungen zum *munus sanctificandi* die Bischöfe in der Fülle des Weihesakraments als die „hauptsächlichen Verwalter der Mysterien Gottes sowie auch die Moderatoren, Förderer und Wächter des ganzen liturgischen Lebens" ihrer Diözesen vor (CD 15,1). Allein hier, im Kontext des Heiligungsdienstes, ist auch die Rede von den Presbytern und Diakonen; doch haben sie an allen drei „munera" Anteil, wie es von den Presbytern in LG 28,2 und besonders PO 1.4–6 ausdrücklich gesagt wird. CD 15,2 legt den Bischöfen die Pflege des liturgischen und sakramentalen Lebens ans Herz; daraus speise sich die Einheit des Leibes Christi, das Wachstum der Gnade und das treue Zeugnis für den Herrn. Die Mahnung, selber ein Beispiel der Heiligkeit zu sein, hebt weit mehr auf die charismatische als auf die administrative Kompetenz der Bischöfe ab; CD 15,3 legt ihnen nahe, auch ihre Kleriker, Ordensleute und Laien zur Heiligkeit anzuhalten – wohl „gemäß der besonderen Berufung eines jeden", allerdings sollten sie so sehr wie möglich auf Priester- und Ordensberufungen, besonders missionarische Berufungen bedacht sein.

CD 16 spricht vom *munus regendi*, indem es den Dienstcharakter des Bischofsamtes unterstreicht (CD 16,1) und einen vorbildlichen, zeitgemäßen Lebensstil nahe legt (CD 16,2). Das Leitbild ist das des guten Hirten. Der „Geist der Liebe

---

[128] Pauls VI. Antrittsenzyklika *Ecclesiam suam* (1964) ist ganz vom Leitmotiv des Dialogs bestimmt.

[129] Vgl. Legrand, in: La charge pastorale 125–135. – Ursprünglich war von der Kommission (für die Disziplin des Klerus und des christlichen Volkes) ein eigenes Schema zur Katechese entworfen, das 1963 in das Schema *De cura animarum* integriert wurde, von wo die Ausführungen ihren Weg in das Bischofsdekret fanden.
Der Impuls des Konzils (neben CD 14 besonders SC 64f.; AG 13f.; LG 14; PO 5f.) für eine Erneuerung des Erwachsenenkatechumenates war in Frankreich vorbereitet und mündete 1972 – zwischen dem „Allgemeinen Katechetischen Direktorium" der Kleruskongregation (11.04.1971) und dem „Direktorium für den pastoralen Dienst der Bischöfe" (22.02.1973) – in den „Ordo initiationis christianae adultorum" (dt. „Die Feier der Eingliederung Erwachsener in die Kirche nach dem neuen Rituale Romanum" [1975; ²1986]). Die Gemeinsame Synode der Bistümer in der Bundesrepublik Deutschland machte sich diesen Impuls zu eigen („Schwerpunkte heutiger Sakramentenpastoral"); größere Beachtung erfuhr der Erwachsenenkatechumenat in Deutschland jedoch erst im Zusammenhang der politischen Vorgänge 1989: des Zuzugs ungetaufter Ausländer, besonders aus dem Gebiet der ehem. UdSSR, sowie der Begegnung zwischen Ungetauften aus der ehem. DDR mit Getauften in den alten Bundesländern. – Über die Situation in den USA informiert Tebartz-van Elst, Erwachsenenkatechumenat in den Vereinigten Staaten von Amerika; zum Erwachsenenkatechumenat in Europa: Ball – Werner (Hg.), Wege zum Christwerden; speziell zur Entwicklung in Deutschland: Ball u. a., Erwachsene auf dem Weg zur Taufe, bes. 13–32.

und der Sorge" wendet sich allen zu; dennoch werden eigens die Priester[130], die ja die bischöflichen Aufgaben mittragen, genannt. Ein vertrauensvoller Umgang mit ihnen, die Sorge für ihre geistliche, geistige und wirtschaftliche Situation und der Hinweis auf gefährdete Priester konkretisieren diese Sorge (CD 16, 3–4). Wie in LG 28, 2 werden auch hier die Presbyter des Bischofs „Söhne und Freunde" genannt; der Verweis auf Joh 15, 15 vermag allerdings nur die Freundschaft zu begründen, im Dekret *Presbyterorum ordinis* wird dann von den „Brüdern und Freunden" die Rede sein (PO 7)[131]. Weiter werden die Gläubigen, „gleich welchen Alters, welchen Standes oder welcher Nation", die Glieder anderer Kirchen und kirchlichen Gemeinschaften sowie die Nichtchristen eigens erwähnt (CD 16, 5–6). Erst in der Schlussredaktion wurde die pastorale Sorge der Bischöfe dahin ausgelegt, dass sie die Pflicht und das Recht auch der Laien, eine aktive Rolle im Leben der Kirche zu spielen, anerkennen (CD 16, 5). Das Motu Proprio *Ecclesiae sanctae* (1966) enthält dann Ausführungsbestimmungen hinsichtlich der wissenschaftlichen Weiterbildung der Priester und ihrer wirtschaftlichen und sozialen Absicherung.[132]

CD 17 verlässt die Systematik des „triplex munus" und weist auf die vielfältigen Formen des Apostolats – heute würde man von ‚Evangelisierung' sprechen – und deren Koordinierung in der Diözese hin (CD 17, 1). Zum zweiten wird die Pflicht aller Gläubigen zum Apostolat eingeschärft und ein Engagement in Initiativen des Laienapostolats empfohlen (CD 17, 2). Schließlich sollen die Formen des Apostolates zeitgemäß sein, angepasst an die Lebensbedingungen der Menschen, die zu erforschen der Pastoralsoziologie dringend empfohlen wird (CD 17, 3). Von der Einbindung der Religiosen in das Apostolat der Diözese wird in CD 33–35 die Rede sein; dem Laienapostolat widmet das Konzil ein eigenes Dekret *Apostolicam actuositatem*, das das Apostolat der Laien nicht (mehr) vom hierarchischen Apostolat ableitet – darin bleibt die ‚Katholische Aktion' noch befangen –, sondern als ursprüngliche „Teilnahme an der Heilssendung der Kirche selbst" (AA 2) sieht.

CD 18 nimmt besondere Bevölkerungsgruppen in den Blick, denen nur eine differenzierte Pastoral begegnen kann: Migranten, Vertriebene und Flüchtlinge, Seeleute und Luftfahrer, Nomaden, Touristen u. a. (CD 18, 1). Über allgemeine Empfehlungen kommt das Dekret hier aber nicht hinaus; CD 18, 1 richtet sich hierfür an die Adresse der Bischofskonferenzen. Das Motu Proprio *Ecclesiae sanctae* ersucht sie, für die Migranten und Umsiedler einen Priester zu delegieren bzw. die Sorge einer Kommission zu übertragen.[133]

---

[130] Hier ist von „sacerdotes", nicht von „presbyteri" die Rede.
[131] Eigenartigerweise mit Hinweis auf LG 28, 2. – Vgl. Müller, Episkopat und Presbyterat 356–359.
[132] Vgl. MP *Ecclesiae sanctae* I. Nr. 7–8: AAS 58 (1966) 761 f. (Übersetzung in HerKorr 20 [1966] 459 f.). Diese Ausführungsbestimmungen beziehen sich auch auf PO 19–21.
[133] Vgl. MP *Ecclesiae sanctae* I. Nr. 9: AAS 58 (1966) 763 (Übersetzung in HerKorr 20 [1966] 460).

Rückblickend auf CD 12–18 fällt ein Dreifaches auf:

Zuerst der rein paränetisch-appellative Charakter dieses Abschnitts. Hier wird nicht mehr wie noch in CD 11 argumentiert. Präsentische Konjunktive bestimmen die sprachliche Gestalt dieser Abschnitte.

Weiter könnte das meiste auch Pfarrern gesagt sein; die Ausführungen sind in seelsorglichen Kategorien von so unvermittelter Nähe und Vertrautheit gehalten, dass sie unrealistisch anmuten angesichts der tatsächlichen Größe und Unübersichtlichkeit sehr vieler Diözesen, in denen der Bischof meist nur über vielerlei Vermittlungen in Kontakt kommt mit allen ihm anvertrauten Gläubigen; von diesen ‚allen' ist aber gerade im Text wiederholt und ausdrücklich die Rede. Gezeichnet wird das Bischofsbild als eines Hirten, der die Seinen kennt wie umgekehrt, als eines Vaters in der Familie seiner Diözese[134], die Priester als seine Söhne und Freunde. Das Paradigma Seelsorger erstaunt, wenn man die Bedingungen, unter denen heute das Bischofsamt in weiten Teilen der Kirche ausgeübt wird, realistisch wahrnimmt. Auch *Christus Dominus* wird ja in CD 25–27 von den bischöflichen Stellvertretungsämtern handeln müssen, und das Thema möglicher Teilungen großer Diözesen stand seit den Eingaben an das Konzil auf der Tagesordnung. Hinter den seelsorglichen Aufgaben treten institutionelle und administrative Funktionen, die für Träger eines regionalen Leitungsamtes typisch sind, ganz zurück. Gewiss können die nicht in ähnlich warmen Farben gezeichnet werden, doch brauchen sie darum nicht weniger hilfreich zu sein in einem komplexen, lebendigen, pluralen und auch widersprüchlichen Gefüge, wie das ein Bistum innerhalb der modernen Lebenswelt darstellt. Die Grenzen des so beschriebenen bischöflichen Seelsorgeamtes, die dazu zwingen, sich auf Mitarbeiter zu verlassen, werden nicht thematisiert; von der Visitation, immerhin einem Meilenstein des Tridentinum, ist nicht die Rede, auch nicht von den Aufgaben notwendiger Aufsicht und Kontrolle, von möglichen Konflikten und den vielfältigen Medien innerkirchlicher Weisung (Hirtenbriefe u. ä.) und gesellschaftlicher Stellungnahmen.[135]

Ein Drittes: Wolfhart Pannenberg hat positiv auf die ökumenische Bedeutung eines solchen an der Seelsorge orientierten Entwurfs hingewiesen: Dass die Bischöfe als „sichtbares Prinzip und Fundament der Einheit in ihren Ortskirchen" charakterisiert werden (LG 23) und diese mit Berufung auf den neutestamentlichen Gebrauch des Terminus „Kirche" unter der Bezeichnung „congregatio localis" erscheinen und im Sinne der an einem bestimmten Ort versammelten gottesdienstlichen Gemeinde aufgefasst werden (LG 26), erinnere zum einen daran, dass in der Alten Kirche das Amt des Bischofs auf der Ebene der Ortsgemeinde angesiedelt war, und weise zum anderen eine bemerkenswerte Nähe auf zu der Feststellung der *Confessio Augustana*, wonach das Amt gestiftet sei für die Aufgabe

---

[134] Die Sorge von 16 Konzils*vätern*, das könnte an einen Paternalismus erinnern, und ihr Antrag, die Worte „veri patres" zu streichen (AS IV/2, 565), wird zurückgewiesen mit der Begründung: „quia a Romanis Pontificibus haud raro Episcopi patres vocantur" (ebd.).
[135] Vgl. Rahner, Pastoraltheologische Bemerkungen.

der öffentlichen Verkündigung und Verwaltung der Sakramente, so sehr faktisch die römisch-katholischen Bischöfe heute Träger eines regionalen Leitungsamtes seien.[136]

CD 19–20[137] betreten ein neues Gebiet: das des Verhältnisses von Kirche und Staat bzw. des Bischofs zu staatlichen Stellen. Erst mit dem *textus emendatus* (1964) taucht dieses Thema auf. Das Dekret besteht auf voller Freiheit und Unabhängigkeit der Bischöfe von jeder staatlichen Gewalt in der Ausübung ihres Amtes und im Verkehr mit dem Apostolischen Stuhl und den Gläubigen (CD 19,1). CD 19,2 unterstreicht die konstruktive Rolle der Kirche für das Wohl und den Fortschritt jeder Gesellschaft und die Unterstützung legitimer Obrigkeiten und ihrer gerechten Gesetze durch die Bischöfe. Dass diese sich nicht in rein (mere) politische Fragen einmischen sollten – Anliegen einer Intervention –, wurde nicht in den Text aufgenommen; das sei selbstverständlich, beschied die Kommission.[138] CD 20 spitzt die Frage nach dem staatlichem Einfluss auf das geschichtlich belastete Thema der Bischofsbestellungen zu und stellt feierlich und zugleich schlicht fest, dies sei exklusiv Sache der zuständigen kirchlichen Autorität (CD 20,1). Da dies Materie von Verhandlungen zwischen dem Apostolischen Stuhl und den Regierungen ist, kann diese Erklärung direkt auch nur nach innen gerichtet sein: Weltlichen Autoritäten sollen keinerlei Rechte mehr zugestanden werden; Regierungen, die vertrags- oder gewohnheitsmäßig Rechte und Privilegien genießen, werden freundlichst gebeten, darauf zu verzichten (CD 20,2). Die in Konkordaten vereinbarte Anfrage bei Regierungen nach politischen Bedenken kann davon nicht unmittelbar betroffen sein.[139] Bemerkenswert ist eine Textänderung im *textus emendatus*, der nun nicht mehr den „Laien (laicis)" keine Rechte zugestanden wissen wollte, sondern „den weltlichen Autoritäten (civilibus Auctoritatibus)" mit der ebenso bemerkenswerten Begründung, „um nicht auszuschließen, dass die Gewohnheit, die einmal in Kraft war, das Volk, natürlich das christliche, beratend einzubeziehen, vielleicht wieder eingeführt werden könnte"[140]. Mit den beiden Artikeln 19 und 20 ist also nicht alles z. B. über die Frage von Bischofsbestellungen gesagt.[141] Mit ihnen wird das Verhältnis zu staatlichen Autoritäten – zeitbedingt? – überhaupt bloß negativ definiert im Interesse der Freiheit der Kirche. Dessen unbeschadet kann aber in freiheitlichen Gesellschaften ein staatliches Interesse an der Kirche als einer der

---

[136] Vgl. Pannenberg, Das kirchliche Amt.
[137] Vgl. Legrand, in: La charge pastorale 148–167.
[138] Vgl. AS IV/2, 569. – Die Unterscheidung zwischen „quaestiones mere politicae" und „quaestiones politicae" dürfte nicht immer leicht fallen.
[139] Vgl. Kaiser, Die Politische Klausel der Konkordate.
[140] „Voto plurum Patrum satisfaciendum esse censuit Commissio, adhibendo loco verbi ‚laicis' verba *Auctoritatibus civilibus*, ne excludatur consuetudinem, quae olim viguit, populum nempe christianum consulendi, iterum forsan introduci posse." (AS III/6, 169). – Das MP *Ecclesiae sanctae* (I. Nr. 10) bezieht die Bischofskonferenzen in den Prozess der Nominierung ein: AAS 58 (1966) 763 (Übersetzung in HerKorr 20 [1966] 460). – Vgl. Legrand, in: La charge pastorale 163–167.
[141] Vgl. Greshake (Hg.), Zur Frage der Bischofsernennungen.

einflussreichen gesellschaftlichen Gruppen und an konstruktiven Beziehungen nicht als illegitim bestritten werden. „Religionspolitik" ist zumal für zunehmend multikulturell geprägte Gesellschaften eine indispensable Aufgabe.

CD 21 nimmt sich der sensiblen und heiß umstrittenen[142] – 350 Konzilsväter hatten sich an der Debatte beteiligt – Frage der Begrenzung der Amtszeit eines Diözesanbischofs an. Der erste Entwurf des *textus prior*, ein Ausgleich der Stimmungen unter den Konzilsvätern[143], blieb bis zum Beschluss unverändert. Die Gegner berufen sich auf die Tradition, die in der Alten Kirche die Bindung eines Bischofs bisweilen als eheähnliches Verhältnis beschrieben hatte[144]; außerdem befürchteten sie eine Funktionalisierung des Bischofsamtes – eine geistliche Vaterschaft könne nicht einfach enden; schließlich wurde auf den möglichen Verlust alter, verdienter und erfahrener Bischöfe aufmerksam gemacht.

Im Text wird nun den Bischöfen inständig (enixe) nahe gelegt, wenn sie ihren Pflichten nicht mehr hinreichend nachzukommen vermögen – genannt werden zunehmendes Alter oder, betont offen formuliert, ein anderer gewichtiger Grund –, ihren Amtsverzicht anzubieten, freiwillig oder von der zuständigen Autorität eingeladen. Die zuständige Autorität hat dann im Motu Proprio *Ecclesiae sanctae* die Altersgrenze von 75 Lebensjahren festgelegt, nach deren Erreichen der Bischof freiwillig sein Amt aufgeben soll. Von „anderen schwerwiegenden Gründen" ist in diesen Ausführungsbestimmungen nicht mehr die Rede. Nach seinem Amtsverzicht bleiben dem Bischof das Recht, in seiner Diözese weiter zu wohnen, und der Anspruch auf angemessenen und würdigen Unterhalt.[145]

2. Die Umschreibung der Diözesen (CD 22–24)

Nach der in der Relatio zum neugefassten Text 1964 erläuterten Gliederung des Kapitels, die nicht mehr verändert werden sollte, wird nach den Aufgaben des Diözesanbischofs nun – **CD 22–24** – über den Ort bzw. das Volk („De loco seu populo") gehandelt, in dem diese Aufgaben zur Ausführung kommen, bevor dann von den Personen und Mitteln die Rede sein wird, von denen der Bischof Unterstützung erfährt.[146] Seit den Voten der Bischöfe und Prälaten vor dem Konzil stand das Thema einer möglichen Teilung zu großer Diözesen auf der Tagesordnung.[147] Erstaunlich rasch kam es nach kontroversen Debatten und bei kaum

---

[142] Zu den unterschiedlichen Meinungen der Konzilsväter vgl. Legrand, in: La charge pastorale 171–173; Famerée, Bischöfe und Bistümer 162–169.
[143] Vgl. z. B. die Relatio: AS III/2, 50.
[144] Vgl. Trummer, Mystisches im alten Kirchenrecht; Ibounig, Sponsus vice Christi 23–107. Die zunehmende Praxis der Transmigrationen/Translationen höhlte dieses Prinzip bald aus. – Vgl. Bausenhart, Amt 239–242.
[145] Vgl. MP *Ecclesiae sanctae* I. Nr. 11: AAS 58 (1966) 763 (Übersetzung in HerKorr 20 [1966] 460).
[146] Vgl. AS III/2, 50.
[147] Der *Analyticus conspectus* versammelt 128 Voten unter der Überschrift „De Dioeceson partitione" unter 36 Gesichtspunkten: AD I/II App. 1, 498–503. Der erste der Aufträge an die *Com-*

vereinbaren Voten der Konzilsväter[148] zu einem breiten Konsens; Bischof Jubany weiß als Berichterstatter des *textus recognitus* (1964) von fast keinem Einwand gegen die Artikel mehr zu berichten.[149]

CD 22 setzt gegen die sich aufdrängenden pragmatischen Gesichtspunkte, die die Antwort auf die Frage nach der angemessenen Größe bzw. Grenze einer Diözese als Resultat geschichtlicher, kultureller, politischer, geographischer und ökonomischer Faktoren erscheinen lässt, einleitend einen betont theologischen Akzent, gleichsam wie ein Vorzeichen vor die Klammer, in der die eben genannten Momente selbstverständlich ihre Bedeutung haben. Die Relatio zum *textus prior* (1964) nennt drei allgemeine und notwendige Kriterien zur sinnvollen Umschreibung einer Diözese: das Volk Gottes (populus Dei), in dem sich das Wesen der Kirche realisiert, den Bischof (Episcopus), der darin seine Hirtenaufgabe erfüllt, sowie den umfassenden Dienst am Heil des Volkes Gottes (ministerium salutis)[150] (CD 22, 1). Diese theologischen Vorgaben werden im Folgenden (CD 22, 2–24) an die konkreten Umstände herangetragen, und zwar nach zwei Richtungen: nach der angemessenen Umschreibung der Diözesen sowie nach der unter pastoraler Rücksicht vernünftigen und gerechten Verteilung der Kleriker[151] und der ökonomischen Mittel. Für eine mögliche Neugliederung von Diözesen gibt es kein Tabu: geteilt, abgetrennt, zusammengelegt oder intern neu organisiert kann werden – aber eben unter dem pastoralen Kriterium, dass das Heil der Seelen es verlange. **CD 23** nennt Faktoren, die bei einer fälligen Überprüfung bedacht sein sollten, damit eine lebensfähige organische Einheit entstehe: die Zusammensetzung der Gläubigen in ihrer Unterschiedlichkeit, die Wahrung ihrer Lebenswelt, d. h. auch die Rücksichtnahme auf staatliche Strukturen[152], ein zusammenhängendes Territorium, Überschaubarkeit im Interesse des Kontakts des Bischofs mit seiner Diözese und zugleich ein hinreichend großes Arbeitsfeld. An die Gläubigen eines anderen Ritus und anderer Muttersprache wird eigens gedacht (CD 23, 3b-c). Die Bischofskonferenzen sollten sich dieser Frage einer möglichen Neuordnung von Diözesen annehmen; das Motu Proprio *Ecclesiae sanctae* wird dies unterstreichen.[153] Konkrete institutionelle Vorgaben eines Konzils für die Ge-

---

missio de episcopis et de dioeceseon regimine gilt der Frage der (Ein-)Teilung der Diözesen (*De dioeceseon partitione*): „Ratio determinetur qua dioeceseon fines recognosci possint …" (AD II/II 1, 409). Seit dem Entwurf von 1963 spricht der Text von „circumscriptio".

[148] Besonders in der Debatte über das Schema *De Episcopis ac de dioecesium regimine* während der 2. Sitzungsperiode. – Vgl. Grichting, Umschreibung der Diözesen 41–60.

[149] „Paucissimas animadversiones circa hunc articulum Patres attulerunt" (AS IV/2, 557). – Zu CD 22–24, besonders zur Textgeschichte, vgl. die Studie von Grichting, Umschreibung der Diözesen.

[150] Vgl. AS III/2, 50.

[151] Das MP *Ecclesiae sanctae* (I. Nr. 12 § 1) denkt auch noch an die Seminaristen: AAS 58 (1966) 764.

[152] Einen geschichtlichen Überblick über die Fragestellung kirchliche – politische Grenzen bietet Legrand, in: La charge pastorale 179–194.

[153] Vgl. MP *Ecclesiae sanctae* I. Nr. 12: AAS 58 (1966) 763 f. (Übersetzung in HerKorr 20 [1966] 460).

samtkirche kommen angesichts der pluralen Situation einer Weltkirche zwangsläufig schnell an Grenzen[154]; auch darf das Beharrungsvermögen des Status quo, z. T. durch staatskirchenrechtliche Vereinbarungen gestützt, nicht unterschätzt werden. Insgesamt fällt aber auf, wie häufig und in jeder Etappe der Textgeschichte bei diesen strukturellen Überlegungen das Kriterium der „salus animarum" als ‚idée directrice' (M. Hauriou) jeder (Neu-)Ordnung ins Spiel gebracht wird.

3. Die Mitarbeiter des Bischofs im pastoralen Amt (CD 25–35)

CD 25–35 gelten den Mitarbeitern des Bischofs in seinem Hirtenamt; gemeint sind die, die in Stellvertretung und Unterordnung ihn in seinem anspruchsvollen Dienst unterstützen: Koadjutor- und Auxiliarbischöfe, Diözesankurie und -räte, der Klerus sowie die Ordensleute, insofern sie im diözesanen Apostolat engagiert sind.[155] Diese Ausführungen zielen in ihren Konsequenzen tief in den alltäglichen Dienst der Betroffenen, so dass es nicht verwundert, dass die – wiederum verständlicherweise oft diametralen – Änderungsvorschläge zu diesem Abschnitt besonders zahlreich waren.

CD 25–26 setzen bei den Koadjutor- und Auxiliarbischöfen an. Ausgangspunkt und Motive markiert der erste Textentwurf in seinem *Prooemium* zum 2. Kapitel, das in der Leitung der Diözesen zwei häufige Schwierigkeiten ausmacht: ein alter bzw. kranker Diözesanbischof, der seinen Pflichten nicht mehr genügen kann, sowie zu große Diözesen, die die Arbeitskraft eines einzigen überfordern.[156] CD 25–26 erlebten eine bewegte Geschichte, deren Bewegung unmittelbar mit der jeweiligen Einschätzung des Status der Auxiliarbischöfe korreliert. Beide Artikel erheben bezeichnenderweise jeweils einleitend zum primären Motiv und Kriterium wiederum das „bonum dominici gregis" (CD 25) bzw. das „bonum animarum" (CD 26). Bereits eines der Schemata der ersten Stunde widmete sich diesen engsten Mitarbeitern des Diözesanbischofs.[157] Wenige Ausführungen in *Christus Dominus* spiegeln unmittelbarer die Auseinandersetzungen um die Kirchenkonstitution, hier speziell um das Bischofsamt: Die Fundierung auch der traditionellen potestas iurisdictionis in der Bischofsordination gab den Koadju-

---

[154] Bischof Carli (Segni) gestand als Berichterstatter zur Verhandlung in der 2. Sessio die Unsicherheit der Kommission darüber, ob die gemachten Aussagen auch überall realistisch sein könnten, und nennt zwei Gründe, sie dennoch, wenigstens in allgemeiner Weise (saltem generaliore ratione), zu riskieren: einmal um die wache Sorge der kirchlichen Autorität für die sich verändernden Bedingungen durch die Anpassung ihrer rechtlichen Institutionen zu demonstrieren, zum anderen, um quasi mit konziliarem Gewicht moralischen Druck auszuüben auf die – „Christgläubige oder Kleriker (christifideles aut clerici alicubi)" –, die sich gegenüber solchen Veränderungen sträuben (AS II/5, 213).
[155] Zur Entwicklung und Funktion bischöflicher Stellvertretungsämter: Scheulen, „Vicarius Episcopalis" 9–20; zu CD 25–26 siehe aaO. 244–355; vgl. auch Geringer, Rechtsstellung.
[156] Vgl. AS II/4, 367 f.
[157] Vgl. *De Episcoporum Coadiutoribus et Auxiliaribus deque Episcoporum cessatione a munere pastorali*: AD II/III, 643–646.

tor- und Auxiliarbischöfen prinzipiell denselben theologischen Status wie den Diözesanbischöfen, also auch ursprünglichen Anteil am munus regendi.[158]

Der Koadjutor wird im Unterschied zum Auxiliarbischof stets mit dem Recht der Nachfolge ernannt und zur persönlichen Unterstützung des Diözesanbischofs bestellt, während der Auxiliarbischof im Interesse des Wohls der Diözese, also aus pastoralen Gründen (z. B. Größe einer Diözese), eingesetzt wird (CD 25, 1)[159]. Allein von den Auxiliarbischöfen wird gesagt, sie sollten dem Diözesanbischof stets „Gehorsam und Ehrfurcht (obsequium et reverentiam)" erweisen, eine Formel, die an die Ordination von Presbytern erinnert, während der Diözesanbischof beide „brüderlich lieben und mit Hochschätzung begleiten" soll (CD 25, 2); „sede vacante" soll der bzw. ein Auxiliarbischof die Diözese leiten.[160] Die Jurisdiktion war in den Diskussionen verständlicherweise der Zankapfel: Die anfängliche Intention der Kommission, die Rechtsstellung der Koadjutor- und Auxiliarbischöfe auszubauen, stieß auf den Widerstand bzw. die Sorge der Ortsbischöfe gegenüber einer zu weit gehenden Unabhängigkeit der letzteren. Der schließlich im *textus emendatus* gefundene Ausgleich navigiert zwischen der Skylla der Gefährdung des Prinzips des Monepiskopats, also der Einheit der Leitung einer Diözese, und der Charybdis einer Beeinträchtigung der theologischen Würde jedes Glieds des Bischofskollegiums, konkret der Figur eines Hirten ohne Herde[161]: Koadjutor- und Auxiliarbischöfe müssen mit angemessenen Befugnissen in der Rechtsform der Stellvertretung ausgestattet werden; d. h. sie sind zu Generalvikaren oder aber zu ‚Bischöflichen Vikaren' zu bestellen (CD 26, 2); bei letzteren handelt es sich um eine in den Konzilsdebatten entwickelte, neben der des Generalvikars stehende Rechtsfigur, mit der eine ordentliche stellvertretende Leitungsvollmacht verbunden ist, was dem „Wunsch der Auxiliarbischöfe nach alleiniger Abhängigkeit vom Diözesanbischof (entsprach), womit gleichzeitig das Bestreben nach Unabhängigkeit vom Generalvikar verbunden gewesen war"[162]. Über das Moment der „Stellvertretung" soll die „in allen Aufgaben einmütige Übereinstimmung mit dem Diözesanbischof" (CD 25, 2), über das der ‚Ordentlichkeit' „die den Bischöfen eigene Würde" (CD 25, 1) gewährleistet werden. Eine „Restproblematik" bleibt und liegt darin, „daß die gleichzeitige Beibehaltung des Monepi-

---

[158] Der sakramentale Anteil an der einen „sacra potestas", die sich im „triplex munus" entfaltet, legt nahe, von *Auxiliarbischöfen* und nicht mehr von *Weihbischöfen* zu sprechen, denn die im Rückgriff auf c. 352 CIC/1917 verfügte Beschränkung auf kultische Funktionen ist damit ins breitere Spektrum des bischöflichen Amtes aufgehoben.
[159] Das MP *Ecclesiae sanctae* (I. Nr. 13 §1) schränkt das freie Ermessen des Diözesanbischofs, „einen oder mehrere Auxiliarbischöfe anzufordern" (CD 26, 1), das die Relatio zum *textus recognitus* (1965) noch einmal beruhigend unterstrichen hatte, insofern ein, als es sagt: sie „müssen (necesse est) bestellt werden, wenn die dortigen Apostolatsbedürfnisse das erfordern": AAS 58 (1966) 764 (Übersetzung in HerKorr 20 [1966] 460); das ‚Erfordernis' wird aber doch der Diözesanbischof feststellen oder für nicht gegeben erachten.
[160] Vgl. Scheulen, „Vicarius Episcopalis" 340–355.
[161] Vgl. die aufschlussreiche Stellungnahme von Kardinal Döpfner zum Entwurf von 1962: AS II/4, 712; auch die Relatio zum *textus recognitus*: AS IV/2, 557.
[162] Scheulen, „Vicarius Episcopalis" 329. – Zum Junktim Auxiliarbischof – Bischöflicher Vikar vgl. aaO. 303–319. – Vgl. auch vgl. Müller, Die rechtliche Stellung; De Paolis, De Vicario episcopali.

skopates und des Amtes des Auxiliarbischofs in der Partikularkirche, gerade im Lichte der durch das Vat II inaugurierten Bedeutung des Bischofsamtes und der sakramentalen Grundlegung aller drei bischöflichen Dienste, nicht zu stringenten dogmatischen und kirchenrechtlichen Lösungen führen kann"[163].

Genannt und herausgehoben wird in **CD 27** das Amt des Generalvikars, der nun aber das formal ihm ganz entsprechende, von ihm unabhängige[164], für die Koadjutor- und Auxiliarbischöfe entworfene Institut des Bischofsvikars neben sich sieht; der kann in die ordentliche exekutive Stellvertretung des Diözesanbischofs eintreten in einem bestimmten Teil der Diözese, in festgelegter Fachverantwortung oder aber für besondere Personengruppen (CD 27,1). Genannt und einer zeitgemäßen Neuordnung empfohlen werden die Konsultativgremien des Diözesanbischofs, allen voran das Domkapitel (CD 27,2); das Dekret *Presbyterorum ordinis* schreibt, wovon hier eigenartigerweise gar nicht die Rede ist und was gewiss zu dieser ‚Neuordnung' gehört, einen das Presbyterium repräsentierenden Rat (Consilium Presbyterale) vor (habeatur [PO 7]). Genannt und gelobt wird die Diözesankurie für ihre Unterstützung des Diözesanbischofs, die – das ceterum censeo ist bemerkenswert – nicht nur der Verwaltung, sondern auch dem Apostolat diene, wie auch der Dienst des Bischofs erneut ausdrücklich als ein „pastoraler" qualifiziert wird (CD 27,3–4).

Schließlich empfiehlt (valde optandum) CD 27,5 in jeder Diözese einen besonderen Pastoralrat (Consilium pastorale), der alle seelsorglichen Fragen untersuchen, bedenken und Konsequenzen daraus ziehen soll.[165] Ein Pastoralrat war

---

[163] Scheulen, „Vicarius Episcopalis" 314 f.
Die Titularbischöfe wurden bereits auf dem Konzil von Trient diskutiert im Rahmen des Dekrets *Über die Missbräuche bei der Spendung des Weihesakramentes* (vgl. Scheulen, „Vicarius Episcopalis" 259–268); die starke Tendenz für deren grundsätzliche Abschaffung, u. a. unter Berufung auf eine Bestimmung Papst Clemens V., wonach es ohne Erlaubnis des Papstes verboten war, einen Bischof „ohne Klerus und Volk" zu weihen, scheiterte angesichts der großen Diözesen besonders in Deutschland und Polen. Der Wunsch nach Teilung zu großer Diözesen nahm in Trient eine andere Richtung als vier Jahrhunderte später: „Während in Trient der Vorschlag zur Revision der Diözesangrenzen mit der Forderung verbunden war, das Amt der Titularbischöfe aufzuheben, fand sich im Vat II die gegenteilige Konzeption, nämlich die durch die regionale Untergliederung größerer Diözesen entstehenden Teile den Koadjutor- oder Auxiliarbischöfen zu übertragen." (aaO. 264). Im definitiven tridentinischen Dekret werden die Titularbischöfe nicht mehr erwähnt; „allerdings bestimmt Kanon 16, daß niemand die Weihe empfangen dürfe, der nach dem Urteil des Bischofs nicht dem Wohl der Kirche diene und nicht an seinem Bestimmungsort adscribiert sei. Die ausdrückliche Berufung auf Kanon 6 von Chalcedon mit dem Verbot der absoluten Ordination für Priester und Diakone könnte allerdings als implizite Spitze auch gegen die ‚episcopi populo Christiano et clero carentes' gedeutet werden." (aaO. 265 f.). Auch das Argument der Würde des Bischofsamtes richtete sich in Trient gegen die Titularbischöfe (vgl. Seripando: CT VI/II, 108), während es im II. Vatikanum Unbehagen bei der ihnen zugewiesenen Stellvertreterrolle auslöste: Bischof M. Wehr (Trier) machte sich mehrfach für ein Verhältnis der Kollegialität, nicht aber der Stellvertretung gegenüber dem Diözesanbischof stark (vgl. AS II/5, 167; III/3, 618 f.). – Für die Zeit zwischen dem 16. und 18. Jh. vgl. Alberigo, Lo sviluppo della dottrina 103–178.

[164] Das Verhältnis Generalvikar – Bischofsvikar(e) klärt das MP *Ecclesiae sanctae* I. Nr. 14: AAS 58 (1966) 765 f. (Übersetzung in HerKorr 20 [1966] 461).

[165] Vgl. Künzel, Apostolatsrat und Diözesanpastoralrat.

bereits 1960 der Vorbereitungskommission aufgegeben und im Entwurf von *De cura animarum* vom Februar 1962 erstmals konzipiert worden.[166] Motiviert war diese Initiative von der Einsicht der Bischöfe, dass die seelsorgliche Situation komplexer und schwieriger geworden war – so in der Erklärung zum Text[167] –, und in ihrer Suche nach Hilfe. Dieser Pastoralrat sollte sich einzig auf das ‚Apostolat' beschränken.[168] Das Ganze atmet den Geist des Laienapostolates vor dem Konzil, der sich als verlängerter Arm der Bischöfe institutionalisiert hatte. Eine zweite Quelle des Pastoralrates liegt in der gemischten Kommission von Bischöfen und Ordensleuten, in der im Blick auf eine einheitliche Pastoral in den jeweiligen Diözesen die Idee eines ‚Koordinationsrates (consilium coordinativum)' geboren worden war, der die Seelsorge der Diözesan- und der Ordenspriester aufeinander abstimmen sollte.[169] Im Schema *De pastorali episcoporum munere in Ecclesia* (1964) erscheinen diese beiden Räte – in ihren Aufgaben ursprünglich ohnehin nahezu identisch konzipiert – dann als ein einziger ‚Pastoralrat'.

Die in den Beratungen über die Kirchenkonstitution gewonnenen ekklesiologischen Einsichten wirkten sich auch auf die Idee des ‚Pastoralrates' aus – in doppelter Hinsicht: einmal in den vorgesehenen Mitgliedern dieses Gremiums: Zunächst (1962 und noch 1963) war es als Rat von Priestern konzipiert, zu dem Ordensleute und Laien – ausdrücklich beiderlei Geschlechts – bei Bedarf hinzugezogen werden könnten, um zu speziellen Fragen gehört zu werden; 1964 sind diese dann als ordentliche Mitglieder gedacht, und so blieb es. Der Pastoralrat wurde zu einer den Bischof beratenden Vertretung des Volkes Gottes.[170] Die zweite Auswirkung bezieht sich auf den Gegenstand des Pastoralrates: Der war im ersten Entwurf von 1962 noch sehr eng gefasst und ausschließlich auf die Werke des Apostolates bezogen. Nun wurden aber während der Konzilssessionen die Begriffe ‚Apostolat' und ‚Pastoral' mehr und mehr zu Termini, in denen die Bischöfe nicht mehr nur einen Teil oder Ausschnitt ihres Dienstes und des Lebens der Kirche, sondern das Ganze zum Ausdruck brachten. Und so zielt schließlich die Aufgabe des Pastoralrates – nach den nachkonziliaren Ausführungsbestimmungen im Motu Proprio *Ecclesiae sanctae* – umfassend darauf, „das Leben und Tun des Volkes Gottes in Einklang mit dem Evangelium"[171] zu fördern. Eine

---

[166] Vgl. Praecipuae de animarum cura quaestiones, pars prior, caput II, art. IV, Nr. 11–13: AD II/II 3, 689 f.
[167] Vgl. die Relatio des Kardinal Marella: AD II/II 3, 697.
[168] Vgl. Praecipuae de animarum cura quaestiones, pars prior, caput II, art. IV, Nr. 12: AD II/II 3, 689 f.
[169] Vgl. De rationibus inter episcopos et religiosos praesertim quoad apostolatus opera exercenda, caput VI, Nr. 39: AD II/II 4, 230.
[170] Ein letzter Versuch, über einen Modus für die Schlussredaktion die Laien doch wieder aus dem Pastoralrat herauszudefinieren (vgl. AS IV/2, 577), wurde von der Kommission abgewehrt: Die Laien gehörten in diesen Rat wegen ihrer Stellung im Apostolat der Kirche (ex ipsorum condicione in apostolatu Ecclesiae).
[171] Vgl. MP *Ecclesiae sanctae* I. Nr. 16 § 1: AAS 58 (1966) 766 (Übersetzung in HerKorr 20 [1966] 461). Danach befassten sich mit dem Pastoralrat das Schlussdokument der Bischofssynode von 1971 (AAS 63 [1971] 898–922), in dem das „valde optandum" aus CD 27 ein „magis desiderandum" verstärkt wird, die Litterae Circulares *Omnes Christifideles* der Kleruskongregation (1972), die den Pastoralrat auch theologisch begründen im Anteil des ganzen Gottesvolkes an

Abgrenzung des Pastoralrates gegenüber dem vom Konzil ebenfalls gewünschten Priesterrat (PO 7) oder dem Apostolatsrat (AA 26) wird nicht vorgenommen.

Mit den einzurichtenden Räten, dem institutionalisierten Miteinander und der gemeinsamen Verantwortung der Glieder des Volkes Gottes, lebt die synodale Tradition der Kirche wieder auf.[172] Cyprians „nihil sine episcopo – nihil sine consilio vestro – nihil sine consensu plebis"[173], „das klassische Modell kirchlicher ‚Demokratie'"[174] sucht seinen strukturellen Ausdruck und sein institutionelles Medium in einer Praxis, die auf den verschiedenen Ebenen der Kirche das munus regendi aller Glieder der Kirche und das der ordinierten Hirten aufeinander abgestimmt agieren lässt im Dienst der Kirche am Aufbau des Reiches Gottes.[175] Die Beteiligung auch der Laien gründet in deren „sensus fidei" (LG 12), ihrer geistlichen Erfahrung im Glauben, aus der heraus sie etwas zu sagen haben.[176] Bereits in den Antepraeparatoria positiv genannt, aufgenommen ins Schema der Theologischen Vorbereitungskommission unter der Perspektive seiner Bindung an das authentische hierarchische Lehramt, jedoch noch nicht auch umgekehrt gesehen in seiner Bedeutung für letzteres, hatte der „sensus fidei" im Konzil eine wachsende Aufwertung erfahren[177]: Das Kirchenschema von 1963 sieht ihn bei allen in der Kirche wirksam und schreibt den Laien eine aktive Rolle zu, eine Position, die in der Debatte ausdrücklich verteidigt wird gegen die Meinung, der „sensus fidei" sei nicht unmittelbar von Gott gewirkt oder vom Heiligen Geist hervorgerufen, sondern komme vielmehr vom Hören auf die lehrende Kirche.[178]

Als dritte Gruppe von Mitarbeitern des Diözesanbischofs wird in **CD 28–32** der Diözesanklerus Thema.[179]

---

der Sendung der Kirche (im Widerspruch zum Konzil wird den Laien aber die Teilhabe am „triplex munus" ausdrücklich abgesprochen! [vgl. Künzel, Apostolatsrat und Diözesanpastoralrat 45, Anm. 60]), sowie das *Directorium de pastorali ministerio episcoporum ‚Ecclesiae Imago'* (1973). – Zu den diözesanen Räten vgl. Gerosa, Kirchliches Recht 81–94.

[172] Vgl. Puza, Das synodale Prinzip; Alberigo, Synodalität in der Kirche; Heinemann, Demokratisierung oder Synodalisierung; Kessler, Das synodale Prinzip.

[173] Ep. 14, 4: „Nihil potui, quando a primordio episcopatus mei statuerim nihil sine consilio uestro et sine consensu plebis mea priuatim sententia gerere": CSEL 3/2, 512, 17–19. – Vgl. Congar, Quod omnes tangit.

[174] Ratzinger, Demokratisierung der Kirche 44.

[175] Noch während des Konzils stellte Paul VI. in einer Ansprache vor den Mitgliedern, Konsultoren und Offizialen der Kommission für die Kirchenrechtsreform fest, dass Laien „jede Regierungsgewalt abgeht" (Communicationes 1 [1969] 38f.).

[176] Zum „sensus fidei" bzw. „sensus fidelium" vgl. Wiederkehr (Hg.), Der Glaubenssinn des Gottesvolkes; Scharr, Consensus fidelium; Ohly, Sensus fidei fidelium; Burghardt, Institution Glaubenssinn.

[177] Vgl. Weis, Das prophetische Amt der Laien.

[178] Vgl. Weis, Das prophetische Amt der Laien 78–83.131f.160f.196–199.446–453.

[179] Gegenüber den Ausführungen in *Presbyterorum ordinis* seien hier die Priester als des Bischofs Mitarbeiter in der Seelsorge (quatenus Episcopi cooperatores in cura animarum) thematisiert, nicht als solche (qua tales) – so die Relatio zum *textus recognitus*: AS IV/2, 580f.582. – Zum Verhältnis zwischen Episkopat und Presbyterat im II. Vatikanum vgl. Müller, Episkopat und Presbyterat; speziell zu *Christus Dominus* aaO. 184–220.

CD 28 setzt zwar theologisch korrekt generell mit den Presbytern noch vor der Unterscheidung in Diözesan- und Ordenspriester ein, doch ist sogleich klar, dass es hier um die einer Ortskirche inkardinierten Diözesanpriester geht; sie bilden *ein* Presbyterium und *eine* Familie unter dem Vater Bischof.[180] Noch bzw. schon im ersten Absatz CD 28,1 werden alle den Bischof in seiner Freiheit, Ämter und Pfründe zu vergeben, einschränkenden Rechte und Privilegien abgeschafft;[181] das Dekret ist offenbar der Meinung, dass die größtmögliche Freiheit des Diözesanbischofs die optimale Angemessenheit und Gerechtigkeit gewährleistet – da dürfen wohlmeinende Zweifel nicht verboten sein. Vertikal wie horizontal werden die Diözesanpriester in Gemeinschaft gesehen: einmal in der mit ihrem Bischof aufgrund der übernatürlichen Liebe und in der „voluntatis consocatio", und der Bischof soll mit allen[182] im Gespräch sein und bleiben (CD 28,2); dann auch untereinander. Dem schließt sich als weiterer Fremdkörper in diesem allgemein gehaltenen einleitenden Artikel der Hinweis an, mit ihrem Einkommen seien sie auch den diözesanen wirtschaftlichen Bedürfnissen pflichtig (CD 28,3).

„Um das Bild des Wirkens der Priester in etwa abzurunden", gibt **CD 29** „schlichte Hinweise"[183] auf die Priester in überpfarrlicher Seelsorge- oder Apostolatsverantwortung bzw. solche in speziellen Einrichtungen (Schulen usw.) oder im überdiözesanen Dienst.

Wichtiger und auch ausführlicher behandelt sind in **CD 30** die Pfarrer; es fällt die dem bischöflichen Dienst formal entsprechende, auch sprachlich parallel gestaltete Bestimmung auf (vgl. CD 11): wie die Bischöfe sind sie eigentliche Hirten (proprii pastores), also „nicht nur als in die konkrete Pfarrei hinein verlängerter Arm des Bischofs zu verstehen"[184]; auch ihnen ist die Seelsorge (animarum cura) anvertraut und dafür ein bestimmter Teil der Diözese zugewiesen (in determinata dioecesis parte); auch sie tun ihren Dienst unter der Autorität (sub auctoritate) – nämlich der des Bischofs, dieser unter der des Papstes; auch ihr Dienst wird schließlich nach dem Schema des „triplex munus" entfaltet. Weder hier noch im Dekret *Presbyterorum ordinis* ist es gelungen, das Amt des Presbyters profiliert zu begründen und zu beschreiben.[185]

Die Gemeinden kommen allein in der traditionellen hierarchischen, den bischöflichen Dienst aufnehmenden Perspektive der Pfarrer in den Blick; die seelsorgliche Situation und daraus möglicherweise resultierende Konsequenzen für die Pastoral des Pfarrers werden nicht als eigene Faktoren thematisiert.

---

[180] Zum *Presbyterium* vgl. auch PO 7, dazu: Künzel, Priesterrat 6–20.
[181] Das MP *Ecclesiae sanctae* (I. Nr. 18) bestimmt die Abschaffung von Wahl- und Vorschlagsrechten: AAS 58 (1966) 767 f. (Übersetzung in HerKorr 20 [1966] 462).
[182] Gegen den Vorschlag von 59 Konzilsvätern, der Bischof solle das Gespräch pflegen mit den besonders gelehrsamen und klugen Priestern (doctrina ac prudentia praestantibus); vgl. die Relatio zum *textus recognitus*: AS IV/2, 580.
[183] Mörsdorf, in: LThK.E 2, 209.
[184] Wieh, Konzil und Gemeinde 167; vgl. aaO. 166–173.
[185] Vgl. Cordes, Sendung zum Dienst, sowie den Kommentar von Ottmar Fuchs in Bd. 4 dieses Kommentarwerks.

CD 30,1 fügt dem Hohen Lied der Kooperation eine weitere Strophe hinzu, erinnert an den missionarischen Charakter der Seelsorge, der alle Glieder der Pfarrei angeht[186], und empfiehlt nachdrücklich die „vita communis" der Priester. CD 30,2 buchstabiert nach Art eines „Pfarrerspiegels" das Pfarramt nach dem bekannten Schema der „tria munera" in den ebenfalls bereits bekannten präsentischen Konjunktiven, während CD 30,3 sich den Pfarrvikaren zuwendet, die zwar den Pfarrern untergeordnet sind, zwischen denen aber dennoch ein brüderlicher Umgang (fraterna conversatio) gepflegt werden soll.

CD 31 gibt Hinweise für die Ernennung, Versetzung und den Amtsverzicht von Pfarrern. Wiederholt wird die Freiheit des Bischofs bei der Besetzung von Pfarreien (CD 31,2; bereits CD 28,1); die Begründung mit dem „bonum animarum" mutet aber seltsam an. Weiter solle des Bischofs Urteil über die Eignung eines Priesters sich nicht nur nach seiner Gelehrsamkeit richten, sondern auch[187] seine Frömmigkeit, seinen apostolischen Eifer und andere erforderliche Begabungen berücksichtigen (CD 31,1). Die Stabilität von Pfarrern wird bejaht, doch gleich zweimal unter das Kriterium des „bonum animarum" gestellt und damit zugleich unterstrichen wie auch eingeschränkt; intendiert ist wiederum eine größere, verfahrenstechnisch ungehindertere Handlungsfreiheit der Bischöfe (CD 31,3).[188] Die abschließenden Ausführungen über einen Amtsverzicht sind denen über die Bischöfe nachgestaltet (CD 31,4).[189]

Analog zur Umschreibung von Diözesen (CD 22–24) stellt sich **CD 32** vor ganz ähnlichem Hintergrund äußerst knapp der Frage nach der Errichtung, Aufhebung oder Veränderung von Pfarreien[190], ohne jedoch eine Definition der Pfarrei zu geben. Alleiniger Maßstab auch dieser organisatorischen Fragen soll das Heil der Seelen (salus animarum) sein; auch hier werden also Strukturfragen relativiert, ohne dass darum auch die Gemeinden selbst als mögliche Subjekte gesehen werden. Aus der Vorbereitungskommission *De clericis* hatte ein dann in das Schema *De episcopis ac de dioecesium regimine* eingefügter Abschnitt über die Errichtung und Umschreibung von Pfarreien gestammt.[191] Die Konzilsväter

---

[186] Wenn Pfarrer bestimmte Personenkreise nicht erreichen, sollten sie andere zu Hilfe rufen, „auch Laien" (CD 30 [1]). Dieses Konzept erinnert noch stark an das vorkonziliare Laienapostolat, das mit der Einsicht in die ursprüngliche Berufung des ganzen Gottesvolkes zur Teilhabe an der gesamten Sendung der Kirche überwunden wurde.
[187] Im *textus emendatus* hieß es noch „praesertim"; es mit „etiam" zu ersetzen, war beantragt worden mit der Begründung: „quia doctrina est prima inter conditiones, quae ad animarum curam rite exercendam requiruntur" (vgl. die Relatio zum *textus recognitus*: AS IV/2, 585).
[188] Die Abschaffung der Unterscheidung von absetzbaren und nicht absetzbaren Pfarrern hebt das Recht der letzteren auf, bei Entfernung aus seinem Amt durch den Bischof ein zweites Verfahren anzustrengen (vgl. c. 2153 CIC/1917).
[189] Das MP *Ecclesiae sanctae* (I. Nr. 20 § 3) bestimmt auch das 75. Lebensjahr: AAS 58 (1966) 768f. (Übersetzung in HerKorr 20 [1966] 462).
[190] Vgl. Spendel, Alternativen zur Pfarrei 88–134; Gerosa, Kirchliches Recht 95–109; Gatz (Hg.), Die Bistümer und ihre Pfarreien 29–154.
[191] *De paroeciarum erectione deque earumdem congruenti circumscriptione*: AS II/4, 380–382. Das Schema hieß ursprünglich *De paroeciarum provisione, unione, divisione* (vgl. AD II/II 1, 654–

überwiesen dieses Kapitel am 12.11.1963 der Kommission für die Revision des Kirchenrechts, ohne es diskutiert zu haben.[192]

Die beiden Schlüsselbegriffe, unter denen, das zweite Kapitel beschließend, in CD 33–35 noch von den Ordensleuten[193] die Rede ist, sind erneut ‚Apostolat' und ‚Hilfe des Bischofs'. Indem die Religiosen getreu ihrer Berufung leben, bauen sie mit am mystischen Leib Christi und leisten so indirekt einen Dienst an den Ortskirchen (CD 33,1); darüber hinaus sollen sie sich aber auch, in der ihnen je eigenen Art, in „äußeren Werken des Apostolats" engagieren (CD 33,2); nur hinsichtlich ihres diözesanen Apostolats seien sie Thema dieses Dekrets, so Erzbischof Veuillot in seiner Relatio zum *textus prior*[194], und hier kommt die Verantwortung des Diözesanbischofs ins Spiel. „Das Verhältnis der Ordensleute zu den Bischöfen, vor allem hinsichtlich ihrer Integration in die pastorale Arbeit und die diözesanen Seelsorgsstrukturen, gehörte zu den am meisten umstrittenen Themen des Konzils"[195] mit einer langen (Vor-)Geschichte, seit im Bettelordensstreit des Mittelalters ein „päpstlicher Klerus" die örtlich gebundene Seelsorge und damit die Rechte von Pfarrern und Bischöfen irritierte.[196] Vor allem die Exemtion von Priestergemeinschaften schien eine Integration zu erschweren. Bereits im Vorfeld des Konzils war einerseits die Intention erkennbar, die Position der Bischöfe zu stärken und so eine bisweilen erkennbare Konkurrenzsituation zu entschärfen, gleichzeitig die Einsicht und Bereitschaft, dass sich angesichts der pastoralen Not die klösterlichen Verbände „auch über ihren engeren Verbandszweck hinaus für Aufgaben im Dienste der Gesamtkirche wie der Teilkirchen bereit finden, die irgendwie mit der Eigenart des Verbandes vereinbar erscheinen"[197].

Die zu Konzilsbeginn hierzu vorliegenden neun kleineren Texte, von den vorbereitenden Kommissionen für die Bischöfe, die Disziplin des Klerus und die

---

670). Aus derselben Vorbereitungskommission stammte das in den Entwurf *De cura animarum* eingegangene Schema *De parochorum obligationibus quoad curam animarum* (AD II/II 2, 597–601; AD II/III 1 381–385). Die vorbereitende Bischofskommission hatte der Zentralkommission auch zwei einschlägige Texte vorgelegt, die dann ebenfalls in *De cura animarum* eingearbeitet wurden: *De rationibus inter Episcopos et parochos* (AD II/II 2, 577–581; AD II/III 1, 291–295) sowie *Praecipuae de cura animarum quaestiones* (AD II/II 3, 676–695; AD II/III 1, 300–339). Die drei letzteren Texte befassten sich mit einer differenzierten kategorialen Seelsorge mit unterschiedlichsten Gruppen.

[192] Vgl. AS II/4, 748; AS II/5, 9.34. – Das MP *Ecclesiae sanctae* (I. Nr. 21) erlässt Ausführungsbestimmungen zur Teilung und Zusammenlegung von Pfarreien, zur Aufhebung der Eingliederung von Pfarreien in Dom- und Stiftskapitel sowie zur Errichtung, Aufhebung und Veränderung von Pfarreien: AAS 58 (1966) 769 (Übersetzung in HerKorr 20 [1966] 462).

[193] Damit sind ausdrücklich alle den evangelischen Räten verpflichteten Institute gemeint.

[194] Vgl. AS III/2, 65. Erzbischof Veuillot formuliert (ebd.) auch zwei Prinzipien: Der Bischof sei in seiner Diözese der Leiter des Apostolats (dux apostolatus), und: Die Ordensleute müssten sich wirklich als solche zeigen, um fruchtbar im Apostolat mitwirken zu können.

[195] Schmiedl, Konzil und die Orden 383. – Zu CD 33–35 vgl. aaO. 383–401.

[196] Vgl. Ratzinger, Einfluß des Bettelordensstreites; Congar, Aspects ecclésiologiques; ders., Von der Gemeinschaft der Kirchen 259–268.

[197] Mörsdorf, in: LThK.E 2, 217. – Erzbischof Alfrink z.B. wollte die Exemtion im pastoralen Bereich ausschließen im Interesse einer besseren Wahrnehmung der Seelsorge und einer ungehinderten Ausübung der bischöflichen Leitungs- und Einheitsvollmacht (vgl. AD I/II 2, 511).

Ordensleute erarbeitet, wurden im Schema *De cura animarum* (1962) zusammengefasst, dessen Kapitel IV unter dem Titel „De rationibus inter episcopos et religiosos praesertim quoad apostolatus opera exercenda"[198] in der Koordinierungskommission aber keine Gnade fand. Kardinal Döpfner, der Relator, befand und gab damit die Richtung an, es genüge festzustellen: „Die Beziehungen zwischen Bischöfen und Religiosen werden anerkannt und zwar so, dass a) die Seelsorge vollständig der Leitung des Bischofs untergeordnet ist; b) dennoch – auch in der Ausübung des Apostolates selbst – die besonderen Aufgaben und das besondere Ziel eines jeden Ordens oder religiösen Gemeinschaft bewahrt werden; c) die Koordination der Aufgabe und die Zusammenarbeit zwischen Diözesan- und Ordensklerus sichergestellt wird".[199] Gegen die Intention der Bischöfe artikulierte der Jesuitengeneral fragend die Sorge, ob damit nicht „bis zum äußersten die ,Zentralisierung' in der Diözese ausgedehnt wird, während die Bischöfe gleichzeitig darum bitten, dass in der Kirche die ,Zentralisierung' vermindert werde"[200].

Das II. Vatikanum war ein Konzil der Bischöfe. Auch **CD 34** dokumentiert das Bestreben, die Ordensleute enger in das Apostolat der Diözese einzubeziehen und an den Bischof zu binden: Die Ordenspriester gehörten in einer gewissen Weise zum Klerus der Diözese, und auch die anderen Ordensmitglieder gehörten in besonderer Weise zur Diözesanfamilie. Diese jeweiligen ,Weisen' werden aber nicht geklärt, eine größere ekklesiale Perspektive ist dem Text nicht zu entnehmen. Das vornehmlich administrativ-organisatorische Interesse hier verhindert, die in der Kirchenkonstitution entfaltete Konzeption nachzuvollziehen und zu konkretisieren, nach der das institutionelle Moment in der Kirche (LG III–IV) nicht einfach mit dem charismatischen (LG V–VI) eindimensional „verrechnet" werden kann, dass also die Charismen einen eigenen, von der Hierarchie auch geschützten (und geschätzten) Ort in der kirchlichen Ordnung brauchen.[201]

Im Interesse des koordinierten Apostolats in der Diözese legt **CD 35** Prinzipien fest: (1) Die Ordensleute sollten den Bischöfen in Gehorsam und Ehrfurcht begegnen und sich ihnen für Werke des Apostolats zur Verfügung halten; die nicht rein kontemplativen Orden sollten auch zu weitergehender Pastoral, bis zur Übernahme von Pfarreien, bereit sein – beides, wie nicht vergessen wird hinzuzufügen, unter Wahrung der Eigenart jeder Gemeinschaft, deren Satzungen aber durchaus auch angepasst werden könnten. Dass die Bischöfe hier unter dem Titel der Nachfolger der Apostel eingeführt werden, signalisiert eine hierar-

---

[198] Vgl. AD II/II 4, 220–231.
[199] AS V/1, 143 (Übersetzung nach Schmiedl, Konzil und die Orden 386). Eine gemischte Unterkommission aus Vertretern der Bischofs- und der Religiosenkommission überarbeitete den Text, der von der Koordinierungskommission verabschiedet und dann den Konzilsvätern zugestellt wurde (vgl. AS II/4, 756–767).
[200] Zitiert nach Schmiedl, Konzil und die Orden 390.
[201] Vgl. den Kommentar von P. Hünermann zu *Lumen gentium* in Bd. 2 dieses Kommentarwerks.

chische Ordnung im Verhältnis Bischöfe – Religiosen, die jeder konkreten Indienstnahme noch vorausliegt. (2) Ein Engagement im Apostolat soll die Ordensleute ihrem Charisma und ihren Oberen nicht nur nicht entfremden, sondern sie
sollen darin gerade Ordensleute bleiben. (3) Die Exemtion, seit den vorkonziliaren
Voten auf der Tagesordnung und auf dem Konzil viel und kontrovers besprochen[202], gilt der inneren Ordnung und dem Eigenleben der Institute, in der diese
der bischöflichen Jurisdiktion entzogen sind, aber dem Papst zur Verfügung stehen. Eine Einschränkung der Exemtion zugunsten der pastoralen Verantwortung
des Bischofs in seiner Diözese ist mit dem Hinweis auf die „Maßgabe des Rechts"
angezielt, der sich auf das „ius condendum", nicht das „ius conditum" bezieht.[203]
Das Motu Proprio *Ecclesiae sanctae* (1966) übernimmt die Tendenz zur Einschränkung der Exemtion, indem es die Orden in die diözesanen Seelsorgestrukturen
einbindet und in vielfältiger Weise der Jurisdiktion des Bischofs unterstellt.[204]
Mörsdorf macht zurecht auf einen unscheinbaren und von der Kommission nicht
recht ernst genommenen, darum folgenlos gebliebenen Änderungsvorschlag aufmerksam, nach dem zuerst die Unterordnung der Religiosen unter die Bischöfe
festgestellt werden und erst dann von der Exemtion die Rede sein sollte;[205] geht es
hier doch „darum, ob einzelne Glieder der Kirche oder kirchliche Zweckverbände
ohne die grundlegende Zugehörigkeit zu einer Teilkirche in der Kirche existieren
können"[206]. (4) Weiter werden die Felder pastoralen Einsatzes der Ordensleute
aufgezählt, in denen sie unter der Aufsicht der Bischöfe stehen; die zuvor erwähnte strukturelle Einbindung erfährt hier eine erste Konkretisierung. (5) Kooperation wird auch horizontal angemahnt: mit den anderen Orden und dem Diözesanklerus im Interesse einer besseren Abstimmung des Apostolats. Als Instanzen
dieser Abstimmung werden neben dem Apostolischen Stuhl und den Diözesanbischöfen auch die Patriarchalsynoden und Bischofskonferenzen genannt.

---

[202] Die *Consilia et vota* zur Exemtion sind im *Conspectus analyticus* gesammelt: AD I/II App. 1, 463–485. – Vgl. zum ganzen Schmiedl, Konzil und die Orden 173–187; García Martín, Exemtio religiosorum; Scheuermann, Exemtion.
[203] Vgl. die Relationes: AS III/6, 178; AS IV/2, 590. – Vgl. cc. 586.591 CIC/1983 zur Autonomie und Exemtion der Ordensgemeinschaften; hierzu: Sebott, Ordensrecht 56 f.; Primetshofer, Ordensrecht 37–39; Henseler, Ordensrecht 59–61.73–75.
[204] Vgl. MP *Ecclesiae sanctae* (I. Nr. 22–40): AAS 58 (1966) 769–773 (Übersetzung in HerKorr 20 [1966] 462–464). – Dazu den Exkurs von Mörsdorf, in: LThK.E 2, 224–227, und Scheuermann, Ausführungsbestimmungen.
[205] Vgl. Relationes: AS IV/2, 590 f.
[206] Mörsdorf, in: LThK.E 2, 222. Die Auseinandersetzungen um die Exemtion – eine in den Au-
gen vieler Bischöfe zu großzügige Auslegung des Privilegs und seine Verteidigung unter Berufung auf den Status der Orden als des „Klerus des Papstes" (Pius X.), auf das göttliche Recht und die Universalität der Orden (vgl. Schmiedl, Konzil und die Orden 208–213) – stehen mittelbar auch für das Problem der Unmittelbarkeit der päpstlichen Jurisdiktion. Die Zentralisierung des kirchlichen Lebens im Zuge des I. Vatikanums ließ auch den Einfluss der Kurie auf die Orden wach-
sen: „Das hatte zum einen strategische Gründe, denn in vielen Ländern und Diözesen waren die Orden die einzigen Träger der Pastoral. Zum anderen war über eine wirksame Kontrolle der Orden durch die kirchliche Zentralgewalt die intermediäre Macht der Bischöfe auszuschalten. Je mehr die Orden an Rom gebunden waren und ihre überdiözesane und internationale Struktur ihnen eine gewisse Unabhängigkeit von den Bischöfen gab, in deren Diözesen sie tätig waren, desto mehr nahmen die Klagen der Bischöfe zu, die sich von den exemten Orden ausgenommen und hintergangen fühlten." (Schmiedl, Konzil und die Orden 72).

(6) Schließlich werden regelmäßige Treffen der Bischöfe mit den Ordensoberen empfohlen.

Mit der territorialen Struktur der Bischofskirchen und der personalen der Religiosen ist der Kirche ein Spannungsprinzip eingestiftet, das gerade in seiner Spannung zwischen dem Anspruch flächendeckender differenzierter Pastoral und der Verwirklichung einer spezifischen charismatischen Berufung strukturelles Prinzip ihrer Vitalität sein kann. Die auch nach dem Konzil wiederholten Mahnungen zu Zusammenarbeit und Dialog[207] scheinen angebracht, um ein Abgleiten der Spannung in Konkurrenz zu vermeiden, dürfen jedoch nicht dazu führen, dass das je eigene Profil verdunkelt wird. Mit den Geistlichen Bewegungen in der Kirche wiederholt sich das Thema, „wie die beiden Realitäten, der neue situationsbestimmte Aufbruch und die beständigen Gestalten des kirchlichen Lebens, also Pfarrei und Bistum, ins richtige Verhältnis gesetzt werden könnten"[208]. Die gegenwärtige Neuordnung pastoraler Strukturen in den deutschen Bistümern wird auch das erwähnte Spannungsprinzip einbauen müssen.[209]

IV. Das Zusammenwirken der Bischöfe zum gemeinsamen Wohl mehrerer Kirchen (CD 36–43)

Das 3. Kapitel sieht das Bischofsamt in der Kooperation mehrerer Ortskirchen und ihrer Bischöfe zum gemeinsamen Wohl. Eine systematische oder gar umfassende Beschreibung bietet das Dekret nicht; lediglich drei Themen werden nebeneinander gestellt und behandelt. Im Unterschied zur „kollegialen", auf die Gesamtkirche gerichteten Verantwortung der Bischöfe, von der im 1. Kapitel die Rede war, gehe es hier – so die Begründung der Gliederung[210] und die nicht unproblematische Unterscheidung – um „kollektives" Handeln der Bischöfe.

---

[207] Dem Dekret *Christus Dominus* folgen Ausführungsbestimmungen im MP *Ecclesiae sanctae* (1966 [Nr. 22–40]), die die Orden in die diözesanen Seelsorgestrukturen einbinden und in vielfältiger Weise der bischöflichen Jurisdiktion unterstellen, ein Dokument der Kongregationen für die Ordensleute und Säkularinstitute sowie für die Bischöfe *Mutuae Relationes* (AAS 70 [1978] 473–506; dt. in L'Osservatore Romano [11.08.1978]), schließlich das Apostolische Schreiben Johannes Pauls II. *Vita consecrata* (1996), bes. Nr. 47–50. Die Deutsche Bischofskonferenz verabschiedete 1980 ein Dokument *Gesichtspunkte für den Einsatz von Ordensleuten in der Pastoral der Bistümer und für die pastorale Zusammenarbeit zwischen Bistümern und Ordensgemeinschaften* (OK 21 [1980] 161–165).
[208] Vgl. Ratzinger, Kirchliche Bewegungen; hier: 432. – AaO. 446: „So ist an die Bewegungen die Mahnung zu richten, dass sie – auch wenn sie in ihrem Weg das Ganze des Glaubens gefunden haben und weitergeben – ein Geschenk ans Ganze der Kirche und im Ganzen sind und sich den Forderungen dieser Ganzheit unterwerfen müssen, um ihrem eigenen Wesen treu zu bleiben. Es muss aber auch den Ortskirchen, auch den Bischöfen zugerufen werden, dass sie keinem Uniformismus seelsorglicher Gestaltungen und Planungen huldigen dürfen. Sie dürfen nicht ihre eigenen Pastoralpläne zum Maßstab dessen erheben, was dem Heiligen Geist erlaubt ist zu wirken: Vor lauter Planungen könnten die Kirchen undurchlässig werden für den Geist Gottes, für die Kraft, von der sie leben."
[209] Vgl. Meier, Orden und Ortskirche; Kleindienst, Orden und Ortskirche.
[210] So Erzbischof Veuillot in seiner Berichterstattung: AS III/2, 62.

1. Die Synoden, Konzilien und besonders die Bischofskonferenzen (CD 36–38)

CD 36 erinnert mit warmen Worten an die altkirchliche Praxis der Synoden, Provinzial- und Plenarkonzilien, in denen nicht nur das Bewusstsein der Ortskirchen, in der communio mit allen anderen zu stehen, zum Ausdruck kam, sondern in denen auch von deren Bischöfen in den alle angehenden Fragen des Glaubens wie der Disziplin um einen Konsens gerungen wurde (CD 36,1).[211] Das Konzil wünscht ein neues Aufblühen dieser synodalen Praxis (CD 36,2).

Diese synodale Praxis darf als Pragmatik der Tatsache verstanden werden, dass jede Ortskirche aufgrund ihres sakramentalen Kirche-Seins mit allen anderen „eucharistisch begründeten und episkopal geleiteten Ortskirchen"[212] verbunden ist; dass die in und aus der communio Christi lebende communio fidelium in die communio all dieser Kirchen gestellt ist. Zwar findet sich der Ausdruck „Communio Ecclesiarum" in den Konzilstexten allein in AG 19,3, doch ergibt sich dieser Gedanke notwendig aus der sakramentalen, nicht bloß juridischen Konstitution der Ortskirche als Kirche.[213] Die communio der einzelnen Ortskirche mit den anderen ist dabei nichts Nachträgliches oder „ihr Äußerliches, sondern die Bedingung ihres Kircheseins"[214]. In der Begegnung mit der jeweils anderen Kirche erkennt sie sich selbst und anerkennt so auch der anderen Kirchesein.

Die werbende Erinnerung an die synodale Praxis der Kirche zeichnet jedoch nur den Horizont, vor dem nun in **CD 37–38** die Bischofskonferenzen zum eigentlichen Thema werden. Die Zeitverhältnisse zwängen zu Austausch und gemeinsamer Beratung, zu Kooperation, auch dazu, in der Öffentlichkeit mit nur einer Stimme zu reden.[215] Die bisherigen Erfahrungen mit nationalen[216] Bischofskonferenzen[217] bringen die Konzilsväter dazu, solche überall einführen zu wollen (CD 37).[218] Dafür werden in CD 38 in sechs Punkten Festlegungen getroffen.[219]

---

[211] Vgl. Marot, Vornicäische und ökumenische Konzile.
[212] Riedel-Spangenberger, Communio als Strukturprinzip.
[213] Vgl. Aymans, Die Communio Ecclesiarum; Gerosa, Communio Ecclesiarum.
[214] Pottmeyer, Der mühsame Weg 305.
[215] Darauf weist eine im promulgierten Text weggelassene Fußnote zum *textus recognitus* hin: AS IV/2, 604.
[216] Die Rede von „natio" bzw. „nationalis" wird gegenüber der offeneren von „territorium" bzw. „territorialis" verteidigt unter Hinweis auf den Sprachgebrauch des MP *Sacram Liturgiam* (25.01.1964) Nr. X (Rennings-Klöckener [Hg.], Dokumente zur Erneuerung der Liturgie 1, 95) sowie die Instruktion *Inter Oecumenici* zur Ausführung der Liturgiekonstitution Nr. 23 (aaO. 110) (vgl. Relatio: AS IV/2, 607; AS III/6, 197). In CD 38,1 wird es dann salomonisch heißen: „nationis vel territorii".
[217] Zur Geschichte der Bischofskonferenzen: Leisching, Die Bischofskonferenz; Lill, Die ersten deutschen Bischofskonferenzen; Feliciani, Conferenze episcopali 15–350; Anton, Conferencias episcopales 37–87; Iserloh, Geschichte der deutschen Bischofskonferenz; Heinemann, Bischofskonferenz.
[218] Das MP *Ecclesiae sanctae* (I. Nr. 41 § 1) fordert zur schnellstmöglichen (quam cito) Konstituierung auf: AAS 58 (1966) 773 (Übersetzung in HerKorr 20 [1966] 464).
[219] Die Debatten zu den Bischofskonferenzen fanden in der 65. und 66. Generalkongregation (12./13.11.1963) statt (vgl. AS II/5, 9–94); zu den Beratungen des Konzils vgl. Sobański, Entwurf der römischen Bischofskongregation; Feliciani, Conferenze episcopali 353–443; Anton, Conferencias episcopales 87–117.

(1) Nach der einleitenden Beschreibung ist die Bischofskonferenz „eine Versammlung, in der die Oberhirten einer bestimmten Nation bzw. eines bestimmten Gebietes ihr Hirtenamt gemeinsam (coniunctim) ausüben". Das unbestimmte „coniunctim" positioniert sich nicht innerhalb der Alternative „collegialiter" – „collective". Die Scheu, hier von der Kollegialität der Bischöfe zu sprechen, erlaubt (2) im Blick auf die Mitglieder der Konferenz, nicht nur theologisch die Ordination, sondern auch funktional-praktisch[220] „eine spezifische Teilhabe an dem pastoralen Dienst in dem betreffenden Territorium"[221] zum Kriterium der Teilnahme zu machen, was z. B. resignierte Ortsbischöfe prinzipiell ausschließt. Ordentliches Stimmrecht wird den Ortsordinarien sowie den Koadjutorbischöfen zugesprochen; für die Auxiliarbischöfe wird die Frage des beschließenden oder beratenden Stimmrechts offengelassen[222] und den jeweiligen Statuten der Konferenzen überlassen. (3) Jede Bischofskonferenz hat sich vom Apostolischen Stuhl zu bestätigende Satzungen mit entsprechenden wirksamen Organen (z. B. ein ständiger Rat der Bischöfe, Kommissionen, ein Generalsekretariat usw.) zu geben, was noch einmal das Dauerhafte dieser Einrichtung unterstreicht und die Bischofskonferenzen zu einem effektiven Instrument zwischen den Ortsbischöfen und dem Apostolischen Stuhl macht. (4) Diese Zwischeninstanz hat auch etwas Prekäres; das zeigte sich in den anhaltenden Diskussionen über die rechtliche Kompetenz der Bischofskonferenzen. Der Entwurf *De episcopis ac de dioecesium regimine* (1963) hatte in vier Fällen eine rechtsverbindliche Wirkung von Beschlüssen vorgesehen[223] wegen der Bedeutung der Materie und der schädlichen Folgen unterschiedlichen Vorgehens für das geistliche Wohl[224]; in fast allen Fragen aber, so Bischof Carli beschwichtigend in seiner Berichterstattung, sei die

---

[220] Die Kommission will Mitglieder, „die in einem besonderen Amt tätig sind (qui peculiari munere funguntur)": AS III/4, 199.

[221] Mörsdorf, in: LThK.E 2, 234.

[222] Trotz des energischen Einspruchs: „Episcopi enim, sicut ceteri, sunt; membra sunt corporis Episcoporum; sollicitudine pro universa Ecclesia tenentur; in partem sollicitudinis Episcopi dioecesani vocati sunt.": AS III/6, 203.

[223] Nr. 24: AS II/4, 373 f.: Fragen, die durch das allgemeine Kirchenrecht oder den Apostolischen Stuhl der Bischofskonferenz zur Entscheidung zugewiesen werden; gemeinsame Erklärungen von erheblichem Gewicht; Verhandlungen mit den staatlichen Autoritäten, die die Kirche des ganzen Landes betreffen; schließlich wenn eine schwerwiegende Angelegenheit ein gemeinsames Vorgehen nahe legt oder mindestens zwei Drittel der stimmberechtigten Mitglieder sich für eine rechtliche Verpflichtung des Beschlusses aussprechen. – Bischof Carli berichtet in seiner Relatio, die Kommission habe sich von drei Prinzipien leiten lassen: Die Bischofskonferenz sei nicht identisch mit dem Plenar- oder Provinzialkonzil; der Ortsbischof erfreue sich wahrer, ordentlicher und unmittelbarer Gewalt über seine Diözesanen; dennoch zwinge das Heil der Seelen einer Nation zu ähnlichem bzw. einheitlichem Vorgehen in der Pastoral (vgl. AS II/5, 35 f.). – Schon 1962 hatte Kardinal Marella gegenüber der Zentralkommission von *sententiae oppositae* hierzu in der Bischofskommission berichtet. Das damals vorgestellte Schema *De episcoporum coetu seu conferentia* hatte für die Beschlüsse eine bloß moralische Bindung vorgesehen (vgl. AD II/II 2, 521).

[224] So Bischof Carli in seiner Erläuterung (AS II/5, 36), und er erinnert an vier Klauseln, die die „Episcoporum monarchica potestas" schützen soll. Erzbischof Schäufele stellt im Namen der Kommission zum *textus emendatus* fest, dass die Mehrheit der Meinungen klar irgendeine rechtliche Bindung der Beschlüsse favorisierte (AS III/6, 199).

Bindung lediglich eine moralische (moraliter tantum).²²⁵ Heftiger Widerstand zwang auch diesen behutsamen Vorstoß zum Rückzug; doch übertrug die 1963 verabschiedete Liturgiekonstitution den bestehenden Bischofskonferenzen das Recht, „innerhalb festgelegter Grenzen die Liturgie zu ordnen" (SC 22 §2), ein Präzedenzfall, der die Tür auch zu weiteren Entscheidungsbefugnissen öffnet. *Christus Dominus* schränkt allerdings mit seiner Bestimmung, Beschlüsse müssten mit Zwei-Drittel-Mehrheit der ordentlichen Mitglieder gefasst werden und – besonders – dürften sich nur auf vom allgemeinen Recht vorgeschriebene oder vom Apostolischen Stuhl festgelegte Fälle beziehen, das Entscheidungsrecht der Bischofskonferenzen auf ein Mindestmaß ein, „das schlechterdings nicht zu unterbieten war"²²⁶. (5) Die Zweckorientierung der Bischofskonferenzen legt in besonderen Fällen auch nationale Grenzen überschreitende Konferenzen nahe, und auch die Beziehungen der Bischofskonferenzen untereinander sollen gefördert werden; die Ausführungsbestimmungen im Motu Proprio *Ecclesiae sanctae* geben Hinweise, was Gegenstand solch internationaler Beziehungen sein könnte, allem voran Information und Verständigung.²²⁷ (6) Schließlich werden im Blick auf die Ostkirchen und deren Synoden das Zueinander und die Kontakte von Kirchen verschiedener Riten angesprochen und gemeinsame Beratungen empfohlen.

Die Artikel zur Bischofskonferenz lassen viele Fragen offen. So sehr das Konzil die Bischofskonferenzen mehrfach empfahl (SC 22; LG 23; UR 8; hier: CD 38), so sehr sie von Anfang der Konzilsberatungen an Thema waren²²⁸, blieben sie doch Gegenstand bisweilen paradox anmutender Auseinandersetzungen. Es zeigte sich, dass die juridischen Fragen nicht konsensfähig beantwortet werden konnten, solange die theologische Begründung dieser Institution Bischofskonferenz nicht hinreichend geklärt worden ist. Eine theologische Begründung und damit eine Klärung ihres theologischen Status wurde bewusst vermieden; zu verschiedene Meinungen seien dazu geäußert worden: Die einen sähen in den Bischofskonferenzen die kollektive Gewalt (potestatem collectivam) der Bischöfe verwirklicht, andere deren universale Sendung (missionem universalem), wieder andere die Fülle des bischöflichen Amtes (plenitudinem muneris episcopalis), weitere die in der Eucharistie repräsentierte Gemeinschaft in der Liebe und Wahrheit (communionem caritatis et veritatis), schließlich welche die Gemeinschaft der Ortskirchen (koinoniam Ecclesiarum localium).²²⁹ Die Entwicklung des Textes

---

²²⁵ Ein Bischof, der eine dieser Entscheidungen in seinem Gewissen nicht mittragen könne, werde das vor Gott erwägen und dabei die Gesichtspunkte seiner Mitbrüder bedenken wie auch die Folgen, die sich aus einer unterschiedlichen Praxis innerhalb des Gebietes einer Konferenz ergäben (vgl. AS II/5, 36).
²²⁶ Mörsdorf, Das synodale Element 583.
²²⁷ Vgl. MP *Ecclesiae sanctae* (I. Nr. 41 §5): AAS 58 (1966) 774 (Übersetzung in HerKorr 20 [1966] 464).
²²⁸ Zu den Konzilsberatungen und den entstehenden Texten: Feliciani, Le conference episcopali 353–443.565–577; Anton, Conferencias episcopales 87–117; Sobański, Der Entwurf der römischen Bischofskongregation. – Weiteres zur theologischen und praktischen Frage der Bischofskonferenzen, besonders seit dem Konzil, im Schlussband dieses Kommentarwerks.
²²⁹ So in der Relatio der Kommission zum *textus prior*: „de rationibus autem theologicis aliae et aliae prolatae sunt sententiae": AS III/2, 53.

allein ergibt kein umfassendes Bild der Position der Konzilsväter zum Thema Bischofskonferenz. Zu oft kapitulierte die Kommission vor den unvereinbaren Positionen, die wohl keine Mehrheiten, aber doch Einmütigkeit verhindert hätten. Die Konzilskommission sah sich außerstande, sich festzulegen, ob im Handeln der Bischofskonferenzen eine *potestas collectiva* der beteiligten Bischöfe oder aber deren *collegialitas* zur Geltung komme, und beschränkte sich darum auf eine historische und aus den Bedürfnissen der Zeit resultierende praktische Begründung.[230]

Die Alternative *kollegial – kollektiv* gilt es genauer zu prüfen. Die unbestritten gemeinsame (coniunctim) Ausübung der in der Konferenz versammelten Bischöfe ist gewiss nicht der „actus stricte collegialis", in dem die „potestas suprema ac plena" des Bischofskollegiums wirksam wird. Doch ist damit lediglich die formalrechtliche Dimension berührt, in der kollegiales bzw. strikt kollegiales Handeln vom gemeinsamen unterschieden werden kann, nicht jedoch bereits die sakramentale, in der das gemeinsame und kollegiale Handeln der Bischöfe gründet. Die Konzilskommission muss ihre Redeweise „coniunctim" verteidigen, und sie tut es bemerkenswerterweise mit Hinweis auf die jedem Bischof eigene „sollicitudo omnium Ecclesiarum", von der im ersten Kapitel des Bischofsdekrets gehandelt worden sei, die dort aber gerade als eine aus der Kollegialität resultierende vorgestellt wird. Demgegenüber dient aber gerade die Unterscheidung von *kollegial* und *kollektiv* dazu, innerhalb der Gliederung des ganzen Dekrets den Unterschied von Kapitel I und III zu begründen.[231] Im Widerspruch, wenigstens in Spannung dazu steht schließlich die Überschrift „Synoden, Konzilien und besonders Bischofskonferenzen", die letztere in einem Atemzug mit geschichtlichen bzw. aktuellen Formen strikter Kollegialität nennt. Die offenkundige Unentschiedenheit der Konzilsväter wird nach dem Konzil lehramtlich dahingehend vereindeutigt, dass das MP *Apostolos suos* (1998) die Bischofskonferenzen nicht als Teilverwirklichungen der Kollegialität des Episkopats anerkennt, vielmehr in der „kollegialen Gesinnung (collegialis affectus)" ihre alleinige theologische Begründung sieht (Nr. 12.14) Aber soll sich der „affectus" nicht ohne „fundamentum in re" entfalten, muss er in der Sakramentalität des Bischofsamtes gründen, das ein kollegiales ist, mit und ohne Affekt.[232]

Die Tendenz, die theologische Relevanz der Bischofskonferenzen gering zu veranschlagen, ihnen eine theologische Grundlage gar kategorisch ab- und ihnen eine lediglich „praktische, konkrete Funktion" zuzusprechen[233], entstammt einer doppelten, in der Konzilsaula wiederholt geäußerten Sorge: einmal, dass die Vollmacht des einzelnen Ortsbischofs eine Einschränkung erfahre, dann dass sich die Konferenz zwischen den Apostolischen Stuhl und den einzelnen Bischof platzieren könnte. Hatten damals die einen (z.B. die Kardinäle Ruffini, Spellman und Bischof Carli) die Bischofskonferenzen als Gefahr der Ausübung päpstlicher Voll-

---

[230] Vgl. Erzbischof Schäufele in seiner Relatio zum 3. Kapitel des *textus emendatus*: AS III/6, 197.
[231] Vgl. AS III/2, 62.
[232] Vgl. Winterkamp, Die Bischofskonferenz zwischen ‚affektiver' und ‚effektiver' Kollegialität.
[233] Vgl. Ratzinger, Zur Lage des Glaubens 60.

macht gesehen, so andere (z. B. die Kardinäle König, Frings und Meyer) eine Einschränkung der ordentlichen Vollmacht des Ortsbischofs befürchtet.

Der Schutz der iuris divini begründeten Verantwortung des Ortsbischofs, auf die die Konzilsväter ja größten Wert gelegt hatten, gilt aber einem Amt, das nicht erst nachträglich, sondern konstitutiv ein kollegiales ist, darf demnach nicht auf Kosten des kollegialen Charakters eben dieses ortsbischöflichen Amtes gehen.[234] Die kollegiale Einheit (collegialis unio) des Kollegiums tritt ja „in den wechselseitigen Beziehungen der einzelnen Bischöfe zu den Teilkirchen und zur Gesamtkirche in Erscheinung" (LG 23,1).

Auch für die in der nachkonziliaren Phase umstrittenen Frage einer möglichen Lehrautorität der Bischofskonferenzen gilt, dass nur durch einen Akt des ganzen Bischofskollegiums sich die Einzelbischöfe als Lehrer des Glaubens an die gesamte Gemeinschaft der Gläubigen wenden[235], und keine Bischofskonferenz wird auf den Gedanken verfallen, ein für die Gesamtkirche verbindliches Dogma zu verkünden oder auch ‚nur' eine von den Gläubigen der ganzen Kirche mit religiösem Gehorsam zu beantwortende authentische Lehre vorzutragen, also in authentischer ordentlicher bzw. außerordentlicher gesamtkirchlicher Weise tätig werden zu wollen. Doch kann der Konsens von Bischöfen einer Konferenz, denen allen in ihrer Ordination das munus docendi übertragen wurde, nicht ohne Autorität sein, zumal wenn, wie *Christus Dominus* insinuiert, die Bischofskonferenzen in der Tradition der Synoden, Provinzial- und Plenarkonzilien zu sehen sind, auf denen in Ausübung ihres authentischen ordentlichen partikularkirchlichen Lehramtes „die Bischöfe eine für verschiedene Kirchen gleichartige Verfahrensweise festlegten, die sowohl bei der Lehre der Glaubenswahrheiten als auch bei der Ordnung der kirchlichen Disziplin einzuhalten war" (CD 36,1).[236]

Gerade beim Lehramt wird auch noch einmal deutlich, wie wenig die gemeinsame Ausübung die jeweils persönliche Verantwortung des einzelnen Bischofs aushöhlt. Jedes Glaubenszeugnis als Artikulation des „sensus fidei" ist auf den „consensus fidelium" verwiesen; das gilt für das authentische Zeugnis der Hirten nicht nur auch, sondern aufgrund seiner Normativität in noch intensiverer Weise. „So ist es sowohl die gemeinsame Sendung – der formale Grund der lehramtlichen Autorität – wie auch der gemeinsame Bezug auf den einen Glauben und seine Überlieferung – der inhaltliche Grund der lehramtlichen Autorität –, die die persönliche und gemeinschaftliche Dimension verbinden und zu gemeinsamem Handeln drängen."[237]

---

[234] Vgl. Müller, Zum Verhältnis zwischen Bischofskonferenz und Diözesanbischof.
[235] Vgl. MP *Apostolos suos* Nr. 11.21–22.
[236] CD 37 und 38 sehen die Bischofskonferenzen in deutlicher Nähe zu den Partikularkonzilien, erwähnen das Lehramt nicht, reden aber doch von der gemeinsamen Ausübung des „munus pastorale" (CD 38,1).
[237] Pottmeyer, Lehramt der Bischofskonferenz 130.

2. Die Umschreibung kirchlicher Provinzen und die Errichtung kirchlicher Regionen (CD 39–41)

Wie bei der Umschreibung der Diözesen in CD 22–24 führt **CD 39** das Heil der Seelen auch als Richtschnur für eine angemessene Kirchenstruktur auf der Ebene von Provinzen und – eine neue Anregung des Konzils – von Regionen ein. Diese kirchenverbandliche Struktur mit der Stärkung der Metropoliten muss im Sinne der Subsidiarität im Blick auf ein effektiveres Apostolat gesehen und konzipiert werden, das neben der innerkirchlichen Kooperation auch die Beziehungen zu den staatlichen Autoritäten einschließt.[238]

CD 40 legt ein Dreifaches fest: eine Überprüfung der bestehenden Strukturen und neue Regelungen für die Metropoliten, was in diesem Kontext nur als Aufwertung dieser Instanz verstanden werden kann; dann das Prinzip, dass alle Diözesen und ihnen gleichgestellte Territorien in Zukunft zu einer Kirchenprovinz gehören sollten[239]; schließlich könnten Kirchenprovinzen zu Regionen zusammengefasst werden. Die Koexistenz solcher Substrukturen mit den gleichzeitig promovierten Bischofskonferenzen wird in *Christus Dominus* nicht bedacht.[240]

Wie eine mögliche Neuordnung von Diözesen weist **CD 41** auch die Frage der Kirchenprovinzen und -regionen der jeweiligen Bischofskonferenz zu und empfiehlt hierfür auch dieselben Kriterien (vgl. CD 23–24).[241]

3. Bischöfe, die ein interdiözesanes Amt ausüben (CD 42–43)

Bischöfen, wenn auch nicht ausschließlich ihnen, können überdiözesane pastorale Aufgaben übertragen werden (**CD 42**), die im Einvernehmen mit den beteiligten Ortsbischöfen bzw. der Bischofskonferenz wahrzunehmen sind und auch auf eine rechtliche Basis gestellt werden müssen. Eigens und einzig genannt werden in **CD 43** die Militärseelsorger[242]; das Dekret wünscht in möglichst jedem Land ein Militärvikariat. Die Mahnung, einmütig mit den Diözesanbischöfen zusammenzuarbeiten, ist wohl auf dem Hintergrund des Privilegs der Exemtion für die Militärseelsorge zu hören.[243]

---

[238] Zu CD 39–40 vgl. Grichting, Umschreibung der Diözesen 101–103.
[239] Erzbischof Schäufele erläutert, dass die Immediatbistümer abgeschafft werden sollten (AS III/6, 200).
[240] Dem Einwand, die Bischofskonferenzen machten die Kirchenprovinzen überflüssig, hielt die Kommission die Wertschätzung der Provinz- und Plenarkonzilien entgegen und die guten Erfahrungen mit fünfjährigen oder jährlichen Treffen des Metropoliten mit den Suffraganen (AS III/6, 205).
[241] Erzbischof Schäufele erklärt, dass es um etwa gleich große Gebilde und zusammenhängende Territorien gehe, ähnlich in den sozialen, psychologischen, ökonomischen, geographischen und historischen Bedingungen (AS III/6, 200 f.).
[242] 22 Militärvikariate existierten auf der Welt – erläutert die Relatio –, und die könne das Konzil nicht einfach ignorieren (AS III/6, 201).
[243] Vgl. die Instruktion über die Militärbischöfe (23.04.1951): AAS 43 (1951) 562–565.

V. Allgemeiner Auftrag (CD 44)

Der *Christus Dominus* beschließende allgemeine Auftrag (**CD 44**) richtet sich auf die Reform des CIC: Diese muss in ihren einschlägigen Canones den im Dekret aufgestellten Grundsätzen entsprechen, die auch noch einmal von der Arbeit der beteiligten Kommissionen und den vorgebrachten Meinungen der Konzilsväter interpretiert werden (CD 44, 1). Beschlossen werden darüber hinaus Direktorien: für die Bischöfe und die Pfarrer (CD 44, 2), für die Pastoral mit speziellen Gruppen von Gläubigen und für die katechetische Unterweisung; auch darin sollen die wertvollen Anregungen der Konzilskommissionen und -väter einfließen, die ja nicht alle ausdrücklich Eingang finden konnten in das schließlich promulgierte Dekret (CD 44, 3).[244] Mehrfach hatte die Bischofskommission Bitten um konkretere Impulse auf die zu verfassenden Direktorien verwiesen und Konzilsväter damit vertröstet.

Christus Dominus schließt mit der feierlichen Unterschrift Papst Pauls VI. vom 28. Oktober 1965.

---

[244] Das MP *Ecclesiae sanctae* (I. Nr. 43) bittet auch die Patriarchalsynoden und Bischofskonferenzen um Anregungen: AAS 58 (1966) 775 (Übersetzung in HerKorr 20 [1966] 465).

C. Konklusion

Eines der stärksten, bereits in den Antepraeparatoria[1] dokumentierten und von Anfang an wirksamen Motive der Konzilsväter war, neben dem unbestrittenen Primat des Papstes die Position des Episkopats genauer zu bestimmen und damit das I. Vatikanum zu ergänzen. In seiner Eröffnungsansprache zur zweiten Sessio unterstrich Papst Paul VI. selbst dieses Anliegen: „Mit lebhafter Aufmerksamkeit und aufrichtigem Vertrauen" sehe er den Beratungen entgegen, „da sie unter Wahrung der dogmatischen Erklärungen des Ersten Vatikanischen Ökumenischen Konzils über das römische Bischofsamt nun die Lehre über den Episkopat, seine Funktionen und seine Beziehungen zu Petrus vertiefen muß und sicherlich auch Uns selbst die lehrmäßigen und praktischen Kriterien geben wird, damit Unser apostolisches Amt, obwohl von Christus mit der Fülle und dem Vollmaß der Gewalt, die ihr kennt, beschenkt, besseren Beistand und Bestärkung habe, in näher zu bestimmender Weise, durch eine tatkräftige und verantwortlichere Mitarbeit Unserer geliebten und verehrten Brüder im Bischofsamt"[2].

In vier wesentlichen Klärungen erreicht dieser Impuls sein Ziel:
- Die seit dem Mittelalter umstrittene, noch in Trient offen gelassene Frage nach der Sakramentalität der Bischofsweihe wird jetzt positiv beantwortet (LG 21,2). Damit wird ausdrücklich auch der Hirtendienst in der Ordination begründet, so dass – gegen die bis zum Vorabend des Konzils herrschende theologische Meinung – auch die bischöfliche Jurisdiktion in der Ordination wurzelt und sich nicht dem päpstlichen Auftrag verdankt.
- Daraus resultiert die Betonung, dass die Bischöfe ihr Amt „nomine Christi", als „vicarii et legati Christi" ausüben, nicht aber als „vicarii Romanorum Pontificium" (LG 27,1–2), dass ihre Vollmacht eine eigenberechtigte, ursprüngliche (potestas propria [LG 27,2]) ist, und ihnen damit „alle ordentliche, eigentümliche und unmittelbare Vollmacht (zusteht), die zur Ausübung ihres Hirtenamtes erfordert wird" (CD 8a).[3]
- Dem entspricht die Lehre, „dass eine Ortskirche nicht eine Provinz oder ein

---

[1] Vgl. die in AD I/II App. 1, 51–58 zusammengestellten Voten.
[2] Ansprache vom 29.09.1963; dt. in: Zweites Vatikanisches Konzil. 2. Sitzungsperiode. Dokumente – Texte – Kommentare (Fromms Taschenbücher *Zeitnahes Christentum* 30), Osnabrück 1964, 67. – Papst Paul VI. erklärt in einem Schreiben an Kardinal Tisserant (09.11.1965), der 08. Dezember sei als Schlusstag des Konzils im Hinblick auf das I. Vatikanum gewählt worden (dessen Eröffnungssitzung war am 08.12.1869); das II. Vatikanum sei „unter vielen Aspekten die würdige Ergänzung und Vollendung" des Konzils von 1869/1870.
[3] Dazu gehört auch die Ablösung des Konzessions- durch ein Reservationssystem (vgl. CD 8,1).

Departement der Weltkirche ist; sie ist vielmehr Kirche am Ort"[4] (vgl. LG 26,1; CD 11,1).
- Schließlich wird die dem I. Vatikanum durchaus implizite[5] Lehre nun explizit, dass nicht allein der Papst (LG 23; CD 2,1), vielmehr – zusammen mit ihm (una cum) – auch das Bischofskollegium „Träger der höchsten und vollen Gewalt über die ganze Kirche" (LG 22,2; CD 4,1) ist.

Gegenüber den anspruchsvollen Intentionen und angesichts der in den Konzilsdebatten in diesem Sinne erreichten und weit reichenden Klärungen und Entscheidungen liest sich z. B. CD 2–5 als ein überraschend glatter Text, der nicht auf der stürmischen See der Auseinandersetzungen zu segeln scheint; vielmehr greifen die Artikel im Wortlaut auf die Konstitutionen *Pastor aeternus* (1870) und *Lumen gentium* (1964) zurück, stellen Primat und Episkopat nebeneinander, ohne beider Verhältnis zueinander zu bestimmen. Programmatisch wird vielmehr in jedem Fall betont, dass die Bischöfe im Kollegium „unbeschadet dessen (= des Bischofs von Rom) primatialer Gewalt" (LG 22,2), „unter treuer Wahrung des primatialen Vorrangs ihres Hauptes" (LG 22,2) wirken; dass ihre Ämter der Heiligung, der Lehre sowie der Leitung „ihrer Natur nach nur in der hierarchischen Gemeinschaft mit Haupt und Gliedern des Kollegiums ausgeübt werden können" (LG 21,2); dass die ordentliche, eigenständige und unmittelbare Gewalt der Bischöfe die Gewalt des Papstes „immer und in allem unangetastet" (CD 8a) lasse. Ein möglicherweise konkurrierendes und so konfliktträchtiges Verhältnis, etwa in der Frage der Vereinbarkeit der unmittelbaren primatialen Gewalt (CD 2,1) zu der in derselben Terminologie beschriebenen „potestas" der Bischöfe (CD 8a), wurde „teils nicht gesehen, teils bewußt übersehen"[6]. Wird jedoch eine neue Größe bzw. eine Größe neu ins Spiel gebracht, können die bisherigen Momente der Konstellation davon nicht unberührt bleiben. Die Aufwertung des Episkopats verändert den Kontext des Primats: Er rückt aus einer tendenziell absoluten Position in Relationen. Es eröffnen sich die Relationen zwischen den drei je iuris divini begriffenen Instanzen Papst, Bischofskollegium und Bischof.[7]

Das *Dekret über das Hirtenamt der Bischöfe in der Kirche* wollte die in der *Dogmatischen Konstitution über die Kirche* entworfene Ekklesiologie im Blick auf die bischöflichen Aufgaben konkretisieren. Die im Laufe der Beratungen angestoßenen Innovationen sind nicht zu unterschätzen: die Einrichtung einer Bischofssynode (CD 5), die Kurienreform mit der Berufung residierender Bischöfe in die kurialen Einrichtungen (CD 9–10), die Revision des Status der Nuntien (CD 10), die Begründung der Rechtsbefugnisse der Diözesanbischöfe in ihrer Weihe und in der Konsequenz die Ablösung des Konzessions- durch das Reservationsprinzip

---
[4] Kasper, Das Verhältnis von Universalkirche und Ortskirche 796.
[5] LG 22,2 verweist auf die amtliche Relation Zinellis: Mansi 52, 1109C. – Vgl. Mörsdorf, in: LThK.E 2, 223, Anm. 11; Bertrams, Papst und Bischofskollegium 52; Bacht, Primat und Episkopat 1461.
[6] Mörsdorf, in: LThK.E 2, 149f.
[7] Vgl. dazu mehr im Schlussband dieses Kommentarwerks.

(CD 8), der diözesane Pastoralrat (CD 27) und last but not least die eindringliche Empfehlung der Bischofskonferenzen (CD 38).

Vier resümierende Bemerkungen sollen diesen Kommentar abschließen.

I. Episkopozentrik

Aufs Ganze gesehen bleibt das Bischofsdekret befangen in der Perspektive der Universalkirche und der Position des Bischofs in der *communio Ecclesiarum*. Natürlich war diese Perspektive angesagt und klärungsbedürftig. Doch blieb darüber die Beziehung des Bischofs zu den Gläubigen seiner Diözese, zu der ihm anvertrauten *communio fidelium* unterbestimmt. Die vielfältigen, im zweiten Kapitel beschriebenen Beziehungen sind ausnahmslos unter dem Gesichtspunkt der Hilfen für den Bischof im Blick. So bestimmt eine Episkopozentrik das Dekret. Die ‚Kardinal'-Position: nach der Gesamtkirche hin wie nach der eigenen Ortskirche hin, konnte so nicht systembildend werden: die doppelte Loyalität des Bischofs gegenüber der Gesamtkirche wie der Diözese, der doppelte Dienst an beider Einheit.[8]

Christus Dominus thematisiert die unterschiedlichsten Beziehungen, in denen der Bischof in seinem Amt steht – mit eben dieser bemerkenswerten Ausnahme: der Beziehung zur Gemeinschaft der Gläubigen seiner Diözese. Gemeinden werden nur über die Pfarrer und die Pfarrorganisation zum Thema. Es sind ausnahmslos ‚Funktionäre' im Blick, das Volk Gottes bleibt im Schatten. An dieser Stelle wird *Lumen gentium* nur verbal beansprucht, seine Perspektive aber nicht übernommen, die allen Getauften die Teilhabe am „triplex munus" zugesprochen hatte und das Konzept einer „communio" von Subjekten erzwungen hätte.[9] *Christus Dominus* erlaubt sich statt eines ekklesiozentrischen einen partikulären, episkopozentrischen Standpunkt: genauer den der Diözesanbischöfe; von dort aus werden Relationen in den Blick genommen, erwogen und Neubestimmungen vorgenommen. Dabei hatte Kardinal Bea in der Diskussion über das Schema 1963 einen anderen Aufbau des Dekrets – *ordo procedendi potius logicus et magis naturalis* – vorgeschlagen, nämlich zunächst von der Ortskirche und ihren konstitutiven Elementen auszugehen, dann von der Leitung der Ortskirche zu sprechen, weiter von der Zusammenarbeit mehrerer Diözesen und endlich von der Beziehung zur zentralen kirchlichen Autorität, dem Papst und den römischen Kongregationen.[10]

Das Dekret hat die Umstellung der Kapitel III und II in *Lumen gentium* nicht mitvollzogen – Bischof Carli war entschieden gegen diese Neuordnung aufgetre-

---

[8] „Einerseits steht er (= der Bischof) als Glied des Episkopats in universalkirchlicher Verantwortung und in Solidarität mit dem Papst und den anderen Bischöfen. Andererseits steht er als Hirte seiner Ortskirche in Solidarität mit seinem Klerus und mit den Fragen, Erwartungen und Bedürfnissen der ihm anvertrauten Gläubigen." (Kasper, Universalkirche und Ortskirche 795).
[9] Vgl. Bausenhart, Amt 263–297.
[10] Vgl. AS II/4, 485.

ten mit dem Argument, Christus habe zunächst die Hierarchie und dann das Volk Gottes eingesetzt und die hierarchischen Glieder seien die ersten und vornehmlichen Glieder der Kirche.[11] *Christus Dominus* ist in der Perspektive Primat – Episkopat verblieben. Das durch die Forschungen besonders der französischen Theologie bis unmittelbar zu Konzilsbeginn ermöglichte kritische Bewusstsein auch der Geschichte und Geschichtlichkeit des Bischofsamtes blieb in den Fragestellungen und Problemüberhängen des I. Vatikanums befangen. Weitere vergleichende und so klärende Perspektiven blieben verschlossen.

Die gekennzeichnete perspektivische Episkopozentrik spiegelt sich auch in einer Ansprache Pauls VI. an die Kardinäle, Erzbischöfe und Bischöfe Italiens zum Ende des Konzils (06.12.1965):

„Die bischöfliche Autorität ist, so scheint Uns, gestärkt aus dem Konzil hervorgegangen: in ihrer göttlichen Einsetzung geltend gemacht, in ihrer unersetzbaren Amtsfunktion bestätigt, in ihren pastoralen Gewalten des Lehrens, Heiligens und Leitens bekräftigt, durch die kollegiale Gemeinschaft in ihrer Ausdehnung auf die Gesamtkirche geehrt, in ihrer hierarchischen Stellung präzise festgelegt, in der brüderlichen Mitverantwortung mit den anderen Bischöfen für die allgemeinen und besonderen Bedürfnisse der Kirche bestärkt und im Geist untergeordneter Einheit und solidarischer Zusammenarbeit mit dem Haupt der Kirche, dem konstitutiven Zentrum des Bischofskollegiums, enger verbunden."[12]

Auch hier kommt das Volk Gottes nicht in den Blick.

II. Die leitende Kategorie der „potestas"

Fragt man nach der leitenden Perspektive bzw. Kategorie, stößt man schnell auf die der „potestas". Der potestas-Begriff aus der römischen Rechtssprache war in der Kirche ursprünglich verpönt gewesen – Ambrosius lehnte die Bezeichnung „potestas" für die Bezeichnung des priesterlichen Dienstes ausdrücklich ab[13] –, hat dann aber doch Karriere gemacht – und seine Konnotate in den neuen Kontext eingebracht. Es handelt sich einmal um eine monologisch-asymmetrische Kategorie der Macht, dann aber auch um eine politische, die an der Regierungsfähigkeit, also an der Entscheidungs- und Handlungsfreiheit interessiert, demnach amtsintern konzipiert ist, schließlich um eine rein formale Kategorie der Legalität. Der potestas-Begriff vermag aus sich kein Kriterium der Legitimität anzugeben, mit dem eine damit bezeichnete Vollmacht zu messen, zu beurteilen wäre. Versuchungen der Macht werden nicht thematisiert. In Verbindung mit der potestas-Konzeption vermag eine episkopozentrische Sicht des Bischofsamtes dieses nicht mehr als Dienst am Volk Gottes zu buchstabieren, das mit der Würde der Schwestern und Brüder Jesu Christi ausgestattet ist.

Die Konzilsväter des II. Vatikanum hatten in der Kirchenkonstitution die po-

---

[11] Vgl. AS II/1, 639.
[12] AAS 58 (1966) 68; zitiert nach dem Nachsynodalen Apostolischen Schreiben *Pastores Gregis* Nr. 2.
[13] Vgl. Ring, Auctoritas 208 f.235.

testas-Terminologie zu vermeiden versucht und die eine *sacra potestas* nach dem Schema des „triplex munus" beschrieben. Die „munera" der Heiligung, Verkündigung und Leitung vermögen den formalen potestas-Begriff zu substantiieren, und in der Kennzeichnung kirchlicher Autorität als *ministerium* (LG 18) wird diese überdies als Relation erkannt. Die Größen einer Relation werden aber nicht verstanden ohne das jeweilige Gegenüber der Beziehung und die „ratio relationis". Für den Bischof bedeutet dies, dass er nur von der Kirche her verstanden werden kann, der er in doppelter Perspektive dient: der *communio Ecclesiarum* wie der *communio fidelium*. Im Gegenüber des Bischofs tritt den anderen Gläubigen die auf den Herrn verweisende Herausforderung entgegen, in der Nachfolge Jesu den Weg in die eigene Identität zu finden, um seinetwillen sein Leben zu verlieren und es gerade darin in Wahrheit zu gewinnen (Mk 8, 35) als Leben in der Freiheit der Kinder Gottes. „Communio" entsteht so nicht über eine Kompetenzkonzentration (suprema ac plena potestas), sondern im Dienst am Glauben der Menschen und am Leben der Gemeinden in der Einheit des Glaubenszeugnisses. Darin erwächst dem bischöflichen Amt in der Anerkennung seitens der Gläubigen neben der Legalität auch Legitimität.

In der Angewiesenheit der Kirche auf das Hören des Wortes, das Feiern der Sakramente, worin ihr ihr Herr selbst entgegentritt, „liegt der Grund dafür, daß die Kirche als im ganzen und jeder einzelne wesentlich angewiesen ist auf einen Dienst der Vermittlung. Dieser Dienst ist amtlicher Dienst in der Kirche, weil er wesentlich ist. Er hat zum Ziel, die Kirche und die einzelnen jeweils in ihr eigenes Wesen hinein zu vermitteln und zuzurüsten zum Vollzug jener Sendung, die für das Selbstsein und Miteinandersein Jesu Christi selbst charakteristisch war. Jeder in der Kirche ist angewiesen auf den Dienst, auch jene, die zum amtlichen Dienst bestimmt sind"[14]. Das daraus resultierende bzw. darin immanente ‚Amts-Ethos' heißt: „Stärke deine Brüder!" (Lk 22, 32). Einem gesagt, der selbst der Stärkung bedarf, wirft dieses Wort auch ein Licht auf das Verständnis und die Ausübung von eben gerade nicht autarker und autonomer Autorität in der Kirche. „Warum predige ich? Warum sitze ich auf der cathedra? Warum lebe ich? Nur in der Absicht, daß wir, ihr und ich, in Christus leben. Das ist die Ehre, die ich suche; das ist der Ruhm, den ich erstrebe; das ist die Freude, nach der ich mich sehne. Aber wenn ihr nicht auf meine Worte hört? Auch dann werde ich nicht schweigen. Ich will mein Leben retten. Ich will selig werden, aber selig mit euch."[15]

Augustins Autoritätsverständnis kann mit den Stichworten Befreiung und Ermächtigung beschrieben werden. Er entfaltet es als hilfreiche Größe vor allem im Kontext der Frage nach möglicher Erkenntnis: Die „auctoritas" geht der „ratio" voran, damit dann mit Hilfe der „ratio" verstanden wird, was zunächst aufgrund der „auctoritas" geglaubt wird, damit sich „auctoritas" gleichsam in „ratio" auf-

---

[14] Hünermann, Priesterlich das Evangelium walten 31.
[15] Aug., serm. 17, 2: „Quare loquor? Quare hic sedeo? Quare uiuo? nisi hac intentione, ut cum Christo simul uiuamus? Cupiditas mea ista et, honor meus iste est, possessio mea ista est, gaudium meum hoc est, gloria mea ista est. Sed si non me audieris et tamen ego non tacuero, liberabo ego animam meam. Sed nolo saluus esse sine uobis.": CCL 46, 238, 46–52.

hebt.[16] Damit ist für Augustinus die „auctoritas" ethisch gebunden. „Zum Wesen der Autorität gehört, daß sie vom Glaubenden als eine Autorität, die ihm etwas zu sagen hat, anerkannt wird, so daß der Glaubende sein Glauben und Gehorchen nicht als ein Müssen empfindet, sondern gerne gehorcht. ... Die häufige Verbindung von *auctoritas* und *commovere* macht deutlich, daß die Autorität nicht nur fordert, sondern durch ihre Überzeugungskraft mithilft, die Forderung zu erfüllen"[17].

III. Das Nachsynodale Apostolische Schreiben *Pastores Gregis* (2003)

Zur schon entfernteren Nachgeschichte des Konzils, gerade des III. Kapitels von *Lumen gentium* sowie des Dekrets *Christus Dominus*, gehört die X. Ordentliche Vollversammlung der Bischofssynode vom 30.09. bis zum 27.10.2001 in Rom zum Thema *„Der Bischof – Diener des Evangeliums Jesu Christi für die Hoffnung der Welt"* mit dem Nachsynodalen Apostolischen Schreiben *Pastores Gregis* (16.10.2003).[18]

Das Schreiben ist nach der Tonart der Motivik des Guten Hirten und damit christologisch gestimmt. Den Rahmen bildet der von der Jahrtausendwende nahegelegte Horizont der „Hoffnung der Welt", in den das Bild des Bischofs eingezeichnet wird. Ein erstes Kapitel (Nr. 6–10) beschreibt „Mysterium und Dienst des Bischofs", leitet diesen von den Zwölfen ab, unterstreicht den bei den Aposteln bereits vorgebildeten kollegialen Charakter des Bischofsamtes und sieht seine missionarische Dimension in der dreifachen Aufgabe des Lehrens, Heiligens und Leitens. Dem schließen sich als zweites Kapitel ungewöhnlich breite Darlegungen über „Das geistliche Leben des Bischofs" an (Nr. 11–25). Hier wird die subjektive Heiligkeit angemahnt als „Angleichung an den ontologischen Reichtum der Heiligkeit, den das Sakrament grundgelegt hat" (Nr. 11); es handle sich „nicht nur um eine *existentia*, sondern auch um eine *pro-existentia*, das heißt um ein Leben, das sich an dem höchsten, vom Herrn Jesus Christus selbst dargestellten Vorbild inspiriert und sich daher völlig in der Anbetung des Vaters und im Dienst an den Brüdern verausgabt" (Nr. 13). Im Folgenden werden Hilfen und Formen eines solchen geistlichen Lebens empfohlen: die Betrachtung des Wortes Gottes, die Eucharistie, Gebet und Stundengebet, die evangelischen Räte, die Gemeinschaft, endlich die Fortbildung. Die Kapitel III bis V (Nr. 26–54) gelten den „tria munera", in denen das bischöfliche Wirken ausführlich entfaltet wird. Erst im sechsten Kapitel wird die Stellung des Bischofs „In der Gemeinschaft der Kirchen" ange-

---

[16] Zum Verhältnis von „ratio" und „auctoritas" vgl. Veit, Art. Auctoritas.
[17] Lütcke, ‚Auctoritas' bei Augustin 163 f. – Die theologische Begründung spiegelt sich in Augustins Sicht des Übergangs vom AT zum NT wider „als ein Übergang von der zwingenden potestas zur helfenden auctoritas" (Ring, Auctoritas 225): Er führt aus, „daß im AT die Menschen durch die potestas des Gesetzes zur Sittlichkeit gezwungen wurden; im NT dagegen werden sie durch die göttliche auctoritas Christi überzeugt, in Freiheit und aus Liebe zu gehorchen" (aaO., 224 f. – vgl. Lütcke, ‚Auctoritas' bei Augustin 71 f.160–162).
[18] Ich zitiere jeweils nach den Nummern bzw. verweise auf sie.

sprochen und seine Beziehung zur Universalkirche behandelt, und zwar im selben Kapitel in doppelter Weise: einmal zum Papst (Nr. 55–58), wobei für diese Relation der Gedanke der Subsidiarität abgelehnt und der der „communio" (hierarchica) stark gemacht und als Medien dieser „communio" an die „ad limina"-Besuche, die Kontakte zur Kurie[19] und die Bischofssynode erinnert wird. Die andere Beziehung zwischen den Bischöfen (Nr. 59–65) liegt darin begründet, dass jedes bischöfliche Handeln „immer ein Handeln *innerhalb des Kollegiums*" (Nr. 59) ist. Das Schreiben geht eigens auf die katholischen Ostkirchen und deren Patriarchalstruktur ein, dann auf die Bischofskonferenzen, schließlich auf den ökumenischen Dialog und den missionarischen Geist. Das abschließende siebte Kapitel nimmt den Rahmen wieder auf und stellt den Bischof in die vielfältigen „aktuellen Herausforderungen" (Nr. 66–72).

Pastores Gregis geht in der Beschreibung des bischöflichen Amtes nicht mehr wie noch das *Instrumentum Laboris*[20] zur Vollversammlung der Bischofssynode von der Stellung des Bischofs in der Universalkirche aus, trotz und in eigenartigem Kontrast zu der mehrfach unterstrichenen Priorität der universalen Wirklichkeit des Bischofskollegiums gegenüber dem Amt, einer Ortskirche vorzustehen (vgl. Nr. 8); im Zentrum steht von der Anlage und vom Umfang des Schreibens her der Bischof in seiner Diözese. Die Beziehungen zum Papst werden eher einleitend und voraussetzend, die innerhalb des Bischofskollegiums eher angehängt behandelt.

Auffallend ist das große Gewicht und die ausführliche Darstellung, die das Schreiben der persönlichen Glaubwürdigkeit der Träger des bischöflichen Amtes zumisst und zukommen lässt: Autorität in der Kirche sei eine Vollmacht, die aus dem Zeugnis hervorgeht, nichts „Unpersönliches oder Bürokratisches"; „wenn dem Leben des Bischofs der Ruf der Heiligkeit, das heißt sein Zeugnis für Glaube, Hoffnung und Liebe, fehlte, könnte seine Leitung vom Gottesvolk kaum als Ausdruck der wirksamen Gegenwart Christi in seiner Kirche angenommen werden." (Nr. 43). Damit erhält die Kategorie der „potestas"[21] ein Gegengewicht, weil die pastorale Wirksamkeit dieser potestas auf der Bereitschaft der Herzen beruht, „das vom Bischof in seiner Kirche verkündete Evangelium ebenso anzunehmen wie die Vorschriften, die von ihm zum Wohl des Gottesvolkes erlassen wurden" (Nr. 43). In der inneren Bindung der bischöflichen Autorität an die Anerkennung derer, denen der Dienst gilt, entsteht Legitimität und „auctoritas".[22]

---

[19] Es befremdet etwas, dass die Kontakte zur Kurie im Sinne einer ‚Einbahnstraße' beschrieben werden: Darin „erhalten die Bischöfe direkte Kenntnis der Fragen, die im Kompetenzbereich der einzelnen Dikasterien liegen, und werden so in die unterschiedlichen Themen der gemeinsamen pastoralen Sorge eingeführt" (Nr. 57), wenn auch aaO. nicht das Ersuchen der Synodenväter nach mehr Gegenseitigkeit in der Information und im Vertrauen verschwiegen wird, damit die Dikasterien direkt von den konkreten Problemen der Kirchen Kenntnis erhielten.
[20] Vgl. Bischofssynode. X. Ordentliche Vollversammlung, Der Bischof als Diener des Evangeliums Jesu Christi für die Hoffnung der Welt. Instrumentum laboris (VAS 151), 2001.
[21] Die wird in *Pastores Gregis* durchaus angesprochen (vgl. Nr. 43).
[22] Gewiss erscheint hier am Horizont die Gefahr des Donatismus; doch das ist, wie v. Balthasar im Blick auf das kirchliche Amt im Allgemeinen sagt, „unvermeidlich. Man sollte neutestamentliches Priestertum nie anders als Aug in Aug zu dieser Gefahr begründen und festhalten." (Pneuma und Institution 364).

Im Unterschied zu *Christus Dominus* kommt im Nachsynodalen Schreiben gelegentlich zum Ausdruck, dass der Bischof nicht nur den Gläubigen ‚gegenüber' steht, sondern zugleich ‚mitten unter' ihnen (Nr. 10). Und auch in der Entfaltung des bischöflichen „triplex munus" finden sich vereinzelte (ausbaubare) Anklänge daran, dass auch die Gläubigen in der Taufe daran Anteil erhalten haben: vom „sensus fidei" ist die Rede (Nr. 29), unter Bezug auf das V. Kapitel von *Lumen gentium* auch von der Heiligkeit des Gottesvolkes (Nr. 41), schließlich von der Mitwirkung aller Gläubigen am Aufbau des Leibes Christi (Nr. 44.51).

Ein neues Bild in *Pastores Gregis* ist das des Kreislaufs: Einmal wird darin die „Wechselbeziehung" zwischen dem gemeinsamen Priestertum aller Gläubigen und dem besonderen des kirchlichen Amtes beschrieben: eine „Art ‚Kreislauf' … zwischen dem Glaubenszeugnis aller Gläubigen und dem authentischen Glaubenszeugnis des Bischofs in seinen lehramtlichen Akten; Kreislauf zwischen dem heiligen Leben der Gläubigen und den Mitteln zur Heiligung, die ihnen der Bischof bietet; Kreislauf, schließlich, zwischen der persönlichen Verantwortung des Bischofs für das Wohl der ihm anvertrauten Kirche und der Mitverantwortung aller Gläubigen für das Wohl derselben Kirche." (Nr. 10). Eine zweite Anwendung findet das Bild in der Bestimmung des Verhältnisses „zwischen der Gesamtkirche und den Teilkirchen" als „Blutkreislauf", „der vom Herzen zu den Gliedern und von diesen wieder zum Herzen geht" (Nr. 57)[23]; ausdrücklich ist von einer „Art ‚perichoresis'" die Rede. Doch ist eine solche Logik in diesem Dokument nicht system- und strukturbildend geworden.

Christus Dominus wird in *Pastores Gregis* in Nuancen fortgeschrieben: das Volk Gottes kommt in den Blick, und die starke Betonung der Spiritualität im Interesse der Glaubwürdigkeit bischöflicher Amtsführung „entschärft" die Kategorie der „potestas", wenngleich darüber das Konflikträchtige und die Befangenheit dieses anspruchsvollen Amtes in bürokratischen Zwängen (wenigstens in den Diözesen der „ersten Welt") aus den Augen gerät. Die vielfältigen praktischen Probleme, die die Bischöfe zum Konzil mit- und u. a. in *Christus Dominus* eingebracht hatten, erscheinen von der geistlichen Dimension des Bischofsamtes überstrahlt.

IV. Ein Berufsbild

Welcher Art Text begegnet einem in *Christus Dominus*? Er will kein theologischer Text sein; der ist für ihn die Kirchenkonstitution *Lumen gentium*, die er zu seiner vorgeordneten theologischen Bezugsgröße erklärt: Kardinal Marella, der Vorsitzende der Bischofskommission, bemerkt ausdrücklich in seiner Vorstellung des Schemas *De episcopis ac dioeceseon regimine*, es wolle pastorale Themen behandeln, die theologische Reflexion solle dem Kirchenschema überlassen bleiben. Seien die Lehrfragen dort geklärt, könnten im Bischofsdekret dann die Folgerun-

---

[23] Hier wird auf die Apostolische Konstitution *Pastor bonus* Johannes Pauls II. vom 28.06.1988 verwiesen: AAS 80 (1988) 913.915.

gen daraus gezogen werden.²⁴ *Christus Dominus* will auch kein Gesetzestext sein; er sieht sich selbst als Zwischenglied zwischen *Lumen gentium* und möglichen Direktorien und dem CIC.²⁵ Auf diese Schnur müsste man sich nur noch die Perlen der Ausführungsbestimmungen in den verschiedenen ‚Motu proprios' aufgereiht denken²⁶, dann wird eine doppelte Fragwürdigkeit deutlich: der fragwürdige, nach der Intention Johannes' XXIII. gerade zu überwindende Dualismus von ‚Theologie' und ‚Pastoral' sowie das programmatische Verständnis der Praxis als Anwendungsfall bzw. Konsequenz der Theorie.

Die Bestimmung von *Christus Dominus* als ‚Dekret' ist auch nur begrenzt aufschlussreich: Bischof Carli, dessen Handschrift der 1963 in der Konzilsaula diskutierte Text *De episcopis ac dioeceseon regimine* trug, sagte, ein Dekret werde als Handlungsanweisung in einer disziplinären Angelegenheit erlassen.²⁷ Mit ausdrücklichem Hinweis auf das Schema *De pastorali Episcoporum munere in Ecclesia* wird 1965 auch begründet, warum das Schema über Dienst und Leben der Priester nicht als Konstitution einzustufen sei: „Die Bezeichnung *Dekret* soll bleiben, weil das Dokument in besonderer Weise die pastorale Ausübung des Dienstes der Presbyter und die priesterliche Lebensweise im Auge hat, mag auch die Darlegung über die Natur des Presbyterats lehrhaften Charakter aufweisen. Die Lehre über den Presbyterat wird bereits in der dogmatischen Konstitution *De Ecclesia* behandelt, so wie in derselben die Lehre über den Episkopat dargestellt wird. So wie das Dokument *De pastorali Episcoporum munere in Ecclesia* zurecht Dekret genannt wird, so muß auch das Dokument über den Dienst der Presbyter und ihr Leben Dekret genannt werden."²⁸ Damit scheint die Bezeichnung Dekret „vor allem für jene Dokumente reserviert worden zu sein, die die Anwendung der Lehre auf das Leben betreffen"²⁹.

Vieles hatte den Bischöfen auf den Nägeln gebrannt, als sie sich zum Konzil aufmachten – die *Antepraeparatoria* singen ein Lied davon –, ganz Konkretes, das ihnen in ihrem Amt das Leben schwer machte, und so erwarteten sie sich Klärungen in legitimierenden theologischen Fragen, besonders aber auch Verbesserungen und Lösungen für ihre praktischen Probleme. Ein Doppeltes wird daher schließlich in *Christus Dominus* greifbar: die Faktoren, die ihr Bischofsamt bestimmen und förderlich wie hinderlich auf ihren Dienst Einfluss nehmen, thema-

---

²⁴ Vgl. AS II/4, 435–438. – Vgl. Carli, Ufficio pastorale dei vescovi 48–53. Auch Erzbischof Veuillot wiederholt 1964, Fragen der Doktrin gehörten nicht zur Aufgabe der Kommission; darin habe man sich am Schema *De ecclesia* orientiert und man werde das auch weiterhin so halten (vgl. AS III/2, 60f. [relatio]).
²⁵ In der Koordinierungskommission wurde 1963 auch angeordnet, gewisse Teile des ehemaligen Schemas *De Cura animarum* „der Überprüfung des CIC zu überlassen und andere Teile in der Form eines Direktoriums oder Pastoralhandbuches zusammenzustellen" (Mörsdorf, in: LThK.E 2, 140). 1973 gab es ja dann auch ein Direktorium: *Directorium de pastorali ministerio Episcoporum*.
²⁶ Beispielsweise MP *Ecclesiae sanctae* (06.08.1966): AAS 58 (1966) 757–775, mit Ausführungsbestimmungen zu *Christus Dominus, Presbyterorum ordinis, Perfectae caritatis* und *Ad gentes*; sowie MP *Regimini Ecclesiae universae*: AAS 59 (1976) 885–928, zur Kurienreform.
²⁷ „Decretum enim datur ut lex agendi in re disciplinari": AS IV/2, 688.
²⁸ AS IV/7, 114 (Übersetzung nach: Gehr, Die rechtliche Qualifikation 109).
²⁹ Gehr, Die rechtliche Qualifikation 110. – Zum ‚Dekret' vgl. aaO. 105–111; Wächter, Dekret.

tisiert als die unterschiedlichen Bezüge, in denen Bischöfe stehen: zum Papst und seiner Kurie, zu ihren Mitarbeitern, zu ihren Kollegen im Amt, um darin zukunftsträchtige Akzente zu setzen; zum andern die Felder, in denen sie selbst gesteigerten Handlungsbedarf sehen und auf Veränderungen drängen. Nach einem umfassenden systematischen Traktat über das Bischofsamt stand ihnen nicht der Sinn. Sie formulierten ihr bischöfliches Selbstverständnis in den praktischen Fragen, die sich ihnen in den Beziehungen stellten, in die sie sich selbst gestellt sahen, – ihr ‚Berufsbild'.[30]

---

[30] Für vielfältige Unterstützung danke ich gerne Jennifer Bargfeldt und Martina Hanebeck (beide Hildesheim), Susanne Funk, Ursula Brandt und Silke Trautmann (alle Tübingen).

D. Bibliographie

Acerbi, Antonio, Die ekklesiologische Grundlage der nachkonziliaren Institutionen, in: Alberigo – Congar – Pottmeyer (Hg.), Kirche im Wandel 208–240.

Alberigo, Giuseppe, Lo sviluppo della dottrina sui poteri nella Chiesa universale. Momenti essenziali tra il XVI e il XIX secolo (TRSR 1), Roma – Freiburg – Basel – Barcelona – Wien 1964.

Alberigo, Giuseppe – Congar, Yves – Pottmeyer, Hermann J. (Hg.), Kirche im Wandel. Eine kritische Zwischenbilanz nach dem Zweiten Vatikanum, Düsseldorf 1982.

Alberigo, Giuseppe u. a., Fede, tradizione, profezia. Studi su Giovanni XXIII e sul Vaticano II, Brescia 1984.

Alberigo, Giuseppe, Formazione, contenuto e fortuna dell'allocuzione, in: ders. u. a., Fede, tradizione, profezia, 187–222.

Alberigo, Giuseppe, Johannes XXIII. und das II. Vatikanische Konzil, in: ders. – Klaus Wittstadt (Hg.), Ein Blick zurück – nach vorn: Johannes XXIII. Spiritualität – Theologie – Wirken, Würzburg 1992, 137–176.

Alberigo, Giuseppe, Synodalität in der Kirche nach dem Zweiten Vatikanum, in: Wilhelm Geerlings – Max Seckler (Hg.), Kirche sein. Nachkonziliare Theologie im Dienst der Kirchenreform (FS Hermann J. Pottmeyer), Freiburg – Basel – Wien 1994, 333–347.

Alberigo, Giuseppe – Wittstadt, Klaus (Hg.), Geschichte des Zweiten Vatikanischen Konzils (1959–1965), 5 Bde., bisher erschienen: Bde. 1–3, Mainz – Leuven 1997–2002.

Alberigo, Giuseppe – Magistretti, Franca, Constitutionis Dogmaticae Lumen Gentium Synopsis Historica, Bologna 1975.

Alberto Stefano, „Corpus Suum mystice constituit" (LG 7). La Chiesa corpo mistico di Cristo nel primo capitolo dalla „Lumen gentium". Storio del testo dalla „Mystici corporis" al Vaticano II con riferimenti alla attività conciliare del P. Sebastian Tromp S.J. (Eichstätter Studien NF 37), Regensburg 1996.

Antón, Angel, Conferencias Episcopales – instancias intermedias? El estado teológico de la cuestión, Salamanca 1989.

Astrath, Wilhelm, Die Bischofssynode nach den Bestimmungen des CIC, in: André Gabriels – Heinrich J. F. Reinhardt (Hg.), Ministerium iustitiae (FS Heribert Heinemann), Essen 1985, 229–242.

Aubert, Roger, Die Ekklesiologie beim Vatikankonzil, in: Das Konzil und die Konzile. Ein Beitrag zur Geschichte des Konzilslebens der Kirche, Stuttgart 1962, 285–330.

Aymans, Winfried, Das synodale Element in der Kirchenverfassung (MThS.K 30), München 1970.

Aymans Winfried, Die Communio Ecclesiarum als Gestaltgesetz der einen Kirche, in: AKathKR 139 (1970) 69–90 (= ders., Kirchenrechtliche Beiträge zur Ekklesiologie [KStT 42], Berlin 1995, 17–39).

Bacht, Heinrich, Primat und Episkopat im Spannungsfeld der beiden Vatikanischen Konzile, in: Leo Scheffczyk – Werner Dettloff – Richard Heinzmann (Hg.), Wahrheit und Verkündigung (FS Michael Schmaus), Bd. 2, München – Paderborn – Wien 1967, 1447–1466.

Balducci, Ernesto, Die Kirche als Eucharistie. Gedanken zur Frage der Ortskirche, Aschaffenburg 1974.
Ball, Matthias – Werner, Ernst (Hg.), Wege zum Christwerden. Der Erwachsenenkatechumenat in Europa, Ostfildern 1994.
Ball, Matthias – Tebartz-van Elst, Franz-Peter – Waibel, Artur – Werner, Ernst, Erwachsene auf dem Weg zur Taufe. Werkbuch Erwachsenenkatechumenat, München 1997.
Balthasar, Hans Urs von, Pneuma und Institution (Skizzen zur Theologie 4), Einsiedeln 1974.
Baraúna, Guilherme (Hg.), De Ecclesia. Beiträge zur Konstitution „Über die Kirche" des Zweiten Vatikanischen Konzils, dt. Ausg. bes. v. O. Semmelroth, J. G. Gerhartz, H. Vorgrimler, 2 Bde., Freiburg – Basel –Wien – Frankfurt 1966.
Bausenhart, Guido, Das Amt in der Kirche. Eine not-wendende Neubestimmung, Freiburg – Basel – Wien 1999.
Bertrams, Wilhelm, Papst und Bischofskollegium als Träger der kirchlichen Hirtengewalt, München – Paderborn – Wien 1965.
Betti, Umberto, La costituzione dommatica „Pastor aeternus" del Concilio Vaticano I, Roma 1961.
Betti, Umberto, La Dottrina sull'episcopato del Concilio Vaticano II. Il capitolo III della Costituzione dommatica Lumen gentium (Spicilegium Pontifici Athenaei Antoniani 25), Roma 1984.
Bier, Georg, Die Rechtsstellung des Diözesanbischofs nach dem Codex Iuris Canonici von 1983 (Forschungen zur Kirchenrechtswissenschaft 32), Würzburg 2001.
Bischofssynode. X. Ordentliche Vollversammlung, Der Bischof als Diener des Evangeliums Jesu Christi für die Hoffnung der Welt. Instrumentum laboris (VAS 151), Bonn 2001.
Billot, Ludovicus, Tractatus de Ecclesia Christi sive Continuatio Theologiae de Verbo Incarnato, Tomus prior: De credibilitate Ecclesiae, et de intima eius constitutione, Romae ^{5}1927.
Bode, Hermann, Der Zusammenhang von Eucharistie und Gemeinde auf dem II. Vatikanum. Eine systematisch-theologische Untersuchung in pastoraler Intention, Diss. Münster 1985.
Bouëssé, Humbert – Mandouze, André (Hg.), L'Évêque dans l'Église du Christ. Travaux du Symposium de l'Arbresle 1960, Bruges 1963.
Breuning, Wilhelm, Das Verständnis des katholischen Bischofsamtes nach dem Zweiten Vatikanischen Konzil, in: Wilm Sanders (Hg.), Bischofsamt – Amt der Einheit. Ein Beitrag zum ökumenischen Gespräch, München 1983, 9–30.
Brun, Maria, Orthodoxe Stimmen zum II. Vatikanum. Ein Beitrag zur Überwindung der Trennung (ÖBFZPhTh 18), Fribourg 1988.
Burghardt, Dominik, Institution Glaubenssinn. Die Bedeutung des sensus fidei im kirchlichen Verfassungsrecht und für die Interpretation kanonischer Gesetze, Paderborn 2002.
Carli, Luigi M., Decreto „Christus Dominus": Ufficio pastorale dei vescovi e Chiese orientali cattoliche. Genesi storico-dottrinale – testo latino e traduzione italiana – esposizione e commento – Motu proprio „Ecclesia Sancta", Torino – Leumann 1967.
Cattaneo, Arturo, Der ekklesiologische Ort der römischen Kurie nach der Apostolischen Konstitution ‚Pastor bonus', in: Winfried Aymans – Anna Legler – Joseph Listl (Hg.), Fides et ius (FS Georg May), Regensburg 1991, 109–118.
Charue, André-Marie, Die Lehre Seiner Heiligkeit Pius' XII. und Seiner Heiligkeit Johannes' XXIII. über das Bischofsamt, in: Congar (Hg.), Das Bischofsamt und die Weltkirche 9–18.
Colson, Jean, L'épiscopat catholique. Collégialité et primauté dans les trois premiers siècles de l'église (Unam Sanctam 43), Paris 1963.

Congar, Yves, Aspects ecclésiologiques de la querelle entre mendiants et séculiers dans la seconde moitié du XIIIe siècle et le début du XIVe, in: AHD 28 (1961) 35–151.
Congar, Yves (Hg.), Das Bischofsamt und die Weltkirche, Stuttgart 1964; frz.: ders. – Bernard-Dominique Dupuy (Hg.), L'Épiscopat et l'Église universelle (Unam Sanctam 39), Paris 1962.
Congar, Yves, Quod omnes tangit ab omnibus tractari et approbari debet, in: ders., Droit ancien et structures ecclésiales (CStS 159), London 1982, III, 210–259 (= ders., in: RHDFE 36 [1958] 210–259).
Congar, Yves, Le Concile de Vatican II. Son église, peuple de Dieu et corps du Christ (Théologie historique 71), Paris 1984.
Congar, Yves, Die Lehre von der Kirche. Vom Abendländischen Schisma bis zur Gegenwart (HDG III, 3d), Freiburg – Basel – Wien 1971.
Congar, Yves – Küng, Hans – O'Hanlon, Daniel (Hg), Konzilsreden, Einsiedeln 1964.
Cordes, Paul J., Sendung zum Dienst. Exegetisch-historische und systematische Studien zum Konzilsdekret ‚Vom Leben und Dienst der Priester' (FTS 9), Frankfurt a. M. 1972.
Corecco, Eugenio, Aspekte der Rezeption des Vaticanum II im neuen Codex Iuris Canonici, in: Hermann J. Pottmeyer – Giuseppe Alberigo – Jean-Pierre Jossua (Hg.), Die Rezeption des Zweiten Vatikanischen Konzils, Düsseldorf 1986, 313–359.
Corecco, Eugenio, Der Bischof als Haupt der Ortskirche und Wahrer und Förderer der örtlichen Kirchendisziplin, in: ders., Ordinatio Fidei. Schriften zum kanonischen Recht, hg. v. Libero Gerosa – Ludger Müller, Paderborn u. a. 1994, 269–281 (= Conc[D] 4 [1968] 602–609).
Dejaifve, Georges, Pape et évêques au première concile du vatican, Bruges 1961
Dejaifve, Georges, Primat und Kollegialität auf dem Ersten Vatikanischen Konzil, in: Congar (Hg.), Das Bischofsamt und die Weltkirche 665–688.
Dewan, Wilfried F., „Potestas vere episcopalis" auf dem Ersten Vatikanischen Konzil, in: Congar (Hg.), Das Bischofsamt und die Weltkirche 689–717.
Diekamp Franz, Katholische Dogmatik. Nach den Grundsätzen des heiligen Thomas, Bd. 3, Münster 1922.
Episcopus. Studien über das Bischofsamt (FS Michael Kardinal von Faulhaber), dargebracht von der Theologischen Fakultät der Universität München, Regensburg 1949.
Famerée, Joseph, Bischöfe und Bistümer (5.–15. November 1963), in: Alberigo – Wittstadt (Hg.), Geschichte des Zweiten Vatikanischen Konzils 3, 139–222.
Feliciani, Giorgio, Le conferenze episcopali (ReSo 3), Bologna 1974
Forte, Bruno, La Chiesa nell'Eucaristia. Per un'ecclesiologia eucaristica alla luce del Vaticano II (BTNap 6), Napoli 1975.
Forte, Bruno, Laie sein. Beiträge zu einem ganzheitlichen Kirchenverständnis (Theologie und Glaube), München 1987.
Fouilloux, Etienne, Die vor-vorbereitende Phase (1959–1960). Der langsame Gang aus der Unbeweglichkeit, in: Alberigo – Wittstadt (Hg.), Geschichte des Zweiten Vatikanischen Konzils 1, 61–187.
Freiling, Paul-Stephan, Das Subsidiaritätsprinzip im kirchlichen Recht (MKCIC. Beih. 13), Essen 1995.
Freitag, Josef, Sacramentum ordinis auf dem Konzil von Trient. Ausgeblendeter Dissens und erreichter Konsens (ITS 32), Innsbruck – Wien 1991.
Freitag, Josef, Schwierigkeiten und Erfahrungen mit dem „Sacramentum Ordinis" auf dem Konzil von Trient, in: ZKTh 113 (1991) 39–51.
Ganzer, Klaus, Gallikanische und römische Primatsauffassung im Widerstreit. Zu den ekklesiologischen Auseinandersetzungen auf dem Konzil von Trient, in: HJ 109 (1989) 109–163.

D. Bibliographie

Ganzer, Klaus, Das päpstliche Gesandtschaftswesen. Historischer Rückblick, in: Motuproprio über die Aufgaben der Legaten des römischen Papstes (NKD 21), Trier 1970, 9–16.

García, Martín Julius, Exemtio Religiosorum iuxta Concilium Vaticanum II, in: Commentarium pro Religiosis et Missionariis 60 (1979) 281–330; 61 (1980) 3–36.97–130.

Gatz, Erwin (Hg.), Die Bistümer und ihre Pfarreien (Geschichte des kirchlichen Lebens in den deutschsprachigen Ländern seit dem Ende des 18. Jahrhunderts 1), Freiburg – Basel – Wien 1991.

Gehr, Josef, Die rechtliche Qualifikation der Beschlüsse des Zweiten Vatikanischen Konzils (MThS.K 51), St. Ottilien 1997.

Gerosa, Libero, Kirchliches Recht und Pastoral (Extemporalia 9), Eichstätt 1991.

Gerosa, Libero, Communio Ecclesiarum. Die wechselseitigen Beziehungen zwischen Universalkirche und Partikularkirchen in ekklesiologisch-kanonistischer Sicht, in: Krämer u. a. (Hg.), Universales und partikulares Recht in der Kirche 1–19.

Gewieß, Josef – Schmaus, Michael – Mörsdorf, Klaus – Brunner, Peter, Art. Bischof, in: LThK[2] 2, 491–506.

Ghirlanda, Gianfranco, „Hierarchica communio". Significato della formula nella „Lumen Gentium" (AnGr 216), Roma 1980.

Graulich, Markus, Bischofssynode. Kollegialität und Primat, in: Riedel-Spangenberger (Hg.), Leitungsstrukturen der katholischen Kirche 50–75.

Greshake, Gisbert (Hg.), Zur Frage der Bischofsernennungen in der römisch-katholischen Kirche (Schriftenreihe der Katholischen Akademie der Erzdiözese Freiburg), München – Zürich 1991.

Grichting, Martin, Die Umschreibung der Diözesen. Die Kriterien des II. Vatikanischen Konzils für die kirchliche Zirkumskriptionspraxis (Adnotationes in ius canonicum 7), Frankfurt a. M. u. a. 1998.

Grootaers Jan, Actes et acteurs à Vatican II (BEThL 139), Leuven 1998.

Grootaers, Jan, Die Bischofssynoden von 1969 und 1974: Mangelhaftes Funktionieren und signifikative Ergebnisse, in: Alberigo – Congar – Pottmeyer (Hg.), Kirche im Wandel 275–297.

Grootaers, Jan, Une restauration de la théologie de l'épiscopat. Contribution du Cardinal Alfrink à la préparation de Vatican II, in: Elmar Klinger – Klaus Wittstadt (Hg.), Glaube im Prozeß. Christsein nach dem II. Vatikanum (FS Karl Rahner), Freiburg – Basel – Wien 1984, 778–825.

Grootaers, Jan, Primauté et collégialité. Le dossier de Gérard Philips sur la Nota Explicativa Praevia (Lumen gentium Chap. III). Présenté avec introduction historique, annotations et annexes par Jan Grootaers, Leuven 1986.

Grootaers, Jan, Zwischen den Sitzungsperioden. Die „zweite Vorbereitung" des Konzils und ihre Gegner, in: Alberigo – Wittstadt (Hg.), Geschichte des Zweiten Vatikanischen Konzils 2, 421–617.

Guerry, Emile, L'Évêque (BE[P] 5), Paris 1954.

Hallermann, Heribert, Römische Kurie. Dienst und Macht, in: Riedel-Spangenberger (Hg.), Leitungsstrukturen der katholischen Kirche 101–144.

Heinemann Heribert, Die Bischofskonferenz. Streiflichter zur vorkonziliaren Situation, in: Winfried Aymans – Anna Eger – Joseph Listl (Hg.), Fides et ius (FS Georg May), Regensburg 1991, 407–422.

Heinemann, Heribert, Demokratisierung oder Synodalisierung? Ein Beitrag zur Diskussion, in: Wilhelm Geerlings – Max Seckler (Hg.), Kirche sein. Nachkonziliare Theologie im Dienst der Kirchenreform (FS Hermann J. Pottmeyer), Freiburg – Basel – Wien 1994, 349–360.

Henseler, Rudolf, Ordensrecht (MKCIC), Essen [2]1988.

Hilberath, Bernd J., Communio hierarchica. Historischer Kompromiß oder hölzernes Eisen?, in: ThQ 177 (1997) 202–219.
Hödl, Ludwig, Die Lehre von den drei Ämtern Jesu Christi in der dogmatischen Konstitution des II. Vatikanischen Konzils „Über die Kirche", in: Leo Scheffczyk – Werner Dettloff – Richard Heinzmann (Hg.), Wahrheit und Verkündigung (FS Michael Schmaus), Bd. 2, München – Paderborn – Wien 1967, 1785–1806.
Holböck, Ferdinand – Sartory, Thomas (Hg.), Mysterium Kirche in der Sicht der theologischen Disziplinen, Salzburg 1962.
Hünermann, Peter, Priesterlich das Evangelium walten. Reflexionen über den Dienst in der Kirche heute (Akademiebibliothek 4), Hamburg 1992.
Hünermann, Peter, „Una cum". Zu den Funktionen des Petrusdienstes aus katholischer Sicht, in: ders. (Hg.), Papstamt und Ökumene. Zum Petrusdienst an der Einheit aller Getauften, Regensburg 1997, 80–101.
Ibounig, Jakob, Sponsus vice Christi. Der Bischof als Darsteller des Christus – Bräutigams und die Konsequenzen für seine Rechtstellung von der apostolischen Zeit bis Gratian, Diss. Rom 1994.
Iserloh, Erwin, Die Geschichte der Deutschen Bischofskonferenz (1977), in: ders., Kirche – Ereignis und Institution, Bd. 1 (RGST.S 3/1), Münster 1985, 346–360.
Jedin, Hubert, Delegatus Sedis Apostolicae und bischöfliche Gewalt auf dem Konzil von Trient, in: ders., Kirche des Glaubens – Kirche der Geschichte (Ausgewählte Aufsätze und Vorträge 2), Freiburg – Basel – Wien 1966, 414–428.
Jedin, Hubert, Geschichte des Konzils von Trient, 4 Bde., Freiburg – Basel – Wien 1949–1975.
Johannes Paul II., Nachsynodales Apostolisches Schreiben *Vita consecrata* vom 25.03.1996 (VAS 125), Bonn 1996.
Johannes Paul II., Nachsynodales Apostolisches Schreiben *Pastores Gregis* zum Thema „Der Bischof – Diener des Evangeliums Jesu Christi für die Hoffnung der Welt" vom 16.10.2003 (VAS 163), Bonn 2003.
Johnson, John G., The Synod of Bishops. An analysis of its legal development (CLSt 518), Washington 1986.
Kaiser, Joseph H., Die Politische Klausel der Konkordate, Berlin – München 1949.
Kaiser, Matthäus, Absolute Ordination?, in: Heribert Rossmann – Joseph. Ratzinger (Hg.), Mysterium der Gnade (FS Johann Auer), Regensburg 1975, 183–194.
Kallis, Anastasios, Eucharistische Ekklesiologie – Theologie der Lokalkirche. Die eucharistische Struktur der Kirche, in: Albert Rauch – Paul Imhof (Hg.), Die Eucharistie der einen Kirche. Eucharistische Ekklesiologie – Perspektiven und Grenzen (Koinonia 3), München 1983, 104–121.
Kasper, Walter, Primat und Episkopat nach dem Vatikanum I, in: ThQ 142 (1962) 47–83.
Kasper, Walter, Zur Theologie und Praxis des bischöflichen Amtes, in: Werner Schreer – Georg Steins (Hg.), Auf neue Art Kirche sein. Wirklichkeiten – Herausforderungen – Wandlungen (FS Josef Homeyer), München 1999, 32–48.
Kasper, Walter, Das Verhältnis von Universalkirche und Ortskirche. Freundschaftliche Auseinandersetzung mit der Kritik von Joseph Kardinal Ratzinger, in: StZ 218 (2000) 795–804.
Kaufmann, Ludwig – Klein, Nikolaus, Johannes XXIII. Prophetie im Vermächtnis, Fribourg 1990.
Kessler, Michael, Das synodale Prinzip, in: ThQ 168 (1988) 43–60.
Kleindienst, Eugen, Orden und Ortskirche – ein spannendes Verhältnis. Aus der Sicht der Bistümer, in: OK 42 (2001) 480–490.
Klinger, Elmar, Der Glaube des Konzils. Ein dogmatischer Fortschritt, in: ders. – Klaus

Wittstadt (Hg.), Glaube im Prozeß. Christsein nach dem II. Vatikanum (FS Karl Rahner), Freiburg – Basel – Wien 1984, 615–626.
Klinger, Elmar, Das Zweite Vatikanische Konzil als ein Gesamtentwurf. Der Plan von Kardinal Suenens, in: Die Kraft der Hoffnung. Gemeinde und Evangelium, hg. v. der Fakultät Katholische Theologie d. Universität Bamberg durch Alfred E. Hierold (FS Josef Schneider), Bamberg 1986, 142–150.
Klinger, Elmar, Armut – Eine Herausforderung Gottes. Der Glaube des Konzils und die Befreiung des Menschen, Zürich 1990.
Komonchak, Joseph A., Der Kampf für das Konzil während der Vorbereitung (1960–1962), in: Alberigo – Wittstadt (Hg.), Geschichte des Zweiten Vatikanischen Konzils 1, 189–401.
Krämer, Peter, Dienst und Vollmacht in der Kirche. Eine rechtstheologische Untersuchung zur Sacra-Potestas-Lehre des II. Vatikanischen Konzils (TThSt 28), Trier 1973.
Krämer, Peter u. a. (Hg.), Universales und partikulares Recht in der Kirche. Konkurrierende oder integrierende Faktoren?, Paderborn 1999.
Krämer, Peter, Universales und partikulares Recht. Zur Mehrstufigkeit im kirchlichen Rechtssystem, in: ders. u. a. (Hg.), Universales und partikulares Recht in der Kirche 47–69.
Küng, Hans, Konzil und Episkopat. Zur Theologie des ökumenischen Konzils, in: Anima 15 (1960).
Künzel, Heike, Der Priesterrat. Theologische Grundlegung und rechtliche Ausgestaltung (MKCIC.Beih. 27), Essen 2000.
Künzel, Heike, Apostolatsrat und Diözesanpastoralrat. Geschichte, kodikarische Vorgaben und Ausgestaltung in Deutschland (MKCIC 36), Essen 2002.
L'ecclésiologie au XIXe siècle (Unam Sanctam 34), Paris 1960.
La charge pastoral des évêques: Décret „Christus Dominus": Texte latin et traduction française. Commentaires par W. Onclin, R. Bézac, N. Jubany, J. Badré, F. Boulard, H. Legrand, C. Munier, J. Bernhard (Unam Sanctam 74), Paris 1969.
Le Concile et les Conciles, Paris 1960; dt.: Das Konzil und die Konzile. Ein Beitrag zur Geschichte des Konzilslebens der Kirche, Stuttgart 1962.
Lécuyer, Joseph, Das dreifache Amt des Bischofs, in: Baraúna (Hg.), De Ecclesia 2, 166–188.
Lécuyer, Joseph Die Bischofsweihe als Sakrament, in: Baraúna (Hg.), De Ecclesia 2, 24–43.
Lederer, Josef, Die Neuordnung des Dispensrechtes, in: AKathKR 135 (1966) 415–443.
Lehmann, Karl, Das dogmatische Problem des theologischen Ansatzes zum Verständnis des Amtspriestertums, in: Franz Henrich (Hg.), Existenzprobleme des Priesters (Münchener Akademie-Schriften 50), München 1969, 121–175.
Leisching, Peter, Die Bischofskonferenz. Beiträge zu ihrer Rechtsgeschichte, mit besonderer Berücksichtigung ihrer Entwicklung in Österreich (WRGA 7), Wien – München 1963.
Lill, Rudolf, Die ersten deutschen Bischofskonferenzen, Basel – Freiburg – Wien 1964.
Lubac, Henri de, Quellen kirchlicher Einheit (Theologia Romanica 3), Einsiedeln 1974.
Lütcke, Karl-Heinrich, ‚Auctoritas' bei Augustin. Mit einer Einleitung zur römischen Vorgeschichte des Begriffs (TBAW 44), Stuttgart u. a. 1968.
Marot, Hilaire, Vornicäische und ökumenische Konzile, in: Das Konzil und die Konzile. Ein Beitrag zur Geschichte des Konzilslebens der Kirche, Stuttgart 1962, 23–51.
May, Georg, Ego N.N. Catholicae Ecclesiae Episcopus. Entstehung, Entwicklung und Bedeutung einer Unterschriftsformel im Hinblick auf den Universalepiskopat des Papstes (KStT 43), Berlin 1995.
Meier, Dominicus, Orden und Ortskirche – ein spannendes Verhältnis. Aus der Sicht der Orden, in: OK 42 (2001) 472–479.

Mörsdorf, Klaus, Die Regierungsaufgaben des Bischofs im Lichte der kanonischen Gewaltenunterscheidung, in: Episcopus. Studien über das Bischofsamt 257–277.

Mörsdorf, Klaus, Primat und Kollegialität nach dem Konzil, in: Helmut Gehrig (Hg.), Über das bischöfliche Amt. Festakademie anläßlich des 60. Geburtstages Seiner Exzellenz des hochwürdigsten Herrn Erzbischofs von Freiburg DDr. Hermann Schäufele (Veröffentlichungen der Katholischen Akademie der Erzdiözese Freiburg 4), Karlsruhe 1966, 39–48.

Mörsdorf, Klaus, Einleitung und Kommentar zum Dekret über die Hirtenaufgabe der Bischöfe in der Kirche „Christus Dominus", in: LThK.E 2, 127–247.

Mörsdorf, Klaus, Das synodale Element in der Kirchenverfassung im Lichte des Zweiten Vatikanischen Konzils, in: Remigius Bäumer – Heimo Dolch (Hg.), Volk Gottes. Zum Kirchenverständnis der katholischen, evangelischen und anglikanischen Theologie (FS Josef Höfer), Freiburg – Basel – Wien 1967, 568–584.

Mörsdorf, Klaus, Die Promulgationsformel des Zweiten Vatikanischen Konzils, in: AKathKR 147 (1978) 456–462 (= ders., Schriften zum Kanonischen Recht, Paderborn u. a. 1989, 339–345).

Mörsdorf, Klaus, Die Unmittelbarkeit der päpstlichen Primatialgewalt im Lichte des kanonischen Rechtes, in: ders., Schriften zum Kanonischen Recht, Paderborn u. a. 1989, 241–255.

Mortari, Luciana, Consacrazione episcopale e collegialità. La testimonianza della Chiesa antica (TRSR 4), Firenze 1969.

Müller, Hubert, Zum Verhältnis zwischen Episkopat und Presbyterat im Zweiten Vatikanischen Konzil. Eine rechtstheologische Untersuchung (WBTh 35), Wien 1971.

Müller, Hubert, Die rechtliche Stellung des Diözesanbischofs gegenüber Generalvikar und Bischofsvikar. Zur Rechtslage nach dem CIC/1983, in: AKathKR 153 (1984) 399–415.

Müller, Hubert – Pottmeyer, Hermann J. (Hg.), Die Bischofskonferenz. Theologischer und juridischer Status, Düsseldorf 1989.

Müller, Hubert, Zum Verhältnis zwischen Bischofskonferenz und Diözesanbischof, in: ders. – (Hg.), Die Bischofskonferenz 236–255.

Nocent, Adrien, Die Ortskirche: Verwirklichung der Kirche Christi und Sitz der Eucharistie, in: Hermann J. Pottmeyer – Giuseppe Alberigo – Jean-Pierre Jossua (Hg.), Die Rezeption des Zweiten Vatikanischen Konzils, Düsseldorf 1986, 273–290.

Ohly, Christoph, Sensus fidei fidelium. Zur Einordnung des Glaubenssinnes aller Gläubigen in die Communio-Struktur der Kirche im geschichtlichen Spiegel dogmatisch-kanonistischer Erkenntnisse und der Aussagen des II. Vatikanum (MThS 57), St. Ottilien 1999.

Onclin, Willy H. J., Die Kollegialität der Bischöfe und ihre Struktur, in: Conc(D) 1 (1965) 664–669.

Onclin, Willy H. J., La genèse, le titre et la structure du décret, in: La charge pastoral des évêques 73–83.

Pannenberg, Wolfhart, Das kirchliche Amt und die Einheit der Kirche, in: Carmen Krieg u. a. (Hg.), Die Theologie auf dem Weg in das dritte Jahrtausend (FS Jürgen Moltmann), Gütersloh 1996, 271–283.

Paolis, Velasius de, De Vicario episcopali secundum Decretum Concilii Oecumenici Vaticani II „Christus Dominus", in: PerRMCL 56 (1967) 309–330.

Papst Pauls VI. Motuproprio Über die Aufgaben der Legaten des römischen Papstes *Sollicitudo omnium Ecclesiarum*, übersetzt und kommentiert von Klaus Ganzer und Heribert Schmitz (NKD 21), Trier 1970.

Pascher, Joseph, Die Hierarchie in sakramentaler Symbolik, in: Episcopus. Studien über das Bischofsamt 278–295.

Pesch, Otto H., Das Zweite Vatikanische Konzil (1962–1965). Vorgeschichte – Verlauf – Ergebnisse – Nachgeschichte, Würzburg 1993.
Philips, Gerard, L'Église et son mystère au IIe Concile du Vatican. Histoire, texte et commentaire de la constitution Lumen Gentium, Tome I, Paris 1967; Tome II, Paris 1968.
Pottmeyer, Hermann J., Das Lehramt der Bischofskonferenz, in: Müller – Pottmeyer (Hg.), Die Bischofskonferenz 116–133.
Pottmeyer, Hermann J., Die Rolle des Papsttums im dritten Jahrtausend (QD 179), Freiburg – Basel – Wien 1999.
Pottmeyer, Hermann J., Der mühsame Weg zum Miteinander von Einheit und Vielfalt im Verhältnis von Gesamtkirche und Ortskirche, in: Albert Franz (Hg.), Was ist heute noch katholisch? Zum Streit um die innere Einheit und Vielfalt der Kirche (QD 192), Freiburg – Basel – Wien 2001, 291–310.
Primetshofer, Bruno, Ordensrecht auf der Grundlage des Codex Iuris Canonici 1983 unter Berücksichtigung des staatlichen Rechts der Bundesrepublik Deutschland, Österreichs und der Schweiz, Freiburg i. Br. ³1988.
Provost, James, Die Reform der Römischen Kurie, in: Conc(D) 22 (1986) 428–434.
Puza, Richard, Das synodale Prinzip in historischer, rechtstheologischer und kanonistischer Bedeutung, in: Gebhard Fürst (Hg.), Dialog als Selbstvollzug der Kirche? (QD 166), Freiburg – Basel – Wien 1997, 242–269.
Rahner, Karl – Ratzinger, Joseph, Episkopat und Primat (QD 11), Freiburg – Basel – Wien 1961.
Rahner, Karl, Episkopat und Primat, in: ders. – Ratzinger, Episkopat und Primat 13–36.
Rahner, Karl, Über das ius divinum des Episkopats, in: ders. – Ratzinger, Episkopat und Primat 60–125.
Rahner, Karl, Pastoraltheologische Bemerkungen über den Episkopat in der Lehre des II. Vatikanum, in: Conc(D) 1 (1965) 170–174.
Ratzinger, Joseph, Primat, Episkopat und successio apostolica, in: Rahner – Ratzinger, Episkopat und Primat 37–59.
Ratzinger, Joseph, Die bischöfliche Kollegialität. Theologische Entfaltung, in: Baraúna (Hg.), De Ecclesia 2, 44–70.
Ratzinger, Joseph, Zum Einfluß des Bettelordensstreites auf die Entwicklung der Primatslehre, in: ders., Das neue Volk Gottes. Entwürfe zur Ekklesiologie, Düsseldorf 1969, 49–71.
Ratzinger, Joseph, Demokratisierung der Kirche?, in: ders. – Hans Maier, Demokratie in der Kirche. Möglichkeiten, Grenzen, Gefahren (Werdende Welt 16), Limburg 1970, 7–46.
Ratzinger, Joseph, Zur Lage des Glaubens. Ein Gespräch mit Vittorio Messori, München-Zürich-Wien 1985.
Ratzinger, Joseph, Kirche, Ökumene und Politik. Neue Versuche zur Ekklesiologie, Einsiedeln 1987.
Ratzinger, Joseph, Kirchliche Bewegungen und ihr theologischer Ort, in: IKaZ 27 (1998) 431–448.
Rees, Wilhelm, Päpstliche Legaten. Berater und Diplomaten, in: Riedel-Spangenberger (Hg.), Leitungsstrukturen der katholischen Kirche 145–178.
Reese, Thomas J., Im Inneren des Vatikan. Politik und Organisation der katholischen Kirche, Frankfurt a. M. ²1998.
Rennings, Heinrich – Klöckener, Martin (Hg.), Dokumente zur Erneuerung der Liturgie 1: Dokumente des Apostolischen Stuhls 1963–1973, Kevelaer 1983.
Riccardi, Andrea, Die turbulente Eröffnung der Arbeiten, in: Alberigo – Wittstadt (Hg.), Geschichte des Zweiten Vatikanischen Konzils 2, 1–81.

Riedel-Spangenberger, Ilona, Die Communio als Strukturprinzip der Kirche und ihre Rezeption im CIC/1983, in: TThZ 97 (1988) 217–238.

Riedel-Spangenberger, Ilona (Hg.), Leitungsstrukturen der katholischen Kirche. Kirchenrechtliche Grundlagen und Reformbedarf (QD 198), Freiburg – Basel – Wien 2002.

Ring, Thomas G., Auctoritas bei Tertullian, Cyprian und Ambrosius (Cass. 29), Würzburg 1975.

Rohrbasser, Anton, Heilslehre der Kirche. Dokumente von Pius IX. bis Pius XII., Fribourg 1953.

Rousseau, Oliver, Der wahre Wert des Bischofsamtes in der Kirche nach wichtigen Dokumenten von 1875, in: Congar (Hg.), Das Bischofsamt und die Weltkirche 739–764.

Ruggieri Giuseppe, Bemerkungen zu einer Theologie Roncallis, in: Giuseppe Alberigo – Klaus Wittstadt (Hg.), Ein Blick zurück – nach vorn: Johannes XXIII. Spiritualität – Theologie – Wirken, Würzburg 1992, 177–207.

Ruggieri, Giuseppe, La discussione sullo schema Constitutionis dogmaticae de fontibus revelationis durante la I sessione del concilio Vaticano II, in: Étienne Fouilloux (Hg.), Vatican II commence ... Approches Francophones, Leuven 1993, 315–328.

Scanzillo, Ciriaco, La Chiesa sacramento di communione. Commento teologico alla Lumen Gentium, Roma ²1989.

Scharr, Peter, Consensus fidelium. Zur Unfehlbarkeit der Kirche aus der Persektive einer Konsenstheorie der Wahrheit (StSS 6), Würzburg 1992.

Scheffczyk, Leo, Primat und Episkopat in den Verhandlungen und Entscheidungen des Ersten Vatikanischen Konzils, in: Georg Schwaiger (Hg.), Hundert Jahre nach dem Ersten Vatikanum, Regensburg 1970, 87–107.

Scheuermann, Audomar, Die Exemtion nach geltendem kirchlichen Recht. Mit einem Überblick über die geschichtliche Entwicklung (Veröffentlichungen der Sektion für Rechts- und Staatswissenschaft 77), Paderborn 1938.

Scheuermann, Audomar, Der Bischof als Ordensoberer, in: Episcopus. Studien über das Bischofsamt 337–361.

Scheuermann, Audomar – Siepen, Karl, Das Konzil und die Orden. Die Lehre des Zweiten Vatikanischen Konzils über den Ordensstand. Die Ausführungsbestimmungen, Köln ²1967.

Scheulen, Roland, Das Amt des „Vicarius Episcopalis". Ein kirchenrechtlicher Beitrag zur Ämterstruktur in der Partikularkirche (FKRW 11), Würzburg 1991.

Schick, Ludwig, Das dreifache Amt Christi und der Kirche. Zur Entstehung und Entwicklung der Trilogien (EHS Reihe 23, Theologie; Bd. 171), Frankfurt a. M. – Bern 1982.

Schmaus, Michael, Katholische Dogmatik, Dritter Band, Erster Halbband: Die Lehre von der Kirche, 3.–5. völlig umgearbeitete Auflage, München 1958.

Schmiedl, Joachim, Das Konzil und die Orden. Krise und Erneuerung des gottgeweihten Lebens, Vallendar – Schönstatt 1999.

Schmitz, Heribert, Kommentar zu dem Motuproprio über die Päpstlichen Gesandten, in: Motuproprio über die Aufgaben der Legaten des römischen Papstes (NKD 21), Trier 1970, 17–38.

Schneider, Theodor, Kirche als Eucharistiegemeinschaft, in: W. Seidel (Hg.), Kirche – Ort des Heils. Grundlagen – Fragen – Perspektiven, Würzburg ²1987, 69–95.

Sebott, Reinhold, Ordensrecht. Kommentar zu den Kanones 573–746 des Codex iuris canonici, Frankfurt 1995.

Semmelroth, Otto, Die Präsenz der drei Ämter Christi im gemeinsamen und besonderen Priestertum der Kirche, in: ThPh 44 (1969) 181–195.

Sobanski, Remigiusz, Der Entwurf der römischen Bischofskongregation im Licht der Konzilsdebatte des II. Vaticanums, in: Müller – Pottmeyer (Hg.), Die Bischofskonferenz 36–43.

Spendel, Stefanie, Alternativen zur Pfarrei. Ein Auftrag des Konzils (SThPS 13), Würzburg 1993.

Stickler, Alfons M., Das Mysterium der Kirche im Kirchenrecht, in: Ferdinand Holböck – Thomas Sartory (Hg.), Mysterium Kirche in der Sicht der theologischen Disziplinen, Salzburg 1962, 571–647.

Suenens, Leon-Joseph, Aux origines du Concile Vatican II, in: NRTh 107 (1985) 3–21.

Tebartz-van Elst Franz-Peter, Der Erwachsenenkatechumenat in den Vereinigten Staaten von Amerika. Eine Anregung für die Sakramentenpastoral in Deutschland (MthA 28), Altenberge 1993.

Thaler, Anton, Gemeinde und Eucharistie. Grundlegung einer eucharistischen Ekklesiologie (PTD 2), Fribourg 1988.

Thils, Gustave, „Potestas ordinaria", in: Congar (Hg.), Das Bischofsamt und die Weltkirche 719–738.

Thils, Gustave, Primauté pontificale et prérogatives épiscopales. « Potestas ordinaria » au Concile du Vatican (BEThL 17), Louvain 1961.

Tomko, Jozef (Hg.), Sinodo dei Vescovi. Natura, Metodo, Prospettive, Citta del Vaticano 1985.

Torrell, Jean-Pierre, La théologie de l'épiscopat au premier concile du Vatican, Paris 1961.

Tromp, Sebastian, Corpus Christi quod est Ecclesia, pars altera: De Christo Capite Mystici Corporis, Rom 1960.

Trummer, J., Mystisches im alten Kirchenrecht, in: ÖAKR 2 (1951) 62–75.

Veit, W., Art. Auctoritas I, in: HWP 1, 724–727.

Villemin, Laurent, Le diocèse est-il une Église locale ou une Église particulière? Quel est l'enjeu de ce vocabulaire?, in: Hervé Legrand – Christoph Theobald (Hg.), Le ministère des évêques au concile Vatican II et depuis (FS Guy Herbulot), Paris 2001, 75–93.

Wächter, Lothar, Art. Dekret, in: LThK[3] 3, 70.

Walf, Knut, Die Entwicklung des päpstlichen Gesandtschaftswesens in dem Zeitabschnitt zwischen Dekretalenrecht und Wiener Kongreß (1159–1815) (MThS.K 24), München 1966.

Weigand, Rudolf, Änderung der Kirchenverfassung durch das II. Vatikanische Konzil?, in: AKathKR 135 (1966) 391–414.

Weis, Norbert, Das prophetische Amt der Laien in der Kirche. Eine rechtstheologische Untersuchung anhand dreier Dokumente des Zweiten Vatikanischen Konzils, Rom 1981.

Werbick, Jürgen, Kirche. Ein ekklesiologischer Entwurf für Studium und Praxis, Freiburg – Basel – Wien 1994.

Werneke, Michael, Ius universale – Ius particulare. Zum Verhältnis von Universal- und Partikularrecht in der Rechtsordnung der lateinischen Kirche unter besonderer Berücksichtigung des Vermögensrechtes, Paderborn 1998.

Wiederkehr, Dietrich (Hg.), Der Glaubenssinn des Gottesvolkes – Konkurrent oder Partner des Lehramts? (QD 151), Freiburg – Basel – Wien 1994.

Wieh, Hermann, Konzil und Gemeinde. Eine systematisch-theologische Untersuchung zum Gemeindeverständnis des Zweiten Vatikanischen Konzils in pastoraler Absicht (FTS 25), Frankfurt a. M. 1978.

Winterkamp, Klaus, Die Bischofskonferenz zwischen ‚affektiver' und ‚effektiver Kollegialität'. Zur Genese zweier Redeweisen in der theologischen Diskussion um das Verhältnis von Bischofskonferenz und Kollegialität, Diss. theol. Bochum 2001.

Zukunft aus der Kraft des Konzils. Die außerordentliche Bischofssynode '85. Die Dokumente, mit einem Kommentar von Walter Kasper, Freiburg – Basel – Wien 1986.

Theologischer Kommentar zum Dekret über die Ausbildung der Priester
Optatam totius
von Ottmar Fuchs und Peter Hünermann

Inhalt

A. Einleitung: Die Vorgeschichte des Dekrets über die Ausbildung der Priester 319
(Peter Hünermann)

    I. Die Trienter Reformansätze als Hintergrund 319
    II. Die Päpstliche Reform der Priesterausbildung nach dem I. Vatikanischen Konzil 326
    III. Zur Amtstheologie der Päpstlichen Dokumente 334
    IV. Erfahrungen und theologische Neuaufbrüche in der Priesterausbildung 340
    V. Die Vorbereitung eines Dekretes über die Priesterausbildung . . 345
        1. Konflikte und Irritationen am Vorabend des Konzils 345
        2. Die Voten der Antepraeparatoria und ihre Bearbeitung . . . 346
        3. Die Schemata der Vorbereitungskommission 350
            a) *De vocationibus ecclesiasticis fovendis* 352
            b) Das Schema *De sacrorum alumnis formandis* 353
    VI. Die Etappen in der Genese des endgültigen Textes 368
    VII. Der Presbyter als „Hirte" der Kirche 373
        1. Zur theologischen Wandlung des Ausbildungsziels vom Presbyter in der Entstehungsgeschichte von *Optatam totius* . 373
        2. Der Wandel im Proömium 374
        3. Die Sinnspitze der Ausbildung 376
        4. Ein verändertes Konzept der geistlichen Bildung 378
        5. Die pastorale Ausbildung im engen Sinn 381
    VIII. Das Resultat: eine neue Sicht des Dienstes der Presbyter und ihrer Ausbildung 382

B. Kommentierung 384
(Ottmar Fuchs)

Zur Einführung 384

Vorwort 388
    I. Die Neuordnung der Priesterausbildung in den einzelnen Völkern (Art. 1) 393
    II. Die stärkere Förderung der Priesterberufe (Art. 2–3) 394

III. Die Ordnung der Priesterseminare (Art. 4–7) **403**
IV. Die Sorge um die gründlichere geistliche Formung (Art. 8–12) . **410**
V. Neugestaltung der kirchlichen Studien (Art. 13–18) **423**
VI. Die Förderung der pastoralen Ausbildung im engeren Sinn
(Art. 19–21) **450**
VII. Die Weiterbildung nach dem Studienabschluss (Art. 22) **457**

Conclusio / Schlusswort **458**

C. Zur Gewichtung von *Optatam totius* **460**
(Peter Hünermann, Kap. I / Ottmar Fuchs, Kap. II–VI)
I. Die Ausbildung der zukünftigen Presbyter zu Hirten in der
Kirche **460**
II. Mit innovativer Dynamik **464**
III. Gleichwohl ein Konflikt der Interpretationen **467**
IV. Sakramentalität als „blinder Fleck"? **470**
V. Spezifische gnadentheologische Basis **474**
VI. Einige Richtungsanzeigen **477**

D. Bibliographie **482**

Verzeichnis der Exkurse:
Zwischen Krise und Fortschritt **389**
Die berufungspastorale Verantwortung der Priester **396**
Die Funktion der Humanwissenschaften **399**
Entwicklung kirchlicher Internate **402**
„Christozentrik" des presbyteralen Dienstes zwischen Gabe und Aufgabe **404**
Theologie „im Auftrag" der Kirche? **430**
Führen und Geführtwerden im Lehramt **432**
Inspiration und Analyse in der Schriftlektüre **434**
Halbierte Pastoral **437**
Pastorale Verantwortung der Liturgiewissenschaft **439**
Wo bleibt die Pastoraltheologie? **439**
Wahrheitszeugnis im ebenbürtigen Dialog **443**
Theologische Fakultät als „Mikrokosmos" des pastoralen Selbstvollzugs
der Kirche im Bereich der Wissenschaften **446**
Wider die Leistungspastoral! **456**
Kirchliche Autorität und das Wesen der Kirche **472**

A. Einleitung: Die Vorgeschichte des Dekrets über die Ausbildung der Priester

von Peter Hünermann

Das Ausbildungsdekret beginnt mit den Worten: „Optatam totius Ecclesiae renovationem ..." – „Die erwünschte Erneuerung der ganzen Kirche ...". Die Väter des II. Vatikanischen Konzils sind sich bewusst, dass die Erneuerung der Kirche, die ihnen vorschwebt, wesentlich bedingt ist durch eine Vertiefung und Erneuerung der priesterlichen Ausbildung. Neben bewährte Gesetze sollen neue treten, welche den veränderten Zeiten angepasst sind. Das Dekret über die Ausbildung der Priester stellt damit – zusammen mit dem Dekret über Dienst und Leben der Priester – ein Dokument dar, an dem sich erweisen muss, ob, wie und in welchem Ausmaß es den Vätern des II. Vatikanums gelungen ist, ihre Sicht einer erneuerten Kirche, wie sie in *Lumen gentium* und in den anderen Dokumenten entfaltet wird, in ein operationales, praxisgerechtes Grundsatzprogramm für die Priesterausbildung umzusetzen. Angesichts der Priesterkrise, die unmittelbar nach dem Konzil offenbar wird, der tiefen Zwiespältigkeit der nachkonziliaren Priesterbilder und des anhaltenden Streites um die Konzeptionen des kirchlichen Amtes, ist es nötig, die Grundzüge der vorkonziliaren Priesterausbildung besonders sorgfältig nachzuzeichnen, die Grenzen und Innovationen zwischen dem I. und dem II. Vatikanum aufzudecken, um so den Hintergrund für eine sachgerechte Kommentierung des Dekretes zu gewinnen.

I. Die Trienter Reformansätze als Hintergrund

Bis ans Ende des 19. Jahrhunderts reicht jener langwierige Prozess, in dem in immer erneuten Anläufen versucht wird, die Reformbestimmungen zur Heranbildung der Priester, die das Konzil von Trient auf seiner 23. Sitzung am 15. Juli 1563 beschlossen hat, zu verwirklichen. Man muss zu diesen Ausführungen, von denen die Aussagen über die Einrichtung von Seminarien nur einen Teil darstellen, die auf der fünften Sitzung (17. Juni 1546) getroffenen Bestimmungen über Schriftauslegung und Predigt hinzunehmen, die sich wesentlich mit der theologischen Lehre und den theologischen Lehrern beschäftigen.[1] Erst von einer Berücksichtigung der Gesamtheit der Aussagen her ergibt sich ein einigermaßen zureichender Umriss dessen, was den Vätern des Trienter Konzils in Bezug auf die

---

[1] Vgl. COD 3, 667–670; 744–753. Das vierhundertjährige Jubiläum des Seminardekrets von Trient wird am 4. November 1963 zur Mitte der zweiten Tagungsperiode des II. Vatikanums begangen. Am 14. November erscheint der Apostolische Brief Pauls VI. *Summi Dei Verbum*, der die Geschichte der Seminare seit Trient Revue passieren lässt: vgl. AS II/1, 58–74 bzw. AAS 55 (1963) 979–995.

Heranbildung des Klerus vorschwebte. Die Reformbestimmungen der 5. Sitzung von Trient greifen einen zentralen Missstand der angefochtenen Kirche auf: Es gibt angesichts der reformatorischen Predigt kaum hinlänglich ausgebildete Bischöfe, Pfarrer und Geistliche, die durch angemessene Schriftauslegung und Predigt in der Lage sind, dem Wirken der Reformatoren entgegenzutreten[2]. Das mittelalterliche System der Metropolitan- und Kathedralschulen mit ihrem jeweiligen Magister, dem canonicus theologus, ist stark verkümmert.

Nur ein geringer Bruchteil des Klerus empfängt seine Ausbildung an theologischen Fakultäten. Nur ein Teil der seit dem Mittelalter gegründeten Universitäten besitzt überhaupt theologische Fakultäten. Angesichts der desaströsen Lage beschließt das Konzil die Erneuerung der mittelalterlichen Metropolitan- und Kathedralschulen.[3] Auch die Orden sollen herangezogen werden. Lakonisch stellt H. Jedin fest: „Das ... Dekret blieb wirkungslos."[4] Gleichwohl hat dieser Beschluss insofern eine gewisse Langzeitwirkung hervorgebracht, als er den Bischöfen die Vollmacht gibt, kirchliche Pfründen und Einkünfte zugunsten der Ausbildung von Klerikern zu besteuern und an den entsprechenden Kirchen Lateinschulen zu errichten. Ferner verpflichtet das Dekret, regelmäßig zu Ausbildungszwecken theologische Vorlesungen in Mönchsklöstern und Konventen, sowie an öffentlichen Gymnasien zu halten. Damit wird rechtlich eine reiche Vielfalt ermöglicht.

Als das Konzil von Trient rund zwanzig Jahre später zur 23. Sitzung zusammentritt, um über das Sacramentum ordinis zu entscheiden, steht im Rahmen der korrespondierenden Reformdebatten die Residenzpflicht der Bischöfe und Seelsorger immer noch an (can. 1)[5]. Die persönliche Pflicht der Bischöfe, die Ordinationen der Kleriker zu vollziehen, wird eingeschärft.[6] Die Ordinationen dürfen nur „nach erfolgter Billigung und Prüfung" geschehen.

Die cann. 4–14 behandeln die Bedingungen für den Zugang zu den verschiedenen Stufen des Ordo, angefangen von der Tonsur, mit der jemand in den Klerus integriert wird, bis hin zum Presbyterat. Sie zeigen deutlich, wie die Integration in den Klerus die Aufnahme in einen gesellschaftlichen Stand innerhalb der gegebenen öffentlichen Ordnung mit ihren spezifischen Privilegien bedeutet. Zugleich zeichnet sich umrisshaft ein gewisser Ausbildungsgang ab.[7]

---

[2] Die Predigt wird nahezu exklusiv durch exempte Ordensmitglieder wahrgenommen. Vgl. den Abriss der Problemgeschichte in Zusammenhang mit der Darstellung der 5. Sitzungsperiode von Hubert Jedin: Jedin, Geschichte II, 83–103.
[3] Vgl. COD 3, 667–670. Das III. Laterankonzil (1179) schrieb in Canon 18 die Bestellung eines Magisters an jeder Kathedralkirche vor, der „die Kleriker dieser Kirche und die armen Scholaren gratis lehrt". Vgl. COD 2, 220. Das IV. Laterankonzil bekräftigt und präzisiert in Canon 11: „Nicht nur in jeder Kathedralkirche, sondern auch in anderen Kirchen mit hinreichenden Mitteln" sei ein Magister zu bestellen, der unentgeltlich Grammatik und andere Fächer unterrichtet. Für die Metropolitankirche wird ein Theologe gefordert, der „die Priester und andere in der ‚sacra pagina' unterrichtet und sie besonders mit dem vertraut macht, was allgemein zur Seelsorge gehört". Vgl. a.a.O. 240.
[4] Vgl. Jedin, Seminar 647.
[5] Vgl. COD 3, 744–746.
[6] Vgl. Can. 3: COD 3, 746.
[7] Die Zulassung zur Tonsur erfordert, dass der Betreffende das Sakrament der Firmung emp-

Die Trienter Reformansätze als Hintergrund

In diesem Kontext beschließen die Konzilsväter die Einrichtung von Kollegien bzw. Seminaren, die an den einzelnen Kathedral-, Metropolitan- oder größeren Kirchen eingerichtet werden sollen.[8] Sie sind bestimmt für Jungen („pueri"), die

---

fangen hat, die Grundwahrheiten des Glaubens kennt, lesen und schreiben kann und dass er diesen Lebensstand wählt, nicht um „durch einen Betrug der weltlichen Justiz zu entfliehen", sondern um Gott zu dienen. Das Privileg der kirchlichen Gerichtsbarkeit genießt der Betreffende nur, wenn er ein kirchliches Benefizium hat, was ihm nicht verliehen werden kann, bevor er 14 Jahre alt ist bzw. wenn er vom Bischof dem Dienst an einer Kirche zugewiesen ist, Tonsur und geistliche Kleidung trägt oder sich unmittelbar in einer Schule oder Universität auf den Empfang der höheren Weihen vorbereitet. Für verheiratete Kleriker gilt, dass sie – um die Standesprivilegien zu genießen – vom Bischof einem kirchlichen Dienst zugewiesen sind, Tonsur und klerikale Kleidung tragen. Mit der Tonsur waren Kleriker frei von Lasten, Abgaben, Pflichten als Hörige. „Von diesen Söhnen der Armen durfte jetzt kein Grundherr mehr Abgaben und Fronarbeiten fordern, auch nicht anstelle alter Eltern die Söhne heranziehen, keiner der Barone konnte sie mehr als seine Knechte in die Burg oder auf die Kriegszüge aufbieten. Die Ausbildung zum Priestertum konnte durch die Aufnahme der jungen Seminaristen in die Reihen des Klerus nicht mehr rechtens gestört werden." Tüchle, Das Seminardekret 528.
Die Zulassung zu den niederen Stufen des Ordo (Canon 5) erfordert, dass die Kandidaten von ihrem Pfarrer und vom Leiter der Schule, wo sie gelernt haben, ein Zeugnis vorweisen. Sie müssen sich einen Monat vor der erstrebten Ordination beim Bischof melden, der über die legitime Geburt, Alter, Sitten und Leben ein Zeugnis anfordert.
Can. 7 regelt die Prüfung der Ordinanden. Die Kandidaten für die verschiedenen Stufen der Ordination werden vier Tage vor der Ordination in die Stadt des Bischofs gerufen. Zusammen mit einer kleinen Kommission von Priestern und „klugen Männern, die Experten im göttlichen Recht und mit den kirchlichen Bestimmungen vertraut sind" führt der Bischof ein Examen durch. Es erstreckt sich auf „Abstammung, Person, Alter, Bildung, Lebenswandel, Wissensstand und Glauben der Ordinanden" (COD 3, 747).
Die theologische Ausbildung wird in can. 11 näher umrissen: „Die niederen Stufen des Ordo werden solchen, die wenigstens die lateinische Sprache verstehen, in entsprechenden Zeitabständen übertragen ... es sei denn, der Bischof möchte anders verfahren. Die Kandidaten üben sich nach der Anweisung des Bischofs in diese Aufgabe ein, und zwar jeweils in der Kirche, der sie zugeteilt sind, sofern sie nicht wegen des Studiums abwesend sind." Zwischen der Erteilung der letzten der vier niederen Weihen und der Erhebung zu den höheren Stufen des Ordo soll ein Jahr Abstand sein, „es sei denn nach dem Urteil des Bischofs sei es zum Wohl einer Kirche dringend notwendig, anders zu verfahren" (COD 3, 748). Die Erteilung des Subdiakonats setzt ein Mindestalter von 22 voraus (can. 12), zum Diakon soll niemand vor dem 23., zum Presbyter nicht vor dem 25. Lebensjahr geweiht werden. Die Bischöfe werden ermahnt, nicht schematisch auf Grund des Alters Kandidaten zu den Ordo-Stufen zuzulassen, sondern nur die „Würdigen, deren Reife durch die Lebensführung bewiesen wird" (COD 3, 748 f.).
Die Zulassung zum Subdiakonat und Diakonat setzt voraus, dass sich die Kandidaten in den niederen Weihestufen bewährt haben, wissenschaftlich gebildet (litteris instructi) und unterwiesen sind in jenen Dingen, die zur Ausübung des Ordo erforderlich sind. Sie müssen die Hoffnung haben, dass sie mit Gottes Hilfe enthaltsam leben können. Für sie ziemt es sich, dass sie „wenigstens an Sonn- und Feiertagen, an denen sie am Altar Dienst tun, die Heilige Kommunion ... empfangen" (can. 13: COD 3, 749).
Die Zulassung zum Presbyterat erfordert, dass die Kandidaten wenigstens ein volles Jahr als Subdiakone bzw. Diakone Dienst getan und sich in der Prüfung als geeignet erwiesen haben, „das Volk in den Fragen, die für alle heilsnotwendig sind, zu belehren und die Sakramente zu verwalten" (can. 14). Es wird von ihnen Frömmigkeit, Reinheit der Sitten und ein entsprechendes Lebenszeugnis erwartet. Der Bischof soll dafür sorgen, dass sie wenigstens an Sonn- und Festtagen die Heilige Messe feiern – wenn sie in der Seelsorge tätig sind, dann so häufig „wie es zur Erfüllung ihrer Aufgabe notwendig ist". Die Vollmacht, Beichte zu hören, ist vom Bischof eigens zu beurteilen und wird durch eine separate Bevollmächtigung ausgesprochen.
[8] Zur Entstehung des Seminardekrets vgl. Jedin, Domschule; ders., Die Bedeutung; ferner: O'Donohoe, Tridentine Seminary.

wenigstens zwölf Jahre alt sind und aus einer legitimen Ehe stammen, schon lesen und schreiben können und deren Begabung und Wille die Hoffnung nährt, dass sie einmal die kirchlichen Dienste auf Dauer ausüben werden. Solche Kollegien sollen insbesondere den Söhnen armer Leute offen stehen. Jungen aus reicheren Familien können dort ebenfalls unterkommen, wenn sie selbst für ihren Unterhalt bezahlen.

Die Seminaristen erhalten Tonsur und geistliche Kleidung. Sie „lernen Grammatik, Gesang, kirchliche Zeitrechnung und die Fertigkeit in anderen guten Künsten. Die Heilige Schrift, die kirchlichen Bücher, die Predigten der Heiligen, auch die Formen der Sakramentenspendung – besonders, was zum Hören der Beichten hilfreich erscheint – sowie die Riten und Zeremonien lernen sie auswendig".[9]

Was stand den Konzilsvätern vor Augen, als sie diese Bestimmungen erließen? Welche Modelle dienten ihnen?

Ein Entwurf des Dekretes vom Mai 1563 richtet sich fast wörtlich am Beschluss der Londoner Synode von 1556 aus, die Kardinal Pole erlassen hatte: es sieht eine Wiederbelebung der Metropolitan- und Kathedralschulen durch Seminare bzw. Kollegien vor. Bereits 1552 war durch die Jesuiten das Collegium Germanicum gegründet worden. Es verband die akademische Ausbildung außerhalb des Kollegs mit einer persönlich-geistlichen Bildung im Kolleg. Ähnliche Gründungen – Universitätskollegien – werden wenig später in Wien und Dillingen betrieben. Auf dem Augsburger Reichstag von 1559 wird die Errichtung von Kollegien diskutiert.[10] Die nach Trient einsetzende Entwicklung zeigt, dass man sich in den verschiedenen Ländern und Kirchenprovinzen an der ganzen Breite solcher unterschiedlichen Modelle orientierte.[11] Die Gründung solcher Ausbildungsstätten stellt die Metropoliten und Bischöfe vor schwierige Probleme.

Die kanonische Errichtung der Seminare unter Verantwortung der Bischöfe setzt die Kooperation von Bischof und Domkapitel voraus. Die vorgesehenen Seminare zur Förderung des Klerus gerade aus ärmeren Schichten erfordern erhebliche finanzielle Mittel. Das Trienter Konzil gibt den Bischöfen die Vollmacht, auf alle Pfründen und Benefizien Abgaben zugunsten der einzurichtenden Seminare zu erheben. Die Einführung einer Abgabe in Höhe von 10% von allen Pfründen und Benefizien, wie Karl Borromäus sie in Mailand durchsetzt, stößt in anderen Diözesen schnell auf unüberwindliche Schwierigkeiten. In Venedig z.B. werden solche Forderungen mehrfach von Kapitel und Klerus zurückgewiesen. Gleichwohl entstehen in Italien mit seinen vielen kleinen Diözesen eine Reihe Seminare.[12] Wo Seminare zustande kommen, stehen oft mächtige Gönner im

---
[9] COD 3, 751.
[10] Vgl. Jedin, Geschichte IV., 2, 73.
[11] Vgl. die ausgezeichneten Übersichten über die Entwicklung in den verschiedenen deutschsprachigen Ländern bei Gatz (Hg.), Priesterausbildungsstätten.
[12] Es sind oft kleinere, auf die örtlichen Möglichkeiten und Bedürfnisse zugeschnittene Einrichtungen. Der große Reformbischof Bartholomeus a Martyribus, Erzbischof von Braga und Primas der portugiesischen Landeskirche, Verfasser des bedeutendsten Bischofsspiegels zur Zeit des Trienter Konzils und scharfer Kritiker der bischöflichen Missstände auf dem Konzil, wird gerühmt, weil er in mehreren Städten seines Sprengels Kollegien bzw. Seminare für die Bildung

Hintergrund.¹³ Im 18. Jahrhundert gibt es in einer Reihe italienischer Diözesen etwa noch die Regelung, dass die Seminaristen zu Hause wohnen, aber unter der Aufsicht eines vom Bischof ernannten Pädagogen stehen und im Kollegium bzw. Seminar sowie durch die liturgischen Dienste „die ersten Rudimente des Wissens" erwerben.¹⁴ Überall bleibt – neben der Ausbildung im Seminar – der bis dahin übliche freie Ausbildungsmodus erhalten. Kandidaten erwerben bei Pfarrern, in Kollegien, in Seminaren die nötigen Kenntnisse und präsentieren sich anschließend zum Examen, um dann vom Bischof Weihen zu empfangen, ohne je in einem Seminar länger gelebt zu haben. Im 17. und 18. Jahrhundert bilden die Priesteramtskandidaten, die nicht in Seminarien leben, wohl noch die Mehrheit. Vinzenz von Paul etwa präsentiert sich nach solcher Vorbereitung mit 19 Jahren zur Weihe und wird vom Bischof zugelassen. Er hat später zusammen mit den Gründern der École Française dafür gekämpft, dass die Weihekandidaten wenigstens 14-tägige geistliche Übungen vor der Weihe machen müssen.¹⁵

Die tridentinischen Bestimmungen über die Zulassung zu den Weihen und die Ausbildung dafür führen – entsprechend den unterschiedlichen Situationen in den verschiedenen Kirchenprovinzen und Herrschaften – zu einer bunten Fülle von Seminarformen und Ausbildungsgängen und dies nicht nur in Europa, sondern ebenso in Übersee. So beschließt das Provinzialkonzil in Lima 1582 die Gründung eines Seminars, drei Jahre später folgt der Beschluss der Synode in Mexico.¹⁶ Beeindruckend etwa ist die Vielzahl der Formen, die sich zwischen 1780 und dem Ende des 19. Jahrhunderts in den USA herausbilden.¹⁷ Die Entwicklungen in den verschiedenen Ländern tragen oftmals ein eigenes Gepräge. Dies hängt nicht zuletzt mit der Anzahl der Diözesen, ihrer Finanzkraft, den politischen Verhältnissen, dem Bildungsniveau der jeweiligen Gesellschaften ab. So ist die Zahl von 201 Seminargründungen in Italien zwischen dem Ende des Konzils und 1700 beeindruckend.¹⁸ Da die Seminarien in Italien in der Regel

---

des Klerus errichtet hat. Daneben bestehen auf der iberischen Halbinsel die großen Universitätskollegien, z. B. in Salamanca oder Alcalá. Zur Entwicklung der Seminarien in Spanien vgl. die verdienstvollen Arbeiten von Hernández, Seminarios; ferner: Hernández – Hernández, Seminarios en la época. – Einen ausgezeichneten Eindruck in die Seminarverhältnisse in der Toscana, speziell in Fiesole bietet Comerford, Ordaining. In Fiesole hatten am Ende des 17. Jh. etwa 40 % des Klerus eine Seminarausbildung (vgl. ebd. 59–73). In Florenz beginnt die Ausbildungsarbeit im Seminar erst 1712. Am Beginn des 19. Jh. zählt das Seminar in Florenz immer noch lediglich 13 Alumnen (vgl. ebd. 92).

[13] Aber selbst dann bleibt die Finanzierung problematisch: In Siena etwa errichtete am Beginn des 17. Jahrhunderts Paul V., ein Borghesepapst, auf Bitten des Erzbischofs ein Seminar. Erst unter Alexander VII., gleichfalls einem Papst aus Siena, aber wird 1666 das Seminar so ausgestaltet, dass es wirklich funktionieren kann. 1612 scheitert Kardinal Richelieu in Luçon an der Verweigerung der Mittel: vgl. Launay, Séminaires Français 11.

[14] Fantappié, I problemi 90.

[15] Pierre Coste hat zahlreiche Briefe von Vinzenz veröffentlicht, aus denen klar hervorgeht, dass er 1581 geboren ist. Sein Weihetag war der 23. Sept. 1600. Vgl. La correspondance; des weiteren: Miquel, Vincent de Paul 80 f.; Six, Vincent de Paul 10.

[16] Vgl. Enchiridion clericorum 114 f.131 f.

[17] Vgl. White, Diocesan Seminary 27 – 266.

[18] Vgl. die ausgezeichnete Übersicht in Comerford, Italian Tridentine Diocesan Seminaries. In der Mehrzahl der Fälle schwankt die Zahl der Seminarien wohl zwischen 10 bis 20 oder 25. Einige Seminare müssen nach Anlaufschwierigkeiten wieder schließen.

scharf abgegrenzt sind von der Universitätsausbildung, entsteht ein eigener intermediärer Ausbildungsbereich und ein entsprechender Klerustyp, der fähig ist, in volkstümlicher Weise zu predigen, die Sakramente zu spenden und den Katechismus zu lehren.[19] Ein Akzent liegt auf der Gehorsamsbindung und der gegenreformatorischen Praxis und Gesetzgebung. Hier ist die Basis gelegt, die Italien im 18. Jahrhundert zum „paesi dei preti" werden lässt.[20] Die Religionskriege in Frankreich und der Dreißigjährige Krieg in Deutschland lassen eine Konsolidierung der Priesterausbildung hier erst im 17. Jahrhundert zu.[21] Die USA weisen von der zweiten Hälfte des 18. Jahrhunderts ab die gleiche Variationsbreite an Priesterausbildungsstätten auf, die in Europa existiert: Seminare, Jesuitencolleges, von Sulpizianern oder anderen Ordensgeistlichen geleitete Institutionen bis hin zur Gründung einer Katholischen Universität.[22]

Zwei Entwicklungen erfordern besondere Aufmerksamkeit, weil sie die Kernpunkte eines bis zum II. Vatikanischen Konzil fortwährenden theologischen Antagonismus sind: Das Priesterideal der École Française, das die französische Priesterausbildung weithin prägt, und die Rautenstrauch'sche Studienreform sowie die damit verbundene Reorganisation der Seminare in den Österreichischen Erblanden.

Bérulle und Olier, die maßgeblichen Köpfe der École Française – inmitten einer Anzahl weiterer, den Wiederaufbau christlichen Lebens durch Priesterausbildung betreibenden Kräfte – knüpfen an das Ordodekret von Trient an.

Bérulle, ein dezidierter Gegner aller Eckehardschen Mystik, insistiert auf der Unersetzlichkeit der Vermittlung des Heils durch die Menschheit Jesu. Weil Jesus keine menschliche Person ist, ist seine Menschheit unmittelbar „durchtränkt" von der Gottheit. Insofern ist Christus durch sein Wesen selbst Priester, Mittler zwischen Gott und den Menschen vor aller Mittlertätigkeit. Christus ist nichts für sich, ganz Opfer, Präsenz und Anbetung des Vaters.[23]

Die Priester des Neuen Bundes sind für Bérulle jene, die der Sohn Gottes ganz zu den „Seinigen macht, die er jeden Tag in die Einheit seiner Person hineinzieht, indem er sie seiner vergöttlichten Menschheit verbindet und sie zu seinen Gliedern macht."[24] Das ist die Wirkung des priesterlichen Charakters, den schon die Apostel empfangen haben. Entsprechend seiner Orientierung an Dionysius Areopagita sieht er die Kirche von Anfang an zweigeteilt:

„der eine Teil ist das Volk, der andere der Klerus; der eine empfängt die Heiligkeit, der andere flößt sie ein."[25]

---

[19] Vgl. ebd. 1006.
[20] Vgl. Negruzzo, Rassegna. Zur Entwicklung in Spanien vgl. Hernández, Seminarios.
[21] Vgl. Gatz (Hg.), Priesterausbildungsstätten; Launay, Séminaires Français. Eine immer noch lesenswerte Übersicht bietet Siebengartner, Seminar.
[22] Vgl. White, Diocesan Seminary.
[23] Vgl. Dupuy, Bérulle; ders., Bérulle et le sacerdoce; zum Christusbild Bérulles vgl. ferner den Discours de l'État et des Grandeurs de Jésus: Bérulle, Œuvres complètes 7/8.
[24] Zitiert nach Martelet, Théologie du Sacerdoce 3, 163; vgl. Dupuy, Bérulle et le sacerdoce 116–129.
[25] Correspondance du Cardinal Bérulle, III, 617, zitiert nach Martelet, a. a. O. 164.

Der Bezug auf das Ordodekret Trients, das von der allgemeinen menschheitlichen Notwendigkeit eines sichtbaren Priestertums und eines Opfers ausgeht, wird bei Bérulle hergestellt, bei Olier nochmals vertieft und zugespitzt. Das heiligste Messopfer umfasst jeden Akt der Religion, alles, was Gott zur Verehrung dargebracht werden kann. Weil Jesus Christus selbst als Erhöhter dieses Opfer nicht mehr äußerlich und sichtbar darbringen kann, diese Opfergabe aber wesentlich ist für die Religion, bedarf es des Priestertums in der Kirche. Martelet merkt dazu an:

„Wie kann man tridentinischer sein, denn das Geheimnis Christi ist fast gänzlich sacerdotal geworden, und das Priestertum der Presbyter vor allem kultisch ..."[26]

Evangelisierung und Mission, pastorale Sorge, Auferbauung und Leitung der Gemeinden sind völlig überstrahlt von diesem kultischen Priestertum. Damit verbindet sich – bei Bérulle und Olier – eine ganz starke Betonung des „Nichts" des Menschen, der Welt, der geschöpflichen Strukturen. Nach Bérulle hat Christus den Menschen „eine Gnade des Todes und nicht des Lebens, eine Gnade der Nichtung (anéantissement) und nicht des Daseins (subsistance), eine Gnade des Armwerdens und nicht des Genügens und des Überflusses" gebracht.[27] In diesem Horizont entfaltet sich das Wirken des Priesters.

Es ist wichtig für die Kirche in Frankreich, dass Vinzenz von Paul mit seinen Lazaristen – neben anderen – für eine evangelisierende, diakonisch-praktisch werdende Priesterausbildung eintritt.

Gegenüber dem Priesterbild der École Française wirkt das Priesterbild der Rautenstrauch'schen Studienreform in den österreichischen Erblanden wie der vollendete Gegenpol. Der Benediktinerabt Franz Stefan Rautenstrauch (1734–1785) gilt als Initiator der Disziplin der Pastoraltheologie und als brillanter Organisator einer neuen Form der Ausbildungsstätten für Priester. Es wird dabei übersehen, dass Rautenstrauch, vertraut mit der Modernisierung von Staat und Gesellschaft und engstens verknüpft mit der akademischen Welt seiner Zeit, zugleich ein neues Konzept des priesterlichen Dienstes entfaltet.

Bereits der erste „Entwurf einer besseren Einrichtung theologischer Schulen" von 1774[28] ist höchst signifikant. Rautenstrauch formuliert zwei Leitsätze:

„Da der Endzweck der Theologie darinnen besteht, würdige Diener des Evangeliums, d. i. vollkommene Seelsorger, zu bilden, so wird es vorläufig darauf ankommen, was ein würdiger Diener des Evangeliums können, was für Eigenschaften er besitzen müsse und nach welcher Methode er beides am sichersten und geschwindesten erlangen könne. Diese Methode wird zugleich allen anderen vorzuziehen sein."[29]

Der Priester wird charakterisiert als „würdiger Diener des Evangeliums", als „vollkommener Seelsorger". Diese Grundaussage wird näher entfaltet durch Verweis auf die Sendung, die ihm aufgetragen ist: Diese Sendung, das, was er „können" muss, wird in dreifacher Hinsicht bestimmt:

---

[26] Martelet, a. a. O. 167.
[27] Bérulle, Œuvres de piété 221, in: Œuvres complètes 4, 128.
[28] Abgedruckt in: Müller, Der pastoraltheologisch-didaktische Ansatz 143–158.
[29] Ebd. 143.

1. Die Glaubens- und Lebenslehre weitergeben: „Gott hat uns teils in der Heiligen Schrift, teils durch mündliche Überlieferung, *seu traditiones orales*, die in den heiligen Vätern der Kirche enthalten sind, eine Glaubens- und Lebenslehre erteilt."[30] Diese Glaubens- und Lebenslehre hat der Diener des Evangeliums zu verbreiten. Er muss sie folglich verstehen, sie mit „Geschicklichkeit und kluger Beredsamkeit"[31] den Menschen vortragen gegen Missverständnisse und Gegner verteidigen können. Das erfordert insbesondere auch die Fähigkeit, mit „Anfängern, Einfältigen und Unmündigen" umzugehen.

2. Die heiligen Sakramente und die kirchliche Liturgie würdig feiern: Hier geht es darum, dass er das, was er zu tun hat, versteht und dafür sorgt, dass Sakramente und Liturgie nicht „maschinenmäßig verrichtet werden".[32]

3. Wirkliche Seelsorge entfalten: Das erfordert, dass man „den wahren *Charakter* eines Seelsorgers in den *Candidatis theologiae* zu bilden trachte und ihnen beizeiten eine wahre Liebe gegen ihre Untergebenen, die nicht auf Eigennutz und derlei unlautere Absichten, sondern auf das Heil der Seelen abzielt; eine vernünftige Hochschätzung ihres Berufs und Standes, die, ohne in Hochmut auszuarten, selbe lehrt, das Niederträchtige oder Ärgerliche in Sitten zu vermeiden; eine dem Seelsorger nötige Gelassenheit in Erduldung böser Sitten, sanfte Ernsthaftigkeit im Ermahnen und Bestrafen, Bescheidenheit und Beobachtung des Wohlstandes im Umgange mit allerlei Menschen einflöße."[33]

Rautenstrauch greift auf die drei grundlegenden Dimensionen zurück, die das II. Vatikanum als Grundzüge der kirchlichen Sendung und des Dienstes in der Kirche herausstellen wird. Zugleich verbindet er diesen Typus der Sicht priesterlichen Dienstes mit dem Gedanken einer möglichst gründlichen und umfassenden wissenschaftlichen und praktischen personalen Ausbildung. Bei aller möglichen und berechtigten Kritik am starken Einfluss staatlicher Aufklärung auf die österreichischen Generalseminare – sie hatten keinen langen Bestand – sollte man diesen theologischen Kern des Ansatzes von Rautenstrauch nicht übersehen.

Mit der Pastoraltheologie als eigener theologischer Disziplin hält dieses Bild priesterlicher Sendung und Ausbildung Einzug in die Fakultäten und theologischen Ausbildungsstätten im Bereich der deutschsprachigen Länder.

II. Die Päpstliche Reform der Priesterausbildung nach dem I. Vatikanischen Konzil

Vor dem gekennzeichneten Hintergrund gewinnt die grundlegende Veränderung der katholischen Priesterausbildung in der Zeit nach dem I. Vatikanischen Konzil ihre deutlichen Konturen. Trient schärfte den Bischöfen ein, ihre Verantwortung für die Priesterausbildung wahrzunehmen und für arme Alumnen Seminare zu

---

[30] Ebd., Hervorhebung im Original.
[31] Ebd. 144.
[32] Ebd.
[33] Ebd., Hervorhebung im Original.

errichten. Die Anbindung an die Kathedralen unterstrich nochmals die Ausrichtung auf die Diözese und die praktische Einbeziehung der angehenden Priester in die liturgischen Funktionen an der Bischofskirche. Hinsichtlich der Ausbildungsgänge und Curricula gibt das Konzil von Trient nicht einmal eine Rahmenordnung vor.

Beides, die Verantwortung der Bischöfe für die Gestaltung der Ausbildungsgänge und die Organisation wie die ausgebildete Vielfalt der Ausbildungsgänge, erfährt durch die päpstlichen Reformen eine einschneidende Veränderung.

Leo XIII. leitet diese Transformation ein. Bereits als Bischof von Perugia beginnt der spätere Papst das Diözesanseminar umzugestalten. 1859 gründet er die Thomasakademie, die Studien werden fast exklusiv an der scholastischen Philosophie und Theologie ausgerichtet mit einer in der Hauptsache apologetischen und kontroverstheologischen Akzentsetzung.[34] Die Seminarordnung ist völlig abschirmend. Zugleich fordert er von den Seminaristen, dass sie sich als künftige Seelsorger auf die moderne Welt und ihre Probleme einlassen. Maurillio Guasco charakterisiert die hier aufbrechende Widersprüchlichkeit:

„Es tritt gleichsam eine Dichotomie auf zwischen der Bildung des Klerus und den Pflichten, die von den Priestern im Dienst gefordert werden. Diese werden aufgefordert, aus der Sakristei herauszugehen, sich gesellschaftlichen Organisationen zu widmen, die Welt, die sie zu evangelisieren berufen sind, besser zu verstehen, auch wenn der Zweck all dessen vor allem darin besteht, sich dem Typus der modernen Gesellschaft zu widersetzen und den Versuch zu machen, eine christliche Gesellschaft wieder zu beleben."[35]

Durch die Enzykliken *Aeterni Patris* von 1879 und *Providentissimus Deus* von 1893 bereitet Leo XIII. eine entsprechende universalkirchliche Reform der Priesterausbildung vor. Mit der ersten Enzyklika werden Philosophie und Theologie in kirchlichen Ausbildungsstätten auf das Werk des Thomas von Aquin verpflichtet. Thomas wird als Fürst der Scholastik, als der maßgebliche Lehrer der philosophischen und theologischen Tradition dargestellt. Dabei ist das Bild seiner Lehre, das Leo XIII. vorgibt, wesentlich bestimmt durch die vorkantianische Aufklärungsphilosophie. Es ist das erste Mal in der Geschichte der Kirche, dass ein bestimmter Typus des philosophisch-theologischen Denkens durch das Magisterium vorgegeben und für die katholische Ausbildung verpflichtend gemacht wird. Die Stoßrichtung dieser Enzyklika ist eindeutig: Gegen die vielfältigen neuen Ansätze im Bereich der Philosophie soll eine eigene kirchliche Gestalt philosophischen Denkens, die wahre philosophia perennis, herausgestellt werden.

Die Enzyklika *Providentissimus Deus* ist eine Antwort auf die im 19. Jahrhundert breit entfaltete historisch-kritische Methode und ihre Anwendung auf die Bibelwissenschaften. Auch hier werden deutliche Abgrenzungen vollzogen. Eine ähnliche Tendenz weisen die Ausführungen Leos XIII. im Bereich der Sozialethik auf. *Rerum novarum* kommt zwar das Verdienst zu, die modernen gesellschaftlichen Fragen in einem großen Wurf aufgenommen zu haben, zugleich aber ist

---

[34] Vgl. Lupi, Le fonti 345. Vgl. auch Lupi, Il clero.
[35] Guasco, Per una storia 31.

auch zu vermerken, dass Leo XIII. die Anerkennung der modernen Menschenrechte zurückweist.

Auf diesen Fundamenten – wenngleich gepaart mit wesentlich stärker die Moderne ausgrenzenden Tendenzen – betreibt Pius X. die organisatorische Umformung der Priesterausbildung.[36]

Der Prozess beginnt mit umfassenden apostolischen Visitationen der Diözesen und speziell der Seminare in Italien. Daraus resultiert ein Reformplan der Kirche in Italien, und zwar angefangen von der Kurie bis zum pastoralen Leben der Diözesen und insbesondere der Seminare. Pius X. schließt die zahlreichen kleinen Diözesanstalten und errichtet 15 Regionalseminare unter der direkten Kontrolle des Heiligen Stuhles. Diese Reform umfasst einen einheitlichen Studienplan für die vorgesehenen vier Jahre. Ziel ist die Hebung des Niveaus der Seminarprofessoren bzw. der Seminarleitungen, die Überwindung der kulturellen und spirituellen Armut vieler italienischer Seminare. Diese Reformbemühungen, die das Leben der Diözesen tief verändern, verbinden sich mit dem Kampf gegen den Modernismus.[37] Eine größere Anzahl der Seminarprofessoren werden ausgewechselt. Neu bestellt werden z. T. Leute, denen eine entsprechende wissenschaftliche Ausbildung fehlt.[38] Die Überwachung der Seminaristen ist zum Teil grotesk. Zeitungen dürfen nicht in die Hände der Alumnen kommen. Die Seminarleitung kann einzelne Artikel den Alumnen kommentieren.[39] Die Buchzensur geht bis ins Einzelne.[40]

Mit dem Motu Proprio *Arduum sane munus* vom März 1904 gibt Pius X. den Auftrag zur Ausarbeitung des Codex Iuris Canonici, zu einer modernen Systematisierung des Kanonischen Rechtes auf der Basis der Rechtstraditionen der katholischen Kirche. Verbunden damit ist zugleich die Ausdehnung der in Italien durchgeführten Reformen auf die Universalkirche. Pius X. stirbt im August 1914 und der neue Codex kann erst im Mai 1917 von seinem Nachfolger Benedikt XV. veröffentlicht werden. Die wesentlichen Ausarbeitungen erfolgen jedoch unter Pius X. Dieser Codex umfasst über 30 Canones (cann. 1352–1383) zu den Priesterseminaren. Während das Trienter Reformdekret sich auf wenige sehr generelle Aussagen beschränkte, finden sich hier eine Fülle von bis ins Einzelne gehende Regelungen.[41] Einige wichtige Punkte seien herausgehoben.

---

[36] Vgl. Casella, Pio X (mit umfangreicher Einführung in den Reformprozess).
[37] Vgl. u. a. Pius X., Motu Proprio *Sacrorum Antistitum* vom 1.9.1910. Die einschlägigen Abschnitte unter der Überschrift: „Über die so beschaffene Ausbildung der Kleriker, dass sie unbeschadet vom Modernismus bewahrt werden", finden sich in: Enchiridion Clericorum 474–479.
[38] Guasco, Per una storia 32 f. Zur Auswirkung des Planes Pius X. auf die Kirche in Italien vgl. Vian, La riforma.
[39] Vgl. Enchiridion Clericorum 480. Zu Disziplin und Erziehungsstil in den Seminaren des 19. Jh. vgl. Zinnhobler, Erziehungstil.
[40] Enchiridion Clericorum 491. Hier werden u. a. Publikationen von F. X. Funk verboten.
[41] In can. 1352 wird das exklusive Recht der Kirche zur Ausbildung der Priester herausgestellt. Can. 1353 fordert die Priester, insbesondere die Pfarrer, auf, geeignete Knaben auszusuchen, vor den Gefahren der Welt zu schützen, zur Frömmigkeit anzuleiten, den Geist der Studien und den Keim der Berufung in ihnen zu fördern. Der Kanon hebt auf die Eignung als Anzeichen der Berufung ab, nicht auf einen außerordentlichen göttlichen Ruf.
Can. 1354 bestimmt, dass jede Diözese ein Seminar zu errichten hat, um dort Jugendliche für

Der einleitende can. 1352 stellt fest, dass es exklusives Recht der Kirche ist, den katholischen Klerus auszubilden, frei von jeder Einmischung der staatlichen Autoritäten. Damit sind zwei bedeutsame Aussagen getroffen:

den klerikalen Stand auszubilden. In größeren Seminaren sollen das kleine und das große Seminar getrennt werden. Wenn eine Diözese nicht in der Lage ist, ein Seminar zu errichten, ist der Bischof verpflichtet, die Kandidaten in die Nachbardiözese zu schicken bzw. in regionale oder interdiözesane Seminare, welche vom päpstlichen Stuhl errichtet werden können.
Cann. 1355 und 1356 behandeln die Finanzierung der Seminare. Über die Schwierigkeiten nach Trient wurde berichtet (vgl. oben S. 322f.). Jetzt wird bestimmt, dass die Abgaben für das Seminar vom Bischof – unbeschadet aller Privilegien und Exemtionen – den Pfarreien und sonstigen kirchlichen Institutionen auferlegt werden können und zwar bis zur Höhe von 5% ihrer regelmäßigen Einkünfte bzw. bis zu einem Drittel der Spendenaufkommen. Hinzugefügt werden einige Schutzbestimmungen für arme Gemeinden bzw. deren Priester.
Verwaltung und Leitung des Seminars unterstehen nach can. 1357 dem Bischof. Er ist im Rahmen der vom Heiligen Stuhl vorgegebenen Regelungen verantwortlich, soll sich persönlich um das Seminar kümmern und sich ein Bild von den Studierenden machen. Er erlässt die Seminarordnung, während für die interdiözesanen und regionalen Seminare die Ordnung vom Heiligen Stuhl erlassen wird. Dabei überträgt der Heilige Stuhl die Leitung meistens dem Kollegium der Bischöfe jener Diözesen, die das Seminar beschicken. Vgl. Conte a Coronata, Institutiones Iuris Canonici II, 294. In jedem Seminar soll es – so can. 1358 – einen Rektor geben, Professoren bzw. Magistri, einen Ökonom und wenigstens zwei ordentliche Beichtväter, sowie einen geistlichen Direktor. Neben der Seminarleitung gibt es zwei Räte (can. 1359), einen Rat für die Disziplin, einen anderen für die Verwaltung der zeitlichen Güter des Seminars. Der Bischof muss diese Räte bei schwerwiegenderen Angelegenheiten anhören. Seminarleitung und Professoren sollen sich nicht nur in Bezug auf die Lehre, sondern auch in Bezug auf Tugenden und Klugheit durch Wort und Beispiel hervortun (can. 1360).
Nach can. 1361 können die Seminaristen neben den zwei ordentlichen Beichtvätern andere Beichtväter wählen. Der Rektor muss ihnen freien Zugang zu diesen Beichtvätern gewähren. Entgegen der Tradition von Saint-Sulpice, wo die Vorgesetzten des Forum externum auch die Beichte der Alumnen hören konnten, besteht der Codex auf einer Trennung von Forum internum und externum. Ebenso dürfen die Beichtväter bei der Zulassung zu den Weihen oder beim Ausschluss aus dem Seminar kein Votum abgeben.
Can. 1362 bestimmt, dass alle Alumnen in den Genuss der Einkünfte des Seminars kommen, auch wenn sie noch nicht die Tonsur empfangen haben. Can. 1363 regelt die Zulassung zum Seminar: Die Seminaristen müssen legitime Söhne sein, getauft, gefirmt und von gutem Leumund. Aus einem anderen Seminar Entlassene sollen sorgfältig vor einer Neuzulassung überprüft werden.
Can. 1364 und can. 1365 charakterisieren die Curricula des kleinen und des großen Seminars. Bischof und Seminarrat sind nach can. 1366 gehalten, bei Ernennungen zu Professoren jene vorzuziehen, die die Doktorwürde in einer Universität oder in einer vom Heiligen Stuhl anerkannten Fakultät erworben haben. Insgesamt sollen wenigstens vier verschiedene Professoren im theologischen Kurs tätig sein: ein Professor für Heilige Schrift, einer für dogmatische Theologie, einer für Moraltheologie und einer für Kirchengeschichte. Zu ergänzen ist die Bestimmung von can. 1380, dass die Ortsbischöfe Kleriker mit den entsprechenden Qualitäten an Universitäten bzw. kirchliche Fakultäten schicken sollen, damit sie dort akademische Grade erwerben können.
Can. 1367 regelt die geistliche Erziehung der Seminaristen. Can. 1368 nimmt das Seminar und die Seminarleitung von Weisungsbefugnissen des örtlichen Pfarrers aus. Can. 1369 verpflichtet die Seminarleitung und die Professoren dazu, die Alumnen im Umgang und in den guten Sitten zu unterweisen. Auch Seminaristen, die außerhalb des Seminars verweilen, müssen unter der Aufsicht eines Priesters stehen (can. 1370).
Der abschließende can. 1371 schließlich bestimmt, wer aus dem Seminar zu entlassen ist: Streitsüchtige, nicht Korrigierbare, Aufmüpfige, die nicht für den geistlichen Stand geeignet zu sein scheinen, ferner jene, die keinen Studienerfolg versprechen, und schließlich solche, die gegen die guten Sitten und den Glauben verstoßen.

1. Unter Kirche wird hier nicht die Ortskirche, sondern die Universalkirche verstanden und dem Papst als Primas der gesamten Kirche die Autorität und Kompetenz für die Ausbildung des Klerus zugeschrieben. Die Zuständigkeit der Ortskirchen und ihrer Bischöfe, wie sie noch im Trienter Reformdekret ausgesprochen wurde, ist gemindert.
2. Staatliche und öffentliche Autoritäten haben kein Recht, sich in die Ausbildung der Geistlichen einzumischen. Diese Regelung trägt der in Europa entstandenen Trennung von Kirche und Staat Rechnung[42]. Zugleich beinhalteten die zahlreichen Patronats- und Stiftungsrechte der vormodernen Feudalgesellschaft eine gewiss fragwürdige, aber doch reale Mitverantwortung und Partizipation der Laien in der Ausbildung des Klerus und seinem Unterhalt. Die kirchliche Zentralisierung der Priesterausbildung hat damit auch den Zug einer Zurückdrängung des Einflusses von Laien.

Eine Eigentümlichkeit der vorliegenden Gesetzgebung ist es, dass unter dem Stichwort Seminar eine Institution gestärkt wird, die grundsätzlich das kleine und große Seminar umfasst, wenngleich beide Abteilungen unterschieden werden.

Während das Trienter Konzil die Domkapitel bei der Errichtung von Seminaren beteiligte, kennt der Codex Iuris Canonici dies nicht mehr (can. 1354). Der Bischof wählt den Ort für das Seminar, er allein ist zuständig für diese Ausbildungsstätte.

Die detaillierten Regelungen des CIC/1917 geben Anweisungen zu den Curricula und dem Lehrkörper für die kleinen und großen Seminare (cann. 1364–1366)[43],

---

[42] Dass es – vor allem im 19. Jh. – in zahlreichen europäischen Ländern eine exzessive politische Bevormundung der Kirche gerade im Bereich der Priesterausbildung gab – man denke etwa an die Regelungen, welche vor 1848 in Baden/Deutschland galten, wo der Erzbischof die Alumnen im Theologenkonvikt nicht aufsuchen durfte – sollte in diesem Kontext nicht übersehen werden. Bereits Pius IX. hatte im Syllabus das exklusive Recht der Kirche verteidigt, die Ausbildung der Kleriker zu bestimmen. Vgl. DH 2933 und 2946.

[43] Im kleinen Seminar stehen an der Spitze der Religionsunterricht, der Erwerb und das Beherrschen der lateinischen Sprache und der eigenen Landessprache. Für die übrigen Disziplinen gilt, dass man sich an der öffentlichen Kultur und dem Status der Kleriker in der betreffenden Region zu orientieren hat. Nach Veröffentlichung des Codex ergehen von Rom eine Fülle von Einzelvorschriften. Vgl. Conte a Coronata, Institutiones Iuris Canonici II, 301 f.
In Bezug auf das große Seminar gilt, dass die Alumnen zunächst zwei Jahre Philosophie studieren. Nach den Ausführungsbestimmungen der Kongregation für die Seminarien und Studien sind neben der Philosophie folgende Disziplinen zu lehren: Religion bzw. Apologetik, die eigene Muttersprache, Vertiefung des Lateins und des Griechischen, die profane Geschichte, höhere Mathematik, Naturgeschichte, Physik und Chemie. Der zweijährige philosophische Kurs hat damit weitgehend den Charakter eines heutigen Oberstufenunterrichts am Gymnasium bzw. der ersten beiden College-Jahre im angelsächsischen Kulturraum, mit starkem philosophischem Akzent. Vgl. ebd. 302. Der theologische Kurs umfasst volle vier Jahre. Es werden 9 Disziplinen aufgeführt. Hauptfächer sind dogmatische Theologie und Moraltheologie, das Studium der Heiligen Schrift, Kirchengeschichte, Kirchenrecht. Zu den Nebenfächern zählen Liturgie, sowie die geistliche Beredsamkeit und kirchliche Gesänge. Schließlich wird die Pastoraltheologie genannt, deren Vorlesungen durch praktische Übungen zum Katechismusunterricht, zur Beichtpraxis, zur Sterbendenseelsorge angereichert werden sollen. Sowohl die philosophischen wie die theologischen Vorlesungen sind an der Lehre und den Prinzipien des Thomas von Aquin zu orientieren (can. 1366).

ebenso zu Tagesablauf und geistlichem Leben der Seminaristen und zur Einhaltung der Disziplin (cann. 1367–1371).[44]

Im Anschluss an die Veröffentlichung des CIC von 1917 ergehen in rascher Folge detaillierte weitere Vorgaben für die Priesterausbildung. Pius XI. veröffentlicht schon wenige Monate nach seiner Erhebung zum Römischen Bischof einen Apostolischen Brief *Officiorum omnium* über die Priesterausbildung. Betont wird die Verpflichtung des Heiligen Stuhls für die Priesterausbildung zu sorgen. Pius XI. legt einen besonderen Wert auf das Studium des Lateins in den kleinen Seminaren, er insistiert auf der thomistischen Ausrichtung von Philosophie und Theologie. Im folgenden Jahr veröffentlicht Pius XI. die Enzyklika *Studiorum ducem*, die wiederum das Studium der Theologie und Philosophie entsprechend der Methode des engelsgleichen Lehrers verbindlich macht. 1924 folgt das Motu Proprio *Bibliorum scientiam*, in dem der Papst verlangt, dass die Professoren der Heiligen Schrift in den großen Seminaren nach Möglichkeit akademische Grade vom Päpstlichen Bibelinstitut oder von der Päpstlichen Bibelkommission in Rom besitzen. 1926 erfolgt eine Publikation über die katechetische Ausbildung in den Seminaren. Die Bischöfe werden aufgefordert (Dekret *Quo uberiore*, Februar 1924), alle drei Jahre einen ausführlichen Bericht über ihre Seminare nach Rom zu leiten. Die benutzten Lehrbücher in der Philosophie, Theologie, dem Kirchenrecht und der Heiligen Schrift sind anzugeben. Werden die Manualien während des laufenden Trienniums gewechselt, so ist die Kongregation in Rom sofort zu unterrichten.

In ihrer Antwort auf diese Trienalberichte sucht die Kongregation, die in ihren Augen bestehenden Missstände in einzelnen Ländern zu beheben. So wird z. B. in den USA versucht, flächendeckend die Einführung kleiner Seminare durchzusetzen, obwohl korrespondierende Schulen von Ordensgemeinschaften bestehen, die allerdings auch Schülern offen stehen, die keinen geistlichen Beruf anstreben. Geregelt wird ferner die umstandslose Entlassung der Seminaristen in die Ferien zu ihren Eltern und Familien, Teilnahme an größeren Sportveranstaltungen etc.[45]

Diese starke Reglementierung der Seminarausbildung setzt sich in den folgenden Jahren und im Pontifikat Pius XII. fort. Ein letzter Ausläufer dessen ist das Schreiben Johannes XXIII. *Veterum sapientia* über die lateinische Sprache und die Vorlesung in den Seminaren auf Latein.

1931 ergänzt Pius XI. die Gesetzgebung hinsichtlich der Priesterseminare durch die Apostolische Konstitution *Deus Scientiarum Dominus*. Durch diese Konstitution wird der Wildwuchs, der sich in den Institutionen der höheren Studien ausgebreitet hatte, zurückgeschnitten. Die zahlreichen Privilegien zur Verleihung akademischer Grade an die unterschiedlichsten kirchlichen Institutionen,

---

[44] Die Alumnen sind zum gemeinsamen Morgen- und Abendgebet verpflichtet, zur Meditation und zur täglichen Mitfeier der Heiligen Messe. Wenigstens einmal in der Woche sollen sie zur Beichte gehen und häufiger die Heilige Eucharistie empfangen. An Sonn- und Feiertagen sind sie zur Heiligen Messe und zur feierlichen Vesper verpflichtet. Im Normalfall sollen sie an Sonn- und Feiertagen in der Bischofskirche Dienst tun. Jedes Jahr sind geistliche Exerzitien vorgesehen, einmal in der Woche sollen sie eine geistliche Exhorte hören. Vgl. can. 1367.

[45] Vgl. White, The diocesan seminary 272–280.

werden revidiert. Das geringe Ansehen des kirchlichen Doktorates soll aufgebessert werden. Interessant in dieser Konstitution ist das Konzept von Theologie, das dieser Reform zugrunde liegt. Es wird zwischen Theologie – man versteht darunter die Dogmatik und die Prinzipien der Moraltheologie – und den Hilfswissenschaften unterschieden. Letztere arbeiten historisch, haben aber lediglich den Charakter von zusätzlichen Informationen. Die Sachfragen des Glaubens hingegen werden lediglich in der Theologie – verstanden als Dogmatik – geklärt.

Die hohe Anzahl von Erlassen und Dekreten zur Priesterausbildung veranlasst die Römische Kongregation für die Seminare und Universitäten schließlich 1938 zur Veröffentlichung des *Enchiridion Clericorum*.[46]

Überblickt man diese Gesetzgebung, so springt zunächst der Unterschied gegenüber den Aussagen der Trienter Reformdekrete ins Auge. Geht es dort um eine Stärkung des Klerus und eine verbesserte Ausbildung – wobei der Klerus als gesellschaftlicher Stand verstanden wird – so wird in der Gesetzgebung der Pius-Päpste das Bildungswesen für den Priesternachwuchs im Sinne des Bildungswesens in modernen Gesellschaften durchstrukturiert. In Trient stehen die mittelalterlichen Metropolitankirchen und die Kathedralen als örtliche geistliche Zentren im Mittelpunkt. Ihre Arbeit soll intensiviert und vertieft werden. Das soll – im Zusammenwirken von Bischof und jeweiligem Domkapitel – zu einem etwas gebildeteren Klerus führen. Der Akzent liegt allerdings völlig auf der Berufsvorbereitung für die Wahrnehmung der liturgischen und sakramentalen Handlungen.

Mit der Reorganisation der Theologenausbildung am Beginn des 20. Jahrhunderts wird nach Analogie der modernen zentralen staatlichen Bildungsreformen ein Curriculum für die Sekundarausbildung und für die anschließende tertiäre Ausbildung entworfen. Im Unterschied zu den staatlichen Gymnasien und mehr naturwissenschaftlich-mathematisch orientierten Sekundarschulen wird hier durch die Verbindung mit dem Internatsgedanken eine alle Aspekte des Lebens junger Leute implizierende Ausbildung angestrebt.

Der Akzent liegt in den Curricula der kleinen Seminare klar auf der religiösen[47] und altsprachlichen Ausbildung. Die Dekrete zeigen, wie die Öffnung etwa für mathematisch-naturwissenschaftliche Fächer nur zögernd erfolgt.[48]

---

[46] An dem Enchiridion lässt sich verfolgen, wie Zahl und Umfang der römischen Dokumente zur Priesterausbildung ab Mitte des 19. Jh. sprunghaft ansteigen.

[47] Vgl. den Tagesplan eines durchschnittlichen kleinen Seminars vor dem II. Weltkrieg in Frankreich (Launay, Séminaires français 151):
5 Uhr Aufstehen, Gebet, Meditation in der Kapelle, Gemeinschaftsmesse.
7.30 Frühstück, Erholung, danach Schulunterricht.
12.00 Mittagessen, Erholung, danach Schulunterricht und Studien.
19.00 Rosenkranz, Geistliche Lesung, Abendessen.
20.30 Nachtgebet, Nachtruhe.
Das Umfeld ist völlig klerikal: Die Lehrer und Vorgesetzten sind Priester. Die Seminaristen tragen einheitliche Kleidung. Zur Situation der großen Seminare in Österreich und Deutschland vgl. Zinnhobler, Erziehungsstil. Der Tagesablauf des Passauer Priesterseminars findet sich bei Zinnhobler, Das alte und das neue Priesterseminar 105.

[48] 1950 insistiert Pius XII., die Seminarausbildung dürfe sich nicht auf die klassischen humanistischen Fächer beschränken. Vgl. Launay, Séminaires français 155.

Die intensive Abgrenzung gegenüber den weltlichen modernen Lebensumständen ist noch wesentlich stärker ausgeprägt, als dies in der Trienter Aussage zur Einrichtung von Seminarien zu finden war. Auch dort hieß es bereits:

„Da die Jugend ohne rechte Unterweisung der Verfolgung weltlicher Gelüste zuneigt und, falls sie nicht von jungen Jahren an, ehe die Gewohnheit zum Schlechten vom ganzen Menschen Besitz ergreift, zu Frömmigkeit und Religiosität erzogen wird, nie vollkommen und ohne geradezu einzigartige Hilfe des allmächtigen Gottes in der kirchlichen Disziplin verharrt, beschließt die Heilige Synode …".[49]

Der Wochen- und Monatsrhythmus gibt den Jungen nur geringe Möglichkeiten, das Seminar zu verlassen.[50] Die Seminarreform unter Pius X. etabliert hingegen eine weitgehend abgeschottete in sich stehende Lebenswelt für die angehenden Kleriker.

Ein Blick auf die Priesterseminare und ihre Strukturierung lässt eine zweite Differenz zum öffentlichen Bildungssystem moderner Nationalstaaten heraustreten: Moderne Bildungsgesellschaften strukturieren zwar die Curricula des tertiären Bildungsbereiches relativ stark, parallel mit dieser Strukturierung aber geht eine sich stark ausfaltende Pluralisierung einher. Dies hängt zusammen mit der Intensität, in der moderne Bildungsgesellschaften die Forschung vorantreiben und ständig neue Dimensionen erschließen. Dabei zeigen sich unterschiedliche Schwerpunktsetzungen und Möglichkeiten der Wissenschaftsorganisation und -vermittlung. In diesen Prozessen spielen die nationalen, kulturellen Traditionen eine nicht unerhebliche Rolle, vor allem im Bereich der Geisteswissenschaften, aber auch in der Anlage der Naturwissenschaften. Die modernen französischen Universitäten etwa des 19. und 20. Jahrhunderts tragen ein anderes Gepräge als die aus der Humboldtschen Konzeption geborenen Entwicklungen im deutschen Sprachbereich. Demgegenüber fällt auf, dass mit der pianischen Reform der Klerusausbildung ein universales, monolithisches Konzept der lateinischen Kirche Einzug hält. Dies zeigt sich nicht nur in der bis ins Einzelne gehenden Gesetzgebung und den entsprechenden allgemeinen Ausführungsbestimmungen. Dies manifestiert sich darüber hinaus deutlich in der Kontrolle der Lehrbücher und der Forderung, dass die Ausbildung der künftigen Professoren weitgehend an römischen Anstalten stattfinden soll.

Diese zentral gesteuerte Ausbildung wird nicht nur in den sich herausbildenden Industriestaaten Europas und Nordamerikas durchgesetzt. Sie wird vielmehr mit Nachdruck auch in den anderen Kontinenten und Missionen in Afrika, Asien oder Lateinamerika urgiert. Ebenso wie in den USA der vorsichtige Versuch unterbunden wird, gesellschaftliche Wertprioritäten in Theologie und Priesterausbildung aufzugreifen,[51] so wird „Anpassung" in den Missionen Afrikas oder Asiens als äußerliche Adaptation betrachtet.[52] Unabhängig von den großen kul-

---

[49] COD 3, 750.
[50] Vgl. die Ausgangs- und Ferienordnung in den französischen kleinen Seminaren: Launay, Séminaires français 155.
[51] Vgl. Schwedt, Alte gegen Neue Welt 143–161.
[52] Vgl. den Kommentar zum Dekret über die Missionstätigkeit *Ad gentes*, Teil A, in Bd. 4.

turellen Unterschieden der Kontinente und der Großregionen wird ein einheitlich gebildeter, in theologischer Hinsicht neuscholastisch geformter Klerus herangezogen, der an völlig gleiche kirchliche Lebensformen gewöhnt ist. Erst mit Pius XII. setzt hier eine vorsichtige Öffnung ein. So wird in *Sedes sapientiae* und den angefügten Ausführungsbestimmungen für die Ausbildung der Ordenspriester den einzelnen Orden und den Provinzen eine eigene Verantwortung in der Ausgestaltung der Curricula und Ausbildungsprogramme eingeräumt, die allerdings von Rom approbiert werden müssen.[53] Ebenso betont Pius XII. in *Menti nostrae* die Einbeziehung der kleinen Seminare in die generellen kulturellen Vorgaben der Nationalstaaten.[54]

Den geistigen Hintergrund dieser einheitlichen Formung bildet jene Vision einer katholischen integralen Kultur, die Leo XIII. – seine zahlreichen Enzykliken zusammenfassend – beim 25. Jahrestag seiner Papsterhebung gezeichnet hat.[55] Es ist eine Vision, die die gesamte pianische Zeit der Kirche durchzieht. Christoph Theobald charakterisiert diese Vision wie folgt:

„Den zentralen Punkt bildet das Insistieren auf der Einheit dieser globalen Vision, die zwar eine hierarchische Differenzierung der Ebenen der Wirklichkeit zulässt, eine gewisse Autonomie der Wissenschaften oder der zivilen Gewalt z. B., aber deren Emanzipation in Bezug auf die göttliche Autorität zurückweist. Der Begriff der ‚Natur' spielt hier – unter dem Bild des ‚Naturgesetzes', der ‚natürlichen Vernunft' oder auch des ‚Rechtes der Vernunft' – eine wesentliche Rolle. Er erlaubt die Achtung der verschiedenen Bereiche und ihr Einschreiben in ein hierarchisches Schema der Rechte, das der ‚Anarchie der vom Glauben emanzipierten Vernunft' entgegengesetzt ist."[56]

Diese Vision, die in die grundlegenden Aussagen über die Soziallehre eingeht, wird von Leo XIII. zwar mit großer Flexibilität realisiert, zugleich aber beansprucht Leo, dass die römisch-katholische Kirche die wahre und umfassende Kultur des Menschen und der Menschheit repräsentiert.

Die Grenzen dieser Art von Priesterausbildung – Grenzen und Schattenseiten trotz der zweifellos auch erzielten Fortschritte und notwendigen Verbesserungen gegenüber der nachtridentinischen Epoche – zeigen sich noch deutlicher, wenn man das Priesterbild betrachtet, das diesem Ausbildungsgang zugrunde liegt.

III. Zur Amtstheologie der Päpstlichen Dokumente

Unter den zahlreichen päpstlichen Dokumenten zum priesterlichen Dienst und der Priesterausbildung ragen einige wenige hervor, in denen die Amtstheologie der römischen Verlautbarungen deutlich und einlässlich dargelegt wird. Dabei

---

[53] Vgl. Pius XII., *Sedes sapientiae*: AAS 48 (1956) 354–365.
[54] Vgl. Pius XII., *Menti nostrae*: AAS 42 (1950) 657–702.
[55] Leo XIII., Apostolisches Schreiben, Parvenu à la 25ᵉ année, vom 19. 3. 1902, in: Wynne, Great Encyclical Letters 559 f. Etienne Gilson spricht vom „Corpus Leonium der christlichen Philosophie"; vgl. Gilson, Le philosophe 263.
[56] Theobald, Le développement 55. Vgl. auch die Studie von Oskar Köhler, der in diesem Zusammenhang vom „Weltplan" Leos XIII. spricht, in: HKG, VI/2, 9–27.

ergeben sich selbstverständlich gewisse Akzentverschiebungen von Pius X. bis zu Pius XII. Die Grundzüge hingegen bleiben konstant. Theologisch bedeutsam sind vor allem folgende Texte:

Pius X. veröffentlicht 1908 ein Mahnwort an den katholischen Klerus *Haerent animo*[57], in dem er die Priester zum Streben nach Heiligkeit aufruft, ihnen dieses Streben als wichtigste Voraussetzung ihres Dienstes erläutert und ausführlich eingeht auf die verschiedenen Mittel zur Heiligung des Priesters.

Pius XI. veröffentlicht 1935 die Enzyklika *Ad catholici sacerdotii*,[58] in der er ausführlich Bezug nimmt auf die verschiedenen Apostolischen Schreiben und Anweisungen, in denen er vom ersten Jahr seines Pontifikats ab auf die Priesterausbildung und die verschiedenen damit verbundenen Aspekte priesterlichen Lebens Bezug genommen hat. Dieses Schreiben charakterisiert wesentlich ausführlicher als das Mahnschreiben Pius X. die theologische Sicht des Priestertums, wie sie dem Papst vor Augen stand.

Pius XII. hat nach dem II. Weltkrieg im Jahr 1950 eine Apostolische Ermahnung *Menti nostrae*[59] veröffentlicht. Er gibt eingangs einige wenige Hinweise auf die Theologie des Priestertums, die er im Schreiben Pius XI. vorgezeichnet findet. Sein Interesse konzentriert sich ganz auf die Fragen der Heiligung des Priesterlebens.[60]

Bei der Analyse des Priesterbilds, welches der päpstlichen Reform priesterlicher Ausbildung zwischen dem I. und dem II. Vatikanum zugrunde liegt, soll das Schreiben Pius XI. zugrunde gelegt werden, weil darin die Amtstheologie am umfänglichsten dargestellt wird. Die anderen Texte werden selbstverständlich mit einbezogen.[61]

Pius XI. beginnt seine Ausführungen über das Priestertum mit einer allgemeinen religionsgeschichtlichen Reflexion:

„Schon immer hat die Menschheit das Bedürfnis nach Priestern empfunden, d. h. nach Menschen, die durch ihre amtliche Sendung Mittler zwischen Gott und den Menschen sind und aus der gänzlichen Hingabe an ihre Mittlerschaft ihre Lebensaufgabe machen. Sie sind beauftragt, Gott öffentliche Gebete und Opfer im Namen der Gesellschaft darzubringen."[62]

Ausdrücklich bezieht der Papst das gesamte Heidentum mit ein.

„Wo immer es Religion gibt, wo immer man Altäre errichtet, dort gibt es auch ein Priestertum, das mit besonderen Erweisen der Achtung und Verehrung umgeben ist."[63]

---

[57] Exhortatio für den katholischen Klerus *Haerent animo*: ASS 41 (1908) 555–577. Eine deutsche Übersetzung von *Haerent animo* und der im Folgenden aufgeführten päpstlichen Dokumente findet sich in: Rohrbasser (Hg.), Sacerdotis imago.
[58] Pius XI., Enzyklika über das Priestertum *Ad catholici sacerdotii* AAS 28 (1936) 5–53.
[59] Pius XII., Apostolische Ermahnung *Menti nostrae*: AAS 42 (1950) 657–702.
[60] Vgl. allerdings die oben erwähnten vorsichtigen Öffnungen: S. Anm. 53 u. 54.
[61] Herangezogen werden Texte von Leo XIII., die oben genannten Verlautbarungen der Pius-Päpste, die Enzyklika *Humani generis* von Benedikt XV.: AAS 9 (1917) 305–317. Zusätzlich zu *Menti nostrae* von Pius XII. wird auf seine Liturgieenzyklika *Mediator Dei* zurückgegriffen, weil sich hier, wie in *Menti nostrae* angemerkt, wichtige Ausführungen über das Verständnis des Priestertums finden.
[62] Zitiert nach Rohrbasser, Sacerdotis imago 19.
[63] Ebd.

Öffentlicher Kult ist wesentlich Opfer.[64] Er erfordert Priester. Gegenüber den heidnischen Kulten mit ihren Opfern und Priestertümern gilt, dass Gott die alttestamentlichen Opfer und das alttestamentliche Priestertum – durch seinen Diener Mose – mit einer bis ins Einzelne gehenden Sorgfalt eingerichtet hat. Pius XI. deutet diese göttliche Sorge so:

„Es scheint, dass Gott in seiner Sorge dem noch unentwickelten Geiste des jüdischen Volkes einen großen Grundgedanken einprägen wollte, der in der Geschichte des auserwählten Volkes sein Licht über alle Ereignisse, Gesetze, Würden und Ämter ausstrahlen sollte: Opfer und Priestertum, die durch den Glauben an den künftigen Messias ein Quell der Hoffnung, des Ruhmes, der Kraft und geistigen Befreiung werden sollten."[65]

Dem alttestamentlichen Priestertum wird das neutestamentliche Priestertum als seine unüberbietbare Aufgipfelung gegenübergesetzt. Fasst sich Pius XI. relativ knapp, was den Übergang vom alttestamentlichen zum neutestamentlichen Priestertum betrifft, so bietet Pius XII. eine ausführlichere Charakteristik und zwar in *Mediator Dei*. Jesus Christus wird als jener geschildert, der von Anfang an „mit dem Priesteramt bekleidet"[66] ist, weil er auf seine Hingabe im Kreuzesopfer an den Willen des Vaters hin lebt.

„Sein taterfülltes Menschendasein strebt diesem einen Ziele zu."[67]

Dieses Tun und Leiden Jesu Christi wird insgesamt als Kult bezeichnet, als jener Kult, der der Kirche zur Fortsetzung anvertraut ist und durch die Priester der Kirche – zusammen mit Christus – vollzogen wird.

„Nach seinem Einzug in die ewige Herrlichkeit will er, dass der Kult, den er im Laufe seines irdischen Lebens eingesetzt und ausgeübt hat, ununterbrochen weiterbestehe ... Die Kirche

---

[64] Leo XIII. drückt diesen Kernsatz noch zugespitzter aus: „Die Kraft selbst und Natur der Religion enthält die Notwendigkeit ... des Opfers. Und wenn man die Opfer entfernt, kann Religion weder sein noch gedacht werden": DH 3339.
[65] Zitiert nach Sacerdotis imago, 20. Ähnlich Leo XIII. in der Enzyklika *Caritatis studium*: DH 3339.
[66] Die folgenden Zitationen sind entnommen: Pius XII., Rundschreiben über die Heilige Liturgie, Offizieller lateinischer und deutscher Text, Wien 1948.
[67] Ebd. 13. – Die Enzyklika schildert das Leben Jesu wie folgt: „Als kleines Kind wird er im Tempel zu Jerusalem dem Herrn dargestellt; als Knabe begibt er sich wieder dorthin; später betritt er den Tempel immer und immer wieder, um das Volk zu lehren und dort zu beten. Bevor er seine öffentliche Tätigkeit beginnt, beobachtet er ein vierzigtägiges Fasten; durch seinen Rat und sein Beispiel mahnt er alle, ihr Bittflehen bei Tag und bei Nacht an Gott zu richten. Er, der Lehrer der Wahrheit, ‚erleuchtet jeden Menschen' (Joh 1, 9), dass sie, die Sterblichen, den unsichtbaren Gott gebührend anerkennen und nicht ‚Söhne feigen Verzagens seien zu ihrem Verderben, sondern Kinder des Glaubens, durch den das Leben gewonnen wird' (Hebr 10, 39). Als Hirt leitet er seine Herde, führt sie auf die Weide des Lebens und erlässt sein Gesetz so, dass niemand von ihm und dem rechten von ihm gewiesenen Wege sich abziehen lasse, sondern alle unter dem Hauch seines Geistes und in seiner Kraft heilig leben. Beim Letzten Abendmahl begeht er in feierlicher Form das neue Pascha, dessen Fortführung er durch die Einsetzung der heiligen Eucharistie sichert; am folgenden Tag bringt er, zwischen Himmel und Erde schwebend, das heilbringende Opfer seines Lebens dar, aus seiner durchbohrten Brust gleichsam die Sakramente entströmen, den den Menschen die Schätze der Erlösung zuführen sollen. Bei alledem schaut er einzig auf die Ehre seines himmlischen Vaters und darauf, die Menschen mit immer größerer Heiligkeit zu erfüllen" (ebd. 15).

hat daher Zweck, Aufgabe und Amt gemeinsam mit dem menschgewordenen Wort; sie hat die Wahrheit zu lehren, alle Menschen recht zu lenken und zu leiten, Gott ein wohlgefälliges Opfer darzubringen."[68]

Wie wird dieser Kult, den die Kirche fortzusetzen hat, beschrieben? Wie wird die Rolle der Priester, die diesen Kult vollziehen, theologisch gefasst? In jeder liturgischen Handlung, „im hochheiligen Opfer des Altares, in der Person seines Dieners, vor allem in den Eucharistischen Gestalten"[69] ist Christus gegenwärtig, erneuert sein Opfer, wendet es den Gläubigen zu und bringt so Gott, dem Vater, die vollendete Verehrung dar.

Dieser kirchliche Kult beginnt mit den Aposteln, die der Herr am Abend vor seinem Leiden zu Priestern einsetzte.[70]

„Von da an begannen die Apostel und ihre Nachfolger im Priesteramt jene ‚reine Opfergabe' zum Himmel zu erheben, durch die nach der Weissagung des Malachias der Name Gottes groß ist unter den Völkern und die, nunmehr dargebracht in allen Teilen der Erde und zu jeder Stunde des Tages und der Nacht, unaufhörlich bis zum Ende der Welt geopfert wird. Es ist dies eine wahre und nicht nur symbolische Opferhandlung."[71]

Die Darbringung dieses Opfers ist den ordinierten Priestern vorbehalten: Pius X. sagt, dass die Priester „Christus selber vertreten"[72]. Pius XI. nennt den Priester „einen zweiten Christus". Seine Begründung: „… er setzt in gewisser Weise Jesus Christus selbst fort".[73] Pius XII. steuert eine detaillierte theologische Begründung bei. Er verweist auf die priesterliche Vollmacht, durch die der Priester in der Person Christi handelt und „ausgewählten Männern durch eine gewisse geistliche Zeugung (per spiritualem quandam generationem) jenen Ordo zuteil, der eines der sieben Sakramente ist"[74]. Durch den unauslöschlichen Charakter werden diese Männer Christus gleichgestaltet und befähigt, jene „Akte der Religion" zu setzen, durch die die Menschen mit Gnade erfüllt und Gott die schuldige Ehre dargebracht wird.

Der priesterliche Charakter wird mit dem Taufcharakter parallel gesetzt. Daraus folgt Pius XII.:

„Denn wie das Bad der Taufe alle Christen auszeichnet und von den übrigen absondert … ebenso unterscheidet das Sakrament des Ordo die Priester von allen übrigen Christgläubigen, die mit dieser Gnadengabe nicht begabt sind, weil lediglich sie, durch höhere Eingebung berufen, in jenen erhabenen Dienst eingetreten sind, durch den sie den heiligen

---

[68] Ebd. – Leo XIII. argumentiert in diesem Kontext: „Weil nämlich der Opferritus auf alle Zeit mit der Religion verbunden sein sollte, war es der göttliche Ratschluss des Erlösers, dass das Opfer, das ein für allemal am Kreuz vollendet wurde, zum fortdauernden und immerwährenden würde": DH 3339.
[69] *Mediator Dei*, a. a. O. 16.
[70] Pius XII., *Ad catholici sacerdotii*, in: Imago Sacerdotis 22.
[71] Pius XI., a. a. O. 22 f. Zur Erläuterung wird auf Trient verwiesen – DH 1743: „Es ist ein und dieselbe Opfergabe. Derselbe, der sich damals selbst am Kreuz geopfert hat, bringt jetzt durch den Dienst der Priester das Opfer dar. Nur die Opferweise ist verschieden".
[72] Pius X., *Haerent animo*, in: Imago sacerdotis, 82.
[73] Pius XI., *Ad catholici sacerdotii*, in: Imago sacerdotis, 21.
[74] Pius XII., *Mediator Dei*, a. a. O. 30.

Altären bestimmt, gleichsam göttliche Werkzeuge werden, durch welche das himmlische und höhere Leben dem Mystischen Leib Jesu Christi mitgeteilt wird."[75]

Die Gnaden- und Heilsvermittlung für das Volk Gottes wird von allen genannten drei Pius-Päpsten unmittelbar an das priesterliche Tun gebunden. Pius XII. schreibt: „Zu ihnen sollen deshalb alle eilen, die in Christus leben möchten".[76] Pius XI. entwirft ein eindrucksvolles Bild des Priesters an der Seite der Gläubigen auf ihrem ganzen Lebensweg, um ihnen „kraft der von Gott verliehenen Vollmacht jene Gnade mitzuteilen oder zu vermehren, die das übernatürliche Leben der Seele ist".[77]

Wegen dieser umfassenden Heilsmittlerschaft des Priesters, seiner durch den unauslöschlichen Charakter gegebenen Gleichgestaltung mit Christus fordert Pius X.:

„Zwischen einem Priester und einem gewöhnlichen rechtschaffenen Menschen soll ein Unterschied sein wie zwischen Himmel und Erde".[78]

Pius XI. bringt die Verpflichtung zum Zölibat mit diesen Forderungen in Verbindung.

„Wenn jemand ein Amt hat, das in gewisser Weise selbst jenes der reinsten Geister überragt, die vor dem Herrn stehen, ist es dann nicht das Richtige, dass er auch möglichst wie ein reiner Geist leben muss?"[79]

Johannes XXIII. hat im ersten Jahr seines Pontifikates eine Enzyklika *Sacerdotii Nostri primordia* verfasst, die dem Pfarrer von Ars gewidmet ist. In seinem Schlusswort schreibt er:

„Gäbe es keine Priester oder fiele ihr tägliches Wirken aus, was nützten dann alle apostolischen Bestrebungen, selbst jene, die unserer Zeit am besten zu entsprechen scheinen? Was vermöchten selbst jene Männer auszurichten, die im Laienapostolat ihre Hilfsdienste großmütig zur Verfügung stellen?"[80]

---

[75] Pius XII., *Mediator Dei*, a. a. O. 30.
[76] Pius XII., *Mediator Dei*, a. a. O.32. Pius XII. lehrt in *Menti nostrae*: „Der Priester ist ein ‚anderer Christus', denn er ist mit einem unauslöschlichen Merkmal gekennzeichnet, das ihn gleichsam zum lebenden Abbild unseres Erlösers macht; der Priester stellt Christus dar, der gesagt hat: ‚Wie mich der Vater gesandt hat, so sende ich euch; wer euch hört, hört mich'". Durch göttliche Berufung zu diesem Dienst geweiht, „wird er für die Menschen in ihrem Verhältnis zu Gott bestellt, damit er Gaben und Opfer für die Sünden darbringe. An ihn muss sich also jeder wenden, der das Leben des göttlichen Erlösers leben und Kraft, Trost und geistige Nahrung empfangen will; von ihm wird jeder, der aus dem Sittenverfall auf den rechten Weg zurückkehren will, die notwendigen Heilmittel erbitten. Daher können alle Priester mit Recht das Wort des Völkerapostels auf sich beziehen: ‚Wir sind die Gehilfen Gottes'." Zit. n. Imago sacerdotis 138.
[77] Pius XI., *Ad catholici sacerdotii*, in: Sacerdotis imago, 24.
[78] Pius X., *Haerent animo*, in: Sacerdotis imago, 86. Ein Echo dieses Satzes findet sich im CIC von 1917. Can. 124 bestimmt: „Kleriker müssen gegenüber den Laien ein heiligeres, inneres und äußeres Leben führen und sich vor ihnen durch Tugend und rechte Taten als Vorbild auszeichnen".
[79] Pius XI., *Ad catholici sacerdotii*, in: Sacerdotis imago 42.
[80] Johannes XXIII., *Sacerdotii nostri primordia*, in: Sacerdotis imago 247.

Deutlicher kann die Konzeption eines die Gnade vermittelnden Klerus gegenüber einer wesentlich empfangenden Kirche der Laien nicht ausgesprochen werden.

Fragt man nach der Herkunft dieses kultisch-sacerdotalen Priesterbildes, so wird man zum einen die mittelalterliche Tradition benennen müssen, die priesterliche Potestas primär von der Vollmacht im corpus eucharisticum, in nachgeordneter Weise im corpus mysticum zu bestimmen.[81] Stark geprägt ist das Priesterbild ferner von den Aussagen des Tridentinums über das Messopfer[82] und das Dekret über das Sakrament des Ordo.[83] Ein weiteres einflussreiches Moment bildet sicherlich die École Française mit ihrer auf das Opfer abhebenden Spiritualität und der strikten Betonung der Passivität des Volkes Gottes. Generell wird man auf die gegenreformatorisch motivierte Ablehnung des gemeinsamen Priestertums aller Gläubigen hinweisen müssen.

Wenn dieses Priesterbild als kultisch-sacerdotales gekennzeichnet wird, so bedeutet dies nicht, dass in den genannten Priesterenzykliken nicht auch von der Verkündigung[84] und der Seelsorge die Rede wäre. Alle diese Tätigkeiten aber sind überstrahlt vom Kern priesterlicher Sendung, der Darbringung des Opfers Christi. Damit geht eine Erhöhung des Priesters einher, die es ermöglicht, alle auszeichnenden Aussagen der Evangelien, die den Glaubenden gelten, zuerst im eigentlichen Sinn auf die Priester zu beziehen, die so das „Licht der Welt", das „Salz der Erde" sind.[85]

Solche Äußerungen verdunkeln nicht nur, dass Jesus Christus der eine Mittler zwischen Gott und den Menschen ist und dass das Kreuzesopfer ein für alle Mal dargebracht ist. Die sakramentale Differenz zwischen dem Kreuzesopfer und der Feier der Liturgie, welche in der hochdifferenzierten mittelalterlichen Sakramententheologie ausgearbeitet worden ist, wird in ihrer Bedeutung nicht erkannt. Die Vollmacht des Priesters im Bereich des Sakramentes bedeutet gerade nicht die Vollmacht über die res sacramenti, die Gnade. In Bezug auf sie sind alle Christgläubigen gottunmittelbar. Die einseitigen Akzentsetzungen lassen zugleich den Priester als notwendige Mittlergestalt aller Gnaden Gottes erscheinen. Sie bieten

---

[81] Dabei sollte nicht übersehen werden, wie stark die mittelalterlichen Theologen den Sinn des Sacramentum ordinis insgesamt im notwendigen Dienst der Leitung der Kirche sehen. Vgl. Thomas von Aquin: STh III, Suppl. q. 34 a. 1: Auf die Bestreitung der Behauptung, es müsse einen Ordo in der Kirche geben, antwortet Thomas im Sed contra: „Der Status der Kirche ist ein mittlerer zwischen dem Status der Natur und der Herrlichkeit. Aber in der Natur findet sich ein Ordo, durch den einige den anderen übergeordnet sind, und ebenso ähnlich in der Herrlichkeit, wie es hinsichtlich der Engel offenkundig ist. Also muss es in der Kirche einen Ordo geben."
[82] Vgl. DH 1738–1743.
[83] Vgl. DH 1764ff. Hier hat vor allem der Einleitungssatz prägend gewirkt: „Opfer und Priestertum sind nach Gottes Anordnung so verbunden, dass es in jedem Bund beides gibt."
[84] In diesem Kontext ist die Enzyklika Benedikts XV. *Humani generis* besonders erwähnenswert. Benedikt widmet seine Aufmerksamkeit ganz der Verkündigung des Evangeliums in seiner Zeit, unterstreicht die Mängel und ermutigt zu einer umfassenden Erneuerung der Verkündigung. Vgl. Sacerdotis imago 113–130. Benedikt unterstreicht in wesentlich intensiverer Form als es in den zitierten Priesterenzykliken geschieht, die Notwendigkeit der theologischen Ausbildung und die sachlichen Probleme, welche mit der Verkündigung gegeben sind.
[85] Vgl. Pius X., *Haerent animo*, in: Sacerdotis imago 81: „Darauf hat Christus hingewiesen, als er die Priester mit dem Salz der Erde und dem Lichte verglich, um das letzte Ziel ihres Wirkens zu veranschaulichen. Licht der Welt und Salz der Erde ist also der Priester."

keinen Raum für die Konzeption eines mündigen Volkes Gottes, das die Geheimnisse des Glaubens, die Mysteria fidei aktiv vollzieht, ohne dass dadurch die Angewiesenheit dieses Volkes Gottes auf von Christus her legitimierte Dienste aufgehoben wäre. Ebenso verschließen diese Aussagen die Möglichkeit eines offenen Blickes auf eine gewisse Mehrzahl von Diensten, die das Volk Gottes braucht, um als Volk Gottes leben zu können. Denn sie lassen übersehen, dass das Ministerium in der Kirche im Dienst des Volkes Gottes und seiner aktiven Sendung steht. Erst wo das Ministerium in seiner Beziehung zum priesterlichen Gottesvolk recht gesehen wird, ergibt sich zugleich die Notwendigkeit, die konkreten Nöte des Volkes Gottes, seine sozialen und geschichtlichen Gegebenheiten, die sein Leben nach dem Evangelium ernsthaft konditionieren, in Betracht zu ziehen.[86]

Diese Defizienzen im vorgetragenen Priesterbild machen zugleich einige Grundzüge der vorgesehenen Ausbildungsordnungen verständlich.

Die charakterisierten päpstlichen Lehräußerungen legen insgesamt den Akzent völlig auf eine allgemeine Verpflichtung des Klerus zu einer Höchstform von Heiligkeit. Bezugnahmen auf die konkreten gesellschaftlichen Situationen – Pius XI. schreibt im Zeitalter des sich ausbildenden und in Teilen Europas herrschenden Faschismus und des russischen Kommunismus, Pius XII. nach dem II. Weltkrieg – finden sich so gut wie nicht. Dringende Fragen der Evangelisierung der Moderne werden nicht angesprochen. Die Frage nach der Präsenz des Evangeliums in kirchenfernen Milieus wird nicht thematisiert.

Solch einem Ansatz des Priesterbildes und der Aufgaben priesterlichen Dienstes korrespondiert eine Seminarausbildung und Erziehung, die, relativ abgehoben und in sich schwingend, mit der kirchlichen Lehre beschäftigt ist und dabei den Hauptakzent auf die Einübung von Frömmigkeitsformen setzt. Dabei wäre es sicherlich kurzsichtig, diese Form geistlicher Einübung gering zu schätzen. Sie ist im Ganzen Ausdruck jener „kulturellen Autarkie" der Kirche, die Leo XIII. formuliert hat und die die römischen Vorgaben zur Priesterausbildung bis an die Grenze des II. Vatikanums weitgehend geprägt hat.

IV. Erfahrungen und theologische Neuaufbrüche in der Priesterausbildung

Mit der Reform der Päpste nach dem I. Vatikanischen Konzil gelingt zweifellos eine Straffung der Priesterausbildung und eine Profilbildung des Priesterbildes. Die heutige kirchengeschichtliche Forschung spricht etwa vom Italien des 18. und 19. Jahrhunderts als einem „paese dei preti"[87]. Von der großen Zahl von Priestern wird allerdings nur ein kleiner Teil zum „clero sacro"[88] gezählt, der sich der Seelsorge widmet, während der große Teil des Klerus allen möglichen Beschäftigungen nachgeht, die nur ausschnittsweise religiöser Natur sind. Diese Situation ist

---

[86] Vgl. dazu die Ausführungen im Kommentar zu LG, HThK Vat. II, Bd. 2, 374–379.
[87] Negruzzo, Rassegna 41.
[88] Ebd.

nicht zuletzt ökonomisch bedingt. Durch die straffe Ordnung der kleinen Seminare und die Reorganisation der Ausbildung in den großen Seminaren von Leo XIII. und Pius X. an erfolgt hier zweifellos eine Besserung. Auf der anderen Seite bilden die kleinen und die großen Seminare mit ihrer straff organisierten Sonderwelt einen scharfen Kontrast zu den realen Lebensumständen der Menschen, für die diese jungen Leute ausgebildet werden.

Die großen politischen Umbrüche und die gesellschaftlichen Veränderungen, insbesondere aber die beiden Weltkriege erschüttern diese abgeschirmten Inseln.[89] Im Folgenden sollen zwei Beispiele herausgegriffen werden, an denen die sich ergebenden Auswirkungen auf die Priesterausbildung sichtbar werden.

Forschungen zur Trennung von Staat und Kirche in *Frankreich* am Beginn des 20. Jahrhunderts belegen, in welchem Ausmaß gerade die kleinen Seminare in die politische Auseinandersetzung um die Kulturhoheit des Staates hineingezogen werden. Schließungen, mühevolle Ausweichlösungen führen zu erheblichen Belastungen der Priesterausbildung. Die Erfahrungen des Militär- und Kriegsdienstes durch junge Kleriker repräsentieren einen tiefen Einschnitt. Zu beklagen sind nicht nur viele Tote. Es ist eine andere Welt, in die die Priesteramtskandidaten eintauchen, und die Fragen melden sich gebieterisch, ob und wie die Priester auf die Begegnung mit den Menschen vorbereitet sind und ihr Apostolat zu verstehen haben.

Die Auseinandersetzungen um Apostolat und Mission in Frankreich sind wesentlich angestoßen durch die Generation jener, die aus dem ersten Weltkrieg heimgekehrt sind.[90] Mgr. Suhard formuliert noch in Reims eine große Vision von der Mission der Kirche, bevor er anlässlich seiner Erhebung zum Kardinalat 1935 erklärt:

„Mich hingeben, das heißt für die ganze Ausdehnung der Diözese und an jedem Ort die pastorale Aktion, die Pfarraktion, die Katholische Aktion und die Soziale Aktion intensivieren."[91]

Zugleich wird die seelsorgliche Arbeit der Priester wesentlich differenzierter. Die Kirchenferne der modernen Gesellschaft, die sich in den 20er und 30er Jahren rapide herausbildet, führt zur Gründung der Mission de France 1941. Wenig später wird die Mission de Paris gegründet. Die ersten Schritte in Richtung dieser

---

[89] Ferdinand Klostermann hat 1970 – also unmittelbar nach dem II. Vatikanischen Konzil – in seinem umfangreichen Werk „Priester für Morgen" eingehende Übersichten über die Situation des Klerus und des Priesternachwuchses für die einzelnen europäischen Länder und weitläufige Übersichten für die Mission, die Kirche hinter dem eisernen Vorhang, die Philippinen und Lateinamerika veröffentlicht. Die Übersichten greifen bis auf den Beginn des 20. Jh. zurück. Zum Teil sind die Entwicklungen in den kleinen Seminaren mit berücksichtigt. Vgl. auch Crottogini, Werden und Krise. Die Arbeit beruht auf einer Befragung von 600 Priesteramtskandidaten, vgl. Internationales Katholisches Institut für kirchliche Sozialforschung (Hg.), Die europäische Priesterfrage; zur deutschen Situation vgl. Dellepoort – Greinacher – Menges, Die deutsche Priesterfrage.
[90] Schrittweise wird in Frankreich zwischen 1925 und 1939 die Action catholique spécialisée aufgebaut.
[91] Vgl. Launay, Séminaires français 185.

Gründungen kann man etwa von 1932 an verfolgen.[92] Das römische Verbot der Arbeiterpriester führt zu einer großen Beunruhigung des Klerus. Man sieht darin eine Ablehnung der neuentdeckten Sendung des Priesters zur Evangelisierung der entchristlichten gesellschaftlichen Schichten.[93] Ein ganz erheblicher Anteil des französischen Klerus arbeitet – zum Teil neben der Pfarrei oder der Schule – in der spezialisierten Katholischen Aktion und entwickelt – gegenüber den traditionellen Aufgaben des Pfarrers und Vikars – neue Formen der Seelsorge, die selbstverständlich ihre Auswirkungen in der Bildung der Seminaristen besitzen. Diese Bewegung verbindet sich mit einer Wiederentdeckung des spirituellen und des mystischen Lebens. Weit verbreitet in den französischen Seminaren etwa ist das Werk von Dom Chautard „L'âme de tout apostolat" oder „Die Geschichte einer Seele" von Therese von Lisieux[94]. Das große Werk von P. de Grandmaison „Jésus-Christ, sa personne, son message, ses preuves" (1928) bietet den Seminaristen einen neuen Zugang zum Geheimnis Jesu Christi neben den trockenen neuscholastischen Traktaten. Dazu kommen in steigendem Maße neue theologische Reflektionen auf das Amtsverständnis[95], gespeist von exegetischen und patristischen[96] Forschungen sowie pastoraltheologischen Überlegungen. Gustave Thils etwa antwortet auf die Frage: „Was ist der Diözesanklerus?":

„Um sich eine exakte Idee des Diözesanklerus zu machen, muss man einen Blick auf die frühe Kirche werfen. Wenn die Apostel eine kürzlich von ihnen evangelisierte Stadt verließen, setzten sie einen örtlichen Stellvertreter ein und beauftragten ihn mit der geistlichen Sorge für die entstehende Gemeinde: den Glauben nähren und verlebendigen, ermahnen und trösten, die Feier des Abendmahls und der Spendung der Sakramente sicher stellen, die Verlaufenen zur Herde zurückbringen und den Eifrigen zu helfen, Fortschritte zu machen."[97]

Und Thils zählt dann die Fülle der Funktionen auf, die der belgische Klerus zur Zeit des 2. Weltkrieges und unmittelbar danach wahrnimmt, welchen Anforderungen Seminaristen genügen müssen und was die Diözesen als Ausbildung vermitteln.

In dieser Zeit verändern sich auch die kleinen Seminare Frankreichs in einem erheblichen Ausmaß. Rekrutierten sich die Seminaristen der großen Seminare um die Wende zum 20. Jahrhundert fast zur Gänze aus den kleinen Seminaren, so tritt hier in der Zeit nach dem I. Weltkrieg ein unaufhaltsamer Wandel ein. Die Schüler der kleinen Seminare entstammen weitgehend dem ländlichen Milieu. Mit der wachsenden Urbanisation nimmt der Anteil von Priesteramtskandidaten aus dem ländlichen Bereich drastisch ab. Zugleich wachsen die Möglichkeiten des Sekundarschulbesuches in den Städten. Diese beiden starken Tendenzen führen –

---

[92] Vgl. Launay, Séminaires français 185–201, sowie die Übersicht über die Vorgeschichte der Arbeiterpriester und die Erfahrungen der Zwangsarbeiter in: Poulat, Les prêtres-ouvriers.
[93] Vgl. ebd. 539–591.
[94] Vgl. dazu Gaucher, L'histoire d'une âme; zu Einfluss und Verbreitung des Werkes: ebd. 137–146.
[95] Vgl. u. a. Congar, Structure du sacerdoce; Holstein, La théologie; Lécuyer, Le sacerdoce.
[96] Vgl. Colson, Les fonctions ecclésiales.
[97] Thils, Nature et Spiritualité 405.

nach mühseligen Anpassungskämpfen in den kleinen Seminaren an die neuen Forderungen der mathematisch-naturwissenschaftlichen Ausbildung – zu einem weitgehenden Austrocknen dieser Institutionen in Frankreich.

Erfahrungen und Neuaufbrüche in der Priesterausbildung tragen in *Deutschland* und generell in den deutschsprachigen Ländern ein anderes Gepräge und führen doch in eine ähnliche Richtung wie in Frankreich oder Belgien. Die Priesterausbildung erlebte im Verlauf des Kulturkampfes eine Welle von Repressionen.[98] Die Unterstellung der Seminare unter die staatliche Aufsicht, die Forderung eines staatlich abzunehmenden „Kulturexamens" von angehenden Priestern, die Meldepflicht für die Besetzung von kirchlichen Ämtern, die Ausweisung der Ordensleute führen Bischöfe, Klerus und die katholische Bevölkerung in Preußen zu einem passiven Widerstand. Am Ende sind fast alle Priesterausbildungsstätten geschlossen, die Bischöfe mit zum Teil hohen Geld- und Freiheitsstrafen belegt, rund tausend Pfarrstellen sind unbesetzt. Dieser durch Bismarck und die ihn in dieser Periode unterstützende nationalliberale Partei geführte Kulturkampf ist wohl der härteste Kampf zwischen Staat und Kirche, der irgendwo in Europa zwischen den Nationalstaaten und der katholischen Kirche ausgetragen wird.[99] Der Wiederaufbau nach 1878, vor allem die Überwindung der Marginalisierung, in die die katholische Kirche, vor allem der Klerus, in der öffentlichen Meinung getrieben worden war, ist mühselig.

Nach den starken Verlusten, welche die katholischen Priesteramtskandidaten durch die Kriegseinwirkungen während des 1. Weltkrieges erleiden, folgt ein rascher Aufbauprozess nach dem 1. Weltkrieg. Im Unterschied zu Frankreich werden durch die katholische Jugendbewegung gerade auch junge Katholiken aus dem städtischen Milieu und der bürgerlichen Mittelschicht für einen geistlichen Beruf gewonnen, während die bestehenden Konvikte ihre Attraktivität für die ländliche katholische Bevölkerung weitgehend behalten.

Die Priesterausbildung wird wesentlich mit beeinflusst durch das Entstehen der liturgischen Bewegung – sehr stark gestützt durch die katholische Jugendbewegung – durch die Bibelbewegung und erste Ansätze ökumenischer Bestrebungen. Darüber hinaus wirkt sich der Verbandskatholizismus, die Dynamik der sozialpolitischen Arbeit, etwa des Katholischen Volksvereins in Mönchengladbach und der Zentrumspartei, auf Haltung, Motivation und Ausbildung des Klerus aus. Ihren Niederschlag finden diese Tendenzen und Impulse in der entsprechenden Aufarbeitung im Rahmen der Pastoraltheologie, die von einem hochdifferenzierten Arbeitsfeld der zukünftigen Geistlichen ausgeht.

Zugleich setzt eine theologische Grundlagenreflexion auf das Amtsverständnis ein. In seiner weit verbreiteten Katholischen Dogmatik lehrt Michael Schmaus ausdrücklich das allgemeine Priestertum der Glaubenden, der ganzen Kirche.[100] In seinen Ausführungen über die Priesterweihe schreibt Schmaus:

---

[98] Gatz, Der Weltklerus; vgl. auch: Priesterausbildung im Anspruch der Zeit 54–64.
[99] Vgl. HKG VI, 2, 29. – In Baden war der Kulturkampf nicht so intensiv wie in Preußen. Württemberg hielt sich zurück.
[100] Vgl. Schmaus, Katholische Dogmatik III/1, 85.

„Das ganze kirchliche Wir ist eine priesterliche Gemeinde. Das einzelne Glied der Kirche ist daher zu priesterlichen Aufgaben befähigt und verpflichtet ... Sie ist das Werkzeug für das priesterliche Tun des erhöhten Herrn."[101]

Innerhalb dieser priesterlichen Gemeinschaft gibt es verschiedene Dienste. Zu diesen Diensten zählen Bischofsamt, Priesteramt, Diakonenamt.[102]

Nach dem 2. Weltkrieg summieren sich die Publikationen zum Sinn des kirchlichen Amtes, zur Deutung des priesterlichen Dienstes.[103] Diese Publikationen kommen in wesentlichen Punkten überein. Erstens wird die Einmaligkeit und Endgültigkeit der Sendung und Passion Jesu Christi scharf herausgestellt. Damit kann der ordinierte kirchliche Dienst nicht einfach in eine Linie mit den heidnischen und alttestamentlichen Priestertümern gestellt werden.[104] Zweitens wird durchgehend der Dienstcharakter der ordinierten ministri in und für die Kirche herausgestellt. Die Kirche und alle Gläubigen nehmen – als Leib Christi – eine fundamentale priesterliche Funktion wahr. Die ordinierten bevollmächtigten Diener stehen im Dienst dieser priesterlichen Gemeinden und sollen für deren Entfaltung sorgen. Drittens wird die ganze Weite der unterschiedlichen Dienste, auf welche die Kirche seit den neutestamentlichen Anfängen angewiesen ist, zurückgewonnen. Damit ist die kultisch-sacerdotale Engführung des Amtes, die Ignorierung des gemeinsamen Priestertums aller Glaubenden wie die klischeehafte Entgegenstellung von aktiv handelnder und passiv empfangender Kirche überwunden. Zugleich wird so Raum geschaffen zu einem vernünftigen Miteinander – in Überwindung eines abstrakten Klerikalismus – von vielfältigen konkreten Diensten der Glaubenden und des ordinierten Dienstes mit seinen speziellen Bevollmächtigungen.

Die Stabilisierungsphase der Kirche und der Priesterausbildung führt in die nach dem Kulturkampf zweite große Repressionswelle, die der Nazizeit. Bis 1933 gilt, dass die nationalsozialistische Ideologie nicht vereinbar ist mit dem katholischen Glauben. Auf Grund der Regierungserklärung vom 23. März 1933, in der Hitler erklärt, dass die beiden christlichen Konfessionen „wichtigste Faktoren zur Erhaltung unseres Volkstums"[105] sind, nimmt der Vorsitzende der Deutschen

---

[101] Vgl. Schmaus, Katholische Dogmatik IV/1, 571.
[102] Ebd. 573–575.
[103] Exemplarisch sei verwiesen auf Schelkle, Jüngerschaft und Apostelamt; Arnold, Grundsätzliches; Delahaye, Mater Ecclesia; Rahner, Priesterliche Existenz; Semmelroth, Das geistliche Amt; Balthasar, Priesterliche Existenz.
[104] Hans Urs von Balthasar hat diesen Aspekt besonders scharf und klar zum Ausdruck gebracht. Christus „bringt ... wesentlich das ‚Ende der Zeiten' (Hebr 9, 26), ja sein Opfer ist so wesenhaft einmalig wie der menschliche Tod selbst, den er vollzieht und benützt und dadurch insgesamt überholt ... Wie der Tod dem gelebten Leben insgesamt zum Gericht wird, so wird Christi Todesopfer allen Sünden, aber auch allen damit zusammenhängenden Opfern und Priestertümern zum Gericht" (Balthasar, Priesterliche Existenz 393 f.). „Was im Neuen Bund die Funktion des ‚Vorstehers', des ‚Dieners' am Gottesvolk heißt, hat deshalb eine ganz andere Basis als in den außerbiblischen Texten und auch noch in der alttestamentlichen Religion. Die Mittlerfunktion ist eindeutig von den Priestern auf Christus übergegangen; nicht sie vollziehen das Opfer, sondern er ... Man muss die durch alles hindurchschneidende Verschiedenheit der Struktur von Altem und Neuem Bund stets im Auge behalten, die bereits in der soziologischen Gegebenheit dessen, was hüben und drüben ‚Volk' heißt, einsetzt" (ebd. 395).
[105] Vgl. HGK VII, 197.

Bischofskonferenz, Kardinal Bertram, die 1931 erlassenen Sanktionen gegenüber NSDAP-Mitgliedern zurück. Die Entscheidung erweist sich als Fehleinschätzung der Lage. Die katholischen Verbände werden in der Folge rasch zerschlagen, 35,9% der Diözesangeistlichen werden in insgesamt über 22000 Fällen von Polizei und Gestapo belangt. Die Maßnahmen reichen von Verhören, Hausdurchsuchungen bis hin zu Freiheitsstrafen, sie betreffen etwa jeden 12. Diözesanpriester. Diese Repression schlägt voll in die priesterlichen Ausbildungsstätten durch. Die Internate und Knabenkonvikte werden Schritt für Schritt gleichgeschaltet. 1939 wird die Münchener Theologische Fakultät geschlossen. In zahlreichen anderen Fakultäten werden Ernennungen von Professoren unterlassen. 1940 werden sämtliche philosophisch-theologischen Hochschulen in kirchlicher Trägerschaft geschlossen. Ab 1941 beginnt die Beschlagnahmung der Priesterseminare. Die Diözesen in Österreich sind noch stärker betroffen als die deutschen Diözesen. Hinzu kommen die hohen Kriegsverluste von eingezogenen Priesteramtskandidaten und Geistlichen.[106] Die Nazizeit bildet einen tiefen Einschnitt in die Priesterausbildung in Deutschland. Das Bild des abgeschirmten, der Politik und dem Zeitgeschehen entrückten Priesteramtskandidaten, das Pius X., seinen Nachfolgern und der Kongregation für Seminarien und Universitäten vorschwebt, erscheint den realen Verwicklungen gegenüber als bloßes Wunschdenken.

V. Die Vorbereitung eines Dekretes über die Priesterausbildung

1. Konflikte und Irritationen am Vorabend des Konzils

Die Jahre unmittelbar vor dem II. Vatikanischen Konzil sind geprägt von einer breiten und erregten Diskussion um die angemessene Ausbildung der kommenden Priester. Für einen letzten Höhepunkt sorgt die apostolische Konstitution *Veterum sapientia* vom 22. Februar 1962. Sie löst eine erhebliche Irritation unter den Priesteramtskandidaten und den Professoren bzw. Leitern der Priesterausbildungsstätten aus. Der Grund dafür liegt nicht einfach in den Äußerungen des Papstes über das Gewicht der lateinischen Sprache in der Tradition der römischkatholischen Kirche. Diese Konstitution beruft sich unmittelbar auf den Jurisdiktionsprimat des römischen Papstes und folgert daraus, dass die Hirten und Gläubigen jeden Ritus, jedes Volkes, jeder Sprache eines universalen Instrumentes bedürfen, damit die Kommunikation zwischen dem Apostolischen Stuhl und den Kirchen angemessen vonstatten gehen kann. Darüber hinaus brauche die Kirche eine „unveränderliche Sprache". Schließlich sei die lateinische Sprache in einer besonderen Weise Ausdruck der Katholizität. Die Weisungen, welche apostolische Konstitution beschließen, werden von der Kongregation für die Seminarien und Universitäten sofort in detaillierte Anweisungen umgesetzt. Für die kleinen Seminare wird ein wenigstens volle sieben Jahre dauernder Lateinkurs

---

[106] Vgl. Gatz, Vom Ende des 1. Weltkriegs, 147–168; Raem, Der Diözesanklerus.

vorgeschrieben. Vom vierten Jahr ab sollen die Lateinlehrer lateinisch in den Klassen sprechen. Es wird eine genaue Liste der zu interpretierenden Autoren aufgestellt. In Bezug auf die Priesterseminare wird bestimmt, dass in den wichtigeren Disziplinen (Dogmatik, Moraltheologie, Fundamentaltheologie, Exegese, Kirchengeschichte etc.) ohne Ausnahmen auf lateinisch zu dozieren sei. Als Lehrbücher und Skripten werden lediglich lateinische Texte zugelassen. Die Examina sind insgesamt auf lateinisch abzulegen. Ein Gleiches gilt für die Fakultäten und Universitäten mit katholischen theologischen Fakultäten, die in kirchlicher Trägerschaft sind. Alle betroffenen kirchlichen Institutionen werden aufgefordert, fünf Jahre lang einen jährlichen Bericht über die Durchführung dieser Maßnahmen nach Rom zu schicken. Danach sollen die Berichte in einem jeweils fünfjährigen Abstand eingeschickt werden. Zugleich werden Maßnahmen angedroht gegen Professoren und Lehrer, die sich diesen Anweisungen widersetzen. Das Lateinische sollten die Priesteramtskandidaten gleichsam wie ihre Muttersprache sprechen.[107]

Die Bedeutung beider Dokumente, der Apostolischen Konstitution und der Ausführungsbestimmungen der Kongregation, liegt darin, dass in einer Kernfrage der Kirche, nämlich der Priesterausbildung nochmals jener integrale und universale Kulturanspruch zutage tritt, den Leo XIII. formuliert hatte, zugleich mit jenem Priesterbild und jener römischen Sicht der Priesterausbildung, welche durch die Pius-Päpste ausgebildet wurde. Dieser integrale, ja die Autarkie der Kirche implizierende Kulturbegriff tritt ebenso in den grundsätzlichen Ausführungen von *Veterum sapientia* wie in den minutiösen Detailvorschriften der Kongregation zutage. Zugleich sind die scharfen administrativen Maßnahmen der Kongregation ein Indiz für die Stärke des vorausgesetzten Widerstandes.

Dass mit diesem Dokument zugleich eine Fülle anderer, im Vorfeld des II. Vatikanischen Konzils diskutierter Probleme im Blick steht, ist evident. Die Diskussionen über die Landessprache in der Liturgie, die Öffnung der kirchlichen Lebensformen für nichteuropäische Kulturen, ein stärkeres Eigenleben der Ortskirchen und eine damit einherschreitende Dezentralisierung dürften den Hintergrund bilden.

Dass mit der „unveränderlichen" Sprache auch die Unveränderlichkeit der Lehre, der kirchlichen Strukturen und Erziehungsformen angezielt wird, ist ebenso selbstverständlich.[108]

2. Die Voten der Antepraeparatoria und ihre Bearbeitung

In dieser Zeit aufgeregter Debatten vor dem Konzil gehen die frei zu formulierenden Voten der Bischöfe, Ordensoberen, der Fakultäten und katholischen Univer-

---

[107] Johannes XXIII., Constitutio apostolica *Veterum sapientia* v. 22.2.1962: AAS 54 (1962) 129–135. Das Dekret der Kongregation für die Seminarien und die Universitäten findet sich im Enchiridion clericorum 1067–1086.
[108] Vgl. Melloni, Tensione.

sitäten ein, gedruckt über 9000 Seiten.[109] Angesichts der ungeheuren Menge und Vielfalt der eingegangenen Voten stellt die Erfassung und Ordnung der einzelnen Vorschläge eine große Herausforderung dar. Die mit den Arbeiten der „antepraeparatoria" beauftragten Kurialbeamten erhalten als Schema für die Sichtung und Erfassung der eingesandten Stellungnahmen die üblichen neuscholastischen Gliederungsprinzipien der verschiedenen theologischen Traktate und des CIC von 1917.[110] Bezeichnenderweise werden zunächst die italienischen Stellungnahmen analysiert. Sie ordnen sich am leichtesten in das vorgegebene Gliederungsschema ein. Dann folgt die Bearbeitung der französischen Eingaben und des übrigen Europa, außer den deutschsprachigen Ländern. Schließlich werden die lateinamerikanischen, deutschen und österreichischen Voten analysiert, erst danach wendet man sich Asien, Ozeanien, Nordamerika und Afrika zu. Man wird mit vollem Recht sagen können, dass die Perspektiven, die durch das Gliederungsschema zur Erfassung der Voten vorgegeben sind, italo-eurozentrisch sind. Dass bei der Anlegung eines solchen Rasters eine Fülle von Aspekten nicht erfasst wird, hat Joseph Komonchak für die US-amerikanischen Stellungnahmen aufgewiesen.[111]

Der Abschnitt über die Seminare in dem entstehenden „conspectus" ist in drei Teile aufgeteilt: 1. Auswahl und Ausbildung der Kandidaten;[112] 2. Seminarleitung;[113] 3. Studien.[114] Besonders herausgehoben – durch eine Mehrzahl von Voten und ihre internationale Streuung – sind im ersten Teil folgende Sachfragen: a) die Berufung; b) die Auswahl der berufenen Alumnen; c) die geistliche Bildung; d) die Keuschheit (castitas) der Alumnen und ihre Bewährung; e) die Tugend des Gehorsams.

Im zweiten Teil liegt ein besonderer Akzent auf a) der Disziplin der Seminare; b) den Regionalseminaren.

Der dritte Teil über die Studien bildet den umfangreichsten Abschnitt. In der Untergliederung umfasst er 27 Einzelpunkte und erstreckt sich von Studienreformen im kleinen Seminar bis zum Weiterstudium nach dem großen Seminar. Die Schwerpunkte sind: a) die Anpassung der ratio studiorum in den großen Seminaren an die Erfordernisse der Zeit; b) die Vollmacht der Bischöfe in der Gestaltung der Studiengänge; c) die scholastische Methode; d) Sprache und Unterrichtssprache; e) das Studium der scholastischen Philosophie. Schließlich tragen die theologischen Disziplinen insgesamt einen Akzent. Besonders zahlreiche Wünsche gibt es hinsichtlich der Heiligen Schrift sowie der Dogmatik (sie soll pastoraler, kerygmatischer, gegenwartsbezogener sein). Es wird ein Schwergewicht auf die seelsorgliche Vorbereitung des Klerus gelegt, und die Pastoraltheo-

---

[109] Vgl. Lamberigts – Soetens – Grootaers (Hg.), À la veille; Fouilloux, Die vor-vorbereitende Phase.
[110] Dieses Raster wird in der Präambel des so entstehenden analyticus conspectus ausdrücklich erwähnt: AD I/II App. 1, v.
[111] Vgl. Komonchak, U.S. Bishop's.
[112] Vgl. AD I/II App. 1, 589–602.
[113] Vgl. ebd. 602–621.
[114] Vgl. ebd. 622–667.

logie und ihr verbundene Disziplinen wie die Fragen der Praxiseinführung ausführlich behandelt. Schließlich bezieht sich eine Reihe von Aussagen auf die vertieften Studien an Fakultäten und Universitäten.[115]

Man muss hinter diesen Schwerpunkten die ganze Breite der unterschiedlichen Situationen der Seminarien in den verschiedenen Diözesen sehen. Es gibt Diözesen, in denen die kleinen Seminare blühen, andere, wo sie in einer Krise sind bzw. gar nicht existieren. In den großen Seminaren mancher Diözesen besitzen die Alumnen einen sehr unterschiedlichen Bildungshorizont, Erfahrungen aus der Berufs- und Arbeitswelt, die in anderen großen Seminaren völlig fehlen. Es gibt einzelne Nationen mit relativ viel Priesternachwuchs und andere Regionen mit einem großen Mangel an geeigneten Kandidaten. In zahlreichen Ländern des Ostblocks kämpfen die Bischöfe darum, den Zugriff der Staatsorgane auf die Priesterausbildung zurückzudrängen. Der Ausbildungsstand der Seminarprofessoren ist höchst unterschiedlich. Wo die Priesteramtskandidaten an den Universitäten studieren, sind die Bischöfe öfter besorgt um eine zu große Freiheit in den Studienordnungen. Es wäre eine lohnende Forschungsaufgabe, aus den eingegangenen Vota ein differenziertes Bild der Stärken und Schwächen der katholischen Priesterausbildung in den Jahren unmittelbar vor dem II. Vatikanum zu entwerfen.[116]

Zwei Voten müssen wegen ihres Gewichtes besonders genannt werden: im Unterschied zu den anderen römischen Kongregationen reicht die Kongregation für die Seminare und die Universitäten ein fast 100-seitiges Votum zur Ordnung der Seminarien, der Schulen und Universitäten ein.[117] Das Votum behandelt

1. klarzustellende Glaubensfragen, wie die Unveränderlichkeit der geoffenbarten Wahrheit und die Dogmenentwicklung, den historischen Charakter der Evangelien, insbesondere der Lehre Jesu, seiner Wunder und der Auferstehung, die Unfehlbarkeit des ordentlichen Lehramtes;
2. das Lehramt als nächste Norm und Erkenntnisquelle zu erarbeitender theologischer Einsichten;
3. die Sicherung der Exegese vor Irrtümern und die Bedeutung der Vulgata;
4. die Verbindlichkeit der Methode und der Prinzipien des Thomas für Philosophie und Theologie;[118]

---

[115] Vgl. Greiler, Das Konzil 31–39.
[116] Zur hier vorgelegten, sehr generellen Beschreibung vgl. Guasco, Verso un aggiornamento, insbes. 365–369.380–385. – Einen wenn auch summarischen und knappen Einblick in die Vota, die aus den einzelnen Ländern stammen – Soetens – Grootaers (Hg.), À la veille: für Spanien der Beitrag von Vilanova (ebd. 77 ff.); für Italien Velati (ebd. 87–90); für die Niederlande Jacobs (ebd. 106); einen interessanten Einblick in die Situation der afrikanischen Priesterausbildung und ihre Probleme bietet das Votum der Theologischen Fakultät der Universität Lovanium, Kinshasa, Zaire/Kongo: Lamberigts, The „vota antepraeparatoria" of the faculties of theology of Louvain and Lovanium (Zaire), ebd. 179–182.
[117] Vgl. AD I/III, 312–406. Das Votum ist unterschrieben von Mgr. Dino Staffa, Sekretär der Kongregation, nicht von Kardinal Pizzardo, dem Präfekten. Staffa, bekannt für seine konservative Haltung, wird nach Beginn des Konzils vom Papst zum Mitglied der Kommission für die Seminarien und von Kardinal Pizzardo zum stellvertretenden Vorsitzenden dieser Kommission eingesetzt. Vgl. Greiler, Das Konzil 111.
[118] Das Dokument listet dazu eine Fülle von päpstlichen Verlautbarungen auf. Vgl. AD I/III, 341–357.

5. den verbindlichen Gebrauch der lateinischen Sprache für die philosophischen und theologischen Studien und die Übernahme dieser Regelungen in den CIC;
6. das Recht der Kirche, Schulen jeder Art bis zu Universitäten zu errichten und zu fördern;
7. die Verwerfung jeder „Koedukation" in Erziehung und Bildung;
8. das exklusive Recht der Kirche auf Ausbildung von Klerikern;
9. die priesterliche Berufung;
10. –11. die Studienordnungen der kleinen und großen Seminare und theol. Fakultäten;
12. das Alter für die Priesterweihe;
13. Interdiözesanseminare;
14. die Behebung der Kompetenzvielfalt, in Bezug auf Dispensen im Bereich von Seminaren und Universitäten.[119]

Das über 270 Seiten umfassende Votum der Lateranuniversität[120] erfordert insofern besondere Aufmerksamkeit, als die Lateranuniversität eng verbunden ist mit der Arbeit der römischen Kongregationen, insbesondere mit der Arbeit des Heiligen Offizes, und sich selbst auf Grund der besonderen Verbindung mit dem Vikar Christi, dessen Bischofskirche der Lateran ist, als erste katholische Universität fühlt, als Wächterin der Orthodoxie. Ihr Rektor A. Piolanti schreibt:

„... Hier ist geistiger Weise das Haupt Christi, lebendig und wirkend in seinem Stellvertreter, der von seiner höchsten cathedra aus der Welt das Denken und die göttliche Weisung übermittelt. In dieser Hinsicht ist es unsere Aufgabe, nicht nur aufmerksame Wächter zu sein, bereit für jeden Hinweis des Hauptes, sondern vor allen Dingen aufmerksame Schüler ..."[121]

Drei Kapitel dieses Votums[122] sind besonders auffällig und ragen unmittelbar in die Fragestellung der Priesterausbildung hinein: Ein scharfes Plädoyer für einen kirchenrechtlich geregelten Thomismus in Philosophie und Theologie,[123] das Votum, die absolute Irrtumslosigkeit der Schrift zu definieren,[124] eine ganz strikte Bindung der Theologie an das Magisterium.[125] Das Konzept der Schriftauslegung

---

[119] Das persönliche Votum von Kardinal Pizzardo, dem Präfekten der genannten Kongregation, schließt sich dem Votum der Kongregation an (AD I/II 3, 30–31). Kardinal Pizzardo beginnt sein Votum mit zwei negativen Feststellungen: „Niemand verkennt die Abnahme der Frömmigkeit und die Korruption der Sitten im christlichen Volk. Dies ist zweifellos einer heidnischen Einschätzung des Lebens und zahllosen Verlockungen der Welt zuzuschreiben; aber auch der Klerus ist nicht ohne Schuld, insofern er das innere Leben, den Geist des Gebets, des priesterlichen Dienstes aufgegeben hat und meint, man könne Christus Seelen gewinnen durch menschliche Klugheit und Wissenschaft, indem man sich unter die Arbeiter mischt, die Gewerkschaften der Fabriken, die politischen Parteien etc. Nichts ist verderblicher als eine solche Auffassung, welche die Aufgabe des Priesters steril macht, ja dem Priester selbst sehr schadet" (ebd. 30). Es folgen einige in diesem Geist gehaltene Verhaltensvorschriften für Priester und die Aufforderung, das Konzil möge den Bischöfen erweiterte Vollmachten zum Einsatz des Ordensklerus für die Seelsorge geben und die Inamovibilität der Pfarrer aufheben.
[120] Vgl. AD I/IV 1–1, 168–442.
[121] Piolanti, La pontificia università 1–2 (prefazione).
[122] Vgl. AD I/IV 1, 170–442.
[123] Vgl. ebd. 177–189, insbes. 188f. Der Verfasser dieses Abschnitts, Cornelio Fabro, wird zu Beginn des Konzils vom Papst zum Peritus der Kommission ernannt und tritt dort immer wieder für eine strikt thomistische Scholastik ein. Vgl. Greiler, Das Konzil 109 u. ö.
[124] Vgl. ebd. 263–270, insbes. 270.
[125] Vgl. ebd. 248–263.

führt zu dem bekannten öffentlichen Streit mit dem Biblicum und zur Entziehung der Lehrerlaubnis zweier Professoren des Biblicums.[126] Das Bestreben, Thomas von Aquin zum unbedingten Maßstab für Philosophie und Theologie zu machen, findet seinen Niederschlag unter anderem in der Publikation „Die Rückkehr zum heiligen Thomas",[127] dessen erstes Kapitel die Überschrift trägt: „Der heilige Thomas, Führer der Studien".

3. Die Schemata der Vorbereitungskommission

Vor der Sommerpause 1960 werden die zehn Kommissionen, welche die praeparatoria, die eigentliche Vorbereitungsarbeit des Konzils selbst leisten sollen, bestimmt. An der Spitze von neun dieser Kommissionen stehen die Präfekten der römischen Kongregationen: so in der Kommission für die Priesterausbildung Kardinal Pizzardo. Die Sekretäre, ihrerseits vom Papst ernannt, entstammen nicht der Kurie. Es wird der Rektor von San Anselmo, Augustinus Meyer OSB, zum Sekretär bestimmt. Unter den Mitgliedern sind relativ viele Rektoren römischer Studieninstitutionen vertreten, wie der Gregoriana, des Salesianums, des Marianums, aber auch der Rektor des Institut Catholique von Paris, der Catholic University of America, der Generalobere von Saint-Sulpice, der Rektor der Katholischen Universität Mailand. Der Anteil der Ordensmitglieder ist relativ hoch. Die Kommission[128] entschließt sich auf Grund der vorgegebenen Themenstellung dazu, sechs Schemata zu erarbeiten:

1. Das Schema eines Dekretes *Über die Förderung kirchlicher Berufungen*, fertig gestellt am 24.2.1962.
2. Das Schema einer Konstitution *Über die Ausbildung der Priesteramtskandidaten*. Der sechs Kapitel umfassende Entwurf wird am 12.6.1962 abgeschlossen.
3. Das Schema einer Konstitution *Über die katholischen Schulen*, abgeschlossen am 12. und 13.6.1962.
4. Das Schema eines Dekrets *Über die akademischen Studien*, abgeschlossen am 26.2.1962.
5. Das Schema eines Dekretes *Vom Gehorsam gegen das kirchliche Magisterium in der Vermittlung der heiligen Disziplinen*. Das Schema wird in der Kommission verabschiedet und der vorbereitenden Zentralkommission zugesandt, dort aber nicht abschließend behandelt.
6. Das Schema eines Dekrets *Über die lateinische Sprache, in kirchlichen Studien recht zu pflegen*. Auch dieses Schema wird eingereicht und von der zentralen Kommission nicht abschließend behandelt.

---

[126] Vgl. die knappe Zusammenstellung der Fakten bei Burigana, La Biblia 97–103.
[127] In: Aquinas III (1960) 1–349.
[128] Von den eigentlichen Mitgliedern sind 13 Italiener, 6 Franzosen, 3 US-Amerikaner, je ein Spanier, Deutscher, Schweizer, Portugiese, Ire, Österreicher, ein Mitglied kommt aus Indien und eines aus Lateinamerika. Die Konsultoren erweitern die Palette der Nationen nochmals. Vgl. Greiler, Das Konzil 45 f. Der Sekretär der Vorbereitungskommission suchte seinerseits Lücken in der Besetzung der Kommission auszugleichen durch einen umfangreichen Schriftverkehr und Anfragen. Vgl. ebd. 47 f.

Zur Erarbeitung dieser Schemata bildet die Vorbereitungskommission zwölf Subkommissionen, wobei dem jeweilingen Relator der Subkommission die Hauptarbeit bei der Erstellung der entsprechenden Vorlagen und der Einarbeitung der Diskussionsergebnisse zukommt.[129]

Die beiden erstgenannten Schemata gehen in das endgültige Dekret *Optatam totius* ein und werden im Folgenden eingehend gewürdigt. Das dritte und vierte Schema werden im Dekret *Gravissimum educationis* zugrundegelegt. Sie werden deswegen hier nicht näher vorgestellt. Das vierte und fünfte Schema fallen den Straffungen der Konzilsarbeit zum Opfer. Sie werden deswegen nicht behandelt.

Welches sind die Ergebnisse der intensiven Kommissionsarbeiten an den ersten beiden Schemata bis zum Sommer 1962? Generell orientieren sich die Relatoren an den jüngsten einschlägigen Dokumenten Pius XII., an *Menti nostrae*, *Humani generis* und *Sedes sapientiae*, sowie den korrespondierenden Durchführungsbestimmungen. Dabei kommt *Sedes sapientiae* und seinen allgemeinen Durchführungsbestimmungen ein besonderes Gewicht zu. Im Unterschied zur Kongregation für die Seminare und Universitäten mit ihrem von Pius X. herrührenden zentralistischen Ausbildungskonzept war in der Religiosenkongregation eine Tradition der Pluralität lebendig. Diese Tradition der Pluralität und der unterschiedlichen Ausgestaltung von Ausbildungsgängen in der Verantwortung der jeweiligen Religiosengemeinschaften prägt *Sedes sapientiae* und die entsprechenden Durchführungsbestimmungen. Angesichts der starken Präsenz von Ordensleuten in der Vorbereitungskommission setzt sich diese Konzeption rasch und ohne große Diskussionen durch. Dies hat zur Folge, dass die Autorität der Bischöfe bzw. Bischofskonferenzen in diesem Bereich stark aufgewertet wird. In Bezug auf die allgemeine theologische Linie der Dokumente, die aus dieser Kommission hervorgehen, wird man von einer sehr vorsichtigen Offenheit sprechen können – allerdings eingebettet in das Konzept der Ausbildung von Leo XIII. bis zu Pius XII. Dabei zeigt sich diese vorsichtige Offenheit lediglich indirekt, weil alle unmittelbar theologischen Fragen der zentralen theologischen Kommission vorbehalten sind. Selbstverständlich sind die einzelnen Schemata – je nach Relator

---

[129] Liste der Subkommissionen: 1. De scholis catholicis in genere, Präses: Bischof John Patrick Cody (Kansas-City, USA). 2. De universitatibus catholicis, Präses: Emil Arsen Blanchet SJ., Rektor des Institut Catholique, Paris. 3. De universitatibus ecclesiasticis (gleiche Zusammensetzung wie Subkommission 2). 4. De lingua latina, Relator Alfons Stickler SDB, Salesianum Rom. 5. De ratione docendi Sacram Scripturam, Präses: Weihbischof Jacono. 6. De doctrina Sancti Thomae servanda, Präses: Cornelio Fabro CPS, Päpstliche Theologische Akademie Rom. 7. De obsequio erga magisterium in disciplinis sacris docendis, Präses: Bischof Roger Johan, Agen, Frankreich, Relatoren: André Combes, Lateranuniversität Rom, Cornelio Fabro, Päpstliche Theologische Akademie Rom. 8. De vocationibus ecclesiasticis mit den beiden Untergruppen: De vocatione sacerdotalis notione et obligatione, Relator: Benedikt Lavaud OP, Toulouse/Rom, und De mediis fovendi vocationes sacerdotales, Relator: Erzbischof Louis M. F. de Bazelaire de Ruppière, Chambéry, Frankreich. 9. De institutione spirituali in seminario, Präses Erzbischof De Bazelaire, Relator: Weihbischof Giuseppe Colombo, Mailand, Italien. 10. De disciplina, Präses: Erzbischof Marcellino Olaechea Loizaga, Valencia, Spanien, Relator: Alfons Stickler SDB, Salesianum Rom. 11. De ratione studiorum, Relator: Paolo Dezza SJ, Gregoriana, Rom. 12. De institutione pastorali, Präses und Relator: Giuseppe Carraro, Verona, Italien.

und Zusammensetzung der Subkommission – durch unterschiedliche Innovations- bzw. Beharrungstendenzen charakterisiert.

a) „De vocationibus ecclesiasticis fovendis"

Das Schema[130] wird am 24. Februar 1962 in der zentralen Vorbereitungskommission von Kardinal Pizzardo vorgestellt, diskutiert und mit Benennung der entsprechenden Modi verabschiedet.

Kardinal Pizzardo begründet die Opportunität eines solchen Schemas zunächst mit dem Mangel an Priesterberufen in den meisten Regionen der Weltkirche. In den Anmerkungen wird besonders auf den Mangel in Lateinamerika hingewiesen.[131] An Gründen werden zum einen „Materialismus und Hedonismus" der gegenwärtigen Gesellschaft, Schwierigkeiten in den Familien, die Auflösung des ländlichen Milieus, nicht-katholische Schulen, Vorurteile gegen die Nützlichkeit von Seminarien und das gelegentliche schlechte Beispiel von Priestern genannt. Der Hauptgrund aber liege in der Nachlässigkeit der gesamten „christlichen Gesellschaft"[132] und manchmal auch bei der Nachlässigkeit der Verantwortlichen. Die Frage nach inneren Gründen für den Mangel an Berufungen, d.h. die Frage nach Ursachen, die aus der konkreten Lebensgestalt der Kirche selbst erwachsen, wird nicht gestellt.

Der Kardinal begründet, warum man die Fragen nach der Natur kirchlicher Berufungen und nach der Verpflichtung, dieser Berufung zu folgen, nicht aufgegriffen und beantwortet habe: die erste Frage falle in die Kompetenz der Theologischen Kommission; die zweite Frage sei eine unter Theologen frei diskutierte Frage und daher nicht zu entscheiden.

Das Schema selbst hat einen einfachen Aufbau: im Vorwort wird die Notwendigkeit von priesterlichen Berufungen angesprochen. Es folgt dann ein Aufruf an die Berufenen, ihrer Berufung zu folgen, und eine Einladung an die ganze Kirche, Berufungen zu fördern: Besonders angesprochen werden die Bischöfe, die Priester, die christlichen Familien, die Lehrer. Der nächste Abschnitt handelt von den wichtigsten Hilfsmitteln, nämlich dem Gebet, der Predigt, der Katechese, den Veröffentlichungen und der Aktivität der Katholischen Aktion, der Dritten Orden, der Bruderschaften und der frommen Vereinigungen. Die Schlussermahnung ruft alle Betroffenen auf, untereinander zu kooperieren, sowie in den Diözesen und Regionen Werke für die Förderung der priesterlichen Berufungen einzurichten. Sie sollen dem päpstlichen Werk der Priesterberufungen angeschlossen werden. Schließlich wird darauf hingewiesen, dass die Berufungen nicht nur der eigenen Diözese, dem eigenen Vaterland oder der jeweiligen eigenen religiösen Gemeinschaft zu dienen hätten. Man solle vielmehr die Nöte der Universalkirche vor Augen haben.

---

[130] AD II/II 2, 738–756.
[131] Vgl. ebd. 740.
[132] Ebd. 741.

In einer Anmerkung bezieht sich das Dokument auf die Frage der Spätberufenen, die Pius XII. bereits in *Menti nostrae*[133] angesprochen hat. Wie ihre Ausbildung zu gestalten ist, soll den Bischöfen überlassen bleiben. An dieser Stelle werden das einzige Mal Untersuchungen zur Situation und ihren Problemen zitiert.[134]

In der Diskussion der zentralen Kommission zeichnen sich deutlich Unterschiede ab. Kardinal Ruffini weist darauf hin, dass die Frage nach der theologischen Bestimmung der Berufung bereits seit einer Reihe von Jahren vom Heiligen Stuhl entschieden sei: Sie bestehe wurzelhaft in den von Gott gegebenen natürlichen und übernatürlichen Gaben, werde zuletzt und definitiv vom Bischof ausgesprochen. Im Übrigen moniert der Kardinal aus Palermo, dass über die Kriterien einer authentischen Berufung nichts gesagt werde.[135] Kardinal Léger aus Kanada kritisiert, dass dem Schema zufolge lediglich Frömmigkeit und Keuschheit der Priesteramtskandidaten vor der Ansteckung durch das Zeitalter zu schützen seien. Es müssten vielmehr positive weitere Gesichtspunkte genannt werden, wie der Sinn für den Dienst, die Großzügigkeit, der Eifer, für Gottes Herrlichkeit und das Heil der Menschen zu arbeiten etc.[136] Kardinal König empfindet die gesamte Darstellung als eine zu pessimistische Sicht, es gebe Nationen mit vielen Priesterberufungen. Er nennt die Schweiz, Polen, die Niederlande und Nordamerika. Außerdem seien die Anfänge eines internationalen Austausches zwischen den Diözesen bereits gemacht. Mehrere Kardinäle, wie Döpfner, Jullien u. a. plädieren dafür, ein Schema zu machen, das von den Berufungen der Weltpriester und der Religiosen gemeinsam handelt.

Das Schema ist in der Folge den Bemühungen um eine Straffung der Konzilsarbeit zum Opfer gefallen, und sein Anliegen ist in das endgültige Dekret *Optatam totius* integriert worden.

b) Das Schema „De sacrorum alumnis formandis"

Das sechs Kapitel umfassende Schema[137] wird in zwei Etappen fertiggestellt. Das vierte Kapitel „De studiorum ratione in seminariis" wird am 26. Februar 1962 in der zentralen Vorbereitungskommission diskutiert und mit Auflagen approbiert, die Kapitel 1–3 und 5–6 hingegen am 12. Juni 1962. Da das 4. Kapitel einen in sich relativ geschlossenen Komplex darstellt und zu ausführlichen Diskussionen in der zentralen Vorbereitungskommission Anlass gibt, folgt die Darstellung hier der zeitlichen Abfolge.

---

[133] Vgl. AAS 42 (1950) 684.
[134] Hingewiesen wird auf Böhi, Die psychologische und pädagogische Problematik; Lackner, Die Heranbildung der Spätberufe sowie weitere Ergebnisse der europäischen Priesterstudie: Internationales Katholisches Institut für kirchliche Sozialforschung (Hg.), Die europäische Priesterfrage; ferner wird verwiesen auf: Poage, Secrets of successfull recruting. Vgl. AD II/II 2, 744.
[135] Vgl. AD II/II 2, 747.
[136] Ebd. 751.
[137] AD II/II 2, 756–799 und AD II/II 4, 24–110.

Wenn hier eine detailreiche Interpretation des Schemas vorgelegt wird, dann mit dem Ziel, den erstaunlichen Übergang von Ausbildungskonzept und Priesterbild der Päpste nach dem I. Vatikanischen Konzil zu einer neuen Konzeption anschaulich zu machen. Dieser Übergang ist um so eindrucksvoller, als die Relatoren, welche die Hauptverantwortung für die Formulierung des Textes tragen, ebenso wie wichtige Mitglieder der Vorbereitungskommission auch in der später gewählten Konzilskommission teils Relatoren, teils einflussnehmende Mitglieder sind.

Die Ordnung der Studien in den Seminarien (Kap. 4):
In seiner einführenden Relatio erwähnt Kardinal Pizzardo als „principalis relator" Paolo Dezza SJ von der Gregoriana in Rom, einen hochangesehenen Professor mit reicher akademischer Erfahrung. Unter den Fragen von besonderer Bedeutung nennt Kardinal Pizzardo an erster Stelle das Faktum, dass man lediglich generelle Normen vorschlage, deren Umsetzung durch die Bischofskonferenzen erfolgen solle, um so eine gewisse Einheit auf nationaler Ebene sicher zu stellen. Die so entstehenden nationalen Studienordnungen sollten dann von den einzelnen Bischöfen an die konkreten Umstände angepasst werden. Zur Begründung gibt Pizzardo an, eine totale Uniformität der Priesterausbildung sei weder glücklich noch wünschenswert, darüber hinaus hätten viele Bischöfe in ihren Voten eine gewisse Gleichförmigkeit auf nationaler Ebene gefordert und ebenso die Konkretion der Statuten durch die einzelnen Bischöfe. Mit diesem Votum wird die bisherige Praxis der Kongregation für die Seminare und Universitäten in Frage gestellt, die etwa zur gleichen Zeit – im ersten Halbjahr 1962 – höchst detaillierte Einzelvorschriften für die gesamte Kirche in Bezug auf den Gebrauch der lateinischen Sprache in kleinen Seminaren und in den Priesterseminaren gibt.[138]

Das gesamte 4. Kapitel gliedert sich in vier Teile: Teil 1 behandelt die generellen Normen, Teil 2 die Studien in den kleinen Seminaren, Teil 3 ist dem philosophischen, Teil 4 dem theologischen Curriculum gewidmet. Den Beschluss bildet ein Monitum finale. Dem relativ knappen Text[139] ist ein umfangreicher Anmerkungsteil beigegeben.

Die generellen Normen bezeugen große Sachkenntnis und Vertrautheit mit den praktischen Fragen der Ausbildung. Nach einer ganz knappen Begründung für eine gründliche Ausbildung der zukünftigen Priester (Nr. 1) wird die Notwendigkeit unterstrichen, das philosophische und theologische Curriculum in Ausbildungsstätten, die durch die kirchliche Autorität approbiert sind, zu absolvieren. Ausdrücklich wird auf angemessene Räume, Bibliothek und andere Hilfsmittel hingewiesen (Nr. 2). In Bezug auf die Dozenten wird eine hinreichende Anzahl verlangt, die durch ihr Lebensbeispiel, pädagogische Gaben und die entsprechenden akademischen Titel ausgewiesen sind. Ausdrücklich wird auf eine angemessene Remuneration und die Freistellung von anderen Aufgaben hingewiesen (Nr. 3). Es wird eine hinlänglich große Anzahl von Alumnen gefordert,

---
[138] Vgl. oben S. 345 f.
[139] Er umfasst lediglich knapp vier Seiten, vgl. AD II/II 2–2, 756–759.

sonst solle man die Institute zusammenlegen (Nr. 4). Die Nr. 5 spricht dann von den jeweils zu erarbeitenden nationalen Studienordnungen, die von den Bischofskonferenzen zu verabschieden sind und vom Heiligen Stuhl approbiert werden sollen. Ein Gleiches gelte für die Religiosen.

Dass mit diesen knappen Sätzen ein kritischer Maßstab an die Praxis der römischen Kongregation und die Praxis vieler Bischöfe und Diözesen angelegt wird, ist jedem, der mit der gegebenen Situation vertraut ist, einsichtig.

In Bezug auf die Studien in den kleinen Seminaren wird – in Nr. 6 – zunächst vom zwiefachen Bildungsziel gesprochen: einer umfassenden menschlichen Bildung, die zur Reife des Urteils, zu einem guten Geschmack, zur Kunst des Redens und Schreibens hinführt und zu einer Heranbildung als Christ und Priesteramtskandidat. Der nächste Abschnitt, Nr. 7, spricht von dem zu vermittelnden Wissensstand, der einmal durch die Kultur und das gesellschaftliche Umfeld bestimmt ist, zum anderen jene klassische Bildung umfassen soll, die zum Studium der Philosophie und Theologie und für den späteren priesterlichen Beruf unerlässlich ist. In der dazu gehörigen Anmerkung wird ausdrücklich vom Wandel der modernen kulturellen Leitbilder gesprochen, zwischen westlichen und östlichen Regionen unterschieden und eine jeweils differenzierte klassische Bildung gefordert. Die Nr. 8 spricht vom Erlernen der lateinischen Sprache: Sie soll so weit beherrscht werden, als es „für zukünftige Priester notwendig ist". Auch hier wird in der Anmerkung auf Differenzierungsmöglichkeiten hingewiesen und betont, man habe eine Formel für das Maß der Lateinkenntnisse vorgeschlagen, welche „den Konsens der Bischöfe erlangen kann".[140] Generell wird gefordert, dass die Alumnen der kleinen Seminare mit einer Qualifikation abschließen, die ihnen den Zutritt zur Universität im eigenen Land eröffnet.

Zum philosophischen Curriculum:
Am Anfang der höheren Studien steht ein zweijähriges Philosophiestudium mit dem Ziel, die Alumnen so auszubilden, dass sie mit dem Licht der Vernunft den Wahrheiten der Wirklichkeit und des menschlichen Lebens nachfragen können und auf die theologischen Studien unmittelbar vorbereitet werden. Ausdrücklich wird für dieses Biennium begleitend die Einführung in die Heilige Schrift vorgesehen. Im Folgenden (Nr. 10 und 11) ist von der scholastischen Philosophie, die nach den Prinzipien und der Methode des Thomas zu vermitteln ist, die Rede sowie von jenen modernen philosophischen Systemen, die in der jeweiligen Nation einen größeren Einfluss ausüben. Die Alumnen sollen in Stand gesetzt werden, sich mit ihnen in einer angemessenen Weise auseinander zu setzen. Schließlich ist (Nr. 12) von den Humanwissenschaften, Pädagogik, Psychologie, Sozialwissenschaften und der Soziallehre der Kirche die Rede, die zusammen mit den philosophischen Disziplinen vorgestellt werden sollen. In der beigefügten Fußnote wird ausdrücklich darauf hingewiesen, dass neben den Sozialprinzipien, wie sie in der Ethik behandelt werden, die pastorale Tätigkeit der Priester eine

---

[140] Ebd. 761.

Vertrautheit mit den positiven Sozialfaktoren einschließt. Deswegen seien diese positiven Wissenschaften unabdingbar für den Ausbildungsgang.

Zum theologischen Curriculum:
Als Ziel des vierjährigen theologischen Curriculums wird die „intima cognitio" der göttlichen Offenbarung genannt, so dass die Priesteramtskandidaten durch ihr Wissen und ihr Leben ganz vom Glauben erfüllt und für ihre priesterliche Aufgabe disponiert sind (Nr. 13). Die Theologie – so Nr. 14 – soll solide nach den Prinzipien des heiligen Thomas und der *den jeweiligen theologischen Materien entsprechenden Methoden*[141] so dargeboten werden, dass die Alumnen die aus den Offenbarungsquellen erhobene katholische Lehre wirklich durchdringen, darin Nahrung für ihr geistliches Leben finden und zugleich in die Lage versetzt werden, sie durch die priesterlichen Dienste den Menschen ihrer Zeit zu vermitteln. In diesem Zusammenhang unterstreicht Nr. 15 die besondere Bedeutung des Studiums der Heiligen Schriften. Die Möglichkeit, die biblischen Sprachen zu erlernen, soll den Priesteramtskandidaten geboten werden. In Nr. 16 werden die unterschiedlichen theologischen Disziplinen im Hinblick auf die pastorale Zielsetzung der gesamten Ausbildung genannt. Nr. 17 spricht von der Notwendigkeit, die christlichen Gemeinschaften, die vom apostolischen Stuhl getrennt sind, genauer zu kennen, um so die Priesteramtskandidaten in die Lage zu versetzen, für die Einheit der Christen tätig zu werden. Ebenso werden die Religionen genannt, speziell jene, die in den verschiedenen Regionen weiter verbreitet sind. In diesem Kontext ist allerdings die Zielsetzung eine andere: es geht um den Aufweis der Irrtümer. Nr. 18 ist ganz der Pastoraltheologie gewidmet und den benachbarten Disziplinen, und zwar im Hinblick auf die theoretische und die praktische Ausbildung. Nr. 19 spricht schließlich von der Notwendigkeit, die theologischen Disziplinen in einer Weise darzubieten, dass ihr innerer Zusammenhang, ihre spirituelle, liturgische und pastorale Bedeutung offenbar wird. Das Monitum am Ende (Nr. 20) erhebt die Forderung, die Priesteramtskandidaten entsprechend ihrem Alter und ihrer Reife in die Forschung einzuführen. Zugleich wird vor einer Überfülle von Disziplinen und Vorlesungen gewarnt und eine Pluralität von didaktischen Formen empfohlen.

In den Anmerkungen finden sich besonders ausführliche Hinweise zur Pastoraltheologie und zur hohen Anzahl von bischöflichen Voten, die deren Einführung in den übrigen Fächerkanon fordern. In den fünfziger Jahren gab es diese Disziplin in vielen Seminaren und Fakultäten – etwa der Gregoriana – noch nicht.

Eine weitere, noch umfänglichere Fußnote bezieht sich auf die Einheit der theologischen Disziplinen und die verschiedenen Versuche, diese Einheit zu begründen.

„Im Text des Dekrets wird angedeutet, dass dieser Punkt (der die Einheit der Theologie begründet, der Verf.) die *Heilsgeschichte* ist, welche im Leben der Kirche immerfort sich

---

[141] Diese Formulierung weicht deutlich von den Postulaten „thomistischer Hardliner" ab. Vgl. oben S. 348–350.

vollzieht und vor allen Dingen in den großen biblischen Themen erscheint. Denn alle theologischen Disziplinen müssen aus der inneren Erfordernis ihres eigenen Formalobjektes die Heilsgeschichte erläutern, die immer im Vollzug ist. (Was dasselbe ist, als zu sagen, Gott zu erläutern – und die anderen Dinge in Hinordnung auf Gott – insofern Gott sich in der Heilsgeschichte manifestiert)."[142]

In Bezug auf die einzelnen Disziplinen wird diese Aussage dann im Folgenden näher charakterisiert, wobei sorgfältig darauf geachtet wird, die Eigenständigkeit der verschiedenen Disziplinen und ihre Formalobjekte zu unterscheiden. Das ist eine beachtenswerte theologische Aussage, die die traditionelle Bestimmung der Theologie, wie Thomas sie in der Summa theologiae I, q. 1 vorträgt, mit der modernen Erfahrung der Geschichtlichkeit der Wirklichkeit verknüpft.

In Bezug auf die Liturgiewissenschaft wird in den Anmerkungen ausdrücklich darauf hingewiesen, dass sie nicht nur unter juridisch-zeremonialen und historischen Aspekten, sondern ebenso unter theologischen, aszetischen, mystischen, biblischen und pastoralen Aspekten zu bearbeiten ist. Sie soll in Zukunft zu den Hauptdisziplinen gehören.

In der Diskussion der zentralen Vorbereitungskommission nehmen die deutschen Kardinäle Frings, Döpfner, Bea, aber auch Léger, Kanada, gegen eine zu starke Betonung des Thomas Stellung. Die Methode der Theologie habe sich seit Melchior Cano geändert. Andere wie Kardinal Richaud votieren dagegen. Kardinal Siri fordert, anstelle des Thomas von Aquin, seiner Prinzipien und Methoden, die Dokumente des kirchlichen Lehramtes zu nennen.[143]

Kardinal Ruffini ist der einzige, der die Grundentscheidung des Schemas angreift, die jeweilige ratio studiorum auf nationalen Ebenen ausarbeiten zu lassen. Sein Argument: wie das Priestertum eines ist, so muss auch die ratio studiorum eine sein. Sie ist von der Kongregation für die Seminarien und Universitäten zu definieren. Zugleich akzentuiert er noch einmal die Bedeutung des Thomas, dessen Autorität von 80 Päpsten bestätigt sei.

Einen hochengagierten Beitrag liefert Erzbischof Hurley aus Südafrika: Das pastorale Ziel der Ausbildung müsse noch deutlicher formuliert werden, und die gesamte Ausbildung sei daraufhin nochmals stärker zu reflektieren.[144] Kardinal Wyszynski aus Warschau wendet sich scharf gegen jeden „determinismus doctrinalis"[145]. Das Wort Gottes eile dahin, um den Willen des Vaters zu erfüllen. Im Übrigen möchte er Dogmatik und Exegese vom Gewicht des „Historizismus und Exegetismus" befreit sehen.[146] Mehrere Voten werden dafür abgegeben, dass die Regelungen für Diözesan- und Ordensklerus gemeinsam gelten sollen. Die andere Studiensituation in den Missionen, aber auch in den orientalischen Semi-

---

[142] AD II/II 2, 765.
[143] Ebd. 787.
[144] Denis E. Hurley OMI hat sein pastorales Konzept der Priesterausbildung vorgestellt in: Hurley, Freeing the Word.
[145] AD II/II 2, 787.
[146] Ebd. 788.

naren, wird angesprochen.¹⁴⁷ Lediglich Kardinal Jullien tritt für die Integration der Ausführungen von *Veterum sapientia* in das Schema ein.¹⁴⁸

Über die Ausbildung der Priesteramtskandidaten (Kap. 1–3; 5–6): Die lediglich zwei Stunden dauernde Behandlung des umfangreichen Textes durch die zentrale Vorbereitungskommission am 12. Juni 1962 wird wiederum eingeleitet durch eine Relatio von Kardinal Pizzardo: Die Notwendigkeit des vorliegenden Schemas ergebe sich aus den zahlreichen, konkrete Fragen und Missstände benennenden Vota. Ausdrücklich wird auf die Forderungen einer intensiveren spirituellen und pastoralen Ausbildung in den Vota verwiesen. Ferner sei die Disziplin der Seminare gegen einen sich ausbreitenden „Naturalismus" zu schützen.

Als Kriterium der Ausarbeitung nennt Kardinal Pizzardo wiederum das Prinzip, lediglich generelle Fragen zu behandeln, da angesichts der unterschiedlichen Situationen in den verschiedenen Regionen die näheren Bestimmungen vom zuständigen Dikasterium und den Bischöfen zu treffen seien. Seine folgenden Ausführungen geben kurze Zusammenfassungen der einzelnen Kapitel. Hinzugefügt werden jeweils die Namen der Relatoren, Korelatoren bzw. der Mitglieder der Subkommissionen, die die Hauptlast für die Formulierung der einzelnen Kapitel getragen haben.

Das Vorwort,¹⁴⁹ das die Thematik und das Gewicht des Schemas begründen soll, ist ein kunstvolles Mosaik aus Zitaten Pius XII. (*Menti nostrae*), des Trienter Konzils, des Codex Iuris Canonici, Pius XI. (*Ad catholici sacerdotii*) und Leos XIII. (*Paternae providaeque*). Damit wird das Priesterbild und die Priesterausbildung nach der jüngsten Etappe kirchlicher Tradition wachgerufen.

Es gibt zwei grundsätzliche und wirklich interessante Einwände gegen das Proömium und die enge Anbindung, welche dort an die Konzeption des Priestertums der letzten Päpste ausgesprochen ist. Kardinal Silva Henriquez legt einen eigenen Entwurf für ein Proömium vor, in dem er sehr betont zunächst vom Priestertum Jesu Christi und vom gemeinsamen Priestertum aller Gläubigen spricht. Erst dann wird vom sacerdotium hierarchicum et ministeriale gesprochen. Weil dieser Dienst auf den ganzen Christus, Haupt und Leib hingeordnet ist, sind die mit dem Dienst Beauftragten zur Heiligkeit angehalten. Es wird dann von den Bischöfen gesprochen, denen die Presbyter zugeordnet sind.¹⁵⁰

Patriarch Maximos Saigh moniert, es sei eines Konzils unwürdig, sich in seinen Überlegungen lediglich auf die Reihe der jüngsten päpstlichen Äußerungen zu beziehen und nicht vielmehr auf die großen Zeugnisse von Schrift und Tradition, an denen jeweils Maß zu nehmen sei.¹⁵¹ Mit diesen beiden Stimmen werden Argumente vorgelegt, die bei der Erarbeitung des endgültigen Textes Gehör finden werden.

---

¹⁴⁷ Vgl. ebd. 794.795.
¹⁴⁸ Ebd. 791.
¹⁴⁹ Vgl. AD II/II 4, 24 f.
¹⁵⁰ Vgl. ebd. 76–77.
¹⁵¹ Vgl. ebd. 93.

Zu Kapitel 1 „Die allgemeine Ordnung der Seminare":
Der Text beginnt mit einer Zielbestimmung dieser Institution, die ganz vom pianischen Priesterbild geprägt ist:

„Ziel des Seminars ist es, jene, die in der Hoffnung auf den göttlichen Dienst erzogen werden, weise durch fortschreitende Formung so zu bilden, dass sie dem Priester Christus durch das Sakrament des Ordo würdig gleichgebildet und in rechter Weise auf die heilig zu übernehmende apostolische Aufgabe vorbereitet werden. Im Seminar müssen deswegen alle, sowohl die, die vorgesetzt sind, wie die, die untergeordnet sind, ohne Unterlass den Herrn Jesus vor Augen haben: die Leiter und Lehrer, damit sie mit dem Apostel wahrhaft sagen können: ‚Seid meine Nachahmer, wie ich Christi (Nachahmer bin)' (1 Kor 11, 1), die Priesteramtskandidaten, damit sie nach Art der Jünger den innersten Sinn und Geist Christi Jesu anziehen und seine Werke nachzuahmen beginnen."[152]

Ausdrücklich wird in einer Anmerkung darauf hingewiesen, dass diese „christozentrische"[153] Konzeption im gesamten Text leitend ist. Bis in die Wortwahl hinein kehrt hier das pianische Priesterbild wieder.[154]

Die folgenden Nummern des ersten Kapitels nennen die unterschiedlichen Typen des kleinen und des großen Seminars, beziehen sich auf interdiözesane und regionale Seminare und empfehlen die Einführung von Spätberufenen-Seminaren. Einen besonderen Schwerpunkt legt dieses erste Kapitel dann auf die Auswahl, die geforderten Qualitäten und die entsprechende Ausbildung nicht nur der Lehrer und Professoren, sondern vor allem auch der Leiter der Seminare. Es werden entsprechende institutionelle Vorkehrungen von den Bischöfen gefordert. Ein zweiter Schwerpunkt wird auf die Auswahl der Alumnen gelegt. Schon für die Jungen in den kleinen Seminaren werden eine Ausrichtung auf die spätere Berufswahl, Bewährung und „Tutiorismus" im Hinblick auf die Zulassung gefordert. Schließlich werden die Bischöfe verpflichtet, den Seminaren jeweils Satzungen zu geben. Die letzte Nummer behandelt die apostolischen Visitationen der Seminare.

Zu Kapitel 2 „Die geistliche Ausbildung":[155]
Das zweite Kapitel trägt die Handschrift von Weihbischof Colombo, eines engen Vertrauten von Kardinal Montini, des späteren Papstes Paul VI.

Dieses Kapitel gliedert sich in zwei Teile: die Nummern 1–4 handeln vom Primat des geistlichen Lebens in der Ausbildung der Priesteramtskandidaten, die restlichen Nummern handeln von den Hilfen, um das geistliche Leben in den Seminarien zu fördern.[156] Der generelle Charakter dieses Kapitels wird in den Anmerkungen als „biblisch, christozentrisch, kirchlich" charakterisiert. Kirchlich bedeutet im Sinne des Schemas: die Alumnen sollen hingeführt werden:

„1. zum Gehorsam, zur Hingabe, zur Liebe gegen die Kirche und die heilige Hierarchie;
2. die Angelegenheiten der Kirche zu ihren eigenen zu machen, d. h. zu einem wirklichen

---

[152] Ebd. 25.
[153] Ebd. 29.
[154] Vgl. oben S. 334–338:
[155] Vgl. AD II/II 4, 32–41.
[156] Vgl. ebd. 39 (Anm. 2).

Eifer für die Seelen angeleitet werden; 3. als künftige Diener der Kirche (sollen sie hingeführt werden, der Verf.) zur Eucharistie, dem zentralen Geheimnis der Kirche und zum öffentlichen Gebet der Kirche, das ihnen vor allem zu eigen ist."[157]

Das Vorwort verweist auf die letzten Päpste – in den Anmerkungen wird eine Liste mit Verlautbarungen Leos XIII. bis zu Johannes XXIII. angefügt – die insgesamt die „herausragende Form der Heiligkeit" erläutern, „die von der heiligen Weihe selbst gefordert wird". Das Vorwort, zusammen mit den Anmerkungen 1 und 2, der Liste der jüngeren päpstlichen Verlautbarungen und die Aussagen über den allgemeinen Charakter dieses Kapitels zeigen sehr deutlich, wie das Priesterbild kultisch-sacerdotaler Art leitend ist. Dies geht insbesondere aus dem Hinweis auf die Christozentrik und die Art hervor, wie die Kirchlichkeit dieses Konzeptes umschrieben wird.

Die Beschreibung des *Primats des geistlichen Lebens* – in Nr. 2 – wird so begründet: für die Gläubigen, „am meisten aber für die kommenden Priester des Herrn" besteht der Kern geistlichen Lebens „in der familiären und ständigen Gemeinschaft" mit dem Vater, dem Sohn und dem Heiligen Geist. Daraus ergebe sich aller Seeleneifer. Der Rektor ist verpflichtet, Sorge zu tragen, dass im Leben des Seminars und der Seminaristen dieser Primat des geistlichen Lebens in allen Aktivitäten, im gesamten Lebensstil zu Tage tritt.

Der Spiritual – so Nr. 3 –, dem Rektor unterstellt, soll diesen Primat des inneren Lebens insbesondere fördern und den Alumnen Christus, den Gekreuzigten, vor Augen stellen. Ausdrücklich wird darauf hingewiesen, dass das Leben im Seminar einen anderen Charakter hat als die Situation, in welche die Priester in der Seelsorge kommen. Es folgen eine Reihe von Mahnungen an den Spiritual, sich selbst theologisch, biblisch und in benachbarten Disziplinen, wie der Psychologie, der Pädagogik, fortzubilden.

Ausdrücklich wird die Möglichkeit erwähnt, dass es mehrere Spirituale in einem Seminar gibt. Vom Spiritual werden die ordentlichen und außerordentlichen Beichtväter unterschieden, welche die Alumnen frei wählen können.

In Nr. 4 werden drei besondere Zeiten der geistlichen Bildung hervorgehoben und dringend empfohlen: eine Einführung ins geistliche Leben im Umfang eines Jahres oder wenigstens einer besonderen Zeit am Beginn des Studiums. Hier wird auf entsprechende Erfahrungen verwiesen. Die zweite Zeit wird für Diakone, die sich bereits in den Pfarreien aufhalten, um dort ihre pastorale Einführung zu erhalten, vorgeschlagen. Sie sollten eine spezielle Zeit haben vor der Priesterweihe. Schließlich wird empfohlen, dass die Priester nach fünfjähriger pastoraler Tätigkeit zu einer solchen speziellen geistlichen Bildungszeit gerufen werden.

Der Abschnitt über die Mittel geistlichen Lebens (Nr. 5) nennt das sakramentale Leben und das Gebet. Der erste Satz erinnert wiederum an das „christozentrische" Priesterbild der letzten Päpste:

„Die geistliche Bildung tendiert dahin, dass die Priesteramtskandidaten, denen unser Erlöser seine eigene Sendung anvertraut, nicht nur durch den Charakter der heiligen Weihe,

---

[157] Vgl. ebd.

sondern durch innigste Teilhaberschaft des gesamten Lebens ein anderer Christus werden."[158]

Diese Einheit sollen die Alumnen aus der „actuosa communicatio" mit den „hochheiligen öffentlichen und feierlichen Geheimnissen der Kirche" schöpfen. Es werden dann aufgeführt das eucharistische Opfer, das Gebet, insbesondere das göttliche Offiz, das liturgische Leben, zu dem die sakramentale Buße gehört, welche die Alumnen wenigstens einmal in der Woche empfangen sollen. Es werden die Verehrung des Altarsakramentes und die Marienverehrung hervorgehoben. Am Ende wird auf die geistliche meditierende Lesung der Schrift, des Missale, des Breviers, des Rituale und des Pontifikale, sowie der Heiligen-Leben verwiesen.

Nr. 6 spricht von den theologischen Tugenden, die in den Alumnen zu pflegen sind. In bewegenden Worten wird vom Glauben, der Hoffnung und der Liebe gehandelt, die die Priesteramtskandidaten erfüllen und ihr Leben bereits im Seminar prägen sollen. Dadurch sollen sie – so der Schlussgedanke – vor der Täuschung des „Naturalismus" bewahrt bleiben, dessen Früchte sind

„die Vernachlässigung des Gebetes, der Sinn der eigenen Zulänglichkeit und Autonomie, eine ungebührliche Geschäftigkeit, eine Überschätzung der Güter der Natur und der technischen Hilfsmittel."[159]

Nr. 7 spricht von der Abtötung, dem Gegenteil des „Naturalismus der Welt" und des „Hedonismus". Nr. 8 behandelt schließlich den Geist der evangelischen Räte. Die Priesteramtskandidaten werden gemahnt, im Geist der Armut zu leben und sich auf ein entsprechendes Apostolat vorzubereiten. In Bezug auf den Zölibat sollen die Priesteramtskandidaten so erzogen werden, dass sie in einem freien, gründlich überlegten und großzügigen Entschluss „die würdigere und seligere Liebe des Herrn und seines Reiches" vorziehen. Die Verbindung mit Christus, der gehorsam geworden ist bis zum Tod am Kreuz, sollen die Alumnen vor allen Dingen im Gehorsam gegenüber dem Bischof und dem Oberen im Seminar bezeugen. Die Oberen werden daran erinnert, dass der Gehorsam „Kräfte und Talente nicht einschränken, vielmehr wachrufen, bessern und vollenden soll".

Nr. 9 nennt schließlich die „menschlichen" Tugenden: „die Integrität des Lebens", die „Aufrichtigkeit der Seele", die „Sorge um die Gerechtigkeit". Ferner werden Zuverlässigkeit, gute Umgangsformen, Bescheidenheit, Ernsthaftigkeit erwähnt, körperliche Ertüchtigung, gesunde Urteilskraft und Hilfsbereitschaft.

Die Diskussionsbeiträge in der vorbereitenden Zentralkommission, die sich auf diese Kapitel beziehen, handeln fast durchgängig von praktischen Fragen, der Dauer und der Anordnung der vorgeschlagenen geistlichen Bildungszeiten, der Vielzahl der geistlichen Übungen etc. Von mehreren Kardinälen wird auf die Notwendigkeit hingewiesen, der geistlichen Bildung der Alumnen in den kleinen Seminaren eigene Überlegungen zu widmen, da geistliche Bildung wesentlich mit dem persönlichen Reifungsprozess des jungen Menschen zusammenhängt.

---
[158] Ebd. 33.
[159] Ebd.

Grundsätzlichere Fragen, die mit der Konzeption des Priesterbildes zusammenhängen, werden nicht gestellt. Die Nachfolge Christi, die Übernahme seiner Gesinnung, die Praxis von Glaube, Hoffnung und Liebe, eine entsprechende Abtötung und der Geist der evangelischen Räte sind Eckpunkte des Lebens für jeden Glaubenden. Jeder Glaubende hat sie umzusetzen entsprechend seiner Berufung und entsprechend seinem Lebensstand: als Familienvater ebenso wie als kontemplative Nonne oder eben als Presbyter, der zum Dienst, und zwar zu einem bestimmten Dienst in und für die Kirche Gottes bestimmt ist. Da in der gekennzeichneten „christozentrischen" Sicht diese Aspekte des Dienstes – z. B. die Arbeit mit dem Bischof im Presbyterium, der Umgang mit Laien, die im Glauben mündig sind, die Dialogfähigkeit in der Begegnung mit Nicht-Glaubenden, die Gestaltung der liturgischen Feiern, die diakonischen Aufgaben – kaum thematisiert werden, so fallen sie auch in dem vorliegenden Kapitel weitgehend aus. Dieses Konzept geistlicher Bildung verzichtet darauf, von der spezifischen Gestalt des Lebens aus dem Glauben und der Nachfolge Christi zu handeln. Es ist von den scheinbaren Paradoxien, die mit diesem priesterlichen Dienst unausweichlich verbunden sind, keine Rede: es geht hier um eine öffentliche Aufgabe, die in vielen Fällen in die Mitte von gesellschaftlichen, politischen, wirtschaftlichen Konfliktfeldern führt. Zugleich aber ist der Betreffende gehalten, das Evangelium zur Geltung zu bringen, das nicht auf gesellschaftliche, politische, wirtschaftliche Ebenen herab zu nivellieren ist.[160] Es handelt sich um zahlreiche Leitungsaufgaben, die der Betreffende im Geist selbstlosen Dienens wahrnehmen soll. Kurz: erst vom Profil des Dienstes her ergibt sich ein Einblick, was Nachfolge Christi, Übernahme seiner Gesinnung für den Pfarrer, Studentenseelsorger, etc. in einer gegebenen Situation bedeutet.

Haben die Konzilsväter im Verlauf der Beratungen und der Arbeit an der Weiterentfaltung dieses Textes solche Gesichtspunkte eingebracht? Die Entstehungsgeschichte des definitiven Dekretes wird den tiefgreifenden Wandel dokumentieren.

Zu Kapitel 3: „Die Disziplin in den Seminarien":
Das Kapitel ist unter der Federführung von Alfons M. Stickler entstanden, zu der Zeit Rektor des päpstlichen Athenaeums Salesianum.

In der einleitenden Nr. 1 wird die Opportunität, ein solches Kapitel zu entwerfen, zum Ersten mit der Sorge der Päpste um die Disziplin in den Seminarien begründet. Auch hier wird in der Anmerkung wiederum eine lange Liste von Verlautbarungen vorgelegt, die von Pius X. bis zu Johannes XXIII. reicht. Zum Zweiten wird auf die zahlreichen Voten der Bischöfe verwiesen und eine Reihe wichtiger Voten angeführt. Der dritte Grund für das Kapitel sind grassierende Meinungen der Zeit, welche die Disziplin zu untergraben drohen, und zwar sowohl den Gehorsam und die demütige Unterwerfung des Willens und des Intel-

---

[160] Vor dem Konzil sind solche Reflexionen theologisch diskutiert worden; vgl. Semmelroth, Das geistliche Amt; sie spielen eine erhebliche Rolle in der Diskussion um die Arbeiterpriester in Frankreich und in der allgemeineren Diskussion um das Apostolat; vgl. oben S. 341 ff.

lektes, die Selbstverleugnung, Geduld und Sanftmut, Klugheit und Maß, wie Tapferkeit, Unerschrockenheit, Festigkeit, Zuversicht und Großzügigkeit.

In Nr. 2 wird der interessante Versuch gemacht, Disziplin im Sinne der Kirche begrifflich zu fassen:

„Nach der authentischen Lehre der Kirche ist Disziplin nicht nur die Summe der äußeren Mittel oder die äußere Ordnung der geistlichen Mittel, durch welche die Leiter die Erziehung der Priesteramtskandidaten fördern, sondern auch und vor allem jene innere Disposition des Geistes, durch welche die Autorität der Vorgesetzten – sanft und stark vorschreibend und verbietend, anregend und führend – von den Alumnen frei, d. h. aus innerer Überzeugung und demütiger Liebe um des Gewissens willen und um der übernatürlichen Gründe willen aufgenommen wird."[161]

Das Ziel der Disziplin – so Nr. 3 – ist damit das Lernen und Entfalten einer „Regel rechten Lebens", durch die eine persönliche Reife bewirkt wird und die kommenden Geistlichen mit jenen guten Verhaltensweisen ausgerüstet werden, durch welche sie die Form Christi, des Erlösers und des Hohenpriesters, in ihr Inneres aufnehmen.

Dieser Ansatz ist beachtlich. Er sieht die äußere und die innere Seite der Disziplin als Geschehen zusammen. Damit sind im Grunde ebenso äußerer Drill wie regellose Innerlichkeit ausgeschlossen. Wie wird dieser Ansatz entfaltet? In Nr. 4 werden die zurückzuweisenden Irrtümer aufgezeigt: Es ist ein Irrtum, die erbsündliche Schwäche der Menschen zu übersehen. Es ist falsch, die Jugendlichen sich selbst, den Bewegungen der eigenen Natur, dem eigenen Urteil zu überlassen, im Umgang mit Jugendlichen allzu nachgiebig zu sein. Die Gefahren der lediglich äußeren Disziplin, des Drills, der Einengung werden nicht genannt.

Nr. 5 beschreibt die Quellen der rechten Disziplin. Es fällt auf, dass lediglich auf kirchliche Autoritäten rekurriert wird: die Heilige Schrift, die Väter, die Konzilskanones, die Konstitutionen der römischen Bischöfe, die Anordnungen der Bischöfe. Die profanen Erziehungswissenschaften können nur Beihilfe leisten.

„Nicht also auf menschliche Weisheit alleine, sondern vor allem auf die übernatürlichen Prinzipien, die vom Lehramt der Kirche, welche die Säule und Stütze der Wahrheit ist, bekräftigt werden, muss sich die ganze und alle disziplinäre Leitung stützen."[162]

Von der ratio als eigenständigem Erkenntnisprinzip ist ebenso wenig die Rede, wie von der modernen Kultur und der Bildungsgesellschaft. Die wechselseitige Angewiesenheit der Kirche auf die Welt, die Wissenschaft, die Kultur und die Umkehrung dieses Verhältnisses, wie es in *Gaudium et spes*[163] formuliert werden wird, ist noch nicht in Sicht.

In der Diskussion dieses Kapitels ragen die kritischen Ausführungen von Kardinal Léger, Kanada, hervor. Er weist darauf hin, dass bei der Erneuerung der Disziplin vor allen Dingen auf die jungen Leute selbst als Subjekte, auf ihre Mentalität zu schauen ist. In Bezug auf das Ziel der Disziplin betont er, dass der

---

[161] AD II/II 4, 42.
[162] Ebd. 42 f.
[163] Vgl. GS 40–44.

„wirkungsvolle Dienst" in der Kirche unbedingt hinzuzufügen sei. Scharf wird von Kardinal Léger – aber ebenso von einigen anderen Mitgliedern der zentralen Vorbereitungskommission – die Auflistung der Irrtümer kritisiert, welche zurückgewiesen werden müssen. Es handle sich nicht um Theorien, sondern um praktische Schwierigkeiten und Hindernisse. Die Alumnen sollten wissen, dass sie bei aller Freiheit des Gewissens auch der Rektoren und Lehrer bedürften, die ihre Freiheit anleiten.

Kardinal Döpfner insistiert, dass der Gehorsam des Priesters jeweils mit pastoraler Verantwortlichkeit verbunden sein muss und dass es auf eine Stärkung der personalen Entscheidungskraft ankomme. Kardinal Silva Henriquez bezeichnet die Überregulierungen der Disziplin und disziplinarische Exzesse, die zu einem militärischen Regime führen, als einen gravierenden Irrtum. Mit diesen Einwänden werden wichtige Impulse für die Umgestaltung des endgültigen Textes formuliert.

Zu Kapitel 5: „Die pastorale Bildung in den Seminarien" und zu Kapitel 6: „Die nach dem Seminar zu vollendende Bildung":
In der ersten Note dieser beiden Kapitel – deren Relator Bischof Carraro von Verona ist – wird der Aufbau des Kapitels und sein Zusammenhang mit dem sechsten Kapitel ausdrücklich begründet: es geht bei der pastoralen Bildung um eine Grundfrage, die bereits in den Kapiteln 2–4 angetönt ist, aber nochmals im Ganzen vorgestellt werden soll:
Es handle sich bei der pastoralen Bildung nicht einfach um eine „technische Befähigung", die Verwaltungsarbeiten eines Pfarrers oder Kooperators, die akkurate Spendung der Sakramente etc. zu erlernen. *Ziel der gesamten Ausbildung* (!) sei es vielmehr, dass die künftigen Priester sich am *Bild des guten Hirten* ausrichten und so in einer konkreten Weise Mitarbeiter der Bischöfe werden, die als wahrhafte Hirten die Verantwortung für ihre Herden haben. Deswegen werde im Schema immer wieder von der Bildung eines „pastoralen Geistes" in den Alumnen gesprochen, um zu vermeiden, dass „Funktionäre" herangezogen werden. Natürlich sei auch die Kenntnis der praktischen Fertigkeiten notwendig.
Von diesem Gesamtansatz her wird der Aufbau des Kapitels erläutert: Nr. 1 spricht von der wahrhaften Form des Hirten, die Nr. 2–4 zeichnen die Grundlinie der pastoralen Bildung im Ausbildungsgang nach. Nr. 5 spricht vom fundamentalen Prinzip dieser Bildung, Nr. 6 von den Normen, Nr. 7 von den Hilfsmitteln, Nr. 8 von den Übungen, die dazu erforderlich sind. Kapitel 6 schließt daran an, indem vom Abschluss dieser Bildung nach der Seminarzeit gesprochen wird.
Zieht man in Betracht, dass auf der einen Seite die eingereichten Voten der Bischöfe zur Frage dieser pastoralen Orientierung der Priesterausbildung sehr zahlreich sind, bedenkt man auf der anderen Seite, dass das pianische Priesterbild hier zweifellos Defizienzen aufweist, so wird deutlich, wie die Kommission – durch ihren Relator Bischof Carraro – in diesem 5. und 6. Kapitel versucht hat, die kultisch-sacerdotale Engführung des Priesterbildes der Zeit nach dem 1. Vatikanischen Konzil zu überwinden und in einen zugleich konkreteren und weiteren Kontext einzubinden.

Der Einleitungssatz gibt die gekennzeichnete Intention des 5. Kapitels eindringlich wieder:

„Zum Weiden der Herde des Herrn und zum Aufbau des mystischen Leibes Christi (Eph 4,11), sowie zum Zurückführen der Schafe, die verloren waren, und zum Heranführen der anderen, die noch nicht aus der Herde des Herrn sind (vgl. Joh 10, 16), besitzt die heilige Mutter Kirche nichts Gewichtigeres, als die Alumnen zu wahrhaften Hirten heranzubilden, zu Arbeitern, die sich nicht schämen brauchen (vgl. 2 Tim 2, 15) und zu jedem guten Werk ausgerüstet sind (vgl. 2 Tim 3, 17)."[164]

Das Ziel der gesamten Ausbildung ist es deswegen, in den Priesteramtskandidaten einen „pastoralen Geist" heranzubilden, der das Bild des göttlichen Hirten widerspiegelt.

Solche Hirten brauche die Kirche, die dem inneren Menschen nach durch den Heiligen Geist gestärkt, in der Liebe zum himmlischen Vater und in der Hingabe an die Kirche leben und vom Durst nach Seelen erfüllt sind, die in „der apostolischen Lebensweise" leben und sich um die Menschen kümmern, die ihnen anvertraut sind.

Gestützt auf die paulinischen und deuteropaulinischen Schriften, das 3. und 10. Kapitel von Johannes, wird so ein Bild des Priesters als Seelsorger entworfen, der weder Funktionär, noch Mietling ist.

In Nr. 2 wird knapp skizziert, wie bereits im kleinen Seminar den Heranwachsenden das Bild des christlichen Apostolats vor Augen zu stellen ist. Die gesamte Erziehung soll auf dieses Ziel hin konvergieren. Durch Mithilfen in den Pfarreien und kleinere apostolische Aufgaben sollen die Jugendlichen an diese Aufgabe herangeführt werden.

Nr. 3 beschreibt, wie dieses Ziel im philosophischen Zweijahreskurs zu realisieren ist: dies betrifft zum einen die philosophisch-wissenschaftliche Ausbildung, welche die Alumnen befähigen soll, über die menschlichen Situationen, Konflikte etc. in der angemessenen Weise zu urteilen und die entsprechenden Fähigkeiten zu erwerben, leitende Funktionen für das christliche Volk wahrzunehmen. Dasselbe gilt im Hinblick auf gesellschaftliche Fragen und das Kennenlernen der religiösen, sittlichen, materiellen, gesellschaftlichen Probleme.

In Bezug auf den vierjährigen theologischen Kurs wird gefordert, dass die innere Kohärenz der Studien, des geistlichen Lebens und des Apostolats aufleuchte und der pastorale Aspekt „gleichsam als Lebenshauch" die ganze Ausbildung durchwalte.[165]

Nach diesem kursorischen Durchgang durch die verschiedenen Abschnitte der Ausbildung wird in Nr. 5 das fundamentale Prinzip der pastoralen Bildung formuliert: Ziel der Predigt des Wortes, der vielfältigen Arbeit, des ganzen Dienstes

---

[164] AD II/II 4, 48. Es ist interessant, dass in der Fußnote zum ersten Abschnitt dieses Kapitels als Quellen neben dem Alten und Neuen Testament, insbesondere den Pastoralbriefen des Paulus, in ausführlicher Weise Väter und Kirchenlehrer angeführt werden, wie Ambrosius, Chrysostomus und vor allen Dingen Gregor der Große. Angefügt wird, dass man die vollkommene Form des Hirten aber auch sehr klar aus den Dokumenten der vier letzten Päpste erheben könne (ebd. 52 f.).

[165] Vgl. ebd. 49.

ist es, „dass die Schafe das Leben haben und es in Fülle haben (vgl. Joh 10, 10)"¹⁶⁶. Weil zur Erreichung dieses Zieles die Gnade Gottes unabdingbar ist, fordert es der *Dienst*, dass die „übernatürlichen Mittel", Gebet, Empfang der Sakramente allen übrigen Mitteln voranzustellen sind.

Nr. 6 behandelt die hauptsächlichen Normen der pastoralen Ausbildung. Es handelt sich in diesem Abschnitt nicht um abstrakte Imperative, vielmehr um den Aufweis der Dimensionen, in die die Ausbildung notwendigerweise zu führen hat.

Als Erstes ergibt sich die Pflege des Gebets, des Schweigens, des Studieneifers etc. als Aufgabe. Allein die Gnade Gottes ist die Basis des pastoralen Dienstes.

Die zweite Dimension wird durch die Bereitschaft gekennzeichnet, sich willig und gehorsam einzuordnen in die pastorale Arbeit, die vom Bischof geleitet wird und wesentlich durch Kooperation mit anderen Geistlichen zu leisten ist. In diesem Sinn wird verlangt, dass die Alumnen diese Art der Zusammenarbeit, die Verteilung und Organisation der Arbeit schätzen lernen und eine Disposition zum Dienen mitbringen.

An dritter Stelle wird die Zusammenarbeit mit den Laien genannt, die für das Apostolat unersetzlich sind. Es gilt zu lernen, wie man ihnen rät, ihnen hilft, wie man sie aber vor allem hört, damit so die familiären, beruflichen, sozialen Nöte und Schwierigkeiten des Lebens den Priestern überhaupt vertraut werden.

Schließlich wird als vierte Dimension das Zusammenspiel der vielen pastoralen Aufgaben und Funktionen auf diözesaner Ebene genannt, mit all den speziellen Aufgaben apostolischer Art, die sich so ergeben. Entsprechend den jeweiligen pastoralen Gaben sollen die Priesteramtskandidaten auf solche Aufgaben ebenfalls vorbereitet werden.

Nr. 7 spricht schließlich von der Vorbereitung auf die wichtigsten pastoralen Aufgaben: an erster Stelle werden die unterschiedlichen Aufgaben genannt, die mit der Verkündigung des Wortes zusammenhängen, dann die Aufgaben, die mit der Feier der Liturgie und der Spendung der Sakramente verbunden sind. Es wird von der schwierigen Kunst gehandelt, auf Menschen zuzugehen, auch auf Ungläubige und Irrende, und den Gläubigen einen missionarischen Geist zu vermitteln. Am Ende wird auf die Medien verwiesen, die in der pastoralen Arbeit eine Rolle spielen.

Erst die Nr. 8 spricht von der Praxis der Pastoraltheologie bzw. den entsprechenden Übungen. Interessanterweise ist hier nicht von der Pastoraltheologie als einer pastoralen Theorie die Rede, sondern lediglich von praktischen Übungen. Sie sollen dem Ausbildungsgang, den örtlichen und zeitlichen Gegebenheiten entsprechend nach dem Urteil der Bischöfe in die Ausbildung der Alumnen eingefügt werden.

Zunächst werden allgemeine Unternehmungen genannt, durch welche der Geist der Alumnen geweitet und auf die Kirche, ja auf die ganze Menschenfamilie ausgerichtet wird, wie der Einsatz für die Missionen usw. In der Folge werden praktische Aufgaben wie Katechismusunterricht für Kinder, Mithilfe beim Pfarrer

---

¹⁶⁶ Ebd.

in den Ferien, Praktika im Landarbeiterbereich, in Krankenhäusern, Gefängnissen usw. erwähnt. Diese Praktika sollen unter Anleitung eines kompetenten Professors diskutiert und beurteilt werden.

Nr. 9 fordert schließlich, dass die Professoren der praktischen Theologie nicht nur selbst vom apostolischen Eifer erfüllt, sondern auch durch spezielle Kurse dafür ausgebildet sind.

Man merkt gerade den letzten beiden Nummern an, dass der Gedanke der Pastoraltheologie, so wie er im deutschsprachigen Bereich seit Rautenstrauch[167] entfaltet worden ist und in zeitgenössischer Aktualität vor dem Konzil vor allem in Frankreich, Belgien, Holland diskutiert wurde, noch unbekannt ist.

Das relativ kurze 6. Kapitel über die Ausbildung nach der Seminarzeit umfasst vier Punkte: In Nr. 1 wird festgestellt, dass die jungen Priester nach Beendigung des Seminars und ersten Jahren der Erfahrung dringend eine Abrundung ihrer pastoralen Ausbildung brauchen. In Nr. 2 werden Bischöfe und die Pfarrer der jungen Priester gemahnt, ihre Verantwortung ihnen gegenüber in der rechten Weise wahrzunehmen. Nr. 3 empfiehlt nachdrücklich ein pastorales Jahr, das sich unmittelbar an die Priesterweihe anschließt. In einer Reihe von Diözesen und Regionen verbleiben die Jungpriester im Seminar und erfahren so eine Berufseinführung, die dann während der ersten Jahre durch periodische Zusammenkünfte, Kurse usw. fortgesetzt wird. In Nr. 4 wird als Alternative eine zusammenfassende Weiterbildung nach etwa fünf Jahren vorgeschlagen, die etwa einen Monat dauern könnte und in der die entsprechenden Fragen und Probleme aufgearbeitet werden können.

In der Diskussion der zentralen Vorbereitungskommission vermisst Kardinal Silva Henriquez eine genaue Definition oder Deskription der Pastoraltheologie.[168] Kardinal Suenens hält ein förmliches Co-Referat zur apostolischen Initiation, in dem er die gewandelte Rolle des Priesters und die Revision der Pastoral in den Mittelpunkt stellt. Es habe sich ein anderes Verständnis der Laien und ihrer Mission in der Kirche ergeben, an die Stelle eines paternalistischen Klerus müsse ein Klerus treten, der mit mündigen, erwachsenen, verantwortungsvollen Laien umgehen könne.[169] Erzbischof Hurley fordert, dass die Konzeption pastoraler Ausbildung, wie sie am Anfang von Kapitel 5 gegeben wird, in die Zielbestimmung des Kapitels 1 aufgenommen werde. Entsprechend müsse das zweite Kapitel von der geistlichen Bildung umgeschrieben werden, schließlich sei ja die Person des Priesters nicht gespalten.[170]

Die Bedeutung des 5. Kapitels für die endgültige Textgestalt von *Optatam totius* kann kaum überschätzt werden. Hier zeichnet sich in den ersten Nummern eine neue Konzeption des Presbyters ab: Nicht Christus – sacerdos heißt das Leitbild, eingeengt durch die kultisch-sacerdotale Schwerpunktsetzung, sondern Jesus Christus – pastor bonus. Die anschließenden Nummern, welche die Reali-

---

[167] Vgl. oben S. 325 f.
[168] Vgl. AD II/II 4, 78.
[169] Vgl. ebd. 79–86.
[170] Vgl. ebd. 91 f.

sierung dieses Konzeptes im Hinblick auf die Ausbildungsetappen – vom kleinen Seminar bis zur Fortbildung nach der Seminarzeit – umschreiben, geben den Leitfaden für die Umarbeitung des gesamten Textes an.

Fazit: Das vorbereitete Schema spiegelt in seinen ersten vier Kapiteln das Vorherrschen der leoninisch-pianischen Sicht der Presbyter-Ausbildung, während sich in Kapitel 5 und 6 bereits deutlich der Kontrapunkt entfaltet.

VI. Die Etappen in der Genese des endgültigen Textes

Die Entstehungsgeschichte des endgültigen Textes von *Optatam totius* steht in einer Kontinuität mit dem vorbereiteten Dekret, wie es oben analysiert und auf seine theologischen Gehalte hin gewichtet worden ist. Darin unterscheidet sich dieses Dekret von zahlreichen anderen Dokumenten des II. Vatikanischen Konzils, etwa *Lumen gentium*, *Dei Verbum* oder *Gaudium et spes*. Dies bedeutet nicht, dass die Beiträge, Kritiken und Verbesserungsvorschläge der Konzilsväter dieses Dokument nicht nachhaltig geprägt hätten. Diese Prägung bezieht sich einmal auf die Einbettung des Dokumentes in den ekklesiologischen Rahmen, der im Verlauf der Diskussionen des Konzils entfaltet und profiliert wird. Zum anderen werden Ansätze, die im Vorbereitungsschema vorhanden sind, schärfer herausgearbeitet und damit tragender im Gesamtgefüge des Textes.

Ein letzter Gesichtspunkt schließlich sollte nicht übersehen werden: Die Konzilsarbeit stellt für viele der Konzilsväter eine Zeit intensiver theologischer und ekklesiologischer Arbeit und Reflexionen dar. Das Konzil ist ein gewaltiger Lernprozess für den Episkopat der katholischen Kirche. Die Zusammenarbeit mit den beratenden Theologen spielt sich für die Konzilsväter ein. So gewinnen auch die Einwände und Kritiken an Profil und theologischer Tiefenschärfe.

Eine gewisse Kontinuität in der Arbeit ergibt sich durch die Wahlen – und päpstlichen Ernennungen – der Mitglieder und der Periti für die Konzilskommission, die am Beginn der ersten Sitzung – nicht ohne Konflikte – stattfinden. Zwar kommen eine ganze Reihe neuer Mitglieder in die Kommission,[171] zugleich aber bleiben auch eine Reihe wichtiger Mitglieder und Konsultoren der Vorbereitungskommission in der neuen Konzilskommission für die Seminare. Kardinal Pizzardo ist alter und neuer Vorsitzender. Wichtiger für die Arbeit ist, dass Pater Augustin Mayer OSB weiterhin Sekretär der Kommission bleibt. Nicht weniger bedeutend ist das Faktum, dass die Relatoren der Vorbereitungskommission insgesamt als Mitglieder bzw. Konsultoren in der Konzilskommission verbleiben. Das Gleiche gilt für Erzbischof Hurley, einen der engagiertesten Bischöfe in der Vorbereitungskommission. Ein Mangel der neuen Kommission ist es, dass sie keine Missionsbischöfe in ihren Reihen zählt. Auch die orientalischen Kirchen sind nicht vertreten. Die Kirchen des Ostblocks sind lediglich durch ein polnisches Mitglied repräsentiert.

---

[171] Vgl. die ausführliche Darstellung der Wahlergebnisse und der Ernennungen in: Greiler, Das Konzil 97–108.

Die Etappen in der Genese des endgültigen Textes OT

Die Ernennung seines Sekretärs aus der Kongregation für die Seminare und Universitäten, Mgr. Staffa, zum Mitglied nutzt Kardinal Pizzardo, ihn zum Vizepräsidenten zu ernennen. Obwohl Staffa in dieser Eigenschaft eine ganze Reihe der Arbeitssitzungen der Kommission leitet, zeigen die Resultate, dass er sich mit seinen oftmals schroff formulierten Anliegen nicht durchsetzen kann.

Bei der ersten Vollsitzung der neu zusammengesetzten Kommission werden drei Subkommissionen gebildet. Die Subkommission, die über die Schulen arbeiten soll, und eine Subkommission, die sich mit den Universitäten beschäftigen soll. Die Ergebnisse dieser Arbeiten münden in das Konzilsdokument *Gravissimum educationis*. Eine dritte Subkommission soll sich mit der Priesterausbildung beschäftigen. Ihr Vorsitzender ist Bischof Carraro, Verona, der bereits in der Vorbereitungskommission mitgearbeitet hat. Zum Relator wird wiederum Pater Dezza von der Gregoriana in Rom bestellt. Er hatte das vierte Kapitel des Vorbereitungsschemas ausgearbeitet. Eine vierte Subkommission soll die Sachverhalte sammeln und auflisten, die bei der Überarbeitung des Codex auf Grund der Neuerungen des Konzils einzubringen sind. Relator dieser Subkommission wird A. Stickler, Kanonist vom Salesianum in Rom. Er hatte das Kapitel über die Disziplin im Vorbereitungstext als Relator zu verantworten.

Die Phasen der Ausarbeitung des Dekrets zur Priesterausbildung lassen sich in fünf Etappen gliedern, die im Folgenden kurz charakterisiert werden:

1. Etappe	2. Etappe	3. Etappe	4. Etappe	5. Etappe
Dezember 1962 – März 1963	Mai 1963 – Januar 1964	Januar 1964 – 14. Sept. 1964	Sept. 1964 – Nov. 1964	Januar 1965 – Sept. 1965
Entwürfe Dezza, Hurley – Kommission beschließt auf 2. Vollversammlung Text auf Grundlage von Dezza, Anliegen Hurleys werden integriert	Voten der Konzilsväter Subkommissionen: 1. Struktur/Inhalt (Carraro/Dezza) 2. Vorwort/Kap. 1 (Colombo/Herlihy) 3. Kap. 2–5 (Hurley/Stickler)	„Döpfner-Plan" Verkürzung auf Thesen Entwürfe Dezza, Meyer Text von Dezza wird erweitert und modifiziert, mit Schema 2 zusammen versandt	Voten der Konzilsväter Ausweitung und Vertiefung des Textes durch Rückgriff auf Schema 2 Plenum approbiert neues Schema (17./18. Nov.) grundsätzlich	Einarbeitung der Modi in Schema 5, Mai 1965 von Paul VI. approbiert, erst am 23.9. an Väter verteilt Annahme der Einzeltexte (11./12. Okt.) und des Gesamttextes (28. Okt.)
Schema 1 (März 1963)	Schema 2 (Dezember 1963)	Schema 3 (April 1964)	Schema 4 (Oktober 1964)	Schema 5 (Mai 1965)

Zu den einzelnen Etappen:

Die Konzilskommission erhält Anfang Dezember 1962 den generellen Auftrag, die bisher erarbeiteten Schemata zu überarbeiten und vor allen Dingen zu kürzen. In den folgenden Wochen legen Pater Dezza und Erzbischof Hurley Kurzfassungen des oben analysierten Schemas vor. Dezza legt mit hoher Formulierungskunst einen auf ein Drittel des Umfangs verdichteten Entwurf vor, der gleichwohl alle wichtigeren Gesichtspunkte des ursprünglichen Schemas aufgreift. Erzbischof Hurley arbeitet entsprechend seinem Grundkonzept pastoraler Art einen etwas längeren, nicht so eng am vorbereiteten Text verbleibenden Entwurf aus.

Bei der zweiten Vollversammlung vom 21. Februar bis 2. März 1963 beschließt die Kommission, den Entwurf von Dezza zugrunde zu legen und einige Anliegen Hurleys zu integrieren. Der überarbeitete Text erfährt die Gutheißung der Koordinierungskommission des Konzils am 25. März 1963. Die Freigabe von Seiten des Papstes wird in der Folge mit einem entsprechenden Begleitschreiben über die voraufgegangenen Arbeiten und die Entstehung des Textes an die Konzilsväter versandt. Sie werden aufgefordert, dazu Stellung zu nehmen. Im Folgenden wird dieser Text Schema 1 genannt.[172]

Die zweite Epoche der Entstehungsgeschichte von *Optatam totius* umfasst die Zeit vom Mai 1963, der Zeit der Freigabe und des Versandes des Textes, bis Januar 1964. Es gehen eine Fülle von Anmerkungen, Kritiken, Verbesserungsvorschlägen ein. Sie umfassen insgesamt 164 große Druckseiten. In der Bearbeitung dieser ersten Reaktion der Konzilsväter hat die Kommission relativ freie Hand, da sie – nach den Vorgaben der Koordinierungskommission – auf Grund der eingereichten Voten auch neue Schemata erstellen kann. Die Kommission beschließt deshalb, im Rahmen ihrer dritten Plenarsitzung, das Schema 1 und die eingegangenen Modi in drei neuen Subkommissionen zu bearbeiten: unter Bischof Carraro mit Pater Dezza als Sekretär sollen Struktur und Inhalt beraten werden. Unter Vorsitz von Weihbischof Colombo – mit dem Sekretär Herlihy, dem römischen Rektor des irischen Kollegs, der bereits in der Vorbereitungskommission mitgewirkt hatte – sollen Vorwort und erstes Kapitel (Nr. 1–6) überarbeitet werden. Die dritte Subkommission leitet Erzbischof Hurley. Diese Kommission soll die Kapitel 2–5 umarbeiten. Sekretär ist Pater A. Stickler. Das Ergebnis dieser Beratungen ist das Schema 2 (Dezember 1963)[173], das in der Kommission am Ende der zweiten Sitzungsperiode des Konzils fertig ist. Dieses Schema ähnelt dem Schema 1 im Aufbau und im Inhalt, ist aber in sich etwas umfänglicher und trägt einige neue Akzente. In die zweite Epoche fällt auch die Gedenkfeier zum Konzil von Trient vor 400 Jahren. Mit dem Apostolischen Brief *Summi Dei Verbum* fasst Paul VI. die Entwicklung der Seminare seit Trient zusammen und unterstreicht die Bedeutung des in Arbeit befindlichen Schemas über die Priesterausbildung. Die Akzente Pauls VI. liegen auf der Linie der früheren päpstlichen Aussagen.[174]

Noch bevor das Schema 2 von der Koordinierungskommission approbiert und zum Versand freigegeben wird, kommt die Weisung, das Schema über die Priesterausbildung – wie eine ganze Reihe anderer vorgesehener Schemata – auf Thesen zu verkürzen. Dieser Beschluss der Konzilsleitung – in der Konzilsgeschichte auch „Döpfner-Plan" genannt – ist von dem Verlangen diktiert, das Konzil mit der dritten Session abzuschließen. Die Verabschiedung zahlreicher Texte in Form von Thesen soll die Möglichkeit eröffnen, dass nach dem Konzil Kommissionen die entsprechenden Umsetzungen in Dekretform ausarbeiten. Damit ist die dritte Phase in der Entstehung von *Optatam totius* eingeleitet.

Diese dritte Etappe umfasst die Zeit vom Januar 1964 bis zum Beginn der

---

[172] Vgl. AS III/7, 793–804.
[173] Vgl. AS III/7, 516–526.
[174] Vgl. AS II/1, 58–74 bzw. AAS 55 (1963) 979–995.

dritten Sitzungsperiode des Konzils am 14. September 1964. In höchster Eile werden zunächst zwei Entwürfe der geforderten Thesen erarbeitet: Pater Dezza legt einen Entwurf mit zwanzig Nummern auf drei Seiten vor. Ein paralleler Entwurf von Pater Augustin Mayer zählt neun Abschnitte und umfasst vier Seiten.[175] Die Kommission entscheidet sich bei der Abwägung für den Entwurf von Pater Dezza als Grundlage und wählt Bischof Carraro zum Relator. Leicht erweitert und modifiziert wird dieses Schema 3 (April 1964)[176] von Paul VI. approbiert und anschließend an die Bischöfe zur Stellungnahme versandt. Da die Kommission insgesamt mit einer lediglich thesenhaften Behandlung dieser so wichtigen Sachfragen unzufrieden ist, wird beschlossen – wohl auf Anregung des strategisch sehr umsichtigen Pater Mayer, des Sekretärs der Kommission – dieses Schema zusammen mit dem Schema 2 als Anlage zu versenden und einen ausführlichen Überblick über die Textgeschichte zu geben. Dieser Überblick umfasst unter anderem auch ein Resümee der Einwände, die zur Überarbeitung des Schema 1 geführt haben. Man setzt in der Kommission darauf, dass die Bischöfe bei ihren Stellungnahmen auf dieses Schema 2 zurückgreifen werden und darin zugleich auch eine gewisse Materialsammlung für ihre Vorschläge finden können. Die Strategie geht auf! Daraus resultiert die vierte Etappe in der Entwicklungsgeschichte von *Optatam totius*.

Diese vierte Etappe umfasst die Monate September bis November 1964, d.h. die dritte Tagungsperiode des Konzils. Nach dem Eingang zahlreicher Stellungnahmen von Bischöfen und Bischofskonferenzen arbeitet die Kommission fieberhaft an einer Neufassung und Verbesserung des Schemas 3. Sehr viele Hinweise hatten eine Ausweitung und Vertiefung des Textes verlangt. Die Väter hatten sich in ihren Voten zu einem guten Teil des Schemas 2 bedient, das dem Schema 3 beigefügt worden war, hatten diese Texte aber zum Teil auf Grund der bis dahin gemachten Konzilserfahrungen neu gelesen. So bereitet die Kommission ein Schema 4 (Oktober 1964)[177] vor, das am 12. November 1964 in der Aula vorgestellt wird. Dieses Schema ist umfangreicher als das voraufgehende und nähert sich dem Endtext entscheidend an. Die Debatte in der Aula ist lebhaft, Kardinal Ruffini und der Sekretär der Kongregation für die Seminare und Universitäten Staffa treten nochmals vehement für die Beibehaltung der traditionellen von Leo XIII. und Pius X. initiierten Ordnung ein. Das Abstimmungsergebnis am 17. und 18. November 1964 ist überwältigend. Im ersten Abstimmungsgang wird darüber befunden, ob das Schema als Grundlage weiterer Verbesserungen anzunehmen oder abzulehnen ist. Lediglich 41 Stimmen votieren für Non placet, 2076 Väter geben ihr Placet. Damit ist das Schema grundsätzlich approbiert. Bei der Einzelabstimmung über die verschiedenen Kapitel schwanken die Stimmen, welche ein Placet iuxta modum geben zwischen 93 und 319. Die höchste Zahl von Non placet – Voten für ein Kapitel beträgt 10. Die Anzahl der Placet-Stimmen für die

---

[175] In den Akten findet sich auch ein Entwurf von Erzbischof Hurley mit 43 Thesen. Der Text wird aber auf den Sitzungen Anfang März 1964 nicht diskutiert.
[176] Vgl. AS III/7, 498–502.
[177] Vgl. AS III/7, 538–549.

einzelnen Kapitel schwankt zwischen 1618 und 1845. Auf dieser soliden Basis erfolgt die Erarbeitung der Endvorlage.

Die abschließende Phase umfasst die Zeit vom Ende der dritten Sitzungsperiode bis zum Ende der vierten Sitzungsperiode. Bereits Ende Mai ist die Bearbeitung des Schemas 5 (Mai 1965)[178] vom Papst approbiert. Dem Text liegt eine umfangreiche Relatio bei, in der die Kommission erläutert, wie sie mit den unterschiedlichen Modi umgegangen ist, die von den Konzilsvätern in der Diskussion und in den schriftlichen Eingaben vorgetragen worden sind. Merkwürdigerweise wird dieses approbierte Schema 5 aber vom Konzilssekretariat nicht an die Väter verschickt. Am 14. September beginnt die 4. Sitzungsperiode, und das Schema ist immer noch nicht in die Hände der Konzilsväter gelangt. Erst am 23. September wird dieses Schema 5 verteilt. Zugleich wird der Termin für die Abstimmungen bekannt gemacht: 11./12. Oktober. Das ist eine sehr kurze Zeitspanne! Im Unterschied zu den Konstitutionen des Konzils ist bei diesem Dekret nicht nochmals eine Aussprache mit der Möglichkeit vorgesehen, Modi einzureichen. Es soll lediglich im Einzelnen über den schriftlich vorliegenden Text mit Placet oder Non placet abgestimmt werden.

In der Zwischenzeit taucht in der öffentlichen Diskussion die Frage auf, ob die Beibehaltung der Seminare in den modernen Verhältnissen überhaupt sinnvoll und nötig ist. Einzelne Bischöfe äußern sich in dieser Richtung. Dies gibt in der Kommission Anlass, in einem knappen Satz von der Notwendigkeit der Erziehung in Seminarien zu sprechen. Dieser Satz, vorgeschlagen von dem Kölner Erzbischof Höffner, war kein Modus, der in der Diskussion oder den schriftlichen Eingaben vorgekommen war. Der Kardinal von Santiago beschwert sich, weil die Abstimmungsprozedur nach Textabschnitten nicht die Möglichkeit biete, zu solchen einzelnen Sätzen Stellung zu nehmen. Er wirft der Kommission Kompetenzüberschreitung vor. Die Einteilung der Textabschnitte für die Einzelabstimmung wird daraufhin verändert. Das Schema 5 selbst bleibt, wie es ist. Als am 11. Oktober die Aussprache über das Schema 5 mit einer Relatio von Bischof Carraro eröffnet wird, wird auch ein Papstbrief verlesen, in dem der Papst die Diskussion um den Zölibat, der im Text angesprochen ist, in der Aula untersagt und diese dem Papst reserviert.[179]

Der vorgesehene Abstimmungsmodus – Annahme oder Ablehnung – verhindert die Einbeziehung der sich so abzeichnenden Problematik, welche sich nach dem Konzil rasch vertiefen wird. Bei über 2000 Abstimmenden am 11. und 12. Oktober liegen die Non placet-Stimmen unter 20 – abgesehen von 3 Einzeltexten, wo die Zahl der Non placet-Stimmen auf 95 (suffragatio 367), 88 (suffragatio 368) und 58 (suffragatio 375) ansteigt. Die Abstimmung 367 bezieht sich auf ein Textstück, in dem von den kleinen Seminaren die Rede ist. Die folgende Abstimmung 368 auf jenen Text, in dem von der Notwendigkeit der Priester-

---

[178] Vgl. AS IV/4, 11–27 (Textus emendatus).
[179] Hintergrund dieser Entscheidung ist eine sich schnell ausbreitende Diskussion über die Beibehaltung des Zölibats für den Klerus in der römisch-katholischen Kirche. Zugleich wird die Frage nach der Zulassung von Frauen zur Ordination öffentlich gestellt. Vgl. die Übersicht bei Greiler, Das Konzil 288–290.

seminare gesprochen wird. Die 58 Nein-Stimmen der Abstimmung 375 beziehen sich auf die Ausführungen über die philosophische Ausbildung. Hier hatte sich eine Gruppe zu Wort gemeldet, die den heiligen Thomas und die philosophia perennis stärker betonen wollte. Bei der generellen Schlussabstimmung werden lediglich 13 Non placet-Stimmen gezählt.

Am 28. Oktober erfolgt die feierliche Schlussabstimmung und die Promulgation des Dekretes *Optatam totius* durch den Papst.

VII. Der Presbyter als „Hirte" der Kirche

1. Zur theologischen Wandlung des Ausbildungsziels vom Presbyter in der Entstehungsgeschichte von Optatam totius

Entsprechend dem Aufbau der vorliegenden Einführung, dem Nachweis der Wandlung von der nachtridentinischen Zeit zu einer neu konzipierten Ausbildung in der Zeit nach dem I. Vatikanum soll in diesem Abschnitt aufgewiesen werden, wie sich im Spiegel der verschiedenen Schemata des Dekretes ein Wandel in der theologischen Sicht dieses Dienstes abzeichnet. Es soll damit der Rahmen für die Interpretation des endgültig verabschiedeten Textes mit seinen zahlreichen wichtigen Einzelheiten vorgegeben werden. Das Ergebnis ist im Titel dieses Abschnittes „Der Presbyter als ‚Hirte' der Kirche" angedeutet.

Methodisch wird dieses Ziel durch die parallele Lektüre jener Nummern bzw. Textabschnitte verfolgt, in denen sich diese Gesamtsicht jeweils in einer verdichteten Weise abzeichnet. Dazu zählen das jeweilige Proömium der fünf Schemata, die jeweilige Zielbestimmung der Ausbildung bzw. der Seminare, die Einleitungspassage für die geistliche Ausbildung und die Zielbestimmung der pastoralen Ausbildung. Dabei geht es nicht um eine historische Aufklärung, wer oder welche Gruppe diese oder jene Formulierung ins Spiel gebracht hat. Dies würde den Rahmen der vorliegenden Untersuchung sprengen. Es geht um den Aufweis der theologischen Aussagen, und zwar in ihrer allmählichen Herausbildung. Zu beachten ist, dass die Schemata ebenso wenig wie der Endtext eine theologische Begründung und Argumentation liefern. Es werden vielmehr Aussagen getroffen. In den Relationen wird mehrfach darauf Bezug genommen, dass die Kommission sich von solcher Argumentation entlastet sieht, weil diese Fragen an ihrem Ort in großen anderen Konzilsdokumenten behandelt und geklärt werden. Für die Gesamtbeurteilung der Theologie des II. Vatikanischen Konzils ergibt sich gerade aus diesen feststellenden Aussagen an Schlüsselpositionen des Dekrets, wie die Konzilsväter und die Kommission die erarbeiteten Kerneinsichten des Konzils selbst wahrgenommen und verstanden haben. Weihbischof Colombo, der Freund Montinis, der die Entstehung des Dekretes *Optatam totius* von der Vorbereitungskommission an begleitet hat und dort bereits als Relator für das Kapitel über die geistliche Ausbildung verantwortlich zeichnete, fasst im Rückblick diesen Transformationsprozess in die Worte:

„Vielleicht ist es eine Antwort auf die Zeichen der Zeit, in dem Sinn, dass man von der Zeit des Presbyters, der die Kirche ‚macht', zu einer Zeit übergegangen ist, in der die Kirche den Presbyter ‚macht'. Es ist nicht mehr die Zeit des ‚Vertikalismus' des Presbyters, der herrscht und die Gemeinde der Gläubigen gestaltet, es ist die Zeit des Presbyters, der inmitten seiner Gläubigen lebt, mit ihnen und von ihnen seine Kraft empfängt, oder genauer, seine Voraussetzung."[180]

Als Konsequenz für das Seminar konstatiert Colombo weiter:

„… es ist der Niedergang des Seminars als eines ‚elfenbeinernen Turmes' oder einer Enklave, die mit Autonomie zur Bildung begabt ist."[181]

Nur so könne der Säkularisierungsprozess der Gesellschaft eingedämmt und die Kirche wiederum im Freiheitsraum der Säkularisierung Kraft gewinnen.

2. Der Wandel im Proömium

Das Vorwort des Schema 1 (März 1963) unterscheidet sich zwar dem Wortlaut nach vom Inhalt des Proömiums im Vorbereitungsschema, bringt diesen Inhalt aber insofern prägnant zum Ausdruck, als mit den ersten beiden Worten das Priesterbild der Päpste nach dem I. Vatikanum wachgerufen wird: *Summi Sacerdotis*. Die Aufgabe des Hohenpriesters, mit der Jesus Christus, der Herr, der in sich die Aufgabe des Propheten und Königs verbindet, das Werk der Erlösung vollzieht, soll durch die Jahrhunderte hin fortgesetzt werden. Dazu hat Christus der Kirche „seine Macht und den Auftrag" gegeben. Deswegen will er Menschen an seinem Priestertum teilnehmen lassen.[182]

Der Text gibt mit großer Präzision, wenngleich in einer Kurzform, das leitende Priesterbild und seine Theologie nach dem I. Vatikanum[183] wieder. Die prophetische und die königliche Sendung Jesu Christi sind seinem höchsten Priestertum eingefügt und untergeordnet. Dieses Priestertum vollzieht sich – dies wird hier vorausgesetzt – durch das eigentliche, dem Vater wohlgefällige Opfer, durch welches Christus zugleich den wahren öffentlichen Kult darbringt. Dieses Werk der Erlösung muss fortgesetzt werden durch die Fortführung dieses Opfers im öffentlichen Kult. Dazu hat die Kirche die Vollmacht und den Auftrag empfangen. Die Priester werden als Menschen charakterisiert, die der Herr unmittelbar an seinem Priestertum teilhaben lässt. Sie erfüllen die Aufgabe, welche ihm selbst zuteil geworden ist. Hier klingt offenbar die Lehre von der configuratio an den Priester

---

[180] Vgl. Colombo, Formatione 592.
[181] Damit ist der integrale Kulturbegriff Leos XIII., der eine kirchliche Autarkie voraussetzte, verabschiedet. Vgl. oben S. 327f. 334.
[182] Der lateinische Text lautet: „Summi Sacerdotis, Prophetae ac Regis munera in Se Ipso coniungens, Christus Dominus, cum potestatem suam Ecclesiae contulit eique mandatum dedit redemptionis opus ad saeculorum usque occasum perpetuandi, homines voluit sui Sacerdotii participes qui triplex illud munus adimperent, eo ministrandi spiritu animati, quem Ipse verbo et exemplo docuit": AS III/7, 793.
[183] Vgl. oben S. 326–334.

Jesus Christus durch den Charakter der Priesterweihe an. Ein Bezug auf das „priesterliche Volk" fehlt.

Das Proömium in Schema 2 (Dezember 1963) stimmt wörtlich mit dem Text aus Schema 1 überein. Die Kommission hat auf Grund der schriftlichen Stellungnahmen der Väter einen Satz hinzugefügt, dass nämlich „wegen der innigsten Einheit des katholischen Priestertums" für alle Priester gleich welchen Ritus, auch den Ordenspriestern, die im folgenden charakterisierte Ausbildung notwendig sei, wenngleich Anpassungen vorzunehmen wären.

Das Proömium aus Schema 3 (April 1964) ist bis auf den Schlusssatz, der in Schema 2 zugefügt wurde, völlig neu gefasst. Dieses Vorwort spricht davon, dass die Umsetzung der Konzilsdekrete und die so erwünschte Erneuerung der Kirche (optatam Ecclesiae renovationem) zum großen Teil vom Dienst der Priester abhängt. Deswegen ist die priesterliche Ausbildung von hoher Bedeutung. Die grundlegenden Prinzipien sollen dargelegt werden. Sie seien durch die Erfahrung der Jahrhunderte bekräftigt und es würden neue eingeführt, die den veränderten Zeitläuften Rechnung tragen. Das Vorwort enthält sich damit jeder Anspielung auf das überlieferte Priesterbild. Und dies, obwohl der Entwurf zu den Thesen dieses kurzen Schemas von Pater Dezza stammt, der den Arbeitsentwurf geliefert hatte. Das Vorwort begründet die Wichtigkeit, über die Priesterausbildung zu handeln, weil anders die vom Konzil angestrebte Erneuerung der Kirche gefährdet ist. Insofern wird in diesem kurzen Vorwort vom „Dienst der Priester" gesprochen, der als Dienst in der Kirche und für die Kirche erscheint.

Schema 4 (Oktober 1964) des Proömiums[184] unterscheidet sich lediglich durch die Einfügung eines Wortes vom voraufgehenden Text, es wird von der „erwünschten Erneuerung der ganzen Kirche" (optatam *totius* Ecclesiae renovationem) gesprochen. Die ersten beiden Worte des Proömiums im Schema 3 und im Schema 4 aber lauten jeweils „Sancta Synodus": „die heilige Synode weiß gewisslich …"

Das Schema 5 (Mai 1965) weist auf Grund der eingegangenen Modi Verbesserungen auf: sehr betont wird das Vorwort jetzt eingeleitet mit den Worten: „Optatam totius Ecclesiae renovationem, die gewünschte Erneuerung der ganzen Kirche" hängt vom priesterlichen Dienst, vom Geiste Christi beseelt, zu einem großen Teil ab. Damit wird das Profil der Aussage nochmals angeschärft: es ist die Erneuerung der Kirche, die von diesem Dienst abhängt. Dieser Dienst aber bringt diese Erneuerung und Verlebendigung der Kirche dort mit sich, wo er vom Geist Christi beseelt ist.

In Bezug auf die Absicht dieses Dekretes lautet die Feststellung jetzt, dass die grundlegenden Prinzipien erläutert werden sollen. Es sind alte Prinzipien, „durch den Gebrauch" bekräftigt, und es sind Neuerungen, die eingeführt werden, „die den Konstitutionen dieses heiligen Konzils und den Dekreten, aber auch den gewandelten Zeitverhältnissen entsprechen".[185] Mit dieser letzten Form des Vor-

---

[184] Vgl. AS III/7, 538.
[185] Vgl. AS IV/4, 11: „Optatam totius Ecclesiae renovationem probe noscens Sancta Synodus a sacerdotum ministerio Christi spiritu animato, magna ex parte pendere, gravissimum institutio-

wortes werden das Dekret und seine Aussagen ganz und gar eingerückt in das Anliegen und die Erneuerungsbestrebungen des Konzils, so wie sich diese in den Konstitutionen und Dekreten niedergeschlagen haben. Überblickt man die Entwicklung des Vorwortes, so stellt sich die Frage, ob sich der Abschied vom pianischen Priesterbild hin zu einer Sicht des Dienstes der Presbyter in der Kirche und für die Kirche an weiteren Texten erhärten lässt, und ob sich in der Tat ein neues Verständnis dieses Dienstes abzuzeichnen beginnt. Zur Beantwortung dieser Frage empfiehlt es sich, die in den verschiedenen Schemata vorkommende Zielbestimmung der Ausbildung und die damit gegebene Zielbestimmung der Seminarordnung zu überprüfen.

3. Die Sinnspitze der Ausbildung

Schema 1 enthält in Nummer sieben – jenem Artikel, in dem das Ziel der Ausbildung und der gesamten Ordnung der Seminare ausgesprochen wird – eine Überraschung: Im Unterschied zum Priesterbild, das im Vorwort anklingt und das im Rahmen des Vorbereitungsschemas auch in der Zielbestimmung ausdrücklich genannt wird,[186] wird jetzt unmittelbar vom guten Hirten gesprochen, der seine Schafe ruft, sein Leben für die Schafe hingibt. Verwiesen wird auf Joh 10, 3 und 11. Der Text lautet:

„Die Bildung der Alumnen darf keinem anderen Beispiel folgen als unserem Herrn selbst, der ‚als guter Hirte ... die eigenen Schafe ruft ... und sein Leben für seine Schafe gibt' (Joh 10, 3 und 11), durch welche Worte und Aufgaben Christi die priesterlichen und pastoralen Dienste beschrieben und angemessen aufgewiesen werden, welche zu übernehmen die Alumnen in der Hauptsache auszubilden sind."

Die Herkunft dieser knappen Beschreibung ist höchst bezeichnend: sie ist inspiriert von dem Eingangssatz des Kapitels 5 im Vorbereitungsschema, das der pastoralen Ausbildung in den Seminaren gewidmet ist. Hier wird auf Joh 10 verwiesen und festgestellt, dass die Kirche die Alumnen zu wahren Hirten heranzubilden habe, zu Menschen, die von einem „pastoralen Geist" beseelt sind „nach dem Bild des göttlichen Hirten".[187] Erzbischof Hurley und Bischof Carraro hatten in der Vorbereitungskommission diese Perspektive stark vertreten. Sie war auch in der zentralen Vorbereitungskommission kraftvoll vertreten worden.[188]

---

nis sacerdotalis momentum proclamat, eiusque primaria quaedam principia declarat, quibus confirmentur leges iam saeculorum usu probatae in easque nova inducantur, quae huius sancti concilii constitutionibus et decretis nec non mutatis temporum rationibus respondeat".
[186] Vgl. AD II/II 4, 25: „... ut Christo Sacerdoti per Ordinis Sacramentum digne configurentur atque ad apostolicum munus sancte obeundum rite praeparentur". Es wurde bei der Analyse, vgl. oben S. 359, darauf hingewiesen, dass in den beigefügten Fußnoten ausdrücklich von der „christozentrischen" Konzeption des Priestertums die Rede ist. Es wurde ferner auf die entsprechenden Zitationen von Leo XIII. bis zu Pius XII. und Johannes XXIII. aufmerksam gemacht.
[187] AD II/II 4, 48.
[188] Vgl. oben S. 364 f. 367.

Das Schema 1 beschreibt dann die Grundzüge dieser pastoralen Sendung: Die Ausbildung soll dahin zielen,

„dass die göttliche Wahrheit durch den Dienst des Wortes verkündet, durch liturgische Feiern der ganze öffentliche Kult Gott dargebracht und Christi Leben den Menschen mitgeteilt wird, die Gläubigen durch pastoralen Eifer und durch Klugheit hingelenkt werden, den Spuren Christi zu folgen."[189]

Dazu ist eine „priesterliche und pastorale Frömmigkeit" ebenso vonnöten wie „natürliche Tugenden".[190] Die Erwähnung des „öffentlichen Kultes", die vorkommende Doppelung „sacerdotalia et pastoralia ministeria", „sacerdotalis et pastoralis pietas" scheint darauf hinzudeuten, dass die frühere starke Betonung des kultisch-sacerdotalen Priesterbildes durchaus nachwirkt.

Mit der Beschreibung der wesentlichen Aufgaben, der Betonung des Bildes vom Guten Hirten, als des eigentlichen Beispiels für den Dienst, um den es geht, kündigt sich aber offensichtlich ein Wechsel in der Perspektive an.

Schema 2 folgt dem Text aus Schema 1 in der korrespondierenden Nummer 6. Dabei wird der Verweis auf den Guten Hirten gleich im ersten Satz nochmals erweitert durch das Zitat von Joh 10, 16: „Ich habe noch andere Schafe, die nicht aus diesem Schafstall sind; auch diese muss ich heranführen …". Damit wird auf den missionarischen Aspekt der pastoralen Sendung angespielt. Statt von „sacerdotalia et pastoralia ministeria" zu sprechen, heißt es jetzt, dass die „priesterlichen Dienste" in einem „wahrhaft pastoralen Geist" anzugehen seien.[191] Im Übrigen ist der Text unverändert. Von dieser Zielrichtung – so wird in Schema 1 wie in Schema 2 betont – ergibt sich die Einheit der Seminarausbildung.

Schema 3, das nach dem Willen der Konzilsleitung kurze Thesen vortragen soll, formuliert Nr. 6 wie folgt:

„Die gesamte Bildung der Kleriker muss dahin streben, dass nach dem Vorbild des göttlichen Hirten die Alumnen zu wahren Hirten der Seelen ausgebildet werden. Deswegen sollen alle Momente der Ausbildung, die geistliche, die intellektuelle, die disziplinäre durch ein verbundenes Wirken auf dieses pastorale Ziel hingeordnet werden, und um es zu erreichen, sollen alle Leiter und Lehrer unter der Führung des Rektors, der Autorität des Bischofs treu folgend, sorgfältig und einmütig schaffen."[192]

In Schema 4 lautet der Text dann:

„In den Seminaren, vor allen Dingen in den großen Seminaren muss die gesamte Ausbildung der Kleriker dem Herrn, unserem Herrn Jesus Christus, dem Lehrer, Priester und Hirten folgen. Deswegen sind die Alumnen heranzubilden, die priesterlichen Dienste im Geiste Christi anzugehen: den Dienst des Wortes, dass sie das offenbarte Wort Gottes besser verstehen, meditierend besitzen, im Reden und in den Sitten ausdrücken; den Dienst des Kultus und der Heiligung: dass sie betend und durch das Feiern der heiligen Liturgien das Werk des Heiles durch Opfer und Sakramente vollziehen; den Dienst des Hirten, dass sie den Menschen Christus darzustellen wissen, der ‚nicht kommt, damit ihm gedient werde,

---

[189] AS III/7, 795.
[190] Ebd.
[191] Vgl. AS III/7, 518.
[192] Ebd. 499.

sondern dass er diene und sein Leben hingebe zur Erlösung für die vielen' (Mk 10, 45; vgl. Joh 13, 12–17), und dass sie die Diener aller werden, um viele zu gewinnen" (vgl. 1 Kor 9, 19).[193]

Mit dieser Textgestalt greifen die Väter und die Kommission offensichtlich auf die Charakteristik der Sendung Jesu Christi in *Lumen gentium* zurück. Auffällig ist das starke Betonen des Wortes „ministerium", Dienst.

Die Veränderung dieses Textes im Gesamtaufbau – aus Nr. 6 wird Nr. 4 – wird in einer Fußnote damit erklärt, dass die meisten Bischofskonferenzen diesen Satz mit der Zielbestimmung der gesamten Ausbildung an die Spitze aller Einzelaussagen über die großen Seminare rücken wollten.

In Schema 5 werden nochmals etwas deutlichere Akzente gesetzt. Diese letzte Fassung umfasst den Satz, dass die großen Seminare für die priesterliche Ausbildung notwendig sind.[194] Ferner wird die Zielbestimmung ergänzt:

„In ihnen (den großen Seminaren, der Verf.) muss die gesamte Ausbildung der Alumnen dahin zielen, dass nach dem Beispiel unseres Herrn Jesus Christus, des Lehrers, des Priesters und des Hirten sie (die Alumnen, der Verf.) zu wahren Hirten der Seelen herangebildet werden; sie sollen also vorbereitet werden auf den Dienst des Wortes ..."

Im Satz über den Dienst des Kultus und der Heiligung wird zum Wort „Opfer" das Wort „eucharisticum" hinzugefügt. Im Schlusswort dieses Artikels wird das Wort „pastoral" nochmals aufgenommen: alles ist „auf dieses ‚pastorale Ziel' hin zu ordnen". Das Gesamtziel ist also die Heranbildung von Hirten. Ausdrücklich wird in diesem Kontext in einer Fußnote auf LG 28 verwiesen.

Mit dieser Gesamtbestimmung des Ausbildungszieles – und zwar von Schema 1 ab – manifestiert sich handgreiflich die Abkehr vom kultisch-sacerdotalen Priesterbild der vorkonziliaren Kirche. Diese Wendung vollzieht sich langsamer und zögerlicher in der Charakteristik der geistlichen Ausbildung der kommenden Presbyter.

4. Ein verändertes Konzept der geistlichen Bildung

Schema 1 schließt sich in der Bestimmung der geistlichen Ausbildung ganz eng an das entsprechende Kapitel der Vorbereitungskommission an.[195] Der Priesteramtskandidat ist so auszubilden, dass er „nicht nur durch den Charakter der heiligen Weihe, sondern auch durch die innigste Gemeinschaft des ganzen Lebens ein anderer Christus" wird. Diese Formulierung: „Sacerdos – alter Christus" ist eine vielgebrauchte Redeweise der Pius-Päpste,[196] nicht minder der Hinweis auf den Weihecharakter als der Basis dieses Ausdrucks. Die folgenden Ausführungen

---
[193] Ebd. 540 f.
[194] Vgl. oben S. 372.
[195] Das Kapitel im vorbereiteten Schema war von Weihbischof Colombo als Relator verantwortet worden. Vgl. oben S. 359–362.
[196] Vgl. oben S. 334–340.

über die geistliche Ausbildung im Einzelnen verweisen in breiter Weise auf die theologischen Tugenden, den öffentlichen Kult, in dem die heiligen Mysterien gefeiert werden, und das Gebetsleben. Auch dies entspricht ganz dem Duktus des Vorbereitungsschemas.

Schema 2 weist den gleichen Einleitungstext zum Abschnitt über die geistliche Ausbildung auf wie das voraufgehende Schema 1. Es erfolgt zwar eine kleine Umstellung dadurch, dass im Anschluss an diesen Einleitungspassus direkt vom Rektor des Seminars und seinen Aufgaben die Rede ist, diese geistliche Ausbildung zum Mittel- und Höhepunkt des Seminarlebens zu machen. Im Folgenden aber ist bei den Einzelausführungen dann wiederum direkt die Rede von den theologischen Tugenden, der Feier des eucharistischen Opfers und dem sakramentalen Leben, sowie des Gebetes. Im Anschluss daran werden wie im Schema 1 die evangelischen Räte und ihr Geist behandelt.

Schema 3 behandelt in These 7 und in These 8 die Zielsetzung der geistlichen Ausbildung in neuer Weise. Sie umschließt eine doppelte Sinnspitze: in Nr. 7 wird zunächst – in Fortführung von Schema 2 – gesagt, dass die Alumnen, „die durch die heilige Weihe Christus, dem Priester, gleich zu gestalten sind, sich daran gewöhnen sollen, nach Art von Freunden in der innigsten Gemeinschaft des ganzen Lebens ihm anzuhangen"[197]. Dieser ersten Aussage wird eine zweite hinzugefügt: die Kleriker sollen so vom „Geheimnis der Kirche" erfüllt sein, dass sie dem eigenen Bischof als treue Mitarbeiter gerne gehorchen, mit den übrigen Priestern gemeinsam wirken, sich ganz dem Dienst Gottes und der Gläubigen hingeben und allen alles zu werden suchen.[198] Damit wird die zukünftige pastorale Arbeit in sich als geistlicher Vollzug gesehen, auf den hin die geistliche Ausbildung zu zielen hat. Geistliche Ausbildung hat es nicht nur mit Liturgie und Gebetsleben zu tun.

Schema 4 verbindet diese Doppelaussage in einer Nummer und verschränkt so nochmals beide Aspekte. In Nr. 8 – im voraufgehenden Schema Nr. 7 – wird der erste Satz erweitert, das Wort von der Lebensgemeinschaft nach Art von Freunden wird durch eine Erläuterung ergänzt:

„Sie sollen lernen, Christus zu suchen in einer treuen Meditation des Wortes Gottes, in der aktiven Kommunikation mit den heiligen Mysterien der Kirche, insbesondere der Eucharistie, im Bischof, der sie sendet, und in den Gliedern Christi, vor allem den Armen, den Sündern, den Ungläubigen, zu denen sie gesandt werden. Und während die durch verehrungswürdigen Brauch der Kirche empfohlenen Übungen der Frömmigkeit heilig gepflegt werden, ist zu vermeiden, dass die geistliche Ausbildung nur in ihnen besteht und nur das religiöse Gefühl entfaltet. Die Alumnen sollen lernen, nach der Form des Evangeliums zu leben, gefestigt in Glaube, Hoffnung und Liebe, so dass sie in ihrem Vollzug sich den Geist des Gebetes aneignen, Kraft und Schutz ihrer Berufung erlangen, Kräftigkeit der übrigen Tugenden gewinnen und wachsen im Eifer, alle Menschen für Christus zu gewinnen."[199]

---

[197] AS III/7, 500.
[198] Vgl. ebd.
[199] AS III/7, 542 f.

In der Fußnote wird zu diesem Passus angemerkt, dass die Forderung, die Alumnen sollten lernen, nach der Form des Evangeliums zu leben, auf die Voten zahlreicher Konzilsväter zurückgeht.

In die frühere Nr. 8, jetzt Nr. 9, wird durch einen Einschub darauf Bezug genommen, dass das Geheimnis der Kirche vom Konzil in besonderer Weise erhellt worden ist. Am Ende dieses Abschnitts wird nochmals speziell vom Geist der Selbstverleugnung und von der Angleichung an den gekreuzigten Christus gesprochen.

Diese Entfaltung des Textes hin zu einer Spiritualität der Gemeinschaft mit Christus in der Begegnung mit den Menschen, zu denen die Presbyter gesandt werden, ist – auf seine Weise – eine kraftvolle Verstärkung der Neukonzeption des presbyteralen Dienstes durch die Orientierung am guten Hirten Christus.

Das Schema 5 gibt diesem Text eine nochmalige, entscheidende Vertiefung: das Ziel der geistlichen Unterweisung wird jetzt in einer ersten Aussage als „familiaris et assidua societas", als „familiäre und dauernde Gemeinschaft" mit dem Vater durch seinen Sohn Jesus Christus im Heiligen Geist genannt. Dies sollen die Priesteramtskandidaten zu leben lernen. Der zweite Satz konkretisiert diese grundlegende Aussage, die ja nicht nur den Alumnen, sondern allen Gläubigen zugleich gilt:

„Durch die heilige Weihe Christus, dem Priester, gleich zu gestalten, sollen sie sich daran gewöhnen, ihm auch durch die innerste Gemeinschaft des ganzen Lebens als Freunde anzuhängen."[200]

Der dritte Satz spricht von der geistlichen Aufgabe, die sie zu erfüllen haben: „Sein österliches Geheimnis sollen sie so leben, dass sie das ihnen anvertraute Volk in es einzuführen (initiare) wissen". Dann folgen die bereits aus dem Schema 4 bekannten Sätze über die Art und Weise, wie die Alumnen Christus suchen sollen. Zur Erwähnung der Eucharistie wird das „göttliche Offiz" hinzugefügt, zu den Armen werden hinzugenannt „die Kleinen, die Kranken". Am Ende wird Maria genannt, die am Kreuz vom sterbenden Herrn dem Jünger zur Mutter gegeben ist. Im nachfolgenden Artikel 9 wird jetzt vor dem Bischof der Stellvertreter Christi, der römische Papst genannt. Mit einem zugefügten Augustinus-Zitat wird gefordert, dass die Alumnen durch die geistliche Ausbildung lernen, mit einem weiten Herzen am Leben der gesamten Kirche teilzunehmen.[201] Denn nach Augustinus gilt:

„In dem Maß als jemand die Kirche Christi liebt, in dem Maß hat er den heiligen Geist."

Am Ende dieses neunten Abschnittes steht schließlich ein mahnender Satz, die Alumnen mit den Herausforderungen und Schwierigkeiten, den Gefährdungen ihrer Sendung vertraut zu machen.

Überblickt man die neue Umschreibung der geistlichen Ausbildung, ihre Zielsetzung, so zeigt sich zugleich, wie jener einzelne Aspekt, auf den das pianische Priesterbild konzentriert war, die „configuratio cum Christo Sacerdote" durch

---

[200] AS IV/4, 17.
[201] Ebd. 18.

den Charakter, der mit der Weihe verliehen wird, nicht negiert, sondern in einen neuen Zusammenhang eingeordnet wird. Er bildet ein Moment jenes Kommunikationsgeschehens, das die Kirche darstellt und lebt und in dem die Presbyter ihren spezifischen Dienst für die Menschen zu verrichten haben.

Wie entwickeln sich angesichts dieser Veränderungen im Blick auf die geistliche Ausbildung der Priesteramtskandidaten die Aussagen über die pastorale Ausbildung?

5. Die pastorale Ausbildung im engen Sinn

Gegenüber dem Schema der Vorbereitungskommission weist Schema 1 einen erheblichen Unterschied auf: während im Schema der Vorbereitungskommission der Frage der pastoralen Ausbildung in den Seminaren das gesamte Kapitel 5 gewidmet ist und mit einer eigenen ersten Nummer die biblischen und theologischen Grundlagen angesprochen werden, besitzt Schema 1 kein eigenes Kapitel zur pastoralen Ausbildung. Vielmehr schließt das Kapitel 4 über die ratio studiorum in der Nummer 23 mit der allgemeinen Feststellung:

„Der pastorale Charakter der kirchlichen Studien ist mit besonderer Sorgfalt zu beachten. Wie nämlich die pastorale Sorge die gesamte Bildung der Alumnen durchwalten und beleben muss, so soll die pastorale Perspektive und Sache gleichsam als lebendiger Atem in den zu vermittelnden heiligen Disziplinen von den Lehrern verbreitet werden, damit so die lehrhafte Ausbildung wahrhaft pastoral werde."[202]

Es folgen dann Einzelaussagen zur Einführung in die Praxis der grundlegenden pastoralen Tätigkeiten.

Diese Wortkargheit im einleitenden Passus ist dadurch motiviert, dass die grundlegenden Aussagen zur pastoralen Zielsetzung nach vorne gerückt sind und als Ziel der Seminarausbildung im Ganzen genannt werden.[203] Zugleich wird in prägnanter Weise die gesamte Ausbildung in die Perspektive des pastoralen Dienstes, des Hirten-Dienstes gerückt.

So nimmt es nicht wunder, dass Schema 2 – das gegenüber dem Schema 1 erweitert ist – den angeführten Satz aus Schema 1 wörtlich übernimmt, dann aber in den Hinweisen auf die Einzelheiten etwas ausführlicher wird.[204]
Schema 3 leitet die entsprechende These Nr. 16 noch knapper ein:

„Jene pastorale Sorge, welche die gesamte Ausbildung der Kleriker prägen muss, fordert auch, dass die Alumnen sorgfältig in jenen Dingen unterrichtet werden, welche in einer besonderen Weise zum heiligen Dienst gehören, besonders in Katechese und Predigt, im liturgischen Kult und in der Verwaltung der Sakramente, in der Kunst, die Seelen zu leiten, in der Aufgabe, den Irrenden und Ungläubigen entgegen zu gehen und in den übrigen pastoralen Aufgaben."[205]

---

[202] AS III/7, 802.
[203] Vgl. oben S. 376–378.
[204] Vgl. AS III/7, 524 (Nr. 23).
[205] AS III/7, 501 f.

Schema 4 übernimmt in Nr. 19 den zitierten Satz, fügt lediglich die „Werke der Caritas" hinzu. Auch Schema 5 übernimmt diesen Satz, fügt dann allerdings zwei Sätze zur Erweiterung an, welche die pastoralen Tätigkeitsfelder der zukünftigen Presbyter noch genauer umreißen:

„Sorgfältig ausgebildet werden sollen sie in der Kunst der Seelenführung, durch die sie alle Kinder der Kirche vor allem zu einem voll bewussten und apostolischen christlichen Leben und zur Erfüllung der Pflichten ihres Standes zu bilden vermögen; mit gleicher Sorgfalt sollen sie lernen, den Ordensmännern und Ordensfrauen zu helfen, dass sie in der Gnade der eigenen Berufung verharren und gemäß dem Geist der verschiedenen Institute Fortschritte machen. Allgemein sollen in den Alumnen entsprechende Fähigkeiten ausgebildet werden, die vor allem zum Dialog mit den Menschen beitragen, z. B. das Vermögen, anderen zuzuhören und das Herz im Geist der Liebe für die vielfältigen Umstände einer menschlichen Notlage zu öffnen."

Gerade durch diese beiden Zusätze wird deutlich, dass es in der pastoralen Arbeit um die Heranbildung mündiger, verantwortungsvoller, die eigene Sendung ernstnehmender Christen geht und dass es dazu der Bereitschaft der Presbyter zum Dialog, zum Hören und zur Wahrnehmung menschlicher Nöte bedarf.

VIII. Das Resultat: eine neue Sicht des Dienstes der Presbyter und ihrer Ausbildung

In der Einleitung der vorliegenden Einführung zu *Optatam totius* wurde gesagt, dass eine angemessene Interpretation des Dekrets voraussetze, dass man die Grundzüge vorkonziliarer Priesterausbildung sorgfältig nachzeichne, um den Hintergrund für eine sachgerechte Kommentierung des Dekretes zu gewinnen.[206] Im Verfolgen dieses Zieles wurden oben – und zwar als Hintergrund der sich seit dem I. Vatikanum vollziehenden Entwicklung – die Trienter Seminarreform und das Priesterbild von Trient skizziert. Die geschichtliche Ausgestaltung dieser Reform wurde knapp charakterisiert.

Vor diesem Hintergrund hob sich die Reform der Priesterausbildung, die durch Leo XIII. eingeleitet und von Pius X. zunächst in Italien, dann darüber hinaus umgesetzt wird, deutlich ab. Auf der Basis eines integralen Kulturverständnisses, das der Kirche eine Autarkie in den fundamentalen religiösen und humanen Problemen zu garantieren scheint, wird eine zentral gesteuerte Priesterausbildung realisiert, die auf ein kultisch-sacerdotales Priesterbild und eine entsprechende Amtstheologie bezogen ist. Die Apostolische Konstitution *Veterum sapientia* vom 22. Februar 1962 repräsentiert nochmals die Grundlagen dieser Konzeption, natürlich aus einem ganz bestimmten Blickwinkel.

Hier setzt ein erstaunlicher Wandel ein: Das Konzept der Ausbildung bestimmt sich vom Dienst des Presbyters als des Hirten her, der im Geist und in der Vollmacht des Guten Hirten sich der Menschen annimmt.

Diese Darstellung der Entstehungsgeschichte des Dekretes *Optatam totius* will

---

[206] Vgl. oben S. 319.

keinen Ersatz bieten für die umfangreichen historischen Untersuchungen über die Details dieser Entstehungsgeschichte. Im Rahmen eines *theologischen* Kommentars zum II. Vatikanischen Konzil wurde hier vielmehr der Frage nachgegangen, ob und wie sich in diesem wichtigen, die kirchliche Praxis zutiefst betreffenden Dokument theologische Veränderungen in der Sicht der Ausbildung von Presbytern und damit im Verständnis des Dienstes der Presbyter selbst ergeben, um damit den Rahmen für eine angemessene Interpretation der vielfältigen Aussagen dieses Dokumentes zu gewinnen.

Zwei Ergebnisse zeichnen sich sehr deutlich ab: An die Stelle des „sacerdos", der durch die Weihe die Vollmacht besitzt, Gott den wahren öffentlichen Kult darzubringen, indem er das Opfer Jesu Christi erneuert und so das Werk der Erlösung fortsetzt, tritt der Presbyter, der nach dem Beispiel des Guten Hirten seinen Dienst in der Kirche und für die Menschen wahrnimmt. Damit wird das Trienter Priesterverständnis korrigiert: Christus ist nicht in die Reihe der Priester der Völker und in das Priestertum des Alten Bundes einzuordnen, wenngleich als Höhepunkt. In ihm, in seinem Leben, seinem Sterben und seiner Verherrlichung ist diese Geschichte vielmehr beendet.

Das Heil, das er bringt, besteht nicht in erster Linie in einem „cultus publicus" mit dem definitiv von Gott gewollten Opfer. Das Heil besteht in der Lebensgemeinschaft der Menschen mit dem Vater durch den Sohn im Heiligen Geist. Dieses Heil ist in Christus eröffnet und die Kirche, die Gemeinschaft der Glaubenden, lebt zutiefst daraus. Um dieses Leben in der Kirche, ihren Gemeinschaften, den Einzelnen zu fördern und zu vertiefen, um es Nicht-Glaubenden nahe zu bringen, sind die Presbyter bestellt. Ihr Dienst ist in seinen drei großen Dimensionen Hirtendienst.

Es geht in den unterschiedlichen Diensten zutiefst jeweils um ein Kommunikationsgeschehen. Nicht nur die Verkündigung, sondern ebenso die Feier der Mysterien, die Beratung und Führung der Menschen, die kirchlichen Gemeinschaften sind Vermittlung der communicatio Dei et hominum.

Damit wird das zweite Ergebnis sichtbar, das in diesem Neubesinnungsprozess des Konzils erarbeitet wird: Alle diese priesterlichen Tätigkeiten werden nicht als äußere Verrichtungen verstanden, sondern in ihre geistliche Tiefendimension hinein geöffnet. Sie erwachsen aus der vertrauten Gemeinschaft mit dem Vater durch den Sohn im Heiligen Geist, sie gewinnen ihre Legitimation von Christus, dem guten Hirten, her, sie beziehen sich auf die Menschen, die als Gläubige auf diese Dienstleistungen angewiesen sind oder als Irrende, Fragende, Suchende, Nicht-Glaubende dieser Dienste bedürfen.

Damit sind sowohl Christologie und Soteriologie, die Ekklesiologie und Amtstheologie, aber auch die theologische Anthropologie und die Gnadenlehre neu charakterisiert. Erst von diesem Ziel der Ausbildung her gewinnen die Ausführungen von *Optatam totius* mit ihren vielfältigen, auch praktischen Einzelheiten ihr Gewicht und ihr Profil.

B. Kommentierung

von Ottmar Fuchs

Zur Einführung

Die Entstehungsgeschichte spiegelt die Spannung wider, die der Text in Kontrast und Konflikt zur bisherigen Priesterausbildung beinhaltet. Immerhin wurde auf der dritten Sitzungsperiode am 3.12.1963 in Rom der 400. Gedenktag des Seminardekrets von Trient feierlich begangen. Die Textwerdung des Dekrets expliziert die Bedeutung dieser Feier in der Tat in einer an der konziliaren Gesamterneuerung der Kirche orientierten Weise: Die Bedeutung der Erinnerung an Trient liegt eben nicht darin, dass das alte Dekret mit einigen kosmetischen Veränderungen in neuer Weise reinstalliert wird, sondern dass das Verhältnis von geschichtlichem Kontext und dem alten Seminardekret als eine generative Vorlage gesehen wird, in der gleichen Freiheit nun auf den gegenwärtigen Kontext und die entsprechende Zeitdiagnose zu reagieren. Wieder zeigt sich hier das Grundanliegen des Konzils, die Tradition nicht durch ihre angeblich zeitlose Fixierung zu erhalten und dann letztlich in der kontextbezogenen Relevanz zu verspielen, sondern darin, was inhaltlich dem Tridentiner Seminardekret am Herzen lag, nämlich eine möglichst angemessene Priesterausbildung in der damaligen Zeit und in den damaligen religiösen und politischen Systemen zu garantieren, nun auch in der Gegenwart zu tun, und zwar anders zu tun, weil sich die Gegenwart und die Erfahrungen in Gesellschaft, Kirche und Theologie verändert haben. Erst dadurch gewinnt die Tradition zeitgenössische Relevanz und kann so wieder lebendige Basis einer künftigen Tradition werden.

Anders als eine fixierende Bewahrung, die sich um die Kontexte kaum kümmert und deswegen auch kaum Konflikte benötigt, bringt die angesprochene Spannung zwischen Bewahrung und Wandel Konflikte, die auch in den Diskussionsphasen der Entstehungsgeschichte des Dekrets zum Vorschein kommen: „... in den ersten Entwürfen bestanden die Neuansätze in schüchternen Bemerkungen, die zwischen konventionellen Normen versteckt waren und kaum bemerkt wurden; so waren manche enttäuscht. Doch durch die bald einsetzende Kritik, durch die immer wieder geforderte Straffung des Textes sowie durch die hartnäckige Forderung, die neuen Perspektiven klar zu formulieren, hat das Dekret seine endgültige Gestalt gefunden."[1] Die Neuorientierung des Verhältnisses

---

[1] Neuner, Einleitung 310. Zur ausführlichen Entstehungs- und Diskursgeschichte des Dekrets s. o. Teil A. V–VII von P. Hünermann, vgl. auch Greiler, Das Konzil 83–352; Mártil, Historia; Mödl, Dekret 150–162. In dieser Einführung sei in kurzer Zusammenfassung nochmals der Faden aus Teil A aufgenommen.

von Kirche und Welt² hatte dabei vor allem zwei Konsequenzen: einmal die Dezentralisierung und relative Freigabe der Konkretisierung der Priesterausbildung für die unterschiedlichen Kontexte der Länder und Erdteile; zum anderen eine das ganze Dekret durchziehende Konzeptionalisierung der Ausbildung an der pastoralen Zielsetzung im Kontext der gegenwärtigen Zeichen der Zeit.

Zunächst hatte die vorbereitende Kommission „De studiis et seminariis" unter dem Auftrag der päpstlichen Zentralkommission zwei Schemata vorgelegt, einmal das Schema zur Förderung kirchlicher Berufe (*De vocationibus ecclesiasticis fovendis*), zum anderen das Schema zur Priesterausbildung (*De sacrorum alumnis formandis*). In der Auseinandersetzung mit der Zentralkommission, die immer eher darauf aus war, die Dekrete möglichst kurz zu halten, befand sich permanent die Seminarkommission, die aufgrund ihrer Recherchen an konkreten Entfaltungen interessiert war. Jedenfalls wünschte die Zentralkommission, dass die beiden Schemata zusammengebracht werden. Das 1. Schema erschien dann im 1963 vorgelegten Schema als erstes von sieben Kapiteln. Im Übrigen bestand die vorbereitende Kommission darauf, dass das Urteil, was in diesem Text an Konkretionen stehen solle, der eigentlichen Konzilskommission zu überlassen sei. Diese konstituierte sich während der ersten Sitzungsperiode. Ihr Präsident war Kardinal G. Pizzardo, der Sekretär A. Mayer OSB.

In den Kommissionssitzungen im Januar und März 1963 wurde der Text revidiert und im Mai 1963 den Konzilsvätern zugesandt. Während der zweiten Sitzungsperiode des Konzils (1963) bearbeitete die Kommission die eingegangenen Voten. Als Titel wurde nun genommen: *De alumnis ad sacerdotium instituendis*, um deutlich zu machen, dass es sich hier nur um die Priesterausbildung handelt (nicht um die Ausbildung anderer Kleriker, wie etwa der Diakone).³ Zugleich wurde im neuen Text aufgrund der eingegangenen Voten die Neuorientierung der Seminarerziehung weitergetrieben: die differenziertere Anpassung an die lokalen Verhältnisse und die Thematisierung der menschlichen Kompetenzen künftiger Priester im Zusammenhang ihrer zeitbezogenen Verantwortung. Mit dem plötzlichen Auftrag der Koordinierungskommission vom 23. 1. 1964, anstelle des Schemas nur kurze „Propositiones" zu verfassen, um so, mit anderen gekürz-

---

² Zum Verhältnis der Ekklesiologie des II. Vatikanums zu OT vgl. Masseroni, Optatam 11–24.
³ Diese Konzentration auf die Ausbildung von Diözesanpriestern kann kritisch als eine grundlegende Schwäche dieses Dokuments, aber auch des Priesterdekrets angesehen werden. Grund dafür ist wohl, dass das Konzil davon Abstand nahm, ein integrales ämtertheologisches Konzept des priesterlichen Amtes auf dem Niveau einer dogmatischen Konstitution zu formulieren, wie dies im *Lumen gentium* hinsichtlich der Kirche und in *Gaudium et spes* hinsichtlich der Weltverantwortung der Kirche geschehen ist. In der Pluralität unterschiedlicher priesterlicher Lebensgestaltungen (von Orden und religiösen Gemeinschaften über die verheirateten Priester in den unierten Kirchen zu den zölibatären Priestern der lateinischen Kirche) wird damit nicht die Frage angegangen, was die unterschiedlichen Lebensformen im gemeinsamen sakramentalen Amt verbindet und warum sie sich in unterschiedliche Lebensformen hinein durchaus vielfältig zu entfalten vermag. Dann wäre es auch möglich und nötig gewesen, die Stellung des Diakonats *im* sakramentalen Amt genauer zu klären. V. a. auch hinsichtlich des Letzteren entstanden denn auch die entsprechenden Folgeprobleme: vgl. Hünermann u. a. (Hg.), Diakonat; Reininger, Diakonat der Frau; Das Themenheft „Weltweites Symposion zur Ausbildung Ständiger Diakone": Diak 25 (2000) 3/4.

ten Dokumenten, mit der dritten Sitzungsperiode das Konzil möglichst zu Ende zu bringen, fielen entscheidende Ausführungen und Begründungen weg. Auf diesen Text reagierten die Bischöfe, ihrerseits intensiv drängend, mit massiven Erweiterungsvoten, insbesondere in Richtung einer weiteren Erneuerung und größeren Bestimmtheit. So wuchs der Text wieder an: um Nr. 3 (kleine Seminare), um Nr. 10 (Zölibat), um Nr. 17 (Methode der höheren Studien). Auch andere Texte wurden erheblich erweitert (vor allem hinsichtlich der Berufung zum Priestertum, der theologischen Studien und der pastoralen Bildung).

Am 12., 14., 16. und 17.11.1964 fand die Konzilsdebatte des derart vorliegenden Schemas statt. Und es zeigte sich mit einer unbeirrbaren Intensität und Vitalität, wie sehr die Bischöfe an diesem Text interessiert waren und wie sehr sie deshalb Passagen, die sie nur ansatzhaft fanden, entfaltet haben wollten. Gerade an diesem, die Praxis der Priesterausbildung orientierenden Text entzündete sich jener konfliktuöse Diskurs, der das Vatikanum insgesamt durchzog: den einen gingen die Neuerungen zu weit (Ottaviani, Ruffini, Bacci, Staffa), die anderen wollten die Neuorientierung noch profilierter formuliert haben (Suenens, Döpfner, Meyer, Léger, Hurley, de Barros Câmara, Bueno Monreal, Colombo, Salazar).[4] Letztere standen für die sensible Wahrnehmung gesellschaftlicher Veränderungen, wie sie der zeitgenossische Modernisierungsschub herausgefordert hat und wie sie auch in anderen Texten des Konzils (wie besonders in *Nostra aetate*) konstituierend ernst genommen wurden. Dahinter steht vor allem die Provokation der Pluralität und der Dialogizität der Moderne. Das Gespür für diese Herausforderung war formgebend dafür, welche Fragen in die Diskussion aufgenommen wurden und welche „Öffnungen" und Offenheiten anzugehen waren.[5]

Die Auseinandersetzung kulminierte u.a. in der Frage nach der Bedeutung der Scholastik und des Thomas von Aquin für das Theologiestudium. Auch hier zeigte sich die bereits angedeutete Problematik in der Auffassung der Tradition: Sollte Thomas zum beherrschenden Theologen des Studiums werden, an dessen Wortlaut sich alles andere zu orientieren hat; oder aber sollte die Art und Weise, wie Thomas auf seinen Zeit reagierte, zum Maßstab dafür werden, mit welcher Eigenständigkeit heutige Theologie in ihrer Zeit zu denken und zu gestalten vermag? Es ist jene Frage, die Marie-Dominique Chenu in seiner „Schule der Theologie" bereits 1937 in die zweite Richtung zu beantworten versuchte und wofür dieses Buch 1942 auf den Index kam. Das Dekret über die Ausbildung der Priester bringt Chenu mindestens indirekt eine Rehabilitierung, die ihm offiziell leider bis zu seinem Tod nicht vergönnt war.[6]

Am 17. November 1964 wurde das Schema insgesamt abgestimmt. Von 2117 Konzilsvätern stimmten 2076 mit Ja, 41 mit Nein. Nach der Einarbeitung der Modi und der eingebrachten Zusätze wurde der Text mancher Artikel mehr als

---

[4] Zum Verhältnis von Konzilsmehrheit und einer Konzilsminderheit, die durchaus eine starke Position hatte, vgl. Greiler, Das Konzil 211ff.256ff. Von daher rühren denn auch die Texte des Konzils zuweilen als juxtapositionale „Mischtexte": vgl. Pottmeyer, Ekklesiologie, und: ders., Nachkonzilszeit.
[5] Vgl. ebd. 84–142.
[6] Vgl. Chenu, Le Saulchoir; Engel, Chenu.

verdoppelt. Der Gesamttext wurde am 11. und 12.10.1965 zur Endabstimmung vorgelegt, mit 2321 abgegebenen Stimmen, davon 2318 positiv und 3 negativ.⁷

Der folgende Kommentar stellt den Versuch dar, den Text als solchen ernst zu nehmen und zugleich seine auf uns zukommende Bedeutung „genealogisch"⁸ in den Blick zu bekommen. Damit werden stellenweise die Übergänge von Kommentar des Textes (Teil B) zu seiner Würdigung (Teil C) fließend. Diese Übergänge sind in Exkurse gefasst. Sie werden in der Würdigung nochmals aufgenommen, müssen dort aber nicht wiederholt werden. Es hat sich als Vorteil erwiesen, bestimmte Gegenwartsbedeutungen an Ort und Stelle aus dem Kommentar selbst heraus zu erörtern.

---

⁷ Betrachtet man das Abstimmungsverhalten zu den Einzelkapiteln genauer, so sammeln sich ungewöhnlich viele Nein-Stimmen (im Vergleich zu den anderen Artikeln) insbesondere bei Nr. 3 (Knabenseminare) mit 95 Nein-Stimmen, bei Nr. 4 (Notwendigkeit der Priesterseminare) mit 88 Nein-Stimmen und bei Nr. 14 (Philosophische Studien) mit 58 Nein-Stimmen: vgl. entsprechende Bemerkungen im Kommentarverlauf zu diesen Abschnitten.
⁸ „Genealogisch" (im Sinne zwischen Text und Gegenwart analogen Problem- und Machtverhältnissen). Vgl. zum entsprechenden Bedeutungsbegriff bei G. Frege und zum Genealogiebegriff bei M. Foucault: Fuchs, Bibelhermeneutik 36 bzw. 30–35.

Vorwort

Mit besonderem Nachdruck verbindet die Heilige Synode, und sie betont, dass sie sich dieses Nachdrucks bewusst ist, die wesentliche Abhängigkeit der Erneuerung der gesamten Kirche vom priesterlichen Dienst. Die Anmerkung 1 verdeutlicht, dass dahinter die prinzipielle Einsicht steht, dass überhaupt die Identität der gesamten Kirche zum großen Teil vom priesterlichen Dienst abhängt, denn erst von daher kann gesagt werden, dass auch „der Fortschritt des ganzen Gottesvolkes nach dem Willen Christi selbst vom Dienst der Priester abhängt" (Anm. 1). Diese Abhängigkeit wird mit den Worten des Herrn an die Apostel und ihre Mitarbeiter begründet, nämlich Verkünder des Evangeliums, Vorsteher des auserwählten neuen Volkes und Verwalter der Geheimnisse Gottes zu sein. Anders formuliert: wenn die Erneuerung der Kirche keine ausreichende Basis bei den Priestern erhält und wenn sich dies nicht in der Ausbildung niederschlägt, ist die Erneuerung „zum großen Teil" misslungen. Eben dieser Abhängigkeit ist sich die Synode „voll bewusst".[1]

Dieser Einstieg in den Text signalisiert dessen gesamte Dynamik. Der Folgetext macht zudem klar, dass es sich hier nicht um eine klerikalisierende Herausstellung des Priesteramtes gegenüber dem Volk Gottes handelt, sondern um die Herausstellung der besonderen Verantwortung des priesterlichen Amtes für die gesamte Kirche, für das Volk Gottes in der Kirche und die Kinder Gottes in der Welt. Dieses Bewusstsein der Synode von der Wichtigkeit des priesterlichen Dienstes in der Erneuerung des Volkes Gottes entspricht nicht nur der katholischen Ämtertheologie, sondern zeugt auch für einen beträchtlichen soziologischen und institutionstheoretisch fundierten Realismus. Leitsätze ohne Leitpersonen haben in Gemeinschaften und Gesellschaften keine Chance, Allgemeingut

---

[1] Diese starke Bindung der Erneuerung an das sakramentale Amt könnte die Frage provozieren, ob hier nicht noch ein Verhältnis von Priesteramt und Laien nachwirkt, wie es unter Pius X. vertreten wurde (s. o. Einleitung A. I). Immerhin waren die Erneuerungsbewegungen in der Kirchengeschichte oft genug aus dem Volk Gottes heraus entstanden (man denke nur an Franz von Assisi, Katharina von Siena in Italien, an Siglo de Oro in Spanien). Und bei den Erneuerungsinitiativen und Missionsbewegungen, die von Orden getragen wurden, handelte es sich mehr um die entsprechende Identität der Orden hinsichtlich ihrer Gründerfiguren als um deren Priestersein, soweit es sich überhaupt um männliche Orden und dabei nicht um die Brüder handelte. Ob hier bei manchen Vätern so etwas wie ein Nachklang der bisherigen Vorstellung des Verhältnisses von Priesteramt und Laien vorlag, kann hier nicht beurteilt werden. Das Dekret jedenfalls geht in seinem Grundtenor von einer Wechselseitigkeit zwischen sakramentalem Amt und dem Volk Gottes, zwischen Identität des Dienstes und den pastoralen Erfordernissen aus, so dass hier nicht die Erneuerung primär an die priesterliche Vollmacht gebunden wird, sondern umgekehrt das priesterliche Amt an die Erneuerung der Kirche und ihrer Pastoral.

und Allgemeinpraxis zu werden. Implizit kommt hier jene gegenseitige Erschließungskraft zum Tragen, die auf dem Hintergrund des Dogmas von Chalkedon für das Verhältnis von Theologie und Soziologie zu reklamieren ist, nämlich dass sie sich gegenseitig benötigen und erschließen. In der Konzeption des Studiums für künftige Priester wird später eben dieses Verhältnis vor allem in der Beziehung von Philosophie und Theologie thematisiert.[2]

Dem priesterlichen Dienst wird ein Attribut beigefügt (der vom Geist Christi bewegt ist: Christi spiritu animato), von dem wohl anzunehmen ist, dass es als Indikativ gemeint ist, der allerdings einen Hauch von Konditionalem nicht verliert. Aufgrund der Sakramentalität des Weiheamtes glaubt die Kirche daran, dass im Zeichen der Handauflegung eine spezifische innere Gnade für dieses Amt im Geist Christi geschenkt ist, ein Geschenk, das keiner Kondition unterliegt. Aus der Struktur der biblischen Botschaft zwischen Gnade und Ethik, zwischen Gabe und Aufgabe, zwischen Zuspruch und Anspruch ergibt sich allerdings die Forderung, dass die so Beschenkten diesen Geist in ihrer Existenz entsprechend entfalten. Genau um die Ermöglichung dieser Entfaltung geht es im Folgetext.

Exkurs: Zwischen Krise und Fortschritt

In welchem Sinn in der Anmerkung 1 „vom Fortschritt des ganzen Gottesvolkes" (universi populi Dei progressum) die Rede ist und welche theologische Kategorie hier bemüht wird, bleibt dunkel. Handelt es sich lediglich um den realen Vorgang des Vorwärtsschreitens in der Zeit oder ist damit eine qualitative Sicht verbunden? Dies würde bedeuten, dass mit dem Konzil eine bessere Identitätsgestaltung der Kirche erstrebt wird als sie vorher (wann immer dieses Vorher platziert wird) gegeben war. Traditionstheologisch dürfte eine solche Fortschrittsideologie gegenüber der Vergangenheit bedenklich sein. Zudem das letzte Urteil darüber, was jeweils besser oder weniger gut an relevanzorientierter Selbstverwirklichung der Kirche in Epochen und Kontexten war, ohnehin dem Gericht Christi zu überlassen ist. Es ist gerade von seiten der Konzilstheologie her nach rückwärts wohl keiner Epoche abzusprechen, dass sie nach besten Möglichkeiten versucht hat, den Auftrag der Kirche in der jeweiligen Zeit zu verwirklichen, immer verbunden mit den Anteilen des Unvermögens, abgrundtiefer Sündhaftigkeit und des Misserfolgs. Keine Zeit kann beanspruchen, sie könnte aus diesem Fluss der Geschichte aussteigen, gleichsam einen archimedischen Punkt erreichen und von einer solchen Vogelperspektive her ziemlich hybride die Vergangenheit beurteilen. Gerade wenn man die eigenen Schattenanteile in der Gegenwart nicht gründlich genug sehen will oder zu sehen vermag, wird die Zukunft sie umso kritischer auszuleuchten haben und auch ausleuchten können. Man tut wohl manchen Konzilstexten in dieser Hinsicht nicht ganz Unrecht, wenn man ihnen vorwirft, dass sie einen zu naiven Fortschrittsbegriff und -glauben haben.

---

[2] Zu den entsprechenden Grundlagen der erneuerten Christologie vgl. Klinger, Armut 217–221.

Wenn dies gesagt werden durfte, darf aber auch dem anderen Argument zugestimmt werden, gewissermaßen in dialektischer Geltung dazu, ohne die Vorsicht vor jeder Art von Fortschrittsideologie außer Kraft zu setzen: Nämlich dass es tatsächlich so etwas wie einen Fortschritt im Glaubensvollzug gibt und dass von daher auch nicht die Hoffnung hintertrieben werden darf, dass es auch innergeschichtlich auf das Heil zugeht und zugehen kann (vgl. DV 8 und 23). Füglich geht das Konzil davon aus, dass es globale und lokale Fortschritte in der menschlichen Gesellschaft geben kann, und dass jetzt in besonderer Weise die Zeit drängt, auf eine solche Hoffnung hin zu handeln. W. Damberg hat darauf hingewiesen, dass das Konzil nicht nur eine politische Wirkung hatte, sondern im Kontext eines politischen Wandels steht, der gerade nicht naiv interpretiert werden darf, als wären die Konzilstexte, blind gegenüber den Ambivalenzen der eigenen Zeit, überoptimistisch. Vielmehr muss das Krisenbewusstsein *vorausgesetzt* werden, nämlich, dass es „jetzt" Ende der fünfziger und Anfang der sechziger Jahre des letzten Jahrhunderts einen „außerordentlichen Handlungsbedarf" für eine „zivilisatorische Neuordnung" gibt.[3] Johannes XXIII. hat offensichtlich gesehen, wie die Menschheit auf Grund der rasanten Veränderungen vom Sturz in das Chaos und in totale Kriege bedroht war. Er wollte einen „Sprung nach vorwärts"[4], in dem die tradierte Glaubenssubstanz auf die neuen Herausforderungen und Chancen des Zeitalters bezogen werden. Die Haltung der Bischöfe war also nicht naiv optimistisch, sondern entsprang, zumindest bei einem signifikanten Teil der Väter, aus dem Bewusstsein, dass eine risikoreiche zivilisatorische Neuordnung bevorsteht, aus der sich die Kirche nicht heraushalten kann.[5] Von daher erweisen sich die Texte des Zweiten Vatikanums, gerade die „optimistischen", als ermutigende Hoffnungstexte auf dem Hintergrund der Krise, also nicht irgendwo in der Luft hängend, sondern durchaus problembezogen. Vorstellungen wie die von der „Einheit der ganzen Menschheit" und der Öffnung der Kirche in der Zusammenarbeit mit allen Kräften guten Willens erhalten auf diesem Hintergrund eine besondere zeitdiagnostische Brisanz. Damberg spricht von einer „historischen Dynamisierung des Denkens", mit einer hohen Bereitschaft, grenzüberschreitend und innovativ zu agieren.[6] Von einer realitätsfernen Fortschrittsideologie kann dann bei den Konzilstexten nicht die Rede sein, sondern eher von der eingesehenen Notwendigkeit, nicht nur in der aktuellen Vermittlungskrise zwischen Tradition und Erfahrung, sondern auch in der gegenwärtigen politischen Krise Hoffnungs- und Kooperationsperspektiven aufzuweisen, durchaus auf dem Hintergrund der Befürchtung, dass die menschliche Gesellschaft, wenn dies nicht gelingt, ins Chaos zurückfällt. Damberg zitiert in diesem Zusammenhang Kardinal Suhard von Paris (mit dem der spätere Papst als Nuntius zu zahlreichen Gesprächen zwischen 1944 und 1949 zusammenkam), der den Auftrag der Kirche darin sieht, dem „planetarischen Humanismus" eine „Seele" zu ver-

---

[3] Damberg, Konzil 254 f.
[4] So noch in der italienischen Fassung seiner Eröffnungsrede am 11. Oktober 1962; vgl. Damberg, Konzil 254.
[5] Vgl. ebd. 254.
[6] Ebd. 257.

mitteln. „Die Welt ... zu einer Einheit werden lassen ohne Mitwirkung der Christen, ohne Gott ... das wäre der größte Fehler der Christen des 20. Jahrhunderts, den ihnen ihre Nachkommen niemals verzeihen könnten ... Und vielleicht wird unserer Zeit zur großen Ehre gereichen, etwas begonnen zu haben, was andere zum guten Ende führen werden: wir meinen die Begründung eines Humanismus, der der Welt und den Plänen Gottes gerecht wird."[7]

Heute, zu Beginn des 21. Jahrhunderts, bestätigt sich diese Krisensicht von damals; es bestätigt sich aber auch, dass es den angedeuteten Fortschritt nur teilweise gegeben hat. Nach enormen Hoffnungsaufbrüchen in den siebziger Jahren, sowohl in der Kirche wie auch in der globalen Politik, im Vertrauen darauf, dass die weltweiten Entwicklungsprojekte tatsächlich greifen könnten, zeigt sich seit den achtziger Jahren mit allen Deutlichkeit, dass es diesen Fortschritt nur lokal und teilweise gibt, und dass in anderen Regionen Ungerechtigkeit und Elend explodiert sind. Die gegenwärtige Globalisierungsdebatte ist ein Signal dafür. Ob es also einen Fortschritt gab und gibt, ist immer nur lokal zu verifizieren, wie auch das Problem, ob das jeweils Neue tatsächlich das Bessere war und ist. Dies gilt vor allem für eine gegenwärtige gesellschaftliche, wirtschaftliche und wissenspolitische Dynamik, in der die Innovation schon aus formalen Gründen einen größeren Wert gegenüber dem einnimmt, was dem Alten näher liegt, oder was das Andere, wie es aus der Tradition kommt, als „ganz andere" Innovation einzubringen vermag. Geht man von der gegenwärtigen Zeitdiagnose aus und beachtet man die angesprochene Dynamik des Konzils, auf die damalige Krise zu reagieren, würde sich für heute zum Beispiel die Verantwortung ergeben, zu Gunsten einer verzichtfähigen Solidarisierung den christlichen Glauben zu besprechen und mit allen Kräften guten Willens in Verbindung zu bringen, und zwar im lokalen wie auch im globalen Bereich.[8] GS 1 gewinnt in diesem Kontext eine aktuelle brisante Bedeutung.[9]

***

---
[7] Kardinal-Erzbischof Suhard in: Aufstieg oder Niedergang der Kirche? Hirtenbrief vom 1947, zit. bei Damberg, Konzil 255.
[8] Vgl. Fuchs, Wohin mit der Angst?
[9] Global gesehen ist die Warnung vor Fortschrittsideologien durchaus berechtigt: So gibt es lokal in Ländern und Erdteilen Fortschritte hinsichtlich der Humanisierung, während zugleich die Schatten bestimmter Entwicklungen für andere Länder umso größer und dunkler werden. Kaum jemand in den so genannten Erste-Welt-Ländern möchte wohl im Mittelalter leben, schon allein aus Gründen der medizinischen Versorgung und der bestehenden Gerechtigkeitssysteme (wobei man auch hier dem Mittelalter Unrecht tut und genauer hinschauen muss, nämlich auf die unterschiedlichen Bildungs-, Besitz- und Machtverhältnisse), doch würden heute Millionen, die von den herrschenden Wirtschafts- und in Politiksystemen ausgeschlossen sind, wie die Menschen in den Elendsvierteln der Metropolen der südlichen Hemisphäre, durchaus zu anderen Vergleichsergebnissen kommen. Ob es insgesamt in der Menschheitszivilisation, wenn man Licht und Schatten „zusammenzählt", einen Fortschritt an Humanisierung und Vernunftorientierung gibt, benötigte eine Vogelperspektive, die uns kaum gegeben ist. Dass es einen wissenschaftlichen und technologischen Fortschritt gibt, steht genauso außer Frage, wie die darin immer tiefer werdenden Ambivalenzen zwischen Konstruktion und Destruktion.

Von der entscheidenden Bedeutung der priesterlichen Ausbildung her werden für Gegenwart und Zukunft „grundlegende Leitsätze" zu beachten sein, die in einer dreifachen Verantwortung stehen: das Bewährte des Bisherigen zu bewahren, die Erneuerungsintention des Konzils ernst zu nehmen und die veränderte Situation und Zeit wahrzunehmen.[10] Wie diese drei Momente miteinander zusammenhängen, klärt der Text nicht, jedenfalls nicht in einer expliziten Reflexion, sondern vielmehr in der Art und Weise, wie der Folgetext jeweils mit diesen drei Faktoren umgeht. Dabei wäre zu bedenken: Gerade wenn die Neuerungen der Konzilstexte auch für dieses Dekret ernst genommen werden, besteht deren implizite Herausforderung immer darin, auch den veränderten Zeitumständen zu entsprechen. Aus dieser Perspektive wäre es gar nicht notwendig gewesen, sie eigens zu nennen. Dass sie aber genannt werden, unterstreicht die Eigenständigkeit dieser Dimension, vor allem ihre Bedeutung für dieses Dekret. Von daher werden „nur" grundlegende Leitsätze aufgestellt, die nur deswegen für alle Priester des Welt- und Ordensklerus und aller Riten gelten können, weil sie so geartet sind, dass ihre Konkretisierung und Anpassung „vor Ort" zu entscheiden ist. Mit dieser Textsortenbestimmung realisiert das Dekret von Anfang an, was es inhaltlich hervorhebt, nämlich die veränderten Zeit- und damit auch Kontextumstände wirklich ernst zu nehmen und nicht zentralistisch flächendeckende Verordnungen zu erlassen, denen sich die Kontextbedingungen zu unterwerfen haben.

Die Notwendigkeit grundlegender Leitsätze für die ganze Kirche wird mit der „Einheit" des katholischen Priestertums für alle Priester des Welt- und Ordensklerus und aller Riten begründet. Worin diese Einheit besteht, wird vorausgesetzt, also hier nicht näher begründet. Jedenfalls geht der Text davon aus, dass es eine Einheit des katholischen Priestertums gibt, die der kontextbezogenen Wandelbarkeit entzogen ist, oder besser im Kontext der Theologie des Zweiten Vatikanums: die als das „Innen" priesterlicher Identität der bleibende Ausgangspunkt für seine „Entäußerung" in das Außen von Zeit und Situation konstituiert. Worin diese Einheit näherhin besteht, wird in den einschlägigen Texten des Zweiten Vatikanums etwas ausführlicher formuliert, vor allem im Priesterdekret. Es gibt also eine inhaltliche, theologisch-konzeptionell rekonstruierbare Herkunftsidentität des priesterlichen Dienstprofils, die der unterschiedlichen Funktionsidentität in unterschiedlichen pastoralen Situationen und gesellschaftlichen Kontexten nicht gänzlich auszuliefern, sondern vielmehr in diesen neuen Herausforderungen, wenn nötig auch kontrastiv, aber auch dann immer im Kontakt dazu zu gestalten ist.

Die Adressaten des Dekrets werden, trotz dieser universalen Anlage für alle Priester der katholischen Kirche, gleichwohl nochmals differenziert: unmittelbar betroffen ist der Diözesanklerus. Dennoch gelten die Leitsätze in dann jeweils eigens zu integrierender Form auch für die diversen Ordensgemeinschaften. Es scheint so, als würde am Beispiel des Diözesanklerus durchbuchstabiert, was für alle gilt und entsprechend ihrer Konstitution zu realisieren ist.

Vom semantischen Netzwerk des Vorwortes her kann diese Einheit des katho-

---

[10] Vgl. diese Momente im geschichtlichen Überblick Martín Hernández, La Iglesia.

lischen Priestertums auch mit jenem Geist Christi in Verbindung gebracht werden, von dem offensichtlich jeder priesterlicher Dienst gnadentheologisch belebt ist und praktisch belebt sein soll. Hier findet sich noch ein Rest des ursprünglichen Schemas, der hier den dogmatischen Zusammenhang des Verhältnisses des Priestertums der Kirche und des Priestertums Christi bedacht hat. Neuner spricht in seinem Kommentar von einer zum Vorschein kommenden „Christozentrik des priesterlichen Dienstes", was insbesondere in der Voranstellung (Christi spiritu animato) zum Ausdruck kommt. Man muss um diese Herkunft allerdings wissen, um zu dieser Beurteilung im Vorwort zu kommen. Denn der semantische Befund selbst, der eben nicht vom Priestertum Christi, sondern vom Geist Christi spricht, ist demgegenüber jedenfalls an dieser Stelle eher zurückhaltend.

I. Die Neuordnung der Priesterausbildung in den einzelnen Völkern

OT 1 Was im Vorwort mit „entsprechender Anpassung" angedeutet wurde, wird nun ausgeführt: Wegen der großen Verschiedenheit der Völker und Gebiete ist es den Bischofskonferenzen zu überlassen, je eine eigene Ordnung der Priesterausbildung einzuführen, und zwar auf der Basis der grundlegenden Leitsätze des Textes. Diese Ordnungen sind selber beweglich zu gestalten, nämlich relational zu Zeit, Ort, Bedürfnissen und Herausforderungen, womit konsequenterweise damit gerechnet wird, dass sich vor Ort Situationen und Zusammenhänge im Laufe der Zeit verändern können. Der apostolische Stuhl beansprucht also nicht mehr, eine zentrale Ordnung der Priesterausbildung für alle Länder zuzulassen, sondern gibt sie entsprechend den allgemeinen Leitsätzen ab. Die Verantwortlichen beanspruchen also nicht, vor Ort die Konkretionen besser zu kennen als die Ortsansässigen selbst. Der apostolische Stuhl behält sich lediglich die Approbation vor: Vom bisherigen Text her offensichtlich, um die Einheit des katholischen Priestertums und seine dogmatische Identität zu bewahren.

Die Anpassung an die örtlichen und zeitlichen Verhältnisse wird inhaltlich mit den „pastoralen Erfordernissen der Länder" begründet, in denen die Priester ihren Dienst auszuüben haben. Hier fällt das erste Mal in diesem Dokument der entscheidende Begriff, der das Konzil zu einem Pastoralkonzil werden lässt: Die Kirche behauptet nicht nur, was dogmatisch festzuhalten und zu bekennen ist, sondern sie forscht nach den pastoralen Möglichkeiten und Notwendigkeiten, in denen die Erfahrung dessen, was die Kirche in ihrem inneren Selbstverständnis von sich behauptet, auch bei den Menschen anzukommen vermag. Hier geht es darum, dass das priesterliche Amt in seinem Inhalt pastorale Relevanz gewinnt, so dass sich von der pastoralen Bedeutung her die aktuelle Gestaltung des priesterlichen Dienstes ergibt. Die Pastoral ist ein Konstituens priesterlicher Identität, damit ihr dogmatischer Inhalt nicht toter Buchstabe werde.

Dass es die Bischofskonferenzen sind, die die Ordnungen der Priesterausbildung einzuführen haben, zeigt das Bestreben, die Einheiten, in denen die pastoralen Erfordernisse formuliert werden, nicht zu klein werden zu lassen. Sonst kann es leicht zu einer allzu großen Pluralisierung und Zersplitterung in einem kulturellen und gesellschaftlichen Zusammenhang kommen. Auf den ersten Blick wird damit den Diözesanbischöfen in gewisser Weise die Autorität entzogen, jeweils eigenständig und womöglich eigenwillig für die eigene Diözese mit den anderen Diözesen unvermittelte und vielleicht auch unvermittelbare Adaptationen einzuführen. Bei genauem Hinsehen allerdings gewinnen sie an Einfluss, weil sie bisher ohnehin nur die römischen Zentralvorgaben für das Priesterseminar zu exekutieren hatten, während sie jetzt innerhalb der Bischofskonferenz ein beträchtliches Mitrede- und Mitentscheidungsrecht haben. Allerdings verändert sich dabei die Kultur, wie man zu einer Entscheidung kommt: von der möglichen Sprachlosigkeit im Gehorsam gegenüber Rom zu der notwendig werdenden Dialogkultur, um möglichst konsensorientiert zu einer entsprechenden Entscheidung zu kommen. 53 Väter hatten in einem Modus gewünscht, dass bei der Ausstellung solcher Ordnungen die Bischofskonferenzen nicht nur Fachberater aus dem Klerus heranziehen sollten, sondern auch diesbezüglich erfahrene und kompetente Laien. Die Kommission verweigerte die explizite Erwähnung mit der Begründung, dass eine solche Beratung selbstverständlich vorausgesetzt sei.[11] Allerdings ist auch die Beratung durch priesterliche Fachleute nicht im Text enthalten.[12]

II. Die stärkere Förderung der Priesterberufe

OT 2 Die Propositiones hatten das Thema der Förderung der Priesterberufe, das ursprünglich ein eigenes Schema sein sollte, auf einige Zeilen reduziert. Damit waren die Bischöfe nicht einverstanden. Mit ihren Eingaben verlängerten sie diesen Artikel beträchtlich. Darin zeigt sich die tiefe Sorge der Bischöfe hinsichtlich des Priesternachwuchses in vielen Ländern.[13] Anmerkung 3 thematisiert diesen Zusammenhang und bringt diese Bedrängnisse, „von denen die Kirche heute heimgesucht wird" (nämlich die geringe Zahl von Berufungen fast überall) an die „erste Stelle" aller Bedrängnisse. Dieser Primat wird mit Texten der Päpste Pius XII. und Johannes XXIII. untermauert.[14]

OT 2,1 Subjekt dieser Verantwortung ist die gesamte christliche Gemeinschaft (christiana communitas), insofern sie ein „wirklich christliches Leben" führt. Für den deutschen Bereich ist die Übersetzung von communitas als „Gemeinde" nicht unproblematisch, weil dieser Begriff sehr schnell mit der Pfarrgemeinde identifiziert wird. Das Dekret schaut hier soziologisch differenzierter hin: In der

---

[11] Vgl. Neuner, Kommentar 316, Anm. 4. Der vorliegende Kommentar befindet sich mit dem im deutschen Sprachraum maßgeblichen Kommentar von J. Neuner in einem besonders intensiven Gespräch.
[12] Auch nicht in der Anm. 2 zu Artikel 1. Hier wird lediglich im Passiv formuliert (die ganze Ausbildung der Priester ... ist ... anzupassen): Subjekt bleiben vom Haupttext her die Bischofskonferenzen.
[13] Zu weiteren Texten des Konzils, in denen die Berufungspastoral thematisiert wurde, vgl. Barrigós, Vocaciones 198 ff.
[14] S. o. Einleitung A. II.

christlichen Gemeinschaft gibt es die Familien, gibt es die Pfarrgemeinden, die katholischen Verbände, die Schulen, die Priester und die Bischöfe. Im dritten Absatz wird dann auch deutlich, was mit der christiana communitas gemeint war: nämlich das ganze Gottesvolk, das zur Förderung von Berufungen zusammenwirkt. Im Einzelnen sind es die Familien, die im Glauben, in der Liebe und in der Frömmigkeit „gleichsam zum ersten Seminar" werden, dann die Pfarrgemeinden, insofern sie mit ihrem blühenden Leben die Jugendlichen faszinieren, dann sind es die Lehrer und Lehrerinnen in den Schulen, die zusammen mit allen denen, die in der Erziehung Verantwortung haben, insbesondere in den katholischen Verbänden, so mit den jungen Menschen umgehen, dass sie „den göttlichen Ruf wahrnehmen und ihm bereitwillig folgen können." Völlig konsequent setzen die Väter hier das Leben der Pfarrgemeinden und der Jugendverbände voraus und wissen sehr wohl, dass überall da, wo diese sozialen Gestalten der Kirche austrocknen, auch Priesterberufungen kaum möglich sind.[15]

Zugleich insistiert das Dekret mit der angezielten Verbindung von Erziehung und „Rufwahrnehmung" zumindest implizit auf ein eigenes theologisches und zugleich anthropologisches Erziehungsverständnis. Denn indem vom göttlichen Ruf die Rede ist, wird zugleich deutlich, dass die Erziehung und die Erziehenden ihn nicht „herstellen" können, wenngleich auch gilt, dass sie ihn sehr wohl zerstören können. Erzieherische Berechenbarkeit, in didaktischen Konzepten und in Unterrichtsprogrammen, hat sich immer und jederzeit auf die Unberechenbarkeit dessen hin einzustellen, der in eigener Vollmacht Menschen zu ganz bestimmten Berufen und Berufungen beruft. Dieses theologische Anliegen der Gnade Gottes hat anthropologische Konsequenzen und bestätigt jene Erziehungskonzeptionen, die von der letzten Unverfügbarkeit gerade auch der jungen Menschen ausgehen. Die Didaktik muss hier eine nicht besetzbare Stelle leer lassen: nicht nur als zugestandene, sondern als in den Erziehungskonzepten selbst zu eröffnende Freiheit zur Gestaltung des eigenen Lebens. Der Ort der Gnade Gottes ist jener Raum, den die Macht und Bemächtigungssucht der Menschen nicht zu usurpieren hat, sondern auf den hin sie zur Freiheit ermächtigt. Eine Erziehung, die diese Offenheit für das Geheimnis Gottes im Geheimnis des Menschen nicht in ihr eigenes Programm aufnimmt und damit die eigene Programmatik selbst permanent hintergeht, missbraucht die Erziehungsverantwortung nicht nur den Menschen, sondern auch Gott gegenüber.

Am Beispiel der priesterlichen Berufungen thematisiert der Text also etwas generell Wichtiges: nämlich dass es die Aufgabe der Kirche, aller Christen und Christinnen und insbesondere der Verantwortlichen ist, mit der Gnade Gottes in der Welt zu „rechnen", und damit eigene Kalkulationen immer wieder aufs Spiel zu setzen. Die Offenheit für die Gnade Gottes in den Menschen und ihren Geschichten, theologisch in ihren Charismen, und damit dem Geist Christi selbst gegenüber, der diese Charismen schenkt, ist die Bedingung dafür, dass kirchliches Leben nicht in der Gnadenlosigkeit von Forderungen und Strukturen erstickt. Hier zeigt sich, zumindest implizit, eine interessante theologische Vertiefung des

---
[15] Vgl. Barrigós, Vocaciones 201–226.

dem Konzil wichtigen Verhältnisses von Lehre und Erfahrung, von Dogma und Pastoral, nämlich dass es nicht nur eine Vorgegebenheit der Lehre gibt, sondern auch eine Vorgegebenheit lebendiger Gnade in den Menschen, in denen Gott jene Wirksamkeit mitentfaltet, die es ermöglicht, die Lehre der Kirche mit den Zeichen der Zeit gnadenhaft in Verbindung zu bringen. Es war vor allem Kardinal Döpfners Wunsch, die Befähigung zum Priesteramt im Dekret als Gnade zu verstehen und so die im Neuen Testament betonte Gnadenhaftigkeit der Berufungen zur Geltung zu bringen.[16] Ohne diese Vorgabe der Berufung hätte die kirchliche Autorität überhaupt nicht die Möglichkeit, von der Botschaft des Evangeliums her diese Berufungen als *kirchliche* Dienstberufungen zu entfalten und zu prüfen: herstellen kann sie sie nicht. Die Kirche hat also eine Wahrnehmungsverantwortung gegenüber den persönlichen Berufungen als Basis jener anderen Verantwortung, in der sie diese Berufungen auf ihre Tauglichkeit für einen öffentlichen Dienst in der Kirche prüft. Analog zum Verhältnis von Glaube und Berufung des Menschen, wie es im ersten Hauptteil von *Gaudium et spes* entwickelt wird, erhellt die Kirche die persönliche Berufung hinsichtlich der „integralen Berufung" für den kirchlichen Dienst und orientiert von daher das Charisma auf diesen Dienst hin.[17]

Exkurs: Die berufungspastorale Verantwortung der Priester

Vor allem die Priester selbst sollen mit ihrem Vorbild diese Berufung für junge Menschen „attraktiv" werden lassen, nicht im plakativen Sinn einer Werbung, sondern in der Überzeugungskraft ihrer Arbeit und in der Faszination, wie sie diese tun, nämlich aus innerer Freude und wie sie miteinander in einer sich gegenseitig tragenden Gemeinschaft leben.

Das Dekret trifft hier eine neuralgische Stelle, indem es nicht nur zeitsenibel auf die Gegenwart reagiert, sondern sogar zukunftssensibel eine Gefahr anspricht, die in den Jahrzehnten nach dem Konzil immer realer wurde, nämlich dass sich bei jenen, die ein kirchliches Amt innehaben, und vor allem auch bei den Priestern, so etwas wie ein „Moratorium" eingestellt hat, junge Menschen auf den eigenen Beruf hin anzusprechen. Wenn früher Pfarrer junge Menschen in manchmal recht direkter Weise auf den Priesterberuf angesprochen haben, so geschieht dies seit einigen Jahrzehnten kaum einmal mehr in einer vorsichtigeren, indirekten Weise. Irgendwie scheint man Abstand nehmen zu wollen von einer allzu direkten priesterlichen Berufungspastoral. Obgleich den Priestern nach der

---

[16] Vgl. Neuner, Kommentar 318; auch Greiler, Das Konzil 240f.
[17] Der hier zugrunde liegende Satz aus GS 11 lautet: „Der Glaube erhellt nämlich alles mit einem neuen Licht, enthüllt den göttlichen Ratschluss hinsichtlich der integralen Berufung des Menschen und orientiert daher den Geist auf wirklich humanere Lösungen hin" (GS 11). Joseph Ratzinger hat in seinem Kommentar dazu zwei Momente herausgearbeitet, einmal den Dialog, zum anderen die „Dia-Krisis". Um Berufungen wahrzunehmen, ist wahrnehmende Kommunikation notwendig; sie ist dann zugleich der Ort, in dem vom Evangelium her die „Unterscheidung der Geister" einzubringen ist; vgl. Ratzinger, Kommentar zum I. Kapitel 313 ff.

empirischen Studie „PRIESTER 2000" eine „positive Grundstimmung" bezüglich ihres eigenen Berufes attestiert werden kann, wonach nur „fünf von hundert Priestern ... einem jungen Mann abraten (würden), Priester zu werden", gehen sie doch viel zu wenig von sich aus auf junge Menschen zu: „Der Unterschied besteht lediglich in der Frage, ob ein Priester zuwartet, bis ein junger Mensch mit der Frage auf ihn zukommt, oder ob er von sich aus aktiv wird."[18] Es scheint so, als wollte man jungen Menschen diesen Beruf nicht zumuten, als wolle man sie davor schützen, solange nicht jene Kontextbedingungen heutigen priesterlichen Amtes verändert sind, die ihn immer schwieriger werden lassen und die auch das eigentliche Profil des katholischen Priestertums in einem Verhau immer komplizierter werdender struktureller Veränderungen zu verengen oder gar zu zerstören drohen. Außerdem können die Priester immer weniger erwarten, mit Priestern ihres Alters und auch darüber hinaus zusammenarbeiten zu können, weil es immer weniger Priester gibt, mit denen man kooperieren kann.[19] Vielleicht hängt damit auch zumindest indirekt die fehlende Aufbruchstimmung und der „sekundäre Abwehrklerikalismus" zusammen, die verständlich und zugleich überraschend die Haltung vieler Priester charakterisieren: nämlich nun doch von sich aus gegenzusteuern und das wie immer verstandene Kernprofil des priesterlichen Amtes wieder anzueignen und nicht zu veräußern. Diese konzentrierte, fast verbissene Sorge um die eigene Berufsrolle entlässt wohl wenig von sich heraus Kraft und Mut, dafür in aktiver Weise andere zu begeistern.[20]

***

OT 2,2 In einem eigenen Absatz wird die Verantwortung der Bischöfe aufgerufen, „für den Zusammenschluss aller Kräfte und Anstrengungen zu sorgen" und „ohne dabei irgendein Opfer zu scheuen". Das Dekret formuliert hier die Verantwortung der Bischöfe massiv, geradezu kompromisslos. Die Väter selbst allerdings fragen sich im Konzil noch nicht hinreichend, welche strukturellen Opfer denn nicht zu scheuen seien, damit die Bischöfe die Möglichkeit bekommen, alle Berufungen zum Priestertum tatsächlich „väterlich (zu) unterstützen". Es wird im Text noch nicht damit gerechnet, dass es priesterliche Berufungen außerhalb der Zulassungsbedingungen in der lateinischen Kirche gibt und dass möglicherweise von daher das strukturelle Opfer fällig ist, die bisherigen Zulassungsbedingungen zum priesterlichen Amt zu verändern. Hier zeigt sich ein Grundproblem des Textes wie auch der Folgezeit: Und dieses Problem liegt in der konfliktreichen Differenz zwischen der Freiheit der göttlichen Gnade und dem kirchlichen „Fassungsvermögen" dieser Berufungen. Die Aussage, dass das ganze Gottesvolk zur Förderung der Priesterberufungen zusammenarbeitet, bezieht sich auch und vor allem auf die Frage danach, wieweit die gegenwärtigen Zulassungsbedingungen zum priesterlichen Amt diesbezüglich erschließend und ermöglichend oder eingrenzend und damit für Kirche und Pastoral jedenfalls zum Teil destruktiv sind.

---

[18] Zulehner – Hennersperger, Sie gehen 139.
[19] Vgl. ebd. 99 ff.
[20] Vgl. ebd. 94.96 ff.

Die Frage, die den Pfarrgemeinden, den Priestern und den Bischöfen gestellt wird, nämlich ob sie die Ermöglichungsbedingungen dafür aufbauen, dass die Berufungsgnade Gottes in jungen Menschen aufblühen kann, ist immer auch an die Bedingungssysteme der Kirche selbst zu stellen.

OT 2, 3 Das Urteil, das den Bischöfen obliegt, ob bestimmte Gläubige zum priesterlichen Anteil des Herrn berufen sind, wird im dritten Abschnitt inhaltlich bestimmt, aber dies nicht ohne vorher nochmals zu verdeutlichen, dass alles Handeln der Kirche „die Antwort auf das Handeln der göttlichen Vorsehung" ist. Nochmals also macht sich die Kirche abhängig von der göttlichen Gnade und definiert sich selbst als eine verantwortliche Reaktion darauf. Gott ruft die Menschen zur Teilnahme am Priestertum Christi, er erwählt sie, er gibt ihnen die entsprechenden Gaben und unterstützt sie mit seiner Gnade. Und die göttliche Gnade ist es auch, die den kirchlichen Amtsträgern die Aufgabe überträgt, sie „zu prüfen, zu berufen und mit dem Siegel des Heiligen Geistes für den göttlichen Kult und den Dienst der Kirche zu weihen". In der gemeinsamen Herkunft von persönlicher Berufungsgnade und kirchlicher Berufungsbestätigung im Handeln der göttlichen Gnade wird ausgedrückt, dass beides inhaltlich zusammengehört und sich auf den in Christus geschenkten Gottesbezug bezieht. Diese Verbindung kommt in der Priesterweihe, im „Siegel des Heiligen Geistes" sakramental zum Ausdruck: Das äußere Zeichen, dessen Spendung die Kirche ermöglicht, ist konstitutiver und konstituierender Ausdruck für die geschenkte innere Gnade.[21]

OT 2, 4 Der vierte Absatz präzisiert die Mittel, „die sich in der Sorge aller für die Priesterberufe schon immer bewährt haben": Gebet, Buße, Bildung der Christgläubigen in Predigt und Katechese, wie auch in der öffentlichen Meinungsbildung. Es wird die Notwendigkeit unterstrichen, dass darin „das Wesen und die Schönheit des Priesterberufes aufleuchten". Auch hier trifft das Konzil einen auch für die Folgezeit neuralgischen Punkt: Ein wohl schon oberflächlicher Blick in die Predigtvorlagen der letzten Jahrzehnte lässt erkennen, dass, abgesehen von abgedruckten Primizpredigten, wohl kaum etwas thematisch vom Wesen und der Schönheit des Priesterberufes aufleuchtet.

Waren die Mittel nur empfohlen, so verordnet nun das Konzil, dass die Werke zur Förderung von entsprechenden Berufungen „ihre ganze der Berufsförderung dienende pastorale Arbeit" ausbauen sollen, und zwar mit methodischer und systematischer Planung und mit eben soviel Eifer wie Diskretion. Mit dem letzteren Hinweis wissen die Väter bei aller Planungsnotwendigkeit um die Notwendigkeit von kompetenten Personen in dieser Pastoral, nämlich dass sie persönlich überzeugend sind in ihrem Engagement und zugleich als Menschen erfahren werden, die sensibel und unterscheidungsfähig, zuhörend und schweigend mit jungen Menschen umgehen können. Dafür sollen geeignete Hilfsmittel eingesetzt

---

[21] Das Dekret spricht hier vom „hierarchischen Priestertum", um dieses besondere Priestertum vom allgemeinen bzw. gemeinsamen Priestertum zu unterscheiden. Vgl. zu diesem Verständnis Hünermann, Kommentar zu *Lumen gentium* 299 ff.404–438 in Bd. 2.

werden, vor allem solche, die „von der heutigen Psychologie und Soziologie zur Verfügung" gestellt werden.[22]

Exkurs: Die Funktion der Humanwissenschaften

Die Instrumentalisierung der Psychologie und Soziologie als „Hilfsmittel" mag aus heutiger Perspektive befremden. Immerhin hat die praktische Theologie mittlerweile eine partnerschaftliche Verhältnisbestimmung entwickelt, in der nicht nur Methoden und Fertigkeiten der Humanwissenschaften rezipiert werden, sondern auch mit ihren inhaltlichen Implikaten ein ebenso anerkennender wie kritischer Kontakt aufgenommen wird. Damit werden sie insgesamt als eigenständiges Gegenüber zur Theologie, analog zum Verhältnis von Glaube und Vernunft, aber auch von Gnade und Natur, und damit zugleich im Horizont des Konzils von Chalkedon, so ernst genommen, dass die Theologie erst im unvermischten Verbundensein mit Psychologie und Soziologie und anderen Humanwissenschaften ihre volle Bedeutung und Relevanz gewinnt. Hier allerdings kann der Begriff der Hilfsmittel etwas nachsichtig gesehen werden, weil er vom Kontext her vor allem dadurch motiviert ist, dass menschliche Kompetenz nicht die Gnade ersetzen kann, sondern sich für ihre Explikation zur Verfügung stellt. Mit Psychologie und Soziologie kann man keine Berufungen „machen". Psychologische Wege können die Pastoral nicht ersetzen, sondern die Pastoral ist vielmehr jener Ort, wo von der Gnade Gottes her psychologische Einsichten gewürdigt, überboten oder abgelehnt werden (vor allem wenn ihre Methoden selbst nur noch statistisch instrumentalisieren).

Zugleich haben die Pastoral und ihre Theologie damit zu rechnen, dass von den Humanwissenschaften nicht nur methodische Hilfe kommt für die Wahrnehmung der Wirklichkeit auf der einen und für die Vermittlung christlicher Inhalte auf der anderen Seite, sondern dass sie eigene inhaltliche Optionen implizit oder auch explizit beinhalten und bearbeiten, die theologisch zu identifizieren und von denen entsprechend zu lernen ist. Dann gilt auch bezüglich der Humanwissenschaften für die Theologie, was GS 44 von der Kirche sagt, nämlich, dass sie viel „der Geschichte und Entwicklung der Menschheit verdankt". Dabei werden die Wissenschaften eigens genannt: „Die Erfahrung der geschichtlichen Vergangenheit, der Fortschritt der Wissenschaften, die Reichtümer, die in den verschiedenen Formen der menschlichen Kultur liegen, ... gereichen auch der Kirche zum Vorteil." Nicht selten ist damit zu rechnen, dass in den Humanwissenschaften selbst möglicherweise „gnädiger" mit Menschen und ihren Systemen umgegangen wird als Kirche, Gemeinden und Gläubige dies bei sich feststellen. Aus dieser gnadentheologischen Perspektive ist nämlich die Kirche selbst „nur" Hilfsmittel für die pastorale Explikation der Gnade Gottes in der Geschichte der

---

[22] Die gegenwärtig auch öffentlich akut gewordene Problematik der Homosexualität und Pädophilie von Priestern gelangt hier noch nicht in das diskursive Bewusstsein der Väter. Ausführlicheres dazu im Kommentar zu PO in Bd. 4.

Menschen. Für das gesamte pastorale Handeln und für alle darin aufgenommenen Humanwissenschaften gilt: „Menschliche Werbung soll nicht die Gnade ersetzen wollen; sie soll die Hindernisse, die dem Gnadenruf entgegenstehen, beseitigen und sich so mit dem inneren Gnadenruf verbinden."[23]

***

OT 2,5 Der Artikel endet mit einem Blick auf die Gesamtkirche hinsichtlich der gegenseitigen Solidarität im interortskirchlichen Ausgleich der Priesterberufungen. Großherzig sollen diesbezüglich die Grenzen der Diözesen geöffnet werden, die Ordensfamilien sollen in ihren Niederlassungen und Aktionen auf solche Zusammenhänge blicken und selbst die unterschiedlichen Riten sind diesbezüglich zu überschreiten. Dass dies nicht nur ein Aspekt der sogenannten Missionsländer ist, sondern generell gilt, wird darin deutlich, dass der Begriff der Mission hier gar nicht begegnet.

OT 3,1 Die Knabenseminare waren unter vielen Bischöfen ein umstrittenes Thema. Deshalb wollten einige die Vorlage der Propositiones um diesen Text ergänzt wissen, der auch zusätzlich während der Diskussion durch Modi ergänzt wurde. 54 Bischöfe zeichneten hingegen einen Modus gegen die Verpflichtung, Knabenseminare zu errichten.[24] Die Frage nach der Notwendigkeit kleiner Seminarien hängt gleichzeitig mit der Frage zusammen, was man von Knabenseminarien erwartet und welche Funktion sie innerhalb der anderen pastoralen Orte, wie sie bereits in Artikel 2 genannt wurden, einnehmen. Das Dekret bemüht sich um eine neue Kontextualisierung der kleinen Seminarien in der gesamten Pastoral der Kirche und rechnet damit, dass es Kontexte gibt, in denen diese bislang dominante, zum Teil monopolisierte Vorbereitung von Jungen und Jugendlichen zum priesterlichen Amt an Bedeutung verliert und möglicherweise ganz verzichtbar ist. Im Kontext der anderen pastoralen Orte kann jedenfalls darauf verzichtet werden, die Knabenseminarien als strikte Behütungsinstitutionen für die Entstehung von Priesterberufungen anzusehen. Abgelöst von einem solchen Druck kann sich die Institution dann auch dergestalt öffnen, wie der Artikel dies insinuiert: nämlich dass in kleinen Seminarien allgemein intensive religiöse Formung geschieht, um „Christus dem Erlöser mit großherzigem Sinn und reinem Herzen

---

[23] Neuner, Kommentar 320.
[24] Vgl. Neuner, Kommentar 320 f.; vgl. auch Greiler, Das Konzil 23 f.28 f.323 ff. Vor allem für Bischöfe aus den Vereinigten Staaten und Kanada war die Frage der kleinen Seminarien nicht von besonderer Bedeutung. Hier gab und gibt es die katholischen Grund- und Sekundarschulen genauso wie katholische Colleges von der Pfarreiebene bis auf die überregionalen Ebenen, so dass diesbezüglich kaum Bedarf war. In Deutschland gab es in den fünfziger Jahren noch eine Blütezeit der katholischen Internatsschulen. Mit der Bildungsexplosion ging allerdings schon Ende der fünfziger Jahre die Nachfrage zuerst in den Städten zurück, verzögert dann auch in den ländlichen Gebieten (allein schon durch die Schulbusvernetzung der Gymnasien). In Frankreich wurden zur gleichen Zeit die katholischen Schulen ausgebaut, was ebenfalls den Bedarf an Seminarien nicht steigerte. Die katholischen Schulen hatten und haben dort einen ausgezeichneten Ruf. Als Herkunftsorte geistlicher Berufe kann man sie allerdings nicht apostrophieren. Zur Situation in Spanien vgl. Cuesta – Cebolla, Los seminarios menores.

nachzufolgen". Dabei soll alles so eingerichtet werden, dass die jungen Menschen „ohne Schwierigkeiten" auf dieser Ausbildung auch dann aufbauen können, wenn sie einen anderen Beruf und Lebensstand wählen. Und es wird betont, dass auch eine solche Institution weiterhin mit dem „gleichsam ersten Seminar", nämlich mit den Familien, derart in Verbindung stehen muss, dass sie den Umgang mit der eigenen Familie ermöglicht und nicht durch exzessive geschlossene Systemhaftigkeit verhindert. Nach Neuners Interpretation bezieht sich dies vor allem auch auf die Begegnung mit „dem anderen Geschlecht".[25]

Damit nimmt das Dekret endgültig Abschied von Vorstellungen über das Knabenseminar, als könnten und müssten nur in diesem junge Menschen zur priesterlichen Berufung gelangen. Insbesondere Kardinal Döpfner plädierte dafür, dass im Normalfall das christliche Milieu der Familie zu bevorzugen sei. Die Knabenseminare hätten diesbezüglich eine subsidiäre Aufgabe, nämlich dann einzuspringen, wenn diese Erziehung in der Familie nicht gegeben sei. Von daher erfolgt in diesem Artikel auch keine direkte Empfehlung der kleinen Seminarien, wohl aber werden deutliche Hinweise auf ihre Gestaltung gegeben, wo sie bestehen bzw. eingerichtet werden sollen. Sie sollen sozusagen nicht Restbestände bilden, die als solche die gesamtkirchliche Erneuerung unverändert überleben könnten. Auch für sie gelten, angepasst an die unterschiedlichen Altersstufen und Bildungsschritte, die Leitsätze, die das Dekret für die Priesterseminarien bestimmt.

Interessanterweise ist hier in der Mitte des Absatzes von den Grundsätzen „einer gesunden Psychologie" die Rede, was wohl voraussetzt, dass es eine „ungesunde", also diesbezüglich nicht zu beanspruchende Psychologie gibt. Hier zeigt sich ein gewisses kritisches Verständnis gegenüber den Theorien und Methoden einer bestimmten Humanwissenschaft, wobei allerdings der Begriff „gesund" nicht gerade eine theologisch elaborierte Kategorie zur Beurteilung einer Humanwissenschaft darstellt. Vor allem wird diese Kategorie zum Problem, wenn damit gemeint ist, dass nur diesbezüglich „psychologisch gesund" ausgewiesene junge Menschen offen sein können für die Berufung. Denn mit einer nur humanwissenschaftlich definierten Gesundheit (die auch vom jeweiligen gesellschaftlichen Diskurs abhängig ist) würde eine von den theologischen Überlegungen erst zu hinterfragende Gesundheitsvorstellung die Gnade Gottes in den Berufungen verengen. Und de facto kann wohl in vielen Berufungsgeschichten, vor allem in solchen von heiligen Priestern, vieles aufgefunden werden, was von bestimmten psychologischen Konzepten her als ungesund gelten kann. Hier wird das Verhältnis von Humanwissenschaft und Theologie, von menschlicher Leistung und göttlicher Gnade wohl allzu sehr in paralleler Entsprechung gesehen und ist damit als relativ naiv einzuschätzen.

OT 3,2 Der zweite Absatz dieses Artikels lenkt den Blick auf analoge Institute und beansprucht für diese die gleiche Sorge. Dabei wird vor allem eine „besondere Liebe" für Spätberufene und entsprechende geeignete Studienstätten hervorgehoben. Die Zukunft des Textes, also die letzten Jahrzehnte haben in der Tat gezeigt,

---

[25] Vgl. Neuner, Kommentar 321.

dass die Anzahl der Spätberufenen gestiegen ist, und dass diese Ermahnung nicht ins Leere läuft, sondern einen zunehmende praktische Notwendigkeit bedeutet.

Exkurs: Entwicklung kirchlicher Internate

Sieht man vom Artikel 3 auf die Entwicklung der Knabenseminare in den letzten Jahrzehnten, dann darf für die jüngere Entwicklung im deutschen Bereich folgendes vermutet werden: Vielleicht haben deswegen viele kleine Seminarien vorschnell geschlossen oder schließen müssen, weil sie zu wenig konzeptionell die Erziehung auf die allgemeine religiöse Formung konzentriert haben und zu halbherzig die Vorstellung der „Kaderschmiede" zurückgenommen haben. Man hat dann nicht nur deswegen, weil weniger eingetreten sind, sondern auch weil weniger Absolventen Priester geworden sind, den Sinn der kleinen Seminarien kaum mehr wahrnehmen können, also gerade weil die Sinnbestimmung des Dekrets nicht ernst genommen wurde. In Deutschland und auch in anderen europäischen Ländern gibt es seit mindestens einem Jahrzehnt in der Gesellschaft eine gesteigerte Nachfrage nach qualifizierten Internatsschulen, einmal wegen der doppelten Berufsbelastung vieler Eltern, zum anderen aber auch, weil viele Väter und Mütter bzw. Familien sich in der entsprechenden, vor allem auch christlichen Erziehung überfordert fühlen, obgleich sie sie nicht explizit ablehnen. Der Normalfall der christlichen Familie, der zu Konzilszeiten noch benannt werden konnte, ist nun dem häufigen Fall gewichen, dass eine angemessene Erziehung und vor allem auch eine christliche Erziehung in den Familien und Teilfamilien oft nicht möglich ist.

Hier gilt, was auch für die katholischen Kindergärten und Kindertagesstätten und auch im Rahmen kirchlicher Ganztagsschulen zu sagen ist, nämlich dass sie zunehmend nötig sind, nicht um den Familien etwas wegzunehmen, sondern um in ihrem eigenen Bereich auszugleichen, was in Familien an Bildungsunterstützung nicht mehr hinreichend gegeben werden kann bzw., im schlimmeren Fall, um etwas den destruktiven Strukturen entgegen zu setzen, denen Kinder und Jugendliche in ihren Familien ausgesetzt sein können. Hätte eine Transformation der Seminare in die Richtung dieser pastoralen Verantwortung der Kirche für die Gesellschaft es wohl verhindern können, manches kirchliche Internat zu schließen? Dabei geht es nicht darum, die Familien und Teilfamilien zu diskreditieren, sondern zwischen idealisierter und permanent überforderter Familie jenen realistischen Mittelweg zu gehen, der die Ideale nicht aus dem Blick verliert und zugleich die Grenzen dessen sieht, was einer Kleinfamilie in der gegenwärtigen Gesellschaft möglich ist, in der schon sehr früh andere Institutionen zugreifen und an der Formung und Bildung der Familie insgesamt wie auch der Heranwachsenden beteiligt sind, vom Fernseher, der von Anfang an als „Familienmitglied" mitten in der Familie steht, bis hin zu den notwendigen Bildungsinstitutionen von Kindergarten, Schule und Ausbildungsstätten bzw. Universitäten.[26]

---

[26] Zur innerkirchlichen Idealisierung der Familie und zur entsprechend notwendigen Entlastung durch Kirche und Gesellschaft vgl. Fuchs, Stigma 61–101.

Und selbstverständlich spiegeln die Familien auch die problematischen Tendenzen der Gesellschaft wider, insofern möglicherweise auch dort nur auf den eigenen Bereich geschaut wird, zum Beispiel nur auf die eigenen Kinder und ihre „Karriere", wodurch sich Entsolidarisierungstendenzen in Familien eingravieren wie umgekehrt gerade Familien zur Basis von Solidarisierung werden können.

III. Die Ordnung der Priesterseminare

OT 4,1 In unmissverständlicher Weise erachtet das Dekret die Priesterseminare für die priesterliche Ausbildung als alternativlos notwendig, wenngleich erhebliche faktische Veränderungen angestrebt werden. 52 Väter hatten dagegen einen Modus eingereicht, die Priesterausbildung auch außerhalb der Seminare vorzunehmen. Hier zeigt sich wohl einer der markantesten Kontinuitäten zwischen bisheriger und zukünftiger Priesterausbildung, nämlich dass an dieser Institution festgehalten wird.[27] Die relative Diskontinuität zum Bisherigen besteht allerdings darin, wie dieses Priesterseminar in Zukunft zu gestalten ist: nämlich in Verbindung mit den pastoralen Gegebenheiten, in Verbindung mit entsprechenden Praktika und in Verbindung mit der Unterbrechung durch begrenzte Studienzeiten an anderen Orten und Universitäten.[28]

Die im Vorwort angesprochene Einheit des katholischen Priestertums wird nun inhaltlich entfaltet: nämlich dass die Ausbildung nach dem Vorbild Jesu Christi geschehen solle, des Lehrers, des Priesters und Hirten:[29] zum Dienst am Wort in der Verkündigung, in der Meditation, zum Dienst des Kultus und der Heiligung, im Gebet und in der Liturgie, und zum Dienst des Hirten, des Seelenhirten, wie verdeutlichend hinzugefügt wird, nämlich dass sie den Menschen durch sich selbst Christus darstellen, der, mit dem Zitat aus Mk 10,45, nicht kam, um sich bedienen zu lassen, sondern um zu dienen und sein Leben als Lösegeld für viele hinzugeben. Als solche Diener aller werden sie dann viele gewinnen – mit unzitierter Anspielung auf 1 Kor 9,19: „Da ich also von niemand abhängig war, habe ich mich für alle zum Sklaven gemacht, um möglichst viele zu gewinnen."[30]

---

[27] Vgl. Neuner, Kommentar 322; auch Iniesta, Visión; Greiler, Das Konzil 24–26.324–329.
[28] Dies wurde in der Relatio eigens bemerkt: vgl. Neuner, Kommentar 322; vgl. Art. 12.
[29] Zum dreifachen Amt Christi vgl. Greiler, Das Konzil 325 ff.; Greshake, Priestersein 75–80; auch Hünermann, Kommentar zu LG 28, worauf sich Anm. 7 bezieht (450–456).
[30] Der Kommentar wird im Folgenden die jeweils nicht zitierten Rekurse auf biblische Stellen ausdrücklich zu Wort bringen, um jene Schriftbezogenheit zu explizieren, die der Text nicht nur für die Ausbildung reklamiert, sondern auch bereits selbst realisiert.

Exkurs: „Christozentrik" des presbyteralen Dienstes zwischen Gabe und Aufgabe

Zu Mk 10,45 wird zusätzlich Joh 13,12–17 eingefügt: Hier handelt es sich um jene Szene in der Fußwaschung vor dem Abschiedsmahl, in der Jesus sagt: „Begreift ihr, was ich an euch getan habe? Ihr sagt zu mir Meister und Herr, und ihr nennt mich mit Recht so; denn ich bin es. Wenn nun ich, der Herr und Meister, euch die Füße gewaschen habe, dann müsst auch ihr einander die Füße waschen. Ich habe euch ein Beispiel gegeben, damit auch ihr so handelt, wie ich an euch gehandelt habe. Amen, amen, ich sage euch: Der Sklave ist nicht größer als sein Herr, und der Abgesandte ist nicht größer als der, der ihn gesandt hat. Selig seid ihr, wenn ihr das wisst und danach handelt." Zunächst gilt diese Geschichte selbstverständlich für das gesamte Volk Gottes, für alle Christen in ihrem Umgang miteinander und von daher mit allen Menschen. Derart wird diese Geschichte auch als Gründungsgeschichte christlicher Diakonie angesehen, in die alle Gläubigen im gemeinsamen Priestertum gerufen sind (vgl. LG 10). Aber diese Geschichte apostrophiert eben auch jene, die als „Meister" eine besondere Verantwortung in diesem Volk Gottes haben. Sie sollen ihre Vollmacht zu Gunsten der Anderen verwirklichen. Im Volk Gottes gibt es „Abgesandte", die eine besondere Stellung übernehmen, die hier am Beispiel des Meisters schlechthin, nämlich Christi, als Dienst qualifiziert wird.

Die christozentrische Orientierung[31] des priesterlichen Amtes ist offenkundig, allerdings gilt sie nur in jener Dialektik, die der Text selber anvisiert und die er mit den gewählten Schriftstellen zum Ausdruck bringt: Wenn Christus der Ermöglichungsgrund und die Vorbildsbegründung des priesterlichen Dienstes darstellt, wenn er diesbezüglich ins Zentrum rückt, dann ist jene Praxis ins Zentrum zu stellen, die nicht den Priester, sondern die Menschen in die Mitte stellt. Das priesterliche Amt stellt eine Macht dar, eine geistliche und eine strukturelle. Das Dekret sagt, dass diese Macht für die Ermächtigung der Menschen im Glauben und Leben, im Empfang der Sakramente einzusetzen ist und dass sie damit zum Mitvollzug des Heilswerkes Christi „zugerüstet werden". Der priesterliche Dienst selber wird zu einem Ermöglichungsfaktor und zu einem Vorbildsfaktor für

---

[31] Den Begriff der Christozentrik verstehe ich grundsätzlich positiv und möchte ihn nicht auf dem Hintergrund einer verengten Christozentrik diskreditiert wissen. Verengt wäre ein solches Verständnis, wenn man dahinter das priesterliche Monopol sehen wollte, „alter Christus" gegenüber dem Volk Gottes zu sein. Denn erstens sind alle Gläubigen in dieser „Stellung", und zweitens würde ein solches idolatrisches und mediatorisches Priesterbild für jede Herrschaftsausübung offen sein, wenn es nicht strikt an den Dienst für das gemeinsame Priestertum aller Gläubigen gebunden wird. Christus gibt die Gnade und seinen Geist für diesen Dienst; er ist konkretes Vorbild dieser Tätigkeit. Der Indikativ hinsichtlich der Gnade ist nicht so mit dem sakramentalen Amt zu verbinden, als würde die Tätigkeit der Presbyter dadurch als solche unbesehen und von vornherein als Repräsentation Christi legitimiert. Indikativ und Imperativ reißen den Kontrast auf zwischen dem durch die Gnade ermöglichten auf der einen und dem durch Jesus Christus gezeigten Vorbild auf der anderen Seite. Christozentrik ist nur dann nicht ideologisch, wenn sie nicht die bestehende Praxis einfachhin metaphysisch überwölbt, sondern wenn sie diese Spannung sowohl gegenüber der Gabe wie auch gegenüber der Aufgabe, wie sie beide in der Christusbezogenheit begründet sind, nicht zusammenbrechen lässt.

christliche Existenz. Die traditionellen Begriffe des Lehrers, des Priesters und des Hirten werden aus ihrer Substantivierung herausgeholt und als Handlungen expliziert. Der Text bemüht sich selbst um das, was Aufgabe der Priester ist, nämlich diese Verantwortung „in Wort und Leben (dar)zustellen". Und er erspart diesem Dienst nicht seine von Christus her vor-gegebene Radikalisierung: nämlich dass es im „semper maius" dieses Dienstes, was die Hingabe der eigenen Existenz anlangt, in der Selbstentäußerung und damit bis zum Martyrium hin keine Grenzen gibt.

Diese anspruchsvolle Erläuterung des priesterlichen Amtes ist christologisch ebenso konsequent gedacht wie es mit der Kategorie des Vorbilds eine hohe appellative imperative Aufladung hat, was vor allem durch das „müssen" unmissverständlich ausgedrückt wird: „sie müssen also …", und dieses „müssen" bezieht sich dann auf alles, was danach kommt. Was aufgrund der in den vorhergehenden Artikeln angestellten Überlegungen zum Verhältnis von Gnade, Berufung und Berufungsbestätigung ausgeführt wurde, lässt hier sicher die gnadenhafte Ermöglichung durch Christus voraussetzen. Dennoch wäre zumindest ein Verbindungsgedanke notwendig gewesen, damit das Ganze nicht in einer maßlosen Überforderung mündet,[32] weil zu wenig davon die Rede ist, woher die Ermöglichung für einen solchen Dienst, woher die Kraft dazu kommt. Das Dekret benennt zwar die presbyteralen Grundfunktionen, identifiziert sie auch als geistlich, spricht auch über die geistliche Qualität der Person, reflektiert aber kaum, wie diese Geistlichkeit in ihren indikativen und imperativen Anteilen kombiniert ist und wie diese Geistlichkeit näherhin mit der Sakramentalität des priesterlichen Amtes zusammenhängt.[33]

Vor allem mit Blick auf Joh 13, allerdings mit den vorhergehenden Versen 8–9, hätte auf diesen Aspekt verwiesen werden können. Denn hier erlebt Petrus: In dem Maß, in dem er sich von Jesus die Füße waschen lässt, hat er Anteil an Christus. Dem priesterlichen Dienst geht das gnadenhafte Tun Christi voraus. Und gerade diese Begegnung zwischen Petrus und Jesus erfüllt alle Bedingungen, die von einer klassischen katholischen Sakramententheologie an die Konstitution eines Sakramentes zu stellen sind: äußeres Zeichen, innere Gnade und Einsetzung durch Jesus Christus. Könnte man von daher nicht die gesamte Fußwaschungsgeschichte auch als Gründungsgeschichte jenes Sakramentes ansehen, in dem bestimmten Menschen in einer besonderen Weise die Gnade geschenkt wird, so, wie Artikel 4 es formuliert, sich zugunsten der Menschen, ihres Glaubens und ihres Heiles zu verausgaben? So faszinierend Artikel 4 ist, so sehr bleibt er hinter dem Verhältnis von göttlicher Gnade und menschlichem Handeln zurück, das in Abschnitt II, Artikel 2, 1 bedeutend deutlicher herausgestellt wurde.

Diese Dimension kommt allenfalls im priesterlichen Dienst der Heiligung des Gebetes und der Liturgie zum Vorschein, insofern es hier immer um die Bezie-

---

[32] Dies gilt vor allem hinsichtlich der Dynamik dieses Dienstes in die Selbstentäußerung und in das Martyrium hinein. Besonders in diesem Zusammenhang ist die Ermöglichung des Martyriums im Geschenk der sakramentalen Gnade zu verankern; vgl. Fuchs, Einige Aspekte 83 ff.
[33] Vgl. Fuchs, Identität 131–139.

hung zu jenem in Christus erschienenen Gott geht, der unbedingt das Heil der Menschen will und ihnen die entsprechende Gnade schenkt. Doch bezieht sich dieser Dienst auf alle Gläubigen und wird nicht noch einmal eigens auf die Gnadengegebenheit des priesterlichen Dienstes selbst bezogen.

***

OT 4, 2 Artikel 4 schließt nochmals mit einem „müssen", nämlich mit der Forderung nach dem Integral der Ausbildung, das deswegen so wichtig wird, weil die Ausbildung insgesamt auf dieses beschriebene pastorale Ziel hingeordnet ist. Als Momente dieses Integrals werden die geistliche, die intellektuelle und die disziplinäre Ausbildung genannt. Dieses Grundanliegen des Dekrets, nämlich dass die ganze Ausbildung auf das pastorale Ziel hingeordnet sein soll, dass die ganze Ausbildung von daher vom Glauben an den pastor bonus, an Christus insgesamt getragen wird,[34] wird im Folgenden in verschiedene Richtungen entfaltet. Hier bleibt der Hinweis darauf, dass alle Oberen und Professoren im Gehorsam gegenüber den Bischöfen „eifrig und einmütig bemüht" sein sollen, ihre jeweiligen Tätigkeiten auf dieses Ziel und von dieser Herkunft her zu gestalten.

OT 5, 1 nimmt die letzte Bemerkung von Artikel 4 auf, spricht zunächst von sinnvollen Gesetzen und Verordnungen, dann aber davon, dass alles ganz besonders von geeigneten Erziehern, und damit von Seminaroberen und Professoren abhängt, weshalb hier nur die besten Kräfte ausgewählt werden dürfen. Es wird von ihnen nicht nur theologische Kompetenz, sondern auch pastorale Erfahrung erwartet, nicht nur pädagogische, sondern auch eine besondere geistliche Ausbildung. Dafür braucht es Kurse, Institute und regelmäßige Konferenzen der Seminaroberen. Derart spiegelt sich die integrale Ausbildung von Artikel 4 nun in der integralen Art und Weise, wie die Verantwortlichen mit den Alumnen umgehen: Sie haben einen Begriff davon, wie ihr eigenes Fachgebiet mit der Geistlichkeit der Berufung wie auch mit der Pastoral der Kirche zusammenhängt. Dieser Zusammenhang spiegelt sich auch noch einmal in der Relevanz der Personen: Diese besteht nicht nur in ihrer Fachlichkeit, sondern auch in der Art und Weise, wie sie in der gelebten Gemeinschaft, gewissermaßen in diesem Teil von Volk Gottes mit ihrer Lehre und mit ihrem Lebensstil Autorität gewinnen, ohne Autoritätspersonen sein zu müssen. Einer Theorielastigkeit, die um sich selber kreist, wird damit ebenso eine Absage erteilt wie einer Ordnungslastigkeit, in der die Regeln wichtiger genommen werden als die Beziehungen.

OT 5, 2 Die Väter wollten in ihren Modi zusätzlich die Verantwortung der Seminarleiter und Professoren konkretisieren, was im 2. Absatz aufgenommen wurde. Hier wird nochmals unterstrichen, dass der Bildungserfolg nicht nur von den

---

[34] In dieser christozentrischen Ausrichtung hinsichtlich des dreifachen Amtes Christi stimmt der Artikel mit anderen Aussagen des Konzils über das sakramentale Amt wie über das gemeinsame Priestertum überein: so LG 25–28 und 34–36 (vgl. den Kommentar von Hünermann in Bd. 2, 434–460.471–478) u. PO 4–6.13. Vgl. dazu Neuner, Kommentar 323; Greiler, Das Konzil 325.

Inhalten des Denkens und der Vorschriften abhängt, sondern von der Art und Weise des Denkens und Handelns. Bei aller Distanz zwischen Alumnen und Oberen bzw. Lehrenden solle dennoch immer wieder die „enge Gemeinschaft in Gesinnung und Tat" spürbar sein. Der Text versteigt sich sogar darin, dass alle miteinander eine Familie bilden sollten, im Sinne des Gebetes des Herrn aus Joh 17, 11, dass sie eins seien.

Den Vätern ist es offensichtlich ein Anliegen, hinter jegliche Äußerlichkeit zu treten und die Tiefenerfahrungen der priesterlichen Berufung und der dazugehörigen Ausbildung anzusprechen, so dass bei den Alumnen „die Freude am eigenen Beruf" genährt wird. Die brüderliche Zusammenarbeit, die von 63 Bischöfen in einem entsprechenden Modus gewünscht wurde, soll im Zwischenmenschlichen des Seminars jene auch affektiven Tiefenerfahrungen ermöglichen und so das Faszinierende dieser Berufung erleben lassen. So werden die Bischöfe aufgerufen, ihre Seminarien nicht nur zu überwachen, sondern in „liebevoller Sorge" ihre väterliche Verantwortung entsprechend dem Vorbild Christi selber wahrzunehmen. Und wieder folgt ein affektives Wort, nämlich dass für alle Priester das Seminar das „Herz der Diözese" sein soll, dem sie selbst ihre eigene Zuneigung und Hilfe zur Verfügung stellen. Hier wird nicht nur in einer sachlichen, sondern bis in die emotionalen Tiefen hineinreichende Weise das Priesterseminar als ein eigener pastoraler Ort vorgestellt. Die Ermutigung geht in die Richtung, Lehre und Leitung dieser Institution auf die Basis von gelebter Gemeinschaft und liebevoller Sorge zu bringen, so dass das Seminar nicht nur zum Zentrum der Ausbildung, sondern auch zum ausstrahlungsstarken Herzen der Diözese wird, dem sich gerade aus diesem Grund alle Priester verbunden fühlen.

OT 6, 1 Auch im Bereich der durch die ganze Ausbildung und ihre Phasen hindurchgehenden Prüfung der Kandidaten, ist in ganzheitlicher Weise von einer „wachen Sorge" die Rede, die sich auf die in diese Prüfung aufzunehmenden Faktoren bezieht und diese in einen entsprechenden Zusammenhang bringt: die Motivationsklärung mit dem freien Willen, die geistliche und moralische Eignung mit der intellektuellen Kompetenz, die physische mit der seelischen Gesundheit. Das Seminar wird als Ausschmelzungsprozess gesehen, in dem sich die Echtheit der Berufung im Fortgang der Ausbildung zeigt. Auch ist ein Urteil darüber zu bilden, in wieweit die Kandidaten die Lasten des Priesteramtes zu tragen und die pastoralen Aufgaben zu erfüllen vermögen. Alles fügt sich in einem Gesamturteil, das die Oberen zusammen mit den anderen Beteiligten zu verantworten haben. Diese Verantwortung ist von einer besonderen Bedeutung, weshalb hier an Anmerkung 8 zu Artikel 5 zu erinnern ist, an einen Text von Pius XI.: den Seminarien Priester zu geben, „die mit höchster Tugend geschmückt sind". Und sich nicht zu fürchten, „sie Aufgaben zu entziehen, die scheinbar wichtiger sind, aber in Wirklichkeit mit dieser grundlegenden und unersetzbaren Tätigkeit nicht verglichen werden können".

Für viele Väter war es wichtig, dass sich dieses Gesamturteil nicht nur auf die Einfügung des Kandidaten in das System des Seminars stützt, sondern auf das integrale Persönlichkeitsbild, was damit zu tun hat, dass die pastorale Praxis im

Seminar und die Anforderungen in der Ausbildung so gestaltet sind, dass den Gläubigen reife Persönlichkeiten als Priester geschenkt werden, die mit sich selbst kritisch umzugehen wissen und nicht andere Menschen dazu missbrauchen, um sich Selbstwerterfahrungen zuzufächern. Die Väter entwickeln ein Gespür, dass das Priesterseminar eine Institution sein muss, in der junge Menschen nicht in Abhängigkeit und Ichschwäche gehalten werden, sondern worin sie Eigenständigkeit, Kreativität und Ichstärke, theologisch ein Selbstbewusstsein ihrer eigenen Charismen entwickeln dürfen. Das Priesterseminar als Ort diesbezüglicher Selbstwerterfahrung im Angesicht Christi: auch darin liegt wohl die Tiefenerfahrung, die jene Freude aufkommen lässt, wovon im zweiten Abschnitt von Artikel 5 die Rede war. So erscheint das Priesterseminar als ein Ort, wo die Tiefenerfahrung der Erlösung in der Freude der Beteiligten aufscheint, wo sich Christen als „Erlöste" begegnen.

Schwierig und klärungsbedürftig sind die Begriffe der erforderlichen physischen und seelischen Gesundheit und der Hinweis, dass auch von der Familie eventuell ererbte Anlagen beachtet werden müssen. Für die psychische Gesundheit gilt, was bereits in OT 2,4 angedeutet wurde. Was die physische Gesundheit anbelangt, müsste genauer geklärt sein, was mit dem „erforderlich" gemeint ist. Wohl nicht mehr eine Gesundheitsideologie, wie sie der Codex des Kirchenrechtes von 1917 benannt hat und die wohl nicht anders als eine durchgehende Diffamierung[35] körperlich behinderter oder angeblich missgestalteter Menschen anzusehen ist.[36] Die körperliche Unversehrtheit scheint demgegenüber kein besonderes Problem mehr zu sein, zumal im neuen Codex (1983) die körperlichen Behinderungen als Weihehindernisse nicht mehr vorkommen (vgl. can. 1044).

Diese naive Sicht des Gesundheitsbegriffes ist nach wie vor von einiger Aktualität, vor allem wenn es in den Priesterseminarien darum geht, die Psychologie zu bemühen, um die Berufungseignung zum priesterlichen Dienst zu prüfen: Welche Kompetenz kommt dem psychologischen Urteil im Kontext eines insgesamt theologisch zu verantwortenden Gesamturteils zu? So wichtig psychologische

---

[35] Vgl. dazu Fuchs, Stigma 34–39: Der Skandal liegt wohl darin, dass christliche Gemeinden auf körperliche Behinderungen von Priestern ärgernishaft reagieren (bzw. ihnen eine solche Reaktion unterstellt wird) und nicht darin, dass Priester behindert sind. Zur entsprechenden Theologie der Behinderung vgl. ebd. 154–193.
[36] Im Lehrbuch des Kirchenrechts las sich das so: „Die Irregularität ist ein dauerndes Hindernis, das eine Person für den Empfang bzw. für die Ausübung der empfangenen Weihe ... *untauglich* macht. Sie kann auf einem äußeren *Mangel* beruhen, z. B. Mangel der ehelichen Geburt, körperlicher Integrität ... Der innere Grund ist, daß nur normale, nicht körperlich, gesellschaftlich oder sittlich minderwertige Menschen dem kirchlichen Dienst versehen sollen." Weiterhin galt: „Körperliche Mängel, wenn sie derart sind, daß der mit ihnen Behaftete entweder die Messe nicht sicher ... oder nicht mit dem Anstand, das heißt nicht ohne unliebsames Aufsehen und Ärgernis des Volkes lesen kann. Als solche Mängel gelten: Blindheit, Taubheit, Stummheit, das Fehlen eines oder beider Arme, einer oder beider Hände, des Daumens oder Zeigefingers; irregulär sind Lahme, Höckrige, Zwerge, Aussätzige, Geschlechtskranke, im Gesicht schwer Verstümmelte (Fehlen der Nase, Ohren, Lippen), Zwitter." (Vgl. Eichmann, Lehrbuch des Kirchenrechts 440.442). Solche Vorstellungen von „minderwertigen Menschen" haben erschreckende Ähnlichkeit mit der fast gleichzeitig entwickelten Rassen- und Gesundheitsideologie des Nationalsozialismus; vgl. Fuchs, Erfahrungen 210 ff.

Eingaben sind, so wenig kann man sie einlinig mit der Berufungstheologie parallelisieren.

Selbstverständlich ist für den eigentlichen pathologischen Bereich extreme Zurückhaltung geboten. Der neue Codex entspricht aber der Einsicht, dass prinzipielle Aussagen von vorneherein nicht möglich sind, sondern dass es dem Rat von Sachverständigen im konkreten Fall zu überlassen ist, ob die vorliegende psychische Krankheit die Eignung zum kirchlichen Dienst verhindert (vgl. can. 1041).

OT 6, 2 Im zweiten Absatz soll einer möglichen Strategie der Riegel vorgeschoben werden, bei Priestermangel die Prüfungskriterien von Berufung, Qualifikation und Persönlichkeit herunterzusetzen. Dies wird mit dem Glauben daran begründet, dass Gott die Kirche diesbezüglich nicht im Stich lässt, dass er dafür sorgt, dass es seiner Kirche nicht an Dienern fehlt, dann allerdings mit einer eigenartigen Kondition verbunden „wenn man die Würdigen fördert". Wie sich diese Kondition mit dem vorherigen Glauben verbindet, bleibt dunkel. Gnadentheologisch hätte sich eher angeboten, statt des „Wenn" ein „Indem" zu sagen, womit deutlich wäre, dass sich die Kirche mit Hoffnung in die Berufungsvorgegebenheit durch Gott hineinbegibt, mit ihr mitgeht und in ihr die Würdigen auswählt. Es kann von der insgesamten gnadentheologischen Anlage des Textes wohl kaum daran gedacht sein, dass die Berufungsgnade Gottes davon konditional abhängig ist.

In das „Wenn" wird interessanterweise noch eine andere Bemerkung aufgenommen, nämlich dass die nicht geeigneten Kandidaten in väterlicher Weise anderen Berufen zugeführt werden, so dass sie sich im Bewusstsein ihrer diesbezüglichen christlichen Berufung dem Laienapostolat widmen. 60 Bischöfe haben diesen Modus eingebracht, um dagegen zu kämpfen, dass Exseminaristen als nicht gewordene Priester stigmatisiert werden (gleichsam als solche, die es nicht geschafft haben!), und dass es ihnen von seiten der Kirche selbst erleichtert werden soll, andere Berufe, die ihrem Charisma entsprechen, zu entdecken, darin die Ausbildung zu beginnen und sie zu ergreifen. Dies würde es ihnen ermöglichen, ohne falsche Gegenabhängigkeiten und Verbitterungsprojektionen weiterhin mit Eifer ihre christliche Berufung in Kirche und Welt zu verwirklichen. Indem die Kirche beides tut, die Würdigen auswählen und den anderen zu ihrer eigenen Würde verhelfen, sieht sie sich vor allem in den Verantwortlichen der Seminarien in der Verantwortung, sehr sensibel bei den Menschen der Vorgegebenheit der priesterlichen Berufung und der anderen Berufungen nachzuspüren und genauso sensibel darauf zu reagieren.[37]

OT 7, 1 Der Artikel reagiert auf strukturelle Probleme. Wo einzelne Diözesen zu klein sind, sollen mehrere Diözesen ein Seminar in einer bestimmten Region gründen und fördern. Ziel ist es, den möglichen Qualitätsabstieg kleiner Seminarien zu stoppen und in gemeinsamen Priesterseminarien qualifiziertere personale und wissenschaftliche Ressourcen für die Gestaltung zur Verfügung zu haben.

---

[37] Vgl. Neuner, Kommentar 326.

Denn die gründliche Ausbildung der Alumnen muss „oberstes Gesetz" sein. Und damit dieses wirksam wird, ist das bisherige Gesetz aufzuheben, nämlich insofern das ehemalige Kirchenrecht im Anschluss an das Dekret von Trient wünscht, dass in jeder Diözese ein eigenes Seminar errichtet wird.[38] Die Diskontinuität geht weiter: Die Leitung solcher Seminarien soll sich nach Statuten richten, die von den beteiligten Bischöfen aufgestellt und vom Heiligen Stuhl approbiert werden. Damit wird die Vorschrift von CIC can. 1357 § 4 abgeschafft, nämlich dass die interdiözesanen Seminare direkt unter päpstlicher Autorität stehen müssen. Diese weitere Dezentralisierung stärkt selbstverständlich einmal mehr den lokalen kirchlichen Selbstvollzug.

OT 7,2 Im Gegengewicht zu den größeren Institutionen denkt das Dekret zugleich an die Schattenseite dieser Strategie: nämlich an die mögliche Anonymisierung, Passivität und Isolierung der Kandidaten in einer allzu großen Menge von Alumnen. Um aber gerade zu ermöglichen, was dem Dekret am Herzen liegt, nämlich eine ganzheitliche Ausbildung, die viel Dialog in einem überschaubaren sozialen Rahmen benötigt, sollen die Alumnen in kleinere Gruppen aufgeteilt werden: „um so die Ausbildung der Einzelnen persönlicher gestalten zu können". Wie die Aufteilung geschieht, wird hier nicht näher erörtert: Ob es sich um Neigungsgruppen, Jahrgangsgruppen oder um quer zu den Jahrgängen verlaufende Gruppen handelt, bleibt also offen und offensichtlich auch unbenommen. Damit diese Aufteilung nicht zur Zersplitterung wird, betont der Text allerdings, dass die Einheit der Leitung und der wissenschaftlichen Ausbildung sich nicht auf die Ebene dieser Parzellierung begibt, sondern für das ganze Institut erhalten bleiben soll.

Diese Aufforderung zu kleineren Gruppen innerhalb eines größeren Ordnungssystems ist beachtlich, denn kleinere Gruppen sind auch immer die Orte, wo Kreativität so stark werden kann, dass sie Kritik und Widerspruch ermöglicht und entsprechende Argumentationen dialogisch zur Erprobung bringt. Analog zur Vorstellung der Kirche als Volk Gottes und zur Verantwortung des hierarchischen Amtes in ihm, wie dies *Lumen gentium* entwickelt hat, wird auch hier eine Strukturierung des Volk Gottes gewissermaßen „von unten" in den Blick genommen. Dies darf man vor allem im Zusammenhang mit Priesterseminarien nicht unterschätzen! Nicht umsonst haben manche in diesem Zusammenhang, vor allem Kardinal Ruffini, eine Lockerung der Seminardisziplin befürchtet.[39]

IV. Die Sorge um die gründlichere geistliche Formung

OT 8,1 Auch wenn die geistliche Formung im Folgenden eigens erörtert wird, sichert der erste Satz die Gesamtintention des Textes, nämlich dass die geistliche Formung im Integral der wissenschaftlichen und pastoralen Ausbildung mit die-

---

[38] Vgl. CIC/1917 can. 1354 § 1; vgl. dazu Neuner, Kommentar 326.
[39] Vgl. Neuner, Kommentar 328.

sen verbunden bleibt.⁴⁰ Auf der einen Seite können von daher theologische Fragen nicht abstrakt behandelt werden, weder spiritualitäts- noch pastoralfern, noch kann sich die Spiritualität nur auf religiöse Affekte beziehen, sondern benötigt ihrerseits eine theologische Form und auch eine pastorale Objektivierung, womit die Spiritualität auch mit der Pastoral verbunden wird. Von daher hat der Spiritual im Angebot seiner geistlichen Übungen die besondere Aufgabe, dass die Alumnen „in inniger und steter Gemeinschaft mit dem Vater durch seinen Sohn Jesus Christus im Heiligen Geist (zu) leben". Die christozentrische Perspektive wird damit in den trinitarischen Beziehungen verankert. Eine weitere Entfaltung dieses Zusammenhangs erfolgt nicht. Vielmehr konzentriert sich der Text dann wieder auf die Christusbeziehung, will aber offensichtlich nicht darüber vergessen lassen, dass diese Beziehung nur im Zusammenhang des trinitarischen Gottes ihre Begründung und Ermöglichung hat.

Was das Sakrament der Priesterweihe an Gleichförmigkeit mit Christus dem Priester schenkt, soll in einer engen Freundschaft mit Christus verankert sein. Auch an dieser Stelle tritt die Grundintention des Zweiten Vatikanums zutage, Sakrament und Lebensgestalt miteinander zu verbinden. Diese lebendige spirituelle Kommunikation mit Christus wird im Paschamysterium erlebt, und zwar so, dass die Alumnen vor dem Volk nicht nur später einmal die Eucharistie feiern können, sondern ihm auch aufgrund ihrer persönlichen Spiritualität zu vermitteln vermögen, was hier geschieht. So ist es wichtig, dass die Alumnen Christus suchen, gerade auch und weil er sich ihnen im Sakrament schenkt, dass sie sich in der Erfahrung herantasten an den, der sie objektiv schon gefunden hat: in der Meditation des Gotteswortes, in der aktiven Teilnahme an den Geheimnissen der Kirche, besonders in der Eucharistie und dem Stundengebet, und, in dieser Reihung eigentlich überraschend, im Bischof, der die Sendung ausspricht,⁴¹ und schließlich in den Menschen, zu denen sie einmal gesandt werden: „vor allem in den Armen, den Kindern und den Kranken, den Sündern und Ungläubigen." In all diesen Begegnungen und Erfahrungen begegnen sie Christus, durchaus wohl mit dem Hintergrund von Mt 5,3; 18,2–5 und 25,31–46, dass ihnen in den Armen, Kindern und Kranken Christus selbst begegnet. Ungewöhnlich ist, dass sie Christus auch in den Sündern und Ungläubigen suchen: In der Beziehung zu ihnen leuchtet das Geheimnis Christi auf, als Versöhnung und als unbedingtes Angebot der Gnade. Indem die Alumnen sich auf diese Begegnungen vorbereiten, suchen sie in ihrem eigenen Leben nach dem Christus, der diesen Menschen mit dem Angebot der Versöhnung und der Gnade begegnet. In der Tat gilt: Der künftige Priester „findet Christus umso mehr, je treuer er sich die Hirtensorge Christi für die Armen und Verlorenen zueigen macht". Eben darin kann er jene Selbsthingabe Christi für die Menschen verwirklichen, von der bereits in Artikel 4 die Rede war.⁴²

---

⁴⁰ Vgl. Greiler, Das Konzil 329–331; Urbina, Formación espiritual 396 ff.
⁴¹ Hinsichtlich der offiziellen Übersetzung müsste man bezüglich des Bischofs und seiner Sendung wohl vorsichtiger übersetzen: Der Bischof gibt nicht die Sendung (die gibt Gott allein), sondern er spricht sie aus und bestätigt sie: In diesem Sinn sendet er sie dann aus (eos mittit).
⁴² Vgl. Neuner, Kommentar 329.

Betrachtet man den Absatz aus der Perspektive des Verhältnisses von Gnade und Aufgabe, so ist in aller Deutlichkeit in der innigen und steten Gemeinschaft mit dem trinitarischen Gott die Geschenkhaftigkeit dieser Beziehung mitgedacht, wenngleich immer neu zu lernen ist, sie auch zu erfahren. Bezüglich der anderen Momente überwiegt wieder der Imperativ und es wird nicht explizit davon gesprochen, dass all diese zu lernenden Vorgänge und Beziehungen immer schon ermöglicht sind durch die Vorgabe der Gnade und dass in ihnen selbst, also nicht nur im Gebet und Sakrament, sondern auch in der Begegnung mit den Menschen, vor allem mit den besonders Genannten Gnade erfahrbar ist: als Erlebnis vertiefter Lebensintensität und als Erfahrung, gerade in solchen Beziehungen nicht nur gefordert, sondern auch beschenkt zu werden.[43] Vor allem die diakonische Beziehung hat immer auch diesen Anteil.[44]

Auf Wunsch vieler Väter, vor allem der brasilianischen und polnischen Bischöfe, wurde der Modus der besonderen Verehrung der Gottesmutter eingetragen. Hier ist von einem kindlichen Vertrauen die Rede. Begründet wird dieses Verhältnis mit der unzitierten allgemeinen Allusion auf Joh 19, 25–27, als der sterbende Jesus seine Mutter dem Jünger als Mutter gegeben hat: „Dann sagte er zu dem Jünger: Siehe, deine Mutter! Und von jener Stunde an nahm sie der Jünger zu sich." (Joh 19, 27) Ohne eine andere Version anbieten zu können, bringt der Begriff des „kindlichen Vertrauens" nicht ganz die lateinische Vorlage zum Ausdruck, wo „filiali fiducia" steht, was im Deutschen schwierig zu übersetzen ist: nämlich als „sohnhaftes Vertrauen", was jede Art von psychologischem Regressionsverdacht in der Beziehung zur Gottesmutter gar nicht erst aufkommen lassen würde. Denn immerhin handelt es sich sowohl bei dem Jünger als auch bei den Alumnen um erwachsene Menschen.

OT 8,2 Der zweite Absatz konzentriert sich auf die Frömmigkeitsformen, die einzuüben sind. Zum einen gelten jene, die durch den ehrwürdigen Brauch der Kirche empfohlen sind, die hier nicht im einzelnen aufgezählt werden. Aus heu-

---

[43] Hier zeigt sich dann auch, dass die Beziehung des sakramentalen Amtes zu den anderen Gläubigen im Volk Gottes nicht so verstanden werden kann, als ginge die Gnade weitgehend nur vom sakramentalen Amt aus und als wären die anderen Gläubigen hauptsächlich die Empfänger dieser Gnade. Eine solche Sicht würde die Taufe verkleinern, wohingegen gerade das Sakrament der Taufe das Grundmuster aller Sakramentalität vorlegt, nämlich in der Verbindung von ungeschuldeter Gnade und ermöglichter christlicher Existenz. Letztere begründet *zuerst* das priesterliche Amt der Gläubigen wie ihr Hirten- und Königsamt. Davon leitet sich analog das Verständnis des sakramentalen Dienstamtes ab, mit der Konzentration auf eine eigenständige und spezifische Vollzugsform im Volk Gottes und zu dessen Gunsten. Die Gnadengegebenheit dieses Dienstes zeigt sich dann nicht nur in der eigenen Sakramentalität, sondern auch in der Bezogenheit auf das christliche Basisamt aller Getauften, insofern in der Kommunikation mit diesen Gnade erfahrbar ist. Im gemeinsamen Priester- und Hirtenamt erschließt sich das Potential der Gnade, ohne das das spezifische sakramentale Amt gnadentheologisch verhungern müsste. Die kirchliche Gemeinde ist selbst ein Geschenk der Gnade Gottes und wie es ein besonderes Hirtenamt des sakramentalen Amtes gibt, so gibt es diesem gegenüber und zum Aufbau der Kirche das gemeinsame Hirtenamt aller Christinnen und Christen. Vgl. dazu F. Weber, Hirtenamt; Stenger, Im Zeichen des Hirten; vgl. dazu auch die Ausführungen von Peter Hünermann im Teil C. I dieses Kommentars.

[44] Vgl. Fuchs, Heilen.

tiger Perspektive wäre wohl hinzuzufügen, dass diese herkömmlichen Frömmigkeitsformen für viele auch in den Priesterseminarien oft neu zu vermitteln sind. Doch soll sich die geistliche Ausbildung darin nicht erschöpfen, es soll also nicht einseitig ein ganz bestimmtes religiöses Gefühl, eine ganz bestimmte Spiritualität gepflegt werden. Vielmehr ist insgesamt nach neuen Formen zu suchen, in denen nach dem Vorbild des Evangeliums in Glaube, Hoffnung und Liebe gelebt werden kann, vor allem im Zusammenhang mit der damit verbundenen expliziten Gottesbeziehung, nämlich mit dem Gebet. Die Alumnen werden also auf das Evangelium und damit auf die biblische Botschaft direkt verwiesen, um zusammen mit ihren Mitbrüdern und den für sie Verantwortlichen aus der Kreativität des Evangeliums, auch im tiefen Sinn des Wortes aus der Geistigkeit des Evangeliums heraus eigene Kreativitäten der Spiritualität zu entwickeln, sowohl im Gebet wie auch in der „Festigkeit und Sicherheit" in der eigenen Berufung, um von daher den Weg dieser Berufung in die Reife zu führen und in den permanenten Eifer, aus dieser Faszination heraus Menschen für Christus zu gewinnen. Kirchliche und am Evangelium entwickelte subjektive Spiritualität ergänzen sich so zur gemeinsamen Basis der je eigenen Frömmigkeit. Ohne diese Spiritualität gibt es keine Kraft schenkende Verwurzelung des Berufes in der Berufung, der Praxis in der Begnadung. Ohne sie gibt es auch keinen Eifer, der Menschen für Christus zu faszinieren vermag.

OT 9, 1 Die Gottesbezogenheit, wie sie in Artikel 8 entfaltet wird, wird nun durch die Kirchenbezogenheit ergänzt, wobei letztere mit der ersteren in eine inhaltliche Verbindung gebracht wird, nach dem zitierten Augustinuswort: „In dem Maße, wie einer die Kirche Jesu Christi liebt, hat er den Heiligen Geist." Das Dekret bezieht sich explizit auf jene Kirchenvorstellung, wie sie *Lumen gentium* vertritt, namentlich in Anmerkung 17 auf Nr. 28, wo von der Stufe des priesterlichen Dienstamtes im Kontext der anderen Stufen (Bischöfe und Diakone) die Rede ist, und wo die Gestalt dieses Dienstes als Anteil am Amt des einzigen Mittlers Christus entsprechend beschrieben wird. Das dort genannte Geheimnis Christi, das die Priester auf verschiedene Weise verkünden, vergegenwärtigen und feiern, wird in unserem Dekret mit dem Geheimnis der Kirche in Verbindung gebracht, womit die Kirche selbst nicht zuerst als Werk der Menschen und auch nicht zuerst als Institution, sondern als Werk der Gnade Gottes in den Blick kommt. Entsprechend ist in einer solchen Kirche Zeugnis für jene Einheit zu geben, „durch die Menschen zu Christus hingezogen werden": und diese Einheit kommt erfahrungsmäßig darin zum Vorschein, dass innerhalb der unterschiedlichen Stufen der Dienstämter, vom Stellvertreter Christi bis hin zum Priester (der Diakon ist hier nicht präsent) ein entsprechendes Verhältnis der Liebe, der Loyalität, der Gemeinschaft und der Brüderlichkeit herrscht. Dieses Geheimnis der Kirche soll die Alumnen erfüllen, und zwar so, dass sie mit „weitem Herzen … am Leben der ganzen Kirche teilzunehmen lernen": also in dieser doppelten Richtung, bezogen auf die Mitbrüder im Weiheamt genauso wie bezogen auf die Menschen im Volk Gottes (im weiteren wie auch im engeren Sinn des Wortes).

OT verbindet die innere hierarchische Struktur des sakramentalen Amtes hier nicht konzeptionell mit der prinzipiellen Ambivalenz dieser Struktur und ihrer Kritik, sondern erörtert dieses Problem auf der Ebene der konkreten Personen. Deshalb ist es wichtig, dass die Alumnen mit Klarheit verstehen, dass es nicht ihr Ziel ist, die Hierarchieleitern hinaufzusteigen, nicht zu herrschen und Ehrenstellen einzunehmen, sondern ihr eigenes Amt ganz dem Dienst Gottes und der Seelsorge zu widmen. Indirekt wird also die Hierarchie des Amtes hier zu dem Ort, wo priesterlicher Gehorsam als Karriereverzicht gelernt wird, wo also gerade nicht zu lernen ist, dass man durch diesen Gehorsam die kirchliche Stufenleiter hinaufsteigen kann. Dieser Gehorsam hat eine spirituelle Eigenwertigkeit, die nicht mehr hierarchistisch instrumentalisiert werden darf.[45] Entsprechend äußern sich priesterliches Leben und damit auch die entsprechende Vorbereitung „in armer Lebensweise und im Geist der Selbstverleugnung", wobei hier explizit unter anderem auf LG 8 Bezug genommen wird, dort vermutlich auf den Abschnitt 3, wo der Text von der Kenosis Christi um unseretwillen spricht und von daher die Identität der Kirche so rekonstruiert, dass sie nicht irdische Herrlichkeit sucht, sondern die Demut und Selbstverleugnung aufbringt, durch ihr Beispiel die Menschen Christus nahe kommen zu lassen. Was hier prinzipiell von der Kirche gesagt wird, gilt konkret für jene, die in ihr einmal zu Priestern bestellt werden.[46]

Diese Selbstverleugnung um der anderen willen fällt nicht vom Himmel, sondern braucht entsprechende Einübung, z. B. auch „auf erlaubte, aber unnötige Dinge bereitwillig zu verzichten".[47] Der Absatz endet mit der christologischen Ausrichtung, dass die ganze Erziehung darauf angelegt ist, „dem gekreuzigten Christus ähnlich zu werden", womit nun die Kenosis Christi ausdrücklich mit dem priesterlichen Dienst inhaltlich verbunden wird.

OT 9, 2 Der zweite Absatz attackiert jede Art von Idealisierung des priesterlichen Berufes in der Ausbildung: Die Alumnen sollen genau wissen, welche Lasten sie auf sich zu nehmen haben und die Schwierigkeiten des Priesterlebens sollen ihnen nicht verschwiegen werden. Die Bedingung dafür wird erst später reflektiert, nämlich dass man darüber nicht nur aufgeklärt werden kann, sondern dass in entsprechenden direkten praktischen Erfahrungen in der Pastoral während des Studiums und nach dem Studium tatsächlich von den Alumnen eingeschätzt werden kann, worüber sie aufgeklärt werden sollen. Dieser Passus ist vor allem gegenwärtig und zukünftig von besonderer Bedeutung. Die künftigen Priester müssen wissen, in welchen pastoralen Strukturen sie tätig sein werden und wie sie diese mit ihrem eigenen Priesterbild und mit ihrer eigenen Spiritualität in Verbindung bringen könnten.

---

[45] 62 Bischöfe hatten in ihren Modi angeregt, dass nicht nur der gehorsame Dienst gegenüber dem Bischof, sondern auch der gehorsame Dienst am Gottesvolk stärker betont werden solle.
[46] Neuner nennt als Bezugstexte näherhin LG 18 und 28 (hier mit dem rechten Verständnis des priesterlichen Amtes) und PO 15–17 (hier bezüglich des Gehorsams, der Armut und der Selbstverleugnung).
[47] 56 Bischöfe wünschten in ihren Modi, dass die Armut im Zusammenhang mit der priesterlichen Spiritualität besonders erwähnt werde, weil sie der Lebensform des Evangeliums entspricht; vgl. Neuner, Kommentar 330.

Wie jede Idealisierung falsch wäre, so wäre es allerdings genauso falsch, die zukünftige Tätigkeit nur düster, als permanente „Gefahrenquelle" zu sehen. Vielmehr gilt die Hoffnung, dass gerade in der pastoralen Tätigkeit nicht nur Selbstverausgabung geschieht, sondern auch für das geistliche Leben Kraft geschöpft werden kann. Die Pastoral wird damit als ein Ort vorgestellt, der viel kostet, der aber auch viel gibt. Die Teilung von Beruf als Selbstverausgabung und Privatleben, wo man wieder auftankt, kann in dieser Form nicht gelten. Der Beruf selbst ist es, der beschenkt und, wenn die Spiritualität dies so wahrzunehmen vermag, Erfolgserfahrungen eigener Art ermöglicht. Dabei ist allerdings abzusehen von gängigen Erfolgskategorien, wie der Karriere und der eigenen Selbstdarstellung, denn von der Spiritualität der Gleichförmigkeit mit Christus her geschieht eine Umwertung dessen, was als pastoraler Erfolg zu definieren ist. Die Freude am eigenen Beruf erwecken dann Begebenheiten und Erfahrungen, in denen Menschen sich durch die eigene Tätigkeit als Beschenkte erfahren, sei es in der Diakonie, sei es in der Versöhnung. Nicht zuletzt ist der Gedanke zu wiederholen, dass in dieser pastoralen Tätigkeit Christus selbst begegnet. So bewegen sich die Alumnen auf jene Tiefendimension christlicher Existenz zu, in der sich die Hingabe des Lebens als dessen Gewinn ereignet und wo aus der Freude der anderen die eigene Freude erwächst.

OT 10 Interessanterweise hat dieser Passus zum priesterlichen Zölibat eine „komplizierte Geschichte."[48] Das erste Schema (1963) hatte nur einen kurzen Abschnitt über die priesterliche Keuschheit. Den Reduktionen der Propositiones fiel dieser Abschnitt zum Opfer. Doch die Bischöfe wollten vom Dekret gerade zu diesem Thema Hilfestellungen für drängende Probleme. Der Text des früheren Schemas wurde als neuer Artikel wieder hinzugefügt. Die Diskussion forderte eine weitere Vertiefung in Richtung auf eine „positive Orientierung in der Erziehung zum Zölibat"[49], so dass in der endgültigen Fassung dieser relativ lange Artikel begegnet.

Als konziliarer Hintergrund ist im Blick zu behalten, dass der Papst während der vierten Session am 11. Oktober 1965 die Frage des Zölibats an sich zieht und weitere Zölibatsdiskussionen auf dem Konzil verhindert.[50] Dass sich der Papst eine entsprechende Entscheidung vorbehielt, musste nicht unbedingt als Vorentscheidung für den Pflichtzölibat ausgelegt werden. Vielmehr gab es bei einer Reihe von Bischöfen auch die Hoffnung, dass der Papst die Aufhebung des Pflichtzölibats entscheiden werde.[51] Von daher ist auch der Widerstand einiger Väter zu verstehen, die Formulierung „sanctas firmasque leges" als Bestätigung des Zölibatsgesetzes zu verstehen. Dieser Einwand wurde „mit Applaus aufgenommen, doch fanden weder Debatte noch Abstimmung statt".[52] Trägt das Priesterdekret

---

[48] Vgl. Neuner, Kommentar 331.
[49] Ebd. 332.
[50] Vgl. Greiler, Das Konzil 288 ff.
[51] Wie beispielsweise Bischof Antonius Hofmann von Passau; vgl. ebd. 289, Anm. 56.
[52] Ebd. 292.

(obgleich es erst am Ende der letzten Session im Dezember 1965 verabschiedet werden wird, war die Textvorlage längst bei den Vätern) bei aller Hochschätzung des Zölibatsgesetzes eine kräftige Spur seiner Infragestellung, indem der Zölibat dem Priestertum zwar angemessen erscheint, aber nicht vom Wesen des Priesteramts selbst gefordert ist (vgl. PO 16,1), so entfaltet OT nur jenen Satz aus PO, in dem die Heilige Synode von Neuem das Zölibatsgesetz billigt und bekräftigt (PO 16,3).[53] Bei diesem Thema zeigt sich also eine gewisse Spannung zwischen OT und PO, die vielleicht auch davon herrührt, dass OT ein handlungsorientiertes Dokument ist, das möglicherweise mehr Eindeutigkeit verlangt als die mehr konzeptionellen Ausführungen im Priesterdekret.

Immerhin gab es im Konzil wie auch in seiner zeitgenössischen Repräsentanz in den Medien eine deutliche Dynamik in Richtung auf eine mögliche, vielleicht sogar baldige Abschaffung des Zölibatsgesetzes. Auf diesem Hintergrund bringt Kardinal Höffner das Votum der Regenten ein, die für eine klare Orientierung der Priesterausbildung eine ebenso klare Konzilsaussage zur Beibehaltung des Zölibats wünschten.[54] Der öffentliche Diskurs wirkte mit, den Zölibat doch länger zu debattieren, und zwar in die Richtung seiner theologischen und existentiellen Vertiefung. So solle er nicht nur als Gesetz, sondern als „Gabe Gottes" aufgefasst werden,[55] nicht nur systematisch, sondern auch biblisch begründet, nicht nur juridisch auferlegt, sondern geistlich vollzogen und wirksam werden.[56] Offensichtlich stehen dahinter auch die starken Auswirkungen der dritten Session (14.9. bis 21.11.1964), die einige Akzentverschiebungen brachten, nämlich die pastorale und zeitgenössische Orientierung des Konzils wieder stärker mit der Tradition zu verbinden: „Stärker als zu Beginn des Konzils schien jetzt das Modell von der komplementären Funktion des Zweiten im Verhältnis zum Ersten Vatikanum zuzutreffen."[57] Auch Paul VI. suchte mit seinen Eingriffen entsprechende Kompromisse zu erreichen und die Zustimmungsbasis der Dokumente möglichst groß zu halten.[58] Dies geht offensichtlich so weit, dass sich das Plenum brüskiert fühlte: „hatte es doch in den ersten beiden Perioden zu sich selbst gefunden und sich als eigene Größe im Spiel der Kräfte etabliert."[59]

Auf der anderen Seite überholte Paul VI. geradezu in seiner öffentlichen Symbolik die Konzilsprogrammatik, dass sich die Kirche auch von außen nach innen, von der Erkenntnis buchstäblicher Notwendigkeiten in der Gesellschaft nach innen in die Selbstveränderung der Kirche hinein zu gestalten habe: So kann die gleichzeitige Schenkung der Tiara an die Armen der Welt ebenfalls als ein „Eingriff" des Papstes in die Dynamik des Konzils in Richtung auf die Erneuerung der Kirche von den Armen her interpretiert werden.[60] In *Gaudium et spes* jedenfalls

---

[53] Vgl. ebd. 292.
[54] Vgl. ebd. 267. Von daher erklärt sich dann auch die umso größere Enttäuschung über die Enzyklika *Sacerdotalis coelibatus* (23.6.1967) von Paul VI. (vgl. dazu ebd. 305 f.).
[55] Vgl. ebd. 275 und 280.
[56] Vgl. ebd. 331.
[57] Ebd. 210.
[58] Vgl. ebd. 212.
[59] Ebd. 213.
[60] Vgl. ebd. 213; vgl. dazu Congar, Le Concile 108; Häring, Heute Priester 48 f.

ist diese Zeichenhandlung vollends angekommen, leider weniger in OT. Die Fixierung auf den Pflichtzölibat verhinderte die theologisch einholbare plurale Sicht auf das besondere Zeichen der Lebensweihe an Christus, insofern diese nicht nur im Zölibat, sondern auch in einer besonderen Lebensform der Armut bestehen könnte. Mutige und singuläre Eingaben, wie die des Bischofs Sergio Mendéz Arceo aus Mexiko, der kurz vor seiner Wortmeldung durch den Schluss der Debatte daran gehindert wurde, wurden überhört: in seiner Kritik des Pflichtzölibats und in seinem Vorschlag, dass die Bischöfe vom Zölibat dispensieren können.[61] Demgegenüber wurde in der dritten Session die pflichtidealistische Ansicht vertreten, dass der Zölibat ja nicht nur Verzicht sei, sondern ein Geschenk Christi und als solches zu entfalten wäre.[62] Nicht nur die existentielle, sondern auch die pastorale Problematik solcher Zölibatstheologie tritt in den Hintergrund.

OT 10, 1 Obgleich der Text mit der eingrenzenden Konzentration auf den lateinischen Ritus einsteigt, in dem die Tradition des priesterlichen Zölibats vorliegt, wird dieses Gesetz so als heilig und fest und verehrungswürdige Tradition semantisch aufgewertet, dass die geltungsbezogene Ausschnitthaftigkeit dieses Paragrafen in den Hintergrund gerät. Der Artikel gilt nichtsdestoweniger nur für diejenigen, die in der lateinischen Kirche mit dem Priestertum zum Zölibat verpflichtet sind. Neuner folgert: „Damit ist auch ausgesagt, dass der Zölibat nicht zum Wesen des Priestertums gehört, sondern ein eigenes Charisma ist, das freilich auf den priesterlichen Dienst eng bezogen ist."[63] Genau für diesen Bereich wird nun eine besondere Sorgfalt in der Vorbereitung angemahnt.

Diese beginnt mit einer angemessenen Theologie der Ehelosigkeit und führt über die Überbietung des Gesetzes durch dankbare Freiwilligkeit zu der möglichen Einsicht, diese Lebensform als „kostbares Geschenk Gottes" anzunehmen. Diese Gnade ist in Demut zu erbitten und es ist ihr mit „der erweckenden und helfenden Gnade des Heiligen Geistes frei und großherzig zu entsprechen". Die angesprochene Theologie bezieht sich auf Mt 19, 12, nämlich um des Himmelreiches willen auf die eheliche Gemeinschaft zu verzichten und dem Herrn mit ungeteilter Liebe anzuhängen. Leider liest der Text (vgl. Anm. 20) diese bibeltheologischen Einsichten mit der Brille der Enzyklika *Sacra virginitas* von Pius XII. (1954). Nach Mt 19, 12 stellt Jesus nämlich, entgegen seiner vorangehenden deutlich scharfen Eingabe bezüglich der Ehescheidung, keine Forderung auf, wie sie „im kirchlichen Gesetz" erhoben wird. Jesus nimmt lediglich jene Menschen in Schutz, „die um der Basileia willen auf die Ehe verzichten".[64]

In besonderer Weise dem Neuen Bund entspricht das Zeugnis für die Auferstehung der künftigen Welt, wie dies bei Lk 20, 36 angeführt wird, wobei aber 34 und

---

[61] Vgl. Greiler, Das Konzil 247 f.
[62] Vgl. ebd. 275. In diesem Sinn trifft dann auch die positive Argumentation zu Gunsten des Zölibats für die Ostkirchen zu, insofern auch diese den Zölibat schätzen, aber eben nicht als Gesetz mit dem Priesteramt verbinden.
[63] Neuner, Kommentar 332.
[64] Merklein, Gottesherrschaft 220.

35 dazugehört: „Da sagte Jesus zu ihnen: Nur in dieser Welt heiraten die Menschen. Die aber, die Gott für würdig hält, an jener Welt und an der Auferstehung von den Toten teilzuhaben, werden dann nicht mehr heiraten. Sie können auch nicht mehr sterben, weil sie den Engeln gleich und durch die Auferstehung zu Söhnen Gottes geworden sind." (Lk 20, 34–36) Warum gerade der letzte Satz hier als Bibelbezug aufgerufen wird, bleibt (auch als eschatologischer Verweis) dunkel, zumal man sicher nicht sagen will, dass (nur) die Priester jetzt schon den Engeln gleich seien und jetzt schon durch die Auferstehung zu Söhnen Gottes geworden seien.

In diesem Verzicht gewinnen die Priester „besonders wirksame Hilfe zur ständigen Übung jener vollkommenen Liebe, die sie in ihrer priesterlichen Arbeit allen alles werden läßt". Letztere Passage erinnert an 1 Kor 9, 22, ohne dass diese Stelle hier zitiert wird. Jedenfalls sollen die Alumnen „tief davon durchdrungen sein, wie dankbar sie diesen Stand entgegennehmen wollen", eben als eine Gnade, die eine besondere pastorale Qualität ermöglicht, die also nicht nur eine Vorschrift ist, sondern jenes paulinische „Allen-alles-Werden" ermöglicht.

OT 10, 2 Implizit kommt hier eine eigenartige Spannung zutage: Auf der einen Seite wird anfangs gesagt, dass Zölibat und priesterliche Berufung nur für den Bereich eines bestimmten Ritus zusammengehören, zum anderen wird innerhalb dieses Ritus so massiv argumentiert, dass damit implizit die verheirateten Priester anderer Riten degradiert werden: denn ihnen fehlt all das für eine tatsächlich priesterliche Pastoral, was den Zölibatären mit dieser Lebensform geschenkt ist. Genau diese Spannung kommt semantisch zum Vorschein, wenn der zweite Absatz „klar den Vorrang der Christus geweihten Jungfräulichkeit" herausstellt. Dies sollen die Alumnen erkennen, wobei sie gleichzeitig um die Pflichten und die Würde der christlichen Ehe gebührend wissen.

Die theologische Würde der Ehe wird mit dem Bild der Liebe zwischen Christus und seiner Kirche begründet, und zwar mit Bezugnahme auf Eph 5, 32 f.: „Dies (dass der Mann Vater und Mutter verlassen und sich an seine Frau binden und die zwei ein Fleisch sein werden, so in 31) ist ein tiefes Geheimnis; ich beziehe es auf Christus und die Kirche." Der Gedanke, dass gerade aufgrund dieser Bibelstelle die Christus- und Kirchenbezogenheit der Ehe und ihre diesbezügliche Sakramentalität theologisch gleichrangig zur Jungfräulichkeit sein könnten, wird abgewehrt. Der sakramentalen Beziehung zwischen Mann und Frau im Horizont der angedeuteten Verhältnisbestimmung ihres Bundes zu Christus und seiner Kirche wird nicht jene „ganze Hingabe von Leib und Seele" zugetraut, die der Jungfräulichkeit zugeschrieben wird: nämlich sich „mit Hochherzigkeit … in ganzer Hingabe … dem Herrn (zu) weihen". Hier glättet Neuner in seinem ansonsten brillanten Kommentar, wenn er schreibt: „Die Theologen müssen genügende Einsicht in das Wesen und die Werte der Ehe haben, auch in ihre tiefe spirituelle Bedeutung als Zeichen der Gemeinschaft Christi mit seiner Kirche. Aber ebenso (!) müssen sie den Sinn der Jungfräulichkeit verstehen: Ihre Auszeichnung beruht nicht auf einer Abwertung der Ehe, sondern im Wesen der Kirche selbst, die nicht nur das ‚In-der-Welt' der Menschwerdung, sondern auch das ‚Über-die-Welt-hinaus' des endzeitlichen Heils sichtbar darstellen muß."⁶⁵ Das „ebenso" in diesem Zitat ist ebenso unangemessen wie die Abwehr der Abwertung der Ehe nicht konsequent genug erfolgt: Wie sonst soll man sonst den „Vorrang" der Jungfräulichkeit verstehen? Und ist nicht der eschatologische Charakter, der für die Ehelosigkeit reklamiert wird, für die gesamte christliche Existenz und für alle Lebensformen bibel-theologisch und systematisch-theologisch zu entfalten?

OT 10,3 Der dritte Absatz formuliert einzelne Wege zu einem integrierten und reifen zölibatären Priesterleben. Dabei wird auf die Gefahren hingewiesen, die der Keuschheit in der gegenwärtigen Gesellschaft drohen.⁶⁶ Das Dekret weist auf geeignete „göttliche und menschliche Hilfsmittel" hin, die dazu verhelfen, den Verzicht auf die Ehe so in das Leben zu integrieren, dass die jungen Menschen vom Zölibat keinen Schaden nehmen, sondern „eine vollkommenere Herrschaft über Leib und Seele und eine höhere menschliche Reife gewinnen und die Seligkeit des Evangeliums tiefer erfahren." An dieser Stelle wird zumindest die Ambivalenz des Zölibats gesehen, und nicht nur, wie oben, die mögliche Gefahr der Ehe, Menschen von der ganzen Hingabe an Jesus Christus abspenstig zu machen. Was mit den göttlichen und menschlichen Hilfsmitteln gemeint ist, wird hier nicht genannt: Neuner verweist hier auf die stufenweise sinnvolle geschlechtliche Aufklärung und das im Priesterdekret (Art. 8) empfohlene gemeinschaftliche Leben der Priester.⁶⁷

---

⁶⁵ Neuner, Kommentar 333; vgl. auch Greiler, Das Konzil 267. So sehr also die Intention von OT auf dem Hintergrund bisheriger kirchenoffizieller und auch volkskirchlicher Einstellungen zum Kontrast zwischen zölibatärem Priestertum und der Kombination von Ehe und Laientum einzuschätzen ist, so sehr auch die Kommentare, die dies herausstellen, deshalb diese Dynamik richtig sehen, so darf auch nicht übersehen werden, dass das Dekret von den Spuren dieser Vergangenheit belastet ist. Jedenfalls löst sich das Anliegen, die positive Sicht des Zölibatsgesetzes systematisch-theologisch herauszustellen, nicht gründlich genug vom Missverständnis einer wertvolleren Christusnachfolge, als Laien und Verheiratete dies vermögen. Denn die inhaltlichen Argumente könnten alle auch hinsichtlich der Ehe entwickelt werden: So gibt es nicht nur einen eschatologischen Charakter der Ehelosigkeit, sondern auch einen eschatologischen Charakter der Ehe, insofern die Ehe jene Treue Gottes zu seinem Volk ausdrückt, die über den Tod und über das Gericht hinaus gilt. Außerdem wird man sich auch theologisch darum bemühen dürfen, inwiefern das sakramentale Amt selbst eschatologische Qualität hat und diesbezüglich nicht auf den eschatologischen Charakter der Ehelosigkeit angewiesen ist, die ihrerseits in ihrer Eigenständigkeit bedroht wird, wenn sie nur mit dem priesterlichen Amt verbunden ist. Von daher bleibt wahr, dass Ehelosigkeit eine besonders angemessene Form priesterlicher Existenz darstellen kann, wie dies zum Beispiel Karl Rahner immer wieder verdeutlicht hat; vgl. Rahner, Knechte Christi 176–207; Rahner, Schriften 14, 145 ff. Allerdings mit dem Argument, dass die Kirche auf den Pflichtzölibat verzichten muss, wenn die Pastoral dies erfordert: Der pastorale Horizont wird hier zum Maßstab der Zulassungsbedingungen. OT verfolgt das eigene erklärte Ziel, die Ausbildung auf die pastoralen Erfordernisse hin zu konzentrieren, nicht mit der letzten theologischen und praktischen Konsequenz. Vgl. dazu auch Urbina, Formación espiritual 464–468.

⁶⁶ Da Keuschheit auch eine Notwendigkeit christlicher Ehe ist, kann die Erziehung zur Keuschheit nicht einfach auf die zölibatäre Erziehung hin monopolisiert werden. Ansonsten läuft hintergründig die permanente Unterstellung, dass die christliche Ehe etwas Unkeusches sei.

⁶⁷ Neuner, Kommentar 333: Hier nennt Neuner auch die Schadensgefahren, nämlich „die mit dem Zölibat verbundenen Spannungen und Probleme", die, wenn sie nicht aufgearbeitet werden, zu „Unausgeglichenheit und Verkümmerung" führen.

OT 11,1 War vorher vom Gewinn einer höheren menschlichen Reife durch freie Annahme und Integration des Gnadengeschenks der Ehelosigkeit die Rede, so wird sie jetzt mit allgemeinen Grundsätzen christlicher Erziehung in Verbindung gebracht, verbunden mit den neueren Erkenntnissen einer (wiederum gesunden) Psychologie und Pädagogik, wobei nicht klar wird, ob sich das „gesund" als Einschränkung nur auf die Psychologie oder auch auf die Pädagogik bezieht. In altersgemäßer Abstufung sollen die Alumnen zur menschlichen Reife geführt werden:[68] zur inneren Beständigkeit, zur Fähigkeit zu abgewogenen Entscheidungen und zu treffenden Urteilen über Ereignisse und Menschen. Geistige Entschlossenheit und die Achtung von Tugenden, auf die die Menschen Wert legen, sind wichtig, weil sie die Diener Christi „gewinnend" machen. Aufrichtigkeit, Gerechtigkeit, Gerechtigkeitssinn, Zuverlässigkeit in Versprechungen, gute Umgangsformen, Bescheidenheit und Liebenswürdigkeit im Gespräch werden zusätzlich als Ziele der Erziehung genannt.

Den Vätern ist offensichtlich wichtig, dass die Alumnen nicht in einer dialogfernen Geschlossenheit erzogen werden, sondern dass das Seminar der Ort ist, wo sie all diese Fähigkeiten lernen, die darauf angelegt sind, in der Menschen- und Weltbezogenheit als Priester überzeugend zu sein und zu bestehen. Explizit wird diese Bezogenheit darin formuliert, dass sie nicht nur die internen Tugenden zur Priestererziehung schätzen lernen, sondern auch die Tugenden, „auf die die Menschen wert legen": Hier wird der Anspruch deutlich, dass die späteren Priester von den Menschen her ihre eigene Pastoral entwickeln und nicht über deren erfahrungsbezogene und geistige sowie geistliche Kompetenz hinweg. Der Text verflacht zwar diesen Ansatz etwas, indem er diese Ausrichtung dafür instrumentalisiert, dass sie für die Diener Christi gewinnend werden und auch die darauffolgende Aufzählung bezieht sich eher auf diesen kommunikativ-effektiven Bereich. Dennoch ist die Öffnung auf das jetzige und künftige Außen des Seminars sowohl im Anschluss an Psychologie und Pädagogik wie auch an die angesprochenen Faktoren der Charakterformung unübersehbar. Die hohe Sendung ist nicht nur zu behaupten, sondern kommunikativ erfahrbar zu machen. Das Seminar ist nicht dafür da, einen klerikalen Lebensstil einzuüben, unwirkliche Vorstellungs- und Denkwelten aufzubauen und mit gesonderten Interessen „die angehenden Priester ihren Altersgenossen" zu entfremden.[69]

OT 11,2 Wie intensiv die Bischöfe an einer entsprechenden Gestaltung des Seminars interessiert und diesbezüglich besorgt sind (der ursprüngliche kurze Text wurde in der Schlussfassung fast verdreifacht), zeigt konsequenterweise der Absatz über die Lebensordnung des Seminars, denn diese muss ja mit den angesprochenen Zielen in Übereinstimmung gebracht werden. Es können nicht Strukturen und Autoritätsverhältnisse zugelassen werden, die eine solche charakterliche Entwicklung konterkarieren. Deswegen wird die Ordnung des Seminars als „wirksamer Schutz des gemeinsamen Lebens und der Liebe betrachtet", der als

---

[68] Vgl. Mariezcurrena, Formación humana.
[69] Vgl. Neuner, Kommentar 334.

solcher dann auch durch entsprechende Anforderungen und Strukturen zu Selbstbeherrschung und zur Heranbildung „jener geistigen Haltungen" geeignet ist, „die zu einem disziplinierten und fruchtbaren Wirken der Kirche in hohem Maße beitragen". Gemeinsames Leben in der Liebe und personal und strukturell eingeforderte Ordnung werden wie die zwei zentralen Pole einer Ellipse aufeinander bezogen: sie benötigen sich gegenseitig, damit die Gemeinschaft nicht ihr Ziel verliert und damit die Disziplin nicht lieblos wird.

In der Mitte des Absatzes wird diese Dialektik ausdrücklich: Es ist wichtig, dass die Alumnen die Autorität der Oberen nicht als kalte autoritativ durchgesetzte Fremdbestimmung erfahren, der sie sich unterwerfen und mit der sie dann letztlich auch Akzeptanz heischend und Karriere bezogen kalkulieren können, sondern die Oberen sollen ihre authentische Autorität „aus persönlicher Überzeugung, also um des Gewissens willen (vgl. Röm 13, 5) und aus übernatürlichen Motiven annehmen". Röm 13, 5 ist zu lesen: „Deshalb ist es notwendig, Gehorsam zu leisten, nicht allein aus Furcht vor Strafe, sondern vor allem um des Gewissens willen." Die übernatürlichen Motive werden nicht näher erläutert, beziehen sich aber wohl vor allem auf jene Passagen des Dekrets, in denen von der Gnadenhaftigkeit der Berufung und der Nachfolge des gekreuzigten Christus die Rede ist (vgl. Art. 8 und 9).

Die Hausordnung ist kein Selbstzweck, sondern soll stufenweise dem Alter der Alumnen so angepasst werden, „daß sie allmählich lernen, auf sich selber zu stehen, und sich daran gewöhnen, ihre Freiheit vernünftig zu gebrauchen, aus eigener Initiative und Überlegung zu handeln und mit den Mitbrüdern und Laien zusammenzuarbeiten". Strukturell bedeutet dies, dass die Hausordnung nach Altersstufe dieser anwachsenden Verantwortungsfähigkeit angepasst wird. Von daher ist wohl darauf zu schauen, dass es einen Kern von Regeln für alle gibt, dass darüber hinaus aber eine mit dem Alter wachsende Beweglichkeit zu institutionalisieren ist. Auch hier zeigt sich, dass die Seminarerziehung insgesamt keinen Selbstzweck hat, sondern in sich selbst bereits junge Menschen auf die pastorale Tätigkeit in Kirche und Welt vorbereitet, in der sie dann fähig sind, ihre eigenen Launen zu überwinden und einen Lebensstil zu entwickeln, der der priesterlichen Berufung entspricht.

OT 11, 3 So endet der Artikel mit eben dieser Zielbestimmung des Seminars und konzentriert den Lebensstil in der Bemühung um die Frömmigkeit und das Schweigen, in der gegenseitigen Hilfsbereitschaft und stellt das Seminar unter die Aufgabe, so gestaltet zu sein, dass es diesbezüglich eine „Einführung in das spätere Leben des Priesters ist". Es sei hier nachgetragen, dass in vielen Modi die Notwendigkeit des „einfühlenden Verständnisses" betont wurde.[70]

OT 12 Hier folgen weitere Ausführungsbestimmungen, um die Ausbildung zu vertiefen und zu vervollkommnen, wobei die Verantwortung für die entsprechenden Initiativen bei den Bischöfen gesehen wird. So soll eine eigene geistliche

---

[70] Vgl. ebd. 334.

Schulung der Alumnen festgesetzt werden. Dies wurde von vielen Bischöfen als notwendig erachtet, während die anderen Vorschläge dieses Artikels Empfehlungen sind. Ziel der geistlichen Schulung ist es, „das volle Verständnis der priesterlichen Berufung und Lebensführung zu vermitteln".[71] Von daher dürfte diese Art von „Noviziat" nicht allzu spät in der Ausbildung, sondern eher am Anfang anzusetzen sein. Darüber hinaus wird eine pastorale Schulung nahegelegt, und zwar in einem angemessenen, also längeren Zeitraum, damit die Seminaristen direkt in der Pastoral erfahren können, was einmal ihre pastorale Verantwortung sein wird und was diesbezüglich auf sie zukommt.

Außerdem wird hingewiesen, was ebenfalls viele Väter monierten, dass das Weihealter nicht zu niedrig sein solle (nach dem damaligen CIC can. 975 24 Jahre). Aufgrund der Verpflichtung zum Zölibat, der nötigen Reife und der differenzierten Vorbereitung in Studium, Spiritualität und pastoraler Kompetenz in der erstrebten Befähigung für eine Pastoral in Kirche und Welt, wie sie vom Zweiten Vatikanum vertreten wird, erachteten es viele Bischöfe für notwendig, das Weihealter heraufzusetzen. Dem dient auch der Vorschlag, die Alumnen nach Abschluss des theologischen Studiums für eine längere Zeit den Diakonat ausüben zu lassen. Wohl mit dem Ziel, dass sie als Diakone bereits ziemlich umfassend in die pastorale Tätigkeit integriert sind (abgesehen von Eucharistiefeier, Bußsakrament und sakramentaler Krankensalbung[72]) und so entsprechende Erfahrungen machen können. Neuner bemerkt in seinem Kommentar, dass die Diakone auch noch leichter Dispens von der Zölibatsverpflichtung erhalten können.[73]

Hier wie in den anderen Vorschlägen zeigt sich, dass man die Ausbildung nicht nur auf das Seminar selbst konzentriert, sondern bereits in der Seminarzeit und darüber hinaus praktische Erfahrungsmöglichkeiten anbietet, die die Befähigung und die Entscheidung bezüglich der eigenen Berufung wie aber auch bezüglich der Annahme dieser Berufung von seiten der Kirche prüfen lassen. (Deshalb am Schluss des Artikels die Bemerkung: „bevor sie zur Priesterweihe zugelassen werden".) Nicht nur Studium und geistliche Ausbildung bereiten auf das priesterliche Amt vor, sondern auch die pastorale Erprobung, und zwar nicht nur im Diakonat am Ende des Seminars, sondern auch während der Seminarzeit in pastoralen Schulungen, die entweder die Studien ganz unterbrechen (indem beispielsweise ein halbes Jahr in einer Gemeinde gearbeitet wird) oder indem zwischen den Semestern angemessene Zeiträume dafür festgelegt werden.

---

[71] Ebd. 336.
[72] Insofern die kirchliche Lehrtradition die Krankensalbung als Vollendung des Bußsakramentes sieht, kann nur der Priester die Krankensalbung spenden. Hier wäre allerdings zu fragen, inwieweit das sakramentale Amt in sich zwischen den Stufen so beweglich sein kann, und zwar auf Grund seiner inneren Einheit, dass auch Diakone die Krankensalbung spenden könnten. Außerdem darf hier vielleicht eine andere systematisch-theologische Möglichkeit angedeutet sein, nämlich die Krankensalbung als Vollendung der Taufe zu verstehen, was dann auch Laien mit besonderer hauptamtlicher oder nebenamtlicher Beauftragung vom Sakrament der Taufe her zur Krankensalbung befähigen würde. Doch ist dies ein Vorschlag, dessen Diskussion der systematischen Theologie zu überantworten ist; vgl. Fuchs, Die sakramentale Salbung.
[73] Vgl. Neuner, Kommentar 337.

Hier ist übrigens von der eigenen Weihestufe des Diakonats (LG 29) nicht die Rede. Der Weihediakonat gilt hier als Vorstufe zur Priesterweihe. Es müsste in der Rezeption dieses Dokumentes überlegt werden, in welchem Verhältnis dieser Vorstufendiakonat zum selbstständigen Diakonat steht, warum der Vorstufendiakonat anders als der letztere, mit dem Zölibat verbunden sein muss. Man könnte sich dann auch eine längere Zeit von Alumnen im Diakonat vorstellen, die aufgrund ihrer möglicherweise eher diakonischen Berufung und im Zusammenhang einer anderen Lebensform darin verbleiben könnten. Dies ginge allerdings nur, wenn man nicht von vorneherein davon ausgeht, dass bereits die sakramentale Ordinierung mit einer bestimmten Lebensform verknüpft sein muss.

Zwar nimmt OT in der Konzeptionalisierung der Ausbildung die Funktionen des priesterlichen Amtes ernst und reagiert damit im Sinne der praktischen Theologie der Zeichen der Zeit auf die funktionalen Differenzierungen in der Gesellschaft, insofern in der Öffnung für diesen Zusammenhang die Profilierung des eigenen Dienstamtes schärfer gesehen wird, doch wird dieser Aspekt nicht auf das Verhältnis von Presbyterat und Diakonat so durchgetragen, wie dies wenigstens andeutungsweise in LG 29 mit der Wiedereinführung des Diakonats in der lateinischen Kirche geleistet wird.[74] Es ist schon merkwürdig, dass OT hier keinen Bezug zu *Lumen gentium* eröffnet.[75] Für die Entfaltung der dort angelegten Dynamik wäre präziser im Austausch mit den gesellschaftlichen und kirchlichen Gegebenheiten und Notwendigkeiten nach einer nicht nur hierarchischen, sondern auch funktionalen Aufgliederung des einen sakramentalen Amtes zu fragen.

V. Neugestaltung der kirchlichen Studien

Dieses Kapitel belässt die Grundstruktur des bisherigen Theologiestudiums, formuliert aber Zielbestimmungen und Kontextbedingungen, die den Studien ein eigenes, an den Grundintentionen des Zweiten Vatikanums orientiertes Profil geben. Vor allem die neue Art und Weise, wie die theologischen Disziplinen gesehen werden, wofür sie gelehrt werden, wie sie miteinander zusammenhängen, mit welcher Methodik sie in sich zu gestalten sind, kann geradezu als revolutionär eingestuft werden.[76]

OT 13 Alle Studierenden sollen jene Hochschulreife erreicht haben, wie sie in den Ländern vorgeschrieben ist. Damit ist nicht nur das entsprechende humanistische und naturwissenschaftliche Bildungsniveau erreicht, sondern damit ist auch gesichert, dass sich die Absolventen in Freiheit für das Seminar entscheiden können

---

[74] Vgl. Hünermanns Kommentar zu LG 25 in Bd. 1, 459 ff.
[75] Erst der Rezeption war es überlassen, die Kombinationen zwischen LG und OT, aber auch zwischen LG und PO herzustellen, eine Kombination, die bereits während des Konzils von vielen gefordert wurde; vgl. Greiler, Seminare 313.
[76] Siehe dazu oben Teil A von P. Hünermann. Vgl. auch Neuner in seinem Kommentar (337): „Hinter diesem traditionellen Aufbau des Studiengangs aber verbirgt sich eine Neuorientierung, die sehr wohl die kirchlichen Studien revolutionieren kann."

und dies nicht durch von vorneherein auf einen Beruf, auch nicht auf den Priesterberuf festgelegte Schulbildung bzw. Spätberufenenausbildung blockiert wird.

Unerlässlich sind Lateinkenntnisse, jedenfalls so viele, dass die wissenschaftlichen Quellen und die kirchlichen Dokumente verstanden und benutzt werden können. Die Einschränkung „soviel Latein" befindet sich in Diskontinuität zu bisherigen Forderungen, im aktiven Lehrbetrieb lateinische Vorlesungen zu hören, lateinisch zu diskutieren und lateinische Prüfungen ablegen zu können. Diese Einschränkung kann aber auch bedeuten, dass Studierende, die aus (in Deutschland: nichthumanistischen) Gymnasien kommen, wo kein Latein gelernt wurde, nicht etwa soviel klassisches Latein zu lernen haben, dass schwierige lateinische Autoren gelesen werden können, sondern dass es „genügt", in einem eigenen Kurs kirchlich angewandtes Latein zu lernen. Nichts desto weniger macht der Passus des Verstehen- und Benutzenkönnens klar, dass auch dieses Lateinstudium ein diesbezüglich umfassendes und nicht billig zu nehmendes ist.

Für Studierende im lateinischen Ritus gilt dies umso mehr: Heute müsste man hinzufügen, innerhalb der Liturgiegeschichte die lateinischen Riten zu kennen, um die entsprechende Tiefe und Differenz der heutigen deutschen Liturgievorlagen zu begreifen. Ansonsten wird darauf hingewiesen, dass alle Studierende in besonderer Weise jene Sprache studieren, die in der Liturgie gesprochen wird. Heute handelt es sich dabei meist um die liturgischen Altformen der je eigenen Muttersprache (besonders in altorientalischen und kirchenslawischen Liturgiesprachen).

Als weiterer Modus kam die Empfehlung hinzu, die Sprachen der Heiligen Schrift und der Tradition zu fördern. Dahinter steht die von vielen gestellte Bitte, die Sprache des Neuen Testamentes, nämlich Griechisch, zum Pflichtfach zu machen. Dies wurde mit dem Blick auf bestimmte Nationen und Gegenden, wo eine Menge anderer Sprachen zu lernen sind, zurückgestellt. Es bleibt aber den Bischofskonferenzen unbenommen, die Kenntnis des Griechischen zu fordern.[77] Hebräisch war offensichtlich in dieser Weise nicht in der Diskussion, obgleich es hier mit den Sprachen der Heiligen Schrift indirekt angesprochen wird: denn auch das Alte Testament gehört zur Heiligen Schrift! Insgesamt wird jedenfalls deutlich, dass es nicht die Absicht des Dekrets ist, „die Seminaristen in eine klerikale lateinische Kultur einzuführen"[78]. Was die Sprachkultur anbelangt, wird sie vielmehr aufgefächert, ohne das Latein zu missachten.

OT 14,1 Die Väter sind bestrebt, den Studien einen herkunfts- und zielorientierten Rahmen zu geben, in dem diese Studien erst ihre Bedeutung gewinnen. Deshalb ist von „kirchlichen Studien" die Rede, um von vorneherein zu verdeutlichen, dass das Theologiestudium[79] nicht ein Fremdkörper innerhalb des Vollzugs

---

[77] Vgl. ebd. 338.
[78] Ebd. 338.
[79] Auf dem Hintergrund lokaler Unterschiede in den verschiedenen Ländern und Erdteilen kommen die Väter von unterschiedlichen Institutionalisierungen des Theologiestudiums her, die man in drei Kategorien einteilen kann: Die Seminartheologie, die in den Seminaren gelehrt wird, jene Theologie, die an einer philosophisch-theologischen Hochschule studiert wird, wäh-

der Kirche und ihrer Pastoral ist, sondern ein Faktor ihres Vollzuges. Dabei geht es offensichtlich nicht darum, die wissenschaftlichen Disziplinen kirchlich zu gängeln, sondern darum, dass alle Beteiligten, die Studierenden und die Lehrenden, wenn sie Philosophie und Theologie betreiben, dies nicht in einer Schizophrenie ihrer Existenz tun, sondern im Integral dessen, dass hier Menschen, die an das Mysterium Christi glauben, Wissenschaft betreiben und von daher immer auch die Methoden und Inhalte der Wissenschaft von diesem Mysterium her und auf dieses Mysterium hin bedenken und evaluieren.

Dabei wird eine doppelte Verhältnisbestimmung eröffnet und entsprechend der Gesamttheologie des Zweiten Vatikanums rekonstruiert: einmal das Verhältnis von Glaube und Vernunft, insofern sich beide gegenseitig benötigen und erschließen, insofern aber die Vernunft als Leistung des Menschen nicht über den Glauben herrschen kann und schon gar nicht die Gnade (der wahren Erkenntnis) zu erzwingen vermag. Zum anderen das Verhältnis von Dogma und Pastoral, von theologisch reflektierter Lehre und der situations- und zeitbezogenen Verantwortung der Kirche zum Heil der Menschen, so dass das Dekret immer wieder einschärft, dass die ganze Ausbildung, auch die des Studierens, für die Pastoral, in diesem Fall für den priesterlichen Dienst vorbereitet, so sehr, dass diese Pastoral bis weit in die Organisation des Studiums und seiner Inhalte hineinreicht. In beiden Bereichen denkt OT wohl inkarnationstheologisch: Zwar sind in Christus göttliche und menschliche Natur in unvergleichlicher Weise vereint, gleichwohl findet diese Inkarnation eine analoge Fortsetzung darin, dass es zwischen den jeweiligen Faktoren ein ebenso unvermischtes wie ungetrenntes Kommunikationsverhältnis gibt.

Werden diese Passagen im Horizont der chalkedonensischen Christologie gelesen, dann besteht auch keine Gefahr, sie so missszuverstehen, als müsste die Kirchlichkeit die Wissenschaftlichkeit reduzieren und als müsste sich die Philosophie der Theologie unterwerfen.[80] Vielmehr wird gesagt, dass beide Disziplinen, die philosophischen und die theologischen, besser aufeinander abgestimmt werden, damit sie beide, von unterschiedlichen Wegen her, das Mysterium Christi zu erschließen vermögen, das, wenn es denn nach Kol 1,16 als universale schöpfungstheologische Wirklichkeit gedacht wird, „die ganze Geschichte des menschlichen Geschlechtes einwirkt" und „sich ständig der Kirche mitteilt". Beides wird gelernt, um sich im priesterlichen Dienst zu verausgaben. Allein so muss das Studium nicht im Ganzen oder in Teilen als isoliert erfahren werden, sondern als eine integrierte Wirklichkeit, die in den studierenden Personen zugleich verbunden

---

rend das Seminar demgegenüber eine eigenständige Institution darstellt (wobei die Integration dieser Hochschulen in das staatliche Universitätssystem unterschiedlich ist), und die universitäre Theologie dergestalt, dass hier an einer theologischen Fakultät in einer staatlichen (oder auch kirchlichen) Gesamtuniversität studiert wird, vgl. Greiler, Das Konzil 26 ff. Dass mit der unterschiedlichen Institutionalisierung des Theologiestudiums auch ein Qualitätsgefälle zu verbinden ist, wird zwar oft unterstellt, kann aber immer nur konkret beurteilt werden. Jedenfalls beansprucht auch die Seminartheologie, wissenschaftliche Ausbildung zu sein.

[80] Man kann diese Sätze schon deswegen kaum in diese Richtung missverstehen, weil gerade Kardinal Suenens mit anderen Bischöfen es war, der auf die Koordinierung aller Studien auf das Verständnis des Geheimnisses Christi hin gedrängt hat; vgl. Neuner, Kommentar 338.

ist mit ihrer Berufung, die im Studium selbst als konstitutive Perspektive präsent sein darf.

Problematisch mag dies auf den ersten Blick für solche Zusammenhänge sein, in der Studium und Seminar nicht integriert sind, sondern wo das Studium an Fakultäten in staatlichen Universitäten absolviert wird. In der Regel sind allerdings solche Fakultäten konkordatär kirchlich angebunden, sowohl was die Inhalte wie auch was die Lehrenden anbelangt (sofern es sich um konfessionelle Fakultäten handelt).[81] Den Priesterseminarien vor Ort obliegt es dann, in der eigenen Erziehung und Studienbegleitung das entsprechende Integral, das dieser Abschnitt anzielt, von seiten der studierenden Personen her zu ermöglichen. Trotzdem sind hier selbstverständlich Konflikte leicht möglich, die sich vor allem daran entzünden, was unter Kirchlichkeit zu verstehen sei. Damit sind wir bei einem möglichen Missverständnis (s. u. OT 15,3), das aber dieser Abschnitt, vor allem im näheren Zusammenhang des Kontextes wie im weiteren Zusammenhang der Konzilstheologie nicht nahe legt. So verweist das Dekret auf die grundsätzlichen Erwägungen zur Kirche in LG 17 und 28, wo von diesem Kirchenbild her die Aufgabe des kirchlichen Dienstamtes entwickelt wird.

OT 14,2 Damit der Gesamtzusammenhang des Studiums, in seinem Verlauf, in und zwischen den unterschiedlichen Disziplinen, nämlich die Orientierung am Mysterium Christi und an der priesterlichen Berufung, tatsächlich nicht nur für die spirituelle Formung, sondern auch für die intellektuelle Ausbildung prägend sein kann, wird im zweiten Absatz empfohlen, am Anfang der Ausbildung und der Studien einen „ausreichend langen Einführungskurs (zu) beginnen". Dabei geht es darum, dass die Alumnen von vorneherein, und von daher niemals aus dem Blick verlierend, den Sinn und die pastorale Bedeutung der kirchlichen Studien einsehen, und zugleich die Hilfe erfahren, ihr Leben und ihr Studieren auf den Glauben zu gründen und „mit ihm zu durchdringen".

Hier soll der Grundstein dafür gelegt werden,[82] dass die ganze Ausbildungs- und Studienzeit als eine Chance und Herausforderung gesehen wird, „in der persönlichen und frohen Hingabe an ihren Beruf gefestigt (zu) werden". Der Anfangs- und Grundimpuls, der aus der eigenen Berufungsgnade strömt, soll durch das ganze Studium hindurch wirksam bleiben, auch durch Durststrecken und schwere Studienzeiten hindurch. Indirekt ergeht von daher an alle Beteiligten die Aufforderung, das Studium so zu gestalten, dass die Intellektualität die Geistlichkeit nicht bekämpft und dass die Geistlichkeit eine umso tiefere Wissenschaftlichkeit provoziert. Erziehung und Studienbegleitung, und auch das Studium selbst, sind so anzulegen, dass sie bei aller Leistungsnotwendigkeit auch immer wieder anknüpfungsfähig sind für das Geschenk der Berufung und die daraus wachsende „frohe Hingabe".

Dass das Mysterium Christi, welches Schöpfung und Geschichte zusammen-

---

[81] Dass diese Anbindung nicht Gängelung bedeuten kann, sichert die Eigenständigkeit der Theologie im gesamtpastoralen Geschehen: s. u. Exkurs zu Art. 17.
[82] Vgl. dazu Briones, El curso introductorio.

hält, auch den Zusammenhalt zwischen spiritueller, intellektueller und pastoraler Ausrichtung des Studiums garantiert, und dass es gerade dieses Mysterium Christi ist, das sich in der Kirche mitteilt, verbindet Kosmologie, Ekklesiologie und personale Charismentheologie in einer konsequenten Weise: Wie sich die Geschichte aus dem Mysterium Christi erschließt, wie die Kirche das Mysterium Christi mitteilt, ist dieses „wie" generativ für alle Vollzüge von kirchlichen Gemeinschaften und Personen, und in spezifischer Weise damit auch für die Ausbildung der Personen, die zum priesterlichen Dienst berufen sind, zumal die christliche Berufungstheologie nicht ohne die Vorstellung existieren kann, dass *Christus* beruft. Dieser Zusammenhang soll in einem Einführungsprogramm verdeutlicht werden.

Harsch kritisiert Walter Kasper demgegenüber die nachkonziliare Ratio studiorum: „Sie stellt in ihrer Konzeption des Grundkurses ein völlig unreflektiertes Sammelsurium aus methodischen Einführungen und Vorinformationen über die verschiedenen Disziplinen und aus den verschiedenen Disziplinen dar. Mit der Aufgabe, den roten Faden zu finden und eine einheitliche Linie der Theologie zu entdecken, wird der Student alleingelassen und hoffnungslos überfordert."[83]

Was inhaltlich mit dem Mysterium Christi genauerhin zu „verstehen" ist, kann in GS 22 nachgelesen werden: Mit Hilfe des Heiligen Geistes erschließt sich im Geheimnis Christi „sowohl das Geheimnis Gottes des Vaters wie das Geheimnis des Menschen"[84], allerdings nicht im Modus einer Antwort, die man hat, sondern im Modus einer Beziehung, in der Gott in Christus und durch den Heiligen Geist die letzte, „volle und ganz sichere Antwort" zu geben zugetraut wird.[85] Wenn im Dekret davon die Rede ist, dass sich dieses Mysterium Christi in der Kirche mitteilt, dann ist auf LG 1 zu verweisen, mit der Überschrift „Das Mysterium der Kirche" (Kap. I). Die Kirche ist „ja in Christus gleichsam das Sakrament …, das heißt Zeichen und Werkzeug für die innigste Vereinigung mit Gott wie für die Einheit der ganzen Menschheit". GS 22 erläutert diesen Gottesbezug als trinitarischen und versetzt damit die christozentrische Redeweise des Ausbildungsdekrets in den das Christusgeschehen erst ermöglichenden trinitarischen Kontext, in dem Christus im Heiligen Geist zum geschichtlichen Erfahrungsraum Gottes wird und so seinerseits die entsprechende authentische Beziehung zu ihm ermöglicht. In Christus erscheint gewissermaßen die den Menschen zugewandte „Pastoral" des trinitarischen Heilsgeschehens. Diese Pastoral präzisiert unübertroffen GS 1 und verbindet sie wiederum mit dem trinitarischen Geschehen: „Freude und Hoffnung, Trauer und Angst der Menschen von heute, besonders der Armen und Bedrängten aller Art, sind auch Freude und Hoffnung, Trauer und Angst der Jünger Christi. … Ist doch ihre eigene Gemeinschaft aus Menschen gebildet, die in Christus geeint, vom Heiligen Geist auf ihrer Pilgerschaft zum Reich des Vaters geleitet werden und eine Heilsbotschaft empfangen haben, die allen aus-

---

[83] Kasper, Wissenschaftspraxis 260. Zum Verständnis des „Mysterium Christi" vgl. 256 ff.
[84] Ebd. 257.
[85] Ebd.

zurichten ist. Darum erfährt diese Gemeinschaft sich mit der Menschheit und ihrer Geschichte wirklich engstens verbunden."

Erinnert man diese Schlüsseltexte des Zweiten Vatikanums in die Interpretation des Dekretes hinein, dann ist es nur konsequent, dass das spirituelle wie das pastorale Ziel nirgendwo von Ausbildung und Studium getrennt werden können. Denn hier steht nicht nur vordergründig eine Vermittelbarkeit von Studium und Motivation und dergleichen zur Debatte, sondern hiermit steht mit der Identität des Christusgeschehens zugleich die Identität der Kirche und ihres Zeugnisses selbst auf dem Spiel. Studium und Pastoral entziffern sich gegenseitig, wie sich LG 1 und GS 1 gegenseitig benötigen und auslegen, so sehr, dass Ausbildung und Studium selbst zum Vollzugsort einer ganz spezifischen Pastoral werden, nämlich dass auch in deren Kommunikationen etwas von dem erfahrbar ist, was inhaltlich gelehrt wird. Dies ist der „pastorale Charakter der Theologie".[86]

OT 15 Dieser und die folgenden Artikel haben eine besonders bewegte Vorgeschichte in der Diskussion der Väter. Die einen wollten Thomas stark zur Geltung kommen lassen, wie dies bisher gewesen ist, andere wollten ihn überhaupt nicht in besonderer Weise erwähnt haben, andere wie Kardinal Döpfner waren auf einen Ausgleich aus, nämlich das Studium des Hl. Thomas und einer zu allen Zeiten mit ihren Grundwahrheiten und Wahrheitsstrukturen gültigen Philosophia perennis[87] mit anderen philosophischen Richtungen, vor allem modernen, zu verbinden.[88] Kurz vor der Schlussabstimmung haben noch 117 Väter einen Modus gezeichnet, „daß kein philosophisches System vorgeschrieben werden solle; Thomas solle soweit gelehrt werden, als er heute noch Gültigkeit hat".[89]

OT 15,1 So beginnt der Artikel damit, dass in den philosophischen Disziplinen nicht mehr, und dies ist eine massive Diskontinuität zu der bisherigen diesbezüglichen Studienausbildung, ein philosophisches, nämlich das scholastische, näherhin neuscholastische Philosophiesystem gelehrt werden soll, sondern dass sich das Studium von verschiedenen philosophischen Konzepten her auf drei inhaltliche Grundbereiche zubewegt, nämlich auf die Anthropologie, die Kosmologie und die Theologie, und so „zu einem gründlichen und zusammenhängenden Wissen über Mensch, Welt und Gott hingeführt" wird. In diesem Kontext soll man sich dann auch auf das „stets gültige" philosophische Erbe der scholastischen Philosophie stützen. Sofort wird aber hinzugefügt, dass „auch die philosophischen Forschungen der neueren Zeit" ernst genommen werden, und vor allem jene, die auch unter den Menschen einer gewissen Nation und Kultur einen besonderen Einfluss gewonnen haben. Mit dem letzteren Hinweis erhält das Philosophiestudium selbst einen pastoralen Kontext: denn es geht nicht nur darum, argumentativ auf Wahrheit hin das Denken zu bemühen, sondern jene philoso-

---
[86] Ebd. 245.
[87] Vgl. Schmidinger, Philosophia perennis.
[88] Vgl. Vilanova, Interzessio 459f.; Greiler, Das Konzil 218f.239–244.254f.267.337ff.; Fuente, Formación intelectual 492ff., Neuner, Kommentar 339f.
[89] Ebd. 340.

phischen Grundeinstellungen und Versatzstücke genauer anzuschauen, die im Volk Fuß gefasst haben, um von diesen Meinungen her (in Akzeptanz oder Kontrast) auch die spätere Pastoral zu gestalten. Ohne es zu benennen, rekonstruiert das Dekret hier die Disziplin einer zeitdiagnostisch sensiblen und politisch relevanten Philosophie, die sich bewusst ist, dass sie immer dann „verstärkt ..., wovor sie zurückschreckt", wenn sie sich, wie die reine Gesinnung, „Eingriffe versagt".[90]

Dieser Aspekt wird nochmals ausgeweitet, nämlich dass die Alumnen die Erscheinungen der heutigen Zeit wahrnehmen und somit fähig werden, mit den Menschen dieser Zeit diesbezüglich aktuelle Gespräche zu führen. Dafür brauchen sie auch, hier in den philosophischen Disziplinen, eine Einführung in die Errungenschaften der modernen Naturwissenschaften. Dass dieser Hinweis gerade heute von hoher Aktualität ist, indem ohne ganz spezifische Kenntnisse diesbezüglicher Art vor allem im bioethischen Bereich gar keine Aussagen im Bereich der Moraltheologie wie auch im Bereich der pastoralen Beratung getätigt werden können, bestätigt diesen Passus als zukunftsweisend.

OT 15,2 Der zweite kurze Absatz führt die Pluralität der unterschiedlichen philosophischen Konzepte diachron in die Geschichte weiter, indem die Studenten auch die vergangenen Vorstellungen wahrnehmen, ihre Prinzipien durchschauen und auf jenen Wahrheitsgehalt zu untersuchen fähig sind, der vom angesprochenen Mysterium Christi her gegenüber möglichen Irrtümern zu behaupten ist. Mit dem Aufruf der Geschichtlichkeit der Philosophie ist konsequenterweise dann immer auch das Studium der Kontextbedingungen verbunden, so dass Gedankengebäude nicht als isolierte Abstrakta diskutiert werden, sondern in ihrem eigenen kulturellen und situativen, vielleicht auch krisenhaften persönlichen und kollektiven Erfahrungskontext. Dies vertieft die Einsicht in die Konzepte genauso wie ihre diesbezügliche zeitliche Begrenzung offengelegt wird. So wird auch gelernt, die Konzepte „von innen her, aus ihrer eigenen Fragestellung (zu) verstehen" und darin zugleich auch ihre Grenzen und Unzulänglichkeiten einzusehen.[91]

Ist einmal eine solche Perspektive eingenommen, dann kann es gar nicht mehr möglich sein, dass ein geschichtliches Konzept, wie etwa das von Thomas von Aquin, übergeschichtlich als das maßgebliche Konzept verordnet werden kann. Zugleich ist es um der Achtung der Tradition und der Menschen willen, die darin nachgedacht haben, genauso unerlässlich, ihnen über die Jahrhunderte weg in einer Achtung zu begegnen, in der neugierig nach dem gefragt wird, was sie gedacht haben, was ihnen wichtig war, mit großer Wissbegierde und mit großer Hoffnung, von daher auch Fragen und Antworten in die Gegenwart hinein zu erhalten, aber so, dass das eigene gegenwärtige Denken nicht unterworfen wird, sondern dem vergangenen Denken in Gleichstufigkeit mit jener Gegenwartsverantwortung begegnet, in der auch die vergangenen Menschen gedacht haben.

---

[90] Adorno, Eingriffe 8. Vgl. auch Habermas, Theorie und Praxis.
[91] Vgl. Neuner, Kommentar 341.

OT 15,3 Der dritte Absatz liefert gewissermaßen die Ausführungsbestimmungen in der Lehrweise: In der Philosophie geht es darin, methodisch reflektiert nach der Wahrheit zu suchen und dabei zugleich die Grenzen menschlicher Erkenntnis ehrlich anzuerkennen: Mit dem Auftrag der Suche wird zugleich dazu ermutigt, dass Wahrheit gefunden werden kann; mit dem Hinweis auf die Begrenzung wird aber zugleich deutlich, dass auch die Philosophie die letzte Wahrheit menschlicher Existenz nicht durch die Leistung der eigenen Denkfähigkeit „herstellen" kann. Wieder wird, wie bereits im ersten Abschnitt, darauf hingewiesen, dass die Philosophie nicht in sich rotiert, sondern auch hinsichtlich der Lebensprobleme und der Fragen der Studenten selber eine pastorale Dimension hat, insofern das, was die Studenten innerlich bewegt, im engen Zusammenhang mit dem Philosophiestudium gesehen werden soll. Hier wird buchstäblich eine inhaltliche Kompetenz der Studierenden für das Studium der Philosophie, für die Auswahl der Themen und für die Methoden aufgerufen. Die Lehrenden sind indirekt angesprochen, darauf zu hören. Sie werden aber auch direkt angesprochen, den Studierenden zu helfen, die Verbindungen zwischen Philosophie und den Heilsgeheimnissen zu erschließen, also das Verhältnis von Vernunft und Glaube nicht in der „Zwei-Stockwerk-Theologie" der Neuscholastik[92], sondern in der Wechselwirkung der gegenseitigen Klärungskraft zu erörtern.[93]

Exkurs: Theologiestudium „im Auftrag" der Kirche?

Die Aufgabe der Theologie wird es dann sein, und darauf bezieht sich der nächste Artikel, diese Heilsgeheimnisse im Licht des Glaubens zu betrachten. Damit ist auch impliziert, dass schon im Philosophiestudium, eigentlich wohl in einer entsprechenden Fundamentaltheologie, philosophische Konzepte nicht nur in ihrer Eigenlogik kritisiert werden, sondern, wenn auch vorläufig, im Bezug auf den christlichen Glauben rekonstruiert und von diesem „höheren Licht" her evaluiert werden. Das Anliegen der Väter bei diesem Abschnitt liegt vor allem darin, dass das Philosophiestudium nicht nur (in) sich selber reflektiert, sondern aus Isolierung und Erfahrungsunbezogenheit heraus in Kontakt gerät mit der Praxis, mit der Geschichte, mit der Pastoral und mit dem Glauben. Dadurch soll die Bedeutung der Philosophie und auch ihre Freiheit nicht vermindert werden, sondern ihre Wahrnehmung und Evaluierung werden in einem größeren Kontext explizit vollzogen. Es gerät also selbst in die Region der Reflexion, was sonst nur impliziter, vorhandener Lebenszusammenhang des Denkens ist. Darin, dass Sein und Denken zueinander ausdrücklich werden, steigert sich auch das wissenschaftstheoretische Niveau. Denn das Nachdenken will dann auch über die eigenen Seinsbedingungen Bescheid wissen.

Das Dekret geht nicht auf die Frage ein, ob von einer solchen gegenseitigen

---

[92] Vgl. Kasper, Wissenschaftspraxis 257.
[93] Zum dialogischen Verhältnis von Philosophie und Theologie vgl. Schmidt, Philosophische Theologie 16 ff. 28 ff. 283 f.; Klausnitzer, Glaube und Wissen.

Bedingungsnotwendigkeit von Philosophie und Theologie tatsächlich das Nacheinander von Philosophie und Theologie im Studium günstig ist und ob nicht ein „Ineinander", gewissermaßen ein unvermischtes Ungetrenntsein während des ganzen Studiums diesem Konzept angemessener ist. Die studienordnungsbezogenen und disziplinbezogenen Komplikationen, die das letztere Modell mit sich brächte, waren und sind wohl so komplex, dass sie unüberwindlich erscheinen.

Im Rahmen des gegenwärtigen akuten Diskurses um die an einer ganz bestimmten, zum großen Teil ökonomischen Effektivität orientierten strukturellen Reform der Universitäten kann das Verhältnis von theologischer Wissenschaft und pastoralem Kontext in der Kategorie der Auftragswissenschaft wahrgenommen und als Einschränkung der Freiheit in den Wissenschaften missverstanden werden. Hier ist in der Tat noch einmal genauer über das Verhältnis zwischen Wissenschaft und Gesellschaft nachzudenken. Es geht nicht darum, die wissenschaftliche Freiheit als Isolationsphänomen gegenüber der Gesellschaft zu konstruieren, sondern darum, *welcher* Zusammenhang hier ernst zu nehmen ist. Ist es ein Zusammenhang, der die Wissenschaft und ihre Ergebnisse für ganz bestimmte Teilinteressen instrumentalisiert, so dass dadurch möglicherweise die Gerechtigkeits- und Überlebensinteressen anderer gefährdet sind, dann funktioniert sie in der Hand der ökonomisch bzw. politisch Herrschenden als deren Herrschaftsinstrument.

Der erste soziale Kontext der Theologie ist die Kirche: Ohne sie gäbe es die Theologie nicht und ohne sie gäbe es keinen sozialen Raum, in dem und von dem her sie Bedeutung gewinnen könnte. Im Zweiten Vatikanum wird dieser soziale Raum als eine Größe definiert, die sich aus dem Mysterium Christi heraus für das Heil aller Menschen öffnet und von daher für Barmherzigkeit und für die Gerechtigkeit einsteht. Genau dies ist der pastorale Kontext nach *Lumen gentium* und *Gaudium et spes*. Eben darin hat die Theologie dann auch die kritische Aufgabe im Kontext der Kirche gegenüber kirchlichen Manifestationen, in denen diese Herkunfts- und Zielbestimmung der Kirche zugunsten der Welt hintertrieben wird. Und sie hat von daher diese Aufgabe auch im gesellschaftlichen Bereich, näherhin auch im wissenschaftlichen Bereich, also in der interdisziplinären Verantwortung gegenüber anderen Wissenschaften. Wenn man die Freiheit der Wissenschaft nicht als Isolation und Bedeutungslosigkeit verstehen will, ist sie darauf angewiesen, ihre Kontextbezüge diesbezüglich genau zu reflektieren und eine entsprechende Ethik als integralen Bestandteil ihrer Tätigkeit zu reflektieren.[94]

***

OT 16 Dieser Artikel über die theologische Ausbildung im engeren Sinn drückt nach Neuner „wohl am deutlichsten den Geist des Dekretes aus"[95]. Der erste Absatz ist gewissermaßen die konzentrierte Überschrift: Die theologischen Fächer gibt es nur im Licht des Glaubens, im Kontext des kirchlichen Lehramtes.

---

[94] Vgl. dazu hinsichtlich des Verhältnisses von Praktischer Theologie und kirchlichem sowie gesellschaftlichem Kontext Fuchs, Wie verändert sich universitäre Praktische Theologie.
[95] Neuner, Kommentar 342.

Die Theologie ist damit die Entfaltung des Glaubens in den wissenschaftlichen Bereich hinein und hat zum Ziel, diesen Glauben vertieft zu verstehen und von daher vermitteln zu können. Mit Rekurs auf LG 25, wo als Subjekt des Lehramtes die Bischöfe zusammen mit dem Bischof von Rom genannt werden (das kirchliche Lehramt kann hier also nicht nur auf die Zentrale in Rom reduziert sein, sondern hat zur Basis alle Bischöfe der Kirche), wird dem Glauben eine „Führung" zugeschrieben, die auch im Studium ernst zu nehmen ist, allerdings so, dass die Theologiestudierenden nicht nur die Lehre lernen, sondern „unmittelbar" aus der göttlichen Offenbarung zu schöpfen wissen, die ermöglichend und begründend hinter der Lehre steht. Zumindest implizit wird ihnen damit jene inhaltliche Normativität in die Hand gegeben, von der her sie auch ein kritisches Bewusstsein gegenüber der Lehre zu entwickeln vermögen, das in Verbindung mit der pastoralen Wahrnehmung nach immer neuen und geeigneteren Möglichkeiten sucht, aus der göttlichen Offenbarung die Zeichen der Zeit zu erkennen und von daher die Lehre der Kirche so zu formulieren, dass sie entsprechend erfahren werden kann. Derart sind sie auf die grundlegenden Texte der Offenbarung verwiesen, die biblisch gesehen weitgehend narrativer Art, die auch auf die Tradition bezogen kommunikativer Art sind, wenn jeweils dazu erzählt wird, aus welcher kontextuell bedingten Inspiration heraus gewisse Lehren entstanden sind. Erst im Studium der Verbindung von Lehre und dem dahinterstehenden vitalen Glaubensleben kann dann auch die Theologie für das eigene geistliche Leben fruchtbar werden, erst dann kann authentisch im priesterlichen Dienst verkündet und das so Eingesehene verteidigt werden.

Exkurs: Führen und Geführtwerden im Lehramt

In der Konsequenz dieser Überlegungen läge ein weiterer Schritt, den OT aber nicht expliziert:[96] Das kirchliche Lehramt äußert sich zwar durch die Bischöfe und den Papst, ereignet sich aber auf der Basis des gesamten Volkes Gottes und des entsprechenden Sensus fidelium. Dies wiederum würde bedeuten, dass der priesterliche Dienst nicht nur darin besteht, das Eingesehene zu verkünden, sondern auch in der pastoralen Tätigkeit für das Volk Gottes die Ohren zu öffnen, mit der Vermutung, dass hier der Geist des lebendigen Gottes zum Vorschein kommt und dass hier Erfahrungen sein können, die die Lehre der Kirche präzisieren und möglicherweise noch unkodifizierte neue Inhalte einer einmal kodifizierten Lehre entdecken lassen.

Gerade wenn das Theologiestudium in einer umfassenden Weise mit der Pastoral der Kirche verbunden wird, dann kann sich das Hinhören auf die Lehre der Kirche nicht nur auf das kirchliche Amt und nicht nur auf die Dogmen, sondern muss sich auch auf den Geist beziehen, der in den Gemeinden lebt und in unterschiedlicher Weise zum Ausdruck kommt. So gibt es nicht nur eine Vermittlung

---

[96] Zum Verhältnis von Glaube und Magisterium in diesem Zusammenhang vgl. Greiler, Das Konzil 341 f.

vom Lehramt zum Volk, sondern auch vom Volk zum Lehramt, für die vor allem die Priester den Bischöfen und die Bischöfe dem Bischof von Rom verantwortlich sind.

***

OT 16, 2 Im zweiten Absatz wird der Gedanke, aus den Quellen der Offenbarung zu schöpfen, zuerst und noch vor der Dogmatik auf das Studium der Heiligen Schrift bezogen, „die die Seele der ganzen Theologie sein muß".[97] J. Ratzinger entfaltet in seinem Kommentar zur analogen Stelle in DV 24 die theologiegeschichtliche Brisanz dieses auf Leo XIII. zurückgehenden Bildwortes. War es im neuscholastischen Theologiestudium so, dass die Schrift als Beweis für vorhandene Lehraussagen herangezogen und so als Seele der dogmatischen Theologie verstanden wurde, wird diese Methode nun derart auf den Kopf oder besser wieder auf die Füße gestellt, dass ein bestimmtes Thema „aus der eigenen Perspektive der Schrift entfaltet oder dass Fragen aus der Bibel neu erhoben" werden, „die in der kirchlichen Lehrvorlage nicht vorgesehen sind". Das bedeutet, „dass die Bibel in Zukunft zuerst aus sich selbst gesehen, bedacht und befragt werden muss und dann erst die Entfaltung der Überlieferung und die dogmatische Analyse einsetzen kann. Die Konsequenzen, die das für das Methodenproblem in der katholischen Theologie hat, müssen erst noch überlegt werden – dass die Formel von der Schrift als Seele der Theologie hier ganz konkretes Gewicht gewinnt,

---

[97] Diese an sich nicht neue Formulierung gewinnt in OT insofern eine programmatische Bedeutung, als die Metapher mit einem „debet" (muss) verbunden wird und als nicht nur vom Schrift*studium* gewissermaßen genetisch die Rede ist, sondern auf konzeptionellem Niveau von der Heiligen Schrift. So liegt eine Abschwächung darin, dass in DV vom „Studium des Heiligen Buches" die Rede ist, während OT direkt die Schrift selbst als Seele apostrophiert (vgl. Citrini, La Sacra Scrittura 34; Greiler, Das Konzil 343). Wie weit OT von DV 24 beeinflusst ist, wurde oft diskutiert und ist schwierig zu beantworten. Denn DV wurde nach OT verabschiedet. Offizielle Verweise waren also nicht möglich. Es spricht eher einiges dafür, dass OT mit seiner Formulierung zeitlich *vor*lag und, was heute kaum nachprüfbar ist, in den Vätern von einiger Auswirkung für DV sein konnte. Überraschend ist nun, dass die Aussage im anwendungsorientierten Text OT bedeutend prinzipieller formuliert ist als im prinzipiellen Text von DV. Dort nämlich ist die Bildseite der Seele noch durch ein „veluti" in ihrer „Nur-Verweis-Funktion" gegenüber der tatsächlich gemeinten Sachseite verstärkt. Außerdem steht dort statt des „debet" ein „sit": „deshalb sei das Studium des Heiligen Buches gleichsam die Seele der Heiligen Theologie". J. Ratzinger interpretiert denn auch diese Stelle in DV aus der Perspektive des deutlicheren Satzes von OT: „Die Aussage empfängt hier ihre weiterreichende Kraft durch den Zusammenhang mit dem Dekret über die Priesterbildung, das die gleiche Formel ... verwendet, um aus ihr eine praktische Konsequenz zu ziehen, die für die Systemgestalt der katholischen Theologie eine nahezu revolutionäre Bedeutung besitzen dürfte" (Kommentar zum VI. Kapitel von DV 577). Ratzinger zeigt sich eindeutig auf der Seite derer, die sich vom Protestantisierungsvorwurf von Kardinal Browne (im Frühjahr 1965) nicht beeindrucken ließen, insofern er die in DV erzwungene Abschwächung in seinem Kommentar mit Hilfe von OT wieder zurücknimmt (vgl. dazu auch Greiler, Das Konzil 342 ff.). Ratzinger vollzieht hier eine interessante Interpretationshermeneutik, indem er von einem handlungsorientierten Dekret her die vorsichtigeren Aussagen einer dogmatischen Konstitution „aufbessert" und von daher, textsortenmäßig gesehen, die dogmatische Vorsicht in den Horizont einer handlungsbezogenen Einsicht stellt, so dass von der Letzteren her die Erstere in ihrer Bedeutung erschlossen, sogar korrigiert wird. Dies ist insofern aufschlussreich, als sich hier die gegenseitige Erschließungskraft von Dogma und Pastoral in die Methode des Kommentierens selbst einschreibt.

dürfte unschwer zu sehen sein"⁹⁸. Allein schon diese revolutionäre Veränderung der theologischen Methode ist ein Zeugnis jener Geschichtlichkeit der Theologie, die OT ja auch bereits in ihrer Thomasgewichtung bestimmt hat.⁹⁹

Die Schrift ist füglich nicht nur Forschungsobjekt, sondern soll so studiert werden, dass die darin erzählten Geschichten und Personen in einer diachronen Begegnung Subjekt werden dürfen. Denn die Seele der Heiligen Schrift verkörpert sich in ihren Geschichten und in der Begegnung mit den Autoren und mit den in den Geschichten erzählten Personen.¹⁰⁰ Die Schrift ist also nicht nur Gegenstand des Studiums, sondern wird dann auch sein Subjekt, von dem eine Inspiration ausgeht, die ihrerseits die Theologie und diejenigen, die Theologie treiben, eigenständig beeinflusst und sie selbst zu einer authentischen Kreativität im Anschluss ihrer eigenen narrativ einholbaren Kontexte provoziert.

Exkurs: Inspiration und Analyse in der Schriftlektüre

Vor dieser Inspiration steht allerdings die wissenschaftliche Distanzierung der Texte durch die exegetische Methode, nicht um die Texte so zu objektivieren, dass sie keine Subjekthaftigkeit mehr entwickeln können, sondern um dieser Subjekthaftigkeit jene Eigenständigkeit zu verleihen, die es verhindert, dass die Texte einfach in die eigene Bedürfniswelt hinein verzehrt werden. So paradox es klingen mag, so notwendig ist dieser Zusammenhang: Nur eine gründliche Verobjektivierung der Texte rettet die gleichstufige Intersubjektivität zwischen Gegenwart und Vergangenheit.¹⁰¹ Dabei geht es nicht darum, dass die textanalytische Arbeit mit absoluter Sicherheit einen Textsinn präsentiert (dazu sind die Ergebnisse der exegetischen Forschung jeweils untereinander zu kontrovers), sondern dass überhaupt diese Distanzarbeit geschieht, um den Text, bevor man ihm begegnet, sich erst einmal vom Leib zu halten, damit man sich ihn nicht unter der Hand einverleibt.¹⁰² Wichtig insbesondere an der historisch-kritischen Exegese ist dazu auch, dass die Texte und Textschichten in ihrem historischen Umfeld und dem jeweiligen situativen Interesse wahrgenommen werden, was wiederum dem Grundanliegen des Dekrets entspricht, immer jeweils zum dahinterliegenden Leben und der entsprechenden vitalen Relevanz, eigentlich dann zur jeweiligen „Pastoral" vorzudringen, die Texte ermöglicht hat.

Genau dieser Zusammenhang gilt auch umgekehrt für die Studierenden selbst: nämlich dass sie diese Texte in Schriftlesung und Schriftbetrachtung auf ihr eigenes Leben, auf ihre Bedeutung für sich selbst und für ihre Umgebung beziehen.¹⁰³

---

⁹⁸ Ratzinger, Kommentar zum VI. Kapitel von DV 577.
⁹⁹ Auch Alfonso de la Fuente präzisiert dahingehend, dass dieser Satz für alle theologischen Disziplinen gilt: Fuente, Formacion intelectual 495.
¹⁰⁰ Vgl. Fuchs, Hermeneutik 124–154.
¹⁰¹ Vgl. ebd. 110–123.
¹⁰² Hier ist Neuner bezüglich der exegetischen Methode wohl etwas zu optimistisch, wenn er meint, dass sie vor „schwankenden Interpretationen" bewahren könne: vgl. Neuner 343; vgl. dagegen Fuchs, Hermeneutik 42 ff.
¹⁰³ Das Dekret zitiert hier in einer Anmerkung den faszinierenden Text Bonaventuras: Niemand

Wenn zusätzlich darauf hingewiesen wird, dass man sich im Studium mit den Hauptthemen der göttlichen Offenbarung vertraut machen soll, dann wird dies, bezogen auf die Heilige Schrift, wohl bedeuten: dass die Hauptereignisse und die dazwischenliegenden roten Fäden in der Schrift entdeckt werden, im Alten und im Neuen Testament und zwischen diesen beiden Büchern. Darin kann auch gelernt werden, wie jeweilige Autoren mit dem umgehen, was als Tradition auf sie zugekommen ist und wie sie wesentliche Erfahrungen des Glaubens in ihrer Zeit neu buchstabieren und weitergeben. War also im ersten Absatz von der göttlichen Offenbarung im Kontext der kirchlichen Lehre (und zu ergänzen wäre: des Sensus fidelium) die Rede, so wird nun die göttliche Offenbarung auf den Text der Heiligen Schrift bezogen und auf die darin zum Ausdruck kommenden Erfahrungsgeschichten des jüdischen und christlichen Glaubens.

∗∗∗

OT 16,3 Der dritte Abschnitt organisiert die dogmatische Theologie in einem erheblichen Kontrast zur bisherigen Methode. Denn die dogmatische Theologie soll sich in ihrem eigenen biblischen Bezug einholen, und zwar nicht nur mit den analytischen Lehrsätzen unterworfenen Beweiszitaten, sondern inhaltlich-generativ. Konsequent zum vorherigen Absatz müsste man folgern: Die dogmatische Theologie bringt sich selber ins Gespräch, und zwar in ein gleichrangiges, zur biblischen Theologie, so dass sich zusammenfassend-abstrahierende Lehrsätze mit den dazugehörigen Geschichten der Bibel als ihren Quellen verbinden.[104] Die biblische Theologie wird gewissermaßen zu einem eigenständigen Außen der dogmatischen Theologie, auf das sie sich zu beziehen hat, um dogmatische Theologie zu sein. Damit konsequent ist die Dogmengeschichte, insbesondere hinsichtlich der Väter und ihrer „treuen Überlieferung und … Entfaltung der einzelnen Offenbarungswahrheiten", einzubeziehen, wie überhaupt die darauffolgende weitere Dogmengeschichte, also auch darin das Verhältnis von Dogmen und geschichtlicher Herkunft und die jeweilige Präzisierung aus neuen Situationen heraus. Dies kann nicht anders denn in einer konstitutiven interdisziplinären Beziehung mit der allgemeinen Kirchengeschichte geschehen, womit der Geschichtsanteil an der Dogmatik einmal mehr unterstrichen wird, und gleichzeitig zugegeben wird, dass die Dogmengeschichte nicht die ganze Kirchengeschichte subsumiert, sondern sich zu ihr als einem eigenen Gegenüber mit eigenen Interessen konstituiert. Man kann mit Greiler zusammenfas-

---

„möge glauben, ihm genüge die Lesung ohne Salbung, die Spekulation ohne Hingabe, die Forschung ohne Verehrung, die Umsicht ohne Begeisterung, der Fleiß ohne Frömmigkeit, die Wissenschaft ohne Liebe, der Verstand ohne Demut, das Studium ohne die göttliche Gnade, die Beobachtungsgabe ohne die göttlich inspirierte Weisheit".
[104] Hier könnte man übrigens auch den Gedanken anschließen, eine nicht nur konkludierende, sondern auch eine bild- und narrativitätsanaloge Dogmatik zu entwickeln und dergestalt die Glaubensgeheimnisse tiefer zu verstehen, wie dies im symbolischen Denken des 12. Jh. bei den Viktorinern und im 13. Jh. im Werk des Bonaventura zur Geltung kommt. Vgl. Kasper, Wissenschaftspraxis 252. Doch darf man die systematische Theologie auch nicht überfordern. Vieles kann sie nur punktuell bzw. interdisziplinär einlösen.

sen: „Die Geschichtlichkeit der Theologie kehrt als ihre Methode zurück. Die spekulative Theologie wird eingebettet in die genetische Darstellung."[105]

Das Dekret zitiert hier in einer Anmerkung Pius XII.: „... aus dem Studium der heiligen Quellen strömen der theologischen Wissenschaft stets jugendliche Kräfte zu; eine Spekulation hingegen, welche die weitere Erforschung des Glaubensgutes vernachlässigt, bleibt erfahrungsgemäß unfruchtbar." Dieses Zitat aus dem Jahr 1950 ist ausgesprochen interessant: denn hier wird die theologische Wissenschaft bereits mit den sie ermöglichenden Quellen vernetzt und die Spekulation mit der Erforschung des erfahrungsbezogenen Glaubensgutes selbst verbunden. Auf der nie verabschiedbaren Basis dieser geschichtlichen Ermöglichungsbedingungen ist dann zu lernen, die Heilsgeheimnisse spekulativ tiefer zu durchdringen und im Zusammenhang zu erhellen.

Hierin apostrophiert das Dekret den heiligen Thomas als Meister dieser spekulativen Tätigkeit.[106] Nun wird hier allerdings nicht ausdrücklich gesagt, wie Thomas zu verstehen ist, innerhalb des neuscholastischen Modells eines Thomistischen Systems oder etwa in der Auslegung eines Marie-Dominique Chenus,[107] wonach Thomas gerade darin ein Beispiel ist, in einer großen Sensibilität der damaligen Zeit, den Zeichen der Zeit, der damals brisanten Philosophie und ihren gedanklichen und sprachlichen Prägungen (insbesondere in der Replik auf Aristoteles) gegenüber eine spekulative Ganzheit der Theologie zu wagen. Von daher ist er gerade nicht ein eminentes Beispiel für eine überzeitlich gültige Theologie, sondern für eine geschichtlich-kontextbezogene theologische Reaktion. Wenn er darin zum Meister erkoren wird, dann in einem doppelten Sinn: einmal Thomas in seinen Inhalten ernst zu nehmen, zum anderen aber auch Thomas in seiner Fähigkeit ernst zu nehmen, die Zeichen der Zeit und die Theologie miteinander in eine gegenseitige Erschließung zu bringen, sei es der Korrespondenz, sei es des Widerspruchs. Dies gibt der gegenwärtigen Theologie die Möglichkeit, sich ebenfalls im Kontext der Zeichen der Zeit zu entwickeln, in dieser Weise von Thomas zu lernen und von daher seine Inhalte und sein Denksystem im Bezug auf die Gegenwart zu modifizieren, zu verändern und neue Schwerpunkte zu setzen, wie er dies selbst der vorangehenden Theologie gegenüber getan hat. Der ganze Thomas kann in seinem Sinn verstanden werden: Aber nicht der ganze Thomas kann für die Gegenwart einfachhin Bedeutung gewinnen, weil der Bedeutungsgewinn nur im Austausch mit der Gegenwart entschieden werden kann.

116 Konzilsväter wünschen in einem eingereichten Modus, dass Thomas nur als Vorbild theologischer Arbeit erwähnt werde, dass aber der Inhalt seiner Lehre

---

[105] Greiler, Das Konzil 344. Dieses Verständnis von Dogmatik haben maßgebliche systematische Theologen vor und mit dem Konzil vorbereitet und entwickelt, wie v. a. K. Rahner, Y. Congar, V. Grossi, D.-M. Chenu und C. Vagaggini (vgl. ebd. 344).
[106] Die regulative Meisterschaft des Aquinaten wird mit zwei Zitaten von Pius XII. und Paul VI. in der Anmerkung 36 aus den Jahren 1939 bzw. 1964 unterfüttert. In beiden Zitaten wird betont, dass Thomas nicht den je eigenständigen Eifer in der Suche nach der Wahrheit beeinträchtigt, also nicht mit einem Antwortsystem diese Suche von vornherein zukleistert, sondern dass der Aquinate gerade seinerseits ein wirksames Mittel ist, die nützlichen und sicheren Früchte des „gesunden Fortschritts" (Paul VI.) zu finden und als solche zu beurteilen.
[107] Vgl. Chenu, Le Saulchoir; ders., Leiblichkeit; vgl. dazu Greiler, Das Konzil 254 ff. 338. 341.

nicht in die „Meisterschaft" aufzunehmen sei. Die Kommission bliebt aber bei dem Doppelaspekt, wohl zu Recht, denn bei aller Zeitgebundenheit einer theologischen Konzeption entwickelt sie immer auch einen inhaltlichen Anspruch an die jeweilig zukünftige Rezeption, der gegenüber diese Rezeption dann sich in Verantwortung und Freiheit zu verhalten hat.

Indem die Dogmatik mit der Kirchengeschichte verbunden wird, wird zugleich deutlich, dass es bei ihr nicht nur „um intellektuelle Klärung, sondern um das Wachstum der Kirche selbst (geht), die in den wechselnden Situationen sich selbst und ihre Botschaft immer neu aussagt"[108]. Dieser Zusammenhang wird nun konsequent im Bezug auf die Studierenden entwickelt. Indem sie in die Offenbarungsgeheimnisse im Kontext der dogmatischen Theologie eingeführt werden, kommt diese Erkenntnis zugleich dem Leben der Kirche zugute, hier im Leben der Studierenden selbst, insofern sie die liturgischen Handlungen und überhaupt die ganze Pastoral der Kirche mit diesen Heilsgeheimnissen in Verbindung sehen, sie darin gegenwärtig und wirksam erfahren und von daher lernen, auch in ihrer pastoralen Tätigkeit „die Lösung der menschlichen Probleme im Lichte der Offenbarung zu suchen".

Exkurs: Halbierte Pastoral

Dieser Bezug auf die pastorale Konkretion beinhaltet allerdings eine doppelte Inkonsequenz: denn zum einen wird das Mysterium nicht ernst genug genommen, wenn es etwas einschichtig und sowohl gegenüber der biblischen Botschaft wie auch gegenüber der Lebenswirklichkeit relativ naiv zur Lösung der menschlichen Probleme eingesetzt werden kann. Gerade die biblischen Texte zeigen deutlich, dass die Gottesbeziehung nicht nur Probleme löst, sondern auch Probleme schafft, und dass es angesichts seiner Verborgenheit und auch Dunkelheit in der Menschengeschichte auch die Frage und die Klage gegenüber diesem unverständlichen und eben keine Erklärung bringenden Gott gibt.[109]

Zum anderen wird die Reziprozität des Offenbarungsgeschehens nicht bedacht: nämlich dass die „Lösung" der menschlichen Probleme nicht nur von der überkommenen Offenbarung her kommt, sondern dass auch vom Gottesvolk und seiner Inspiriertheit Problemlösung und Befragung Gottes im Angesicht bestimmter Situationen zum Ausdruck kommen, die in Bibel und Tradition noch nicht vorkommen. Dass die Menschen auch etwas mitzuteilen haben, was selbstverständlich mit den biblischen und kirchlichen Vorlagen der Offenbarung in eine kritische, systematisch theologisch zu reflektierende Selbstevaluierung zu gehen hat, kommt hier nicht in den Blick.

***

---

[108] Neuner, Kommentar 344.
[109] Vgl. Fuchs, Hermeneutik 438–461.

OT 16,4 Auf Drängen der Väter hin sollte sich der Text nicht nur auf Bibelwissenschaft und Dogmenwissenschaft beziehen, sondern auch andere Fächer in den Blick nehmen und für diese die entsprechenden Konsequenzen formulieren, die aus den bisherigen Überlegungen für alle Fächer zu gewärtigen sind. Zunächst wird nochmals grundsätzlich die heilsgeschichtliche Perspektive hinsichtlich des Geheimnisses Christi in Erinnerung gerufen. Besondere Sorge solle man dabei auf die Moraltheologie verwenden: in einem reicheren Schriftbezug, und dann vor allem in der wissenschaftlichen Darlegung der Verbindung von der Erhabenheit der Berufung und ihrer Verpflichtung, von Gnade und Ethik, von Indikativ und Imperativ, von Zuspruch und Anspruch: Erst so kann aus geschenkter Liebe heraus wieder Liebe geschenkt werden für das Leben der Welt.

Für diese Formulierungen hat das Sekretariat der Kommission Pater B. Häring um Hilfe gebeten: „Aufgrund dessen, was einige Bischöfe, die dem Schema *iuxta modum* zugestimmt hatten, gefordert hatten, hätte das Konzil ausdrücklich die legalistische Moraltheologie der letzten Jahrhunderte verurteilen müssen. Häring, der sich bewußt war, daß dies unmöglich sein werde, schlug also einen Text vor, der dazu helfen konnte, in Zukunft einen Rückfall in die Einseitigkeiten der Vergangenheit zu verhindern."[110] Von daher soll also auch für die Moraltheologie die Schrift die „Seele" sein, was eine kritische Ergänzung zu den bisherigen naturrechtlichen Argumentationsprinzipien darstellt. Dies ist auch methodisch bedeutsam, weil damit explizierte Verhaltensvorschriften ebenfalls kritisch durch den Bezug auf die dahinterliegenden meist narrativen Vorgaben der Bibel mehr als ergänzt werden. Auch hier wird in der inneren Struktur der Moraltheologie die Verbindung von Norm und in der Bibel vorfindbarem Leben hergestellt. Narrativität aber verlangt die Auseinandersetzung mit den jeweiligen Kontexten, mit der entsprechenden Konstituierung und Relativierung von Handlungsnormen, wie sie in diesen Geschichten und Gleichnissen zwischen Konkretion und Verallgemeinerung zum Vorschein kommen.

Und ein zweites ist entscheidend: nämlich dass auf das Verhältnis von göttlicher Gabe und menschlicher Aufgabe geschaut wird: Es ist also ein integraler Bestandteil der Moraltheologie, nicht nur Verhaltensnormen zu formulieren, sondern auch aus der Vorgegebenheit der Gnade in biblischen Geschichten, in den Geschichten der Kirche und in den gegenwärtigen Geschichten heraus nach den Ressourcen zu forschen, die ermöglichen, was zu tun ist.

Hinsichtlich des kanonischen Rechtes und bei der Darlegung der Kirchengeschichte solle man sich ebenfalls nicht nur auf die gesetzlichen bzw. historischen Fakten beschränken, sondern in allem das dahinterliegende Mysterium der Kirche, wie es in der Kirchenkonstitution des Zweiten Vatikanums konzipiert wurde, zu erschließen versuchen. Immerhin geht es bei beiden um eine Form des Ausdrucks des kirchlichen Lebens, das in seiner gottbezogenen Tiefe jeweils mehr ist als Gesetz und Faktum.

Und so soll auch der Liturgieunterricht nicht nur in die Rubriken einführen, sondern die Liturgie „als erste und notwendige Quelle des wahrhaft christlichen

---

[110] Vilanova, Interzessio 460.

Geistes … betrachten", und zwar in Bezug auf die Liturgiekonstitution Artikel 15 und 16. Im vorhergehenden Abschnitt war hinsichtlich der liturgischen Handlungen bereits auf die Nummern 7 und 16 von *Sacrosanctum Concilium* hingewiesen worden (Anm. 37). Ging es zuvor um die vitale Verbindung von dogmatischer Theologie und liturgisch vermittelter Erfahrung des Geheimnisses Christi, so geht es jetzt innerhalb der Liturgie darum, dass ihr Vollzug der kultsymbolische Ausdruck des Geheimnisses Gottes und der Menschen ist. Erörtert oben der Rekurs auf SC 7 die lebendige Verwurzelung der Liturgie und insbesondere der Sakramente im Mysterium Christi und damit zugleich in der entsprechenden Tiefendimension menschlicher Erfahrung, so regelt SC 15 und 16 das Fach Liturgiewissenschaft im Studium: Es ist Hauptfach und inhaltlich „unter theologischem und historischem wie auch unter geistlichem, seelsorgerlichem und rechtlichem Gesichtspunkt zu behandeln" (SC 16).

Exkurs: Pastorale Verantwortung der Liturgiewissenschaft

Artikel 16 verbietet es, dass sich die Liturgiewissenschaft in historischen Forschungen erschöpft. Sie hat den Gegenwartsbezug und die entsprechende Gestaltung zu reflektieren: im Kontext der gesellschaftlichen Situation, genau wie im Zusammenhang mit der kirchlichen Pastoral insgesamt. Mit diesem Anspruch ist OT 16, 4 durchaus aktuell, wenn sie zum Beispiel aus Gründen der methodischen Übersichtlichkeit (denn eine gegenwartsbezogene Liturgiewissenschaft müsste noch mit anderen Humanwissenschaften den Dialog aufnehmen) oder auch eines kirchenpolitischen Wohlverhaltens (denn eine zeitgenössische Liturgiewissenschaft müsste auch abwägen zwischen den Herkünften der Tradition und gegenwärtigen Einsichten in die Vollzugsweisen von Symbolhandlungen bis hin zu den Risiken einer experimentellen Liturgiewissenschaft) versucht ist, sich vornehmlich liturgiehistorisch zu rekonstruieren.

SC 16 unterstreicht diese Ermahnung noch einmal, indem dort insbesondere die systematische Theologie, die biblische Theologie, die Theologie der Spiritualität und die Pastoraltheologie dazu aufgerufen werden, „von den inneren Erfordernissen je ihres eigenen Gegenstandes aus das Mysterium Christi und die Heilsgeschichte so herauszuarbeiten, daß von da aus der Zusammenhang mit der Liturgie und die Einheit der priesterlichen Ausbildung deutlich aufleuchtet".

Exkurs: Wo bleibt die Pastoraltheologie?

Die Pastoraltheologie darf sich also mit dem Dekret einigermaßen über den Tatbestand, dass sie darin nicht explizit genannt wird, versöhnen: Denn mit dem für das Verständnis des Dekrets an dieser Stelle beanspruchten Artikel 16 aus SC hat sie „wenigstens" entscheidende Bedeutung für das Verhältnis von Liturgie und Pastoral und gilt allein schon von daher als unverzichtbar. Dennoch hätte es angesichts der Grundstruktur des Textes, nämlich den jeweiligen pastoralen Zusammenhang und die pastorale Zielsetzung als roten Faden durch die Artikel hindurch im Blick zu behalten, nahegelegen, dies auch in einem selbständigen theologischen Fach der Pastoraltheologie entsprechend zu thematisieren und zu institutionalisieren.[111] Nun muss man bedenken, dass die meisten Väter ohnehin keinen Begriff von der Pastoraltheologie als einer wissenschaftlichen Disziplin hatten, weil sie in den Studienplänen ihrer Länder nicht vorkam, was bis auf den heutigen Tag weitgehend der Fall ist. In den deutschsprachigen Ländern gibt es demgegenüber bereits eine längere Geschichte der Pastoraltheologie als wissenschaftliche theologische Disziplin, mit ihrem Ursprung in dem Reformprojekt des Theologiestudiums, wie es Stephan Rautenstrauch (1734–1785) im Zuge der Modernisierung des Hochschulstudiums in der österreichischen Donaumonarchie unter Kaiserin Maria Theresia konzipiert und durchgeführt hat. Pastoraltheologie wurde an der Universität Wien im Jahr 1777 als Disziplin eingeführt.[112]

Karl Rahner hat bereits Ende der fünfziger Jahre in seinem Band „Sendung und Gnade" in aller Bescheidenheit gegenüber der Pastoraltheologie verdeutlicht, wie sich in der Begegnung zwischen systematischer Theologie und den seelsorgerlichen Erfordernissen zugleich „die Begegnung von ‚Theorie' und ‚Praxis' zu beider Nutzen" ereignet.[113] Rahners Schüler, Elmar Klinger, hat in seinen Arbeiten die Verhältnisbestimmung von Dogma und Pastoral im Anschluss vor allem an die Theologie des Zweiten Vatikanums und die entsprechende Rezeption in der Theologie der Befreiung derart verdeutlicht, dass sich beide gegenseitig gleichstufig zur Erschließung der Zeichen der Zeit, zur entsprechenden Wahrnehmung

---

[111] A. Greiler stellt bereits für die zweite Session im Herbst 1963 eine Hintanstellung der mehr pastoralen Dokumente zu Gunsten jener Dokumente fest, in denen es um theologische Grundsatzfragen ging, vor allem der Kirchenkonstitution: „Die Stunde der Dogmatiker war gekommen (Jedin), nicht die der Pastoraltheologen, wie es für ein Pastoralkonzil zu erwarten gewesen wäre" (Das Konzil 146). Im Diskursgeschehen des Konzils konnte sich also noch nicht jene theologische Methode durchsetzen, in der sich Dogma und Pastoral nicht erst nachträglich, sondern gleichzeitig aufeinander zubewegen. Immer noch herrscht hintergründig das deduktionistische Schema vor, dass man zuerst die dogmatischen Grundsatzfragen klären müsse, um dann auf die pastoralen Konsequenzen zugehen zu können. Dies ist ein durchaus aktueller Tatbestand auch in Teilen der gegenwärtigen wissenschaftlichen Theologie: Zwar gibt es jedenfalls teilweise eine breite Rezeption systematisch-theologischer Forschungen in der Praktischen Theologie, doch findet man selbst bei jenen systematisch-theologischen Werken kaum eine Bezugnahme auf pastoraltheologische Literatur, die in ihrem eigenen systematischen Konzept die Wichtigkeit der Pastoral gegenüber dem Dogma reklamieren. In beiden Fällen hinkt also die Tat hinter der Behauptungsebene nach.
[112] Vgl. Mette, Theorie der Praxis; Zottl – Schneider (Hg.), Wege der Pastoraltheologie 27–34; einen kurzen Überblick über die Geschichte der Pastoraltheologie als Wissenschaft gibt Lechner, Geschichte 233–252. Für die Geschichte der deutschsprachigen Pastoraltheologie steht neben Johann M. Sailer (1751–1832) vor allem auch die Pastoraltheologie im Zusammenhang der Tübinger Schule von Anton Graf (1811–1867) und Franz Xaver Arnold (1898–1969). Letzterer war Mitinitiator und Mitherausgeber des zur Zeit des Konzils und in den Jahren danach (bis 1972) erstellten „Handbuchs der Pastoraltheologie" (5 Bde., Freiburg 1964–1972). Rahner hat die Intention des Handbuchs folgendermaßen beschrieben: „In dieser Konzeption ist die Pastoraltheologie, die richtiger ‚Praktische Theologie' genannt werden sollte, die wissenschaftlich-theologische Reflexion auf den in der Gegenwart der Kirche aufgegebenen Selbstvollzug der Kirche als solcher" (in: Neue Ansprüche 129).
[113] Rahner, Sendung und Gnade 9 (im Vorwort). Zur Bedeutung von Rahner für die Pastoraltheologie vgl. das Themenheft von PThI (2005) 1.

und zum notwendigen Handeln, benötigen.[114] Mit ihm und seinem Schüler Hans-Joachim Sander wurde konzeptionell vertieft, was die pastorale Zielsetzung für das Konzil und für die Theologie und die Kirche insgesamt bedeutet. Nach den Emanzipationsbewegungen der Pastoraltheologie von der Dogmatik durch Hinwendung zur biblischen Theologie, ermöglichte die „praktische" Theologie des Zweiten Vatikanums, wie sie inhaltlich insbesondere von Chenu und Rahner vorbereitet und in der Rezeption entfaltet wurde, der Pastoraltheologie in den achtziger Jahren des letzten Jahrhunderts neue konstruktive Annäherungen an die systematische Theologie, ohne befürchten zu müssen, hier erneut in einen deduktionistischen Rahmen eingespannt zu werden.

***

Die Anmerkung 39 zu diesem Passus zitiert über SC 15 und 16 hinaus auch die Nummern 10 und 14: Nummer 10 sieht in der Liturgie den Höhepunkt für das Tun der Kirche, weil daraus all ihre Kraft strömt: Hier also ein Rekurs auf das Verhältnis von Gnade und Handeln in der Kirche, wie er im Dekret ebenfalls bedeutsam ist und wie dies insbesondere in der Rekonstruktion der Moraltheologie thematisiert wurde. Zugleich wird in SC 10 dieser Sachverhalt mit der lebendigen spirituellen Erfahrung der Gläubigen verbunden. Artikel 14 verdeutlicht das Thema durch die Forderung der „bewussten und tätigen Teilnahme" des Gottesvolkes in der Liturgie. SC 14,3 unterstreicht, dass es keine Hoffnung auf Verwirklichung gibt, „wenn nicht zuerst die Seelsorger vom Geist und von der Kraft der Liturgie tief durchdrungen sind und in ihr Lehrer werden". Damit wird auch in OT hinein das Verhältnis von Liturgiefeier und spiritueller Erfahrung der Priester einbezogen und mit der liturgischen Bildung des Klerus verbunden.

OT 16 Der Artikel schließt mit der Maßgabe, die interkonfessionelle Ökumene und den interreligiösen Bereich in einer von der Innenseite der Kirche selbst her notwendigen Offenheit und Konstruktivität in die Ausbildung einzubeziehen. Da beide Aussagen im Bereich des theologischen Studiums platziert sind, müssen daraus die entsprechenden strukturellen Konsequenzen gezogen werden, die hier offen bleiben, nicht zuletzt deswegen, weil jeweils die regionalen Verhältnisse zu sehen sind. Dennoch bleibt die Aufgabe, wo das Zusammenleben mit Christinnen und Christen aus anderen Konfessionen und mit Andersgläubigen aus anderen Religionen eine gesellschaftliche Wirklichkeit ist, auch entsprechende Professuren und Institute für diese Thematik einzurichten, die übrigens in den letzten Jahrzehnten nicht mehr nur eine lokale sein kann, sondern immer auch eine Funktion globaler christlicher Verantwortung (wie im Konziliaren Prozess) darstellt, auch wenn im Begegnungsbereich der eigenen Gesellschaft die jeweiligen „Anderen" (noch) nicht direkt nahegekommen sind.
OT 16,5 Mit direkter Berufung auf das Ökumenismusdekret (Nr. 1, 9 und 10) in der Anmerkung 40 wird die Notwendigkeit begründet, dass sich die Alumnen durch eine vollere ökumenische Kenntnis die Fähigkeit aneignen „zur Förderung

---

[114] Vgl. Klinger, Armut.

der Wiederherstellung der Einheit unter allen Christen" beizutragen. Etwas unklar bleibt hier, ob diese Kenntnis nur *über* die Anderen vermittelt wird, oder ob dabei auch zu lernen ist, wie man im ökumenischen Dialog mit den Anderen umgeht. Hier darf man aus der Erklärung über die christliche Erziehung (Nr. 11) ergänzen und präzisieren, dass die theologischen Fakultäten die Aufgabe haben, die Studierenden so auszubilden, dass „das Gespräch mit den getrennten Brüdern und den Nichtchristen gepflegt wird ...". Die ausdrückliche Berufung auf UR 1 verdeutlicht, dass die Spaltung in der Christenheit nicht dem Willen Christi entspricht und ein Ärgernis für die Welt darstellt. Das Zweite Vatikanische Konzil übernimmt die Verantwortung, die Einheit aller Christen „wiederherstellen zu helfen": Hier wird deutlich, dass kein integralistisches Konzept verfochten wird, sondern dass es darum geht, dass alle Beteiligten zusammenhelfen und damit Subjekte dieses Prozesses sind.

UR 9 thematisiert genau jenes Dialogprogramm, das hier zunächst vermisst wird, aber mit seinem Zitat in das Gesamtverständnis des Dekrets aufzunehmen ist: Es geht um die angemessene Vorbereitung zum Gespräch, „bei denen ein jeder mit dem anderen auf der Ebene der Gleichheit spricht". Wichtig ist dafür, dass dieser Dialog mit Sachverstand und mit Sensibilität für die nicht nur theologische, sondern auch psychologische Identität der anderen Seite geführt wird. So ist die heilige Theologie auch unter ökumenischem Gesichtspunkt zu betrachten, um sie von dieser Außenperspektive her genauer in ihrer „Wahrheit und Wirklichkeit" zu profilieren (UR 10). Deswegen muss die Theologie auf Polemik verzichten, und dies vor allem an den neuralgischen Stellen, wo die innere Identität der anderen Seite betroffen ist. Nimmt man all diese Überlegungen aus dem Ökumenismusdekret in diesen kleinen Abschnitt hinein, dann ergibt sich ein ganz respektables Programm für das Ökumenestudium, sowohl im konzeptionellen wie auch im praktischen Bereich.

OT 16,6 Der Absatz zu den anderen Religionen beruft sich explizit auf keinen anderen Konzilstext: Die Erklärung über das Verhältnis der Kirche zu den nichtchristlichen Religionen und über die Religionsfreiheit befanden sich gleichzeitig zu diesem Dekret im Entstehungsprozess.[115] Obgleich dieser Abschnitt die gleiche Kürze wie der vorhergehende hat, benennt er doch präzis, worum es geht: das Gute und Wahre in den anderen Religionen anzuerkennen, Irrtümer sind gleichwohl wahrzunehmen und zurückzuweisen und es ist nach wie vor unerlässlich, „das volle Licht der Wahrheit denen, die es nicht haben, mitzuteilen". Dass die künftigen Priester dies aber in einer angemessenen Weise vermögen, dazu braucht es eine spezifische Vorbereitung im Studium, im konzeptionell-theologischen wie auch im praktisch-theologischen Bereich. Nach wie vor ist das Postulat von Neuner an dieser Stelle ernst zu nehmen, dass es einer besonderen Anstrengung der Theologie bedarf, „sich mit der Fülle von Lehren, Erfahrungen und Gebräuchen anderer Religionen auseinanderzusetzen. Ein Theologe muß wenigs-

---

[115] Neuner expliziert in seinem Kommentar diesen Bezug, auch zur Kirchenkonstitution Art. 17 und zum Missionsdekret Art. 9 und 11; vgl. 346.

tens die rechten Perspektiven einer solchen Auseinandersetzung vermittelt bekommen"[116]. Dass dies nicht nur für die sogenannten Missionsländer gilt, sondern dass diesbezüglich alle Länder längst Missionsländer geworden sind, liegt auf der Hand.[117]

Exkurs: Wahrheitszeugnis im ebenbürtigen Dialog

Einige Anmerkungen scheinen zu diesen beiden Absätzen OT 16, 5.6 noch wichtig zu sein: Im Gesamtkontext des Zweiten Vatikanums und der einschlägigen Stellen[118] wird vorausgesetzt, dass die Kirche Jesu Christi in der katholischen Kirche in authentischer Weise existiert. Die Gaben der Heiligung und Wahrheit, wie sie der katholischen Kirche geschenkt sind, gibt es aber nicht nur innerhalb dieser Kirche, sondern auch in anderen Kirchen und christlichen Gemeinschaften. Doch sind sie dort „in unterschiedlicher Ausdrücklichkeit und Vollständigkeit (zu) finden"[119]. Die katholische Kirche vertritt demnach einen Vorrang gegenüber anderen kirchlichen Identitäten. Dieses „bessere" oder „mehr" an Wahrheit ist aber auf dem gnadentheologischen Hintergrund, dass diese Wahrheit ein Geschenk Gottes ist, absolut kein Grund zur Überheblichkeit gegenüber den anderen. Im Gegenteil: Die gesteigerte Vollständigkeit im Wahrheitsanspruch wird immer dann konterkariert, wenn die authentische Wahrheitsstruktur des christlichen Glaubens, nämlich die Verbindung von Wort und Tat, von Bekenntniswahrheit und Zeugniswahrheit nicht oder unzureichend gegeben ist, wenn die Kirche also von diesen Gaben „nicht immer den vollen und rechten Gebrauch ... macht"[120]. Implizit erfolgt hier eine theologisch, genauerhin ekklesiologisch fundierte Kriteriologie des interkonfessionellen, auch des interreligiösen Dialogs, mit folgenden Elementen:

1. Es gilt die grundlegende zwischenmenschliche Gleichstufigkeit auf dem Hintergrund der nie hintergehbaren Ebenbürtigkeit aller Menschen und Völker, insofern sie alle allein auf Grund ihrer Geburt in das Recht und in die Pflicht versetzt werden, diese prinzipielle Ebenbürtigkeit sozial zu verwirklichen. Diese Ebenbürtigkeit, die von der kirchlichen Theologie insbesondere schöpfungstheologisch, aber auch christologisch gelehrt wird (insofern im fremden und vor allem im leidenden anderen Christus selbst zu begegnen vermag), ist die Basis jedes interkonfessionellen und auch interreligiösen Dialogs. Der wirkliche oder vermeintliche Irrtum der anderen Seite darf niemals die Ebenbürtigkeit des Lebens- und Wohlstandsrechts tangieren. Erst dann wird der Dialog frei, vor allem frei von der Angst, durch Widerspruch auch Anerkennungs- und Gemeinschaftsrechte entzogen zu bekommen. Dieser gleichstufige Umgang im Dialog ist kein pas-

---
[116] Ebd. 346.
[117] Vgl. ebd. 346.
[118] Vgl. dazu LG 8,3 und die diesbezüglichen Ausführungen von Peter Hünermann in Bd. 2, 368f.
[119] Hünermann, ebd. 367, Anm. 52.
[120] Ebd. 268.

toraler Kompromiss, sondern die Basis der Pastoral der Mission und des sich dann darin ereignenden Wahrheitsdiskurses überhaupt.

2. Wahrheit besitzt in christlicher Perspektive eine Doppelstruktur, ein ganz bestimmten Verhältnis von Wort und Tat. Jesus selbst hat in den Evangelien diese Problematik immer wieder thematisiert (vgl. Mt 21, 28–32). Die „bessere" Wahrheit, die die Kirche vertritt, ist nur dann tatsächlich besser, wenn sie als solche bei den Menschen ankommt: Genau dies ist das Anliegen der Pastoralkonstitution. Der kirchliche Wahrheitsanspruch beinhaltet bereits die Zeugnisebene, nicht in dem Sinn, dass die Wahrheit des gerechten, barmherzigen und gnädigen Gottes damit identisch oder davon abhängig wäre und das menschliche Handeln nicht ins Unendliche hinein überstiege. Die Wahrheit des im Bekenntnis geglaubten Gottes aber kann von Menschen und ihren Handlungen verdunkelt, im Zugang erschwert werden.

3. Die Kirche bildet sich nicht ein, „über" allem zu stehen, sondern begibt sich in eine ebenbürtige Beziehung zu den anderen und behauptet *darin* ihre von Gott geschenkte Wahrheit, bei gleichzeitiger Offenheit dafür, dass sich dieser Gott auch anderen Konfessionen und Religionen zu schenken vermag, so sehr, dass auch von deren Seite eine gelebte bzw. geglaubte Meliorität gegenüber der katholischen Kirche behauptet wird.[121] Im ebenbürtigen Dialog begibt sich die katholische Kirche in den Streit um die größere Wahrheit kirchlicher Identität und verteidigt darin ihre „Vollständigkeit", nicht zuletzt in der Hoffnung, dass dieser Zu- und zugleich Anspruch, vor allem unter dem Kriterium der entsprechenden Selbstbeanspruchung, auch dem eschatologischen Datum standhalten wird.[122]

Analoges gilt für das Verhältnis von christlichen Kirchen und kirchlichen Gemeinschaften auf der einen und Religionen auf der anderen Seite. Man geht zwar von der kommunikativen Gleichstufigkeit im Dialog, nicht aber im Wahrheitsanspruch aus, der als Geschenk Gottes zu vertreten ist. Die Konzeption einer Religionstheologie, die aus einer identitätsfernen fiktiven Vogelperspektive heraus die Kirchen und Religionen als gleichgewichtigen Wahrheitsausdruck der letzten göttlichen Wirklichkeit in der Geschichte auffasst, ohne dabei ihre eigenen kulturellen und implizit religiösen Identitätsvoraussetzungen zu reflektieren, kann mit der Konzeption des Zweiten Vatikanums nicht in Übereinstimmung gebracht werden. Hier wird in allen Texten realistisch und authentisch von der Identität der katholischen Kirche ausgegangen und von ihr her das Beziehungsgeflecht mit dem Außen ihrer selbst entwickelt. Dies entspricht nicht nur der Theologie, die die katholische Kirche von sich selber hat, sondern einer realistischen interkonfessionellen und interreligiösen Dialogtheorie.[123]

Darin allerdings gerät sie in die je größere Verantwortung, den Komparativ des Wahrheitsanspruchs auch in einem an dieser inneren Wahrheit orientierten Komparativ des Heilshandelns an der Welt zum Ausdruck zu bringen. Der Umgang mit den jeweils Anderen kann also nicht anders als in Anerkennung, Freiheit

---

[121] Man vergleiche etwa den Disput um die Rechtfertigungslehre in Deutschland in den zurückliegenden Jahren; vgl. Hilberath – Pannenberg (Hg.), Zukunft; Pesch, Luther 383–388.
[122] Vgl. dazu Fuchs, Wahrheitsanspruch 85–114.
[123] Vgl. Volf, Exclusion.

und sozialer Akzeptanz gestaltet sein. Erst diese Ebenbürtigkeit in der Kommunikation ermöglicht einen Dialog, in dem tatsächlich das „Licht der Wahrheit" bei den anderen als etwas aufzuscheinen vermag, was ihre Identität bereichert und vertieft, bis hin zu der Möglichkeit von Konversionen, die niemand im Griff haben kann. Das Verhältnis zum Judentum wird hier nicht eigens genannt: Hier muss man im Gefolge einer christlichen Theologie nach Auschwitz und in der Erinnerung an Röm 9–11 einen anderen Typ von Ökumene entwickeln, der weder mit der interkonfessionellen Ökumene noch mit der interreligiösen Beziehung ineinsgesetzt werden kann.[124] Doch davon ist im Dekret nicht einmal andeutungsweise die Rede.

***

OT 17 Dieser Artikel über die Lehrmethoden fehlt in der ersten Fassung der Propositiones, wurde dann auf dem Hintergrund der Konzilsdebatte ergänzt und ohne Widerspruch angenommen. Die Lehrmethoden sollen daraufhin überprüft werden, ob die wissenschaftliche Ausbildung tatsächlich die innere Formung der Alumnen anstrebt. Diese innere Formung wird einer wissenschaftlichen Ausbildung gegenüber kontrastiert, in der es um die „bloße Mitteilung von Begriffen" geht, in der also eine Wissenschaft betrieben wird, die um sich selber kreist und den Existenz- sowie den Pastoralbezug nicht mehr durchsichtig werden lässt. So sollen auch Fächer und Vorlesungen nicht zu sehr vermehrt werden: Fragen und Probleme, „die kaum mehr Bedeutung haben" und solche wissenschaftlichen Bemühungen, die „in die höheren akademischen Studien zu verweisen sind", sollen das normale Studium nicht belasten. Dafür soll das, was gelehrt wird, gründlich studiert werden können und in seiner Einheit mit der gesamten Ausbildung gewissermaßen seine diesbezügliche Basis nicht verlieren.

Man muss dieses Anliegen aus dem damaligen Kontext heraus verstehen: denn damit wehrt man sich gegen veraltete und abstrakte Lehrinhalte, „bloß weil sie in traditionellen Textbüchern viele Seiten füllen."[125] Aus wissenschaftstheoretischer Perspektive liegt allerdings in einer allzu großen Orientierung des Studiums an praktischen Bedürfnissen zumindest die Gefahr der Instrumentalisierung seiner Inhalte und Denkbewegungen.[126] Es gibt wohl kaum ein theologisches Fach, auch nicht das Fach der Praktischen Theologie, in dem nicht erst einmal gelernt werden muss, von bisherigen Vorstellungen über Texte, Wirklichkeit und Praxis Abstand zu nehmen, und sich in Reflexionen hinein zu begeben, die nicht in allen Phasen des Studierens und Forschens unmittelbar auf Praxis und Erfahrung bezogen werden können. Oft sind durchaus weite diesbezügliche Durststrecken nö-

---

[124] Vgl. Hünermann – Söding (Hg.), Erneuerung der Theologie.
[125] Neuner, Kommentar 347.
[126] Soll man gar daran denken, ein zweistufiges Studienprogramm zu installieren, nämlich ein mehr im Sinne des Dokumentes angewendungsorientiertes und ein mehr akademisch-wissenschaftliches (im Sinne neuer Studienordnungen des Bachelor und Master)? Doch solche Überlegungen hat das Dekret sicher nicht im Blick: Vielmehr geht es darum, das durchaus geforderte wissenschaftliche Studium im Horizont von Existenz und Pastoral zu verorten und von daher die Gründlichkeit dieses Studiums zu konsolidieren.

tig, um dann am Ende in einer neuen und qualifizierteren Weise sowohl auf die eigene Existenz wie auf die Pastoral der Kirche zukommen zu können.

Ein Problem ist hier sicher auch mit der wissenschaftlichen Ausbildung an universitären Fakultäten verbunden. Denn diese haben nicht nur den Auftrag der Lehre, sondern auch der Forschung und die besondere Verantwortung, neue Forschungsergebnisse auch in der Lehre zu vermitteln. Bezüglich dieser Aussagen des Dekrets[127] gibt es auch angesichts der Wissensgesellschaft, in der nur noch verwertbares Wissen zur Bildung gehört, einen enormen Diskussions- und aktuellen Klärungsbedarf.[128]

Besonderer Wert wird darauf gelegt, dass nicht nur Lehrstoff vermittelt wird (in Vorlesungen und Kolloquien), sondern dass (auch in Übungen im privaten Studium sowie in kleinen Zirkeln) die Alumnen lernen, aus eigenen Fragestellungen, Kreativitäten und Erfahrungen heraus mit den Studieninhalten umzugehen und sie so in eigenständiger Weise zu reflektieren und zu beurteilen. Mit dem Begriff des privaten Studiums ist also nicht eine Privatisierung der Studieninhalte gemeint, etwa dass sich die Studierenden „für sich" auf die Prüfungen vorbereiten, sondern eine Verwurzelung des Studiums in der eigenen Existenz, in den eigenen Fragen und Problemen. Dazu braucht es auch am Schreibtisch mehr Zeit, als wenn es nur darum ginge, Lehrinhalte zu lernen. Indem die Zusammenarbeit in kleinen Zirkeln danebengesellt wird, wird aber zugleich angemahnt, dass die Alumnen diesbezüglich ins Gespräch kommen, nicht nur in der Prüfungsvorbereitung, sondern kontinuierlich als Grundstruktur des Studiums selbst. Je tiefer die einzelnen dann in ihr Studium eindringen, desto mehr können sie sich im Gespräch bereichern; und je mehr sie im Gespräch das Zuhören lernen, desto tiefer erfahren sie auch die Bereicherung in der eigenen Existenz.

Exkurs: Theologische Fakultät als „Mikrokosmos" des pastoralen Selbstvollzugs der Kirche im Bereich der Wissenschaften

OT klärt Ort und Vernetzung der wissenschaftlichen Theologie in einer eigentümlichen Weise, die nochmals in einem konzeptionellen Überblick Beachtung finden sollte. Mit diesem Überblick wird auch deutlich, wie sehr sich die Gewichte gegenüber der bisherigen Systemgestalt der Kirche verschoben haben.

1. Das Theologiestudium wird in seiner zu steigernden Qualität so beschrieben, dass es keinesfalls als Anhängsel der Priesterausbildung und der Seminare betrachtet werden darf. Es hat einen eigenen Selbstwert im Gesamt der Ausbildung. Dafür spricht auch die enge Verzahnung von Lehre und Forschung, wie sie in GE 11 konzipiert ist. Die faktische nachkonziliare Entwicklung ging von den Seminarien hin zu eigenständigen theologischen Instituten und Fakultäten.

Das Theologiestudium wird gleichwohl in eine mehrfältige Relation gesetzt:

---

[127] V. a. auch in Verbindung mit dem Bildungsbegriff von GE (vgl. dazu den Kommentar von R. Siebenrock in diesem Bd.).
[128] Vgl. Fuchs, Wissensgesellschaft.

zur spirituellen Ausbildung, zur pastoralen Ausbildung und zur Existenz der Studierenden genauso wie zu der Verantwortung der Lehrenden und Leitenden. Die Ausbildung, wie es das Seminar in spiritueller und pastoraler Hinsicht betreibt, wird damit zum Außen der Theologie, die ihr Innen darauf bezieht. Eben dieser in der Gesamtausbildung der Theologie bezogene Ort konstituiert bereits die pastorale Qualität der Theologie in der Ausbildung selbst.[129]

2. Was die wissenschaftliche Theologie in diesem Sinn in das nächstliegende Außen hinein ist, ist sie bereits nach Innen: Indem sie die Struktur ihrer Lehre und Forschung so organisiert, dass bereits darin mit den gegenwärtigen Erfahrungen der Menschen, Völker, Kulturen und Religionen Kontakt aufgenommen wird. Das bedeutet im Feld der Wissenschaft, mit den einschlägigen Humanwissenschaften in einen konstruktiven Dialog zu treten, einmal in der Wahrnehmung dieser Wirklichkeiten, zum anderen auch im strittigen Dialog um den angemessenen Umgang damit. Je nach Fragestellung und Wirklichkeitsbereich kommen dabei alle Human- und Naturwissenschaften in Frage, wenngleich selbstverständlich die realen Relationen immer nur selektiv sein können. Versteht man also den Pastoralbegriff nicht nur seelsorglich und auch nicht nur kirchenbezogen, sondern in dem Sinn, wie der Glaube mittels der Kirche in der Welt heilende und befreiende Autorität gewinnt, dann ist die Interdisziplinarität zwischen Theologie und anderen Wissenschaften als pastoraler Vollzug in den Wissenschaften sowie ihren Institutionen selbst anzusehen. Darin ereignet sich dann eine „wissenschaftlich intensivere und extensivere Gegenwartsorientierung dieser Fakultäten"[130]. So gibt es eine doppelte pastorale Verantwortung der Theologie: hinsichtlich der Kirche und hinsichtlich der Beziehung zwischen Kirche und Welt, für die kirchliche Sammlung und Sendung, nicht im Nacheinander, sondern im differenzierten Ineinander.

3. Die in diesem Sinn pastorale Qualität der Theologie kommt auch darin zum Vorschein, dass sie die Studierenden und Lehrenden befähigt, mit dem Außen von Theologie, mit Ausbildungsbereich und Kirche in einen qualifizierten Dialog zu treten und, wenn nötig, auch in das entsprechende Solidaritätsverhalten: gegenüber den anderen Kirchen und kirchlichen Gemeinschaften, gegenüber anderen Religionen, gegenüber kulturellen bzw. interkulturellen Problemen. Die ganze Gesellschaft, ja die ganze Welt, wird zum Fragehorizont der theologischen Lehre und Forschung, vor allem wenn es um „akute Problembereiche" geht.[131] Deshalb haben sich die Theologischen Fakultäten sowohl an den wissenschaftlichen öffentlichen Diskursen wie auch an den gesellschaftlichen öffentlichen Diskursen zu beteiligen.

4. Der angebliche Kern der wissenschaftlichen Theologie, nämlich ihre systematische Rekonstruktion, verhält sich der Tradition und vor allem der Bibel gegenüber dezentral. Indem die biblische und kirchliche Vergangenheit den Lehr-

---

[129] Zur Innen-Außen-Beziehung als der pastoralen Aufgabe kirchlicher Glaubensgestaltung vgl. Sander, Das Außen des Glaubens.
[130] Pohlschneider, Kommentar zu GE 398.
[131] Ebd. 399.

sätzen nicht einfach untergeordnet wird, gewinnt die Theologie in sich selbst ein Außen, das zugleich ihr Innerstes ist, nämlich einen Bibelbezug, in dem die Bibel ein eigenständiges, selbstursprüngliches und auch fremdes Gegenüber werden darf.[132] Damit holt die Theologie nicht nur ihre eigene Geschichtlichkeit ein, sondern sie vollzieht in sich selber die Überbrückung von Geschichten und Gedanken, von Narrativität und Reflexion, von Macht und Wissen und kann sich in dieser Selbstkonditionierung schon als Wissenschaft nicht mehr in den elfenbeinernen Turm der Ideen flüchten.

5. Die Ausbildungs-, Kirchen- und Gegenwartsorientierung der wissenschaftlichen Theologie kann vom bisher Gesagten nicht als Auftragswissenschaft verstanden werden, als müsse die Theologie den kirchlichen und gesellschaftlichen Außeninteressen entsprechen. Deutlich genug wird demgegenüber ihre Eigenständigkeit betont, auch ihre kritische Kraft gegenüber kirchlichen und gesellschaftlichen Verhältnissen. Dabei schöpft sie insbesondere aus zwei Quellen: einmal aus der Quelle der Tradition und insbesondere der Bibel, insofern deren Anerkennungs- und zugleich Umkehrpotential in die Gegenwart transformiert werden, zum anderen aus der Quelle der gegenwärtigen Erfahrungen der Gläubigen und der Menschen überhaupt, insofern von ihren Freuden und von ihrem Leiden her die innere Strukturgestalt der Kirche wahrgenommen und auf Veränderung hin in den Blick genommen wird. Beides zusammen ergibt den Prozess der Wahrnehmung der Zeichen der Zeit, in dem die Kirche aus ihrer Herkunft heraus, Identität, Gegenwartsbedeutung und Zukunft gewinnt. Umgekehrt kann die Theologie ihre Außenbereiche selbstverständlich nicht einfachhin als Auftragsfelder dessen ansehen, was sie selbst entdeckt und postuliert. Hier ist mit der Gnadengegebenheit und darin auch kritischen Kraft der anderen pastoralen Orte der Kirche zu „rechnen".

6. Diese in besonderer Weise wahrzunehmen und für die Theologie konstitutiv werden zu lassen, ist Aufgabe der Pastoraltheologie bzw. der Praktischen Theologie,[133] wie sie insgesamt die Wächterfunktion hat, wenn sie dies als Dienst und nicht im Sinne einer Superdisziplin versteht, darauf zu schauen, dass alle theologischen Disziplinen und die Theologie insgesamt ihre vielfältigen pastoralen Überbrückungsverantwortungen nicht vernachlässigen.

Derart also wird die Theologie selbst zum pastoralen Handeln: In ihrem konstitutiven Bezug zu verschiedenen Kontexten, in ihrer Überbrückung von Wissenschaft und Existenz, von Erinnerung und Kreativität, von Praxis und Prophetie: „Theologische Fakultäten an staatlichen Hochschulen haben die Chance, Avantgarde der Kirche und auch der Gesellschaft zu sein. Denn immer schon hatte das Denken das Privileg, Wirklichkeit nicht nur zu erklären, zu verstehen und selbst zu sein, sondern auch an der Spitze ihrer kreativen Veränderungen zu stehen."[134] Oder mit Bischof Pohlschneider formuliert: „Die Synode ... sieht sich

---

[132] Vgl. Ratzinger, Kommentar zum VI. Kapitel von DV 577 f.
[133] Zur Rolle der Pastoraltheologie in diesem Zusammenhang vgl. Fuchs, Praktische Theologie als kontextuelle Wissenschaft.
[134] Bucher, Theologische Fakultäten.

… wohl verpflichtet, auf Grund ihrer pastoralen Verantwortung für die Wissenschaft und ihrer Rolle im Heilswirken der Kirche die Fakultäten der Theologie und die Fakultäten der mit der Theologie verbundenen Wissenschaften zur innerstrukturellen Neugestaltung aufzurufen."[135]

***

OT 18 Am Schluss des Kapitels zur Neugestaltung der kirchlichen Studien kommt das Dekret auf jenes Weiterstudium zu sprechen, das über die eigentliche Ausbildung zum priesterlichen Amt hinausgeht. Dabei haben die Bischöfe die Aufgabe und zugleich die Entscheidungskompetenz, die jungen Leute auszuwählen und an die entsprechenden Institute, Fakultäten und Universitäten zu schicken. Diese Spezialisierung einzelner Priester darf aber nicht getrennt gesehen werden von der priesterlichen Aufgabe in der Kirche. Deshalb wird deren Eignung nicht nur an deren intellektueller Begabung festgemacht, sondern auch an ihrem Charakter und an ihrer Tugend. Dahinter steht die Sorge der Väter, die wohl auch aus entsprechenden Erfahrungen stammt, dass die Konzentration auf die Wissenschaftlichkeit die anderen Bereiche menschlicher Kompetenz und künftiger oder schon erreichter priesterlicher Existenz an den Rand drängen könnte, so sehr, dass die Wissenschaftlichkeit allein und ein möglicherweise besonderer Stolz darauf die spirituelle und pastorale Basis vergessen lassen, vielleicht sogar die eigentliche priesterliche Berufung. Deswegen darf ihre „geistliche und pastorale Unterweisung" in keiner Weise vernachlässigt werden: „besonders wenn sie noch vor der Priesterweihe stehen." Dieser Nachsatz hat wohl damit zu tun, dass etliche Väter die Meinung vertraten, dass die Theologen bis zur Priesterweihe im Seminar bleiben sollten.

Trotzdem wird Artikel 18 später zum Ausgangspunkt, die Studierenden bereits vor der Priesterweihe, nach Abschluss des Philosophicums bzw. des Vordiploms für ein Jahr in den sogenannten Freisemestern an anderen Universitäten studieren zu lassen, wobei auch hier, wenn auch mit unterschiedlichem Nachdruck, darauf hingewirkt wurde, dass diese Studierenden dort eine geistliche Studienbegleitung erhalten (durch Verantwortliche vor Ort oder durch die Verantwortlichen der eigenen Diözese, die dann entsprechenden Kontakt halten).

Ausschlaggebend für die Entscheidung des Bischofs sind dabei nicht primär der Wunsch eines Kandidaten oder seine besondere intellektuelle Befähigung für ein spezielles Fach oder für eine spezielle Ausbildung, sondern die „verschiedenen Erfordernisse des Apostolats" in der Diözese (einschließlich ihrer Verantwortung für den überregionalen und weltkirchlichen Bereich). Selbstverständlich ist dabei nach den spezifischen Eignungen der Kandidaten zu fragen, in wichtigen Wissenszweigen „eine gründlichere wissenschaftlichen Ausbildung" zu erhalten. Am Ende maßgeblich ist aber auch hier eine möglichst qualifizierte Pastoral zugunsten des Apostolats der Kirche vor Ort und darüber hinaus.

Die Spezialisierungen beziehen sich zunächst auf die heiligen Wissenschaften, also auf die Disziplinen der Theologie (wohl auch der Philosophie), können aber

---
[135] Pohlschneider, Kommentar zu GE 399.

auch in besonderen Humanwissenschaften, wie etwa in der Psychologie, Pädagogik, Soziologie und Wirtschaftswissenschaft, erfolgen. Mit den „wichtigen Wissenszweigen" sind wohl auch die Naturwissenschaft nicht ausgeschlossen. Indem nicht nur Fakultäten und Universitäten genannt werden, sondern noch allgemeiner „Institute", ist wahrscheinlich auch an mehr praktisch orientierte Ausbildungsorte zu denken, wie etwa für den Bereich der Sozialpädagogik, der Gesprächsführung, des Managements und der Personalführung.

VI. Die Förderung der pastoralen Ausbildung im engeren Sinn

OT 19,1 Die Überschrift wie auch der erste Satz betonen den Unterschied zwischen dem insgesamten pastoralen Horizont, in dem die ganze Ausbildung stattfindet, und einer nunmehr thematisierten pastoralen Ausbildung im engeren Sinn, womit auf die persönliche pastorale Kompetenz des künftigen Priesters in der Seelsorge abgehoben wird.[136] Damit unterscheidet das Dekret zumindest implizit zwischen einer Pastoral im weiteren und einer Pastoral im engeren Sinn des Wortes: eine Unterscheidung, die deswegen so elementar ist, weil sie bedauerlicherweise in der Rezeption des Zweiten Vatikanums nicht nur beim Volk Gottes, sondern vor allem bei den Verantwortlichen selbst bislang wenig Resonanz gefunden hat. In deren Bewusstsein gibt es immer noch einen einzigen Pastoralbegriff, nämlich um damit das berufliche Handeln der ordinierten „ministri" und ihrer Mitarbeiter in der Kirche zu beschreiben. Für das Konzil dagegen gibt es einen dieser berufsorientierten Pastoral vorgeordneten Pastoralbegriff, mit dem das gesamte Erfahren und Handeln von Kirche und Gläubigen in einer gewissen Zeit und Situation gemeint ist. Subjekt der Pastoral sind also alle Gläubigen und alle kirchlichen Institutionen, wie das Handeln der Pastoral sich von der Gesamtidentität der Kirche her bestimmt und damit nicht nur das seelsorgerliche Handeln der Priester und beauftragten Mitarbeiter benennt, sondern alle Hinwendung zu Gott, Mensch und Welt, wie sie sich von der Identität der Kirche her nahe legt. Zu dieser Pastoral im weiteren und grundlegenderen Sinn des Wortes, insofern damit die Erfahrungs- und Handlungsbedeutung dessen gemeint ist, was die Kirche in ihren Texten von sich behauptet, gehört nicht nur die Gottesbeziehung in Glaube und Verkündigung, sondern – dazu gleichwichtig – auch barmherziges und gerechtes Handeln und damit die zwischenmenschliche Diakonie, und dies sowohl nach innen in den kirchlichen Bereich hinein wie auch zwischen Kirche und Umwelt.

Die ganze Ausbildung und auch das ganze Studium haben sich im Horizont dieser pastoralen Identität und Zielsetzung der Kirche zu ereignen. Wenn dies klar ist, dann können die spezifischen pastoralen Felder, wie sie sich auf Berufungen und Berufe in der Kirche beziehen, nicht mehr als Anhängsel an das „eigentliche" Studium und die „eigentliche" Ausbildung verstanden werden. Die nähere

---

[136] Vgl. Masseroni, Optatam 67–74, auch 75–88; Greiler, Das Konzil 349–352; Delicado Baeza, Formación pastoral.

Einführung in Berufe der Kirche erwächst aus der Gesamtbestimmung dieser Ausbildung und formuliert von daher das Besondere dieser Berufung.[137] Hier zeigt sich bis hinein in die „Operationalisierung" der Ausbildung, wie konsequent das Konzil jeweils das neue Verhältnis von Dogma und Pastoral durchbuchstabiert.

Das Studium der Pastoraltheologie ist von daher nicht ein Anhängsel der anderen Studienfächer, sondern der Ausdruck der pastoralen Qualität aller theologischen Disziplinen: In ihr wird in Bezug auf ganz bestimmte Epochen und Situationen expliziert, was im Kontakt mit der pastoralen Dimension der anderen theologischen Fächer für die Jetztzeit in besonderer Weise zu thematisieren ist, für die Weltkirche wie auch für die Ortskirchen, für das gesamte Volk Gottes wie für die unterschiedlichen Berufe und Berufungen, für die Gemeinden wie für die Verbände und Institutionen der Kirche. So konzentriert sich das Dekret nun von der pastoralen Sorge für die gesamte Erziehung der Alumnen hin zu jener pastoralen Verantwortung, die den priesterlichen Dienst charakterisiert.

Es ist nun interessant, dass die priesterlichen Aufgaben keinen Auswahlberuf darstellen, insofern der Priester arbeitsteilig nur für die Verkündigung und die Sakramentenspendung verantwortlich wäre, sondern in seiner Verantwortung bildet sich die integrale Identität der Kirche ab, die Verkündigung und Sakramentenspendung wie die caritative Arbeit, die Aufbauarbeit der Gemeinden wie der Kontakt mit dem eigenen Rand. Der Priester soll ja „den Irrenden und Ungläubigen zu Hilfe zu kommen". Dies ist von hoher Bedeutsamkeit: In der spezifischen priesterlichen „engeren Pastoral" spiegelt sich die pastorale Identität der Kirche im weitesten Sinne. Es gibt also prinzipiell kein „Auswahlpriestertum", wenngleich damit nicht verneint wird, dass sich Priester von ihren Fähigkeiten und von der kirchlichen Notwendigkeit her aus der Gesamtbreite priesterlicher Verantwortung auf bestimmte Aufgaben konzentrieren. Wichtig ist allerdings, dass die priesterliche Gemeinschaft zum Beispiel einer Diözese die gesamte priesterliche und darin kirchliche pastorale Identität repräsentiert.

Damit sich dieser priesterliche Dienst entfalten kann, werden Grundvoraussetzungen und Grundkompetenzen formuliert, einmal „die Kunst der Seelenführung", die darin besteht, die Gläubigen zur vollen Bewusstheit ihres Glaubens, zu einem apostolischen Leben und zur Erfüllung ihrer Standespflichten hinzuführen. Das pastorale Handeln der Priester wird als Ermöglichungshandeln für das christliche Leben der Christen beschrieben, im Glauben selbst, im Zeugnis für diesen Glauben und auch in der Fähigkeit, die beruflichen Verantwortungen in der Gesellschaft aus der Perspektive des Glaubens wahrzunehmen und zu gestalten. Die gleiche Aufgabe, die sie für alle Christen wahrnehmen, ist dann auch mit besonderer Sorgfalt für die Ordensmänner und Ordensfrauen ernst zu nehmen, so dass sich priesterliches Handeln abermals als ein Ermöglichungshandeln

---

[137] Neuner verweist in seinem Kommentar an dieser Stelle insbesondere auf die Interventionen der Kardinäle Suenens und Jaeger, dass eine bloße Hinzufügung von pastoraler Ausbildung dann ungenügend sei, wenn nicht der ganze Zyklus von Ausbildung und Studium „pastorizandus" sei (348, Anm. 43).

zeigt, nämlich dafür, dass die Gläubigen in den Orden ihrer eigenen Berufsgnade treu bleiben können und in ihrer jeweiligen Situation und Zeit das Urcharisma des Ordens, seinen Geist also, mit den jeweiligen pastoralen Herausforderungen zu verbinden vermögen.

Auch hier zeigt sich die priesterliche Verantwortung als eine ganzheitliche für das ganze Volk Gottes, für alle Gläubigen in Gemeinden, Verbänden, Ordensgemeinschaften bzw. Kongregationen. Hinsichtlich der Orden haben also nicht nur die Ordenspriester diese Verantwortung, sondern alle Priester. Dies gilt nicht im Sinne einer Bereichskonkurrenz. Die Verantwortung der diözesanen Priester wird subsidiär aufgerufen. Sie können nicht einfachin sagen, dass die pastorale Sorge für die Orden nur deren Sache sei. Dies gilt sicher in besonderem Maß für die Frauenorden und Kongregationen, die in ihrem eigenen Bereich bislang keine priesterlichen Berufungen aufnehmen dürfen.

OT 19, 2 Die grundlegende Dialogfähigkeit als Basis der priesterlichen Pastoral ist dem Dekret so wichtig, dass sie in einem eigenen Absatz in diesem Artikel hervorgehoben wird, gleichsam als visuell wahrnehmbare menschliche und zwischenmenschliche Kompetenz, die für alles andere grundlegend ist. So sollen jene Eigenschaften ausgebildet werden, „die am meisten dem Dialog mit den Menschen dienen": Die Fähigkeit zuzuhören und sich im Geist der Liebe den unterschiedlichen menschlichen Situationen zu öffnen. Letzteres wird noch unterstrichen mit der Qualifikation „seelisch": Diese Öffnung kann also nicht nur eine gesprächsführend-didaktische sein, sondern hat ihre Wurzel in der seelischen Tiefe, also in der affektiven Kraft, vor allem zur Empathie, beim Priester selbst. Ohne diese Tiefe würde jedes Gespräch zu einer Bewältigungsstrategie der Situation entarten. Denn eine solche seelische Öffnung kann dann auch bedeuten, dass der Priester schweigt und selbst als einer erfahren wird, der sich der Hilflosigkeit stellt. Das Gespräch verliert so jeden Anschein von Machbarkeit und öffnet sich damit für die Gnade, auch für die Dunkelheit Gottes.

Die hier betonte Fähigkeit, zuzuhören, lässt jene Formulierungen kritisch und nur in dieser Dialektik sehen, in denen von „Führung" der Menschen die Rede ist. Die Priester übernehmen sehr wohl die Verantwortung, nicht nur die Fragen und Probleme der Menschen „widerzuspiegeln", sondern darin Positionen und Orientierungen auszusprechen, aber auch dies nicht oberflächlich, sondern immer nur aus der Tiefe eines Mitverstehens, und wenn dieses aussetzt, eines Mitfühlens, und wenn dieses aussetzt, eines Nichtflüchtens. So dass sich der Priester in seiner Spiritualität bewusst ist: Mit jeder „Führung" übernimmt er eine in ihm selbst verwurzelte und im Geist Christi ermöglichte Orientierung, für die bei entsprechender Einlösung nicht nur der oder die Andere verantwortlich ist, sondern für die er selbst eine zwar nicht gänzliche, aber doch teilhaftige Mitverantwortung übernimmt und vor Gott für diese Solidarität auch Rechenschaft ablegt.

Eine solche Sicht der priesterlichen Aufgaben, wie sie Artikel 19 zum Vorschein bringt, ist unter anderem auch Ausdruck der von vielen Bischöfen eingebrachten Modi, in denen die Überlastung der Priester mit bürokratischen und administrativen Aufgaben gesehen und befürchtet wird, worüber dann die priesterliche

Pastoral zu kurz kommen könnte. Denn letztere braucht Zeit, spirituelle und affektive Energie, die durch überbordende Verwaltungsaufgaben schnell aufgebraucht sind.[138] Damit thematisiert das Dekret nicht nur für damals, sondern verschärft für heute ein Problem des real existierenden priesterlichen Dienstes, vor allem jener Priester, die für mehrere Pfarreien Gemeindeleitungsaufgaben zu übernehmen haben.[139]

OT 20 Das pastorale Wirken der Priester ereignet sich im Kontext und damit in der Kooperation mit allen Gläubigen, die auf ihre eigene Weise die pastorale Repräsentanz der Kirche in ihr und in die Gesellschaft hinein verwirklichen. Dies geschieht durch Anregung und Förderung zum apostolischen Wirken der Laien (excitandam ac fovendam). Die künftigen Priester sollen also instruiert werden, wie sie in einer Verbindung von pädagogischer, psychologischer und soziologischer[140] Kompetenz und methodischer Richtigkeit nach den „Richtlinien der kirchlichen Autorität" so mit den Gläubigen umgehen, dass die Gläubigen darin zu ihrer authentischen Verantwortung ermächtigt werden. Die humanwissenschaftlichen „Hilfsmittel" bringen jene Probleme in Erinnerung, von denen oben bereits die Rede war: den instrumentalistischen Umgangs mit ihren Ergebnissen. An dieser Stelle kann der Begriff aber auch die Einsicht befördern, dass die Priester in den angesprochenen Wissenschaften niemals, es sei denn sie hätten eine von Grund auf studiert, eine professionelle Kompetenz beanspruchen können, sondern über eine gewisse Allgemeinbildung kaum hinauskommen. Sie beanspruchen allerdings deren „Hilfe" darin, in ihrer pastoralen Tätigkeit möglichst jene Fehler zu vermeiden, die eine bestimmte Kenntnis humanwissenschaftlicher Methoden und Inhalte zu verhüten hilft. Und wenn es dabei nur darum geht, rechtzeitig zu wissen, wann die eigene Kompetenz aufhört und die andere anfängt (vor allem im psychologischen Bereich).

Beachtlich ist, dass nicht nur die auf Einzelne und Gruppen bezogenen Humanwissenschaften genannt werden, sondern auch die Soziologie, der es um die

---

[138] Vgl. Neuner, Kommentar 349.
[139] Siehe unten Teil C.
[140] Warum hier im Zusammenhang mit den pädagogischen, psychologischen und soziologischen Hilfsmitteln (aber wahrscheinlich nur auf die Letzteren bezogen) auf die Enzyklika *Mater et Magistra* von Johannes XXIII. von 1961, Bezug genommen wird, und zwar mit den Anfangsseiten 401 ff. aus den AAS 53, und ob sich dieser Bezug auf die ganze Enzyklika oder nur auf die ersten Seiten bezieht, benötigt detektivische Kompetenz. Die ersten Seiten (Nr. 1–9) benennen zunächst allgemein die Ganzheit von Leib und Seele, von menschlichen Bedürfnissen und himmlischen Gütern und präzisieren dies im Zusammenhang einer Lehre, die die Fackel der Liebe nicht nur im Wort hochhält, sondern darin „das Beispiel der Fülle ihres Tuns" gibt (Nr. 6). Diese Verbindung von sozialer Lehre und sozialer Tat korrespondiert tatsächlich mit dem hier angesprochenen Verhältnis von Soziologie und kirchlicher Lehrautorität und verdeutlicht von daher diesen Zusammenhang dahingehend, dass ohne eine praktische Soziologie der Liebe die ganzheitliche Identität der Kirche nicht erreicht wäre. Im Übrigen begibt sich diese Enzyklika in einen kritischen Diskurs mit soziologischen Wahrnehmungs- und Handlungskonzepten aus der christlichen Perspektive heraus (vgl. Nr. 23). Analog zum Anliegen des Dekrets ist auch Nr. 228 und 231, wo ebenfalls vom Handeln der Gläubigen im Zusammenhang mit der Lehre der Kirche und der entsprechenden Erziehung die Rede ist.

strukturellen und institutionellen Konstruktionen der Menschen in Gesellschaften und Gemeinschaften geht. Dass sich die Eingaben der Soziologie auch auf die kirchliche Institution als solche beziehen können, scheint eher im „Unterbewusstsein" des Textes zu liegen, vor allem, wenn hier einfachhin und ziemlich glatt in Verbindung damit die kirchliche Autorität und die dahinter stehende Institution genannt werden. Wie sich die kritischen Einsichten von Pädagogik und Psychologie gegen Praktiken der Pastoral richten können, so könnte dies ja auch aus soziologischer Perspektive gegenüber dem institutionellen Handeln in der Kirche geschehen. Allerdings nur, wenn von der anderen Seite her die Humanwissenschaften nicht nur als Hilfsmittel, sondern als auskunftsfähiges Gegenüber zu Theologie und Kirche gesehen werden: vor allem hinsichtlich der entsprechenden Zeit- und Kulturdiagnose und der darin liegenden pastoralen Herausforderungen für die (z. B. Demokratisierung der) Institution.

Hinsichtlich des Apostolats werden verschiedene und wirkungsvollere Formen angesprochen, die aber nicht näher ausgeführt werden. Im Hintergrund steht wohl eine lokal- und zielorientiert ausdifferenziertere Landschaft kirchlicher Assoziationen und Verbände genauso wie eine ebenso differenzierte Bildungsarbeit für die Gläubigen und für ihre ehrenamtlichen Aufgaben in der Kirche. Das Dekret verweist in seiner Anmerkung 45 auf die Nummer 33 aus *Lumen gentium*, wo das Apostolat der Laien als „Teilnahme an der Heilssendung der Kirche selbst" bestimmt wird. Damit sind sie selbst Subjekt der Pastoral der Kirche und haben auch die Befähigung, zu kirchlichen Ämtern herangezogen zu werden, „die geistlichen Zielen dienen". Hier begegnet auch der Begriff der „unmittelbaren Mitarbeit" aller Gläubigen mit den hierarchischen Ämtern (cooperationem magis immediatam cum apostolatu Hierarchiae), der im Dekret nicht explizit auftaucht.[141]

Ausdrücklich nennt das Dekret allerdings die Katholizität des Volkes Gottes insofern, als die priesterliche Berufung prinzipiell die ganze Kirche im Blick hat, nicht nur die eigene Diözese, auch nicht nur die eigene Nation, und auch nicht nur den eigenen Ritus. Die bischöfliche Gesamtverantwortung für die ganze Kirche hinsichtlich ihres weltkirchlichen pastoralen Auftrags spiegelt sich auch im presbyteralen Amt.[142]

Innerhalb der Kirche gibt es also so etwas wie ein eigenes Innen und Außen, nämlich zwischen Ortskirche und Weltkirche, wobei diese Katholizität selbstverständlich eine Überforderung wäre, wenn sie nicht zunächst einmal den prinzi-

---

[141] Die vom erzbischöflichen Ordinariat München-Freising als Beilage zum Amtsblatt herausgegebene Übersetzung bringt in der Anm. 45, zusätzlich zum lateinischen Text, das Dekret über das Apostolat der Laien Nr. 25 und 37. Nr. 25 unterstreicht die geschwisterliche Arbeit mit den Laien in der Kirche und bringt entsprechende Ausführungsbestimmungen für die pastorale Verantwortung der Priester (in der Unterstützung besonderer Formen des Laienapostolats sollen geeignete Priester ausgebildet und ausgewählt werden: als entsprechender Bereich gelten die Katholischen Vereinigungen und Verbände und insbesondere die apostolische Aktion). Die Nr. 37 gibt es allerdings in diesem Dekret nicht.
[142] Zur überregionalen Verantwortung des Presbyterats vgl. Fuchs, Einige Aspekte 84–88; zum entsprechenden Verhältnis von Orts- und Weltkirche vgl. Franz (Hg.), Was ist heute noch katholisch?

piellen Blick der Wahrnehmung und des Gebetes über den eigenen Bereich hinaus meinte und wenn sie nicht davon ausginge, dass diese Beziehung zur „Weltkirche" immer nur in begrenzten Beziehungen gelebt werden kann: In der entsprechenden Beziehung einer Diözese zu einigen (niemals allen) anderen Diözesen. Aber indem jede Diözese dies tut, entsteht ein dichtes Netzwerk als begrenzte Erfahrung der Überregionalität der katholischen Kirche und darin der priesterlichen Verantwortung, „für die Bedürfnisse der ganzen Kirche einzustehen …, stets bereit, das Evangelium überall zu verkünden." Sehr deutlich wird hier also herausgestellt, dass es zur priesterlichen Verantwortung für die Gesamtkirche gehört, jederzeit vom eigenen Bischof auch in ein anderes Land geschickt zu werden, um dort entsprechend zu helfen. Die Ordination bezieht sich also nicht nur auf einen lokalen Bereich, sondern auf die ganze Kirche.

Diese Verantwortung spiegelt sich zugleich *in* der lokalen Pastoral selber: In Verkündigung und Solidarität, in Glaube und Diakonie ist darin nicht nur der lokale und unmittelbar überregionale, sondern auch globale Verursachungs- bzw. Auswirkungskontext zu beachten.[143] Diese in der priesterlichen Berufung selbst verankerte weltweite Solidarität und zugleich Mobilitätsbereitschaft verbindet das Dekret in einer eigenen Anmerkung 46 mit LG 17 und dort mit dem Missionsauftrag von Matthäus 28, 18–20. Während es jedem Jünger Christi obliegt, „nach seinem Teil den Glauben auszusäen", ist es doch eine besondere Sache des Priesters, diese globale Aufbauung des Leibes Christi in seiner Pastoral wahrzunehmen und auch die Feier der Eucharistie in diesen Horizont zu stellen. Das zentrale Sakrament der Kirche „gehört" also nicht nur der lokalen Gemeinde, sondern ereignet sich im ganzen und für das ganze Volk Gottes.

OT 21 Was für die spezifische pastorale Ausbildung hinsichtlich der Personen gilt, braucht geeignete institutionelle Formen, in denen Entsprechendes gelehrt und gelernt werden kann und wofür die Bischöfe bzw. Bischofskonferenzen je nach den lokalen konkreten Gegebenheiten zu sorgen haben. Bereits während des Studiums ist deshalb die theoretische Ausbildung mit der praktischen zu vernetzen: In geeigneten Unterbrechungen des Studiums bzw. in den Ferien sollen die Alumnen altersspezifisch geeignete Einsicht in die lokale Pastoral nehmen können, soweit dies möglich ist bereits begrenzte eigene Verantwortung insbesondere in der Gemeinschaftsarbeit übernehmen und dabei von pastoral erfahrenen Männern begleitet werden. Warum hier auf der einen Seite nicht erfahrene Priester, sondern Männer, und auf der anderen Seite nur Männer und nicht auch Frauen genannt werden, bleibt dunkel. Entweder verstehen die Väter darunter von vornherein nur Priester, oder sie denken darüber hinaus an Diakone oder Ordensbrüder, die in der Pastoral tätig sind. Wenn an männliche Laien gedacht wird, die in bestimmten ehrenamtlichen oder hauptamtlichen Tätigkeiten der Pastoral verantwortlich sind, dann hätte man auch an die Frauen denken müssen.[144]

---

[143] In den Modi, vor allem der brasilianischen Bischöfe, wurde darin insbesondere die missionarische Verantwortung über die Ortsgrenzen hinaus eingeklagt. Vgl. dazu AG 38f., CD 6 und PO 10.

[144] Im deutschen Bereich vornehmlich an die seit den dreißiger Jahren des letzten Jahrhunderts

Der Artikel schließt mit einem ebenso kurzen wie den Vätern offensichtlich sehr wichtigen Satz, nämlich dass gerade in dieser praktischen Lernerfahrung die „entscheidende Kraft der übernatürlichen Hilfen" immer zu bedenken ist. Die dazugehörige Anmerkung 47 verweist nachdrücklich darauf, dass sehr viele päpstliche Dokumente vor der Gefahr warnen, in der pastoralen Arbeit das übernatürliche Ziel zu vernachlässigen. Offensichtlich steht dahinter die Erfahrung, dass in der Natur der pastoralen Praxis permanent die Gefahr lauert, die übernatürliche Dimension dieser Tätigkeit vertrocknen zu lassen. Kardinal Suenens mahnte in seiner Intervention, dass sich die Frömmigkeit um so realistischer und authentischer ereignet, als sich der Glaube im pastoralen Dienst verifiziert.[145]

Exkurs: Wider die Leistungspastoral!

Hier kommt das Dekret auf einen merkwürdigen Zusammenhang zu sprechen: Einerseits wurde vorher gesagt, dass gerade die pastoralen Tätigkeiten selber eine Quelle geistlicher Erfahrungen und damit der Gnade sein können, zum anderen kommt hier in den Blick, dass der pastorale Einsatz, wenn der Tag davon dicht angefüllt ist, so sehr beanspruchen kann, dass weder Zeit noch Kraft für eine Spiritualität da ist, sich von der Gnade Gottes her beschenken und diesen Zusammenhang auch in der Pastoral selbst explizit werden zu lassen. Dann besteht tatsächlich die Gefahr, in einer Leistungspastoral zu landen, die ebenso gut gemeint wie für die Gnadenbezogenheit der Pastoral destruktiv ist.

Bernhard von Clairvaux hat diese Gefahr in seinen „Considerationes" an Papst Eugen deutlich gesehen und eindrucksvoll gezeigt, ihr recht zu begegnen: „Womit also soll ich beginnen? Gestatte, dass ich's mit Deiner Vielbeschäftigung tue, denn hier bedaure ich Dich am meisten ... Zunächst erscheint eine Sache Dir unerträglich, mit der Zeit gewöhnst Du Dich dran, sie scheint Dir weniger schlimm, über kurzem kommt sie Dir leicht vor, bald fühlst Du sie überhaupt nicht mehr, und schließlich vergnügst Du Dich dran. So verhärtet sich das Herz allgemach, und zuletzt wendet man sich ab. ... Daher meine Ängste, die ich Deinetwegen schon immer litt und weiterhin leide: dass Du die Arznei hinausschiebst, aber das Leiden nicht ertragend, Dich aus Verzweiflung unwiderruflich in die Betriebsamkeit versenkst. Ich fürchte, dass Du, von Beschäftigungen umringt, deren Zahl nur ansteigt und deren Ende Du nicht absiehst, Dein Antlitz verhärtest und Dich ganz allmählich gleichsam eines rechten und nützlichen Schmerzgefühls beraubst. Weit klüger wäre es, Dich alledem wenigstens für eine Zeit zu entziehen, als Dich davon ziehen zu lassen und allgemach dorthin, wo Du nicht hin willst, gezogen zu werden. Wohin?, fragst Du. Nun, zum harten Herzen. Frag nicht weiter, was dieses sein mag, erschrickst Du nicht davor, so hast Du's bereits. Eben dies ist

---

in der Kirche arbeitenden Gemeindehelferinnen. Von den Ordensschwestern in den diakonischen und pastoralen Bereichen der Gemeinden weltweit ganz abgesehen! Die Reduktion auf Männer kann vom Gesamtduktus des Dekrets kaum aus Zölibatsgründen motiviert sein.
[145] Vgl. Neuner, Kommentar 351, Anm. 49.

das harte Herz, das sich vor sich selbst nicht entsetzt, weil es sich nicht mehr spürt. ... Schau: in dieser Richtung könnten Deine verfluchten Beschäftigungen Dich drängen, falls Du so weiterfährst, wie Du begannst: Dich ihnen rückhaltlos auszuliefern und nichts für Dich selber übrigzubehalten. Du verlierst Deine Zeit. Lass mich Dir als ein neuer Jethro (wie dieser Mose ermahnte) den Rat geben: Du reibst Dich mit unnütziger Arbeit auf, die nichts weiter ist als Geistesplage, Ausweiden der Seele, Vergeudung der Gnade. Was ist die Frucht von alledem? Nichts als Spinnweb."[146] Diese Problematik also soll von den ersten pastoralen Einsätzen an bewusst gemacht werden. Institutionsbezogen gibt es dann auch keine Diskrepanz zwischen einer starken spirituellen Ausbildung im Zusammenhang mit dem Studium im Seminar[147] und einer demgegenüber vernachlässigten Spiritualität im Zusammenhang mit der pastoralen Tätigkeit. Vielmehr ist die geistliche Dimension auch in allen Tätigkeiten der „weltlichen" Pastoral aufzusuchen und zu finden.

* * *

Dennoch wird man wohl auch situative Dominanzunterschiede in der Thematisierung und Erfahrung der Spiritualität zulassen dürfen und müssen, vor allem mit Erinnerung an Jesus selbst, der wochenlang nicht die Menschen gesucht hat, sondern in die Wüste gegangen ist, um dort Gott zu suchen und zu finden, nicht um seine Tätigkeit für das Reich Gottes davon abzuspalten, sondern um von daher sein Reden und Handeln tatsächlich „geistlich", also gottbezogen sein zu lassen. Eben darauf hebt der folgende Artikel 22 ab.

VII. Die Weiterbildung nach dem Studienabschluss (Art. 22)

OT 22 Denn hier geht es darum, dass die priesterliche Bildung auch nach der Seminarzeit und dem Theologiestudium fortgesetzt und immer wieder vervollständigt werden soll. Vor allem „wegen der Bedürfnisse der heutigen Gesellschaft". Anmerkung 48 bezieht dies in besonders eindringlicher Weise auf die Sorge um die Neupriester. So sollen die Bischofskonferenzen geeignete Wege finden, in der Verbindung mit entsprechenden pastoralen Institutionen und geeigneten Pfarreien periodisch entsprechende Zusammenkünfte und Übungen zu veranstalten. Bemerkenswert ist, dass diese Weiterbildung in einer dreifachen Bezogenheit zu strukturieren und auch zu institutionalisieren ist: Einmal im Hinblick auf die Probleme und Herausforderungen der Gesellschaft, dann im Hinblick auf die darin implizierte theologische Fortbildung, nämlich die bisher gelernte Theologie und auch neue theologische Einsichten mit diesen Heraus-

---

[146] Bernhard von Clairvaux, Was ein Papst erwägen muss 15.17–18.
[147] Suenens betont übrigens auch, dass von diesen pastoralen Einsätzen her auch ein umso intensiveres Studium in Gang gebracht wird, nach dem Motto: „non scholae sed vitae discimus" (vgl. Neuner, Kommentar 351, Anm. 49).

forderungen in Verbindung zu bringen, und schließlich die „Erdung" in der realen Pastoral, hier benannt mit besonders vorbildlichen lebendigen Pfarreien. Zumindest implizit drückt sich hier eine besondere Affinität zum Fach der Pastoraltheologie aus, insofern sie sich mit ihren praktisch-theologischen Reflexionen konstitutiv in diesem Dreieck von Gesellschaft, kirchlicher Pastoral und Theologie bewegt.

Die heikle Zeit des Übergangs von Ausbildung und beruflicher Praxis ist durch diese Weiterbildung im Integral von „geistlicher, intellektueller und pastoraler Hinsicht" zu gestalten und zu überbrücken, womit nochmals der Gesamttenor nicht nur des letzten Artikels, sondern des ganzen Dekrets apostrophiert wird, nämlich die Verbindung, gewissermaßen die nie aufgebbare „Perichorese" von Spiritualität, Theologie und Pastoral.

Diese schrittweise Einführung bezieht sich auf beides, auf das priesterliche Leben genauso wie auf das apostolische Wirken und verbindet beides in der Weise, dass sich das eine für das andere öffnet und das eine das andere erschließt. Die Lebensform wird zur authentischen Basis des apostolischen Auftrags, und die apostolische Tätigkeit präzisiert die Lebensform. Diese Verbindung von persönlicher Lebensform und kirchlicher Verantwortung wird hier prinzipiell angemahnt, in seiner konkreten Ausformung allerdings offen gelassen, zumindest auch deswegen, weil hier unterschiedliche Biographien und lokale kirchliche Identitäten im Spiel sind.

Mit der letzten Bemerkung öffnet sich diese mehr auf die Neupriester konzentrierten Bemerkungen auch auf die darüber hinausgehende Weiterbildung für alle Priester: denn die angesprochenen Einrichtungen sollen eine „ständige Quelle der Erneuerung und Förderung" sein. Die „Ständigkeit" dieser Quelle lässt sich hier nicht nur auf eine möglichst intensive Beanspruchung im Übergangsbereich, sondern auch auf die Zeit danach beziehen.[148]

Conclusio/Schlusswort

Die das Dekret tragenden inhaltlichen und personalen Pfeiler werden am Schluss nochmals beleuchtet: einmal die Kontinuität mit dem am 3.12.1963 in Rom feierlich erinnerten Seminardekret des Konzils von Trient, in Spannung mit dieser Kontinuität zugleich der Geist der Erneuerung. Es werden die Hauptverantwortlichen für die Erneuerung der Kirche, die künftigen Priester Christi genannt, und diejenigen, die sie als die Oberen und Professoren ausbilden. Die Conclusio schließt mit den entscheidenden Intentionen, wie sie im Vorwort formuliert wurden. Die Semantik des Textes führt in die Pragmatik. Das Schlusswort wird zum expliziten Initiierungstext der künftigen Praxis. Dies geschieht nicht, ohne diejenigen, die sich auf das Priesteramt vorbereiten, eindringlich zu ermahnen, dass ihnen „die Hoffnung der Kirche und das Heil der Menschen anvertraut sind". Aus

---

[148] Weiteres zur Weiterbildung der Priester findet sich in PO 7 und 19.

diesem Grund sollen sie die Bestimmungen des Dekrets bereitwillig annehmen und so „reiche, unvergängliche Frucht bringen".

Die Väter setzen damit ihr Vertrauen auf die Alumnen genauso wie auf die für sie Verantwortlichen. Sie verstehen das Dekret ausdrücklich als Wahrnehmungs- und Handlungsanweisung des konziliaren Geistes, als Operationalisierung seiner Intentionen in Bezug auf eine ganz bestimmte, besonders verantwortliche Personengruppe im Gottesvolk. In diesem expliziten Übergang vom Text zur Praxis realisiert das Dekret auf der Ebene der Kommunikation, was das Anliegen des Konzils ist: Nämlich die Verbindung von Wort und Tat, von Lehre und Lebensgestaltung, von Dekretsbestimmungen und praxisrelevanter Frucht.

Inhaltlich wird hervorgehoben, dass sich der Geist der Erneuerung auf das Heil der Menschen konzentriert und dass die Hoffnung der Kirche darin liegt, in dieser Zielbestimmung ihrer selbst voranzuschreiten, darin sowohl vom Geist Christi geführt wie auch getragen. Hinsichtlich der für die Ausbildung Verantwortlichen äußern die Väter, dass sie ihnen diese Aufgaben vertrauensvoll (fidenter concredunt) übertragen. Sie trauen ihnen Entsprechendes zu. Dies gilt umso mehr, als nunmehr, im Gegensatz zum Zentralismus der Priesterausbildung davor, lokal viel Kompetenz zugemutet wird, die gegebenen Richtlinien situationsbezogen zu konkretisieren. Vertrauen regiert also die Übergabe des Textes an die Verantwortlichen, nicht eine argwöhnische und verdächtigende Kontrolle.

C. Zur Gewichtung von *Optatam totius*
von Peter Hünermann (Kapitel I) und Ottmar Fuchs (Kapitel II–VI)

Fragt man – im Rückblick auf die Entstehungsgeschichte und die Analyse des Dekretes über die Ausbildung der Presbyter – nach den Ergebnissen und Impulsen wie nach den möglichen Grenzen dieses Dekretes, so wird man als erstes und nicht hoch genug einzuschätzendes Resultat dieser Arbeiten die *neue Sichtweise* der Ausbildung künftiger Presbyter in *Optatam totius* nennen müssen.

I. Die Ausbildung der zukünftigen Presbyter zu Hirten in der Kirche

Es wurde im Teil A aufgewiesen, wie sich in der Arbeit der Konzilskommission vermittelt durch die Interventionen der Väter und ihrer Modi ein grundlegender Wandel in der Gesamtkonzeption des Dienstes und der Ausbildung der Weihekandidaten abzeichnet. Der Presbyter wird als jener gesehen, der im Volk Gottes und für das Volk Gottes den Dienst des *Hirten* ausübt. Dieser Dienst umfasst die gesamte „cura animarum". Es sind in diesem einen Hirtendienst die drei großen Aufgaben der Verkündigung, der Heiligung und der Leitung der Gemeinden integriert. Diese drei munera aber bilden Aspekte, sie gehören unlöslich zusammen und sind im Bild der Hirtenaufgabe zur Einheit verbunden. Damit ist eine ganz enge Verbindung zu *Lumen gentium* hergestellt, weil dort die Sendung der Amtsträger in dieser Form charakterisiert wird.[1]

Der Presbyter als Hirte des Volkes wird damit in einer sehr engen Weise an den bischöflichen Dienst herangerückt. Beide, der Bischof wie die Presbyter, nehmen den Hirtendienst wahr, der Bischof für eine Ortskirche, der Presbyter als Repräsentant des Bischofs für einen Teil dieser Ortskirche. Damit wird die geschichtliche Herausbildung des presbyteralen Dienstes respektiert: waren in der frühen Kirche die Bischöfe die unmittelbaren Gemeindeleiter, so treten mit dem Wachstum der Stadtgemeinden und der Ausbildung von ländlichen Gemeinden die Presbyter als bevollmächtigte pastores an die Stelle der Bischöfe, die zu „Ober-Hirten" werden. Auf den so wahrzunehmenden Dienst zielt die gesamte Ausbildung im geistlichen und theologischen Sinn wie in Bezug auf die menschlichen und charakterlichen Fähigkeiten. Die ganze Ausbildung ist eine pastorale, d.h. auf den Hirtendienst abgezweckte Ausbildung.

Mit dieser Sicht der Ausbildung korrespondiert *Optatam totius* ebenso den Ausführungen in *Christus Dominus* wie dem Dekret *Presbyterorum ordinis*. Wenn *Lumen gentium* und *Christus Dominus* von der Sakramentalität der Bischofsweihe

---

[1] Vgl. den Kommentar zu LG 18–29 in dieser Reihe: HThK Vat. II, Bd. 2, 404–460.

sprechen, sakramentale Vollmacht und jurisdiktionelle Vollmacht[2] in der consecratio zum Bischof verwurzelt sehen – bei der päpstlichen Zuerkennung bischöflicher Rechte handelt es sich um einen regulativen Akt zum Wohl des kirchlichen Friedens, nicht um einen das Recht in seiner Wurzel allererst übertragenden Akt, die päpstliche Intervention bedeutet eine Freigabe „für" – dann wird darin nochmals klar, dass Ordination sich grundsätzlich auf die ganze Breite der Hirtenaufgabe bezieht und nicht lediglich eine Vollmacht zur Sakramentenspendung umschließt.

Dies in einer eigenständigen Weise auf die Frage nach der Ausbildung der Presbyter übertragen zu haben, ist das große Verdienst von *Optatam totius*.

Die Entwicklung seit Trient war gekennzeichnet durch eine zwiefache, ja zwiespältige Charakteristik amtlichen Dienstes. Das Ordo-Dekret behandelte den ordinierten Dienst in einer kultisch-sacerdotalen Engführung. Daneben standen die Reformdekrete, welche den pastoralen Dienst umschrieben. Der *Catechismus ad parochos*, auf Geheiß Pius V. und auf Grund eines Dekretes des Trienter Konzils herausgegeben, zeigt diese Zwiespältigkeit in großer Klarheit. Im Vorwort werden die pastores Ecclesiae angesprochen. Ihre Aufgabe ist es, die geoffenbarte Wahrheit zu verkünden und in einer volksnahen Weise so zu erläutern, dass die göttliche Wahrheit verstanden wird. Darüber hinaus ist es ihre Aufgabe, dafür zu sorgen, dass dieses Wort in den Menschen Wurzeln schlägt und ihre Lebenspraxis wie die Praxis der Gemeinden zu bestimmen beginnt. So wird im Vorwort des Katechismus ein Bild des Hirtendienstes entworfen. In den Ausführungen dieses selben Katechismus über das sacramentum ordinis ist von diesem Hirtendienst nicht mehr die Rede. Vielmehr wird hier von der postestas sacramentalis gehandelt, welche die Priester befähigt, im Namen Jesu Christi das heilige Opfer darzubringen, die Sünden nachzulassen und insgesamt die Sakramente in feierlicher Weise zu spenden. Von dieser sakramentalen Vollmacht wird die jurisdiktionelle Vollmacht unterschieden, die aber in diesem Kapitel nicht näher erläutert und charakterisiert wird.[3]

Diese Zwiespältigkeit setzt sich in der gesamten Zeit zwischen dem Trienter Konzil und dem II. Vatikanum fort. So gibt es neben den dogmatischen Behandlungen des sacramentum ordinis Beschreibungen des kirchlichen ordinierten Dienstes, die zum Leitbild den pastor bonus haben und die entsprechenden pastoralen Tätigkeiten charakterisieren. Ein großes Beispiel dieser Tradition ist Bar-

---

[2] Sakramentale und jurisdiktionelle Vollmacht waren in der gegenreformatorischen Amtstheologie strikt getrennt, vgl. die Einleitung zu PO, HThK Vat. II, Bd. 4.

[3] Vgl. die zweisprachige Ausgabe: *Catechismus ad parochos* 6–13.236–251. Bezeichnender Weise trägt das Vorwort die Überschrift: „Vorwort – handelt von der Notwendigkeit, dem Ansehen, dem Amte der Hirten in der Kirche und von den vorzüglichen Hauptstücken der christlichen Lehre." (ebd. 6). Das Hauptstück handelt „vom Sakrament der Priesterweihe". Der erste Satz lautet: „Wenn einer die Natur und die Beschaffenheit der anderen Sakramente sorgsam erwogen hat, so wird er leicht einsehen, dass sie alle von dem Sakramente der Priesterweihe dergestalt abhängen, dass sie ohne dasselbe teils in keiner Weise vollzogen und ausgespendet werden können, teils der feierlichen Zeremonie und einer gewissen religiösen Form und Feier zu entbehren scheinen." (ebd. 236).

tolomeu dos Mártires mit seinem Werk „Estímulo de pastores",[4] ein Buch, das noch während des Trienter Konzils verfasst wurde, und Karl Borromäus, damals bereits Kardinal von Mailand, veranlasste, sich zum Bischof konsekrieren zu lassen und eine entsprechende Seelsorgsarbeit zu beginnen. Eine erste Abkehr von diesen theologisch unverbundenen Konzeptionen manifestiert sich in der Reform der Weiheliturgie für Presbyter durch Pius XII.[5] Die Zusammenführung beider Aspekte unter dem Leitbild des Hirten wird im Dekret *Optatam totius* in die Ausbildungsordnung übertragen.

Mit dem Rückgriff auf die Bezeichnung des Dienstes als Hirtendienstes – und zwar des Dienstes des Bischofs und des Presbyters als seines Repräsentanten – aber wird nicht nur die Aufspaltung in das sakramentale „Priestertum" und die seelsorgliche cura der gegenreformatorischen Amtstheologie überwunden. Es wird zugleich die biblisch-messianische Verheißung, die Jesus Christus auf sich bezogen hat, zurückgewonnen.

Es wird ja im Alten Testament, etwa im Psalm 23, aber auch Jes 40,11, Psalm 68,8; 80,2 u.ö., Gott als der Hirte seines Volkes bezeichnet, der bei ihm ist im Angesicht der Feinde, in den dunklen Schluchten der Geschichte. An ihm hat dieses Volk auf dem Weg durch die Geschichte „Stock und Stab".

In der Zeit der hereinbrechenden alttestamentlichen Katastrophen gewinnt das Wort Hirte eine neue Prägnanz: es bezeichnet den kommenden messianischen Davididen. Die Hirten Israels haben versagt. Jahwe wird das Gericht an ihnen vollstrecken. Durch diesen Davididen aber wird Gott selbst Hirte seines Volkes sein.

---

[4] Bartolomeu dos Mártires, Estímulo de Pastores. Vgl. ferner die Schrift „Pastor bonus" des Löwener Theologen Johannes Opstraet, dazu: Schuchart, Der „Pastor bonus". Die Schrift erschien 1689 in Mecheln und fand rasch eine weite Verbreitung in Belgien, den südlichen Niederlanden und Teilen Frankreichs. 1764 wurde vom Passauer Fürstbischof Ernst Leopold Graf von Firmian eine erweiterte Neuauflage besorgt, dem ganzen Diözesanklerus unterbreitet und als Norm vorgelegt sowie jedem neuangestellten Pfarrer überreicht. Klemens XIII. verurteilte daraufhin den „Pastor bonus", der „jansenistischen Bestrebungen" zugerechnet wurde. Es folgten dennoch weitere Auflagen. Im Rahmen der Rautenstrauchschen Studienreform (vgl. oben S. 325f.) wurde anfangs der Pastor bonus als Grundlage für das Studium der Pastoraltheologie verwendet. Vgl. Schuchart, a.a.O. 173–199.
[5] Pius XII. erklärt, dass die traditio instrumentorum – Kelch und Patene – bei der Priesterweihe kein konstitutives Moment der Weihehandlung ist. Vgl. DH 3857–3861. Gerade auf diese traditio instrumentorum aber bezieht sich der *Catechismus ad parochos*: „Dass aber unter die übrigen Sakramente der Kirche auch die heutige Weihe zu zählen ist, hat die heilige tridentinische Synode auf die schon öfter ausgeführte Weise bewiesen; da nämlich Sakrament ein Zeichen einer heiligen Sache ist, das aber, was in dieser Weise äußerlich geschieht, die Gnade und Gewalt (gratiam et potestatem) bezeichnet, welche jenem, der geweiht wird, mitgeteilt wird: so folgt daraus offenbar unbedingt, dass die Priesterweihe wahrhaft und eigentlich Sakrament zu nennen sei; daher sagt der Bischof, wenn er dem, der zum Priester geweiht wird, den Kelch mit Wein und Wasser und die Patene mit dem Brote darreicht: ‚Empfange die Gewalt (potestas), das Opfer darzubringen etc.' Nun hat die Kirche immer gelehrt, dass mit diesen Worten, während die Materie dargereicht wird, die Gewalt die Eucharistie zu konsekrieren verliehen werde, indem der Seele ein Charakter eingedrückt wird und mit derselben die Gnade verbunden sei, jenem Amte gebührend und pflichtgemäß nachzukommen." *Catechismus ad parochos* 240f.

„Ich werde über sie einen einzigen Hirten bestellen, der sie weiden soll, meinen Knecht David; er wird sie weiden und er wird ihr Hirte sein. Und ich Jahwe, werde ihr Gott sein und mein Knecht David der Herrscher in ihrer Mitte. Ich Jahwe verheiße es."[6]

Diese davidische Hirtenstellung schreibt Jesus sich zu. Sie wird ihm von der neutestamentlichen Gemeinde zuerkannt. Er kennt die Tiere der Herde, ruft sie beim Namen, er sucht das verirrte Schaf. Er verteidigt die Herde unter Einsatz seines Lebens.[7] Er nimmt das Gericht Gottes zugunsten der Herde auf sich.[8]

In diesen Hirtendienst des Guten Hirten, der seine Herde ein für allemal ins Heil geführt hat, sind die Verantwortlichen der Gemeinden im Neuen Testament berufen. Sie haben wie er die Herde zu weiden.[9]

Ist nach *Lumen gentium* die Kirche messianisches Gottesvolk[10], so ist evident, dass der gesamthafte Dienst an diesem Volk ein pastoraler, ein Hirtendienst ist.

Dieses wichtige Ergebnis von *Optatam totius*: die Lösung des Ausbildungskonzeptes vom gegenreformatorischen kultisch-sacerdotalen Bild des Presbyters, der wesentlich von enggefassten sakramentalen Kompetenzen her definiert wird, hin zum Bild des Hirten, der an der Seite des Bischofs steht und für das Volk Gottes bestellt ist, weist allerdings nochmals eine Grenze bzw. einen gewissen Mangel auf. Es nimmt die veränderte Gesamtstellung der Kirche in der modernen Welt nicht hinlänglich in den Blick: die Minderheitenposition und die daraus resultierende missionarische Evangelisierungsaufgabe.

Jesus beruft die Jünger, um sie zu „Menschenfischern" zu machen.[11] Immer wieder wird von ihrer Aussendung zu den Menschen, in die Dörfer und Städte gesprochen.[12] Der Auferstandene weist die Jünger an, die „Völker zu Jüngern zu machen"[13].

Von der konstantinischen Wende bis zum Ende der gegenreformatorischen Zeit scheint dieser wesentliche Dienst in den „christlichen Ländern" keine Rolle mehr zu spielen. Er wird nur am Rande der „christlichen Welt" von speziell ausgesandten Missionaren wahrgenommen. Diese Situation ändert sich mit der Moderne radikal.[14] Kirche ist überall herausgefordert, missionarische, evangelisierende Kirche zu sein. Der Dienst in der Kirche muss ebenso Dienst des Hirten wie Arbeit des Menschenfischers sein. Dieser Aspekt des presbyteralen Dienstes war vor dem II. Vatikanischen Konzil insbesondere in der französischsprachigen

---

[6] Ez 34, 23.
[7] Vgl. Lk 15, 4–7; Mt 18, 12–14; Joh 10, 1–16 u. ö.
[8] Vgl. das Bild des Hirten in Sach 10, 3; 11, 4–17; 12, 10; 13, 1–7.
[9] Vgl. 1 Petr 5, 2–4; Apg 20, 17.28; Joh 21, 15–17.
[10] Vgl. LG 9, 2; dazu den Kommentar in HThK Vat. II, Bd. 2, 373 f.
[11] Vgl. Mk 1, 17.
[12] Vgl. Mk 6, 7; Mt 10, 16, u. ö.
[13] Mt 28, 19.
[14] Vgl. die Einführung (Teil A) des Kommentars zu AG: HThK Vat. II, Bd. 4. Die Bedeutung des Werbens, des „Marketing" in der modernen Ökonomie bildet eine gewisse Strukturanalogie zum Dienst der Evangelisierung in der modernen, pluralen Gesellschaft, wobei Evangelisierung gerade nicht „wellness" oder unmittelbare Bedürfnisbefriedigung versprechen kann, vielmehr oftmals den „Hunger und Durst nach der Gerechtigkeit" (vgl. Mt 5, 6) erst wecken muss.

Theologie herausgearbeitet worden.[15] Er ist nur ansatzweise in OT aufgegriffen worden.

II. Mit innovativer Dynamik

In einer Zeit, in der in den meisten Ländern Europas die Berufungen zum zölibatären und männlichen Priesteramt zum Teil drastisch zurückgegangen sind, so sehr, dass (nicht nur) in Deutschland die klassische Betreuung im Priesterseminar durch Regens, Subregens und Spiritual gegenüber einer handvoll Alumnen kaum mehr vertretbar und an Zusammenlegungen von diözesanen Seminarien zu denken ist, steht die Frage nach der Ausbildung der Priester in einer neuen kritischen Weise zur Debatte. Nicht zuletzt stand die Sorge um eine ausreichende Anzahl von entsprechenden Berufungen auch im Motivhintergrund des Ausbildungsdekrets. Und in der damaligen Debatte wie auch heute wurden und werden alte Fragen neu aufgeworfen: Es gibt möglicherweise gar keinen Mangel an priesterlichen Berufungen, wohl aber eine mangelnde Fähigkeit der kirchlichen Institution, diese priesterlichen Berufungen entsprechend theologisch wahrzunehmen und institutionell aufzunehmen. Gibt es Berufungen zum priesterlichen Dienst, die die Kirche deswegen übersieht, weil sie an den bestehenden Zulassungsbedingungen festhält und damit sich selbst in der Anzahl der Priesterberufungen stranguliert? So ist es kein Geheimnis, dass annähernd die Hälfte der Theologen und Theologinnen, die im pastoralen Dienst tätig sind, vor allem wenn sie vor Ort die Verantwortung geistlicher Gemeindeleitung de facto innehaben, aber auch besonders hinsichtlich ihrer eigenen Berufungsspiritualität, priesterliche Berufungen sind. Diejenigen, die in Mentoraten und Fakultäten mit diesen jungen Menschen zu tun haben, können dies für die Ausbildung ebenso bezeugen, wie jene, die diese Pastoralreferentinnen und Pastoralreferenten in ihrer beruflichen Tätigkeit kennen lernen.

OT beginnt mit einem programmatischen Satz: „Die erstrebte Erneuerung der gesamten Kirche hängt zum großen Teil vom priesterlichen Dienst ab, der vom Geist Christi belebt ist; dessen ist sich die Heilige Synode voll bewusst." Damit ist klar: die Erneuerung der gesamten Kirche, wie sie in den Dokumenten des Zweiten Vatikanums insgesamt zur Geltung gebracht wird, spiegelt sich in einer entsprechenden Erneuerung des sakramentalen Amtes und damit der diesen Dienst vorbereitenden Ausbildung. Was also das Zweite Vatikanum über die Kirche in *Lumen gentium*, was sie über das Verhältnis von Kirche und Welt in der Pastoralkonstitution sagt, hat nun auch die Hinführung zum Priesteramt inhaltlich und methodisch zu konstituieren. Was Karl Rahner in seiner „Sorge um die Kirche" so entscheidend wichtig ist, wird im ersten Satz des Dekrets unmissverständlich thematisiert: „Es muss ein dem Wesen der Kirche entsprechendes Amt in der Kirche geben; und in diesem einen Amt sind verschiedene Vollmachten impli-

---

[15] Vgl. oben S. 341 f.

ziert, die dem Wesen der Kirche entsprechen ..."[16] Ging es nun der Erneuerung der Kirche im Zweiten Vatikanum gerade darum, das dogmatisch reformulierte Wesen in einer zeitdiagnostisch präzisierten Pastoral kontextuelle Erfahrung werden zu lassen, so sehr, dass die Pastoral nicht eine Anwendung des Wesens der Kirche ist, sondern zu ihrem Wesen selber gehört, so gilt die gleiche Programmatik für den priesterlichen Dienst und die Ausbildung dafür.[17]

Die Heilige Synode bestätigt damit: Wenn es um die sakramentale Gestalt des Amtes in der katholischen Kirche geht, ist das nicht ein Thema unter vielen, sondern ein vom Selbstverständnis der Kirche her notwendiges und zentrales Thema, weil die katholische Kirche ohne das sakramentale Amt genau so wenig zu denken ist, wie die christliche Existenz ohne die Taufe.[18] Wenn immer weniger Menschen sich in dieses Weiheamt hineinbegeben bzw. in ihrer diesbezüglichen Berufung von der Kirche nicht gesehen und aufgenommen werden, dann steht die sakramentale Identität der Kirche überhaupt auf dem Spiel. Alle Versuche, diesen Mangel äußerlich zu kompensieren, erweisen sich sowohl als unerlässlich für die Aufrechterhaltung der Pastoral wie auch als ambivalent, weil sie immer nur Notlösungen sein können, die der im Zweiten Vatikanum anvisierten Erneuerung der Kirche nicht gerecht werden. Denn dieser Erneuerung ging es um das Verhältnis von Dogma und Pastoral, von Glaube und der Erfahrbarkeit dieses Glaubens, von Sakrament und Lebensvollzug. Die bisherigen Notlösungen weiten entweder die Gebiete aus, für die ein Priester zuständig ist, und zerstören damit die Überschaubarkeit des Amtes in einem erfahrbaren Verhältnis zwischen Leben und Sakrament, oder es werden Frauen und Männer zur geistlichen Leitung bestellt, die aufgrund der Zulassungsbedingungen nicht in den Ordo aufgenommen werden, was sie ihrerseits wieder daran hindert, dieses Amt in der Personalunion von sakramentaler Gnade und geistlicher Leitungsverantwortung inne zu haben. Beide Notlösungen zerstören auf Dauer im Herzen der Kirche selbst die bereits von Johannes XXIII. in seiner Einführungsrede des Konzils angesteuerte Einheit von Inhalt und Vermittlung, von Sakrament und Leben.[19]

Völlig konsequent im Sinne der Programmatik des Konzils formuliert das Vorwort denn auch: Durch die grundlegenden Leitsätze, die in diesem Dokument aufgestellt werden, „sollen die schon durch Jahrhunderte praktisch bewährten Gesetze bestätigt und Neuerungen in sie eingeführt werden, die den Konstitutionen und Dekreten dieses Heiligen Konzils wie auch den veränderten Zeitumständen entsprechen." Herkömmliches soll gründlich auf Bewährtes erforscht werden und so den Erneuerungen zugeführt werden, dass sie sowohl dem Geist des Konzils wie auch den Herausforderungen der Zeit entsprechen. Nun besteht der Geist des Konzils, wie er in den Konstitutionen und Dekreten maßgeblich zum Ausdruck kommt, darin, dass sich die Kirche in dem, was sie von sich selber glaubt, auf die unterschiedlichen Zeiten und Orte bezieht und sich von daher in ihrer

---

[16] Rahner, In Sorge um die Kirche 127.
[17] Vgl. Fuchs, Ämter 18 f. 67 f.
[18] Vgl. Fuchs, Identität.
[19] Zu dieser Analyse des programmatischen Fortschritts des Konzils vgl. Klinger, Armut 71–142.

Relevanz für die Menschen den notwendigen Veränderungen aussetzt, sie aktiv angeht, um das von der Kirche zu hütende Evangelium entsprechend zu vermitteln, sei es in Zustimmung, sei es in Kritik oder Widerspruch zu den jeweiligen Kontexten. Jede dieser Kontaktweisen der gegenseitigen Erschließung von Evangelium und Erfahrung bzw. Situation benötigt einen differenzierten Selbstbezug auf die Kontexte, auf die Menschen und ihre Erfahrungen. Die Kirche bewahrt ihre Botschaft nicht durch Selbstbehütung, sondern in jener Praxis der Solidarität mit den Menschen aller Zeiten und der Gegnerschaft zu allen Menschen, die diese Solidarität zerstören, um so das, was sie von sich selbst glaubt, nämlich Zeichen des Heils für die Welt zu sein, auch geschichtlich und damit je kontextuelle Wirklichkeit werden zu lassen. Von daher gilt: „Das neue Selbstverständnis der Kirche, die Besinnung auf das Gotteswort als ihren Ursprung, die offene Haltung zur Welt, in der wir leben, müssen sich in der Bildung einer neuen Generation von Priestern verwirklichen."[20]

Das Dekret macht tatsächlich einen großen und weiten Schritt in diese Richtung, vor allem wenn man den Kontrast zu der bisherigen Realität der Priesterausbildung bis kurz vor Beginn des Konzils betrachtet. Diesbezüglich ist es wohl eines der innovativsten Texte des Zweiten Vatikanums. Wäre man in der Rezeption dieser inhaltlichen Dynamik des Dekrets treu geblieben, stünden wir wohl in der Pastoral der Kirche gegenwärtig nicht vor so viel praktischen Problemen und theologischen Aporien. Denn wie das Dekret die Zeichen der Zeit ernst nimmt, indem es die bisherige Zentralisierung der Seminarstrukturen aufgibt und „nur" grundlegende Leitsätze zu formulieren beansprucht, deren Konkretisierung der lokalen kirchlichen Zuständigkeit überlassen wird, wie das Dekret die Priesterausbildung selbst von der Behütung und Abschirmung der Alumnen von der Welt in die differenzierte und durchaus komplexere Aufgabe hineintreibt, die künftige pastorale Kompetenz vorzubereiten, was zugleich heißt, Kirche und Welt, Glaube und Menschen bereits in der Ausbildung miteinander in Kontakt kommen zu lassen, wie die neuscholastische Engführung der Theologie dem Bestreben weicht, die theologische Kompetenz auch in einer von den gegenwärtigen Zeichen der Zeit nötigen Kritik überkommener theologischer Konzepte zu fordern (um hier nur einige dieser „Dynamiken" anzudeuten), so hätte man weitergehen können: Wenn es richtig ist, dass die Erkenntnis der Zeichen der Zeit darin besteht, dass vom Außen der Kirche her Botschaften kommen, die die Kirche dazu bringt, ihre eigene innere Identität neu, brisant und akut zu sehen und zu verwirklichen, dann hätte sie beispielsweise in der in den modernen Gesellschaften wenigstens rechtlich kodifizierten und faktisch angestrebten Gleichberechtigung der Frauen eine Herausforderung sehen können, biblische Texte so wahrzunehmen, dass darin die apostolische Unerlässlichkeit von Frauen neu wahrgenommen wird und dass es von daher gerade ein akutes Identitätsproblem der Kirche selber ist, wenn sie die Gleichberechtigung von Männern und Frauen nicht in ihren eigenen Strukturen und Zulassungsbedingungen realisiert.

Dies ist nur ein Beispiel, wie die Kirche versucht, mit gesteigerter Humanisie-

---

[20] Neuner, Einleitung 310.

rung (neben vielen Inhumanisierungstendenzen, die zu bekämpfen sind) in der Gesellschaft mitzuhalten, nicht aus bloßen Anpassungsgründen, sondern weil diese Humanisierung und Gerechtigkeitssteigerung zum Kern ihrer eigenen Identität gehört.[21] Ähnliches gilt für die Gleichberechtigung von zölibatärer und ehelicher Lebensform im Bezug auf die Zulassung zum sakramentalen Dienstamt. Das Dekret geht selbstverständlich in seiner damaligen Entstehungszeit noch nicht so weit. Aber verglichen mit dem, was vorher der Fall war, und wie es um einer besseren Zeitgemäßheit der priesterlichen Identität und der entsprechenden Ausbildung gegenüber der bisherigen Praxis Veränderungen ansteuert, die nicht anders denn als revolutionär zu betrachten sind, zeugt es von jenem Mut in die Gegenwart und Zukunft hinein, der die offizielle Rezeption leider nicht mehr in dieser konstitutiven Weise bestimmt hat. An diesem Mut, den das Dokument im Vorwort als den Geist des Konzils selbst aufruft, sei hier also angeknüpft, wenn es um die Würdigung des Textes geht, die die Jetztzeit gegenüber dem Text ernst nimmt und seine Potenzen zu retten versucht, die in die Zukunft weisen. Was der protestantische Theologe und Konzilsbeobachter O. Cullmann am Schluss der vierten Sitzungsperiode auf der deutschen Pressekonferenz gesagt hat, sei deshalb in Erinnerung gerufen: „Eine besondere Erwähnung aber verdient ein Text, dem bei Außenstehenden nicht genügend Gerechtigkeit widerfährt: derjenige über die Erziehung zum Priestertum. Er gehört, meine ich, vielleicht zu den besten und wichtigsten. … Dieser Text ist außerdem mehr als alle anderen geeignet, die Auswirkung des Konzils in der Zukunft zu beeinflussen. … Das ganze Werk des Aggiornamento wird dann auch im Sinne eines vertieften Nachdenkens über das, was Kern ist, weitergehen."[22]

III. Gleichwohl ein Konflikt der Interpretationen

Die nachkonziliare Epoche hat gezeigt, wie unterschiedlich man mit diesem Text umgegangen ist. So erschien sieben Jahre nach Beendigung des Konzils ein umfangreicher Sammelband mit internationalen Autoren zum Thema „priesthood and celibacy", der auf der Basis der Konzilstexte jene Dynamik verstärken will, die Traditionelles in die Gegenwart hinein ruft:[23] Die Zeichen der Zeit werden so gelesen, dass die Gläubigen und vor allem junge Leute ein Glaubensangebot benötigen, das eindeutig das frühere Priesterprofil vertritt und von daher in der herrschenden Turbulenz Sicherheit gibt.[24] Der Begriff der Pastoral wird klein

---

[21] Der Würzburger Synodentext zu den pastoralen Diensten formuliert hinsichtlich des Zölibatsgesetzes eben diesen Zusammenhang zwischen Innen und Außen: Es geht dabei nicht nur darum, dass man mit der Aufhebung des Zölibatsgesetzes einen Ausweg aus den Schwierigkeiten der Seelsorge, der Sammlung der Kirche nach innen finden könnte, sondern dass das ganze Problem „unter den leitenden Gesichtspunkten der Heilssorge zu prüfen" ist, also jener Sorge, die auch der Welt gilt: Gemeinsame Synode, Pastorale Dienste 5.4.6.
[22] Neuner bringt dieses Zitat von Cullmann in seiner Einleitung 310–311.
[23] Ich berufe mich hier auf die Conclusions der Autoren in Charue, Priesthood 945–973.
[24] Vgl. ebd. 951 f.

geschrieben und mit dem Begriff einer nur horizontalen Sichtweise in eins gesetzt. Damit komme die Bedeutung des Gebets, der „latreia" zu kurz, was dann zu einer Selbstzerstörung des Eigentlichen im Weihesakrament führt.[25] So wird aktuellen Publikationen zum Thema vorgeworfen, dass sie zwar den Menschendienst hochhalten, nicht aber den Gottesdienst; und es sei eine verfehlte Protestantisierung, verschiedene biblische Rollen einzusammeln und sie dem Priester zuzuordnen, gleichzeitig aber den Kern des Sakraments dadurch aufzulösen.[26]

Karl Rahner wird zugestanden, dass sein Begriff des Dienstes am Wort auch das sakramentale Wort umfasst, doch stellt man trotzdem eine „certain ambiguity" in dieser Thematik fest.[27] Hinsichtlich des Priestertums werde die Kontinuität mit dem Heilsopfer Christi und damit die prinzipielle Betonung des „sacrificial and eucharistic aspect of the priest's mission"[28] zu wenig gesehen, so dass dem Konzil und seiner diesbezüglichen Rezeption eine ausgesprochen schwache ontologische Seite des priesterlichen Amtes bescheinigt wird.[29] Das Weiheamt wird als Geschenk der Gnade präzisiert, wobei die sakramentale Grundlegung Ausdruck dieser Gnade ist und wobei diese Gnade umso mehr gelebt werden kann, als Priester und Gottesvolk an diese sakramentale Gnade zu glauben vermögen: Es ist ein permanentes Muss zu spüren, dass man daran glauben muss und so handeln muss, um der Gnade teilhaftig zu werden.[30]

Der Zölibat wird als wirkungsvollster Ausdruck dieses notwendigen Zusammenhangs dargestellt, in dem die Priester durch ihre rituelle Heiligkeit eben nicht wie die anderen Gläubigen sind.[31] Im Zölibat kommt nach Meinung der Autoren die eschatologische, oder besser kerygmatische Dimension dieses Sakraments zum Ausdruck, nämlich als Zeugnis, als ein „herald, a witness for the Kingdom of heaven."[32] Genau dies kann dann auch zur Selbsthingabe, zum Martyrium führen: „Fidelity to this witness brings with it sacrifices which make it a kind of martyrdom."[33] Das Ungewöhnliche des Reiches Gottes zeigt sich im Ungewöhnlichen der priesterlichen Lebensform und vermittelt die entsprechende „Atmosphäre".[34] Schließlich räumen die Autoren mit Berufung auf Erasmus ein, dass

---

[25] Vgl. ebd. 945 ff.
[26] Vgl. ebd. 949 ff.
[27] Vgl. ebd. 947.
[28] Ebd. 948.
[29] Vgl. ebd. 948.
[30] Vgl. ebd. 952.
[31] Vgl. ebd. 953.955.959. Ein eigenartiges Argument erscheint hier, nämlich dass es eine Beleidigung vieler beispielhafter Familien sei, für verheiratete Priester zu votieren, um dadurch den Gläubigen ein gutes Beispiel christlicher Familie vorzuleben (955). Denn dies würde ja in den christlichen Familien meist geschehen. Fragen der Ekklesiopraxie, der pastoralen und sakramentalen Verantwortung für überschaubare kirchliche Sozialformen begegnen hier nicht. Zwar wird von den einzelnen Gläubigen und den Priestern Liebe zur Kirche verlangt, doch wie die Kirche in ihren Personen und Handlungen erfahrungsorientiert das Volk Gottes liebt und dann entsprechend tätig wird, bleibt ausgespart (vgl. 967).
[32] Ebd. 968.
[33] Ebd. 969.
[34] Vgl. ebd. 966: „Consecration to Christ. Consecration to God. For the Christian who longs for communion with God and with his Christ and who hopes to realize the ideal of an intense and

das Zölibatsgesetz für die Kirche nicht unabänderlich ist. Doch glauben sie für die Kirchengeschichte zeigen zu können, dass gerade in schlimmen Krisenzeiten die Kirche umso eindeutiger den Pflichtzölibat eingeschärft hat, womit auch ein geschichtliches Argument gegeben wäre, Priestertum und Zölibat nicht voneinander zu trennen.[35]

Hier finden sich jene Argumente, die diesen Diskurs über das Verhältnis von Sakramentalität und Priesterprofil, von Priestersein und Zölibat, von Traditions- und Gegenwartsbezug in den folgenden Jahrzehnten in eine ganz bestimmte Richtung der Konzilsrezeption gedrängt haben. Dies ist eine andere Konzilsinterpretation als sie in diesem Kommentar vertreten wird.[36] Indem diese Position am Beispiel des genannten Buches hier vergegenwärtigt wird, soll zugleich verdeutlicht sein, dass sich dieser Kommentar immer noch innerkirchlich in einer Auseinandersetzungssituation befindet[37], die nicht einfachhin totgeschwiegen oder verdrängt werden darf. Das Problem dieser Auseinandersetzung in den letzten Jahrzehnten war offensichtlich, dass man zu sehr in einer Schwarz-Weiß-Programmatik miteinander umgegangen ist: In diesen Konklusionen wird zum Beispiel der Pastoralbegriff des Zweiten Vatikanums einfachhin mit Horizontalismus gleichgesetzt. Auf der Gegenseite wird jede Art, der sakramentalen Dimension noch etwas abzugewinnen, mit reaktionärem Klerikalismus gleichgesetzt. So bleibt in solchen Gegenabhängigkeiten das jeweils Verdrängte im eigenen Bereich lebendig.

Vorsichtigere Publikationen erörtern das Problem in jenen theologischen „Mischtexten", die einmal davon reden, dass die Theologie von Trient im Zweiten Vatikanum notwendig ergänzt und vom Gegenwartsbezug her funktional angereichert wird, und in denen sich gleichzeitig Formulierungen finden, die von einer zumindest partiellen Ablösung dieser Priestertheologie sprechen und davon, dass es dazu einen Abbruch gibt. Gibt es eine Kernkontinuität (und wo liegt sie?) oder tritt an die Stelle des alten liturgia-orientierten Sacerdos nun der Presbyter, der sich in möglichst erfahrbarer Weise in den Dienst der Kirche und der Menschen stellt?[38] Und wenn es um Korrektur geht, worauf bezieht sich diese Korrektur genauerhin und was sollte sie bewahren? Und wie wäre das Bewahrungswürdige und Notwendige dann einzuholen, damit es die neuen Einsichten genauso trägt wie es nicht die Erfahrung provoziert, dadurch die eigene priesterliche Kernidentität entzogen zu bekommen? Von daher sind einige Zweifel erlaubt, ob die Alternativen der nachkonziliaren Diskussion tatsächlich die richtigen waren und sind: zwischen Kultdiener und Kommunikator, zwischen Mysterium und Sakrament auf der einen und Engagement in Wort und Tat auf der anderen Seite, zwischen Zölibat und Freigabe der Lebensform (ohne noch-

---

virtually continuous life of prayer, virginity and consecrated celibacy will always create the atmosphere necessary for a fulfillment of this desire, this calling."
[35] Vgl. ebd. 970–973, auch mit Berufung auf Texte von Kardinal Suhard, Johannes XXIII. und Paul VI.
[36] Vgl. oben den Kommentar zu OT 10–11.
[37] Vgl. Scheffczyk, Aspekte 84–102.
[38] Vgl. dazu oben Hünermann in Teil A. VIII.

mals darüber nachzudenken, ob es nicht von Seiten der Kirche tatsächlich zu beanspruchende Lebensformen der priesterlichen Existenz gibt, die sich aber nicht auf den Zölibat monopolisieren lassen, sondern Lebenshingabeformen auf gleichem qualitativem Niveau und mit ähnlichem Zeichencharakter in den Blick nehmen, wie etwa die Lebensform einer ganz bestimmten Solidarität, die einiges kostet, oder die Lebensform einer ganz bestimmten Spiritualität der Ehe, nicht mit dem Anspruch, eine christliche Ehe besser als Laien führen zu können, sondern in der Verantwortung, gerade heute diesbezüglich ein Vorbild zu geben, das die Eheleute ermutigt, begleitet und stärkt).[39]

Ganz abwegig scheint mir in diesem Zusammenhang der Gedanke nicht zu sein, dass mit der konkretisierenden Auffächerung des priesterlichen Amtes in seine Funktionen hinein in der Rezeption der darin nicht mehr erfahrbare Kern der priesterlichen Identität so viel Unsicherheit verbreitet, dass um so mehr auf die Kontinuität des Zölibats gesetzt werden muss, so dass die Frage nach der Kontinuität des Pflichtzölibats kompensiert, was im „Kern" des priesterlichen Amtes vermisst wird. Das Insistieren auf den Pflichtzölibat steht dann in einer eigenartigen Verschiebungsoperation für etwas anderes, nämlich für den Profilkern des priesterlichen Amtes selbst. Dies könnte erklären, warum der Zölibatsdiskurs so heftig geführt wurde und so festgefahren ist. Im Umkehrschluss könnte man dann vermuten: Brächten die Dokumente des Konzils eine überzeugendere systematische Theologie des priesterlichen Amtes, wäre diese Verschiebungsstrategie nicht notwendig gewesen und man hätte eine Plattform erreicht, von der aus man hinsichtlich der Lebensform freier agieren könnte.

IV. Sakramentalität als „blinder Fleck"?

Der jahrzehntelange Diskurs um die Identität des Priesters während des Konzils und danach leidet an einer Problematik, die bereits in OT insofern mit angelegt ist, als die gnadenhaft-sakramentale Begründung des priesterlichen Dienstes nicht tief und ausführlich genug dargelegt ist, um so problemlos eine Fortschreibung und Neuinterpretation einer fast 1000-jährigen Tradition zu gewährleisten. So gibt es, obwohl das priesterliche Amt in vielen Texten des Konzils immer wieder für wichtig gehalten wird, letztlich doch keine eigene dogmatische Konstitution über das Priestertum in der Welt von heute.[40] Dieses Problem zieht sich weiter durch die Folgetexte, die in den Jahrzehnten danach die Diskussion und vor allem das Handeln bestimmt haben: Und dieses Problem verstärkt sich bei den Dekreten, die selbst handlungsorientiert sind und die Intentionen des Konzils in Bezug auf ihre Umsetzung in die Praxis hinein thematisieren. Bezeichnend ist dafür, dass eine „Commissio pro educatione Christiana" für die Fortschreibung von OT unmittelbar nach dem Konzil zuständig wurde.[41]

---

[39] Vgl. zu diesen Alternativen Greiler, Das Konzil 306 ff.
[40] OT lebt vielmehr von vielen Querverbindungen zu anderen Konzilstexten: bes. DV, NA, UR, GS, AG, LG, usw., vgl. Masseroni, Decreto 15–23; Greiler, Das Konzil 347 ff.
[41] Vgl. Greiler, Das Konzil 304; vgl. dazu CIC/1983 can. 277 § 1–3; can. 599; cann. 1036–1037.

In die Turbulenzen nach dem Konzil hinein geriet dann die Enzyklika *Sacerdotalis coelibatus* (1967). Greiler ist zuzustimmen, wenn er sagt: Diese Enzyklika „beantwortete nicht das Problem, sondern löste die Krise erst richtig aus. … Theologisch gerieten die Priester durch das Konzil in eine vage Position zwischen den Bischöfen und den Laien, denen Konzilsschwerpunkte gewidmet waren, während eine ‚Botschaft an die Priester' nie herauskam und das Priesterdekret erst sehr spät verabschiedet wurde. Sie fanden sich mit der Frage nach ihrer Identität allein gelassen. Was ist ein Priester eigentlich?"[42] Und die Ratio Fundamentalis (1970) der Kongregation für das katholische Bildungswesen, die „eine rechtskräftige Norm (darstellt), welche die Bestimmungen des Konzilstextes Optatam totius konkretisiert", konzentriert sich dementsprechend auf die Grundsätze der priesterlichen Aus- und Fortbildung, wie die Ratio Nationalis (1978)[43] ebenfalls vornehmlich die Ausbildungsphasen, die Einführung in den Beruf und die lebenslange Fortbildung regelt.[44] Die Ratio Nationalis von 1988 bringt nur geringfügige Abänderungen und Ergänzungen, mit dem Trend, die Ausbildung so auf die beiden Institutionen von Priesterseminar bzw. Theologenkonvikt und Theologischer Fakultät bzw. Hochschule zu verteilen, dass hier die spirituelle und praktische, dort die theologische Ausbildung stattfinden solle. Als Resümee bleibt: „Im Wesentlichen hat sich die *Ratio Nationalis* mit ihrer Teilung der Zuständigkeiten auf Universität und Priesterseminar bewährt."[45]

Hünermann verweist übrigens darauf, dass nur ganz wenige Bischofskonferenzen diese Aufgabe überhaupt in Angriff genommen haben und damit jene Dezentralisierung, die OT anzielt, gar nicht ausschöpfen konnten: „Die Folge war eine detaillierte römische Ausbildungsordnung. Hier zeigte sich deutlich eine erhebliche geistige Führungsschwäche der verschiedenen Episkopate."[46] Von daher wurden in den Ortskirchen dann auch nicht jene rudimentären systematischen theologischen Grundentscheidungen weiterverfolgt, die zum Beispiel mit OT in der Neukonzeption des Theologiestudiums gegeben sind. Denn wenn die Bibel als ein eigenständiges Gegenüber zur systematischen Theologie und zum Lehramt anerkannt ist, dann wäre in der Tat danach zu fragen, „inwieweit die neuere exegetische Diskussion zum Amt, wo u. a. eine Basis für Frauen in Ämtern möglich wird, Berücksichtigung findet."[47] Von dieser Entwicklung her nimmt es schließlich nicht Wunder, dass von Seiten der Kleruskongregation dreißig Jahre nach Konzilsende Opfer und Sakramente an erster Stelle stehen.[48] Bis zum heuti-

---

[42] Greiler, Das Konzil 305–306.
[43] Zur Ratio Fundamentalis vgl. ebd. 330: Die Armut als priesterlicher Lebensstil kommt kaum vor und der „Unterschied zu einer christlichen Spiritualität generell wird nicht angesprochen" (330).
[44] Vgl. Mödl, Dekret 168–169, Zitat 168; vgl. Kommentar zu OT 17 mit Exkurs.
[45] Ebd. 171 (jetzt bezogen auf die Rahmenordnung der Deutschen Bischofskonferenz für die Priesterbildung vom 12. März 2003).
[46] Hünermann, Zeit zum Handeln 43. Zur diesbezüglichen Führungsschwäche der Bischofskonferenzen vgl. auch Mödl, Dekret 168.
[47] Greiler, Das Konzil 326, Anm. 27; vgl. dazu Hünermann, Frauenordination; vgl. dazu auch hinsichtlich des sakramentalen Diakonats Reininger, Diakonat.
[48] Kongregation, Symposion; vgl. Greiler, Das Konzil 330.

gen Tag gilt nach alledem die Analyse: „Die Diskussion zum Amtspriestertum ist noch offen."[49]

Auch der einschlägige Beschluss der Gemeinsamen Synode der Bistümer in der Bundesrepublik Deutschland in Würzburg (1971–1976) zu den pastoralen Diensten kommt hier nicht sehr viel weiter: Zwar wird die Differenz im bisherigen Diskurs unverblümt offen gelegt: „eine mehr vertikale Sicht, die die Sendung des Priesters von Christus und der Priesterweihe her begründet, und eine mehr horizontal-funktionale Sicht, die die Sendung des Priesters gemeindebezogen versteht", doch wird auch hier der Zukunft überlassen, beide Gesichtspunkte sich nicht ausschließen zu lassen, sondern sie „müssen einander in der rechten Weise zugeordnet werden."[50] Allerdings verbindet die Synode die Sendung des Priesters bei seiner Weihe durch Jesus Christus damit, dass er „mit dem Geist Christi ausgerüstet und endgültig für Gott und die Menschen in Dienst genommen [wird]. Diese Indienstnahme gibt ihm in besonderer Weise Anteil am Priestertum Jesu Christi und prägt ihn in seiner ganzen Existenz. … So ist der priesterliche Dienst sowohl Dienst in Christi Person und Auftrag als auch Dienst in und mit der Gemeinde."[51] Später, im Kapitel zum geistlichen Leben der Priester, spricht die Synode von der Indienstnahme „für die Verkündigung des Evangeliums, für die sakramentale Vergegenwärtigung des Heilswerks Christi, für die Teilnahme an seiner Hirtensorge, an seinem Bruderdienst."[52] So sucht der Synodentext nach einer Verbindung von sakramentaler Identität und funktionalen Diensten, kann sie aber letztlich nur postulatorisch und aufzählungsmäßig zusammenbringen, weniger in ihrer konzeptionellen Verschränkung.[53] Ansonsten konzentriert sich der Synodentext weitgehend auf jene Bereiche, die die Priester tun „sollen" und zu leisten haben.

Exkurs: Kirchliche Autorität und das Wesen der Kirche

Wenn OT das priesterliche Amt von Christus als dem Hirten her versteht und darin alle Funktionen integriert, kann die Frage auftauchen: Ist nicht jeder Christ dank der Taufe Hirte bzw. Hirtin seines Nächsten? Was ist in diesem Kontext das Spezifische des priesterlichen Dienstes? Die Kirche als Leib Christi und pilgerndes Gottesvolk bedarf der Autoritäten, um ihrer Sendung in der Welt zu entsprechen und ihren Weg zu gehen. Diese Autoritäten können nur von Christus ermächtigte Autoritäten sein, die in seinem Namen handeln. Damit ist dieser Dienst für das Volk Gottes und im Volk Gottes eine besondere Gabe der Gnade Gottes. Diese spezifische Fundierung des Dienstes in Christus schließt nicht aus, sondern be-

---

[49] Pfab, Priesterbildung 200–201 (Pfab resümiert hier Schwendenwein, vgl. auch Greiler, Das Konzil 330).
[50] Gemeinsame Synode, Pastorale Dienste Nr. 5.1.1.
[51] Ebd.
[52] Ebd. 5.5.1.
[53] Der Kommentar von Emeis gönnt diesem Zusammenhang keine erläuternde Bemerkung (Emeis, Dienste).

nötigt geradezu eine Mitwirkung des Volkes Gottes jener, die mit diesem Dienst betraut werden sollen. Ebenso wird das Volk Gottes die Amtsführung kritisch begleiten. Das Fundament für diese Verantwortung liegt in der Gotteskindschaft, die es in Taufe und Firmung empfangen hat.

Konzeptionell schöpft die Argumentation von OT für die Dienste im priesterlichen Profil aus drei Quellen: einmal aus dem dreifachen Amt Christi als Priester, Prophet und König, zum anderen aus der Ekklesiologie, insofern sich das Wesen der Kirche in den wesentlichen Funktionen des sakramentalen Amtes vollzieht, und aus direkten biblischen Rekursen, wobei diese Quellen der Frage nach ihrer Gegenwartsbedeutung und -gestaltung im priesterlichen Amt ausgesetzt werden. Hinsichtlich der ersten Quelle gilt: Was vorher in Substantiven formuliert wurde, wird nun in seinen Funktionen aufgesucht. Hünermann konzentriert die Dienstfunktionen des Priesters unter die Leitfigur des Hirten.[54] Es ist sicher ein enormer theologischer Fortschritt, das Wesen des priesterlichen Amtes nicht nur von der Priesterweihe her zu entwickeln, sondern die notwendigen Tätigkeiten im Horizont der Grundfunktionen der Kirche zu qualifizieren. Dies ist in der Tat ein neuer Ansatz in der Ämtertheologie, der nicht mehr verloren werden darf.

In diesem neu gewonnenen ekklesiologischen Zusammenhang darf die Frage nach der Eigenbedeutung dieses sakramentalen Dienstes umso mehr gestellt werden.[55] Wenn man sagen darf, dass sich das Wesen des sakramentalen Amtes in wesentlichen Funktionen vollzieht, dann ersetzt Letzteres nicht die Aufgabe, dieses Wesen auch zu erörtern. Sicher bringt der Drang zur Erneuerung und zum Wandel der Kirche das Prozesshafte in den Blick, gewissermaßen die Operationalisierung, vor allem in einem Dekret wie OT.[56]

Aber wenn es beim priesterlichen Amt um die Entfaltung der Kirche im Bündel von amtlichen Funktionen geht, dann stellt sich nach wie vor, vielleicht sogar um so mehr, die Frage, warum die katholische Kirche dieses „Bündel" als ein Sakrament installiert, auch wenn es gegenüber dem Grundsakrament der Taufe als ein analoges Sakrament[57] angesehen werden kann. Auch wenn die Tätigkeiten, die diesem Sakrament entwachsen, kirchenbezogen sind, weil auch dies ein Sakrament der in Christi Proexistenz gründenden Proexistenz für das Volk Gottes ist, müsste doch noch einmal ein Spezifikum dieses Sakraments formulierbar sein, wie etwa beim Sakrament der Ehe und beim Sakrament der Krankensalbung.[58]

---

[54] Siehe oben Teil A und C. I.
[55] So urteilt Greiler über Cattaneo (Presbyterium), der eher von drei Dimensionen hinsichtlich des dreifachen Amtes Christi denn von Funktionen spricht, dass eine solche Redeweise „ontologisch richtiger" sei. Mit dieser Nebenbemerkung verdeutlicht Greiler, der von seiner Gesamtwürdigung von OT nicht in Verdacht geraten kann, die wesentlichen Dienste des priesterlichen Amtes gering zu schätzen, doch seinen Vorbehalt gegen die Auflösung einer irgendwie neu zu formulierenden „Ontologie" des priesterlichen Amtes.
[56] Vgl. die ähnlich gelagerte Problematik in PO; vgl. Kommentar zu PO in Bd. 4.
[57] S. o. die Ausführungen zu OT 8, 1.
[58] Dieses Spezifikum im Sakrament der Priesterweihe muss nicht nur als ein statisches vorgestellt werden: So kann gerade von den vom Wesen der Kirche her bestimmbaren Diensten des Priesters die Vorstellung der Repräsentatio Christi oder des „alter Christus" als relationales Geschehen zwischen Christus und dem Berufenen wahrgenommen werden, insofern der darin thematisierte Christusbezug zugleich rücköffnet auf das im Neuen Testament repräsentierte Chris-

Ein solcher „fester" theologischer Ort in der priesterlichen Identität hätte es konservativen Priestern leicht bzw. leichter gemacht, bezüglich der Lebensform des Zölibats wie auch zu Gunsten der Freiheit in Philosophie und Theologie[59] mehr Beweglichkeit aufzubringen, weil man mit der Festigkeit im Letzteren nicht mehr den Mangel im Ersteren kompensieren muss.

***

V. Spezifische gnadentheologische Basis

Will man der Sakramentalität des priesterlichen Dienstes näher treten, dann kommt man nicht umhin, ihn vom Christusbezug her wahrzunehmen,[60] denn Sakramente definieren sich auf der Basis eines von Christus gegebenen Gnadengeschenkes, das in einem bestimmten Zeichen Ausdruck findet. Ein gnadentheologisches Zentrum ist es also, das gegenüber einer Funktionalisierung des priesterlichen Dienstes im Sinne von blanken Amtspflichten Widerstand leistet. Die Suche nach dem sakramentalen Kern der priesterlichen Tätigkeiten ist also nicht immer nur eine Frage reaktionärer Klerikalisierung, sondern darin kann sich die Weigerung manifestieren, „gnadenlos" in den Dienst genommen zu werden. Gerade in den letzten Jahren hat sich durch die Strukturveränderungen in der Pastoral eben diese Erfahrung immer mehr breit gemacht, nämlich dass Priester ihre eigene pastorale Tätigkeit sich selbst gegenüber als gnadenlos leistungsorientiert erfahren und von daher umso mehr auf der Suche nach jener Kraft- und auch Entlastungsquelle sind, die ihnen eigentlich im Sakrament geschenkt ist, die aber nicht mehr ins spirituelle und theologische Wort gehoben wird.

Geht man in die Richtung, den sakramentalen Kern des priesterlichen Dienstes gnadentheologisch zu qualifizieren, dann entspricht dies nicht nur der Sakramententheologie, sondern auch einem ganz bestimmten Zusammenhang von Gnade und Dienst. Es geht hier nicht nur um eine spezifische Legitimation von Christus her, nicht nur um eine äußere Configuratio auf Christus den Hirten hin (was die Funktionen anbelangt), sondern primär um das sakramentale Geschenk eines Dienstes für das Volk Gottes. Es ist ein Amt, das durch die Gnade Gottes als Ermöglichungsbedingung dessen getragen ist, was in den Diensten und Funktionen, wie sie vom Wesen der Kirche her erforderlich sind, Not tut. Ein solches Verständnis hat nichts mit einer von oben nach unten erfolgenden Beauftragung zu tun, kann nicht als Ermächtigung zur klerikalen Regentschaft missverstanden werden, sondern spiegelt sich in einer priesterlichen Spiritualität, die sich in einer dynamischen Weise von der Gnade Gottes in den spezifischen Diensten ermög-

---

tusgeschehen, in seinen vielen Einzelheiten und Narrativitäten. Die Repräsentatio Christi würde dann auch eine ganz bestimmte Relatio potestatis konkret werden lassen. Denn wie sich das Wesen der Kirche auf Christus bezieht, so kann sich die Funktionsbestimmung des priesterlichen Dienstes, wenn es sich auf das Wesen der Kirche bezieht, immer nur auch darin und dadurch auf Christus beziehen, vor allem wie er in den Jesus der Evangelien und in der darin erzählten Praxis (etwa hinsichtlich der Machtausübung) präsent ist.
[59] Vgl. oben den Kommentar zu OT 15–16.
[60] Vgl. den Kommentar zu OT 4, 1 mit Exkurs.

licht und begrenzt weiß. Von dieser Gnade im eigenen Dienst getragen, sind weder Identitätsängste noch Abgrenzungsstrategien nötig. Denn die eigene priesterliche Identität muss nicht hergestellt werden, sondern ist zum Dienst am Volk Gottes geschenkt.

Hinter dem personalen Anspruch priesterlicher Verantwortung steht eine ganz bestimmte „Objektivität", nämlich die Vorgegebenheit der Gnade für diesen Dienst, so dass sich dieser Dienst als personale Antwort auf diese Gnade an allen Menschen vollzieht.

Kann die „Ontologie" des sakramentalen Priestertums derart als Vorgegebenheit der göttlichen Gnade und damit als die entsprechende „Ontodynamik" zwischen Gnade und Sendung theologisch erfasst und existentiell vollzogen werden, dann muss dieser Begriff nicht mehr als inoperable Statik aufgefasst werden, die die Wirklichkeit von oben nach unten knebelt, sondern als die „objektive", sicher zugesagte und geschenkte Gnade Gottes für diesen Dienst. Hier läge die Kontinuität mit der traditionellen Theologie der Priesterweihe und man müsste nicht von einem Abbruch, sondern könnte von einer gnadentheologisch orientierten Transformation dieser Tradition sprechen. So sind die Menschen im priesterlichen Amt von Christus gesandt zu den Menschen, die „keine Hirten haben": Dieses Gesandtsein ist aber nicht nur eine Aufforderung, sondern beinhaltet das Geschenk, das die Erfüllung dieser Aufforderung trägt und ermöglicht.[61] Von diesem Gnadengeschenk her bestimmt sich dann auch die Qualität aller Funktionen des priesterlichen Dienstes.[62] Diese Art, den priesterlichen Dienst gnadenhaft-sakramental zu verstehen, ist in OT wenigstens angedeutet: erstens durch die Art, wie der priesterliche Dienst als „Hirtendienst" im Blick auf alle drei munera bestimmt wird. Zweitens durch die Art und Weise, wie die praktischen Funktionen und Dienste selbst als Vollzüge der Heiligung verstanden werden.

Dieses sakramentale Geschenk des Dienstes am und im Volk Gottes ist selbstverständlich, wie jede Gnade, nicht im Sinne der Manipulation verfügbar, aber im Glauben als die Treue Gottes, in der er sich selber und seine Gnade verfügbar macht, als Basis der eigenen Tätigkeit voraussetz- und erfahrbar. Man muss dann das Standbein der eigenen Identität nicht mehr in dem suchen, was eigentlich das Spielbein ist, nämlich in der Lebensform des Zölibats. Vielmehr kann von diesem Gnadengeschenk her die Freiheit entwickelt werden, in unterschiedlichen Lebensformen die Radikalität dieses Dienstes zu leben. Dienstprofil und Lebensform sind nicht zu vermischen. Das Dienstprofil, wenn es denn seine Basis in der sakramentalen Gnade hat, kann dann auch offen für verschiedene besondere Lebensformen sein.[63]

---

[61] Übrigens: Nur in einer sekundären Reflexion ist es möglich, wenn man die Metapher ernst nimmt, davon zu sprechen, dass auch die Schafe Hirten sind: Innerhalb des Bildanteils kann dies kaum gedacht werden.
[62] Vgl. Fuchs, Einige Aspekte.
[63] Auch die neoscholastische Raison der Kirche im 19. und zu Beginn des 20. Jh. hat zwar die Ontologie des Priestertums über alles betont, aber in einer Weise, die gerade den Gnadenaspekt selbst wieder konterkariert hat: So wurde die theologische Denkfigur des „alter Christus" in der homiletischen Rhetorik bis hinein in eine ritualisierte Ektosemantik des Predigers getrieben, so dass er keine Chancen mehr hatte, seine eigenen persönlichen Gesten zu entwickeln. Der sakra-

Wenn man das priesterliche Amt in dieser Weise, wie es in OT angelegt ist, versteht, wie ist dann jene Missbrauchsgeschichte zu verhindern, die Gottfried Hierzenberger als „magischen Rest" beschrieben hat[64] und die Peter Hünermann immer wieder herausarbeitet: als kultischer Zugriff auf das Geheimnis Gottes und als von daher legitimierter Zugriff auf die Herrschaft über die Gläubigen?[65] Erschließt man indes das sakramentale Amt tatsächlich radikal gnadentheologisch, dann ist zugleich zu verdeutlichen, welche Rede von Gott hinter diesem Gnadenbegriff steht. Es ist die unverdiente Gnade, die sich verfügbar macht, aber nie so verfügbar ist, dass man mit ihr hantieren und sie in eigener Regie verteilen könnte. In einer faszinierenden Weise erschließt Hünermann genau diesen Zusammenhang, wenn er von der „Unbrauchbarkeit" Gottes als Prinzip der Amtstheologie spricht.[66] Es ist die Bedingungslosigkeit der Gnade, die von denen, denen sie geschenkt ist, nicht in Bedingungen umgemünzt werden darf. Diese Vorgegebenheit der Gnade ist nicht herrschaftsförmig, sondern zerbricht jede Herrschaft. Sie ist eine Macht, aber eine, die gezeichnet ist von dem Ursprung, nämlich von der liebenden Bedingungslosigkeit im Umgang mit den Menschen. Nur in diesem Geist ist das Amt zu gestalten. Die Ontologie dieser Gnade kann nicht ontologistisch gebraucht werden, als gäbe es eine logistische Macht darüber, sei sie rational, sei sie strategisch.

Aber gerade so, in dieser Unbedingtheit in der Gegebenheit und zugleich in der Unbedingtheit, dass nicht zu eigenen Bedingungen damit umgegangen werden darf, konstituiert sich eine Sakramentalität, die tatsächlich etwas Besonderes ist: Weil sich hier die Leitung der Kirche mit der Gnade verbindet, weil hier gewissermaßen Feuer und Wasser miteinander in eine dialektische Verbindung gebracht werden. Denn die Leitung der Kirche ist kein weltlich Ding der eigenen Leitungskompetenz allein, sondern ist permanent mit der Selbstunterbrechung durch die Unbedingtheit der Gnade verschweißt. Dies ist der pneumatische Charakter dieses Dienstes, weil sich allein dadurch die menschliche Leitungsleistung konstitutiv und unablässig für den Geist Gottes öffnet. Die Sakramentalität des Leitungsdienstes steht dafür, dass nicht nur die Existenz des Einzelnen durch die Taufe und die Existenz der Kirche als Leib Christi (vgl. 1 Kor 12, 27) in der unbedingten Gnade Gottes verwurzelt sind, sondern dass dies auf der Basis von beiden

---

mentale Christusbezug legitimiert hier den gnadenlosen Zwang einer bis ins Einzelne zu imitierenden Rhetorik (vgl. Kieffer, Kanzelberedsamkeit; vgl. dazu Fuchs, Predigt 113–116). Die ontologischen Zusammenhänge legitimierten nicht zuletzt auch die Selbstgenügsamkeit der priesterlichen Ausbildung und Fortbildung im 19. und zu Beginn des 20. Jh. dergestalt, dass die gesellschaftliche und soziale Problematik der jeweiligen Gegenwart kaum oder überhaupt keine Bedeutung hatten. Damit waren auch die Lebensverhältnisse der Gläubigen selbst nur von untergeordnetem Rang. Die zum Dienst am Volk Gottes geschenkte Gnade war also im Bereich des Dienstes an der Welt gründlich blockiert (vgl. Mödl, Priesterfortbildung). Also auch im konservativen neuscholastischen Konzept gab es bei aller Betonung des Ontologisch-Objektiven von Gott her immer die Gefahr der Überforderung, des Zwanges und der Idealisierung der Priester, weil die „Objektivierung" nicht *inhaltlich* mit der Vorgegebenheit der Gnade (und zwar nicht nur behauptet, sondern erfahrungsbezogen) verbunden wurde.

[64] Vgl. Hierzenberger, Der magische Rest.
[65] Vgl. Hünermann in seiner Einleitung A und ders., Rede von Gott 47 ff.
[66] Ebd. 52 f.

auch für jenes Amt gilt, das mit seiner eigenen Sakramentalität der Sakramentalität (dem Priestertum) aller Gläubigen und darin der Kirche dient.[67] Diese sakramentale Herkunft, diese Verwurzelung in der Gnade Gottes ist ein Bereich, der nicht durch Funktionen und durch eigene Leistung besetzt werden kann, weder durch zwanghaft reaktionäre rituelle und zölibatäre Gesetzlichkeit, noch durch die faktischen Dienstfunktionen und schon gar nicht durch ein aktivistisches Dienstverständnis.

Aber dieses durch Gott selbst eröffnete Zentrum des priesterlichen Dienstes schenkt eine Dynamik, die alle Aktivitäten, alle Liturgien und alle priesterlichen Lebensformen trägt und in ihrer Qualität bestimmt. Wird das kirchliche Amt von dieser Ermöglichungsdimension seiner selbst abgetrennt, wird die kirchliche Leitung vom Sakrament abgelöst, erfährt die menschliche Gebrauchsmacht über Gott keine substantielle Kritik mehr von Seiten jenes Gottes, der alles gibt und gerade darin keinem Verwendungszweck zu unterwerfen ist. Erst dann sind die Grundvollzüge des priesterlichen Dienstes pneumatisch integriert. Von dieser Basis her, die ebenso fest ist im Glauben wie sie niemals machbar ist, weil sie sonst dem Verfall der menschlichen Machbarkeit unterliegt, strahlt eine Freiheit aus, die diese geschenkte priesterliche Identität nicht anderswo oder noch anderswo festmachen muss. Dies bezieht sich auf die Freiheit in der kontextbezogenen Entfaltung des Ordo auf der einen wie auf die zeichenhaften Lebensformen der Ordinierten auf der anderen Seite und von daher nicht zuletzt auf die Zulassungsbedingungen zum Ordo. Denn dann geht es nicht mehr darum, ob Mann oder Frau, ob verheiratet oder unverheiratet, die priesterliche Einheit[68] und Identität tragen, sondern ob sie im Zeugnis ausdrücklich mit dem verbunden sind, was das Sakrament ausdrückt, nämlich Zeichen der Gnade Gottes zu sein.

VI. Einige Richtungsanzeigen

Im Folgenden seien einige Richtungsanzeigen angedeutet, die hinsichtlich des Priesterbildes und von daher für die Ausbildung künftiger Priester bedeutsam sein können.

1. Um der theologischen *Identität des sakramentalen Amtes*, aber auch um einer angemessenen und beeindruckenden Berufungspastoral willen ist es unbedingt notwendig, dass in Priesterseminarien, Theologischen Konvikten, an den Theologischen Fakultäten, in Priester- und Bischofskonferenzen in einer offensiven Weise jener Diskurs geführt wird, der die Einsichten in die sakramentale Identität des priesterlichen Dienstes vertieft und weitertreibt. Dies ist in der Gegenwart schon deswegen wichtig, weil die Priester auf Grund der strukturellen Verände-

---

[67] Zur Entfaltung des priesterlichen Dienstes aus dieser spezifischen sakramentalen Vorgegebenheit der Gnade heraus vgl. Fuchs, Weiheamt; ders., Einige Aspekte; zur „Unbrauchbarkeit" Gottes vgl. ders., Martyria und Diakonia 185–188; auch Schepens, Pastoral 25–26.
[68] Vgl. oben den Kommentar zu OT, Vorwort, Anm. 3.

rungen in der Pastoral zunehmend derart mit Aktivitäten und Verantwortungen überhäuft werden, dass sie ihren priesterlichen Alltag als buchstäblich gnadenlos erfahren.[69] Es ist höchste Zeit, dass das immer wieder notwendige physische und psychische Innehalten auch mit diesem theologischen Innehalten zusammenfällt, dieser Selbstbesinnung auf die Verwurzelung der eigenen christlichen Existenz in der Taufe und hier spezifisch der eigenen Dienstexistenz in der Gnade Gottes und in ihrer unbändigen Kraft, wie sie auch im Ordosakrament gegeben ist.

Was OT widerfahren ist, nämlich dass der Handlungsdruck[70] zu Eindeutigkeiten geführt hat, die das Handeln und die Lebensform betreffen, weniger aber die Gottgegebenheit dieses Dienstes selbst, darf in der gegenwärtigen Situation nicht wiederholt werden. Sonst erstickt die Pastoral vollends in einer vom Sakrament und vom Gottesbezug immer mehr abgelösten Leistungspastoral, die immer in der Gefahr ist, entweder in Resignation oder in Gewalttätigkeit (gegen sich oder/ und andere) abzustürzen. Was aber in der eigenen Unvollkommenheit und doch auch in den eigenen guten Intentionen wirklich trägt, ist diese Verwurzelung in der Vorgegebenheit einer Gnade, die nach der paulinischen Rechtfertigungstheologie als unbedingt und unverschuldet und gerade darin als tragend und ermöglichend erfahren werden darf. Hier könnte sich die katholische Ämtertheologie mit der evangelischen Rechtfertigungstheologie verbünden.

2. Es gibt tatsächlich so etwas wie eine „*rituelle Heiligkeit*", die gerade in der Gegenwart in Kirche und Gesellschaft auf zunehmend positive Resonanz stößt. Hier benötigen wir eine Liturgiewissenschaft,[71] die sich mit diesen Sehnsüchten und Realitäten der Menschen und im Dialog mit den anzusprechenden Humanwissenschaften konstruktiv und kritisch auseinandersetzt. Auch hier geht es darum, das Ritual, vor allem das sakramentale, als die dramatisierte Vergegenwärtigung der Vorgegebenheit der Gnade Gottes zu erfahren.

Die rituelle Vorgegebenheit entflieht dem Missverständnis der Magie um so mehr, als sie als Beziehungsgeschehen aufgefasst wird, in der die Menschen, ohne diese Dramatik selbst herstellen zu müssen, feiern, wie Gott sich ihnen gegenüber verhält, wie er sie anerkennt und rettet, wie er sie beruft und zur Umkehr ruft, wie er sie richtet und versöhnt. Die Heiligkeit des Rituals wird derart als die Heiligkeit der Gnade Gottes rekonstruiert, die in der Vorgegebenheit der Symbolhandlung des Rituals erfahren werden kann.[72]

3. Folglich ist der sogenannte Grundkurs oder *Einführungskurs* so zu gestalten, dass er, wie OT sagt, in das Heilsmysterium[73] einführt, so dass von daher die künftigen Aktivitäten des Studierens und der pastoralen Ausbildung immer wieder auf dieses Zentrum hin und von diesem her bewegt werden und beweglich

---

[69] Vgl. den Kommentar zu OT 2,1 (mit Exkurs) und OT 9.
[70] Vgl. den Kommentar zu OT 10.
[71] Vgl. den Kommentar zu OT 16,4 (mit Exkurs).
[72] Zur gegenwärtigen Konjunktur des Rituals in der Gesellschaft und zum gnadentheologischen Verständnis kirchlicher Liturgie vgl. Fuchs, Eucharistie.
[73] Vgl. den Kommentar zu OT 14,1f.

bleiben können.⁷⁴ Ein solcher Einführungskurs sollte also nicht primär eine Vorverlegung der Einführung in die theologischen Fächer sein, sondern die kognitive und spirituelle Einsicht in jene Dimension anzielen, die den speziellen Ursprung des sakramentalen Amtes genauso charakterisiert wie die Basis aller Gläubigen, aller Sakramente und der Kirche überhaupt: nämlich eine ganz bestimmte Gottesbeziehung und wie diese in der Dialektik von unverfügbarer Verfügbarkeit vermisst oder erfahren wird. Im Einführungskurs geht es um einen ersten spirituellen und theologischen Zugang auf eine Gottesbeziehung, von der her alles andere erst seine Kraft und seine Dimensionierung erhält, von der her alle theologische und spirituelle Energie fließt.

Darin ist jene Dialektik zu lernen, dass Personen im priesterlichen Amt auf der einen Seite tatsächlich nicht einfachhin wie alle anderen Gläubigen „sind", dass sie aber das, was ihnen geschenkt ist, als Gnade empfangen und als Gnade weitergeben. In einem solchen Einführungskurs in das Mysterium Gottes als das Mysterium des eigenen Dienstes lernen die Personen, die sich auf das priesterliche Amt vorbereiten, dass sie nicht mit der Einstellung „wir wissen schon alles" auf ihre spirituelle Ausbildung und auf das theologische Studium zugehen können, sondern dass sich ihnen auch darin etwas vom Geheimnis dessen erschließen kann, was sie noch nicht bzw. niemals im Griff haben.⁷⁵

4. In diesem Zusammenhang sollte bereits im Einführungskurs und überhaupt mit aller Deutlichkeit der *Pastoralbegriff*⁷⁶ des Zweiten Vatikanums vermittelt werden: dass Basis der pastoralen Tätigkeiten alle Gläubigen sind (und nicht nur die Hauptamtlichen), dass das pastorale Handeln der Kirche davon geprägt ist, ihre Botschaft mit der kulturellen und biographischen Erfahrung der Menschen in Verbindung zu bringen, sei es erschließend, sei es kritisch und widersprechend. Dies bezieht sich auf beides, auf die Martyria und auf die Diakonia, auf die Gottesbeziehung genauso wie auf die Menschenbeziehung, und beides benötigt die von der Begegnung mit dem Mysterium Gottes her ermöglichte Unterscheidungsfähigkeit hinsichtlich der Zeichen der Zeit. Wenn Priester und die anderen Gläubigen beten, handeln sie pastoral, und wenn sie Geburtstagsbesuche machen, handeln sie ebenfalls pastoral. Der Würdebegriff der pastoralen Tätigkeit gehört also nicht nur den Hauptamtlichen und schon gar nicht nur den Priestern, sondern charakterisiert jenen kirchlichen und christlichen Selbstvollzug zu Gunsten der Gläubigen und zu Gunsten aller Menschen, der von allen Gläubigen füreinander und für andere getragen ist. Basis dafür ist der in der Taufe gemeinsam geschenkte Anteil am Priestertum Christi, für dessen Aufblühen das priesterliche Amt in einer spezifischen Sakramentalität und damit in einem spezifischen Bezug zur Gnade Gottes in besonderer Weise verantwortlich zeichnet.

Und vor allem: Die pastorale Tätigkeit bezieht sich nicht nur auf den Aufbau

---

⁷⁴ Vgl. den Kommentar zu OT 14, 2.
⁷⁵ Vgl. dazu Delicado Paeza, Formación pastoral 337; durch diese Charakterisierung des Einführungskurses würde auch näher präzisiert, was die Würzburger Synode bereits andeutet, in: Gemeinsame Synode 5.4.2.
⁷⁶ Vgl. den Kommentar zu OT 16, 3 (Exkurs) und 16, 4 (Exkurs Pastoraltheologie).

der Kirche nach innen, auf die Sammlung, sondern auch auf die Sendung nach außen, auf den Umgang der Kirche und christlichen Existenz mit der „Welt". *Lumen gentium* und *Gaudium et spes* benötigen sich gegenseitig zur Konstituierung des integralen pastoralen Begriffs. Von daher fließt der pastoralen Verantwortung des priesterlichen Amtes auch diese Spannung zu: für die Sammlung in Gottesdienst und Gemeinschaft ebenso zu sorgen wie für die Selbstverausgabung kirchlicher und christlicher Existenz nach außen hin, so wie die Liturgie der Priesterweihe die Priester, stellvertretend für diese Außenbeziehung, auf eine besondere Sorge für die Armen einschwört. Die Pastoral spiegelt gewissermaßen das Inkarnationsprinzip: wo nicht dieser Kontakt im Horizont der Zeichen der Zeit aufgenommen wird, kann auch das Evangelium nicht vermittelt werden.[77]

5. Was die Grundstruktur des pastoralen Handelns ausmacht, bestimmt auch die *Innen- und Außenformation der Theologie*.[78] Sie steht in Verantwortung für das Volk Gottes in dem Sinne, dass sie den Glauben und die Reflexionen auf den Glauben in Vergangenheit und Gegenwart in einen vielfältigen rationalen Diskurs hebt, wobei das Volk Gottes hier beides meint: die Gläubigen und alle Menschen, also alle „Kinder Gottes". In dieser Verantwortung weiß sie um ihre lokale Begrenzung, universalisiert sich nicht (z. B. als eurozentrische Theologie) gegenüber den Theologien anderer Erdteile und Kulturen, setzt sich mit diesen allerdings in eine anerkennende und kritische Verbindung.

Sie benötigt die Partnerschaft der Humanwissenschaften, denn ohne sie könnte sie sich im Bereich der Wissenschaften und ihrer Institutionen nicht auf das innere „Außen" ihrer selbst beziehen und würde dann auf dem Niveau der Wissenschaft gewissermaßen die „Zeichen der Zeit" nicht erkennen. Aber sie geht in den Humanwissenschaften nicht auf,[79] sondern behauptet darin ihr eigenes inhaltliches und kritisches Proprium.

Dass sich die Theologie zunehmend als eigene Institution gegenüber dem Seminar etabliert hat, ist ein Fortschritt in doppelter Hinsicht: einmal dahingehend, dass mit ihr damit die Theologie am gesellschaftlichen Ort der Universität kooperativ präsent ist, zum anderen, weil damit die Theologie auch die institutionellen Bedingungen hat, im relativen „Gegenüber" zu den kirchlichen Institutionen zu stehen. Institutionelle Symbiose entspräche nicht dem relationalen „Gegenüber" von fides und ratio, die sich nur dann gegenseitig erschließen, wenn sie unvermischt und ungetrennt sind. Ungetrennt müssen sie aber bleiben, vor allem auch in der spürbaren spirituellen Einstellung zur gemeinsamen pastoralen Verantwortung.

Die Theologie steht in einer besonderen Verantwortung, die Quellen des Glau-

---

[77] Dieses Inkarnationsprinzip spiegelt sich auch in der methodischen Rekonstruktion der Theologie als einer Wissenschaft, die gar nicht existieren kann, wenn sie nicht im permanenten Kontakt mit den zur jeweiligen Disziplin einschlägigen Humanwissenschaften arbeitet; vgl. den Kommentar zu OT 2, 4; siehe folgenden Abschnitt 5.
[78] Vgl. den Kommentar zu OT 17 mit Exkurs.
[79] Vgl. Bucher, Stärken; Fuchs, Empirie.

bens in den Offenbarungsschriften[80] in wissenschaftlicher Weise in Erinnerung zu bringen und ihnen nach innen wie nach außen Gewicht zu verleihen. Dabei wird sie eine Hermeneutik des Vergleichs entwickeln, die den Narrativitäten wissenschaftlich genauso gerecht wird wie den prinzipiellen Konzeptionen, die ihrerseits in narrative Kontexte eingebettet sind.[81]

Die Theologie hat auch eine besondere Verantwortung für die Menschen der Gegenwart: im Hinhören, im wissenschaftlich qualifizierten Wahrnehmen und für die Gestaltung von Kirche und Gesellschaft im Auskundschaften der entsprechenden Zeichen der Zeit, sowohl was den Wissens-[82] und Glaubensbereich wie auch was den Solidaritätsbereich anbelangt. Dabei wird sie – wenn nötig – auch dem Glauben der Gläubigen und ihren Erfahrungen gegenüber den kirchlich und wissenschaftlich Lehrenden Gewicht geben. Dafür zeichnen besonders die praktischen Theologien verantwortlich.[83]

Die Freiheit der Theologie zeigt sich nicht zuletzt in der Pluralität[84] ihrer eigenen Konzeptionen und Methoden und in der Art und Weise, wie sie diese Vielfalt nach innen gestaltet und dialogisch bewältigt. Dies befähigt sie um so mehr zur Dialogfähigkeit nach „außen", im interdisziplinären wie im ökumenischen Bereich, im Gespräch mit dem Judentum[85] und im interreligiösen Feld,[86] so dass im Theologiestudium selbst bereits jene Dialektik von Ebenbürtigkeit und Positionsbezug gelernt wird, der für jeden echten Dialog so elementar ist.[87] Denn: „Vom Heilsdialog Gottes her werden wir angeleitet, den Dialog mit der Welt zu führen."[88]

---

[80] Vgl. den Kommentar zu OT 16, 2 mit Exkurs.
[81] Van der Vens Kritik an dem von mir vorgeschlagenen Konzept einer komparativen Hermeneutik geht völlig ins Leere, wenn er moniert, dass sie nur „Essentials" der jüdisch-christlichen Tradition vergleichen wolle; vgl. van der Ven, Approach 123, Anm. 41. Bei genauerer Lektüre hätte er erkennen können, dass es um Perspektiven geht, die aus den Narrativitäten selbst erwachsen, aus ihrer Kontingenz und Fragilität, und dass es nirgendwo um ihre „überzeitliche" Gültigkeit geht, sondern dass es sich um in den Geschichten der Bibel und der Tradition immer wieder unterschiedlich zum Vorschein kommende Ähnlichkeiten handelt, die aber selbst nur *in* diesen Geschichten je neu entdeckt bzw. angeeignet werden: vgl. Fuchs, Empirie 172–177; ders., Hermeneutik 13–54.438–461. Es gibt also ein permanentes Hin und Her von Konkretion und Konzeption, von Erfahrung und abstrahierendem Denken, die im Konkreten gewonnen werden und darin und darüber hinaus Orientierung geben. Biblischen Texten ist in dieser integralen Form zu begegnen.
[82] Im Wissensbereich gibt es vor allem gegen einen Wissens- und Bildungsbegriff anzugehen, der so markt- und karriereförmig ist, dass er die nicht verzweckbare, an der freien und kritikfähigen Selbstgestaltung der Menschen orientierte Bildung kaum mehr tangiert. Dies gilt nicht zuletzt auch für den universitären Bereich selbst und seine zunehmende Unterwerfung unter Außeninteressen; vgl. Fuchs, Wissensgesellschaft.
[83] Vgl. Fuchs, Wie verändert sich die Theologie?
[84] Vgl. den Kommentar zu OT 15.
[85] Vgl. Hünermann – Söding, Erneuerung der Theologie.
[86] Vgl. den Kommentar zu OT 16, 6 mit Exkurs.
[87] Vgl. den Kommentar zu OT 16, 6 mit Exkurs. Zum elementaren Status des Dialogs vgl. Döpfner, Menschheit.
[88] Ebd. 34.

D. Bibliographie

Adorno, Theodor, W., Eingriffe. Neun kritische Modelle, Frankfurt/M. 1963.
Alberigo, Giuseppe – Wittstadt, Klaus (Hg.), Geschichte des Zweiten Vatikanischen Konzils (1959–1965), 5 Bde., bisher erschienen: Bde. 1–3, Mainz – Leuven 1997–2002.
Arnold, Franz X., Grundsätzliches und Geschichtliches zur Theologie der Seelsorge, Freiburg 1949.
Augustin, George – Riße, Günter (Hg.), Die eine Sendung – in vielen Diensten. Gelingende Seelsorge als gemeinsame Aufgabe der Kirche, Paderborn 2003.
Balthasar, Hans Urs von, Priesterliche Existenz, in: Sponsa Verbi. Skizzen zur Theologie II, Einsiedeln 1961, 388–433.
Barrigós, José Luis, Pastoral de la vocaciones, in: Delicado Baeza (ed.), Optatam 161–234.
Bartolomeu dos Mártires, Estímulo de Pastores (Obras completas 8), Braga 1981.
Bernhard von Clairvaux, Was ein Papst erwägen muss (Christliche Meister 26), Einsiedeln 1985.
Bérulle, Pierre de, Correspondance, 3 Bde., Paris – Louvain 1937–1939.
Bérulle, Pierre de, Œuvres complètes, 8 Bde., hg. v. Michel Dupuy, Paris 1995–1996.
Böhi, Alfons, Die psychologische und pädagogische Problematik der Spätberufenen, in: Internationales Katholisches Institut für kirchliche Sozialforschung (Hg.), Die europäische Priesterfrage – Le problème sacerdotale en Europe: Bericht der Internationalen Enquête in Wien, 10.–12. Oktober 1958, unter Leitung von J. J. Dellepoort, Wien 1959, 257–264.
Briones, Luis, El curso introductorio, in: Delicado Baeza (ed.), Optatam 337–356.
Bucher, Rainer, Über Stärken und Schwächen der „Empirischen Theologie", in: ThQ 182 (2002) 128–154.
Bucher, Rainer, Theologische Fakultäten in staatlichen Hochschulen. Thesen zu ihrem Sinn und ihrer Bedeutung als exemplarische Orte der Pastoral, in: Kraus (Hg.), Theologie 183–192.
Burigana, Riccardo, La Biblia nel Concilio. La redazione della constitutione „Dei verbum" del Vaticano II (Testi e ricerche di scienze religiose, nuova serie 21), Bologna 1998.
Casella, Mario, Pio X e la Riforma dei Seminari a Roma (Religione e Società 40), Roma 2001.
Cattaneo, Arturo, Das Presbyterium. Ekklesiologische Grundelemente und kirchenrechtliche Auswirkungen, in: AKathKR 161 (1992) 42–67.
Charue, André-Marie, et al., Priesthood and Celibacy, Milano 1972.
Chautard, Dom, L'âme de tout apostolat, neu hg. v. Bernard Martelet, Paris 1979.
Chenu, Marie-Dominique, Leiblichkeit und Zeitlichkeit. Eine anthropologische Stellungnahme (Collection Chenu 1), Berlin 2001.
Chenu, Marie-Dominique, Le Saulchoir. Eine Schule der Theologie (Collection Chenu 2), Berlin 2003.
Citrini, Tullio, La Sacra Scrittura e la teologia, in: Seminarium 49 (1997) 34–47.
Colombo, Giuseppe, Formatione et vita del presbitero, in: Il concilio Vaticano II, recezione e attualità alla luce del Giubileo, a cura di Rino Fisichella, Comitato centrale del grande Giubileo dell'anno 2000, Milano 2000, 551–555.

Colson, Jean, Les fonctions ecclésiales aux deux premiers siècles, Bruges – Paris 1956.
Comerford, Kathleen M., Italian Tridentine Diocesan Seminaries: A Historiographical Study, in: Sixteenth Century Journal XXIX/4 (1998) 999–1022.
Comerford, Kathleen M., Ordaining the Catholic Reformation. Priests and Seminary Pedagogy in Fiesole 1575–1675 (Bibl. della Rev. di Storia e Letteratura Religiosa, Studi XII), Firenze 2001.
Congar, Yves, Structure du sacerdoce chrétien, in: MD 27 (1951) 81–85; 468–480.
Congar, Yves, Le Concile au jour le jour, troisième session, Paris 1965.
Conte a Coronata, Matthaeus, Institutiones Iuris Canonici, Vol. II: De rebus, editio quarta, aucta et emendata, Turin – Rom 1951.
Crottogini, Jakob, Werden und Krise des Priesterberufes. Eine psychologisch-pädagogische Untersuchung über den Priesternachwuchs in verschiedenen Ländern Europas, Einsiedeln 1955.
Cuesta Hernández, Pedro – Cebolla López, Fermín, Los seminarios menores, in: Delicado Baeza (ed.), Optatam 235–278.
Damberg, Wilhelm, Konzil und politischer Wandel. Johannes XXIII., John F. Kennedy und das Godesberger Programm, in: Orientierung 61 (1997) 253–258.
Delahaye, Karl, Mater Ecclesia. Beitrag des frühchristlichen Kirchenverständnisses zum Aufbau einer Theologie der Seelsorge, in: WiWei 16 (1953) 161–170.
Delicado Baeza, José (ed.), Comentarios al decreto Optatam totius sobre la formación sacerdotal (B.A.C. Concilio Vaticano II), Madrid 1970.
Delicado Baeza, José, Formación pastoral, in: id (ed.), Optatam 505–545.
Dellepoort, Jan – Greinacher, Norbert – Menges, Walter, Die deutsche Priesterfrage. Eine soziologische Untersuchung über Klerus und Priesternachwuchs in Deutschland (Schriften zur Pastoraltheologie 1) Mainz 1961.
Döpfner, Julius, Der Menschheit von heute begegnen, in: Albert Beckel – Hugo Reiring – Otto B. Roegele (Hg.), Zweites Vatikanisches Konzil. 4. Sitzungsperiode. Dokumente, Texte, Kommentare, Osnabrück 1966, 30–43.
Dupuy, Michel, Bérulle – une spiritualité de l'adoration, Paris 1964.
Dupuy, Michel, Bérulle et le sacerdoce. Etude historique et doctrinale. Textes inédites, Lethellieux 1969.
Eichmann, Eduard, Lehrbuch des Kirchenrechts auf Grund des Codex Iuris Canonici. I. Band. Einleitung, Allgemeiner Teil, Personenrecht, Sachenrecht I, Paderborn [4]1934.
Emeis, Dieter, Die pastoralen Dienste in der Gemeinde, in: ders. – Burkard Sauermost (Hg.), Synode – Ende oder Anfang. Ein Studienbuch für die Praxis in der Bildungs- und Gemeindearbeit, Düsseldorf 1976, 329–339.
Engel, Ulrich, Posthumer „Dr. h. c." für M.-D. Chenu OP, in: Wort und Antwort 45 (2004) 131.
Fantappiè, Carlo, I problemi giuridici e finanziari dei seminari tridentini, in: Maurizio Sangalli (Hg.), Chiesa – clerici – sacerdoti. Clero e seminari in Italia tra XVI e XX secolo (Italia sacra 64), Rom 2000, 85–109.
Fouilloux, Étienne, Die vor-vorbereitende Phase (1959–1960). Der langsame Gang aus der Unbeweglichkeit, in: Alberigo – Wittstadt (Hg.), Geschichte des Zweiten Vatikanischen Konzils 1, 61–187.
Franz, Albert, Was ist heute noch katholisch? Zum Streit um die innere Einheit und Vielfalt der Kirche (QD 192), Freiburg – Basel – Wien 2001.
Fuchs, Ottmar, Heilen und Befreien. Der Dienst am Nächsten als Ernstfall von Kirche und Pastoral, Düsseldorf 1990.
Fuchs, Ottmar, Im Brennpunkt: Stigma. Gezeichnete brauchen Beistand, Frankfurt/M. 1993.
Fuchs, Ottmar, Ämter für eine Kirche der Zukunft. Ein Diskussionsanstoß, Luzern 1993.

Fuchs, Ottmar, Die Predigt als möglicher Beitrag zu einem kommunikativen und herrschaftskritischen Lebensstil, in: Rudolf Englert – Ursula Frost – Bernd Lutz (Hg.), Christlicher Glaube als Lebensstil (FS Gottfried Bitter), Stuttgart 1996, 107–124.

Fuchs, Ottmar, Die Menschen in ihren Erfahrungen suchen, in: Rainer Bucher – ders. – Joachim Kügler (Hg.), In Würde leben. Interdisziplinäre Studien zu Ehren von Ernst Ludwig Grasmück (Theologie in Geschichte und Gesellschaft 6), Luzern 1998, 209–234.

Fuchs, Ottmar, Praktische Theologie als kontextuelle Wissenschaft, in: Kraus (Hg.), Theologie 151–181.

Fuchs, Ottmar, Wie verändert sich universitäre Praktische Theologie, wenn sie kontextuell wird?, in: PThI 18 (1998) 115–150.

Fuchs, Ottmar, Martyria und Diakonia: Identität christlicher Praxis, in: Herbert Haslinger (Hg.), Handbuch Praktische Theologie, Bd. 1: Grundlegungen, Mainz 1999, 178–197.

Fuchs, Ottmar, Die sakramentale Salbung an der Grenze des Lebens, in: LebZeug 57 (2002) 190–201

Fuchs, Ottmar, Eucharistie als Zentrum katholischen Glaubens- und Kirchenverständnisses. Anspruch und Wirklichkeit, in: Thomas Söding (Hg.), Eucharistie. Positionen katholischer Theologie, Regensburg 2002, 229–279.

Fuchs, Ottmar, „Komparative Empirie" in theologischer Absicht, in: ThQ 182 (2002) 167–188.

Fuchs, Ottmar, Die theologisch-ethische Kompetenz in der Wissensgesellschaft, in: Thomas Laubach (Hg.), Angewandte Ethik und Religion (FS Gerfried W. Hunold), Tübingen 2003, 21–38.

Fuchs, Ottmar, Das Weiheamt im Horizont der Gnade – Die Dimension des Lebenszeugnisses als Dynamik des priesterlichen Dienstes, in: George Augustin – Johannes Kreidler (Hg.), Den Himmel offen halten. Priester sein heute, Freiburg – Basel – Wien 2003, 102–125.

Fuchs, Ottmar, Einige Aspekte zu Wesen und Vollzug des Weiheamtes in der Gegenwart, in: Augustin – Riße (Hg.), Sendung 71–94.

Fuchs, Ottmar, Wahrheitsanspruch in ebenbürtiger Begegnung, in: Heinrich Schmidinger (Hg.), Identität und Toleranz. Christliche Spiritualität im interreligiösen Kontext, Innsbruck 2003, 85–114.

Fuchs, Ottmar, Identität des priesterlichen Amtes, in: Pastoralblatt 56 (2004) 131–138.

Fuchs, Ottmar, Wohin mit der „Angst im Abendland"?, in: Adrian Loretan – Franco Luzatto (Hg.), Gesellschaftliche Ängste als theologische Herausforderung. Kontext Europa, Münster 2004, 119–135.

Fuchs, Ottmar, Praktische Hermeneutik der Heiligen Schrift, Stuttgart 2004.

Fuente, Alfonso de la, Formación intelectual, in: Delicado Baeza (ed.), Optatam 473–504.

Fürst, Gebhard (Hg.), Dialog als Selbstvollzug der Kirche? (QD 166), Freiburg – Basel – Wien 1997.

Gatz, Erwin (Hg.), Priesterausbildungsstätten der deutschsprachigen Länder zwischen Aufklärung und Zweitem Vatikanischem Konzil. Mit Weihestatistiken der deutschsprachigen Diözesen (RQ.Suppl. 49), Rom – Freiburg – Wien 1994.

Gatz, Erwin, Der Weltklerus in den Kulturkämpfen, in: ders. (Hg.), Der Diözesanklerus (Geschichte des kirchlichen Lebens 4), Freiburg – Basel – Wien 1995, 105–124.

Gatz, Erwin, Vom Ende des Ersten Weltkrieges bis zum nationalsozialistischen Kirchenkampf, in: ders. (Hg.), Der Diözesanklerus (Geschichte des kirchlichen Lebens 4), Freiburg – Basel – Wien 1995, 147–167.

Gaucher, Guy, L'„histoire d'une âme" de Thérèse de Lisieux, Paris 2000.

Gemeinsame Synode der Bistümer in der Bundesrepublik Deutschland, Beschluss: Die pastoralen Dienste in der Gemeinde (Synodenbeschlüsse Nr. 10), Bonn 1975.

Gilson, Étienne, Le philosophe et la théologie, Paris 1960.

Grandmaison, Léonce de, Jésus-Christ, sa personne, son message, ses preuves, Beauchesne 1928.
Greiler, Alois, Das Konzil und die Seminare. Die Ausbildung der Priester in der Dynamik des II. Vatikanums (Annua Nuntia Lovaniensia XLVIII), Löwen – Paris – Dudley 2003.
Greshake, Priestersein. Zur Theologie und Spiritualität des priesterlichen Amtes, Freiburg/Br. ⁵1971.
Grootaers, Jan, Zwischen den Sitzungsperioden. Die „Zweite Vorbereitung" des Konzils und ihre Gegner, in: Alberigo – Wittstadt (Hg.), Geschichte des Zweiten Vatikanischen Konzils 2, 421–619.
Guasco, Maurilio, Verso un aggiornamento della pastorale, in: Giuseppe Alberigo – Alberto Melloni (Hg.), Verso il Concilio Vaticano II (1960–1962), Genova 1993, 351–396.
Guasco, Maurilio, Per una storia della formazione del clero: problemi e prospettive, in: Maurizio Sangalli (Hg.), Chiesa – clerici – sacerdoti. Clero e seminari in Italia tra XVI e XX secolo (Italia sacra 64), Rom 2000, 25–38.
Habermas, Jürgen, Theorie und Praxis. Sozialphilosophische Studien, Neuwied 1963.
Häring, Bernhard, Heute Priester sein, Freiburg – Basel – Wien 1995.
Hierzenberger, Gottfried, Der magische Rest, Düsseldorf 1969.
Hilberath, Bernd Jochen – Pannenberg, Wolfhart (Hg.), Zur Zukunft der Ökumene. Die „Gemeinsame Erklärung zur Rechtfertigungslehre", Regensburg 1999.
Holstein, Henri, La théologie du sacerdoce, in: NRTh 76 (1954) 356–373.
Hünermann, Peter, Die Rede von Gott und das kirchliche Amt, in: Wilhelm Pesch – ders. – Ferdinand Klostermann, Priestertum – kirchliches Amt zwischen gestern und morgen, Aschaffenburg 1971, 36–70.
Hünermann, Peter, Zeit zum Handeln. „Lasst uns also nach dem streben, was zum Frieden und zum Aufbau (der Gemeinde) beiträgt" (Röm 14,9), in: ThQ 172 (1992) 36–49.
Hünermann, Peter, Lehramtliche Dokumente zur Frauenordination. Analyse und Gewichtung, in: ThQ 173 (1993) 205–218.
Hünermann, Peter u. a. (Hg.), Diakonat, Ostfildern 1997.
Hünermann, Peter – Söding, Thomas (Hg.), Methodische Erneuerung der Theologie. Konsequenzen der wiederentdeckten jüdisch-christlichen Gemeinsamkeiten (QD 200), Freiburg – Basel – Wien 2003.
Hurley, Denis E., Freeing the Word of God, in: Vincent A. Yzermans, A New Pentecost. Vatican Council II, Session I, Westminster 1963, 276–283.
Iniesta, Alberto, Visión general del seminario mayor, in: Delicado Baeza (ed.), Optatam 279–336.
Internationales Katholisches Institut für kirchliche Sozialforschung (Hg.), Die europäische Priesterfrage – Le problème sacerdotale en Europe: Bericht der Internationalen Enquête in Wien, 10.–12. Oktober 1958, unter Leitung von Jan J. Dellepoort, Wien 1959.
Jedin, Hubert, Geschichte des Konzils von Trient, Bd. II: Die erste Trienter Tagungsperiode 1545/47, Freiburg 1957.
Jedin, Hubert, Die Bedeutung des tridentinischen Dekrets über die Priesterseminare, in: ThGl 54 (1964) 181–198.
Jedin, Hubert, Seminar. I. Geschichte, in: LThK² 9, 647–649.
Jedin, Hubert, Domschule und Kolleg. Zum Ursprung der Idee des Trienter Priesterseminars, in: ders., Kirche des Glaubens – Kirche der Geschichte, Bd. 2: Konzil und Kirchenreform, Freiburg 1966, 348–359.
Jedin, Hubert, Geschichte des Konzils von Trient, Bd. IV: Dritte Tagungsperiode und Abschluss, 2. Teilband: Überwindung der Krise durch Morone, Schließung und Bestätigung, Freiburg 1975.
Karrer, Otto, Das Zweite Vatikanische Konzil. Reflexionen zu seiner geschichtlichen und geistlichen Wirklichkeit, München 1966.

Kasper, Walter, Die Wissenschaftspraxis der Theologie, in: Walter Kern – Hermann J. Pottmeyer – Max Seckler (Hg.), Handbuch der Fundamentaltheologie, Bd. 4: Traktat Theologische Erkenntnislehre. Schlussteil: Reflexion auf die Fundamentaltheologie, Freiburg – Basel – Wien 1988, 242–277.

Kieffer, Georg, Die äußere Kanzelberedsamkeit oder die Kunst der kirchlichen Diktion und Aktion, Paderborn 1922.

Klausnitzer, Wolfgang, Glaube und Wissen, Regensburg 1999.

Klinger, Elmar, Armut. Eine Herausforderung Gottes. Der Glaube des Konzils und die Befreiung des Menschen, Zürich 1990.

Klostermann, Ferdinand, Priester für morgen, Innsbruck – Wien – München 1970.

Komonchak, Joseph A., U.S. Bishops' Suggestions for Vatican II, in: CrSt 15 (1994) 313–371.

Kongregation für den Klerus, Internationales Symposion zum 30. Jahrestag des Konzilsdekretes Presbyterorum Ordinis. Schlussbotschaft an die Priester der Welt (28. Oktober 1995), hg. vom Sekretariat der Deutschen Bischofskonferenz (VAS 124), Bonn 1995.

Kraus, Georg (Hg.), Theologie in der Universität. Wissenschaft – Kirche – Gesellschaft (Bamberger Theologische Studien 10), Frankfurt/M. 1998.

La correspondance, entretiens, documents de saint Vincent de Paul, édités, publiés et annotés par Pierre Coste, Paris 1920–1924.

Lackner, Paul, Die Heranbildung der Spätberufe im deutschen Sprachraum, in: Internationales Katholisches Institut für kirchliche Sozialforschung (Hg.), Die europäische Priesterfrage – Le problème sacerdotale en Europe: Bericht der Internationalen Enquête in Wien, 10.–12. Oktober 1958, unter Leitung von Jan J. Dellepoort, Wien 1959, 265–287.

Lamberigts, Mathijs – Soetens, Claude – Grootaers, Jan (Hg.), À la veille du Concile; Vatican II, Vota et Réactions en Europe et dans le Catholicisme Oriental, Leuven 1992.

Launay, Marcel, Les Séminaires Français aux XIXe et XXe siècles, Paris 2003.

Lechner, Martin, Patoraltheologie als Wissenschaft, in: Konferenz der Bayerischen Pastoraltheologen (Hg.), Christliches Handeln. Kirchesein in der Welt von heute, München 2004, 233–252.

Lécuyer, Joseph, Le sacerdoce dans le mystère du Christ (Lex orandi 24), Paris 1957.

Lupi, Maria, Il clero a Perugia durante l'episcopato di Giocchino Pecci (1846–1878). Tra Stato Pontificio e Stato Unitario (Italia sacra 57), Roma 1998.

Lupi, Maria, Le fonti per la storia del clero del XIX secolo nelli archivi ecclesiastici perugini, in: Maurizio Sangalli (Hg.), Chiesa – clerici – sacerdoti. Clero e seminari in Italia tra XVI e XX secolo (Italia sacra 64), Rom 2000, 329–357.

Mariezcurrena, Miguel, Formación humana, in: Delicado Baeza (ed.), Optatam 357–389.

Martelet, Gustave, Théologie du Sacerdoce. Deux mille ans d'église en question, Bd. 3: Du schisme d'Occident à Vatican II, Paris 1990.

Mártil, Germán, Historia del decreto „Optatam totius", in: Delicado Baeza (ed.), Comentarios 29–71.

Martín Hernández, Francisco, Los seminarios españoles: historia y pedagogía (1563–1700), Salamanca 1964.

Martín Hernández, Francisco, La Iglesia y la formación sacerdotal, in: Delicado Baeza (ed.), Optatam 73–121.

Martín Hernández, Francisco – Martín Hernández, José, Los seminarios españoles en la época de la illustración. Ensayo de una pedagogía ecclesiastica en el siglo XVIII, Madrid 1973.

Masseroni, Enrico, Decreto solla formazione sacerdotale Optatam totius (Collana Concilio Vaticano II, 8), Piemme 1987.

Melloni, Alberto, Tensione, timori nella praeparazione del Vaticano II. La „Veterum sapientia" di Giovanni XXIII (22. febraio 1962), in: CrSt 11 (1990) 275–307.
Merklein, Helmut, Die Gottesherrschaft als Handlungsprinzip. Untersuchung zur Ethik Jesu (FzB 34), Würzburg 1978.
Mette, Norbert, Theorie der Praxis. Wissenschaftsgeschichtliche und methodologische Untersuchungen zur Theorie-Praxis-Problematik innerhalb der praktischen Theologie, Düsseldorf 1978.
Miquel, Pierre, Vincent de Paul, Paris 1996.
Mödl, Ludwig, Priesterfortbildung um die Mitte des 19. Jahrhunderts. Dargestellt am Beispiel der Pastoralkonferenzen von 1854–1866 im Bistum Eichstätt, Regensburg 1985.
Mödl, Ludwig, Das Dekret über die Ausbildung der Priester *Optatam totius*, in: Franz Xaver Bischof – Stephan Leimgruber (Hg.), Vierzig Jahre II. Vatikanum. Zur Wirkungsgeschichte der Konzilstexte, Würzburg 2004, 159–171.
Müller, Josef, Der pastoraltheologisch-didaktische Ansatz Franz Stephan Rautenstrauchs „Entwurf zur Einrichtung der theologischen Schulen" (Wiener Beiträge zur Theologie 24), Wien 1969.
Negruzzo, Simona, Rassegna di studi sul clero dell'età moderna publicati in Italia negli anni Novanta, in: Maurizio Sangalli (Hg.), Chiesa – clerici – sacerdoti. Clero e seminari in Italia tra XVI e XX secolo (Italia sacra 64), Rom 2000, 39–83.
Neuner, Joseph, Dekret über die Ausbildung der Priester (OT). Einleitung und Kommentar, in: LThK.E 2, 309–355.
O'Donohoe, J. A., Tridentine Seminary Legislation, Löwen 1957.
Opstraet, Johannes, Pastor bonus, seu idea, officium et praxis pastorum, editio emendatior, Bamberg – Würzburg 1786 (Mecheln [1]1689).
Paul VI., Sacerdotalis coelibatus, in: AAS 59 (1967) 657–697.
Pesch, Otto Hermann, Hinführung zu Luther, 3. aktual. u. erw. Aufl., Mainz 2004.
Pfab, Josef, Priesterbildung nach dem Konzil, in: ThG 4 (1970) 197–201.
Piolanti, Antonio, La pontificia università lateranense, Roma 1963.
Poage, G. R., Secrets of successfull recruting, Westminster 1961.
Pohlschneider, Johannes (Kommission), Kommentar zur Erklärung über die christliche Erziehung (GE), in: LThK.E 2, 366–404.
Pottmeyer, Hermann J., Die zwiespältige Ekklesiologie des Zweiten Vaticanums – Ursache nachkonziliarer Konflikte, in: TThZ 92 (1983) 272–283
Pottmeyer, Hermann J., Ist die Nachkonzilszeit zu Ende?, in: StZ 203 (1985) 219–230
Poulat, Émile, Les prêtres ouvriers. Naissance et fin, Paris 1999.
Priesterausbildung im Anspruch der Zeit. Fest- und Informationsschrift, hg. v. Bischöflichen Priesterseminar Trier, Trier 1974.
Raem, Heinz Albert, Der Diözesanklerus in der Auseinandersetzung mit den totalitären Regimen, in: Erwin Gatz (Hg.), Der Diözesanklerus (Geschichte des kirchlichen Lebens 4), Freiburg – Basel – Wien 1995, 168–187.
Rahner, Karl, Priesterliche Existenz, in: ders., Schriften zur Theologie 3, Einsiedeln 1956, 285–312.
Rahner, Karl, Sendung und Gnade, Beiträge zur Pastoraltheologie, Innsbruck [3]1961.
Rahner, Karl, Knechte Christi. Meditationen zum Priestertum, Freiburg/Br. 1967.
Rahner, Karl, Neue Ansprüche der Pastoraltheologie an die Theologie als Ganze, in: ders., Schriften zur Theologie 9, Einsiedeln [2]1972, 127–147.
Rahner, Karl, In Sorge um die Kirche (Schriften zur Theologie 14), Zürich 1980.
Ratzinger, Joseph, Kommentar zum IV. Kapitel der dogmatischen Konstitution über die göttliche Offenbarung (DV), in: LThK.E 2, 571–581.
Ratzinger, Joseph, Kommentar zum I. Kapitel der pastoralen Konstitution über die Kirche in der Welt von heute (GS), in: LThK.E 3, 313–354.

Reininger, Dorothea, Diakonat der Frau in der Einen Kirche, Ostfildern 1999.
Rohrbasser, Anton (Hg.), Sacerdotis imago. Päpstliche Dokumente über das Priestertum von Pius X. bis Johannes XXIII., Freiburg/Schweiz, 1962.
Sander, Hans-Joachim, Das Außen des Glaubens – eine Autorität der Theologie, in: Hildegund Keul – ders. (Hg.), Das Volk Gottes. Ein Ort der Befreiung, Würzburg 1998, 240–258.
Scheffczyk, Leo, Aspekte der Kirche in der Krise. Um die Entscheidung für das authentische Konzil, Siegburg 1993.
Schelkle, Karl H., Jüngerschaft und Apostelamt. Eine biblische Auslegung des priesterlichen Dienstes, Freiburg 1957.
Schepens, Jacques, Die Pastoral in der Spannung zwischen der christlichen Botschaft und den Menschen von heute (= Benediktbeurer Hochschulschriften 6), München 1994.
Schmaus, Michael, Katholische Dogmatik, 4 Bde., 1. Aufl. München 1937–1941.
Schmidinger, Heinrich, Art. Philosophia perennis, in: LThK³ 8, 248–250.
Schmidt, Josef, Philosophische Theologie (Grundkurs Philosophie Band 5), Stuttgart 2003.
Schuchart, Alfred, Der „Pastor bonus" des Johannes Opstraet. Zur Geschichte eines pastoraltheologischen Werkes aus der Geisteswelt des Jansenismus (TThSt 26), Trier 1972.
Schwedt, Herman H., Alte gegen Neue Welt – Der Papst und der katholische Amerikanismus (1899), in: Hubert Wolf (Hg.), Antimodernismus und Modernismus in der Katholischen Kirche, Paderborn – München – Wien 1988, 143–161.
Semmelroth, Otto, Das geistliche Amt. Theologische Sinndeutung, Frankfurt am Main 1958.
Siebengartner, Markus, Seminar, in: Wetzer und Welte's Kirchenlexikon. Encyklopädie der katholischen Theologie und ihrer Hülfswissenschaften, zweite Aufl., Bd. XI, Freiburg 1899, 101–121.
Six, Jean François, Vincent de Paul, Paris 1980.
Stenger, Hermann, Im Zeichen des Hirten und des Lammes. Mitgift und Gift biblischer Bilder, Innsbruck 2000.
Themenheft „Weltweites Symposion zur Ausbildung Ständiger Diakone": Diak 25 (2000) 3/4.
Theobald, Christoph, Le développement de la notion des „Vérités historiquement et logiquement connexes à la Révélation" de Vatican I à Vatican II, in: CrSt 21 (2000) 37–70.
Thils, Gustave, Nature et Spiritualité du Clergé Diocésain, Bruges 1946.
Tüchle, Hermann, Das Seminardekret des Trienter Konzils und Formen seiner geschichtlichen Verwirklichung, in: Remigius Bäumer (Hg.), Concilium Tridentinum (WdF 313), Darmstadt 1979, 522–539.
Urbina, Fernando, Formación espiritual, in: Delicado Baeza (ed.), Optatam 391–472.
Ven, Johannes A. van der, An Empirical or a Normative Approach to Practical-Theological Research?, in: ders. – Michael Scherer-Rath, (ed.), Normativity and Empirical Research in Theology, Leiden – Boston 2004, 101–135.
Vian, Giovanni, La riforma della Chiesa per la restauratione christiana della società. Le visite apostoliche delle diocesi e dei seminari d'Italia promosse durante il pontificato di Pio X (1903–1914) (Italia sacra 58/59), Rom 1998.
Vilanova, Evangelista, Die Interzessio (1963–1964), in: Alberigo (Hg.), Geschichte des Zweiten Vatikanischen Konzils 3, 401–481.
Volf, M., Exclusion and Embrace. A theological Exploration of Identity, Otherness and Reconciliation, Nashville 1996.
Weber, Franz, Das Hirtenamt aller Christinnen und Christen, in: ders. u. a. (Hg.), Im Glauben Mensch werden. Impulse für eine Pastoral, die zur Welt kommt (FS Hermann Stenger), Münster 2000, 137–149.

White, Joseph M., The Diocesan Seminary in the United States: A History from the 1780s to the Present (Notre Dame Studies in American Catholicism), Notre Dame 1989.
Wynne, John J., The Great Encyclical Letters of Pope Leo XIII., New York 1903.
Zinnhobler, Rudolf, Der Erziehungsstil in den Priesterseminaren des 19. Jahrhunderts, in: ders., Studien zur Kirchengeschichte des Mittelalters und der Neuzeit (Neues Archiv für die Geschichte der Diözese Linz 10), Linz 1996, 87–95.
Zinnhobler, Rudolf, Das alte und das neue Priesterseminar: Beobachtungen zum Lebensstil, in: ders., Studien zur Kirchengeschichte des Mittelalters und der Neuzeit (Neues Archiv für die Geschichte der Diözese Linz 10), Linz 1996, 96–112.
Zottl, Anton – Schneider, Werner (Hg.), Wege der Pastoraltheologie, Eichstätt 1987.
Zulehner, Paul Michael – Hennersperger, Anna, „Sie gehen und werden nicht matt" (Jes 40,31). Priester in heutiger Kultur. Ergebnisse der Studie PRIESTER 2000, Ostfildern 2001.

Theologischer Kommentar zum Dekret über die zeitgemäße Erneuerung des Ordenslebens

Perfectae caritatis

von Joachim Schmiedl

Inhalt

A. Einleitung: Kontext 495
    I. Das Ordensleben als Thema von Konzilien und
       kirchlichem Lehramt 495
   II. Erste Reformschritte unter Pius XII. 498
  III. Die Textgeschichte 501
       1. Die *consilia et vota* 501
       2. Die Erarbeitung eines Vorbereitungsschemas 501
       3. Die Konstituierung der Arbeit der Ordenskommission 504
       4. Erste Sessio 504
       5. Zweite Sessio 505
       6. Dritte Sessio 507
       7. Vierte Sessio 508

B. Kommentierung 511
    I. Die Situierung des Dekrets in der Theologie und im
       konziliaren Prozess 511
   II. Die Grundsätze der Erneuerung des Ordenslebens 514
  III. Geweihte Lebensformen 519
  IV. Konkrete Normen 530

C. Nachwirkung und Würdigung 536
    I. Eine Würdigung von PC 536
   II. Die nachkonziliare Erneuerungsarbeit 537
  III. Akzente heutiger Ordenstheologie 538
       1. Heiligkeit 538
       2. Weihe 540
       3. Charisma 543
       4. Weltbezug 545
       5. Geistliche Bewegungen 546

D. Bibliographie 549

Vorbemerkung

Nicht anders als den übrigen kirchlichen Personengruppen ging es nach dem Konzil den Orden[1]. Ihre in der ersten Hälfte des 20. Jahrhundert das Leben in den Pfarreien prägende Gegenwart ist kaum noch sichtbar. Die Mitgliederzahlen haben so stark abgenommen und der Altersdurchschnitt ist so hoch geworden, dass sich für viele Gemeinschaften die Existenzfrage überhaupt stellt. Die Verunsicherung über den einzuschlagenden Weg bei den vom Konzil geforderten Reformen ließ konservative oder fortschrittliche Strömungen zum Vorschein kommen. Die Spannung zwischen einem Ordensleben, das in „heiliger Zurückgezogenheit" die Distanz zur Welt pflegt, und prophetischer Existenz als charismatisch-kritisches Element innerhalb von Kirche und Gesellschaft entspringt auch den konziliaren Impulsen. Sie zeigt die Vielfalt des Ordenslebens als einer ekklesial-katholischen Berufung.

---

[1] Unter dem Oberbegriff „Orden" werden im Folgenden alle Formen des geweihten Lebens verstanden, also sowohl die traditionellen Orden als auch die Kongregationen, die Säkularinstitute und die Gesellschaften des apostolischen Lebens. In den Worten einer kürzlich publizierten vatikanischen Instruktion: „die Mönche und Nonnen, die Kontemplativen, die Religiosen, die sich den Apostolatswerken widmen, die Mitglieder der Säkularinstitute und der Gesellschaften des apostolischen Lebens, die Einsiedler und die geweihten Jungfrauen" (C Vit. cons., Neubeginn, Nr. 5).

A. Einleitung: Kontext

Gleich mehrfach thematisierten die Väter des Zweiten Vatikanischen Konzils das Ordensleben. Der von der Theologischen Kommission geforderten Trennung von Lehre (*doctrina*) und Kirchenordnung (*disciplina*) folgend, beschäftigte sich die Ordenskommission vorwiegend mit rechtlich-strukturellen Fragen. Die Grundlegung einer Theologie des geweihten Lebens als Teil einer erneuerten Ekklesiologie wurde, mit geringen Berührungspunkten zur Arbeit der Ordenskommission, von der durch die Theologische Kommission vorbereiteten Kirchenkonstitution erwartet. Die pastorale Zusammenarbeit vor Ort bzw. in den Missionen wurde ebenfalls in den entsprechenden Dokumenten über die Bischöfe und die Missionen verhandelt.

I. Das Ordensleben als Thema von Konzilien und kirchlichem Lehramt

Mit der Behandlung der Ordensthematik befand sich das Zweite Vatikanum in der Tradition der beiden vorausgehenden Konzilien. Das Konzil von Trient promulgierte in seiner abschließenden XXV. Sessio ein 22 Kapitel umfassendes Reformdekret über die Regularen und Nonnen.[1] Auf dem Hintergrund der reformatorischen Bestreitung des Räteslebens formulierte es Grundsätze, nach denen Klöster und Orden unter den Bedingungen der katholischen Reform leben sollten. Dabei legte das Konzil einen Akzent nicht nur auf die drei evangelischen Räte des Gehorsams, der Armut und der Keuschheit, sondern auch auf die Eigenregeln jeder Institution und mögliche Akzentsetzungen ihrer originellen Sendung durch besondere Gelübdeinhalte. Das Konzil hatte dabei unter anderem die im 16. Jahrhundert zur Blüte gekommenen Regularkleriker, vor allem die Gesellschaft Jesu (Jesuiten) im Blick.

Die Entwicklungen in den kommenden Jahrhunderten machten eine erneute gesamtkirchliche Beschäftigung mit dem Ordensleben erforderlich. Am Ende des 18. Jahrhunderts war es durch die Auflösung der Jesuiten, die josephinischen Klosteraufhebungen und die Säkularisationen in der Folge der Französischen Revolution, vor allem in Frankreich und Deutschland, zum Ende des alten Ordenslebens gekommen. In Frankreich fast zeitgleich damit, in den übrigen europäischen Ländern vor allem um die Mitte des 19. Jahrhunderts, entstanden Neugründungen religiöser Gemeinschaften, die vor allem Funktionsgründungen für Erziehung, Krankenpflege und Mission waren. Die kontemplativen Gemeinschaf-

---
[1] Vgl. *Decretum de regularibus et monialibus*: CT 9, 1079–1085.

ten waren demgegenüber in der Minderheit. Diese Ausrichtung auf das aktive Leben und die gleichzeitige Orientierung am Ideal heiliger Zurückgezogenheit ließ innerhalb der Gemeinschaften die Spannung wachsen, ob die Lebens- und Arbeitsstile der Industriegesellschaft mit denen der Orden überhaupt kompatibel seien.[2]

Wegen ihrer anfänglichen regionalen Konzentration standen die in der überwiegenden Mehrzahl weiblichen Gemeinschaften unter bischöflicher Jurisdiktion, auch wenn sie sich als eigenständige Gründungen unter der Leitung einer Generaloberin mit grundsätzlicher Möglichkeit zur Ausweitung über den Bereich einer Diözese hinaus verstanden[3], was seit den Kulturkämpfen auch realisiert wurde. Im Zug der Ultramontanisierung der Pontifikate seit Gregor XVI. wurde aber auch im Bereich der Orden eine zentralisierende Tendenz verfolgt. Sie machte sich bemerkbar in Regelungen zur Anerkennung neugegründeter Institute und in der Förderung zentralistisch geleiteter Gemeinschaften. Eine wichtige Veränderung betraf die Gelübde. In der Enzyklika *Neminem latet* vom 19. März 1857 ordnete Papst Pius IX. an, dass der feierlichen Profess zeitlich begrenzte Gelübde voraufgehen sollten. Der Grund dafür, dass mindestens drei Jahre gültige zeitliche Gelübde abgelegt werden sollten, war folgender: Die Orden sollten nicht durch zu hastige dauerhafte Eingliederung junger Menschen ihren ursprünglichen Geist verwässern. In der Zwischenzeit sollte eine weitere Prüfung der Kandidaten und ihres Entschlusses stattfinden. 1902 dehnte Leo XIII. mit dem Dekret *Perpensis* die Drei-Jahres-Regelung der zeitlichen Gelübde auch auf die Frauengemeinschaften aus.

In dieser schwerpunktmäßig das Ordensrecht umgestaltenden Situation ist auch der Entwurf für achtzehn thematisch angelegte Konstitutionen im Vorfeld des Ersten Vatikanischen Konzils zu betrachten[4], der wegen des überstürzten Abbruchs nicht mehr der Versammlung zur Prüfung vorgelegt werden konnte. In ihm zeigte sich eine Tendenz, die bis zum Zweiten Vatikanum anhalten sollte: Detaillierte, oft kleinliche Regelungen sorgten dafür, dass den einzelnen Gemeinschaften kaum Spielraum zur Entfaltung eines eigenen Charismas gegeben wurde. Das führte zu einer weitgehenden Uniformität im äußeren Erscheinungsbild und in der inneren Ausrichtung der Orden, vor allem der zahlreichen neugegründeten Frauengemeinschaften. Theologisch lag der Akzent des geplanten Schemas auf einer Defensivhaltung gegenüber dem Zeitgeist. In Formulierungen, die 90 Jahre später in der Vorbereitung des Zweiten Vatikanums wieder aufgenommen wurden, wurde etwa der Gehorsam beschrieben als „sich selbst verleugnen und Gott das beständige Ganzopfer des eigenen Willens darbringen"[5]. Die Institute

---

[2] Vgl. Meiwes, Arbeiterinnen.
[3] Vgl. Langlois, Catholicisme au féminin.
[4] Die Themenfelder der einzelnen Konstitutionen waren: Gehorsam, Gemeinschaftsleben (vita communis), Klausur, kleine Konvente, Noviziat und weitere Einführung der Neu-Professen, Zuordnungen zu Konventen, Studium, Grade und Titel in Orden, Ordinationen, Wahlen, Visitationen, Ausschluss von Mitgliedern, Jurisdiktion der Bischöfe über ausgetretene Religiose, Nonnen, Institute mit einfachen Gelübden, Exerzitien sowie Zeiten und Häuser der Zurückgezogenheit, Privilegien. Vgl. Mansi 33, 788–854.
[5] *Schema constitutionis super voto obedientiae regularium*: Mansi 33, 788.

mit einfachen Gelübden wurden als nicht zu den Regularen im Vollsinn gehörig charakterisiert, „welche dennoch den Anschein von jenen vor sich her getragen haben und den evangelischen Räten der Vollkommenheit folgen"[6]. Der Ton der Schemata oszillierte an vielen Stellen zwischen einem hohen Lob der Institute, wie beispielsweise der klausurierten Nonnen, die als „jene Blüte evangelischer Vollkommenheit, Zierde geistlicher Gnade und Schmuck"[7] bezeichnet werden, und einem Bedürfnis nach kleinlicher Regelung der konkreten Lebensformen. Für die Entwicklung der im Entstehen begriffenen Kongregationen kann es als Glücksfall angesehen werden, dass dieses Dekret nicht zur Verabschiedung gelangte.

Die rechtliche Neustrukturierung eines immer pluraler werdenden kirchlichen Standes[8] wurde in den Jahrzehnten nach dem abgebrochenen Ersten Vatikanischen Konzil zu einer wichtigen Aufgabe der Kurie. Die folgenreichste Entscheidung traf dabei Papst Leo XIII., der in der Apostolischen Konstitution *Conditae a Christo* (08. Dezember 1900)[9] die Kongregationen als eigene Kategorie des geweihten Lebens anerkannte. Diese Gemeinschaften mit einfachen Gelübden, also ohne die Verpflichtung zur strengen Form der päpstlichen Klausur, konnten entweder eine diözesane oder eine päpstliche Anerkennung erlangen. Die Verbindung von persönlicher Heiligung und apostolischer Tätigkeit mit Akzent auf letzterer kam auch in der unterschiedlichen Terminologie zum Ausdruck: Kongregationen hatten Konstitutionen und Häuser, Orden dagegen eine Regel und Klöster.

Der dadurch bezeichneten Pluralität des geweihten Lebens trug auch der 1917 publizierte *Codex Iuris Canonici* Rechnung, indem er in can. 488 die Verwendung der differenzierten Bezeichnungen erläuterte. Gleichzeitig bot er aber auch in can. 487 eine theologische Definition des Ordensstands: „Der religiöse Stand oder die Weise, stabil in Gemeinschaft zu leben, durch den die Gläubigen über die allgemeinen Gebote hinaus, auf sich nehmen, auch die evangelischen Räte mit Hilfe der Gelübde des Gehorsams, der Keuschheit und der Armut zu halten, muss von allen in Ehren gehalten werden." Damit wurden solche Institutionen als dem Ordensstand zugehörig erklärt, die in einer gemeinschaftlichen Lebensform existierten, deren Mitglieder den drei evangelischen Räten folgten und die diese Verpflichtungen durch ein Gelübde bekräftigten.

Diese Definition bestimmte auch die Ansätze der Ordenstheologie der ersten Hälfte des 20. Jahrhunderts. Im „Lexikon für Theologie und Kirche" wurde 1935 als erste Aufgabe der Orden bestimmt, „das Streben nach sittl. Vollendung bis zum ‚Vollalter der Gnadenfülle Christi' (Eph 4,13) nicht nur zu ermöglichen, sondern auch zu erleichtern"[10]. Von den evangelischen Räten sei der Gehorsam der wichtigste, weil die beiden anderen auch ohne Gemeinschaftsbezug möglich seien. Abgelehnt wird allerdings eine Stockwerktheologie, nach der die im Ordensstand zu erlangende Vollkommenheit eine andere als die des christlichen

---

[6] *Schema constitutionis super institutis votorum simplicium*: Mansi 33, 844.
[7] *Schema constitutonis de monialibus*: Mansi 33, 838.
[8] Zur Diskussion um den Begriff „Stand" vgl. Philippe, Ziele.
[9] Vgl. Leo XIII., Conditae a Christo.
[10] Sturm, Art. Orden 748.

Lebens überhaupt sei. Ein Orden wolle „der Idee der Kirche als einer Heilsordnung u. Gnadeninstitution in ihren Mitgliedern zur Verwirklichung verhelfen, ein Nachbild der hl. Kirche als der großen Familie Gottes sein"[11]. Daraus resultiere der besondere Bezug zum Papst, der zur Exemtion mancher Orden geführt habe. Dass diese Akzente bis zum Vorabend des Konzils Bestand hatten, zeigt ein Vergleich mit der Neuauflage desselben Lexikons. Die „Pflicht zum Erstreben der christl. Vollkommenheit"[12] wurde noch 1962 als wichtigstes Ziel gedeutet. Der Unterschied zu den Weltchristen liege in den von den Ordensleuten „zur leichteren u. sichereren Erreichung des Zieles angewandten Mitteln, durch die die Haupthindernisse auf dem Wege zur vollkommenen Gottesliebe beseitigt werden sollen"[13].

Das lag auf der Linie des 1962 vom damaligen Sekretär der Religiosenkongregation, Erzbischof Paul Philippe, in mehreren Sprachen parallel publizierten Werkes über die Ziele des Ordenslebens nach Thomas von Aquin. Der Autor kam zum Schluss, primäres Ziel sei immer die Kontemplation, was nicht nur für die beschaulichen Gemeinschaften gelte: „In allen Formen der verschiedenen Institute des tätigen Lebens jedoch muß man immer den Ordensstand als solchen mit seinem wesentlichen Ziel der totalen Eigentumsüberstellung an Gott, der ‚mancipatio' aus Liebe zu Ihm wiederfinden können."[14] Von den deutschen Konzilstheologen, besonders dem für Ordensfragen zuständigen Peritus Friedrich Wulf SJ, wurde diese theologische Position heftig bekämpft.

II. Erste Reformschritte unter Pius XII.

Auf den ersten Blick betrachtet erlebten die Orden in den Jahren vor dem Zweiten Vatikanischen Konzil einen Aufschwung. In den ersten Jahrzehnten des 20. Jahrhunderts stiegen die Mitgliederzahlen beträchtlich an. Den Hauptanteil daran stellten die Frauenkongregationen, deren Mitgliederzahl von allein 1942 bis 1956 von 538.708 auf 730.434 weltweit anstieg. In diesen Jahren konnten alle Typen religiöser Gemeinschaften ihre Niederlassungen verstärken. Einzelne Länder, wie Spanien, erlebten regelrecht einen Boom an neuen Ordensleuten.

Dabei verschoben sich die Gewichte zwischen den Ordenstypen. Hatten die Mönchs-, Kanoniker- und Bettelorden 1770 noch 88,1 % aller männlichen Ordensleute ausgemacht, sank dieser Anteil bis 1965 auf 30,9 %. Rechnet man noch die Regularkleriker (de facto vor allem die Jesuiten) mit 11,9 % hinzu, bedeutet das, dass zur Zeit des Zweiten Vatikanischen Konzils fast 60 % aller männlichen Ordensleute zu Gemeinschaften gehörten, die in den 200 Jahren zuvor gegründet worden waren.[15]

---

[11] Sturm, Art. Orden 749.
[12] Mayer, Art. Orden 1198.
[13] Mayer, Art. Orden 1198.
[14] Philippe, Ziele 346.
[15] Vgl. Abbruzzese, Vita 240–241. Für die Frauengemeinschaften liegen keine entsprechenden Zahlen vor.

Doch das war nur die Vorderseite. Nach dem Zweiten Weltkrieg veränderte sich vor allem in Europa die Situation. Die Kurve zeigte bereits wieder nach unten. Gerade in den Jahren nach dem Zweiten Weltkrieg machten sich Anzeichen einer Modernitätskrise bemerkbar. Zwar gehörten Ordensleute zu den entscheidenden Meinungsführern, die innovative theologische Strömungen in Gang setzten, doch waren sie auch von Gegenmaßnahmen am ehesten betroffen. Theologen wie Henri de Lubac SJ[16], Pierre Teilhard de Chardin SJ[17], Karl Rahner SJ[18], Yves Congar OP[19] und Marie-Dominique Chenu OP[20] standen für neue Akzente in der Theologie, sahen sich aber sowohl innerhalb ihrer Orden als auch von Seiten der römischen Behörden in Frage gestellt und durch Disziplinarmaßnahmen marginalisiert.

Was den Mainstream anlangt, waren sie aber auch für die gesamte Ordenslandschaft eher untypisch. Hier herrschte die von Etienne Fouilloux charakterisierte Mentalität der „belagerten Festung"[21] vor. Und wenn bereits 1952 in Fastenhirtenbriefen belgischer Bischöfe die Gründe für den Rückgang der Berufungen „im zunehmenden Wunsch nach uneingeschränkter Freiheit, in einer verweltlichten Atmosphäre und in der Konsequenz davon im Widerstand der Eltern gegen das Ordensleben", aber auch in neuen „Auffassungen über die Ehe"[22] gesehen wurden, so deutet das eine Außensicht an, die zu dieser Zeit innerhalb der Orden weitgehend noch nicht rezipiert werden konnte. Die Beharrungstendenzen waren in den 1950er Jahren stärker als die Erneuerungsbereitschaft. Auch wenn bisweilen die eigene Rückständigkeit und Anti-Modernität mit großem Sendungsbewusstsein betont wurden, wurde die Kritik an der Omnipräsenz des Buchstabens der Regel, an den besonders für apostolisch tätige Gemeinschaften spürbaren Beschränkungen durch die Klausur, an anachronistischen Formen des religiösen Habits, an der Verdrängung der Sexualität durch Überbetonung des Wertes der Jungfräulichkeit, an der rigiden asketischen Praxis und an der Tendenz zur Abschottung und Ghettoisierung immer lauter.

Das „Aggiornamento" der Orden, ihre Anpassung an die Herausforderungen der Zeit und die Modernisierung ihrer Lebensformen, wurde aber von oben angestoßen. Pius XII. hatte ein um so größeres Interesse daran, als die Orden zu seinen engsten Verbündeten zählten und an den Schaltstellen der römischen Kurie entscheidende Positionen besetzten. So kam es, unterstützt durch zwei internationale und mehrere nationale Kongresse zum Ordensleben, zwischen 1947 und 1958 zu einer umfassenden Reform der religiösen Gemeinschaften:

Veränderungen in der theologischen und rechtlichen Bewertung des geweihten Lebens ergaben sich durch die 1947 von Pius XII. in seiner Apostolischen Kon-

---

[16] Vgl. Lubac, Schriften.
[17] Vgl. Kettern, Teilhard, dort auch reichhaltige Literaturhinweise.
[18] Zu Karl Rahner und seinem Einfluss auf das Zweite Vatikanische Konzil, aber auch zur Vorgeschichte vgl. Wassilowsky, Heilssakrament.
[19] Vgl. Congar, Herbstgespräche. Zur Rolle Congars auf dem Konzil vgl. Melloni, Congar.
[20] Zur Rolle Chenus in der Anfangsphase des Konzils vgl. sein ediertes Tagebuch: Chenu, Notes.
[21] Fouilloux, vor-vorbereitende Phase 86.
[22] Zit. nach: Schmiedl, Konzil 95.

stitution *Provida Mater Ecclesia* sanktionierte Lebensform der Säkularinstitute.[23] Darin wurde das erste Mal ein positives Verhältnis des geweihten Lebens in der Kirche zur „Welt" zum Ausdruck gebracht. Die „geweihte Welthaftigkeit"[24] gibt den Mitgliedern der neuen Institute die Möglichkeit, auf eine andere Weise als die bisherigen Gemeinschaften die evangelischen Räte zu realisieren. Kennzeichen der Säkularinstitute ist „gerade das alltägliche Bleiben und bewußte Hineingehen in die Welt und alle Lebensbereiche"[25]. So konnten sich in den Jahren nach dem Zweiten Weltkrieg die Säkularinstitute („Weltgemeinschaften") als neue Form gottgeweihten Lebens etablieren. Vermutlich ist aber bis heute nicht im allgemeinen Bewusstsein, welche innere Umstellung und Infragestellung des eigenen Selbstverständnisses dadurch den traditionellen Gemeinschaften zugemutet wurde, dass nun auf einmal ein Leben im Stand christlicher Vollkommenheit außerhalb von Klostermauern und Klausur päpstlicherseits genehmigt und empfohlen wurde.

Weitere Schritte der Reformbemühungen Pius' XII. waren: Den Nonnenorden wurde eine Verbindung von Apostolat und kontemplativer Lebensweise ermöglicht. Kleinere Gemeinschaften wurden angehalten, sich zu Föderationen zusammenzuschließen. Auf nationaler und internationaler Ebene fanden sich die Oberinnen und Obern zu Konferenzen und Kommissionen zusammen. Wichtige Schwerpunkte bildeten auch die Prüfung und Anerkennung von Satzungen und Konstitutionen. Auf die Aus- und Weiterbildung der Ordensleute, besonders der Schwestern, wurde ein Akzent gelegt. Die dahinter stehende Theologie des geweihten Lebens jedoch orientierte sich nach wie vor an einer Überordnung des Ordensstandes vor der Ehe. In der Enzyklika *Sacra virginitas* (1954) hob Pius XII. hervor, dass Sexualität nicht die Hauptantriebskraft des Menschen sei, Gattenschaft nicht den vorzüglichen Weg zur Vervollkommnung darstelle und junge Menschen keineswegs von der Berufung zu einem Orden abgehalten werden dürften.

Die pianische Ordensreform konnte keine positive Antwort auf die Frage der Orden nach ihrem Platz in einer sich wandelnden Welt geben. Sie blieb „eine Zuständereform, die manche Mißstände beseitigen half, aber dem Anliegen einer kirchlichen Modernisierung sowie einer erneuerten Theologie aus den Ursprüngen heraus nur sehr bedingt gerecht werden konnte"[26].

---

[23] Zur Geschichte und Theologie der Säkularinstitute nach wie vor unentbehrlich: Pollak, Aufbruch. Vgl. auch Mohr, Existenz.
[24] Vgl. Pollak, Aufbruch 257.
[25] Pollak, Aufbruch 258.
[26] Schmiedl, Konzil 150.

III. Die Textgeschichte

1. Die „consilia et vota"

Das gottgeweihte Leben gehörte zu den am meisten genannten Themen, die für das von Johannes XXIII. einberufene Konzil vorzusehen waren. Bereits im Entwurf zu einem Fragebogen tauchten Probleme des Zueinanders verschiedener religiöser Vergemeinschaftungstypen, der Verwaltung kirchlicher Güter durch Ordensleute und das Anliegen einer Einordnung der Orden in die Diözesanstrukturen auf. In den *consilia et vota*, die von insgesamt 2150 Personen und Institutionen eingereicht wurden, kamen mögliche Themen in der Spiegelung durch die zukünftigen Konzilsväter zur Sprache. Die Hauptsorge der Bischöfe war eine angemessene Regelung des Verhältnisses der Orden zu den Diözesen, und zwar im Sinn einer Einfügung der Orden in die von den Bischöfen kontrollierten Seelsorgsstrukturen. Dieses Anliegen wurde besonders vehement von den Ordinarien vertreten, die nur über einen zahlenmäßig geringen Diözesanklerus verfügten. Als Zuständige für diözesane Schwesternkongregationen, die im allgemeinen gegenüber denen päpstlichen Rechts favorisiert wurden, lag den Bischöfen eine Reform im äußeren Erscheinungsbild am Herzen. Deshalb reichten sie eine Fülle von Vorschlägen zur Vereinfachung des Habits, der Reduzierung von Privilegien im volksliturgischen Bereich, der Klausurbestimmungen und der einschränkenden Beichtvorschriften für Schwestern ein. Erstaunlicherweise blieben die Vorschläge der Ordensleute unter den Bischöfen und der Ordensobern genau so blass wie die der übrigen Oberhirten. Ihre Anliegen konzentrierten sich auf Detailvorschläge sowie die apologetische Verteidigung einmal errungener Exemtionsprivilegien. Manche Bischöfe gingen auf der anderen Seite so weit, dass sie eine Fundamentalkritik an den Orden formulierten. Einigen von ihnen mangele der Sinn für Universalität und Katholizität (Joseph Schoiswohl, Seckau), sie seien „Staaten im Staat" und „lebendige Museen" der Kirche (Henri Hoffmann, Djibouti), von ihnen ginge ein Geist kollektiven Hochmuts aus (Zenon Aramburu, Wuhu/China). Anliegen für eine erneuerte Theologie des Ordenslebens konzentrierten sich darauf, die religiösen Gemeinschaften in den Kontext der Ekklesiologie zu stellen. Grundlage sollten die Lehrschreiben Pius' XII. bilden. Der in *Sacra virginitas* eingeschärfte Vorrang der Jungfräulichkeit solle beibehalten (Rupp, Weihbischof von Paris) und daraus ein Konzept der Heiligkeit für die Ordensleute entwickelt werden. Mehrere Bischöfe forderten in dieser Richtung auch eine klarere Unterscheidung zwischen Diözesan- und Ordenspriestern.

2. Die Erarbeitung eines Vorbereitungsschemas

Die Voten bildeten die Grundlage für die Arbeit der Vorbereitungskommissionen. Die Ordenskommission wurde dominiert von Mitarbeitern der Kurie und Ordensleuten, die ihren Wohnsitz in Rom hatten und als Prokuratoren ihrer Gemeinschaft oder an den römischen Universitäten tätig waren. Auch die Konsultoren waren mit zwei Ausnahmen Ordensleute. Ein Drittel von ihnen hatte seinen Wohnsitz außerhalb Roms. Für das Funktionieren der Kommission, die unter Leitung des Präfekten der Religiosenkongregation, Kardinal Valerio Valeri (1883–1963) stand, sorgte als Sekretär der kanadische Oblatenpater und langjährige Prokurator seiner Kongregation, Joseph Rousseau (1893–1978). In einem großangelegten Arbeitsprogramm brachte er seine Kommission dazu, insgesamt zwanzig Themen von jeweils drei oder vier Gutachtern vorbereiten und in der Vollversammlung diskutieren zu lassen, so dass nach eineinhalb Jahren ein Schema von 132 Seiten vorlag. Darin wurde der von Pius XII. begonnene Prozess des Aggiornamento fortgesetzt und auf die Revision der Konstitutionen und die Besinnung auf den Gründungsimpuls konkretisiert. Ein Teilthema, das in Absprache mit der Theologischen Kommission behandelt wurde, war die Theologie des Ordenslebens.[27] Mit der Frage nach einer Einschränkung der Exemtion verbunden war das Anliegen einer stärkeren Einbeziehung der Orden in die diözesan strukturierten Pastoralpläne. Einige Themen waren spezifisch für die Reform der Frauengemeinschaften, wie etwa die Verbesserung der Ausbildung, die Regelung der Beichtjurisdiktion, die Rechtswirksamkeit feierlicher und einfacher Gelübde vor allem im Hinblick auf die Klausurbestimmungen. Ein weiterer Themenbereich beschäftigte sich mit der Formation in den Orden vom Noviziat bis zur Priesterweihe. Mit den Fragen um das Priestertum beschäftigte sich das Schema ebenfalls, wobei sowohl die Zulassung als auch die Entlassung und der Umgang mit den Ex-Priestern auf dem Programm standen. Ob und wie Orden in der Welt präsent sein sollten, wurde im Zusammenhang mit der Ordenskleidung, dem öffentlichen Gebet im Namen der Kirche sowie der finanziellen Absicherung der Gemeinschaften erörtert. Schließlich ging es auch um die Zuordnung der Säkularinstitute zum gottgeweihten Leben und eine mögliche engere Zusammenarbeit unter den Gemeinschaften.

Insgesamt hielt die Kommission für die Religiosen zwischen dem 1. Februar und dem 30. Juni 1961 35 Vollversammlungen ab, in denen die Themen vorgetragen, bearbeitet und diskutiert wurden. Zwischen November 1961 und April 1962 fanden weitere 36 Sitzungen für die Redigierung des Textes zu Händen der Zentralkommission statt. Hinzu kam noch die Arbeit von vier Unterkommissionen. Die Ordenskommission gehörte somit sicher zu den produktivsten Kommissionen der Vorbereitungsphase des Konzils.

Doch im Ganzen musste ihr Ergebnis mehr als unbefriedigend bleiben. Schuld daran war zum Teil die verhängnisvolle Trennung von disziplinarischem und theologischem Teil – letzterer wurde von der Theologischen Kommission beansprucht –, zum Teil aber auch die kirchenrechtliche Perspektive, welche die betei-

---

[27] Dieser umfangreiche Text zu Händen der Theologischen Kommission sollte Grundlage für ein Kapitel zum Ordensleben innerhalb des Kirchenschemas sein. Neben einer Definition („Eine beständige Lebensweise innerhalb einer Gesellschaft, von der kirchlichen Autorität festgelegt, in der die Gläubigen über die allgemeinen Gebote hinaus auch die evangelischen Räte des Gehorsams, der Keuschheit und der Armut zu halten versprechen und sich so nach der evangelischen Vollkommenheit ausstrecken sollen.") sollten die Beziehungen der Ordensleute zur Universalkirche, zum Papst und zu den Bischöfen behandelt werden.

ligten Mitglieder und Konsultoren der Ordenskommission nicht zu verlassen imstande waren. Die von Kardinal Suenens[28] 1961 in seinem wegweisenden und die Orden aufrüttelnden Buch „Krise und Erneuerung der Frauenorden"[29] angemahnte Doppelperspektive von „Krise" und „Erneuerung" wurde nicht angemessen eingenommen. „Krisenphänomene wurden beschrieben, Erneuerungsmöglichkeiten jedoch nur defensiv und warnend angegeben. Der weltabgewandte Zug des Ordenslebens wurde trotz mancher Ansätze (z. B. Hinweis auf die Bedeutung der Kommunikationsmittel) noch verstärkt."[30] Der nahezu ausschließlich aus kirchenrechtlicher Perspektive geschriebene Text nahm die Anliegen des Pacelli-Papstes in den zitierten Lehräußerungen getreu auf. Aber er ging nicht darüber hinaus. Im Gegenteil, die Vorbereitungskommission versuchte eine Synthese der verschiedenen Aspekte zu schaffen, die der konkreten Vielfalt des Ordenslebens nicht gerecht werden konnte. Der Widerspruch gegen eine solche Vorlage kam vor allem aus den Ländern, in denen sich die Orden bereits in einem stärkeren gesellschaftlichen Modernisierungsprozess befanden.

Eine erste Gelegenheit, gegen die juristisch-zentralistische Perspektive des Vorbereitungsschemas Stellung zu beziehen, bot die Prüfung der Vorlage durch die Zentralkommission. Dieses „Konzil im Kleinen" mit 110 Mitgliedern und 25 Beratern bekam den Text allerdings nur in Abschnitten vorgelegt, so dass sich die Bischöfe kein Bild vom gesamten Schema machen konnten. Dadurch mussten sich die Stellungnahmen auch nur auf einzelne Punkte beziehen, ohne den Gesamtduktus des Textes und die Beziehung der einzelnen Kapitel zueinander berücksichtigen zu können. In der Zentralkommission formierten sich die Kritiker des Vorbereitungstextes, die eine stärkere Konzentration auf Wesentliches forderten.

Als besonders folgenreich erwiesen sich die Interventionen Légers und Döpfners vom 15./16. Juni 1962. Beide forderten eine Anreicherung der biblischen und patristischen Perspektive. Der Anspruch des Ordenslebens auf „Perfektion" solle, so Döpfner, zugunsten der eschatologischen Perspektive fallen gelassen werden; denn der Ordensstand sei „sichtbares Zeichen oder Inkarnation des Gottesreiches und der neuen Schöpfung, die in dieser Welt schon anfanghaft gegenwärtig ist, und eine dauerhafte Fortsetzung des Siegers, des auferstandenen Christus"[31]. In ihrer Antwort wies die Religiosenkommission auf die Lehre des Thomas von Aquin hin und lehnte die Anmerkungen Döpfners ab. Diese Frontstellung sollte sich auf dem Konzil selbst weiter fortsetzen. Außer einigen kleineren Veränderungen zeigte sich die Ordenskommission äußerst resistent gegenüber der Zentralkommission.

So lag zu Beginn des Konzils ein Text vor, der zwar vervielfältigt, aber noch nicht gedruckt[32] und den Konzilsvätern nicht zugänglich gemacht worden war. In

---

[28] Vgl. seine Lebenserinnerungen: Suenens, Souvenirs.
[29] Vgl. Suenens, Frauenorden.
[30] Schmiedl, Konzil 327.
[31] AD II/II 4, 365.
[32] *Schema de statibus perfectionis adquirendae a Commissione de Religiosis praeparatoria Concilii exaratum atque a Subcommissione cardinalitia centrali de schematibus emendandis habita ratione*

seinem ersten theologischen Teil betonte der Text, dass es beim Ordensleben um die freiwillige Übernahme der drei evangelischen Räte für den Dienst an Gott und dem Nächsten und um die Verleugnung seiner selbst gehe. Rechtliche Konsequenzen aus dieser Haltung erwüchsen durch die Profess in einer kirchlich anerkannten Gemeinschaft. Der Text unterschied Orden im strengen Sinn (religio), Gesellschaften ohne Gelübde (societas sine votis) und Säkularinstitute. Neben den „Gefährdungen" des „Aktivismus" und Naturalismus warnte der Text vor dem Irrtum, der Ehestand sei dem religiösen Lebensstand theologisch vorzuziehen. In seinem umfangreichen zweiten Teil argumentierte das Dokument juristisch-praktisch. Reformen müssten vom Primat des Übernatürlichen ausgehen. Kriterien für eine Erneuerung seien die Wiederherstellung des ursprünglichen Geistes und die Akkomodation an die Zeitverhältnisse. Auf diesem Hintergrund wurden die einzelnen von der Kommission vorbereiteten Themen abgehandelt.

3. Die Konstituierung der Arbeit der Ordenskommission

Die Wahl der Mitglieder der Ordenskommission am 16. Oktober 1962 und die Ergänzung dieser Wahl durch päpstliche Nomination zeigte eine beachtliche Kontinuität zur Vorbereitungsphase. 17 der 25 Kommissionsmitglieder hatten bereits Erfahrungen in einer Vorbereitungskommission sammeln können. Mehr als ein Drittel gehörte zu der vorbereitenden Ordenskommission. Zwei Drittel der Mitglieder waren selbst Mitglieder einer religiösen Gemeinschaft. Die Leitung der Konzilskommission lag in den Händen der Kurie. In Kontinuität zur Vorbereitungsphase und in enger Verflechtung mit der entsprechenden Kurienbehörde war der Präfekt der Religiosenkongregation (zunächst Kardinal Valerio Valeri, nach dessen Tod 1963 sein Nachfolger Kardinal Ildebrando Antoniutti) Präses der Ordenskommission. Sekretär blieb der kanadische Oblatenpater Joseph Rousseau. Durch die der Kommission zugeordneten Periti wurde dieses auf den ersten Blick relativ monolithische Gebilde etwas aufgelockert. Hier waren es vor allem Karl Rahner SJ und sein Ordensbruder Friedrich Wulf SJ, die in Zusammenarbeit mit Kardinal Julius Döpfner für eine Veränderung des Textes sorgten.

4. Erste Sessio

In der ersten Konzilssessio hielt die Ordenskommission lediglich ihre konstituierende Sitzung ab. Die weitere Arbeit wurde durch die im Dezember 1962 errichtete Koordinierungskommission bestimmt. Auf deren erster Sitzung am 25. Januar 1963 schlug Kardinal Döpfner eine radikale Kürzung des Textes über die Ordensleute vor. Die theologische Grundlegung des Ordenslebens sollte in das

---

observationum patrum Commissionis centralis cum relativis responsionibus Commissionis de Religiosis emendatum nunc novo examini Patrum Commissionis Concilii de Religiosis subjectum, verv. A 4, 132 S.

Kirchenschema eingebaut werden. Für den Rest könnte eine knappe Resolution genügen, während die konkreten Anregungen in ein nach dem Konzil zu erstellendes Direktorium aufgenommen werden sollten. Daraufhin erstellte die Ordenskommission ein neues Schema, das statt der ursprünglichen 201 Nummern nur noch 49 umfasste, damit also dem zentralen Anliegen der Kürzung entsprach.

Dennoch wurde gerade dieses Schema von einigen mitteleuropäischen Konzilsvätern scharf kritisiert. Kardinal Döpfner bemängelte wie in der Zentralkommission auch in der Koordinierungskommission am 27. März 1963 das fehlende biblische und theologische Fundament, ohne das der christologische und ekklesiologische Charakter des Ordenslebens nicht adäquat zum Ausdruck gebracht werden könne. Für den Erneuerungsprozess dürfe der Spielraum nicht zu sehr eingeengt werden. Döpfner kritisierte zudem eine zu negative Sicht der Welt, die nicht nur Ort der Konkupiszenz, sondern von Christus erlöste Schöpfung und Ort der Wirksamkeit des Heiligen Geistes sei. Nach Karl Rahner müssten „die Orden aus ihrer vielfach engen Mentalität etwas herauskommen in eine größere Weite hinein", weshalb „ihr persönliches Heiligkeitsstreben immer der Kirchenfunktion ihres Standes untergeordnet"[33] sein müsse. Die Rezeption der Döpfner-Rahnerschen Intervention durch die Ordenskommission blieb allerdings aus, da keine expliziten Textkorrekturen angebracht worden seien.

Das überarbeitete und gekürzte Schema *De statibus perfectionis adquirendae*, nun in neun Abschnitte mit 52 Artikeln eingeteilt[34], wurde im Mai 1963 an die Konzilsväter versandt. Die Antworten umfassten etwa 250 Schreibmaschinenseiten. Eine Reihe von Konzilsvätern übte heftige Kritik am Entwurf, der zu praxisfern sei, zu sehr vom juristischen Denken geprägt, nur Altbekanntes, vor allem aus den Dokumenten Pius' XII., wiederhole, auf die pastorale Intention des Konzils keine Antwort gebe und Reformen nicht profund genug angehe. Die Kommission arbeitete in gewohnter Ausführlichkeit zwischen September 1963 und März 1964 ihre Anmerkungen zu den Antworten der Konzilsväter aus, listete jeden Änderungsvorschlag penibel auf, vertiefte jedoch durch ihre ausgesprochen kirchenrechtliche Argumentation den Dissens mit den theologischen Anliegen vor allem der mitteleuropäischen Konzilsväter.[35]

5. Zweite Sessio

Als die Modi in Rom eingetroffen und von der Ordenskommission beantwortet wurden, war das Schema, auf das sie sich bezogen, bereits Makulatur geworden. Denn nun war wieder die Koordinierungskommission am Zug. Alle Kommissionen wurden am 29. November 1963 von Kardinalstaatssekretär Cicognani aufgefordert, eine Synopse ihrer bis dato erarbeiteten Texte zu erstellen, die bisherige Arbeit der Kommission und den Zusammenhang mit der pastoralen Zielsetzung

---

[33] RAK (= Karl Rahner-Archiv Elmar Klinger, Würzburg), Nr. 553, 3.
[34] Vgl. AS III/7, 751–780.
[35] Vgl. AS III/7, 103–137.

des Konzils zu erläutern. Die Ordenskommission richtete daraufhin fünf Unterkommissionen ein, deren Aufgabe die Zuordnung der einzelnen Kapitel des Ordensschemas zu den anderen Konzilsdokumenten sein sollte.

Wieder war es Kardinal Döpfner, dessen neuerliche Initiative den Arbeitsplan veränderte. Der in der Koordinierungskommission am 28. Dezember 1963 eingebrachte Döpfner-Plan sah vor, die noch nicht behandelten Themen lediglich in ein oder zwei Generalkongregationen zur Sprache zu bringen und dann entweder als Kurzdekret (*decretum brevissimum*) oder Botschaft des Konzils zu verabschieden. Für die Ordensthematik setzte die Koordinierungskommission am 15. Januar 1964 fest, dass die Vorlage auf einige wesentliche Punkte in Form von Propositionen reduziert werden sollte. Darin sollten die Gründe für eine Erneuerung und Anpassung des religiösen Lebens genannt werden, die Unterschiede der religiösen Institute beschrieben werden, evangelische Räte, Geist der Gründer und Ziel des Instituts als Fundamentalkriterien der Erneuerung aufscheinen sowie die aktuellen Probleme (Unterschiede zwischen Orden und Kongregationen, Klausur, religiöse Kleidung, Ausbildung, Laieninstitute, Werke der Orden) angesprochen werden. Damit war im Grunde der Stand erreicht, den das spätere Konzilsdekret haben sollte.

Die Reaktion der Ordenskommission erfolgte prompt. Rousseau verfasste am selben Tag, an dem die Beschlüsse der Koordinierungskommission mitgeteilt wurden (23. Januar 1964), einen auf 18 Punkte in drei Paragraphen zusammengestrichenen Text. Dieses „verstümmelte Schema" (Audomar Scheuermann) bedeutete den endgültigen Bruch zum Vorbereitungsschema. Von diesem Text, der noch einmal auf zehn Propositionen gekürzt und am 07. Februar 1964 verabschiedet wurde, ging der weitere Prozess der Erarbeitung eines Dekrets aus.[36] In rascher Folge wurde nun diese Vorlage überarbeitet, so dass am 27. April 1964 eine Fassung von *De religiosis* fertiggestellt werden konnte, die 19 Punkte umfasste und zur Grundlage der Diskussion in der Konzilsaula werden sollte.[37] Sie umfasste vier Hauptteile, nämlich die Erneuerung des religiösen Lebens, das Gemeinschaftsleben und seine Formen, die Formation der Mitglieder sowie die Aufgaben der einzelnen Institute und die Zusammenarbeit unter ihnen.[38] Die Stellungnahme Kardinal Döpfners zu diesem Entwurf fiel deutlich positiver aus als zu den vorangegangenen Entwürfen. Er empfahl eine wenigstens kurze Aus-

---

[36] „Nach einem Hinweis auf die theologische Grundlegung in der Kirchenkonstitution gab Nr. 1 eine allgemeine Norm für die Durchführung der Erneuerung an. Es folgten Ausführungen zur Erneuerung des religiösen Lebens, worunter die evangelischen Räte subsumiert wurden (Nr. 2), über das Gemeinschaftsleben (Nr. 3), die Klausur der Nonnen (Nr. 4), das religiöse Kleid (Nr. 5) und die Ausbildung der Mitglieder (Nr. 6). Mit der Gründung, Erneuerung und Aufhebung von Instituten beschäftigte sich Nr. 7. Daß Vereinigungen von Instituten zu fördern seien, legte Nr. 8 dar. Nr. 9 wies hin auf die Bedeutung von Konferenzen der Höheren Oberen. Mit einem Hinweis auf die Förderung religiöser Berufungen in Nr. 10 schloß der kurze Entwurf." (Schmiedl, Konzil 424).
[37] Vgl. AS III/7, 143–151. Abgedruckt sind in synoptischer Anordnung die Textfassungen vom 16. März und 27. April 1964.
[38] Vgl. dazu die Relation McSheas: AS III/7, 139f.

sprache darüber in der Generalkongregation. In der Intersessio 1963/1964 wurde somit ein Durchbruch erzielt, der den „Umschwung von einem legalistisch-festschreibenden zu einem zukunftsorientierten und je nach der Situation auszulegenden und anzuwendenden Dekret"[39] brachte.

6. *Dritte Sessio*

Schriftliche Reaktionen auf den Textentwurf gingen im Lauf des Sommers 1964 nur spärlich ein. Die Reaktionen reichten von „nichtssagend und enttäuschend" (Kardinal Heenan) bis zur Zustimmung. Ergänzt werden müsse das Dekret mit Ausführungen zur lebenslangen Ausbildung der Mitglieder, zu Formen des religiösen Lebens in den Missionsgebieten und zur Teilnahme der Orden am Leben der Gesamtkirche.

Die Diskussion in der Konzilsaula fand vom 10. bis 12. November 1964 statt. 26 Konzilsväter kamen dabei zu Wort, ohne zu einer klaren Stellungnahme für oder gegen das vorliegende Schema zu kommen. Einigkeit bestand in der Erneuerungsbedürftigkeit der Orden. Unklar blieb nach wie vor die Zuordnung zur Kirchenkonstitution, die Spannung zwischen einer den Lebensbedingungen angepassten Erneuerung und dem bleibenden Primat des Spirituellen und Kontemplativen, die Bewertung des Ursprungs der krisenhaften Phänomene und die Rolle der Bischöfe beim Erneuerungsprozess der Orden. Neue Gesichtspunkte aus der Diskussion betrafen die Möglichkeit für Brüdergemeinschaften, für den Bedarf der eigenen Institute einigen Mitgliedern die Priesterweihe erteilen zu lassen, die Wiederaufnahme einer Passage über die Säkularinstitute und die gewünschte explizite Erwähnung der Ordensfrauen im Text.

Unter den schriftlichen Interventionen überwogen die kritischen Stimmen. Gefordert wurde eine bessere Theologie des gottgeweihten Lebens. Diffizile Unterscheidungen zwischen Religiosen im engen und weiten Sinn, so der Prämonstratenserabt Norbert Calmels, würden die zentralen Elemente nicht genügend berücksichtigen: „Ihr Leben ist ‚Sauerteig in der Masse'; ihr Apostolat ist das Apostolat der Gegenwart in der Welt und gleichsam aus der Welt; die äußere Lebensform wird soziologisch soweit wie möglich die Lebensgewohnheit derer, mit denen sie leben und mit denen sie in der Ausübung ihrer Aufgabe zusammenarbeiten. Ihr Ziel ist eine vollere Weihe des menschlichen Lebens und der ganzen Welt."[40] In den Interventionen wurde außerdem das Spannungsverhältnis zwischen kontemplativem und aktivem Ordensleben thematisiert, die zu berücksichtigenden Rechte der Bischöfe, die besondere Aufgabe der Schulorden und der Eremiten, die Notwendigkeit der Formation und die Berücksichtigung der speziellen Probleme von Ordensfrauen. Diese müssten stärker am Meinungsbildungsprozess der Gemeinschaften beteiligt werden; Gesetze ohne vorherige Kon-

---

[39] Schmiedl, Konzil 429.
[40] AS III/7, 587.

sultation zu verabschieden, sei, so Fady (Lilongwe in Malawi), „Paternalismus von seiten der Autorität und Infantilismus von seiten der Geleiteten"[41].

An den Abstimmungen über das Schema wäre der Text beinahe gescheitert. Die Frage, ob überhaupt über das Schema abgestimmt werden sollte, beantworteten am 12. November 1964 von 2042 Vätern nur 1155 mit Ja, 882 mit Nein, drei mit placet iuxta modum bei zwei ungültigen Stimmen. Auch bei den Einzelabstimmungen gab es viele abwartende Stimmen:

Artikel	Anwesend	Ja	Nein	Ja mit Vorbehalt	ungültig
Vorwort und 1–3	1955	871	77	1005	2
4	1960	1049	64	845	2
5–6	1949	883	77	987	2
7–10	1950	907	66	975	2
11–13	1946	940	56	947	3
14	1844	1676	65	103	–
15–17	2122	1833	63	226	–
18–19	2117	1936	50	131	–
20	2112	1639	50	419	4

Im Ergebnis bedeutete das, dass zwar kein einzelner Artikel abgelehnt worden war, die grundsätzlicheren Artikel 1–13 aber nicht die erforderliche Zwei-Drittel-Mehrheit gefunden hatten. Approbiert waren nur die Artikel 14–20; der Rest des Dekrets musste unter Berücksichtigung der Modi umgearbeitet werden. Daraufhin traten in der Ordenskommission die unterschiedlichen Positionen deutlicher denn je zu Tage. Kardinal Antoniutti hatte zur Sitzung am 19. November 1964, bei der er Kardinal Döpfner heftig kritisierte, einen fertigen Entwurf für die Weiterarbeit mitgebracht. Nachdem sich vom Rottenburger Bischof Leiprecht, dem ecuadorianischen Bischof Echeverria und dem nordfranzösischen Bischof Huyghe Widerspruch erhoben hatte, einigte man sich darauf, alle Periti gemeinsam die Modi prüfen zu lassen, um sie dann der Kommission neu vorzulegen.

7. Vierte Sessio

Diese Arbeit wurde von den Periti, dem Sekretär der Ordenskommission und dem Sekretär der Religiosenkongregation, Erzbischof Philippe, vom 12.–23. Februar 1965 in drei Unterkommissionen und zwölf Vollversammlungen geleistet. Insgesamt 14000 Modi waren eingebracht worden, wobei diese hohe Zahl nicht darüber hinwegtäuschen darf, dass sich dahinter die Lobbyarbeit einiger weniger Konzilsväter verbarg: „die einen glaubten – etwas vereinfacht gesagt –, das Ordensleben gegen die drohenden Auflösungserscheinungen schützen, die anderen, seinen realen Schwierigkeiten mit positiven Vorschlägen begegnen zu müssen"[42].

---

[41] AS III/7, 620.
[42] Wulf, Kommentar PC 263.

Das Ergebnis ihrer Sichtung fassten die Periti in einem 54seitigen *Praeliminare studium interventionum ac modorum* zusammen, das von einer Unterkommission unter Leitung von Bischof Leiprecht in acht Sitzungen vom 9.–13. März 1965 besprochen wurde. In Abwesenheit des Kommissionsvorsitzenden Kardinal Antoniutti wurde, ebenfalls unter der Leitung von Bischof Leiprecht, vom 27. April bis 1. Mai 1965 in neun Sitzungen der endgültige Text des Ordensdekrets redigiert. Nach einer sprachlichen Durchsicht datiert der Text des Dekrets vom 8. Mai 1965, der Arbeitsbericht der Kommission mit der *Expensio modorum* vom 22. Mai.

Auf Bitte des britischen Erzbischofs Beck wurde im Februar 1965 die schriftliche Konsultation einiger Generaloberinnen durchgeführt. Es war das erste Mal in der Entstehungsgeschichte des Ordensdekrets, dass Frauen zu dieser Thematik befragt wurden. Die Schwestern lobten im Allgemeinen die positiven Veränderungen gegenüber den früheren Versionen, bemängelten jedoch die noch nicht adäquat ausgearbeitete Theologie des gottgeweihten Lebens. Die Auditorinnen, sämtlich Mitglieder aktiver Ordensgemeinschaften, kritisierten die Konzepte einer Trennung von der Welt. Sie forderten eine stärkere Präsenz der Gemeinschaften und der Einzelnen in einer sich verändernden Welt mit den entsprechenden Konsequenzen für die Angleichung der Lebensweise. Sehr unterschiedlich fielen die konkreten Schritte zur Reform aus. „Wichtig war den Oberinnen jedoch die Überwindung des negativen, auf Verzicht ausgerichteten Charakters des Ordenslebens zugunsten einer positiven, theologisch verantworteten und die Ganzheit der Persönlichkeit der Schwestern berücksichtigenden Erneuerung."[43] Auffallend bei den Stellungnahmen der Oberinnen waren die regionalen Unterschiede in der Bewertung des Schemas. Umfassendere Reformen des Ordenslebens wünschten sich die Vertreterinnen der französisch- und englischsprachigen Länder, während die italienischen Oberinnen vor zu vielen Modernisierungen warnten. „Einem eher vorsichtig agierenden und sich mit wenigen Veränderungen in der Lebensform begnügenden Typus stand das Modell einer grundsätzlichen Neuorientierung des Ordenslebens gegenüber, das von der These einer weitgehenden Überformung und Verfälschung des ursprünglichen Gründerwillens ausging."[44]

In der vierten Konzilssessio wurde über den so vorbereiteten und ergänzten Entwurf nur noch abgestimmt. Die Voten über die einzelnen Propositionen vom 6. bis 8. Oktober 1965, die Schlussabstimmung am 11. Oktober und die feierliche Approbation in der öffentlichen Sessio am 28. Oktober brachten zwar auffallende Unterschiede in der Zustimmung zu den einzelnen Artikeln, zeigten aber doch, dass die Konzilsväter mit den Verbesserungen im Großen und Ganzen einverstanden waren.

---

[43] Schmiedl, Konzil 465.
[44] Schmiedl, Konzil 465.

	Anwesend	Ja	Nein	Ungültig
Vorwort/Art. 1	2176	2163	9	4
Art. 2	2124	2113	9	2
Art. 3	2062	2057	5	–
Art. 4	2064	2057	5	2
Art. 5	2057	2040	15	2
Art. 6	2055	2049	3	3
Art. 7	2140	2133	4	3
Art. 8	2136	2126	7	3
Art. 9	2150	2142	7	1
Art. 10	2148	2088	57	3
Art. 11	2136	2112	22	2
Art. 12	2130	2126	3	1
Art. 13	2097	2089	7	1
Art. 14	2150	2122	27	1
Art. 15	2152	2134	16	2
Art. 16	2141	2127	12	2
Art. 17	2132	2110	20	2
Art. 18–24	2112	2109	2	1
Art. 25	2082	2071	9	2
Ges. Schema	2142	2126	13	3
Feierliche Approbation	2325	2321	4	–

B. Kommentierung

PC hat wie andere kleinere Dekrete des Zweiten Vatikanums keine Unterteilungen in Kapitel und Abschnitte. Dennoch lässt sich eine sinngemäße Einteilung im Text erkennen. Nach der Einleitung (PC 1) folgen zunächst die grundsätzlichen Aspekte der Ordensreform (PC 2–4). In einem nächsten Teil beschreibt der Text die verschiedenen Gemeinschaftsformen geweihten Lebens (PC 5–11), um im Anschluss daran wesentliche Elemente zu behandeln, die allen Instituten eigen sind, nämlich die evangelischen Räte und das kommunitäre Leben (PC 12–15). Es folgen in PC 16–24 konkrete Normen zur Umsetzung. Mit einer Ermahnung schließt der Text (PC 25).

I. Die Situierung des Dekrets in der Theologie und im konziliaren Prozess

Der **Titel des Dekrets** war im Laufe der Erarbeitung mehrfach verändert worden. In der Titelsuche spiegelte sich das Ringen um einen angemessenen theologischen Standort des Ordenslebens sowie den Stellenwert der Reformbemühungen. Ausgangspunkt war das Dekret der vorbereitenden Ordenskommission mit dem Titel *De statibus perfectionis adquirendae*, geprägt von der thomasischen Ständelehre[1] und von der Absetzung der Religiosen als Stand auf dem Weg zur Vollkommenheit (adquirendae) von den Bischöfen als den Trägern der vollkommenen Gewalt in der Kirche (status perfectionis acquisitae). Die Verwendung des Plurals hatte ihren Ursprung in der Vielfalt der Formen des Ordenslebens, zu dem die Mönchsorden, die Bettelorden, die Regularkleriker, die Säkularinstitute und – in den meisten Dokumenten nur mitgemeint, aber nicht explizit genant – die Nonnen und Schwestern gerechnet wurden.

In seiner Intervention in der Koordinierungskommission vom 25. Januar 1963 schlug Kardinal Julius Döpfner bereits eine Änderung in *status imitationis Christi secundum consilia evangelica* vor.[2] In den ersten Eingaben wurde der Vorschlag Döpfners einer Nennung der evangelischen Räte im Titel aufgegriffen. Der christologische Bezug des Ordenslebens könnte in Formulierungen wie *De statu sequelae Christi* (Huyghe) oder *De statu imitationis Christi* (indonesische Bischöfe) zum Ausdruck gebracht werden. Ebenso wurde die Verwendung des Plurals kritisiert und eine Veränderung zu Gunsten der Einheit des religiösen Lebens gefor-

---

[1] Vgl. Thomas von Aquin, S. th. II–II q. 184.
[2] AS V/1, 127–131.

dert.³ Die Kommission schloss sich, wohl etwas resigniert, den Bedenken an und änderte den Titel nach der ersten Intersessio in *De religiosis*⁴, ohne freilich den inhaltlichen Einwürfen Rechnung zu tragen. Der Wunsch nach einer weiteren Titeländerung durch den Trierer Weihbischof Stein in *De statibus consiliorum* wurde in der Kommission abgelehnt.

Im Oktober 1964 entschied sich die Kommission schließlich für die Titelformulierung *De accomodata renovatione vitae religiosae*. Damit stellte sie einerseits den Bezug zur Ordensreform Pius' XII. her⁵, griff aber auch den Inhalt des Dekrets und seine Zielsetzung auf. Gleichzeitig vermied sie eine erneute Diskussion um die Statuslehre.⁶ Durch die Benennung der „vita religiosa" sind die unterschiedlichen Konkretisierungen des geweihten Lebens impliziert. Im weiteren Verlauf des Dekrets wechseln sich freilich Passagen, die für alle Arten von religiösen Lebensformen gelten, mit solchen, die auf einzelne Gemeinschafts- und Personentypen zugeschnitten sind, ab.

Verändert hat sich durch die konziliare Beschäftigung mit dem Ordensleben nicht nur die Bezeichnung. Durch den Verzicht auf die traditionelle Ständelehre wurde der Weg frei, das Ordensleben als Teil einer allgemeinen christlichen Berufung zu verstehen. In den Blick kamen individuelle und gemeinschaftliche Charismen. Nicht ein Verhältnis der Über- oder Unterordnung soll herrschen, sondern alle sind aufgerufen, ihre Begabungen in der je unterschiedlichen Form der Dienste (ministeria) zu leben und in die Kirche einzubringen.

PC 1 In subtiler Weise knüpfen die Anfangsworte des lateinischen Textes an der Ständelehre des Thomas von Aquin an. Das Vorbereitungsschema 1962 bezog sich in seiner Nr. 1 auf die Mahnung Jesu zur Vollkommenheit und positionierte das Räteleben als eine sicherere Möglichkeit der Nachfolge des Herrn. Biblische Referenzen waren Mt 5, 48 und Mt 19, 12–21. Die evangelischen Räte wurden als von der Kirche im Lauf der Zeit durch Rechtsvorschriften geordnet beschrieben. PC stellt das vorliegende Dekret in den Kontext der konziliaren Arbeit, besonders der Kirchenkonstitution, distanziert sich damit jedoch indirekt von einer Repetition der vorkonziliaren Überordnung der Religiosen.

Der erste Abschnitt wiederholt in knappen Worten den Inhalt von LG 43–47. Die „vita religiosa" wird auf Lehre und Leben Jesu zurückgeführt und gleichzeitig in eine eschatologische Perspektive gestellt. Damit wird die Klammer, die in LG um das Kapitel über die Ordensleute gelegt wurde, verdeutlicht: Das Ordensleben steht zwischen der Berufung aller Christen zur Heiligkeit, die einem Ruf und Anspruch Jesu Christi entspricht, und der eschatologischen Perspektive, dass die

---

[3] Vgl. Schmiedl, Konzil 415 f.
[4] Vgl. Schmiedl, Konzil 419.
[5] Der Titel war einem Dekret der Religiosenkongregation vom 26. März 1956 entnommen: SC Rel., Normae 1956.
[6] In der Diskussion des Schemas in der Konzilsaula schlug Kardinal Richaud (Bordeaux) vor, an der Stelle des Ausdrucks „religiosi" den Titel folgendermaßen zu formulieren: *De christianis speciali modo ad Deum et ad animas deditis*; vgl. AS III/7, 429–431. Die mehrfachen nachkonziliaren Veränderungen in der Bezeichnung der ehemaligen Religiosenkongregation spiegeln sich hier bereits.

irdische Kirche ihre letzte Vollkommenheit erst in der Einheit mit der himmlischen Kirche erreicht. Die Oszillierung des Ordenslebens zwischen christologischem Ursprung und eschatologischer Verheißung gehört zu den auf dem Konzil erreichten theologischen Grundlagen, die noch einmal kurz in Erinnerung gerufen werden.

Die Aufgabe des Dekrets selbst besteht in der Darlegung von Prinzipien der Erneuerung für Leben und innere Ordnung der Gemeinschaften. Dass auf diese Weise dann doch wieder die vielfach kritisierte Trennung von „doctrina" und „disciplina" sichtbar wird, veranschaulicht das Dilemma des Konzils, dem es zwar gelang, eine konsistente Ekklesiologie vorzulegen, deren praktisch-kirchenrechtliche Umsetzung aber weitgehend unabhängig von den vorgelegten theologischen Grundlagen erarbeitet wurde.

Der Mittelteil des Artikels (PC 1, 2), weitgehend auf die Intervention Kardinal Beas zurückgehend[7], fasst in knappen Worten die geschichtliche Entwicklung des geweihten Lebens zusammen. Mit der historischen Situierung „von den Anfängen der Kirche an" wird keine Aussage über einen genauen Zeitpunkt getroffen, von dem an das Räteleben begann. Auch eine eventuelle Diskussion über die Fixierung der drei Räte Keuschheit, Armut und Gehorsam im Hochmittelalter wird nicht geführt. Wohl wird das Räteleben als Nachfolge und Nachahmung Christi charakterisiert und in der Vielfalt der Erscheinungsformen ein positives Zeichen geistgewirkten Aufbruchs gesehen. Ordensleben braucht, so das Dekret, sowohl den Aufbruch von unten in den Charismen der Gründerinnen und Gründer als auch die kirchliche Bestätigung.

Wie sehr in den Jahren des Konzils gerade auch die biblische Fundierung des Ordenslebens angereichert wurde, wird in Artikel 1 bereits deutlich sichtbar. Die Orden sind ein wichtiger Teil der kirchlichen Sendung. Sie helfen mit, die in den paulinischen und den Pastoralbriefen formulierten Aufgaben der Kirche zu erfüllen. Sie sind Teil der „Ausrüstung" der Kirche für die jeweilige Zeit. Mit den ihnen eigenen Charismen helfen sie mit, die Sendung der Kirche zu erfüllen. Bereits in der ersten Nummer wird so eine der wichtigsten Veränderungen im Dekret sichtbar. Hatte der Vorbereitungstext nur diejenigen Bibelstellen zitiert, in denen die Aufforderung Jesu zum Verlassen des bisherigen Lebensumfeldes, zur radikalen Nachfolge und zur Vollkommenheit thematisiert wurden, so enthält PC im Endtext 37 zusätzliche Bibelstellen. Dabei kommen vor allem die johanneischen Traditionen stärker zum Zug, um den Gehorsam und das geschwisterliche Leben zu fundamentieren. Die paulinische Geisttheologie wird mit Bezug auf den Römer- und den Epheserbrief eingeführt.

Die Diskussion um den Vorrang des geweihten Lebens wird aber dennoch aufgegriffen. Das Ordensleben wird christologisch und ekklesiologisch in komparativen Ausdrücken – wie „in besonderer Weise", „mehr und mehr", „glühender", „reicher", „kräftiger", „der vorzügliche Wert" – beschrieben. Vermieden wird allerdings eine Gegenüberstellung zum Ehesakrament, wodurch der kommunitäre

---

[7] Vgl. AS III/7, 442–446.

Charakter nicht zum Vorschein kommt. PC 1,3 bleibt bei einer individualisierten Perspektive der Nachfolge stehen.

Im letzten Abschnitt der Nr. 1 wird das Ziel des Dekrets erläutert. Im Unterschied zum in der Vorbereitungsphase entworfenen Text geht es nicht um die Festlegung von Einzelheiten, sondern um die Herausarbeitung der allgemeinen Grundsätze zur Reform von Lebensweise und Lebensordnung, soweit sie den unterschiedlichen Charakter von Orden, Gesellschaften ohne Gelübde und Säkularinstitute betreffen. Die konkreten Ausführungsbestimmungen sind unter Berücksichtigung dieser allgemeinen Normen nach dem Konzil festzulegen.

II. Die Grundsätze der Erneuerung des Ordenslebens

PC 2 Der erste Abschnitt bindet die zentralen Anliegen des Konzils für die Orden zusammen. Es geht um die innere Einheit der beiden nicht voneinander zu trennenden Vorgänge Erneuerung und Anpassung. „Erneuerung" (renovatio) bedeutet dabei nicht eine bloße Repetition bereits bekannter und gelebter Impulse aus der Anfangszeit der Institute; auch geht es nicht um eine bloße religiöse und aszetische Vertiefung. Im Sinn der „Anpassung" müssen die Herausforderungen der jeweiligen Zeit von den Orden aufgegriffen werden. In behutsamer Weise greift das Dekret damit die Doppelstruktur auf, welche die gesamte Textarbeit durchzog und die dem Anliegen Johannes' XXIII. mit dem Konzil entspricht. Dem Rückbezug auf die Vergangenheit muss die Bewältigung der Gegenwart entsprechen.

„Erneuerung" wird hier in dem weiten Sinn verstanden, der bereits 1949 in einem für die Ordensreform Pius' XII. wegweisenden Artikel verwendet wurde. Riccardo Lombardi SJ lancierte in der „Civiltà Cattolica" den „Aggiornamento"-Begriff und warnte vor „einer starren Unwandelbarkeit", „einem engherzigen Konservatismus", „einer Buchstabentreue gegenüber den Traditionen, welche deren Geist zu ersticken drohte"[8]. Die Lebendigkeit zeige sich in der Modernisierung der Lebensformen, die bis hin zu einer Revision der Konstitutionen gehen könne. Für die Ordensreform Pius' XII. war der Lombardi-Artikel eine Art Initialzündung. In veränderter Form wurde er im Einleitungssatz von PC 2,1 wieder aufgenommen.

Fünf Einzelaspekte werden genannt, unter denen sich die doppelte Aufgabe von Rückkehr zu den Ursprüngen und Anpassung an die Zeitverhältnisse vollziehen soll:

a) Das Fundamentalkriterium der Erneuerung ist die Orientierung am Evangelium und der Nachfolge Christi. So selbstverständlich eine solche Aussage nach dem Konzil klingt, so wenig war dies damals der Fall. Die Konstitutionen der Institute enthielten vielfach Einzelregelungen unter vorwiegend aszetischem Gesichtspunkt, so dass der Blick auf das Zentrale des Ordenslebens verstellt blieb. Die Wortwahl „Nachfolge" zeigt den Perspektivenwechsel des Dekrets an. Nicht mehr die Nachahmung Christi im Sinne einer Imitation bestimmter

---

[8] Lombardi, Erneuerung 88.

Eigenschaften und Lebensformen steht im Vordergrund, sondern die Suche nach einem originellen Weg aus der unmittelbaren Begegnung mit dem Evangelium. Von diesem her sollen die Konstitutionen neu gelesen und verändert werden, nicht umgekehrt die Gesetzeswerke auf das Evangelium hin. Die allen Spiritualitätsschulen gemeinsame Regel ist das Evangelium Jesu Christi. Damit vollzieht PC die biblische Wende des Konzils mit.

b) Das zweite Kriterium der Erneuerung geht von einer unterschiedlichen Physiognomie der einzelnen Institute und daraus folgenden besonderen Sendungen aus. Diese Pluralität wird vom Konzil als ein positives Geschenk „zum Wohl der Kirche selbst" anerkannt. Damit wird eine falsch verstandene Uniformität abgelehnt, wie sie sich in Bezug auf die Lebensformen, die aszetischen Praktiken und die Aufgabenstellungen der Institute herausgebildet hatte. Gefordert wird eine stärkere Profilierung der einzelnen Gründungen, und zwar in der Orientierung an drei normierenden Vorgaben:

– Erhoben werden soll in erster Linie der „Geist der Gründer". Dazu waren in vielen Instituten umfangreiche Forschungen notwendig. Schließlich hatten auch die großen, auf die klassischen Spiritualitätsansätze zurückgehenden Orden, wie die Franziskaner und Jesuiten, erst am Ende des 19. und zu Beginn des 20. Jahrhunderts begonnen, ihre geschichtlichen Wurzeln durch ein neues Studium der Originalquellen und Hinterlassenschaften aus den ersten Generationen zu sichten und zu edieren.

– Dann sollen die „eigenen Vorstellungen" deutlicher erkannt und gelebt werden. Auch damit ging das Konzil wieder auf die Gründercharismen zurück. Auf ihre Intuitionen sollten sich die Institute wieder zurückbesinnen. Gerade hieraus ergaben sich jedoch unvorhergesehene Probleme. Viele Gründungen gerade des 19. Jahrhunderts waren „Funktionsgründungen". Sie hatten bereits zu ihrer Gründungszeit nur dann eine Überlebenschance, wenn diese Funktion entsprechend weit gefasst war. Hier waren die Institute herausgefordert, in einer bisher unbekannten Weise nach der Aktualisierung des Gründungscharismas zu fragen. Die in der Pastoralkonstitution *Gaudium et spes* entwickelte Kategorie der „Zeichen der Zeit" (GS 4) sollte sich dafür als ebenso notwendig und hilfreich erweisen wie eine erneuerte Charismenlehre.

– Die dritte Orientierungsmarke für eine Erneuerung sind die konkreten Lebensformen. Das Konzil weist auf das Erbe der Institute hin und fordert sie auf, in Treue zu ihnen zu stehen. Dabei kann es freilich nicht um eine buchstabengetreue Übertragung von teilweise jahrhundertealten Überlieferungen in das Heute gehen. Gefordert ist vielmehr eine „schöpferische Treue", die aus den Herausforderungen der Gegenwart die konkreten kommunitären, spirituellen und apostolischen Lebensvollzüge beurteilt und gestaltet.

Für die Erneuerung der Institute in den Jahren nach dem Konzil erwies sich Artikel 2b (PC 2,3) als wichtigste Orientierungsmarke. In den Spezialkapiteln konnte sich die Fähigkeit der Institute zeigen, die Vorgaben der Gründerpersönlichkeiten kreativ umzusetzen.

c) Der dritte Abschnitt bezieht sich auf die vielen Klagen von Bischöfen, die seit der Befragung im Vorfeld des Konzils eine stärkere Kontrolle und Aufsicht über die pastoralen und wirtschaftlichen Tätigkeiten der Orden gefordert hatten. Die Institute werden eindringlich aufgefordert, gesamt- und teilkirchliche Aktivitäten zu ihren eigenen zu machen. Die aufgeführten Beispiele, die sich auf die Bereiche des Gottesdienstes (Liturgie), der Verkündigung (Bibel, Dogmatik, Pastoral), der Ökumene, Mission und Caritas beziehen, machen deutlich, dass den Konzilsvätern an einer stärkeren Einbeziehung der Orden in die Strukturen der ordentlichen Seelsorge liegt. Somit ist dieser Abschnitt in direktem Zusammenhang mit den Anweisungen von CD über die Zusammenarbeit von Diözesen und Orden zu sehen.

d) Die Institute werden aufgefordert, bei ihren Mitgliedern auf eine stärkere Sensibilität für die „Zeichen der Zeit" zu achten. Aus der Zusammenschau der wichtigen Anliegen von Welt und Kirche sollen sie die Handlungskriterien für ihr Apostolat entnehmen. Der aus der Christlichen Arbeiterjugend stammende Dreischritt „sehen – urteilen – handeln" wird vom Konzil den Ordensleuten ausdrücklich als Erkenntnis- und Handlungskriterium für den Willen Gottes empfohlen.

e) Das letzte Kriterium bezieht sich auf die spirituelle Seite der Erneuerung. Weil das Ordensleben sich immer an den evangelischen Räten ausrichtet und diese ihre Sinnerfüllung in der Nachfolge Christi und der persönlichen Heiligkeit der Mitglieder haben, geht es letztlich um eine Erneuerung der geistlichen Mentalität. Alle anderen Veränderungen müssen sich danach ausrichten, wollen sie nicht rein äußerliche Korrekturen sein.

In den Ausführungsbestimmungen, die am 15. August 1966 erlassen wurden, wird in Artikel 16 auf PC 2 Bezug genommen. Die Erneuerung des Ordenslebens soll durch eine intensive Förderung der Schriftkenntnis vom Noviziat an und die Teilnahme am kirchlichen Leben geschehen. Die kirchliche Lehre über das Ordensleben soll unter theologischer, historischer und kanonistischer Perspektive erforscht werden. Außerdem sollen sich die Orden nach dem Geist ihrer Gründung ausrichten; dann – so die persuasive Zuversicht – „wird das Ordensleben von fremden Elementen gereinigt und von veralteten befreit werden". So korrigierend diese Hinweise waren, ähnelten sie doch eher den Anweisungen für einen Noviziatsunterricht als einem Kriterienkatalog zur Institutionenreform. Zudem ist auffallend, dass sowohl der Weltbezug als auch die spirituelle Fundierung keinen Niederschlag in den Ausführungsbestimmungen fanden. Beides erwies sich in der Nachkonzilszeit als entscheidend für Gelingen oder Misslingen von Reformprozessen.

PC 3 Die Formulierungen dieses Artikels fassen noch einmal das Reformwerk zusammen, das seit dem Zweiten Weltkrieg auf Initiative und unter der Ägide der Religiosenkongregation unternommen wurde. Orden stehen in der ständigen Spannung zwischen einer als überzeitlich erlebten Sendung und den zeitbedingten Konkretisierungen, wie sie sich in der Lebensweise, den Gebetsverpflichtungen und dem Stellenwert der Arbeit zeigen. PC 3 weist die Institute an, ihre Lebensform zu überprüfen. Dabei soll darauf geachtet werden, dass keine Überforderung der Person geschieht. Die Entfaltung der Persönlichkeit soll im Vordergrund stehen, nicht ihre Zerstörung durch ein Übermaß an körperlich-aszetischen Praktiken. Die seelische Aufnahmefähigkeit der Menschen muss beachtet werden, und zwar unter den Bedingungen der jeweiligen Zeit. Die „Verheutigung", wie sie sich im Aggiornamento-Programm der Päpste Pius XII. und Johannes XXIII. manifestiert, wird ausdrücklich in die Reform der Ordensinstitute einbezogen. Die Folge wird ein permanentes Bemühen der Gemeinschaften um Anpassung an die personalen Voraussetzungen und Möglichkeiten der Mitglieder sein.

Des Weiteren muss die Art und Weise von Leben, Gebet und Arbeit mit dem Apostolat kompatibel sein. Das Konzil nimmt hier den benediktinischen Impuls des „bete und arbeite" auf und stellt ihn als Voraussetzung für ein harmonisches Menschsein hin. Gerade für die tätigen Institute besteht hier eine Spannung, die mit abnehmender Mitgliederzahl und dem Eingebundensein in große Werke und Institutionen nicht geringer wird. Nicht nur für die Missionsgebiete, obwohl diese ausdrücklich erwähnt werden, gilt, dass die Institute den kulturellen, sozialen und wirtschaftlichen Ansprüchen genügen müssen. Vermutlich kann die Wirkung dieser Aussagen nicht hoch genug eingeschätzt werden. Denn durch sie werden die Institute aufgefordert, nicht nur auf den Binnenbereich ihres spirituellen Lebens zu blicken, sondern ihre fortdauernde Erneuerung an den Rahmenbedingungen einer global-pluralistischen Industriegesellschaft zu normieren.

Noch bedeutsamer ist die Mahnung in PC 3,2, auch den Leitungsstil der Institute einer Prüfung zu unterziehen. Dieser Abschnitt geht auf einen Modus vom November 1965 zurück, den über 400 Konzilsväter unterzeichnet haben. Formell richtete er sich auf eine Veränderung der Gehorsamspraxis in weiblichen Instituten. In der Endredaktion wurde diese Zuspitzung herausgenommen und alle Gemeinschaften aufgefordert, nach den in PC 3,1 genannten humanen und gesellschaftlichen Kriterien für eine Erneuerung der Autoritätsstrukturen zu sorgen.

Den Reformweg beschreibt PC 3,3, und zwar in positiver wie negativer Hinsicht. Positiv sollen die unterschiedlichen Gesetzessammlungen der Institute einer Revision unterzogen werden. Indem dabei Konstitutionen, Direktorien, Bücher für Gebräuche, Gebete und Zeremonien explizit genannt werden, wird verdeutlicht, dass mit Ausnahme der Regeln der Orden bis zur Frühneuzeit alle anderen Gesetzeswerke und ihre Ausführungsbestimmungen in den Reformprozess einbezogen sind. Negativ wird formuliert, dass veraltete Vorschriften abzuschaffen seien. Damit wird einer möglichen bloßen Addition neuer zu den bisherigen Formen von vornherein der Boden entzogen. In der Praxis bedeutete das, dass nach dem Konzil praktisch alle rechtlichen und spirituellen Texte in den Orden neu formuliert wurden.

PC 4 Das Procedere der Erneuerung und Anpassung wird in Artikel 4 beschrieben. Wie viel Sprengstoff der erste Satz enthält, zeigt sich in einem von 497 Vätern unterschriebenen Modus, der im November 1964 eingebracht worden war. In ihm wurde auf die Gefahr des Individualismus hingewiesen und die Untergrabung des Ordensgehorsams befürchtet. Man müsse die Autorität und ihre nicht zur Disposition stehenden Rechte herausheben. Im Gegensatz dazu akzentuiert PC 4,1 die Notwendigkeit der Zusammenarbeit aller Mitglieder beim Reformprozess. Es wird zwar gleich darauf auf die Autorität der ordensinternen Autoritäten, der Generalkapitel und der zuständigen bischöflichen bzw. römischen Behörden hingewiesen. Doch dürfen keine Veränderungen ohne entsprechende Konsultation der Mitglieder vorgenommen werden.

Die Forderung nach Erneuerung wird auch auf die Nonnenklöster ausgedehnt, für die Pius XII. die Möglichkeit zu einem Zusammenschluss in Konföderationen eröffnet hatte. Dass die Nonnen vom Konzil aufgefordert wurden, selbst an ihrer Reform mitzuwirken, stand in Gegensatz zur bisherigen Praxis, nach der in kontemplativen Frauengemeinschaften das letzte Wort immer den Leitern der korrespondierenden Männerorden zukam.

Das wichtigste Hilfsmittel zur Umsetzung dieser vom Konzil geforderten Reformen stellten die „Spezialkapitel" dar, die von jeder Ordensgemeinschaft verlangt wurden. Dabei handelte es sich um eine einmalige Möglichkeit, die spirituellen und rechtlichen Grundlagen jeder Gemeinschaft auf eigens zu diesem Zweck einzuberufenden Generalkapiteln zur Diskussion, Prüfung und Abänderung zu stellen. Mit dem Apostolischen Schreiben *Ecclesiae sanctae* Pauls VI. vom 6. August 1966 wurden die entsprechenden Normen für die Konkretisierung veröffentlicht. Die Generalkapitel (1–11) nähmen dabei eine wichtige Stelle ein, sowohl für die Gesetzgebung wie die spirituelle und apostolische Vitalisierung (1). Dazu sei die Mitwirkung aller erforderlich (2), was durch eine besonders breite Konsultation erleichtert werde (4). Innerhalb von zwei bis drei Jahren sei ein besonderes Generalkapitel, eventuell auf zwei Sitzungsperioden aufgeteilt, einzuberufen (3), das das Recht zur Modifizierung der Konstitutionen und zur Einführung von Experimenten habe (6). Die endgültige Approbation der Konstitutionen sei der zuständigen Autorität vorbehalten (8). Auch die Nonnen könnten Kapitel abhalten (9), seien jedoch verpflichtet, dies unter einem Delegierten des Heiligen Stuhls zu tun (9–10).

Zwischen 1967 und 1971 fand in den meisten Gemeinschaften die erste Runde dieser Spezialkapitel statt. Der von PC geforderte dialogische Ansatz wirkte sich in einer Fülle von Diskussionen und Gruppengesprächen in den Gemeinschaften aus. Es war in vielen Instituten das erste Mal überhaupt, dass nicht eine aristokratische Führungsschicht die Kapitel dominierte und deren Themen bestimmte, sondern in einem konsultativen Meinungsbildungsprozess vor, während und nach den Kapiteln alle Mitglieder mit einbezogen waren. Nach den Spezialkapiteln wurden die verabschiedeten Texte und Normen von der Religiosenkongregation zunächst für einige Jahre ad experimentum in Kraft gesetzt, bevor sie endgültig approbiert wurden. Da die Reform des Kirchenrechts erst 1983, also einige Zeit nachdem die Institute ihre Spezialkapitel abgehalten hatten, abgeschlossen war, musste es danach zu einer weiteren Runde der Anpassung an die Bestimmungen des Codex Iuris Canonici und der erneuten Approbation durch Rom kommen.

Durch diesen langen Reformweg veränderte sich auch die Art der Satzungen bzw. Konstitutionen, intendiert durch den Schlusssatz von Artikel 4. Viele Gemeinschaften mussten erst durch eine harte Schale durchstoßen, um hinter den überwiegend rechtlichen Anordnungen das Eigentliche ihres Ordens entdecken zu können. Die Prämonstratenser wurden sich so des Charakters der Augustinus-Regel als einer Neubesinnung aus dem Geist der Nachfolge Christi bewusst. In ihren erneuerten Konstitutionen bildete die Norm des Evangeliums das geistliche Fundament des Ordens. Die Ursulinen nahmen eine thematische Umgruppierung vor und stellten an den Anfang ihrer Konstitutionen „Geist und Wesen unseres Institutes" in Form einer Darlegung des Charismas der Gründerin, Angela Merici, während die rechtlichen Vorschriften in den zweiten Teil verlegt wurden. Diese Zweiteilung in theologische Grundlegung und juristische Ausfaltung war typisch für die von den Spezialkapiteln geleistete Arbeit. Gegenüber der vorkonziliaren Rechtslage, welche die Texte der Bibel, der Kirchenväter, der Theologen und der Konzilien als in Konstitutionen nicht zu behandelnde Materie bezeichnete, war damit eine völlig neue Situation geschaffen.

III. Geweihte Lebensform

Nach den Grundsätzen für eine Reform der Institute werden in **PC 5–15** Aspekte der geweihten Lebensform beschrieben. Im Vorbereitungsdekret der Ordenskommission hatten die entsprechenden Passagen noch jeweils einen ganzen Abschnitt umfasst. Mit der Prägnanz des Konzilsdekrets haben die Aussagen jedoch an inhaltlicher Klarheit gewonnen.

Die Artikel 7–11 beschreiben die einzelnen Typen religiöser Institute. Dabei wird keine zeitliche oder wertende Reihenfolge eingehalten. Auch die klassische Typologie von Mönchsorden, Mendikanten, Regularklerikern, Kongregationen und Säkularinstituten wird nur bedingt aufgegriffen, ebenso wenig die im CIC/1983 verwendete Einteilung nach Instituten des geweihten Lebens und Gesellschaften des apostolischen Lebens. Vielmehr geht es um eine deskriptive Analyse von Zielsetzung und Lebensweise der unterschiedlichen Arten geweihten Lebens. An sie schließt sich in den Artikeln 12–15 eine Darlegung der evangelischen Räte und des kommunitären Lebens an.

PC 5 Bevor die einzelnen Typen des geweihten Lebens analysiert werden, versucht das Dekret die allen gemeinsamen Elemente darzulegen. Dieser Passus wurde in der letzten Phase der Erarbeitung eingefügt. Er gründet das Ordensleben nicht mehr in einer Einteilung der Kirche in Stände, sondern geht von der gemeinsamen Berufung aller Christen aus, die sich in unterschiedlichen Lebensformen realisiert.

Es geht beim geweihten Leben um die menschliche Antwort auf einen göttlichen Ruf, bestätigt und angenommen durch die Kirche. Diese Elemente gehören zum geweihten Leben wie zur Berufung in den priesterlichen und diakonalen Dienst. In diesem Sinn handelt es sich beim geweihten Leben um eine kirchliche

Berufung. Wie jede Berufung hat auch die Ordensberufung ihre Wurzel in der Taufe, die durch eine „besondere Weihe" aktualisiert wird.

In einer zweifachen Richtung beschreibt der Text den Inhalt dieser Weihe. Es geht um eine Hinwendung zu Gott und um ein neues Verhältnis zur Welt. Beides wird mit Termini beschrieben, die aus der traditionellen Ständetheologie stammen. Den konziliaren Wandel einer welthaften Spiritualität vermögen sie nicht angemessen zu erfassen. Zu sehr werden die negativen Elemente des Gestorbenseins für die Sünde und der Weltentsagung betont.

Auch der „Gottesdienst" der Geweihten wird mit unzureichenden Worten beschrieben. Zwar bemüht sich der Text um eine breite biblische Fundierung seiner Aussagen, aber er bleibt im Heilsindividualismus stehen. Die Kategorien eines gelungenen geweihten Lebens werden aus der klassischen Tugendlehre genommen, finden ihre Normierung am leidenden und sich entäußernden Christus und bleiben in der Kontemplation stehen. Selbst wenn im Schlusssatz die apostolische Liebe und der Einsatz für das Werk der Erlösung als Zielrichtung der Gottesbeziehung genannt werden, bleibt eine solche Aussage bloßes Anhängsel, weil die ganze Intention des Artikels auf die persönliche Heiligkeit der Geweihten ausgerichtet ist. An Stellen wie dieser wird die Inkongruenz der konziliaren Aussagen deutlich sichtbar, die traditionelle theologische Akzente nicht adäquat mit dem neuen Weltauftrag der Kirche in Übereinstimmung zu bringen vermögen.

PC 6 Für den Bereich der spirituellen Lebensgestaltung werden in Artikel 6 noch einmal Grundinhalte der evangelischen Räte aufgenommen. PC 6,1 deutet das Leben nach den evangelischen Räten als gott-menschliches Liebesgeschehen. Im Vordergrund steht dabei das an ignatianischer Spiritualität orientierte „Gott suchen und lieben". Am Mönchtum normiert sind die für tätige Institute weniger attraktiven Mahnungen, in allen Umständen ein „verborgenes Leben" zu führen. Die Spannung zwischen Aktion und Kontemplation gilt für alle Formen geweihten Lebens, wird sich aber je nach Zielsetzung und aktuellen Aufgaben in unterschiedlichen Akzentsetzungen auswirken. Dass die Nächstenliebe immer wieder an die Gottesbeziehung zurückgebunden sein muss, ist eine theologische Binsenweisheit. Zur Überwindung des religiösen Individualismus wäre es allerdings notwendig, nicht nur von der Beseelung der Nächstenliebe durch die Gottesliebe, sondern auch von der Bereicherung der Gottesliebe durch die Nächstenliebe zu sprechen. So erscheint der erste Abschnitt doch wieder defensiv gegenüber dem Weltauftrag der Institute.

Die beiden folgenden Abschnitte konkretisieren die christliche Gottesbeziehung. Sie weisen hin auf das Gebet, auf das betrachtende Lesen der Heiligen Schrift, auf Liturgie und besonders Eucharistie. Indem diese zentralen Quellen jeder Spiritualität genannt werden, wird einer bloßen Anhäufung von Frömmigkeitsübungen gewehrt. Die Ausführungsbestimmungen greifen in Artikel 21 diesen Impuls auf und fordern einen größeren Raum für das innere Gebet gegenüber einer Anhäufung mündlicher Gebete. Ziel dieser Reform der Gebetspraxis ist, die Institute zu größerem ekklesialen Mitleben zu gewinnen. Gebet, Betrachtung und Liturgie sollen in die Sendung der Kirche hineinführen.

PC 7 Die Beschreibung der Typen religiöser Institute beginnt mit den rein kontemplativen Gemeinschaften. Gemeint sind Frauen- und Männerorden, wie die Karmelitinnen und Klarissen oder die Kartäuser, Trappisten und Kamaldulenser, die mit einer gewissen Ausschließlichkeit auf das beschauliche Leben ausgerichtet sind. Das Dekret nennt als Charakteristika dieser Institute Einsamkeit und Schweigen, Gebet und Buße. Ihre Stellung in der Kirche wird vom Konzil mit Bezugnahme auf die paulinische Leib-Christi-Theologie zwar als Beschränkung ihrer äußeren Tätigkeiten, aber doch als „hervorragende Aufgabe" gedeutet. Die Erneuerung ihrer Lebensweise soll sich zwar an den allgemeinen Kriterien der Artikel 2–4 orientieren, aber in jedem Fall die Zurückgezogenheit von der Welt und die besonderen kontemplativen Übungen berücksichtigen.

Das „Aggiornamento" der kontemplativen Institute bereitete erhebliche Probleme. Hatte noch Pius XI. in der Apostolischen Konstitution *Umbratilem* (1924) geschrieben, dass die kontemplativen Gemeinschaften „viel mehr zum Wachstum der Kirche und zum Heil des Menschengeschlechtes beitragen als diejenigen, die durch ihre Arbeit den Weinberg des Herrn besorgen"[9], so sah sich Pius XII. zu vorsichtigeren Äußerungen veranlasst. Zwar hielt er an Wertschätzung der Kontemplation fest, gestattete jedoch eine maßvolle Übernahme apostolischer Aufgaben, was vor allem durch die materielle Notlage mancher Nonnenklöster der Mittelmeerländer verursacht war. Die in der Apostolischen Konstitution *Sponsa Christi* (1951) angeschnittenen Einzelfragen, wie die Art der Gelübde und der Klausur und die Möglichkeit zu föderativen Zusammenschlüssen, werden in PC an mehreren Stellen angeschnitten und dort kommentiert. Nach dem Konzil erließ die Religiosenkongregation zwei Instruktionen für die kontemplativen Gemeinschaften, die sich in ihren praktischen Teilen ausschließlich an die Nonnen richteten, während die theologischen Erwägungen zu Kontemplation und Sinn der Klausur Männern und Frauen zugeeignet waren.[10] Die dabei bis heute nicht überwundene Problematik betrifft die Verwendung einer Sprache, die in ihren Ursprüngen auf das frühe Mönchtum der Spätantike zurückgeht, dabei aber keinerlei Vermittlung zu gegenwärtigen Fragestellungen erkennen lässt. Wenn PC 7 ein „außerordentliches Opfer des Lobes" und „überreiche Früchten der Heiligkeit" erwartet und die kontemplativen Institute „Zierde der Kirche" und „sprudelnder Quell himmlischer Gnaden" genannt werden, stehen solche Aussagen solange in Kontrast zum geforderten Zeugnis, wie die Lebensweise der kontemplativen Institute sich hinter Gittern abspielt. Die „geheimnisvolle apostolische Fruchtbarkeit" bleibt so eine Erwartung, der viele Nonnen lediglich in ihrer individuellen Lebensweise, nicht als Gemeinschaften, entsprechen.

PC 8 In der Aufzählung der Typen des geweihten Lebens behandelt PC 8 die apostolischen Gemeinschaften. Zielrichtung des Artikels ist, auf die Fruchtbarkeit eines Ineinanders von apostolischen Aufgaben und spirituellen Lebensvollzügen hinzuweisen. Von daher ist nicht eindeutig, welche Institute eigentlich angespro-

---

[9] AAS 16 (1924) 389.
[10] Instruktion *Venite seorsum* vom 15. August 1969; Instruktion *Verbi sponsa* vom 13. Mai 1999.

chen sind. Im Kontrast zu PC 7 geht es um die Integration des Apostolats in die geweihte Lebensform, doch ist das eine Aufgabe nicht nur der im 19. und 20. Jahrhunderten gegründeten Kongregationen, sondern auch der im Mittelalter entstandenen Mönchs- und Mendikantenorden. Insofern scheint es sinnvoll, den Artikel zunächst auf die Kongregationen, aber auch – wie es im Vorbereitungsdekret an zahlreichen Stellen der Fall war – mutatis mutandis auf andere Gemeinschaften mit monastisch-apostolischer Lebensform zu beziehen. Gemeint sind jedenfalls nicht nur Kleriker-, sondern auch Laieninstitute.

PC 8, 1 wendet die paulinische Charismenlehre auf die aktiven Institute an. Mit Verweis auf Röm 12, 5–8 werden die Gaben des Dienstes, der Lehre, der Ermahnung, der Schlichtheit und Heiterkeit ausdrücklich erwähnt. Es handelt sich dabei um Charismen, bei denen der personale Bezug zu den Menschen eine zentrale Rolle spielt. Das Zitat aus 1 Kor 12, 4 über den einen Geist, der in der Unterschiedlichkeit der Gaben wirksam ist, weist implizit die Anschauung zurück, Ordensleben hätte sich aus einer Wurzel entwickelt, auf die alles zurückzuführen sei. Ordensleben ist plural und offen für Entwicklungen.

PC 8, 2 charakterisiert die Besonderheit dieser Institute. Bei ihnen gehören Apostolat und Caritas zum Wesen der Christusnachfolge dazu. Die daraus resultierenden Spannungen zum spirituellen Leben wurden vom Vorbereitungsdekret noch in einem Kapitel unter dem Schlagwort „Aktivismus" denunziert. Hier sind sie positiv gefasst. Apostolischer Geist und Ordensgeist konstituieren nicht zwei nebeneinander stehende Teilstrukturen der Ordensleute, sondern sind aufeinander verwiesen. Die apostolischen Tätigkeiten beziehen ihre geistige Kraft aus einer tiefen Christusbeziehung. Was hier programmatisch ausgesagt ist, muss sich freilich im Alltagsleben konkretisieren. Es findet seine Erdung einerseits in dem täglichen Bemühen, berufliche Anforderungen und kommunitäres religiöses Leben miteinander zu vereinbaren. Andererseits ist es eine beständige Gewissenserforschung für die Ordensleute, nach dem tragenden Grund ihrer Aktivitäten zu fragen. Die Einheit von Gottes- und Nächstenliebe, die als Auftrag Jesu an alle Christen gerichtet ist, wird den Ordensleuten als spezielle Aufgabe zugesprochen.

PC 8, 3 nimmt die Anliegen vieler Ordensleute und Bischöfe auf, wie sie im Lauf des Konzils geäußert wurden, die geistlichen Lebensvollzüge religiöser Gemeinschaften mit ihren beruflichen und apostolischen Aufgaben in Einklang zu bringen. Das Dekret fordert dazu auf, bei dieser Anpassung auf die Vielgestaltigkeit der Institute Rücksicht zu nehmen. Wie weit dabei Veränderungen das Wesen der Institute betreffen, hängt von der Bewertung der Lebensformen ab. Die Spannung zwischen Kreativität und einem berechtigten oder übertriebenen Konservatismus im Konkreten beschäftigt die Institute in ihren je neuen Anpassungsprozessen.

PC 9 Ein eigener Artikel wurde über das monastische Ordensleben eingefügt. Hierbei handelt es sich neben dem Eremitentum, dessen explizite Erwähnung auch zur Diskussion stand, um die älteste Form des gottgeweihten Lebens. Das Mönchtum verbindet bis heute die unterschiedlichen Traditionen von Ost- und Westkirche. Realisiert wurde und wird der gemeinsame Impuls jedoch unterschiedlich. Steht in den ostkirchlichen Klöstern die ausschließliche Hinordnung auf ein geistliches Leben, auf Betrachtung und Gebet, in Verbindung mit einer hohen Form der Gastfreundschaft und der geistlichen Vaterschaft im Vordergrund, hat sich im Westen eine Mischform herausgebildet. Das aus benediktinischer Tradition stammende „ora et labora" führte zu einer Verbindung von intensivem und ausgedehntem Gebet mit verschiedenen Formen von Arbeit, wobei Handarbeit, geistige Tätigkeit, Seelsorge und Schule wichtige Eckpfeiler des klösterlichen Lebenswandels sind. Das Konzil anerkennt die Spannweite der möglichen Realisationen, weist aber auch auf den Ort hin, der die Vielfalt zusammenhält, innerhalb derer freilich der Gottesdienst einen vorzüglichen Rang einnimmt: Monastisches Leben vollzieht sich „innerhalb der Klostermauern". Die örtliche Stabilität erscheint also als Unterscheidungskriterium für monastisches Leben. Das wird noch dadurch verdeutlicht, dass die Klöster als „Pflanzstätten zur Erbauung des christlichen Volkes" bezeichnet werden, sie also auf die religiöse und geistig-kulturelle Verantwortung hingewiesen werden, wie sie besonders im Mittelalter das Netz monastischer Einrichtungen für das christliche Abendland besessen hatte.

PC 9 mahnt einerseits zur treuen Bewahrung des Ursprungsgeistes, andererseits zur Anpassung an die Bedürfnisse derer, die monastisch leben, aber diese Lebensform mit anderen Aufgaben verbinden möchten. Diese Mischform, wie sie etwa die Missionsbenediktiner darstellen, erwies sich als ein gelungenes Modell der Verbindung von Mönchtum und kirchlicher Sendung. PC 9,2 ermutigt ausdrücklich zur Ausgestaltung dieses Miteinanders zweier unterschiedlicher Lebensstile.

PC 10 Von seinem Ursprung her ist Ordensleben laikal. Sowohl bei den Anfängen des Mönchtums in Ägypten, Kleinasien und Palästina als auch in den Gründungen Benedikts und der irischen und gallischen Mönchsväter stellten Laien die überwiegende Mehrzahl der Mitglieder; Priester wurden nur so viele geweiht, wie für die innerklösterliche Seelsorge erforderlich waren. Erst ab dem 8./9. Jahrhundert nahm die Zahl der Kleriker in den Klöstern zu. Doch zu jeder Zeit waren in den monastischen Orden die Laienmitglieder unverzichtbar für das gute Zusammenspiel der inneren Abläufe und der ökonomischen Sicherung der Klöster. Neben Laien als Mitgliedern monastischer Gemeinschaften – eine erste Form laikalen Ordenslebens – kennen die Mendikantenorden die Unterscheidung zwischen dem ersten Orden (Männer), dem zweiten (kontemplativ lebende Frauen in Klausur) und dem dritten Orden, der sich in einer zweifachen Weise konstituieren kann: als Gemeinschaft von in der Welt lebenden Laien mit einer bestimmten Form der Bindung an die entsprechende Spiritualität oder als ordensähnliches Institut mit an der Regel des ersten Ordens orientierten modifizierten Konstitutionen und sogenannten einfachen Gelübden. Unter diesen regulierten Dritten Orden finden sich viele Kongregationen, die im 19. und 20. Jahrhundert gegründet wurden. Eine dritte Form laikalen geweihten Lebens stellen die Brüdergemeinschaften dar, die oft für eine bestimmte Funktion gegründet wurden und ihren Schwerpunkt in der Krankenpflege und im Schulunterricht haben.

Den Gemeinschaften der zweiten und dritten Form gilt PC 10. Entstanden ist der Artikel aus einem Kapitel über die Schulbrüder, der in der Vorbereitungskommission erarbeitet worden war. Vor allem in den romanischen Ländern hatten sie in den 1960er Jahren noch einen beträchtlichen Einfluss auf das kirchliche Schulwesen. Ihnen sollte eine Ermutigung ausgesprochen und ihre Tätigkeit in der Ausbildung und religiösen Unterweisung der Jugendlichen gelobt werden. PC 10,1 greift dieses Anliegen auf und spricht eine allgemeine Wertschätzung der Brüdergemeinschaften aus. Damit sollte dem Anliegen der Kommission entsprochen werden, ein Gegengewicht gegen eine Minderbewertung des laikalen Ordenslebens zu schaffen. Gerade von hochqualifizierten Brüdergemeinschaften waren nämlich Klagen über eine diskriminierende Behandlung als Ordensleute zweiter Klasse durch Ordenspriester gekommen. Mehrere Interventionen hatten sich daraufhin für eine solche Einfügung in das Konzilsschema ausgesprochen (Barros Camara, Perantoni, Carroll, Hoffer).

Um eine spezielle Frage, die weniger aus den Reihen der Konzilsväter als aus den Brüdergemeinschaften und ihrem gesellschaftlichen Umfeld kam, geht es in PC 10,2. Das Votum des australischen Weihbischofs Carroll griff ein Thema auf, das bereits in der Vorbereitungsphase erörtert, dann aber wieder fallengelassen worden war, nämlich die Möglichkeit, dass auch in ausgesprochenen Brüdergemeinschaften einige Mitglieder die Priesterweihe empfangen könnten. In der Ordenskommission wurde diese Frage kontrovers diskutiert. Eine schriftliche Umfrage unter den Kommissionsmitgliedern ergab eine deutliche Mehrheit für die Einfügung eines entsprechenden Passus in das Konzilsdekret. Dabei spielte die Situation in Lateinamerika sicher eine wichtige Rolle, wo es bei einem dramatischen Priestermangel eine große Zahl von Laienbrüdern gab. Dass es aber gerade in dieser Frage auch Widerstände unter den Konzilsvätern gab, zeigt der hohe Anteil von 57 Nein-Stimmen bei der Abstimmung über die einzelnen Propositionen im Oktober 1965.

PC 10,2 ist in Form einer feierlichen Erklärung formuliert, die mit ihrem nihil obstat den Brüdergemeinschaften die Möglichkeit eröffnet, auf ihren Generalkapiteln einen Beschluss zu fassen, nach dem einige Mitglieder die heiligen Weihen empfangen dürfen. Diese sollen ausdrücklich für den Dienst in den eigenen Häusern, das heißt zur Seelsorge an den übrigen Mitgliedern und in den Institutionen, nicht jedoch für die allgemeine Pastoral bestimmt werden. Der Charakter der Institute als Laiengemeinschaften bleibt dabei jedoch unverändert.

PC 11 Eine lange Entstehungsgeschichte hatte auch PC 11 über die Säkularinstitute. Für diese jüngste Form des geweihten Lebens war die kirchenrechtliche Grundlage erst 1947 und 1948 durch Pius XII. geschaffen worden. Auf dem Konzil sollte die Abgrenzung gegenüber den Religiosen und den Gesellschaften des apostolischen Lebens erfolgen. Deshalb war in der Vorbereitungskommission von Anfang an ein Kapitel über die Säkularinstitute eingeplant worden. Zuständiger Promotor war der für die Säkularinstitute in der Konzilskommission zuständige Alvaro Del Portillo (Opus Dei). Von den neun Nummern des Vorbereitungsschemas blieb nach der Kürzung von 1963 nur noch eine Nummer übrig, um dann ganz zu verschwinden. Erst nach der Plenardiskussion vom November 1964 kam wieder ein veränderter Artikel über die Säkularinstitute zustande.

Inhaltlich griffen die verschiedenen Textfassungen auf die beiden Grunddokumente für die Säkularinstitute zurück, nämlich die Apostolische Konstitution *Provida Mater ecclesia* (1947) und das Motu Proprio *Primo Feliciter* (1948). Die dort kodifizierte Lehre ging davon aus, dass die Mitglieder der Orden, Kongregationen und Gesellschaften des gemeinsamen Lebens einen „kanonischen Stand" im strengen Sinn bildeten, deren Kennzeichen ein Leben nach den evangelischen Räten unter Verlassen der Welt sei, während die Mitglieder der Säkularinstitute den Vollkommenheitsständen lediglich im Wesen nahe stünden. Die Unterschiede machten sich daran fest, dass die Säkularinstitute kein gemeinschaftliches Leben führten und in der Welt lebten. Die lobenden Worte konnten freilich nicht darüber hinwegtäuschen, dass damit eine klare Hierarchie des geweihten Lebens ausgedrückt werden sollte. Ambivalent stellen sich auch die Aussagen der beiden Dokumente zum „Weltcharakter" dar. Einerseits wird die „Welt" als Gefahr für eine religiöse Berufung geschildert, andererseits werden die Säkularinstitute aufgefordert, sich an das Leben in der Welt anzupassen und ihr Apostolat aus der Welt heraus, konkret aus weltlichen Berufen und Lebensformen, zu gestalten. So weitsichtig eine solche Konzeption auch ist, setzt sie doch ein neues Verhältnis der Kirche zur Welt voraus, wie es in der unmittelbaren Nachkriegszeit nicht gegeben war. Erst der Paradigmenwechsel von GS, der eine positivere theologische Bewertung der Welt zur Folge hatte, hätte ein Verständnis für den Weltcharakter der Säkularinstitute ermöglicht.

Doch diese Chance wurde in PC 11 nur halbherzig ergriffen. Der endgültige Text hebt hervor, dass die Säkularinstitute von der Kirche anerkannte Gemeinschaften seien und die evangelischen Räte befolgten. Der Ort der Praxis der evangelischen Räte und ihres Apostolats sei „in der Welt". Das mache ihren „Weltcharakter" aus, der als Grund ihrer Entstehung besonders gewürdigt wird. Im zweiten Abschnitt werden sie auf die Notwendigkeit besonderer Formation hingewiesen, die nicht nur den religiösen Bereich umfassen dürfe, sondern auch die berufliche Professionalisierung einschließen müsse. Die Vorgesetzten, die zur Unterscheidung und Absetzung von Orden mit dem Begriff „moderatores" im Unterschied zum bei Ordensgemeinschaften gebräuchlichen „superiores" bezeichnet werden, werden ermahnt, für eine entsprechende geistliche Einführung in Spiritualität und Lebensform sowie für die Weiterbildung Sorge zu tragen. Bei letzterer scheint neben der spirituellen auch die berufliche Weiterbildung gemeint zu sein.

Irritationen rief eine Aktion hervor, die nach der Abstimmung über die einzelnen Nummern im Oktober 1965 gestartet wurde. Auf Initiative aus Kreisen der Säkularinstitute sollte Artikel 11 noch einmal geändert und an seiner Stelle ein eigenes Kapitel an das Ende des Dekrets gesetzt werden, in dem der besondere Charakter der Institute als Stand der Vollkommenheit mit spezifischer Weltbezogenheit und daraus fließender apostolischer Aktion dargelegt werden sollte. Für eine solche gewichtige Veränderung war es freilich zu spät, so dass lediglich eine knappe Einfügung möglich wurde, wonach die Säkularinstitute nicht zu den Religioseninstituten gehörten. Dieser Einschub – „auch wenn sie keine Ordensinstitute sind" – wurde am Tag vor der feierlichen Schlussabstimmung am 27. Oktober 1965 von Erzbischof Felici bekannt gegeben.

Insgesamt leidet gerade Artikel 11 unter den vom Konzil nicht beseitigten theologischen Unklarheiten.[11] Wenn die Säkularinstitute nicht zu den Ordensinstituten gehören, warum werden sie im Ordensdekret behandelt? Wie ist die Beziehung der Säkularinstitute zu Laiengemeinschaften? Welchen Stellenwert hat die Praxis eines Lebens nach den evangelischen Räten? Viele dieser Fragen belasteten die nachkonziliare Entwicklung, zumal gerade die Säkularinstitute ihre Existenzberechtigung nach zwei Seiten zu erweisen haben: nach der Seite der sich auf ihre Ursprungsimpulse besinnenden und dort vielfach eine stärkere Weltbezogenheit als vor dem Konzil gelebt entdeckenden Ordensinstitute und nach der Seite der Geistlichen Bewegungen, die mit neuen Formen religiösen Lebens Anfrage und Bereicherung zugleich für die traditionellen Gemeinschaften darstellen.

PC 12 Nach den die religiösen Institute klassifizierenden Artikeln behandeln die folgenden Abschnitte die theologischen Grundlagen des geweihten Lebens, nämlich die evangelischen Räte und das gemeinsame Leben.

PC 12 behandelt die Keuschheit. Bereits die Terminologie macht deutlich, wie entscheidend bei dieser auf Mt 19, 12 und 1 Kor 7, 32–35 zurückgeführten Lebensweise die jeweilige Übersetzung ist. Wird „castitas" mit „Keuschheit" übersetzt, steht die innere Haltung der freien Verfügbarkeit für Gott und der Integration der eigenen Sexualität in diese Beziehung im Vordergrund. Deutet man den Terminus hingegen als „Ehelosigkeit", so wird auf das Nicht-Verheiratetsein abgehoben, das an sich noch keine religiöse Lebensform begründet. Der lateinische Text legt die erste Deutung nahe. In PC 12,1 ist „castitas" ein persönlich geschenktes Charisma in einem religiösen Kontext, während in PC 12, 3 „continentia" eher den psychologischen Vorgang der Bewältigung dieser Entscheidung zu einer konkreten Lebensweise anspricht.

PC 12, 1 argumentiert traditionell theologisch. Es geht um eine Entscheidung, die um eines höheren Gutes willen getroffen wird. Das Charisma der Keuschheit erhält seine Berechtigung im Christentum aus dem Rat Jesu an den reichen Jüngling und der Empfehlung des Apostels Paulus an die Gemeinde in Korinth. In der konkreten Ausformung hat die Keuschheit zwei Dimensionen: Sie ist Zeichen der eschatologischen Ausrichtung der Ordensleute und gibt die Möglichkeit zu einem effektiveren Engagement im religiösen und apostolischen Wirken. Die Ordensleute legen durch ihre Entscheidung zu einem keuschen Leben Zeugnis ab für die in Analogie zur Ehe beschriebene Bundestreue Gottes, die bis ans Ende der Zeiten fortdauert und in Jesus Christus ihren Höhepunkt gefunden hat.

Die Tragfähigkeit einer eschatologischen Begründung der Keuschheit kann mit Recht angezweifelt werden. Die vielen Fälle, in denen Lebensentscheidungen gescheitert sind, prägen gerade die Zeit nach dem Zweiten Vatikanum. Tausende

---

[11] Vgl. Pollak, Aufbruch 99–100.

Ordensleute verließen ihre Gemeinschaften. Auf diese Situation, die sich bereits vor dem Konzil abzeichnete, spielt PC 12,2 in einer Mischung aus Abwehrhaltung und spirituell-psychologischen Ratschlägen zur Lebensgestaltung an. Einerseits sollen die Ordensleute die Treue Gottes mit ihrer eigenen Treue beantworten und dabei die natürlichen Hilfsmittel anwenden, die nicht nur der Bewahrung dienen, sondern auch positive Gestaltungsmöglichkeiten einer alternativen Lebensform darstellen, auch wenn sie eher defensiven Charakter tragen. Dabei ist sich das Konzil sehr wohl bewusst, dass auch die Keuschheit letztlich körperliche Gesundheit nicht verletzten darf und zur ganzheitlichen seelischen Heilwerdung der Persönlichkeit im psychischen und religiösen Sinn beitragen soll. Andererseits findet sich in PC 12,2 der letzte Niederschlag der noch 1954 von Pius XII. in *Sacra virginitas* vertretenen Lehre, dass ehelos-keusches eine theologische Vorordnung vor dem ehelichen Leben besitzt. Im Konzilsdokument wird allerdings bereits vorsichtiger formuliert und lediglich die Lehre zurückgewiesen, vollkommene Enthaltsamkeit sei unmöglich oder behindere den menschlichen Fortschritt. Die Ordensleute werden aufgefordert, einen „geistlichen Instinkt" zu entwickeln, um ihre Lebensform zu schützen.

Eine notwendige Ergänzung zu den mehr auf das Individuum ausgerichteten Mahnungen bilden die pädagogischen Hinweise am Ende des Artikels. So bedarf der gelebte Zölibat der Einbindung in eine geschwisterliche Gemeinschaft. Gerade weil es sich um eine oft unverstandene und gefährdete Lebensweise handelt, was mutatis mutandis natürlich auch für das eheliche Leben gilt, muss ein Gegengewicht in der Entwicklung der Bindungsfähigkeit innerhalb der Gemeinschaft gesucht werden. Diese Aufgabe betrifft die Phase der Erprobung der Berufung und der Einführung. Sie muss aber die verschiedenen Perioden und Entwicklungsstufen des Lebens umfassen, damit die Emotionalität entsprechend reifen kann.

PC 13 Der Abschnitt über den Rat der Armut steht in einer großen Spannung. Armut gehört zu den bleibenden Grundproblemen menschlicher Gesellschaften – „die Armen habt ihr immer bei euch" (Mt 26, 11). Dennoch fiel der christliche Protest gegen Armut häufig eher halbherzig aus. Selbst in den explizit die Armut betonenden Mendikantenorden gehört die Auseinandersetzung um die zeitbedingten oder zum Wesen der Institute gehörenden Formen evangelischer Armut zu den immer wieder verhandelten Problemen. Auch die Berufung auf das Beispiel Jesu, das in PC 13,1 mit dem Verweis auf Mt 8, 20 und 2 Kor 8, 9 angeführt wird, kann mit Gegenbeispielen ergänzt werden. Dem Menschensohn, der keinen Ort hat, wo er sein Haupt hinlegen kann, steht der Jesus gegenüber, der an Festmählern und Hochzeiten teilgenommen hat. Dieser Ambivalenz bereits im jesuanischen Vorbild begegnet die Praxis des Rats der Armut bis heute. PC 13 sucht in unterschiedlichen Ansätzen eine Antwort darauf zu geben.

Die Grundregel, die PC 13,2 vorgibt, lautet, dass Armut wirklich gelebt werden soll und nicht nur eine Beschränkung im Gebrauch bedeuten darf. Der Reichtum der Ordensleute dürfe nicht in der Anhäufung irdischer Güter bestehen, sondern müsse die eschatologische Ausrichtung auf die himmlischen Schätze (Mt 6, 20) beinhalten. Aus dieser Perspektive ergibt sich für das Konzil eine Wertschätzung der Arbeit und der Sorge für den je eigenen Lebensunterhalt; PC 13,3 ist deshalb in engem Zusammenhang mit dem Kapitel über die Arbeit in der Pastoralkonstitution (vgl. GS 33–39.67) zu lesen. Dass dabei aber das Vertrauen auf die Vorsehung Gottes den Primat vor der Sorge um die irdischen Güter hat, ist sowohl im konkreten Lebensvollzug der religiösen Institute als auch in der Mentalität der einzelnen Mitglieder oft mehr Desiderat als konkrete Wirklichkeit. Die Schlussmahnung (PC 13,6), die Institute sollten Luxus, unmäßigen Gewinn und Anhäufung von Gütern vermeiden, weist auf die permanente Gefahr hin, dass die versprochene Armut der Einzelnen in Kontrast zur realen Lebenspraxis gerät.

Die konkreten Formen der evangelischen Armut sind freilich für das Konzil nur schwer zu bestimmen. Zu unterschiedlich sind die in den Konstitutionen und Satzungen der einzelnen Institute festgeschriebenen Formen. So begnügt sich das Konzil mit einigen eher zufällig anmutenden Hinweisen. In PC 13,4 wird den Instituten die Möglichkeit eingeräumt, ihren Mitgliedern den Verzicht auf Erbschaften zu geben. Die Almosentätigkeit der Institute soll sich nicht nur auf die Bedürftigen ausrichten und die Sorge für die Belange der Kirche im Blick haben. Auch die Solidarität innerhalb der Institute zwischen reichen und armen Provinzen muss sich in einer Kultur des Miteinander-Teilens erweisen. Angesichts der Tatsache, dass in den Jahrzehnten nach dem Konzil sehr viele Gemeinschaften den Nachwuchsmangel ihrer europäischen und nordamerikanischen Provinzen durch Neugründungen in Ländern Südamerikas, Afrikas und Asiens kompensiert haben, ist dieser Hinweis auf die finanzielle Mitverantwortung ein wichtiger Aspekt.

PC 14 Der Gehorsam gehört zu den in der Konzils- und Nachkonzilszeit am heftigsten diskutierten und umkämpften Themen. In der traditionellen Ordenstheologie wurde der Rat des Gehorsams fast ausschließlich aus der Perspektive der Leitungen formuliert. Noch in den Entwürfen zur Ordensfrage wurden mögliche demokratische Aspekte der Anwendung des Gehorsams und ein dialogisches Handeln der Oberen im Zusammenwirken mit den Mitgliedern unter die zurückzuweisenden irrigen Meinungen gezählt. Durch die auf dem Konzil zu Tage getretenen unterschiedlichen Vorstellungen von kirchlicher Reform und die offen ausgetragenen Meinungsverschiedenheiten war jedoch Gehorsam gegenüber kirchlichen Autoritäten insgesamt zu einem auch für die Orden brisanten Thema geworden. Der neuen Mentalität Rechnung zu tragen, war aber nicht leicht. Patriarchalische Auffassungen von Gehorsam ließen sich nur schwer mit einer demokratischen Praxis in Einklang bringen. Zwei im November 1964 von jeweils etwa 400 Konzilsvätern eingebrachte Modi, von denen der eine ganz die Repräsentanz des göttlichen Willens im Oberen, der andere die personale Entfaltung des Einzelnen und das Wohl der Gemeinschaft betonte, verdeutlichen die notwendige Kompromissfähigkeit des Konzils.[12]

---

[12] Die beiden Modi lauten: „Auf alle Weise möge Vorsorge getroffen werden, daß der authenti-

Der Konzilstext verlegt die geschlossenen Kompromisse in verschiedene Abschnitte des Artikels. PC 14,1 resümiert die biblischen und theologischen Grundlagen des Gehorsams. Vorbild ist der Gehorsam Christi, wie er im NT an mehreren Stellen herausgearbeitet wird. Die Lebenshingabe Jesu findet ihr Abbild in der Willenshingabe des Mitglieds. Diese Unterwerfung des eigenen unter den Willen des Obern wird in gleicher Weise als Akt der Christusnachfolge und Zeichen ekklesialer Verbundenheit gesehen. Er findet seine Erfüllung im konkreten Dienst an den Brüdern. Der Text lässt sich aber, wie Friedrich Wulf zu Recht herausgearbeitet hat, in unterschiedlichen Richtungen interpretieren: Man kann aus ihm eine Stärkung der Rolle der Obern herauslesen und man kann die Ausrichtung des Gehorsams auf das Wohl des „corpus Christi mysticum" betonen. PC 14,1 bleibt in diesem Sinne einer jener Kompromisstexte, auf die sich je nach Bedarf leicht rekurrieren lässt.

Konkretisierungen bieten die drei folgenden Abschnitte des Artikels, die den Gehorsam aus dem Blickwinkel der Mitglieder, der Obern und der kollektiven Mitentscheidungsgremien thematisieren. Für die Mitglieder wird als Norm des Gehorsams die Orientierung an den Konstitutionen eingeschärft. Die Praxis des Gehorsams soll alle Fähigkeiten erfassen und letztlich in innerer Freiheit zu größerer menschlicher und religiöser Reife führen. Neu ist, dass die Verantwortung der Obern in der Ausübung des Gehorsams eingeschärft wird. Gehorsam darf nicht zu Gewissenszwang führen. Gehorsam bedeutet wesentlich Gehorsam gegenüber der Sendung des Instituts. Deshalb legt das Konzil großen Wert auf die Erziehung zu umfassender Mitverantwortung der Mitglieder. Der vom Konzil geforderte Gehorsam ist aktiv und verantwortlich. Der Wille Gottes wird nicht vom Obern allein gefunden, sondern im täglichen Dialog mit den Mitgliedern und in der institutionalisierten gemeinsamen Leitung der Institute durch Räte und Kapitel. Die Jahre nach dem Konzil haben gezeigt, dass in dieser neuen Gehorsamsauffassung zwar eine große Chance liegt, die von den Instituten ergriffen wurde und zu einer völlig neuen Praxis der Autoritätsausübung geführt hat, dass aber durch die Anforderungen an Obere und Mitglieder die Autoritätskrise nicht gelöst wurde, sondern sich über die Jahrzehnte eher noch verschärft hat. Der Gehorsam, wie ihn das Konzil beschreibt, setzt mündige Mitglieder und gewandte Obere voraus.

PC 15 Die Reihe der die Grundlagen der Orden beschreibenden Artikel schließen die Erwägungen zum Gemeinschaftsleben ab. Die „vita communis" in Anlehnung

---

sche Begriff des Ordensgehorsams ungeschmälert erhalten bleibe. Der Ordensgehorsam, so wie er von der Kirche immer verstanden worden ist, mindert nämlich die Würde der erwachsenen Person nicht, sondern führt sie zur vollen Reife, da er ein hohes Ganzopfer (holocaustum) ist, durch das der Mensch sich und alles, was sein ist, um des Himmelreiches willen gänzlich dem Willen Christi, dessen Stelle der Obere vertritt, unterwirft." – „Die Ordensleute sollen den Gehorsam, den sie gelobt haben, entsprechend den Zielen und der Eigenart ihrer Gemeinschaft in reifer personaler Gesinnung beobachten. Die Obern sollen die Verantwortung mit ihren Untergebenen so teilen, daß alle Glieder der Gemeinschaft das Leben, die Angelegenheiten und Schicksale des Ordens wie ihre eigenen ansehen und für alles gleichsam gemeinsam Sorge tragen." – Wulf, Kommentar PC 295.

an die in Apg 4, 32 idealiter beschriebene Urgemeinde gehört zu den klassischen Topoi des Ordenslebens und den Vorgaben für jedes kommunitäre Leben. Darin kommt gleichermaßen die Sehnsucht vieler Menschen nach gelungenen Modellen des Miteinanders zum Ausdruck wie die Schwierigkeit, individualistische Lebensstile aufzubrechen. In vielen Instituten wurde trotz aller Betonung des Gemeinsamen über Jahrhunderte hin fast ausschließlich die persönliche Christusnachfolge gepflegt. Anonymität in großen Konventen und Kontaktschwächen innerhalb der Gemeinschaft wurden gerade in den Jahren um das Konzil herum sehr deutlich empfunden und namhaft gemacht. Dennoch gehört das gemeinschaftliche Element zu den unaufgebbaren Grundkonstanten der Nachfolge Christi, das zunehmend auch von protestantischen und außerchristlichen Gruppierungen entdeckt und gelebt wird.

Auch in diesem Artikel fasst der erste Abschnitt den biblischen und theologischen Befund zusammen. Der hervorragende Ort, an dem Gemeinschaftsleben erfahrbar wird, ist der gemeinsame Bezug auf das Evangelium, die gemeinsame Feier der Liturgie, der Eucharistie und des Gebets überhaupt. Das Konzil begründet in PC 15, 1 noch einmal zusammenfassend, warum die Kirche über Jahrhunderte hin auf dem gemeinsamen Vollzug des Stundengebets insistiert hat. Diese Gemeinsamkeit muss ihre Echtheit allerdings im Umgang miteinander erweisen. Mit einer Fülle von Hinweisen auf die biblische Lehre werden die Ordensleute aufgefordert, die geschwisterliche Liebe zu leben und ihre Gemeinschaften als Familie zu begreifen und zu gestalten.

Zwei Konsequenzen für die innere Struktur der Institute macht Artikel 15 namhaft. PC 15, 2 fordert die Institute auf, nach Lösungen zum Abbau gemeinschaftsinterner Klassenunterschiede zu suchen. Es geht um die Integration von „Laienbrüdern" und „Laienschwestern" in die Gemeinschaften, konkret um die Zulassung zum aktiven und passiven Wahlrecht bei der Bestimmung von Ämtern und um die Beteiligung am gemeinsamen Chorgebet. In den Männergemeinschaften lassen sich durch die unterschiedlichen Aufgaben und Verpflichtungen von Priestern und Nicht-Priestern manche Verschiedenheiten nicht vermeiden, doch die Frauengemeinschaften werden explizit zum Abbau von Hierarchien aufgefordert. In Verbindung mit der zweiten Reformmöglichkeit, die in PC 15, 3 gegeben wird und nach der in Priestergemeinschaften auch Laienmitgliedern die gleichen Rechte eingeräumt werden können, wie sie den geweihten Mitgliedern zukommen, handelt es sich hier um eine Entwicklung, die in der Nachkonzilszeit zu vielen Veränderungen innerhalb der Institute geführt hat. Besonders die franziskanischen Gemeinschaften besannen sich neu auf den egalitären Charakter ihrer Gründungen. In einer Reihe von Instituten erhalten jetzt auch Nicht-Priester Anteil an Leitungsfunktionen.

IV. Konkrete Normen

In der Gliederung nicht eigens abgesetzt enthalten die Art. **16–24** konkrete Normen zur Reform des geweihten Lebens. Manches davon ist in den grundsätzlicheren Ausführungen bereits angeklungen. Bei anderen Regelungen zeigt sich die Zeitbedingtheit der konziliaren Vorschriften, die wie jede konkrete juristische Festlegung eine Momentaufnahme darstellt.

PC 16 Der Artikel über die Klausur der Nonnenorden differenziert die einzuhaltenden Vorschriften. Er hält fest an der strengen Durchführung der sogenannten „päpstlichen Klausur", fordert zu Überprüfung, Anpassung und Abschaffung veralteter Bräuche auf. Gleichzeitig eröffnet er die Möglichkeit von Ausnahmen; die Klausur von Nonnen mit Apostolatswerken soll grundsätzlich bestehen bleiben, aber in den Konstitutionen geregelt werden.

Versuchte die Ordensreform Pius' XII. durch die Apostolische Konstitution *Sponsa Christi* und die Einführung einer Kleinen Klausur in den 1950er Jahren noch den unterschiedlichen Berufungen eines vollkommen auf die Beschaulichkeit ausgerichteten und eines die Kontemplation mit der apostolischen Aktion, etwa im Lehrerinnenberuf, zu verbindenden Lebensstandes Rechnung zu tragen, so hoben bereits die Ausführungsbestimmungen diese Kleine Klausur wieder auf. Die nachkonziliare Entwicklung hielt an den Klausurvorschriften für die Nonnen fest. Wohl bei keinem Teilaspekt des Ordenslebens finden sich in den kirchenamtlichen Rundschreiben, zuletzt in *Vita consecrata* 59 und in der 1999 erschienenen Instruktion *Verbi sponsa*, so viele motivierende Hinweise auf die biblische und spirituelle Tradition. Immer aber wird in den konkreten Normen das Schwergewicht auf die Trennung von der Welt gelegt, die den eigentlichen Charakter des kontemplativen Lebens ausmacht: „Eine wirkliche Trennung von der Welt, das Schweigen und die Einsamkeit bringen die Integrität und Identität des ausschließlich kontemplativen Lebens zum Ausdruck und schützen sie, damit es seinem besonderen Charisma und den gesunden Traditionen des Instituts treu ist."[13]

PC 17 Die Ausführungen über die religiöse Kleidung sind der einzige Abschnitt, der vom Vorbereitungsdekret bis zum endgültigen Text alle Veränderungen im Wesentlichen unbeschadet überstanden hat. Das Ordensgewand soll folgende Eigenschaften aufweisen: Es soll einfach sein und eine gewisse Bescheidenheit ausdrücken; es soll die Armut symbolisieren und gleichzeitig den Ansprüchen der Schicklichkeit entsprechen; es soll die Gesundheit nicht beeinträchtigen und es soll jahreszeitlich, regional und entsprechend den in ihm auszuführenden beruflichen Tätigkeiten differenziert getragen werden. Diese Qualitäten, die durchaus nicht nur auf uniforme Gewandungen anwendbar sind, sondern Kriterien für einen dem evangelischen Rat der Armut angemessenen Umgang mit Mode überhaupt darstellen können, wurden im Ringen um einen Reformtext für die Orden nicht verändert. Unbestritten bleibt die allgemeine Aussage, dass das Ordensgewand die religiöse Weihe seiner Träger widerspiegeln solle. De facto wurden nach dem Konzil alle religiösen Gewänder verändert, zum Teil nach den angegebenen Kriterien, zum Teil auch dahingehend, dass sehr viele aktive Institute über-

---

[13] Instruktion *Verbi sponsa* Nr. 10.

haupt keine gemeinsame Kleidung mehr kennen. In der öffentlichen Wahrnehmung der Orden ist der radikale Wandel, den das Ordensgewand in den Jahrzehnten nach dem Konzil erfahren hat, vielleicht die am deutlichsten sichtbare Veränderung gewesen.

PC 18 Zu den Anliegen der Ordensreform Pius' XII. gehörte die Verbesserung der Ausbildung der Ordensleute. Ein wichtiger Schritt in dieser Richtung war die Einrichtung eines theologischen Weiterbildungsprogramms für Schwestern in Rom. Das internationale Kolleg Regina Mundi förderte nicht nur die wissenschaftliche Kompetenz der Ordensschwestern, sondern öffnete auch den Blick über die eigene Gemeinschaft hinaus. Die Erneuerung der Ausbildung gehörte in diesem Sinn zu den unbestrittenen Themen der Ordensreform. Im Vorfeld des Konzils forderte vor allem der belgische Kardinal Suenens für die Frauenorden eine bessere Ausbildung. In der Endfassung des Dekrets werden die entsprechenden Anliegen in vier Richtungen festgelegt:

Die Ausbildung der Ordensfrauen und der Nicht-Kleriker soll nach dem Noviziat in angemessener Weise fortgeführt werden. Dabei geht es nicht um eine Verlängerung des Noviziats, sondern um eine Einführung in die apostolischen Aufgaben und um berufspraktische Vorbereitungen. Ein solches „Juniorat" hat sich seit dem Konzil weitgehend durchgesetzt und kann als Teil einer gesamtgesellschaftlichen Professionalisierung gesehen werden.

Diese Ausbildung muss sich entsprechend den Zeitverhältnissen und den lokalen Anforderungen gestalten. PC 18,2 legt großen Wert darauf, sowohl die Fähigkeiten und den Charakter der Mitglieder als auch die Mentalität der Zeit zu berücksichtigen. Wie der Spagat zwischen der etwa in PC 16 postulierten Trennung von der Welt, die von der Konzeption her ja nicht nur für die kontemplativen Institute gilt, und einer durch die Ausbildung bedingten Nähe zur Welt gelingen kann, wird nicht eigens erläutert.

Die selbstverständliche Tatsache, dass Lernen ein lebenslanger Vorgang ist, wird für die Institute in PC 18,3 aufgegriffen. Den Mitgliedern soll für Weiterbildungsmaßnahmen eine angemessene Zeit eingeräumt werden. Der Artikel schließt mit dem Hinweis darauf, dass die in der Ausbildung tätigen Personen besonders gut ausgewählt und vorbereitet sein müssen.

PC 19 Das 19. und 20. Jahrhundert kannte eine Vielzahl neuer Ordensgründungen. Im Unterschied etwa zum 4. Laterankonzil, das mit einem Dekret Neugründungen verhindern wollte, standen die Väter des Zweiten Vatikanums neuen Aufbrüchen grundsätzlich positiv gegenüber. Die Erfahrungen zeigten aber, dass manche Neugründungen nach einem euphorischen Beginn nicht lebensfähig waren. PC 19 möchte bei aller Offenheit für den charismatischen Beginn neuer Institute einen nüchternen Blick auf die Zukunftschancen und Entwicklungsmöglichkeiten gewahrt wissen. Nachholbedarf besteht allerdings in den jungen Kirchen Afrikas und Asiens. Hier werden die Orden eingeladen, neue Formen besonders zu fördern.

In der Entwicklung nach dem Konzil spielte weniger die Gründung neuer Ordensgemeinschaften eine Rolle. Die größere Innovationskraft entwickelten die Geistlichen Bewegungen, aus deren Reihen Anliegen einer festeren Gemeinschaftsbindung kommen. Für das traditionelle Ordensleben stellt sich dadurch besonders die Frage nach der Möglichkeit religiöser Gemeinschaften mit gemischter Mitgliedschaft aus Laien und Priestern, Frauen und Männern, Verheirateten und Zölibatären. Auf der Bischofssynode 1994 wurden diese neuen Formen ausdrücklich angesprochen und nach Wegen gesucht, die in ihnen wirksamen Charismen zu unterscheiden und ihnen einen auch kirchenrechtlich verantwortbaren Platz in der Kirche zuzuweisen. Ob allerdings auf längere Sicht neue Lebensformen wirklich „keine Alternative zu den früheren Institutionen, die weiter den hervorragenden Platz einnehmen, den die Überlieferung ihnen eingeräumt hat" (VC 62), sind, muss die weitere Entwicklung zeigen.

PC 20 Aus der konziliaren Auseinandersetzung um die Autonomie der Orden verständlich, aber auf dem Hintergrund der seitherigen Entwicklung eher schwierig ist PC 20. Die Institute sollen einen Freiraum bekommen für die Gestaltung ihrer Werke. Gemeint sind in erster Linie Institutionen, mit denen apostolische Aufgaben verbunden sind, wie Schulen, Krankenhäuser, Altenheime. Indirekt kann aus der Aufforderung der Anpassung an Zeit und Ort geschlossen werden, dass die Orden keinen rechtsfreien Raum darstellen, sondern sich in der rechtlichen Ausgestaltung ihrer Einrichtungen an die landesüblichen Gepflogenheiten zu halten haben. Was mit den weniger angemessenen Werken gemeint ist, darüber kann nur spekuliert werden. Vermutlich lässt sich dieser Hinweis auf mehr ausdehnen als auf die von Friedrich Wulf inkriminierten Schnapsbrennereien der Klöster.

Ursprünglich war dieser Artikel viel reichhaltiger geplant. Doch die speziellen Hinweise zur Anpassung der Institute wurden in PC 2 übernommen. So blieb für PC 20 nur noch der allgemeine Hinweis auf die Pflege des missionarischen Geistes. Das große Anliegen der Konzilsväter, die ekklesiale Mitverantwortung der Orden über den Bereich ihrer eigenen Werke und unmittelbaren Aufgabenstellungen hinaus einzufordern, spricht sich in diesen Ermahnungen aus.

PC 21 Zum Zeitpunkt des Konzils noch nicht so aktuell, ist PC 21 für den Beginn des 21. Jahrhunderts ein wichtiger Artikel. Seinen „Sitz im Leben" hatte er in der Vorbereitungsphase mit Bezug auf kleine autonome Klöster oder Institute, die schon seit Jahren keine Eintritte mehr zu verzeichnen hatten. Ihnen sollte die Aufnahme weiterer Novizen von Rechts wegen untersagt werden. Zudem sollten sie angehalten sein, sich mit anderen Instituten ähnlicher Zielsetzung oder Spiritualität zu vereinigen. Die Ausführungsbestimmungen gingen in ES 39–41 ausführlich auf das Procedere der Auflösung eines Instituts ein. Auf die Gefühlslage der Mitglieder sollte dabei ebenso Rücksicht genommen werden wie auf die nötige Entscheidungsfreiheit der Gemeinschaft und der Einzelnen. 40 Jahre nach dem Konzil erweist sich dieser Artikel gerade im mitteleuropäischen Raum möglicherweise als wegweisend angesichts der Überalterung und Nachwuchskrise der meisten religiösen Gemeinschaften. Die Geschichte der Orden kennt Vorgänge von Geburt und Sterben in buntem Wechsel. In der Zusammenschau von PC 20 und 21 wird offenkundig, dass die Kirche vor der Berufung zum Ordensleben zwar mit großer Hochachtung steht, gleichzeitig aber die Sorge für lebensfähige soziologische Einheiten nicht aus dem Auge verlieren darf.

PC 22 Die Föderationen von Instituten, die zur selben Ordensfamilie gehören, haben sich in den Jahren nach dem Konzil als sehr fruchtbar erwiesen. Hinzuweisen ist etwa auf die INFAG, die Interfranziskanische Arbeitsgemeinschaft, in der über 400 Institute franziskanischer Spiritualität verbunden sind. Der Austausch und die Möglichkeiten zu gegenseitiger Hilfe und Unterstützung vor allem im spirituellen Bereich, aber auch die Beteiligung an gemeinsamen Projekten, zeigen positive Ergebnisse.

Formelle Zusammenschlüsse von Klöstern und Instituten werden demgegenüber eher zögernd durchgeführt. Hier bedarf es häufig der Initiative übergeordneter Instanzen. Die Religiosenkongregation wurde in dieser Hinsicht besonders bei kontemplativen Klöstern aktiv.

PC 23 In Deutschland gibt es bereits seit 1898 eine Konferenz Höherer Ordensoberer. Anfangs auf die Missionsgenossenschaften beschränkt, gehören ihr heute alle Höheren Oberen religiöser Gemeinschaften an. An ihrer Entwicklung[14] lässt sich der Vertrauenszuwachs erkennen, der in den letzten Jahrzehnten zu einer neuen Solidarisierung der Institute geführt hat. Gefördert wurde nicht nur die Zusammenarbeit in gemeinsamen Projekten, sondern es kam auch – ausgelöst durch staatliche Gesetzgebung – zu einer gegenseitigen finanziellen Abhängigkeit in der Altersversorgung der Mitglieder. Die inhaltliche Abstimmung mit der Religiosenkongregation und den Bischofskonferenzen stellt sich dabei zunehmend auch als konfliktbeladen heraus, weil sie bisweilen den ordenseigenen Interessen widerstreitet. Auf jeden Fall haben sich die Vereinigungen der Höheren Oberen der Orden und der Vertreter der Säkularinstitute auf nationaler, kontinentaler und internationaler Ebene etabliert.

PC 24 Die Berufungen zum Ordensleben nahmen bereits in den Jahren vor dem Konzil in manchen Ländern radikal ab. Die Vorbereitungskommission hatte deshalb ein eigenes Kapitel über die Förderung von Ordensberufungen erarbeitet, das sich an kirchliche Multiplikatoren richtete. Manches davon ist in PC 24 aufgenommen. Die Mahnungen gehen an die Priester und Erzieher, in ihrer Berufsberatung die Ordensberufung nicht zu vernachlässigen. In der normalen Verkündigung soll hin und wieder das Ordensleben thematisiert werden. Desgleichen sollen die Eltern erwachende Berufungen ihrer Kinder verständnisvoll begleiten. Den Ordensgemeinschaften wird das Recht auf Berufswerbung zugesichert. Der Hinweis auf die dabei zu beachtenden Richtlinien lässt dabei einen Schluss auf den Stil des Vorbereitungsschemas zu und ist weniger Zeichen einer gelungenen Redaktionsarbeit.

---

[14] Vgl. Leugers, Interessenpolitik.

PC 25 Das Dekret schließt mit einer Erklärung der Hochschätzung des Konzils für die Lebensform der evangelischen Räte. Die Ordensleute sind ein wichtiges Zeichen für die Fruchtbarkeit der Kirche insgesamt. Der Abschnitt bemüht sich, die Polarität von Kontemplation und Aktion einigermaßen gleichmäßig zu beschreiben. Dennoch wirken die Hinweise auf Jesus und Maria eher als Mahnung zu einem zurückgezogenen Wirken denn als Aufruf, sich allzu sehr in die nachkonziliaren Reformbestrebungen einzumischen.

C. Nachwirkung und Würdigung

I. Eine Würdigung von PC

PC ist ein typisches Dokument „auf dem Weg". In einem spannungsreichen Prozess der Erarbeitung gelang es, die Einseitigkeiten der Vorbereitungsphase auszugleichen. PC fügt sich auf diese Weise in die „Aggiornamento"-Bestrebungen des Zweiten Vatikanums ein, das in seinen mehr auf die Praxis des christlichen Lebens ausgerichteten Dekreten keine Einzelvorschriften bieten wollte, sondern den Weg zu öffnen suchte für die weitere Reformarbeit. Nahezu alle Themen, die in der Vorbereitungsphase bereits ausführlich ventiliert worden waren, kamen auch in der Endfassung von PC zur Sprache. Ihre oft nur mit kurzen Hinweisen angedeutete Behandlung unterschied sich aber sehr von den detailbesessenen Kapiteln des Vorbereitungstexts.

In der theologischen Bewertung des Ordenslebens geht PC einen selbstständigen Weg. War im Vorbereitungsschema der Bezug auf das Reformwerk Pius' XII. durchgängig gegeben, fiel eine solche Verortung im Lehramt in PC völlig weg. Das Ordensdekret ist das einzige Dokument des Zweiten Vatikanums, das keine explizite Referenz zu päpstlichen Verlautbarungen enthält. Das hängt zum einen mit der im Lauf der Erarbeitung erhobenen Forderung zusammen, das Dekret solle nur Resolutionen bieten, zum anderen mit der Verlagerung der Hauptverantwortung für die Reform auf die einzelnen Institute. Diese Offenheit ließ die Väter auch eine Definition des Ordenslebens vermeiden. Geboten wurde statt dessen eine deskriptive Analyse wichtiger Strukturelemente, geordnet nach den unterschiedlichen Typen des Ordenslebens und den durch das Kirchenrecht vorgegebenen gemeinsamen inhaltlichen Merkmalen. Die Pluralität der existierenden Institute ließ eine stärkere definitorische Konzentrierung nicht zu, womit freilich eine grundsätzliche Problematik von Ordenstheologie angesprochen ist.

Trotz des Verzichts auf lehramtliche und kanonistische Bezüge bietet PC allerdings einen zentralen Fortschritt: Das Dokument vollzog die konziliare Wende zu einer stärkeren biblischen Orientierung mit. Durch die herangezogenen Referenzstellen wurden die johanneische und paulinische Theologie stärker in das geweihte Leben integriert. Insgesamt konnte dadurch den einzelnen Gemeinschaften ein größerer Spielraum zur je neuen Erarbeitung ihres Charismas eröffnet werden.

II. Die nachkonziliare Erneuerungsarbeit

Die Weichen für die nachkonziliare Erneuerungsarbeit wurden unmittelbar nach Konzilsschluss gestellt. Dabei gab es ein Kompetenzgerangel zwischen der von Paul VI. eingesetzten Kommission und der Religiosenkongregation. Doch durch eine breitere Konsultationsbasis, in die jetzt auch die Superiorenvereinigungen und kontemplative Frauenklöster einbezogen wurden, kamen einige zusätzliche inhaltliche Schwerpunkte ins Spiel. Wichtig war, genügend Zeit für die Umsetzung der Reformen und ihre Erprobung zu bekommen. Die Religiosenkongregation forderte die alleinige Zuständigkeit für alle Institute, auch für die Missionsgemeinschaften, für welche die Propaganda-Kongregation mehr als nur Mitsprache verlangte. Der Streit um die Priester-Säkularinstitute, bei denen nach Meinung einiger Kommissionsmitglieder die Gefahr einer doppelten Gehorsamsstruktur gegenüber dem Bischof und der Gemeinschaft bestünde, führte zu keinen Konsequenzen, zeigte jedoch die Tendenz, religiöse Gemeinschaften generell stärker in diözesane Strukturen einzubinden.

Das war auch ein Hauptanliegen der die Orden betreffenden Teile des Apostolischen Schreibens *Ecclesiae sanctae* vom 06. August 1966. Doch die Verpflichtung zur Abhaltung von Sonderkapiteln zur Revision der Satzungen und Konstitutionen relativierte die Bedeutung von Einzelregelungen. Die entscheidende Perspektive der Nachkonzilszeit blieb die Aufforderung an die Institute, zu ihrem Gründungscharisma zurückzukehren.

Die Religiosenkongregation, die 1967 in „Kongregation für die Ordensleute und Säkularinstitute" und 1988 in „Kongregation für die Institute des geweihten Lebens und die Gesellschaften des apostolischen Lebens" umbenannt wurde, verstand sich in der Nachkonzilszeit eher als subsidiäre Unterstützung für die in den Gemeinschaften je originell zu leistende Reformarbeit. Dennoch gingen im Lauf der Jahrzehnte beachtliche Initiativen von Rom aus. Sie betrafen unter anderem die Ausbildung der Ordensleute[1], die kontemplativen Gemeinschaften, vor allem die Nonnen[2], die Entwicklung und Förderung ganzheitlichen Menschseins in den Orden[3], die Beziehungen zu den Bischöfen und Diözesen[4]. Dazu kamen mehrere päpstliche Schreiben zum Ordensleben. Am 29. Juni 1971 schloss Paul VI. mit dem Mahnschreiben *Evangelica testificatio* gewissermaßen die unmittelbare Nachkonzilreform ab. Im Unterschied zum Konzilsdekret stellte der Papst das Ordensleben in den sich verändernden Zeitkontext hinein. Seine große Sorge, zu deren Lösung er sich von den Orden Hilfe versprach, war, „wie man die evan-

---

[1] Instruktion *Renovationis causam* vom 06. Januar 1969; Richtlinien für die Ausbildung in den Ordensinstituten vom 02. Februar 1990; Richtlinien über die Zusammenarbeit der Ordensinstitute in der Ausbildung vom 08. Dezember 1998.
[2] Instruktion *Venite seorsum* vom 15. August 1969; *Die kontemplative Dimension des Ordenslebens*, verabschiedet von der Vollversammlung der Kongregation im März 1980; Instruktion *Verbi sponsa* vom 13. Mai 1999.
[3] *Das Ordensleben und die Förderung des Menschen*, verabschiedet von der Vollversammlung der Kongregation im April 1978; Dokument *Das brüderliche Leben in Gemeinschaft* vom 02. Februar 1994.
[4] *Mutuae relationes* vom 14. Mai 1978 (gemeinsam mit der Kongregation für die Bischöfe).

gelische Botschaft in der profanen Welt heimisch machen kann"[5]. Eine ausführliche Theologie des Ordenslebens bot Paul VI. aber nicht an.

Im Anschluss an die Bischofssynode über das geweihte Leben (1994)[6] veröffentlichte Johannes Paul II. am 25. März 1996 das Apostolische Schreiben *Vita consecrata*. Es ist ein spiritueller Text, der den Orden im Bild vom Aufstieg auf den Berg der Verklärung Schwierigkeiten und Schönheit ihres Lebens gleichermaßen verdeutlichen möchte. Im Dreischritt „Confessio Trinitatis", „Signum Fraternitatis" und „Servitium Caritatis" behandelt der Papst das spirituell-theologische Fundament, die Bewährung im Gemeinschaftsleben und den Dienst an den „Schauplätzen der Sendung". Auch in der Instruktion der Kongregation im Anschluss an das Jubiläumsjahr *Neubeginn in Christus* (19. Mai 2002) werden Spiritualität, Gemeinschaft und Sendung als die grundlegenden Strukturelemente des Ordenslebens präsentiert.

III. Akzente heutiger Ordenstheologie

Die scheinbare Klarheit, wie sie in den römischen Verlautbarungen zum geweihten Leben erscheint, darf freilich nicht darüber hinwegtäuschen, dass jedes Dokument wie auch jede theologische Studie andere Akzente setzt. Das Ordensleben hat nach dem Konzil seine theologische Sonderstellung verloren. Angesichts der inneren Veränderungen und des zahlenmäßigen Rückgangs spricht sich in der Pluralität theologischer Entwürfe nach wie vor eine Identitätsunsicherheit aus. Ob man die Orden stärker von der Entscheidung zu einer Lebensform her betrachtet und dann die evangelischen Räte oder die religiöse Weihe als Zentrum der Berufung ansieht, oder ob man stärker den ekklesiologischen Bezug betont und Orden in ihrer Funktion für die Kirche und Vorreiter eines neuen Kirchenbildes sieht, oder ob man die Spannung zwischen einer Trennung von der Welt und Präsenz in ihr produktiv auflöst – immer stellt sich die Frage danach, von welchem Gemeinschaftstyp man ausgeht und welches Interesse verfolgt wird. Dass und wie man dabei zu unterschiedlichen Ergebnissen kommt, soll an fünf theologischen Akzenten herausgearbeitet werden, die in der Rezeptionsgeschichte des Ordensdekrets eine wichtige Rolle spielen.

1. Heiligkeit

Das Motiv der Heiligkeit und der Vorordnung des Räftelebens vor anderen Lebensformen findet sich in PC überall dort, wo in Komparativen gesprochen wird (etwa PC 1, 2; 5, 1; 7, 1; 12, 1; 14, 1), ohne freilich den entsprechenden Vergleichspunkt ausdrücklich zu benennen.

---

[5] Mahnschreiben *Evangelica testificatio* Nr. 52.
[6] Vgl. zu Vorbereitung, Ablauf, zentralen Themen und Nachwirkung der Bischofssynode über das geweihte Leben aus kirchenrechtlicher Perspektive: Kallidukil, Significance.

Nach dem Konzil wurde das vornehmlich aszetisch bestimmte Heiligkeitsideal ergänzt – teilweise auch abgelöst – durch ein an der alttestamentlichen Anthropologie orientiertes Ideal der Rechtschaffenheit und Ganzheit des Menschen (vgl. Gen 17, 1; Lev 11, 44). Diese Heiligkeit impliziert das barmherzig-gerechte Handeln gegenüber Freund und Feind, Arm und Reich (vgl. Mi 6, 8). Durch den Anspruch Jesu findet die alttestamentliche Aufforderung zur „imitatio dei" ihre Fortsetzung im Ruf zur Nachfolge Jesu. Dieses neue Heiligkeitsideal hat auch eine Neuinterpretation der evangelischen Räte als Wege zu befreitem, ganzem Menschsein zur Folge. Ganzsein, d. h. harmonische Ganzheit der Person und Integration alles Menschlichen, ist das Leitziel, das dem Aspekt des Geradeseins, der Gerechtigkeit vor Gott eingeordnet wird.[7] Die Rede vom *einen* Ordensgelübde – und nicht etwa dreien – bildet eine Entsprechung zum Verständnis der auf Ganzheit zielenden Nachfolge.[8] Auf diesem Hintergrund wird auch wieder – tiefenpsychologisch gewendet – von den evangelischen Räten und der in ihnen liegenden Aszese gesprochen. Aszese als Weg der Weltrelativierung wird im Sinne der Anerkennung der Endlichkeit des Menschen und dieser Welt gerade zu einem Weg neuer Weltbejahung.[9]

Offenbar denkt Hermann Volk die tridentinische Vorordnung des Rätelebens auf der Symbolebene, wenn er über Evangelische Räte und Heiligkeit aller schreibt: „Mit den Evangelischen Räten wird eine wesentliche Aufgabe der Kirche wahrgenommen, die, wenn auch nicht so verpflichtend und nicht standbildend, von jedem Christen anerkannt und irgendwie realisiert werden muß. Es handelt sich um das gleichzeitige Verhältnis zu Christus und zur Welt. Es ist eine Aufgabe der Kirche, darzustellen, wie der Christ in der Welt steht, und zwar einerseits, was er alles bejahen und tun kann, andererseits, was er alles lassen kann."[10] Eine wertende Unter- oder Überordnung ist bei Volk nicht mehr erkennbar: „Beides ist Zeichen für Christus und beides muß so verwirklicht werden, daß es Hinweis auf Christus und seine gegenwärtige Kraft ist."[11]

Die von Volk propagierte Vorordnung auf der Ebene der spezifischen Zeichenfunktion des Rätestandes kann – zumindest für den deutschen Sprachraum – als nach dem Konzil vorherrschende Meinung bezeichnet werden. Die Vorordnung auf der Symbolebene hat die Vorordnung auf ethischer Ebene abgelöst. Dabei kann dieses Zeichen mehr auf der Ebene einer christologisch begründeten Ethik und des christlichen Weltverhältnisses wie bei Volk angesiedelt werden, auf der Ebene des Eschatologischen[12] wie bei Karl Rahner, auf ekklesiologischem Terrain wie bei Hans Urs von Balthasar (Rätestand als symbolische Realisierung des bräutlichen Verhältnisses der Kirche zu Christus) oder auf der Ebene des praktisch-prophetischen Zeichens wie bei Johann Baptist Metz.

---

[7] Vgl. Isenring, Einholen 152–154.
[8] Vgl. Herzig, Ordensgelübde.
[9] Vgl. Isenring, Einholen 155–156.
[10] Volk, Christenstand 86.
[11] Volk, Christenstand 88.
[12] Vgl. Holtz, Zeichen des Endzustandes.

Eine theologische Überordnung des Ordenslebens als mögliche und oft praktizierte Kompensation der tatsächlichen gesellschaftlichen Minderstellung und der aszetisch geschürten Minderwertigkeitsgefühle von Ordensleuten wird obsolet mit dem im Gefolge des Zweiten Vatikanums gewonnenen Weltbezug.[13]

Im Hinblick auf die Vorordnung des Rätelebens drückt sich auch Johannes Paul II. in *Vita consecrata* Nr. 18 sehr verhalten aus, wenn er die „göttliche Lebensform" Christi als Grund anführt, warum „in der christlichen Überlieferung immer von der objektiven Vollkommenheit des geweihten Lebens gesprochen wurde". Trotzdem scheint er eine Wiederauflage traditioneller Motive – wenn auch im Rahmen der Berufung aller zur Heiligkeit – für möglich zu halten, etwa in der Betonung des Vorranges eines Lebens nach den evangelischen Räten durch seine Entsprechung zur Lebensform Jesu und zur endzeitlichen Wirklichkeit des Menschen.[14] Theologische Inkongruenzen zwischen einer überschwänglichen Beschreibung des Rätelebens und einer de-facto-Relativierung anderer Lebensformen scheinen freilich unterschwellig durch.

2. Weihe

Zur Bezeichnung der Entscheidung für ein Leben nach den evangelischen Räten verwendet PC 5,1 den Begriff „Weihe" (consecratio) als volleren Ausdruck der Taufweihe.[15] In der nachkonziliaren Zeit wurde dieser Begriff von einigen Theologen kritisiert. Jean-Marie Roger Tillard beobachtet eine Verwechslung von consecratio (Gottes Tun steht im Mittelpunkt) und devotio (das Tun des Menschen vor Gott kommt zum Ausdruck). Anneliese Herzig resümiert: „Diesen Begriff der Ordenstheologie, der vor allem seit dem Konzil große Bedeutung gewonnen hat, sieht Tillard mit Zweideutigkeiten und Mißverständnissen belastet, die nicht leicht auszumerzen sind. Die meisten Christen, so vermutet Tillard, verleitet das Stichwort *consecratio religiosa* dazu, die Wurzel dieser Weihe im Menschen zu suchen: Der Ordenschrist ‚weiht sich Gott'. In einer solchen Vorstellung wird vergessen, daß die *consecratio* zuerst in einer Bewegung Gottes auf den Menschen besteht, was Thomas von Aquin noch sehr bewußt war."[16] Als solche liegt die „consecratio" des Ordenschristen für Tillard ganz auf der Linie der gottgeschenkten Taufgnade und bringt diese zur Entfaltung. Weitere Kritiker des Begriffs sind Friedrich Wulf[17] und vor allem Thaddée Matura. Jede Begrifflichkeit, die mit Kategorien der Über- und Unterordnung arbeitet, lehnt Matura strikt ab. „Jeder

---

[13] Vgl. Häcker, Bücher, v. a. 153.
[14] Vgl. *Vita consecrata* 33,2; 104,3; 107,1.
[15] Über die „Jungfrauenweihe" als eine von der Kirche anerkannte und entgegengenommene Form menschlicher Hingabe an Gott für Frauen in monastischen Genossenschaften oder für allein in der Welt lebende Frauen ohne rechtliche Bindung an eine religiöse Gemeinschaft spricht PC nicht. Ein erneuerter Ritus wurde 1994 herausgegeben.
[16] Herzig, Ordens-Christen 89.
[17] Vgl. Herzig, Ordens-Christen 93.

Christ ist in seiner besonderen Lebenssituation, auf seine Weise Gott geweiht („voué"). Eine ‚innigere' Weihe der Ordensleute (vgl. LG 44,1) ist daher für Matura schlechthin ein Unding."[18]

Auf der anderen Seite denkt Hermann Volk Weihe im Gefolge des Konzils unter dem Aspekt des Konsekratorischen, wie es standbildend durch Sakramente und/oder etwa eine endgültige Bindung im Orden verliehen wird. Weihe einseitig vom menschlichen Tun und vom Auftrag her zu denken, ist Volk dabei fremd. Er denkt den Begriff ebenso vom gottgeschenkten Sein des Menschen her: „Die Weihe, die mit dem Ordensleben verbunden sein kann, in hohem Maße mit allen standbildenden Sakramenten verbunden ist, richtet sich gewiß nicht nur auf das Tun, sondern auch auf den Träger, den Menschen selbst und bleibend."[19] Beachtenswert an Volks Sicht ist die Weitung und Anwendung des Begriffes im Kontext aller Sakramente und Sakramentalien, die eine Lebensentscheidung bezeichnen.

Zu den starken Befürwortern des Begriffs der „consecratio" im Kontext einer theologischen Qualifikation des Ordenslebens in der nachkonziliaren Rezeption zählt Pie-Raymond Régamey.[20] Für ihn stellen der Begriff und sein Inhalt geradezu den „Schlussstein" der gesamten Ordenstheologie dar. Auch er sieht im Geschehen der „consecratio" den entscheidenden Schwerpunkt eindeutig beim Tun Gottes: Gott ruft den Menschen, er bestätigt mit seiner Gnade das Versprechen des Menschen, er gibt dem betreffenden Ordenschristen auf besondere Weise Anteil an seinem Bund mit den Menschen. Als solche ist die Weihe des Ordenschristen eine „Einholung" der Taufgnade, keine neu hinzukommende Weihe. Dass das Konzil selbst aber keine einheitliche theologische Konzeption entwickelt hat, vielmehr verschiedene Strömungen nebeneinander zum Tragen kommen, zeigt Anneliese Herzig auf. In LG 44,1 liegt die Akzentsetzung auf dem Tun Gottes (das *passivum divinum* „consecratur"), in PC 5,1 die Betonung auf der Selbsthingabe des Menschen als Begründung der Weihe.[21] Unabgeschlossen bleibt somit die Bestimmung des Verhältnisses von Ordensweihe und Taufweihe.[22]

Einen anderen Aspekt der nachvatikanischen Begriffsgeschichte bringt Zoe Maria Isenring ins Spiel. Sie rekurriert auf die Verknüpfung der Weihe an Gott (consecratio) mit dem Begriff der Sendung (missio). Durch die Weihe nimmt Gott eine Gemeinschaft und darin einen Menschen radikal in Dienst. Ordensgemeinschaften sind Sendungsgemeinschaften.[23] Das Charisma ist einer Gemeinschaft geschenkt, damit es im Dienst der Menschen ausgeübt und vollzogen wird. Von hier aus impliziert der Begriff nicht mehr einseitig die Weltabwendung zum Zweck der ausschließlichen Gottesbindung, sondern gleichwertig die gottgewollte Weltzuwendung. Im Begriff der Weihe sind somit Aspekte einer welthaften Spiritualität eingefangen, wenn auch noch zweckorientiert an der jeweiligen Aufgabe des Geweihten.

---

[18] Herzig, Ordens-Christen 107.
[19] Vgl. Volk, Christenstand 73.
[20] Zum Folgenden vgl. Herzig, Ordens-Christen 66–71.
[21] Vgl. Herzig, Ordens-Christen 54.
[22] Vgl. Herzig, Ordens-Christen 36.
[23] Vgl. Isenring, Einholen 152.

Diese Begriffsverschiebung hin zum Auftrag für Kirche und Welt erscheint in den offiziell-kirchlichen Texten inzwischen als gängig (vgl. CIC/1983, can. 573 § 1), ohne jedoch die oben aufgeworfenen Fragen nach dem Besonderen dieser Weihe, nach dem Verhältnis von Tauf- und Ordensweihe oder nach der inhaltlichen Bestimmung der auch hier formulierten „besonderen Bindung" und „vollkommeneren Liebe" zu beantworten.

Entsprechend ist auch der Sprachgebrauch in allen Dokumenten zur Bischofssynode 1994; hier zeigt das Instrumentum Laboris (Nr. 6) allerdings noch ein angemessenes Problembewusstsein für den Begriff, wenn es erwähnt: „Einige meinen, sie [die Terminologie] sei nicht ganz angemessen und manchmal sogar diskriminierend, als ob die übrigen Christen in der Taufe nicht radikal ‚gottgeweiht' würden. Die Begriffe ‚Weihe', ‚gottgeweihtes Leben' sind hier in ihrer präzisen theologischen Bedeutung zu verstehen als Gott geweihtes Leben durch die evangelischen Räte, das die Kirche anerkennt." Als Bekräftigung der in Taufe und Firmung grundgelegten Weihe wird zum Abschluss der Bischofssynode 1994 die Profess auf die evangelischen Räte interpretiert; dabei ist auf tauftheologischer Grundlage die christologische Begründung zentral: In Taufe und Firmung ist jeder Christ Tempel des Heiligen Geistes, die Profess auf die evangelischen Räte ist „eine tiefere Teilnahme am Pascha-Mysterium Christi, an seinem heilbringenden Leiden und Sterben und an seiner Auferstehung"[24].

Trotz dieser christologischen Begründung vermerkt Peter Lippert zum doch sehr selbstverständlichen Gebrauch des Terminus im Umkreis der Bischofssynode kritisch: „Von heutiger Tauftheologie und Schöpfungslehre her ist alles, insbesondere die Getauften, Gott ‚geweiht' – hier wirkt der neue Zentralbegriff unbefriedigend."[25]

Zwei polare Positionen stehen sich folglich gegenüber: Entweder wird über den Begriff der Ordensweihe geschwiegen oder er wird zum Zentralbegriff einer Ordenstheologie erhoben oder er wird heftig kritisiert. Kirchenoffiziell jedoch hat sich der Sprachgebrauch der „vita consecrata" zumindest im romanischen Sprachraum durchgesetzt. Johannes Paul II. lässt in seiner Definition der „Weihe" keinen Zweifel an der primären Initiative Gottes bzw. des Vaters und nicht etwa beim Übergabeakt des Menschen: „Hier liegt der Sinn der Berufung zum geweihten Leben: eine ganz und gar vom Vater ausgehende Initiative (vgl. Joh 15, 16), die von denen, die er erwählt hat, die Antwort einer ausschließlichen Ganzhingabe fordert."[26]

Diese primäre Initiative Gottes zeichnet auch die marianische Dimension der Weihe aus (vgl. VC 28, 2). Christologisch bzw. trinitätstheologisch ist diese Weihe begründet in der Christusförmigkeit des so lebenden Menschen (vgl. VC 22). In der Nachahmung des keuschen, armen und gehorsamen Jesus findet die Weihe ihre inhaltliche Entsprechung von Seiten des Menschen. In der Gleichförmigkeit

---

[24] Bischofssynode, Grußbotschaft 12.
[25] Lippert, Nachsynodales Schreiben 396.
[26] Apostolisches Schreiben *Vita consecrata* 17, 2.

der Lebensform des Geweihten mit der Lebensform Jesu erblickt Johannes Paul II. die neue Qualität gegenüber der schon in der Taufe begründeten Christusbeziehung (vgl. VC 30). Der Vertiefung der Taufgnade entspricht eine Vertiefung und Spezifizierung der Geistbegabung des berufenen Menschen.

3. *Charisma*

Der paulinische Charismenbegriff wird in PC 8 unter Rekurs auf Röm 12, 5–8 und 1 Kor 12, 4 eingeführt. Im Kontext geht es um geistgeschenkte Gaben für die Kirche zur Ausübung ihres Apostolates in den Ordensgemeinschaften mit apostolischer Ausrichtung. Die im lateinischen Text verwendeten pluralischen Substantive „donationes" und „gratiae" sind Übertragungen des griechischen „charismata" von Röm 12, 6 und 1 Kor 12, 4. Auch in der paulinischen Verwendung des Begriffs Charisma stehen die Geschenke Gottes immer im Kontext der christlichen Sendung für Kirche und Welt und eignet ihnen eine apostolische Ausrichtung. In PC 12, 1 findet sich mit Bezug auf Mt 19, 12 und 1 Kor 7, 32–35 die Aussage, dass die Ehelosigkeit um des Himmelreiches willen als solche eine „außerordentliche Gnadengabe" (eximium gratiae donum) sei. Auch diese spezifische Anwendung kann sich auf einen zentralen Aspekt der paulinischen Charismenlehre berufen.[27] In den Ausführungen über die zeitgemäße Erneuerung des Gehorsams (PC 14) schließlich findet sich ein Hinweis auf die Gaben der Natur und Gnade (naturae et gratiae dona), die es in der Ausübung von Autorität und Gehorsam zu berücksichtigen gilt. Eindeutig geht es hier um individuell und persönlich geschenkte Gaben Gottes, die das Profil der jeweiligen Persönlichkeit ausmachen.

So wie mit dem individuellen Profil jedes Ordenschristen gerechnet wird, um seiner Würde im Rahmen der Erneuerung des Ordenslebens Geltung zu verleihen, hebt PC mehrfach das kollektive Charisma jedes Institutes hervor. Diese Gestalt verdankt sich dem Geist und der eigentlichen Absicht der Gründer (Fundatorum spiritus propriaque proposita) und der gesunden Überlieferung (sanae traditiones), „die zusammen das Erbe jedes Institutes ausmachen" (PC 2, 3). Entsprechend nennt PC 2, 4 den „je eigenen Charakter" (propriam suam indolem) jedes Institutes; dieser Charakter bildet gleichsam das konkretisierende Vorzeichen, unter dem die von PC angestrebte Erneuerung eines jeden Institutes zu realisieren ist.

Vor allem der hier thematisierte Aspekt der Treue eines jeden Institutes zum „Ursprungscharisma", wie es sich dem Gründer und der ihm folgenden Tradition verdankt, ist nach dem Konzil breit rezipiert und ausgearbeitet worden. Neue Wortschöpfungen begleiten diese Prozess und werden von den kirchenamtlichen Dokumenten aufgegriffen. So hat etwa in das Schreiben der Kongregation für die Ordensleute und Säkularinstitute über „Das Ordensleben und die Förderung des

---

[27] Vgl. etwa Baumert, Frau und Mann 46–50.

Menschen" (1978/1980) das Wort von der „dynamischen Treue" zum Charisma des Gründers Eingang gefunden[28], implizit auch in CIC/1983 can. 578.

Wenn PC auch eine ausdrückliche Verwendung des griechischen Charisma-Begriffs streng vermeidet und sogar seine lateinische Übersetzung (donum/gratia) nur in seltenen Zusammenhängen zulässt, ist doch die Sache durchaus präsent. Vor allem die lehramtliche Rezeption des Dokumentes unter Papst Johannes Paul II. hat diesem Faktum breit und in zunehmender Häufung und Deutlichkeit Rechnung getragen.

Die Lineamenta zur Bischofssynode sprechen in 12e von „der charismatischen Synthese, die einer jeden Form des gottgeweihten Lebens und eines jeden Institutes eigen ist". Dies wird dann näher ausgeführt in einem eigenen Kapitel über „Die charismatische Vielfalt und Pluralität der Institute des geweihten Lebens und der Gemeinschaften des apostolischen Lebens". Dies wird dann unter Rekurs auf 1 Kor 12 und 13 näher ausgeführt, wobei die Rätechristen ekklesiologisch von der hierarchischen Struktur der Kirche unterschieden und ihrer charismatischen Ebene zugeordnet werden. Die im nachsynodalen Dokument *Vita consecrata* zu beobachtende breitgefächerte Verwendung des Begriffes „Charisma" bzw. „charismatisch" bleibt zwar immer noch rückgebunden an den biblischen Sinnzusammenhang, erscheint in ihrer Häufung aber geradezu inflationär.

Als ein Teilaspekt der Rezeption des Begriffs „Charisma" kann die Anwendung der Kategorie des „Prophetentums" auf das Ordensleben betrachtet werden, insofern prophetische Beauftragung als eine spezifische Gabe des Geistes anzusehen ist. Prophetisch wird in diesem Zusammenhang vornehmlich im Sinne eines – zeit- und gesellschaftskritischen – Hinweischarakters des Rätelebens auf die Wertmaßstäbe des Reiches Gottes verstanden. Dieser Sinn des Prophetischen wird nicht nur von Ordensleuten selbst artikuliert, sondern auch z. B. im Nachsynodalen Schreiben *Vita consecrata* aufgegriffen. Zu Recht weist Timothy Radcliffe OP darauf hin, dass den Ordensleuten ein solcher prophetischer Auftrag nur von außen – letztlich von Gott – angetragen werden kann, aber zur Selbstbezeichnung nicht geeignet erscheint.[29]

Differenzierend und kritisch auch die Stellungnahmen der deutschen Synodenteilnehmer zum Begriff „Charisma": „Es ist sicher richtig, daß nicht jeder Gedankenblitz oder verwegene Idee ‚Charisma' genannt werden kann und nicht jede Kritik an Entscheidungen der sog. Amtskirche schon ‚Prophetie' ist. Mit beiden Begriffen sollten wir vorsichtig umgehen. Mit ‚Charisma' ist zunächst die Geistgewirktheit des Lebens in der radikalen Nachfolge gemeint. Als genuin biblischer Begriff bezieht sich das Charisma immer auf den einzelnen, ist also personengebunden. ‚In diesem Sinn kann man darum vom ‚Charisma eines Gründers' sprechen', meint Karl Lehmann, weniger aber vom Charisma einer Gründung. Kollektiv läßt sich dieser Begriff nur verwenden, wenn darin die ‚dy-

---

[28] Vgl. Art. 28–31 im besagten Dokument, nachzulesen in Ordenskorrespondenz 22 (1981) 267–268. Vgl. Dammertz, Krise 418.
[29] Vgl. Radcliffe, Gemeinschaft 105.

namische Treue' (Bischof Dammertz) zum Gründungscharisma zum Ausdruck kommt."[30]

4. *Weltbezug*

In unterschiedlichen Zusammenhängen ist in PC von einem zugehenden oder sich absondernden Bezug des geweihten Lebens zur Welt die Rede (vgl. PC 2,5; 2,6; 7; 11; 18). Überblickt man die spärlichen Aussagen von PC zum Weltbezug der Rätechristen, lässt sich der Eindruck nicht vermeiden, dass dieser recht oberflächlich und minimalistisch im Sinn der notwendigen Anpassung an die Zeitverhältnisse und jeweiligen gesellschaftlichen Gegebenheiten verstanden wird. Zudem scheint diese Anpassung im Dienst am jeweiligen Apostolat rein zweckgebunden und somit bestimmten – nämlich den ausdrücklich apostolisch ausgerichteten – Orden und Säkularinstituten vorbehalten. Ein positiv bestimmter – etwa schöpfungstheologisch, christologisch und soteriologisch begründeter – Weltbezug für alle Rätechristen ist noch nicht im Blick. Für die Mitglieder der kontemplativen Gemeinschaften wird ausschließlich auf die traditionelle Lehre von der Weltabkehr zurückgegriffen.

Die Frage nach dem Weltbezug der Ordensgemeinschaften wurde auf dem Konzil nicht primär von PC aufgeworfen, sondern ergibt sich erst aus der Zusammenschau mit der Weltsicht von GS.[31] Die dort vorgelegte Weltsicht wurde im Anschluss an das Konzil von den Ordensgemeinschaften rezipiert und in das Anliegen der zeitgemäßen Erneuerung, wie PC sie formuliert, integriert.

Generell lässt sich konstatieren, dass die Frage des Weltbezuges der Ordensgemeinschaften ordens- und kirchenintern vor allem in der ersten Hälfte der 1970er Jahre offensiv aufgegriffen und vertieft wurde, vor allem von den nachkonziliaren Spezialkapiteln und in den zahlreichen weiteren gemeinschaftsinternen Kommunikationsprozessen. Seit der zweiten Hälfte der 1970er Jahre wurde diese erste eher stürmische Auseinandersetzung mit der Frage nach dem Weltbezug der Ordensgemeinschaften von einem ruhigeren Abwägen und Hören auf die Zeichen der Zeit abgelöst.[32] Weltbezug und Anschluss an die je heutige Zeitsituation mit ihren gesellschaftlichen Strömungen erscheinen eng verzahnt.[33] Von hier aus gilt es, den jeweiligen Auftrag einer Ordensgemeinschaft zu bestimmen.

Als weithin praktizierte, wenn auch noch keineswegs konkrete, Sprachregelung für das Ergebnis dieser Prozesse kann die Formel in Anlehnung an das Johannesevangelium genannt werden: in der Welt – nicht von der Welt – für die Welt.[34] Weltbezug und apostolische Sendung sind in diesem theologischen Sinn Synonyme. Es gilt allerdings auch kritisch zu berücksichtigen, worauf Peter Lippert hinweist, dass die Formel im Anschluss an das Johannesevangelium mit verschie-

---

[30] Schorr, Bischofssynode 141–142.
[31] Vgl. Dammertz, Krise 416.
[32] Vgl. Dammertz, Krise 414–415.
[33] Vgl. Lippert, Heute theologisch.
[34] Vgl. Dammertz, Krise 419–420.

nen Weltbegriffen operiert: die vorfindliche, schöpfungsgegebene Lebenswelt, die sündig affizierte Welt, die zu erlösende Welt[35] – durchaus im Anschluss an Argumentationen, die in der Diskussion von GS von deutschen Konzilsvätern bereits vorgebracht wurden.

Auffällig im Sinn einer Nichtrezeption von PC durch die Bischofssynode von 1994 im Hinblick auf Räteleben und Welthaftigkeit[36] ist die Tatsache, dass die Relatio des deutschen Sprachzirkels zur Frage der Säkularinstitute gänzlich ohne Bezugnahme auf PC auskommt.[37] Sind diese Anfragen auch primär aus der Sicht der Säkularinstitute gestellt, so betreffen sie doch das Räteleben als Ganzes und jede christliche Existenz, wenn stimmen soll, was von den Säkularinstituten vielfach behauptet wird: dass sie im Hinblick auf den Weltbezug exemplarisch leben, was für alle Christen gilt.

Eine zweckgebundene Bestimmung des Weltverhältnisses der Rätechristen im Hinblick auf die gebotenen Apostolatsfelder scheint im Denken der meisten Synodenteilnehmer von 1994 noch kaum überwunden. Eine wirkliche Integration der in den vergangenen 30 Jahren gehobenen Möglichkeiten einer Theologie der Welt scheint noch kaum geleistet.[38]

Das Desiderat einer positiven Theologie der Welt im Kontext der Bischofssynode ist um so bedauerlicher, als in den Dokumenten der Bischofssynode 1994 die mahnende Rede von den Gefahren des Säkularismus für das Räteleben deutlich hervortritt.[39] Máire Hickey OSB meint hier eine „pessimistische Grundeinstellung zur Welt"[40] entdecken zu müssen. Dieser Tenor bestimmt in der Tat die späteren Ausführungen einiger Synodenväter.[41]

5. *Geistliche Bewegungen*

Eine letzte Beobachtung bezieht sich auf die in den Jahren nach dem Konzil verstärkt zu Tage getretene Pluralisierung der Gruppierungen, die in irgendeiner Form die evangelischen Räte als konstitutive Elemente kennen. Viele der neuen Geistlichen Bewegungen sind für die traditionellen religiösen Gemeinschaften einerseits ein wichtiges neues Betätigungsfeld geworden, teilweise auch für die einzelnen Mitglieder unersetzbar als wichtige Quelle zur Erfrischung der eigenen spirituellen Bedürfnisse. Andererseits wurden und werden durch die Bewegungen auch manche liebgewordenen Traditionen in Frage gestellt. In dem Nachsynodalen Schreiben *Vita consecrata* werden ihnen eine Reihe von Wesenszügen zugeschrieben: „Gründung aufgrund neuer Charismen, die der Heilige Geist zuteilt;

---

[35] Vgl. Lippert, Heute theologisch, 266.
[36] Vgl. hierzu Pollak, Weltbezug 407–409.
[37] Relatio Nr. 7 (hier wiedergegeben nach: Schorr, Bischofssynode 144).
[38] Vgl. Pollak, Weltbezug 404–405.
[39] So etwa schon in § 29e der Lineamenta: „Eins der entscheidenden Probleme im geweihten Leben heute ist die Auseinandersetzung mit dem Einfluss der Moderne und der ‚postmodernen' Kultur der Gesellschaft, die den Werten des Evangeliums tiefreichend entgegenstehen."
[40] Hickey, Geistliche Einführung 277.
[41] Vgl. Pollak, Weltbezug 404–405.

gemischte Gruppen von Frauen und Männern, Klerikern, Laien und Zölibatären; besonderer Lebensstil, inspiriert an traditionellen Formen oder an den Bedürfnissen der Gesellschaft; Leben nach dem Evangelium in unterschiedlichen Formen; Gemeinschaftsleben; Lebensstil der Armut und des Gebetes; Leitung durch kompetente Kleriker oder Laien; Verfolgung des apostolischen Ziels der Neuevangelisierung (vgl. VC 62)."[42] In seiner Ansprache an die Geistlichen Bewegungen vom 30. Mai 1998 spricht Papst Johannes Paul II. sogar davon, dass institutionelle und charismatische Aspekte gleichermaßen essentiell für die Konstituierung von Kirche sind. In der Entfaltung der kirchlichen Bewegungen und neuen Gemeinschaften habe sich nach dem Konzil geradezu eine Wiederentdeckung der charismatischen Dimension der Kirche ereignet.

Christoph Hegge kommt in seiner Studie über die kirchlichen Bewegungen zu folgenden fünf Spezifika: Zentrum ist das „Charisma einer Gründerpersönlichkeit"[43]. Die Bewegung setzt sich aus allen Kategorien und Ständen von Gläubigen zusammen und bildet so die umfassende Wirklichkeit von Kirche ab. Die Mitglieder sind in eine einheitliche Struktur und Institution eingebunden, die unterschiedliche Formen und Grade der Zugehörigkeit kennt. Ein neues Verständnis von Pastoral, Apostolat und Evangelisierung zielt auf die „grundlegende Verbindung von Mystik (Kontemplation) und Praxis (Aktion)"[44]. Geistliche Bewegungen sind universell im Blick auf ihre Internationalität und die „sozio-kulturelle Gestaltungskraft aller Lebensbereiche"[45].

Begonnen haben die Geistlichen Bewegungen meist mit relativ lockeren Zusammenschlüssen, doch regte sich bald der Wunsch nach größerer Verbindlichkeit. Ob sie nun aus bestehenden Ordensgemeinschaften herausgewachsen sind und danach ihre Selbstständigkeit erhielten oder laikalem Engagement ihr Entstehen verdanken, führt die Entwicklung doch normalerweise zu engeren religiösen Gemeinschaftsformen, die entweder als Säkularinstitute oder als kirchliche Vereinigungen ihre offizielle Anerkennung suchen und finden.

Die Herausforderung durch die Geistlichen Bewegungen zeigt die Ambivalenz der Rezeption des Zweiten Vatikanischen Konzils innerhalb der religiösen Institute. Das Konzil gab ein Raster an die Hand, mit dem die Orden ihre Krise einigermaßen in den Griff bekommen konnten. Dass der Kulminationspunkt der Ausbreitung und die Krise in den Mitglieder- und Nachwuchszahlen so nahe beieinander lagen, führte freilich dazu, dass sich innerhalb weniger Jahre sowohl die Selbst- wie die Fremdeinschätzung der Orden veränderte. Viele Aufgaben, die noch kurz zuvor übernommen worden waren, mussten aufgrund der Personallage abgegeben werden. Anderes lastete auf den Gemeinschaften und verhinderte kreative neue Lösungen. Was die Lebensform der Orden betrifft, ist die Erneuerung zu einem guten Teil gelungen. Schwierigkeiten zeigen sich vor allem in der Vermittlung: Innerkirchlich sind die Orden einem fortdauernden Marginalisie-

---

[42] Hegge, Rezeption 225.
[43] Hegge, Rezeption 226.
[44] Hegge, Rezeption 229.
[45] Hegge, Rezeption 230.

rungsprozess ausgesetzt. Die Mitgliederzahlen sinken nach wie vor bedrohlich. Die Transformation werden deshalb sicher nicht alle Gemeinschaften überstehen. Die vergangenen Jahrzehnte haben aber eines gezeigt: Die Orden sind wandlungsfähig und in der Lage, auf die Herausforderungen auch schwieriger Zeitsituationen eine Antwort zu geben. Und das wird ihnen auch für die Zukunft einen Platz in der kirchlichen und gesellschaftlichen Landschaft sichern.

D. Bibliographie

Bischofssynode, Grußbotschaft der Synode über das gottgeweihte Leben und seine Sendung in Kirche und Welt. IX. Ordentliche Vollversammlung der Synode der Bischöfe, in: Ordenskorrespondenz 36 (1995) 12–19.
Congregatio pro Institutis Vitae Consecratae et Societatibus Vitae Apostolicae, Neubeginn in Christus. Ein neuer Aufbruch des geweihten Lebens im Dritten Jahrtausend. Instruktion (VAS 155), Bonn 2002.
Leo XIII., Constitutio Apostolica Conditae a Christo, in: ASS 33 (1900–1901) 341–347.
Sacra Congregatio de Religiosis, Decretum Normae dantur quoad conventus qui accomodatam statuum perfectionis renovationem respiciunt, in: AAS 48 (1956) 295–296.

Abbruzzese, Salvatore, La vita religiosa. Per una sociologia della vita consacrata, Rimini 1995.
Baumert, Norbert, Frau und Mann bei Paulus. Überwindung eines Mißverständnisses, Würzburg 1992.
Chenu, Marie-Dominique, Notes quotidiennes au Concile. Journal de Vatican II, 1962–1963. Édition critique et introduction par Alberto Melloni, Paris 1995.
Congar, Yves, Herbstgespräche. Erinnerungen und Anstöße (Theologie und Glaube), München 1988.
Dammertz, Viktor, Die Orden zwischen Krise und Erneuerung, in: Ordenskorrespondenz 25 (1984) 413–426.
Ehse, Stephanus, Concilii Tridentini Actorum. Pars sexta: Complectens acta post Sessionem Sextam (XXII) usque ad finem Concilii (17. Sept. 1562 – 4. Dec. 1563) (Concilium Tridentinum Diariorum, Actorum, Epistularum, Tractatuum nova collectio. Tomus Nonus: Actorum pars sexta), Freiburg 1924.
Fouilloux, Étienne, Die vor-vorbereitende Phase (1959–1960). Der langsame Gang aus der Unbeweglichkeit, in: Giuseppe Alberigo – Klaus Wittstadt (Hg.), Geschichte des Zweiten Vatikanischen Konzils (1959–1965), Band 1: Die katholische Kirche auf dem Weg in ein neues Zeitalter. Die Ankündigung und Vorbereitung des Zweiten Vatikanischen Konzils (Januar 1959 bis Oktober 1962), Mainz – Leuven 1997, 61–187.
Häcker, M. Ethelburga, Bücher der Weltverachtung, in: Ordenskorrespondenz 11 (1970) 136–155.
Hegge, Christoph, Rezeption und Charisma. Der theologische und rechtliche Beitrag kirchlicher Bewegungen zur Rezeption des Zweiten Vatikanischen Konzils (Forschungen zur Kirchenrechtswissenschaft 29), Würzburg 1999.
Herzig, Anneliese, Ordens-Christen. Theologie des Ordenslebens in der Zeit nach dem Zweiten Vatikanischen Konzil (StSS 3), Würzburg 1991.
Herzig, Anneliese, Die Ordensgelübde als Ausdruck des Bundes, in: Ordenskorrespondenz 41 (2000) 146–153.
Hickey OSB, Máire, Geistliche Einführung in die Lineamenta zur Bischofssynode. Das gottgeweihte Leben und seine Sendung in Kirche und Welt, in: Ordenskorrespondenz 34 (1993) 269–278.
Holtz OFM, Leonhard, Ordensleben als Zeichen des Endzustandes. Fragen zur eschatologischen Bedeutung des Rätestandes, in: Ordenskorrespondenz 9 (1968) 26–31.

Isenring, Zoe M., ‚Einholen' und ‚Überholen' der modernen Kultur. Orden und Wertewandel, in: Ordenskorrespondenz 37 (1996) 145–159.
Kallidukil, Johnson M., The canonical significance of the Synod of Bishops of 1994 on Consecrated Life. From the Lineamenta to the Vita consecrata (Adnotationes in Ius Canonicum 26), Frankfurt 2003.
Kettern, Bernd, Art. Teilhard de Chardin, Marie-Joseph-Pierre, in: BBKL 11, 606–621.
Langlois, Claude, Le Catholicisme au féminin. Les congrégations francaises à supérieure générale au XIXe siècle, Paris 1984.
Leugers, Antonia, Interessenpolitik und Solidarität. 100 Jahre Superioren-Konferenz Vereinigung Deutscher Ordensobern, Frankfurt 1999.
Lippert, Peter, Heute theologisch über die Orden nachdenken. Merkmale einer zeitgemäßen Theologie des Ordenslebens, in: Ordenskorrespondenz 33 (1992) 257–292.
Lippert, Peter, Nachsynodales Schreiben ‚Vita consecrata' über das geweihte Leben und seine Sendung in Kirche und Welt vom 25.3.96 (VC). Eine Stellungnahme, in: Ordenskorrespondenz 37 (1996) 390–401.
Lombardi, Riccardo, Die Erneuerung des Ordenslebens, in: GuL 24 (1951) 81–91.
Lubac, Henri de, Meine Schriften im Rückblick. Mit einem Vorwort von Christoph Schönborn (Theologia Romanica 21), Einsiedeln 1996.
Mansi, Ioannes Dominius – Ludovicus Petit – Ioannes Baptista Martin (Hg.), Sacrorum Conciliorum nova et amplissima collectio. Tomus quinquagesimus tertius: Sacrosancti Oecumenici Concilii Vaticani pars secunda, Arnhem 1927.
Mayer, Suso, Art. Orden, Ordensstand, in: LThK² 7, 1197–1201.
Meiwes, Relinde, ‚Arbeiterinnen des Herrn'. Katholische Frauenkongregationen im 19. Jahrhundert (Geschichte und Geschlechter 30), Frankfurt 2000.
Melloni, Alberto, Yves Congar à Vatican II. Hypothèses et pistes de recherche, in: André Vauchez (Hg.), Card. Yves Congar, 1904–1995. Actes du colloque réuni à Rome les 3–4 juin 1996, Paris 1999, 117–164.
Mohr, Daniela, Existenz im Herzen der Kirche. Zur Theologie der Säkularinstitute in Leben und Werk Hans Urs von Balthasars (StSS 28), Würzburg 2000.
Philippe, Paul, Die Ziele des Ordenslebens nach dem Heiligen Thomas von Aquin, Athen – Rom 1962.
Pollak, Gertrud, Der Aufbruch der Säkularinstitute und ihr theologischer Ort. Historisch-systematische Studien, Vallendar – Schönstatt 1986.
Pollak, Gertrud, Zum Weltbezug des gottgeweihten Lebens. Als Mitglied eines Säkularinstitutes bei der Bischofssynode 1994, in: Ordenskorrespondenz 36 (1995) 400–411.
Radcliffe, Timothy, Gemeinschaft im Dialog. Ermutigung zum Ordensleben (Dominikanische Quellen und Zeugnisse 2), Leipzig 2001.
Schmiedl, Joachim, Das Konzil und die Orden. Krise und Erneuerung des gottgeweihten Lebens, Vallendar – Schönstatt 1999.
Schorr, Peter, IX. Ordentliche Bischofssynode über das gottgeweihte Leben und seine Sendung in Kirche und Welt. Zusammenfassender Bericht, in: Ordenskorrespondenz 36 (1995) 137–148.
Sturm, Angelus, Art. Orden, religiöse, in: LThK¹ 7, 748–754.
Suenens, Léon-Joseph, Krise und Erneuerung der Frauenorden, Salzburg 1962.
Suenens, Léon-Joseph, Souvenirs et espérances, Paris 1991.
Volk, Hermann, Christenstand – Ordensstand, in: Ordenskorrespondenz 7 (1966) 66–92.
Wassilowsky, Günther, Universales Heilssakrament Kirche. Karl Rahners Beitrag zur Ekklesiologie des II. Vatikanums (ITS 59), Innsbruck – Wien 2001.
Wulf, Friedrich, Dekret über die zeitgemäße Erneuerung des Ordenslebens (Decretum de acomodata renovatione vitae religiosae ‚Perfectae caritatis'). Einführung und Kommentar, in: LThK.E 2, 249–307.

Theologischer Kommentar zur Erklärung über die Christliche Erziehung
Gravissimum educationis

von Roman A. Siebenrock

Inhalt

A. Einleitung 555
    I. Lehrentwicklung bis zum Konzil: *Divini illius magistri* (1929) . . 558
    II. Textgenese 561

B. Kommentierung 564
    I. Zum Verhältnis von christlicher und allgemein-menschlicher Erziehung: das Vorwort 564
    II. Die Bedeutung und die Instanzen der Erziehung (Art. 1–4) . . . 566
    III. Die Schulen (Art. 5–9) 569
    IV. Theologische Fakultäten und Universitäten (Art. 10–11) 575
    V. Appell zur Zusammenarbeit (Art. 12) und Schlusswort 577

C. Würdigung der Erklärung 579
    I. Gewicht und Grenze der Erklärung 579
    II. Wirkungsgeschichte in den kirchlichen Dokumenten 582

D. Bibliographie 586

A. Einleitung

Vierzig Jahre nach der Erklärung des Konzils zur christlichen Erziehung ist die Kirche, besonders in Europa, wo eine tiefgehende Tradierungskrise des christlichen Glaubens festgestellt wird, nicht allein mit der Frage konfrontiert, wie im dritten Jahrtausend christliche Erziehung gelingen könne. Diese innerkirchliche Frage ist vielmehr untrennbar mit der Herausforderung verzahnt, wie in der heutigen tief ambivalenten Menschheitssituation Erziehung überhaupt möglich sein soll. In unserer Zeit ringen höchst unterschiedliche, ja widersprüchliche Optionen miteinander: radikal individualistische und pluralistische stehen fundamentalistischen und kollektiv-uniformierenden Strömungen gegenüber. In einer durch Wissenschaft, Markt und Medien vereinheitlichten Weltgesellschaft ist eine zunehmende Ratlosigkeit nicht zu übersehen. Die Zukunftsszenarien sind nicht mehr vom „Prinzip Hoffnung"[1] bestimmt. Vielmehr finden diffuse Ängste vor ökologischen Katastrophen und kulturellen Konfliktszenarien immer wieder Ausdruck in apokalyptischen Bildern, die das Ende der Menschheit inszenieren. Ebenso ist das Programm technischen Fortschritts und prinzipieller Machbarkeit innerlich schal geworden. Was soll Erziehung angesichts der tatsächlichen, erwartbaren oder befürchteten Möglichkeiten einer Gentechnik, die Pädagogik als technische Optimierung des Systems „Mensch" ansieht?[2] Welche Aufgaben sollen in einer solchen Situation die Erziehungsinstitutionen übernehmen, welche Haltungen einüben und welche Orientierungen und Ziele vermitteln und vorgeben, da die Konzepte der Aufklärung und die Experimente zahlloser Erziehungsstile aufgebraucht scheinen, und insbesondere das Schulwesen einer zunehmenden Ökonomisierung ausgesetzt ist? Wie soll christliche Erziehung bestimmt werden, wenn die geistige Situation nicht mehr mit dem Begriff Fortschritt oder Erweiterung des Freiheitsraumes beschrieben werden kann, wie es das Konzil auch in diesem Dokumente bevorzugt tat? Trotz permanenter Beschwörung ist der Fortschrittsoptimismus bleich geworden. Schon statistisch wird eine rasante Überalterung der Bevölkerung in Mitteleuropa festgestellt, was faktisch einem schleichenden Aussterben entspricht. Wie ist also Erziehung und besonders christliche

---

[1] Theologische Entwürfe um die Konzilszeit griffen in verschiedener Form auf die zentrale Aussage von Ernst Bloch, Das Prinzip Hoffnung, zurück; vgl. v. a. Moltmann, Theologie der Hoffnung.

[2] Leimgruber, Die Erklärung über die christliche Erziehung 206, beschreibt den Kontext nur mit dem Adjektiv ‚plural'. Dies erscheint mir aber eine etwas harmlose Beschreibung zu sein, wenn ein technisches Projekt das überkommene Humanitätsideal ablösen möchte; siehe die Diskussion um die Elmauer Rede von Sloterdijk mit seiner These, es müssten Regeln für den Menschenpark entwickelt werden (Regeln für den Menschenpark).

Erziehung in einer nicht nur postchristlichen, sondern vielleicht schon posthumanen Gesellschaft möglich?

Andererseits erfreuen sich besonders die katholischen Schulen einer starken Nachfrage: „Gegenwärtig besuchen weltweit über 40 Millionen Schülerinnen und Schüler Katholische Schulen. Diese Schulen stellen somit in globaler Sicht den größten übernationalen Verbund im Bildungsbereich dar."[3] Diese jungen Menschen sind aber keineswegs alle christlich oder gar katholisch. Die innere Pluralisierung der Gesellschaft spiegelt sich auch in den katholischen Schulen und stellt eine Herausforderung an ihr Selbstverständnis dar. Andererseits ist es heute noch selbstverständlicher als zur Zeit des Konzils, dass katholische Eltern ihre Kinder an nicht-katholischen und säkularen Schulen ausbilden lassen. Zudem haben die traditionellen, vom Konzil in verschiedenen Texten erwähnten und beschworenen, außerschulischen Erziehungs- und Sozialisationsinstanzen, wie vor allem Familie, kirchliche Gruppen, Gemeinde oder Verbände, einen erheblichen Wandel seit dem Abschluss des Konzils erfahren. Sie wurden geschwächt, obwohl besonders eine gelingende Familie immer noch ein hohes Ideal darstellt. Weiters ist der Einfluss diffuser ‚Erziehungsinstanzen', wie Medien, verschiedene Szenen und sich immer rascher abwechselnde Moden in allen Bereichen ungleich höher anzusetzen als in früheren Zeiten. Die Aspekte und Gesichtspunkte könnten noch verfeinert und erweitert werden.

Jedenfalls ist der Bereich Erziehung, Bildung und Ausbildung eines der vorzüglichsten Themenfelder, in dem in alltäglicher Realität das Verhältnis von Kirche und heutiger Gesellschaft unvermeidbar auch konfliktiv zum Gegenstand wird. Insofern es in diesem Bereich stets um praktische Optionen und konkrete Handlungsanweisungen geht, kann dieses Thema nicht in theoretischer Spekulation verbleiben, sondern muss für den Handlungsalltag operationalisiert werden. Deshalb kann unser Thema als ein Prüfstein für die Sendung der Kirche in der Welt von heute angesehen werden.

In dieser Situation kommt einem Kommentar zur Konzilserklärung über die christliche Erziehung nicht nur historische, sondern vor allem systematisch-programmatische Bedeutung zu.[4] Dieser Ansatz wird vom Text selber gestützt, insofern er sich auf „einige grundlegende Richtlinien" (GE, Vorwort) konzentrieren und die Ausarbeitung und Umsetzung in die verschiedenen Kontexte einer nachkonziliaren Kommission anvertrauen wollte.[5] Ist eine solche pädagogische Prin-

---

[3] Frick, Grundlagen Katholischer Schule 8. In vielfältiger Weise ist die Untersuchung von Frick für diesen Kommentar unentbehrlich geworden – nicht allein weil sie die Diskussion um eines der Stiefkinder der Konzilstexte zusammenfasst und neu beleuchtet, sondern weil sie die Erklärung mit großer Sorgfalt in den Gesamtkontext der lehramtlichen Aussagen über das Thema vor und nach dem Konzil einordnet. Seine Untersuchung ist die einzige neuere Forschung zum Thema im deutschsprachigen Raum.

[4] Da dieser Kommentar ausdrücklich ein theologischer sein soll, werden die speziell pädagogischen, rechtlichen oder institutionellen Fragen aus einem der Theologie eigentümlichen Gesichtspunkt behandelt. Im Blick auf das Konzil besagt dies: Welchen Beitrag hat die Kirche in die gemeinsam menschliche Aufgabe der Erziehung aus ihrer ureigenen Sendung einzubringen, Mittel und Werkzeug für die Einheit der Menschheit mit Gott und untereinander zu sein (LG 1)?

[5] Eine solche ist nicht zustande gekommen. Der erste lehramtliche Text nach dem Konzil zum Thema stammt von der Bildungskongregation aus dem Jahre 1977.

zipienlehre heute noch wertvoll, anregend und hilfreich? Oder ist das Vergessen, das diese Erklärung in der deutschsprachigen Religionspädagogik erfahren hat, berechtigt und im Grunde eine wohlwollende Form, mit einem oftmals als „unglücklich" charakterisierten Konzilstext umzugehen?

Die Frage nach dem angemessenen Umgang mit diesem Dokument, das mit der formellen Autorität eines Konzils ausgestattet ist,[6] verschärft sich, wenn die unterschiedlichen Aussagen über dessen Aussagen in Erinnerung gerufen werden. Unmittelbar nach dem Konzil schrieb Joseph Ratzinger: „Man muss leider sagen, dass dieser Text von den Vätern nicht mit großer Liebe behandelt worden ist. Er ist mehr durch die Hintertür der verschiedenen Ermüdungsstadien durchgeschlüpft und schöpfte so die Möglichkeiten nicht aus, die ihm die konziliare Anthropologie geboten hätte."[7] Dagegen meinte Franz Pöggeler: „Es wird sich bald die Einsicht durchsetzen, daß das Dekret ‚über die christliche Erziehung' die wichtigste Grundlage katholischen Erziehungsdenkens für Gegenwart und Zukunft ist, eine Magna Charta der Erziehung aus dem Glauben."[8] Wie ist angesichts dieser Einschätzung die Tatsache zu bewerten, dass die Erklärung in der katholischen Religionspädagogik so gut wie keine Beachtung gefunden hat?[9] Sind die unterschiedlichen Aussagen symptomatisch für die kontroversielle Beurteilung des Textes aus theologischer und pädagogischer Sicht, die auf eine tiefere Entfremdung und Spannung im Thema der Erziehung hinweist? Da eine Zeit der Krise immer eine Grundlagenbesinnung fordert, ist eine Rückbesinnung auf die konziliare Erklärung über die christliche Erziehung nicht nur nicht fehl am Platz, sondern angesagt.

---

[6] Sander hat diese Frage im Blick auf IM thematisiert (vgl. seinen Kommentar in Bd. 2 dieses Werkes 236). Die formale Autorität des Textes wird nicht mit dem Verweis umgangen, dass es sich hier „nur" um eine Deklaration („Erklärung") handle. Wenn das Gewicht der beiden anderen Erklärungen, wie *Nostra aetate* oder *Dignitatis humanae*, im Vergleich herangezogen wird, dann kann auch eine bloße Erklärung große Bedeutung gewinnen.
[7] Ratzinger, Christliche Erziehung 53 f.
[8] Pöggeler, Einleitung 9. Pöggeler weist mit Recht daraufhin, dass die Erklärung vor allem im letzten Konzilsjahr im Schatten der Auseinandersetzungen um GS geblieben sei. Von Bedeutung aber ist ihm, dass das Erziehungsthema ein eigenes Dokument werden konnte. In dieser Form würdigt das Dokument mit Werturteilen sehr zurückhaltend Joseph Höffner (Einführung 5 f.). Er fasst die einzelnen Abschnitte der Erklärung in Grundsätze zusammen, die als eine Art praktisches Regulativ interpretiert werden können. Damit gewinnt der Text eine grundlegende Orientierungsbedeutung für das Handeln der Kirche auf dem Feld der Erziehung und Schule. Grenzen des Textes oder gar Kritik kommen bei Höffner nicht zur Sprache.
[9] Feifel, Religiöse Erziehung im Umbruch 82 f. Zustimmend zitiert bei: Mette, Gravissimum educationis 753. Ob der Grund nur an den Quellen liegt, wie Mette insinuiert, ist fraglich. Vielmehr hat dies etwas mit jenem „Paradigmenwechsel" zu tun, den Klöcker beschreibt, und in seinem Aufsatz als normativ verteidigt (Klöcker, Der Paradigmenwechsel). Auch daran zeigt sich ein typischer Umgang mit Konzilstexten in der deutschsprachigen Theologie. Pesch, Das Zweite Vatikanische Konzil, erwähnt diese Erklärung inhaltlich mit keinem Wort.

I. Lehrentwicklung bis zum Konzil: *Divini illius magistri* (1929)

Der Erziehungsgedanke ist nicht nur eine zentrale Leitvorstellung der europäischen Aufklärung, sondern ein Anliegen aller Kulturen der Menschheitsgeschichte. Auch wenn die Ziele und Menschenideale höchst unterschiedlich sind, haben alle Kulturen ein Erziehungsanliegen, das mit dem menschlichen Werdeprozess selbst aufgegeben ist. Menschen werden nicht „fertig" geboren, sondern wachsen immer in einer Kultur mit ihrer Sprache, ihren Riten, Weltanschauungen und Wertorientierungen heran. Der Mensch wird zum Menschen in einer „kulturellen Nachgeburt", deren Gestaltung Erziehung genannt werden kann. In der Erziehung und dem ihr nahestehenden Gedanken der Bildung, sollen die Lebensvorstellungen und -bilder des Menschen als konkrete Aufgabe einer Lebenswahl kulturell wirksam für die Einzelnen oder auch Gruppen vermittelt werden.

Die frühe christliche Kirche hat den Paideiagedanken der antiken Tradition verwandelt übernommen[10] und in vielen institutionellen Formen zu einer kulturprägenden Kraft weiterentwickelt. Die Ausbreitung der Kirche scheint koextensiv mit der Ausbreitung von Bildungseinrichtungen zu erfolgen. Schule ist ein wesentliches Merkmal der Mission; die Bibliothek das Kennzeichen der Klöster. Schule und Bildung sind in einem solchen Ausmaß stete Anliegen der kirchlichen Tradition gewesen, dass bis zur französischen Revolution von einem Schul- und Erziehungsmonopol der Kirche in Europa gesprochen werden kann. Mit der Säkularisation in und nach der französischen Revolution wurden viele Träger, zumeist Orden und Klöster, aufgelöst und eine neue Erziehungs- und Bildungslandschaft geschaffen.[11] In dieser Zeit wird der Erziehung besonders von staatlicher Seite hohe Aufmerksamkeit gezollt, weil mit den Folgen der industriellen Revolution auch neue Formen des Wissens und der technischen Fertigkeit notwendig werden. Aus dieser Zeit stammen auch die Anfänge der wissenschaftlichen Beschäftigung mit der Erziehung: der Pädagogik als eigenes Fach im Wissenschaftskanon. Erziehung wird wissenschaftlich durchleuchtet und zur Aufgabe der Wissens- und Bildungsgesellschaft.[12] Lässt sich Erziehung wissenschaftlich erfassen und optimieren?

Trotz radikal neuer Bedingungen zu Beginn konnte sich unter hohem Einsatz

---

[10] Zur Geschichte der Erziehung siehe: Ballauff, Pädagogik. Eine Geschichte der Bildung und Erziehung; Paul, Geschichte der christlichen Erziehung.
[11] Einen guten Einblick in die Bildungslandschaft vor der Säkularisation bietet: Rudolf (Hg.), Alte Klöster neue Herren, Bd. 2: Aufsätze, Teil 1 (Theologie, Wissenschaft, Frömmigkeit und Bildung) 219–324. Nicht nur die wissenschaftlichen Kabinette, auch das Elementarschulwesen können als auf der Höhe der Zeit betrachtet werden und stand den Entwicklungen im aufgeklärten Preußen nicht nach. So schrieb der Berliner Aufklärer Friedrich Nicolai über die Schulordnung von 1790 des Klosters Neresheim: „Diese Schulordnung macht dem Reichsstift Neresheim wahre Ehre. Sie handelt überhaupt von dem Amte und den Eigenschaften eines Schulmannes, von den Lehrgegenständen. Diese sind: christliche Lehre, wohlanständige Lebensart und gute Sitten, deutsche Sprachlehre, Redekunst, Klugheits-, Gesundheits- und Haushaltslehre. Besonders hat uns auch die tolerante Gesinnung gefallen, die in dieser Schulordnung gegen Andersdenkende herrscht" (zitiert nach: Bayrle-Sick, Besonders hat uns auch 305).
[12] Zur Zeit des Konzils ruft Picht die deutsche Bildungskatastrophe aus (Picht, Die deutsche Bildungskatastrophe). Heute übernimmt die „Pisa-Studie" solche Funktionen.

im 19. Jahrhundert ein weit verzweigtes kirchliches Bildungs- und Erziehungswesen ausbilden, das vor allem der Identitätsbildung der Katholiken in einem als fremd bis feindlich eingeschätzten Umfeld diente. Die maßgebliche lehramtliche Äußerung vor dem Zweiten Vatikanischen Konzil[13] reflektiert nicht nur auf diese Erfahrung, sondern möchte diese Aufgabe und die entsprechenden Institutionen verteidigen und erneuern.

Die von Papst Pius XI. am 31. 12. 1929 veröffentlichte Erziehungsenzyklika *Divini illius magistri*[14] stellte bis zum Konzil den verbindlichen Bezugspunkt, die „Magna Charta" der lehramtlichen Aussagen zum Thema dar und prägte den Erziehungs- und Schulbereich in kirchlicher Verantwortung nachhaltig. Sie wird heute als „apologetisch-verteidigend"[15], oder gar als „eher-düster-apodiktisch"[16] eingestuft. „Generell ist festzustellen, daß die Ausführungen stark von juristischen Denkweisen und Argumentationen, von der Behauptung und Abgrenzung von Erziehungsansprüchen, von der Festlegung von Rechten und Pflichten bestimmt sind. Pädagogisch-psychologische, didaktische und methodische Fragen sind kein Thema."[17] Die Krisen- und Umbruchszeit nach dem Ersten Weltkrieg, die zunehmende Trennung von Kirche und Staat und die wachsende Skepsis gegenüber religiöser Erziehung generell prägen den Kontext.[18] Bereits 1913 betonte die Jugendbewegung bei ihrem Treffen auf dem Hohen Meißner bei Kassel die Absage an alle Heteronomie und den Anspruch der Autonomie.[19] Damit steht auch diese Enzyklika in der Grundproblematik des Glaubens im Horizont der Aufklärung.

Das Schreiben ist neben Einleitung und Schluss in fünf Kapitel gegliedert und fußt auf neuscholastischen Prinzipien.[20] Das zweite Kapitel führt die Erziehungsberechtigten an: Kirche, Familie und Staat. Die Enzyklika plädiert für eine Harmonie dieser drei Instanzen auf dem Hintergrund der klassischen Zwei-Schwerter-Lehre. Der Familie kommt gegenüber dem Staat der Vorrang zu. Dieser Vorrang der Familie wird auch gegenüber der Kirche betont und als Gewissens-

---

[13] GE, Vorwort, Anm. 1 gibt verschiedene Dokumente an, in deren Tradition die Erklärung sich verortet. Unter den verschiedenen Texten nimmt die Enzyklika von Pius XI. mit Abstand den ersten Rang ein. Sie wird am häufigsten zitiert; siehe: Korherr, Von ‚Divini illius magistri'.

[14] AAS 21 (1929) 723–762 (in italienisch); AAS 22 (1930) 48–86 (lateinisch). Es sind mehere deutsche Übersetzungen bekannt (siehe: Frick, Grundlagen Katholischer Schulen 36f., Anm. 9). Ausgaben: Mösch, J., Die christliche Erziehungslehre, I: Die Erziehungsenzyklika Pius XI.; II: Offizielle kirchliche Verlautbarungen, welche die Erziehungsenzyklika vorbereiten oder erklären, Solothurn ²1952 (1943 unter dem Titel: Aufruf zur christlichen Erziehung der Jugend: Das Rundschreiben Papst Pius XI.). Im Text wird zitiert nach: Peil, Die christliche Erziehung der Jugend. Die Enzyklika *Divini illius magistri* von Pius XI. Kommentar: Erlinghagen, Grundfragen katholischer Erziehung; Frick, Grundlagen Katholischer Schule 33–43.

[15] Korherr, Von ‚Divini illius magistri' 10

[16] Günzel, Art. Gravissimum educationis 994.

[17] Frick, Grundlagen katholischer Schule 33.

[18] „Ein normales Kind kann die christliche Lehre theoretisch nicht verstehen, praktisch nicht leisten und physisch nicht ertragen" (Ludwig Gurlitt, zitiert nach: Korherr [Von ‚Divini illius magistri'] 8).

[19] „Die Freideutsche Jugend will aus eigener Bestimmung, vor eigener Verantwortung, mit innerer Wahrhaftigkeit, ihr Leben gestalten" (zitiert nach: ebd. 8).

[20] Eine Übersicht bei: Gölz, Paedagogiae, 5.

recht im Sinne eines natürlichen Erziehungsrechtes anerkannt (Nr. 36). Dies schränkt die Taufpraxis und andere Rechte ein.

Der Staat ist dem Gemeinwohl verpflichtet und hat die Aufgabe, Rechte von Familie und Kirche zu schützen sowie Erziehung und Unterricht zu fördern. Er hat auch finanziell für eine Vielfalt von Schulformen zu sorgen. Auch wenn das Lehrschreiben für Katholiken katholische Schulen vorschreibt und den Staat hierfür in die Pflicht nimmt, wird das staatliche Schulwesen nicht grundsätzlich abgelehnt. Da die Kirche für das Seelenheil des Menschen Sorge zu tragen hat, stellt ihr Erziehungsauftrag keineswegs eine Gefahr für Forschung und Gesellschaft dar, im Gegenteil: Es gibt „keine angemessene und vollkommene Erziehung außer der christlichen" (Nr. 7), weil nur sie die Letztbestimmung des Menschen fördern kann. Damit sind Vorrang christlicher Erziehung gegen alle anderen Formen begründet und naturalistische, insbesonders sozialistische[21] Konzepte als gefährlich verworfen. Das Konkordanzschema von Glaube und Vernunft ist die wissenschaftstheoretische Absicherung dieser politischen Option und durchaus in der Lage, Konflikte spannungsreich durchzutragen.

Das dritte Kapitel legt eine Anthropologie vor, die von der Ambivalenz von Gnade und Fall bestimmt wird. Gegen die Gefährdungen des Menschen (Willensschwäche und Triebe) können naturalistische Konzepte nichts ausrichten. Hier ist die Kirche mit ihren Gnadenmitteln unverzichtbar. Deshalb sind Koedukation und Sexualerziehung Irrwege.

Das vierte Kapitel behandelt den Kontext der Erziehung: Familie, Kirche und Schule. Da der Familie der Vorrang zukommt, sind die anderen Instanzen subsidiär. Neben den Sakramenten werden als Erziehungshilfen natürlich die Schulen, Insitutionen und Verbände in der Kirche genannt, aber auch Liturgie und religiöse Kunst. Neutrale Erziehung in neutralen, weltlichen Schulen wird daher verboten. Medien (damals Presse und die aufkommenden Radios sowie Filme) werden als Gefahren der Welt eingeschätzt (Nr. 90), gegen die in der Erziehung Abwehrkräfte aufgebaut werden müssen.[22]

Das fünfte Kapitel entfaltet das Ziel der christlichen Erziehung, das im vollkommenen Christen gefunden wird. Aber: Wahre Christen sind zugleich gute Staatsbürger. Das wird durch historische Beispiele verdeutlicht, die den Zusammenhang von christlichem Glauben und wahrem Fortschritt illustrieren.

Auch wenn die Enzyklika den Anspruch der Kirche betont, kann sie nicht als apologetisch-integralistisch bezeichnet werden. Die Harmoniekonzeption zwischen Familie, Kirche und Staat unter Anerkennung eines natürlichen Erziehungsrechtes der Eltern anerkennt nicht nur eine (wenn auch eingeschränkte) Pluralität, sondern verweist alle Instanzen auf vorgegebene Rechte. Gerade in der klassischen Tradition der Gewissenslehre öffnet sich ein Fenster zum Gespräch um die Menschenrechte. Frick macht zudem darauf aufmerksam, dass

---

[21] Nr. 74 nimmt auf die Situation in der Sowjetunion Bezug, ohne diese ausdrücklich zu nennen; vgl. Peil, Die christliche Erziehung der Jugend 66, Anm. 2.
[22] Der Text weiß um den möglichen Nutzen dieser Medien, doch meint er, dass sie vor allem dunklen Leidenschaften und der Gewinnsucht dienten.

die Enzyklika ausdrücklich Männer und Frauen nennt und an vielen Stellen den Beitrag beider Geschlechter zum Erziehungsauftrag würdigt.[23]

II. Textgenese

Als vom 17. bis 19. November 1964 zum ersten und zum letzten Mal in der Konzilsaula über die Erklärung zur christlichen Erziehung diskutiert wurde, diente als Grundlage die siebte Redaktion eines Textes, der nie zu den Lieblingsthemen des Konzils aufsteigen konnte[24], der aber stets präsent blieb. Bereits in den Voten für die Arbeit des angekündigten Konzils nahm das Thema der katholischen Schulen einen breiten Raum ein.[25] Dies unterstrich nicht nur ein allgemeines Interesse am Thema, sondern auch die sorgenvolle Situation der Schulen angesichts einer radikal neuen Bildungslandschaft, die weltweit von einer Entwicklung zur staatlichen Oberhoheit geprägt war. Das bedeutete nicht nur eine programmatische Anfrage an die bekenntnisgebundene Schule, sondern hatte erhebliche Konsequenzen für die finanzielle Situation dieser Einrichtungen.

Dass erst in der 126. Generalkongregation am 19. 11. 1964 die erste orientierende Abstimmung erfolgte, illustriert den mühsamen Weg der Erklärung von einem Text über die katholischen Schulen (*De scholis catholicis* 1962[26]) zu einer Prinzipienlehre über christliche Erziehung.[27] In dieser Textgeschichte sind inhaltliche und formale Bestimmungen für das Verständnis des Konzilstextes von Bedeutung. Die entsprechenden Schemata handelten von den akademischen Studien an katholischen Universitäten und von der Bedeutung des kirchlichen Lehramtes für diese.[28] Im Laufe der Diskussion zeigte sich, dass die Betonung der normativen Bedeutung des Lehramtes in diesem Dokument unpassend, und dass die Frage nach den Schulen auf die Frage nach der christlichen Erziehung grundsätzlich zu

---

[23] Frick, Grundlagen Katholischer Schule 43 (mit Verweis auf: Nr. 2, 88, 99).
[24] Aus der ungünstigen Platzierung in der dritten Sitzungsperiode erklären sich nach Rahner – Vorgrimler, Kleines Konzilskompendium 331, die Mängel des Textes. Zu einer grundsätzlichen Bearbeitung fehlte die Kraft. Deshalb fand sich eine entsprechende Mehrheit, die lieber einen unvollkommenen Text akzeptieren wollte, als gänzlich auf das Thema im Konzil zu verzichten.
[25] AD I/II App. 2, 508–519. Die Dringlichkeit des Themas zeigt sich auch daran, dass unter den Päpsten Pius XI. und Pius XII. als mögliche Themen eines Konzils die Schulfrage außer Streit stand (Dezza, Einleitung 359). Als Beispiel für den geschichtlichen Wandel, denen die katholischen Schulen besonders im 20. Jahrhundert ausgesetzt waren, sei auf ein Beispiel aus Schwerin hingewiesen: Diederich – Krüger (Hg.), Geduldet, verboten, anerkannt.
[26] Siehe: *De Scholis catholicis*, in: AD II/II 4, 110–157. Komonchak charakterisiert diesen Entwurf als eine „ziemlich scholastische Präsentation" mit einer langen Liste von Irrlehren (Der Kampf für das Konzil 215; aufgelistet: ebd. 119 f.).
[27] Die Geschichte des Textes beschreibt: Dezza, Einleitung. Seine deskriptive Darstellung zeigt, wie stark GE in der konziliaren Entwicklung im Schatten blieb. Auch diesem Dokument war das Schicksal beschieden, stets verwandelt zu werden. Aus diesem Grunde wurden die Texte teilweise radikal zusammengestrichen. Dann aber wurden sie wieder entfaltet und auf neue Themen hin geweitet. Als entscheidend für die spätere Textgestalt ist die vierte Redaktion vom Frühjahr 1963 anzusehen, in der die großen Themen der späteren Erklärung sich bereits ankündigen.
[28] *De studiis academicis ab universitatibus tum catholica tum ecclesiasticis provehendis* und *De obsequio erga Ecclesiae Magisterium in tradendis disciplinis sacris* (siehe auch: AS III/8, 193 f.).

erweitern war. Damit aber war der Weg frei, eine grundlegende Orientierung für das Selbstverständnis der katholischen Schulen auf dem Hintergrund eines umfassend angesetzten christlichen Erziehungsgedankens zu entwickeln.

Während der Arbeit in den Kommissionen wurde deutlich, dass diese Frage vom Konzil in der nötigen Sorgfalt und Weite nicht behandelt werden konnte. Deswegen wurden viele Detailfragen schon zu Beginn des Jahres 1963, also noch vor Beginn der Konzilsdebatten, an eine noch einzusetzende nachkonziliare Kommission und an den neu zu gestaltenden Codex Iuris Canonici verwiesen. Für die Hermeneutik ist diese Selbstbeschränkung der Väter und des Textes, und zwar von Anfang an, höchst bedeutsam.

Ebenso bedeutsam ist die Beobachtung, dass die Väter den größeren Kontext ihres Themas unvoreingenommen in den Blick nahmen. Die Bildungs- und Schuloffensiven zahlreicher Staaten und besonders der UNO, namentlich der UNESCO, zeigen, wie stark diese Fragen im Bewusstsein der politisch Verantwortlichen lag und von einem aufklärerischen Optimismus geprägt war, Fortschritt durch Bildung und Wissensvermittlung zu ermöglichen. Andererseits wurde gerade dadurch deutlich, dass alle Anstrengungen nicht ausreichten, der weltweit steigenden Zahl der Jugendlichen eine adäquate Bildung zukommen zu lassen. Im Vergleich mit diesen Anstrengungen, die positiv beurteilt wurden, zeigte sich wiederum, dass die Zahl der katholischen Schulen nicht nur relativ, sondern in manchen Ländern auch absolut zurück gegangen waren. Der Text, der sich über die Realität nie hinwegsetzen konnte, wusste um das Dilemma der faktischen Situation.

Neben diesen Problemen brachte die Generaldebatte vom November 1964 verschiedene Fragen zu Tage, die die gesamte Bandbreite der späteren Erklärung anklingen lassen.[29] Bischof Daem[30], der Relator, betonte, dass die Erklärung nur einige Grundsätze darlegen möchte, Details seien von jener, bereits 1963 angekündigten, nachkonziliaren Kommission zu erarbeiten. Unter den Vätern entwickelte sich eine Kontroverse zwischen den europäischen und amerikanischen Bischöfen. Während die amerikanischen Bischöfe[31] mit dem Text sehr zufrieden waren, weil sie damit das Recht auf freie Schulwahl der Eltern mit der Forderung verbinden konnten, dass der Staat für eine angemessene Pluralität des Schulwesens durch finanzielle Unterstützung katholischer Schulen Sorge tragen müsse, waren die europäischen Bischöfe wesentlich vorsichtiger und auch inhaltlich unzufriedener mit dem Text. In einigen europäischen Ländern waren jene Ziele bereits Realität, die hier gefordert wurden. Überhaupt: Die reale Situation, das Außen des Textes, war stets höchst unterschiedlich.

Während Bischof Elchinger[32] von Straßburg mehr ökumenischen Geist ein-

---

[29] Zusammenfassend: Rynne, Die dritte Sitzungsperiode 266–270. Die vorgelegten Texte, die Relatio und die Debattenbeiträge in: AS III/8, 185–228.375–390.398–425.
[30] AS III/8, 218–222.
[31] Die Reden von Kardinal Spellmann (AS III/8, 222 f.) und Kardinal Ritter (AS III/8, 224) lobten den Entwurf.
[32] Ebd. 225–228. Er hebt hervor, dass in dieses Dokument der Geist des Konzils, der in folgenden Dokumenten sich ausspricht, eingebracht werden müsste: die Pastoralkonstitution, weiter-

mahnte und auf Entwicklungen im Text über die Ökumene verwies, erinnerten Bischöfe aus Afrika und Asien an die Bedeutung der Schulen in der Missionsarbeit. Bischof Henríquez Jimenez[33] aus Venezuela äußerte sich am deutlichsten zum Kontext des Textes. Er wies auf das Grundproblem einer Erziehung im Massenzeitalter hin und brachte das Thema der Präsenz der Kirche in den öffentlichen Schulen auf die Tagesordnung. Immer wieder wurde zwar in der Debatte auf andere Texte und Themen des Konzils verwiesen, doch zu einer wirklichen Verknüpfung ist es nicht gekommen. Auch wenn das Schema bis zu seiner endgültigen Fassung noch öfters überarbeitet worden ist[34], hat es sich nach der öffentlichen Debatte vom November 1964, trotz erheblicher Textänderungen, nach dem Verständnis der Konzilsleitung nicht mehr in der Substanz verändert.[35]

Aus der Textgeschichte sind drei interpretatorische Vorgaben zu erheben. GE möchte eine kleine Prinzipienlehre christlicher Erziehung bieten – also eine generelle Orientierung, keine Detailanalyse oder gar Regelungen für jeden Fall in allen möglichen Situationen mit einer umfassenden Debatte über unterschiedliche wissenschaftlich-pädagogische Ansätze. Die oftmals genannte nachkonziliare Kommission erwies sich als Rettungsboot für die unbewältigbaren Fragen.[36] GE verhält sich zweitens grundsätzlich positiv zu den verschiedenen Anstrengungen in Politik und Gesellschaft, das Bildungsniveau der Bevölkerung zu erweitern. In dieser Perspektive sind die Aussagen über die katholischen Schulen und Universitäten zu lesen. Deshalb wird drittens das christliche Profil der Erziehung nicht diametral anderen Anstrengungen entgegengesetzt.

Die verschiedenen Probeabstimmungen verliefen günstig. Am 28. Oktober 1965 stimmten in der feierlichen Schlussabstimmung von 2325 Konzilsvätern 2290 mit placet und 35 mit non placet. Am gleichen Tag promulgierte Papst Paul VI. in feierlicher Form die Erklärung.[37]

---

hin die Texte über das Laienapostolat, den Ökumenismus, die Religionsfreiheit und über die Haltung der Kirche zu den nichtchristlichen Religionen.
[33] AS III/8, 375–378. Er endet seine Rede mit dem Wunsch: „Ut in omnibus nostris scholis verum testimonium caritatis et paupertatis mundo praebeatur" („Dass in allen unseren Schulen der Welt ein wahres Zeugnis der Liebe und der Armut gegeben werde").
[34] Frick, Grundlagen katholischer Schule 53, muss feststellen, dass bis heute wenig aus der konkreten Arbeit der Kommission bekannt ist.
[35] Verschiedene Gruppen wollten in der letzten Sitzungsperiode mit Verweis auf die erhebliche Veränderung des Textes die Erklärung gänzlich zu Fall bringen. Da die vierte Sessio als Abschluss des Konzils geplant war, nahmen die Moderatoren keine weitere Debatte zum Schema in den Konzilsplan auf.
[36] Da diese Kommission nie real wurde, könnte die interessante konzilshermeneutische Frage aufgeworfen werden, welche Verbindlichkeit ein solcher Text überhaupt erheben könne. Wenn diese Kommission realisiert worden wäre, stellte sich die Frage ebenso im Verhältnis von Konzilstext und nachkonziliarer Weiterführung. An dieser Fragestellung könnte die Frage nach dem Verhältnis von Konzil und nachkonziliarer Entwicklung beispielhaft durchdiskutiert werden.
[37] Darauf hinzuweisen ist, dass der in den AAS veröffentlichte Text mitunter von jenem Text abweichen kann, der den Konzilsvätern zur Abstimmung vorlag (Vorgrimler, Vorwort 7). Bei GE fehlt z. B. die Kennzeichnung „Prooemium".

B. Kommentierung

Die in ihrem Aufbau klare und kompakte Erklärung umfasst neben Vorwort und Schluss insgesamt 12 Nummern. Die Nummern 1–4 äußern sich zur Erziehung allgemein und zum besonderen Profil christlicher Erziehung. Die anderen Nummern, damit wird der Ursprung des Textes in seinem Gewicht gewahrt, widmen sich verschiedenen Formen von Schulen: Schule allgemein (5–7), katholische Schulen (8–9), Fakultäten und Universitäten (10–11). Nr. 12 mahnt die Bereitschaft zu umfassender Zusammenarbeit ein. Das Schicksal des Textes erfordert für sein angemessenes Verständnis, dass die ausdrücklichen Aussagen zum Thema in anderen Konzilsdokumenten einbezogen werden.[1] Auch die jeweiligen Implikationen anderer Konzilsdokumente müssen beachtet werden. Nur von jenem Prozess her, den das Konzil anstoßen wollte und auch selbst anfänglich ging, erschließt sich das Gewicht des Textes, der keine Abhandlung darstellt, deshalb keine unterschiedlichen Gesichtspunkte diskutiert, sondern in kurzen prägnanten Aussagen Leitorientierungen bieten möchte.

I. Zum Verhältnis von christlicher und allgemein-menschlicher Erziehung: das Vorwort

Drei Gedanken werden vor das Dokument gestellt: Die Bedeutung der Erziehung wird im Kontext der Gegenwart beschreibend analysiert und anthropologisch begründet. Die Anstrengungen sowohl auf rechtlichem als auch programmatischem Gebiet werden gesehen und gewürdigt. Der Auftrag der Kirche wird in diesem Kontext begründet und beschrieben. Dabei prägen zwei Grundlinien das **Vorwort**. GE stellt sich von Anfang an positiv in den Kontext der Bedeutung der Erziehung in ihrem Verhältnis zum gesellschaftlichen Fortschritt und den hierfür entwickelten Institutionen unter den Bedingungen der Gegenwart („Umstände unserer Zeit"; Vorwort 1). Weil GE das methodische Vorgehen der Pastoralkonstitution integriert, gewann der Texte ein Gefühl für die Komplexität dieser heutigen Situation. Dies verunmöglichte zwar ein alle Aspekte berücksichtigendes Dokument, stellte aber die Erklärung positiv ins Verhältnis zu Anstrengungen von verschiedener Seite, namentlich der Vereinten Nationen. Daher durfte die Frage der Erziehung nicht auf die Schule enggeführt werden. Vielmehr ist die

---

[1] Es ist daher auf die entsprechenden Kommentare zu den folgenden Nummern zu verweisen: AA 28–32; AG 16–18; 35–41; DiH 1–2.5.8.14; GS 7.32.48–50.61.66.89; IM 15–16; LG 7.13.17. 42.46; OT 3 ff.; SC 14–20.127; UR 9–11. Siehe LThK.E 2, 364; Höffner, Einführung).

schulische Wissensvermittlung in einen umfassenderen Erziehungsauftrag einzubetten, in dem „zugleich die Wahrheit und die Liebe ausgebildet werden" (Vorwort 2). Damit hat das Konzil sowohl einem scientistischen Positivismus als auch einem gesellschaftlichen Kollektivismus im Erziehungsgedanken eine Absage erteilt.[2] Im Verhältnis von Erziehungsauftrag und Gesellschaft denkt das Konzil an den Dienst einer wertgebundenen Erziehung für die Gesellschaft. Es weist die Funktionalisierung der Erziehung für gesellschaftlich-kollektive Vorgaben ab. Die Priorität eines umfassenden ganzheitlichen Erziehungsgedankens vor jeglicher Wissensvermittlung ist daher eine Leitidee des Textes.[3] Was der Text unter „wahrer Erziehung" versteht, muss sich im Laufe der Interpretation erweisen.

Die „Umstände unserer Zeit" verlangen eine Aufmerksamkeit für lebenslanges Lernen, nicht nur für die Ausbildung und Erziehung von Jugendlichen. Die ausdrücklich genannte Erwachsenenbildung werde dringlicher und leichter, weil das Bewusstsein für die eigene Würde sich vertiefe, die Pflicht und der Wunsch nach Partizipation an gesellschaftlichem, ökonomischem und politischem Leben wachse. Dieses vorgängige Bewusstsein lässt die Dringlichkeit von Erziehung und Bildung steigen. Erleichtert werde sie durch die, auch hier bewunderten, technischen und wissenschaftlichen Fortschritte, insbesonders in den Medien. In dem damit gewonnen Freizeitsraum werde es leichter, sich das geistig-kulturelle Erbe anzueignen. Auch komme es dadurch zu einer engeren Beziehung zwischen Gruppen und Völkern. Das Globalisierungsphänomen betrachtet GE unter dem Aspekt kultureller Aneignung des Erbes der Menschheit („Geistes- und Herzenskultur"). Mögliche Verwerfungen in und wegen dieses Prozesses spricht der Text nicht an.

Der dritte Abschnitt nennt die für die Erziehungsaufgabe maßgeblichen Instanzen und Gesetzesvorgaben: die allgemeine Erklärung der Menschenrechte durch die Vereinten Nationen und die Konkretisierung dieses Kataloges für die Rechte der Kinder (Anm. 3). Die Rezeptionsinstanz für die Anerkennung dieser Vorgaben sind die Enzykliken Johannes XXIII. Der Rechtslage steht jedoch eine Realität gegenüber, die als Skandal bezeichnet werden muss.[4] Noch haben viel zu wenige Jugendliche die Möglichkeit zu einer entsprechenden Ausbildung. Wenn daher die Kirche in diesem Kontext ihren eigenen Beitrag beschreibt und forciert, dann kann er nicht als Konkurrenz oder gar grundsätzliche Ablehnung dieser Anstrengungen interpretiert werden, sondern als Beitrag, diese allgemeine Notsituation zu verbessern. Nur in einer gemeinsamen Anstrengung könne diese Herausforderung bewältigt werden. Dass zwischen den Aussagen zu den Menschenrechten und der Feststellung des wachsenden Bewusstseins von Würde und Pflichten der Menschen eine Spannung besteht, sollte nicht übersprungen werden. Einen verbindlichen Pflichtenkatalog hat die Weltgemeinschaft noch nicht anerkannt.

---

[2] Höffner, Einführung 11.
[3] Pohlschneider, Kommentar 366.
[4] In seiner Relatio hatte Bischof Jules Daem auf Zahlen aus dem Jahre 1960 zurückgegriffen. Von 860 Millionen Kindern und Jugendlichen würden nur 30 % eine Primarschule und nur 7 % eine weiterführende Schule besuchen (AS III/8, 211).

Die Sendung der Kirche liegt im Auftrag ihres göttlichen Gründers, allen Menschen das Mysterium des Heils zu verkünden und alles in Christus zu erneuern. Die umfassende Christologie wird auf das letzte Ziel des Menschen hin aktualisiert und betrifft daher auch alle Bereiche des irdischen Lebens, insofern diese mit seiner himmlischen Berufung verknüpft sind. Mit der Kirchenkonstitution[5] hütet sich GE sowohl vor einem Integralismus als auch vor einer bloß sektoralen Aufgabenbestimmung der Kirche. Bemerkenswert ist, wie die Erklärung die spezifische Aufgabe der Kirche mit der zuvor positiv beschriebenen allgemeinen Aufgabe der Erziehung verknüpft. Insofern das Konzil in seinem Zuständigkeitsbereich („Schulen") einige Prinzipien christlicher Erziehung erklärt, die nach dem Konzil weiterentwickelt und in der Ortskirche von den Bischofskonferenzen angewendet werden sollen, trägt es einen besonderen Anteil zum Fortschritt und zur Ausweitung der Erziehung bei. Die Absicht der Kirche ist es, durch Klärung des eigenen Zuständigkeitsbereiches zur Förderung des allgemein menschlichen Anliegens beizutragen.

Diese Struktur lässt sich auch in der folgenden speziellen Themenstellungen entdecken. Der spezifisch katholische Beitrag wird in eine zuvor entwickelte allgemeine Orientierung eingebettet und ist deshalb nicht als Gegensatz, sondern als spezifische Prägung einer gemeinsamen Verantwortung zu lesen. Ebenso durchzieht den Text eine wechselseitige Durchdringung von personal-individueller und gesellschaftlich-sozialer Perspektive einerseits, sowie irdischer Aufgabe und letztem Ziel andererseits. Alle diese Aspekte werden grundsätzlich als integrierbar angesehen und können als Konkretisierung des gängigen „Natur-Gnade-Modells" verstanden werden, weil es, wenn auch nicht ausdrücklich, auf naturrechtliche Argumentationen, insbesondere beim Elternrecht, zurückgreift. Diese unterschiedlichen Gesichtspunkte stellen keine sich ausschließenden Alternativen dar. Die bisweilen konfliktiven Auseinandersetzungen in diesem Bereich spiegeln sich im Text nicht wieder. Die elementare Prinzipienlehre der Erziehungserklärung entwickelt eine Idealsicht. Vielleicht kann von einer Art katholischen Utopie im Blick auf die Erziehungsaufgabe gesprochen werden.

II. Die Bedeutung und die Instanzen der Erziehung (Art. 1–4)

GE 1 gibt eine umfassende Bestimmung von Erziehung[6], die alle Elemente enthält, die das Konzil als „wahre Erziehung" bezeichnet und die als Recht aller Menschen gefordert wird, weil sie eine Konsequenz der Würde der Person darstellt. Damit hat der Text die Bestimmung der christlichen Erziehung vom ersten Satz der Erklärung an in eine umfassendere Vision eingebettet.

---

[5] LG 17 (nach GE, Anm. 4).
[6] „Umfassender hätte auch die UNO das ‚Recht auf Erziehung' nicht spezifizieren können" (Pöggeler, Einleitung 12). Pöggeler sieht hinter diesen Aussagen einen pädagogischen Personalismus. Wegen der Vielfalt der Aspekte kann dieser Kommentar nicht alle Einzelheiten nennen. Die ablehnenden Äußerungen zu GE lassen bisweilen eine wirkliche Auseinandersetzung mit dem Text, z. B. dieser Bestimmung von Erziehung, vermissen.

Das in dieser umfassenden Definition entschlüsselbare Erziehungsideal versucht, von der Würde der Person ausgehend, die verschiedenen Aspekte des menschlichen Lebens zu intergrieren und die hierfür notwendigen Kenntnisse und Hilfen positiv zu würdigen. Die Erziehung muss der jeweilgen Person in ihrem Geschlecht, Alter, Entwicklungsstand und der jeweiligen kulturellen Gegebenheit gerecht werden. Andererseits soll sie zu Dialog befähigen und die Gemeinschaft mit anderen Völkern so wahren, dass wahre Einheit und Frieden gefördert werde. Als Erziehungsziele werden ausdrücklich das letzte Ziel des Menschen, also die religiöse Dimension, und das Wohl der Gesellschaft genannt. Die hier als Würde der Person erkennbare anthropologische Voraussetzung des Textes, hebt sich kritisch von einem Individualismus als auch von einem Kollektivismus ebenso ab, wie von jeder Art pädagogischem Naturalismus. Deshalb können die Anliegen von der konkret-geschichtlich-kulturellen Verfasstheit der Person aus formuliert werden, ohne den Sozialbezug und die Verantwortung für ein Leben in Frieden und Gerechtigkeit für alle Menschen zu vergessen. Erziehung stellt die personengerechte Hilfe für gelingendes Menschsein dar.

Die allgemeinen Aussagen werden auf die Altersstufen, insbesondere auf Kinder und Jugendliche hin konkretisiert (**GE 1, 2**). Dabei wird der Beitrag der Humanwissenschaften positiv gewürdigt.[7] Die umfassende Entwicklung hat als Kriterium das „Ausbilden des eigenen Lebens" und die Entwicklung der „wahren Freiheit". Die Heranwachsenden sollen fähig werden, Mühen und Verantwortung auf sich zu nehmen. Eine positive und kluge Sexualerziehung und die Befähigung zu gesellschaftlichem Engagement wird gefordert.

Besonders eindringlich betont **GE 1, 3** das Recht der Kinder auf eine Gewissensbildung, die auf Gott hin offen bleibt. Deshalb äußert das Konzil die Bitte, Kinder dieses (heiligen) Rechtes auf eine Gottesbeziehung nicht zu berauben.[8] Die „Kinder der Kirche" wiederum werden ermahnt, in ihren Anstrengungen nicht nachzulassen, damit allen Menschen eine ihnen angemessene Erziehung zuteil werden kann.

Was christliche Erziehung näherhin besagt, definiert **GE 2** nicht formal, sondern beschreibt die Dimensionen christlicher Existenz mit biblischen Kategorien.[9] Diese Vollzüge als personale realisieren zu können, ist das Ziel einer christlichen Erziehung, die menschliche Reife selbstverständlich integriert. Damit wird eine umfassendere Bestimmung christlicher Erziehung angezielt, als es bei einer Festlegung auf moralische Ziele hin möglich gewesen wäre. Ansatz ist eine entfaltete Theologie der Taufe, in der die Christen des Heilsmysteriums teilhaftig sich immer tiefer auf das Geschenk des Glaubens einzulassen vermögen.

---

[7] Alle Kommentatoren sind sich einig, dass durch GE damit die christlich motivierte Pädagogik zu einer Wahrnehmung der Erkenntnisse und Entwicklungen in diesem Bereich aufgefordert wird.
[8] War damals eher an die Situation im real existierenden Sozialismus gedacht, so ist diese Forderung heute allgemeiner zu stellen (siehe: Biesinger, Kinder nicht um Gott betrügen).
[9] Es ist im Text auch nicht ersichtlich (sieht man von dem Einschub „nicht nur die eben beschriebene Reife der menschlichen Person" ab), wie genau sich diese Aussagen zu den umfassenden Bestimmungen in GE 1 verhalten. Dass verschiedene Aussagen etwas unverbunden nebeneinander stehen, ist deutlich zu spüren.

Aus der Erfahrung eines Lebens aus der Taufgnade wird als erste Vollzugsgestalt des Glaubens die Anbetung und die Liturgie genannt. Auf diesem Fundament entwickelt GE die Vertiefung des Glaubenslebens. Der neue Mensch steht in tiefer Beziehung zu Christus und zu seinem mystischen Leib, der Kirche. Bestimmt aber wird christliche Existenz durch die Signatur eschatologischer Hoffnung und der Fähigkeit zum Zeugnis, die die christliche Formung der Welt einschließt. Damit dispensiert unsere Erklärung bei aller Anerkennung der Eigengesetzlichkeit der irdischen Weltbereiche die Glaubenden nicht vom Auftrag, alles in Christus zu erneuern. Die Erneuerung der natürlichen Werte durch die Erlösung in Christus steht damit nicht gegen den eingangs anerkannten Weltauftrag, sondern trägt zum Wohl der gesamten Gesellschaft bei. Da sich GE 2 hier ausdrücklich auf 1 Petr 3, 15, die „Magna Charta der Fundamentaltheologie", beruft, scheint es nicht unangebracht zu sein, von einer fundamentaltheologischen Tiefendimension in praktischer Absicht an dieser Stelle zu sprechen. Die Bischöfe werden an ihre Pflicht erinnert, eine solche christliche Erziehung zu ermöglichen. Was diese konkret beinhaltet, lässt sich nur indirekt im Text erschließen: Sie soll, wie gesagt, zu den genannten Vollzügen befähigen. Damit besteht christliche Erziehung in der zeit- und situationsgemäßen Entfaltung der Taufgnade. Das Ziel christlicher Erziehung ist es, „Schritt für Schritt in die Erkenntnis des Heilsmysteriums eingeführt" (GE 2, 1) zu werden. Christliche Erziehung ist also zutiefst Mystagogie in das Geheimnis der heilschaffenden Zuwendung Gottes in Christus und in seiner Kirche.

Die Träger und von Rechts wegen befugten Erziehungsinstanzen werden in **GE 3** erläutert. Es sind: die Eltern, der Staat und die Kirche. Das Verhältnis der drei Instanzen leitet sich vom Elternrecht her und ist als subsidiär zu denken. Wiederum hat das Konzil das Ideal der Konkordanz vor Augen. Die Priorität des Elternrechtes, das „kaum ersetzt werden kann" (GE 3, 1), könnte als Geburtsrecht beschrieben werden. Damit ist aber nicht nur die biologische, sondern vor allem die soziale Geburt gemeint, die in einem Familienumfeld als erster Schule der sozialen Tugenden, geschieht. Für eine christliche Familie besteht vor allem die Pflicht zur Glaubensweitergabe im umfassenden Sinne. Die Familie wird daher nicht nur als eine „kleine Kirche", sondern auch als Keimzelle der Gesellschaft verstanden. In ihr werden die notwendigen Werte und Pflichten erfahren und anfänglich eingeübt.

Die Eltern dürfen in dieser Pflicht weder bevormundet noch im Stich gelassen werden. Deshalb nennt das Konzil, neben Freunden und privaten Personen, die sich die Eltern wählen, zwei weitere Erziehunginstanzen: Staat, bzw. Gesellschaft und Kirche. Als erste wird die bürgerliche Gesellschaft genannt (**GE 3, 2**), weil sie als Ordnungsmacht die Kompetenz für das irdische Wohl hat. Diese fördert die Erziehung der Eltern durch Rechtsschutz, Errichtung verschiedener Institutionen wie Schulen und anderen Maßnahmen subsidiär.

Der Kirche hingegen kommt nicht nur wegen ihrer allgemeinen Fähigkeit zur Erziehung eine wesentliche Aufgabe zu, sondern vor allem wegen ihrer Heilsverkündigung. Binnenkirchlich wird diese Kompetenz nicht angezweifelt. Nach außen, unser Text integriert die doppelte Perspektive des Konzils („ad extra" – „ad intra"), begründet GE das Erziehungsrecht der Kirche dadurch, dass diese wegen ihrer Hilfe zur Vervollkommnung der Person und zu einer menschlicheren Gestaltung der Welt eine unverzichtbare Hilfe darstelle.

Wie aber trägt die Kirche zu diesem Erziehungsauftrag bei? Welches ist ihre ureigene Kompetenz? Auch wenn sich die Kirche um alle geeigneten Mittel bemüht, und damit ihre Lernbereitschaft und Offenheit beweist, wird als bevorzugtes Mittel die Katechese genannt. Die Vermittlung der in GE 2 beschriebenen Vollzüge – Liturgie, Zeugnis und Diakonie – ist vor allem ihre Aufgabe. Auch andere Mittel anerkennt sie nicht nur, sondern versucht, sie mit ihrem Geist zu durchdringen und zu erhöhen. Als solche nennt der Text: die sozialen Kommunikationsmittel, verschiedene Vereine, die Jugendverbände und besonders die Schule. Damit aber ist die Vermittlungsinstanz Schule in ein breiteres Feld erzieherisch relevanter Gruppen und Felder eingebettet. GE ist stets darum bemüht, den Kontext wenigstens anzusprechen.

GE 1–4 hat konsequent aus einer allgemeinen Bestimmung von Erziehung den spezifisch christlichen Auftrag herausgearbeitet. Den Auftrag der Kirche und der Schule bettet die Erklärung in den Zusammenhang der rechtlich anerkennbaren Erziehungsinstanzen ein. Das Verhältnis zu anderen Instanzen beschreibt das Konzil als Angebot. Es ist völlig frei von apologetischen Kurzschlüssen und der Verteidigung enger kirchlicher Einflusssphären. In ihrer Erziehungsaufgabe bemüht sich die Kirche um alle geeigneten Hilfsmittel (**GE 4**), unter denen die Katechese eine bevorzugte Rolle spielt. Unter den allgemeinen menschlichen Möglichkeiten, die die Kirche mit dem Geist des Evangeliums zu durchdringen beabsichtigt, werden erstmals in einem kirchlichen Dokument dieses Ranges, neben dem Vereinswesen, die Medien und die Jugendverbände namentlich genannt.

Es wird aber nicht darauf reflektiert, von welcher Art solche „heimlichen Erzieher" tatsächlich sind. Es scheint, als ob der Text an die Möglichkeit dachte, sie im oben genannten Geiste zu vervollkommnen. Bei aller Problematik dieser Aussage wird das Bewusstsein deutlich, dass nach GE die Schule nicht das einzige Hilfsmittel der Erziehung sein könne. Mit dem Stichwort „Schule" ist auch die Brücke zum Urtext der Erklärung gebaut. Die Verknüpfung der beiden in der Textgenese zunächst getrennten Schemata erfolgt über die als subsidiär zum Elternrecht bestimmte Erziehungsinstanz der „bürgerlichen Gesellschaft" und der in ihr entwickelten Schule. Diese aber hat unter verschiedener Rücksicht einen besonderen Rang. Deshalb wird ihr ein eigener, umfangreicher Abschnitt gewidmet.

III. Die Schulen (Art. 5–9)

Der Aufbau folgt dem oben dargelegten Schema. Nach einer allgemeinen Einführung zum Thema (GE 5) wird die eingangs betonte Bedeutung des Elternrechts für die Schule konkretisiert (GE 6). Bevor aber die katholische Schule in der umfangreichsten Nummer beschrieben wird (GE 8), wird der Blick auf die Sorge der Kirche für katholische Schüler an nicht-katholischen Schulen gerichtet

(GE 7). Abschließend wird die Vielfalt der katholischen Schulen kurz beschrieben und die Solidarität aller Glaubenden für diese Aufgabe eingefordert (GE 9).

Die umfassende Bildungsaufgabe der Schule (**GE 5**) beinhaltet nicht nur Wissensvermittlung und Berufsvorbereitung, sondern Ausbildung der geistigen Kräfte, insbesondere der Urteilskraft, die Vermittlung des kulturellen Erbes, den Sinn für Werte und die Fähigkeit zur Zusammenarbeit über soziale und gesellschaftliche Grenzen hinweg. Der Begriff „Freundschaft" als ein Ziel von Schule verweist auf ihren alles bestimmenden Auftrag, den Charakter zu bilden. Dass die Schule nicht einfach ein Warenhaus oder ein Dienstleistungsunternehmen mit dem Produkt „Wissen" sein kann, zeigt sich unter anderem daran, dass ihre Anliegen von Familien, Lehrern und verschiedenen Gruppen, die das geistig-kulturelle Leben prägen, getragen werden soll. Ohne diese umfassende Partizipation, auch hier wählt das Konzil eine Menschheitsperspektive, ist das Projekt Schule nicht realisierbar.

Erstmals im Text wird jene Berufsgruppe namentlich genannt, die diese Institution hauptamtlich trägt, die Lehrerinnen und Lehrer. Sie stehen subsidiär sowohl zum Elternrecht als auch zur gesamten menschlichen Gemeinschaft. Ihre Aufgabe des Erziehens[10] erfordert neben einem besonderen Charisma vor allem eine gute Ausbildung und die Bereitschaft, lebenslang zu lernen und sich neu zu orientieren. Dabei gewinnt der umfassende Bildungsbegriff der Erklärung auch Bedeutung für den Lehrberuf.

Als Angelpunkt des ersten Abschnittes über die Schule ist die Konkretisierung des Elternrechtes auf den Bereich Schule anzusehen („unveräußerliches Recht"; „wirklich frei" **GE 6,1**). Der Eckpunkt für die Realisierung dieses Rechtes in der Gesellschaft ist die konkrete Anerkennung von freier Wahl und der Schaffung einer Pluralität von Schulformen („jedwedes Schulmonopol ausschließen muss" **GE 6,2**). Mit formalen Beteuerungen kann sich dieser Abschnitt nicht zufrieden geben. Der Schutz der Freiheit der Bürger durch den Staat ist nämlich nur dann gegeben, wenn der Staat auch mit konkreten finanziellen Mitteln („Verteilungsgerechtigkeit" **GE 6,1**) eine wirkliche Pluralität an Schulen ermöglicht, so dass die Gewissensfreiheit zur real möglichen Wahl werden kann. In dieser Vielfalt wird nicht nur das freie Recht auf Schulwahl garantiert, sondern der Fortschritt der Kultur und das friedliche Zusammenleben gefördert. Auch wenn der Text den herrschenden Pluralismus mehr deskriptiv als normativ anführt (**GE 6,2**), kommt dem geforderten Pluralismus der Schulformen und -träger im Gesamtzusammenhang der Argumentation ein erhebliches Gewicht zu. Wie diese staatliche Unterstützung ausgestaltet wird, erwähnt die Erklärung nicht. Sie favorisiert damit nicht eine bestimmt Schulform.[11]

Da es nach der im Vorwort zitierten Menschenrechtserklärung ein Recht auf kulturelle Partizipation gibt, ist ein Staat, der sich diesem Grundrechtskatalog

---

[10] Diese Aufgabe wird mit dem theologisch-systematisch gewichtigen Begriff „munus" (GE 5,2) beschrieben.
[11] Die Praxis in Deutschland und Österreich einer staatlich geförderten Bekenntnisschule ist zu einzigartig, um als Norm angesehen werden zu können (siehe: Pohlschneider, Kommentar 382).

verpflichtet weiß, angehalten, in umfassender Weise für die Institution Schule zu sorgen. Ausdrücklich werden in diesem Zusammenhang genannt: Recht auf Schulerziehung, Ausbildung der Lehrer und Qualitätssicherung der Studien, Gesundheitsfürsorge und subsidiär gestaltete Schulaufsicht. Ohne eine umfassende Unterstützung bliebe nicht nur der anerkannte Pluralismus leer, sondern die privaten Schulen könnten nur einer begüterten Gesellschaftsgruppe ermöglicht werden.

Eine Ermahnung an die Glaubenden, diese Aufgabe umfassend zu unterstützen, schließt sich an. Damit gilt die vorgängige Aufforderung an den Staat für alle Schulen, nicht nur für die katholischen. Diese Hilfe kann alle zuvor genannten Bereiche umfassen: Ausbildung des Lehrpersonals, Entwicklung geeigneter Erziehungsmethoden und die Bildung von Elternverbänden zur Unterstützung der Schulen. Besonderen Rang wird der Unterstützung der sittlichen Erziehung eingeräumt.

Mit einem Superlativ („gravissimum") wird die Sorge der Kirche für die Schülerinnen und Schüler an nicht-katholischen Schulen ausgedrückt (**GE 7**). Die Wahrnehmung der kirchlichen Verantwortung im schulischen Bereich ist damit weder regional noch institutionell einschränkbar. Sie bezieht sich auf den ganzen Menschen, in welchem gesellschaftlichen Zusammenhang auch immer. Die Verantwortung der Kirche ist damit personengebunden zu verstehen und bezieht sich auf die sittliche und religiöse Erziehung. Das Konzil nimmt zur Kenntnis, dass diese Schülergruppe die größte ist. Der frühere negative Unterton ist verschwunden und von einer Haltung gemeinsamer Sorge abgelöst. Zwar hat die Katechese und die geistliche Begleitung durch Priester und Laien auch in diesem Bereich einen besonderen Rang. Das Lebenszeugnis der katholischen Lehrpersonen, die ihren Beruf als Apostolat in diesem Umfeld gestalten, wird eigens gewürdigt.

Die Eltern werden in ihrer Aufgabe ermahnt, keine Kluft zwischen christlicher Bildung und profanem Fortschritt entstehen zu lassen. Mit dieser Differenzierung hat GE einen neuen Akzent gesetzt. Wie wird das Grundproblem des Konzils zu integrieren versucht, eine Neuorientierung der Kirche im Verhältnis zur profanen Welt zu entwickeln? In der Abkehr von einem alles bestimmen wollenden Integralismus, wurde die Sachgesetzlichkeit einzelner weltlicher Bereiche, hier wohl bestimmte Unterrichtsfächer, anerkannt. Wie aber ist diese Anerkennung mit der Erneuerung der gesamten Welt in Christus zu verbinden? GE und das Konzil haben eine Aufgabe gestellt. Wie diese eingelöst werden kann, sagt auch diese Nummer nicht.

Das Herzstück der Erklärung ist der Abschnitt über die katholischen Schulen (**GE 8**). An ihm wurde mit großer Hingabe gefeilt. Er beschreibt zunächst Aufgabe und Ziel der katholischen Schule. Danach betont er nachdrücklich das Recht der Kirche, Schulen zu gründen. Abschließend wird die Bedeutung der Lehrer hervorgehoben. Unter „katholischer Schule"[12] versteht das Konzil „sowohl die von der institutionellen Kirche (Bistum, Pfarrei, religiöse Genossenschaften usw.)

---

[12] Auf den Begriff „christliche Schule" wurde wegen seiner Mehrdeutigkeit verzichtet. Statt von

gegründeten und geleiteten als auch ganz allgemein die von katholischer Gläubigkeit informierten Schulen"[13]. Damit wird nicht die institutionelle Trägerschaft, sondern der Geist, in dem die Schule geführt wird, zum Charakteristikum einer „katholischen Schule".

Solche Schulen haben mit allen Schulen jene Ziele gemeinsam, die die Erklärung zuvor ausführlich beschrieb. Was sie aber unterscheidet, wird in idealtypischer Weise entfaltet. Der erste Satz wirkt wegweisend: „Ihr charakteristisches Merkmal aber ist es, ein vom evangelischen Geist der Freiheit und der Liebe beseeltes Umfeld der schulischen Gemeinschaft zu schaffen" (**GE 8, 1**). Dadurch nimmt die Erklärung den Grundgedanken der Freiheit im Licht des Evangeliums auf und führt ihn auf die Förderung einer personengerechten Entwicklung aus der Taufgnade fort. Die Erkenntnisentwicklung, die Wissensvermittlung also, soll integrierend mit der Heilsbotschaft verbunden werden. Deshalb hat das Konzil auf der Basis der Freiheit und der Liebe die Korrelation von Glaube und Vernunft zum Grundprinzip katholischer Schulbildung erhoben. Durch diese gewinnen die Schülerinnen und Schüler sowohl die Möglichkeit der Ausbildung einer integrierten Persönlichkeit als auch die Fähigkeit, Verantwortung für das Wohl aller übernehmen zu können. Durch den Dienstcharakter christlicher Existenz stehen die Schülerinnen und Schüler selber in der Verantwortung für die Ausbreitung des Reiches Gottes und verwirklichen ihr Apostolat als Sauerteig für die menschliche Gemeinschaft. Die Öffnung zur Welt wird in den Kategorien des Dienstes beschrieben, der missionarischen Charakter hat. Die katholische Schule „öffnet" sich für die gegenwärtige Zeit im Zeichen des Apostolats: „Dieses Apostolat ist Prinzip und Krönung der christlichen Erziehung."[14]

Das Aggiornamento bezieht **GE 8, 2** auf die Sendung des Volkes Gottes, insbesondere auf den Dialog zwischen Kirche und der Gemeinschaft aller Menschen. Folglich ist die Institution Schule für die Kirche von unverzichtbarer Bedeutung. Daher wird das Recht der Kirche, Schulen jeglicher Art[15] zu gründen, das in allen einschlägigen Dokumenten betont worden ist, wiederum bekräftigt. Erläutert wird dieses Recht auf eine dreifache Weise. Es trägt zum Schutz der Gewissensfreiheit und der Elternrechte ebenso bei, wie es den Fortschritt der Kultur stärkt. Als berechtigt ausgewiesen wird dieses Recht durch die praktischen Folgen des kirchlichen Tuns für die Gesamtgesellschaft.

Das Herzstück einer katholischen Schule wiederum, hier wird das Personenprinzip der Erklärung erkennbar, sind die Lehrer, die „auctores" genannt werden.[16] Sie übernehmen nicht nur einen großen Dienst in der Gesellschaft, sondern auch ein höchst notwendiges Apostolat. Die Erklärung entwirft geradezu ein

---

„katholischer Schule" kann in gleichem Sinne von „Privatschule" oder „freier Schule" gesprochen werden (Pohlschneider, Kommentar 386).

[13] Ebd.
[14] Pohlschneider, Kommentar 387.
[15] Einen ausführlichen Katalog führt die Erklärung hier nicht an. Gemeint sind alle jene Schulformen, die in einer Gesellschaft üblich oder möglich sind und wie sie in GE 9 aufgelistet werden.
[16] Wenn ich richtig gelesen habe, verzichtet das Konzil (leider) auf die Nennung beider Geschlechter, wie sie in der Enzyklika von 1929 *Divini illius magistri* festgestellt werden kann.

Idealbild katholischer Lehrer bzw. Lehrerinnen. Die verschiedenen Aspekte der Erklärung über die Mittel und Aufgaben der allgemeinen Erziehung und der christlichen Persönlichkeitsbildung werden in ein Modellbild integriert. Ihre Ausbildung umfasst profanes und religiöses Wissen auf der Höhe der gegenwärtigen Pädagogik („arte educandi" **GE 8,3**). Sie sollen umfassend aus- und fortgebildet werden. Ausdrücklich betont werden außerschulische, ja lebenslange Bindungen und Entwicklungen, die christologisch („den einzigen Lehrer" GE 8, 2) konzentriert und als Apostolat ausgewiesen werden. Die eingangs betonten Haltungen (Liebe und Freiheit) bezieht der Abschnitt sowohl auf das Verhältnis der Lehrer untereinander als auch auf das Verhältnis zu den Schülern. Sie sollen zu eigenständigem Handeln angeregt werden und lebenslang in entsprechenden Vereinigungen mit Rat und Freundschaft begleitet werden. In die Erziehungsanstrengungen sind auch die Eltern zu integrieren. Auch wenn die geschlechtlich getrennte Erziehung nicht gefordert wird, ist eine geschlechtsspezifische Erziehung wegen der unterschiedlichen Zielsetzung in Familie und Gesellschaft durch die göttliche Vorsehung nötig.[17] Diese Formulierung legt trotz aller Offenheit und Zurückhaltung ein spezifisches Rollenverständnis von Mann und Frau nahe, die sich gerade im schulischen Raum selbst in katholischen Institutionen so nicht wahrnehmen lässt.[18] Der Abschnitt endet mit der Mahnung an die Eltern, wenn immer möglich ihre Kinder in katholische Schulen zu schicken und mit ihnen zusammenzuarbeiten.

Die leitenden Begriffe, die die spezifische Eigenart der katholischen Schule beschreiben, entwickeln sich alle auf dem Boden einer am Evangelium gewonnenen Freiheit und Liebe. Die Verantwortung für die gesamte Person ist ein Dienst, der als Dialog und Freundschaft ausgestaltet werden soll und die persönlichen als auch die geschlechtlichen Eigenarten der Schülerinnen und Schüler wahrnimmt. Das darin geknüpfte Band endet nicht mir dem Schulabschluss, sondern sollte ein Leben lang gepflegt werden. Damit hat GE 8 die konziliare Ekklesiologie für den Erfahrungsraum Schule umgesetzt. Lehrersein ist mehr als ein Job und Schule mehr als Ort der Wissensvermittlung und Berufsvorbereitung, sie hat einen tief gemeinschaftlichen Charakter, deren „Communio" in Christus gegründet wird und für alle Menschen offen und nützlich werden soll.

Wie Ideal und Realität zusammengehen können, versucht **GE 9** zu beschreiben. Dieses, in GE 8 entworfene Bild soll bei aller kontextuellen Besonderheit jede Schule in katholischer Verantwortung anstreben. Der kurze Verweis zeigt, wie sehr den Vätern die Vielfalt der katholischen Schulen bewusst war. Ausdrücklich erwähnt werden nur die Schulen in den jungen Kirchen[19], die auch von nichtkatholischen Schülern besucht werden.[20] In ihnen wird die Achtung vor der Frei-

---

[17] Eine Kritik an der Koedukation ist damit nur dann ausgedrückt, wenn diese Erziehungsform auf die geschlechtsspezifische Eigenart keine Rücksicht nimmt. GE gibt keine konkreten Bestimmungen dazu, wie diese Differenz ausgestaltet werden müsse.
[18] Was wären Erziehungseinrichtungen auch in kirchlicher Trägerschaft ohne Frauen? Darauf hätte, wie gesagt, bereits *Divini illius magistri* aufmerksam machen können.
[19] Die Erklärung spricht von „neuen Kirchen" (novarum ecclesiarum).
[20] Vielleicht wäre es angebrachter gewesen, von „nicht-christlichen" Schülern zu sprechen.

heit der Anderen, wie der Dienst dieser Schulen an allen Menschen in und für die Gesellschaft, in besonderer Weise erkennbar. Dass solche Schulen bevorzugter Ort des Dialogs und der Toleranz sein können, wird zwar nicht ausdrücklich gesagt, aber darf angenommen werden.[21]

GE 9,2 hebt in einer kleinen Darstellung der Vielfalt katholischer Schulen auf die besondere Bedeutung von Schulen hin, die aktuellen Bedürfnissen entsprechen. Zwar sollen die Elementar- und Mittelschulen nicht vernachlässigt werden, doch als Zeiterfordernis nennt GE Berufsschulen, technische Schulen, Einrichtungen der Erwachsenenbildung, sozial-caritative Schulen, pädagogische Sondereinrichtungen und Schulen der Aus- und Fortbildung für das Lehrpersonal. Diese Aufzählung darf als exemplarisch angesehen werden. Sie besagt, dass die Kirche in der Not einer Gesellschaft aus ihrer Kompetenz Antworten zu suchen hat. Dabei geht die Erklärung von der Option aus, dass das Apostolat der Christen mit den wahren Nöten und Anforderungen einer Gesellschaft zusammenhängt. Weil Arbeit und Gottesdienst, der ja als erster Vollzug des christlichen Lebens genannt wurde (GE 2,1), nicht auseinanderfallen oder gar als Gegensätze erlebt werden sollen, besteht der apostolische und gesellschaftliche Dienst der Kirche vornehmlich darin, dazu anzuleiten, verantwortlich und angemessen mit Wissen und technischen Fähigkeiten umzugehen. Auch wenn das Dokument dies nicht ausdrücklich sagt, so kann der durchgängige Verweis auf das letzte Ziel des Menschen doch so verstanden werden, dass nur im Wissen um das letzte Ziel des Menschen, die vorletzten Ziele human ausgestaltet werden können.

Dass diese Aufgabe einen hohen Einsatz erfordert, zeigt der letzte Abschnitt. Die Christgläubigen werden zur Unterstützung des Schulapostolates aufgefordert. Angesichts der geschichtlichen Erfahrungen wäre auch ein ausdrücklicher Dank für die Anstrengungen und die Opferbereitschaft zahlreicher Glaubenden angebracht gewesen. Erwähnt werden drei Gruppen, die der Unterstützung in besonderer Weise bedürfen: die Armen, die Waisen und die Nichtchristen. Gerade für diese Gruppen wäre das hier entwickelte Profil einer katholischen Schule wie maßgeschneidert. Weil katholische Schulen nicht Einrichtungen für Privilegierte sein sollen, ist die Unterstützung von Seiten der Glaubensgemeinschaft unverzichtbar.[22] Die zeitliche Perspektive des Satzes lässt nicht nur erkennen, dass das Konzil das Schulprojekt für eine bleibende Aufgabe der Kirche ansieht, sondern auch, dass an der Realisierung des Idealbildes täglich neu gearbeitet werden muss. Das in GE 8 entworfene Idealbild ist als Korrektur- und Orientierungsvorgabe im Alltag anzusehen, nicht als verwirklichtes Modell. Wie könnte es auch anders sein? In diesem Bild werden ja nicht allein die Möglichkeiten und Vorstellungen der Kirche, sondern auch des Reiches Gottes selbst in den Schulalltag hinein fortgeschrieben.

---

[21] Diese Aussage hat insofern eine prinzipielle Bedeutung, als diese religionssoziologische Situation immer stärker für alle katholischen Schulen überall auf der Welt Geltung beanspruchen darf.
[22] Mit diesem Aufruf baut das Konzil nicht allein auf eine gerechte staatliche Unterstützung, wie sie in GE 6 gefordert wurde.

IV. Theologische Fakultäten und Universitäten (Art. 10–11)

GE 10 Einen besonderen Abschnitt widmet das Konzil dem Verhältnis der Kirche zu den höheren Schulen bzw. Universitäten.[23] Darin nehmen die Väter die Gelegenheit wahr, das Verhältnis von Kirche und neuzeitlicher Wissenschaft zu klären. Deshalb werden, bevor die Erklärung die katholischen Universitäten und Hochschulen als besondere Institutionen anspricht, die grundlegenden Prinzipien akademischer Methodik und Freiheit angesprochen.[24] Als Anschauungsbeispiel zieht die Erklärung dabei jene Universitäten heran, die der Sorge der Kirche selbst unterstehen. Damit hat sie die Problematik von Freiheit der Wissenschaft und weltanschaulicher, glaubensmäßiger Bindung an der richtigen Stelle aufgegriffen. Wenn es der Kirche in ihrem eigenen Kompetenzbereich gelingt, ein überzeugendes Modell der Vereinbarkeit beider Prinzipien zu entwickeln, dann ist der Verdacht des Wissens und der Aufklärung gegen den Glauben faktisch ausgeräumt.

In der Anerkennung der spezifischen Methode der jeweiligen Disziplin und der Freiheit der Forschung, stellt sich daher stets die Frage, wie im Lichte der daraus gewonnenen Erkenntnisse und im Zusammenhang neuer Fragestellungen und Forschungen das Verhältnis von Glaube und Vernunft im Blick auf die eine Wahrheit zu bestimmen sei. Als Modell der Zuordnung wird namentlich Thomas von Aquin genannt. Wir können feststellen, dass die thomasische Zuordnung von Glauben und Vernunft, die an dieser Stelle ausdrücklich wird, die gesamte Erklärung durchzieht. Sie kann als Strukturprinzip der Erklärung begriffen werden.

GE vertieft die kleine Analytik der Wissenschaft dadurch, dass sie es als wünschenswert ansieht, dass in der eben genannten Weise christlicher Geist die höhere Kultur durchdringe und Studierende zu Persönlichkeiten herangebildet werden, die Meister ihres Faches sind und als solche bereit sind, gesellschaftliche Verantwortung zu übernehmen, um so ihr christliches Glaubenszeugnis zu verwirklichen. Damit aber hat das Konzil ein dickes Fragezeichen, das ruhig hätte deutlicher ausfallen können, hinter die Vorstellung einer reinen, objektiven und in diesem Sinne unpolitischen oder wertfreien Wissenschaft gesetzt. In dieser Fragestellung wirkt die Erklärung angstfrei und ohne jeglichen Vorbehalt gegenüber der wissenschaftlichen Forschung mit ihrer jeweiligen Methode. Die Kritik beginnt bei der politischen oder sozialen Ausblendung von Verantwortung und Engagement.

Der etwas rasche Themenwechsel zur Bedeutung der Theologie an einer katholischen Universität wird auf dem strukturellen Hintergrund der Erklärung ver-

---

[23] Einen geschichtlichen Verweis auf die Bedeutung der Kirche im Gründungsprozess der europäischen Universität im Mittelalter ist in der Erklärung nicht zu finden. Dass die Kirche, insbesonders mit päpstlichen Privilegien, in dieser Gründungsphase von eminenter Bedeutung war, sollte nicht übersehen werden. Sowohl in der Anerkennung der methodischen Freiheit der einzelnen Disziplinen als auch in der notwendigen geistlichen Begleitung der Studierenden scheint mir das Universitätsprogramm John Henry Kardinal Newmans erkennbar zu sein (Newman, Idea of a University). Die für Newman jedoch entscheidenden Abgründe des Menschen, weswegen eine reine Wissensvermittlung keine Persönlichkeitsbildung sein könne, werden nicht aufgegriffen.
[24] Siehe zum Thema auch den Kommentar von Sander zu GS 59 in Bd. 4.

ständlich, die um die Konkordanz von Glaube und Vernunft bemüht ist. In Kenntnis der Bedeutung katholischer Universitäten ist GE besonders um die innere Begründung dieser eigentümlichen Institution bemüht. Die thomasische Beziehungsbestimmung von Glaube und Vernunft wurde schon genannt. Das genügt aber in einer pluralistischen Gesellschaft nicht. Die Erklärung optiert daher für einen Ausbau spezieller Forschungsinsitutionen. Forschung also gewinnt Vorrang. Dass Qualität vor Quantität gehen soll, wird auch dadurch betont, dass die katholischen Universitäten nicht durch ihre Studentenzahlen, sondern durch ihre besondere Qualität auf sich aufmerksam machen sollen. Deshalb soll der Zugang für arme und begabte, oder aus den „jungen Nationen" stammende Studierende erleichtert werden. GE setzt damit auf das Prinzip der Ausstrahlung und des beispielhaften Modells. Dadurch wird das ekklesiologische Prinzip des Zeichens für den akademischen Bereich überzeugend umgesetzt.

Da die Studenten von heute die Elite der Gesellschaft von morgen sein werden, werden die Bischöfe aufgefordert, die geistliche Entwicklung von Studierenden nicht allein an den katholischen Universitäten zu fördern (**GE 10, 4**). Unterschiedliche Formen der geistlichen Begleitung können darunter verstanden werden, in denen Priester, Ordensleute und Laien die Studierenden begleiten.[25] Besonderes Augenmerk soll dabei jenen zukommen, die später einmal selber als Lehrer fungieren können. Die Sorgen für alle soll nicht dazu führen, die besonders Begabten zu vernachlässigen.

Einen eigenen Abschnitt ist den theologischen Fakultäten gewidmet. **GE 11** versteht darunter wissenschaftliche Einrichtungen, in denen in Lehre und Forschung die theologischen Disziplinen vertreten werden.[26] Der Gesichtspunkt der Erklärung kann hier als pastoral beschrieben werden. Die Kirche erwartet sich viel von diesen Einrichtungen, in denen die zukünftigen Priester und die künftigen Dozenten, die entweder die wissenschaftliche Disziplin weiterführen oder apostolisch wirksam werden, ausgebildet werden. Die Aufgabenstellung für die Theologie ist umfassend, und integriert die Perspektiven des Konzils. Die Vertiefung der Theologie führt zu einem stets tieferen Verständnis der Offenbarung, das in der Tradition die christliche Weisheit umfassender erschließt und den Dialog mit den getrennten Christen und den Nichtchristen fördert. Desgleichen kann die Theologie dadurch auf die Fragen antworten, die im wissenschaftlichen Fortschritt entstanden sind. Das bedeutet: Die theologischen Fakultäten sollen die Kirche dazu befähigen, ihr im Konzil entworfenes, umfassendes Dialogprogramm weiter zu entwickeln und zu vertiefen. Dazu ist natürlich eine permanente fachliche und didaktische Weiterbildung unverzichtbar.

---

[25] Solche Einrichtungen können, müssen aber nicht Universitätspfarreien sein. Die Erklärung favorisiert hier, wie auch sonst, nicht einen bestimmten Typus, sondern beschreibt eine Aufgabe, die auf unterschiedliche Weise verwirklicht werden kann.
[26] Siehe zum gleichen Thema den Paralleltext über die Neugestaltung der kirchlichen Studien: OT 13–18 (Kapitel V). Während in OT das Anliegen dominiert, die innere Gestaltung der Studien im Blick auf den künftigen priesterlichen Dienst auszurichten, ist hier das Interesse mehr auf das Verhältnis der Theologie zu den anderen Wissenschaften und ihre Aufgabe für das Leben der Kirche als ganzer gerichtet.

Dass die entsprechenden gesetzlichen Rahmenbestimmungen überarbeitet werden müssen, ist eine eher selbstverständliche Forderung, die bereits vor der Textentwicklung als Auftrag an die künftige Revision des kirchlichen Gesetzbuches in Aussicht gestellt worden ist.

V. Appell zur Zusammenarbeit und Schlusswort

Ein allgemeiner Aufruf zur Zusammenarbeit schließt die Ausführungen ab (**GE 12**). Eine nähere Bestimmung dieser Zusammenarbeit wird kaum ersichtlich. Im schulischen Bereich wird zwischen der Zusammenarbeit zwischen katholischen Schulen („coordinatio") und der Verbindung mit nicht-katholischen Schulen („collaboratio") unterschieden. Während das erstere eine verbindliche und tiefgehende Abstimmung und Verbindung meint, wird mit dem zweiteren im Anschluss an die Aussagen von Johannes XXIII. eine Zusammenarbeit zum Wohl der Allgemeinheit ausgedrückt. Diese eher formalen Bestimmungen werden im Bereich des Schulwesens nicht weiters erläutert. Etwas deutlicher wird die Zusammenarbeit im Bereich des Hochschulwesens bestimmt.[27]

Kooperationen zwischen Fächern werden dann begrüßt, wenn sie thematisch sinnvoll sind. Sowohl die Schulen als auch die Universitäten werden aufgefordert, sich angemessene internationale Formen der Zusammenarbeit zu suchen. Als inhaltliche Themen dieser Zusammenarbeit wird die Verteilung der wissenschaftlichen Forschung, Austausch von Ergebnissen und Lehreraustausch genannt. Eine allgemeine Hilfeleistung schließt diese Nummer ab, die mehr prinzipiell fordert als konkret rät.

Ein Appell an die Jugend, als Lehrerinnen und Lehrer die Aufgabe der christlichen Erziehung angesichts der erkennbaren Not als Lebensaufgabe zu wählen, leitet das Schlusswort ein. Der Anruf an die Freiheit scheint allein die angemessene Form zu sein, auf eine Not aufmerksam zu machen, die für eine Lebensentscheidung zum Motiv werden soll. Ausdrückliche Anerkennung und Lob, aber auch Aufforderung zur Beharrlichkeit gilt jenen, die im erzieherischen Dienst stehen. Sowohl die pädagogische Kunst als auch die Vertiefung der Wissenschaften dienen nämlich der inneren Erneuerung der Kirche ebenso, wie ihrer positiven Gegenwart in der heutigen Welt. Die Verwirklichung dieser Aufgabe erscheint als die beste Visitenkarte für die Kirche heute. Die Zeichenhaftigkeit der Kirche als Glaubensmotiv war eines der großen Themen der fundamental-

---

[27] Eine aktuelle Übersicht zu den Katholischen Universitäten in: http://teol.de/kathuni.htm. An internationalen Vereinigungen sind zu nennen aus dem schulischen Bereich das „Office International de l'Enseignement Catholique" (OIEC) mit Sitz in Brüssel und das vor allem in die Zusammenarbeit mit der UNESCO einbezogene „Centre Catholique International de Coordination auprès de l'UNESCO" (CCIC) in Paris. Auf der Hochschulebene gibt es die „Fédération Internationale des Universités Catholiques" (FIUC) mit Sitz in Rom und auf der Ebene der Lehrerverbände die „Union Mondiale des Enseignantes Catholiques" (UMEC), ebenfalls mit Sitz in Rom.

theologischen Ausführungen des Ersten Vatikanischen Konzils (DH 3012–3014). Ohne Triumphalismus wird diese praktische Apologetik hinter diesen Aussagen erkennbar.[28]

---

[28] Siehe zur Entwicklung dieser klassischen Argumentationsfigur: Siebenrock, Kirche als Glaubensmotiv.

C. Würdigung der Erklärung

I. Gewicht und Grenze der Erklärung

Die Ausweitung des ursprünglichen Textes zu den katholischen Schulen verdeutlicht die Problematik des kirchlich-christlichen Erziehungs- und Bildungsauftrages und seiner ihn tragenden Institutionen in der Gegenwart. Die Selbstverständlichkeiten schwinden und eine fundamentale Neubesinnung auf ein tragfähiges Konzept tut Not. Dass dies dem Konzil nicht hinreichend gelungen ist, und wohl auch nicht gelingen konnte, zeigt sich an der klugen Einschränkung des Anspruchs der Erklärung auf „grundlegende Richtlinien". Dass die dafür ins Auge gefasste Kommission ein bloßer Wunsch blieb, unterstreicht die Schwierigkeit der Aufgabe. Insofern liegt die erste Bedeutung des Textes in seiner weisen Zurückhaltung, die die Größe des Problems ahnen lässt. GE nimmt wohltuend Abstand vom Wunsch, zentral die speziellen Aufgaben regulieren zu wollen. Vielmehr legt die Erklärung prinzipielle Orientierungen vor, die in einer globalen Gesellschaft erkennbar halten wollen, was „katholisch" im Kontext der Erziehung bedeutet. Dadurch aber werden unvermeidbare Mängel sichtbar. Eine andere Weichenstellung hätte dem Text gegeben werden können, wenn auf die Vorschläge von Bischof Elchinger eingegangen worden wäre. Damit wären aber wiederum andere Akzente gesetzt worden als jene, die sich aus der Kritik in pädagogischer Absicht entnehmen lassen.

Als generelle Mängel hielt Bokelmann unmittelbar nach dem Konzil bereits fest: 1. Die Beschränkung auf Prinzipien und Postulate führe zu einer unzureichenden Rückbindung an die Erziehungswirklichkeit; 2. erziehungswissenschaftliche Einsichten werden unzureichend einbezogen; 3. die tatsächliche Verfasstheit des Menschen komme zu wenig zum Ausdruck; 4. begrifflich unklar bleibe die Unterscheidung von allgemeiner und speziell christlicher Erziehung; 5. der Text erwecke den Eindruck, dass Glaube und Christsein ein durch Erziehung bewirkbares Ergebnis sein könne; 6. die unzureichende Einsicht in die Autonomie des schulischen Lebens und die damit zusammenhängende Überschätzung der Möglichkeit, diese aus christlichem Geist heraus durch und durch gestalten zu können; und 7. die Spannung zwischen dem Postulat der Gewissensfreiheit der Eltern zur freien Schulwahl und der Verpflichtung, die Kinder in katholische Schulen zu schicken.[1] Die Mängel des Textes sind aber kein Grund, ihn einfach auf sich beruhen zu lassen.

Zunächst kann und muss der Text in seiner positiven Absicht und Leistung

---
[1] Vgl. Bokelmann, Die Pädagogik des Konzils 73–93.

gewürdigt werden. Er kann danach abgefragt werden, was er anspricht, antippt und was er beendet. GE überwindet frühere Frontstellungen stillschweigend. Er verbleibt wesentlich im Rahmen der traditionellen Konzeption, reizt diese aber vollständig aus. Die Erklärung anerkennt die gemeinsame Erziehungsaufgabe der Menschheit. Die Not fordert eine gemeinsame Anstrengung mit unterschiedlichen Akzenten, keine sich wechselseitig ausschließende Konkurrenz. Die Aufgabe (und damit die Sendung) der Kirche richtet sich nicht allein auf die eigenen Kirchenmitglieder, sondern auf alle jene, denen der Heilswille Gottes, in dessen Gesandtschaft die Glaubenden unterwegs in der Geschichte sind, gilt. Dies sind aber alle Menschen. Deshalb kann gesagt werden, dass das unterscheidend Christliche in der Aufgabe besteht, das von Gott her allen Menschen gemeinsam Zugesagte und Verheißene zu bezeugen. Nur auf diesem theologischen Hintergrund lässt sich der in der Erklärung immer wieder gewürdigte „offene Geist" nicht als Verlegenheit begreifen, sondern als kritisches Korrektiv gegenüber früheren Aussagen auf diesem Gebiet.

Deshalb können Fragen und Themen, die früher äußerst kontrovers diskutiert wurden, neu bestimmt werden. Die Fragen der Koedukation und der Geschlechtserziehung werden in einem neuen Licht gesehen und mit offenen Aussageformen auf eine neue Beurteilung hin geöffnet. Nichtkatholische Schulen werden ebenso positiv gewürdigt, wie die Anstrengung der verschiedenen politischen Institutionen geschätzt wird. Dieser Umgang mit der Tradition ist bezeichnend; vielleicht modellhaft für das Konzil generell. Die Zitate aus der Enzyklika Pius XI. *Divini illius magistri* sind durchwegs zustimmungsfähig und bestätigen deshalb nicht alle Aspekte dieses Lehrschreibens.[2]

Als neue Grundperspektiven lassen sich festhalten: Bereits zu Beginn wird das Grundrecht auf Erziehung mit der Anerkennung von Pluralität verbunden. Eine durchgehende Würdigung der Pluralität von Erziehungsinstitutionen ist nicht nur festzustellen, sondern dient als argumentative Grundlage für das Recht der Kirche, in eigener Verantwortung Schulen jeglicher Art zu gründen und zu gestalten. Die Unterscheidung von profaner und christlicher Bildung ist in diesem Sinne als Legitimation von Differenz zu werten. Auch wenn die Pflicht katholischer Eltern eingeschärft wird, ihre Kinder an katholische Schulen zu schicken, werden katholische Schülerinnen und Schüler an nichtkatholischen Schulen nicht als Ausnahme von der Regel mit Verdacht belegt. Ausdrücklich betont, und damit die Pluralitätsfähigkeit der Kirche auf dem Feld der Schule konkret gefordert, wird die Bedeutung der katholischen Schulen, die nichtkatholische Schülerinnen und Schüler ausbilden. Im Blick auf die Hochschulen kann gesagt werden, dass diese mit ihren theologischen Instituten und Fakultäten als institutionalisierter Ort des Dialogs zwischen Glaube und Wissenschaft angesehen werden. Von diesem offenen Geist wurden aber verschiedene wichtige Themen, die vor allem Bischof Elchinger ansprach, nicht positiv in die Erklärung integriert. Die Frage nach der Ökumenizität der Erziehung und der katholischen Schulen

---

[2] Den konkreten Rezeptionsvorgang prüft die generelle Kritik Mettes an GE nicht (Mette, Gravissimum educationis).

bleibt ebenso unerwähnt wie die Frage nach der Integration der Religionsfreiheit und des Dialogs mit Nichtchristen in ein christliches Erziehungskonzept.³

Die eingangs genannten Kritikpunkte sind zwar an GE erhoben, haben aber eine grundsätzliche Bedeutung für das Anliegen des Konzils überhaupt. Da GE ein praktisches Aufgabenfeld in einer globalisierten Gesellschaft neu orientieren wollte, kommt die Erklärung in eine nicht lösbare Problematik. Sie kann weder eine Einzeldiskussion der verschiedenen pädagogischen Ansätze und Optionen vornehmen, noch die höchst unterschiedlichen Kontexte, Situationen und institutionellen Voraussetzungen im Einzelnen diskutieren. Die Erklärung muss notwendiger Weise abstrakt und vage bleiben. Das ist aber nicht nur ein Nachteil, sondern kann auch als Vorteil der Erklärung angesehen werden. Auf der anderen Seite zeichnet die Erklärung der Versuch aus, die Etikette „christliche Erziehung" oder „katholische Schule" zu bestimmen. Wie schwierig dies war, zeigt die oben dargelegte Interpretation. Dass dies immer neu versucht werden muss, scheint mir die uneingelöste Aufgabenstellung zu sein, die der Text an uns stellt.

Zwei Problemfelder müssen aber eigens erwähnt werden, weil sie auch das Programm des Konzils im Kern betreffen. GE scheint ein ideales Bild von Erziehung zu zeigen, das von einem grundsätzlichen pädagogischen Optimismus getragen wird. Zum anderen stellt sich die Frage, ob die autonomen Sachbereiche und Systeme, als Beispiel können Schule und Medien angeführt werden, überhaupt mit einem christlichen Geist durchdrungen werden können.

Der mit Recht festgestellte pädagogische Optimismus der Erklärung führt dazu, dass im Text niemals das Scheitern der Erziehung, die Ratlosigkeit der verantwortlichen Personen und das Dilemma der Versuche zur Sprache kommt. Das Ziel der Erziehung wird deshalb bisweilen etwas zu aufklärerisch als umfassende Kulturpartizipation bestimmt. Damit aber werden die Abgründe des Menschen, seine Leidenschaften und seine Anfälligkeiten, überspielt. Es ist mit Recht mit Joseph Ratzinger zu fragen, ob GE nicht mit einer unzureichenden Anthropologie arbeitet. Ebenfalls wird kaum bedacht, dass die sich globalisierende Menschheit in ihrer Dynamik auch Ängste, Sorgen und Identitätsprobleme zur Folge hat. Im Überschwang und im Kontrast zur vorausgehenden Ablehnung der Gegenwart wird die Ambivalenz dieser Gegenwart kaum gesehen. Die Dialektik der Moderne wird nur in dem notizhaften Einschub als „Überwindung der widerstreitenden Kräfte" (GE 1) oder vielleicht auch in der Ermutigung zum Ausharren (Schlusswort) ansichtig. Aber nicht nur die Außensituation, auch das Versagen innerhalb der Erziehungsinstitutionen kommt nicht zur Sprache. Gewalt, Sünde und Missbrauch innerhalb dieser sind kein Thema. Dann aber hätte auch vom Leiden, der Ratlosigkeit, der uneingelösten Hoffnung und der Fragmentarität allen menschlichen Lebens die Rede sein müssen. Könnte nicht an dieser Problemlage das Verhältnis von profaner und religiöser Erziehung im Umgang mit diesen Abbrüchen und Todeserfahrungen bestimmt werden als Differenz zwi-

---

³ Das haben Plate, Das katholische Bildungssystem, und Kittel, Declaratio superanda, schon früh eingeklagt. Kittel sieht im Verweis auf die nachkonziliare Kommission bereits im Text selber die Weise, wie dieser überwunden werden kann und muss.

schen Heil als Hoffnung auf Vollendung und der Heilung als Wiederherstellung der Arbeits- und Liebesfähigkeit angesichts des Unglücks? Deshalb ist die Perspektive religiöser Erziehung nicht nur als Frage nach dem letzten Ziel des Menschen zu formulieren. Sie stellt sich mitten im Leben zuerst als Möglichkeit des Trostes und der Hoffnung sowie als Befähigung zur Vergebung, Versöhnung, und konkreter Nächsten- und Feindesliebe, in der Gott selbst geliebt zu werden vermag. Das Dialogkonzept von GE erscheint angesichts der realen Verwerfungen und Konflikten in der gesamten Menschheitsgeschichte als harmlos. Wäre es zu provokativ gewesen, die christliche Erziehung am Lebensbeispiel Jesu zu entwickeln, und die Erfahrung von Leid, Passion und Tod als Zeichen christlicher Existenz im Pilgerstand nicht als Randphänomen erscheinen zu lassen? Denkt GE trotz aller ganzheitlicher Bemühung das Verhältnis von profaner und religiöser Erziehung nicht doch zu additiv? Andererseits wäre genauer herauszuarbeiten, worin sich eine religiöse und eine spezifisch christliche Erziehung treffen und unterscheiden.

Auf der anderen Seite ist zu fragen, ob die systemische Differenzierung der Moderne mit ihren Eigengesetzlichkeiten jenes Anliegen überhaupt zulässt, das GE insinuiert: die Durchdringung dieser Bereiche mit einem christlichen Geist.[4] Die Medien werden nicht dadurch in ihrer Eigenlogik überwunden, wenn unter anderem christliche Gottesdienste oder „das Wort zum Sonntag" ausgestrahlt werden. Zudem sind sie als heimliche Erzieher nicht auschaltbar, und gehorchen keineswegs dem Elternrecht. Die erziehenden Institutionen (Eltern, Staat/Gesellschaft, Kirche) müssten auf „diffuse Erzieher" hin ausgeweitet werden, die weitgehend ohne konkrete Verantwortungsträger agieren.

Wie andere Konzilstexte ist GE kein Abschluss, sondern ein Anfang eines Anfangs. Deshalb ist die Ignoranz, die das Dokument innerhalb und außerhalb der Theologie bei uns erfahren hat, ein Grund für Besorgnis, kein Gütesiegel. Daher soll noch auf einige lehramtliche Dokumente der Nachkonzilszeit, in denen GE weitergeschrieben worden ist, abschließend aufmerksam gemacht werden.

II. Wirkungsgeschichte in den kirchlichen Dokumenten

Das Grundanliegen von GE lässt sich auch in der nachkonziliaren Entwicklung feststellen: eine Konzentration auf die katholischen Schulen. Die hierfür zuständige Kongregation für das katholische Bildungswesen wurde in ihrer Kompetenz in den Kurienreformen auf die Themen von GE hin erweitert.[5]

An die Bischofskonferenzen richtet sich ihr Schreiben über „Die katholische Schule" von 1977. Als Desiderat wird die Entwicklung eines alle Schulen umgreifenden ganzheitlichen und zeitgemäßen Erziehungskonzept als Vertiefung von

---

[4] Die Modernitätstheorie von Niklas Luhmann könnte hier das Bewusstsein schärfen für die Immunität sich selbst regulierender Systeme gegen solche Absichten (siehe: Guggenberger, Niklas Luhmanns Systemtheorie).
[5] Ammer, Art. Kongregation für das Katholische Bildungswesen.

GE eingefordert (Nr. 4). Generelle Erwägungen, die bereits die Konzilserklärung charakterisierten, prägen auch dieses Dokument. Als Kontext wird die schwierige Situation in den pluralistischen Gesellschaften genannt (Nr. 2). In dieser Situation sieht der Text den Beitrag der Erziehung im kirchlichen Verantwortungsbereich als Befähigung zum kulturellen Dialog. Eine kritische Sicht des kirchlichen Schulwesens ist festzustellen. Zentral ist die Bestimmung des Erziehungskonzeptes, das wiederum an idealtypischen Merkmalen erkennbar wird. Die bekannte Synthese von Glaube und Denken wird auf eine Synthese von Glaube und Kultur hin vertieft.

Dem katholischen Lehrer und seinem besonderen Apostolat ist ein Schreiben aus dem Jahre 1982 gewidmet: „Der katholische Lehrer – Zeuge des Glaubens in der Schule". Angesprochen werden alle, die im schulischen Erziehungsbereich Verantwortung tragen. Neben der Vertiefung der Absichten des Konzilstextes ist in diesem Text vor allem die Situation berücksichtigt, dass durch den Rückgang der Lehrerinnen und Lehrer aus Orden, religiösen Gemeinschaften und den Geweihten immer mehr Laien diese Verantwortung übernehmen. Die Identität des katholischen Lehrers wird im Rückgriff auf die konziliare Theologie des Laien entwickelt. Besondere Aufmerksamkeit gilt in diesem Schreiben der Begleitung der Lehrpersonen, damit sie nicht in ihrem Beruf untergehen (Nr. 71–80).

An die Bischöfe sowie Oberinnen und Obern von religiösen Gemeinschaften richtet sich ein Dokument über „Die religiöse Dimension der Erziehung in der Katholischen Schule" von 1988. Nach zwanzig Jahren soll gefragt werden, inwieweit GE verwirklicht worden ist. Auch dieses Schreiben entkommt dem Dilemma im Verhältnis von genereller Richtlinie und konkreter Umsetzung in den spezifischen Kontexten nicht. Vertieft wird die Situationsanalyse der Jugendlichen, die mit humanwissenschaftlichen Mitteln beschrieben wird (7–23). In diesem Kontext wird Schule situiert. Im dritten Kapitel (47–65) kommt das Hauptthema der Schrift zur Sprache. Die bekannten Prinzipien werden wiederholt: Fachunterricht sei nur ein Teil der Erziehung, die Konkordanz von Glaube und Kultur sei anzustreben. Dazu dient ein genaue Analytik der einzelnen Schulfächer. Bemerkenswert ist im vierten Kapitel die Unterscheidung von schulischem Religionsunterricht und Katechese. Während Katechese eine grundsätzliche Annahme und Zustimmung zur christlichen Botschaft voraussetzt, ist der schulische Religionsunterricht davon zu unterscheiden.

Als letzte Schrift ist eine Orientierung zu nennen: „Die katholische Schule an der Schwelle zum dritten Jahrtausend" vom 28.12.1997. Als Ermutigung in einer schwierigen Zeit mit ihren neuen Herausforderungen fordert die Schrift eine mutige Erneuerung des katholischen Schulwesen. Zudem würde sich das christliche Menschenbild deutlich von der unzureichenden Anthropologie der aktuellen erziehungswissenschaftlichen Ansätzen unterscheiden. Besonders betont werden alte und neue Formen von Armen, für deren Nöte katholische Schulen besonders offen sein sollten. Deshalb sollten sie von einer besonderen sozialpolitischen Option geprägt sein.

Die von der Bildungskongregation veröffentlichen Texte zeigen, wie stark die Erziehungsaufgabe einer permanenten Erneuerung und Orientierung bedarf. Die generellen Richtlinien, hier bleibt die Kongregation dem Modell von GE treu, müssen jeweils kreativ von den handelnden Personen und den verantwortlichen Institutionen situativ umgesetzt werden. Vielleicht liegt in dieser scheinbaren Schwäche dieser Texte insofern eine Stärke, als dadurch modellhaft eine Zuordnung von Ortskirche und Weltkirche in einem stark praktischen Bereich implizit vorgelegt worden ist. Diese ekklesiologische Implikation müsste einmal eigens untersucht werden.

In einer eigenen Apostolischen Konstitution *Ex corde ecclesiae* hat Johannes Paul II. die Bedeutung der katholischen Universitäten hervorgehoben und auf eine umfassende erneuerte Grundlage gestellt. Die Profilierung dieser Einrichtungen wird in einer sich immer stärker an ökonomischer Effizienz und am naturalistischen Wissenschaftsideal ausrichtenden Universitätslandschaft noch von großer Bedeutung sein.

Die angekündigte Reform des kirchlichen Rechtes ist mit der Promulgation des neuen Codex 1983 zu einem ersten rechtsverbindlichen Abschluss gekommen. Darin nehmen die Regelungen im Bereich von Erziehung, Schulen und Hochschulen im dritten Buch über den Verkündigungsdienst der Kirche einen beachtenswerten Raum ein, jedoch unter der Überschrift „Katholische Erziehung". Die Vorgaben des Konzils werden umgesetzt, wobei die Ausführungen über die Schulen und höheren Bildungsanstalten den größten Raum einnehmen.[6] Eingangs wird die Erziehungsfreiheit der Eltern und die subsidiäre Verantwortung der Kirche hervorgehoben.[7]

Die Gemeinsame Synode der Bistümer in der Bundesrepublik Deutschland hat sich zu drei Fragestellungen geäußert, die GE aufgeworfen hatte.[8] Die Beschlüsse zum Religionsunterricht in der Schule, zur kirchlichen Jugendarbeit und zur kirchlichen Verantwortung im Bildungsbereich sind gleichfalls von der Korrelation von Glauben und Kultur, bzw. Glaube und Erfahrung durchdrungen. Obwohl die Beschlüsse keine Anerkennung aus Rom erhalten haben, prägten sie das kirchliche Handeln in der Zeit danach tief. Die Grundprobleme christlicher Erziehung in der Gegenwart sind damit aber nicht gelöst worden.

Nicht nur in den Texten zu den katholischen Schulen, wie es Frick[9] herausgestellt hat, ist neben einer christologischen Konzentration eine Ausweitung auf die sozialen und gesellschaftspolitischen Konsequenzen des erzieherischen Handelns festzustellen, die mit einer erneuerten Rede von Gnade und Sünde verbunden wird. Der Einsatz für mehr Friede und Gerechtigkeit in der Welt wird zum Zeichen für die Gegenwart des Reiches Gottes und zur persönlichen Realisierung der in der Taufe geschenkten Gnade und Aufgabe. Verantwortung für die eine Welt in umfassendem Sinne wird immer deutlicher zur besonderen Signatur ka-

---

[6] CIC/1983 handelt von den Schulen in den cann. 196–806, über die Katholischen Universitäten und andere Hochschuleinrichtungen in 807–814 und über kirchliche Universitäten und Fakultäten in 815–821; siehe dazu: Schmitz, Neue Studien zum kirchlichen Hochschulrecht.
[7] Vgl. CIC/1983 cann. 793–705.
[8] Gemeinsame Synode der Bistümer in der Bundesrepublik Deutschland, Beschlüsse der Vollversammlung.
[9] Frick, Grundlagen Katholischer Schule 220–233.

tholischer Bildungseinrichtungen. Die Schule scheint deshalb ein bevorzugtes Feld einer praktischen Fundamentaltheologie darzustellen.

Auch wenn die scholastische Entgegensetzung zwischen christlicher und profaner Erziehung, wie sie die Leitenzyklika von Pius XI. *Divini illius magistri* prägte, überwunden worden ist, und die lehramtlichen Texte nicht mehr mit generellen Verurteilungen operieren, bleibt ein doppeltes Kriterium bedeutsam. Einerseits haben die katholischen Schulen durch Profilierung ein eigenständiges und erkennbares Zeichen christlicher Existenz zu realisieren. Auch wenn sie an der gemeinsamen Aufgabe der Erziehung teilhaben, befähigt der Geist des Evangeliums diese Schulen und Erziehungsformen zu einer erkennbaren und attraktiven Alternative. Andererseits bleibt systematisch-theologisch erkennbar, wie stark die implizit stets wirksame Verhältnisbestimmung von Natur und Gnade diesen Bereich durchdringt. Mit GE optiert das Lehramt seitdem nicht allein für eine Konkordanz von Glaube und Denken, sondern für eine im Letzten nicht sich selbst auflösende Einheit von Glaube und Kultur generell. Dabei scheinen bisweilen die konfliktiven Spannungen im Kontext der systemischen Eigendynamik der Moderne etwas zu harmonisch angesetzt zu werden. Ist angesichts dieser verschärften Analytik der Moderne noch jenes elementare Prinzip aller Erklärungen des Lehramtes zur christlichen Erziehung zu realisieren, das den personalen Ansatz prägt: die Ganzheitlichkeit?

Vielleicht liegt der besondere Wert dieses Stiefkindes des Konzils darin, dass die Erziehungsaufgabe je neu dem harten Praxistext für theologische und pädagogische Theorien ausgesetzt wird. Die zu Beginn dieses Kommentars in etwa skizzierte Situation kann uns von allen Vorstellungen auf Patentlösungen befreien und mit neuem Interesse auf die weise Zurückhaltung der Erklärung *Gravissimum educationis* blicken. Eine „äußerst wichtige Bedeutung" (Vorwort) kommt der Erziehung immer und in jeder Kultur zu.

D. Bibliographie

Lehramtliche Texte:

Commissio Codici Iuris Canonici authentice interpretando (Hg.), Codex Iuris Canonici (1983). Auctoritate Ioannis Pauli PP. II. promulgatus. Fontium annotatione et indice analytico-alphabetico auctus, Città del Vaticano 1989.

Gemeinsame Synode der Bistümer in der Bundesrepublik Deutschland. Beschlüsse der Vollversammlung. Offizielle Gesamtausgabe, Bd. 1, Freiburg – Basel – Wien 1976; darin: Beschluss: Der Religionsunterricht in der Schule 123–152; Beschluss: Ziele und Aufgaben kirchlicher Jugendarbeit 288–311; Beschluss: Schwerpunkte kirchlicher Verantwortung im Bildungsbereich 518–548.

Johannes Paul II., Apostolische Konstitution *Ex corde ecclesiae* über die Katholischen Universitäten vom 15. August 1990, in: AAS 82 (1990) 1475–1509; dt.: hg. v. Sekretariat der Deutschen Bischofskonferenz (VAS 99), Bonn 1990.

Kongregation für das katholische Bildungswesen, Erklärung zur katholischen Schule, 19. März 1977, hg. v. Sekretariat der Deutschen Bischofskonferenz (VAS 4) Bonn o. J. (1977).

Kongregation für das katholische Bildungswesen, Der katholische Lehrer – Zeuge des Glaubens in der Schule vom 15.10.1982, in: Handbuch katholische Schule. Im Auftrag des Arbeitskreises katholischer Schulen in freier Trägerschaft in der Bundesrepublik Deutschland hg. v. Rainer Ilgner, Bd. 1: Dokumente, Köln 1994, 94–120; auch: Der katholische Laie – Zeuge des Glaubens in der Schule, hg. v. Sekretariat der Deutschen Bischofskonferenz (VAS 42), Bonn 1982.

Kongregation für das katholische Bildungswesen, Orientamenti educativi sull'amore. Lineamenti di educacione sessuale; dt.: Orientierung zur Erziehung in der menschlichen Liebe – Hinweise zur geschlechtlichen Erziehung, hg. v. Sekretariat der Deutschen Bischofskonferenz (VAS 51), Bonn 1983.

Kongregation für das katholische Bildungswesen, Die religiöse Dimension der Erziehung in der Katholischen Schule. Grundzüge zur Überlegung und zur Überprüfung (Dimensione religiosa dell'educazione nella scuola cattolica. Lineamenti per la riflessione e la revisione), Roma 1988.

Kongregation für das katholische Bildungswesen, La scuola cattolica alle sogile del terzo millennio. Città del Vaticano o. J. (1997/1998); dt.: Die Katholische Schule an der Schwelle zum dritten Jahrtausend vom 28. Dezember 1997, in: ebd. 81–96.

Pius XI., Enzyklika „Divini illius magistri". Lat. und dt. Text. Eingeleitet und mit textkritischen Anmerkungen versehen von Rudolf Peil, Freiburg ²1963; original: AAS 22 (1930) 49–86.

Weitere Literatur:

Ammer, Josef, Art. Kongregation für das Katholische Bildungswesen, in: Norbert Mette – Folkert Rickers, Lexikon der Religionspädagogik, Bd. 1, Neukirchen –Vluyn 2001, 1091–1994.

Ballauff, Theodor, Pädagogik. Eine Geschichte der Bildung und Erziehung, Bd. 1: Von der Antike bis zum Humanismus (1969); Bd. 2: Vom 16. bis zum 19. Jahrhundert (1970); Bd. 3: 19. und 20. Jahrhundert (1973), Freiburg – Basel – Wien.

Bayrle-Sick, Norbert, Besonders hat uns auch die tolerante Gesinnung gefallen … Das Schulwesen im Reichsstift Neresheim unter dem Einfluss der Aufklärungsbewegung 1764–1806, in: Hans U. Rudolf (Hg.), Alte Klöster – neue Herren. Die Säkularisation im Südwesten 1803, Bd. 2,1: Aufsätze. Erster Teil: Vorgeschichte und Verlauf der Säkularisation, Ostfildern 2003, 299–316.

Betz, Otto, Art. Erziehung, in: Heinrich Fries (Hg.), Handbuch theologischer Grundbegriffe, Bd. 1, München 1962, 277–288.

Biesinger, Albert, Kinder nicht um Gott betrügen. Anstiftungen für Mütter und Väter, Freiburg – Basel – Wien ³1994.

Biesinger, Albert, Von der Milieuschule zum missonarischen Ort. Zum Paradigmenwechsel in der Katholischen Schule, in: Engagement 19 (2001) 277–288.

Blankertz, Herwig, Die Geschichte der Pädagogik. Von der Aufklärung bis zur Gegenwart, Wetzlar 1982.

Bloch, Ernst, Das Prinzip Hoffnung, 3 Bde., Frankfurt a. M. ⁴1977.

Bokelmann, Hans, Die Pädagogik des Konzils. Überlegungen zur „Declaratio de educatione christiana", in: Heitger (Hg.), Pädagogische Erwägungen nach dem Konzil 62–98.

Dezza, Paolo, Einleitung (Gravissimum Educationis), in: LThK.E 2, 359365.

Diederich, Georg M. – Krüger, Renate (Hg.), Geduldet, verboten, anerkannt. Katholische Schulen in Mecklenburg, Rostock 2000.

Engelbrecht, Helmut, Relikt oder Zukunftsmodell. Zur Geschichte der katholischen Privatschulen in Österreich, Wien 2000.

Erlinghagen, Karl, Grundfragen katholischer Erziehung. Die prinzipiellen Erziehungslehren der Enzyklika Pius' XI. „Divini Illius Magistri" vom 31. 12. 1929, Freiburg 1963.

Erlinghagen, Karl, Neue Perspektiven. Zur Erklärung des Zweiten Vatikanischen Konzils „Über die christliche Erziehung", in: Heitger (Hg.), Pädagogische Erwägungen nach dem Konzil 99–110.

Eykmann, Walter, Die Konzilserklärung „Gravissimum educationis" und personalistisches Denken in Theologie und Pädagogik, in: Wolfgang Weiss (Hg.), Zeugnis und Dialog. Die katholische Kirche in der neuzeitlichen Welt und das II. Vatikanische Konzil (FS Klaus Wittstadt), Würzburg 1996, 414–431.

Feifel, Erich, Anthropologische Strukturen des Zweiten Vatikanischen Konzils, in: Heitger (Hg.), Pädagogische Erwägungen nach dem Konzil 5–25.

Feifel, Erich, Religiöse Erziehung im Umbruch. München 1995 (darin: Der Beitrag des Zweiten Vatikanischen Konzils zum Gespräch zwischen Theologie und Pädagogik 78–93).

Frick, Rafael R. J., Grundlagen Katholischer Schule im 20. Jahrhundert. Eine Analyse weltkirchlicher Dokumente zu Pädagogik und Schule, Freiburg (Ts., Diss.paed.) 2004.

Gölz, Benedicto, Paedagogiae christianae elementa. Ad mentem Enzyklicae DIVINI ILLIUS MAGISTRI, Romae 1956.

Günzel, Ulrich, Art. Gravissimum educationis, in: LThK³ 4, 993.

Guggenberger, Wilhelm, Niklas Luhmanns Systemtheorie. Eine Herausforderung der christlichen Gesellschaftslehre (ITS 51), Innsbruck – Wien 1998.

Hansemann, Georg, Das pädagogische Denken des II. Vaticanum und seine Folgerungen für die Katechese, in: Katechese nach dem Konzil, Graz u. a. 1967, 85–115.

Hansemann, Georg, Religiöse Erziehung heute. Vom Vorschulalter zum Erwachsensein, Graz – Wien – Köln 1976.

Heitger, Marian (Hg.), Pädagogische Erwägungen nach dem Konzil (Untersuchungen zu pädagogischen Zeitfragen. Neue Folge der Ergänzungshefte zur Vierteljahreszeitschrift für wissenschaftliche Pädagogik 6), Bochum 1967.

Heitger, Marian, Gedanken und Reflexionen zum pädagogischen Problem aus Anlaß des II. Vatikanischen Konzils, in: ders. (Hg.), Pädagogische Erwägungen nach dem Konzil 26–61.

Höffner, Joseph, Einführung zu: Erklärung über die christliche Erziehung. Authentischer lateinischer Text der Acta Apostolicae Sedis, dt. Übersetzung im Auftrag der deutschen Bischöfe (Zweites Vatikanisches Konzil 5), Münster 1967, 5–15.

Ilgner, Rainer (Hg.), Handbuch katholische Schule. Im Auftrag des Arbeitskreises katholischer Schulen in freier Trägerschaft in der Bundesrepublik Deutschland herausgegeben, 6 Bde, Köln 1992–1994; Bd. 1: Dokumente, hg. v. Rainer Ilgner (1994); Bd. 2: Pädagogische Beiträge (1992); Bd. 3: Zur Geschichte des katholischen Schulwesens, bearb. v. Christoph Kronabel (1992); Bd. 4: Kirchliches Schulrecht. Textsammlung mit einer Einführung v. Manfred Baldus (1992); Bd. 5: Verzeichnis der katholischen Schulen, Internate und Schülerheime in freier Trägerschaft in der Bundesrepublik Deutschland (1992); Bd. 6: Bibliographie katholischer Schulen und Internate 1962–1992 (1992).

Kittel, Helmuth, Declaratio superanda, in: Johann Chr. Hampe (Hg.), Die Autorität der Freiheit. Gegenwart des Konzils und Zukunft der Kirche im ökumenischen Disput, Bd. 3, München 1967, 367–375.

Klöcker, Michael, Der Paradigmenwechsel der römisch-katholischen Erziehung und Bildung, in: Franz-Xaver Kaufmann – Arnold Zingerle (Hg.), Vatikanum II und Modernisierung. Historische, theologische und soziologische Perspektiven. Paderborn u. a. 1996, 333–352.

Komonchak, Joseph A., Der Kampf für das Konzil während der Vorbereitung (1960–1962), in: Giuseppe Alberigo – Klaus Wittstadt (Hg.), Geschichte des Zweiten Vatikanischen Konzils (1959–1965), Bd. 1: Die katholische Kirche auf dem Weg in ein neues Zeitalter. Die Ankündigung und Vorbereitung des Zweiten Vatikanischen Konzils (Januar 1959 bis Oktober 1962), Mainz – Leuven 1997, 189–401.

Korherr, Edgar-Josef, Von ‚Divini illius magistri' zu ‚Gravissimum educationis'. Zu zwei Jubiläen kirchlicher Erziehungsdokumente, in: Christlich-Pädagogische Blätter 107 (12/1994) H. 4, 8–11.

Leimgruber, Stefan, Die Erklärung über die christliche Erziehung Gravissimum educationis, in: Franz X. Bischof – ders. (Hg.), Vierzig Jahre II. Vatikanum. Zur Wirkungsgeschichte der Konzilstexte, Würzburg 2004, 191–207.

Mette, Norbert, Gravissimum Educationis, in: ders. – Folkert Rickers (Hg.), Lexikon der Religionspädagogik, Bd. 1, Neukirchen-Vluyn 2001, 752–754.

Moltmann, Jürgen, Theologie der Hoffnung. Untersuchungen zur Begründung und zu den Konsequenzen einer christlichen Eschatologie, München ^{11}1980 (^{1}1967).

Newman, John H., The idea of a University. Defined and illustrated in nine Discourses deliverd to the Catholics of Dublin. In Occasional Lectures and Essays addressed to the Members of the Catholic University, hg. v. Martin J. Svaglic, Notre Dame, Indiana 1982.

Nipkow, Karl E., Art. Religion/religiöse Erziehung, in: Dietrich Brenner (Hg.), Historisches Wörterbuch der Pädagogik, Weinheim 2004, 807–823.

Nordhofen, Eckhard, Das Proprium – eine neue Antwort auf eine alte Frage, in: Marion Wagner (Hg.), Wozu kirchliche Schulen? Profile, Probleme und Projekte. Ein Beitrag zur

aktuellen Bildungsdiskussion (Texte zur Theorie und Geschichte der Bildung), Münster 2001, 7–23.
Paul, Eugen, Geschichte der christlichen Erziehung, Bd. 1: Antike und Mittelalter; Bd. 2: Barock und Aufklärung, Freiburg – Basel – Wien 1993–1995.
Peil, Rudolf, Die christliche Erziehung der Jugend. Enzyklika v. Pius XI., eingel. u. mit textkrit. Anm. versehen (Schriften des Willmann-Instituts Freiburg – Wien), Basel 1959.
Pesch, Otto H., Das Zweite Vatikanische Konzil. Vorgeschichte – Verlauf – Ergebnisse – Nachgeschichte, Würzburg 1993.
Picht, Georg, Die deutsche Bildungskatastrophe. Analyse und Dokumentation, Olten 1964.
Plate, Manfred, Das katholische Bildungssystem und die ökumenische Frage, in: Johann Chr. Hampe (Hg.), Die Autorität der Freiheit. Gegenwart des Konzils und Zukunft der Kirche im ökumenischen Disput, Bd. 3, München 1967, 360–366.
Pöggeler, Franz, Katholische Erziehung und Schulreform im 20. Jahrhundert. Eine historische Übersicht, in: Das Wagnis Schule. Ideen und Grundsätze der modernen katholischen Schulbewegung, hg. v. Franz Pöggeler unter Mitarbeit v. Karl Erlinghagen, Josef Esterhues u. Adolf Heuser, Freiburg 1963, 84–144.
Pöggeler, Franz, Einleitung, in: ders. (Hg.), Declaratio de educatione christiana. Erklärung über die christliche Erziehung (Dokumente des Zweiten Vatikanischen Konzils, authentische Textausgaben lat.-dt., Bd. V), Trier 1966, 9–26.
Pöggeler, Franz, Macht und Ohnmacht der Pädagogik. 1945–1993. Im Spanungsfeld zwischen Erziehung, Politik und Gesellschaft. Ein Erfahrungsbericht. München 1993.
Pohlschneider, Johannes, Kommentar, besorgt v. einer Kommission unter Vorsitz von Bischof Dr. Johannes Pohlschneider, Aachen (zu Gravissimum educationis), in: LThK.E 2, 366–404.
Rahner, Karl – Vorgrimler, Herbert, Kleines Konzilskompendium. Sämtliche Texte des Zweiten Vatikanums, Freiburg – Basel – Wien [11]1976.
Ratzinger, Joseph, Christliche Erziehung nach dem Konzil, Köln 1967.
Rynne, Xavier, Die dritte Sitzungsperiode. Debatten und Beschlüsse des Zweiten Vatikanischen Konzils. 14. September – 21. November 1964, Köln 1965.
Schilmöller, Reinhard – Peters, Meinolf – Dikow, Joachim (Hg.), Erziehung als Auftrag. Beiträge zur Konzeption katholischer Schulen in freier Trägerschaft (FS Aloysius Regenbrecht) (Münsterische Gespräche zu Themen der wissenschaftlichen Pädagogik 1), Münster 1989.
Schmitz, Heribert, Neue Studien zum kirchlichen Hochschulrecht (Forschungen zur Kirchenrechtswissenschaft 35), Würzburg 2005.
Seibel, Wolfgang, „Bildung" und „Kultur" in den Konzilsdokumenten, in: Kulturbeirat beim Zentralkomitee der deutschen Katholiken (Hg.), Christliche Erziehung nach dem Konzil, Köln 1967, 7–32.
Siebenrock, Roman A., Kirche als Glaubensmotiv. Überlegungen zu einer zeitgemäßen via empirica, in: Andreas R. Batlogg – Mariano Delgado – ders. (Hg.), Was den Glauben in Bewegung bringt. Fundamentaltheologie in der Spur Jesu Christi (FS Karl H. Neufeld SJ), Freiburg – Basel – Wien 2004, 246–263.
Sloterdijk, Peter, Regeln für den Menschenpark. Ein Antwortschreiben zum Brief über den Humanismus, Frankfurt a. M. 2001 (Sonderdruck).
Tenorth, Heinz-E., Geschichte der Erziehung. Einführung in die Grundzüge ihrer neuzeitlichen Entwicklung, Weinheim b. München [3]2000.
Themenheft: XX Anni a promulgatione Declarationis „Gravissimum Educationis" in Concilio Vaticano II, in: Seminarium 37 (N.S. 25), Heft 1/1985 (darin die Beiträge: Baldanza, Giuseppe, Appunti sulla storia della Dichirazione „Gravissimum educationis". Il concetto di Educazione e di Scuola Cattolica 13–54; Adams, Paulus, Un prject d'éducation intégrale 55–63; Ilgner, Rainer, Die Verantwortlichen für Bildung und Erziehung.

Familie, Gesellschaft/Staat, Kirche 64–88; Checcacci, Cesarina, Un progetto di scuola moderna 89–100; Marchi, Maria, L'identità e la missione della scuola cattolica nella Dichiarazione conciliare „Gravissimum Educationis"; Massaux, Edouard, La mission de l'Université Catholique aujourd'hui 111–122; Dezza, Paolo, Le Facoltà di scienze sacre nel rinnovamento Conciliare 123–136; Nebiolo, Giuseppe, La congregazione per l'Educazione Cattolica per l'attuazione di „Gravissmimum Educationis" 137–149).

Vorgrimler, Herbert, Vorwort, in: LThK.E 2, 7.

Wagner, Marion, Katholische Schulen in der Welt von heute. Sechs Eckdaten für ein klares Profil, in: dies. (Hg.), Wozu kirchliche Schulen? Profile, Probleme und Projekte. Ein Beitrag zur aktuellen Bildungsdiskussion (Texte zur Theorie und Geschichte der Bildung), Münster 2001, 25–39.

Weihnacht, Paul-L., Die „schola catholica" im Prozeß der Säkularisierung. Zum 60jährigen Erscheinen der Enzyklika „Divini illius Magistri", in: IKaZ 19 (1990) 70–79.

Wittenbruch, Wilhelm, Art. Bekenntnisschule, in: LThK³ 2, 183 f.

Wittenbruch, Wilhelm – Kurth, Ulrike (Hg), Katholische Schulen. Nachfrage steigend – Bildungswert fallend?, Donauwörth 1999.

Wittenbruch, Wilhelm, Schulen in kirchlicher Trägerschaft (Katholische Schulen), in: Gottfried Bitter u.a. (Hg.), Neues Handbuch religionspädagogischer Grundbegriffe, München 2002, 355–358.

Zell, Irmgard, Christliche Erziehung und Familie bei Papst Pius XII. unter Berücksichtigung der Erziehungsenzyklika Pius' XI., Salzburg (Diss.phil.) 1976.

Theologischer Kommentar zur Erklärung über die Haltung der Kirche zu den nichtchristlichen Religionen

Nostra aetate

von Roman A. Siebenrock

Inhalt

A. Einleitung 595
   I. Zur theologischen Entwicklung des Themas bis zum Zweiten
      Vatikanischen Konzil 599
      1. Das Evangelium Jesu Christi und die Religionen 600
         a) „Praeparatio Evangelii": Die Logosstruktur der Schöpfung
            und die geschichtliche Fleischwerdung des „Wortes Gottes" . 601
         b) Gott als Ursprung und Ziel aller Wirklichkeit: Thomas von
            Aquin 602
         c) Nikolaus von Kues: „De pace fidei". Religionsgespräche
            zwischen historischer Wirklichkeit und literarischer Vision . 606
         d) Der dialektisch-theologische Widerspruch: z. B. der frühe
            Karl Barth 611
      2. Kirchliches Lehramt zu den Religionen: Einschätzung des
         Phänomens und Sprachgebrauch 612
  II. Beziehungen, theologische Wertung und Lehrsituation zu den
      einzelnen Weltreligionen bis zum Konzil 614
      1. Die asiatischen Traditionen: Hinduismus und Buddhismus . 615
      2. Die Beurteilung des Islams zwischen christologischer Häresie
         und neuer Religion 616
      3. Mehr als nur „Perfidi Judaei": Kirche und Judentum 618
         a) Zur Unheilsgeschichte einer missglückten Beziehung 619
         b) Kirche und Schoa 621
         c) Anfänge eines neuen Verhältnisses zum Judentum 624
 III. Religion als Gegenstand der Wissenschaften: die Bedeutung der
      Religionswissenschaft und der Beginn einer christlichen
      Theologie der Religionen 627
      1. Religionswissenschaft in der Akkomodationstheorie der
         Mission: Thomas Ohm OSB 629
      2. Neue Ansätze zu einer christlichen Theologie der Religionen . 631
      3. Pioniere der konziliaren Haltung in der Beziehung zu den
         nicht-christlichen Religionen 632
 IV. Entstehungsgeschichte des Textes 633
      1. Die Initiative Johannes XXIII. 634
      2. Denkschriften als programmatische Vororientierungen . . . 635
      3. Die Geschichte des Textes bis 1963 636
      4. Der erste konziliare Text von 1963 639
      5. Die konziliaren Texte 2 und 3 von 1964 640

B. Kommentierung **644**
   I. Der Titel: „De ecclesiae habitudine …" **645**
   II. Artikel 1 . . . . **649**
   III. Artikel 2 . . . . **653**
   IV. Artikel 3 . . . . **658**
   V. Artikel 4 . . . . **661**
   VI. Artikel 5 . . . . **664**

C. Würdigung und Wirkungsgeschichte **665**
   I. Würdigung des Konzilstextes **665**
      1. Die „theologische Grammatik" von *Nostra aetate* als
         Wirkmuster der Aussagen **665**
      2. Theologische Einschätzung **666**
   II. Wirkungsgeschichte **666**
      1. Die institutionelle und lehramtlich-doktrinäre Entwicklung . **667**
      2. Die theologische Entwicklung **671**
      3. Ausblick **674**

D. Bibliographie **678**

A. Einleitung

„Es sei mir noch gestattet, die Bedeutung der Erklärung *in Bezug auf die nichtchristlichen Religionen* näher aufzuzeigen. Wenn ich nicht irre, ist es das erste Mal in der Geschichte der Kirche, dass ein Konzil die Prinzipien über sie in solcher Feierlichkeit darlegt."[1] Als Kardinal Bea mit diesen Worten am 20. November 1964 das erweiterte Schema des ursprünglichen Textes zum Verhältnis der katholischen Kirche zum jüdischen Volk vorstellte, deutete er mit der ihm eigenen Noblesse die dramatische Geschichte und die immense Bedeutung der hier zu kommentierenden Erklärung an. Mit dem biblischen Gleichnis vom Senfkorn hatte er zu Beginn seiner Relatio die konfliktreiche Geschichte des Dokumentes in ein versöhnliches Bild gefasst: „… handelte es sich doch zuerst um eine einfache kurze Erklärung, die die Haltung der Christen zum jüdischen Volk betraf. Im Laufe der Zeit aber, und vor allem auf Grund der in dieser Aula stattgefundenen Diskussion wurde schließlich durch Ihr Verdienst aus diesem Samenkörnlein fast ein Baum, auf dem viele Vögel schon ihr Nest finden, das heißt, in ihr nehmen … alle nichtchristlichen Religionen einen eigenen Platz ein …"[2].

Trotz des unvorhersehbaren Wachstums[3] blieb die Erklärung der kürzeste Text des Konzils, der mit etwa 1200 Worten sowohl zu einer 2000-jährigen Geschichte zwischen dem Judentum und der Kirche als auch zu unzähligen Anhängern der verschiedenen Religionen in allen Erdteilen und zu allen Zeiten etwas zu sagen versucht. Theologisch hat die lehramtliche Lehrtradition der Katholizität erst mit *Nostra aetate* ihr angemessenes Niveau und ihre eigentliche Herausforderung gefunden. Diese kleine Erklärung birgt den weitesten Horizont aller Konzilstexte

---

[1] Bea, Die Kirche und das jüdische Volk 161 (AS III/8, 650). Deshalb sollte beachtet werden, „dass die Erklärung nach ihrem heute vorliegenden Wortlaut und nach ihrer inneren Dynamik in der Geschichte der Kirche, ihrer Konzilien und ihrer Theologie einzigartig ist" (Rahner – Vorgrimler, Kleines Konzilskompendium 350). Den Kontrast zwischen Umfang und Bedeutung betont auch Kardinal König (ders., Einleitung 6).
[2] Bea, Die Kirche und das jüdische Volk 158 (AS III/8, 649); eigens hervorgehoben auch bei: Bea, ebd. 21.
[3] Die verschiedenen Textfassungen werden in folgender Weise gezählt (mit: Henry [Hg.], Les Relations 288 f.): Text 1 (1963): Kapitel IV von *Schema decreti de Oecomenismo* (AS II/5, 431 f.); Text 2 (September 1964) als Anhang zum Ökumenismusschema: *Declaratio altera: De Iudaeis et de non Christianis* (AS III/2, 327–329); Text 3 (November 1964): *Declaratio de Ecclesiae habitudine ad religiones non-christianas* (AS III/8, 637–643); Text 4 (approbierter Text vom November 1965): *Schema declarationis de Ecclesiae habitudine ad religiones non-christianas* (AS IV/4, 690–696). Oesterreicher (Kommentierende Einleitung 426) kommt deshalb zu einer abweichenden Textfolge, weil er den Text von 1961, der dem Konzil aus politischen Gründen nicht präsentiert wurde, als ersten Entwurf zählt und den approbierten Text nach der Debatte im November 1964 nicht in seine Zählung einbezieht.

und versucht sowohl Menschen der unterschiedlichsten religiösen Traditionen anzusprechen als auch auf die Fragen und Probleme der Gegenwart positiv zu antworten. Dennoch ist der Text keine Erklärung über Beliebiges. Die Erklärung sucht das Gespräch mit den Menschen anderen Glaubens dadurch, dass sie jene Haltung erläutert und festlegt, mit der die Kirche ihnen begegnen wird. In der Beschreibung dieser Haltung („habitudo") liegt daher nicht allein das verborgene dogmatische Gewicht, sondern auch der hermeneutische Schlüssel dieses Textes.[4]

Nostra aetate ist jener Konzilstext, sieht man von *Inter mirifica* ab, der bei der Schlussabstimmung die höchste Ablehnung verzeichnete: Abstimmungsergebnis: 2221 zu 88.[5] Er ist aber wegen seines Themas, seiner wechselvollen, ja dramatischen Entstehungsgeschichte und – bis heute – noch unabsehbaren Wirkungsgeschichte von herausragendem, kaum zu überschätzendem Rang. In der Textgeschichte dieses „Konzilsprismas", sowohl innerhalb als auch außerhalb der Aula, spiegelt sich in verdichteter Weise das Ringen der Väter um eine Erneuerung der Kirche „in der größeren Glut ihrer Jugend"[6] wieder, wie es Papst Johannes XXIII. für das Konzil generell wünschte. In diesem Ringen um Erneuerung, in dem es immer um die deutlichere Gestalt der ihr Wesen bestimmenden Sendung geht, sind die gesamte Geschichte und die unterschiedlichsten, ja heterogenen Erfahrungssituationen in völlig verschiedenen Lebenswelten der Weltkirche da. Diese Erklärung ist, wenn die Modi und die Reden der Väter gehört werden, jener Text, in dem beobachtet werden kann, wie das Konzil als Weltkirche agiert, oder

---

[4] Obwohl NA unzählige Male zitiert, kritisiert und noch mehr gelobt worden ist, kann die konzilshistorische Forschungssituation für einen systematisch orientierten Kommentar nicht als zufriedenstellend angesehen werden. Die meisten Kommentatoren greifen in ihren Auslegungen höchstens, wenn überhaupt, auf die Relationen Kardinal Beas zurück; die Konzilsreden und Modi werden dabei stark vernachlässigt. Hintergrundtexte und -diskussionen entfallen weitgehend. Vorbildlich und hilfreich bleibt hingegen bis heute: Henry (Hg.), „Les relations de L'Église". Es fällt auf, dass NA der einzige Text in den Ergänzungsbänden des LThK² ist, der keinen fortlaufenden Kommentar aufweist. Deshalb werden die einzelnen Aspekte, vor allem die Aussagen zu den einzelnen namentlich genannten Religionen untersucht, aber nicht die Gesamtaussage des Textes herausgearbeitet. Oesterreicher (Kommentierende Einleitung) hat in seiner Darstellung die Genese aus der Sicht von NA 4 gegeben. Es ist unklar, von wem im Einzelnen Text 3 stammt. Zwei Zeugen helfen etwas weiter. P. Josef Neuner SJ berichtet, dass er eines Abends an der Tür seines Zimmers den Hinweis fand, sich am nächsten Morgen in der Sakristei vor der öffentlichen Sitzung einzufinden (Memories 33). Kardinal König habe einer kleinen Gruppe die Aufgabe, einen erweiterten Text zu verfassen, erläutert. P. Neuner habe hierfür die Aussagen zum Hinduismus beizusteuern. P. Y. Congar OP stellte die Verbindung zur theologischen Kommission her und bestätigt diesen Vorgang in seinem Tagebuch mit Datumsangabe, es war der 20. Oktober 1964 (Mon Journal II, 163). Congar nennt außerdem: Moeller und Pfister. Diese Gruppe, deren Mitglieder teilweise mit der Abfassung von AG befasst waren, lieferte ihre Arbeit beim Einheitssekretariat ab und konnte wenig später ihren Text wieder als Konzilsvorlage identifizieren. Es wäre aber von Interesse, welche Experten, Christen und Nicht-Christen, in die Konsultationsprozesse eingebunden waren und wie deren Vorlagen ausgesehen haben. Eine quellenkritische Darstellung der Genese, vor allem in den zumeist vertraulichen Debatten des Einheitssekretariats, bleibt ein Desiderat, das auch der vorliegende Kommentar nicht leisten kann. Soetens bietet nur bekannte Informationen (siehe: Soetens, Das ökumenische Engagement 321 f.). Miccoli, Due nodi, schildert mit neueren Quellen die Dramatik der dritten Sessio.
[5] Placet: 2221; non placet: 88; placet iuxta modum (illa) 2; Suffragium nullum 1 (AS IV/5, 674).
[6] Bea, Die Kirche und das jüdische Volk 157 (Relatio Kardinal Beas vom 25.9.1964: AS III/2, 564).

besser: wie das Konzil die Erfahrung, Weltkirche zu sein, pragmatisch in der Textgenese erfährt. War zunächst nur eine Erklärung zur Judenfrage angestrebt, die wesentlich von der europäischen Katastrophe der Schoa motiviert war, weitete sich der Text bald auf dem Erfahrungshintergrund der orientalischen, asiatischen, afrikanischen und lateinamerikanischen Kirchen, um schließlich in dieser vielfältigen Verflechtung für alle Ortskirchen weitere Bedeutung zu gewinnen. Dass hier aber nicht nur die Gegenwart, sondern die gesamte Geschichte der Kirche in ihrem Verhältnis zum Volk Israel zum Thema wurde, dass in dieser Erklärung die Konzilsväter auch einen Blick über die eigene Kirchengeschichte hinaus auf die Heils- und Menschheitsgeschichte wagen, ist als unverzichtbare Konkretisierung der konziliaren Ekklesiologie von *Lumen gentium* zu werten.[7] Nur wenn dieser Horizont und die hier nur angedeutete Problemlage vor Augen stehen, kann die Erklärung angemessen gewürdigt werden. Zwar ist sie der „kleinste" unter den Texten des Konzils, aber … !

Nostra aetate ging in besonderer Weise auf den ausdrücklichen Wunsch von Papst Johannes XXIII. zurück[8], der sie quasi als sein Vermächtnis dem Konzil anvertraute und der posthum auch zu ihrem Schutzpatron in der turbulenten Entstehungsgeschichte wurde.[9] Die konziliare Erneuerung der Kirche vollzog und vollzieht sich im Kontext politischer Interessen und Konfliktzonen, medialer Erwartungen und Kampagnen sowie unterschiedlichster ortskirchlicher Erfahrungen und Kontexte in Vergangenheit und Gegenwart. Die Kirche wird zudem in der Konfrontation mit der eigenen, auch unheilvollen Geschichte und dem

---

[7] Vgl. zu LG 16 den Kommentar von Peter Hünermann in Bd. 2, 397–401. NA setzt diese Nummer der Kirchenkonstitution unbedingt voraus.
[8] In der Relatio vom 19.11.1963 erklärt Kardinal Bea zum vierten Kapitel des Ökumenismusdekretes ausdrücklich: „Das Sekretariat, dem die Sorge für die Förderung der Einheit der *Christen* anvertraut worden ist, hat es nicht aus eigener Befugnis unternommen, auch die Frage der Juden zu behandeln, sondern auf ausdrückliche Anweisung Papst Johannes' XXIII., seligen Andenkens, hin, die dieser dem Präsidenten des Sekretariates mündlich erteilte" (Bea, Die Kirche und das jüdische Volk 141; AS II/5, 481).
[9] In der eben genannten Relatio bezeugt Kardinal Bea zum Abschluss: „Im Dezember des vergangenen Jahres habe ich diese ganze Frage ‚Über die Juden' Papst Johannes XXIII., seligen Andenkens, schriftlich dargelegt. Schon nach wenigen Tagen versicherte mich der Papst seines vollen Einverständnisses. Das hat der Papst fast fünf Monate vor seinem Tode geschrieben. Nun sage ich nicht, dass der Gegenstand, mit dem wir uns beschäftigen, durch diese seine Worte endgültig entschieden sei; er selbst wollte doch, dass das Konzil frei sei, wie auch sein Nachfolger das ganz und gar will. Ich meine aber, dass diese seine Worte allen Konzilsvätern teuer sind und zugleich für alle ein Licht bedeuten in der Nachfolge Christi, des Herrn" (ebd., 147; AS II/5, 485). An anderer Stelle dokumentiert er dieses handgeschriebene Dokument des Papstes vom 13.12.1962, das er wenige Tage nach seiner Audienz erhielt: „Wir haben diesen Bericht von Kardinal Bea mit Aufmerksamkeit gelesen und teilen vollkommen dessen tiefen Ernst und die auf uns liegende Verantwortung, sich dafür einzusetzen. Die Worte ‚Sanguis eius super nos et super filios nostros' (= Sein Blut [komme] über uns und unsere Kinder) entheben keinen an Christus Glaubenden davon, sich dieses Problem wie auch die apostolische Aufgabe, für das Heil eines jeden Menschen und so auch aller Söhne Abrahams zu wirken, angelegen sein zu lassen. Te ergo quaesumus, tuis famulis subveni, quos tuo pretioso sanguine redemisti (= Darum bitten wir dich, stehe deinen Dienern bei, die du mit deinem kostbaren Blut erlöst hast). Johannes XXIII PP." (zitiert nach: Schmidt, Augustin Bea 644; abweichende Teilübersetzung bei: Bea, Die Kirche und das jüdische Volk 22).

gegenwärtigen Fremdbild nach ihrer eigenen Sendung in Gegenwart und Zukunft gefragt, und muss diese Frage unter dem vielfältigen und extrem heterogenen Druck unterschiedlicher Faktoren in Übereinstimmung mit der eigenen Identität finden und verwirklichen. Wenn die Kirche in einem solchen Prozess nach sich selbst gefragt wird und Antwort nach ihrer Herkunft, ihrer Sendung und ihrem Ziel zu geben wagt, wird sie geführt, wohin sie ursprünglich nicht wollte. Erst im Nachhinein hat sich der verschlungene und dornenreiche Weg als Weg des Geistes Christi für die Beteiligten zu erkennen gegeben.[10] In der Homilie zur Verkündigung des Dokumentes am 25. Oktober 1965 sah Papst Paul VI. mit Recht „das schöner gewordene Antlitz der katholischen Kirche"[11] und bewegt konnte er ausrufen: „Die Kirche lebt!"[12] Da die Kirche im Konzil nach sich selber fragt, muss sie unabweichlich die Frage nach ihrer eigenen Herkunft und ihrem Verhältnis zu den anderen Religion aufwerfen.[13] Das Werden des Dokuments kann daher mit Recht als Sinnbild des aufrichtigen und unvoreingenommenen interreligiösen Dialogs angesehen werden[14]: es kommt zu schmerzhaften unvorhersehbaren Lern- und Entwicklungsprozessen, die grundsätzlich unabschließbar sind. Der politische und gesellschaftliche Kontext, ja die gesamte reale Lebenswelt der Menschen – auch ihre Erinnerungen, Vorurteile und Traumata, bleiben gegenwärtig. Dabei behielt die Beziehung zum Judentum eine einzigartige Bedeutung: Sie hatte die „Rolle des Wegweisers"[15].

Wirksam ist dieses Dokument während und nach dem Konzil in der pastoralen, theologischen und institutionellen Entwicklung der römisch-katholischen Kirche dadurch geworden, dass es das Pontifikat Paul VI. schon im Konzil öffentlich profilierte, und dem Pontifikat Johannes Paul II. eine unvergleichliche Dynamik ermöglichte. Wirkungsgeschichtlich gehört es zu den bedeutendsten Dokumenten.[16] Vielleicht wird es für die Herausforderung der Kirche im 21. Jahrhundert *das* Dokument des Konzils. Während andere Texte des Konzils traditionelle Fragestellungen klären und deren Problemstellungen auch abschließen konnten, eröffnet diese Erklärung neue Perspektiven, Fragen und Herausforderungen im Verständnis der Sendung der Kirche. Unser Dokument hat nicht nur ein Fenster geöffnet, es hat die Kirche auf die offene See eines Dialogs geschickt, der sowohl die tiefsten Schichten des Menschen als auch seine gefährdendsten Regionen ansprechen muss. Stürme sind zu erwarten. Dass deshalb viele überkommene Schemata geprüft und revidiert werden mussten, kann nicht wundern. Deshalb sollte es nicht erstaunen, dass dieses Dokument zum wirk-

---

[10] Bea, Die Kirche und das jüdische Volk 25. Die Erleichterung und die Freude des Papstes Pauls VI. kommt in seiner Predigt anlässlich der Promulgation zum Ausdruck, in der er ausrief: „a Spiritu Sancto sine dubio mota" („vom heiligen Geist ohne Zweifel bewegt": AS IV/5, 561).
[11] Freiburger Rundbrief XVIII. Folge, Nr. 65/68 vom 25. September 1966, 34.
[12] „Ecclesia vivit!" (AS IV/5, 561).
[13] Bea, Die Kirche und das jüdische Volk 47 (hier nur auf die Beziehung zum Judentum ausgesagt).
[14] Renz, Die Erklärung über das Verhältnis 210.
[15] Waldenfels, Zwanzig Jahre Nostra aetate 92.
[16] Kardinal König hält NA „für das bedeutendste Dokument des letzten Konzils" (ders., Unterwegs 235).

lichen Anstoß des nachkonziliaren Schismas wurde.[17] Vielleicht sind deshalb an diesem Dokument und seiner Wirkungsgeschichte die Intentionen des Konzils, „sein Geist", in prägnanter Weise abzulesen. Was Kardinal Bea im Blick auf die Textgeschichte aussprach, gilt noch in höherem Maß für seine sich abzeichnende Wirkungsgeschichte: „Hätte ich sämtliche Schwierigkeiten, auf die wir stoßen würden, voraussehen können, so weiß ich nicht, ob ich den Mut gehabt hätte, den Weg einzuschlagen."[18] Kurz: *Nostra aetate* stellt die Areopagrede der Kirche zu Beginn einer neuen Epoche dar.[19]

I. Zur theologischen Entwicklung des Themas bis zum Zweiten Vatikanischen Konzil

Da *Nostra aetate* eine in der Konzilsgeschichte neue Fragestellung aufgreift, kann die theologische und lehramtliche Vorgeschichte dieses Themas nicht auf die Zeit nach dem Vatikanum I beschränkt werden. Die Frage nach der Deutung der nichtchristlichen Religionen darf auch nicht auf das Problem der Heilsmöglichkeit von Personen anderer Religionen eingeschränkt werden.[20] Vielmehr ist zunächst auf einige theologische Modelle und systematische Orientierungen früherer Epochen exemplarisch zu verweisen[21], die die Entwicklung bis zum Konzil bestimmt haben, auch wenn sie von *Nostra aetate* nicht einfach übernommen wurden. Nur so kann die innovative Kraft des Dokuments und dessen Kontinui-

---

[17] Während Erzbischof Lefebvre die Liturgiekonstitution unterschrieb, stemmte er sich entschieden gegen das Ökumenismusdekret und seine „entlaufenen Kapitel", die zu konziliaren Erklärungen wurden: *Nostra aetate* und *Dignitatis humanae*. Die Gruppe „Coetus internationalis Patrum" verteilte unmittelbar vor der abschließenden Abstimmungen eine Stimmempfehlung, die für das Gesamtdokument und vier der acht Einzelfragen ein non placet forderte. Unterschrieben haben diesen Text namentlich: Geraldo de Proença Sigaud, Marcel Lefebvre und Luigi Maria Carli (Faksimile des hektographierten Flugblattes bei: Rynne, Die Erneuerung der Kirche 211). Zur heutigen Position der Piusbruderschaft zu diesen Dokumenten siehe: Gaudron, Katholischer Katechismus. Hier wird zwischen unbedenklichen, zweideutigen und damit interpretationsbedürftigen und abzulehnenden Texten unterschieden (47 f.). Zu den letzteren zählen das Dekret über die Religionsfreiheit *Dignitatis humanae*, die Aussagen über die Kollegialität der Bischöfe und über den Ökumenismus. Aber auch die Fortschrittsgläubigkeit wird kritisiert. Als Ökumenismus wird auch die Erklärung zu den nichtchristlichen Religionen angeführt und strikt abgelehnt (72–78). Daher muss auch das Religionstreffen in Assisi verworfen werden (78 f.). Diese Haltung steht in klarer Kontinuität zu den Positionen von Erzbischof Lefebvre (siehe: Hirtenbriefe). Eine ausführliche Dokumentation dieser ablehnenden Einstellung bietet das umfangreiche Werk von Rothkranz, Die Konzilserklärung.
[18] Zitiert nach: Schmidt, Augustin Bea 641.
[19] Das erste Schriftzitat der Erklärung ist der Areopagrede des Paulus entnommen (Apg 17, 26).
[20] Da die Erklärung diese Frage nicht stellt, kann in diesem Kommentar auf die Kommentierung der entsprechenden Stellen in LG (11–16), AG (2.3) und GS (22) verwiesen werden (siehe: Systematischer Index, in: Bd. 1, 790).
[21] Exemplarisch bleiben in diesem Kommentar die Hinweise auf die verschiedenen Entwicklungen im Vorfeld des Dokumentes. Sowohl auf das Verhältnis der Theologie zur neu aufkommenden Religionswissenschaft und ihre Konsequenzen in der theologischen Reflexion als auch auf die lebendige Bewegung der Glaubensgemeinschaft, die sich vor allem in Pioniergestalten verdichten, kann nur hingewiesen werden.

tät mit der Tradition verdeutlicht werden. Ein eigener Abschnitt ist der Entwicklung der Beziehung der katholischen Kirche zum Judentum im Zusammenhang mit der Frage des christlichen bzw. kirchlich-katholischen Antijudaismus deshalb zu widmen, weil in zahlreichen Erklärungen in der Konzilsaula dieses Thema aufgeworfen wurde und diese „Ur-Wunde" die genetische Wurzel der Erklärung darstellt.

1. Das Evangelium Jesu Christi und die Religionen

Auch wenn die theologische Reflexion auf die Bedeutung der eschatologisch-endgültigen Heilszuwendung Gottes in Jesus Christus im Kontext vielfältiger Religionsausprägungen die Frage nach dem Verhältnis des einen Logos zu den verschiedenen Formen des Wahren und Guten zu stellen hat, kann von einer lehramtlich verpflichtenden Theologie der Religionen mit dogmatisch dauerhafter Verbindlichkeit vor dem Zweiten Vatikanischen Konzil nicht gesprochen werden. Da während des Konzils die Theologie zu diesen Fragen reichere Arbeit geleistet hat als wohl in der gesamten Zeit zuvor, soll auf Modelle[22] in der Geschichte hingewiesen werden. Außerdem ist im Auge zu behalten, dass die Frage nach dem Verhältnis des christlichen Glaubens zu anderen Religionen, d. h. zu nichtjüdischen Religionen, kein wirkliches Thema der biblischen Schriften ist. Zwar wurde bereits auf die Areopagrede des heiligen Paulus als Modell der Verkündigung im nichtjüdischen Raum verwiesen, doch steht das Neue Testament im Kontext der Verhältnisbestimmung des Glaubens an Jesus Christus zum Glauben Israels. Das besagt nicht, dass nicht verschiedene Stellen und Perspektiven über diesen Raum hinausweisen, doch das Potential dieser wenigen Spitzenaussagen im Kanon musste erst durch eine theologische Reflexion heidenchristlicher Herkunft entfaltet werden. Der folgende Abschnitt ist nicht Einzelfragen gewidmet, sondern führt traditionsgeschichtlich wirksame Modelle an, das Verhältnis des christlichen Glaubens zu den Angehörigen nichtchristlicher Religionen und deren Überzeugungen zu bestimmen.[23]

---

[22] Umfassender: Bürkle, Der Mensch auf der Suche 43–68.
[23] Die Auswahl kann aus folgenden Gründen, trotz persönlicher Note, als exemplarisch angesehen werden: Die Logostheologie des Irenäus steht exemplarisch für die gesamte Patristik und ist auch für das Konzil, vor allem für GS von nicht immer gewürdigter Bedeutung (siehe: Gertler, Jesus Christus). Die Sicht des Aquinaten kann bei allen Konzilsvätern vorausgesetzt werden, zumal alle in ihrer theologischen Ausbildung mit Thomas in Berührung kamen. Nikolaus von Kues wird nicht nur gewählt, weil er in dieser Fragestellung eine Wiederentdeckung verdient, sondern vor allem, weil sein literarischer Religionsdialog Themen anstößt, die seit der Aufklärung eine besondere Brisanz haben und die sonst in den geschichtlichen Religionsgesprächen bis zum Konzil kaum zu finden waren.

a) „Praeparatio Evangelii": Die Logosstruktur der Schöpfung und die geschichtliche Fleischwerdung des „Wortes Gottes"

Als besonders wirkmächtig, weil im Neuen Testament thematisch und begrifflich grundgelegt (vgl. Joh 1)[24], erweist sich als Modell der Verhältnisbestimmung von Evangelium und fremden Wahrheitsansprüchen die Entfaltung der Logostheologie in der Patristik. Mit Justin († 165) und Irenäus von Lyon (* 202)[25] entwickelt sich eine an der kritischen Wahrheitssuche der Philosophie orientierte theologische Theorie der Entfaltung der in Christus geoffenbarten Wahrheit angesichts der durch Sünde und Verkehrung verdunkelten und gefangenen Wahrheitsuche des Menschen kraft seiner eigenen Vernunft. Die Zuordnung des fleischgewordenen Logos zu den verstreuten Samenkörnern des Logos (logoi spermatikoi), die bei den Vätern vorzüglich in der platonischen Philosophie gefunden werden, begründet nicht nur die Möglichkeit des Dialogs, sondern auch die Vorstellung eines universalen, heils- und menschheitsgeschichtlichen Erziehungsprozesses in und auf Christus hin, wie sie im heilsgeschichtlichen Topos der göttlichen bzw. christologischen Pädagogik ausgedrückt wird. Aus dieser Grundintuition kann sich die Vorstellung von sichtbarer und unsichtbarer Kirche im Bild einer Kirche seit Abel[26] in Koexistenz der gesamten Menschheitsgeschichte entwickeln. Manche Modelle der Aufklärung bleiben mit unterschiedlichen Akzenten davon inspiriert. Das korrelative Dialogmodell der Logostheologie ist jedoch voller Dramatik und keineswegs einseitig, weil die Frage nach dem wahren Logos Suche und Bekehrung beinhaltet. Es sollte in Erinnerung bleiben, dass Justin sein Dialogkonzept mit dem Martyrium besiegelte.

Von außen gesehen mag diese Zuordnung von normativ verpflichtender Offenbarung Gottes durch den kontingenten Menschen Jesus von Nazareth, dessen Gestalt durch Botschaft, Kreuzestod und Auferstehung im Evangelium als Christus bezeugt und überliefert wird („Licht Christi"), und den vielfältigen Wahrheitsansprüchen und Lebensorientierungen in den Kulturen als widersprüchlich erscheinen. Eine Theologie der Religionen wird dieser spannungsvollen Aufgabe aber nicht entgehen können, wenn sie dem normativen Anspruch des Evangeliums entsprechen möchte. Das hermeneutische Modell der Logostheologie relati-

---

[24] NA 2 spielt in der Lichtmetapher auf Joh 1, 9 an und nimmt den Gedanken der „Saatkörner des Wortes" (semina Verbi) aus der Theorie Justins vom ‚Logos spermatikos' auf (siehe: Justin, 2 apol. 6, 1–3; 13, 2–6; dazu: Bernhardt, Der Absolutheitsanspruch des Christentums 100–103; Internationale Theologenkommission, Das Christentum und die Religionen 41–45; Bürkle, Der Mensch auf der Suche 43–51; Hünermann, Art. Logos. III. Systematisch-theologisch; Roddey, Das Verhältnis der Kirche 36.151). LG greift diese Tradition im Kapitel I (Mysterium der Kirche) auf (siehe: Hünermann, Theologischer Kommentar zur Dogmatischen Konstitution 370 f. in Bd. 2).

[25] Im vorletzten Text vom November 1964 wurde Irenäus noch namentlich zitiert (AS III/8, 642, Anm. 5), und zwar: Adversus Haereses IV, 28, 2. Gott stehe, so heißt es hier, der Menschheit ständig durch sein Wort mit unterschiedlichen Mitteln bei. Doch steht dieses Zitat im Kontext verschärfter Ernsthaftigkeit: Mit dem Wachstum der Gnade durch die Teilhabe am göttlichen Leben sei auch die Strafe für jene gewachsen, die Gott ausdrücklich verleugneten.

[26] „Eben dies, was man jetzt christliche Religion nennt, [ist, R. S.] schon unter den Alten, ja, bereits am Anfang der Menschheit dagewesen" (Augustinus, Retractationes I, 13, 3).

viert nicht nur die verschiedenen religiösen und kulturellen Ausprägungen im Licht des Christusereignisses als bedingt, sondern auch alle geschichtlichen Ausformungen des Christentums selber.[27] Das Licht Christi darf daher nicht vorschnell mit einer bestimmten kulturellen Ausprägung des Christentums identifiziert werden, weil die Fülle Christi nicht erreicht ist, sondern eschatologisch aussteht. Die Logostheologie verpflichtet daher die Kirche und die Glaubenden zu einem tiefgehenden Lernprozess.

b) Gott als Ursprung und Ziel aller Wirklichkeit: Thomas von Aquin

Die Frage nach einer christlichen Theologie anderer Religionen bei Thomas von Aquin kann nur indirekt beantwortet werden. Seine Zurückhaltung[28] impliziert aber mindestens zwei Voraussetzungen dafür: Hinreichende Kenntnisse der anderen Religion und die gemeinsame („natürliche') Vernunftbasis für eine gelingende Begegnung. Außerdem scheinen drei Themenbereiche bei Thomas für die Fragestellung von Bedeutung zu sein: Zum einen die schöpfungstheologische Auslegung Gottes als Ursprung und Ziel aller Wirklichkeit; zweitens die sinnliche Vermittlung der Heilsgnade im Sakrament und drittens die programmatische Zuordnung von Natur und Gnade.

„Die Hinordung der Schöpfung auf Gott besteht nicht allein darin, dass Gott als Ursprung der Existenz aller Dinge zugleich ihr Ziel ist. Die Hinordnung geschieht ebenso dadurch, dass die Dinge zugleich in ihren Tätigkeiten (operationes), durch die sie auf ein Ziel hin in Bewegung sind, von Gott geleitet und gelenkt werden."[29] Deshalb beruht die Ordnung der Elemente des Alls untereinander in der Ordnung des ganzen Alls auf Gott hin.[30] Diese unverwüstliche Positivität aller Wirklichkeit[31] liegt auch in der allgemeinen und besonderen Vorsehung als bleibender Präsenz Gottes in seiner Schöpfung.[32] Seine Vorsehung, die alle Dinge umfasst, äußert sich als Dynamik aller Wirklichkeit auf ihr Endziel hin. Dieses kommt in vorzüglicher Weise in der intellektuellen Natur des Menschen zum Ausdruck und in der ihr eigenen Suche nach Wahrheit. „Dem Menschen ist

---

[27] Bürkle, Der Mensch auf der Suche 50 f.
[28] So im Vorwort zur „Summa contra Gentiles" (ScG 1, 2) im Blick auf die Muslime. Zwar könne diese Schwäche durch den Rückgriff auf die natürliche Vernunft behoben werden, jedoch in Bezug auf die göttlichen Dinge sei dies mangelhaft. Daher kann eine implizite Theologie der Religionen bei Thomas nur vermittels der Philosophie oder in jenen theologischen Aussagen erhoben werden, die sich aus der Mitte des Glaubens auf andere beziehen.
[29] Hoping, Weisheit 352 f. Für diesen Abschnitt ist Kapitel C (Zweiter Teil, 313–399) dieser Arbeit leitend geworden.
[30] „Ordo, qui est partium universi ad invicem, est per ordinem qui est totius universi ad Deum" (Pot 7, 9).
[31] „Nihil invenitur in mundo, quod sit totaliter malum" (STh I, 103, 7 ad 1.: „Nichts ist in der Welt zu finden, das total schlecht sei"). Daher gilt: „Impossibile est, quod per peccatum tollatur totaliter bonum naturae" (Mal 2, 12: „Unmöglich ist es, dass durch die Sünde das Gute der Natur vollständig aufgehoben würde").
[32] „Quidquid quocumque modo est, sub ejus providentia cadit" (ScG 3, 75: „Was auch immer irgendwie ist, fällt unter seine Vorsehung").

es eigen, dass er nach der Kenntnis der Wahrheit verlangt."[33] Dieses Wahrheitsverlangen streckt sich aber ins Unendliche aus und fordert deshalb auch einen gemäßen unendlichen Gegenstand der Erkenntnis.[34]

Thomas' Lehre vom Endziel des Menschen entwickelt eine theologische Anthropologie christlicher Existenz, die als Habitus- und Tugendlehre die Befähigungen des Menschen, dieses Ziel zu erreichen, entfaltet wird.[35] Insofern der Glaube eine Handlungsorientierung und ein Wissen um das Ziel des Handelns und die dazu erforderlichen Mitteln und Medien impliziert, ist die Frage nach dem Gegenstand des Glaubens grundlegend. Diesen bestimmt Thomas formal mit dem Begriff der „ersten Wahrheit"[36]. Die Erstwahrheit steht in Beziehung zu jenem Licht, durch die alle wahre Erkenntnis des Menschen ihre Würde erhält. Es liegt in der Konsequenz dieser Grundbestimmung, dass die allen Menschen gemeinsame Vernunft, auch in ihrer sittlichen Ausprägung des Gewissens[37], eine das Gottesverhältnis aller Menschen prägende unverlierbare Wirklichkeit ist.

Diese Verbundenheit mit Gott, die sich in der Ausrichtung auf die Gotteserkenntnis zeigt, bedeutet für das Geschöpf, weil es darin seine Natur vollendet, Glückseligkeit: „Gott hat alle Menschen wegen der Glückseligkeit geschaffen."[38] Diese Beziehung ist keine passive, sondern eine höchst dynamische, weil Gott die Dinge kraft seiner Vorsehung auf ihr Letztziel, d.h. auf sich selbst ausrichtet und dazu befähigt, dieses auch zu erreichen – und zwar auf die den jeweiligen Wirklichkeiten eigentümliche Weise. Die allgemeine Vorsehung bezieht sich auf die Erhaltung der Gesamtheit der Wirklichkeit und ihrer zielorientierten dynamischen Ordnung. Die spezielle Vorsehung erweist sich als ‚Zielbefähigung' jedes einzelnen geistigen Geschöpfes in Wahrung seiner Freiheit. An die Stelle natür-

---

[33] „Est homini naturale, quod appetat cognitionem veritatis" (Mal 9, 1).
[34] Siehe: ScG 1, 43.
[35] Dieser Abschnitt verdankt viel einem ungedruckten Vorlesungsmanuskript Peter Hünermanns zur Glaubenslehre bei Thomas.
[36] „Prima veritas" (STh II–II, q.1). Niederbacher, Glaube als Tugend 18–22, unterscheidet drei Rücksichten dieser These. Logisch impliziert sie den Wahrheitsanspruch des Geglaubten. Deshalb sind Aussagesätze mit Wahrheitswert dem Glauben eigen. Epistemologisch besagt sie, dass der Glaubensinhalt geglaubt wird, weil Gott ihn geoffenbart hat. Die Glaubwürdigkeit des Glaubens beruht daher auf Gott als einem zuverlässigen Zeugen. Dieses Prinzip schränkt die möglichen Gegenstände deutlich auf die Offenbarung ein. Schließlich besagt sie eine erkenntnistheoretische Rangordnung: Weil der Glaubensgegenstand nicht nur Gott einbezieht, sondern sich auch auf Geschöpfe richtet, gehören zum Glaubensgegenstand auch geschaffene Wirklichkeiten. Diese Wahrheiten werden aber nur unter der Rücksicht möglicher Glaubensgegenstand, insofern sie den Menschen auf sein letztes Ziel ausrichten. Hünermann, Dogmatische Prinzipienlehre 264–267, hebt in diesem Zusammenhang mit der Bestimmung der Unfehlbarkeit auf eine Stelle im Johanneskommentar ab, nach dem Gott als erste Wahrheit den Hervorgang von Wahrheit als Wahrheit meint. Diese Wahrheit aber ist nach Thomas Heilswahrheit. Und nur insofern die verschiedenen Aussagen des Glaubens (zu Christus, den Sakramenten oder irgendwelchen Geschöpfen) diesen Bestimmungen entsprechen, sind sie mögliche Glaubensgegenstände.
[37] Vgl. Schockenhoff, Wie gewiss ist das Gewissen? 102–122. Zwischen dem Tun des objektiv Guten und der Authentizität der eigenen Lebenswahrheit vermittelt Thomas spannungsreich. Wenn im Konfliktfall, selbst mit dem Papst, der Einzelne dem eigenen Gewissensspruch folgen muss, auch wenn er dabei der Sünde nicht völlig entgehen kann, dann habe, wie Chenu sagt, Thomas Anteil am Erwachen des Gewissens im Mittelalter (ebd. 121).
[38] „Deus omnes homines propter beatitudinem fecit" (Ver 23, 2).

licher Neigungen in den Dingen tritt beim Menschen als göttliche Freiheitsbestimmung eine allgemeine Regel, das Gesetz.[39] Dadurch kann der Mensch den rechten Gebrauch seiner Freiheit als Handlungsleitung gewinnen, und das heißt, sich selbst auf Gott auszurichten.[40] Auf Gott wird der Mensch aber nicht nur dadurch ausgerichtet, dass er auf das Gute hin orientiert wird, sondern dass er selber gut wird. Befähigung für Gott als letztem Ziel des Menschen besagt daher eine Freiheitsbestimmung des Menschen zu seiner Vervollkommnung. Unter den entsprechenden Tugendhandlungen nehmen die Liebeshandlungen aber einen besonderen Rang ein. Der Mensch hängt Gott dadurch an, dass er den Nächsten liebt, und Friede und geordnete Eintracht unter den Menschen wahrt.[41] Darin sieht Thomas den Neuen Bund verwirklicht, weil der Mensch dadurch Anteil an Christus, dem Haupt, erlangt.[42]

Die Heilsvermittlung im Sakrament ist der zweite relevante Themenbereich nach Thomas für unsere Thematik. Das Sakrament stellt nach Thomas auf dreifache Weise ein Zeichen dar:[43] Als erinnerndes Zeichen (signum rememorativum) verweist es auf die Ursache unserer Heiligung, das Leiden Christi, als hinweisendes (demonstrativum) auf das Wesen unserer Heiligung, die Gnade und die Tugenden, als vorausdeutendes oder voranzeigendes (prognosticum, praenuntiativum) auf das letzte Ziel unserer Hoffnung, das ewige Leben. Dieser Begriff ist weit genug, den universalen Charakter des Leidens Christi und des Heilswillens Gottes zu bestimmen, insofern die Menschen auf verschiedene, die spezifische Wirkung bestimmende Weise dem Christusereignis verbunden sein können.[44]

Thomas nimmt zu allen Zeiten dem Sakrament des Neuen Gesetzes vergleichbare Wirklichkeiten an. Er kennt daher Sakramente des Alten Gesetzes sowie Sakramente des natürlichen oder ungeschriebenen Gesetzes.[45] Die Zeiten unterscheiden sich nach zwei Kriterien, dem Anwachsen der Sünden und dem Ausdrücklich-Werden der Kenntnis Christi. Vor Abraham war die natürliche Vernunft und der Glaube noch in einem Zustand, dass sie sich von innen her bewegt selbst entsprechende Zeichen wählen konnten.[46] Mit dem Anwachsen der Sünde und der Kenntnis Christi kommt es zu einer positiven Setzung des Zeichens durch Gottes Heilshandeln. Immer bleibt das Leiden Christi Ursache.

---

[39] Vgl. Schönberger, Thomas von Aquin 163–169.
[40] In der „Summa theologica" unterscheidet Thomas zwischen der „lex divina" und der „lex naturalis" aufgrund einer ethisch-theologischen Fragestellung. Siehe Hoping, Weisheit als Wissen des Ursprungs 373.
[41] ScG III, 128.
[42] Ob Christus das Haupt aller Menschen sei, ist die Frage, unter der Thomas die Realisierung der Liebe als differenziertes Maß der Verbindung mit Christus diskutiert. Siehe Seckler, Das Haupt aller Menschen.
[43] STh III, q.60, a.3.
[44] STh III, q.62, a.6.
[45] In dieser Hinsicht bezeichnet das Sakrament, „was Zeichen einer solchen heiligen Sache ist, die den Menschen angeht" (STh III, 60, 2; „quod est signum alicujus rei sacrae ad homines pertinentis").
[46] Ebd., q.70, a.2, ad 1; q.60, a.5, ad 3.

Als Zielursache kann es zeitlich später erscheinen. Weil das Sakrament der Menschennatur als solcher, dem Zustand des Menschen nach dem Fall und seinem Hang zum sinnlichen Umgang entspricht, ist das sinnenfällige Zeichen nicht ersetzbar, und auch für die Erziehung aus Gnade notwendig. Die Sakramente, die sowohl der auf die Sinnlichkeit ausgerichteten Natur des Menschen als auch der Inkarnation Gottes entsprechen, und die ihre heilsnotwendige Wirksamkeit durch das Leiden Christi erhalten, lassen die Frage aufkommen, wie es außerhalb der speziellen Heilsgeschichte diese Form der Gnadenzuwendung gegeben haben könnte. Deutlich hält Thomas Sakramente in der Ordnung des Alten Bundes fest, die ihre Wirksamkeit im Blick auf Christus gewinnen.[47] Die Frage nach den Sakramenten ähnlichen Vermittlungwirklichkeiten außerhalb der speziellen Heilsgeschichte stellt Thomas im Detail nicht.[48] Er öffnet aber für die Frage insofern einen Horizont, als nach ihm von einer Universalität der Sakramente ausgegangen werden kann und er insbesondere die Gnadenwirkung nicht strikt an das Sakrament bindet. Christus könne die Frucht des Sakramentes auch ohne das äußere Sakrament mitteilen.[49] Diese Freiheit der Gnadenzuwendung bewahre sich Gott auch gegenüber den Spendern, den Amtsträgern der Kirche.[50]

Thomas wirkt schließlich vorzüglich durch seine Zuordnung von Natur und Gnade, die als die gemeinsame theologische Grammatik der Konzilsteilnehmer einzuschätzen ist. Anliegen dieses Modells ist es, die Ungeschuldetheit und Unableitbarkeit des Heils (= Gnade) mit der allen Menschen gemeinsamen Ausstattung (= Natur) zu vermitteln, die Thomas vorzüglich im Intellekt als handlungsrelevantem Orientierungsvermögen ansiedelt. Sowohl die neu entdeckte aristotelische Gesamtinterpretation der Wirklichkeit ohne Evangelium („natürliche Erkenntnis') als auch die Herausforderung des Islams bilden den geistesgeschichtlichen Kontext seines Entwurfs. Zwar ist die natürliche Erkenntnis im Ordnungszusammenhang der Schöpfung vorläufig und deshalb auch defizient, unvollkommen und mangelhaft, doch steht sie für die Erschließung des Evangeliums in einem durch die Vorsehung (providentia) und Übereinstimmung (conve-

---

[47] STh III, 61. Eine Notwendigkeit des Sakramentes im Paradies lehnt Thomas ab, weil dort die Ordnung noch nicht verwirrt war.
[48] Die Universalität der Sakramente lässt sich aus den Aussagen über Melchisedech gewinnen (STh III, q. 61, a.3, ad 3) und über seine These, dass zwar im Paradies keine Sakramente nötig gewesen wären, aber nach dem Sündenfall mit ansteigender Verblendung durch die Sünde (ebd., q.61, a.3). Thomas denkt den Sündenfall als geschichtliche Dynamik und darin durch die ausdrücklicher werdenden Sakramente eine geschichtlich gestufte Heilsgeschichte.
[49] STh III, 64, 3. In diesem Kontext unterscheidet er zwischen Wasser-, Blut- und Geisttaufe. Die Geisttaufe ist dadurch gekennzeichnet, dass der Heilige Geist die Liebe zu Gott und die Reue über die Sünde bewirkt (ebd., 66, 11).
[50] „Sciendum tamen quod sicut Deus virtutem suam non alligavit sacramentis, quin possit sine sacramentis effectum sacramentorum conferre, ita etiam virtutem suam non alligavit Ecclesiae ministris, quin etiam angelis possit virtutem tribuere ministrandi in sacramentis" (STh III, 64, 7: „Es ist jedoch zu beachten: Wie Gott Seine Kraft nicht so an die Sakramente gebunden hat, dass Er nicht auch ohne Sakramente die Wirkung der Sakramente mitteilen könnte, so hat Er auch seine Kraft nicht so an die Diener der Kirche gebunden, dass Er nicht auch den Engeln die Kraft verleihen könnte, Sakramentendienst zu versehen").

nientia) unablösbaren, ja notwendigen finalen Zusammenhang: „Die Gnade zerstört nicht die Natur, sondern setzt sie voraus und vollendet sie."[51]

Weil Thomas „Natur" nicht als Gegensatz zu „Gnade" oder gar als in sich abgeschlossene mit einem eigenen Ziel sich vollenden könnende Wirklichkeit bestimmt, bleibt sein „Natur-Gnade-Modell" in der von den Kirchenvätern her bekannten Spannung von Anerkennung, Unterscheidung und christologischer Überbietung der „Natur". Der hermeneutische Rahmen ist die in Christus sich auf alle Wirklichkeit beziehende Vorsehung Gottes zum Heil. Alle Wahrheit, so kann Thomas deswegen festhalten, ist daher vom Heiligen Geist.[52] „Natur" bedeutet bei ihm daher nicht „frei von Gnade", oder unabhängig von der Vorsehung Gottes. Die nachtridentinische Entgegensetzung von Natur und Gnade wird diese Perspektive nicht mehr halten können. Das wiederentdeckte thomasische Programm konnte später im Horizont der genannten drei Perspektiven auf verschiedene Kontexte hin gelesen werden; insbesondere auf die Beziehung des Glaubens zu anderen Religionen und Kulturen hin.[53] Zwar hat Thomas keine religionstheologischen Einzelstudien ausgearbeitet, doch war das Werk für entsprechende Rezeptionen und Relecturen geeignet.

c) Nikolaus von Kues: „De pace fidei". Religionsgespräche zwischen historischer Wirklichkeit und literarischer Vision

Die Unterschiedenheit der Religionen, sowohl in ihrer Gegensätzlichkeit und Unversöhnlichkeit, als auch in ihrer Vorläufigkeit und möglichen Versöhnbarkeit, kann beispielhaft an den so genannten Religionsgesprächen[54] abgelesen werden, die als Dialoge oder Streitgespräche zwischen verschiedenen Vertretern der Religionen eine längere literarische als historisch reale Tradition haben. Weil sie in ihrer literarischen Form immer auch eine normativ-utopische Sicht formulieren, dürfen sie als eine spezifische religionstheologische Gattung nicht vergessen werden. Religionsgespräche waren (und sind?) aber auch historische Wirklichkeiten, die mitunter bedrückend wirken, weil sie weniger einem Gespräch, als einem Prozess mit blutigen Konsequenzen glichen.[55] Deshalb können die literarischen Formen in ihrer Fiktionalität den Charakter von sokratischen Dialogen im Mühen um Aufklärung und Versöhnung ebenso annehmen[56], wie auch die Fortset-

---

[51] „Gratia non destruit, sed supponit et perficit naturam" (STh I, 1, 8 ad 2; I, 2, 2 ad 1; De Veritate 14, 10 ad 9).
[52] STh I, II, 109, 1 ad 1.
[53] Beispielhaft bei Thomas Ohm (unten: 3.1) oder zuvor bei Matteo Ricci (unten: 2.1).
[54] Siehe: Waardenburg – Limor – Dingel, Religionsgespräche. Religionsdialoge in ihren unterschiedlichsten Formen sind weder auf eine Religion noch eine Kultur beschränkt, sondern sind transkulturelle Weisen kommunikativer Orientierungs- und Wahrheitssuche.
[55] Waardenburg (Religionsgespräche, 633 f.) gibt folgende formale Unterscheidungen an: Themen, Teilnehmerinnen, teilnehmende Religionsgemeinschaften, Machtverhältnisse und Interaktionsformen.
[56] Die greifbare literarische Tradition reicht nach dem großen Vorbild der platonischen Dialoge vom Dialog zwischen Justin und Tryphon im 2. Jahrhundert, den Zeugnissen bei Petrus Venera-

zung von Polemik und Verfolgung mit anderen Mitteln darstellen, bzw. diese gar vorbereiten oder begleiten.[57] Deshalb sind in der erklärten Bereitschaft der katholischen Kirche zum Dialog im Konzil nicht nur die rationalen, sondern vor allem auch die gesellschaftlichen und politischen Voraussetzungen zu bedenken, die in der inneren Verbindung der beiden Erklärungen *Nostra aetate* und *Dignitatis humanae* liegen.

In der langen Geschichte der literarischen Zeugnisse des religionstheologischen Dialogs nimmt die Schrift „De pace fidei" von Nikolaus von Kues[58] deshalb eine besondere Stellung ein, weil sie die überkommenen Strategien der Antike und des Mittelalters kennt[59], die Machtfrage nicht ausklammert, weil ihr Autor vom kriegerisch-blutigen Zusammenstoß der Religionen und Kulturen in der Eroberung Konstantinopels am 29. Mai 1453 betroffen ist und weil sie als Zeugnis des Übergangs in seiner Wirkungsgeschichte auf die Toleranzvorstellungen der Aufklärung und deren literarischen Ausdrucksformen eine noch nicht hinreichend erforschte Wirkungsgeschichte entfalten konnte.[60] Für unser Anliegen können nur einige Dimensionen der Schrift herausgearbeitet werden, die als Zeugnis der Tradition für die Bestimmung des Verhältnisses der römisch-katholischen Kirche zu den nichtchristlichen Religionen von Bedeutung sind.

Als erstes Motiv ist die Suche nach Frieden und Toleranz im und aus Glauben zu nennen, die mit einer Ursachenforschung für die faktische Situation des Streites und Krieges zwischen den Religionen einhergeht. Das literarische Subjekt („vir"), das Nikolaus von Kues selber darstellt, betet aus tiefer Friedenssehnsucht angesichts der schockartigen Berichte von den Grausamkeiten bei der Eroberung Konstantinopels durch Mehmet II. im Mai 1453 zu Gott, der ihm in einer Vision in der Form eines göttlichen Dialogs Wege eröffnet, die Pluralität der Riten und die darin immer vorausgesetzte Einheit der Religion auszusöhnen. Damit gehört die Schrift in die Geschichte nicht nur der Toleranzidee, sondern auch der Literatur zum Ewigen Frieden.[61] Zur Diskussion muss daher an bevorzugter Stelle das Verhältnis von Vielfalt und Einheit in den Religionen stehen. In einer Vision,

---

bilis im 12. Jahrhundert bis zum Weltparlament der Religionen (1893) und den unzähligen Dialogforen heute. Bemerkenswert ist, dass bei den literarischen Stilisierungen solcher Gespräche die Rolle der Vernunft nicht hoch genug anzusiedeln ist.

[57] Die Machtsituation prägt solche Gespräche so stark, dass den anderen bisweilen nur ein eingeschränktes Rederecht eingeräumt wird. Solche „Gespräche" sind eher als Prozesse zu kennzeichnen. Besonders die Religionsdisputationen zwischen Juden und Christen im Mittelalter sind hier zu nennen (Waardenburg – Limor – Dingel, Religionsgespräche).

[58] „De Pace Fidei" (wird oben im Text zitiert mit Bandzahl, Seiten- und Zeilenzahl. Deutsche Übersetzung nach: Kues, De pace fidei. Der Friede im Glauben [Haubst]).

[59] Zur Tradition, in der der Dialog des Kardinals steht, siehe: Euler, Unitas et Pax; Lutz-Bachmann – Fidora (Hg.), Juden, Christen und Muslime. Die Sichtung des Korans des Cusaners geht von der dogmatischen Tradition aus, den Islam als nestorianische Häresie zu verstehen. Daher anerkennt die Schrift nicht nur Übereinstimmungen, sondern stellt vor allem eine teilweise auch polemische Apologetik des Christentums, trotz wohlwollender Interpretationsintention, dar (siehe: Kues, Cribratio Alkorani; dazu: Hagemann, Der Īur ân; ders., Nikolaus von Kues).

[60] „Die Schrift *De pace fidei* steht in einer imposanten Reihe zwischen Abaelards *Dialogus*, Lulls Religionsgesprächen, Jean Bodin und Lessing" (Flasch, Nikolaus von Kues 374). Zum Stand der Forschung der Wirkungsgeschichte: Meier – Oeser, Die Präsenz des Vergessenen).

[61] Flasch, Nikolaus von Kues 341.345; auch: Haubst, Streifzüge 381.

das ein himmlisches Gespräch ausgewählter Weiser aus allen Kulturen und Religionen vor Gott mit dem Wort (Christus) sowie Petrus und Paulus darstellt, wird ein Weg zu einer einzigen und glücklichen Einheit und ewigem Frieden in der Religion angezeigt (VII, 4, 2–6). Gott klagt über die Nachrichten vom Weltgeschehen (VII, 10, 12–14). Er selbst beklagt den Missbrauch seines Namens und gibt den Auftrag an die Weisen, zur Versöhnung durch die richtige, das bedeutet die in der Vernunft gereinigte Ehrung seines Namens, zu arbeiten.

Damit kommt die Bedeutung aufklärender Rationalität angesichts mühsamen Lebenserwerbs und faktischer Machtverhältnisse zur Sprache. Denn aufgrund dieser sozialen Verhältnisse können nur wenige wirklich ihren Intellekt angemessen gebrauchen (VII, 5 f.). Ein Erzengel erläutert in einem großen Bittgebet (VII, 8, 7), das als Zusammenfassung cusanischer Religionstheologie anzusehen ist, dazu seine Ansichten, die sowohl die ideal-normative Bedeutung der Vernunft als auch die konkrete Form geschichtlicher Vermittlung formulieren. Zwar habe Gott die Menschen mit Intellekt und Freiheit geschaffen, doch die große Masse der Menschen benötigt wegen der genannten Gründe eine lebensweltliche Vermittlung durch Propheten, die in allen Kulturen Kulte und Gesetze im Namen Gottes lehrten. Da der Charakter der Vermittlung nicht erkannt wurde, und man deshalb Gewohnheit mit Wahrheit verwechsele, wurde der Unterschied zwischen Wahrheit und Kult, zwischen Sein der Religion und Schein nicht mehr gesehen, und die Unterschiede der Riten wurden als sich widersprechende Gegensätze verabsolutiert (VII, 6, 1–8). Darin liegt die entscheidende Ursache für die Gewalt aus religiösen Gründen: „Der Religionskrieg kommt nicht von ungefähr; er entspringt einem bisher unentdeckten Fehler im Selbstverständnis der Religionen. … Sie machen keinen Unterschied zwischen ihren Religionsstiftern und Gott selbst. Sie hören auf ihre Propheten, als seien diese Gott selbst. … Dadurch hielten die von den Propheten Belehrten ihre Ansichten für die Weisheit Gottes selbst und bekämpften jeden, der, wie sie meinten, der Stimme Gottes Widerstand leistete."[62]

Die entscheidende theologische Aufklärung liegt im Charakter der negativen Theologie, dem Herzstück des cusanischen Denkens: „cum finiti ad infinitum nulla sit proportio" (VII, 7, 2)[63]. Daher gilt: „Tu ergo, qui es dator vitae et esse, es ille qui in diversis ritibus differenter quaeri videris et in diversis nominibus nominaris, quoniam ita es manes omnibus incognitus et ineffabilis" (VII, 6, 14–17)[64].

Als viertes Motiv ist der Versuch des Cusaners zu nennen, mit dieser Form der Negativen Theologie die Pluralität der religiösen Ausdrucksformen mit der einen wahren Religion zu vermitteln. Der Erzengel bittet Gott, in eschatologischer Ver-

---

[62] Flasch, Nikolaus von Kues 341.
[63] „… da es von Endlichem zum Unendlichen kein Größenverhältnis gibt" (Übersetzung Haubst 10).
[64] „Du also, der Du das Leben und das Sein gibst, bist der, der offenbar in den verschiedenen Riten auf je verschiedene Weise gesucht und mit verschiedenen Namen genannt wird. Denn so wie Du bist, bleibst Du allen unerkannt und unaussprechlich" (Übersetzung Haubst 10).

gegenwärtigung sich den Völkern so zu zeigen[65], dass alle erkennen, dass es nur eine Religion in der Mannigfaltigkeit der Riten gebe: „… et cognoscent omnes quomodo non est nisi religio una in rituum varietate" (VII, 7, 10 f.).[66] Vielfalt wird nicht negativ gedacht. Der Cusaner möchte nicht nur aus pragmatischen Gründen keine uniforme Einheitsreligion, in der die verschiedenen Riten abschafft werden. Denn wenn die Religionsverschiedenheit nicht gegeneinander ausgespielt wird, könne in der rituellen Pluralität die je größere Ehre Gottes bezeugt werden. Deshalb kann die Vielfalt der Riten die Unbegreiflichkeit Gottes lebensgeschichtlich zum Ausdruck bringen. Denn in ihnen wird eine einzige Religion vorausgesetzt (VII, 11, 11 f.). Gott selber sieht sich an die in der Schöpfung liegende Freiheit des Menschen gebunden und verweist auf den Weg intellektueller Überzeugungsarbeit, den er, nachdem die Propheten gegen die Mächte der Finsternis nicht ankamen, durch sein Wort beschritten hat. Dieser Weg aber verlangt, den inneren, geistigen Menschen anzusprechen. Der bislang im Himmel stattfindende Dialog zwischen den Himmelsbewohnern weitet sich nun. Aus allen Völkern werden Weise ins Gespräch integriert. Als Dialogort, den das Wort, bzw. Petrus und Paulus mit diesen Vertretern der menschlichen Kulturen führen werden, wird Jerusalem bestellt.

Als letztes Motiv hat die Aufmerksamkeit der cusanischen Bestimmung des Verhältnisses von Christentum zu den anderen Religionen zu gelten, das der Cusaner in seinem apologetischen Dialog als Außensicht integriert. Er unterscheidet zwischen Christus und dem Christentum, zumal in „De pace fidei" das Verbum (also der Logos) als Gesprächsführer fungiert und damit den Glaubenden auf die „prima veritas" verweist. Auch das Christentum gehört in den Kreis der Riten. In seinem Dialog, der zu einer Apologetik der zentralen christlichen Glaubensaussagen wird, bringt der Cusaner die Außensicht des Christentums in seinen verschiedenen Entwicklungen ins Spiel. Dass in dieser Diskussion die klassischen Themen der Apologetik und dogmatischen Diskussion abgehandelt werden, sollte nicht das wesentlich Neue überdecken: „Die Schrift stellt einen sympathischen Versuch dar, die Hauptideen des Christentums einmal von außen zu sehen."[67]

Alle Religionen setzen in ihrer Praxis und Lehre etwas voraus („praesupponere"), was in Christus ausgesagt wird und bekannt wird: den einen Gott und die Einheit des Menschen mit Gott. Der christliche Glaube formuliert also in seiner Lehre die Voraussetzungen aller Religionen. Das Vermittlungsverhältnis wird durch die platonische Partizipationslehre entfaltet. Schon in seiner Predigt vom 29. Juni 1453 entwickelt er den Gedanken einer grundlegenden Voraussetzung Christi für jede Religionsform.[68] „Omnis enim ratio culturae in Christo

---

[65] „Ostende faciem tuam" (7, 5).
[66] „und alle werden erkennen, wie es nur eine einzige Religion in der Riten-Mannigfaltigkeit gibt" (Übersetzung Haubst 10).
[67] Flasch, Nikolaus von Kues 381.
[68] In der Predigt integriert er die religionsgeschichtliche Entwicklung von Heidentum, Judentum und Christentum in die systematische Dialektik von polytheistischer Sinnlichkeit (Heidentum), radikaler Unsichtbarkeit (Judentum) und christlicher Aufhebung der beiden Extreme (Sermo 126).

reperitur"⁶⁹: Christus ist die vernünftige Rechtfertigung jeder Religion. Weil jede Religion die Vereinigung unserer Natur mit Gott darstellt, impliziert jede Religion jene Vereinigung, die der christliche Glaube in Christus bekennt. Daher kann er auch formulieren, dass Christus unweigerlich in jeder Religion geglaubt wird: „Credit igitur, sive velit, sive nolit, Christum. Non est enim aliud Christus quam unio naturae cum natura immortali."⁷⁰ Cusanus kann das Wahrheitsmoment einzelner Religionstraditionen in ihrer Einseitigkeit würdigen, „und so im Christentum als der höheren Synthese ihrer ursprünglichen koinzidentalen Wahrheit aufheben"⁷¹. Deswegen sind die verschiedenen Riten, wenn sie Glaube und Frieden bewahren, anzuerkennen. Es ist durchaus möglich, dass die Verschiedenheit zu einem positiven Wettstreit um die größere Ehre Gottes wird.⁷²

Auch der Schluss der Schrift ist zu beachten. Die apriorisch entworfene Vermittlung von Vielfalt und Einheit der Religionen verweist auf die Notwendigkeit eines gründlichen religionsgeschichtlichen Vergleichs, der die Aussagen bestätigt (VII, 62, 9–16). Der Himmel trägt den Weisen in ihren Völkern eine globale Pädagogik auf. Die Aufgabe zur Erziehung des Menschengeschlechtes steht im Raum. „Conclusa est igitur in caelo rationis concordia religionum modo quo praemittitur" (VII, 62, 19f.). Verweist dies auf den utopischen Charakter einer intellektuellen Sicht der Religionen? Oder konnte Nikolaus von Kues sein altes Anliegen der Konkordanz nur noch als himmlische Normativität der Zukunft zum Einlösen anvertrauen? Wie auch immer dieser Satz übersetzt wird⁷³, sein Anspruch bleibt. Denn der Schlusssatz verwandelt die Suche der Vernunft in einen göttlichen Auftrag: Gott will in Frieden verehrt sein (VII, 63, 4f.). Damit aber ist eine Kirche, die den Willen Gottes zu verwirklichen sucht, letztlich unabweisbar gefordert.

Die Bedeutung des cusanischen Grundanliegens, Friede in und durch Religion zu stiften, ist durch seine eher platonische Denkform nicht aufgehoben. Vielleicht lässt sich die Beziehungsidee des Cusaners, mit der er das geschichtliche Christentum, die Vielfalt der Religionen in Bezug zum menschgewordenen und uni-

---

⁶⁹ Ebd., n. 5, 13–14 p. 22.
⁷⁰ Sermo 126 (n. 7, 43–48) 23 („Also glaubt er, ob er will oder nicht, an Christus. Denn Christus ist nichts anderes, als die Einheit der Natur mit der unsterblichen Natur"). Siehe: Flasch, Nikolaus von Kues 332–334. Ich stimme Flasch nicht zu, wonach das Christentum den Vernunftgehalt der anderen absorbiere. Zunächst, wie Flasch selber sagt, unterscheidet der Cusaner zwischen Christus und dem Christentum. Zweitens ist der Begründungszusammenhang als Vermittlungsdienst zu lesen, nicht als Eroberungspolitik.
⁷¹ Thurner, Gott als das offenbare Geheimnis 373.
⁷² Wenn sich keine Einmütigkeit finden lasse, so Paulus abschließend, „möge man den Nationen – unter Wahrung von Glauben und Frieden – ihre Andachtsübungen und Ausdrucksformen lassen. Die religiöse Hingabe wächst vielleicht sogar bei einer gewissen Verschiedenheit, wenn eine jede Nation danach strebt, ihren Ritus mit Eifer und Sorgfalt lichtvoller zu gestalten, um die anderen darin zu übertreffen und so größeres Verdienst bei Gott und in der Welt Lob zu erlangen" (XIX; Übersetzung Haubst 61).
⁷³ Die verchiedenen Übersetzungsmöglichkeiten lauten: „Es wurde also im Himmel der Vernunft auf die geschilderte Weise Eintracht unter den Religionen beschlossen" (Übersetzung Haubst 62). Flasch, Nikolaus von Kues 380, zitiert zwei Übersetzungen: Ludwig Mohler meint: „Im Himmel ist die Verstandeseintracht bezüglich der Religionen beschlossen worden". F. A. Scharpf hingegen deutet: „Im Himmel der ratio ist die Religionseintracht beschlossen worden."

versalen Christus setzt, wissenschaftstheoretisch am ehesten als geschichtliche Konkretion der transzendentalen Bedingungen des Gottesbezugs aller Glaubenden der unterschiedlichen Richtungen durch und in Jesus Christus verstehen. Als zweites Grundanliegen ist die positive Wertung der Ritenvielfalt anzusehen. Die Selbstaussage Gottes in die Geschichte hinein, die faktisch plural ist, wird zur Bedingung der Möglichkeit jeglicher Antwort und Rückkehr zum Ursprung. Deshalb ist den Christen, wenn sie in den Dialog eintreten, immer auch Bekehrung zur umfassenderen Wirklichkeit Christi abgefordert. Diese Bekehrung äußert sich wesentlich in der Lebensform, Frieden zu stiften in der konfliktiven Realität der geschichtlichen Religionen.

d) Der dialektisch-theologische Widerspruch: z. B. der frühe Karl Barth

Obwohl die katholische Theologie das apodiktische Nein Karl Barths zu jeder Form von Anknüpfung und Vermittlung der Offenbarung an vorausgehende Erfahrungen, Fragen und Suchen des Menschen („praeambula fidei") nicht übernommen hat, ist dennoch auf dieses Modell kurz einzugehen. Zum einen ist dieser Widerspruch seit der Differenztheologie Tertullians und seiner rhetorischen Frage[74] immer wieder erneuert worden und in der Debatte bis ins kirchliche Lehramt hinein auf Gehör gestoßen.[75] Zum anderen ist die Kritik an einer zu harmonischen Vermittlung, die einseitig das Gemeinsame betont, nicht unberechtigt, ja nötig.[76] Dabei ist zu beachten, dass der Religionsbegriff nach Karl Barth eine anthropologische Kategorie darstellt, mit der er die eigenmächtige Selbstbehauptung des Menschen gegen Gott, also die Götzenproduktion, bezeichnet. Damit rezipiert er in der Tradition biblischer Prophetie die Projektionsthese Feuerbachs für das Verhältnis aller Menschen zu Gott theologisch als Sünde. Dieser Gefahr sind alle Menschen ausgesetzt, auch die Christen. Barth meint dabei nicht, dass die Verkündigung Sprache und Kategorien der Menschen nicht aufnehmen solle. Vielmehr geht es ihm um die Ablehnung einer (natürlichen) Offenbarung vor der Offenbarung des biblischen Gottes, als Bedingung der Möglichkeit, das Herr-Sein und damit die Herrschaft und Ehre Gottes zu wahren. Deshalb kann kein Weg vom Menschen zur Offenbarung führen. Dieser Grundsatz bestimmt Barths Einschätzung der Religion.[77]

---

[74] „Quid Athenae Hierosolymis?" (Tert., praescr. 7, 9).
[75] Siehe: Dominus Jesus 7 (Renz, Die Erklärung 229). Im strengen Sinne kann trotz des Verweises von Renz auf DH 1351 nicht von einem heilstheologischen Exklusivismus der katholischen Lehrtradition gesprochen werden, ebensowenig von einer (anhaltenden) pauschalen Verurteilung anderer Religionen (gegen Renz, Die Erklärung über das Verhältnis der Kirche 208; ähnliche Einschätzung bei: Döring, Die Kirche 29 f.). Die oben skizzierten Modelle widerlegen diese Behauptungen. Der Unterschied zu dieser theologischen Tradition liegt nicht auf der Ebene der Debatte um die individuelle Heilsmöglichkeit, sondern NA geht es um die Bedeutung der anderen Religionstraditionen in der einen Heilsgeschichte und der angemessene kirchlichen Haltung hierzu. Hierfür aber hat, wie besonders die kurze Darstellung von Thomas von Aquin zeigt, die Tradition nicht nichts gesagt.
[76] Siehe hierzu den Kommentar zu NA 2.
[77] Bernhardt, Der Absolutheitsanspruch 149.

Die Religionen werden in ihrem Wahren und Schönen als rein menschliche Kulturerzeugnisse gewürdigt, aber sie stehen theologisch unter dem Gericht der Offenbarung. „Die Offenbarung knüpft nicht an die schon vorhandene und betätigte Religion des Menschen, sondern widerspricht ihr …, sie hebt sie auf."[78] Dieser Grundtendenz entspricht Barths Anselminterpretation, die Anselms philosophisches Denken als strenges Glaubensdenken ‚fideistisch'[79] versteht. Damit ist jede dem Hören des Wortes Gottes vorausgehende Disposition des Menschen eine Absage erteilt.[80]

2. Kirchliches Lehramt zu den Religionen: Einschätzung des Phänomens und Sprachgebrauch

In der lehramtlichen Rede ist zu unterscheiden zwischen der Einschätzung des Phänomens anderer Religionen und dem Gebrauch des Begriffs im Allgemeinen. Während für die Einschätzung des Phänomens die vorgestellten Modelle in unterschiedlicher Weise gewirkt haben, wird in den allgemeinen Sprachgebrauch des Begriffs „Religion" auch der christliche Glaube integriert. Während die Friedensthematik erst mit der Enzyklika Johannes XXIII. *Pacem in terris* (1963) als entscheidende Bestimmung der Sendung der Kirche zum Ausdruck kam und sich deshalb dieses Lehrschreiben an alle Menschen guten Willens richten konnte, hat das Natur-Gnade-Modell die Zeit vor dem Konzil nachhaltig geprägt.[81] Religionen werden in diesen Koordinaten als mögliche Präambula eingeschätzt, die unterschiedliche Formen der Akkomodation in der Verkündigungs- und Missionierungspraxis verlangen.

Demgegenüber ist die Definition des Ersten Vatikanischen Konzils von der Erkennbarkeit Gottes kraft des Lichtes der natürlichen Vernunft (DH 3003.3026) für unser Thema erstaunlich blass geblieben.[82] In der vorkonziliaren Natur-Gnade-Debatte geht es immer auch um die Heilsfrage der Nichtgetauften. Das programmatische Wort „extra ecclesiam nulla salus" wurde dabei schon 1854 durch die Bestimmung, dass auch außerhalb der Kirche Gnade sei, „korrigiert".[83] In der Enzyklika *Quanto conficiamur moerore* vom 10. 8. 1864 wird die Zuordnung von

---

[78] Barth, Kirchliche Dogmatik I/2, 331. Siehe: Evers, Mission 184 f.
[79] Vgl. Barth, Fides quaerens intellectum.
[80] In der späteren Entfaltung einer pneumatologisch strukturierten Schöpfungstheologie kommt es in Barths theologischer Entwicklung zu einer Neubestimmung des Analogiegedankens. Er nimmt deshalb auch außerhalb des einen Wortes Gottes in seinen drei Gestalten „Worte, Wahrheiten, ja ‚Offenbarungen'" (Kirchliche Dogmatik IV/3/1, 108) an. Gottes Herrschaft ist universal und kann deshalb auch in außerordentlicher Weise kundtun, indem er „sich mitten aus dieser Welt der getarnten Unwahrheit heraus Zeugen erweckt" (ebd. 136).
[81] Vor allem die Interpretation der beiden Enzykliken von Pius XII. *Mystici corporis* (1943; DH 3800–3822) und *Humani generis* (1951; DH 3875–3899) ist in diesem Horizont geführt worden.
[82] Auch die Begriff „perceptio" und „agnitio" (NA 2) sind nicht davon beeinflusst. Spuren dieses Modells finden sich nur in Text 1, in dem vom moralischen Gesetz und der Bedeutung des Gewissens die Rede ist (vgl. AS II/4, 431).
[83] In seiner Ansprache vom 9. 12. 1854 *Singulari quadam* (siehe: Rahner, Die Gliedschaft in der

Pius IX. verschärft (DH 2865–2867). In „bestürzend lehrreicher Weise"[84] zeigt sich die unvermittelte Entgegensetzung der beiden Aussagelinien. Die Kirche ist einerseits heilsnotwendig, einzige Arche des Heils, außerhalb derer niemand das Heil erlangen kann. Andererseits wird bei unverschuldeter Unkenntnis der wahren Religion in der Tradition des Thomas von Aquin[85] eine individuelle Heilsmöglichkeit aus Gnade eingestanden.[86] Einen entscheidenden Schritt macht die Kirchenenzyklika *Mystici corporis* (1943) von Pius XII., die von einem unbewussten Verlangen nach dem mystischen Leib des Erlösers spricht (DH 3821). Dadurch ergeben sich gestufte Formen der Kirchenmitgliedschaft.[87] Wie diese Gnade sich in Raum und Zeit real vermittelt und wie diese Aussagen auch kirchliches Selbstverständnis und Handeln im Zeitalter der wechselseitigen Nachbarschaft der Religionen prägen kann, bleibt unformuliert. Diese Fragen werden die Konstitutionen des Konzils, die sich mit der Kirche beschäftigen, *Lumen gentium* und *Gaudium et spes*, zu beantworten versuchen. In deren Schnittfeld aber steht unsere Erklärung. Es kann daher festgehalten werden, dass es vor dem Zweiten Vatikanischen Konzils nur wenige Hinweise und Verweise auf eine Theologie der Religionen gab. Erst während des Konzils entwickelte sich eine solche, vor allem in der Enzyklika *Ecclesiam suam* von Paul VI.

Die Beobachtung des Sprachgebrauchs des Lehramtes lässt eine deutliche, wenn auch bisweilen begrifflich verdeckte Neueinschätzung des Phänomens erkennen. Es ist festzustellen, dass sich bei den Päpsten des 20. Jahrhunderts vor dem Zweiten Vatikanischen Konzil „so gut wie keine Aussagen über die theologische Bedeutung der nichtchristlichen Religionen finden lassen"[88]. Ja, die nichtchristlichen Religionen waren als soziale Gebilde nie Gegenstand einer wirklichen lehramtlichen Erklärung. Die Termini „Heidentum" und „Götzendienst" waren mit unterschiedlichen Adressaten fast ungefragt selbstverständlich. Eine genauere Bestimmung der Begriffe ist hier nicht zu finden. Im Sprachgebrauch von Bene-

---

Kirche 52 f. [D 1646 f.]) äußerte sich Pius IX. nach der Definition der „Immaculata conceptio" in dieser Weise; vgl. Einleitung zu DH 2865–2867.
[84] Kern, Disput um Jesus und um Kirche 100 (siehe zum Thema das ganze Kapitel: Außerhalb der Kirche kein Heil, 88–112). Kern formuliert den Widerspruch unter der Bedingung, dass Heil und Gnade streng aufeinander bezogene Begriffe seien, folgendermaßen: „Das scheint nun doch ein Paradebeispiel dafür, dass es eine Ergänzungsbedürftigkeit – um nicht zu sagen: Widersprüchlichkeit – lehramtlicher Aussagen gibt, die eben nur in dieser gegensätzlich scheinenden Komplexität wirklich gelten. Das ist doch interessant, dass steht nun beides im Denzinger drin: ‚Extra Ecclesiam nulla salus' und auch: ‚Extra Ecclesiam gratia'. Das ist nicht ein gelegentlicher Lapsus, das liegt in der Linie einer großen Entwicklung" (ebd. 99 f.).
[85] STh I–II, 89, 6 (dazu: Seckler, Das Heil der Nichtevangelisierten).
[86] Kern, Disput um Jesus und um Kirche 99, weist auf vorgängige Entwicklung im Streit um den Jansenismus hin. Durch die einschlägigen Verurteilungen wird die strenge Identität von Heil und Zugehörigkeit zur Kirche aufgegeben, weil es Gnade auch außerhalb der Kirche gibt und Jesus Christus für alle gestorben ist (DH 2005.2304 f.2429).
[87] Rahner, Die Gliedschaft in der Kirche. Die radikale Auslegung von Leonhard Feeney SJ, dass es außerhalb der Kirche kein Heil und keine Gnade gebe, wurde vom Heiligen Offizium 1949 verurteilt (DH 3866). Feeney wird 1953 exkommuniziert. Ein Konflikt, der den Fall Lefebvre vorwegnimmt?
[88] Evers, Mission 95.

dikt XV. und Pius XI. finden sich Heiden („ethnici") und Ungläubige („infideles") als Adressaten der Verkündigung, die in Finsternis und Todesschatten sitzen, und denen deshalb die Botschaft Christi zu bringen sei. Es wurde kein Unterschied zwischen den verschiedenen Religionen getroffen, ebensowenig eine Abgrenzung zu Atheisten: „Alle Nichtchristen werden unter dem Begriff ‚Heiden' zusammengefasst."[89] Da die individuelle Heilsmöglichkeit ohne, ja im Gegensatz zur religiösen Tradition betont wurde, konnten deren Werte und Gebräuche kaum positiv gewürdigt werden.[90]

Bei Pius XII. ändert sich die Sicht merklich. In seiner Akommodationstheorie werden die Kulturen und Traditionen der nichtchristlichen Völker anerkannt. Als Hauptgefahr der Menschheit wird nun der Materialismus und der gottlose Kommunismus eingeschätzt. Der Begriff „Religion" wird sorgsam vermieden, auch wenn von Philosophie, Kunst und Kultur gesprochen wird. Der Papst betont: „Darum hat die Kirche die Philosophie der Heiden nie verachtet, noch abgelehnt, sondern sie vielmehr von allem Irrtum und aller Unreinheit gesäubert und sie dann durch die christliche Weisheit vollendet und gekrönt."[91]

Der Sprachgebrauch und damit die Grundperspektive, die sich bei Pius XII. vorsichtig andeutete, wird erst bei Johannes XXIII., der nicht mehr von den Heiden, sondern neutral von den Völkern spricht, konsequent fortgeführt: „gentes, quibus nondum Evangelii lumen penitus illuxit."[92] Der erste authentische lehramtliche Text, in dem von nichtchristlichen Religionen ausdrücklich gesprochen wird, ist die Enzyklika *Ecclesiam suam* von Paul VI. (6.8.1964) während des Ringens um unsere Erklärung. Die geistigen und sittlichen Werte der Religionen werden ausdrücklich genannt, und eine Zusammenarbeit in Fragen der Religionsfreiheit, der sozialen und staatlichen Wohlfahrt angeboten.

II. Beziehungen, theologische Wertung und Lehrsituation zu den einzelnen Weltreligionen bis zum Konzil

Auch wenn *Nostra aetate* die erste lehramtlich-konziliare Äußerung zu den anderen Religionen beinhaltet, steht das Dokument in einer längeren, wenn auch bisweilen widersprüchlichen Geschichte des christlichen Verhältnisses zu ihnen. Mit wenigen Stichworten zu jenen Religionstraditionen, die in NA genannt werden, soll deshalb darauf verwiesen werden. Dabei geht es nicht um eine Detailstudie, sondern um die Verdeutlichung eines generellen Bildes. Insofern solche langdauernde Gewohnheiten die Wahrnehmung und die Haltung vieler Glaubender bestimmen, hat die Realisierung der („neuen") „Habitudo" der Kirche im Verhältnis zu den nichtchristlichen Religionen mit Widerständen, Unverständnissen und Problemen aus der Vergangenheit zu rechnen. Es stellt sich sogar die Frage, ob die

---

[89] Evers, Mission 96. Angaben ebd. 98f.
[90] Die Heilsmöglichkeit wird individuell betont: DH 2915 ff.; DH 3866–3873.
[91] AAS 43 (1951) 522f.
[92] AAS 51 (1959) 835. Siehe: Auf der Maur, Kirchliche Verlautbarungen.

in NA beschriebene Haltung in der Geschichte tatsächlich mit hinreichender Deutlichkeit erkennbar gewesen ist.

Als generelle Beobachtung kann festgehalten werden: Die Geschichte der Kirche mit den verschiedenen religiösen Traditionen wurde erst nach dem Konzil wirklich aufgearbeitet; vor allem auf eine Weise, die die Wahrnehmung der anderen in das Selbstbild konstitutiv integrierte. Zudem fanden die Begegnungen vor dem Konzil zumeist im Kontext der weltweiten Missionierung und des europäischen Kolonialismus statt, der gerade in den Jahren vor und während des Konzils in weiten Teilen Afrikas zu Ende ging. Sie können deshalb nicht als rein religiöse Begegnungen aufgefasst werden. Auch wenn das politische Moment in der Begegnung der Religionen nicht eliminiert werden kann, ist mit dem Konzil ein neuer Umgang mit den gesellschaftlichen und politischen Kontexten entwickelt worden. Weil es im Zuge des konziliaren Prozesses zu einer tiefgreifenden Neuorientierung gekommen ist, ist die Bezeichnung „Wende" oder „Kehre" berechtigt. Das traditionell apologetische Modell in der Wahrnehmung der anderen Religionen, das stark von Fragen der Inkulturation und Assimilation im Kontext der Christianisierung geprägt war, weicht einem dialogisch-verstehenden Modell anerkannter und ermöglichter Freiheit der anderen. Dabei dominiert die Absicht, das Gemeinsame zu betonen.

1. Die asiatischen Traditionen: Hinduismus und Buddhismus

Von einer lehramtlichen Beurteilung, die über allgemeine Aussagen zu den Religionen hinausgeht, kann vor dem Konzil hinsichtlich der asiatischen Religionstraditionen nicht die Rede sein.[93] Abgesehen von der Sonderfrage der Thomaschristen kommt es zu einer wirklichen Begegnung zwischen Christentum bzw. Katholischer Kirche und indischen Religionen erst im Zusammenhang der neuzeitlichen Missionsgeschichte und deren Strategiekonflikten. De Nobili SJ (1577–1656) nahm in seiner Verkündigung indische Traditionen nicht nur intellektuell, sondern auch existentiell auf. Seine Inkulturationsmethode, die von den Jesuiten in anderen asiatischen Ländern, v. a. China, aufgegriffen wurde, fand im Ritenstreit 1704–42 wegen der Praxis der Ahnenverehrung ihr Ende.[94]

Seit dem 19. Jahrhundert kommt es zu einer neuen christlichen Begegnung mit dem Hinduismus, da viele Vertreter des Neohinduismus englisch erzogen und mit der westlich-christlichen Tradition vertraut wurden. Diese, vor allem Mahatma Gandhi, haben wiederum eine große Ausstrahlungskraft auf das christliche Selbstverständnis. Eine christliche Theologie mit Kategorien der indischen Tradition entwickelte sich erst nach dem Konzil und wurde durch europäische Theologen, z. B. Josef Neuner SJ, angestoßen. Die Missionsgeschichte Asiens, und da-

---

[93] Siehe: DH, S. 1571 f. (der systematische Index von DH kennt nur Aussagen nach NA). Siehe die einschlägigen Artikel in: Rzepkowski, Lexikon der Mission.
[94] Siehe: LThK³ 8, 1202 f.; Li, Die christliche China-Mission. Zur neuen Sicht dieses Streites im Bewusstsein von Fehlern und Begrenztheiten siehe: Johannes Paul II., Wege der Verständigung.

mit auch die Wahrnehmung der anderen Religionen, bleibt aber von tiefen Polemiken und schwerwiegenden Konflikten bestimmt, die in engem Zusammenhang mit der kolonialen Fremdherrschaft stehen.[95]

2. Die Beurteilung des Islams zwischen christologischer Häresie und neuer Religion

Die Begegnung mit der jüngsten monotheistischen Offenbarungsreligion war von Anfang an geprägt von staatlichen und gesellschaftlich-kulturellen Konflikten und Kriegen, die mit den Begriffen „djihad" und „Kreuzzug"[96] eine symbolisch-kritische Bedeutung über den speziellen religiösen Bereich hinaus gewonnen haben. Für das bestimmende Islambild blieb die europäische Erfahrung vorherrschend. Eine Theologie des Islams wurde auch in jenen Kirchen, die innerhalb des islamischen Herrschaftsbereiches lebten, vor dem 20. Jahrhundert nur mit stark polemischem Akzent entwickelt.[97] Nichts zeigt deutlicher, dass jeder Dialog der Religionen eine eminent politische Seite und die Hypothek der Vergangenheit zu bewältigen hat.[98]

Die ersten Begegnungen gehen auf die Zeit des Propheten Muhammad zurück. Auch dürfen Verbindungen für die erste Zeit der islamischen Entwicklung mit christlichen Gruppen angenommen werden.[99] Der Konflikt wird vom Anspruch Muhammads ausgelöst, alle, die an den einen Gott glauben, in einer Gemeinschaft zusammenführen zu sollen (Koran 5, 48 ff.). Er verstand sich in Medina

---

[95] Von Brück – Lai, Buddhismus und Christentum, kennen z.B. für die Begegnung zwischen Buddhismus und Christentum fast ausschließlich Erfahrungen aus dem 20. Jahrhundert. Die Schwierigkeiten, ein angemessenes christliches Verständns des Buddhismus zu entwickeln, diskutiert: Schmidt-Leukel, Den Löwen brüllen hören.
Bemerkenswert jedoch sind die Gemeinsamkeiten zwischen nestorianischen Christen und Buddhisten durch die gemeinsame Verfolgungszeit (109). Hervorzuheben sind auch die Disputationen zwischen den Jesuitenmissionaren, v.a. Matteo Ricci († 1610), und den Buddhisten, die nach dessen Tod polemisch weitergeführt wurden. Nach längerem Schweigen wurden sie erst wieder im 19. Jahrhundert aufgenommen (ebd. 111–115). Bei Ricci verbindet sich christliche und konfuzianische Kritik am Buddhismus. In seiner Beziehung zum Konfuzianismus wiederum wirkt sich die Natur-Gnade-Differenz in doppelter Weise aus. Zum einen konnte er auf „natürlicher Ebene" die chinesische Kultur hochschätzen, zum anderen sah er die Notwendigkeit ihrer Vollendung durch die Gnade, d.h. durch das Evangelium; vgl. Hoffmann – Hereros, Matteo Ricci.
[96] Tibi, Kreuzzug und Djihad.
[97] Siehe: Caspar, La religion musulmane 207–212; Renz, Der Mensch unter dem An-Spruch Gottes 27–62; Waardenburg, Islamisch-christliche Beziehungen 70–98; Khoury, Der theologische Streit der Byzantiner; Anawati, Zur Geschichte; Raeder, Der Islam und das Christentum 131–200.
Viele Vorurteile stammen aus diesem Kontext. So lehrte z.B. Niketas von Byzanz, dass Muhammad die Menschen zur Teufelsanbetung verführe (Khoury, Der Streit der Byzantiner 23). Zur Gesamtentwicklung siehe: Yannoulatos, Der Dialog mit dem Islam aus orthodoxer Sicht. Renz, Der Mensch unter dem An-Spruch Gottes, gibt einen Überblick über die Stellungnahmen verschiedener christlicher Kirchen zum Islam.
[98] Siehe: Was jeder vom Islam wissen muß (Literatur!). Auch: Cardini, Europa und der Islam (Literatur: 295 f.).
[99] Ess, Theologie und Gesellschaft.

nicht nur als Prophet der Araber, sondern als Gesandter Gottes für alle Menschen. Die arabische Expansion nach dem Tode Muhammads (632) wurde einerseits von jenen christlichen Gruppen, die wegen christologischen Differenzen im byzantinischen Reich verfolgt wurden, als Befreiung begrüßt, andererseits beginnt mit der Eroberung Spaniens, dem Eindringen in Südfrankreich und dem Griff nach Konstantinopel ein Dauerkonflikt zwischen Europa und dem arabisch-islamischen Orient. Als Schutzbefohlene, die eine Sondersteuer zu bezahlen hatten, konnten die Christen zwar nicht in die obersten Machtränge aufsteigen, sie genossen aber eine rechtlich verankerte (eingeschränkte) Toleranz, die es ihnen auch ermöglichte, hohes Ansehen am Hof des Kalifen zu erringen.[100]

Das traditionelle theologische Urteil über den Islam beurteilte diesen seit Johannes von Damaskus (675–749), der den Islam auch durch seinen Vater aus erster Hand kannte, nach innerchristlichen Maßstäben, indem er ihn mit der definierten christologischen Lehre der Konzilien vergleicht.[101] Die Verkündigung des Propheten Muhammad und die Lehre des Koran wird im Horizont der arianischen Häresie als christologische Fehlentwicklung gelesen und in die Logik der die Kirche vernichten wollenden Mächte durch die apokalyptische Figur des Antichristen eingereiht.[102] Als Standardmodell christlicher Apologetik entwickelte sich die Methode, die Gottheit Jesu aus dem Koran zu beweisen. Der eigene Anspruch wird aus den Quellen des Gegners zu erweisen versucht. Die geschichtliche Konfrontation der europäischen mit der arabisch-islamischen und später mit der osmanisch-islamischen Kultur blieb bis in die Kolonialzeit des 19. und 20. Jahrhunderts bestimmend.[103] Trotz dieser Konfrontation ereignete sich ein

---

[100] Deshalb konnten sich viele nach Chalkedon als häretisch eingestufte Kirchen unter islamischer Herrschaft, z. B. in Syrien bis heute, halten. Ein Sonderfall stellt die Lage in Spanien vor 1492 dar, in der im Rahmen der islamischen Gesellschaftsordnung es zu einer Begegnung von Juden, Christen und Muslimen kam. Es ist dabei zu beachten, dass die Lehrtradition Granadas von den muslimischen Kernlanden nicht anerkannt worden ist und diese (mitunter höchst) eingeschränkte Toleranz stets unter dem Vorzeichen der Geltung islamischer Herrschaft stand (Khoury, Toleranz).

[101] „So kann die Geschichte der intellektuellen und theologischen Beziehungen zwischen dem christlichen und islamischen Denken bis zu einem gewissen Grad gelesen werden als die Geschichte der Flucht vor der Realität des anderen (Islam) oder als Geschichte seiner Repression" (Troll, Umstrittener Islam 106). Siehe dazu aus protestantischer Tradition: Leuze, Christentum und Islam 1–20; Schirrmacher, Der Islam 2, 318–347.

[102] Diese Wirkung ist nicht nur bei Petrus Venerabilis (1092–1156), der als Abt von Cluny den Koran erstmals ins Lateinische übersetzen ließ, festzustellen, sondern findet sich sporadisch bis vor dem Konzil. Robert Caspar berichtet davon, dass einer seiner christlichen Kollegen eine Vorlesung über den Islam in Tunesien mit den Worten begann: „Der Islam ist eine teuflische Religion und gar eine besonders teuflische. ... Wenn man auch nicht leugnen kann, dass der Koran einige wahre und positive Elemente enthält, so ist genau dies eine teuflische List. Satan verkleidet sich, um die Seelen zu verführen. Die Sufis nennen das talbis iblis: ,die Täuschung Satans'" (Casper, R., Une rencontre avec l'Islam. Evolution personelle et vision acutelle, in: Spiritus 32 [2/1991] 15–25, hier 16; zitiert nach Troll, Umstrittener Islam 109). Den kulturgeschichtlichen Kontext der ersten Begegnung mit ihren Nachwirkungen bis heute analysieren Colpe (Problem Islam 15–105) und Waardenburg, Islamisch-christliche Beziehungen.

[103] Zusammenfassend: Was jeder vom Islam wissen muß 176–189. In dieser Zeit entwickelten sich verschiedene Reformbewegungen innerhalb des Islams; vor allem jene, die heute als „fundamentalistisch" charakterisiert werden (Peters, Erneuerungsbewegungen).

reger kultureller Austausch auf allen Ebenen, der beide Kulturen hintergründig miteinander verflochten hat.[104] Die Vermittlung der unbekannten Teile der aristotelischen Philosophie im Mittelalter sind hier ebenso zu nennen wie Einflüsse auf fast allen Ebenen der Wissenschaft und Kultur.

Im 19. und 20. Jahrhundert sind in kolonialer Diktion noch die alten Vorstellungen gegenwärtig. Aussagen von Kardinal Charles Lavigerie (1825–1892), Gründer der Missionsgesellschaft der Weißen Väter und Weißen Schwestern und Erzbischof von Algier, mögen hierfür repräsentativ sein.[105] Aber auch neue Ansätze und Erkundungen entstehen, die für das Konzil von ausschlaggebender Bedeutung wurden. Ebenso bedeutsam wurde die religionswissenschaftliche Erforschung der islamischen Welt in der Orientalistik, die ein originäres Bild des Islam, und vor allem seiner Gründungsgestalt, des Propheten, allmählich entwickeln konnte. Für den Konzilsprozess wird von Bedeutung, dass jene christlichen Kirchen wirklich gehört wurden, die als Minderheit seit dem 8. Jahrhundert unter Muslimen lebten.[106] Diese Gruppen haben in der Konzilsaula deutlich ihre Stimme erhoben, aber damit auch einen anderen noch älteren Konflikt und Dissens verschärft: die prekäre Beziehung der Kirche zum Judentum.

3. *Mehr als „Perfidi Judaei": Kirche und Judentum*

Ein angemessenes Verständnis des Konzilstextes weiß um die hohe Normativität des konziliaren Prozesses. Weil NA aus einer Erklärung allein zum Judentum enstand, ist diese Wurzel der Erklärung von höchster Bedeutung für das Gesamtverständnis des Dokuments. Die Veränderung der Karfreitagsbitte durch Papst Johannes XXIII. war das deutlichste Zeichen vor dem Konzil,[107] das mit Recht

---

[104] Einen Überblick bieten: Hunke, Allahs Sonne über dem Abendland. Das komplexe Verhältnis wird beschrieben bei: Cardini, Europa und der Islam.

[105] Die gesamte islamische Welt wird von ihm in verschiedenen Reden vor den Soldaten der Kolonialmacht Frankreich mit dem Begriff „Barbarei" beschrieben (L'Armée et la Mission de la France en Afrique. Ansprache an die Armee vom 25. April 1875, zitiert in: Mérad, Charles de Foucauld 90 f., Anm. 15; siehe allgemein: Gstrein, Der Karawanenkardinal). In seinen Kampf gegen die Sklaverei und für den Aufbau einer afrikanischen Kirche mischten sich immer auch koloniale europäische Überlegenheitsvorstellungen, die sich auch von der Aufklärung her motivierten. Dass der Islam keine Zukunft habe, war seit Beginn des 19. Jahrhunderts die generelle Meinung Europas und der europäischen Kirchen und Missionsgesellschaften, auch wenn einzelne Missionare und Personen ihm höhere Wertschätzung entgegenbrachten und Gegner der Kolonialpolitik waren (Was jeder vom Islam wissen muß 187). So gründete nach der Edinburgher Missionskonferenz (1910) Samuel Zwemer die Zeitschrift „The Muslim World" (1911), in der sich die unterschiedliche Einschätzung der islamischen Welt bis heute ablesen lässt.

[106] Dabei ist bemerkenswert, dass diese Stimmen erst im Konzil deutlich wurden. Von wenigen Ausnahmen abgesehen, ist ein völliges Schweigen der Bischöfe aus den traditionell muslimischen Ländern in der Vorbereitungsphase zu diesem Thema zu konstatieren (Caspar, La religion musulmane 201 f.; v. a. Fußnoten 4 u. 5).

[107] Die Veränderung der Karfreitagsbitten kann als Modell des Dialogs und als Beispiel tiefgreifender Lehrveränderung der Kirche angesehen werden. Mit der liturgischen Reform, die auch die Taufformel und das Weihegebet an das Herz Jesu umfasste (siehe: Pesch, Das Zweite Vatikanische Konzil 292), hat die Kirche ihre Haltung (habitudo), von der NA spricht, schon vorab zum Ausdruck gebracht.

große Erwartungen an das Konzil auslöste. In der öffentlichen Debatte um das Gelingen des Konzils gewann NA 4 ausschlaggebende Bedeutung. Nirgends wird deutlicher als hier, dass die Erneuerung der Kirche ein schmerzlicher Prozess ist. Denn in Bezug auf das Judentum ist jene Haltung, die das Konzil als „habitudo" der Kirche beschreibt, in der Geschichte kaum erkennbar geworden. Von NA her gesehen muss von einem „performativen Selbstwiderspruch" im Verhältnis zwischen dem Wesen der Kirche und ihrem konkreten Verhalten gesprochen werden. Die besondere Verbundenheit zwischen Juden und Christen war vielfach Grund von Konflikt und Zerstörung, selten fruchtbares gemeinsames, wenn auch unterschiedlich gedeutetes und bezeugtes Erbe.

a) Zur Unheilsgeschichte einer missglückten Beziehung

Die Konzilsväter sahen sich konfrontiert mit „knapp zwei Jahrtausenden des gegenseitigen Misstrauens, der gegenseitigen Beschuldigungen sowie des offenen Hasses und der Diffamierungen sowohl in theologischer als auch in gesellschaftlicher und politischer Hinsicht"[108], in denen das jüdische Volk seiner theologischen und vielfach auch seiner realen Existenzberechtigung beraubt wurde. Die traditionelle theologische Substitutionstheorie, die die Wahrnehmung der Kirche in allen ihren Gliedern und Ämtern prägt, kann in folgender Weise zusammengefasst werden: Weil die Juden am Tod Christi wesentlich Schuld tragen („Gottesmörder"), sind sie von Gott in alle Welt zerstreut worden. Der Bund Gottes mit den Menschen ist auf das neue Volk Israel, das die Kirche darstellt, übertragen worden, wodurch Israel seine Verheißung verloren hat. Nach dieser traditionellen Position verstehen sich die Christen als die wahren Juden dem Glauben nach.[109] Das gegenwärtige Judentum diente nur zur pädagogischen Illustration christlicher Überlegenheit. Der entscheidende Schritt von NA wird darin bestehen, dass die Kirche in ihrer Herkunft und damit in ihrer Identität unabweisbar an das Volk Israel verwiesen und das aktuelle Judentum als konstitutiver Gesprächspartner einbezogen wird.

Die Erfahrung der versuchten Vernichtung des europäischen Judentums durch den Nationalsozialismus forderte das Konzil unabweisbar dazu auf, die eigene Verantwortung auf dem Hintergrund eines traditionellen christlichen Antisemitismus[110] zu sehen und die Beziehung zum Volk Israel von der Wurzel her zu

---

[108] Vonach, Kirche und Synagoge 31. Niewiadomski, Die Juden, klärt den Zusammenhang zwischen dem Neuen Testament und den Kirchenvätern. Aus der umfangreichen Literatur, die in der Mehrheit nach dem Konzil entstanden ist, sei verwiesen auf: Thiede - Stingelin, Die Wurzeln des Antisemitismus; Weinzierl (Hg.), Christen und Juden; Dietrich (Hg.), Antijudaismus im Neuen Testament; Dautzenberg u. a., Art. Antijudaismus, Antisemitismus (Lit.!); Amersfoort – Oort (Hg.), Juden und Christen in der Antike. Einen konzentrierten Überblick bei: Henrix, Judentum und Christentum 21–81.
[109] Die Rede von einem durchgehenden christlichen Antijudaismus lässt sich nicht im modernen Sinne anwenden, da der christliche Glaube gerade die jüdische Glaubensidentität als Volk des Bundes für sich beanspruchte.
[110] Siehe: Bendel (Hg.), Die katholische Schuld?; Ginzel (Hg.), Antisemitismus. Umfassend be-

bedenken. Schematisch lassen sich drei Stufen unterscheiden, die die „Un-Beziehung" zwischen Kirche und Synagoge unheilvoll prägen.[111] Im Neuen Testament sind polemische Aussagen zum Judentum, insbesondere im Johannesevangelium, festzustellen, die den allmählichen Ablösungsprozess des jungen Christentums von seiner jüdischen Herkunft bezeugen.[112] Die zweite Stufe bilden die ‚Adversus-Iudaeos-Texte'[113] der Kirchenväter, die zunächst eine reale Auseinandersetzung und Kontroverse dokumentieren, später jedoch zu klischeehaften Polemiken und entsprechenden jüdischen Antworten ohne direkte Beziehung degenerieren. Gerade weil sie auch in diesem Stadium in der literarischen Form des Dialogs oder der Disputation geschrieben wurden, sind sie Dokumente eines verweigerten oder zerstörten Gesprächs.[114] Diese führten zu oder bestärkten Verdächtigungen und Verleumdungen, die sich z. B. künstlerisch im Gegensatzpaar Kirche und Synagoge[115], in der Volksfrömmigkeit in den Ritualmordlegenden[116] und gesellschaftspolitisch in verschiedenen Stigmatisierungen mit den entsprechenden Stereotypen und blutigen Verfolgungen äußerten. Die Kleiderordnung des vierten Laterankonzils, die Pogrome in Krisenzeiten, die Vertreibung oder durch massiven Druck bewirkte Taufe der Juden nach der Eroberung Granadas 1492 in Spanien sowie vielfältige Diskriminierungen und Einschränkungen in Europa bis zur Toleranzgesetzgebung der Aufklärung sind die in der Erinnerung zu Buche schlagenden antijüdischen Maßnahmen in christlichen Gesellschaften.[117]

Die christliche Theologie hatte keine Antwort auf die Frage der Bedeutung des gegenwärtigen Judentums in der einen Heilsgeschichte. Sie wurden auch deshalb zum gesellschaftlichen Sündenbock. Damit ist der Vernichtungswille des Natio-

---

handelt das Thema des Antijudaismus in der Geschichte: Poliakov, Geschichte des Antisemitismus.
[111] Eine erstaunliche Tiefenschicht der Beziehung trotz aller Ressentiments weisen nach: Thoma, Die theologischen Beziehungen; ders., Das Messiasprojekt; Maier, Jesus von Nazareth; ders., Jüdische Auseinandersetzung.
[112] Siehe: Vonach, Kirche und Synagogie 21 ff. Als klassische Stellen gelten: 1 Thess 2, 14–16; Mt 27, 20–26; Joh 8, 37–47. Siehe hierzu: Walter Dietrich u. a. (Hg.), Antijudaismus im Neuen Testament. Der Anfang einer unseligen Tradition, Stuttgart – Berlin – Köln 1999.
[113] Schreckenberg, Die christlichen Adversus-Judaeos-Texte.
[114] Konkret wird dieses Unverhältnis in scheinbaren Dialogen oder gar Zwangspredigten, den Kleiderordnungen und der Ghettoisierung, die allmählich erst im 19. Jahrundert überwunden wurden.
[115] Jochum, Ecclesia und Synagoga.
[116] Buttaroni – Musial, Ritualmord. Eine genaue Untersuchung der Pogrome im 14. Jahrhundert bei: Graus, Pest – Geissler – Judenmorde.
[117] Die Erklärung der Religionsfreiheit in der amerikanischen Verfassung (1776) garantierte erstmals in der neueren Geschichte den Juden uneingeschränkte religiöse und bürgerliche Rechte. Davon zu unterscheiden sind die eher zaghaften Versuche im aufgeklärten Europa dieser Zeit. Die Judenpolitik Friedrichs II. (1740–1786) wollte hohe Abgaben erzielen und sie stärker an den Staat binden. Das Toleranzpatent (2. 1. 1782) von Kaiser Joseph II. stellt zwar den ersten praktischen Versuch in der Judenemanzipation dar, hatte aber wesentlich staatspolitische Interessen. Erst die Nationalversammlung in der französischen Revolution gewährte am 28. 9. 1791 die vollen Rechte, die dann allmählich in anderen Ländern Europas eingeführt wurden (Ehrlich, Geschichte der Juden 72 f. 77 f. 78). Insofern die amerikanische Verfassung von Christen geschaffen wurde, ist das Verhältnis von Christentum und Volk Israel als vielschichtig anzusehen.

nalsozialismus noch nicht erklärt, weil hier auch vulgärer Darwinismus, Rassentheorie, der Wille der Moderne, einen neuen Menschen zu schaffen, und die Vorstellung vom „unwerten Leben" wirksam wurden. Dennoch hat diese lange Geschichte des Misstrauens und der Verachtung ihren Anteil an der Katastrophe des 20. Jahrhunderts.[118] Heute werden dafür vor allem die antijüdischen restaurativen Maßnahmen Pius IX. nach 1848 und andere Beispiele des alltäglichen katholischen Antijudaismus im 19. Jahrhundert als Beispiele diskutiert.[119]

b) Kirche und Schoa

Neben der Tatsache, dass bis 1933 eine Mitgliedschaft in der NSDAP für Katholiken verboten war[120], ist die ausdrückliche Verwerfung des Antisemitismus durch

---

[118] Einen Überblick bietet: Was jeder vom Judentum wissen muß 151–168; und bei: Blaschke – Mattioli (Hg.), Katholischer Antisemitismus. Erst in den nachkonziliaren theologischen Arbeiten zum Judentum wird diese Geschichte aufgearbeitet und in einen neuen theologischen Rahmen gestellt. Das Hauptversäumnis wird in einer mangelhaften Theologie des Judentums gesehen, die sich in folgendem Satz zusammenfassen ließe: „Die Juden haben Jesus umgebracht. Dieser Satz war fast der einzige Inhalt einer ‚christlichen Theologie des Judentums'. Durch ihn sah man den christlichen und theologischen Antisemitismus gerechtfertigt" (Mußner, Traktat 11). Sehr differenziert argumeniert Flusser (Einleitung [Thoma]) ohne von der Verantwortung abzulenken und den gleichen wunden Punkt wie Mußner hervorzuheben: „Der einfache Christ – sehr oft sogar der kirchliche Würdenträger – hat erstens nicht gewusst, dass der Kern des Christentums, wie auch des Judentums, die Nächstenliebe ist. Zweitens war es damals den meisten Christen kaum bewusst, dass es überhaupt eine jüdische Komponente im Christentum gibt. ... Aber damals war dem Duchschnitts-Christen kaum bewusst, dass Jesus, Petrus und Paulus Juden waren! Die Schuld trifft die damaligen Theologen, Hirten und Religionslehrer, die über die jüdische Natur des Christentums uninformiert waren" (ebd. 9). Deshalb wurden die Christen schläfrig. Siehe auch: Thoma, Christliche Theologie 12; v. a. 241–245.
[119] Siehe zur Gesamtübersicht der Juden in Rom: Brechenmacher, Das Ende der doppelten Schutzherrschaft; ders., Der Vatikan und die Juden. In dieser aus den Quellen erarbeiteten Untersuchung wird überzeugend nachgewiesen, wie die traditionelle, auf der dogmatischen Vorgabe beruhenden, Politik der Päpste (Schutz der Christen vor dem vermeintlich negativen Einfluss der Juden und Schutz der Juden vor christlichen und anderen Übergriffen) sich in der Moderne immer mehr von ihren dogmatischen Vorgabe löste und im Kontext der Toleranzgesetzgebung zudem seine politische Plausibiliät verlor. Im Kontext einer allgemeinen defensiven Einstellung trat im faktischen Verhalten das dogmatische Prinzip (Schutz des Volkes des Bundes) in den Hintergrund. Ein neues Verhältnis zu etablieren, war bis ins zwanzigste Jahrhundert hinein nicht möglich. Dadurch wurde die Kirche auch anfällig für die Formen des modernen Antisemitismus. Dies zeigt sich deutlich am ambivalenten Verhalten von Papst Pius IX., der stark von einem grundlegenden Antimodernismus geprägt war. Er schaffte einerseits zwar die entwürdigende Huldigungszeremonie auf dem Kapitol und die Zwangspredigt ab, ließ 1848 die Mauern des Ghettos, die Papst Paul IV. 1555 errichten ließ, niedereißen und rief während der Tiberüberschwemmung zur selbstlosen Hilfe auf. Doch änderte sich seine Haltung nach der Rückkehr 1850 im Kontext einer antiliberalen Haltung. Als Beispiel wird vor allem die Entführung von Edgaro Mortara 1858, der Sohn eines jüdischen Kaufmanns aus Bologna, der von einer Angestellten der Familie heimlich notgetauft worden sein soll, angeführt. Alle Proteste dagegen halfen nichts. Erst die liberale anti-katholische Einigung Italiens und der Fall des Kirchenstaates ermöglichte den jüdischen Bürgerinnen Grundrechte. Mattioli, Das letzte Ghetto, fasst weitgehend die frühere Literatur zusammen, ohne auf die Quellen wirklich zurückzugreifen.
[120] Am 25.8.1921 verabschiedete die Fuldaer Bischofskonferenz den Text „Winke betr. Aufgaben der Seelsorger gegenüber glaubensfeindlichen Vereinigungen" (Text bei: Corsten, Sammlung

das Heilige Offizium vom 25. März 1928 bedeutsam, auch wenn sie nicht die nötige Wirksamkeit, auch nicht in der Kirche, entfalten konnte. Bereits in ihr wird der Antisemitismus im Kontext des Hasses und der Feindschaft zwischen den Völkern verurteilt.[121] Im Jahre 1938, nach den Nürnberger Rassengesetzen, sagt Papst Pius XI., dass wir Christen „im geistlichen Sinne Semiten" sind, und deshalb der Antisemitismus nicht vertretbar wäre und Christen daran nicht teilnehmen könnten. Er anerkennt gleichzeitig auch das Recht auf legitime Selbstverteidigung in einer solchen Situation. Die Unvereinbarkeit des Antisemitismus mit dem christlichen Glauben müsse den Katholiken in jeder heiligen Messe bewusst werden, weil das Messopfer an das Opfer Abels, Abrahams und Melchisedechs erinnere. Und er ruft aus: „Bedenkt, dass Abraham, unser Patriarch, unser Vorfahr genannt wird."[122] Trotz dieser deutlichen Abgrenzung, des Widerstands und solidarischen Handelns mit jüdischen MitbürgerInnen von Einzelnen waren die Kirche(n) und die ChristInnen nicht in der Lage, die Maßnahmen gegen ihre verfolgten jüdischen MitbürgerInnen, auch wenn sie z. B. zum Christentum konvertiert waren, wirklich entgegen zu wirken. Eine Beurteilung dieser historischen Tatsache hat neben der Struktur diktatorischer Herrschaft auch zu beachten, dass der Sicherheitsdienst der SS die römisch-katholische Kirche als ihren gefährlichsten weltanschaulichen Gegner betrachtete, den sie deshalb vor allem im „politischen Katholizismus" mit allen Mitteln zu bekämpfen suchte.[123]

Die Ursachen für das unzureichende bis schuldhafte Verhalten der Kirche in

---

619–624). Die grundlegende Aussage lautet: „Niemals darf es heißen, die Kirche habe sich mit irgendeiner glaubensfeindlichen Partei abgefunden" (ebd. 619). War dieser Text noch allgemein gehalten, aber in der seesorgerlichen Konsequenz deutlich, so ist die erweiterte Fassung der „Winke" vom 5.8.1931 deutlicher. Sie nennt den Nationalsozialismus ausdrücklich als unvereinbar mit dem christlichen Glauben trotz scheinbar glaubensfreundlicher Taktiken (Text bei: Volk, Der Bayerische Episkopat 32). Das Problem entstand aber durch die Diskussion um das Mitläufertum unter dem begrifflichen Konzept der „bona fides". Generalvikar Mayer von Mainz bekräftigte 1930 öffentlich, dass kein Katholik Mitglied in der NSDAP sein könne (zur höchst kontroversen Diskussion innerhalb des deutschen Episkopats siehe: Volk, ebd. 22–49). Dass dieses Verbot nicht ohne Wirkung war, zeigt bereits das Ergebnis der Reichtstagswahlen von 1932 und 1933 im Vergleich zur Konfessionszugehörigkeit (siehe: Hürten, Deutsche Katholiken, Innenseiten des Einbandes).

[121] „In dieser Liebe hat der Apostolische Stuhl dieses Volk (der Juden) gegen ungerechte Verfolgung geschützt, und wie er allen Haß und alle Feindschaft unter den Völkern verwirft, so verurteilt er ganz besonders den Haß gegen das einst auserwählte Volk Gottes, nämlich jenen Haß, den man gewöhnlich Anitsemitismus nennt" (AAS 20 [1928] 230; übersetzt nach: Mayer, Neueste Kirchenrechtssammlung 230). Das Wörtchen „einst", das aus der vorkonziliaren Karfreitagsbitte stammt, ist das Textsignal der klassischen Substitutionstheorie.

[122] Ansprache an einen belgischen Pilgerzug am 6.9.1938. Veröffentlicht in: La Libre Belgique vom 14. September 1938 und in: La Documentation Catholique 39 (1938) Sp. 1460, zitiert nach: Bea, Die Kirche und das jüdische Volk 12 f., Anm. 2.

[123] Besier, Die Kirche und das Dritte Reich. III. 167 ff.; Dieker, Himmlers Glaubenskrieger, bes. 173 ff.335 ff.504 ff. Quellengrundlage sind die Akten und Dokumente Deutscher Bischöfe in den Veröffentlichungen der Kommission für Zeitgeschichte: Akten Deutscher Bischöfe über die Lage der Kirche 1933–1945, Bde. I–VI, Mainz 1968–1985. Dass Geistliche als politisch gefährlich eingeschätzt werden, führt zu einer fast durchgehenden staatspolizeilichen Beobachtung und Kontrolle. Hehl (Hg.), Priester und Hitlers Terror, dokumentiert 12000 Fälle. Neben Juden, Kommunisten und Freimaurern wurden die Geistlichen als wichtigster Staats- und Volksfeind eingeschätzt (ebd. Bd. I, 78).

dieser Situation werden bis heute diskutiert.¹²⁴ Zwei Fragen werden dabei an die Kirchen gestellt: Hat der traditionelle christliche Antisemitismus dieses Unglück mitverursacht und ist er daher mitverantwortlich für den Erfolg der antisemitischen Propaganda des Naziregimes?¹²⁵ Haben die kirchlichen Amtsträger, insbesondere Papst Pius XII., alle ihre Möglichkeiten ausgeschöpft, das Unheil zu stoppen? Mit Hochhuths Drama „Der Stellvertreter" wird diese Frage öffentlichkeitswirksam dominant und verändert das Bild des Papstes, dem bis zu seinem Tode hohes Ansehen auch von Seiten der Verantwortlichen Israels und der jüdischen Weltgemeinschaft entgegengebracht worden war, schlagartig bis heute.¹²⁶

Heinz Hürten analysiert auf vielfältige Weise die Entwicklung der Deutschen Katholiken bis 1945 und trägt unterschiedliche Perspektiven zusammen. Er meint: „So war die Kirche zwar die letzte noch unbezwungene Gegenmacht des Regimes, aber sie wirkte ihm nicht immer und überall entgegen. Die Gründe dafür sind vielfältig: die Ansicht, dazu nicht berufen zu sein; die Sorge, durch offenen Konflikt um den letzten Rest von Handlungsmöglichkeiten gebracht zu werden, der doch für das Heil der Menschen unverzichtbar war; die Furcht vor dem Schicksal, das ihre Getreuen treffen könnte; unzureichende Erkenntnis von den Gefahren, die ihr selbst drohten, wenn sie den Konflikt hintanhielt; der Eindruck von der Unaufhaltsamkeit des apokalyptischen Schreckens; Teilhabe an Gesinnungen und Überlieferungen und schließlich auch menschliche Schwäche."¹²⁷ Für einen Kommentar zum Konzil ist jedoch wichtig, den ekklesiologischen Aspekt deutlich zu sehen. Mit der Judenverfolgung wurde der Kirche die Antwort auf die Frage nach der grundlegenden Definition ihres Auftrages in der Gegenwart abverlangt: „Die Frage war, ob sich die Sorge der Bischöfe auf die beschränken musste, die ihnen als Gläubige anvertraut waren, oder ob es der Kirche nicht auch aufgegeben war, die weltliche Herrschaft an die Grenzen ihre Vollmacht zu erinnern, Recht und Moral als Grundnormen der Gesellschaft gegen jeden Angriff zu verteidigen."¹²⁸

---

¹²⁴ Siehe: Scholder, Die Kirchen und das Dritte Reich, Bde. 1–3; Gotto - Repgen (Hg.), Die Katholiken und das Dritte Reich; Bendel (Hg.), Die Katholische Schuld? Ein besonderes Fallbeispiel bei: Liebmann, Theodor Innitzer.
¹²⁵ Rendtorff (Hg.), Arbeitsbuch Christen und Juden 225–232, weist das Weiterwirken antijüdischer Stereotype auf. Ein eindrückliches Beispiel, wie sich auf einer katholischen Kirchenkonferenz Hitler selber in seinem Antisemitismus auf 1500 Jahre katholischer Tradition beruft bei: Blaschke – Mattioli (Hg.), Katholischer Antisemitismus 45. In der Konzilsdebatte hält Heinrich Spaemann gegen die Aktionen Bischof Carlis fest: „Auschwitz ist die Verdichtung eines in seiner abgründigen Tragik nie wirklich erkannten zweitausendjährigen Prozesses schuldhaften Versagens von Getauften in der Bruderliebe" (Spaemann, VII d Msgr. Carli, Nr. 4). Und er fordert dezidiert, so wie es Papst Paul VI. gegenüber den getrennten Brüdern tat: „Die Ecclesia schuldet der Synagoge heute ein offenes Schuldbekenntnis" (ebd.).
¹²⁶ Bemerkenswert an diesem Phänomen ist, dass Hochhuth für die Aussage seines Stückes kein einziges historisches Faktum oder Argument vorbringt. Eine Gesamtdarstellung der Debatte bei: Sánchez, Pius XII. und der Holocaust. Gegen Hochhuths Drama behauptet Pinchas Lapide, auch auf der Basis jüdischer Dankesschreiben nach dem Tode Pius XII., dass der Papst mehere hunderttausend Juden gerettet hätte (Ders., Rom und die Juden 188).
¹²⁷ Hürten, Deutsche Katholiken 549f.
¹²⁸ Ebd., 503. Hürten sieht diese Frage vor allem bei Galen gestellt.

c) Anfänge eines neuen Verhältnisses zum Judentum

Eine neue Beziehung wird im 20. Jahrhundert durch Personen in sehr unterschiedlichen Situationen gestiftet. Dieses Verhältnis wird begleitet von der Entdeckung des Juden Jesus, vor allem von jüdischer Seite; künstlerisch[129] und religionsphilosophisch bzw. exegetisch.[130] Als zwei Grenzgänger der besonderen Art sind Franz Rosenzweig (1886–1926)[131] und Simone Weil (1909–1943)[132] zu nennen, die dem christlichen Glauben ganz nahe kamen, aber nicht konvertierten. Andere, wie Johann Oesterreicher (1904–1993) oder Gregory Brown konvertierten, hielten aber am Wert ihre jüdische Herkunft auch als Christen fest. Gerade diese Personen verpflichten die Kirche auf Dauer dazu, ein neues, d.h. biblisch getreueres Verhältnis zum Volk Israel zu erarbeiten. Daher bestätigen diese Personen nicht einfach das faktische Glaubensbewusstsein, sondern erweitern und verändern es. Diese Konversionen sind Zeichen gegen das Vergessen und Verzerren im Laufe von fast 2000 Jahren. So soll Edith Stein (1891–1942) zu ihrer Schwester beim Abtransport nach Auschwitz gesagt haben: „Wir gehen für unser Volk"[133]. Zu nennen sind auch die (doch zu) wenigen Zeugen, die für ihre jüdischen Nachbarn eingetreten sind. Dompropst Bernhard Lichtenberg (1875–1943)[134] ruft mitten in Berlin zum Gebet für die Juden auf. Gertrud Luckner (1900–1995), die den „Freiburger Rundbrief" gründete, riskierte als Caritasmitarbeiterin in Freiburg Leib und Leben für die Bedrängten. Sie wurde selber verhaftet und als politische Gefangene ins KZ eingeliefert[135]. Manche dieser Personen wurden zu Hauptakteuren des konziliaren Prozesses. Das Schicksal des jüdischen Volkes war ihnen ins Leben eingebrannt worden.

Erst in Kenntnis dieser vielschichtigen Stränge lassen sich die Stellungnahmen der großen christlichen Kirchen nach dem Zweiten Weltkrieg angemessen verstehen. Die ersten Äußerungen der großen christlichen Kirchen angesichts des Schreckens der Schoa sind unterschiedlich akzentuiert. Während die evangelischen Kirchen[136] eine ausdrückliche Schuld *der* Kirche bekennen, sind die katho-

---

[129] Ein frühes Zeugnis ist Liebermanns Bild vom 12-jährigen Jesus im Tempel (1879). Weil der Künstler Jesus in einer zeitgenössischen Synagoge und mit einer markanten Nase versah, löste er einen Skandal aus. Seit seinem prophetischen Bild „Die Weiße Kreuzigung" (1938) repräsentiert für Marc Chagall der Gekreuzigte das Schicksal des jüdischen Volkes.
[130] Die Arbeiten von Joseph Klausner (Jesus von Nazareth; Von Jesus zu Paulus) stellen auf der Basis der historisch-kritischen Methode Pioniertaten dar. Verschiedene Aussagen von Martin Buber über Jesus als Bruder im Glauben und Arbeiten jüdischer Gelehrten illustrieren jene Bewegung, die Ben-Chorim später „Heimkehr" nannte (Ben-Chorim, Heimkehr).
[131] Ein herausragendes Dokument eines neuen jüdisch-christlichen Dialogs stellt der Briefwechsel Rosenzweigs mit Rostenstock 1961 dar (Surall, Juden und Christen 159–259).
[132] Weil, Entscheidung zur Distanz.
[133] Zitiert nach: Hürten, Deutsche Katholiken 522.
[134] Ogiermann, Bis zum letzten Atemzug.
[135] Petuchowski, Gertrud Luckner; Wollasch, Betrifft: Nachrichtenzentrale. Wenn die Theologie Israels z.B. bei Karl Barth und Dietrich Bonhoeffer bedacht wird, dann ist das Erwachen des Israelgeheimnisses in der Kirche im 20. Jahrhundert ein ökumenisches Ereignis.
[136] Zu erwähnen sind neben der Stuttgarter Erklärung von 1945 (Rendtorff – Henrix, Die Kirchen und das Judentum 528f.) vor allem die Genfer Erklärung von 1946 und die Erklärung der Vollversammlung des ökumenischen Rates der Kirchen von 1948 (ebd. 324–329). Die Stuttgarter

lischen Stellungnahmen um eine deutliche Differenzierung bemüht.[137] Die Trauer um die Zerstörung und die unzähligen Toten, insbesondere in den Konzentrationslagern, der Dank über die Befreiung von entwürdigender Unfreiheit und die Analyse, dass dieses Unheil die Folge des gottlos gewordenen Menschen seien, bestimmen die Erklärungen. Die eigene Verantwortung wird nicht geleugnet. In dogmatischem Sinne wird jedoch „Kirche" nicht als Subjekt der Schuld genannt. Trotz verschiedener Einwände[138] wurde stets danach gefragt, inwiefern der christliche Antijudaismus für die Katastrophe von Auschwitz mitverantwortlich wurde. Jules Isaac hat diese Frage in einem „leidenschaftlichen Buch, das unter der härtesten Prüfung entstanden ist"[139], aufgearbeitet. Weil er für NA zu Beginn von ausschlaggebender Bedeutung war[140], und die Seelisberger Thesen entscheidend beeinflusst hatte, bleibt seine Position von besonderem Gewicht. Er sieht die christliche Verkündigung und Katechese im Blick auf die Juden als „Unterweisung in der Verachtung der Juden" und „als System der Herabwürdigung"[141]. Die darin zum Austrag kommende Rolle des Sündenbocks und der Menschenverachtung konnte selbst in einem antichristlichen Antijudaismus zur Wirkung kommen. Das Schicksal der Juden hätte sich, trotz des antiken Antijudaismus, erst nachdem das Christentum im vierten Jahrhundert Staatskirche wurde, radikal verschlimmert. Obwohl der auf Ausrottung hin zielende Rassenhass antichristlich sei, habe er sich auf christlichem Boden entfaltet und ein zweifelhaftes christliches Erbe in sich aufgenommen. Weil aber das Christentum seinem Wesen nach den Anitijudaismus ausschließe[142], fordert Isaac dazu auf der Wahrheit die Ehre zu

---

Erklärung spricht von einer „Solidarität der Schuld" und bekennt: „… aber wir klagen uns an, dass wir nicht mutiger bekannt, nicht treuer gebetet, nicht fröhlicher geglaubt und nicht brennender geliebt haben" (ebd. 528).

[137] In der Weihnachtsansprache 1949 lädt Pius XII. in einem Atemzug mit den nichtkatholischen Christen auch die Juden zum Heiligen Jahr 1950 ein. Es ist die erste päpstliche Äußerung in der Neuzeit, die das Judentum in einem ökumenischen Zusammenhang nennt (Rendtorff – Henrix, Die Kirchen und das Judentum 30f.).

[138] Siehe die Dokumentation der frühesten Äußerungen (Rendtorff – Henrix, Die Kirchen und das Judentum 233–240). Folgende Gründe können gegen eine Rede von einer Schuld *der* Kirche im dogmatisch strengen Sinne vorgebracht werden: Insofern die Kirche eine Weltkirche ist, ist mit dem Terminus nicht nur die deutsche oder europäische Kirche, sondern sind auch jene Glaubenden gemeint, die sich für die Befreiung Europas einsetzten, oder selber zu dieser Zeit verfolgt wurden (z.B. in Polen) oder an diesem europäischen Geschehen keine historische Verantwortung hatten (z.B. in Indien). Andererseits sei die Kirche gerade im analogen Kirchenverständnis des Konzils nicht nur die empirisch-soziologische Größe, sondern in unterschiedlicher Weise aussagbar: in ihrem Christusbezug, in der Form der unsichtbaren Kirche oder in ihrer von Gott in Christus und durch den Geist geheiligten Form, sowohl in der Zeit als auch in der Vollendung.

[139] Isaac, Jesus und Israel 11.

[140] Isaac, ebd. 465–467. Im 21. Lehrsatz (449) fordert er eine programmatische Erneuerung der christlichen Sicht des Judentums auf der Basis von Röm 11. Vehement fordert Isaac nach Auschwitz zu einer „Erneuerung, … Reinigung und … strengen Prüfung des Gewissens" (463) auf, weil sich für ihn der Schein des Krematoriumsofen von Auschwitz mit dem des Kreuzes vermengt. Charles Péguy – von der Dreyfußaffäre tief erschüttert – war mit Isaac seit 1897 befreundet und rang um ein neues Bild des Judentums (ebd. 28).

[141] Isaac, Hat der Antisemitismus 345.347.

[142] Isaac zitiert (ebd. 343) die genannte Aussage von Pius XI.

geben.¹⁴³ Die historische Beweisführung Isaacs muss theologisch weitergeführt werden. In der antijüdischen Tradition verstrickte sich die Kirche in einen Selbstwiderspruch und verfehlte ihre eigentliche Aufgabe, das Evangelium Jesu Christi treu zu bewahren. Trotz guter Argumente gegen alle Formen von Kollektivschuld liegt hier eine in Exegese, Verkündigung, Lehre und alltäglicher Praxis zum Ausdruck kommende Form struktureller Sünde vor, die als Schuld der Kirche bezeichnet werden darf. Da das Gedächtnis der Kirche auf Grund dieser Interpretationsgeschichte geprägt ist, sind auch jene Kirche und Glaubende in der Mitverantwortung, die nicht unmittelbar mit dem Verbrechen der Schoa verwickelt waren. Da sich der christliche Antijudaismus auf Stellen im Neuen Testament stützt, die nach der Trennung von Juden- und Heidenchristen nicht mehr als innerjüdische Kontroverse gelesen wurden, sondern gegen das Volk Israel, bleibt die Aufmerksamkeit für diese Gefährdung der Verkündigung des Evangeliums bestehen. Da es auch einen Antijudaismus ohne Juden geben kann¹⁴⁴ und die Debatte während des Konzils die Aktualität der Vorurteile bewies, ist auch der Begriff einer strukturellen Verantwortung angebracht.

Doch in der tiefsten Nacht zeichnete sich eine Wende ab. Der Beginn eines wirklichen Dialogs zwischen Christen und Juden entwickelte sich im Schatten der Schoa. Als Magna Charta für die verschiedenen Dialoggruppen und kirchlichen Lehräußerungen nach dem Zweiten Weltkrieg gelten die Seelisberger Thesen von 1947, die eine bemerkenswerte Wirkungsgeschichte entfalten. Sie werden vom Ökumenischen Weltrat der Kirchen (1948) aufgegriffen und in Schwalbach (1950) weitergeführt. In der Konzilszeit wurden sie von der Vollversammlung des Ökumenischen Rates der Kirchen in Neu Delhi (1961) rezipiert und von einer Konsultationsgruppe des Lutherischen Weltbundes (1964) bestätigt.¹⁴⁵ Die zehn Seelisberger Thesen, die von den Vorschlägen Jules Isaacs geprägt sind, verstehen sich als Wegweisung für die christliche Predigt und Katechese zum Judenthema. Alle wichtigen Themen, die das Konzil zu diskutieren hatte, finden sich darin: die bleibende Bedeutung des Bundes Gottes mit Israel und die Zurückweisung einer Verwerfung oder Verfluchung desselben, die Herkunft der Kirche aus dem Volk Israels, die Verantwortung von Christen und Juden in Beziehung zur Passion Christi. Insbesondere die Schwalbacher Erweiterung der Thesen von evangelischen und katholischen Theologen umfasst die Gesamtproblematik. Auf dieser Grundlage entwickelten sich unterschiedliche Gruppen, die für das Konzil bedeutsam wurden, weil sie aus ihrem theologischen Gewissen heraus eine Entwicklung vorbereiteten, ohne ein Konzil im Auge zu haben.¹⁴⁶

---

¹⁴³ Auf katholischer Seite nimmt er aufmerksam alle liturgischen Veränderung seit Pius XII., insbesondere die Veränderung der Karfreitagsbitten durch Johannes XXIII. als große Zeichen der Hoffnung wahr (ebd. 350–352).
¹⁴⁴ Das eindrückliche Beispiel des Pogroms in Kielce (Polen 1946) illustriert diese Logik erschreckend (Niewiadomski, Judenfeindschaft ohne Juden).
¹⁴⁵ Rendtorff – Henrix (Hg.), Die Kirchen und das Judentum 323–330.339–346.646–650. Das Seelisberger Treffen von Christen beider Konfessionen und Juden fand vom 30.7. bis 5.8.1947 in der Schweiz statt. Der Band dokumentiert erst 1971 (Pfingsttreffen in Augsburg) wieder einen Text eines gemeinsamen Treffens.
¹⁴⁶ Ein Überblick zur Gesamtgeschichte bei: Koschel (Hg.), Katholische Kirche und Judentum.

III. Religion als Gegenstand der Wissenschaften: die Bedeutung der Religionswissenschaft und der Beginn einer christlichen Theologie der Religionen

Die Religionswissenschaft erhebt den Anspruch, einen von der jeweiligen Glaubensüberzeugung, d. h. von Dogma, Bekenntnis und jeweiliger Praxis freien Zugang zum Religionsphänomen zu gewinnen. Dieser Anspruch im Horizont der europäischen Aufklärung nimmt das Christentum nicht aus, sondern beginnt vielmehr mit einem vom kirchlichen Dogma unabhängigen Zugang zum Christentum[147] und zum Phänomen Religion überhaupt. Von ihren Ursprüngen her ist die Religionswissenschaft, wie auch die europäische Religionsphilosophie, christentums- und kirchenkritisch.

Das Fach Religionswissenschaft entwickelte sich im 19. Jahrhundert aus vielfältigen Wurzeln: theologische, philologische, historische, psychologische und nicht zuletzt religionsphilosophische.[148] Auch christliche Theologen, vor allem Missionare, Historiker und Exegeten sind durch reiche Quellensammlungen, die bis heute unverzichtbar sind, daran beteiligt.[149] Insofern die Religionswissenschaft das aufgeklärte Wissenschaftsideal der Objektivität gegen die konfessionelle Theologie wendet, hat sie eine antitheologische Spitze. Doch sind auch die Religionswissenschaften dem Selbstreflexionsprozess des Wissenschaftsprozesses nicht enthoben, und mussten in dieser Entwicklung manche Überzeugungen revidieren.[150]

Die Arbeit der Religionswissenschaft und deren populäre Wirkung in der Ausbildung einer geistigen Atmosphäre stellen dem christlichen Glauben schwerwiegende Fragen:[151] Wie ist der Anspruch des Christentums auf Einzigartigkeit und Absolutheit angesichts der Vielfalt der Religionen und der besonderen religionsgeschichtlichen Entwicklung des Christentums selber aufrecht zu erhalten? Ist das Christentum nicht eine, vielleicht besondere, aber nicht grundsätzlich andere religiöse Ausdrucksform des Glaubens an einen unbegreiflichen Gott? Bedeutet Pluralismus Indifferenz und Relativierung?

Durch Übersetzungen, quellenkritische Editionen und hermeneutische Anstrengungen ermöglicht das Fach, besonders in seinen Spezialisierungen wie In-

---

[147] Vgl. Hjelde, Die Religionswissenschaft und das Christentum.
[148] Zur Genese und zum Anspruch der Religionswissenschaft siehe: Kohl, Geschichte der Religionswissenschaft.
[149] Als Beispiel ist die umfangreiche Arbeit zur Gottesidee von Schmidt zu nennen (Der Ursprung der Gottesidee).
[150] Zu diesen gehören vor allem: Die Vorstellung der Objektivität im Gegensatz zur Theologie, die sich einer bestimmten Religionstradition ausdrücklich verbunden weiß. Das Postulat einer Urreligion oder einer ursprünglichen religiösen Erfahrung, wie sie in der Religionsphänomenologie vorherrschte, in der Vielfalt der geschichtlichen Religionstraditionen. Die Anwendung der in der Aufklärung gewonnenen Kategorien auf außereuropäische Traditionen. Vor allem der Buddhismus hat sich hier als nicht integrierbar erwiesen. Gute Übersichten zur wissenschaftstheoretischen Entwicklung der Religionswissenschaft bieten: Stolz, Grundzüge; Hock, Einführung.
[151] Einen Überblick über das Verhältnis von Religionswissenschaft und Theologie bei: Hock, Einführung 162–170.

dologie, Orientalistik und Judaistik, einen von christlichen Kategorien unabhängigen Zugang zu den anderen Religionen. Die Methode beansprucht, mitunter auch gegen die Anhänger der jeweiligen Religion deren Herkunft und Anspruch angemessener beurteilen zu können, als es in deren Selbstauslegung möglich ist. Die Religionswissenschaft will mit ihrem methodischen Instrumentarium andere Religionen in ihrer gesamten kulturellen Vielfalt aus sich selbst heraus erschließen. Dabei kann, wie die jüngste Entwicklung es lehrt, die Wahrheitsfrage offen bleiben und nur nach der Funktion von Religion gefragt werden.[152]

Wenn auch nicht unmittelbar von der Religionswissenschaft als Fach hervorgerufen, obwohl sie dazu wesentlich beigetragen hat, ist eine weitere Entwicklung zu nennen: die Annahme eines anderen Heilsweges durch Einzelne, die von einer wachsenden Präsenz aller Religionen in den verschiedenen Kontexten begleitet wird.[153] Europa wird auf diese Weise zum „Missionsgebiet" aller großen Weltreligionen. Voraussetzung für diese Entwicklung ist die in der Aufklärung und ihrem Toleranzgedanken grundgelegte politische Ausgestaltung der Religionsfreiheit. Lessings Ringparabel aus seinem Stück „Nathan der Weise" kann bis heute als wirkmächtiges „Evangelium" dieser Haltung eingeschätzt werden.[154] Um 1900 können sich die nichtchristlichen Religionen in traditionell christlichen Ländern nicht nur allmählich entfalten, sondern gewinnen eine wachsende Anziehungskraft.[155]

---

[152] Vgl. Stolz, Grundzüge 9–33.
[153] Derzeit dürften global gesehen von diesem öffentlichen religiösen Pluralismus wohl nur die Kernlande des Islams eine Ausnahme bilden.
[154] Vgl. Kuschels Darstellung und theologische Rezeption des Modells (Vom Streit zum Wettstreit) mit der Kritik an dem im Grunde zynischen Gottesbild dieser Parabel bei Weß, Sind alle Religionen gleich wahr? 38–40.
[155] Im Kontext der Weltausstellung 1897 in Chicago kam es zum ersten Treffen der Vertreter der großen Weltreligionen im so genannten Parlament der Weltreligionen. Im gleichen Jahr in den USA ein Zweig der buddhistischen Mahabodhi Society. 1903 bzw. 1907 die ersten buddhistischen Vereinigungen in Deutschland und in Großbritannien. Dem Theravada-Buddhismus ist die Gründung der buddhistischen Gesellschaft für Deutschland von Georg Grimm und Karl Seidenstücker 1927 und das Buddhistische Haus in Berlin-Frohnau durch Paul Dahlke verpflichtet. Schopenhauer und Nietzsche beziehen sich als erste europäische Philosophen in ihrem Denken auf die buddhistische Tradition. Die Übersetzungsarbeiten von Thomas W. Rhys Davids (1843–1922), Hermann Oldenberg (1854–1920) und Karl Eugen Neumann (1865–1915) erschließen dessen Welt einem breiteren Leserkreis. Rhys Davids gründete die „Pali Text Society", die bis heute klassische buddhistische Texte ediert. Einfluss auf Rudolf Steiner und andere eher okkulte Strömungen gewann Helena Blavatsky (1831–1891), die 1875 in New York eine Theosophische Gesellschaft gründete. Der erste buddhistische Mönch aus dem Westen ist Allan Bennet Mc Gergor (1872–1923), der 1902 in Burma ordiniert wird. Nach dem Zweiten Weltkrieg verstärkte sich die Präsenz zweier neuer Richtungen im Buddhismus: Zen und Lamaismus. Der tibetische Buddhismus gründete nach der Eroberung Tibets durch China die ersten Klöster im Westen. Allein im Habsburger Reich und in Österreich genießt der Islam in Europa eine besondere staatsrechtliche Anerkennung. Die entsprechende Kundmachung im Bundesgesetzblatt (Nr. 164/1988) greift auf das Gesetz unter Kaiser Franz Joseph vom 15. Juli 1912 zurück. Sieht man von diplomatischen Sondergemeinden ab, so war der Islam in Europa bis zur Konzilszeit eher ein literarisches und kulturelles, bzw. wissenschaftlich-orientalistisches Phänomen. Nur wenigen Gruppen gelang es, die islamische Kultur aus ihr selbst heraus zu vermitteln. So übersetzte z.B. Friedrich Rückert, ein Mitbegründer der „Deutschen Morgenländischen Gesellschaft", den Ko-

1. Religionswissenschaft in der Akkomodationstheorie der Mission: Thomas Ohm OSB

Eine Integration der aufkommenden religionstheologischen Fragestellung findet in der systematisch-katholischen Theologie nach dem Ersten Vatikanischen Konzil nicht statt.[156] Auch wenn die Besinnung auf die Mission in irgendeiner Weise immer in der Theologie einen Platz hatte, gewinnt die Missionswissenschaft als eigenständige Disziplin im Kanon der katholischen Theologie erst eine Heimat, nachdem die Idee innerhalb der protestantisch-pietistischen Tradition Gestalt angenommen hatte.[157] Dass die Einrichtung eines „Institut(s) für Missionswissenschaft" in Münster vom Kultusministerium gefordert wurde, verweist auf den kolonialistischen Hintergrund.[158] Als besonders heikles Thema erwies sich in der Aufgabenstellung der neuen Disziplin eine theologische Wertung der Relevanz nichtchristlicher Religionen. Als exemplarisch kann das Werk von P. Thomas Ohm OSB (1892–1962) angesehen werden.

In seiner Arbeit über die Heilsmöglichkeit der Heiden nach Thomas von Aquin bereitet Ohm[159] eine neue Sicht vor. Das Christentum muss sich gegenüber dem heidnischen Gottesverhältnis als unvergleichlich, überragend und von absolutem Wert erweisen. Den Religionen kommt providentieller Charakter zu, deren Werte besonders in der Mission nicht ignoriert werden dürfen. Programmatisch heißt es: „Noch immer mangelt es uns an einer wahrhaft christlichen Sicht und Wür-

---

ran in poetisches Deutsch und vermag bis heute noch in seiner Übersetzung eine Ahnung seiner literarischen Qualität zu vermitteln.
Der Hinduismus wiederum wurde vor allem durch die Vermittlung der Kolonialmacht Englands in seiner reformierten Form des Neohinduismus in Europa bekannt. Die Persönlichkeiten des Reformhinduismus sind mit dem Christentum und der westlichen Kultur in Berührung gekommen und haben bisweilen ihre Ausbildung oder einen guten Teil ihrer Entwicklung im westlichen Kulturraum erfahren. Zu nennen wären: Ram Mohan Roy (1772–1833), Devendranath Tagore (1817–1905), Ramakrishan Paramhamsa (1836–1886), Narendranath Datta oder Swami Vivekananda (1863–1902), Sri Aurobindo Ghose (1872–1950) und vor allem Mahatama Gandhi (1869–1948). Siehe: Sharpe, Faith meets faith.
[156] In der Fundamentaltheologie wird die „demonstratio religiosa" vor allem philosophisch durch den Gottesbeweis, nicht durch eine Analytik religiöser Erfahrung durchgeführt. Ein Ernst Troeltsch auf evangelischer Seite vergleichbarer theologisch-dogmatischer Entwurf ist zu dieser Zeit auf katholischer Seite nicht zu finden. Auch wenn seinen Lösungen nicht mehr zugestimmt werden kann, sind seine Problemanalysen bis heute prägend. Troeltsch ist bewegt von der Differenz zwischen dem überlieferten Christentum und der modernen Weltanschauung, die in der Natur- und der Geschichtswissenschaft zum Ausdruck kommt. Gottes Offenbarung ereigne sich nur in geschichtlicher Vermittlung, die keine absolute Wahrheit enthalte. Vielmehr fänden sich nur Grade der Entwicklung eines allen Religionen gemeinsamen Grundanliegens, das er in einem Gott, Welt und Seele vernetzenden und sich in Entwicklung verwirklichenden höheren Leben sieht. Den Absolutheitsanspruch führt er auf eine bestimmende Erfahrung mit dem Absoluten zurück, weshalb der Glaubende sich selbst genügen kann. Das Grundproblem bleibt der persönlichen Glaubensentscheidung überlassen. Siehe: Bernhardt, Der Absolutheitsanspruch 128–149.
[157] Siehe: Collet, Katholische Missionswissenschaft
[158] Siehe den Kommentar zu *Ad gentes* von Peter Hünermann in HThK Vat.II, Bd. 4.
[159] Die Stellung der Heiden zu Natur und Übernatur (1927); zu Ohm: Schlette, Thomas Ohm zum Gedächtnis; Hoffmann, Wege zum Heil.

digung der fremden Religionen. So wie früher darf man heute nicht mehr über diese Religionen denken und schreiben."[160]

Von einer einfachen Erfüllungstheorie unterscheidet er sich dadurch, dass den Nichtchristen das Christentum als Neues, als Neuheitserlebnis begegnen soll. Es bestehe aber, das AT ausgenommen, kein zusammenhängender Weg zwischen irgendeiner nichtchristlichen Religion und dem Christentum.[161] Ohms Stellungnahme schwankt zwischen der Anerkennung von Zeugnissen der Gottesliebe in den nichtchristlichen Religionen und der These, dass sich die Mission dadurch begründe, dass die Heiden von Gott ferne wären. Obwohl er die Heilsmöglichkeit der Nichtchristen als außerordentlichen Heilsweg aufgrund des universalen Heilswillen Gottes nicht leugnet, und sie aufgrund ihrer Gottesliebe sogar „heimliche Christen"[162] nennen kann, werden auf der anderen Seite die Heiden durch einen Mangel an heiligmachender Gnade und übernatürlichen Tugenden charakterisiert, so dass Ohm auch sagen kann, dass die nichtchristlichen Religionen „im Ganzen und im Kern falsch und schlecht"[163] seien. Die von ihm anerkannten außerordentlichen Heilswege des natürlichen Menschen entwickelt er aus der Vorstellung der natürlichen Gotteserkenntnis, der allen Menschen möglichen Erkenntnis des Sittengesetzes und der „potentia oboedientialis", die er wesentlich als innere Begnadung durch Gott versteht. Aufgrund seiner letzten Endes höchst „unthomasischen" Entgegensetzung von Gnade und Natur bleiben seine Aussagen widersprüchlich.[164] Er konnte die Natur-Gnade-Dichotomie der Schultheologie nicht überwinden. An ihm ist die Grenze dieser Zuordnung deutlich. Ihm aber ist nicht nur das Verdienst zuzuschreiben, die Religionen als soziale Systeme anfanghaft gewürdigt zu haben, sondern er darf sicherlich als Vorläufer von NA angesehen werden, weil seine Arbeiten und Absichten ohne den genannten Gegensatz neu gelesen werden können.[165]

Deshalb kann Collet gerade im Angesicht des Werkes Ohms festhalten: „Eine über christliche Apologetik hinausgehende *theologische* Auseinandersetzung mit den nichtchristlichen Religionen findet man in der Missionswissenschaft vor dem II. Vatikanischen Konzil praktisch nicht."[166] Als Missionsbenediktiner hat Ohm aber auch Anteil an neuen Wegen. Er beschäftigt sich ausführlich mit konkreten Formen der Begegnung zwischen Christentum und anderen religiösen Kulturen in verschiedenen Kontinenten. Deutlich übt er Kritik an der europäischen Kulturvorherrschaft. Für ihn ist Mission als Begegnung stets dialogisch. Deshalb fordert er z. B. für die Kirchen Asiens die nötige Freiheit für diesen Prozess. So schreibt er

---

[160] Ohm, Ex Contemplatione 6.
[161] Ohm, Ex Contemplatione 162. Siehe: Evers, Mission 91–95.
[162] Ohm, Liebe zu Gott 371.
[163] Ebd. 462.
[164] Obwohl Ohm die verschiedenen Ansätze der Tradition, wie patristische Logoslehre, die Vorstellung der „ecclesia ab Abel" und die Natur-Gnade-Relation des Thomas aufgreift, kann er außerordentliche Möglichkeiten zur Überbrückung des jähen Grabens zwischen Natur und Gnade erkennen, der Graben aber bleibt für ihn bestehen (Hoffmann, Wege zum Heil 379).
[165] Schlette, Rückblick auf Thomas Ohm 239.
[166] Collet, Katholische Missionswissenschaft 314.

ein positives Gutachten zum Projekt von P. Bede Griffiths OSB in Indien und begrüßt die Integration des Zens bei Enomiya-Lassalle SJ.[167]

Auch wenn die Missionstheologie die Frage der nichtchristlichen Religionen im Rahmen der Akkomodationstheorie nicht „interesselos" wahrnahm, hat sie einen unverzichtbaren Beitrag zur Integration der Religionswissenschaft in die Theologie geleistet. W. Schmidt und seine Schule mit dem Anthropos-Institut sowie die Löwener Schule[168] wären hier ebenso zu nennen wie Franz König.[169] Doch fehlten im Zeitalter des Kolonialismus die entscheidenden sozio-politischen Voraussetzungen für eine freie und offene Begegnung zwischen den Religionen. Auch wenn dem einzelnen „Heiden" guten Willens eine Heilschance eingeräumt wurde, sah man ihn „nicht durch seine religiöse Überzeugung und Praxis, sondern trotz dieser"[170] gerettet.[171]

2. Neue Ansätze zu einer christlichen Theologie der Religionen

Auch wenn in der theologischen und lehramtlichen Tradition mit unterschiedlicher Gewichtung die prinzipielle Heilsmöglichkeit der Individuen in anderen religiösen Traditionen gelehrt wird, kommen die Religionen als sozio-kulturelle, d. h. als heilsvermittelnde Größen nicht in den Blick. Verschiedene theologische Ansätze aber wagen sich in die Richtung einer gnadentheologischen oder pneumatologischen Wertung vor. In ihnen liegen die Anfänge einer katholischen Theologie der Religionen.

Einen neuen Ton schlägt schon früh Otto Karrer (1888–1976) an. Trotz mancher Depravationen und Schwächen sind für ihn die Religionen grundsätzlich ein Zeichen „für die ununterbrochene Führung Gottes über die ganze Menschheit"[172]. Die Weisen und Erwecker der unterschiedlichen Traditionen sind „Werkzeuge des wahren Gottes, Wegbereiter des Evangeliums in ihrem Volk"[173]. Das Christentum ist einerseits Erfüllung, aber auch „Urgrund" der Religionen. Karrer kann mit seinem personalistisch fokussierten Glaubensbegriff zwar die Religionen als solche nicht in den Blick nehmen, aber er vermag mit seinem Ansatz andererseits, die Heilsmöglichkeit aller Menschen am Grundphänomen des Ge-

---

[167] Hoffmann, Wege zum Heil 327–376.
[168] Als Überblick siehe: Collet, Katholische Missionswissenschaft.
[169] Schon früh entwickelte Franz König eine trinitätstheologische Perspektive mit universaler soteriologischer Perspektive in der Sendung der Person Jesu Christi: „Im trinitarischen Ausgang, in der Heimholung der Welt und eines jeden Menschen zu diesem Ausgang, liegt die Wurzel der letzten Unvergleichbarkeit Christi … Alle anderen Religionen sind Teilstrecken zu diesem Ziele. Sein Weg allein führt bis zum Ziele" (König, Das Christentum 776).
[170] Evers, Mission 85.
[171] Zu den unterschiedlichen Ansätzen in der katholischen Missionswissenschaft bei Schmidlin, Pies, Steffes, Charles und Loffeld siehe: Evers, Mission 86–89. Evers meint abschließend, dass eine wirkliche Beschäftigung mit den Religionen weithin gefehlt habe (ebd. 89).
[172] Karrer, Das Religiöse in der Menschheit 152.
[173] Ebd., 149.

wissens und der liebenden Tat zu explizieren. Er spricht bereits von unbewussten Christen draußen und heimlichen Heiden in der Kirche.[174]

Auch der zusammenfassende Artikel zum Thema „Religion" in der ersten Auflage des „Lexikons für Theologie und Kirche" wertet die Religionen im Horizont der Heilsgeschichte. Zwar bleibt die Terminologie an den Gegensatz zwischen Natur und Gnade gebunden, doch der Verstehenshorizont ist verändert: „Eine rein natürl. R. ist zwar an sich möglich, gibt es aber bei der Menschheit als Ganzem nicht; die richtige R. u. das, was richtig ist in den verschiedenen R.sformen, ist zugleich übernatürlicher Herkunft, Geschenk Gottes."[175] Weil die religiöse Anlage im Menschen nicht geschichtlich-evolutiv als geworden, sondern als mit dem Menschen gegeben anzusehen sei, werde diese Anlage immer durch eine Form von Offenbarung geweckt und gepflegt; vor allem durch herausragende Menschen, die nicht im strengen Sinne Religionsstifter seien, sondern Stifter von Religionsformen. In hegelscher Tradition wird Jesus Christus als jener angesehen, der, an Früheres anknüpfend, der Religion im Christentum ihre endgültige (d. h. absolute) Form gegeben habe. Durch seine anthropologische Relevanz könne es mit Recht Anspruch auf Zustimmung erheben.

Als Beginn einer katholischen Theologie der Religionen[176] können wohl erst die unterschiedlichen Versuche im Umkreis des Konzils selbst gewertet werden. Jean Daniélou (1896–1991)[177] und Karl Rahner (1904–1984)[178] können als typische Vertreter unterschiedlicher Ansätze angeführt werden. Während Daniélou seine Sicht aus biblischen und religionsgeschichtlichen Befunden erhebt, arbeitet Rahner mit den spekulativen Kategorien der Gnadentheologie in der Wahrnehmung einer für den christlichen Glauben radikalen pluralistischen Herausforderung.

3. Pioniere der konziliaren Haltung in der Beziehung zu den nichtchristlichen Religionen

Die Integration der Religionswissenschaft in die Missionswissenschaft zu Beginn des 20. Jahrhunderts eröffnete trotz aller Schwierigkeiten und Einschränkungen neue Wege des Verstehens. Diese wären aber nicht wirksam geworden, wenn der theologischen Reflexion nicht gelebtes Zeugnis vorausgegangen wäre. In all diesen Zeugnissen wurden die anderen Religionen für Christen zu Herausforderungen für ihren Glauben, die zu unterschiedlichen Rezeptionsprozessen führten. Allen gemeinsam sind eine Neubestimmung der Präsenz von Christen innerhalb anderer religiöser Lebenswelten, also eine Neubestimmung christlicher Sendung, d. h. der Mission. Sie leben das Experiment neuer Formen christlicher Präsenz in

---
[174] Ebd., 232.
[175] Koch, Art. Religion. I. Allgemein 758.
[176] Schlette, Die Religionen als Thema der Theologie, fasst das Thema begrifflich und gibt einen ersten zusammenfassenden Überblick.
[177] Daniélou, Die heiligen Heiden; ders., Vom Heil der Völker.
[178] Rahner, Das Christentum und die nichtchristlichen Religionen.

diesen Kulturen. Das sogenannte „europäische Exportchristentum" hat auch die ersten Experimente inkulturierter Glaubensformen hervorgebracht. Exemplarisch darf auf Personen verwiesen werden, die im Dialog mit jenen Religionstraditionen standen und stehen, die in NA ausdrücklich genannt werden.[179]

P. Josef Neuner SJ (* 1908) wurde mit dem Auftrag nach Indien geschickt, an einer theologischen Ausbildung in Pune mitzuarbeiten. Die mitgebrachten lateinischen Schulbücher weitete er auf das Studium der hinduistischen Tradition hin aus; anfangs gegen den Widerstand der indischen Theologen.[180] P. Hugo Enomiya-Lassalle SJ (1898–1990) kam 1929 nach Japan, übernahm 1935 die Jesuitenmission und entwickelte die seinem Orden eigentümliche Akkomodationstheorie weiter, indem er den Zen für Christen erschloss.[181] Er war vom Wunsch beseelt, „sozusagen Japaner (zu) werden"[182].

Im Verhältnis zum Islam sind Asin Palacios (1871–1944), Jules Monchanin (1895–1957), Louis Massignon (1883–1962) und Jean Abd el-Jalil (1904–1979) zu nennen. Für diese, insbesondere Louis Massignon, war der Islam und die muslimische Welt nicht nur Studienobjekt, sondern ein Schritt in ihrer christlichen Glaubensbiographie.[183] Beispielhaft war das gelebte Zeugnis von Charles de Foucauld (1858–1916), der nicht nur eine neue christliche Präsenz lebte, sondern seinen Glauben an Jesus Christus, menschlich gesprochen, auch Juden und Muslimen verdankte. Was das Konzil lehrmäßig als „habitudo" beschrieb, wurde vorher bereits erlitten und gelebt. Das Konzil greift diese Zeugnisse auf und verleiht ihnen eine weltkirchlich verpflichtende Dignität.

IV. Entstehungsgeschichte des Textes

Als den Konzilsvätern am 8.11.1963 als viertes Kapitel des Schemas über den Ökumenismus ein Text mit dem Titel „De catholicorum habitudine ad non christianos et maxime ad Iudaeos"[184] ausgehändigt wurde, hatten Anliegen und Text bereits eine bewegte Geschichte hinter sich, die hier in ihren systematischen Linien nachgezeichnet werden soll.[185]

---

[179] Zum Judentum siehe oben: II.3.c; weitere Beispiele im Abschnitt über Thomas Ohm (oben: III.1).
[180] Neuner, Memories.
[181] Ein Tor hierfür öffnete eine römische Instructio von 1936, die es Katholiken ermöglichte, sowohl die Ehrenbezeugung für die Geister der Gefallenen zu vollziehen, als auch an Shinto-Zeremonien teilzunehmen, wenn dies aus sozialen und familiären Gründen angebracht ist (Baatz, Hugo M. Enomyia-Lassalle 110). Damit wurden diese Vollzüge, nicht mehr als „communicatio in sacris" gewertet.
[182] Notizzettel vom 6.1.1937 (aus dem Nachlass zitiert nach: Baatz, Hugo M. Enomyia-Lassalle 111). Als der erste im japanischen Stil gestaltete Kirchenraum gilt die Kapelle des Jesuitennoviziats in Nagatsuka von 1938.
[183] Siehe: Troll, Changing Catholic Views of Islam; ders., Islam and Christianity; Jomier, Le professeur Louis Massignon; Anawati, Zur Geschichte.
[184] AS II/4, 431 f.
[185] Bis heute ist die Darstellung von Oesterreicher (Kommentierende Einleitung) grundlegend. Wertvoll: Cottier, L'historique de la Déclaration. Die Biographie Kardinal Beas von Schmidt er-

A. Einleitung

1. Die Initiative Johannes XXIII.

Der geistliche Vater des Konzilsdokumentes ist Johannes XXIII.[186] Sein ausdrückliches Eintreten zu Beginn und nach dem Ende der ersten Konzilssessio wurde schon genannt. Eine Anekdote gewinnt Symbolwert: Während der Karfreitagsliturgie 1959 soll Papst Johannes XXIII. während der großen Fürbitten ausdrücklich darum gebeten haben, das Adjektiv „perfidi" auszulassen.[187] Aufgrund seines Verhaltens während der nationalsozialistischen Judenverfolgung und -vernichtung und anderer Begebenheiten[188] weckte der Papst bei vielen Juden große Hoffnung in Bezug auf das anstehende Konzil.[189]

In der Audienz für den französischen Historiker Jules Isaac am 13. 6. 1960, der dem Papst ein Dossier mit den entscheidenden systematischen und pastoralen Fragestellungen vorlegte, beginnt die Textgeschichte der Erklärung. Isaac erörterte drei Punkte: Ein Programm zur Überprüfung ungerechter Aussagen über Israel in der christlichen Unterweisung, eine Widerlegung der Meinung, dass die Diaspora Israels eine von Gott verhängte Strafe für die Kreuzigung Jesu sei, und Auszüge aus dem Trienter Katechismus, der die Schuld am Tode Jesu nicht den Juden, seien dies einzelne Gruppen oder die Gesamtheit, zuschrieb, sondern unseren Sünden.[190] Damit stehen die Themen im Raum: Wer trägt die Verantwortung für den Tod Jesu, und wie steht das Volk Israel heute in der Verheißung Gottes? Welches ist die verbindliche Lehre der Kirche angesichts des heimlichen oder

---

gänzt aus der Sicht des Präsidenten des Einheitssekretariats diese Darstellung (Schmidt, Augustin Bea 640–689.790–796). Außerdem: Ostry (Die Judenfrage; ders., „Gottesmörder") vertieft aus den Quellen das Verhältnis zwischen dem Apostolischen Stuhl und verschiedenen jüdischen Institutionen und dem Staat Israel. Die Darstellung seiner Textgenese folgt der Spur von Oesterreicher.

[186] Schmidt, Augustin Bea 645.
[187] Nach: Bea, Die Kirche und das jüdische Volk 21 (im Freiburger Rundbrief wird dieses Ereignis für den Karfreitag 1963 angezeigt: Freiburger Rundbrief 15 [1963/64] Nr. 57/60, 109); Pesch, Das Zweite Vatikanische Konzil 291, datiert das Ereignis auf 1962. In der Karfreitagsbitte wurde nicht nur für die „perfidi Judaei" gebetet, und angeordnet, dass nach dieser Fürbitte keine Kniebeuge erfolgen dürfe. Auch das Wörtchen „einmal" verweist darauf, dass das jüdische Volk des Bundes verlustig gegangen sei. 1959 wurden diese Anweisungen und Aussagen gestrichen. Ähnliche Aussagen in den Formularen zu der Erwachsenentaufe, hier auch die Verweise auf Muslime und Häretiker, und zur Verehrung des Herzens Jesu lässt Johannes XXIII. revidieren. Welchen Weg er damit einleitete, hatte auch der Papst nach Bea nicht absehen können (ebd.). Oesterreicher, Kommentierende Einleitung 407, berichtet etwas verschieden, weist aber auf die Verfügung der Ritenkongregation vom 5. 7. 1959 hin, in der diese Klärung auf die Gesamtkirche ausgedehnt wurde. Eine Gegenüberstellung der Fürbitten vor 1948, von 1959 und 1966 lässt die Entwicklung deutlich hervortreten; so in: Freiburger Rundbrief 18 (1966), Nr. 65/68, 61. Beozzo, Das äußere Klima 444, verweist auf eine Aufzeichnung des Papstes, der seine Anordnung in der Kontinuität mit seinem Vorgänger sah.
[188] Die wohl bekannteste dürfte die Begegnung im Oktober 1960 mit einer Reihe amerikanischer Juden sein, bei deren Begrüßung er in Anspielung an seinen Taufnamen ausrief: „Sono io, Giuseppe, il fratello vestro" (nach Oesterreicher, Kommentierende Einleitung 408).
[189] In den vorbereitenden Voten für das Konzil zeichnet sich ein bemerkenswerter Kontrast ab. Während das päpstliche Bibelinstitut auf die Notwendigkeit hinwies, den Antisemitismus zu bekämpfen, wollte ein Bischof die von den Juden kontrollierte internationale Freimaurerei verurteilt sehen (Beozzo, Das äußere Klima 443).
[190] Texte bei: Oesterreicher, Kommentierende Einleitung 406 f. (mit Anm. 2).

offenen Antisemitismus in der populären Unterweisung und Frömmigkeitspraxis? Welche Mitverantwortung trägt die Kirche für den modernen Antisemitismus? Schließlich: Welche Konsequenzen sind aus der Beantwortung dieser Fragen für die liturgische und katechetische Praxis zu ziehen? Nach dieser Begegnung erteilte der Papst in einer Audienz vom 18. 9. 1960 dem Einheitssekretariat den Auftrag, eine Erklärung über das jüdische Volk auszuarbeiten.[191] NA wird die Anliegen Isaacs aufnehmen und in die Tat umsetzen.

2. Denkschriften als programmatische Vororientierungen

In diesem Kontext sind drei Denkschriften[192] zu nennen, die die Gesamtperspektive des Konzils vorwegnehmen.[193] Das Votum des Bibelinstituts *De antisemitismo vitando*[194] plädiert im Zusammenhang mit dem Ökumenismusdekret für eine Erklärung zum Judentum, in der in Aufnahme der paulinischen Theologie Israels, insbesondere von Röm 9–11, die Herkunft der Kirche aus Israel betont, seine Verwerfung durch Gott zurückgewiesen, die eschatologische Hoffnung der Versöhnung von Kirche und Israel hervorgehoben und eine Reinigung der kirchlichen Sprache in allen Bereichen eingemahnt wird.[195] Ähnliche Anliegen bringt die Bittschrift des Instituts für jüdisch-christliche Studien (USA) unter ihrem Nestor Johannes Oesterreicher vor. Sie fügt aber hinzu, dass die Einheit der Heilsgeschichte, die in den liturgischen Texten der Sakramentenspendung zum Ausdruck komme, betont werden solle. Außerdem weist sie auf die Liebe Christi hin, die er für seine „Blutsverwandten" hegte. Erwähnenswert ist auch die Denkschrift der Arbeitsgemeinschaft Apeldoorn[196], welche die genannten Anliegen mit theologischen Klärungen zu einer erneuerten Katechese entwickelte. Die Einheit der

---

[191] Bea, Der Weg 293. Im Juni zuvor war Isaac, wie es der Papst empfohlen hatte, mit Kardinal Bea zusammengetroffen (Schmidt, Der Mensch Bea 70). In welchem Geiste der Präsident des Einheitssekretariats diese Aufgabe anging, wird in den Aufzeichnungen der Exerzitien vom August 1960 deutlich: „Sie sollen erkennen, dass nur die Liebe Christi mich treibt. Diese Gesinnung will ich auch nach Kräften allen Mitarbeitern einflößen. Die Arbeit soll mit *Innerlichkeit* (spiritus) und in spiritu virtutis: mit übernatürlichen Kräften geleistet werden. Jeder muß sehen: hier ist kein Machtstreben, kein irdisches Interesse, keine bloße Geschäftigkeit, keine Routine, sondern echter Geist Christi. Auch die Fragen der *Juden* will [ich], wenn sie mir definitiv übertragen wird, in diesem Geiste behandeln. Wenn ich diese Aufgabe erfüllt habe, darf ich mein ‚nunc dimittis' sprechen. Dazu möge er mir die Kraft, Gesundheit, Energie erhalten, damit ich sie ganz erfüllen kann!" (ebd. 85).
[192] Siehe: Oesterreicher, Kommentierende Einleitung 409–414. Das Memorandum ist wiedergegeben in: Isaac, Du Redressement.
[193] Als bedeutsame Arbeitsgruppe und publizistische Instanz ist vor allem noch zu nennen: Der Freiburger Rundbrief mit seiner Gründerin Gertrud Luckner und Kurt Thieme (siehe: Zwanzig Jahre Freiburger Rundbrief, in: Freiburger Rundbrief 20 [1968] Nr. 73/76, Dezember 1968, 5–24).
[194] Siehe: Oesterreicher, Kommentierende Einleitung 409 f.
[195] Die auch für die Debatte in der Aula bestimmenden Schriftverweise sind bereits genannt: Mt 27, 25; 24, 2; 1 Thess 2, 16 sowie Röm 9, 22.
[196] Oesterreicher, Kommentierende Einleitung 413 f., meint, dass die Denkschrift im Sekretariat abgelegt wurde. Er hebt hervor, dass sie den Geist der Erklärung in besonderer Weise vorwegnehme. Zu den Mitgliedern dieses internationalen Arbeitskreises gehörten u. a. (vgl. Ostry, Die

beiden Testamente verlange die Einsicht, dass die Sendung Jesu nur in diesem Rahmen zu verstehen sei. Gottes Heilszusage in Liebe und Gnade sei eine. Bei der Interpretation des Todes Jesu sei zwischen der Klärung des historischen Konflikts und den daran Beteiligten sowie einer theologisch exakten Deutung, in der die einzelnen Akteure auf dramatische Weise die gesamte Menschheit repräsentieren, zu unterscheiden. Eine besondere Aufmerksamkeit richtet sich auf die prekäre Rede vom gottesmörderischen Volk, die töricht und irrig sei. Es wird die Frage nach einer Theologie des gegenwärtigen Judentums aufgeworfen, die als Bestandteil des göttlichen Heilsplans eine Bedeutung für die Kirche haben müsse. Die Überwindung einer immensen theologisch-religiösen Hypothek wird eingemahnt.

Die pastorale und katechetische Erneuerung wird von der bibeltheologischen Prüfung der traditionellen Vorstellungen bestimmt. In *Nostra aetate* wird sich die Priorität der Schrift in der Klärung der Tradition während des Konzils selbst bewähren.

3. Die Geschichte des Textes bis 1963

Das vierte Kapitel des Ökumenismusschemas von 1963 ist der erste Text in dieser Frage, der dem Konzil vorgelegt wurde. Es „war seiner Substanz nach im Mai des vergangenen Jahres [d. h. 1962, RS] abgeschlossen"[197]. Aus politischen, nicht aus inhaltlichen Gründen wurde es aber dem Konzil in der ersten Sessio nicht vorgelegt.

Unter dem Titel „Quaestiones de Judaeis" wurden in der Vorbereitung auf das Konzil in den Sitzungen des Einheitssekretariats[198] die systematischen Grundfragen durch verschiedene Exposés entwickelt und in einer Grundsatzstudie durchgearbeitet.[199] Diese Studien umfassen zwei große Teile mit verschiedenen Unterteilen.[200] Im ersten Teil („Dogmatische Prinzipien") werden zunächst die Wurzeln der Kirche im Alten Bund dargestellt: Die beiden Bünde stünden nicht in Gegensatz zueinander, sondern stellten zwei Stufen des Umgangs Gottes mit der Menschheit dar. Im zweiten Abschnitt werden die Juden als immerwährende Lieblinge Gottes angesprochen, weil die eine Liebe Gottes bleibend alle umfange. Eine Ablehnung Christi könne ebensowenig allen Juden vorgeworfen werden, wie es unhistorisch sei, die Zerstreuung Israels als Strafe Gottes oder Folge der Ab-

---

Judenfrage 123): Anton Ramselaar (Niederlande), Karl Thieme und Willehad Paul Eckert (Deutschland), Paul Démann (Frankreich), Jéan Roger (Israel) und Johann Oesterreicher (USA).
[197] Relatio von Kardinal Bea am 19.11.1963 (AS II/5, 481; Übersetzung nach: Bea, Die Kirche und das jüdische Volk 141).
[198] Chronologische Dokumentation bei: Oesterreicher, Kommentierende Einleitung 414–429 (bis zum Entwurf von 1962).
[199] Oesterreicher (ebd.) nennt die Entwürfe von G. Baum, Abt Leo Rudloff, sowie seine eigene Grundsatzstudie, nach deren Verlesung es zu einer spontanen Akklamation durch die Mitarbeiter des Sekretariats am 20.4.1961 kam (ebd. 417). Aus diesem Grund liegt in dieser Studie der hermeneutische Schlüssel für das Dokument in der Sicht des Einheitssekretariats.
[200] Dokumentation bei: Oesterreicher, ebd. 417–426.

lehnung Christi zu bezeichnen. Deshalb ist die Vorstellung zurückzuweisen, dass Gott das Volk verworfen habe und es deshalb als fluchbeladen zu gelten hätte. Dabei diskutiert die Studie die einschlägigen Schriftstellen, insbesondere die Passionsgeschichten und das Johannesevangelium. Den theologischen Prinzipien folgen moralische und liturgische Erwägungen, die auf eine Überprüfung der Praxis drängen. Die Gebetssprache in allen Formen des Gottesdienstes und die Frage der Ritualmordlegenden werden ausdrücklich erwähnt. Die sieben Voten nehmen die Hauptlinien des späteren Textes vorweg: Die Kirche gründet in der Verheißung der Patriarchen und Israels. Der Tod Christi ist zur Versöhnung aller Menschen geschehen und stellt das jüdische Volk nicht unter einen Bannfluch. Die Versöhnung mit Israel ist ein integrierender Bestandteil der christlichen Hoffnung. Der Rassenfanatismus ist zurückzuweisen, weil jeder Mensch ein Abbild des Schöpfers sei. Die Feste der Gerechten des Alten Bundes aus der Liturgie des lateinischen Patriarchats sollen auf die Gesamtkirche ausgedehnt werden. Die Studienausbildung möge die heilsgeschichtliche Bedeutung Israels und seine nachbiblische Geschichte vorstellen. Schließlich sei das Werk der Versöhnung durch die Überprüfung der Liturgie und der Kirchenräume voranzutreiben. In dieser Diskussion kommt es zu einer intensiven Neuentdeckung der Theologie Israels des heiligen Paulus (Röm 9–11; Eph 2; 1 Tim 3), die für NA 4 maßgeblich werden soll. Man kann sagen, dass in NA 4 die paulinische Theologie Israels zum ersten Mal konziliar verbindlich wurde.

Deutlich wird aber auch, dass die Theologen auf den Wunsch des Papstes kaum vorbereitet waren: „Von der christlichen Antike bis zum Vatikanum II. hatte es kaum eine Entwicklung der kirchlichen Lehre hinsichtlich des Geheimnisses der jüdischen Existenz gegeben."[201] In diesen zwei Jahren geschah mehr als in fast 2000 zuvor. Am Ende des Jahres 1961 lag jener Text vor, der den Vätern vor Beginn des Konzils hätte vorgelegt werden sollen. Dieser Text soll deshalb hier in voller Länge dokumentiert werden, weil er für die Interpretation von NA 4 von nicht geringer Bedeutung ist. Die viel kritisierte Letztfassung hat nämlich an den Aussagen dieses Textes nichts revidiert.

„Dankbaren Herzens erkennt die Kirche, die Braut Christi, an, dass gemäß dem geheimnisvollen Heilsratschluß Gottes die Anfänge ihres Glaubens und ihrer Erwählung schon im Israel der Patriarchen und Propheten zu finden sind. Daher bekennt sie, dass alle Christgläubigen – Abrahams Söhne durch den Glauben (vgl. Gal 3, 7) – in seiner Berufung miteingeschlossen sind, wie auch ihr Heil im Auszug des erwählten Volkes aus Ägypten wie in einem sakramentalen Zeichen vorgebildet ist (Liturgie der Ostervigil). Und die Kirche, Neuschöpfung in Christus, die sie ist (vgl. Eph 2, 15), kann nie vergessen, dass sie die geistliche Fortführung jenes Volkes ist, mit dem der barmherzige Gott in gnadenvoller Herablassung den Alten Bund geschlossen hat.

In der Tat glaubt die Kirche, dass Christus, unser Friede, mit ein und derselben Liebe Juden und Heiden umfängt (vgl. Eph 2, 14) und dass er die beiden eins

---

[201] Oesterreicher, ebd. 425.

gemacht hat. Sie freut sich, dass die Einung beider in einem Leib (Eph 2, 17) die Versöhnung des gesamten Erdkreises in Christus ankündigt. Wenn auch der größere Teil des jüdischen Volkes Christus fernblieb, wäre es nichtsdestoweniger ein Unrecht, wollte man das Volk ein verfluchtes nennen, bleibt es doch Gott um der Väter und der ihnen gegebenen Verheißungen willen überaus teuer (vgl. Röm 11, 28). Die Kirche liebt dieses Volk; aus ihm stammt Christus der Herr, der im Himmel glorreich herrscht; aus ihm stammt die Jungfrau Maria, die Mutter aller Christen; aus ihm sind die Apostel, die Grundfesten und Säulen der Kirche (1 Tim 3, 15), hervorgegangen.

Darüber hinaus glaubt die Kirche an die Vereinigung des jüdischen Volkes mit ihr als einem integrierenden Bestandteil der christlichen Hoffnung. Mit unerschüttertem Glauben und tiefem Verlangen erwartet die Kirche die Rückkehr dieses Volkes. Zur Zeit der Heimsuchung hat nur ‚ein durch die Gnade erwählter Rest' (Röm 11, 5), die Erstlinge der Kirche, das [Ewige] Wort angenommen. Die Kirche glaubt aber mit dem Apostel, dass zu der von Gott bestimmten Zeit die Fülle der Söhne Abrahams dem Fleische nach schließlich das Heil erlangen wird (vgl. Röm 11, 12 26); ihre Aufnahme wird Leben aus den Toten sein (vgl. Röm 11, 15).

Wie die Kirche als Mutter die Ungerechtigkeiten, die unschuldigen Menschen allenthalben zugefügt werden, auf das äußerste verurteilt, so erhebt sie laute Klage gegen alles, was den Juden – sei es in der Vergangenheit, sei es in unseren Tagen – angetan wurde. Wer dieses Volk verachtet oder verfolgt, der fügt der katholischen Kirche Leid zu."[202]

Dass dieser Text im Zusammenhang der „Wardi-Affäre"[203] zurückgezogen wurde, verdeutlicht das hohe politische Konfliktpotential dieser Erklärung.[204]

Kardinal Bea reagierte auf diesen Ausfall neben einigen Besuchen, Konferenzen und Interviews mit zwei Aktionen. Zum einen lancierte er einen Artikel über die Frage des Gottesmordes in der „Civiltà Cattolica". Dieser wurde zwar als nicht opportun zurückgewiesen. Doch in leicht veränderter Form erschien er unter dem Namen von Ludwig Hertling in den „Stimmen der Zeit".[205] Die Wirkung blieb nicht aus. Zum anderen wurde er nach Ende der Konzilssessio direkt beim Papst vorstellig. Das Ergebnis, und damit die endgültige Verankerung des Themas in der Konzilsprogrammatik, stellt der bereits zitierte Brief des Papstes vom 13. 12. 1962 dar. Gleichzeitig stieg der Erwartungsdruck der Öffentlichkeit, wie

---

[202] Dokumentiert bei: Oesterreicher, ebd. 426. Wir zitieren den Text hier vollständig, da er für die Beurteilung des Endtextes nicht belanglos sein wird.
[203] Oesterreicher, ebd. 426 f.; Beozzo, Das äußere Klima 447. Ohne Absprache ernannte der jüdische Weltkongress den israelischen Regierungsbeamten Dr. Chaim Wardi zum inoffziellen Beobachter und Vertreter. Das wurde von den arabischen Gegnern einer Annäherung zwischen Judentum und Kirche als Indiz des Komplotts gewertet.
[204] Dazu siehe: Oesterreicher, ebd. 426 f.; Schmidt, Augustin Bea 642.
[205] Das Original ist erschienen als: Sono gli Ebrei un populo „deicida" e „maledetto da Dio"?, in: CivCatt 133 (1982) 430–446; siehe: Hertling, Die Schuld des jüdischen Volkes (auch: Bea, Die Kirche und das jüdische Volk 63–75).

es Kardinal Bea in der zweiten Relatio ausdrücklich erwähnte.[206] Doch hatte bereits die Eröffnungsansprache Pauls VI. zur zweiten Konzilsperiode den Blick auf die nichtchristlichen Religionen im Allgemeinen gelenkt.[207]

4. Der erste konziliare Text von 1963

Der erste Text des Konzils, der als 4. Kapitel des Ökumenismusdekrets im November 1963[208] dem Konzil vorgelegt wurde, erweiterte die früheren Entwürfe um bedeutsame Aussagen. Wohl als Folge des Aufsatzes von Kardinal Bea im Sommer 1962, wurde das Thema des Gottesmordes ausdrücklich aufgenommen. Neu ist auch, dass die Judenverfolgungen verurteilt werden. Das Kapitel leitet ein sehr allgemein gehaltener Satz über alle Gottesverehrer ein. Die Generaldebatte vom 18.–21.11.1963 machte die politischen und theologischen Minenfelder sichtbar. Beas Verweis auf die Schoa in seiner Relatio sollte zunächst aus politischen Rücksichtsnahmen gestrichen werden.[209]

In der Debatte kamen alle Einstellungen und Argumente zur Sprache, die auch später von Bedeutung blieben. Nur wenige hielten dieses Thema für unangebracht. Dies waren namentlich die orientalischen Patriarchen, die befürchteten, die Suppe auslöffeln zu müssen.[210] Patriarch Maximos IV., der viele Seiten des Schemas würdigte, brachte zwei Argumente gegen das Kapitel IV vor. Der Ökumenismus bestünde darin, die Einheit unter den Christen anzustreben. Er sei deshalb eine Familienangelegenheit. Schon deshalb wäre das Kapitel IV hier fehl am Platze. Er verlangte eine Erweiterung des Schemas auf die Muslime hin, unter denen seine Kirche zu leben habe. Viele gaben zu bedenken, dass das Thema nicht im Rahmen des Ökumenismus abgehandelt werden dürfe.[211] Ebenso zahlreich forderten die Väter eine Erweiterung auf alle nichtchristlichen Religionen.[212] Die Überraschung folgte am Ende. Der Moderator ließ zum Schluss der Debatte nur über die ersten drei Kapitel abstimmen. Über Kapitel IV und V sollte in einigen Tagen abgestimmt werden.[213] Dies blieb aus und nährte die schlimmsten Befürchtungen. War die Judenfrage damit wieder einmal aufs Abstellgleis geschoben? Geschickt forderte Kardinal Bea am Ende der Debatte dazu auf, dem Sekretariat bis zum 31.1.1964 Stellungnahmen zukommen zu lassen. Und als Papst Paul VI. für den Jahresbeginn eine Pilgerfahrt ins Heilige Land ankündigte, war

---

[206] AS III/2, 558 (Bea, Die Kirche und das jüdische Volk 148).
[207] AAS 59 (1963) 857f. (deutsche Übersetzung in: HerKorr 18 [1963/64] 76–83, hier 82f.).
[208] AS II/5, 431f. (deutsche Übersetzung in: Zweites Vatikanisches Konzil, 2. Sitzungsperiode 181f.).
[209] Dies unterblieb aus unbekannten Gründen (Schmidt, Augustin Bea 647f.).
[210] So der koptische Patriarch aus Alexandrien Stephanos I. Sidarouss (AS II/4, 541f.). Auch der syrische Patriarch Tappouni (ebd. 572f.) sowie der griechisch-melkitische Patriarch Maximos IV. (ebd. 544) wären hier zu nennen.
[211] AS II/5, 527.533.541.543f.551.560.598.608.666.672.746.
[212] Ebd. 529.540.544.557.598.601.617.744. Siehe auch die offizielle Zusammenfassung in: AS III/2, 333.
[213] AS II/5, 682.

allen klar, dass das Anliegen von Kapitel IV weiterhin Konzilsthema blieb. In der zweiten Sitzungsperiode gewann die öffentliche Debatte um das bereits erwähnte Drama Hochhuths „Der Stellvertreter" großen Einfluss.

Während seiner Pilgerreise (4.–6.1.1964) musste sich Paul VI. auf arabischer und jüdischer Seite bewegen und um Klarheit und Ausgleich bemüht sein, ohne sich von einer Seite politisch vereinnahmen zu lassen.[214] Die Bedenken der orientalischen Kirchen konnte er selber miterleben. Die Ausrichtung und unablässige Betonung seiner religiösen Motivation konnte nicht darüber hinwegtäuschen, dass die Reise eminent politische Bedeutung gewann. Paul VI. sprach nie vom Staat Israel, er kritisierte auch nicht das Schweigen Pius XII., sondern verteidigte ihn bei seiner Abschlussansprache und sprach keine ausdrückliche Entschuldigung für den kirchlich motivierten Antijudaismus aus. Dennoch setzte diese Reise Zeichen, die später vertieft werden sollten. Dazu gehört auch das Treffen mit dem Ökumenischen Patriarchen von Konstantinopel Athenagoras I. am 5.1.1964.

5. Die konziliaren Texte 2 und 3 von 1964

Die zweite Textfassung[215], die durch die Enzyklika *Ecclesiam suam* von Paul VI. und die Einrichtung des Sekretariats für die Nichtchristen Bestätigung und Ermutigung erhielt, wurde aufgrund der Diskussion in der Aula als Anhang zum Ökumeneschema im September 1964 vorgestellt und diskutiert.[216] Sie hatte drei Abschnitte: Zunächst wird das gemeinsame Erbe von Juden und Christen dargelegt, danach das Thema der Einheit der Menschheit aufgrund der gemeinsamen Vaterschaft Gottes, schließlich die Verdammung jeder Form von Diskriminierung. Als heikles Thema des ersten Abschnittes stellte sich die Frage des Gottesmordes heraus, in die sich auch die Koordinierungskommission eingeschaltet hatte.[217] Der Text schien deshalb schwächer geworden zu sein. Die beiden letzten Abschnitte sind inhaltlich durch ein Schreiben der Koordinierungskommission vom 18.4.1964 bestimmt: Gott ist der Vater aller Menschen. Deshalb sind sie seine Kinder und untereinander Brüder. Daher ist jede Diskriminierung, Gewalt-

---

[214] Siehe: Brechenmacher, Pellgrino orante; Kopp, Pilgerspagat 15–27 (mit einer Übersicht über die diplomatischen Entwicklungen bis zum Tode Pauls VI.).
[215] Neben den politischen Achtsamkeiten mussten vor allem die schriftlichen Voten eingearbeitet werden, an der auch die Koordinierungskommission beteiligt war.
[216] AS III/2, 327–329 (deutsche Übersetzung in: Rynne, Die dritte Sitzungsperiode 463–465).
[217] Bea sprach dies bei seiner Relatio offen aus (AS II/2, 561; siehe: Bea, Die Kirche und das jüdische Volk 152). Deshalb haben sich auch Mitglieder des Sekretariats heftig zu Wort gemeldet (z.B. Heenan, AS III/3, 37–39, hier 38): „Der Wortlaut des Dokuments … ist nicht ganz der unsere. Ich habe keine Ahnung, welche Periti diesen neuen Text verfertigt haben." Heenan wirft den ungenannt bleibenden Verfassern zudem mangelndes ökumenisches Fingerspitzengefühl vor. Die Koordinierungskommission war die entscheidende Instanz zwischen den Sessionen und griff in den Text ohne Rücksprache ein (siehe: Ostry, Die Judenfrage 182 ff.). In dieser Situation wurden die Medien zum Organ vieler Konzilsväter.

anwendung oder Verfolgung zu verurteilen.[218] Auf ausdrücklichen Wunsch vieler werden die Muslime nun erstmals erwähnt.[219] Oesterreicher weist aber noch auch auf einen bedeutenden Einschub im Text hin, der sich von Röm 9, 4 herleitet und das gegenwärtige Judentum charakterisiert.[220]

Die Generaldebatte am 28. und 29. September gehört zu den Glanzpunkten des Konzils. Der Abschnitt über das Verhältnis zum Judentum wurde von einer großen Mehrheit teilweise euphorisch begrüßt.[221] Kardinal Lercaro hob darauf ab, dass diese Erklärung ihre Tiefe nicht in der Reaktion auf geschichtliche und aktuelle Umstände habe, sondern eine Frucht der Selbsterforschung der Kirche sei, die sich auch in der Liturgie- und der Kirchenkonstitution zeige.[222] Die Schuldfrage wurde vereinzelt aufgeworfen und generell ein positiverer Grundton gefordert. Andere mahnten aufgrund der politischen Erfahrung zu noch mehr Vorsicht mit Blick auf die Situation in Palästina. Noch deutlicher wurden die Wünsche auf Erweiterung des Textes auf alle nichtchristlichen Religionen hin, da die afrikanischen und asiatischen Religionen mitunter der katholischen Kirche näher stünden als die Muslime.[223] Die Relatio zur Einführung des Textes vom November 1964 weist ausdrücklich darauf hin. Die Positionsmeldung der traditionellen Auffassung kam in der Debatte in der Rede von Kardinal Ruffini zum Ausdruck. In ihr zeigen sich die alten Vorurteile gegenüber dem Judentum.[224] Er versuchte den Begriff „Gottesmord" zu eliminieren, da der Begriff deshalb geschmacklos wäre, weil niemand Gott töten könne.[225]

In der so genannten Oktoberkrise des Konzils wurde der Text durch einen Brief des Generalsekretärs des Konzils, Felici, „in höherem Auftrag"[226] erneut in Frage gestellt. Das Thema solle zur Überprüfung einer neuen Kommission anvertraut werden mit der Überlegung, es in die Kirchenkonstitution zu integrieren.[227] Als

---

[218] Relatio von Kardinal Bea am 25. 9. 1964: AS III/2, 561 f.; (deutsch in: Bea, Die Kirche und das jüdische Volk 153).
[219] Ebd. 562 (deutsch: ebd. 153 f.).
[220] Oesterreicher, Kommentierende Einleitung 440: AS III/2, 328.
[221] Zu den Wortmeldungen in der Aula siehe: AS III/2, 581–607; AS III/3, 11–55. Zu den schriftlichen Stellungnahmen AS III/3, 155–178; sowie die schriftlichen Stellungnahmen vor der dritten Konzilsperiode AS III/2, 783–849.877–881. Es war und blieb eine kleine Gruppe, die das Thema grundsätzlich aus dem Konzil verbannen wollte.
[222] AS II/2, 587–590
[223] AS III/8, 643.
[224] AS III/2, 585–587. Dazu: Oesterreicher, Kommentierende Einleitung 447 f.
[225] „… propterea eos vocare deicidas non possumus, eo magis quod nomen ‚Deicida' insulsitatem quamdam exprimit, nam nemo Deum occidere unquam valeret" (AS III/2, 585). Zwar hatte er damit ein in sich bedeutsames Argument eingebracht, aber nicht erklärt, warum dieser Vorwurf dann so populär und antijüdisch verwendet werden konnte.
[226] Oesterreicher vermutet dahinter nicht den Papst, sondern Kardinal Cicognani (Kommentierende Einleitung 449).
[227] Teildokumentation bei: Schmidt, Augustin Bea 655. Schmidt weist auf politische Spannungen in den arabischen Ländern als Motiv hin. Den komplexen Vorgang erzählt Oesterreicher (Kommentierende Einleitung 448–450). Aus dem Einheitssekretariat lässt sich nach Schmidt (ebd. 656) die Entwicklung bis zum 20. 11. nicht mehr nachvollziehen. Oesterreicher berichtet nicht nur von einer Intervention maßgeblicher Konzilsväter beim Papst am 11. 10., deren Wortlaut dem Papst alsbald persönlich überreicht wurde (dokumentiert bei Rynne, Die dritte Sit-

die theologische Kommission diesen Vorschlag ablehnte, wurde der endgültige Weg deutlich: die Erklärung zum Judentum wurde das Herzstück einer selbständigen Erklärung des Konzils zu den nichtchristlichen Religionen, die dem Konzil am 20. November unterbreitet wurde. Dieses Dokument wurde ohne erneute Diskussion dem Konzil zur Abstimmung vorgelegt.[228] In der Relatio betont Kardinal Bea den pastoralen Charakter auf dem Hintergrund der dogmatischen Kirchenkonstitution. Die Erweiterungen – neu sind die späteren Kapitel 1 und 2 der Erklärung, stark ergänzt die Nummer 3 – werden mit der Enzyklika *Ecclesiam suam* begründet (also mit Billigung der „höheren Autorität"[229]) und das Thema des einen Heilsratschlusses Gottes als durchgängige Perspektive eingeführt. Abschließend weist Bea auf die anstehende Reise des Papstes nach Bombay hin. Dieser Text eröffnete tatsächlich für einen solchen Anlass eine zuvor undenkbare Sprach- und Dialogmöglichkeit.[230] Die anschließenden Abstimmungen nahmen einen überraschend positiven Verlauf. Nur 136 bzw. 185 Neinstimmen waren zu zählen. Da auch über den endgültigen Text von 1965 schließlich nicht mehr ausdrücklich debattiert wurde, ist festzuhalten, dass dieses Dokument „einen im positiven Sinne anomalen Verlauf nahm"[231]. Dieses Dokument erfuhr, wegen der verschobenen und dann nicht stattgefundenen Abstimmung, überhaupt keine erste Grundsatzabstimmung und wurde sowohl vor dem 20.11.1964 als auch vor der Endabstimmung 1965 ohne Generaldebatte überarbeitet und schließlich verabschiedet.

Doch kaum war die Abstimmung im November 1964 erfolgt, die in der westlichen Welt euphorisch in den Medien kommentiert wurde, kam es zum „heiligen Krieg"[232] gegen die Vorlage, vor allem im Orient. Der schwelende Palästinakonflikt brach über das Dokument herein. Hauptvorwand war die Stellung des Textes zum Vorwurf des „Gottesmordes". Nicht nur die arabischen Kommentatoren, auch die christlichen Kirchenoberhäupter wehrten sich vehement gegen den angenommenen Text.[233] Der gesamte Nahe Osten schien in Feindseligkeiten zu ver-

---

zungsperiode 90 f.), sondern auch vom unmittelbaren Protest Beas und einer kolportieren Audienz beim Papst (nach: Rynne, ebd. 89).
[228] Die Synopse der Texte: AS III/8, 637–643.
[229] Bea nimmt die Formulierung Felicis vom Oktober auf („superiore auctoritate probante"; AS III/8, 650) und widerlegt ihren Anspruch zugleich.
[230] Dies wurde bei den verschiedenen Reden des Papstes in Indien deutlich. Zum ersten Mal in der lehramtlichen Tradition würdigte ein Papst mit einem Zitat aus den Upanishaden die religiöse Erfahrung einer anderen Religion als authentisch (siehe: HerKorr 18 [1963] 82 f.). Der Text des traditionellen Gebetes, den Paul VI. zitierte, lautet: „From unreal, lead me to the Real; from darkness, lead me to Light; from death, lead me to Immortality" (Brihadaranyaka Upanisad 1,3,28); siehe dazu: Machado, Nostra aetate 41 f.
[231] Schmidt, Augustin Bea 658.
[232] Schmidt, Augustin Bea 659, bestätigt den Begriff von Oesterreicher (Kommentierende Einleitung 458); mit zahlreichen Verweisen und Zitaten dokumentiert bei: Ostry, Die Judenfrage 213–233. Eine Zusammenfassung der Entwicklung in der Zeit zwischen den Sessionen bei: Burigana – Turbanti, L'intersessione 578–591).
[233] Dokumentation bei: Oesterreicher, Kommentierende Einleitung 459–462. Hier sind auch positive Stimmen zur theologischen Frage verzeichnet, die sich allein gegen die politische Vereinnahmung dieser Klärung durch den „Zionismus" wehren.

sinken. Demonstrationen und Unruhen waren an der Tagesordnung.²³⁴ Vor zwei Aufgaben stand das Einheitssekretariat: Einerseits unternahm es eine unablässige diplomatische Offensive, den Text unmittelbar vor Ort den orientalischen Christen und den Muslimen zu erläutern. Andererseits mussten die Modi unter diesem immer bedrückender werdenden Kontext eingearbeitet werden.

Kardinal König setzte in dieser Phase mit zwei beispielhaften Handlungen Zeichen. Im Auftrag von Papst Paul VI. leitete er während des Eucharistischen Weltkongresses am 3. 12. 1964 in Bombay das interreligiöse Gespräch, das er als „Einleitung zu einem späteren Dialog zwischen Christen und Nichtchristen"²³⁵ bezeichnete. Nachdem er auf dem Rückflug von Indien erstmals die Al Azira Universität in Kairo besuchte, hielt er am 31. 3. 1965 in den Turbulenzen um NA als erster kirchlicher Würdenträger an diesem Ort muslimischer Gelehrsamkeit eine programmatische Rede. Seine Ausführungen über den Monotheismus in der heutigen Welt stellten eine Aufgabe in den Raum, die bis heute an Aktualität nichts eingebüßt hat: Wie sollen Judentum, Christentum und Islam „einem nicht auf der Basis des Monotheismus stehenden Denken"²³⁶ begegnen? König verkörperte beispielhaft die Haltung der Kirche im beginnenden Dialog und stellte inmitten dieser konfliktreichen Situation die Frage nach der gemeinsamen Sendung der monotheistischen Religionen in der Welt von heute.

In dieser Situation war die freie Konzentration auf redliche Wahrheitsfindung der einzig gangbare Weg.²³⁷ Doch die noch zu diskutierende Streichung des Begriffs „Gottesmörder"²³⁸ aus dem endgültigen Text löste in der westlichen Welt Diskussionen aus. Auch waren bedrückende Zeichen von Antijudaismus am Rande und im Konzil festzustellen.²³⁹ Die Gerüchte überschlugen sich, so dass auch führende deutsche Katholiken eine Bittschrift an den Papst richteten.²⁴⁰ Als schließlich im Oktober 1965 der Text endgültig verabschiedet war, war dies mehr als erstaunlich. Kardinal Bea sah es als eine Gnade Gottes an.²⁴¹

---

[234] Oesterreicher, Kommentierende Einleitung 458, spricht von einem „heiligen Krieg" gegen die Erklärung.
[235] König, Worte zur Zeit 117. Auf der Basis der Enzyklika des Dialogs *Ecclesiam suam* (ebd. 119) entwickelt er ein umfassendes Programm.
[236] Ebd. 132.
[237] Oesterreicher zitiert eine Rede von Bischof Stangl (Würzburg) vom 12. 5. 1965 während der Arbeitssitzung des Sekretariats (ders., Kommentierende Einleitung 463 f.). Für die Interpretation des Konzilstextes ist daher die Diskussion der Modi, wie sie vom Sekretariat erarbeitet worden sind, unverzichtbar (AS IV/4, 698–722).
[238] Da die Fassung Text 3 in die Kommentierung des endgültigen Textes integriert wird, ist es hier nicht nötig, auf sie im Detail einzugehen.
[239] Dokumentiert bei: Oesterreicher, Kommentierende Einleitung 465.467–470. Hierzu gehören auch verschiedene Stellungnahmen von Bischof Carli, der als Mitglied des „Coetus Patrum Internationalis" bis zum Schluss gegen die Erklärung kämpfte. Unmittelbar auf ihn reagiert z. B. Spaemann (ders., VII d Msgr. Carli).
[240] Dokumentation: Freiburger Rundbrief 16/17 (1961/1964) 3–4.
[241] Schmidt, Augustin Bea 663.

B. Kommentierung

Die universale Dimension des Dokumentes steht in Kontrast zu seiner Kürze. Wir haben einen Text vor uns, der wie in einem Stenogramm das Entscheidende zu sagen versucht, deshalb in weiser Selbstbeschränkung Fragen offen lässt, Probleme nicht wörtlich anspricht und gerade so der Zukunft einen durch Prinzipien geordneten Auftrag erteilt. Die Erklärung darf daher z. B. nicht von einem religionswissenschaftlichen oder religionstheologischen Wunschkatalog her interpretiert werden, sondern von ihrer grundlegenden Intention unter den Bedingungen ihrer realen Textgeschichte: „Auch in unserem Fall war es unmöglich, eine Erklärung auszuarbeiten, die von niemandem und in keinem Teil falsch ausgelegt werden könnte, und die die andere Seite vollständig zufriedenstellen würde. Außerdem sollte man daran denken, dass es wichtiger ist, dass es eine solche feierliche Erklärung des Konzils gibt, als dass sie – selbst wenn es möglich wäre – alle zufriedenstellt."[1] Dieser Konzilstext ist daraufhin zu bewerten, was er ermöglichte, indem er nicht lösbare Konflikte mied und in beredter Weise schwieg, aber dennoch einen Weg vorzeichnete. Die entscheidende Qualität des Textes liegt in dem, was er eröffnet hat. Ein Kommentar nach 40 Jahren kann diese Sichtweise anders integrieren, als es die Beurteilungen unmittelbar nach dem Konzil vermochten. Der Text muss daher auch von jenen Möglichkeiten her verstanden werden, die er ablehnt, indem er bestimmte Kategorien und Redemuster der Tradition nicht mehr verwendet. Mit Ludwig Wittgenstein kann gesagt werden: Der Text von *Nostra aetate* zeigt etwas, was die Erklärung nicht auch noch aussprechen kann.[2]

Da die Erklärung mit der Absicht verfasst wurde, unter den Bedingungen einer zusammenwachsenden und gefährdeten Menschheitsgeschichte die Kirche in ein neues Verhalten zu den nichtchristlichen Religionen und allen Menschen zu setzen, musste sie folgende Aufgaben zugleich erfüllen: sie sollte die verschiedenen Religionen in ihrer Besonderheit als auch das Phänomen der Religion allgemein so ansprechen, dass die verschiedenen religiösen Traditionen mit ihren speziellen Thematiken in sich selber und im Bezug auf den christlichen Glauben deutlich werden, ohne die unvergleichliche Beziehung der Kirche zum Judentum zu verdecken. Zudem musste sie versuchen, die traditionellen, überkommenen Vorstellungen und Sprach- bzw. Denkgewohnheiten zu klären, gegebenenfalls auch zu

---

[1] Relatio vom 20.11.1964 (Bea, Die Kirche und das jüdische Volk 160; AS III/8, 650).
[2] „Und das, was sich am Satz zeigt, kann der Satz nicht auch noch aussprechen" (Engelmann, Ludwig Wittgenstein 63).

revidieren. In diesen Aufgaben durfte zudem die Geschichte der eigenen Beziehungen zu den verschiedenen Religionen nicht vergessen werden.

Der Aufbau unsere Erklärung überzeugt: **NA 1** bietet nach einem kurzen Hinweis auf die Gegenwartssituation sowohl die theologische Grundlage als auch eine Bestimmung des Begriffs „Religion". **NA 2** äußert sich nach einem allgemeinen Hinweis auf die Religionsgeschichte namentlich zum Hinduismus und Buddhismus. Eine definitorische Verdeutlichung dessen, was die Erklärung als „Habitudo der Kirche" bezeichnet, schließt als Achse des Dokuments die Nummer ab. Mit **NA 3** beginnt die abrahamitische, monotheistische Offenbarungstradition, die mit den Aussagen zu den Muslimen eröffnet wird. Im ausführlichsten Abschnitt, **NA 4**, kommt das Verhältnis zum Judentum sowohl historisch als auch theologisch zur Sprache. Diese Nummer bleibt das „Herzstück"[3] der Erklärung. Die abschließende **NA 5** bekräftigt die Grundausrichtung des Textes sowohl praktisch als auch theologisch-systematisch.

I. Der Titel: „De ecclesiae habitudine ..."

Die Geschichte der verschiedenen Titel in der Odyssee des Textes ist aufschlussreich. Der Arbeitstitel „Pro Judaeis" bleibt in der ersten Textfassung (1963) noch erkennbar: „De catholicorum habitudine ad non christianos et maxime ad Judaeos"[4]. Im September 1964 war der Anhang des Ökumenismusdekrets („Declaratio altera") formaler gehalten: „De Judaeis et de non Christianis"[5]. Der endgültige Titel erscheint in der Fassung vom November 1964. Er behält die Bestimmung „habitudo" der ersten Konzilsfassung bei, bestimmt ihn aber als Haltung der Kirche. Damit ist eine idealtypische (normative) Wesensbeschreibung angezielt, die durch die reale Geschichte zwar verdunkelt oder gar widerlegt werden kann, aber gerade deshalb ihre bleibende Bedeutung hat. An den Plural der ersten Fassung „Catholicorum" stellt sich die Frage, wer damit konkret gemeint sein könnte. Die Bestimmung „ecclesiae catholicae" meint hingegen die Kirche in ihrer dogmatischen Identität. Sie integriert zwar geschichtliche und empirisch-statistische Perspektiven, darf aber nicht soziologisch enggeführt werden. Erst in dieser dogmatisch-ekklesiologischen Verdeutlichung wird die Haltung zum kritischen Maßstab, auch gegen das faktische Missverhalten aller oder vieler Katholiken. Insofern beinhaltet der Titel weniger eine beschreibende, sondern zuerst eine normative Aussage. Die dogmatische Identität der Kirche ist nicht die normative Feststellung des geschichtlich Faktischen, sondern bringt die kritisch-normative Kriteriologie des Evangeliums und der Tradition im Unterschied zum statistisch-empirisch Vorfindbaren zum Ausdruck. So sollte die Kirche in ihrem Vollzug erfahrbar sein und werden, wie sie hier beschrieben wird![6]

---

[3] Pesch, Das Zweite Vatikanische Konzil 305.
[4] AS II/5, 431.
[5] AS III/2, 327.
[6] Insofern ist nicht allein historisch, sondern noch mehr systematisch die Kirchenkonstitution, insbesondere LG 1 und 16, Voraussetzung für NA.

Die Streichung des Bezugs zu den Juden im Endtitel verschleiert Ursprung und Gewicht der Erklärung etwas.[7] Da sich der Textcharakter aber im Herbst 1964 erheblich geändert hatte, wird durch den neutraleren Titel ohne ausdrückliche Nennung einer spezifischen Religionstradition der tatsächliche Inhalt besser zum Ausdruck gebracht.

Da eine Erklärung über die Haltung der Kirche (ecclesiae habitudine) vorliegt und nicht ihr Verhältnis[8] zu den nichtchristlichen Religionen beschrieben wird, und der erste Adressat dieses Textes die Mitglieder der eigenen Kirche sind, ist Folgendes für das Gesamtverständnis wichtig: Über den Dialog spricht die Erklärung nicht direkt. Das kann sie auch nicht, weil über einen gewünschten Dialog mit anderen und dem darin zur Wirklichkeit werdenden Verhältnis zu diesen anderen die Kirche nicht alleine sprechen kann. Das kann sie nur zusammen mit den anderen. Das Konzil eröffnet den Dialog in einem ersten Schritt, in dem es über ein bleibendes Subjekt dieses Dialogs mit Verbindlichkeit spricht: die Kirche. Insofern in diesem Dokument das Wesen der Kirche zum Ausdruck kommt, ist dieser intendierte Dialog nicht der Wunsch einer bestimmten Gruppe, und sei sie auch noch so groß, sondern die Realisierung des Wesens und der Sendung der Kirche in dieser Zeit. Die Frage wird lauten, ob im Licht des Glaubens diese Haltung der Anerkennung, der Bereitschaft zum Dialog, der Fähigkeit zur Differenz und darin die Suche nach dem Licht Christi tatsächlich die Vollzugsgestalt des Wesens der Kirche in unserer Zeit ist. Denn der Begriff „habitudo" vermittelt in seiner Einheit von Wesen und Vollzug die von Papst Johannes XXIII. gewünschte Einheit von Dogma und Pastoral vorbildlich.

Gerade deshalb kann von der Erklärung keine umfassende Behandlung aller Fragen erwartet werden. Die Kirche würde ihre Bereitschaft zum Dialog zerstören, wenn sie über die anderen abschließend ohne ihre Gegenwart verhandeln würde. Deshalb wählt sie einen Weg, in der die nichtchristlichen Religionen und ihre Mitglieder nicht Objekte der Erklärung, sondern mögliche Subjekte einer Beziehung werden. Die anderen als Mitsubjekte anerkennen und anfanghaft dieses Ziel zu realisieren, ist das Ziel der Erklärung. Das Konzil durfte deshalb keine umfassende Religionstheologie vorlegen, auch nicht deren Themen und Partner bestimmen.[9] Die Haltung kann vielmehr nur an exemplarischen Beispielen verdeutlicht werden. Mit der hier dargelegten Haltung können andere rechnen, auch

---

[7] Zur Titelfrage siehe die schriftliche Relatio: AS III/8, 643 f.
[8] So übertragen fast einhellig alle deutschen Kommentare, vor allem: LThK.E 3, 405, und die daraus folgenden amtlichen Übersetzungen. „Verhältnis" müsste im Lateinischen aber „relatio" heißen. Auf diese Differenz wird aufmerksam: Schlette, Einleitung 53; er korrigiert aber die Übersetzung nicht. Die Übersetzungsdifferenzen lassen sich auch bei Kardinal Bea selber feststellen. Während der Begriff „habitudo" im Titel der Erklärung in der übersetzten Relatio als „Verhältnis" wiedergegeben wird, ist der gleiche Begriff im Text der Relatio durchgehend mit „Haltung" (auch bei der Wiedergabe des Titels) übersetzt (vgl. AS III/8, 649 mit Bea, Die Kirche und das jüdische Volk 158.159). Dadurch ist die Beachtung der Beziehungen der Kirche in unterschiedlicher Weise zu den verschiedenen Religionen nicht ausgeschlossen (AS III/8, 644), jedoch in einer indirekten Weise angesprochen.
[9] Deshalb stellt sich die Frage, ob der klassische Objektivitätsanspruch der Religionswissenschaften nicht die anderen zu Objekten degradiert. Desgleichen stellt sich die Frage, wer eigentlich das Subjekt im interreligiösen Dialog ist.

unabhängig von ihrem eigenen Verhalten zur römisch-katholischen Kirche. Unser Dekret ist im strengen Sinne kein Dokument des Dialogs, sondern ein Text, der den Dialog eröffnen möchte, indem er für die anderen jene Haltung verdeutlicht, mit der die Kirche den anderen in diesem angebotenen Dialog begegnen will. Das Verhältnis der Kirche zu den nichtchristlichen Religionen wird ein künftiges Konzil zu bedenken haben, wenn verschiedene Erfahrungen in diesem Beziehungskomplex reflektiert werden können. Unser Text eröffnet dazu Wege des Dialogs.[10] Dabei legt er jene Prinzipien frei und illustriert sie an einigen Beispielen, nach denen die Kirche gemäß ihrer eigenen Identität zu agieren gedenkt. Deshalb kann zwar von einer impliziten Religionstheologie gesprochen werden, aber diese ist nicht einfach expressis verbis ablesbar. Wir können aber in unserer Erklärung eine Tiefengrammatik für das Gespräch mit den nichtchristlichen Religionen entschlüsseln.

Weil die Kirche im Konzil die Frage nach sich selbst stellt, wird in diesem Dokument eine operational-pragmatische Definition der Kirche gegeben, die gerade deshalb dogmatisches Gewicht hat, weil sie sich pastoralen Fragen zuwendet.[11] Das Dokument ist nicht „nur pastoral", weil eine „habitudo" immer eine Wesensbestimmung in Beziehungen, also in einem Handlungskontext, besagt. Auch wenn NA im Text die Kirchenkonstitution nicht zitiert, müssen die Aussagen von *Lumen gentium* 16 f. hier vorausgesetzt[12] und die parallelen Diskussionen um *Gaudium et spes* ebenso bedacht werden wie die Ausführungen im Missionsdekret.[13] Was die Kirche ist, wird an ihrem Verhalten expliziert, das in dieser „wegweisenden Klärung"[14] mit einem hohen Maß an Selbstverpflichtung dargelegt wird. Damit bekommen die anderen Einspruchsrechte und werden zu einer Art Prüfungsinstanz.[15] Die Haltung ist daher als kritisches Kriterium nach innen und außen sowohl in der Gegenwart als auch in der Beurteilung der Geschichte aufzufassen. Die „habitudo" bringt das Wesen im Vollzug zum Ausdruck, das deshalb gerade von jenen wahrgenommen werden kann, die es mit der Kirche zu tun haben. Damit eröffnet und ermöglicht die Kirche aus ihrer eigenen Identität heraus einen kritischen, ja selbstkritischen Maßstab für die anderen. Die

---

[10] „Darin, das heißt in den Früchten, die die Erklärung nach dem Konzil gewiß hervorbringen muß und hervorbringen wird, liegen ihre Bedeutung und ihr höchster Wert" (Bea in der Relatio vom 20.11.1964: AS III/8, 650; übersetzt nach: ders., Die Kirche und das jüdische Volk 160).

[11] Den Unterschied betont Bea in der Relatio zum vierten Text (AS III/8, 159). Zwar werden als Ziel der Erklärung praktische und pastorale Normen zum Umgang mit Nicht-Christen angegeben. Doch können diese Normen nicht, wie die Erklärung insinuiert ohne dogmatisches Gewicht sein (AS III/8, 644). Die Einschränkung kann nur im Sinne einer dogmatisch abschließenden Bewertung interpretiert werden.

[12] Zumal der Text vom 20.11.1964 mit der Kirchenkonstitution hätte verbunden werden sollen (Relatio von Kardinal Bea, AS III/8, 649). Auf LG wird verwiesen in den Erläuterungen zu den Modi (z. B. ad modum 42: AS IV/4, 703).

[13] Zum Thema Religion und Dialog sind neben LG folgende Texte einschlägig: AG 9.11.15 (mit der Aufnahme der Logostheologie); GS 92 (zum Dialog) und die Nummern 11, 22, 38, 41 zum Verhältnis von Schöpfungslehre, Christologie und Anthropologie. Ebenso: OT 16.

[14] Dies ist der Sinn einer „Declaratio" (Grote, Was verlautbart Rom wie? 51).

[15] Die zahlreichen Konsultationen, die das Einheitssekretariat vor allem 1964 und 1965 durchgeführt hat, haben diesen Prozess schon in die Genese des Textes integriert.

Kirche kann deshalb, und zwar unabhängig vom Verhalten anderer, beim Wort genommen werden. So wie sie sich selbst hier in ihren Zielen, Haltungen und Vorgehensweisen beschreibt und dies in Übereinstimmung mit anderen Konzilsdokumenten „ad extra" gewagt hat, definiert sie ihre Möglichkeiten und Grenzen. Wie die anderen darauf antworten, liegt nicht mehr in der Bestimmungsmacht der Kirche. Daher ist die Frage nach der Effizienz oder dem Gelingen des Dialogs immer auch daraufhin abzufragen, ob in diesem Weg die hier zum Ausdruck gebrachte Haltung der Kirche erkennbar war und bleibt.

Die „habitudo" bestimmt sich im Blick auf einen möglichen Dialog und ein neues Verhältnis zu den Nichtchristen als Form der Hoffnung und der Offenheit. *Nostra aetate* darf nicht als pragmatischer Versuch karikiert werden, die missionarischen Misserfolge und die Herausforderungen des Religionspluralismus mit Dialog zu beantworten. Auch als Mehrheitsreligion könnte in dieser Selbstdefinition die Kirche nur in der Gestalt des Dienstes an der Freiheit gerade für die anderen agieren.[16] Denn dieser Text wurde in einer Zeit geschrieben, als die Katholiken in einigen Regionen die auch politisch bestimmende Mehrheit besaßen. Auch sind die Adressaten des Textes nicht einfach die Zeitgenossen, sondern auch künftige Generationen von Katholiken in höchst unterschiedlichen Kontexten.

Das Dokument möchte etwas über die „nichtchristlichen Religionen" sagen. Beide Bestimmungen sind zu erwägen. Die Kennzeichnung „nichtchristlich" weist auf eine offen ausgesprochene, aber wohl hintergründige Verlegenheit hin. Traditionelle Begriffe wie „Heiden" oder „Ungläubige" werden im Text vermieden. Sie sind als Unterscheidungen zwischen Christen und Mitgliedern von nichtchristlichen Religionen deshalb untauglich, weil sie historisch mit Abwertung, Gottlosigkeit, Aberglaube, sozialer Stigmatisierung und Verfolgung verbunden sind.[17] Ebenso liegt die Bezeichnung „religio falsa" außerhalb des Horizontes dieses Dokumentes. Doch ein positiver Allgemeinbegriff konnte nicht entwickelt werden, weil sich das Konzil nicht mit dem damals vorherrschenden, eher phänomenologischen Religionsbegriff zufrieden geben konnte.[18] Ein aus dem Glauben kommender und theologisch verantworteter Religionsbegriff bleibt bis heute ein Desiderat.

Dennoch stellt der selbstverständliche Gebrauch des Begriffs „religio"[19] auf

---

[16] Auch aus diesem Grunde stellt DiH die konsequente Umsetzung dieser Habitudo in die gesellschaftspolitische Realität hinein dar.
[17] Der Terminus „Heide" wurde zu einem Gegenbegriff, der in wechselnder Form die Gegner des Christentums oder gar der eigenen Konfession bezeichnen konnte (siehe: Bischofberger, Heidentum/Heiden). Dabei wurde wohl vergessen, dass die ersten nichtjüdischen Christen als „Heidenchristen" bezeichnet wurden.
[18] Auch der heute dominierende funktionale Religionsbegriff wäre hierfür ungeeignet, weil er Religionen aus der Distanz ansieht und deshalb zum religiös gegründeten Sehen und Verstehen des anderen nur sehr bedingt etwas beitragen kann.
[19] Der Religionsbegriff ist in den Dokumenten des Konzils nicht einheitlich gebraucht, auch wenn generell eine positive Verwendung festzustellen ist. Eine ausdrückliche Entgegensetzung zwischen christlichem Glauben und Religion ist nicht zu finden. Wie selbstverständlich werden Christentum und christlicher Glaube in die Welt der Religionen integriert (AG 10.12.26.16; CD 38, 6; DV 21). Im Sinne von Weltreligionen oder als genereller Terminus im Blick auf die neuen Herausforderungen durch den modernen Atheismus (AA 6) scheint es eine Allianz der

dem Hintergrund der vorkonziliaren Sprechweise eine tiefgreifende Veränderung dar. Das Dokument spricht über „Religionen", also über soziale, geschichtliche und kulturelle Größen, und zwar im Plural. Es geht ihm nicht primär um die Individuen, also um religiöse Personen und deren Status in religiöser oder heilstheologischer Sicht. Die Väter konnten die Frage nach der Heilsmöglichkeit außerhalb von Kirche und Christentum bereits als geklärt ansehen. Die einschlägigen Aussagen in anderen Dokumenten[20] sind vorausgesetzt. Dieser Plural in der Überschrift scheint die erste grundsätzlich positive Äußerung des katholischen Lehramtes zum religiösen Pluralismus darzustellen.

II. Artikel 1

Drei Themenbereiche werden in **NA 1** angesprochen: Der Charakter der kirchlichen Sendung in der Gegenwart (**NA 1,1**), der systematisch-theologische Rahmen, in dem die Sendung der Kirche dargelegt wird (**NA 1,2**), und eine für den Zweck dieses Dokuments hilfreiche Arbeitsdefinition von „Religion" (**NA 1,3**).

In der Gegenwartsanalyse[21] („Nostra aetate") wird das Zusammenwachsen der Menschheit deshalb betont, weil es den Kontext dieser Erklärung beschreibt.[22] Damit wird nur noch die Endgestalt des Textes und seine Geschichte berücksichtigt; die erste Absicht war es, eine Klärung in Bezug auf das Judentum zu leisten. Diese Situation fließt unmittelbar in die Sendung der Kirche ein. Sie habe „Einheit und Liebe unter den Menschen, ja sogar unter den Völkern zu fördern"[23]. „Nostra aetate" („in unserer Zeit") ist eine Kurzbestimmung einer Kirche des Aggiornamento in einer gemeinsamen Gegenwart und einer gemeinsamen Welt, die angenommen und zur Bestimmung der eigenen Sendung geworden ist.

Aus diesem Grund betont NA das allen Menschen Gemeinsame, um die bestehende Gemeinsamkeit zu stärken, und um eine Grundlage für Dialog und Zusammenarbeit zu legen.[24] Damit werden die Differenzen nicht unterschlagen,[25] wie es der Schluss von NA 2 nahelegen könnte, aber es werden andere Akzente gesetzt. Die Zeit verlangt Optionen. Die Komparative „enger" und „noch aufmerksamer" lassen die Spannungen und Differenzen deutlich durchdringen. Das Motiv zum Dialog wird nicht aus dem Missionsauftrag begründet, auch

---

Religionen, als Kulturen der Transzendenz, zu geben. Auch im Sinn der „vera religio" (v. a. DiH) findet der Terminus Verwendung (siehe: Systematischer Index, Bd. 1, 912 f.).

[20] Die einschlägigen Aussagen der Kirchenkonstitution können als Voraussetzung angesehen werden (siehe: LG 16; AG 7; GS 22). Auch ist zu betonen, dass in unserem Dokument keine Rede von Fortschritt und Entwicklung auf den christlichen Glauben hin die Rede ist. Es ist deshalb auch nicht von diesem Paradigma her zu verstehen (gegen: Ruokanen, The catholic doctrine 45 f.).

[21] Zu den weiteren Aspekten dieser Gegenwartsanalyse siehe: GS, UR, AG.

[22] Die Steigerungsform „attentius" in der Endredaktion macht deutlich, dass die Kirche nicht erst mit diesem Konzil dieser Frage Aufmerksamkeit zollt (siehe: AS IV/4, 699 ad modum 3).

[23] Vgl. die Kommentare zu LG 1 in Bd. 2 und GS 1 in Bd. 4 dieses Werkes.

[24] Bea, Relatio vom 14.10.1965 (ders., Die Kirche und das jüdische Volk 163; AS IV/4, 722).

[25] Dies betont die Erläuterung zu den Modi ausdrücklich (AS IV/4, 698).

nicht mit einer besonderen religionstheologischen Kompetenz der Kirche, sondern (allein) aus ihrer Sendung im Dienst an der ganzen Menschheit.[26] Diese Sendung ist aber nicht unabhängig von ihrer Heilssendung, sondern integraler Bestandteil. Die Kirche ist keine „Ersatz-UNO". Ihren nicht substituierbaren Dienst erläutert der folgende Satz.

Der zweite Satz (**NA 1, 2**) formuliert die erste theologische Schlüsselaussage des Textes. Der systematische Horizont der Gesamterklärung, ja des Konzils überhaupt, kommt in einer an eine Vision aus dem Glauben erinnernde Ausdrucksweise zum Tragen. Der durch Wirtschaft, Medien, Politik, Kriege und Technik entstandenen Einheit der Menschheit eröffnet das Konzil eine tiefere Sicht ihrer Gemeinsamkeit, die in NA 5 noch einmal angesprochen wird. Die verschiedenen Völker sind deshalb eine einzige Gemeinschaft, weil sie ihren Ursprung und ihr Ziel in Gott haben, dessen Vorsehung sich auf alle Menschen erstreckt. Ursprung und Ziel werden mit „origo" und „finis" beschrieben. Diese Begriffe sind aber nicht philosophisch bestimmt, sondern innerhalb eines heilsgeschichtlichen biblischen Rahmens verwendet.[27] Der Ursprung wird mit einem Zitathinweis aus der Areopagrede gestützt.[28] Das letzte Ziel ist mit dem eschatologischen Bild der Heiligen Stadt illustriert.[29] Aber nicht nur Ursprung und Endziel werden biblisch begründet. Alle Menschen sind in Gottes Güte und Vorsehung einbeschlossen.[30] Die Einheit der Menschheit – der Satz beginnt mit ihrer emphatischen Betonung – ist deshalb grundlegender als ihre Verschiedenheit in den Rassen und Religionen, weil sie in Gott ihre Wurzel hat. Dieser Grund ihrer letzten Gemeinsamkeit unterscheidet sich auch von der Vereinheitlichung der Menschheit durch die genannte Entwicklung in ihrer jüngeren Geschichte. Für die Interpretation ist daher mit Amstutz axiomatisch festzuhalten: „Schöpferhandeln und Gnadenhandeln in eins ist das Handeln Gottes im geschichtlichen Zwischen."[31]

Dieses Handeln ist umfassend. „Menschheit" ist als distributive Abkürzung zu verstehen, die besagt: jeder einzelne Menschen und alle, also sowohl personal als

---

[26] Der Komparativ „attentius" verweist darauf, dass diese Aufgabe schon früher, wenn auch in weniger intensiver Form wahrgenommen worden ist.

[27] Frühere Aussagen, die eine philosophische Perspektive in der Erkennbarkeit des Sittengesetzes aussagten, wurden gestrichen (Text 1 von 1963: AS II/5, 431). Obgleich Ruokanen dies erwähnt (56), hebt er auf die Unterscheidung von Gnade und Natur ab, die als Gegensatz zu werten sei. Obwohl NA mit diesem Begriffspaar nicht operiert, auch nicht von einer natürlichen Gotteserkenntnis redet, konstatiert Ruokanen eine gewisse Dualität des Denkens (ebd.). Ob seine Verweise auf andere Konzilstexte seine These tragen (so GS 29 und 16; AG 9; DiH 2) ist im Kommentar zu den genannten Stellen zu diskutieren. Unser Text stützt die These von Ruokanen nicht.

[28] Deutlicher wird dies in GS 24; aber auch unter der Rücksicht der letzten Berufung in GS 22 angesprochen.

[29] Der Text argumentiert streng theologisch. Er begründet seine Perspektive aus dem Wort Gottes und sieht die Menschheit von Gott her und auf ihn hin (Amstutz, Über die Religionen 81).

[30] „providentia ac bonitatis testimonium et consilia salutis" (NA 1, 2).

[31] Amstutz, Über die Religionen 84. Pneumatologisch lässt sich diese Grundlage mit der Patristik folgendermaßen begreifen. Der Geist ist zu verstehen „als eine Gabe an die ganze und ungeteilte Menschheit, also auch als Gabe an jeden einzelnen, gottebenbildlichen Menschen, so ist er unmöglich aus dem Gefüge der konkreten Religionen wegzudenken" (Stubenrauch, Pneumatologie 138 f.).

auch sozial. Gottes Handeln ist konkret, nicht nur allgemein. Vorsehung, Bezeugung seiner Güte und der Terminus „Heilsratschlüsse" sind offenbarungs- und gnadentheologisch, bzw. pneumatologisch zu verstehen.[32] Die eine Vorsehung und das eine Zeugnis seiner Güte realisieren sich in der Geschichte in einer Pluralität der „consilia salutis", die keinen Menschen und keine Kultur apriori ausnehmen. Damit hat die Erklärung eine erste, eher noch formale Grundlegung der Einheit der Heilsgeschichte entwickelt, die mit den Kapiteln I und II von LG korrespondiert. Dieser durch Gottes Schöpfungs- und Heilswillen allem menschlichen Tun und Vergehen vorgegebene und mit den Begriffen Vorsehung und Heilsratschlüsse konkretisierte Aspekt der Heilsgeschichte muss bei weiteren konkreten Nennungen der religiösen Wirklichkeit beachtet werden. Deshalb ist die theologische Grundperspektive der Erklärung als Einheit von Menschheits- und Heilsgeschichte im emphatischen Sinne zu bestimmen. Die Einheit der Menschheit ist grundlegender als ihre Vielheit und Gegensätzlichkeit.[33]

Angesichts der bis heute unlösbaren Problematik, den Religionsbegriff konsensfähig zu bestimmen,[34] entwickelt unsere Erklärung in **NA 1,3** eine elegante Lösung in pragmatischer Absicht. Religion wird anthropologisch als mögliche Antwort auf die Fragen des Menschen eingeführt. Sie wird aber nicht anthropologisch oder funktional reduziert. Die Menschen erwarten sich von den Religionen Antworten. Wie diese Antworten lauten oder ob die Religionen die Erwartungen erfüllen, ist dadurch ebenso wenig festgelegt wie die Frage, wie diese Antworten zu bestimmen seien. Der Religionsbegriff ist anthropologisch korrelativ eingeführt, aber dadurch nicht erfüllungskorrelativ fixiert. Damit vermeidet das Konzil nicht nur religionswissenschaftliche Debatten[35], sondern könnte und müsste heute für manche Sackgassen dieser Diskussion klärend rezipiert werden. Das Christentum wird dadurch nicht in einen kontradiktorischen Gegensatz zum Religionsphänomen gestellt. Eine Vergleichbarkeit ist nur bei Gemeinsamkeiten möglich. Deshalb schließt die anthropologische Bestimmung das Christentum im Begriff „Religion" mit ein, aber dessen Rang und Stellenwert innerhalb der Pluralität von Religionen wird dadurch nicht präjudiziert. Dass der Plural „variis religionibus" gewählt wurde, eröffnet nicht nur den Blick auf die hernach skizierte Pluralität der Religionen, sondern bestimmt diese Menschheitsfragen nicht primär religionsphilosophisch, sondern religionsphänomenologisch.[36]

In der Frage des Menschen („Quid sit homo") fließen unterschiedliche Aspekte seiner Existenz- und Wirklichkeitsorientierung ein, die nicht in der einzelnen Bestimmung und Formulierung, aber in der Anlage als transkulturell und uni-

---

[32] Es ist richtig, dass das Konzil hier nicht den „modus gratiae" darlegt, aber deshalb kann die Universalität der Gnade sowohl hier als auch in anderen Konzilstexten nicht abgestritten werden (so jedoch bei Ruokanen, The catholic doctrine 119).
[33] Amstutz, Über die Religionen 83.
[34] Siehe: Stolz, Grundzüge 9–44; Hock, Einführung 10–21. Ein Einblick in die Diskussion bei: Heck, Der Begriff religio. Das immense Spektrum des Begriffs in der Neuzeit bei: Feil, Religio; mit Blick auf die verschiedenen Religionen: Haußig, Der Religionsbegriff in den Religionen.
[35] NA mischt sich daher auch nicht im Blick auf den Buddhismus in die unabgeschlossene Debatte über dessen Religionscharakter ein (Waldenfels, Christus und die Religionen 34).
[36] AS IV/4, 699.

versalgeschichtlich, d.h. menschheitsgeschichtlich, anzusehen sind. Solche Fragen stellen sich unausweichlich aus der „conditio humana". Sie bestimmen die existentielle und kulturelle Verfasstheit des Menschen.[37] Die Begriffe „Mensch" oder „Menschheit" in diesem Satz korrespondieren den Aussagen zur universalen Heilsgeschichte im Satz zuvor mit seiner axiomatischen These von der einen Gemeinschaft, die alle Völker darstellen,[38] und den verschiedenen Antworten auf diese Fragen. Zwar sagt das Konzil nicht ausdrücklich, dass der Mensch auf seine Fragen (irgend)eine Antwort in den Religionen erhält, aber alle Aussagen in NA 2 legen eine unterschiedlich zu wertende positive Antwort nahe. Was zunächst als Rätsel bestimmt wird, öffnet sich in die verschiedenen Fragen der Sinnorientierung, der Ethik, der Theodizee und nach der Möglichkeit gelingenden Lebens angesichts des unvermeidbaren Todes und bleibender Schuldbedrohtheit. Diese Fragen entziehen sich deshalb der eindeutigen Beantwortung durch den Menschen, weil sie („demum") in die Frage nach dem Geheimnis münden, das alle Fragen menschlicher Existenz durchdringt.

Diese letzte Frage ist nicht ein Zusatz, sondern die bestimmende Dimension in allen Fragen: das wirklich Fragliche, nicht Auflösbare in all den genannten Erfahrungen. Mit der Formulierung („aus dem wir unseren Ursprung nehmen und auf das wir zustreben"[39]) wird an den vorhergehenden Satz angeknüpft, in dem Gott als Ursprung und Ziel der Menschheit bestimmt wird. Könnten also solches Fragen eine Form des Heilswillens Gottes sein, indem sie zum Anfang eines Weges („tendimus") ins Geheimnis werden?[40] Jedenfalls durchzieht diesen Satz eine Dynamik, die mit dem ungelösten Rätsel einsetzt, und in der Bewegung auf das Geheimnis hin seine besondere Tiefe und Erfüllung findet. Die verschiedenen Religionen werden in unterschiedlicher Akzentuierung diese Fragen entfalten[41] und mit den von ihnen inspirierten Lebensentwürfen zu beantworten versuchen. In Einheit mit NA 1,2 wird eine doppelte Bewegung angedeutet: Gott als Ursprung und Ziel ist der Dynamik der menschlichen Existenz gegenüber nicht neutral. Er umfasst ihre gesamte Geschichte („amplectitur"). In beiden Sätzen verbinden Verben vom Stamm „tendere" die korrespondierenden Bewegungen von Gott und Mensch. Das Streben und die Fragen der Menschen gehen nicht ins Leere, weil sie („immer schon") von Gott umfangen sind. Damit hat NA 1 die Leitidee von Thomas in existentiell-anthropologischer Weise für das Thema fruchtbar gemacht.

Wie sensibel auch sprachlich das Verhältnis von Einheit der Heilsgeschichte

---

[37] Siehe als aktuelles Beispiel die Fragen bei: Kutschera, Die großen Fragen V. Nach Kutschera kommen diese Fragen allen Menschen, insofern sie beginnen, ihr Leben zu bedenken.
[38] „Una enim communitas sunt omnes gentes" (NA 1,3).
[39] „... ex quo ortum sumimus et quo tendimus" (NA 1,3).
[40] Amstutz, Über die Religionen 85, sieht den Ursprung dieser Frageweise in Gott selbst, der sich in ihnen als gnädig gegenwärtig erfahren lässt. Zwar geht diese Interpretation über die Einzelaussagen des Textes etwas hinaus. Sie scheint aber durch die Verbindung von Satz 1 und 2 nicht unerlaubt zu sein.
[41] Der Text legt nicht ausdrücklich dar, dass diese den Menschen auszeichnenden Fragen auf dem Boden der Religion gewachsen sind, auch wenn die kulturelle Entfaltungstheorie von NA 2 diese These tragen würde.

und Pluralität der Religionen hier aufgearbeitet wird, kann an folgender sprachlicher Beobachtung abgelesen werden. Der positive Wert des religiösen Pluralismus scheint damit grundsätzlich gewürdigt zu sein. Singulare Begriffe sind: „Ursprung/origo", „finis/Ziel" zusammen mit „Gemeinschaft/communitas", „testimonium/Zeugnis" oder „terra/Erde", „Nostra aetate" und natürlich „Deus", bzw. „mysterium". Im Plural stehen: „populos, gentes/Völker", „consilia salutis/ Heilsratschlüsse" und „religiones". Beide Aussagereihen zusammen vermitteln also die Vielfalt und die Einheit in der einen Heilsgeschichte der Menschen mit dem Schöpfer und Vollender der Geschichte der Welt. Die durch Gottes Vorsehung begründete Einheit der Heilsgeschichte trägt die Vielfalt der religiösen Ausdrucksformen, weil sich die eine Vorsehung geschichtlich (nur) im Plural der Heilsratschlüsse auszeitigen kann.

III. Artikel 2

Im Rahmen der allgemeinen Vorstellung einer sich ausdifferenzierenden Religionsgeschichte in allen Kulturen werden ausdrücklich zwei Religionen der asiatischen Hochkulturen genannt: der Hinduismus und der Buddhismus. Ein genereller Blick auf andere, ungenannt bleibende Religionen, wird gewagt. Die Definition der im Titel angesagten „Habitudo" kann als Achse des Dokuments bezeichnet werden. Eine pastorale Selbstverpflichtung der Kirche in Anerkennung der anderen Religionen schließt die Nummer ab.

Der universalgeschichtliche Horizont der ersten Nummer wird konkretisiert. Die Bewegung des Menschen auf sein letztes Ziel ist deswegen möglich, weil bei den verschiedenen Völkern zu allen Zeiten (von Anfang bis heute) eine Wahrnehmung (perceptio) und Anerkennung (agnitio) dieses Zieles festzustellen ist. Damit können religiöse Erfahrungen, die sich in verschiedener Weise in anderen Religionen finden lassen, grundsätzlich positiv gewertet werden. Die beiden Begriffe lassen eine grundsätzlich negative Einschätzung der nichtchristlichen Religionen nicht mehr zu.

Drei Umschreibungen, die individualbiographisch und menschheitsgeschichtlich akzentuiert werden, konkretisieren diese allgemeinen Kategorien: Im Lauf der Welt und in den biographischen Ereignissen ist eine verborgene Macht (arcana virtus) gegenwärtig. Dieser Begriff spielt nicht auf magische Vorstellungen an,[42] sondern möchte den verborgenen und geheimnisvollen Charakter des Letztbezugs unterstreichen.[43] Die Bezeichnungen „Summi Numinis" und „Patris" gehören differenzierend zusammen, und verweisen bereits auf eine, wenn auch nur vereinzelt anzutreffende Entwicklung der Religionsgeschichte hin. Der Begriff „Numen" hält das Unaussprechliche und Verborgene fest, das öfters anzutreffen

---

[42] AS IV/4, 700 (Antwort auf einen Modus). Weil der „Animismus" nicht als eigene Religionsform anzusehen sei, sondern einen vielen Religionen gemeinsamen Typus darstellt, wird er nicht ausdrücklich genannt (ad modum 17: ebd.).
[43] Ebd. 700.

ist, während die Entwicklung zur Nennung dieser Macht als „Vater", in der die Gottesrede Jesu und des christlichen Glaubens bereits anklingt, als Ausnahme zu werten ist (vel etiam).

In solchen Bezeichnungen drückt sich die zugesprochene Wahrnehmung und Anerkennung des Göttlichen terminologisch aus. Die phänomenologischen Feststellungen werden ausgeweitet, weil nun gesagt werden kann, dass deshalb das Leben der Völker mit einem „tiefen religiösen Sinn"[44] durchdrungen werde. Religion ist ursprünglich kein regionales oder privates Phänomen, sondern durchdringt das gesamte Leben: individuell und sozial.

Das Wechselverhältnis von Religion und Kultur ist von Bedeutung für die religionsgeschichtliche Entwicklung, die NA mit einer terminologischen und allgemein-sprachlichen Entwicklung zusammensieht. Das Problem religiöser Sprache und Symbole wird zu einem Entwicklungsmerkmal der Religionen. Wie vorsichtig der Text arbeitet, zeigt sich daran, dass diese Entwicklung intentional („suchen") beschrieben wird. Die komparativischen Bestimmungen im Zusammenhang mit dem Fortschritt der Kultur sind keine Feststellung, sondern drücken eine Absicht aus. Damit hat NA Religion als persönliche religiöse Erfahrung unter den Begriffen „Wahrnehmung" und „Anerkennung" positiv gewertet und mit der sprachlichen, und das bedeutet sozial-kulturellen Dimension verbunden. Deshalb kann ein einzelner Mensch nicht unabhängig von oder gar im Gegensatz zu seiner gesamten religiösen Tradition eine positiv zu würdigende religiöse Erfahrung machen oder Handlung vollziehen. Trotz der vielfältigen Ausdrucksformen und Antworten meint das Konzil an der Einheit der nämlichen Fragen festhalten zu können, wie sie in NA 1 am Ende formuliert worden sind. Von der religionsgeschichtlichen Seite her wird die Einheit des Phänomens Religion anthropologisch als Suche nach Antwort auf jene Fragen bestimmt, die den Menschen als Menschen kennzeichnen. Dieses Suchen ist aber nicht individual-anthropologisch deutbar, sondern wird von kulturellen Faktoren beeinflusst.

Die sozialkulturelle Aussage ist als Überleitung zur ausdrücklichen Nennung von Religionstraditionen konzipiert, die dadurch immer auch als sich entwickelnde kulturelle Phänomene gewertet und anerkannt werden. Religionen sind keine statische Gebilde, sie sind nicht abgeschlossen oder gar „fertig". Die ursprüngliche Gottfähigkeit des Menschen wird im Laufe der Religions- und Kulturgeschichte, die sich wechselseitig durchdringen, durch eine differenzierte Sprache und Begrifflichkeit weiterentwickelt. In dieser Entwicklung stehen die genannten „Hochreligionen".

Angeführt werden im Blick auf Asien in elementarer Anzeige[45] der Hinduis-

---

[44] „intimo sensu religioso" (NA 2,1).
[45] Ich gehe davon aus, dass die konkreten Züge der Religionen, die im Text ausdrücklich gewürdigt werden, mit jener „habitudo" der Anerkennung im Zusammenhang stehen, der in NA 2 mit den Attributen „wahr und heilig" umschrieben wird. *Nostra aetate* impliziert daher eine Theologie der Anerkennung anderer religiöser Traditionen, die auf der Verbindung von Vorsehung Gottes, Fragephänomen, Wahrnehmung und Anerkennung der transzendenten Wirklichkeit auf der Basis einer Logos- bzw. Lichtchristologie beruht. Die Bestimmung anderer religiösen Traditionen hat diese von Gott gestiftete Gemeinsamkeit zu beachten.

mus und der Buddhismus. In beiden Fällen gelingt den knappen Aussagen, die Vielfalt und die Einheit der Religionstraditionen anzusagen, ohne eine bestimmte Richtung zu bevorzugen oder die Debatten und Konflikte innerhalb dieser Traditionen entscheiden zu wollen. Hier besonders gilt: Vollständigkeit ist nicht beabsichtigt, und für die Aussageabsicht des gesamten Dokuments auch nicht erforderlich.[46]

Die Aussagen zum Hinduismus erwähnen dessen heilige Schriften in ihrer erzählerischen Vielfalt und ihren philosophischen Explikationen. Auf dieser Basis werden die unterschiedlichen Heilswege als Befreiung aus der menschlichen Daseinssituation angesprochen. Die Einheit von mythisch-erzählender Grundlage, spekulativ-philosophischer Durchdringung und einer auf die Befreiung zielenden Lebensform ist vorbildlich herausgestellt. Darf von einer pragmatischen Priorität des Lebens gesprochen werden? Die innere Pluralität der hinduistischen Tradition zeigt die durchgehende Verknüpfung der einzelnen Wege mit „vel" (oder) an.[47] Die als Hinduismus zusammengefassten Religionen werden im Unterschied zum anschließend genannten Buddhismus, in ihrem Bezug zum göttlichen Geheimnis theozentrisch charakterisiert. Die Erforschung (scrutari), die im Rahmen der Wahrnehmung des ersten Satzes steht, kommt in zwei Formen zum Ausdruck: den Mythen und den philosophischen Systemen. Für das Konzil ist „Mythos" kein negativer Begriff, sondern eine allgemein anerkannte Form der religiösen Erkenntnis und Kommunikation.[48]

Damit verweist das Konzil zunächst auf die heiligen Schriften, die in den Veden ihre bleibend verbindliche Wurzel haben.[49] Auf dieser Basis entwickelten sich die verschiedenen philosophischen Schulen, die als sprachliche und begriffliche Entwicklung das Kennzeichen einer Hochreligion ausmachen. Die daraus resultierende Debatte um das Verhältnis von Brahman und Atman darf mitgehört werden, auch wenn sie nicht genannt wird.

Das Ziel wird als Befreiung aus der Enge beschrieben. Diese erfolgt auf drei verschiedenen Wegen und wird auch unterschiedlich interpretiert. Damit hat das Konzil die wichtigsten Yoga-Wege genannt. Das „Karma-Yoga" des Opfers und der Aszese, das „Jnana-Yoga" der mystischen Einheit mit seinen unterschiedlichen Übungen und bezeugten Erleuchtungserfahrungen sowie den „Bhakti-Yoga" der liebevoll vertrauenden Hingabe an Gott. Obwohl dieser letzte Weg dem Christentum auch wegen seiner darin zu findenden monotheistischen Tendenz wohl besonders nahe steht, kann eine Bevorzugung dieser Tradition dem Text nicht entnommen werden.

Das Ziel der Wege der Befreiung wird schlicht Gott genannt. Die Situation, aus

---
[46] Siehe: AS IV/4, 706 (ad modum 57). Das Dokument ziele auf pastorale und praktische Normen, die zwar durch die Offenbarung begründet seien, aber vor allem dem Dialog und der Zusammenarbeit mit anderen dienlich sein wollen.
[47] Stellungnahme der Kommission (AS IV/4, 701).
[48] AS IV/4, 701 (ad modum 20).
[49] Das Konzil erwähnt weder die verschiedenen Schriften neben den Veden, wie die Upanishaden oder die Bhagavadgita, noch werden die verschiedenen philosophischen Systeme beurteilt. Zum Hinduismus aus der Sicht der Konzilsväter siehe: Masson, Valeurs religieuses. Siehe auch: Neuner in: Laurentin – Neuner, The Declaration 89 f.

der befreit werden soll, wird hingegen mit Enge und Beschränktheit (angustiis) übersetzt. Vielleicht wäre der Begriff „Not" besser gewesen, weil der Text wohl auf die alle hinduistischen Traditionen verbindende Lehre vom Kreislauf der Wiedergeburten (samsara) und dem Gesetz der Erbschaft des eigenen Tuns (karma) anspielt. Damit wird nicht eine Debatte um die Vereinbarkeit dieser Konzepte mit der christlichen Tradition geführt, sondern positiv anerkannt, dass in dieser Tradition ein soteriologisches Bewusstsein kulturell auf verschiedenen Ebenen gegenwärtig geblieben ist.

Der kleine Text über den Buddhismus verdankt sich einer Expertenrunde, in der auch Buddhisten mitarbeiteten.[50] Die verschiedenen Formen des Buddhismus entwickeln eine mit dem Hinduismus vergleichbare Existenzanalytik des Menschen: das Ungenügen an der veränderlichen Welt.[51] Mit dem Begriff „Insuffizienz" dürfte auf die erste edle Wahrheit vom Leiden angespielt sein. Die weiteren Aussagen verweisen auf den edlen achtfachen Pfad als Weg und die Bestimmung des Ziels. Das Ziel wird als vollkommene Befreiung oder/und als höchste Erleuchtung umschrieben. Der Ausdruck „Nirvana" fällt nicht. Die Beschreibung des Weges ist deutlich differenziert. Die Traditionen des alten Buddhismus, des Theravada (Hinayana), und des japanischen Zen wird mit der Umschreibung „eigene Bemühung" charakterisiert. Hingegen kennen die Traditionen des neueren Buddhismus (Mahayana) im Bodhisattva-Ideal die Hilfe höherer Erleuchtungswesen, die auf den Eintritt ins Nirvana aus Mitleid und Güte für alle Lebewesen verzichten.[52] Den verschiedenen Richtungen wird frommer und vertrauender Sinn zugeschrieben. Es fällt jedoch auf, dass die Stiftergestalt, Buddha, nicht genannt wird.[53] Die Diskussion um den Religionscharakter des Buddhismus ist dem prägnanten Satz noch abzulauschen. Die Beschreibung des Heilsziels nimmt keinen Begriff des ersten Satzes von NA 2 auf, sondern beschreibt es als eine anthropologische Erfahrung („Erleuchtung", „Befreiung"). Dass das Konzil diese Erfahrung grundsätzlich als authentisch anerkennt, wird aus der Ablehnung eines Modus deutlich, der den Konjunktiv „valeant" in den Irrealis „valerent" verändern wollte.[54]

Der letzte Satz dieses Abschnittes öffnet mit einem einzigen Wörtchen (cetera) den Blick auf die anderen Religionen in der Welt.[55] Sie weisen dem unruhigen Herz des Menschen durch Lehren, Lebensregeln und heilige Riten einen Weg. Das

---

[50] AS IV/4, 701 (ad modum 22).
[51] Der kurze Text ist zu lesen auf dem Hintergrund der vier edlen Wahrheiten und dem Grundbekenntnis der Buddhisten zu Buddha, zum Dharma (Lehre) und zum Sangha (Gemeinde); siehe: Masson, Valeurs du bouddhisme.
[52] Die Expertenkommission hat ausdrücklich den Hinayana- und Mahayana-Buddhismus genannt.
[53] Ebenso wenig nimmt das Dokument zum Verhältnis von Hinduismus und Buddhismus Stellung.
[54] AS IV/4, 701 (ad modum 23).
[55] In dieser Aussage sind jene religiöse Traditionen angesprochen („ceterae ... religiones, quae per totum mundum inveniuntur"), die später nicht namentlich genannt werden. Damit wurde versucht, dem berechtigten Anliegen vieler, vor allem afrikanischer Bischöfe, den Animismus oder die „Naturreligionen" zu berücksichtigen, entsprochen.

versteckte Augustinuszitat von der Unruhe des menschlichen Herzens[56] nimmt die Frageklimax von NA 1 auf und konkretisiert sie auf die Gestaltung des Weges hin. Als neue Elemente innerhalb der Religionsbeschreibung können die sittliche Weisung und der Ritus genannt werden. Dieser Satz signalisiert bei aller Defizienz und Kürze die Bereitschaft der Kirche, mit jeder Religionstradition in Beziehung zu treten. Auch wenn die namentliche Nennung von verschiedenen Religionen eine gewisse Rangordnung impliziert, ist damit keine Abwertung ungenannt bleibender Traditionen verbunden.

Die Abschnitte **NA 2, 2.3** enthalten nach einer Definition der Haltung der Kirche zu diesen Religionen Anweisungen für ihre Praxis. Die „Habitudo" der Kirche wird in den Worten ausgedrückt: „Die katholische Kirche verwirft nichts von dem, was in diesen Religionen wahr und heilig ist". In dieser Haltung anerkennt sie nicht einfach das Eigene in der Form des anderen. Die Begriffe „wahr und heilig" sind offene Kategorien, die zur Wahrnehmung und Anerkennung des Göttlichen in Beziehung stehen. Auch für die Kirche beinhaltet dies ein Suchen und Prüfen und fordert eine tiefe Ernsthaftigkeit in der Wahrnehmung der anderen Religionen, gerade auch in ihrer Differenz.[57] Die entscheidende Qualifikation der Kategorien „wahr und heilig" gibt die biblisch begründete Lichtmetapher. Schöpfungstheologisch spielt das Konzil auf Joh 1, 9 an („Strahl jener Wahrheit, die alle Menschen erleuchtet"). Damit wird die anthropologische Bestimmung von Religion auch biblisch positiv gewertet. Unter der Voraussetzung, dass die Kirche das Licht der Wahrheit in den nichtchristlichen Religionen realgeschichtlich anerkennt, vermag sie ihre Sendung vollinhaltlich zu formulieren.[58] Als maximale Christologie ist der letzte Satz von NA 2, 2 zu lesen, in dem die johanneische Christologie mit der paulinischen Rechtfertigungslehre verbunden wird.

Wie ist diese zentrale Aussage von NA zu werten? Steht sie im Gegensatz zu den vorhergehenden Aussagen als erratischer Block im Text? Ist Dialog und Verkündigung, bzw. Mission, also ein hölzernes Eisen? Die Haltung der Kirche wäre verleugnet, wenn dieses Bekenntnis versteckt worden wäre. Christen treten als Christen in den Dialog ein. Bei aller Anerkennung anderer religiöser Traditionen beinhaltet diese Aussage ein religionskritisches Moment,[59] auch gegenüber den Christen selbst. Denn nicht die Kirche ist die Norm des Dialogs, sondern Christus. Deshalb kann der Kirche in der Form des Dialogs mit allen Menschen guten Willens eine neue Erfahrung der Fülle Christi geschenkt werden. Damit ist eine Handlungsorientierung angezielt, die darauf beruht, dass ein Strahl jener Wahrheit, die im Bekenntnis zu Christus in Fülle da ist, überall zu finden ist.[60] Aus

---

[56] Augustinus, Confessiones I, 1, 1.
[57] Wieder wird die bestimmende religionsphänomenologische Sicht des Dokuments deutlich, wenn es vom Betrachten der Handlungs- und Lebeweisen, Vorschriften und Lehren spricht.
[58] Viele Väter wünschten eine stärkere Betonung der Sendung der Kirche und der Fülle Christi (AS IV/4, 702 [Modus 26]).
[59] Lehmann, Das Christentum – eine Religion unter anderen? 7.
[60] Der Text greift auf die Logoslehre zurück, wie sie von Irenäus von Lyon umfassend entfaltet worden ist. Bis Text 3 verwies eine Fußnote auf sein Werk; siehe: AS IV/4, 696 (mit Verweis auf: Adversus haereses, IV, 28, 2). Die im Endtext gestrichene Textpassage lautete: „De variis salutis

dieser Grundhaltung ergeben sich bestimmte Verhaltensweisen. Dadurch wird die „habitudo ecclesiae" in einer Weise operationalisiert, dass Christusbekenntnis und Begegnungsformen, Mission und Dialog sich wechselseitig bedingen. Die Christinnen und Christen, damals nur die Söhne, werden zur Zusammenarbeit ermahnt. Dass der Weg steinig und nicht leicht wird, scheint das erste Begriffspaar („Klugheit und Liebe") anzudeuten. Gespräch und Zusammenarbeit beschreiben die verschiedenen Formen des Dialogs, der ein Dialog des Alltags und Lebens, nicht allein einer der Experten und Wissenschaftler, sein soll. Die Haltung der Kirche realisiert sich im Zeugnis des Glaubens und Lebens der Christinnen und Christen. Zu welcher Aufgabe aber werden die Glaubenden ermahnt? Diese Aussage zum praktischen Verhalten steht in Einklang mit dem ersten Satz der Erklärung, der hervorhebt, dass die Kirche die Gemeinsamkeit unter den Menschen fördern möchte. Die Ausrichtung auf die anderen und der Dienstcharakter der Sendung werden dadurch verstärkt, dass durch jene Verhaltensweisen, in denen sich das Zeugnis des christlichen Glaubens und Lebens äußert, die Christen und Christinnen „jene geistlichen und sittlichen Güter, sowie jene sozio-kulturellen Werte, die sich bei ihnen finden, anerkennen, wahren und fördern" (NA 2, 3). Damit ist der Dialog keine Selbstbestätigung, sondern Förderung der Werte der anderen. Aber, und das ist bislang kaum gesehen worden, gerade in diesem selbstlosen Dienst kommen die Fülle Christi und seine Wahrheit zum Tragen.

IV. Artikel 3

Mit **NA 3** und **4** tritt die Erklärung in den Kreis der abrahamitischen Tradition ein. Zwei neue Themen kommen zur Sprache. Zum einen wird die gemeinsame unheilvolle Vergangenheit angesprochen, zum anderen sind die theologischen Gemeinsamkeiten zu werten. In der Einheit mit LG 16 stellt NA 3 eine Revolution jener Sicht des Islams dar, wie sie in der christlichen Theologie seit dem 7. Jahrhundert vorherrschend war. Zum ersten Mal wird der Glaube der Muslime von einem Konzil „mit Wertschätzung" als monotheistische Glaubensform anerkannt.[61]

NA 3, 1 nähert sich dem Islam in Anerkennung des Glaubens der Muslime, seiner elementaren Vollzugsgestalt im Gebet und der darin zum Ausdruck kommenden radikal theozentrischen Ausrichtung. Die klassischen Attribute der islamischen Gotteslehre, in Übereinstimmung mit der christlichen Tradition, werden

---

dispositionibus edocta". Der endgültige Text, der wegen einer Unklarheit diese Aussage streicht (AS IV/4, 702 [ad modum 29]), verstärkt die heilsgeschichtliche Aussage durch seine Anspielung auf den Prolog des Johannesevangeliums.

[61] LG 16 spricht das dadurch deutlicher aus, als es das Wörtchen „nobiscum" (mit uns den einen Gott anbeten) einfügt. Ein Verweis auf LG 16 unterbleibt im Text. In den Antworten auf verschiedene Modi (Nr. 42, 55 und 57; AS IV/4, 703.705.706) wird der Bezug ausdrücklich. Ob die Offenbarungsqualität des Islams anerkannt wird, hängt davon ab, ob die Aussage „homines allocutum", die den Schlüsselbegriff aus DV 2 aufgreift, die Muslime einschließt. Der Kontext lässt einen solchen Schluss zu, auch wenn die Aussage anders ausgelegt werden kann. Die Wortwahl („Muslimus" bzw. „fides islamica") richtet sich nach der Sprache der Muslime selbst (AS IV/4, 703).

genannt.⁶² Die zentralen Gottesattribute (einzig, lebendig, in sich seiend, barmherzig und allmächtig) beschreiben die Differenz und die Beziehung Gottes zu seiner Schöpfung. Der Verweis auf einen Brief Papst Gregors VII. ist inhaltlich auf dessen Aussage angelegt, dass Muslime und Christen denselben Gott auf verschiedene Weise anbeten würden.⁶³ Obwohl betont wird, dass Gott die Menschen angesprochen habe, werden weder der Koran noch der Prophet Muhammad erwähnt. Das Schweigen an dieser Stelle ist so überdeutlich, dass damit eine Verlegenheit, kein Verschweigen angezeigt wird.⁶⁴ Mit der Aussage zum Glauben der Muslime als Hingabe an den Willen Gottes, ist die Bedeutung von „Islâm" präzise bestimmt. Einen Vorbehalt äußern die Väter aber hinsichtlich der tatsächlich historisch prüfbaren Geschlechterbeziehung zu Abraham („gern bezieht"). Das ändert nichts an seiner produktiven Vorbildlichkeit für den Glauben.

Neben der Gotteslehre hält NA zwei Aspekte des muslimischen Glaubens in Beziehung zum Christentum fest, die bei eingestandener enger Beziehung auch eine deutliche Differenz betonen: die Hochschätzung von Jesus und Maria. Die grundlegende Bedeutung des Prophetentums für den muslimischen Glauben wird am Beispiel Jesu genannt. Doch wird mit einer arg verkürzten Christologie („nicht als Gott")⁶⁵ die grundlegende Differenz zwischen konziliarer Lehre und muslimischem Verständnis der Person Jesu eher verschärft als klärend verdeutlicht.⁶⁶

---

⁶² Zirker, Christentum und Islam 38–54, und Renz, Der Mensch 29 f., verweisen auf den Thronvers im Koran (2, 255).

⁶³ „Hanc denique bonitatem Creator omnium Deus, sine quo nihil boni facere, imo nec cogitare possumus, cordi tuo inspiravit; ipse qui illuminat omnem hominem venientem in hunc mundum (Ioan. I) in hanc intentione mentem tuam illuminavit. … Hanc itaque charitatem nos et vos specialibus nobis quam caeteris gentibus debemus, qui unum Deum, licet diverso modo, credimus et confitemur, qui eum creatorem saeculorum et gubernatorem huius mundi quotidie laudamus et veneramur" (zitiert nach: Ruokanen, The catholic doctrine 77, Anm. 9). Damit wird auch in NA die ontologische Identität Gottes in beiden Religionen bestätigt (Farrugia, The Church and the Muslim 41.63).

⁶⁴ Zirker, Christentum und Islam 48 f., meint, in diesem Schweigen einen gravierenden Widerspruch des Konzils gegenüber dem muslimischen Glauben feststellen zu können. Mit Renz, Der Mensch 30, sehe ich darin „Raum für tiefere Forschung". Weil das Konzil die Differenz ausdrücklich in der Christologie benannt hat, hätte es auch hier den Unterschied markieren können. Kein Modus geht in die Richtung, die Zirker vermutet.

⁶⁵ Zur muslimischen Lehre über Jesus siehe: Abdullah, Islam 142–147; zur Gesamtproblematik: Raeder, Der Islam und das Christentum 239–241.249 f. In strenger Auslegung der von NA 3, 1 erwähnten Einzigkeit Gottes weist der Islam jede Art von Polytheismus unter dem Begriff „Beigesellung" oder unter der Vorstellung, dass Gott einen Sohn oder ein Kind habe, zurück (Koran 112; aber auch im Blick auf den arabischen Polytheismus: 6, 101; 51, 51; 28, 88; 37, 150.152.158; 72, 3). Die Gottheit Jesu Christi wird ausdrücklich zurückgewiesen in: Sure 3, 79; 4, 171 f.; 5, 72; 19, 36.93. Wenn die Christen an dieser falschen Lehre festhalten sollten, können sie als Ungläubige bezeichnet werden (Koran 5, 17).

⁶⁶ Die durchgehende Knecht-Gottes-Christologie des Korans (siehe: 19, 19; 19, 31; 43, 59) wird im Konzilstext nicht erkennbar. Sie wird deshalb auch nicht zurückgewiesen. Dass Jesus wohl zutreffender in der muslimischen Tradition als „razul" (Gesandter) zu bezeichnen wäre und damit in besonderem Rang zu Gott steht, ist nicht angedeutet (Koran 33, 7.48–49). Auch andere Auszeichnungen Jesu, die ihm alle von Gott geschenkt wurden, könnten angefügt werden: Er ist mit dem Geist der Heiligkeit begabt (2, 87). Ihn zeichnet Wunderkraft aus (5, 110). Er ist das Wort Gottes (4, 171). Er ist Geist von Gott (ebd. 21, 91; 15, 29). Besonders die letztgenannten Stellen waren in der apologetischen Auseinandersetzung mit dem Islam deshalb bedeutsam, weil

Auch seine jungfräuliche Geburt[67], die Jesus selbst von Muhammad unterscheidet, wird im Zusammenhang mit der an wenigen Orten feststellbaren Marienverehrung in der muslimischen Tradition erwähnt. Die Hochschätzung Marias verbindet bis in die Frömmigkeitsformen hinein beide Traditionen.[68] Der Kreuzestod Jesu und die darin liegende Differenz zur christlichen Überlieferung bleiben im Konzilstext ungenannt.[69]

Als vierte lehrmäßige Gemeinsamkeit werden das Gericht und die Auferstehung der Toten angeführt. Aus dieser eschatologischen Orientierung erwüchsen die bezeichnenden Formen muslimischen Lebens, das sittlich grundsätzlich gewürdigt wird. Von den fünf Säulen des Islams,[70] der zentralen praktischen Identitätsbestimmung der Muslime, werden das tägliche Gebet, das Almosen und das Fasten erwähnt.

Die gemeinsame Unheilsgeschichte wird in **NA 3, 2** nur genannt. Ob dies genügt?[71] Sie soll durch aufrichtige Bemühungen um wechselseitiges Verstehen, gemeinsames Eintreten für soziale und sittliche Werte sowie für den Frieden und die Freiheit aller Menschen überwunden werden. Damit ist wiederum keine Verdrängung angezielt, sondern der Blick auf eine zukunftsorientierte Verwirklichung des Auftrages gerichtet, den Gott einst dem Abraham gegeben hat: In diesem sollen gesegnet sein alle Völker (Gen 12, 3). Die einzulösende Frage des Konzilstextes lautet daher: Wie können die Kinder Abrahams zum Segen für alle Menschen werden?

Getreu der im ersten Satz ausgedrückten Grundorientierung, das Gemeinsame zu betonen, darf das Ungesagte nicht als vergessen oder verdrängt eingestuft werden. Vielmehr bedarf es in diesen Fragen noch einer in gemeinsamer Suche zu erringenden Sprache, die einerseits das Licht der anderen nicht negiert, aber auch nicht das Licht Christi verdeckt.[72] An elementaren Bestimmungen des muslimischen Glaubens bleiben unerwähnt die Rolle des Propheten Muhammad, der Koran und die Bedeutung der „Umma". Ein Hinweis auf die „Scharija" unterbleibt, weil einem Modus stattgegeben wurde, der sich gegen die Erwähnung der

---

aus ihnen auf eine vermeintliche Anerkennung der Gottheit Christi durch den Koran geschlossen wurde.

[67] Koran Sure 19 und: 21, 91; 66, 12; 4, 156. Aber er bleibt der Sohn Mariens (3, 45).

[68] Sie ist gewiss nicht als sehr verbreitet einzuschätzen. Es kann traditionell auf Algier und Ephesos hingewiesen werden. Dass Jesus eine eschatologisch bedeutsame Rolle auch in der muslimischen Tradition einnimmt, sollte jedoch nicht unterschätzt werden.

[69] Koran 4, 157–158.

[70] Diese sind: Das Glaubensbekenntnis (*shahada*): „Es gibt keinen Gott außer Allah, und Muhammad ist der Gesandte Gottes"; das fünfmalige Ritualgebet (*salat*); die Almosensteuer (*zakat*), das Fasten im Monat Ramadan (*saum*) und die Pilgerfahrt (*hadsch*) einmal im Leben nach Mekka.

[71] Anawati, Exkurs 487, hat darauf hingewiesen, dass die Wunden von einst noch lange nicht verheilt seien. Dass Muslime auf ein „Mea culpa" der Kirche warten, unterstreicht Renz, Der Mensch 32. Doch ist das Verhältnis in dieser Frage wesentlich komplexer als im Verhältnis zum Judentum, insofern der Islam expansiv erobernd aufgetreten ist.

[72] Zirker, Christentum und Islam 49, sieht in dieser Ausblendung die Kirche in einem inneren Widerspruch.

Ehe im Zusammenhang mit der sittlichen Lebensführung wandte, weil die muslimische Familienethik sich erheblich von der christlichen unterscheide.[73]

In solchem Schweigen zeigen sich eine Verlegenheit und eine Grundhaltung des Textes. Weil noch keine angemessenen Kategorien zur Verfügung stehen und die überkommenen nicht mehr hinreichen, verzichtet der Text auf ungeprüfte Experimente und überlässt diese Fragen der kommenden Entwicklung. Die Legitimität dieser Vorgehensweise ist im Titel des Textes gut begründet. Damit ist aber keiner beliebigen Ausgangsebene des zu entwickelnden Dialogs das Wort geredet. Buchstabe und Geist von NA 3 stellen vielmehr die „neue Charta des christlich-islamischen Dialogs"[74] dar, die von normativer Bedeutung ist.[75]

V. Artikel 4

Der Abschnitt **NA 4** zum Judentum, der Ursprung des Dokuments[76], bewahrte vom Umfang und von der Ausdrucksweise her seine Eigenart in einer Weise, dass er als Mitte des endgültigen Textes erkennbar bleibt. Der deskriptive Ton der ersten Nummern ändert sich. Jetzt geht es um die Kirche in ihrer im Judentum wurzelnden Identität.

Sieht man von Fußnote 5 ab, werden im ganzen Dokument nur Namen der jüdischen Tradition genannt. Das Verhältnis ist durch die Verbundenheit in der Herkunft aus der Heilsgeschichte Israels, in den Anfängen der Kirche und in der gemeinsamen Hoffnung ausgezeichnet. Die Aussagen von Röm 9–11 und Eph 2 gewinnen normative Bedeutung. Das gemeinsame Erbe wird schon sprachlich, z. B. in Bezug auf die gemeinsame Beziehung zu Abraham herausgehoben.[77] Dieses gemeinsame Erbe ist nicht nur die Ausgangsbasis für die geschichtliche Fragestellung, sondern auch für das Verhältnis der Kirche zum gegenwärtigen Judentum.[78] Der Text hat daher keineswegs allein eine theologiegeschichtliche Sicht. Die Herkunft der Kirche bestimmt ihre Gegenwart und bleibende Zukunft. Das „patrimonium spirituale" ist präsentisch zu lesen.

---

[73] AS IV/4, 704 (ad modum 51).
[74] Borrmans, Der christlich-islamische Dialog 16.
[75] Bsteh, Der Dialog mit dem Islam 228.
[76] Die Debatte um diese Nummer dominierte, wie oben dargestellt (A IV. 1–5), die Textgeschichte. Deshalb muss sie hier nicht wiederholt werden. Der Kommentar fasst die verschiedenen Aspekte kurz zusammen. Auch in der letzten Diskussion um NA nehmen die Eingaben zur Nr. 4 den weitaus größten Raum ein (AS IV/4, 705–717). Eine analytische Übersicht des Textes bei: Kirchberg, Theo-logie der Anrede 19–21.
[77] Demgegenüber wurde der Bezug der Muslime zu Abraham (NA 3,1) nicht ausdrücklich bestätigt.
[78] Kardinal Liénard meinte in der Debatte, dass die Juden einen eigene Platz in der gegenwärtigen Heilsordnung einnehmen würden (AS III/2, 581). Erzbischof Šeper forderte, dass der Text vom gegenwärtigen Judentum ausgehen müsse (AS III/3, 14). Dieser Gegenwartsbezug bedeute, dass die Kirche das gegenwärtige Judentum als „Miterbe" wahrnehmen müsse. Auch Oesterreicher spricht von einer „Erbengemeinschaft" (Kommentierende Einleitung 446). Bischof Elchinger von Straßburg hat diese Frage zum Thema seiner Rede gewählt, die die kommende Entwicklung vorwegnimmt (AS III/3, 26 f.; dt.: Elchinger, Wir können nicht schweigen).

Die ursprünglichen Themen des ersten Textentwurfs bleiben in den sieben Abschnitten erkennbar: Die Hoffnung, die Papst Johannes XXIII. Jules Isaac in Aussicht stellte, wurde Text. Wo liegt der Ursprung der Kirche? Sie hat ihre Wurzel nicht in sich, sondern verdankt sich aufgrund des göttlichen Ratschlusses der Erwählung der Patriarchen, des Mose und der Propheten. Die Glaubensgeschichte Israels ist der gute Ölbaum, dem sich auch die Kirche der Heiden, die wie wilde Schösslinge eingepfropft sind, verdankt. Abrahamsbund und Exodus bleiben die bevorzugten Vor-Bilder, die in der traditionellen Verheißung-Erfüllung-Lehre geschrieben sind. Die paulinische Israeltheologie bildet die theologische Tiefenstruktur des Gestamttextes.[79]

Wie war das Verhältnis zum Judentum? Die Reinigung des Gewissens begann in den bewegenden Reden über den Antijudaismus und seine christlichen Wurzeln in der Konzilsaula.[80] Alle Aussagen, die nach Substitution klingen, werden vermieden. Die durch den Christusglauben gegebene Differenz verschleiert das Konzil nicht. Aber es sucht nach der auch biblisch angemessenen Sprache für Differenz und Gemeinsamkeit[81]: Israel bleibt das erwählte Volk, auch wenn es zu seiner Zeit das Evangelium zurückgewiesen hat. Die heilsgeschichtliche Perspektive trägt die Hoffnung auf eine endzeitlich-universale Einigung aller Völker im Dienste Gottes.[82]

Von der Verantwortung für den Tod Jesu werden einzelne Gruppen nicht entlastet („die jüdischen Obrigkeiten, mit ihren Anhängern"). Die Vorstellung einer jüdischen Kollektivschuld (damals und mehr noch heute) wird vehement zurückgewiesen. Vielmehr werden die Aussagen des „Catechismus Romanus", den Jules Isaac erwähnte, aufgegriffen. Das Kreuz dürfe nicht mehr entstellt werden, sondern soll als Zeichen der universalen Liebe Gottes und als Quelle aller Gnaden gepredigt werden. Die antijüdischen Aussagen („von Gott verworfen oder ver-

---

[79] Baum, Bemerkungen 580, hält mit Recht fest, dass diese Aussagen auf die traditionelle Ekklesiologie ohne Einfluss geblieben sind. Laurentin hebt hervor, dass mit NA erstmals die paulinische Israeltheologie konziliare Anerkennung erhalten habe. Biemers Frage (Freiburger Leitlinien 135), ob im Sinne des Konzils mit diesen Aussagen ein hermeneutischer Schlüssel, er sagt „Kanon", für die anderen Aussagen des Neuen Testamentes entwickelt worden sei, darf bejaht werden.
[80] Die Reden und Debatten dokumentierte die Freiburger Rundschau (v. a. Nr. 61/64, XVI./XVII. Folge 1964/65 vom Juli 1965, 4–44; Nr. 65/68, XVIII. Folge 1966 vom September 1966, 5–38).
[81] Ein Modus mit dem Hinweis auf 1 Thess 2, 16, in dem vom Zorn Gottes über Israel die Rede ist, gibt der Kommission die Gelegenheit die Bibelhermeneutik des Textes zu erläutern (AS IV/4, 705 f. [ad modum 56]). Die Einzeltexte sind im Gesamtzusammenhang zu lesen. Die harten Worte gehörten in die prophetische Tradition der heiligen Schrift, die das Volk zur Umkehr mahnen und auch im Neuen Testament die Christen betreffen, oder an die Obrigkeit in Jerusalem gerichtet sind. Wiederum verkünden andere harte Sätze in dramatischer Weise, dass sich die Synagoge aus dem messianischen Segen von Christus ausgeschlossen hätte. Auch wenn deshalb Israel nicht als Sakrament des Heils der Welt zu bezeichnen ist, kann diese Differenz, nicht mit den Begriffen „verworfen" oder „verdammt" ausgedrückt werden, weil sich Gottes Liebe auf alle Völker beziehe; vorrangig und von Dauer aber nach Röm 11 auf Israel.
[82] Kirchberg, Theo-logie der Anrede 20, Anm. 34, verweist darauf, dass mit dem Zitat Zeph 3, 9 schon Maimonides die messianische Sendung von Christen und Muslimen begründete. Könnte die eschatologische Hoffnung die gemeinsame Sendung der abrahamitischen Glaubensfamilie neu beleben?

flucht") werden zurückgewiesen. Künftig müssen Katechese und Predigt sich eng an die evangelische Wahrheit halten und mit dem Geist Christi übereinstimmen.

Der endgültige Text wird im Vergleich zur Fassung von 1964 oft kritisiert. Im Dokument von 1964 war noch vom Gottesmord die Rede und der Antisemitismus wurde eigens verurteilt (damnat). Beide Begriffe fehlen im verabschiedeten Text.[83] Doch gilt es zu beachten, dass der Antisemitismus, der in der Textgeschichte hier erstmals verbaliter genannt wird, im Kontext unterschiedlicher Verfolgungen einen exemplarischen Status erhält, der Begriff „deplorat" emotional hoch besetzt ist[84] und alle kirchlichen Aussagen in gemeinsamer Arbeit (Studien und Gespräch) im Geiste des Evangeliums und im Geiste Christi geprüft werden sollen.[85] Dadurch werden Einspruchsrechte von jüdischer Seite in zentrale kirchliche Aufgaben, wie Katechese, Verkündigung und Theologie, eingeräumt. Was Geist des Evangeliums ist, was Geist Christi ist, wird man nicht mehr ohne den jüdischen Gesprächspartner selbst bestimmen können. Der darin angelegte Dynamismus, der zu einer weitgehenden Sprach- und Ritualreinigung führte[86] und weiterhin führen wird, sollte nicht unterschätzt werden und wiegt auf lange Sicht die Streichung des Begriffs „damnat" auf, weil damit auch scheinbar „christliche Motive des Antisemitismus" zurückgewiesen werden. Die Juden sind konstitutiv in die Suche nach dem kirchlich-christlichen Selbstverständnis und jeder Beziehung der Kirche zu ihnen eingebunden, weil die Grundlage im Evangelium nicht hinreichend verstanden werden kann, ohne auf das aktuelle Judentum zu horchen.

Die letzten Aussagen von NA 4 bilden den Übergang zur abschließenden Nummer und verdeutlichen, dass die geforderte brüderliche Haltung deshalb gelebte Nachfolge bedeutet, weil das Kreuz als Zeichen der universalen Liebe Gottes erkennbar werden soll.

---

[83] Die Begründungen finden sich in verschiedenen Modi (AS IV/4, 710 f.). Der Begriff „damnare" werde im Konzil doktrinär verwendet. Da die Kirche alle Verfolgungen, aus welchen Motiven auch immer, als Auftrag der christlichen Liebe verwerfe, wäre eine ausdrückliche Nennung des Antisemitismus eine unbegründete Bevorzugung. Etwas unklarer war die Situation beim Thema „Gottesmord". Einige Väter wollten den Begriff „deicidium" als biblisch begründet ausweisen (ebd. 712). Die Kommission lehnte mit unterschiedlichen Gründen diesen Vorstoß ab. Von besonderem Rang waren neben der mangelnden biblischen Begründung folgende Gründe: Die Zurückweisung von Kollektivschuld, die semantische Absurdität des Begriffs und die dadurch womöglich dem Text anhaftenden Missverständnisse. Vor allem aber ändere die Streichung des Begriffs an der Substanz des Textes nichts (ebd. 715). Oesterreicher macht darauf aufmerksam, dass sich die letzte Textfassung einem schnellen Zugriff verweigert. Sie bedürfe der Interpretation und Besinnung, „um ihre volle Wirkung auszuüben" (Oesterreicher, Die viel kritisierte letzte Textfassung 498). Den Ausfall der Begriffe „Gottesmord" und „damnat" bedauert er. Er sieht aber die Substanz bewahrt und eine Rückkehr zur vorkonziliaren Redeweise ohne jeglichen Anhalt in der Schrift. Damit nennt er den entscheidenden argumentativen Angelpunkt: die Sicht der Schrift selbst.
[84] Zur genauen Exegese: Osterreicher, Die viel kritisierte letzte Textfassung 503–507.
[85] Bea selbst hält in der Sache die Ablehnung dieses Begriffs durch die Konzilsaussage gedeckt. Die Streichung sei „durch praktische Gründe und Gründe der pastoralen Klugheit bedingt" (Bea, Die Kirche und das jüdische Volk 66, Anm. 4).
[86] Auf Veränderungen der liturgischen Gebetssprache wurde oben bereits verwiesen.

VI. Artikel 5

Diese Nummer stellt keinen Anhang dar. Sie vertieft die ekklesiologische Haltung theologisch und fasst deren Konsequenzen im Umgang mit den anderen zusammen. Deswegen wird die Kirche bei aller Selbstverpflichtung, für Frieden, Gerechtigkeit und humane Einheit der Menschheit einzutreten, nicht zu einer zweiten UNO. Das Prinzip der Verbindung (connectuntur) von Gottes- und Nächstenliebe, die mit 1 Joh 4, 8 begründet wird und die die universale Heilsgeschichte mit der Sendung der Kirche verschränken, verpflichtet die Christgläubigen („Wir") dazu, Gotteslob und „brüderliche Haltung" allen Menschen gegenüber zu verknüpfen. Darin liegen nämlich das gleiche Recht und die gleiche Würde aller Menschen begründet.

Aus der inneren Bestimmung ihrer Identität („Geist Christi") verwirft daher die Kirche alle Diskriminierung und Gewalt aus rassistischen, ethnischen und religiösen Gründen. Die Norm in NA 4, 7 wird in **NA 5, 1–3** ausgeweitet und prinzipiell verankert. Mit der Erweiterung der Aussage von NA 4, 7 hat das Konzil die Diskussion um die Verurteilung des Antisemitismus auf eine neue Ebene gehoben. Das Anliegen ist nicht gruppenbezogen oder monokausal ausgedrückt, sondern wird deshalb zum Menschheitsthema, weil der Konzilstext die Perspektive der Opfer einnimmt, jegliches Motiv zu allen Zeiten zurückweist, sich jedweder Gruppe entgegenstellt und dies als Ausdruck des Geistes Christi und darin im Auftrag seines Evangeliums handelt.[87] Damit gewinnt die ekklesiologische Pragmatik in dieser Frage normative Identität, weil sie zur gegenwärtigen Gestalt der Nachfolge Christi unverzichtbar gehört.

Damit hat das Konzil auch politisch die Konsequenz aus der heilsgeschichtlichen Eröffnung gezogen. In diesem Zusammenhang findet die Kirche die universale Dimension Ihrer Sendung. Da die Verwerfung jeglicher Form von Verfolgung theologisch prinzipiell begründet ist, gewinnt die Menschenrechtsdebatte eine elementare Begründung, die mit der Vaterschaft Gottes zusammenhängt. Daher kann die Kirche ihre Sendung nicht verwirklichen, ohne für die Menschenrechte aller einzutreten. Dass damit auch die Anerkennung der Menschenrechte im eigenen Bereich unverzichtbar wird, ist impliziert, auch wenn die Konsequenzen dieser Aussage erst allmählich bewusst werden. Die Kirche wird dadurch an einem allen Menschen erkennbaren Maß messbar. Der abschließende Appell richtet sich nach Innen. Die Friedensfähigkeit der Getauften wird als markantes Kriterium ihrer Gotteskindschaft hervorgehoben. Mit diesen Aussagen hat die Erklärung das Handeln der Kirche in den Fragen der Menschenwürde zum fundamentaltheologisch ausschlaggebenden Glaubwürdigkeitskriterium der Kirche erhoben. Mit diesem guten Wandel unter den Völkern wird sie zum Zeichen unter den Nationen. Die Gotteskindschaft erweist sich dadurch, dass die Christgläubigen Frieden halten und Frieden ermöglichen.

---

[87] AS IV/4, 717 (ad modum 89).

C. Würdigung und Wirkungsgeschichte

I. Würdigung des Konzilstextes

1. Die „theologische Grammatik" von Nostra aetate als Wirkmuster der Aussagen

Eine strukturelle Analyse des Dokuments fragt nicht nach Einzelaussagen, sondern nach der theologischen Grammatik oder dem Bauplan, der dieses Dokument trägt. Durch die Erhebung der Tiefenstruktur des Textes wird es erst möglich, seine Anliegen und seinen Geist in neuen Kontexten zu entfalten. Für die Frage nach der Gegenwartsbedeutung der Erklärung ist sie entscheidend.

Nostra aetate steht nicht als Findling in der Konzilslandschaft. Die Grundlagen des leitenden Offenbarungsverständnisses sind in *Dei Verbum* ausgeführt. Da die Erklärung die Grundhaltung der Kirche zum Thema hat, muss stets auf *Lumen gentium* geachtet werden, insbesondere auf die Nummern 1, 16 und 17. Dort wird bereits eine gewisse Reihenfolge in Form näherer oder weiterer Dialogkreise erkennbar, die eine Dynamik der Nähe nahelegt.[1] Eine erhebliche Rolle spielt das Missionsdekret *Ad gentes* für unseren Text. Die dort in den Nummern 3, 4, 9 und 11 aufgegriffene weisheitliche Tradition der Schrift und pneumatologische Dimension der Christologie bleiben auch in *Nostra aetate* hintergründig präsent. Nicht zuletzt ist *Gaudium et spes* zu nennen. Die Idee der Verbundenheit Christi mit allen Menschen (GS 22) ist ebenso wie ihre Situationsanalyse vorausgesetzt.

Die theologische Grundperspektive kommt in der These von der Einheit der Heilsgeschichte zum Ausdruck, die prägnant in NA 1, 2 ausgesagt wird. Die Einheit der Menschen durch Herkunft, Ziel und göttliche, heilsstiftende Vorsehung kann nicht im Sinne einer „natürlichen Theologie" interpretiert werden, sie ist bis in die Terminologie und Zitation hinein biblisch fundiert.[2] Deshalb muss die Anerkennung des Wahren und Guten in den anderen Religionen christologisch-pneumatologisch gewertet werden. Die Anerkennung authentischer religiöser Erfahrung stellt daher eine Herausforderung dar, die der Text nicht weiter analysiert, sondern als Aufgabe der nachkonziliaren Zeit überlässt.

---

[1] Ausgeführt ist diese Idee im Zusammenhang eines umfassenden Dialogprogramms in der Antrittsenzyklika von Paul VI. *Ecclesiam suam* (zum Dialog siehe: Nr. 59–88; zur Idee verschiedener Kreise [Menschheit, Gottesverehrer, Christen]: Nr. 96–109).

[2] Schon im Blick auf *Dei Verbum* verbietet sich eine solche Aufteilung. Es lässt sich auch in anderen Debatten des Konzils keine Übernahme des „Natur-Gnade-Schemas" bestimmter Strömungen der neuscholastischen Theologie feststellen. Außerdem rekurriert der Text niemals auf das traditionelle Lehrstück von der natürlichen Erkennbarkeit Gottes. Dass in der endgültigen Fassung das Zitat von Irenäus von Lyon gestrichen wurde, stützt unsere Interpretation.

Auch wenn *Nostra aetate* die Haltung der Kirche nicht mit dem Missionsauftrag, sondern mit der Sendung der Kirche (nach LG 1) verbindet, wird durch die Verbindung von Gottes- und Nächstenliebe, von Christuszeugnis und Friedensstiftung, der Dienst an allen Menschen, als Kriterium der Jüngerschaft („Geist Christi") hervorgehoben. Mission und Dialog sind deshalb miteinander verbunden, weil eine kenotische Demutschristologie, wie sie vor allem in *Dignitatis humanae* und, wenn auch nicht allein, in *Gaudium et spes* entwickelt wird, die zweite theologische Fundierung des Textes darstellt. Daher sehe ich die theologische Leitidee des Textes in der Einheit der Heilsgeschichte auf dem Hintergrund einer kenotisch-pneumatologischen Christologie. Von dieser Sendung Christi her wird die Haltung der Kirche als Dienst der Anerkennung und der Liebe für alle Menschen bestimmt. So ist sie vom Geiste Christi durchdrungen.

2. Theologische Einschätzung

Das Dekret ist kirchenamtlich das erste Dokument, das grundsätzlich positiv anerkennend von den anderen Religionen spricht. Es bestimmt nicht in erster Linie das Verhältnis der Kirche zu den nichtchristlichen Religionen, sondern erläutert die Haltung der Kirche („de ecclesiae habitudine") zu ihnen. Es stellt eine radikale Wende im Verhältnis zum Judentum dar und stellt das Verhältnis zu den nichtchristlichen Religionen, besonders zum Islam, auf eine neue dogmatische und pragmatische Grundlage. Die Intention von Papst Johannes XXIII. und des ersten Textentwurfes wurden verwirklicht und potentiell universalisiert.

Das Dekret arbeitet exemplarisch-selektiv, betont das Gemeinsame, ohne blind zu sein für Differenzen und Probleme. Die theologische Tiefengrammatik des Textes ist eine Trinitätstheologie, die in der Einheit der Heilsgeschichte für alle Menschen und einer pneumatologisch-kenotischen Demutschristologie ihre bestimmende Wirkung entfaltet. Diese Christologie ermöglicht es, die Verschränkung von Gottes- und Nächstenliebe und die Sendung der Kirche als Dienst an Frieden, Gerechtigkeit und humaner Gestaltung der Einheit der Menschheit als „Habitudo" der Kirche zu bestimmen. So realisiert die Kirche ihre Sendung, „Sakrament der Welt" zu sein. Die wechselseitige Durchdringung von trinitarischem Gottesbekenntnis und Sendung der Kirche zu allen Menschen scheint auch hier das regulierende Prinzip des Textes zu sein. Kann dies als theologische Tiefengrammatik des Konzils insgesamt angesehen werden?

II. Wirkungsgeschichte

Die Wirkungsgeschichte dieses Dokumentes ist so immens, dass in diesem Kommentarband nur die allgemeinsten Entwicklungen aufgezeigt werden können. Die Wirkungsgeschichte teile ich in eine universalkirchlich-institutionelle, lehramtlich-doktrinäre, theologische und künftige ein.

1. Die institutionelle und lehramtlich-doktrinäre Entwicklung

Der geistgewirkte Zeitpunkt des Konzils ermöglichte es der Kirche, sich entschieden auf ihre Identität und Beziehung zur heutigen Welt zu besinnen. Unser Text wurde verabschiedet, als eine Säkularisierungsthese die Theologie dominierte, die für die modernen Gesellschaften ein Verschwinden der Religion annahm. Von einem religiösen Pluralismus, gar von einer starken Präsenz des Islams in Europa, war nicht die Rede. Die europäischen Konzilsreden waren durchgehend von der Neubesinnung in Bezug auf das Judentum geprägt. Die ortskirchlichen Verflechtungen des Konzils haben hier in Zusammenhang mit den neu geschaffenen Dialog-Institutionen die Horizonte erweitert. Besonders die in der Vorbereitung des Konzils gegründeten Einrichtungen treiben diese Aufgabe im Konzil voran. 1960 wird das „Sekretariat zur Förderung der Einheit der Christen" unter der Leitung von Kardinal Bea gegründet. Es wird für unseren Text zur Arche und zum Anker. Als „Päpstlicher Rat zur Förderung der Einheit der Christen" nimmt es seit 1988 den Dialog mit dem Judentum wahr.

Am Pfingstsonntag 1964 kündet Paul VI. die Gründung des „Sekretariat(s) für die nichtchristlichen Religionen", für den 20. Mai an und ernennt Kardinal Marella zu dessen ersten Präsidenten. Nach der Kurienreform von 1988, als „Päpstlicher Rat für den interreligiösen Dialog" neu konstituiert, kommt ihm die Aufgabe zu, nach Mitteln und Wegen zu suchen, um einen weiterführenden Dialog mit Nichtchristen einzuleiten. Er soll sich bemühen, dass Nichtchristen aufrichtig und ehrlich von Christen kennengelernt und gewürdigt werden, und dass andererseits auch Nichtchristen die Lehre und das Leben der Christen entdecken und schätzen lernen können.[3] Dem Rat ist die „Päpstliche Kommission für die religiösen Beziehungen zu den Muslimen" zugeordnet.[4] Dabei lässt sich eine Verbindung von interreligiöser und ökumenischer Sendung feststellen, die in jenem Dialog gründet, der als Dialog des Heils von Gott selbst angestoßen worden ist. Die entsprechenden Ansprachen und Adressen der Päpste sind Entfaltungen der Theologie der kirchlichen Haltung („habitudo"), wie sie NA grundgelegt und Paul VI. in seinem Wort vom „Dialog des Heils"[5] ausgedrückt hat.[6] Johannes Paul II. stützt sich entfaltend auf diese grundlegende Perspektive.[7] Dadurch gewinnt der Dialog in der Gegenwart eine heilsgeschichtliche Verwurzelung.[8]

---

[3] Siehe: Johannes Paul II., *Pastor Bonus*. Art. 159–162. Der Nachfolger von Kardinal Marella, Kardinal Arinze, nimmt öfters auch als Schriftsteller zum Thema Stellung (ders., Begegnung mit Menschen anderen Glaubens; ders., Brücken bauen; ders., Prospects of evangelization). Eine Reflexion aus der Sicht des päpstlichen Rates bei Erzbischof Michael L. Fitzgerald, dem amtierenden Präsidenten des Rates (Twenty-five years of dialogue).
[4] Die Arbeit ist dokumentiert in: Gioia (Hg.), Pontifical Council. Aufgrund des offiziösen Charakters der Zeitschrift sind die Editorials der „Civiltà Cattolica" von Interesse (Salvini [Hg.], Il Dialogo tra le Religioni). Zwei Zeitschriften des päpstlichen Rates dokumentieren und reflektieren die Entwicklungen: Das Bulletin des Rates und seit 1994 die Zeitschrift: „Pro Dialogo".
[5] *Ecclesiam suam* 3.
[6] Siehe: Gioia (Hg.), Interreligious Dialogue S. 215–218; 268–271; 498–501
[7] *Redemptoris missio* 4.
[8] Wie stark dieses Anliegen persönlich-biographisch verwurzelt ist, zeigt das in der Geschichte des Papsttums einzigartige Interviewdokument: Johannes Paul II., Die Schwelle der Hoffnung.

Eine herausragende Bedeutung gewinnt vor allem unter dem Pontifikat von Johannes Paul II. der Dialog mit dem Judentum, der in symbolischen Handlungen zur öffentlichen Darstellung des Wandels wird. Am 13. April 1986 besuchte er die Synagoge in Rom[9], am 30. Dezember 1993 nahm der Apostolische Stuhl diplomatische Beziehungen mit dem Staat Israel auf und in der Vorbereitung auf das Heilige Jahr 2000 setzte er die Forderung Jules Isaacs nach einer Reinigung des Gewissens weltkirchlich um. Dieser Prozess, in den auch die Erklärung über die Schoa („Wir erinnern uns" von 1998) gehört, fand seinen prägnanten Ausdruck in den großen Vergebungsbitten am 1. Fastensonntag des Jahres 2000 und im Besuch des Papstes im Heiligen Land, wo er die Gedenkstätte Yad Vashem besuchte und die Vergebungsbitte in einer bewegenden Szene in die Klagemauer legte.[10] Mit seiner ganzen persönlichen Autorität schreibt er am 9. April 1993 einen Brief an den Karmel von Auschwitz. In all diesen Handlungen bleibt seine Erinnerung an Freunde und Nachbarn aus der Kindheit lebendig.[11] Nicht nur im authentischen und glaubwürdigen Gestus, auch in der Sprache findet der Papst eine weiterführende und überzeugende Ausdrucksweise, die zuvor in den „Richtlinien und Hinweise für die Durchführung der Konzilserklärung Nostra Aetate Nr. 4" (1974) universalkirchlich verbindlich wurden. In diesen werden die programmatischen Reden von Erzbischof Šeper und Bischof Elchinger in der Konzilsaula in die alltägliche Praxis umgesetzt. NA 4 lässt anklingen, dass „Christen nichts ‚über' die Juden lernen, wenn sie nicht bereit sind, *von* ihnen zu lernen und auf ihr Zeugnis zu hören"[12].

Der Reinigung des Gewissens ging die im Konzil angekündigte Reinigung der kirchlichen Sprache voraus. Sie werden als Söhne und Töchter des Gottes unserer Väter, gleichsam als unsere älteren Geschwister bezeichnet.[13] Einen vorläufigen

---

Auch Kardinal Ratzinger nimmt theologisch zu diesem Thema immer wieder Stellung (ders., Glaube – Wahrheit – Toleranz). Eine Übersicht über die Theologie der Religionen von Johannes Paul II. bei: Fitzgerald, Pope John Paul II.; Kasimow - Sherwin (Hg.), John Paul II and Interreligious Dialogue. Den tiefen Wandel im Verhältnis zum Judentum verdeutlicht: Koschel (Hg.), Katholische Kirche.

[9] Johannes Paul II. erklärte hier: „Der erste Punkt ist der, daß die Kirche Christi ihre ‚Bindung' zum Judentum entdeckt, indem sie sich auf ihr eigenes Geheimnis besinnt (vgl. *Nostra Aetate* Nr. 4, Absatz 1). Die jüdische Religion ist uns nicht etwas ‚Äußerliches', sondern gehört in gewisser Weise zum ‚Inneren' unserer Religion. Ihr seid unsere bevorzugten und, so könnte man gewissermaßen sagen, unsere älteren Brüder" (Rendtorff – Henrix, Die Kirchen und das Judentum I, 109).

[10] Alle Dokumente bei Henrix - Kraus, Die Kirchen und das Judentum II. *Tertio Millenio Adveniente* (92–96); *Inacnationis mysterium* (123–125); *Wir erinnern uns* (110–119); *Vergebungsbitte* (151–156). Die Vergebungsbitte, die der Papst in die Klagemauer legte, verzichtet im Gegensatz zur Vergebungsbitte vom Fastensonntag 2000 auf die christologische Schlussformel (ebd. 161). Während der englische Originaltext in dieser Weise dokumentiert wird, wird das Gebet an der Klagemauer auf der Homepage des Vatikans christologisch ergänzt (http://www.vatican.va/holy_father/john_paul_ii/travels/documents/hf_jp-ii_spe_20000326_jerusalem-prayer_ge.html). Zur Vorbereitung und Durchführung der Nahostreise im Jahre 2000 siehe die ausführliche Darstellung und Dokumentation bei: Kopp, Pilgerspagat.

[11] Siehe: Siebenrock, „Tertio Millenio ineunte".

[12] Kirchberg, Theo-logie in der Anrede 27.

[13] Viele europäische Bischofskonferenzen stehen im gleichen Prozess der Gewissenserforschung (siehe: Henrix, Judentum und Christentum 73–75).

Höhepunkt bildet auf der Ebene der theologischen Debatte das Dokument der päpstlichen Bibelkommission „Das jüdische Volk und seine Heilige Schrift in der christlichen Bibel"[14] vom 24.5.2001 und die Erklärung sehr unterschiedlicher jüdischer Gruppierungen aus den USA „Dabru Emet"[15], die den Dialog aufnehmen und ihm eine neue Dimension ermöglichen. Die universalkirchlichen Äußerungen hatten ihre Bedeutung für ortskirchliche Entwicklungen und wurden von diesen beeinflusst. Hier kommt der Deutschen Bischofskonferenz auf Grund der Geschichte eine besondere Bedeutung zu.[16]

Aber auch in der Beziehung zu den anderen Religionen ist eine geradezu stürmische Entwicklung festzustellen. Einen besonderen Akzent nehmen dabei die Beziehungen zum Islam ein.[17] Schon Paul VI. nennt die Muslime unsere Brüder im Glauben an den einen Gott[18]. In der Verbindung von LG 16 mit NA 3 sagt Johannes Paul II. 1985 „Euer und unser Gott ist ein und derselbe und wir sind Brüder und Schwestern im Glauben Abrahams"[19]. Noch lange bevor Huntington vom Zusammenprall der Zivilisationen sprach, hat die Kirche die Vorgaben von NA 1, die Gemeinsamkeit in der einen Menschheitsfamilie zu betonen, programmatisch zu verwirklichen versucht. Unter den Eindrücken des Anschlages vom 11.9.2001 wird diese Bemühung deutlich verstärkt. Das Solidaritätsfasten am Ende des Ramadan 2001 ist hier ebenso zu würdigen, wie die Kritik am Terrorismus und dem Krieg im Irak. Dass besonders Johannes Paul II. die heikle Situation im Heiligen Land nicht aus dem Auge verlor und als redlicher Makler zwischen den Fronten zu agieren versucht, zeigte eindrucksvoll seine Pilgerreise im Jahr 2000. Am 6.5.2001 besuchte er als erster Papst eine Moschee: die Omaijaden-Moschee in Damaskus. Seine dort gehaltene Ansprache ist eine Zusammenfassung der theologischen Entwicklung des Lehramtes seit dem Konzil.[20]

In der Beziehung zu den anderen Religionen stellt das Gebetstreffen in Assisi 1986 *das* Modell dar.[21] Waren die verschiedenen Folgetreffen in der Aufmerksam-

---

[14] Das Dokument nimmt die hermeneutische Frage von NA 4 zur angemessenen Auslegung des Alten Testamentes auf und nähert sich der These von den zwei Ausgängen deutlich an: „Jede dieser beiden Leseweisen bleibt der jeweiligen Glaubenssicht treu, deren Frucht und Ausdruck sie ist. So ist die eine nicht auf die andere rückführbar (Nr. 22). Die verschiedenen Sinnmöglichkeiten des Textes könnten daher für beide, Juden und Christen, fruchtbar werden (ebd.; siehe auch: Nr. 64).
[15] Kampling – Weinrich (Hg.), Dabru emet.
[16] Ein Überblick bei: Rendtorff – Henrix, Die Kirche und das Judentum 231–312; Henrix – Kraus, Die Kirchen und das Judentum II, 340–428.
[17] Eine Zusammenfassung der lehramtlichen Äußerungen bei: Renz, Der Mensch unter dem An-Spruch Gottes 37–46.
[18] Gioia (Hg.), Interreligious Dialogue S. 205, Nr. 325.
[19] Gioia (Hg.), Interreligious Dialogue S. 283, Nr. 442; siehe die Ansprache an Muslime in Nigeria, ebd. S. 250–252, Nr. 389–393).
[20] Johannes Paul II., Als Partner. Eine Orientierung vom Sekretariat in: Secretariatus Pro Non Christianis, Guidelines; Borrmans (Hg.), Wege zum christlich-islamischen Dialog. Eine Zwischenreflexion des Präsidenten des päpstlichen Rates in: Arinze, Der Dialog mit Muslimen. Ausführlich und die Situation im Detail betrachtend hat sich die Deutsche Bischofskonferenz geäußert: Die Deutschen Bischöfe, Christen und Muslime.
[21] Riedl, Modell Assisi; König – Waldenfels, Die Friedensgebete von Assisi; siehe auch: Arinze, Religionen gegen die Gewalt.

keit der Öffentlichkeit vernachlässigt worden, so trat das zweite Treffen in Assisi (2002) auf dem Hintergrund der weltgeschichtlichen Entwicklungen wieder deutlich ins Bewusstsein. Eine herausragende Rolle nimmt dabei die Gemeinde von Sant Egidio (Rom) ein.[22] Auf seinen Reisen tritt Johannes Paul II. stets in Dialog mit den religiösen Traditionen des betreffenden Landes. Es kann vom Wagnis eines offenen, grundsätzlich niemanden ausschließenden Dialogs gesprochen werden, der nachdrücklich die traditionellen Religionen einschließt[23].

Dass diese Aufgabe einer vertiefenden theologischen Reflexion bedarf, die das Verhältnis der unterschiedlichen Aspekte sorgsam abwägt, steht außer Frage. Dass diese zum Teil widersprüchlich auf der Ebene des Lehramtes erscheint, ist festzustellen. Innerkirchlich beherrscht das Thema des Verhältnisses von Dialog und Mission die Debatte. Besonders zwei Verlautbarungen (1984: *Dialog und Mission*[24]; 1991: *Dialog und Verkündigung* (zusammen mit der Kongregation zur Evangelisierung der Völker) unterscheiden verschiedene Formen von Dialog und stellen die unverzichtbare Bedeutung der Mission bzw. der Verkündigung heraus. Diese Dokumente lassen sich als Explikation von NA 2 in unterschiedlichen Kontexten verstehen und tragen in sich noch Suchcharakter. Nichtchristliche Religionen sind deshalb ein durchgängiges Thema in allen universalkirchlichen Dokumenten.[25] Als Grundthema lässt sich das Verhältnis zwischen der universalen Erlösung in Jesus Christus und der Anerkennung nichtchristlicher Religionen in ihrer theologischen Würde herausstellen. Die kontroverse Diskussion um diese Frage zeigt sich selbst in lehramtlichen Texten. In *Novo millenio ineunte* (56) wird erklärt, dass der Heilige Geist in den anderen ein Zeichen seiner Gegenwart zu erwecken vermag, die selbst den Jüngern Christi zum vollkommeneren Verstehen des Evangeliums hilfreich sei. *Dominus Iesus* (7) hingegen kann mit der Differenz von theologalem Glauben und menschlichem Suchen und Ersinnen als Unterscheidungskriterium zwischen Religionen und christlichem Glauben weder die oben dargelegten Aussagen von *Nostra aetate* noch die Lehrentwicklung seitdem einholen. Im Blick auf die eingangs kurz dargelegten theologiegeschichtlichen Entwürfe wäre diese Unterscheidung als Verhältnisbestimmung von christlichem Glauben und nichtchristlichen Religionen dem Entwurf von Karl Barth zuzuordnen.[26] Wie die Entstehung von *Nostra aetate* durch verschiedenen Entwicklungen in der ökumenischen Christenheit, insbesondere im Weltkirchenrat, beeinflusst war, so ist die Neubestimmung des Verhältnisses zum Judentum und die Entwicklung einer christlichen Theologie der Religionen ein Geschehen, das alle christlichen Kirchen und Gemeinschaften bewegt.[27]

---

[22] Franz (Hg.), Weltreligionen für den Frieden.
[23] Damit wird ein Defizit von NA aufgearbeitet (siehe: Päpstlicher Rat für den Interreligiösen Dialog, Pastorale Aufmerksamkeit).
[24] Päpstliches Sekretariat für die Nichtchristen, „Dialog und Mission".
[25] Eine Übersicht bei Roddey, Das Verhältnis der Kirche 76–226.
[26] Müller (Hg.), Die Heilsuniversalität; Rainer (Hg.), „Dominus Iesus".
[27] Sowohl die Neubestimmung des Verhältnisses zum Judentum als auch die Suche nach einem angemessenen Verhältnis zu den anderen Religionen sind als gemeinsame christliche Aufgabe, wenn auch mit recht unterschiedlichen Akzenten, zu werten. Zum Judentum z.B.: Baumann (Hg.), Auf dem Wege zum christlich-jüdischen Gespräch; Rendtorff (Hg.), Arbeitsbuch Christen

In den letzten Jahren, nicht erst seit 2001, gewinnt ein Thema in den Aussagen des Papstes hohen Rang, das die Initiativen von Assisi trägt. In allen Zusammenhängen betont Johannes Paul II. als Grundaussage seines Glaubens immer wieder, dass Gewalt im Namen Gottes ausgeschlossen sei.[28]

2. Die theologische Entwicklung

Als markanteste Entwicklung ist die Diskussion um eine christliche Theologie der Religionen zu nennen.[29] Heterogene Fragen stoßen hier scharf aufeinander. Was bedeutet es, wenn andere religiöse Erfahrungen als authentisch (subjektiv redlich und objektiv echt) anerkannt werden? Worauf bezieht sich der Dialog und das Engagement der Religionen, d. h. der Menschen, die in einer religiösen Tradition stehen? Welcher Dialog ist gefragt auf dem Hintergrund einer wechselseitigen oder gar auch einseitigen Opfergeschichte? Wie steht dieser interreligiöse Dialog zu anderen Weltanschauungen, auch zum Atheismus? Wie verhält sich die Aufgabe des interreligiösen Dialogs zur Sendung der Kirche, insbesondere zu ihrer Verpflichtung, das Evangelium zu verkünden und Christus zu bezeugen? Wie sind die verschiedenen bilateralen Dialoge miteinander und wie wiederum innerhalb der Kirche zu vermitteln? Bislang stehen sich in ihnen (scheinbar) kontradiktorische Aussagen gegenüber. Lässt sich das Verhältnis der „Kirche nach außen" im Dialog bestimmen, ohne den Dialog als inneres Konstitutivum dieser Kirche zu leben?

Solche Fragen bleiben in der Diskussion um die so genannte „Pluralistische Religionstheologie" vorrangig im traditionellen Fahrwasser der Soteriologie. *Nostra aetate* setzt die Heilsfrage als beantwortet voraus und weist deshalb darüber hinaus.[30] Unbedacht aber blieb, wie sich die vielen Strahlen der Wahrheit zum Licht Christi verhalten und dass der Vorrang des Lichtes Christi nicht nur

---

und Juden. Zu den nichtchristlichen Religionen siehe: Kirchenamt der Evangelischen Kirche in Deutschland (Hg.), Christlicher Glaube und nichtchristliche Religionen; Brown (Hg.), Meeting in Faith; Sperber, Christians and Muslims; Lienemann-Perrin, Mission und interreligiöser Dialog.

[28] Mit aller Deutlichkeit in: Johannes Paul II., Kein Friede ohne Gerechtigkeit. Weil der Terrorist sich Gott zu seinen Zwecken bediene, macht er ihn zu einem Götzen. Diese Option scheint immer deutlicher den Charakter einer Leitunterscheidung anzunehmen.

[29] Als Pionierbuch darf für den deutschen Sprachraum gelten: Schlette, Die Religionen als Thema der Theologie. Ein groß angelegtes Projekt bei: Bsteh (Hg.), Glaube, der Begegnung sucht.

[30] Eine Übersicht zu Literatur, Positionen und Argumenten bieten: Bernhardt, Der Absolutheitsanspruch; Schwandt (Hg.), Pluralistische Theologie; Schmidt-Leukel, Theologie der Religionen; Gäde, Viele Religionen – ein Wort Gottes. Als repräsentative Textsammlung sei genannt: Bernhardt (Hg.), Horizontüberschreitung. Eine Kritik der Dreiteilung in Exklusivismus, Inklusivismus und Pluralismus bei Weß, Sind alle Religionen gleich wahr? 32–36. In der Diskussion um die Arbeiten von Jacques Dupuis SJ werden Fragen, Problemstellungen, Lösungsansätze und Missverständnisse deutlich; siehe als Zusammenfassung der Diskussion: Löffler, Theologie im Grenzbereich.

behauptet und verkündet werden soll, sondern auch fundamentaltheologisch unter den neuen Bedingungen nach außen begründet werden muss.[31]

Der christliche Glaube ist mit den anderen Religionen vergleichbar. Das ist die implizite Voraussetzung eines wirklichen Dialogs, weil sich auch das Christentum religionsphänomenologisch vergleichen lässt. Es soll zu einer Fremdsicht auf die eigene Tradition kommen. Da das religiöse Phänomen nach *Nostra aetate* hingegen immer in einem heilsgeschichtlichen Zusammenhang steht, der durch die Hinordnung der Kirche auf das Reich Gottes ekklesiologisch vermittelt wird und im Handeln Gottes immer die Bejahung und Annahme des Menschen ausgesagt wird, kann der Dialog der Religionen nur in einer radikalen Theozentrik gelingen. Die Religionen treffen sich nicht auf dem (kleinsten) gemeinsamen Nenner, sondern in ihrem Zentrum. Die heilsgeschichtliche Sicht verbietet es, Theozentrik, Christozentrik und Pneumatologie gegeneinander und gegen die Ekklesiologie auszuspielen, weil es sonst keine Grammatik gäbe, die geschichtlich realisierte und in der Schrift bezeugte Heilshoffnung für alle Menschen auszudrücken. Die Verschränkung von heilsgeschichtlicher Theozentrik und menschlicher Existenzsituation als Zugang zum Phänomen „Religion" nach NA 1 ist nicht funktionalistisch engeführt. Die christologische Tiefendimension des Konzils besagt, dass Anthropologie, Christologie und Theozentrik sich wechselseitig ergänzen und bedingen. Die als trinitarische Struktur aufzeigbare theologische Grammatik von *Nostra aetate* verlangt eine Verbindung einer Theologie Israels und jener der Religionen. Der christliche Glaube kann nicht ohne die Wurzel über das entfaltete Senfkorn sprechen. Wenn das Thema des Reiches Gottes von der trinitarischen Struktur abgelöst wird, dann gibt es keine Möglichkeit mehr, Zeichen der Zeit als Vorsehung und Anruf Gottes zu entziffern. *Nostra aetate* möchte die Aufmerksamkeit auf die Gegenwart und Wahrheit Gottes heute richten. Die Hinweise im Text können als anfängliche Dechiffrierungsmöglichkeiten ausgelegt werden. Aber die Entdeckung der jüdischen Wurzel der Kirche ist von grundlegender Bedeutung für das kommende Christentum als es selbst NA anspricht. Müsste sie nicht zu einer Neubewertung der judenchristlichen Theologie führen, also der Theologie der ersten kirchengeschichtlichen Epoche?[32]

In der theologischen Entwicklung wurde die Bedeutung der Schoa[33], die den Konzilstext und seine Genese begleitete, erst einige Jahre nach dem Konzil unter dem Stichwort „Theologie nach Auschwitz"[34] wirksam. Heute steht es im Kontext der Theodizeefrage zur Bestimmung der Gottesrede im Bannkreis des Themas

---

[31] Diese Problemlage prägte alle großen theologischen Entwürfe von denen in A I. 1 a-d wichtige Modelle dargestellt wurden.
[32] Zur Wertung des Zweiten Vatikanischen Konzils als Beginn der dritten kirchengeschichtlichen Epoche siehe: Rahner, Theologische Grundinterpretation. Kann die hier geforderte paulinische Kühnheit und die Forderung, an die Grundsubstanz des Christentums neu anzuknüpfen, eingelöst werden, ohne das erste judenchristliche Zeugnis eben dieser Grundsubstanz zum Ausgang zu nehmen? Hierzu: Weß, Glaube 109.
[33] Lohrbächer (Hg.), Schoa.
[34] Fleischner (Hg.), Auschwitz; Ginzel (Hg.), Auschwitz; Concilium (Thema), Der Holocaust; Gesprächskreis „Juden und Christen" beim Zentralkomitee der deutschen Katholiken, Auschwitz.

nach dem Leiden oder der Ohnmacht Gottes.[35] Die Wiederentdeckung der jüdischen Wurzel führte wiederum erst danach zu einer Anerkennung der jüdischen Dimension in der gesamten christlichen Gottesrede.[36] Flankiert wird die Wiederentdeckung durch eine Klärung der katechetischen Sprache und Vorstellungen auf allen Ebenen.[37] Die Idee einer abrahamitischen Ökumene nimmt deutlichere Konturen an, auch wenn sie durch den Palästinakonflikt mehr verdeckt als offenkundig wird.[38] In solcher Rezeptionsbereitschaft christlicher Theologie stellt sich auf der anderen Seite die Frage, was dann das unterscheidend Christliche sei und wie der interrreligiöse Dialog mit dem Bekenntnis zu Christus vereinbart werden könne.[39] Konkret wird diese Frage in der Gestaltung interreligiöser Feiern oder gar Gebetstreffen, wie es das Modell Assisi zeichenhaft verdeutlichte.[40]

Der Ursprung von *Nostra aetate* war das Anliegen, angesichts der theologischen Verwerfungs- und nationalsozialistischen Vernichtungsgeschichte des jüdischen Volkes eine Theologie Israels zu entwickeln und den christlichen Antijudaismus zu überwinden. Diese ursprüngliche Intention wurde auf alle nichtchristlichen Religionen ausgeweitet. Wie verhält sich aber NA 4 in *Nostra aetate* zum Gesamttext, oder: Wie ist das Verhältnis der Theologie Israels zu einer Theologie der Religionen? Ich stelle ein Schisma dieser beiden in *Nostra aetate* verbundenen Aufgaben fest, da vielfach das Alte Testament durch Schriften anderer religiöser Traditionen verdrängt zu werden droht.

Nur ein Ineinander von trinitarischer Sicht und „Haltung" (d. h. Identität und Sendung) der Kirche können ihre Handlungsmaximen bestimmen. Der universale Heilswille Gottes (Gott will das Heil aller Menschen; siehe: Röm 9–11; Eph 2) erweist sich in einer kenotischen Christologie[41], die als geschichtliche Gegenwart der Liebe Gottes in Menschwerdung und Kreuz (siehe: GS 22; AG 12; DiH 11) die Form der Sendung der Kirche ist und deshalb ihre Haltung gegenüber den Menschen definiert. Die Sendung der Kirche ist daher nicht allein formal, sondern mehr noch in ihrer jeweiligen geschichtlichen Ausdrucksgestalt in diese vorgege-

---

[35] Metz (Hg.), „Landschaft aus Schreien"; Jonas, Der Gottesbegriff nach Auschwitz.
[36] Zur begrifflichen Neubestimmung des Verhältnisses von Altem und Neuem Testament siehe: Zenger, Das erste Testament; im Verhältnis zur Liturgie: Gerhards – Henrix (Hg.), Dialog oder Monolog?; im Blick auf die gesamte Theologie: Hünermann – Söding (Hg.), Methodische Erneuerung. Einen Überblick bietet: Petuchowski - Thoma, Lexikon der jüdisch-christlichen Begegnung.
[37] In der Frage des Judentums sei verwiesen auf das Projekt: Biemer (Hg.), Freiburger Leitlinien; Fiedler, Das Judentum. In den letzten Jahren ist eine solche Bemühung auch im Blick auf den Islam verstärkt festzustellen: Renz – Leimgruber (Hg.), Lernprozess Christen Muslime; Renz – Leimgruber, Christen und Muslime.
[38] Siehe: Kuschel, Streit um Abraham. Dabei spielt die Erinnerung an eine solche erste Ökumene im spanischen Mittelalter eine nicht unbedeutende Rolle (siehe: Epalza, Der islamisch-christliche Kongress).
[39] Schwager (Hg.), Christus allein?; Internationale Theologenkommission, Das Christentum und die Religionen.
[40] Vgl. z. B. Die deutschen Bischöfe, Leitlinien für multireligiöse Feiern von Christen, Juden und Muslimen.
[41] Siehe: Stubenrauch, Dialogisches Dogma; ders., Die Theologie und die Religionen.

bene Form (Kenosis-Christologie) eingebunden (siehe: LG 1). In der Haltung ihrer Begegnung mit den anderen erweist sich ihr Christuszeugnis (NA 2). Die Einheit von Wahrheit und Zeugnis- bzw. Vollzugsgestalt des christlichen Glaubens wird durch den Begriff der Haltung („habitudo") unauflösbar.

Durch die offene Begegnung mit den anderen wird die Kirche aber mit einem Fremdbild ihrer selbst konfrontiert, das dieser Wesenshaltung widerspricht. Die anderen bezeugen uns ein faktisches Gegenzeugnis. Die „Reinigung des Gewissens"[42], wie sie Papst Johannes Paul II. in Vorbereitung des Jahres 2000 gefordert und im Schuldbekenntnis am ersten Fastensonntag 2000 vollzog, ist eine Vertiefung und Konkretisierung der Aussage von NA 3 und vor allem von NA 4. Diese Haltung sucht nach neuen Formen, wie sie nach dem 11. September 2001 im Solidaritätsfasten mit den Muslimen zum Ende des Ramadan gefunden wurden. Der 1967 jeweils am 1. Januar zu begehende Weltfriedenstag, zu dessen Anlass die Päpste Wege zum Frieden bedenken, erneuert die vom Konzil formulierte Sendung der Kirche in einer friedlosen Welt.

Auch von der theologischen Öffentlichkeit nicht hinreichend wahrgenommen wird eine spezielle, aber sehr tiefgehende und wirksame Entwicklung innerhalb der interreligiösen Begegnungen: die monastisch-kontemplative. Zur Konzilszeit begann sich ein öffentliches Interesse an asiatischen Meditationsmethoden abzuzeichnen. Vor allem der Zen-Buddhismus wurde im Westen bekannt und in die christliche Gebets- und Betrachtungstradition integriert. Sie leben nicht nur den Austausch spiritueller Erfahrungen, sondern bilden den Nährboden, auf dem ein Friedensgebet erst wachsen kann.[43]

3. Ausblick

Die genannten pastoralen Zeichen: die Friedensgebete in Assisi, die Vergebungsbitten vom ersten Fastensonntag 2000[44] und des Solidaritätsfasten mit Muslimen am Ende der großen Fastenzeit 2001[45], verlangen eine nähere Wahrnehmung jenes Kontextes, der bereits die Entstehung des Textes von *Nostra aetate* prägte: die hoch konfliktive Form der werdenden Einheit der Menschheit, die wir heute mit dem Stichwort „Globalisierung" ausdrücken. Damit werden nicht nur öko-

---

[42] Johannes Paul II., *Tertio Millenio Adveniente* 33–36; sowie: Ders., *Novo Millenio Ineunte* Nr. 9 (im Rückblick auf das Schuldbekenntnis vom ersten Fastensonntag des Jahres 2000).
[43] Die Entwicklung wird dokumentiert und diskutiert in der Zeitschrift: „Bulletin of Monastic Interreligious Dialogue". Neben dem oben genannten Bede Griffiths sind als Pioniere Thomas Merton (1915–1968) und Henri Le Saux (auch: Abhishiktananda, 1910–1973) zu nennen. In dieser Bewegung wird jene Realität gelebt, die die Orientierung *Dialog und Verkündigung* den Dialog der spirituellen Erfahrung nennt (vgl. Blée, Le Dessert).
[44] Müller (Hg.), Erinnern und Versöhnen; Wandinger, ‚Wir vergeben und bitten um Vergebung'. Dass diese Vergebungsbitte einen tiefgehenden und umfassenden Erneuerungsakt zum Ausdruck bringt, zeigt die Dokumentation von: Accattoli (Hg.), Wenn der Papst um Vergebung bittet.
[45] Beim Angelus am 18.11.2001 kündete Papst Johannes Paul II. nicht nur ein Gebetstreffen in Assisi am 24.1.2002 an, sondern forderte auch die Katholiken zu einem Fasttag am 14.12.2001 auf (ders., Weltreligionen treffen sich zum Gebet).

nomische, politische und gesellschaftliche Prozesse angesprochen, sondern vor allem jene Auseinandersetzungen benannt, in denen um die künftige Lebensform für die globalisierte Menschheit gerungen wird. Die fortschreitende Ökonomisierung aller Lebensbereiche, auch der Bildungsinstanzen, im Zeichen des globalen Marktes, führt nicht nur zu neuen Konflikten, sondern auch zu einer intensiven Besinnung auf die geistige Lebensgrundlage der Kulturen und Religionen. In der Tradition europäischer Aufklärung wird dabei um ein angemessenes „Weltethos" gerungen.[46] Kann Religion und christlicher Glaube darin aufgehen? Diese Frage steht aber bleibend im Kontext des möglichen, selbstgemachten Endes der Menschheit. Alle religiösen Welt- und Selbstinterpretationen sind mit einer formal-funktionalen Interpretation aller Wirklichkeit im gegenwärtigen Naturalismus konfrontiert, nach der der Mensch nur als komplexes Funktionssystem anzusehen ist. Damit ist aber die Grundlage der aufgeklärten Gesellschaftskonzeption Europas, nämlich eine Anthropologie mit dem Anspruch individueller Menschenrechte, in der Freiheit und die Unantastbarkeit der Würde der menschlichen Person zentral sind, aufgelöst.

Die gesellschaftlichen Konflikte im Nahen Osten, auf dem indischen Subkontinent, in Afrika und Ozeanien, aber auch die schleichende Entfremdung zwischen Europa und den USA sind immer mit einer religiösen Zeichenwelt verbunden. Es zeigt sich, dass die Konfliktträchtigkeit religiöser Traditionen nicht durch ihren prophetischen oder mystischen Charakter bestimmbar ist, sondern danach, welche Bedeutung sie für den Zusammenhalt der Gesellschaft und des Staates haben, wie diese Bedeutung mit Macht und Gewalt verbunden wird und wie sich die Religionen grundsätzlich zur Gewaltneigung des Menschen und menschlicher Gesellschaften verhalten. In allem verlangt die Relecture von *Nostra aetate* nach der Thematisierung der Sünde der Welt, deren Aktualität auch in anderen Dokumenten des Konzils nicht immer hinreichend gesehen wird.[47] Deshalb kommt die Dramatik der Textgenese im Text selber nicht mehr vor. Nirgends wird auf die Konflikte, Intrigen und Kämpfe hingewiesen. Vielleicht darf das Wörtchen „Klugheit" in NA 2 als schüchterne Anzeige hierfür gewertet werden. Damit aber wird das Thema Religion und Politik mehr verborgen als bearbeitet. Auch ist zu fragen, warum die biblische Tradition des Bundes Gottes mit Noah nicht aufgenommen wurde, obwohl in der Vätertheologie gerade diese Erzählung für die Theologie der Religionen immer große Bedeutung hatte.

Nicht nur die Textgenese, auch der Kontext kirchlichen Handelns verlangt nach

---

[46] Unter diesem Titel hat Hans Küng diese Aufgabe des interreligiösen Dialogs in die Öffentlichkeit gebracht. Siehe: Küng, Christentum und Weltreligionen; ders., Projekt Weltethos; ders. – Kuschel (Hg.), Erklärung zum Weltethos; kritisch dazu: Neuhaus, Kein Weltfrieden.
[47] Im Blick auf DV 3 kommentierte Joseph Ratzinger schon 1967 mit Recht: „Die ganze Thematik von Sünde, Gesetz, Zorn Gottes ist hier in das Wörtchen ‚lapsus' ... zusammengezogen und damit doch wohl nicht in ihrem vollen Gewicht gewürdigt und ernst genommen. Der pastorale Optimismus einer auf Verstehen und Versöhnen bedachten Zeit scheint hier den Blick für einen nicht unwesentlichen Teil des biblischen Zeugnisses doch etwas getrübt zu haben" (Ratzinger, Kommentar zum Prooemium 509). Hintergründe und Diskussion um die Nr. 13 der Pastoralkonstitution vertiefen diese Analyse (siehe: Ratzinger, Kommentar zum ersten Kapitel des ersten Teils 319–322).

einer politisch wachen Theologie der Religionen, die ein elementares Thema einer erneuerten politischen Theologie sein müsste[48] und zwei Dimensionen einzuarbeiten hätte: Die religiöse Wirklichkeit ist im Unterschied zur überkommenen „Säkularisierungsthese" nicht im Verschwinden, im Gegenteil. Religion ist bestimmender Faktor der öffentlichen Debatte geworden; nicht zuletzt wegen ihrer neuen politischen Bedeutung und der Gewalt! Demgegenüber sind die Friedensgebete in der öffentlichen Wahrnehmung unterrepräsentiert. Eine neue politische Theologie müsste die Textgeschichte von *Nostra aetate* aufgreifen, in der die heutigen Konflikte vorgezeichnet sind und nach dem ihrer Sendung gemäßen politischen Handeln der Kirche fragen. Dabei meint „Politik" nicht parteiliches Handeln, sondern öffentlich wirksames Agieren, die keine Großinstitution vermeiden kann. Eine politische Theologie wäre Reflexion der Praxis der Kirche im Kontext des religiösen und weltanschaulichen Pluralismus, der offen oder verklausuliert die Tagesdebatte bestimmt. An der Bestimmung der Haltung der Kirche durch *Nostra aetate* fände eine solche Theologie eine hilfreiche Kriteriologie.

Schließlich wird eine Bestimmung religiöser Alterität – „nichtchristlich" ist eine Bezeichnung reiner Verlegenheit – unter der Voraussetzung der einen Heilsgeschichte dringlich, die die Wahrheitsfrage nicht ausblendet.[49] Auf Dauer wird es nötig sein, eine christliche Theologie des Propheten Muhammad[50] auszuarbeiten und die Erleuchtungserfahrung des Buddhismus zu werten, ohne auch in diesem Kontext die christliche Deutung der Person und einer personalen Offenbarung zu vergessen. Das bedeutet, dass die deskriptiven Aussagen von NA theologisch tiefer eingeholt werden müssen. Wohl kein anderes Dokument ruft wie dieses nach einer Relecture der Geschichte und der Bedeutung seiner Anstöße in einem neuen Konzil. Erst dann kann vom Verhältnis der katholischen Kirche zu den Religionen in der Erfahrung der verschiedenen Ebenen des Dialogs gesprochen werden. Dies wird zu einem der bestimmenden Themen einer künftigen Kirchenversammmlung werden. Doch zuvor müssen die zahlreichen bilateralen Dialoge in eine Theologie des multilateralen Gesprächs integriert werden. Erst wenn die unterschiedlichen Gespräche mit den großen Traditionen Afrikas und Asiens, die schon längst den Weg in die Weltgesellschaft angetreten haben, mit der Herausforderung des Islams, den neueren religiösen Entwicklungen und Synkretismen zusammenkommen – und diese verschiedenen Dialoge mit der Wurzel der Kirche im Glauben Israels in Berührung kommen – erreichen wir die Problemlage, die *Nostra aetate* entfaltet hat. Dabei wird die Frage nach dem Verhältnis zu den Glaubenslosen oder zur Weltauslegung der weiterentwickelten Naturwissenschaft nicht ausgeblendet werden können. Wie diese verschiedenen Ebenen aber integriert werden können, muss zuvor ansatzhaft gelebt werden. NA spricht

---

[48] Das Thema „Religion" fällt im Entwurf einer neuen politischen Theologie von J. B. Metz wohl in Folge einer dominierenden Säkularisierungsthese aus (siehe: Metz, Zum Begriff der neueren politischen Theologie). Auch in seinem Entwurf „Glaube in Geschichte und Gesellschaft" nimmt es keinen adäquaten Platz ein (siehe: Metz, Zum Begriff der neueren politischen Theologie).
[49] Siehe z. B. die verschiedenen Versuche bei: Waldenfels, Begegnung der Religionen; ders., Das Christentum im Streit der Religionen um die Wahrheit; Hoping, Die Pluralität der Religionen.
[50] Ein Versuch bei: Leuze, Der Prophet Muhammad.

keiner Verständigung unter den Religionen das Wort, die auf Einsatz für Frieden und Gerechtigkeit für alle Menschen verzichtet oder den Dialog mit den Nichtglaubenden ausspart.

Wie diese neue Identität der Kirche und der Glaubenden und die ihr entsprechende Haltung in den Verwerfungen der Gegenwart möglich sein soll, muss sich erst zeigen. Gesagt werden aber kann schon jetzt, dass der kürzeste Text des Konzils der Kompass des kirchlich-glaubenden Handelns im 21. Jahrhundert ist und immer mehr werden wird.

D. Bibliographie

Lehramtliche Dokumente:

Die deutschen Bischöfe, Erklärung über das Verhältnis der Kirche zum Judentum vom 28. April 1989, hg. v. Sekretariat der Deutschen Bischofskonferenz (Die deutschen Bischöfe 26), Bonn 1980.
Die deutschen Bischöfe, Leitlinien für multireligiöse Feiern von Christen, Juden und Muslimen. Eine Handreichung der deutschen Bischöfe vom 25. Januar 2003, hg. v. Sekretariat der Deutschen Bischofskonferenz (Arbeitshilfen 170), Bonn 2003.
Die deutschen Bischöfe, Christen und Muslime in Deutschland (23.11.2003), hg. v. Sekretariat der Deutschen Bischofskonferenz (Arbeitshilfen 172), Bonn 2003.
Gioia, Francesco (Hg.), Pontifical Council for Interreligious Dialogue, Interreligious Dialog. The official Teaching of the Catholic Church (1963–1995), Boston 1997.
Johannes Paul II., Enzyklika Redemptor hominis an die verehrten Mitbrüder im Bischofsamt, die Priester und Ordensleute, die Söhne und Töchter der Kirche und an alle Menschen guten Willens zum Beginn seines päpstlichen Amtes vom 4. März 1979, in: AAS 71 (1979) 257–324; dt.: hg. v. Sekretariat der Deutschen Bischofskonferenz (VAS 6), Bonn 1979.
Johannes Paul II., Pastor Bonus. Apostolische Konstitution über die Römische Kurie vom 28. Juni 1988, in: AAS 80 (1988) 841–934; dt.: http://dbk.de/stichwoerter/Pastor-Bonus.pdf).
Johannes Paul II., Enzyklika Redemptoris Missio über die fortdauernde Gültigkeit des missionarischen Auftrages vom 7. Dezember 1990, in: AAS 83 (1991) 249–340; dt.: hg. v. Sekretariat der Deutschen Bischofskonferenz (VAS 100), Bonn 1990.
Johannes Paul II., Die Schwelle der Hoffnung überschreiten, hg. v. Vittorio Messori, Hamburg 1994.
Johannes Paul II, Apostolisches Schreiben Novo millenio ineunte zum Abschluss des Großen Jubiläums des Jahres 2000 vom 6. Januar 2001, in: AAS 93 (2001) 266–309; dt.: hg. v. Sekretariat der Deutschen Bischofskonferenz (VAS 150), Bonn 2001.
Johannes Paul II., Als Partner zum Wohl der Menschheitsfamilie wirken. Ansprache beim Besuch der Omaijadenmoschee in Damaskus, in: OR(D) Nr. 21 v. 25.5.2001, 6–7.
Johannes Paul II., Wege der Verständigung und der Zusammenarbeit schaffen. Botschaft von Papst Johannes Paul II. anlässlich des 400. Jahrestages der Ankunft des Missionars und Wissenschaftlers Matteo Ricci SJ in Peking, in: OR(D) Nr. 45 v. 9.11.2001, 7–8.
Johannes Paul II., Weltreligionen treffen sich zum Gebet. Angelus am 18. November mit Einladung des Papstes, in: OR(D) Nr. 47 vom 23.11.2001, 1.
Johannes Paul II., Kein Friede ohne Gerechtigkeit – keine Gerechtigkeit ohne Vergebung. Botschaft seiner Heiligkeit Papst Johannes Paul II. zur Feier des Weltfriedenstages am 1. Januar 2002, in: OR(D) Nr. 51/52 v. 21.12.2001, 9–10.
Johannes Paul II., Ansprache beim Gebetstreffen für den Frieden in der Welt am 24. Januar 2002 in Assisi, in: L'Osservatore Romano vom 25. Januar 2002; dt.: OR(D) Nr. 5 v. 1. Februar 2002, 7 f.
Kongregation für die Glaubenslehre, Erklärung Dominus Iesus. Über die Einzigkeit und die

Heilsuniversalität Jesu Christi und der Kirche vom 6. August 2000, in: AAS 92 (2000) 742–785; dt.: hg. v. Sekretariat der Deutschen Bischofskonferenz (VAS 148), Bonn 2000.
Päpstliche Bibelkommission, Das jüdische Volk und seine Heilige Schrift in der christlichen Bibel (24. Mai 2001), dt.: hg. v. Sekretariat der Deutschen Bischofskonferenz (VAS 152), Bonn 2001.
Päpstliche Kommission für die religiösen Beziehungen zu dem Judentum, Richtlinien und Hinweise für die Konzilserklärung „Nostra Aetate", Art. 4. Von deutschen Bischöfen approbierte Übersetzung. Eingeleitet von Willehad Paul Eckert OP (NKD 49), Trier 1976.
Kongregation für die Glaubenslehre, Schreiben an die Bischöfe der katholischen Kirche über einige Aspekte der christlichen Meditation vom 15.10.1989, in: AAS 82 (1990) 362–379; dt.: hg. v. Sekretariat der Deutschen Bischofskonferenz (VAS 95), Bonn 1989.
Päpstlicher Rat für den Interreligiösen Dialog – Kongregation für die Evangelisierung der Völker, Dialog und Verkündigung. Überlegungen und Orientierungen zum Interreligiösen Dialog und zur Verkündigung des Evangeliums Jesu Christi vom 19. Mai 1991, in: AAS 84 (1992) 414–446; dt.: hg. v. Sekretariat der Deutschen Bischofskonferenz (VAS 102), Bonn 1991.
Päpstlicher Rat für den Interreligiösen Dialog, Pastorale Aufmerksamkeit für die traditionellen Religionen 1993 (original: Pastoral Attention to traditional religions. Letter of the Pontifical Council for Interreligious Dialogue to the Presidents of Episcopal Conferences in Asia, the Americas and Oceania vom 21.11.1993, in: http://www.vatican.va/roman_curia/pontifical_councils/interelg/documents/rc_pc_interelg_doc_21111993_trad-relig_en.html).
Päpstliches Sekretariat für die Nichtchristen, „Dialog und Mission". Gedanken und Weisungen über die Haltung der Kirche gegenüber den Anhängern anderer Religionen vom 10. Mai 1984, in: AAS 76 (1984); dt.: OR(D) Nr. 34/35 v. 24. August 1984, 10–11.
Paul VI., Enzyklika Ecclesiam Suam an die Ehrwürdigen Brüder, die Patriarchen, Primaten, Erzbischöfe, Bischöfe und die anderen Oberhirten, die in Frieden und Gemeinschaft mit dem Apostolischen Stuhle leben, an den Klerus und die Christgläubigen des ganzen Erdkreises sowie an alle Menschen guten Willens über die Wege, die die katholische Kirche in der Gegenwart gehen muss, um ihre Aufgabe zu erfüllen vom 6. August 1964, in: AAS 56 (1964) 609–659; dt.: Ecclesiam Suam. Enzyklika Papst Paul VI. Lateinischer Text und deutsche Übersetzung, Leipzig 1964.
Secretariatus Pro Non Christianis, Guidelines for a Dialogue between Muslims and Christians, Roma 1969.
Secretariatus Pro Non Christianis, Religions. Fundamental Themes for a Dialogistic Understanding, Roma 1970.
Borrmans, Maurice (Hg.), Sekretariat für die Nichtchristen, Wege zum christlich-islamischen Dialog, Frankfurt/M. 1985.

Weitere Literatur:

Abdullah, Muhammad Salim, Islam für das Gespräch mit Christen, Gütersloh ²1995.
Accattoli, Luigi (Hg.), Wenn der Papst um Vergebung bittet. Alle ‚mea culpa' Johannes Pauls II. an der Wende zum dritten Jahrtausend, Innsbruck – Wien 1999.
Amersfoort, Jakobus van – Oort, Johannes van (Hg.), Juden und Christen in der Antike, Kampen 1990.
Amstutz, Josef, Über die Religionen. Nostra Aetate, Art. 1 und 2, in: NZM 29 (1973) 81–92.
Anawati, Georges C., Exkurs zum Konzilstext über die Muslim, in: LThK.E 2, 485–487.

Anawati, Georges C., Organe und Aspekte des Dialogs zwischen Christentum und Islam im katholischen Bereich, in: Conc(D) 12 (1976) 389–392.
Anawati, Georges C., Zur Geschichte der Begegnung von Christentum und Islam, in: Andreas Bsteh (Hg.), Der Gott des Christentums und des Islams (Beiträge zur Religionstheologie), Mödling 1978, 11–35.
Arinze, Francis, Prospects of evangelization with reference to the areas of the non-Christian Religions. Twenty years after Vatican II, in: Euntes Digest 20 (1987) 258–266.
Arinze, Francis, Der Dialog mit Muslimen aus der Sicht der katholischen Kirche. Grundlagen – Zielvorstellungen – Erfahrungen, in: CIBEDO-Beiträge 3 (1989) 105–117.
Arinze, Francis, Begegnung mit Menschen anderen Glaubens. Den interreligiösen Dialog verstehen und gestalten, München 1999.
Arinze, Francis, Brücken bauen. Francis Kardinal Arinze im Gespräch mit Helmut S. Ruppert, Augsburg 2000.
Arinze, Francis, Religionen gegen die Gewalt. Eine Allianz für den Frieden. Freiburg – Basel – Wien 2002.
Auf der Maur, Ivo, Kirchliche Verlautbarungen über die nichtchristlichen Religionen, in: Katholisches Missionsjahrbuch 33 (1966) 31–43.
Augustinus, Aurelius, Sancti Aurelii Augustini Retractationum libri II., hg. v. Almut Mutzenbecher (CChrSL 57), Turnholt 1984.
Augustinus, Aurelius, Bekenntnisse. Lateinisch und deutsch, hg. v. Joseph Bernhart, Frankfurt/M. 2000.
Baatz, Ursula, Hugo M. Enomiya-Lassalle. Ein Leben zwischen den Welten. Biographie, Zürich – Düsseldorf 1998.
Balivet, Michel, Pour une concorde islamo-chrétienne. Démarches byzantines et latines à la fin du Moyen-Âge. De Nicolas de Cues à Georges de Trébizonde (Studi arabo-islamici del PISAI 9), Roma ²1999.
Barth, Karl, Fides quaerens intellectum. Anselms Beweis der Existenz Gottes im Zusammenhang seines theologischen Programms (1931), in: Ders., Gesamtausgabe. II./1931, hg. v. Eberhard Jüngel - Ingo U. Dalferth, Zürich ²1986.
Barth, Karl, Die Kirchliche Dogmatik. Studienausgabe, Zürich ²1993.
Baum, Gregory, Bemerkungen zum Verhältnis zwischen Israel und der Kirche, in: Guilherme Baraúna (Hg.), De Ecclesia. Beiträge zur Konstitution „Über die Kirche" des Zweiten Vatikanischen Konzils, Bd. 1, Freiburg – Basel – Wien/Frankfurt/M. 1966, 574–584.
Baumann, Arnulf H. (Hg.), Was jeder vom Judentum wissen muß, hg. im Auftrag des Ausschusses „Kirche und Judentum" der VELKD u. des Nationalkomitees des Lutherischen Weltbundes, Gütersloh ⁸1997.
Baumann, Arnulf H. (Hg.), Auf dem Wege zum christlich-jüdischen Gespräch. 125 Jahre Evangelisch-Lutherischer Zentralverein für Zeugnis und Dienst unter Juden und Christen (Münsteraner judaistische Studien 1), Münster 1998.
Bea, Augustin, Die Kirche und das jüdische Volk, Freiburg – Basel – Wien 1966.
Bea, Augustin, Der Weg zur Einheit nach dem Konzil, Freiburg – Basel – Wien 1966.
Becker, Werner, Die Erklärung über das Verhältnis der Kirche zu den nichtchristlichen Religionen, in: Cath(M) 20 (1966) 108–135.
Ben-Chorim, Schalom, Die Heimkehr. Jesus, Paulus, Maria in jüdischer Sicht, München 1983.
Bendel, Rainer (Hg.), Die Katholische Schuld? Katholizismus im Dritten Reich – Zwischen Arrangement und Widerstand, Münster ²2004.
Beozzo, Oscar J., Das äußere Klima, in: Alberigo, Giuseppe – Wittstadt, Klaus (Hg.), Geschichte des Zweiten Vatikanischen Konzils (1959 – 1965). Bd. 1: Die katholische Kirche auf dem Weg in ein neues Zeitalter. Die Ankündigung und Vorbereitung des Zweiten Vatikanischen Konzils (Januar 1959 bis Oktober 1962), Mainz 1997, 403–456.

Bernhardt, Reinhold (Hg.), Horizontüberschreitung. Die pluralistische Theologie der Religionen, Gütersloh 1991.
Bernhardt, Reinhold, Der Absolutheitsanspruch des Christentums. Von der Aufklärung bis zur Pluralistischen Religionstheologie, Gütersloh ²1993.
Besier, Gerhard, Die Kirche und das Dritte Reich. Spaltungen und Abwehrkämpfe 1934–1937. Berlin 2001.
Biemer, Günter (Hg.), Freiburger Leitlinien zum Lernprozeß Christen Juden. Theologische und didaktische Grundlegung. Forschungsprojekt „Judentum im katholischen Religionsunterricht" am Seminar für Pädagogik und Katechetik der Universität Freiburg, Düsseldorf 1981.
Bischofberger, Otto, Heidentum/Heiden: zur wechselvollen Geschichte eines Begriffs, in: Markus Ries (Hg.), Glauben und Denken nach Vatikanum II. Kurt Koch zur Bischofswahl, Zürich 1996, 217–234.
Blaschke, Olaf – Mattioli, Aram (Hg.), Katholischer Antisemitismus im 19. Jahrhundert. Ursachen und Traditionen im internationalen Vergleich, Zürich 2000.
Blée, Fabrice, Le dessert l'alterite. Une expérience spirituelle du dialogue interreligieux, Montréal 2004.
Borrmans, Maurice, Der christlich-islamische Dialog der letzten zehn Jahre, in: Pro Mundi Vita Bulletin 74 (1978) 1–64 (siehe: lehramtliche Texte).
Brechenmacher, Thomas, Pellegrino orante. Papst Paul VI. im Heiligen Land, in: ders. – Ostry, Hardy, Paul VI. – Rom und Jerusalem. Konzil, Pilgerfahrt, Dialog der Religionen. Mit einem Vorwort von Bischof Walter Kasper (Schriften des Emil-Frank-Instituts 4), Trier 2000, 11–113.
Brechenmacher, Thomas, Das Ende der doppelten Schutzherrschaft. Der Heilige Stuhl und die Juden am Übergang zur Moderne (1775–1870) (PuP 32), Stuttgart 2004.
Brechenmacher, Thomas, Der Vatikan und die Juden. Geschichte einer unheiligen Beziehung, München 2005.
Bristow, Edward J. (Hg.), No Religion is an island. The Nostra Aetate dialogues, New York 1998.
Brown, Stuart E. (Hg.), Meeting in Faith. Twenty Years of Christian-Muslim Conversation sponsored by the World Council of Churches, Geneva 1989.
Brück, Michael von (Hg.), Der einzige Weg zum Heil? Herausforderung des christlichen Absolutheitsanspruchs durch pluralistische Religionstheologien (QD 143), Freiburg – Basel – Wien 1993.
Brück, Michael von – Lai, Whalen, Buddhismus und Christentum. Geschichte, Konfrontation, Dialog, München ²2000.
Bsteh, Andreas, Der Dialog mit dem Islam aus katholischer Sicht im Lichte der Islamerklärung des Zweiten Vatikanischen Konzils, in: Rudolf Kirchschläger (Hg.), Ein Laboratorium für die Einheit, Innsbruck – Wien 1991, 222–235.
Bsteh, Andreas (Hg.), Glaube, der Begegnung sucht. Ein theologisches Programm. Mit Registern zu den bisher erschienenen Bänden 1–6 der „Beiträge zur Religionstheologie" (Beiträge zur Religionstheologie 6), Mödling 1992.
Bsteh, Andreas, Kirche der Begegnung. Zur Öffnung der Kirche im Zweiten Vatikanum für einen Dialog des Glaubens mit den nichtchristlichen Religionen, in: Raymund Schwager (Hg.), Christus allein? Der Streit um die pluralistische Religionstheologie (QD 160), Freiburg – Basel – Wien 1996, 50–82.
Bürkert-Engel, Barbara, Charles de Foucauld. Christliche Präsenz unter Muslimen. Analyse und kritische Auseinandersetzung mit einer Islamrezeption in Biographie und Nachlass (Christentum und Islam im Dialog 1), Münster 2000.
Bürkle, Horst, Art. Dialog der Religionen, in: LThK³ 7, 196–197.

Bürkle, Horst, Der Mensch auf der Suche nach Gott – die Frage der Religionen (AMATECA. Lehrbücher zur katholischen Theologie 3), Paderborn 1996.
Bürkle, Horst, Art. Theologie der Religionen, in: LThK³ 9, 1444–1447.
Burigana, Riccardo – Turbantí, Giovanni, L'intersessione: preparare la conclusione del concilio, in: Giuseppe Alberigo – Alberto Melloni (Hg.), Storia del concilio Vaticano II, Vol. 4: La chiesa come comunione. Il terzo periodo e la terza intersessione settembre 1964 – settembre 1965, Bologna – Leuven 1999, 483–648.
Busse, Heribert, Die theologischen Beziehungen des Islams zu Judentum und Christentum. Grundlagen des Dialogs im Koran und die gegenwärtige Situation, Darmstadt 1988.
Buttaroni, Susanna - Stanisław Musiał (Hg.), Ritualmord. Legenden in der europäischen Geschichte, Wien – Köln – Weimar 2003.
Cardini, Franco, Europa und der Islam. Geschichte eines Missverständnisses, München 2000.
Corsten, Wilhelm, Sammlung kirchlicher Erlasse, Verordnungen und Bekanntmachungen für die Erzdiözese Köln, Köln 1929.
Caspar, Robert, La religion musulmane, in: Henry (Hg.), Vatican II, 201–236.
Chu Van Minh, Laurent, Dialogo tra cattolici e buddhisti nel contesto del Vietnam alla luce dell'insegnamento della Chiesa sul dialogo interreligioso. Roma (Diss. Urbaniana) 2000.
Collet, Giancarlo, Katholische Missionswissenschaft. Zwischen kolonialer Ideologie und theologischem Anspruch, in: Hubert Wolf – Claus Arnold (Hg.), Die katholisch-theologischen Disziplinen in Deutschland 1870–1962. Ihre Geschichte, ihr Zeitbezug (Programm und Wirkungsgeschichte des II. Vatikanums 3), Paderborn u. a. 1999, 291–319.
Collet, Giancarlo, „... bis an die Grenzen der Erde", in: ders., Grundfragen heutiger Missionswissenschaft, Freiburg – Basel – Wien 2002, 76–108.
Colpe, Carsten, Problem Islam, Berlin 2002.
Concilium (Thema): Der Holocaust als Kontinuitätsbruch, in: Conc(D) 20 (1984) 361–435.
Congar, Yves, Mon Journal du Concile. Mon Marche pour que l'Église avance, 2 Bde., Paris 2002.
Cottier, Georges, La fraternité universelle, in: Henry (Hg.), Vatican II, 275–281.
Cottier, Georges, L'historique de la Déclaration, in: Henry (Hg.), Vatican II, 37–78.
Cottier, Georges, La religion juive, in: Henry (Hg.), Vatican II, 237–273.
Cragg, Keneth, A., Muhammad and the Christian. A Question of Response, London – New York 1984.
Danielou, Jean, Die heiligen Heiden des Alten Testaments, Stuttgart 1952.
Danielou, Jean, Vom Heil der Völker, Frankfurt 1952.
Dautzenberg, Gerhard – Kampling, Rainer – Weinzierl, Erika – Fiedler, Peter – Horch, Hans Otto, Art. Antijudaismus, Antisemitismus, in: LThK³ 1, 748–755.
Dieker, Wolfgang, Himmlers Glaubenskrieger. Der Sicherheitsdienst der SS und seine Religionspolitik 1933–1941, Paderborn u. a. 2002.
Dietrich, Walter (Hg.), Antijudaismus. Christliche Erblast, Stuttgart u. a. 1999.
Döring, Heinrich, Die Kirche und die nichtchristlichen Religionen. Überlegungen zu einem problematischen Verhältnis, in: Harald Wagner (Hg.), Christentum und nichtchristliche Religionen, Paderborn 1991, 29–81.
Dumoulin, Heinrich, Exkurs zum Konzilstext über den Buddhismus, in: LThK.E 2, 482–485.
Eckert, Willehad P. – Ehrlich, Ernst L., Judenhaß – Schuld der Christen?!, Essen 1964.
Ehrlich, Ernst L., Geschichte der Juden in Deutschland. Geschichtliche Quellenschriften, Düsseldorf ⁵1968.
Elchinger, Léon Arthur, Wir können nicht schweigen, in: Campe, Johann Chr. (Hg.), Die

Autorität der Freiheit. Gegenwart des Konzils und Zukunft der Kirche im ökumenischen Disput, Bd. 3, München 1967, 493–495.

Engelmann, Paul, Ludwig Wittgenstein. Briefe und Begegnungen, Wien 1970.

Epalza, Mikel de, Der islamisch-christliche Kongress von Cordoba (September 1974), in: Conc(D) 12 (1976) 395–397.

Ess, Josef van, Theologie und Gesellschaft im 2. und 3. Jahrhundert Hidschra. Eine Geschichte des religiösen Denkens im frühen Islam, Bde. I–VI, (Bde. V–VI Texte), Berlin – New York 1991–1997.

Euler, Walter A., Unitas et Pax. Religionsvergleich bei Raimundus Lullus und Nikolaus von Kues, Würzburg 1990.

Evers, Georg, Mission. Nichtchristliche Religionen. Weltliche Welt (Missionswissenschaftliche Abhandlungen und Texte 32), Münster 1974.

Falatury, Abdoljavad, Der Islam im Gespräch mit dem Christentum. Anfänge und Entwicklungen, Probleme und Erfolge, in: CIBEDO-Beiträge 5 (3/1991) 79–85.

Falatury, Abdojavad, Christliche Theologie und westliches Islamverständnis, in: Hermann Häring – Karl-Josef Kuschel (Hg), Hans Küng. Neue Horizonte des Glaubens und Denkens. Ein Arbeitsbuch, München 1993, 651–662.

Farrugia, Joseph, The Church and the Muslims. The Church's Consideration of Islam and the Muslims in the Documents of the Second Vatican Council, Gozo 1988.

Feil, Ernst, Religio, Bd. I: Die Geschichte eines neuzeitlichen Grundbegriffs vom Frühchristentum bis zur Reformation, Göttingen 1986; Bd. II: Die Geschichte eines neuzeitlichen Grundbegriffs zwischen Reformation und Rationalismus (ca. 1540–1620), Göttingen 1997; Bd. III: Die Geschichte eines neuzeitlichen Grundbegriffs im 17. und frühen 18. Jahrhundert (FKDG 36, 70, 79), Göttingen 2000.

Fiedler, Peter, Das Judentum im katholischen Religionsunterricht. Analysen, Bewertungen, Perspektiven Düsseldorf 1980.

Fitzgerald, Michael L., Twenty-five years of dialogue. The Pontifical Council for Interreligious Dialogue, in: Islamochristiana 15 (1989) 109–120.

Fitzgerald, Michael L., Pope John Paul II an Interreligious Dialogue. A Catholic Assessment, in: L. Schwerin Byron – Harold Kasimow (Hg.), John Paul II and Interreligious Dialogue, New York 1999, 207–220.

Flasch, Kurt, Nikolaus von Kues. Geschichte einer Entwicklung. Vorlesungen zur Einführung in seine Philosophie, Frankfurt/M. 1998.

Fleischner, Eva (Hg.), Auschwitz. Beginning of a New Era? Reflections on the Holocoust, New York 1977.

Flusser, David, Einleitung, in: Clemens Thoma, Christliche Theologie des Judentums. Mit einer Einführung von David Flusser (Der Christ in der Welt. Eine Enzyklopädie VI./ Bd. 4a/b), Aschaffenburg 1978.

Franz, Albert (Hg.), Weltreligionen für den Frieden. Die internationalen Friedenstreffen von Sant'Egidio, Trier 1996.

Fronhofen, Herbert (Hg.), Christlicher Antijudaismus und jüdischer Antipaganismus. Ihre Motive und Hintergründe in den ersten drei Jahrhunderten, Hamburg 1990.

Gäde, Gerhard, Viele Religionen – ein Wort Gottes. Einspruch gegen John Hicks pluralistische Religionstheologie, Gütersloh 1998.

Gaudel, Jean-Marie, Encounters and clashes. Islam and Christianity in history, Roma (Diss. Institutum Studiorum Arabicorum et Islamologiae) 1985.

Gaudron, Matthias, Katholischer Katechismus zur kirchlichen Krise, Jaidhof 1997.

Geffre, Claudel, La théologie des religions non-Chrétiennes vingt ans aprés Vatican II, in: Islamochristiana 11 (1985) 115–133.

Gerhards, Albert – Henrix, Hans Hermann (Hg.), Dialog oder Monolog? Zur liturgischen

Beziehung zwischen Judentum und Christentum (QD 208), Freiburg – Basel – Wien 2004.

Gertler, Thomas, Jesus Christus – die Antwort der Kirche auf die Frage nach dem Menschen. Eine Untersuchung zu Funktion und Inhalt der Christologie im 1. Teil der Pastoralkonstitution „Gaudium et Spes" (EThS 52), Leipzig 1986.

Gesprächskreis „Juden und Christen" beim Zentralkomitee der deutschen Katholiken, Auschwitz. Geschichte und Gedenken, Stuttgart 2002.

Ginzel, Günther B. (Hg.), Auschwitz als Herausforderung für Juden und Christen, Heidelberg 1980.

Ginzel, Günther B., Antisemitismus. Erscheinungsformen der Judenfeindschaft gestern und heute, Bielefeld 1991.

Gotto, Klaus – Repgen, Konrad (Hg.), Die Katholiken und das Dritte Reich, Mainz 1990.

Graus, František, Pest – Geissler – Judenmorde. Das 14. Jahrhundert als Krisenzeit (Veröffentlichungen des Max-Planck-Instituts für Geschichte 86), Göttingen 1987.

Grote, Heiner, Was verlautbart Rom wie? Eine Dokumentenkunde für die Praxis (Bensheimer Hefte 76), Göttingen 1995.

Gstrein, Heinz, Der Karawanenkardinal. Charles Lavigerie, Kardinalerzbischof von Algier und Carthago, Primas von Afrika sowie Gründer der Weißen Väter, Mödling – Wien 1982.

Hagemann, Ludwig, Der Ĺur ân in Verständnis und Kritik bei Nikolaus von Kues. Ein Beitrag zur Erhellung islâmisch-christlicher Geschichte (FThSt 21), Frankfurt/M. 1976.

Hagemann, Ludwig, Christentum und Islam zwischen Konfrontation und Begegnung (Islam und Christentum 4), Altenberge 1983.

Hagemann, Ludwig, Nikolaus von Kues im Gespräch mit dem Islam, Altenberge 1983.

Haubst, Rudolf (Hg.), Der Frieden unter den Religionen nach Nikolaus von Kues, Mainz 1984.

Haubst, Rudolf, Streifzüge in die cusanische Theologie, Münster 1991.

Haußig, Hans-Michael, Der Religionsbegriff in den Religionen. Studien zum Selbst- und Religionsverständnis in Hinduismus, Buddhismus, Judentum und Islam, Berlin – Bodenheim – Mainz 1999.

Heck, Erich, Der Begriff religio bei Thomas von Aquin. Seine Bedeutung für unser heutiges Verständnis von Religion (Abhandlungen zur Philosophie, Psychologie, Soziologie der Religion und Ökumenik. NF 21–22), München – Paderborn – Wien 1971.

Hehl, Ulrich von (Hg.), Priester und Hitlers Terror. Eine biographische und statistische Erhebung, 2. Bde. (Veröffentlichungen der Kommission für Zeitgeschichte. Reihe A: Quellen, Bd. 37, bearbeitet von Ulrich von Hehl u. a.), Paderborn u. a. ⁴1998.

Henrix, Hans H. – Kraus, Wolfgang (Hg.), Die Kirchen und das Judentum, Bd. II: Dokumente von 1986–2000, Paderborn 2001.

Henrix, Hans H., Judentum und Christentum. Gemeinschaft wider Willen, Kevelaer 2004.

Henry, Antonin-M. (Hg.), Vatican II. Les relations de l'Eglise avec les religions non chrétiennes (Unam Sanctam 61), Paris 1966.

Hertling, Ludwig von, Die Schuld des jüdischen Volkes am Tod Christi, in: StZ 171 (1962/1963) 16–25.

Hjelde, Sigurd, Die Religionswissenschaft und das Christentum. Eine historische Untersuchung über das Verhältnis von Religionswissenschaft und Theologie (Studies in the History of Religions LXI), Leiden – New York – Köln 1994.

Hock, Klaus, Der Islam im Spiegel westlicher Theologie. Aspekte christlich-theologischer Beurteilung des Islams im 20. Jahrhundert, Köln – Wien 1986.

Hock, Klaus, Einführung in die Religionswissenschaft, Darmstadt 2002.

Hoffmann, C., Wege zum Heil. Die Stellung der Nichtchristen und der nichtchristlichen Religionen im Werk Thomas Ohms (Ottilianer Reihe 1), St. Ottilien 2001.

Hoffmann-Hereros, Johann, Matteo Ricci. Den Chinesen eine Chinese sein. Ein Missionar sucht neue Wege, Mainz 1990.

Hoping, Helmut, Weisheit als Wissen des Ursprungs. Philosophie und Theologie in der „Summa contra gentiles" des Thomas von Aquin, Freiburg – Basel – Wien 1997.

Hoping, Helmut, Die Pluralität der Religionen und der Wahrheitsanspruch des Christentums, in: Hans J. Münk – Michael Durst (Hg.), Christliche Theologie und Weltreligionen. Grundlagen, Chancen und Schwierigkeiten des Dialogs heute, Freiburg/Schweiz 2003, 117–159.

Hünermann, Peter, Art. Logos. III. Systematisch-theologisch, in: LThK³ 6, 1029–1031.

Hünermann, Peter, Dogmatische Prinzipienlehre. Glaube – Überlieferung – Theologie als Sprach- und Wahrheitsgeschehen, Münster 2003.

Hünermann, Peter – Söding, Thomas (Hg.), Methodische Erneuerung der Theologie. Konsequenzen der wiederentdeckten jüdisch-christlichen Gemeinsamkeiten (QD 200), Freiburg – Basel – Wien 2003.

Hunke, Sigrid, Allahs Sonne über dem Abendland. Unser arabisches Erbe, Stuttgart 1960.

Hürten, Heinz, Deutsche Katholiken 1918–1945, Paderborn u. a. 1992.

Internationale Theologenkommission, Das Christentum und die Religionen, hg. v. Institut d'Etudes Oecuméniques (Ökumenische Wegzeichen 8), Fribourg 2001.

Irenäus von Lyon, Adversus Haereses. Gegen die Häresien, Bde. I–V, übers. u. eingel. v. Norbert Brox (Fontes Christiani 8/1–5) Freiburg – Basel – Wien 1993–2001.

Isaac, Jules, Du Redressement Nécessaire de l'Enseignement Chrétien Concernant Israel. Mémoire présenté par Jules Isaac, Paris 1960.

Isaac, Jules, Hat der Antisemitismus christliche Wurzeln?, in: EvTh 21 (1961) 339–354.

Issaac, Jules, Jesus und Israel, Wien – Zürich 1968.

Jochum, Herbert, Ecclesia und Synagoga. Das Judentum in der christlichen Kunst, Saarbrücken 1993.

Jomier, Jacques, Le professeur Louis Massignon (1883–1962) et le dialogue Islamo-Chrétien, in: Secretarius pro non-christianis Bulletin 23 (No. 68, 1988), 161–168.

Jonas, Hans, Der Gottesbegriff nach Auschwitz. Eine jüdische Stimme, Frankfurt/M. 1987.

Justin (Martyr), Iustini Martyris, Apologiae pro christianis, hg. v. Miroslav Marcovich (PTS 38), Berlin - New York 1994 (dt. Übersetzung in: BKV I, 12, 55–155).

Justin (Martyr), Dialogus cum Tryphone, hg. v. Miroslav Marcovich (PTS 47), Berlin 1997 (dt. Übersetzung in: BKV I, 33).

Kampling, Rainer – Schlegelberger, Bruno (Hg.), Wahrnehmung des Fremden: Christentum und andere Religionen (Schriften der Diözesanakademie Berlin 12), Berlin 1996.

Kampling, Rainer, Im Angesicht Israels. Studien zum historischen und theologischen Verhältnis von Kirche und Israel, hg. v. Matthias Blum (StBB 47), Stuttgart 2002.

Kampling, Rainer – Weinrich, Michael (Hg.), Dabru Emet – Redet Wahrheit. Eine jüdische Herausforderung zum Dialog mit den Christen, Gütersloh 2003.

Karrer, Otto, Das Religiöse in der Menschheit und das Christentum, Freiburg i. Br. 1934.

Kasimow, Harold - Sherwin, Byron L, (Hg.), John Paul II and Interreligious Dialogue. New York 1999.

Kern, Walter, Disput um Jesus und um Kirche. Aspekte – Reflexionen, Innsbruck – Wien – München 1980.

Khoury, Adel Th., Der theologische Streit der Byzantiner mit dem Islam, Paderborn 1969.

Khoury, Adel Th., Toleranz im Islam (Entwicklung und Frieden: Wissenschaftliche Reihe 22), München 1980.

Khoury, Adel Th., Der Islam. Sein Glaube, seine Lebensordnung, sein Anspruch. Freiburg – Basel – Wien 1988.

Khoury, Adel Th., Auf dem Weg zu einer Ökumene der Religionen – die Etappe des II. Vatikanum, in: Klemens Richter (Hg.), Das Konzil war erst der Anfang. Die Bedeutung des II. Vatikanum für Theologie und Kirche, Mainz 1991, 106–118.

Kirchberg, Julie, Theo-logie in der Anrede als Weg zur Verständigung zwischen Juden und Christen (ITS 31), Innsbruck – Wien 1991.

Kirchenamt der Evangelischen Kirche in Deutschland (Hg.), Christlicher Glaube und nichtchristliche Religionen. Theologische Leitlinien. Ein Beitrag der Kammer für Theologie der Evangelischen Kirche in Deutschland (EKD Texte 77), Hannover 2003.

Kis, György, Gezeichnet mit dem Kreuz Christi und dem Stern Davids. Mit einem Vorwort von Karl Rahner und einem Nachwort von Otto von Habsburg (Kirchenforum für Ungarn), Luzern 1999.

Klausner, Joseph, Jesus von Nazareth. Seine Zeit, sein Leben und seine Lehre, Berlin ²1934.

Klausner, Joseph, Von Jesus zu Paulus, Jerusalem 1950.

Koch, W., Art. Religion. I. Allgemein, in: LThK¹ 8, 758–760.

Kohl, Karl-Heinz, Geschichte der Religionswissenschaft, in: Hubert Cancik – Burkhard Gladigow – Matthias Laubscher (Hg.), Handbuch religionswissenschaftlicher Grundbegriffe, Bd. 1, Stuttgart u. a. 1988, 217–262.

König, Franz, Das Christentum und die Weltreligionen, in: ders. (Hg.), Christus und die Religionen der Erde (Handbuch der Religionsgeschichte 3), Wien 1951, 731–776.

König, Franz, Einleitung, in: Zweites Vatikanisches Ökumenisches Konzil. Erklärung über das Verhältnis der Kirche zu den nichtchristlichen Religionen. Authentischer lateinischer Text der Acta Apostolicae Sedis. Deutsche Übersetzung im Auftrage der deutschen Bischöfe, Münster 1967, 5–13.

König, Franz, Worte zur Zeit. Reden und Aufsätze, Wien – Freiburg – Basel 1968.

König, Franz – Waldenfels, Hans, Die Friedensgebete von Assisi. Kommentar und Einleitung, Freiburg 1987.

König, Franz, Unterwegs mit den Menschen. Vom Wissen zum Glauben, hg. v. Annemarie Frenzl – Reginald Földy, Kevelaer 2004.

Kopp, Matthias, Pilgerspagat. Der Papst im Heiligen Land. Eindrücke, Analysen, Wirkungen zur Reise von Papst Johannes Paul II. (März 2000). Mit ausführlicher Dokumentation der Ansprachen und der wichtigsten Schritte vatikanischer Nahostdiplomatie (Theologie 32), Münster 2001.

Koschel, Ansgar (Hg.), Katholische Kirche und Judentum im 20. Jahrhundert (Religion – Geschichte – Gesellschaft 26), Münster 2002.

Kues, Nikolaus von, De Pace Fidei. Cum Epistola ad Ioannem de Segobia, hg. v. Raymundus Klibansky – Hildebrandus Bascour O.S.B., Editio Altera. Opera Omnia Volumen VII. Heidelberger Akademie der Wissenschaften, Hamburg 1970.

Kues, Nikolaus von, Cribratio Alkorani – Sichtung des Korans, hg. v. Ludwig Hagemann – Reinhold Glei. Lateinisch-deutsch, 3 Bde, Hamburg 1989–1993.

Kues, Nikolaus von, Sermo 126, in: ders., Opera Omnia. Vol. XVIII, Fasc. I: Sermones CXXII-CXL, hg. v. Rudolf Haubst – Heinrich Pauli, Hamburg 1995, 20–27.

Kues, Nikolaus von, De Pace fidei. Der Friede im Glauben. Deutsche Übersetzung von Rudolf Haubst (Textauswahl in deutscher Übersetzung 1), Trier ³2003.

Küng, Hans, Christentum und Weltreligionen. Hinführung zum Dialog mit Islam, Hinduismus, Buddhismus. Zus. mit Josef van Ess, Heinrich von Stietencron, Heinz Bechert, München 1984.

Küng, Hans, Projekt Weltethos, München 1990.

Küng, Hans – Kuschel, Karl-Josef (Hg.), Erklärung zum Weltethos. Die Deklaration des Parlamentes der Weltreligionen München – Zürich 1993.

Kuschel, Karl-Josef, Vom Streit zum Wettstreit der Religionen. Lessing und die Herausforderung des Islam (Weltreligionen und Literatur 1), Düsseldorf 1998.

Kuschel, Karl-Josef, Streit um Abraham. Was Juden, Christen und Muslime trennt – und was sie eint, Düsseldorf ³2003.

Kutschera, Franz von, Die großen Fragen. Philosophisch-theologische Gedanken, Berlin – New York 2000.

Lapide, Pinchas, Rom und die Juden, Freiburg 1967.

Laurentin, René – Neuner, Josef (Hg.), Declaration on the Relation of the Church to Non-Christian religions of Vatican Council II, New York 1966.

Lefebvre, Marcel, Hirtenbriefe, Stuttgart 2002.

Lehmann, Karl, Das Christentum – eine Religion unter anderen? Zum interreligiösen Dialog aus katholischer Perspektive. Eröffnungsreferat des Vorsitzenden bei der Herbstvollversammlung der Deutschen Bischofskonferenz am 23. September 2002 in Fulda, in: http://dbk.de/presse/pm2002/pm2002092301.html.

Leuze, Reinhard, Christentum und Islam, Tübingen 1994.

Leuze, Reinhard, Der Prophet Muhammad in christlicher Perspektive, in: MThZ 52 (2001) 34–42.

Li, Wenchao, Die christliche China-Mission im 17. Jahrhundert: Verständnis, Unverständnis, Missverständnis. Eine geistesgeschichtliche Studie zum Christentum, Buddhismus und Konfuzianismus (Studia Leibnitiana: Suppl. 32), Stuttgart 2000.

Liebmann, Maximilian, Theodor Innitzer und der Anschluß. Österreichs Kirche 1938, Graz 1988.

Lienemann-Perrin, Christine, Mission und interreligiöser Dialog (Bensheimer Hefte 93; Ökumenische Studienhefte 11), Göttingen 1999.

Löffler, Alexander, Theologie im Grenzbereich von Inklusivismus und Pluralismus. Zu Jacques Dupuis' christlicher Theologie des religiösen Pluralismus, in: ZKTh 126 (2004) 415–442.

Lohrbächer, Albrecht u. a. (Hg.), Schoa – Schweigen ist unmöglich. Erinnern, Lernen, Gedenken. Stuttgart – Berlin – Köln 1999.

Lutherisches Kirchenamt der VELKD – Kirchenamt der EKD (Hg.), Was jeder vom Islam wissen muß, Gütersloh ⁵1996.

Lutz-Bachmann, Matthias – Fidora, Alexander (Hg.), Juden, Christen und Muslime. Religionsdialoge im Mittelalter, Darmstadt 2004.

Machado, Felix, Nostra Aetate and Universal Awarness of the Church, in: IMR 18 (1996) 40–46.

Maier, Johann, Jesus von Nazareth in der talmudischen Überlieferung (EdF 82), Darmstadt 1978.

Maier, Johann, Jüdische Auseinandersetzung mit dem Christentum in der Antike (EdF 177), Darmstadt 1982.

Maier, Johann, Judentum von A bis Z. Glauben, Geschichte, Kultur, Freiburg – Basel – Wien 2001.

Masson, Joseph, Valeurs du bouddhisme, in: Henry (Hg.), Vatican II, 181–200.

Masson, Joseph, Valeurs de l'hindouisme, in: Henry (Hg.), Vatican II, 161–180.

Mattioli, Aram, Das letzte Ghetto Alteuropas. Die Segregationspolitik der Papstkönige in der „heiligen Stadt" bis 1870, in: Blaschke, Olaf – ders. (Hg.), Katholischer Antisemitismus im 19. Jahrhundert. Ursachen und Traditionen im internationalen Vergleich, Zürich 2000, 111–159.

May, John, Vom Vergleich zur Verständigung. Die unstete Geschichte der Vergleiche zwischen Buddhismus und Christentum 1880–1980, in: ZMR 66 (1982) 58–66.

Mayer, Suso, Neueste Kirchenrechtssammlung, Bd. 1, Freiburg 1953.

Meier-Oeser, Stephan, Die Präsenz des Vergessenen. Zur Rezeption der Philosophie des Nicolaus Cusanus vom 15. bis zum 18. Jahrhundert (Buchreihe der Cusanus-Gesellschaft 10), Münster 1989.

Meinhold, Peter, Die Begegnung der Religionen und die Geistesgeschichte Europas (VIEG 76), Wiesbaden 1981.

Mérad, Ali, Charles de Foucauld au regard de L'Islam. Preface du P. Michel Lelong, Lyon 1975.

Metz, Johann B., Glaube in Geschichte und Gesellschaft. Studien zu einer praktischen Fundamentaltheologie, Mainz ²1978.

Metz, Johann B. (Hg.), „Landschaft aus Schreien". Zur Dramatik der Theodizeefrage, Mainz 1995.

Metz, Johann B., Zum Begriff der neuen Politischen Theologie 1967–1997, Mainz 1997.

Miccoli, Giovanni, Due nodi: la libertà religiosa e la relazioni con gli ebrei, in: Giuseppe Alberigo – Alberto Melloni (Hg.), Storia del concilio Vaticano II, Vol. 4: La chiesa come comunione. Il terzo periodo e la terza intersessione settembre 1964 – settembre 1965, Bologna – Leuven 1999, 119–219.

Müller, Gerhard L. (Hg.), Erinnern und Versöhnen. Die Kirche und die Verfehlungen in ihrer Vergangenheit. Internationale Theologenkommission, Einsiedeln 2000.

Müller, Gerhard L. (Hg.), Die Heilsuniversalität Christi und der Kirche. Originaltexte und Studien der römischen Glaubenskongregation zur Erklärung „Dominus Jesus", Würzburg 2003.

Müller, Karl, Die Kirche und die nichtchristlichen Religionen. Kommentar zur Konzilserklärung über das Verhältnis der Kirche zu den nichtchristlichen Religionen (Der Christ in der Welt, 17. Reihe, Die nichtchristlichen Religionen 8), Aschaffenburg 1968.

Mußner, Franz, Traktat über die Juden, München 1979.

Neuhaus, Gerd, Kein Weltfrieden ohne christlichen Absolutheitsanspruch. Zu Hans Küngs „Projekt Weltethos" (QD 175), Freiburg – Basel – Wien 1999.

Neuner, Josef, Memories of my life, Pune 2003.

Niederbacher, Bruno, Glaube als Tugend bei Thomas von Aquin. Erkenntnistheoretische und religionsphilosophische Interpretationen (Münchener philosophische Studien NF 24), Stuttgart 2004.

Niewiadomski, Józef, Die Juden im Neuen Testament und bei den Kirchenvätern, in: Erika Weinzierl (Hg.), Christen und Juden in Offenbarung und kirchlichen Erklärungen vom Urchristentum bis zur Gegenwart (Veröffentlichungen des Internationalen Forschungszentrums für Grundfragen der Wissenschaften Salzburg NF 34), Salzburg 1988, 13–31.

Niewiadomski, Józef, Judenfeindschaft ohne Juden. Antisemitismus in Polen, in: Günther G. Ginzel (Hg.), Antisemitismus. Erscheinungsformen der Judenfeindschaft gestern und heute, Bielefeld 1991, 220–233.

Oesterreicher, Johannes, Kommentierende Einleitung zur Erklärung über das Verhältnis der Kirche zu den nichtchristlichen Religionen, in: LThK.E 2, 406–478.

Oesterreicher, Johannes, Die viel kritisierte letzte Textfassung, in: Johann Chr. Hampe (Hg.), Die Autorität der Freiheit. Gegenwart des Konzils und Zukunft der Kirche im ökumenischen Disput, Bd. 3. München 1967, 498–512.

Oesterreicher, Johannes, Die Wiederentdeckung des Judentums durch die Kirche. Eine neue Zusammenschau der Konzilserklärung über die Juden (Theologie und Leben 7), Meitingen – Freising 1971.

Ogiermann, Otto, Bis zum letzten Atemzug. Das Leben und Aufbegehren des Priesters Bernhard Lichtenberg, Leipzig ⁴1983.

Ohm, Thomas, Die Stellung der Heiden zur Natur und Übernatur nach dem heiligen Thomas von Aquin. Eine missionstheoretische Untersuchung (Missionswissenschaftliche Abhandlungen und Texte 7), Münster 1927.

Ohm, Thomas, Die Liebe zu Gott in den nichtchristlichen Religionen. Die Tatsachen der Religionsgeschichte und die christliche Theologie, Krailing vor München 1950.

Ohm, Thomas, Ex Contemplatione loqui. Gesammelte Aufsätze (Missionswissenschaftliche Abhandlungen und Texte 25), Münster 1961.

Ostry, Hardy, Die Judenfrage auf dem Konzil – der Kampf um Nostra Aetate, in: Thomas Brechenmacher – ders., Paul VI. – Rom und Jerusalem. Konzil, Pilgerfahrt, Dialog der Religionen. Mit einem Vorwort von Bischof Walter Kasper (Schriften des Emil-Frank-Instituts 4), Trier 2000, 115–272.

Ostry, Hardy, „Gottesmörder" – Auserwähltes Volk. Das American Jewish Committee und die Judenerklärung des II. Vatikanischen Konzils (Schriften des Emil-Frank-Instituts 7), Trier 2003.

Papali, Cayril, B. Exkurs zum Konzilstext über den Hinduismus, in: LThK.E 2, 478–482.

Pesch, Otto H., Das Zweite Vatikanische Konzil (1962–1965). Vorgeschichte – Verlauf – Ergebnisse – Nachgeschichte, Würzburg ³1994.

Peters, Rudolph, Erneuerungsbewegungen im Islam von 18. bis zum 20. Jahrhundert und die Rolle des Islam in der neueren Geschichte: Antikolonialismus und Nationalismus, in: Werner Ende – Udo Steinbach (Hg.), Der Islam in der Gegenwart, München ⁴1996, 90–128.

Petuchowski, Jakob J. – Thoma, Clemens, Lexikon der jüdisch-christlichen Begegnung, Freiburg – Basel – Wien 1989.

Petuchowski, Elizabeth, Gertrud Luckner. Widerstand und Hilfe, in: Freiburger Rundbrief NF 4 (2000) 242–259.

Poliakov, Léon, Geschichte des Antisemitismus, 2 Bde., Worms 1977–78.

Raeder, Siegfried, Der Islam und das Christentum. Eine historische und theologische Einführung, Neukirchen – Fluyn 2001.

Rahner, Karl – Vorgrimler, Herbert, Kleines Konzilskompendium. Sämtliche Texte des Zweiten Vatikanums, Freiburg – Basel – Wien (1966) ¹¹1976.

Rahner, Karl, Theologische Grundinterpretation des II. Vatikanischen Konzils, in: ders., Schriften zur Theologie, Bd. 14: In Sorge um die Kirche, Zürich – Einsiedeln – Köln 1980, 287–302.

Rahner, Karl, Die Gliedschaft in der Kirche nach der Lehre der Enzyklika Pius' XII. „Mystici Corporis Christi", in: ders., Sämtliche Werke 10: Kirche in den Herausforderungen der Zeit. Studien zur Ekklesiologie und zur kirchlichen Existenz, hg. v. Josef Heislbetz – Albert Raffelt, Freiburg – Basel – Wien 2003, 3–71.

Rahner, Karl, Das Christentum und die nichtchristlichen Religionen, in: ebd. 557–573.

Rainer, Michael J. (Red.), „Dominus Iesus" – Anstößige Wahrheit oder anstößige Kirche? Dokumente, Hintergründe, Standpunkte und Folgerungen, Münster 2001.

Ratzinger, Kommentar zum Prooemium der Dogmatischen Konstitution über die göttliche Offenbarung, in: LThK.E 2, 504–506.

Ratzinger, Joseph, Kommentar zum II. Kapitel der Dogmatischen Konstitution über die göttliche Offenbarung, in: LThK.E 2, 515–528.

Ratzinger, Joseph, Erster Hauttteil: Kommentar zum I. Kapitel der Pastoralen Konstitution über die Kirche in der Welt von heute, in: LThK.E 3, 313–354.

Ratzinger, Joseph, Glaube – Wahrheit – Toleranz. Das Christentum und die Weltreligionen, Freiburg – Basel – Wien 2003.

Rendtorff, Rolf (Hg.), Arbeitsbuch Christen und Juden zur Studie des Rates der Evangelischen Kirche in Deutschland, hg. im Auftrag der Studienkommission Kirche und Judentum, Gütersloh 1979.

Rendtorff, Rolf – Henrix, Hans H. (Hg.), Die Kirche und das Judentum (Bd. I). Dokumente von 1945 bis 1985. Gemeinsame Veröffentlichung der Studienkommission Kirche und Judentum der Evangelischen Kirche in Deutschland und der Arbeitsgruppe für Fragen des Judentums der Ökumene-Kommission der Deutschen Bischofskonferenz, Paderborn – München 1988.

Renz, Andreas, Der Mensch unter dem An-Spruch Gottes. Offenbarungsverständnis und Menschenbild des Islam im Urteil gegenwärtiger christlicher Theologie (Christentum und Islam. Anthropologische Grundlagen und Entwicklungen 1), Würzburg 2002.

Renz, Andreas – Leimgruber, Stephan (Hg.), Lernprozess Christen Muslime. Gesellschaftliche Kontexte – Theologische Grundlagen – Begegnungsfelder (Forum Religionspädagogik interkulturell 3), Münster 2002.

Renz, Andreas, Das Zweite Vatikanische Konzil und die nichtchristlichen Religionen, in: MThZ 54 (2003) 156–170.

Renz, Andreas, Die Erklärung über das Verhältnis der Kirche zu den nichtchristlichen Religionen Nostra Aetate, in: Franz-Xaver Bischof – Stephan Leimgruber (Hg.), Vierzig Jahre II. Vatikanum. Zur Wirkungsgeschichte der Konzilstexte, Würzburg 2004, 208–231.

Renz, Andreas – Leimgruber, Stephan, Christen und Muslime. Was sie verbindet – was sie unterscheidet, München 2004.

Riedl, Gerda, Modell Assisi. Christliches Gebet und interreligiöser Dialog im heilsgeschichtlichen Kontext, Berlin – New York 1998.

Roddey, Thomas, Das Verhältnis der Kirche zu den nichtchristlichen Religionen. Das Konzilsdokument „Nostra Aetate" und seine Rezeption durch das kirchliche Lehramt, Paderborn (Ts., Diss.theol.) 2004.

Rothkranz, Johannes, Die Konzilserklärung über die Religionsfreiheit. Ein Dokument des II. Vatikanums und seine Folgen, 2 Bde., Durach 1995.

Ruokanen, Miikka, The Catholic doctrine of non-Christian religions according to the Second Vatican Council (Studies in Christian mission 7), Leiden – New York – Köln 1992.

Rynne, Xavier, Die dritte Sitzungsperiode. Debatten und Beschlüsse des Zweiten Vatikanischen Konzils. 14. September – 21. November 1964, Köln 1965.

Rynne, Xavier, Die Erneuerung der Kirche. Die vierte Sitzungsperiode des Zweiten Vatikanischen Konzils. 14. September – 8. Dezember 1965, Köln – Berlin 1967.

Rzepkowski, Horst, Lexikon der Mission. Geschichte, Theologie, Ethnologie, Graz – Wien – Köln 1992.

Salvini, Gianpaolo (Hg.), Il Dialogo tra le Religioni. Gli editoriali della Civiltà Cattolica, Roma 1996.

Sánchez, J. M., Pius XII. und der Holocaust. Anatomie einer Debatte, Paderborn u. a. 2002.

Schirrmacher, Christine, Der Islam. Geschichte – Lehre – Unterschiede zum Christentum, Bd. 2., Neuhausen – Stuttgart 1994.

Schlette, Heinz R., Thomas Ohm zum Gedächtnis, in: ZMR 46 (1962) 242–250.

Schlette, Heinz R., Die Religionen als Thema der Theologie. Überlegungen zu einer „Theologie der Religionen" (QD 22), Freiburg – Basel – Wien 1964.

Schlette, Heinz R., Einleitung zu Declaratio de Ecclesiae habitudine ad religiones nonchristianas. Erklärung über das Verhältnis der Kirche zu den nichtchristlichen Religionen, in: Dokumente des Zweiten Vatikanischen Konzils. Authentische Textausgaben, lat.-dt., Bd. 7, Trier 1966, 51–68.

Schlette, Heinz R., Rückblick auf Thomas Ohm (1892–1962), in: Orien 56 (1992) 239–240.

Schmidt, Stjepan (Hg.), Der Mensch Bea. Aufzeichnungen des Kardinals 1959–1968, Trier 1971.

Schmidt, Stjepan, Augustin Bea. Der Kardinal der Einheit, Graz u. a. 1989.

Schmidt, Wilhelm, Der Ursprung der Gottesidee. Eine historische und positive Studie, 12 Bde., Münster 1912–1955.

Schmidt-Leukel, Perry, „Den Löwen brüllen hören". Zur Hermeneutik eines christlichen Verständnisses der buddhistischen Heilsbotschaft (Beiträge zur Ökumenischen Theologie 23), Paderborn u. a. 1992.

Schmidt-Leukel, Perry, Theologie der Religionen. Probleme, Optionen, Argumente (Beiträge zur Fundamentaltheologie und Religionsphilosophie 1), Neuried 1997.

Schockenhoff, Eberhard, Wie gewiss ist das Gewissen? Eine ethische Orientierung, Freiburg – Basel – Wien 2003.

Scholder, Klaus, Die Kirchen und das Dritte Reich, Bd. 1: Vorgeschichte und Zeit der Illusionen 1918–1934, Frankfurt ³2000; Bd. 2: Das Jahr der Ernüchterung 1934. Barmen und Rom, Frankfurt ³2000; Bd. 3 (Gerhard Besier): Spaltungen und Abwehrkämpfe 1934–1937, München 2001.

Schönberger, Rolf, Thomas von Aquins „Summa contra Gentiles", Darmstadt 2001.

Schreckenberg, Heinz, Die christlichen Adversus-Judaeos-Texte und ihr literarisches und historisches Umfeld, Bd. 1: 1.–11. Jahrhundert, Frankfurt/M. u.a. 1982; Bd. 2: 11.–13. Jh. Mit einer Ikonographie des Judenthemas bis zum 4. Laterankonzil, Frankfurt/M., 3. erg. Auflage 1997; Bd. 3: 13.–20. Jahrhundert, Frankfurt/M. 1994.

Schubert, Kurt, Jüdische Geschichte, München ⁵2002.

Schwager, Raymund (Hg.), Christus allein? Der Streit um die pluralistische Religionstheologie (QD 160), Freiburg – Basel – Wien 1996.

Schwandt, Hans-Gerd (Hg.), Pluralistische Theologie der Religionen. Eine kritische Sichtung, Frankfurt/M. 1998.

Seckler, Max, Das Heil der Nichtevangelisierten in thomistischer Sicht, in: ThQ 140 (1960) 38–69.

Seckler, Max, Das Haupt aller Menschen, in: ders., Die schiefen Wände des Lehrhauses. Katholizität als Herausforderung, Freiburg – Basel – Wien 1988, 26–39.

Sharpe, Eric, J., Faith meets Faith. Some christian Attitudes to Hinduism in the nineteenths and twentieth Centuries, London 1977.

Siebenrock, Roman A., „Tertio Millenio Adveniente." Zur Dramaturgie des Pontifikats von Johannes Paul II., in: Religion – Literatur – Künste, Bd. 3: Perspektiven einer Begegnung am Beginn des neuen Milleniums. Mit einem Vorwort von Paul Kardinal Poupard und dem Brief an die Künstler von Johannes Paul II., hg. v. Peter Tschuggnall (Im Kontext 15), Anif – Salzburg 2001, 66–83.

Soetens, Claude, Das ökumenische Engagement der katholischen Kirche, in: Giuseppe Alberigo – Klaus Wittstadt (Hg.), Geschichte des Zweiten Vatikanischen Konzils (1959–1965), Bd. 3: Das mündige Konzil. Zweite Sitzungsperiode und Intersessio September 1963 – September 1964, Mainz – Leuven 2002, 299–400.

Spaemann, Heinrich, VII d Msgr. Carli und die Juden. Eine Entgegnung, in: Freiburger Rundbrief 16/17 (1964/65) Juli 1965, Nr. 61/64, Sonderbeilage o. Seitenzählung.

Sperber, Jutta, Christians and Muslims. The Dialogue Activities of the World Council of Churches and their Theological Foundation, Berlin – New York 2000.

Stolz, Fritz, Grundzüge der Religionswissenschaft, Göttingen 1988.

Stubenrauch, Bertram, Dialogisches Dogma. Der christliche Auftrag zur interreligiösen Begegnung (QD 158), Freiburg – Basel – Wien 1995.

Stubenrauch, Bertram, Pneumatologie, in: Wolfang Beinert (Hg.), Glaubenszugänge. Lehrbuch der Katholischen Dogmatik, Bd. 3, Paderborn u.a. 1995, 3–156.

Stubenrauch, Bertram, Die Theologie und die Religionen, in: Klaus Müller (Hg.), Fundamentaltheologie. Fluchtlinien und gegenwärtige Herausforderungen, Regensburg 1998, 349–367.

Surall, Frank, Juden und Christen. Toleranz in neuer Perspektive. Der Denkweg Franz Rosenzweigs in seinen Bezügen zu Lessing, Harnack, Baeck und Rostenstock-Huessy, Gütersloh 2003.

Tertullianus, Quintus Septimus F., De praescriptione haereticorum. Vom prinzipiellen Einspruch gegen die Häretiker, hg. v. Dietrich Schleyer (Fontes Christiani 42), Turnhout 2002.

Thiede, Carsten P., - Stingelin, Urs (Hg.), Die Wurzeln des Antisemitismus. Judenfeindschaft in der Antike, im frühen Christentum und im Koran, Basel - Gießen 2002.

Thoma, Clemens, Christliche Theologie des Judentums. Mit einer Einführung von David Flusser (Der Christ in der Welt. Eine Enzyklopädie VI./Bd. 4a/b), Aschaffenburg 1978.

Thoma, Clemens, Theologische Beziehungen zwischen Christentum und Judentum, Darmstadt ²1989.

Thoma, Clemens, Das Messiasprojekt. Theologie jüdisch-christlicher Begegnung, Augsburg 1994.

Thomas von Aquin, Summa Theologica. Die Deutsche Thomas-Ausgabe. Vollständige, ungekürzte deutsch-lateinische Ausgabe der Summa Theologica, Salzburg – Graz 1937 ff.

Thomas von Aquin, Quaestiones disputatatae. Vol. I. De veritate, hg. v. Raymundus Spiazzi, Turin – Rom 1964.

Thomas von Aquin, Quaestiones disputatae De Malo, in: Quaestiones disputatatae. Vol. II., hg. v. Pius M. Bazzi, Turin – Rom 1965, 445–699.

Thomas von Aquin, Quaestiones disputatae De Potentia (Dei), in: Quaestiones disputatatae. Vol. II., hg. v. Pius M. Bazzi, Turin – Rom 1965, 7–276.

Thomas von Aquin, Summa contra gentiles – Summe gegen die Heiden, hg. u. übers. v. Karl Albert u. Paulus Engelhardt (Bde. I u. II), Karl Allgaier (Bd. III) und Markus Wörner (Bd. IV), Sonderausgabe, Darmstadt 2001.

Thurner, Martin, Gott als das offenbare Geheimnis nach Nikolaus von Kues (Veröffentlichungen des Grabmann-Institutes zur Erforschung der Mittelalterlichen Theologie und Philosophie 45), Berlin 2001.

Tibi, Bassam, Kreuzzug und Djihad. Der Islam und die christliche Welt, München 1999.

Troll, Christian W., Islam and Christianity interacting in the life of an outstanding Christian scholar. The case of Louis Massignon (1883–1962), in: Islam and the modern Age 15 (1984) 157–166.

Troll, Christian W., Changing Catholic Views of Islam, in: Jacques Waardenburg (Hg.), Islam and Christianity. Mutual Perceptions Since Mid-20th Century, Leuven 1998, 19–77.

Troll, Christian W., Umstrittener Islam: Der Islam im Verständnis der katholischen Theologie, in: Thomas Brose (Hg.), Umstrittenes Christentum. Glaube – Wahrheit – Toleranz (Glaube in Geschichte und Gegenwart 3), Berlin 2002, 104–130.

Troll, Christian W., Der Islam im Verständnis der katholischen Theologie. Überblick und neuere Ansätze, in: Marianne Heimbach-Steins – Heinz G. Schöttler (Hg.), Religionen im Dialog. Christentum, Judentum und Islam, Münster 2003, 51–67.

Volk, Ludwig, Der Bayerische Episkopat und der Nationalsozialismus 1930–1934 (Veröffentlichungen der Kommission für Zeitgeschichte bei der Katholischen Akademie in Bayern, Reihe B: Forschungen 1), Mainz 1965.

Vonach, Andreas, Kirche und Synagoge. Rückbesinnung und neue Annäherungsimpulse seit dem Zweiten Vatikanum, in: Willibald Sandler – ders. (Hg.), Kirche: Zeichen des Heils – Stein des Anstoßes. Vorträge der vierten Innsbrucker Theologischen Sommertage 2003 (Theologische Trends 13), Frankfurt/M. u. a. 2004, 31–59.

Waardenburg, Jacques, Islamisch-christliche Beziehungen. Geschichtliche Streifzüge, Würzburg – Altenberge 1992.

Waardenburg, Jacques – Limor, Ora – Dingel, Irene, Art. Religionsgespräche, in: TRE 28, 631–681.

Waldenfels, Hans, Das Christentum im Streit der Religionen um die Wahrheit, in: Walter Kern – Hermann J. Pottmeyer – Max Seckler (Hg.), Handbuch der Fundamentaltheologie, Bd. 2: Traktat Offenbarung, Freiburg – Basel – Wien 1985, 241–265.

Waldenfels, Hans, Zwanzig Jahre Nostra Aetate. Die katholische Kirche und die nichtchristlichen Religionen, in: Karlheinz Schuh (Hg.), Die ökumenische Bedeutung der Konzilsbeschlüsse, Hildesheim 1986, 87–97.

Waldenfels, Hans, Begegnung der Religionen. Theologische Versuche (Begegnung. Kontextuell-dialogische Studien zur Theologie der Kulturen und Religionen 1), Bonn 1990.

Waldenfels, Hans, Christus und die Religionen, Regensburg 2002.

Wandinger, Nikolaus, ‚Wir vergeben und bitten um Vergebung'. Zu den Kirchlichen Schuldbekenntnissen vom Ersten Fastensonntag 2000, in: Raymund Schwager – Józef Niewiadomski (Hg.), Religion erzeugt Gewalt – Einspruch! Innsbrucker Forschungsprojekt ‚Religion – Gewalt – Kommunikation – Weltordnung' (Beiträge zur mimetischen Theorie 15), Münster – Thaur 2003, 143–129.

Weil, Simone, Entscheidung zur Distanz. Fragen an die Kirche, München 1988

Weinzierl, Erika (Hg.), Christen und Juden in Offenbarung und kirchlichen Erklärungen vom Urchristentum bis zur Gegenwart (Veröffentlichungen des Internationalen Forschungszentrums für Grundfragen der Wissenschaften Salzburg NF 34), Salzburg 1988.

Weß, Paul, Sind alle Religionen gleich wahr? Eine Antwort auf die Pluralistische Religionstheologie, in: ZMR 80 (1996) 26–43.

Weß, Paul, Glaube zwischen Relativismus und Absolutheitsanspruch. Beiträge zur Traditionskritik im Christentum. Mit einer Antwort von Hans-Joachim Schulz (Theologie: Forschung Wissenschaft 9), Münster 2004.

Weth, Rudolf, (Hg.), Bekenntnis zu dem einen Gott? Christen und Muslime zwischen Mission und Dialog, Neukirchen - Vluyn 2000.

Wollasch, Hans-Josef, „Betrifft: Nachrichtenzentrale des Erzbischofs Gröber in Freiburg." Die Ermittlungsakten der Geheimen Staatspolizei gegen Gertrud Luckner 1942–1944, Konstanz 1999.

Yannoulatos, Anastasios, Der Dialog mit dem Islam aus orthodoxer Sicht, in: Rudolf Kirchschläger – Alfred Stirnemann (Hg.), Ein Laboratorium für die Einheit, Innsbruck – Wien 1991, 210–222.

Zenger, Erich, Das erste Testament. Die jüdische Bibel und die Christen, Düsseldorf 1998.

Zirker, Hans, Christentum und Islam. Theologische Verwandtschaft und Konkurrenz, Düsseldorf ²1992.

Zweites Vatikanisches Konzil, 2. Sitzungsperiode. Dokumente – Texte – Kommentare (Zeitnahes Christentum 30), Osnabrück 1964.

Theologischer Kommentar zur Dogmatischen Konstitution über die göttliche Offenbarung
Dei Verbum

von Helmut Hoping

Inhalt

Tabelle zur Textgeschichte 699

A. Einleitung 701
   I. Theologische Entwicklungen zwischen den
      Vatikanischen Konzilien 703
      1. Offenbarung und Schriftinspiration 703
      2. Schrift und Tradition 708
   II. Die ökumenische Diskussion vor dem 2. Vatikanischen Konzil . 711
      1. Offenbarung und Heilsgeschichte 712
      2. Tradition und Traditionen 713
   III. Vom Schema *De fontibus revelationis* zur Konstitution
      Dei Verbum 716
      1. Die Entstehung des Schemas *De fontibus revelationis* 717
      2. Die Entwürfe des Einheitssekretariats 719
      3. Die Schemata *De fontibus revelationis* und *De deposito fidei* . 720
      4. Die Beiträge von Karl Rahner, Yves Congar und
         Edward Schillebeeckx 722
      5. Die Debatte in der 1. Sitzungsperiode 725
      6. Die Arbeit der „Gemischten Kommission" 728
      7. Die Debatte in der 3. Sitzungsperiode 730
      8. Die Debatte in der 4. Sitzungsperiode 733

B. Kommentierung 736
   Vorwort 736
   Erstes Kapitel:
   Die Offenbarung selbst 739
      1. Offenbarung als Selbstmitteilung Gottes 739
      2. Annahme und Erkenntnis des sich offenbarenden Gottes . . 745
   Zweites Kapitel:
   Die Weitergabe der göttlichen Offenbarung 750
      1. Evangelium, Schrift und Tradition 751
      2. Das Lehramt unter dem Wort Gottes 759

Drittes Kapitel:
Die göttliche Inspiration der Heiligen Schrift und ihre Auslegung 765
1. Die göttliche Wahrheit der Heiligen Schrift 766
2. Prinzipien katholischer Schriftauslegung 771
3. Gotteswort in Menschenwort 775

Viertes Kapitel:
Das Alte Testament 776
1. Theozentrik und Heilsuniversalismus 777
2. Alter und Neuer Bund 778
3. Einheit von Altem und Neuem Testament 781

Fünftes Kapitel:
Das Neue Testament 782
1. Das eine Evangelium und die Schriften des Neuen Bundes . . 782
2. Die Geschichtlichkeit der Evangelien 784

Sechstes Kapitel:
Die Heilige Schrift im Leben der Kirche 790
1. Schrift und Eucharistie 791
2. Die Normativität der Schrift 793
3. Bibelübersetzungen 795
4. Die Exegese der Schriften und die Aufgabe des Lehramtes . . 797
5. Die Schrift als Fundament und Seele der Theologie 799
6. Schriftlesung, Liturgie und Gebet 801
7. Schlusswort 804
8. Bekanntmachung, Approbation und Promulgation 805

C. Würdigung der Konstitution 807

D. Bibliographie 820

Tabelle zur Textgeschichte[1]

Text A
De fontibus revelationis (Frühjahr 1961): Erster Entwurf der Theologischen Kommission

Text B
De fontibus revelationis (Herbst 1961): Vorlage für die Vorbereitende Zentralkommission

Text C
De fontibus revelationis (Frühjahr 1962): Vorlage zur ersten Sitzungsperiode

Zusatztext I
De deposito fidei pure custodiendo (1962): Schema der Theologischen Kommission

Zusatztext II
De Verbo Dei (1962): Schema des Sekretariats für die Einheit der Christen

Text D
De Divina Revelatione (22. April 1963): Neuentwurf der „Gemischten Kommission"

Text E
De Divina Revelatione (3. Juli 1964): Grundlage für die dritte Sitzungsperiode

Text F
De Divina Revelatione (Herbst 1964): Überarbeitete Fassung; Grundlage für die vierte Sitzungsperiode

Text G
Dei Verbum (18. November 1965): Grundlage für die feierliche Abstimmung; endgültiger Text

---

[1] Nach der Einteilung von Grillmeier, Wahrheit der Heiligen Schrift 162 f. Vgl. auch Sauer, Erfahrung und Glaube 770.

A. Einleitung

Die dogmatische Konstitution *Dei Verbum* über die göttliche Offenbarung ist der erste Text, in dem ein ökumenisches Konzil der katholischen Kirche sich umfassend zur Lehre über die Offenbarung und ihre Überlieferung geäußert hat.[1] Pierre Grelot sagte über die Offenarungskonstitution, sie sei „einer der besten Texte, die das Konzil verfasst habe", „einer der schönsten", vielleicht sogar sein „Meisterwerk"[2]. Von evangelischer Seite ist er als der ökumenisch wichtigste Konzilstext überhaupt bezeichnet worden.[3] Ulrich Kühn hält die Konstitution für ein „erfreulich nach vorn weisendes und darin auch ökumenisch weiterführendes Dokument"[4]. Roger Schutz und Max Thurian[5] bezeichnen die Konstitution als einen „herrlichen Text", in dem die Offenbarung als „lebendiges Wort" betrachtet wird, „das der lebendige Gott an die lebendige Kirche" richtet, in dem das Konzil „von vornherein die Stellung des Hörenden und Verkündenden"[6] einnimmt. Er „bedeutet einen entscheidenden Schritt vorwärts und gibt eine erste gültige Antwort auf verschiedene Fragen der protestantischen Reformation über dieses Thema"[7].

Der Text der Konstitution ist kurz, in einer einfachen Sprache abgefasst, klar gegliedert und konzentriert sich auf das Wesentliche. Walter Kasper zählt die Offenbarungskonstitution zu den „ausgereiftesten und aufgeschlossensten Dokumenten des Konzils"[8]. Dagegen meint Otto Hermann Pesch: „Die Konstitution ist wohl der am meisten unausgeglichene Text des Konzils – bis zu nur mühsam verdeckten logischen Brüchen, ja Widersprüchen: ein Musterbeispiel für den Kompromiß vom Typ des ‚kontradiktorischen Pluralismus'"[9]. Bernard-Dominique Dupuy sieht in der Offenbarungskonstitution den theologisch bedeutsamsten Konzilstext.[10] Wie Henri de Lubac vergleicht er ihn mit einer Eingangshalle, die zusammen mit der Konstitution *Sacrosanctum Concilium* in das Gebäude des 2. Vatikanischen Konzils und zur inhaltlichen Mitte der Konzilstexte führt[11]: zur

---

[1] Vgl. Latourelle, La Révélation et sa transmission 36.
[2] Zitiert nach Lubac, Göttliche Offenbarung 245.
[3] Vgl. Kühn, Ergebnisse des II. Vatikanischen Konzils 47.
[4] Vgl. ebd. 72.
[5] Max Thurian konvertierte unter dem Pontifikat Johannes Pauls II. zur römisch-katholischen Kirche.
[6] Schutz – Thurian, Das Wort Gottes 49.
[7] Ebd. 50.
[8] Kasper, Schrift – Tradition – Verkündigung 163.
[9] Pesch, Das Zweite Vatikanische Konzil 272 f. – Der Ausdruck „kontradiktorischer Pluralismus" stammt von Max Seckler. Vgl. Seckler, Über den Kompromiß. S. dazu Teil C, Anm. 15 u. 16.
[10] Vgl. Dupuy, Avertissement 13.
[11] Vgl. ebd.; Lubac, Göttliche Offenbarung 245.

dogmatischen Konstitution *Lumen gentium* über die Kirche und die Pastoralkonstitution *Gaudium et spes* über die Kirche in der Welt.[12] Wie sind solche gegensätzlichen Urteile über die Offenbarungskonstitution möglich? Welches Urteil wird ihr am ehesten gerecht? Darauf versucht der vorliegende Kommentar eine Antwort zu geben. Kein anderer Konzilstext ist wohl so oft kommentiert worden wie die Konstitution über die göttliche Offenbarung: von Bischöfen, die das Konzil selbst miterlebt und mitgestaltet haben (Augustin Kardinal Bea), von Theologen, die das Konzil als Periti begleiteten (Joseph Ratzinger, Alois Grillmeier, Eduard Stakemeier, Henri de Lubac) oder von evangelischen Konzilsbeobachtern (Thurian, Schutz).[13] Und dennoch meinte de Lubac noch 1985, dass die Offenbarungskonstitution noch viel zu wenig erforscht und rezipiert worden sei.[14] In den letzten Jahren sind vor allem wissenschaftliche Monographien zur Textgeschichte und Theologie der Offenbarungskonstitution (Burigana 1998; Hanjo Sauer 1993; 1999; Guiseppe Ruggieri 2000; Christoph Theobald 2001)[15], vereinzelt aber auch neue Kommentarwerke (Luis Alonso Schökl 1993)[16] erschienen.

Der vorliegende Kommentar, der das Schwergewicht auf die zusammenhängende theologische Kommentierung legt und jeweils die Debatten in der Konzilsaula mit einbezieht sowie auf Problemüberhänge des Textes hinweist, kann also auf wichtige Arbeiten zurückgreifen. In der Einleitung, die der Kommentierung vorangeht, werden zunächst jene Entwicklungen aufgezeigt, die in der katholischen Theologie zwischen den beiden Vatikanischen Konzilien zu einem erneuerten Verständnis von Offenbarung, Inspiration und Tradition geführt haben. Es folgt ein Abschnitt zur ökumenischen Diskussion um Offenbarung, Schrift und Tradition vor dem Konzil, die nicht ohne Einfluss auf die Kritik des ersten Offenbarungsschemas und den Text der Konstitution *Dei Verbum* (DV) geblieben ist. Der dritte Abschnitt skizziert die inzwischen sehr gut erforschte Textgeschichte von DV. Danach schließt sich die Kommentierung der einzelnen Kapitel und Artikel an, die sich streng am Aufbau der Konstitution orientiert. Eine Zusammenfassung und Beurteilung macht im Rückblick auf zentrale Aussagen des Konzilstextes sowie auf seine Bedeutung und seine Grenze aufmerksam.

---

[12] Klinger, Die Offenbarungskonstitution 135.141, nennt die Konstitution „Mitte und Maßstab des Konzils", meint damit aber nicht seine inhaltliche Mitte, sondern die darin vollzogene wechselseitige Durchdringung von „Dogmatik und Pastoral", von „Dogma" und „Kerygma". – Zur abschließenden Beurteilung der Offenbarungskonstitution vgl. Teil C.
[13] Vgl. die entsprechenden Titel im Literaturverzeichnis.
[14] Vgl. Lubac, Zwanzig Jahre danach 86.
[15] Vgl. Burigana, La Bibbia nel Concilio; Sauer, Erfahrung und Glaube; ders., I problemi della dottrina; Ruggieri, Der erste Konflikt; Theobald, La chiesa sotto la Parola di Dio.
[16] Vgl. Alonso Schökel, La Palabra de Dios. Siehe auch das von Alonso Schökel im Jahre 1969 herausgegebene Kommentarwerk „Commentarios a la constiución Dei Verbum".

I. Theologische Entwicklungen zwischen den Vatikanischen Konzilien

1. Offenbarung und Schriftinspiration

Das Offenbarungsverständnis des 1. Vatikanischen Konzils (1869/70) ist von der Auseinandersetzung mit dem philosophischen und theologischen (Semi-) Rationalismus[17] und dem Fideismus bzw. Traditionalismus[18] bestimmt.[19] Papst Pius IX. hatte sich schon in seiner Enzyklika *Qui pluribus* (9. November 1846) gegen den Rationalismus gewendet. Er verteidigte die Offenbarung übernatürlicher Glaubenswahrheiten, die zu den Vernunftwahrheiten nicht in Gegensatz stehen könnten, da ihre gemeinsame Quelle die eine göttliche Wahrheit sei.[20] Die christliche Religion ist nicht von der menschlichen Vernunft erfunden, sondern von Gott geoffenbart worden.[21] Gegenüber der übernatürlichen Offenbarung Gottes wird der „vernünftige Gehorsam" eingefordert.[22] Auch im *Syllabus errorum* (8. Dezember 1864) verteidigte der Papst die Übernatürlichkeit und Vollkommenheit der göttlichen Offenbarung, die weder aus der menschlichen Vernunft ableitbar ist[23] noch einen beständigen Fortschritt kennt[24].

Das 1. Vatikanische Konzil formuliert in seiner dogmatischen Konstitution *Dei Filius* über den katholischen Glauben keine umfassende Lehre zu dem Verständnis der göttlichen Offenbarung und ihrer Überlieferung. Dies gilt auch von den einzelnen Lehrkapiteln, die den Kanones, durch die einzelne Irrtümer zurückgewiesen werden, vorangehen. Im ursprünglichen Entwurf *Apostolici muneris* war die Aufteilung in Lehrkapitel und Kanones, die auf Drängen vieler Konzilsväter vorgenommen wurde, noch nicht vorgesehen. Die Aufteilung in Lehrkapitel und Kanones unterstreicht die apologetische Stoßrichtung der Konstitution.[25] Verteidigt werden nicht nur einzelne Glaubenswahrheiten. Gegenüber der Gefahr einer Absolutsetzung der Vernunftautonomie betont das Konzil die Abhängigkeit des Menschen und seiner Vernunft von Gott.[26] Dem Rationalismus und Naturalismus einer sich selbst genügenden Vernunft setzt das Konzil das Übernatürliche der Offenbarung entgegen.[27] Gegenüber dem Fideismus bzw. Traditionalismus, der davon ausgeht, dass letzte Gewissheit allein durch den Glauben zu gewinnen

---

[17] Dazu werden gerechnet: René Descartes, Immanuel Kant, David F. Strauß, Ferdinand Chr. Baur, Georg Hermes u. a.
[18] Diese Richtung repräsentieren Hugo-Félicité-Robert de La Mennais, Louis-Eugène-Marie Bautain, Augustin Bonnetty u. a.
[19] Vgl. zum Folgenden Pottmeyer, Glaube; Pfeiffer, Gott offenbart sich; Hünermann, Dogmatische Prinzipienlehre 178–181. Zum Offenbarungsverständnis der Schultheologie siehe Heinz, Divinam christianae religionis originem probare.
[20] Vgl. DH 2776.
[21] Vgl. DH 2777.
[22] DH 2778.
[23] Vgl. DH 2904.
[24] Vgl. DH 2905.
[25] Vgl. auch das Vorwort: DH 3000.
[26] Vgl. DH 3008.
[27] Vgl. DH 3026–3028.

sei, betont das Konzil die Möglichkeit einer vernünftigen Gotteserkenntnis unabhängig von der übernatürlichen Offenbarung.[28]

Das Konzil hebt die Beziehung der Offenbarung zur menschlichen Vernunft hervor und ordnet sie in erster Linie dem Bereich der Erkenntnis zu. Die göttliche Offenbarung wird durch das definiert, was unsere natürliche Erkenntnis übersteigt. Es handelt sich um die „in Gott verborgenen Geheimnisse" (mysteria in Deo abscondita)[29], deren Offenbarung durch Zeichen wie „Wunder und Weissagungen"[30] bestätigt wird. Leitend ist bei dieser Sicht die Unterscheidung zwischen natürlicher und übernatürlicher Seins- und Erkenntnisordnung, die sich in der starken Betonung der Transzendenz Gottes ausdrückt, durch die Lehre von der natürlichen Gotteserkenntnis „aus den geschaffenen Dingen"[31] aber zugleich relativiert wird.

Unter der „übernatürlichen Offenbarung"[32] wird das von Gott Geoffenbarte verstanden. Das Offenbarungsgeschehen wird vor allem als Informationsgeschehen über „göttliche Geheimnisse" aufgefasst.[33] Bei der Offenbarung geht es dem Konzil primär um die „geoffenbarte Wahrheit"[34] bzw. die „geoffenbarte Lehre"[35], nicht um den sich offenbarenden Gott selbst. Wunder und Weissagungen werden als „äußere Argumente" (externa argumenta) und „ganz sichere Zeichen" (certissima signa) der übernatürlichen göttlichen Offenbarung betrachtet.[36] Das personale und christologische Moment der göttlichen Offenbarung fällt demgegenüber weitgehend aus.[37] Auch wenn *Dei Filius* Ansätze enthält, die Beziehung zwischen dem sich offenbarenden Gott und den Menschen als personale Beziehung zu denken und den Glauben als geschichtlichen Weg zu sehen[38], hat man das Offenbarungsverständnis des 1. Vatikanischen Konzils nicht zu Unrecht auf den Begriff des „instruktionstheoretischen Offenbarungsmodells" gebracht.[39]

Die Offenbarung der geoffenbarten Wahrheiten, die den Aposteln „übergeben" und, wie es das Trienter Konzil sagt, „in geschriebenen Büchern und ungeschriebenen Überlieferungen enthalten ist"[40], wird abgeschlossen mit dem Ende der apostolischen Zeit. Von daher besteht die Tendenz, die Offenbarung mit dem „depositum fidei" bzw. der „geoffenbarten Glaubenslehre" zu identifizieren. Auch wenn das Konzil an einer Stelle davon spricht, dass es Gott gefallen habe, „*sich selbst* und die ewigen Ratschlüsse seines Willens zu offenbaren"[41], dominiert

---

[28] Vgl. Scheffczyk, Die dogmatische Konstitution „Über den katholischen Glauben" 85–90.
[29] DH 3015.
[30] DH 3009.
[31] DH 3004.
[32] DH 3005.
[33] Vgl. Kanon 1 zu Kapitel 4: DH 3041.
[34] DH 3032.
[35] DH 3042.
[36] DH 3009.
[37] Vgl. Waldenfels, Die Offenbarung 105.
[38] Vgl. Ott, Lehre des 1. Vatikanischen Konzils 50 f.
[39] Seckler, Über den Kompromiß.
[40] DH 3006.
[41] DH 3004.

ein Begriff von Offenbarung, der diese als Mitteilung von Glaubenswahrheiten konzipiert.

Der Glaube, der auf der Linie der scholastischen Gnadenlehre als „übernatürliche Tugend"[42] bezeichnet wird, erscheint als das Fürwahrhalten der von Gott geoffenbarten Wahrheit. In diesem Akt der „Glaubenszustimmung"[43] drückt sich für die Konzilsväter der „Gehorsam des Verstandes und des Willens" gegenüber dem sich „offenbarenden Gott" aus. Das Verhältnis von Offenbarung und Glaube wird dementsprechend in einer juridisch-institutionellen Sprache beschrieben: Offenbarung der Dekrete des göttlichen Willlens und Akt des Gehorsams gegenüber der Autorität des sich offenbarenden Gottes.[44] Dies entspricht der instruktionstheoretischen Engführung im Offenbarungsverständnis, die aus der Frontstellung gegenüber dem Rationalismus resultiert. Zu wenig deutlich wird so, dass Gottes Offenbarung an erster Stelle seine geschichtliche Selbstoffenbarung meint, mag mit ihr als konkretem Heilsgeschehen auch ein inhaltlicher Wahrheitsanspruch verbunden sein. Zwar wird der Glaube im 1. Vatikanischen Konzil nicht primär als Vertrauen auf den sich offenbarenden Gott, sondern als Akt des Gehorsams bestimmt, doch kann das Konzil zugleich von der Freude der Zustimmung zur Wahrheit des Glaubens sprechen.[45]

Der Kirche weist die Konstitution die Aufgabe zu, „über den wahren Sinn und die Auslegung der heiligen Schriften zu urteilen"[46]. Ohne an dieser Stelle Kirche und kirchliches Lehramt schlechthin zu identifizieren (auch das Trienter Konzil tut dies nicht)[47], wird eine Auslegung der Schrift gegen die lehramtliche Schriftauslegung und den Glaubenskonsens der Väter als unzulässig zurückgewiesen. Über das Tridentinum hinausgehend wird festgestellt, „mit göttlichem und katholischem Glauben" sei „all das zu glauben, was im geschriebenen oder überlieferten Wort Gottes enthalten ist und von der Kirche – sei es in feierlicher Entscheidung oder kraft ihres gewöhnlichen und allgemeinen Lehramtes – als von Gott geoffenbart zu glauben vorgelegt wird"[48].

Dem Lehramt der Kirche wird also die entscheidende Funktion bei der Interpretation der Schrift und Weitergabe der Tradition zugewiesen.[49] Vorbereitet war diese Sicht durch die nachtridentinische Theologie und das Traditionsverständnis der „römischen Schule" (Giovanni Perrone, Carlo Passaglia, Johann B. Franzelin).[50] Im Zuge moderner Souveränitätstheorien und konfrontiert mit dem Autonomie- und Vernunftprinzip des Rationalismus sah man im kirchlichen Lehramt zunehmend die „letzte Vergewisserungsinstanz"[51]. Bei aller Problematik, die mit dieser lehramtszentrierten Engführung im Traditionsverständnis verbun-

---

[42] DH 3008; vgl. DH 3010.
[43] DH 3010.
[44] Vgl. Hünermann, Dogmatische Prinzipienlehre 187.
[45] Vgl. DH 3010.
[46] DH 3007.
[47] Vgl. Kasper, Verhältnis 69.
[48] DH 3011.
[49] Vgl. auch Kanon 6 zu Kapitel 3: DH 3036.
[50] Vgl. Kasper, Lehre von der Tradition.
[51] Kasper, Verhältnis 66 f.

den ist, kann man darin doch eine verständliche Reaktion auf das neuzeitliche Prinzip der Selbstvergewisserung sehen.[52]

Die Katholische Tübinger Schule des 19. Jahrhundert konzipierte Offenbarung als Selbsterschließung Gottes, welche die Schöpfung als Eröffnung des Daseins- und Freiheitsraums des Menschen mit umfasst.[53] Dieses Offenbarungsverständnis konnte sich in der Theologie des 19. und beginnenden 20. Jahrhunderts nicht durchsetzen. In der bis zum 2. Vatikanischen Konzil vorherrschenden Neuscholastik wurde Gottes Offenbarung als Offenbarung übernatürlicher Glaubenswahrheiten bestimmt.[54] Großen Einfluss hatte hier der Offenbarungstraktat von Réginald Garrigou-Lagrange.[55]

Gegen den des Modernismus verdächtigten Alfred Loisy wendet sich das Dekret *Lamentabili* (3. Juli 1907).[56] Loisy nahm für die Offenbarung zwar einen göttlichen Ursprung an, sah in der Offenbarung aber nichts anderes als das vom Menschen erworbene Bewusstsein seiner Beziehung zu Gott, so dass die Offenbarung, was ihre sprachliche Artikulation betrifft, für weitere Entwicklungen offen bleibt und es in diesem Sinne keinen Abschluss der Offenbarung gibt.[57] Bei George Tyrrell, der den Erfahrungscharakter der Offenbarung in den Mittelpunkt rückte, kam es ebenfalls zu einer Relativierung der sprachlichen Gestalt der Offenbarung gegenüber der Offenbarungserfahrung: Die Bilder, Begriffe und Worte der sprachlichen Offenbarungsgestalt sind nur der menschlich bedingte und von daher veränderbare symbolische Ausdruck der Offenbarungserfahrung.[58]

Gegenüber dem 1. Vatikanischen Konzil versteht das 2. Vatikanische Konzil in DV unter Offenbarung an erster Stelle Gottes Selbstschließung in der Geschichte. Damit hat es Grundzüge des Offenbarungsverständnisses der Katholischen Tübinger Schule aufgenommen. Zugleich konnte das Konzil auf neuere Ansätze zu einem christozentrischen und personalen Offenbarungsverständnis bei Pierre Rousselot[59], Ambroise Gardeil[60], Marie-Dominique Chenu[61], Romano Guardini[62],

---

[52] Vgl. ebd. 67.
[53] Vgl. Geiselmann, Lebendiger Glaube aus geheiligter Überlieferung 26 f.
[54] Zur einschlägigen Formel „locutio Dei attestans seu manifestans mysteria supernaturalia et veritates" s. Dieckmann, De revelatione christiana Nr. 198 f.; Brinktrine, Offenbarung und Kirche 38; Garrigou-Lagrange, De revelatione 58 f.
[55] Vgl. Garrigou-Lagrange, De revelatione 139, wo gesagt wird, die Offenbarung sei „actio divina libera et essentialiter supernaturalis, qua Deus, ad perducendum humanum genus ad finem supernaturalem qui in visione essentiae divinae consistit, nobis loquens per prophetas et novissime per Christum, sub quadam obscuritate manifestavit mysteria supernaturalia naturalesque religionis veritates, ita ut deinceps infallibiliter proponi possint ab Ecclesia sine ulla significatonis mutatione, usque ad finem mundi."
[56] Vgl. DH 3420.
[57] Vgl. Loisy, Autour 187–219.
[58] Vgl. Tyrrell, Scylla and Charybdis 264–307.
[59] Vgl. Rousselot, Die Augen des Glaubens.
[60] Vgl. Gardeil, Le donné révélé.
[61] Vgl. Chenu, La Parole de Dieu.
[62] Vgl. Guardini, Offenbarung.

Oskar Semmelroth[63], Edward Schillebeeckx[64] und Werner Bulst[65] zurückgreifen, sowie auf heilsgeschichtliche Ansätze bei Jean Daniélou, Jean Mouroux, Hans U. von Balthasar und Karl Rahner[66]. Das Offenbarungsverständnis von DV entspricht damit der theologischen Diskussionsgrundlage zur Zeit des Konzils.

Intensiv wurde zwischen den beiden Vatikanischen Konzilien auch die Frage der Schriftinspiration diskutiert.[67] Wie die Konzilien von Florenz[68] und Trient[69] hatte das 1. Vatikanische Konzil die Frage des Umfangs der Inspiration und der Irrtumslosigkeit der Schrift offen gelassen. Die von den Theologen nach 1870 vertretenen Positionen bewegten sich zwischen Konzepten strikter Verbalinspiration, die alle Teile der Heiligen Schrift (res, verba) umfasst, sowie Konzepten einer Realinspiration, wonach sich die göttliche Inspiration auf alle in der Schrift berichteten Dinge (res) bezieht. Eine Realinspiration vertraten Johannes B. Franzelin[70], der persönliche theologische Berater Pius' IX., Josef Kleutgen[71] und Perrone[72], von einer Verbalinspiration gingen Marie-Joseph Lagrange[73] und Louis Billot[74] aus. Gemeinsam ist den neuscholastischen Inspirationslehren, dass sie die Heilige Schrift als ein Kompendium „wahrer Aussagen" verstehen und von einer supranaturalistischen Theorie der Inspiration ausgehen: Die Hagiographen werden als menschliche Instrumente des göttlichen Autors der Schrift betrachtet. Eine vermittelnde und hermeneutisch reflektiertere Position nahm John H. Kardinal Newman ein. Zwar sieht Newmann die Schrift keineswegs nur in den Aussagen inspiriert, die Fragen des Glaubens und der Sitten betreffen, sondern auch in jenen Teilen, die dazu in unmittelbarer Beziehung stehen. Doch unterscheidet Newman zwischen dem formell Ausgesagten und den nur beiläufig erwähnten Einzelheiten untergeordneter Bedeutung.[75]

Mit dem Pontifikat Papst Leos XIII. setzte sich weitgehend das Konzept der Verbalinspiration durch.[76] Doch noch Sebastian Tromp (1930)[77] vertritt das Konzept der Realinspiration. Die neuscholastische Theorie der Schriftinspiration fand ihren Niederschlag in der Enzyklika *Providentissimus Deus* (18. November

---

[63] Vgl. Semmelroth, Gott und Mensch.
[64] Vgl. Schillebeeckx, Offenbarung und Theologie.
[65] Vgl. Bulst, Offenbarung.
[66] Vgl. Daniélou, Le mystère de l'histoire (Vom Geheimnis der Geschichte); Mouroux, Le mystère du temps (Eine Theologie der Zeit); Balthasar, Theologie der Geschichte; ders., Das Ganze im Fragment; Rahner, Weltgeschichte und Heilsgeschichte.
[67] Vgl. Burtchaell, Catholic Theories of Biblical Inspiration; Beumer, Katholische Inspirationslehre.
[68] Vgl. DH 1334.
[69] Vgl. DH 1501–1508.
[70] Vgl. Franzelin, Tractatus.
[71] Vgl. Kleutgen, Theologie der Vorzeit 1, 55–57.
[72] Vgl. Perrone, Praelectionis theologicae 3, 48–96.
[73] Vgl. Lagrange, L'écriture en Eglise.
[74] Vgl. Billot, De inspiratione.
[75] Vgl. Newman, On the Inspiration.
[76] Vgl. Gabel, Inspirationsverständnis 19 f.
[77] Vgl. Tromp, De Sacrae Scripturae inspiratione.

1893)[78] Leos XIII. und der Enzyklika *Spiritus Paraclitus* (15. September 1920)[79] Benedikts XV. Die von Pius XII. in der Enzyklika *Divino afflante Spiritu* (30. September 1943)[80] für die exegetische Forschung gegebene Freiheit ermöglichte die Entwicklung eines dem geschichtlichen Denken angemesseneren Schrift- und Inspirationsverständnisses. Wichtige Impulse gingen neben der Nouvelle Théologie (Henri de Lubac[81], Jean Daniélou[82]) von Pierre Benoit[83], Pierre Grelot[84] und Karl Rahner[85] aus. Die genannten Autoren beziehen die göttliche Inspiration auf die ganze Offenbarungswahrheit, wie sie in der Schrift zum Ausdruck kommt. Die Hagiographen sind keine „Sekretäre Gottes", sondern wahre Schriftsteller: Als *auctor*, als Urheber der Schrift, wollte Gott, dass die biblischen Bücher von Menschen in menschlicher Sprache abgefasst werden. Ohne konkret zu entscheiden, wie weit die Schriftinspiration in den einzelnen Aussagen der Schrift jeweils reicht, sind alle Aussagen der Schrift in ihrem Verhältnis zur Offenbarungswahrheit zu beurteilen. Aus der Inspiration der biblischen Bücher folgt nicht die absolute Irrtumslosigkeit aller ihrer Aussagen, weder im Sinne der Verbal- noch der Realinspiration. Dieses geschichtliche Verständnis der Schriftinspiration sollte sich in der Offenbarungskonstitution des Konzils durchsetzen.

2. Schrift und Tradition

Erst mit der Herausbildung des historischen Bewusstseins im 19. Jahrhundert war die Theologie mit der ganzen Schwierigkeit des Traditionsproblems konfrontiert. Das Trienter Konzil hatte zwar festgestellt, dass die eine Offenbarungswahrheit des Evangeliums, für die es nur diese eine Quelle (fons) gibt, „in geschriebenen Büchern und ungeschriebenen Überlieferungen enthalten"[86] ist, hatte den Begriff der Tradition selbst aber nicht geklärt. Die Konstitution *Dei Filius* des 1. Vatikanischen Konzils spricht von der „übernatürlichen Offenbarung" (supernaturalis revelatio), die in geschriebenen Büchern und ungeschriebenen Traditionen enthalten ist.[87]

Für Newman ist die Schrift die Instanz und Regel des Glaubens und enthält alles zum Heil Notwendige. Sie ist ein Text für einen Kommentar, den sie selbst nicht liefert und den angemessen nicht ein Einzelner, sondern nur die lebendige Überlieferung der Kirche (traditio interpretativa) geben kann. Das Traditions-

---

[78] Vgl. DH 3280–3294.
[79] Vgl. DH 3650–3654.
[80] Vgl. DH 3825–3831.
[81] Vgl. Lubac, Der geistige Sinn der Schrift; ders., Typologie, Allegorie, Geistiger Sinn. – Zu Lubacs Erforschung von Geschichte und Systematik der Bibelhermeneutik siehe Voderholzer, Die Einheit der Schrift.
[82] Daniélou, Le mystère et l'histoire.
[83] Vgl. Benoit, Les analogies de l'inspiration.
[84] Vgl. Grelot, L'inspiration scriptuiraire; ders., Zehn Überlegungen zur Schriftinspiration.
[85] Vgl. Rahner, Schriftinspiration.
[86] DH 1501.
[87] DH 3008.

prinzip ist für Newman schon deshalb unverzichtbar, weil Inspiration und Kanon der biblischen Bücher ebenso wenig aus der Schrift begründet werden können wie die Tatsache, dass die Schrift alles zum Heil Notwendige enthält. Die Tradition im Sinne der „traditio interpretativa" konzipiert Newman als Entwicklung der Offenbarung, die er als geschichtliches Wahrheitsgeschehen versteht. Was sich dabei entwickelt, ist für Newman die lebendige Idee der Offenbarung, die geistige Repräsentation ihrer Wirklichkeit. Da die apostolische Tradition der ganzen Kirche anvertraut ist, kommt in dieser Entwicklung dem „sensus" und „consensus fidelium" ebenso eine aktive Funktion zu wie dem Lehramt der Kirche, bei dem das Recht der verbindlichen Entscheidung liegt. Hier ist Newman von Perrone und Passaglia beeinflusst.[88]

Die Neuscholastik reduzierte die Tradition dagegen weitgehend auf die durch das Lehramt vorgelegte Glaubenslehre. So sah August Deneffe in der Tradition zum einen die „geoffenbarte Glaubenslehre" (traditio obiectiva), zum anderen die als Tätigkeit genommene (traditio active sumpta) „unfehlbare kirchliche Lehrverkündigung"[89]. Obgleich schon Dominikus Koster[90] dem „Glaubenssinn" für die Erkenntnis der Offenbarungswahrheit eine wichtige Rolle zuspricht, besteht für ihn die Überlieferung (traditio activa) allein in der Vorlage der Offenbarungswahrheit durch das kirchliche Lehramt, da der „consensus fidelium" für Koster fehlgehen kann.[91]

Auch Scheeben unterstreicht, stärker als sein Lehrer Franzelin, dass Träger der Überlieferung nicht allein das kirchliche Lehramt ist, sondern die ganze Kirche. Zwar wird diese von ihm in „ecclesia docens" und „ecclesia discens" aufgeteilt und das kirchliche Lehramt als der primäre Repräsentant der als verbindlich erkannten Überlieferung betrachtet. Im „sensus fidelium" kommt der kirchlichen Glaubensgemeinschaft aber eine relativ eigenständige Bedeutung im Prozess der Überlieferung zu.[92] Die historischen und systematisch-theologischen Arbeiten zum Traditionsbegriff vor dem Konzil (v. a. Josef R. Geiselmann[93], Yves Congar[94], Ratzinger[95]) orientierten sich an den Vorarbeiten, die im 19. Jahrhundert von der romantischen Theologie auf der Grundlage des theologischen Traditionsbegriffs der Aufklärungszeit und des Klassizismus geleistet wurden.

Geiselmann, Congar und Ratzinger konzipieren, auch wenn sie in Einzelfragen auseinander gehen, die Tradition gemeinsam als den Prozess der lebendigen Überlieferung in der Kirche. Dies geschieht auf der Linie des geschichtlich-dyna-

---

[88] Vgl. Kasper, Lehre von der Tradition 92–102.119–122.389–391.
[89] Deneffe, Traditionsbegriff 130.160.
[90] Vgl. Koster, Volk Gottes.
[91] Vgl. auch Dieckmann, De revelatione christiana 4–6; Diekamp – Jüssen, Katholische Dogmatik 65.
[92] Vgl. Scheeben, Handbuch §§ 10.13.15.23 f.
[93] Vgl. Geiselmann, Lebendiger Glaube aus geheiligter Überlieferung; ders., Mißverständnis; ders., Die Tradition; ders., Konzil von Trient; ders., Lebendige Überlieferung als Norm; ders., Schrift – Tradition – Kirche; ders., Heilige Schrift.
[94] Vgl. Congar, Traditions apostologiques; ders., Die Tradition und die Traditionen.
[95] Vgl. Ratzinger, Offenbarung – Schrift – Überlieferung; ders., Ein Versuch.

mischen Traditionsbegriffs der Katholischen Tübinger Schule[96], Newmans[97], der Römischen Schule[98] und Matthias J. Scheebens[99]. Der geschichtlich-dynamische Traditionsbegriff der Tübinger Schule (Johann A. Möhler, Johann S. Drey, Johannes Ev. Kuhn[100], Anton Berlage, Franz A. Staudenmaier)[101] sieht in der Tradition bzw. Überlieferung etwas Lebendiges und stets Gegenwärtiges, nämlich das Bewahren und die Weitergabe der Offenbarungswahrheit durch die Kirche, die dabei zu ihrer tieferen Erkenntnis gelangt. Der zum Katholizismus konvertierte Neutestamentler Heinrich Schlier bezeichnet die Tradition als die „Selbstüberlieferung Jesu Christi durch den Geist in der Kirche"[102].

Der Offenbarungskonstitution des 2. Vatikanischen Konzils liegt der genannte geschichtlich-dynamische Traditionsbegriff zugrunde. Überwunden wird damit die Theorie von den zwei Quellen der Offenbarung (Schrift, Tradition), von der Geiselmann zeigen konnte, dass sie vom Trienter Konzils nicht gelehrt wird, sondern sich erst in der nachtridentinischen Theologie durchgesetzt hat.[103] Durch den geschichtlich-dynamischen Traditionsbegriff erwies sich die theologiegeschichtlich verhältnismäßig späte Vorstellung einzelner ungeschriebener apostolischer Überlieferungen, die historisch fragwürdig geworden war, als nicht konstitutiv für den Traditionsbegriff. Das Tridentinum, so das Ergebnis der Untersuchungen Geiselmanns, lehrt nicht, dass das Wort Gottes teils (partim) in der Schrift, teils (partim) in der mündlichen Tradition, sondern dass es „in geschriebenen Büchern und ungeschriebenen Überlieferungen" (in libris scriptis et sine scripto traditionibus) enthalten ist.[104] Dadurch, dass das Konzil das ursprünglich vorgesehene *partim-partim* durch ein einfaches *et* ersetzt hat, ließ es die Frage der inhaltlichen Vollständigkeit der Schrift, die von einigen Konzilvätern positiv beantwortet wurde[105], offen. Die nachtridentinische Kontroverstheologie hat das Trienter Traditionsdekret im Sinne des *partim-partim* interpretiert.[106] Geiselmann sieht das eigentlich Neue des Trienter Traditionsdekrets in dem gegenüber Schrift und apostolischer Tradition geforderten „gleichen Gefühl der Dankbarkeit und der gleichen Verehrung" (pari pietatis affectu ac reverentia).[107] Diese Formel war nicht erst im 2. Vatikanischen Konzil[108], sondern schon im Konzil von Trient umstritten, da der Schrift eindeutig die größere Autorität zukommt.[109]

---

[96] Vgl. Geiselmann, Lebendiger Glaube aus geheiligter Überlieferung 539f.
[97] Vgl. Fries, Newmans Beitrag; Biemer, Überlieferung und Offenbarung.
[98] Vgl. Kasper, Lehre von der Tradition.
[99] Vgl. Scheeben, Handbuch §§ 1–6.
[100] Vgl. dazu Geiselmann, Die lebendige Überlieferung.
[101] Vgl. Geiselmann, Lebendiger Glaube aus geheiligter Überlieferung.
[102] Schlier, Mein Bekenntnis.
[103] Vgl. Geiselmann, Konzil von Trient 123–206.
[104] DH 1501.
[105] Giacomo Nachianti und Agostino Bonuccio vertraten auf dem Konzil von Trient die These, dass die Schrift alles zum Heil Notwendige enthalte. Vgl. Geiselmann, Konzil von Trient 148–151.159–165.
[106] Vgl. Geiselmann, Konzil von Trient 168–177.
[107] DH 1501.
[108] Vgl. Geiselmann, Konzil von Trient 166.
[109] Vgl. ebd. 165f.

Geiselmann selbst vertrat im Anschluss an Johannes Ev. Kuhn[110] die These von der inhaltlichen Vollständigkeit der Schrift.[111]

Geiselmanns Interpretation des Trienter Konzils und seine Überlegungen zur materialen Schriftsuffizienz waren anfänglich umstritten[112], setzten sich später aber weitgehend durch.[113] Eine bedeutende Ausnahme stellt Joseph Ratzinger dar. Vor und unmittelbar nach dem Konzil vertrat er die These, dass das Tridentinum von einem materialen Plus der Tradition gegenüber der Schrift ausgeht und Geiselmann deshalb den Wechsel von *partim-partim* zum einfachen *et* überschätzt habe.[114] In seinen Lebenserinnerungen hat Kardinal Ratzinger seine Interpretation des Trienter Traditionsdekrets bekräftigt.[115] Selbst wenn man Ratzingers Sicht nicht teilt, ist sein Hinweis doch bedenkenswert, dass es sich bei der Offenbarung um eine lebendige Wirklichkeit handelt, die mit den biblischen Schriften nicht einfach identifiziert werden darf. Das in der Schrift überlieferte Wort Gottes besitzt einen Überhang, so dass das Verhältnis von Schrift, Tradition und Kirche mit der These von der materialen Schriftsuffizienz keineswegs geklärt ist.[116]

So geht es im ökumenischen Gespräch vor allem auch um die Frage, welche Rolle der kirchlichen Tradition bei der Interpretation der Schrift gegenüber ihrer historisch-kritischen Auslegung zukommt.[117] Mit Hilfe des geschichtlich-dynamischen Traditionsbegriffs, der die Schrift als Tradition des Evangeliums selbst zur lebendigen Überlieferung rechnet, wurde es möglich, die kontroverstheologischen Gegensätze in der Frage von Schrift und Tradition zu entschärfen. Es ist aber bis heute nicht gelungen, sich zwischen den Konfessionen über die Regeln authentischer, verbindlicher Schriftinterpretation sowie die kritische Funktion der Schrift gegenüber Tradition und Kirche zu verständigen.

II. Die ökumenische Diskussion vor dem 2. Vatikanischen Konzil

In der Zeit vor und während des Konzils wurden auch außerhalb der katholischen Theologie bedeutende Beiträge zum geschichtlichen bzw. heilsgeschichtlichen Verständnis der Offenbarung so wie zum Traditionsbegriff vorgelegt.[118] Auch wenn der direkte Einfluss dieser Beiträge auf die katholische Theologie vor dem Konzil gering ist (was sich im Zuge der Konzilsrezeption rasch änderte), zeigen sie doch, dass DV der theologischen Diskussionslage zur Zeit des Konzils ent-

---

[110] Vgl. ebd. 204–206.
[111] Vgl. Geiselmann, Heilige Schrift 91–107.274–282.
[112] Vgl. Lennerz, Scriptura Sola: 46; Geiselmann, Zur neuesten Kontroverse.
[113] Vgl. Kasper, Schrift – Tradition – Verkündigung 160; Berkouwer, Das Konzil 105–131.
[114] Vgl. Ratzinger, Tradition 297; ders., Ein Versuch 50.65 f.
[115] Vgl. Ratzinger, Aus meinem Leben 106 f.128–130.
[116] So auch Kasper, Schrift – Tradition – Verkündigung 160–162.
[117] Vgl. Ratzinger, Ein Versuch 32 f.44.46–49. – Zum Verständnis von Schrift und Tradition in der katholischen und evangelischen Theologie in der Zeit vor dem Konzil s. Lengsfeld, Überlieferung.
[118] Vgl. Blum, Offenbarung und Überlieferung 70–86.

sprach.[119] Bevor wir einen Überblick zur bewegten Textgeschichte geben und den fortlaufenden Kommentar anschließen, erscheint es deshalb sinnvoll, kurz auf die ökumenische Diskussion um Offenbarung, Schrift und Überlieferung einzugehen, um so ein vollständigeres Bild der theologischen Diskussionslage vor dem Konzil zu gewinnen.

1. Offenbarung und Heilsgeschichte

Vor und während des Konzils war der Begriff „Heilsgeschichte" vor allem mit dem Namen Oscar Cullmann verbunden. Cullmann gehörte zu den evangelischen Konzilsbeobachtern.[120] In einer Ansprache vor den nichtkatholischen Beobachtern am 2. Vatikanischen Konzil erklärte Paul VI., dass „eine konkrete und historische, auf die Heilsgeschichte konzentrierte Theologie" die gemeinsame Grundlage des ökumenischen Dialogs sein sollte.[121] Mit dem Gedanken der Heilsgeschichte brachte der Papst ein Anliegen des Konzils zum Ausdruck, das sich gegen mancherlei Widerstände vor allem in DV und der dogmatischen Konstitution *Lumen gentium* über die Kirche niedergeschlagen hat.

Auf katholischer Seite teilte man aber den heilsgeschichtlichen Denkrahmen, den Cullmann gegen Rudolf Bultmanns entmythologisierender „Entweltlichung" des Glaubens herausstellte.[122] Bultmann reagierte auf Cullmans Kritik mit seinem Aufsatz „Heilsgeschichte und Geschichte"[123]. In katholischen Stellungnahmen zu Cullmanns Konzept der Heilsgeschichte wurde sein historisierendes Traditionsverständnis zurückgewiesen: Mit Berufung auf das reformatorische Prinzip der *sola scriptura* anerkennt Cullmann ausschließlich die Schrift als heilsgeschichtliche Norm. Ihrer Erschließung durch die Traditon kommt nach Cullmann keinerlei Normativität für die authentische Interpretation der Schrift zu.[124] Cullmann entwickelte seinen Begriff der Heilsgeschichte nicht wie die „heilsgeschichtliche Schule" des 19. Jahrhunderts im Anschluss an geschichtsphilosophische Überlegungen, sondern exegetisch durch eine Analyse des biblischen Zeitverständnisses. Der für Cullmanns Theologie zentrale Begriff der *Heilsgeschichte* besagt, dass Gottes Offenbarung, die auf das Heil des Menschen zielt, an ein nichtzyklisches, Vergangenheit, Gegenwart und Zukunft umfassendes Zeitgeschehen gebunden ist, das in Tod und Auferweckung Jesu seine heilsentscheidende geschichtliche Mitte besitzt[125], so dass die Fülle der Zeit erreicht ist, auch wenn das endgültige Ende noch aussteht. Darin ist die eschatologische Spannung zwischen dem „schon" und dem „noch nicht" begründet. Die Zeit der Kirche ist

---

[119] Vgl. Stakemeier, Konzilskonstitution 81–97; Waldenfels, Offenbarung 178–227.
[120] Vgl. Cullmann, Christus und die Zeit; ders., Tradition; ders., Heil als Geschichte.
[121] Vgl. ders., Heil als Geschichte V.
[122] Vgl. Cullmann, Christus und die Zeit 23–25.82 f.
[123] Vgl. Bultmann, Heilsgeschichte.
[124] Vgl. Cullmann, Christus und die Zeit 150 f.; ders., Heil als Geschichte 269–280. Vgl. u. a. Daniélou, Réponse à Oscar Culmann; Tavard, Scripture, Tradition and History.
[125] Vgl. Cullmann, Christus und die Zeit 27.

die heilsgeschichtliche Zeit der Gegenwart zwischen dem ersten und dem zweiten Kommen Christi.[126] Sie gehört wie die Zeit Christi und der Apostel zur Heilsgeschichte, doch besteht zwischen beiden, so meint Cullmann, eine entscheidende Differenz: Gott spricht zu uns nur durch das Zeugnis der Apostel, das deshalb die alleinige Norm für die Kirche darstellt.

Noch vor dem Konzil trat eine Gruppe von Theologen mit dem Programm „Offenbarung als Geschichte" an die Öffentlichkeit. Der von Wolfhart Pannenberg angeführten Gruppe ging es um eine Klärung des Offenbarungsbegriffs. Pannenberg hatte mit seinem Aufsatz „Heilsgeschehen und Geschichte" (1959)[127] dafür wichtige Vorarbeiten geleistet. Auch wenn Pannenberg nicht von Heilsgeschichte, sondern von Offenbarungsgeschichte spricht und mit seinem universalhistorischen Konzept der Wirklichkeit[128] eine andere Richtung einschlug als Cullmann, treffen sich beide doch darin, dass sie in der Geschichte den umfassenden Horizont christlicher Theologie sehen.[129] Hier berühren sich ihre Arbeiten mit denen von Daniélou[130], Mouroux,[131] Balthasar[132] und Rahner[133]. Pannenberg versteht Offenbarung nicht als von außen in die Geschichte einbrechend. Die Geschichte selbst, und zwar als ganze, ist für ihn das Geschehen der Offenbarung. Innerhalb der Gesamtgeschichte ist das Christusereignis die eschatologische Selbstoffenbarung Gottes. In der Auferweckung des Gekreuzigten hat sich das Ende der Geschichte, deren Einheit nur von der Universalität Gottes her gedacht werden kann[134], vorweg ereignet (Prolepse).[135]

2. Tradition und Traditionen

Einen bedeutenden orthodoxen Beitrag zu einem geschichtlichen Traditionsbegriff lieferte vor dem Konzil der in der ökumenischen Bewegung engagierte und mit der westlichen Theologie gut vertraute Sergej A. Bulgakov. Vor allem im französischen Sprachraum übte er einen Einfluss auf die katholische Theo-

---

[126] Vgl. ebd. 132.
[127] Vgl. auch Pannenberg, Hermeneutik und Universalgeschichte.
[128] Vgl. Pannenberg, Heilsgeschehen und Geschichte 66–78; ders., Dogmatische Thesen (vor allem die Thesen 2, 4 und 7).
[129] Pannenbergs Kritik der heilsgeschichtlichen Theologie des 19. Jahrhunderts, für die der eigentliche Inhalt des Glaubens übergeschichtlich ist, trifft Cullmanns heilsgeschichtliches Konzept nicht.
[130] Vgl. Daniélou, Le mystère de l'histoire 32–170.
[131] Vgl. Mouroux, Le mystère du temps.
[132] Vgl. Balthasar, Theologie der Geschichte.
[133] Vgl. Rahner, Weltgeschichte und Heilsgeschichte. – Vom allgemeinen Heilswillen Gottes her entwickelt Rahner hier die These von der „Koextensivität von Weltgeschichte und Heilsgeschichte" (ebd. 118.135 und 121–123). Sie ist für die Interpretation des universalen Horizonts von DV und *Nostra aetaete* gleichermaßen von Bedeutung. Siehe dazu auch den Kommentar von Roman Siebenrock im vorliegenden Band.
[134] Vgl. Pannenberg, Heilsgeschehen und Geschichte 74 f.; ders., Dogmatische Thesen 97.
[135] Vgl. ebd. 98.

logie aus.¹³⁶ Bulgakov war Professor für Dogmatik am Orthodoxen Theologischen Institut St. Sergius in Paris. Sein für westliche Christen verfasstes Buch „Die Orthodoxie" wurde in gekürzter Fassung 1932 in französischer Sprache publiziert.¹³⁷ Bulgakov nahm an der 1. und 2. Weltkonferenz von „Glaube und Kirchenverfassung" in Lausanne (1927) und Edinburgh (1937) teil.

Bulgakov sah in der Tradition primär nicht einen gegebenen Traditionsbestand, kein unveränderliches „depositum fidei", sondern – ähnlich wie die Katholische Tübinger Schule – die „lebendige Überlieferung"¹³⁸, die er auch das „lebendige Gedächtnis der Kirche"¹³⁹ nannte.¹⁴⁰ Für Bulgakov ist die Überlieferung „nicht statisch, sondern dynamisch"¹⁴¹. Das Unveränderliche der lebendigen Überlieferung sieht er nicht in ihrer Form (Sprache, Vorstellungen, Bilder, Begriffe), die historisch bedingt ist und einen pragmatischen Charakter hat, sondern in ihrem Inhalt.¹⁴² Träger der lebendigen Überlieferung, die unerschöpflich ist, weil es sich bei ihr um das Leben der Kirche selbst handelt, ist nicht allein die kirchliche Hierarchie, sondern die ganze Kirche, deren Existenz zeigt, dass wahre Überlieferung nie nur Vergangenheit, sondern immer auch Gegenwart ist. Diesen umfassenden dynamischen Traditionsbegriff finden wir ebenso bei Vladimir N. Lossky. Wie Bulgakov lehrte Lossky als russischer Exilstheologe in Paris. Stärker noch als Bulgakov betonte Lossky die pneumatologische Dimension des Überlieferungsgeschehens.

Zur lebendigen Überlieferung der Kirche zählt Bulgakov wie DV nicht nur die Tradition der Kirche, sondern ebenso die Heilige Schrift, ohne dabei den Unterschied zwischen Schrift und Tradition aufzuheben. Die Schrift selbst gehört zur Überlieferung, weil wir sie „von der Kirche durch die Überlieferung erhalten"¹⁴³ haben. Auch die Reformatoren, so Bulgakov, „haben die Bibel aus der Kirche und durch die Kirche, d. h. durch die Heilige Überlieferung bekommen"¹⁴⁴. Innerhalb der Überlieferung gebührt der Schrift der Vorrang. Das „Wort Gottes" steht als „primäre Quelle" über „allen anderen Quellen der Glaubenslehre"¹⁴⁵. Die Schrift ist deshalb nicht an der Überlieferung zu bemessen, sondern die Überlieferung an der Schrift.¹⁴⁶

Gleichwohl muss die Schrift nach orthodoxem Verständnis „auf der Grundlage der Heiligen Überlieferung verstanden werden", da der eine Geist, der in der Kirche lebt, „der Geist des Einverständnisses" ist.¹⁴⁷ Bei Bulgakov finden wir

---

¹³⁶ Bulgakov hatte in Paris Kontakt mit Congar, der ihn in seinen Schriften auch gelegentlich erwähnt.
¹³⁷ 2. Auflage 1958; 1935 erschien in London die erste englische Ausgabe. Erst 1964 wurde der vollständige russische Text publiziert. – Die vollständige deutsche Ausgabe erschien 1996.
¹³⁸ Bulgakov, Orthodoxie 59.
¹³⁹ Ebd. 30. Vgl. auch ders., Lehre von der Kirche; ders., Dialog.
¹⁴⁰ Vgl. Lossky, La tradition; s. auch Nissiotis, Die Einheit von Schrift und Tradition.
¹⁴¹ Bulgakov, Orthodoxie 60.
¹⁴² Vgl. ebd. 56–59.
¹⁴³ Ebd. 33.
¹⁴⁴ Ebd.
¹⁴⁵ Ebd. 40.
¹⁴⁶ Vgl. ebd. 41.
¹⁴⁷ Ebd. 37.

auch, anders als in der katholischen Neuscholastik, ein geschichtliches Verständnis der Inspiration, die entsprechend der Zeit und den Fähigkeiten der biblischen Autoren erfolgt. Die Inspiration kann deshalb, berücksichtigt man die verschiedenen biblischen Bücher der beiden Testamente der christlichen Bibel, stärker oder schwächer sein.[148]

Einen bedeutenden Stellenwert hatte innerhalb der ökumenischen Diskussion um das Verhältnis von Schrift und Tradition die zwischen der ersten und zweiten Sitzungsperiode in Montreal stattfindende Vierte Weltkonferenz für Glaube und Kirchenverfassung (12.–26. Juni 1963). Der von der Konferenz angenommene Bericht „Schrift, Tradition und Traditionen" der zweiten Sektion der Kommission „Faith and Order", der maßgeblich von orthodoxen Theologen beeinflusst ist, äußert sich ausführlich zum Thema Schrift und Tradition.[149] Auf die von der „Gemischten Kommission" des 2. Vatikanischen Konzils erarbeitete Vorlage *De divina revelatione* konnte der Bericht keinen Einfluss mehr ausüben, da die Kommission ihre Arbeit schon im März 1963 beendet hatte. Während der weiteren Diskussion und Überarbeitung der Vorlage ist der Bericht aber nicht ohne Wirkung geblieben.[150] Von vielen Konzilsvätern und Theologen des Konzils wurde der Bericht auch ausdrücklich begrüßt. Sehr deutlich sind die Konvergenzen der Aussagen über Schrift und Tradition in DV und im Bericht der Weltkonferenz für Glaube und Kirchenverfassung.[151]

Der Bericht „Schrift, Tradition und Traditionen" unterstreicht, dass die Schrift ihre Wurzeln in der Tradition des Evangeliums (Paradosis des Kerygmas) hat, die der Schrift vorausgeht.[152] Obschon die Schrift, als Wort Gottes, Norm authentischen Glaubens ist, gilt deshalb das Prinzip „scriptura numquam sola". Tradition im Sinne der Überlieferung ist an erster Stelle eine „lebendige Wirklichkeit, die durch das Wirken des Heiligen Geistes vermittelt wird"[153]. Tradition ist ihrem ursprünglichen Sinne nach die Selbstüberlieferung Jesu im Geist.[154] Davon unterscheidet der Bericht die Tradition als konkreten Traditionsvorgang und die verschiedenen, auch konfessionellen Traditionen.[155] Die „lebendige Wirklichkeit" der Tradition des Evangeliums, die durch die Kirche kraft des Geistes vermittelt wird, ist gegeben in der Verkündigung, im Gottesdienst, in der christlichen Lehre und in der Theologie.[156] Die Schrift wird als Kriterium für „wahre Tradition" bezeichnet. Als gemeinsame Überzeugung wird formuliert, dass Kirche und Tradition untrennbar zusammen gehören. Zugleich wird darauf hingewiesen, dass in der Frage der hermeneutischen Regeln authentischer Schriftinterpretation ebenso konfessionelle Unterschiede bestehen wie in der Frage der einen Tradition und

---

[148] Vgl. ebd. 43.
[149] Vgl. dazu Leuba, Tradition und Traditionen.
[150] Vgl. Stakemeier, Konzilskonstitution 18.
[151] Vgl. Thurian, Un acte oecuménique 6; Leuba, La tradition; Vischer, Nach der vierten Session 87.
[152] Vgl. Schrift, Tradition und Traditionen Nr. 43.
[153] Ebd. Nr. 46.
[154] Vgl. Leuba, Tradition und Traditionen 12.20 f.
[155] Vgl. Schrift, Tradition und Traditionen Nr. 39.
[156] Vgl. ebd. Nr. 35.

der vielen Kirchen.[157] Kritische Stimmen zum dynamischen Traditionsbegriff von „Schrift, Tradition und Traditionen" hat es vereinzelt von protestantischer Seite gegeben.[158]

Für die Tradition in den verschiedenen Kulturen wird auf die Bedeutung der Prinzipien der Katholizität und der Koinonia hingewiesen.[159] Die konfessionellen Differenzen im Verständnis von Schrift und Tradition zeigen sich für die zweite Sektion der Kommission für Glaube und Kirchenverfassung vor allem bei der Frage der Traditionskritik bzw. der kritischen Funktion der Schrift gegenüber der Kirche und ihrer Lehre. Die Frage nach der inhaltlichen Suffizienz bzw. Insuffizienz der Schrift wird als innerkatholische Kontroverse empfunden, der für das ökumenische Gespräch keine grundsätzliche Bedeutung zukommt, da die Frage im Rahmen eines die Schrift umgreifenden katholischen Traditions- und Kirchenverständnisses diskutiert wird.[160] Die evangelischen Konzilsbeobachter Kristen E. Skydsgaard und Lukas Vischer drückten in dem von ihnen herausgegeben Aufsatzband „Schrift und Tradition" (1963) zum Bericht der Weltkonferenz für Glaube und Kirchenverfassung ihre Hoffnung aus, dass die katholische Kirche in der Frage des Verhältnisses von Schrift und Tradition keine Erklärung abgeben werde, die das ökumenische Gespräch belastet.[161]

III. Vom Schema *De fontibus revelationis* zur Konstitution *Dei Verbum*

Der Plan einer Konstitution zu den Themen Offenbarung, Schrift, Überlieferung geht auf die Anfänge der Konzilsvorbereitung zurück. Der in der vierten und letzten Sitzungsperiode verabschiedete Text der Konstitution ist das Resultat eines intensiven Ringens während des Konzils. Kardinal Ermenegildo Florit, Erzbischof von Florenz, sagte deshalb in seiner Relatio in der 91. Generalkongregation am 30. September 1964, dass die Geschichte dieser Konstitution[162] eng mit der Geschichte des Konzils verbunden sei.[163]

---

[157] Vgl. ebd. Nr. 52–54.56–60.67.
[158] Vgl. Moltmann, Schrift 105.
[159] Vgl. Schrift, Tradition und Traditionen Nr. 70–71.
[160] Vgl. Ebeling, „Sola scriptura" 112.119.125–127; Skydsgaard, Tradition und Wort Gottes 143–156; Kasper, Schrift – Tradition – Verkündigung 162 f.
[161] Vgl. Skydsgaard – Vischer, Schrift und Tradition 6.
[162] Zur Entstehungsgeschichte der Konstitution s. Dupuy, Historique de la Constitution.
[163] Vgl. AS III/3, 131: „Historia Schematis Constitutionis ‚De Divina Revelatione', sive ob intrinsecum eius momentum, sive ob quas hucusque expertum est vicissitudines, iam cum historia ipsius Concilii, unum quodammodo efformat." Vgl. auch Neuner, Das Schema über die Offenbarung 5: „Es gibt wohl kein Dokument des Konzils, in dem die Wachstumsphasen der kirchlichen Selbstbesinnung … deutlicher gespiegelt sind als in dem Schema von der Offenbarung."

1. Die Entstehung des Schemas De fontibus revelationis

Der am 5. Juni 1960 eingesetzten Vorbereitenden Theologischen Kommission[164] wurde vom Papst am 2. Juli als erste Aufgabe die Ausarbeitung eines Entwurfs *De fontibus revelationis* gegeben.[165] Das Heilige Offizium hatte in einem Votum vom 10. März 1960 Klarstellungen in Sachen Inspiration, Irrtumslosigkeit, materiale Insuffizienz und kirchliche Auslegung der Schrift gefordert. Zusammen mit den Voten römischer Hochschulen zeichnete sich darin schon das *Schema compendiosum Constitutionis de fontibus revelationis* der Vorbereitenden Theologischen Kommission ab. Deren Mitglieder waren zu Beginn mehrheitlich dem Heiligen Offizium und römischen Hochschulen verbunden.

Eine erste Skizze des Schemas *De fontibus revelationis* (20. Juli 1960) stammte aus der Feder von Sebastian Tromp, dem Sekretär der Theologischen Kommission. Die Überarbeitung dieser Skizze durch Salvatore Garofalo führte zum *Schema compendiosum Constitutionis de fontibus revelationis*, das am 27. September 1960 an die Mitglieder der Praeparatoria versandt und in der Vollversammlung am 27. Oktober 1960 beraten wurde. Kurz danach nahm die Unterkommission „De fontibus revelationis" ihre Arbeit auf, die im September 1961 mit dem *Schema de fontibus revelationis* (Text A) abgeschlossen wurde. Mitglieder dieser Kommission waren u. a. Lucien Cerfaux, Michael Schmaus und Damien van den Eynde.

In der Vorbereitenden Theologischen Kommission waren vor allem Inspiration, Irrtumslosigkeit und Interpretation der Schrift sowie das Verhältnis von Schrift und Tradition umstritten. Vertreter der Minorität verteidigten das Konzept der Verbalinspiration[166] und eine absolute Irrtumslosigkeit der Schrift in religiösen und profanen Dingen (in qualibet re religiosa vel profana).[167] Die Diskussion um die Bibelinterpretation war belastet durch die von Antonio Romeo[168] getragene Kampagne (1960) gegen Stanislas Lyonnet und Maximilian Zerwick vom Päpstlichen Bibelinstitut. Wohl eine späte Reaktion auf diese Kampagne ist die Instruktion *Sancta mater ecclesia* (21. April 1964), die zwischen der dritten und vierten Tagungsperiode des Konzils erschien und eine vorsichtige Anwendung neuer exegetischer Methoden empfahl.[169] Die Kampagne hatte Auswirkungen auf die Beratungen der Theologischen Kommission. Vor allem in der Frage der Historizität der Evangelien und der literarischen Gattungen führte sie zu einer Verschärfung der Position. Den Methoden und Resultaten der modernen Exegese stand die Mehrheit der Mitglieder der Theologischen Kommission kritisch gegenüber.[170]

In der katholischen Theologie diskutierte man seit der zweiten Hälfte der 50er

---

[164] Vgl. Betti, Storia della Costituzione 18.
[165] Vgl. Burigana, La Bibbia nel Concilio 56–58.
[166] Vgl. AS I/3, 17–19; vgl. auch AD II/II 1, 525–526.
[167] Vgl. AS I/3, 18; AD II/II 1, 526.
[168] Vgl. Romeo, L'enciclica „Divino afflante Spiritu".
[169] Vgl. DH 4402–4407.
[170] Vgl. Komonchak, Kampf für das Konzil 314–320.

Jahre die Frage der „materialen Schriftsuffizienz": Ist die gesamte Offenbarung in der Schrift zu finden oder zu einem Teil allein in der Tradition. Es ging dabei u. a. um die Interpretation der vom Trienter Konzil gemachten Aussage, die Offenbarung sei „in geschriebenen Büchern und in ungeschriebenen Überlieferungen enthalten"[171]. Congar, Konsultor der Vorbereitenden Theologischen Kommission und einer der schärfsten Kritiker des Schemas *De fontibus revelationis*[172], sowie Geiselmann vertraten die These, das Tridentinum habe die Frage der materialen Schriftsuffizienz offen gehalten[173], während Heinrich Lennerz der Meinung war, vom Trienter Konzil sei diese Frage negativ entschieden worden, so dass zwei Quellen der Offenbarung (Schrift, Tradition) auszugehen sei.[174]

Von dieser Annahme geht auch das *Schema compendiosum Constitutionis de fontibus revelationis* aus: „Die Heilige Schrift ist nicht die einzige Quelle der Offenbarung, die im ‚depositum fidei' zu finden ist. Denn außer der göttlichen Tradition, die sich in der Heiligen Schrift findet, gibt es auch die göttliche Tradition von Wahrheiten, die nicht in der Heiligen Schrift enthalten sind"[175]. Während Cerfaux und Schmaus in ihren Stellungnahmen die Bedeutung der Tradition für die authentische Interpretation der Schrift herausstellten und damit eine mittlere Position einnahmen, begründete van den Eynde die Notwendigkeit der Tradition mit der materialen Insuffizienz der Schrift. Congar wurde nicht um eine Stellungnahme gebeten.[176] Obschon in der Vorbereitenden Theologischen Kommission von einigen Mitgliedern verlangt wurde, man solle nicht von zwei Quellen der Offenbarung sprechen, sondern wie das Trienter Konzil vom Evangelium als der Quelle aller Wahrheit und Lehre[177], war dies in der Kommission ebenso wenig konsensfähig wie in der Subkommission „De fontibus revelationis". Mit geringfügigen Änderungen wurde das Schema über die Quellen der Offenbarung von der Theologischen Kommission angenommen.

Der Text des auf Tromp, van den Eynde und Garofalo zurückgehenden Schemas *De fontibus revelationis* (Text B) wurde am 4. Oktober als erstes Schema der Vorbereitenden Theologischen Kommission bei der Vorbereitenden Zentralkommission eingereicht. Diese hat über das Schema am 10. November, einen Tag nach der Relatio von Alfredo Kardinal Ottaviani und Tromp, beraten.[178] Zum Teil wurde sehr deutliche Kritik am negativen und defensiven Charakter des vorgelegten Schemas geübt. Hier sind vor allem Franz Kardinal König, Erzbischof von Wien, Denis Hurley, Erzbischof von Durban, Bernard Kardinal Alfrink, Erzbischof von Utrecht, sowie die Kardinäle Joseph Frings, Julius Döpfner und Augustin Bea zu nennen.[179] Bea bat um eine Überarbeitung des Textes in Koope-

---

[171] DH 1501: „contineri in libris scriptis et sine scripto traditionibus".
[172] Zu dem 17 Seiten umfassenden Schema s. Komonchak, Kampf für das Konzil 263.
[173] Vgl. Geiselmann, Konzil von Trient; Congar, Traditions apostoliques.
[174] Vgl. Lennerz, Sola Scriptura?
[175] Zitiert nach Komonchak, Kampf für das Konzil 311.
[176] Gérard Philips und Cerfaux befürworteten eine Konstitution des katholischen Glaubens in der Form einer einfachen Darlegung. Vgl. ebd. 263.
[177] Vgl. DH 1501.
[178] Vgl. AD II/II 1, 523–562.
[179] Zur Bedeutung von Kardinal Döpfner für das Konzil s. Wittstadt, Kardinal Döpfner.

ration mit der Päpstlichen Bibelkommission und katholischen Exegeten. Verteidigt wurde das Schema von Ottaviani, Ruffini, Guiseppe Siri, Erzbischof von Genua, und Joseph Lefebvre, Erzbischof von Berry.

Am 15. Dezember 1961 schickte Bea an Carlo Kardinal Confalonieri, den Vorsitzenden der Unterkommission für Verbesserungen[180], Vorschläge zur Überarbeitung des Schemas *De fontibus revelationis*. Auf der Grundlage der Beratung der Zentralkommission sowie einer Antwort der Vorbereitenden Theologischen Kommission (9. Januar 1962) hat die Unterkommission für Verbesserungen das Schema *De fontibus revelationis* weitgehend autonom überarbeitet.[181] Die von Tromp erarbeitete Antwort der Vorbereitenden Theologischen Kommission akzeptierte einige Korrekturvorschläge, verteidigte aber ansonsten das Schema. Die Kommission wandte sich gegen den Vorschlag Kardinal Königs, von der Schrift als der Hauptquelle (fons principalis) der Offenbarung zu sprechen.[182] Kardinal Döpfner plädierte für eine Gesamtrevision des Offenbarungsschemas.

In der Vorbereitenden Zentralkommission votierte die Mehrheit bei der Abstimmung über das Offenbarungsschema mit placet iuxta modum und damit für eine Überarbeitung entsprechend der vorgebrachten Modi.[183] Die Kardinäle Döpfner und Frings, die das Schema ablehnten, stimmten mit non placet. Nur vier Mitglieder votierten für das eingebrachte Schema.[184] Die Unterkommission für Verbesserungen veränderte das Schema so, dass Inhalt, Charakter und Tenor im wesentlichen unverändert blieben.[185] Die Linie Ottavianis und Tromps hatte sich damit zunächst durchgesetzt. Am 10. November 1962 wurde das Schema von Ottaviani der Zentralkommission vorgelegt.[186]

2. Die Entwürfe des Einheitssekretariats

Das Einheitssekretariat hatte in seinem auf den Konzilstheologen Johannes Feiner zurückgehenden Text *De Traditione et Sacra Scriptura* dafür plädiert, die Frage der Schriftsuffizienz offen zu lassen, da sie in der katholischen Theologie kontrovers diskutiert werde.[187] Anders als im Schema *De fontibus revelationis*, das von einem unwandelbaren „depositum fidei" ausgeht, wird im Text des Einheitssekretariates die Tradition als lebendiger Prozess verstanden, der zu einer tieferen Erkenntnis der Offenbarungswahrheit führt. Auf das Offenbarungsschema der

---

[180] Mitglieder waren die Kardinäle Clemente Micara, Erzbischof von Velletri, Giacomo Copello, Siri, Paul Léger, Frings und Michael Browne.
[181] Zur Arbeitsweise der Unterkommission für Verbesserungen, deren Protokolle noch nicht veröffentlicht sind, vgl. Komonchak, Kampf für das Konzil 345 f.
[182] Vgl. ebd. 347.
[183] Zur Auseinandersetzung in der Zentralen Vorbereitungskommission vgl. Indelicato, Difendere la dottrina.
[184] Eine Übersicht zum Abstimmungsergebnis gibt Sauer, Erfahrung und Glaube 624–627.
[185] Vgl. die Gegenüberstellung der beiden Textfassungen bei Sauer, Erfahrung und Glaube 638–656.
[186] Vgl. Caprile, Entstehungsgeschichte 666.
[187] Vgl. Feiner, Contribution 119–124.

Vorbereitenden Theologischen Kommission hat der Text des Einheitssekretariats keinen Einfluss mehr gehabt, da er erst im März 1962 der Kommission vorgelegt werden konnte, zu einer Zeit also, als die Beratungen über das Schema *De fontibus revelationis* durch die Zentralkommission und ihre Unterkommission für Verbesserungen schon abgeschlossen waren.

Wie im vierten Kapitel des Schemas *De deposito fidei pure custodiendo*[188], das Kardinal Döpfner unter Berufung auf den Konzilstheologen Rahner einer fundamentalen Kritik unterzog, wird auch im Schema *De fontibus revelationis* Offenbarung als Mitteilung übernatürlicher, durch äußere Zeichen beglaubigter Wahrheiten konzipiert. Der Glaube wird als Zustimmung zu den von Gott geoffenbarten Wahrheiten verstanden.[189] Das Schema entsprach damit dem Offenbarungsverständnis, das vor Beginn der Arbeit der Theologischen Vorbereitungskommission in einem Votum des Heilige Offiziums eingefordert worden war.[190] Das von Hermann Volk, Bischof von Mainz, im Auftrag des Einheitssekretariats erarbeitete und ökumenisch ausgerichtetete Schema *De Verbo Dei: Schema decreti pastoralis*[191] sieht in der Offenbarung Gottes seinen fortdauernden Dialog mit den Menschen durch sein Wort. Seine verbindliche Artikulation findet das Wort Gottes, das über der Kirche steht, in Schrift und authentischer Glaubensüberlieferung.[192] Die beiden Texte des Einheitssekretariates blieben nicht wirkungslos. Sie beeinflussten die Voten der Bischöfe sowie die Beratung und Abstimmung über das Schema *De fontibus revelationis* in der 19. Generalkongregation, hatten aber keinen Einfluss mehr auf das Schema selbst. So erhielten die Konzilsväter im Sommer 1962 das fünf Kapitel umfassende *Schema Constitutionis dogmaticae de fontibus revelationis* (Text C).[193]

3. *Die Schemata* De fontibus revelationis *und* De deposito fidei

Das Schema *De fontibus revelationis*, das insgesamt von einer „antimodernistischen Geistesart"[194] geprägt ist, geht wie der Offenbarungs- und Traditionsbegriff

---

[188] Vgl. AD II/II 2, 279–415.
[189] Vgl. AD II/II 2, 320: „Revelatio externa et publica qua obiectum fidei catholicae divinitus communicatum est cum Ecclesia, est locutio qua benignissimus Deus, per ministros complures maximeque per Filium suum humano sermone adhibito, mysteria salutis veritatesque connexas testatus est, ‚oboedientiam fidei' omnibus praecipiens."
[190] Vgl. Votum Supremae S. Congregationis Sancti Officii: „De divina Revelatione. Firmetur accurata notio Revelationis contra theorias modernisticas (immanentismum). Revelatio obiectiva, publica, seu generi humano destinata ad salutem (Verbum Dei ad homines). – De divino sigillo Revelationis seu de miraculis et de vaticiniis eorumque valore (cf. Concil. Vat.), attentis hodiernis falsis opinamentis." Zitiert nach Lubac, Göttliche Offenbarung 199. – Das Heilige Offizium wollte zu Beginn des Konzils vier Grundfragen behandelt wissen, von denen die Frage nach dem Offenbarungsbegriff (De revelatione) die vierte und letzte Grundfrage ist. Die anderen drei Grundfragen betreffen die Wahrheitsfrage (De veritate), die Gottesfrage (De Deo) und Gott, den Schöpfer und Erlöser (De Deo creante et elevante).
[191] Volk, Wort Gottes.
[192] Vgl. Feiner, Contribution 125–133.
[193] Vgl. AS I/3, 14–26.
[194] Ratzinger, Die erste Sitzungsperiode 38.

der nachtridentinischen katholischen Kontroverstheologie von einer „zweifachen Quelle der Offenbarung" (Schrift, Tradition) aus. Die „gesamte Offenbarung ist nicht in der Schrift allein (non sola scriptura), sondern in Schrift und Tradition als in einer zweifachen Quelle enthalten"[195]. Die Tradition ist der einzige Weg, „auf dem einige geoffenbarte Wahrheiten", wie der Kanon und die Schriftinspiration, „mit Klarheit zur Kenntnis der Kirche kommen"[196]. Es war wenig wahrscheinlich, dass man damit nur hervorheben wollte, dass die Heilige Schrift selbst ein Traditionszeugnis der Kirche ist. Die Mehrheit der Konzilsväter vermutete hier mit Recht die Annahme einer materialen Insuffizienz der Schrift sowie eines inhaltlichen Plus der Tradition.

Das Schema *De fontibus revelationis* betrachtet das „depositum fidei" als unveränderlichen, den Aposteln gegebenen Glaubensschatz. Beim Lehramt als der „norma proxima universalis" liegt die alleinige Kompetenz zur authentischen Interpretation des „depositum fidei".[197] Damit wird die Schrift zur „regula remota" erklärt und dem eigenständigen Urteil der Exegeten sowie der Gläubigen entzogen. Zwar würdigt das Schema die Schriftlesung der Gläubigen.[198] Doch hat sich ihre Schriftinterpretation strikt im Rahmen der kirchlichen Lehre zu bewegen, wobei nicht näher bestimmt wird, was die kirchliche Lehre im Einzelnen umfasst. Die Schrift verliert damit ihre Stellung als kritische Instanz gegenüber dem Lehramt der Kirche.[199] Vom „sensus fidelium" als einer Norm der Schriftinterpretation ist keine Rede. Signifikant ist in diesem Zusammenhang auch, dass im Schema *De fontibus revelationis*, anders als im endgültigen Text der Offenbarungskonstitution, Schrift und Tradition zusammen als „Seele" der Theologie bezeichnet werden.[200]

Das Offenbarungsschema ist von einem Begriff der Offenbarung bestimmt, den man als „instruktionstheoretisch"[201] bezeichnet hat: Offenbarung wird als Mitteilung (instructio) übernatürlicher Glaubenswahrheiten verstanden. Auch das Schema *De deposito fidei pure custodiendo*, das für Kardinal Frings nicht den Intentionen Johannes XXIII. entsprach[202] und von Karl Rahner „ein erbärmliches philosophisches Machwerk" genannt wurde, konzipiert Gottes Offenbarung als Mitteilung übernatürlicher Wahrheiten und bestimmt das Verhältnis von Natur (Vernunft) und Gnade (Glaube) supranaturalistisch.[203] Döpfner, der dies kritisierte[204], legte eine Skizze zu einem neuen, heilsgeschichtlich aufgebauten und

---

[195] AS I/3, 15: „integram revelationem, non in sola Scriptura, sed in Scriptura et Traditione, tanquam in duplici fonte contineri".
[196] AS I/3, 16: „immo Traditio, eaque sola, via est qua quaedam veritates revelatae ... clarescunt et Ecclesiae innotescunt".
[197] Vgl. AS I/3, 16.
[198] Vgl. AS I/3, 25.
[199] Vgl. AS I/3, 15.
[200] Vgl. AS I/3, 24 f.
[201] Vgl. Seckler, Begriff der Offenbarung 45–47.
[202] Vgl. AD II/II 2, 286. – Das Schema findet sich in: AS I/4, 653–694.
[203] Vgl. AS I/4, 672.
[204] Vgl. AD II/II 2, 278.

pastoral orientierten Entwurf vor.²⁰⁵ Rahner betonte in seiner kritischen Durchsicht des Schemas den personalen Charakter der Offenbarung Gottes, die begrifflich an erster Stelle nicht als „locutio", sondern als „communicatio" zu bestimmen sei.

Bei dem im Schema *De fontibus revelationis* vertretenen Konzept der Verbalinspiration, wonach „auch die kleinsten Teile der Schrift" als von Gott inspiriert anzusehen sind, die Inspiration also „jeden Irrtum in allen Dingen religiöser und profaner Art notwendig ausschließt", erscheint Gott als der „erste Verfasser" der Schrift, die biblischen Autoren dagegen als „Instrument des Heiligen Geistes". Daraus ergibt sich die „vollkommene Irrtumslosigkeit der gesamten Heiligen Schrift"²⁰⁶. Obschon mit Augustinus gesagt wird, das Wort Gottes werde „für Menschen auf menschliche Weise" (pro hominibus modis humanis) ausgedrückt, werden Inspiration und Irrtumslosigkeit (Inerranz) der Schrift supranaturalistisch aufgefasst.

Bei der Frage der Verfasserschaft der Evangelien hält das Schema an der Abfassung der Evangelien durch die Apostel fest. Der historische Wert der Evangelien (dass sie „unverfälscht das überliefern, was Jesus, der Sohn Gottes, während seines Lebens unter den Menschen zum ewigen Heil aller Menschen wirklich getan und gelehrt hat", also „die ursprüngliche historische und objektive Wahrheit"²⁰⁷ der Jesus zugeschriebenen Taten und Worte) wird mit der Inspiration der Evangelisten durch den Heiligen Geist begründet. Die Evangelien werden vor allem als historische Berichte aufgefasst. So wird ausdrücklich die Meinung verurteilt, zumeist seien die Jesus zugeschriebenen Worte und Taten nicht „ipsissima verba et facta Jesu", in der Regel spreche sich darin vielmehr die Überzeugung der Evangelisten aus.

4. Die Beiträge von Karl Rahner, Yves Congar und Edward Schillebeeckx

Schon einen Tag nach der Eröffnung des Konzils (11. Oktober 1962) hatten sich französische und deutsche Bischöfe (u. a. der Mainzer Bischof Volk, Arthur Elchinger, Weihbischof von Straßburg, Gabriel Garrone, Erzbischof von Toulouse, und Emile M. Guerry, Erzbischof von Cambrai) sowie einige wichtige Theologen (u. a. Rahner, de Lubac, Congar und Ratzinger) getroffen, um zu erörtern, wie man sich gegenüber den „dogmatischen" Schemata verhalten solle, vor allem gegenüber dem Offenbarungsschema, das auf sehr grundsätzliche Kritik stieß.²⁰⁸ Rahner²⁰⁹, Ratzinger, Congar und Daniélou wurden beauftragt, Entwürfe für ein

---

[205] Vgl. AD II/II 2, 289–292.
[206] AS I/3, 17–19.
[207] AS III/1, 22.
[208] Vgl. die Auszüge aus dem Tagebuch Congars in: ders., Erinnerungen 23 f.
[209] Zur deutschen Theologen-Gruppe um Rahner, die sich schon vor Konzilseröffnung herausgebildet hatte, gehörten neben Joseph Ratzinger auch Otto Semmelroth, Alois Grillmeier, Bischof Hermann Volk aus Mainz und Michael Schmaus. Vgl. Wassilowsky, Einblick in die ‚Textwerkstatt' 65 f. Zu Rahners Konzilsbeitrag vgl. ders., Universales Heilssakrament 81–103.

heilsgeschichtlich-kerygmatisch ausgerichtetes Prooemium eines veränderten Offenbarungsschemas zu verfassen. Weitere Treffen fanden zwischen dem 21. Oktober und dem 14. November statt.[210] Rahner war über die vorgelegten Schema-Entwürfe nicht überrascht, sah aber seine „schlimmsten Erwartungen ... weit übertroffen"[211].

Der Entwurf von Rahner kursierte ab dem 13. November in Kopien. Kardinal Ottaviani beklagte sich darüber schon einen Tag später in der 19. Generalkongregation vom 14. November, bevor er seine Relatio vortrug: „Man läßt gewisse Schemata herumgehen, durch die man das offizielle Schema ersetzen will. Das steht offenkundig im Widerspruch zu den Normen des kanonischen Rechts und läßt mangelnden Respekt vor der Souveränität des Papstes erkennen. Jeder kann Verbesserungsvorschläge machen, aber es muß das richtige Schema diskutiert werden."[212] Adressat von Rahners heilsgeschichtlich orientiertem Schema-Entwurf *De revelatione Dei et hominis in Jesu Christi facta*[213] ist die Welt der Menschen, die heute alle schicksalhaft miteinander verbunden sind, sein Inhalt ist die einfache Wahrheit des Evangeliums Christi und ihre Bedeutung für unsere Zeit.[214] So handelt der Entwurf von der Berufung jedes Menschen zur Gemeinschaft mit Gott, der geschichtlichen Offenbarung Gottes und seinem universalen Heilswillen, der Sünde des Menschen[215], der Heilsgeschichte des Alten Testamentes als der „Grundlage der christlichen Religion"[216], der Offenbarung der Wahrheit Gottes und des Menschen in Jesus Christus, der Gottes vergebende Liebe in Person ist und damit das Ziel aller Religionen und ihrer Gotteserkenntnis.[217] Der Entwurf spricht nicht von einer doppelten Quelle der Offenbarung, sondern von der Wahrheit des Evangeliums in der Schrift als dem Wort Gottes in menschlicher Sprache und der Überlieferung als der lebendigen Gegenwart dieser Wahrheit sowie von Christus als dem inneren Kanon der Schrift und der Kirche als ihrer Interpretin, die nicht über der Schrift steht, sondern ihr zu dienen hat.[218]

Der Schema-Entwurf Rahners war unter den Konzilsvätern bekannt, da er von den Vorsitzenden der Bischofskonferenzen von Österreich (Franz Kardinal König), Belgien (Leo Kardinal Suenens), Frankreich (Achille Kardinal Liénart) sowie

---

[210] Vgl. Congar, Erinnerungen 24–30.
[211] Vgl. Siebenrock, „Meine schlimmsten Erwartungen sind weit übertroffen".
[212] AS I/3, 27. Vgl. auch die Notiz Yves Congars in seinem Tagebuch zur Sitzung der Theologischen Kommission am 13. November 1962: „Es ist entsetzlich gewesen. Ottaviani hat zwanzig Minuten lang gesprochen. Tromp fünfundvierzig. Parente ebenfalls zwanzig. Ihm ging es um ein deutsches und ein englisches Schema (einem anderen hat er dessen Namen zugeflüstert). Dieses englische Schema sind in Wirklichkeit die ins Englische übertragenen *Animadversiones* von P. Schillebeeckx" (Congar, Erinnerungen 30).
[213] Rahners Entwurf (unter Mitarbeit von Ratzinger) ist als Anhang abgedruckt in: Congar, Erinnerungen 33–50. In der französischen Veröffentlichung des Entwurfs fehlt der Hinweis auf die Mitarbeit von Ratzinger (US 70 [1968] 577–587). – Zur Analyse vgl. Siebenrock, „Meine schlimmsten Erwartungen sind weit übertroffen".
[214] Vgl. Rahner, De revelatione 48–50.
[215] Vgl. ebd. 38.
[216] Ebd. 42.
[217] Vgl. ebd. 41.
[218] Vgl. ebd. 44–48.

von Deutschland (Kardinal Frings) und Holland (Kardinal Alfrink) als Diskussionsgrundlage gebilligt und in 3000 Kopien in Umlauf gebracht wurde.[219] Anders als die Schemata *De fontibus revelationis* und *De deposito fidei* geht Rahners Schema-Entwurf von einem personalen und heilsgeschichtlichen Offenbarungsverständnis aus. Schon in den 50er Jahren hatte Rahner sein personales und geschichtliches Verständnis der Offenbarung entwickelt.[220] Rahners Schema-Entwurf ist nicht ein Lehrtext traditioneller Prägung, sondern ein pastoral orientierter Entwurf zum christlichen Offenbarungsgedanken – entsprechend der Konzilsidee Johannes' XXIII.[221]

Der Schema-Entwurf Yves Congars[222] ist anders als Rahners Entwurf privat geblieben. Da die französischen Bischöfe ihn nicht in Umlauf brachten, ist er öffentlich nicht diskutiert worden. Auch Congars Entwurf ist von einem geschichtlichen und personalen Offenbarungsverständnis bestimmt, betont aber gleich zu Beginn die Sicherheit der natürlichen Gotteserkenntnis.[223] Gottes letztgültige Offenbarung in seiner Selbstmitteilung in Jesus Christus geschieht mit „Worten" und in dem einen „Wort" Gottes, das Fleisch geworden ist.[224] „Wir bekennen aufrichtig, dass unser Mittler Jesus Christus uns in seinen Worten und in seiner Person den Vater offenbart hat, wie er es selber sagt: ‚Philippus, wer mich sieht, sieht auch den Vater.'"[225] Zugleich hat Jesus Christus die Wahrheit über den Menschen offenbar gemacht.[226] In Absetzung von der Theorie der doppelten Offenbarungsquelle wird über das Evangelium gesagt, dass es all das enthält, „was uns in Jesus Christus vollständig geoffenbart" wurde und deshalb die „Quelle jeglicher Heilswahrheit und Sittenlehre ist"[227].

Einige holländische Bischöfe hatten Schillebeeckx, der nie offizieller Peritus war, um kritische Anmerkungen zu den Schemata gebeten, die während des Konzils dank der Bemühungen von Jan A. Brouwers, dem Sekretär der niederländischen Bischofskonferenz, in lateinischer und englischer Sprache in anonymer Form (gut 2000 Exemplare) vervielfältigt wurden („Animadversiones in primam seriem schematum constitutionum et decretorum de quibus disceptabitur in Concilii sessionibus").[228] Am Schema *De fontibus revelationis* kritisiert Schillebeeckx die mit der „Zwei-Quellen-Theorie" verbundene Vorstellung, dass einzelne Wahrheiten des Glaubens nicht in der Schrift, sondern nur in der mündlichen Überlieferung gefunden werden können. Der Offenbarungsbegriff des Schemas

---

[219] Vgl. Congar, Erinnerungen 28.
[220] Vgl. Rahner, Zur Frage der Dogmenentwicklung (1954) 59.
[221] Vgl. Lubac, Göttliche Offenbarung 206.
[222] Abgedruckt in: Congar, Erinnerungen 51–64.
[223] Vgl. ebd. 51.
[224] Vgl. ebd. 51 f.
[225] Ebd. 57: „Confitemur Jesum Christum, Mediatorem nostrum, in verbis suis et in seipso revelasse nobis Patrem, secundum illud quod dixit: ‚Philippe, qui videt me, videt et Patrem.'"
[226] Vgl. ebd. 57 f.
[227] Ebd. 59.
[228] Vgl. Schillebeeckx, Animadversiones (Karl Rahner-Archiv Elmar Klinger, Würzburg Nr. 319). Siehe dazu Brouwers, Derniers préparatifs 355; Fogarty, Das Konzil beginnt 88 f. – Ich danke Roman Siebenrock (Karl Rahner-Archiv Innsbruck) dafür, dass er mir den Schillebeeckx-Text zugänglich gemacht hat.

konzipiere Offenbarung vor allem als „Mitteilung begrifflicher Wahrheiten", als eine Offenbarung „in Worten". Darüber werde vergessen, dass die Offenbarung vor allem „in der Realität selbst" geschehen sei, das heißt in geschichtlichen Taten.[229] Die Stellungnahme von Schillebeeckx hat zusammen mit dem Entwurf Rahners entscheidend dazu beigetragen, dass das Schema *De fontibus revelationis* bei zahlreichen Konzilsvätern auf zum Teil heftige Kritik stieß.[230]

5. Die Debatte in der 1. Sitzungsperiode

Die Debatte über das Schema wurde in der 19. Generalkongregation am 14. November 1962 durch Kardinal Ottaviani und Garofalo eröffnet[231] und endete am 21. November.[232] Von der breiten Mehrheit der Konzilsväter wurde das Schema *De fontibus revelationis* wegen seines neuscholastischen Offenbarungs- und Traditionsbegriffs, seines supranaturalistischen Inspirationsverständnisses sowie seiner ablehnenden Haltung gegenüber der modernen Bibelwissenschaft abgelehnt.[233] Dass sich die Mehrheit der Konzilsväter mit dem Schema *De fontibus revelationis* nicht anfreunden konnte, war nicht überraschend.[234] Kardinal Frings betonte, dass die dogmatischen Schemata schlecht seien und deshalb zurückgewiesen werden sollten. Schon auf dem 1. Vatikanischen Konzil sei ein Schema zurückgewiesen und durch ein anderes ersetzt worden.[235] Kritisch äußerte sich zum Schema *De fontibus revelationis* auch das Sekretariat für die Einheit der Christen.[236]

Während neben Ottaviani auch die Kardinäle Ruffini, Siri und Fernando Quiroga y Palacios, Bischof von Compostella, das Schema *De fontibus revelationis* verteidigten und eine strikte Trennung zwischen der Darstellung der Glaubenslehre und der Pastoral vertraten, sprachen sich prominente Kardinäle gegen das Schema aus: Frings, Paul E. Léger, Erzbischof von Montreal, König, Alfrink, Suenens, Döpfner, Joseph E. Ritter, Erzbischof von St. Louis, Bea und Liénart, ebenso Patriarch Maximos IV. Saigh und Bischof Volk. Besonders hervorzuheben ist die Intervention von Bischof Emile J. de Smedt von Brügge im Namen des Einheitssekretariats, die entscheidend zur Ablehnung des Schemas durch die Mehrheit der Konzilsväter beitrug.[237] Kardinal Liénart eröffnete die Diskussion mit der

---

[229] Vgl. Schillebeeckx, Animadversiones 2.
[230] Vgl. Brouwers, Derniers préparatifs 359 f.; Fogarty, Das Konzil beginnt 90.
[231] Zur Relatio von Ottaviani bzw. Garofalo siehe AS I/3, 27–32.
[232] Zur Debatte s. Ruggieri, Der erste Konflikt 293–314; Betti, Storia della Costituzione 29–33.69; ders., La dottrina 45–50.
[233] Zum Scheitern des Offenbarungsschemas *De fontibus revelationis* vgl. Burigana, La Bibbia nel Concilio 105–169.
[234] Zur Debatte über das Schema in den Generalkongregationen vom 14.–21. November siehe Sauer, Erfahrung und Glaube 137–220; Ruggeri, Der erste Konflikt 293–314.
[235] Vgl. AS I/3, 34. – Es handelt sich um das Schema *De doctrina catholica*, das im Wesentlichen auf Franzelin zurückging.
[236] Vgl. die Analyse des Berichts von Feiner bei Ruggieri, Der erste Konflikt 284 f.
[237] AS I/3, 34–55.184 ff.362 ff. – Die schriftlichen Anmerkungen, die vor Konzilsbeginn eingegangen waren, finden sich AS V/2, 69–350.

lakonischen Feststellung: „Dies Schema gefällt mir nicht" (Hoc schema mihi non placet).[238] Kritisiert wurde die Theorie von den zwei Quellen der Offenbarung (Schrift, Tradition), der scholastische und defensive Charakter des Schemas, sein Konzept der Verbalinspiration, die Überordnung des Lehramtes über die Schrift[239], die mangelnde ökumenische Ausrichtung[240], die fehlende heilsgeschichtliche Perspektive des Schemas[241], der Ausfall eines personalen Offenbarungsbegriffs[242] und eines einleitenden Kapitels zu Wesen und Faktum der Offenbarung Gottes[243] sowie die Einschränkung der Freiheit exegetischer Forschung[244]. Kardinal Liénart sprach von dem einen Wort Gottes als Quelle der Offenbarung, die Schrift und Tradition vorausliegt.[245] Titularbischof Pierre Martin setzte sich auf der Grundlage der Forschungsergebnisse Geiselmanns kritisch mit der Theorie von den zwei Quellen der Offenbarung auseinander und schlug als Titel eines neuen Schemas den des Entwurfs von Rahner vor: „De revelatione Dei et hominis in Jesu Christo facta".[246] Kardinal Frings vermisste im Schema die „Stimme des guten Hirten"[247], Kardinal Bea kritisierte seinen fehlenden pastoralen Charakter, ebenso Jean-Baptist Zoa, Erzbischof von Yaounde, im Namen fast aller afrikanischen Bischöfe. Erzbischof Guerry fordert im Namen der französischen Bischöfe eine pastoral ausgerichtete Darstellung der kirchlichen Lehre.[248] Christopher Butler, Abtpräses der englischen Benediktinerkongregation, erkannte im Schema eine „antimodernistische Geisteshaltung"[249].

Ebenso wurde auf den fehlenden pastoralen Charakter des Schemas hingewiesen, vor allem von Erzbischof Hurley.[250] Das Schema sei mit dem pastoralen Ziel des Konzils, wie es von Papst Johannes XXIII. in der Konzilseröffnungsansprache *Gaudet Mater Ecclesia* bestimmt werde, nicht vereinbar.[251] Für eine Verbindung von Dogma und Pastoral sowie Heilsgeschichte und personaler Perspektive

---

[238] Vgl. Seeber, Das Zweite Vaticanum 89; Pesch, Das Zweite Vatikanische Konzil 271 f.
[239] V. a. von Francis Simons, Bischof von Indore (AS I/3, 139).
[240] V. a. von Bischof De Smedt, der im Namen des Einheitssekretariats sprach (AS I/3, 184–187), sowie den Kardinälen Bea und Silva Henriquez, Erzbischof von Santiago de Chile (AS I/3, 81).
[241] In besonders eindringlicher Weise wurde diese von Paul Schmitt, Bischof von Metz, in die Debatte eingebracht (AS I/3, 129–131).
[242] So von Eduardo M. Gonzáles, Bischof von Zamora (AS I/3, 261–263).
[243] So u. a. von Eugenio Kardinal Tisserant, Bischof von Ostia (AS I/3, 248 f.). Die spanischen Bischöfe forderten, dem Schema ein Vorwort voranzustellen, in dem „der Charakter der personalen Selbstmitteilung Gottes durch die Offenbarung" deutlich wird (AS I/3, 290 f.). Ein Vorwort über die Offenbarung forderten auch Garrone, Giuseppe Ruotolo, Bischof von Ugento, und Michael Klepacz, Bischof von Lódz (AS I/3, 215).
[244] V. a. von Kardinal Tisserant, dem ehemaligen Präses des Päpstlichen Bibelinstituts (AS I/3, 66).
[245] Vgl. AS I/3, 32. Siehe dazu Grootaers, Zwischen den Sitzungsperioden 456.
[246] Vgl. AS I/3, 175 f. – Zu den schriftlich eingereichten Voten, von denen sich viele für die Theorie der zwei Quellen der Offenbarung aussprachen, vgl. AS I/3, 301–370. Einen Überblick gibt Sauer, Erfahrung und Glaube 200–220.
[247] Vgl. AS I/3, 34 f.139.
[248] Vgl. AS I/3, 99–101.
[249] Vgl. AS I/3, 107–110.
[250] Vgl. AS I/3, 199. S. dazu Burigana, La Bibbia nel Concilio 153 f.
[251] Vgl. auch das Votum von Alberto Devoto, Bischof von Goya (AS I/3, 318 f.).

sprach sich Bischof Volk in seinem schriftlich eingereichten Votum aus.[252] Alfred Bengsch, Erzbischof von Berlin, zweifelte an der Möglichkeit, das Schema zu verbessern[253], die Kardinäle Alfrink und Döpfner forderten ein ganz neues Schema.[254] Am 15. November 1962 richtete Döpfner an Pericle Kardinal Felici, den Generalsekretär des Konzils, einen Brief, in dem er eine vollständige Überarbeitung des Schemas fordert.[255]

Am 20. November, dem Tag der Abstimmung über das Schema *De fontibus revelationis*, eröffnete Kardinal Ruffini die Erörterung des ersten Kapitels, indem er sich dem Wunsch nach einer einleitenden Klärung des Offenbarungsbegriffs anschloss: „Warum nicht zuerst erklären, was Offenbarung überhaupt ist und was sie für uns bedeutet?"[256] Bei der Abstimmung über das Schema wurde nicht, wie sonst üblich, nach voller bzw. eingeschränkter Zustimmung (placet, placet iuxta modum) oder Ablehnung (non placet) gefragt, sondern danach, ob die Beratung des Schemas unterbrochen (utrum disceptatio interrumpenda), das heißt abgebrochen werde solle, mit dem Ziel einer vollständigen Neubearbeitung des Schemas. 1368 Konzilsväter stimmten für eine Unterbrechung, 822 dagegen, 19 enthielten sich. Die erforderliche 2/3 Mehrheit (1473 von 2209 abgegebenen Stimmen) war damit nicht erreicht, so dass der Konzilsminorität gut 1/3 der Stimmen genügte, um am Schema *De fontibus revelationis* als Beratungsgrundlage festhalten zu können. Es sind Zweifel geäußert worden, ob alle Konzilsväter, trotz der genauen Erklärungen der Kardinäle Ruffini und Felici[257], den Sinn der Abstimmung verstanden haben. Jedenfalls war die gewählte Abstimmungsform nicht unproblematisch. Das Abstimmungsergebnis widersprach „ganz offensichtlich dem Mehrheitswillen"[258].

Das Abstimmungsergebnis sorgte begreiflicherweise für große Unruhe unter den Konzilsvätern. Man war besorgt um die Zukunft des Konzils. Durch eine weise Entscheidung von Papst Johannes XXIII. wurde eine ernsthafte Krise des Konzils vermieden. Am 21. November überreichte der Kardinalstaatssekretär Kardinal Felici ein Dokument des Papstes mit der Entscheidung, das Schema von der Tagesordnung abzusetzen und eine aus Mitgliedern der Theologischen Kommission und des Einheitssekretariats besetzte Gemischte Kommission (Commissio mixta de revelatione) mit der Neubearbeitung des Schemas zu beauftragen.[259] Die Idee zu einer „Gemischten Kommission" kam von Kardinal Bea, der den Papst bei seiner Entscheidung maßgeblich beeinflusst haben dürfte.[260]

Als Vorsitzende der „Gemischten Kommission" wurden die Kardinäle Ottaviani und Bea berufen, die Sekretäre der Theologischen Kommission und des Einheitssekretariats, Tromp und Bischof Jan G. M. Willebrands, wurden zu Se-

---

[252] Vgl. AS I/3, 364–366.
[253] Vgl. AS I/3, 87–89.
[254] Vgl. AS I/3, 43–45 (Alfrink); AS I/3, 124–126 (Döpfner).
[255] Vgl. Sauer, Erfahrung und Glaube 222.
[256] AS I/3, 249.
[257] Vgl. Ruggieri, Der erste Konflikt 308 f.
[258] Ratzinger, Die erste Sitzungsperiode 49.
[259] Vgl. AS I/3, 259.
[260] Vgl. Ruggieri, Der erste Konflikt 302.310 f.

kretären der „Gemischten Kommission" bestellt. Aus dem Kreis der Kardinale wurden die Kardinäle Liénart, Frings, Lefebvre und Ruffini sowie Albert G. Meyer, Erzbischof von Chicago und der irische Kurienkardinal Michael Browne als Mitglieder der Kommission berufen. Ihre Ernennung erfolgte am 25. November.[261] Der evangelische Konzilsbeobachter Oscar Cullmann meint in seinem Bericht zur ersten Konzilsperiode, dass der Papst durch das Zurückziehen des Schemas zwar eigenmächtig gehandelt habe, aber dennoch „im Sinne der fortschrittlichen Tendenz und im Sinne der großen Konzilsmehrheit, also ganz im Sinne des Konzils"[262].

Trotz der Entscheidung des Papstes wurde die Diskussion über das erste Kapitel am 21. November noch einmal aufgenommen. Emilio Guano, Bischof von Livorno, skizzierte den Plan einer neuen Einleitung, der schon in etwa dem Programm der späteren Vorlage *De revelatione* entsprach: „Gott spricht zu den Menschen durch sein Fleisch gewordenes Wort. Christus, das Fleisch gewordene Wort, ist das Ebenbild und die Stimme des Vaters, er ist unser einziger Lehrer und der einzige Weg zum Vater; er spricht in Worten, Taten und Ereignissen, ja durch seine Person, usw."[263] Christopher Butler erklärte, er schließe sich dem von Kardinal Ruffini am Vortag geäußerten Wunsch an, zunächst zu klären, worin die Offenbarung bestehe. Im selben Sinne äußerte sich auch Pierre Veuillot, Bischofskoadjutor von Paris: „Es ist notwendig, zu Beginn ausführlicher von der Offenbarung selbst zu handeln."[264]

6. Die Arbeit der „Gemischten Kommission"[265]

Zwischen dem 25. November und dem 7. Dezember 1962 einigte man sich in der Gemischten Kommission, die zu insgesamt 9 Arbeitssitzungen zusammenkam, auf die Struktur des neuen Schemas und den neuen Titel *De divina revelatione*.[266] Doch blieben die Rede von einem inhaltlichen Plus der Tradition gegenüber der

---

[261] Am 25. November hatten 14 Kardinäle, darunter Kardinal Urbani von Venedig, dem Papst ein Memorandum überreicht, in dem sie dem Papst für die Einrichtung der Gemischten Kommission danken, sich aber zugleich für eine starke Betonung der Tradition gegenüber der Schrift aussprechen und vor Gefahren der modernen Exegese warnen. Vgl. Seeber, Das Zweite Vaticanum 93.
[262] Cullmann, Zwischen zwei Konzilssessionen 21.
[263] Vgl. AS I/3, 260: „Deus hominibus loquitur per suum Verbum caro factum. Christus, Verbum caro factum, est Imago et Vox Patris, unicus Magister et unica via ad Patrem; loquitur per verba et facta et gesta, immo suam personem, etc." – Schon am 17. November hatte Bischof Schmitt drei Leitprinzipien für ein neues Schema formuliert: „Tota revelatio consistit in persona Christi. Revelatio christiana est Evangelium. Hoc Evangelium maxime respondat necessitatibus hodiernis": AS I/3, 128–130.
[264] Vgl. AS I/3, 285: „Necessarium est amplius tractare in initio de revelatione." Dies könne in einem Vorwort oder einem einleitenden Kapitel geschehen, so auch Rafael Ganzales Moralejo, Weihbischof von Valencia (AS I/3, 290). Zu den Stellungnahmen von Guano und Butler s. Burigana, La Bibbia nel Concilio 164–169.
[265] Vgl. Burigana, La commissione 33–42; ders., La Bibbia nel Concilio 171–253.
[266] Zur Arbeit der Gemischten Kommission s. Feiner, Contribution 136–153.

Schrift (latius patere vel plus continere), das heißt von den zwei Quellen der Offenbarung, sowie das supranaturalistische Inspirationsverständnis des vom Papst zurückgezogenen Schemas umstritten.[267] Kardinal Liénart, Berichterstatter der Gemischten Kommission, verwies in seinem Bericht vom 21. Januar 1963 auf die Schwierigkeiten, die mit dem Text verbunden sind.[268] Die Rede von den zwei Quellen der Offenbarung wurde vor allem von Kardinal Frings sowie den Theologen Stakemeier, Feiner und Rahner zurückgewiesen. Kardinal Bea betonte die Bedeutung des Alten Testaments für die Kirche im Blick auf ihren Dialog mit den Juden. Eine Minderheit vertrat eine konstitutive Funktion der Tradition gegenüber der Schrift. Die Mehrheit tendierte dagegen zu einer interpretativen Funktion der Tradition. In seinen „Beobachtungen zum Schema der Konstitution ‚De Revelatione'"[269] forderte Congar eine Verbesserung des Schemas, die vor allem zu einer Klärung des umstrittenen Traditionsbegriffs führen müsse.[270]

Erst am 1. März 1963 entschied eine große Mehrheit der Gemischten Kommission, die Frage nach dem Verhältnis von Schrift und Tradition offen zu lassen.[271] Die Kardinäle Ottaviani, Ruffini sowie Titularerzbischof Pietro Parente konnten sich mit ihrem Ansinnen, die Theorie von den zwei Quellen der Offenbarung lehramtlich festzuschreiben, nicht durchsetzen. Am 27. März 1963 wurde das neue Schema *De divinia revelatione* (Text D) von der Koordinierungskommission gebilligt[272] und am 22. April an die Konzilsväter gesandt. Aufgrund der bis zum 10. Juni 1964 eingegangenen schriftlichen Stellungnahmen[273] erfuhr das Schema eine Überarbeitung. Der neue Text (Text E) war Grundlage der vom 30. September bis zum 6. Oktober 1964 abgehaltenen Konzilsdebatte.

Das Schema vom 22. April 1963 mit seinem veränderten Titel *De divina revelatione* enthält einige Ansätze für ein heilsgeschichtliches und personales Verständnis der Offenbarung. Insgesamt herrscht noch ein an Worten, Taten und Geheimnissen des Lebens Jesu orientiertes intellektualistisches Offenbarungsverständnis vor, was vor allem Weibischof Elchinger in seiner Stellungnahme betonte.[274] Es wird noch nicht wirklich deutlich, dass Offenbarung an erster Stelle das Wort des lebendigen Gottes selbst ist. Der Traditionsbegriff ist weiterhin an der durch Christus geoffenbarten und überlieferten Lehre orientiert. Zwar ist nicht mehr explizit von zwei Quellen (fontes) der Offenbarung die Rede, wohl aber vom „depositum fidei" als Oberbegriff von schriftlicher und mündlicher Überlieferung.

Vom Lehramt heißt es, dass es „nicht über dem Wort Gottes steht, sondern ihm dient"[275]. Zugleich wird das Lehramt aber als „regula fidei proxima" und die

---

[267] Zur Diskussion s. Sauer, Erfahrung und Glaube 221–250.
[268] Vgl. AS V/1, 60–62; Liénart, Vatican II.
[269] Datiert vom 29. Juni 1963, verbreitet vom niederländischen Zentrum DO-C.
[270] Vgl. Grootaers, Zwischen den Sitzungsperioden 458.
[271] Zu den persönlichen Angriffen von Kardinal Ottaviani auf Kardinal Bea und André M. Charue, Bischof von Namur, vgl. Grootaers, Zwischen den Sitzungsperioden 459.
[272] Die Relatio erfolgte durch Kardinal Liénart.
[273] Dokumentiert in AS III/3, 792–919.
[274] Vgl. AS III/3, 829–830.
[275] Vgl. AS V/1, 440: „non supra verbum Dei est, sed eidem ministrat".

Glaubensüberlieferung als „regula remota" bezeichnet.[276] Der „sensus fidelium" wird dem Lehramt der Kirche subordiniert[277], wogegen sich eine ganze Reihe von Stellungnahmen richtet. Die Frage nach dem Verhältnis von Schrift und Tradition blieb offen. Inspiration und Irrtumslosigkeit der Schrift werden weiterhin supranaturalistisch bestimmt. Gott erscheint als „auctor principalis" der Schrift, die Hagiographen als seine menschlichen „Instrumente"[278]. Ohne nähere Differenzierungen wird die Historizität der Evangelien betont.[279] Die Aussagen zur Exegese bleiben im Sinne einer affirmativen „katholischen Schriftauslegung"[280] restriktiv.

7. Die Debatte in der 3. Sitzungsperiode[281]

In seiner Schlussrede zur 2. Sitzungsperiode kündigte Paul VI. am Mittwoch, den 4. Dezember 1963 überraschend an, dass das Schema *De divina revelatione* zu den Aufgaben der 3. Sitzungsperiode gehören wird.[282] Viele Konzilsväter waren überrascht, weil sie meinten, den ersten Text des Schemas *De revelatione*, der wenig befriedigte, in aller Stille begraben zu können.[283] Doch hatte Giovanni B. Kardinal Montini schon vor seiner Wahl zum Papst in der 1. Sitzungsperiode erklärt, dass der Text des Offenbarungsdekrets für das gesamte Konzil entscheidend sei.[284] Zwischenzeitlich hatte sich eine Gruppe von französischen und italienischen Konzilsvätern unter Führung von Kardinal Florit dafür ausgesprochen, zentrale Teile des Offenbarungsschemas in die Konstitution über die Kirche aufzunehmen. Dies hätte zur Folge gehabt, dass sich das Konzil nicht eigens zu dem für ihre Verkündigung so zentralen Thema der Offenbarung geäußert hätte. Durch die Entscheidung des Papstes wurde eine ekklesiozentrische Engführung des Konzils verhindert.

Am 3. Januar 1964 wurde Kardinal Ottaviani von Kardinal Felici darüber informiert, dass die Koordinierungskommission eine Überarbeitung des Schemas *De divina revelatione* unter Berücksichtigung der Voten der Konzilsväter wünsche. Am 7. März 1964 errichtete die erweiterte Theologische Kommission, die sich inzwischen mit den nahezu 300 schriftlich eingegangen Voten der Konzilsväter zu diesem Schema beschäftigt hatte, für das Schema *De divina revelatione* eine eigene Subkommission.[285] Diese Kommission wurde präsidiert von Bischof Charue von Namur, dem Umberto Betti als Sekretär zur Seite stand. Dazu kamen

---
[276] Ebd.
[277] Ebd.
[278] Vgl. AS V/1, 441.
[279] Vgl. AS V/1, 443.
[280] Vgl. ebd.
[281] Zur Debatte in der 3. Sitzungsperiode vgl. Sauer, Erfahrung und Glaube 315–347; ders., I problemi della dottrina 229–236; Burigana, La Bibbia nel Concilio 255–361.
[282] Vgl. AS II/6, 566.
[283] Vgl. Seeber, Das Zweite Vaticanum 93 f.
[284] Vgl. Sauer, Die dogmatische Konstitution *Dei Verbum* 234 f.
[285] Vgl. Betti, Commento 63; Moeller, Le texte du chapitre II 310 f.

die beiden Sekretäre der Theologischen Kommission Tromp und Philips. Mitglieder der Kommission waren Kardinal Florit, Jan van Dodewaard, Bischof von Haarlem, Francesco Barbado y Viejo, Bischof von Salamanca, George-Leo Pelletier, Bischof von Trois-Rivières, Joseph Heuschen, Weihbischof von Lüttich, Abt Butler sowie als Periti Giorgio R. Castellino, Cerfaux, Carlo Colombo[286], Congar, Rosarius Gagnebet, Salvatore Garofalo, Grillmeier, Alexander Kerrigan, Charles Moeller, Albert Prignon[287], Santiago M. Ramiréz, Rahner, Ratzinger, Béda Rigaux, Heribert Schauf, Semmelroth, Piet F. Smulders und Lorenzo Turado.[288]

Die erste Sektion der Kommission (Vorsitzender Kardinal Florit) überarbeitete Vorwort und Kapitel I. Es entstanden ein neues Vorwort und die beiden Kapitel „De ipsa revelatione" und „De divinae revelationis transmissione". Viele Bischöfe hatten gewünscht, das Vorwort zu erweitern, um zunächst das Verständnis von Offenbarung und ihres Gegenstand zu klären. Die Offenbarung enthalte nicht nur Wahrheiten über Gott, sondern Gott selbst, der sich nicht nur durch Worte offenbare, sondern vor allem durch die von ihm in der Heilsgeschichte vollbrachten Taten. In diesem Sinne äußerten sich vor allem Maurice Baudoux, Erzbischof von Saint-Boniface, Jean J. Weber, Erzbischof von Straßburg, der maronitische Patriarch Paul Méouchi und verschiedene deutsche, indonesische und französische Bischöfe.[289]

Am 22. April wurde beschlossen, das Vorwort im Sinne der Eingaben umzuarbeiten. Das neue erste Kapitel sollte den Titel „De ipsa revelatione" tragen und von einem kurzen Vorwort eingeleitet werden. Das bisherige erste Kapitel wurde damit zum zweiten Kapitel mit der Überschrift „De divinae revelationis transmissione". Die zweite Sektion (Vorsitzender Bischof Charue) bearbeitete die übrigen Kapitel. Der revidierte Text des Schemas erhielt die generelle Billigung des Einheitssekretariats, worüber die Theologische Kommission am 30. Mai 1964 durch Bischof Willebrands informiert wurde. Während das neue erste Kapitel in der Vollversammlung der Kommission im Juni 1964 ohne große Schwierigkeit angenommen wurde, blieb vor allem die Frage der materialen Schriftsuffizienz, zu der sich nicht nur Betti in seiner Relatio zu Kapitel II, sondern auch Rahner (positiv) und Schauf (negativ) in Spezialrelationen äußerten, umstritten. Mit 17 gegen 7 Stimmen wurde das überarbeitete Schema angenommen.

Man einigte sich darauf, dass zur Präsentation des neuen zweiten Kapitels vor den Konzilsvätern zwei Relationes vorbereitet werden.[290] Am 26. Juni wurde der überarbeitete Text des Schemas von der Zentralen Koordinierungskommission angenommen. Am 3. Juli 1964 ordnete Paul VI. an, dass die nunmehr zweite Form des Schemas *De divina revelatione* (Text E)[291] dem Konzil zur Diskussion

---

[286] Er wurde noch am Tag der Errichtung der Subkommission zum Bischof von Vittoriana ernannt.
[287] Das Konzilstagebuch der 4. Tagungsperiode des Rektors vom Pontificio Collegio Belga haben Leo Declerck und André Haquin herausgegeben (2003). Vgl. Prignon, Journal conciliaire.
[288] Vgl. Sauer, Die dogmatische Konstitution *Dei Verbum* 235.
[289] Vgl. AS III/3, 805–807.852–854.885–887.
[290] Vgl. Moeller, Le texte du chapitre II 327.
[291] Vgl. AS V/2, 589 f.634–641.

vorgelegt und der Text den Konzilsvätern zugestellt werden solle.[292] Das überarbeitete Schema[293] ist stärker von einem heilsgeschichtlichen, personalen und dialogischen Verständnis der Offenbarung bestimmt.[294] Die Tradition (Sacra Traditio) wird als lebendige Überlieferung (Viva Traditio) der Offenbarung verstanden.[295] Die Schrift wird als „Seele der Theologie"[296] bezeichnet. Die Hagiographen sind als echte Verfasser anerkannt.[297] Der enge Zusammenhang zwischen Inspiration und Irrtumslosigkeit ist gelockert. Die Wahrheit der Schrift wird als Heilswahrheit (veritas salutaris) bezeichnet.[298] Zum Verständnis der Schrift bedarf es der exegetischen Forschung.[299] Dem Lehramt der Kirche kommt die Aufgabe der authentischen, verbindlichen Interpretation von Schrift und Tradition zu.[300]

Im Namen der Majorität der Gemischten Kommission empfahl Kardinal Florit in seiner Relatio vom 30. September 1964 das Schema *De divina revelatione* zur Annahme.[301] Das II. Kapitel, das sich mit der Weitergabe der Offenbarung befasst, bezeichnet Kardinal Florit als Zentrum des ganzen Schemas, weist aber zugleich darauf hin, dass die Frage des Verhältnisses von Schrift und Tradition bewusst offen gelassen werde. Franjo Franić, Erzbischof von Split und Makarska, übernahm die Relatio im Namen der Minorität.[302] Am 2. Oktober sprach Bischof van Dodewaard in seiner Relatio im Namen der Majorität zum dritten bis sechsten Kapitel des Schemas.[303]

Zwischen Minorität und Majorität blieben die Frage der materialen Schriftsuffizienz und der Traditionsbegriff umstritten (interpretative oder konstitutive Tradition).[304] Beim Verständnis der Inspiration und der Irrtumslosigkeit (Inerranz) der Schrift sowie der Historizität der Evangelien zeigte sich, dass noch weiterer Klärungsbedarf bestand.[305] Kardinal Meyer lobte den im überarbeiteten Schema

---

[292] Vgl. Caprile, Il Concilio 4, 109.
[293] Vgl. Sauer, Erfahrung und Glaube 310–313; ders., Die dogmatische Konstitution *Dei Verbum* 236–238; Vilanova, Die Intersessio 498–500.
[294] Dies gilt vor allem für das neue Kapitel I (Art. 2–6), das schon weitgehend dem endgültigen Text entspricht (AS V/2, 580 f.).
[295] Vgl. Dupuy, Historique de la Constitution 94.
[296] Vgl. AS V/2, 588.
[297] Vgl. AS V/2, 583.
[298] Vgl. Knoch, Gott sucht den Menschen 180.
[299] Vgl. AS V/2, 584.
[300] Vgl. AS V/2, 583.
[301] Zur Relatio von Kardinal Florit vgl. die Analyse von Sauer, I problemi della dottrina 232–234.
[302] Vgl. dazu Moeller, Le texte du chapitre II 328 f.
[303] Vgl. die Notiz im Tagebuch von Semmelroth: „Ha avuto inizio il dibattito sullo schema *De revelatione*. All'inizio Franić! Ha tenuto ancora una volta una relazione negativa. È un vero e proprio reazionario, come mi ha raccontato un vescovo jugoslavo al bar e come noi abbiamo anche sperimentato a sufficienza nella commissione teologica. Proprio il fatto che sia stato lui a pronunciare la relazione negativa è stato però, da un punto di vista psicologico, molto opportuno. Infatti egli è già noto dalla volta precedente. La relazione positiva dell'arcivescovo di Firenze è stata molto più efficace a avrà il suo effetto." Zitiert nach Sauer, I problemi della dottrina 236.
[304] Vgl. Sauer, I problemi della dottrina 242–245; Moeller, Le texte du chapitre II 331 f.
[305] Vgl. die Stellungnahmen von Kardinal Meyer (AS III/3, 283 f.), Weihbischof Heuschen (AS III/3, 317–321) und Abt Butler (AS III/3, 353–355). S. dazu Sauer, I problemi della dottrina 246–257.

berücksichtigten Begriff einer „lebendigen, dynamischen und umfassenden Tradition"[306], wies aber zugleich darauf hin, dass die Traditionen der Kirche auch der Gefahr von Schuld, Fehlentwicklungen und Verstellungen ausgesetzt seien.[307] Kardinal Léger lobte, dass das neue Schema die Theorie von den „zwei Quellen" der Offenbarung vermeide, äußerte aber Vorbehalte gegenüber der Rede vom „Wachstum" der apostolischen Tradition. Dadurch werde der Unterschied zwischen der apostolischen Tradition und dem kirchlichen Lehramt verundeutlicht.[308]

Einige Konzilsväter machten Vorschläge, um den dialogischen und trinitarischen Charakter der Offenbarung noch stärker zu betonen.[309] Am 3. Oktober erfolgte die Intervention von Neofito Edelby. Der melkitische Erzbischof von Edessa wies auf die Begrenztheit der kontroverstheologischen Perspektive hin, in der das Offenbarungsschema immer noch gefangen sei. Es müsse stärker berücksichtigt werden, dass die Schrift nicht nur ein Buch, sondern eine liturgische und prophetische Wirklichkeit darstellt und der Heilige Geist Prinzip der Schriftinterpretation sei.[310] Am 5. Oktober erfolgte die Stellungnahme von Bischof Volk, die vor allem das sechste Kapitel über die Schrift im Leben der Kirche betraf. Volk wandte sich noch einmal gegen ein Verständnis von Offenbarung als Mitteilung übernatürlicher göttlicher Wahrheit und betonte den personalen Charakter der Offenbarung als Selbstmitteilung Gottes, verwies zudem auf die Begegnung mit dieser Offenbarung in der Liturgie und die Bedeutung des Glaubens als Antwort auf Gottes Offenbarung.[311] Trotz gewisser Schwächen bedeutete das neue Schema einen radikalen Perspektivenwechsel im Offenbarungsverständnis, von der Offenbarung als Mitteilung übernatürlicher Glaubenswahrheiten hin zur Offenbarung als Selbstmitteilung Gottes.

8. Die Debatte in der 4. Sitzungsperiode[312]

Die Einarbeitung der Modi durch die Subkommission erfolgt vom 20.–21. Oktober 1964, Revision und Annahme des Textes durch die gesamte Theologische Kommission vom 10.–11. November. Der aufgrund mündlicher Voten und schriftlicher Eingaben überarbeitete Text (Text F) wurde schon am 20. November 1964 den Konzilsvätern zugestellt. Er konnte aber nicht mehr beraten werden, da schon am folgenden Tag die Schlusssitzung der 3. Sitzungsperiode stattfand. So wurde über die vierte Form des Schemas *De divina revelatione* erst in der 4. Sit-

---

[306] AS III/3, 150.
[307] Vgl. AS III/3, 150 f.
[308] Vgl. AS III/3, 182–185.
[309] So Lorenz Kardinal Jaeger, Erzbischof von Paderborn (AS III/3, 195–197) und Lorenz J. Shehan, Erzbischof von Baltimore (AS III/3, 199–201).
[310] Vgl. AS III/3, 306–309.
[311] Vgl. AS III/3, 344 f. Zu den Reden von Erzbischof Edelby und Eduard Schick, Weihbischof von Fulda, siehe Sauer, Erfahrung und Glaube 338 f.
[312] Vgl. dazu Burigana, La Bibba nel Concilio 363–434; Theobald, La chiesa sotto la Parola di Dio.

zungsperiode beraten und mit placet, placet iuxta modum und non placet abgestimmt (20.–22. September 1965). Erzbischof Franić verlas den Kommissionsbericht im Namen der Minorität. Darin sprach er sich erneut für eine materiale Insuffizienz der Schrift und eine konstitutive, nicht nur interpretative Tradition aus.[313] Der Text erreichte zwar die erforderliche 2/3 Mehrheit, stieß aber bei der Konzilsminorität weiterhin auf Widerstand.[314] 2179 Konzilsväter stimmten mit placet, 45 mit non placet und 324 mit placet iuxta modum.

Nach der Diskussion neuer, von einzelnen Konzilsvätern eingebrachter Modi sowie eigener Modi des Papstes[315], über die Kardinalstaatssekretär Amleto G. Cicognani den Präsidenten der Theologischen Kommission am 18. Oktober 1965 informierte[316], wurde der Text nach der Debatte in der Theologischen Kommission (19. Oktober 1965)[317] in der Sitzung am 29. Oktober erneut zur Abstimmung gestellt (Text G).[318] Nach der Abstimmung über die Modi stimmten 2081 Konzilsväter mit placet, 27 mit non placet, 1 mit placet iuxta modum.[319] Noch am Vortag der Abstimmung hatte eine Gruppe, die sich „Coetus internationalis Patrum" nannte, eine negative Beurteilung des Offenbarungsschemas verteilen lassen. Sie betraf vor allem das zweite und dritte Kapitel.[320]

Die umstrittenen Interventionen des Papstes betrafen das Verhältnis von Schrift und Tradition, die Frage der Irrtumslosigkeit der Schrift sowie die Historizität der Evangelien. Um das Gewicht der Tradition gemäß dem Wunsch des Papstes aufzuwerten, fügte die Theologische Kommission in Art. 9 den Zusatz ein: „dass die Kirche ihre Gewissheit über alles Geoffenbarte nicht aus der Heiligen Schrift allein schöpft"[321]. Für diesen Zusatz stimmten 19 Mitglieder der Kommission, 9 dagegen, eine Stimme war ungültig.[322] In Art. 11 über die Irrtumslosigkeit der Schrift ersetzte die Kommission den bei mehr als 200 Konzilsvätern umstrittenen Ausdruck „veritas salutaris" durch die Aussage „die Wahrheit, die Gott um unseres Heiles willen in heiligen Schriften aufgezeichnet haben wollte"[323]. Um den historischen Wert der Evangelien anzuerkennen, versah die Theologische Kommission den Text von Art. 19 mit dem Zusatz „deren Geschichtlichkeit sie [die Kirche, H. H.] ohne Bedenken bejaht"[324]. Am 18. November 1965

---

[313] Zur weiteren Debatte des Schemas De divina revelatione in der 4. Sitzungsperiode vgl. die einzelnen Hinweise im Teil B dieses Kommentars.
[314] Vgl. AS IV/2, 10.54.350.
[315] Vgl. Caprile, Tre emendamenti 213–23; Moeller, Le texte du chapitre II 337–343; Zerwick, Konzil und Bibelauslegung 212.
[316] Zum Brief von Kardinal Cicognani vgl. Theobald, La chiesa sotto la parola di Dio 332–342.
[317] Vgl. Theobald, La chiesa sotto la parola di Dio 342–347.
[318] Vgl. AS IV/5, 753.
[319] Zur abschließenden Relatio und Abstimmung vgl. Theobald, La chiesa sotto la parola di Dio 347–350.
[320] Vgl. Moeller, Le texte du chapitre II 343.
[321] „quo fit ut Ecclesia certitudinem suam de omnibus revelatis non per solam Sacram Scripturam hauriat".
[322] Vgl. Moeller, Le text du chapitre II 341.
[323] „veritatem, quam Deus nostrae salutis causa Litteris Sacris consignari voluit".
[324] „quorum historicitatem incunctanter affirmat".

erfolgten in öffentlicher Sitzung die Schlussabstimmung (2344 Konzilsväter stimmten mit placet, 6 mit non placet[325]) sowie die Approbation und Proklamation durch Papst Paul VI.[326]

---

[325] Vgl. AS IV/6, 687.
[326] Vgl. ebd; Dizionario del Concilio 330 f.

B. Kommentierung

Die Konstitution gliedert sich in ein Vorwort (Art. 1) und sechs Kapitel: I. Die göttliche Offenbarung (Art. 2–6), II. Die Weitergabe der göttlichen Offenbarung (Art. 7–10), III. Die göttliche Inspiration und die Auslegung der Schrift (Art. 11–13), IV. Das Alte Testament (Art. 14–16), V. Das Neue Testament (Art. 17–20), VI. Die Heilige Schrift im Leben der Kirche (Art. 21–26). Die „Bekanntmachung" des Generalsekretärs des Konzils vom 15. November 1965 antwortet auf die Frage nach dem Verbindlichkeitsgrad der Lehre über die göttliche Offenbarung. Adressat der Konstitution sind nicht nur jene, die zum Glauben gekommen sind und unter dem Wort Gottes stehen, sondern alle Menschen. Der Horizont der Konstitution über die göttliche Offenbarung ist ebenso universal wie derjenige der Kirchenkonstitution[1], der Pastoralkonstitution[2] und der Erklärung *Nostrae aetate*[3]. Am Anfang aller drei Konstitutionen sowie der für die Konzilsprogrammatik wichtigen Erklärung über die Haltung der Kirche zu den „nichtchristlichen Religionen" steht damit der Dialog mit der Welt, den Völkern, Kulturen und Religionen. In DV ist eine umfassende heilsgeschichtliche Perspektive bestimmend, im Unterschied zum Schema *De fontibus revelationis*, aber auch zum 1. Vatikanischen Konzil, das in seiner Konstitution über den katholischen Glauben von der natürlichen Gotteserkenntnis ausgeht und erst im Anschluss daran auf Gottes geschichtliche Offenbarung zu sprechen kommt.[4]

Vorwort

DV 1 Schon im Vorwort stellt sich das Konzil unter die Autorität des Wortes Gottes, das es „erfürchtig hört und getreu verkündet" (religiose audiens et fidenter proclamans). Die meisten Übersetzungen und Kommentatoren geben das „fidenter proclamans" mit „voll Zuversicht" wieder, bringen es also mit der biblischen „παρρησία" (Joh 18, 20; Apg 4, 29) in Verbindung.[5] Dadurch kommt allerdings die *Treue* zum überlieferten Wort Gottes nicht zum Ausdruck.[6] Wie der weitere Text von DV zeigt, ist mit dem Wort Gottes nicht nur das Wort der Verkündigung, sondern vor allem das gleichwesentliche Wort Gottes (Verbum Dei)

---

[1] Vgl. LG 1.
[2] Vgl. GS 1.
[3] Vgl. NA 1.
[4] Vgl. DH 3001–3007.
[5] Vgl. auch Latourelle, La Révélation et sa transmission 8.
[6] Vgl. LThK.E 2, 505; Lubac, Göttliche Offenbarung 42.

in Person gemeint (Offb 19, 13; 1 Joh 1, 1). Wegen dieser christologischen Sinnspitze empfiehlt es sich, die beiden Worte des Initium, die im offiziellen Text in Kapitälchen gesetzt sind, groß zu schreiben.[7]

Als hörende steht die Kirche mit ihrem Lehramt unter dem Wort Gottes, wie es expressis verbis in DV 10 heißt: „Dieses Lehramt steht also nicht über dem Wort Gottes, sondern dient ihm, indem es nur lehrt, was überliefert ist, insofern es jenes nach göttlichem Auftrag und mit dem Beistand des Heiligen Geistes fromm hört, heilig bewahrt und treu darlegt." Der dem kirchlichen Lehramt aufgetragene „Dienst am Wort" (Lk 1, 2) beginnt von daher mit dem Hören. Inhalt der Verkündigung ist die Botschaft des Heils. Sie umfasst das, was die Apostel „gesehen und gehört haben" (1 Joh 1, 3) und was sie bezeugen. In der Gegenüberstellung der aus geschichtlicher Zeugenschaft kommenden „Verkündigung des Heiles" (salutis praeconium) und der hörenden Kirche drückt sich die für die Kirche Christi konstitutive Differenz zwischen apostolischer und nachapostolischer Zeit aus.[8] Die Wendung „die Hochheilige Synode folgt den Worten des Hl. Johannes" (Sacrosancta Synodus verbis S. Ioannis obsequitur) wurde aufgrund einer Eingabe von Gregorio Modegro y Casáus, Erzbischof von Barcelona, in den Text eingefügt. Gleich zu Beginn der Konstitution wird damit die kirchliche Verkündigung auf die Heilige Schrift als ihren primären Bezugspunkt verpflichtet.[9] Von der Heiligen Schrift heißt es am Ende der Konstitution, dass sie das Wort Gottes enthalte (DV 24).

Das Zentrum der bezeugten Botschaft ist „das ewige Leben, das beim Vater war und uns erschienen ist" (1 Joh 1, 2). Inhalt der Offenbarung ist das ewige Leben und damit Gott selbst. In einem schriftlichen Votum lobte der maronitische Patriarch Méouchi den personalen Charakter, der dem Text durch das Zitat aus dem 1. Johannesbrief gegeben wird. Bei dem verworfenen Schema *De fontibus revelationis* drohte dagegen „der persönliche Gott hinter den geoffenbarten Wahrheiten"[10] zu verschwinden. Gottes Offenbarung in Jesus Christus ist Gottes Selbstoffenbarung.[11] Ziel der Offenbarung ist die Gemeinschaft mit dem Vater und dem Sohn im Geist. In seiner Relatio vom 30. September 1964 sagte Kardinal Florit über diese Wahrheit, sie erschöpfe sich nicht „auf der Ebene des Intellekts; sie verlangt vielmehr, dass sie durch Christus und in Christus in die lebendige Praxis übergeführt wird, durch die Gemeinschaft mit der Heiligsten Dreifaltigkeit; diese nämlich ist eine wahrhaft interpersonale Gemeinschaft"[12]. Mit dem

---

[7] Vgl. Voderholzer, Geleitwort XIII. – Abweichend von Bd. 1 wird im vorliegenden Kommentar (wie in Bd. 2) aus den erwähnten theologischen Gründen die Schreibweise *Dei Verbum* verwendet.
[8] Vgl. Stakemeier, Konzilskonstitution 173.
[9] Vgl. Gnilka, Biblische Exegese 5.
[10] AS III/3, 932 f.
[11] Den Gedanken, dass Gott in seiner Offenbarung primär nicht einzelne Wahrheiten mitteilt, sondern darin sich selbst offenbart, hat mit Nachdruck Bischof Volk in die Debatte vom 6. Oktober 1964 eingebracht. Vgl. AS III/3, 344.
[12] AS III/3, 134: „Quae quidum veritas ... minime in ordine exhauritur; quinimmo exigit ut, in Christo et per Christum, in praxim deducatur, per communionem cum SS. Trinitatem: quae ideo vere interpersonalis est communio."

Begriff „Verkündigung des Heiles" wird die unauflösliche Einheit von Offenbarung und Heil herausgestellt.[13]

DV geht es darum, den Spuren des Trienter und des Ersten Vatikanischen Konzils folgend (Conciliorum Tridentini et Vaticani I inhaerens vestigiis) die „echte Lehre über die göttliche Offenbarung und über deren Weitergabe vorzulegen". Dies geschieht vor allem in den ersten beiden Kapiteln. Mit der Formel „Concilii Vaticani I inhaerens vestigiis", die im revidierten Text des Schemas *De revelatione* erstmals erscheint[14], sollten Befürchtungen der Konzilsminorität, die neue Konstitution über die göttliche Offenbarung würde die Kontinuität in der Lehre aufgeben[15], zerstreut werden.[16] Die Offenbarungskonstitution des 2. Vatikanischen Konzils will nicht das geschichtliche Glaubensbewusstsein überspringen, vielmehr bemüht sie sich um eine Kontinuität in der Darlegung der kirchlichen Offenbarungslehre. Es geht DV freilich nicht bloß um eine Bestätigung der Lehre der beiden vorangegangenen Konzilien. Die Anknüpfung an das Trienter und das 1. Vatikanische Konzil geschieht unter veränderten Verstehensbedingungen. Dies führt dazu, dass die Lehre durch das 2. Vatikanische Konzil fortgeschrieben, vertieft und in ihrer Engführung korrigiert wird. Karl Barth hat deshalb vorgeschlagen „inhaerens vestigiis" mit „von den Spuren jener Konzilien her vorwärtsgehend" zu übersetzen.[17] Mit „inhaerens vestigiis" ist eine „Relecture" der einschlägigen Texte des Trienter und des 1. Vatikanischen Konzils gemeint.[18] Darin unterscheidet sich der Text der Konstitution deutlich vom ursprünglichen Offenbarungsschema.

Die Konstitution zielt nicht, wie das Zitat 1 Joh 1, 2 f. vielleicht vermuten lässt, auf die alltägliche christliche Verkündigung, sondern beabsichtigt eine Darlegung der christlichen Offenbarungslehre, in der unter anderem die formalen Voraussetzungen der Verkündigung geklärt werden: Offenbarung, Überlieferung, Schrift, Inspiration etc.[19] Die Darlegung der Offenbarungslehre erfolgt allerdings in pastoraler Absicht, mit dem Ziel, dass „die gesamte Welt im Hören auf die Verkündigung des Heiles glaubt, im Glauben hofft, im Hoffen liebt". Hierbei handelt es sich um ein Zitat des heiligen Augustinus aus einer Katechese des Kirchenvaters, in der die innere Einheit der drei göttlichen Tugenden aufgezeigt wird.[20] Der Konzilstheologe Ratzinger sieht im Lehrcharakter von DV und seinem pastoralen Ziel das „Dilemma von kerygmatischer und doktrineller Intention"[21] und vermutet dahinter das eigentliche Dilemma des Konzils, nämlich den „Widerstreit zwischen pastoralem Wollen und doktrineller Aufgabe"[22]. Sicherlich ist es richtig, dass das Prooemium durch die Kürzung seiner ausführlichen keryg-

---
[13] Vgl. Lubac, Göttliche Offenbarung 44 f. 52 f.
[14] Vgl. AS IV/5, 682.
[15] Vgl. das schriftliche Votum von Kardinal Siri: AS IV/2, 951.
[16] Vgl. AS III/3, 70.
[17] Vgl. Barth, Ad Limina Apostolorum 49 = Conciliorum tridentini et vaticani I 514.
[18] Vgl. Ratzinger, Kommentar 505.
[19] Vgl. Lubac – Cattaneo, „Dei Verbum" vent'anni dopo 390.
[20] Vgl. Aug., catech. rud. 4, 8: PL 40, 316.
[21] Ratzinger, Kommentar 505.
[22] Ebd. 506.

matischen Fassung in Text D etwas von seinem inneren Zusammenhang verloren hat. Doch ist in der Verbindung von Dogma (Lehre) und Pastoral (Verkündigung) gerade der spezifische Charakter des Konzils zu sehen.[23] Dadurch unterscheidet es sich von den vorangegangenen Lehrkonzilien. Das übersieht Peter Eicher, der in den Aussagen des Konzils eine „schillernde Doppelsinnigkeit von Verkündigung, Pastoral und Doktrin"[24] erkennt.

Erstes Kapitel
Die Offenbarung selbst

Entsprechend dem universalen Horizont, der durch das Vorwort eröffnet wird, erörtert das erste Kapitel (De ipsa revelatione) das Grundgeschehen der Heilsoffenbarung Gottes. Leitend ist dabei ein dialogisches Verständnis der Offenbarung, in dessen Zentrum der Gedanke der Selbstmitteilung Gottes steht.

[1. Offenbarung als Selbstmitteilung Gottes][25]

DV 2 Gottes Offenbarung hat einen theozentrischen, personalen, geschichtlichen und zugleich christozentrischen Charakter.[26] Subjekt und Inhalt der Offenbarung ist Gott selbst.[27] Von ihm geht alles Offenbarungsgeschehen aus. In „seiner Güte und Weisheit" hat es Gott gefallen, „Sich selbst zu offenbaren" (Seipsum revelare) und „das heilige Geheimnis (sacramentum) seines Willens" kundzutun. Betont wird damit zugleich Gottes Transzendenz und seine freie Selbsterschließung. Der Text verweist auf den in Eph 1, 9 angesprochenen Heilsplan Gottes, in dem Christus im Voraus dazu bestimmt ist, das Mysterium des göttlichen Willens zu offenbaren. Offenbarung wird damit nicht mehr als Instruktion übernatürlicher Glaubenswahrheiten gedacht, sondern biblisch angemessener als Selbstmitteilung Gottes.[28] Erneut wird so die Einheit von Offenbarung und Heil zum Ausdruck gebracht.[29]

Zugleich hebt der Text auf das durch das Offenbarungsgeschehen begründete Freundschaftsverhältnis zwischen Gott und Mensch ab. So heißt es, dass der un-

---

[23] Vgl. Hoping, Die Kirche im Dialog.
[24] Vgl. Eicher, Offenbarung, 485.489 f. Gegen die verbreitete Interpretation, in der Verbindung von Dogma (Lehre) und Pastoral (Verkündigung) bzw. Offenbarung, Glaube und Erfahrung das eigentliche Dilemma des Konzils zu sehen, wendet sich auch Sauer, Erfahrung und Glaube 357–378.
[25] Die Zwischenüberschriften finden sich nicht in der verabschiedeten Fassung des Textes; sie wurden vom Verfasser hinzugefügt. Sie sind durch eckige Klammern kenntlich gemacht.
[26] Vgl. Voss, Die dogmatische Konstitution „Über die göttliche Offenbarung" 31–33.
[27] Zum Einfluss Rahners auf das 1. Kapitel von DV s. Smulders, Die Offenbarung selbst.
[28] Vgl. Latourelle, La Révélation et sa transmission 40; Fries, Kirche und Offenbarung Gottes; Ott, Die Offenbarung Gottes; O'Collins, Rivelazione.
[29] Vgl. Lubac, Göttliche Offenbarung 58.

sichtbare Gott, dessen wahres Ebenbild Christus, der Erstgeborene der Schöpfung ist (Kol 1, 15), in seiner Offenbarung die Menschen aus überströmender Liebe anspricht wie Freunde (tamquam amicos alloquitur) und mit ihnen kommuniziert (conversare), um sie einzuladen und aufzunehmen in seine Gemeinschaft.[30] Die Verwendung des Freundschaftsgedankens unterstreicht den personalen Charakter von Gottes Offenbarung.[31] Der Freundschaftsgedanke spielt in der Weisheitsliteratur und bei Philo von Alexandrien[32] eine zentrale Rolle und dient im Johannesevangelium dazu, das freie Verhältnis zwischen Gott und Mensch zu bezeichnen (Joh 15, 14 f.). Das Baruchzitat (Bar 3, 38) erinnert daran, dass Gott mit seiner Weisheit unter den Menschen wohnt und in Christus diese Einwohnung Gottes in ihre Fülle gekommen ist.[33] Christus ist die menschgewordene Weisheit Gottes in Person.[34]

Anders als im 1. Vatikanischen Konzil wird die Offenbarung nicht mehr in einer abstrakten Weise als Mitteilung der „Dekrete des göttlichen Willens" verstanden.[35] Vielmehr ist die Gesamtbeziehung zwischen dem sich offenbarenden Gott und den Menschen als eine Beziehung der Liebe und der Freundschaft gekennzeichnet. Eine solche Beziehung kann letztlich nur „erzählend bezeugt werden"[36]. Im ersten Kapitel wird deshalb auf die Geschichte der Offenbarung verwiesen, indem die wichtigsten Ereignisse (Schöpfung, Berufung Abrahams, Sendung der Propheten, Jesus Christus) dieser Geschichte genannt werden.[37] Bei der Beschreibung der Offenbarung Gottes als Dialog mit den Menschen hat man sich wahrscheinlich von der Enzyklika *Ecclesiam suam*[38] inspirieren lassen.[39]

Für die Schlusswendung von DV 2 wünschten manche Konzilsväter (u. a. Kardinal Döpfner) eine trinitarische Formel. Diese wurde abgelehnt, da die Trinität schon im ersten Satz von DV 2 erwähnt wird. Die trinitarische Struktur der Offenbarung hebt DV 2 mit Hilfe von Eph 2, 18 und 2 Petr 1, 4 hervor: Durch Christus, das fleischgewordene Wort, haben wir im Heiligen Geist Zugang zum Vater und erhalten Anteil an der göttlichen Natur. Die Gemeinschaft, in die wir

---

[30] Die Gemeinschaft mit Gott als Zielbestimmung der Offenbarung zu nennen, geht auf eine Anregung von Bischof Colombo zurück. – In NA 3 findet sich im Kontext der Aussagen zum Islam die Erklärung, dass der allmächtige Gott, der Schöpfer des Himmels und der Erde, die Menschen angesprochen hat (homines allocutum). Dieser universale Horizont der geschichtlichen Selbstweisung Gottes bestimmt auch die Aussagen von DV.
[31] Vgl. Sauer, Erfahrung und Glaube 537 f., mit Verweis auf R. Schnackenburgs Kommentar zum Johannesevangelium. Schon in der Sinaioffenbarung an Mose (Ex 33, 11; LXX) begegnet der Gedanke der Freundschaft.
[32] Vgl. seine Interpretation von Ex 33, 11.
[33] Vgl. Kol 1, 19; von DV 2 nicht zitiert.
[34] Vgl. Latourelle, Théologie 353: „Le Christ est la Sagesse de Dieu qui habite parmi les hommes et converse avec eux."
[35] *Dei Filius* spricht noch von den „aeterna voluntatis suae decreta" (DH 3004). – Nach Heinrich Ott hat aber auch das 1. Vatikanische Konzil schon den personalen und ereignishaften Charakter der Offenbarung betont; vgl. Ott, Die Lehre des 1. Vatikanischen Konzils 51.
[36] Hünermann, Dogmatische Prinzipienlehre 187.
[37] Vgl. ebd.
[38] Vgl. AAS 56 (1964) 641 f.
[39] Vgl. Lubac, Göttliche Offenbarung 62.

als Menschen berufen sind, ist die Gemeinschaft der göttlichen Trinität.[40] Vorausgesetzt ist dabei, was erst am Ende des zweiten Artikels explizit gesagt wird, dass nämlich Christus die „Fülle der ganzen Offenbarung" (plenitudo totius revelationis) ist und in ihm, dem „Mittler" des Heils, die innerste Wahrheit der über Gott und das Heil des Menschen erschlossenen Wahrheit aufleuchtet. Von Christus als der Fülle der Offenbarung sprach schon der lateinische Text der Enzyklika *Mit brennender Sorge*[41]. So ist die Christozentrik der Konstitution eingebettet in eine trinitarische Konzeption der Offenbarung, deren Hauptinhalte der dreieine Gott, die Inkarnation und Erlösung sowie die Gemeinschaft der Menschen mit Gott bilden.

Das Offenbarungsgeschehen (revelationis oeconomia) ereignet sich in einer Heilsgeschichte (historia salutis) zeichenhaft durch Taten und Worte (gesta et verba), wobei die Geschichte des Heils ihren Höhepunkt in der Verkündigung Jesu, seinem Leben, seinem Tod und seiner Auferstehung hat.[42] „Gesta" wird dem Ausdruck „facta" vorgezogen, weil ersterer stärker personal ausgerichtet ist. Entscheidend ist, dass die Taten und Worte im Offenbarungsgeschehen innerlich miteinander verbunden sind. Gottes Offenbarung stellt eine Einheit von Wort (worthafter Verkündigung) und Tat (Zeichenhandlungen) dar. Die Taten bekräftigen die Worte der Verkündigung, die Verkündigung manifestiert das in den Taten präsente göttliche Geheimnis (mysterium).[43] Die „res" umfassen den Ratschluss Gottes (consilium Dei) und sein geschichtliches Heilshandeln (facta salutaria). In seiner Relatio spricht Kardinal Florit von der „Geschichtlichkeit" und „Sakramentalität der Offenbarung"[44]. Kommentatoren haben von der geschichtlich-sakramentalen Struktur der Offenbarung gesprochen.[45] Es gibt keinen Gegensatz von „Wort-Offenbarung" und „Ereignis-Offenbarung"

Nicht zufällig fällt in DV 2 der Begriff „Heilsgeschichte" (historia salutis). Mehrere Konzilsväter, darunter Georges Hakim, melkitischer Bischof von Akka, und Bischof Ruotolo, wünschten seit November 1962 eine Darlegung zum Thema „Heilsgeschichte". In seiner Ansprache an die Konzilsbeobachter am 17. Oktober 1963 nahm Papst Paul VI. das Anliegen auf und sprach sich für die Ausarbeitung einer „konkreten und geschichtlichen Theologie" aus, die „sich um die Heilsgeschichte kristallisiert"[46]. In der Menschwerdung des Wortes Gottes findet die Heilsgeschichte ihren Höhepunkt, weil Jesus Christus die Fülle der Offenbarung ist. Wenn DV von Heilsgeschichte spricht, setzt es nicht ein bestimmtes heils-

---

[40] Vgl. Latourelle, Théologie 346.
[41] Vgl. AAS 29 (1937) 150.
[42] Mehrere traditionell denkende Konzilsväter, u. a. Fidel García Mertinez, Weihbischof von Pamplona, hätten es vorgezogen, allein von „verba" zu sprechen. Vgl. Lubac, Göttliche Offenbarung 63.
[43] Vgl. Lubac, Göttliche Offenbarung 68.
[44] Vgl. AS III/3, 134.
[45] Vgl. Latourelle, Théologie 348; Ratzinger, Kommentar 506 f.; Stakemeier, Konzilskonstitution 179; Pfeiffer, Gott offenbart sich 138; Sauer, Erfahrung und Glaube 389.
[46] Zitiert nach Zweites Vatikanisches Konzil. 2. Sitzungsperiode 89.

geschichtliches Konzept voraus, sondern stellt den geschichtlichen Charakter des Heilshandeln Gottes heraus.[47]

DV 3 Eine etwas zu kurz geratene Zusammenfassung der Offenbarungs- und Heilsgeschichte vor Christus liefert DV 3. Betont wird noch einmal der geschichtliche Charakter der Offenbarung. Man kann hier von einer gewissen Nähe zu Cullmanns heilsgeschichtlichem Denken sprechen. Doch ist auch die Differenz nicht zu übersehen. Zwischen der Erkenntnis Gottes durch die Schöpfung (Röm 1, 19f.) und seiner geschichtlichen Offenbarung wird deutlich unterschieden. Vorbereitet wird damit die in DV 6 bestätigte Lehre des 1. Vatikanischen Konzils über die natürliche Gotteserkenntnis.[48] Gottes Selbstkundgabe durch die Schöpfung ist von seiner geschichtlichen Offenbarung aber nicht zu trennen. Vielmehr ist sie damit aufs Engste verbunden. So beginnt DV 3 mit einer Aussage über die Schöpfungsmittlerschaft des göttlichen Wortes (Joh 1, 3) und knüpft damit an das Prooemium und den ersten Artikel an: „Gott, der durch das Wort alles erschafft" (Deus, per Verbum omnia creans).[49] Weil Gott die Welt durch das Wort erschafft und sie erhält (et conservans), ist sie ein Zeugnis seiner Wirklichkeit. In den vorausgehenden Textfassungen war die Aussage noch im Praeteritum formuliert. Die Worte „et conservans" wurden erst in letzter Minute eingefügt. Es könnte damit an das in Evolution begriffene Universum gedacht sein. Auf eine Anregung von Constantino Luna, Bischof von Zacapa (Guatemala), geht die Großschreibung von „Verbum" zurück, wodurch die Christozentrik verstärkt wird.[50]

Von der Offenbarung Gottes durch seine Schöpfung hebt DV 3 durch ein „insuper" seine geschichtliche Offenbarung ab. Sie reicht bis in die Anfänge der Menschheit zurück (ab initio), ist seit dem Sündenfall durch Gottes ununterbrochene Heilssorge (sine intermissione) für das gesamte Menschengeschlecht (genus humanum) geprägt und zielt darauf, die Menschen wiederaufzurichten und allen, die das Heil suchen, das ewige Leben zu schenken.[51] Mit dem „protoparentes" (Ureltern bzw. Stammeltern), denen sich Gott am Anfang kundgetan hat, ist keine Entscheidung in der Frage der Abstammung der Menschheit (Monogenismus, Polygenismus) getroffen.[52] Das klare Bekenntnis zum universalen Heilswillen Gottes entspricht dem Anliegen vieler Konzilsväter, gleich zu Beginn der Aussagen über Gottes Offenbarung anzuerkennen, dass sich Gottes Heilswille auf die Welt aller Völker erstreckt (vgl. DV 7).[53] Was in DV 3 nur angedeutet wird (allgemeiner göttlicher Heilswille, Erkenntnis Gottes außerhalb der jüdisch-christ-

---

[47] Zur Diskussion verschiedener heilsgeschichtlicher Konzepte s. Lubac, Göttliche Offenbarung 76–91.
[48] Vgl. DH 3005.
[49] Zur Diskussion um die Verwendung und Interpretation von Röm 1, 19f. vgl. Lubac, Göttliche Offenbarung 97–100.
[50] Vgl. AS III/3, 473.
[51] Vgl. Orig., Cels. IV, 8.
[52] Vgl. Lubac, Göttliche Offenbarung 105.
[53] Vgl. AS III/3, 78.

lichen Offenbarungsgeschichte), enfaltet Rahner in seinem Entwurf breiter.[54] Das Konzil selbst äußert sich dazu ausführlicher in LG 16 und NA 2.

Gottes Offenbarung gegenüber dem von ihm auserwählten Volk wird nach dem Modell der göttlichen Heilspädagogik (Abraham, Mose, Propheten) mit dem Ziel der Anerkennung des einzig wahren und lebendigen Gottes konzipiert, wobei der Gott Israels mit den beiden Bildern des fürsorgenden Vaters wie des unbestechlichen Richters beschrieben wird. Ursprünglich war der kurze Abriss der alttestamentlichen Heilsgeschichte, wie er sich in DV 3 findet, noch kürzer ausgefallen, ohne Erwähnung der Person Mose, der Patriarchen und der Propheten. Auf die besondere Bedeutung der Person Mose geht der Konzilstext, obschon von einigen Konzilsvätern gewünscht[55], nicht ein. Von den Kennzeichen des zu Gottes Eigentum erwählten Volkes werden nur der Glaube an die Einzigkeit Gottes und die Messiaserwartung erwähnt, nicht dagegen die Israel im Sinaibund gegebene Weisung (Tora).

Gedeutet wird die alttesamentliche Offenbarungsgeschichte als „praeparatio evangelii" im Sinne der „interpretatio christiana". Diese Interpretation, die in der Relatio von Erzbischof Florit herausgestellt wird[56], hat die Einheit beider Testamente zur Voraussetzung und gehört zum Kern des christlichen Offenbarungsbegriffs. Nicht berücksichtigt wird, dass die Bibel Israels auch unabhängig vom NT gelesen werden muss, will man ihrer Interpretation im Judentum wie ihrer historisch-kritischen Exegese gerecht werden.[57] Dass die „Schriften" Israels mit dem rabbinischen Judentum und dem Christentum einen doppelten Ausgang haben, wurde erst nach dem Konzil theologisch angemessen gewürdigt. Durch das Schreiben der Bibelkommission „Das jüdische Volk und seine Heilige Schrift in der christlichen Bibel" (2001) wurde der zweifache Ausgang der „Schriften" Israels auch von lehramtlicher Seite im Kern ausdrücklich anerkannt.[58]

DV 4,1 handelt von der eschatologischen Offenbarung in Jesus Christus und steht wohl nicht zufällig in der Mitte des ersten Kapitels. Das Zitat aus Hebr 1, 1 f. zeigt die Kontinuität der Offenbarung Gottes durch die Propheten und ihre Endgültigkeit in seinem Sohn. Das Schema *De fontibus revelationis* betont dagegen stärker die Diskontinuität. Zudem wird zwischen dem Sohn als dem Offenbarer und dem Inhalt der Offenbarung (Weisheit und Erkenntnis Gottes) deutlich unterschieden.[59] In DV 4 begegnet erneut der Gedanke der Einwohnung Gottes, der mit Reflexionszitaten aus dem vierten Evangelium entfaltet wird. Gottes ewiges Wort, das alle Menschen erleuchtet (Joh 1,9) und uns das Innerste Gottes (intima Dei) mitteilt (Joh 1,18), wohnt unter den Menschen (Joh 1,14). Wer den Sohn sieht, sieht den Vater (Joh 14,9). Es ist die Sendung des Sohnes, den Vater zu verherrlichen (Joh 17,4). So ist die Offenbarung in Jesus Christus

---

[54] Vgl. Rahner, De revelatione Dei 39–42.
[55] Zum Beispiel von Felix Romero Menjibar, Bischof von Jaén: AS III/3, 197.
[56] Vgl. AS III/3, 134.
[57] Vgl. Leeuwen, Reifungsprozeß 4.
[58] VAS 152 (2001) Nr. 8.22 f.36.42.48.51.
[59] Vgl. AS I/3, 14.

mehr als eine von Gott gegebene Lehre, sie ist seine Selbstmitteilung, die Menschwerdung in seinem Sohn.[60]

Jesus Christus, das Zeichen, das mehr aussagt, als alle anderen Zeichen[61], ist der Emmanuel, der Gott-mit-uns; dabei bringen die Worte „tota Sui ipsius praesentia ac manifestatione" das Kommen (παρουσία, adventus, praesentia) und die Erscheinung (ἐπιφάνεια, manifestatio) Gottes zum Ausdruck. In der revidierten Fassung des Schemas *De revelatione* (Text E) und der entsprechenden Relatio hieß es noch, die Offenbarung geschehe in der Person (persona) Christi („tota sua persona revelationem complendo perficit"). Manche Konzilsväter vermuten darin einen vom christologischen Dogma abweichenden Gebrauch des Begriffs der Person.[62] Mit dem Vater, der durch den Sohn verherrlicht wird, und dem „Geist der Wahrheit" wird zugleich die trinitarische und christologische Struktur der Offenbarung betont. Jesus Christus ist die absolute Gegenwart Gottes, seine Selbstoffenbarung in Person (Karl Rahner), die wesenhafte Offenbarung (Romano Guardini). In der Einheit seines Seins ist er zugleich Offenbarer und Inhalt der Offenbarung.

Jesus Christus ist das „Verbum abbreviatum"[63], das alle vorausgehende Offenbarung erfüllt. In seiner Person verdichtet sich alle göttliche Rede. Im Sinne des heilsgeschichtlichen Realismus des „Verbum caro" (Joh 1, 14) sagt das Konzil: Als „Mensch zu den Menschen" gesandt, sagt Jesus Christus, Gottes Sohn, sein ewiges Wort; in menschlicher Rede sagt er „die Worte Gottes" (Joh 3, 34).[64] Jesus Christus vollendet das Heilswerk, da der Mensch in ihm „von der Finsternis der Sünde und des Todes" befreit und „zu ewigem Leben" erweckt wird. Vollendung meint hier nicht schlechthin vollendetes Heil. Es geht um die eschatologische Endgültigkeit der Erlösung.

DV 4,2 Wie der zweite Abschnitt von DV 4 zeigt, gehört zur christlichen Heilsordnung (oeconomia christiana) des „neuen und endgültigen Bundes" (foedus novum et definitivum) konstitutiv die Erwartung der Wiederkunft Christi in Herrlichkeit (gloriosa manifestatio Domini nostri Jesu Christi).[65] Seine abschließende Beglaubigung findet Gottes eschatologische Offenbarung erst, wenn die Hoffnung unseres Glaubens bei der Parusie Christi ganz erfüllt wird (Tit 2, 13). Erstmals taucht dieser Abschnitt im Schema *De revelatione* am Ende einer Zusammenfassung der Heilsgeschichte auf.[66] Doch stehen hier noch nicht der escha-

---

[60] Vgl. auch Bischof Charue anlässlich einer Pressekonferenz im Konzilspresseamt am 3. Oktober 1964: „Die Offenbarung als personales Sichoffenbaren Gottes ist nichts anderes als die Heilsgeschichte selbst, und nicht etwa ein Bündel abstrakter Wahrheiten in sterilen Formen. Sie ist die Geschichte Gottes mit den Menschen; sie gipfelt in der Menschwerdung des ewigen Sohnes. Die Offenbarung ist also ein lebendiges Ganzes, in enger Fühlung mit der Geschichte." Zitiert nach Voss, Die dogmatische Konstitution „Über die göttliche Offenbarung" 33.
[61] Vgl. Latourelle, Le Christ signe; Lubac, Göttliche Offenbarung 132.
[62] Vgl. AS III/3, 72.77. Zur Diskussion s. Lubac, Göttliche Offenbarung 126–129.
[63] Thomas von Aquin, Comp. theol. 1.
[64] Zitiert wird Diogn. 7, 4. Zur Interpretation s. Lubac, Göttliche Offenbarung 124f.
[65] Die Einsicht, dass zwischen der Endgültigkeit und der Vollendung der Erlösung zu unterschieden ist, setzte sich nach dem Konzil vor allem im christlich-jüdischen Gespräch durch.
[66] Vgl. AS III/3, 783.

tologische Bund und die Erwartung der Parusie Christi im Vordergrund, sondern das Christentum als unüberbietbarer Höhepunkt der Religionsgeschichte.[67]

Die definitive Befreiung des Menschen aus der Finsternis der Sünde und des Todes sowie die Verheißung ewigen Lebens ist im *ganzen* Christusereignis begründet. Hierbei handelt es sich um eine gewisse Korrektur der staurozentrischen Engführung der westlichen Soteriologie. Die ganze Lebenspraxis und Verkündigung Jesu, seine Zeichen und Wunder, sowie sein Tod, seine Auferstehung und seine Geistsendung sind heilsbedeutsam und bekräftigen, dass Gott wahrhaft mit uns und für uns entschieden ist. Nach der Relatio von Erzbischof Florit ist zwischen Zeichen und Wundern zu unterscheiden, weil zwar alle Wunder Zeichen, nicht aber alle Zeichen Wunder sind.[68] Abgewiesen wird damit eine apologetische Engführung im Begriff des Zeichens, bei der nur Wunder als Zeichen anerkannt werden.

Die Geschichte Gottes mit den Menschen geht auch nach seiner eschatologischen Offenbarung in Jesus Christus weiter, doch wird es vor der Wiederkunft Christi „keine neue öffentliche Offenbarung" (nova revelatio publica) mehr geben, weil Jesus Christus, als Gottes fleischgewordenes Wesenswort die Offenbarung erfüllt und abschließt (revelationem complemendo perficit). Der Wunsch zahlreicher Konzilsväter, die traditionelle Aussage, die Offenbarung sei mit dem Tod der Apostel abgeschlossen, in den Konzilstext auszunehmen, wurde nicht berücksichtigt. Mit der Abweisung einer neuen öffentlichen Offenbarung vor der Parusie Christi geht es DV um die für den christlichen Offenbarungsbegriff zentrale Differenz zwischen Offenbarung und Überlieferung, apostolischer und nachapostolischer Zeit.[69] Primäres Ziel des Textes ist es nicht, die Möglichkeit sogenannter Privatoffenbarungen offenzuhalten[70]. Herausgestellt werden soll die eschatologische Offenbarung in Jesus Christus und die davon zu unterscheidende Wirkungsgeschichte. Sofern diese geistgewirkt ist, führt sie zu einem tieferen Verständnis der Wahrheit des Glaubens. Der Hinweis auf die Parusie Christi (ante gloriosam manifestationem Domini nostri Iesu Christi) war erst bei der abschließenden Prüfung der Modi aufgenommen worden. Er ersetzt die unbestimmte Formulierung „vor der letzten Offenbarung" (ante finalem revelationem).

[2. Annahme und Erkenntnis des sich offenbarenden Gottes]

DV 5 Der Anrede des Menschen durch Gott in seiner Offenbarung entspricht auf Seiten des Menschen der Glaube als Antwort auf die ergangene Offenbarung. DV 5 umschreibt diese Antwort wie das 1. Vatikanische Konzil[71] mit der paulinischen Formel vom „Gehorsam des Glaubens" (oboedientia fidei: Röm 1, 5; 16, 26; vgl. 2 Kor 10, 5 f.). Der Abschnitt über den Glauben stellt im Wesentlichen

---

[67] Vgl. Lubac, Göttliche Offenbarung 140 f.
[68] Vgl. AS III/3, 834.
[69] Vgl. die Relatio von Erzbischof Florit: AS III/3, 131–140.
[70] Vgl. Stakemeier, Konzilskonstitution 187.
[71] Vgl. DH 3008–3010.

eine Zusammenfassung der entsprechenden Textstücke der Konstitution über den katholischen Glauben des 1. Vatikanischen Konils dar.[72] Durch den Glaubensgehorsam vertraut sich der Mensch in Freiheit ganz Gott an (qua homo se totum libere Deo committit). Diese Ergänzung geht auf eine Anregung von Kardinal Döpfner zurück.[73] Die Aussage über den Glaubensgehorsam ist nicht so zu verstehen, dass die freie Antwort des Menschen auf den sich offenbarenden Gott ausschließlich mit Hilfe der Kategorie des Glaubensgehorsam zur Sprache gebracht werden könnte. Es ist auch zu beachten, dass Grund und Existenzform des Glaubensgehorsams in Jesu Gehorsam liegen. Entscheidend ist das Vertrauen des Menschen auf den sich offenbarenden Gott, die Hingabe, mit der er Gott liebt.

Wenn DV 5 vom Glaubensgehorsam spricht, ist des Weiteren zu berücksichtigen, dass der Glaubensgehorsam nicht auf die „revelata" bezogen wird, sondern auf die „revelatio". Das Schema *De revelatione* hatte die „potentia oboedientialis" zunächst noch als freie Zustimmung zur geoffenbarten Wahrheit beschrieben (Form E). Eine Erklärung von Professoren des Päpstlichen Bibelinstituts vom 27. September 1964 sah darin eine zu große Nähe zum konzeptualistischen Offenbarungsverständnis des verworfenen Schemas *De fontibus revelationis* sowie des 1. Vatikanischen Konzils (DH 3008). Die Erklärung, die dem Konzilssekretariär durch João B. Da Mota e Albuquerque, Bischof von Vitoria (Brasilien), übergeben wurde, plädierte dafür, diese Aussagen zu streichen.[74]

Der Glaube ist die willentliche, das heißt freie Zustimmung zu der von Gott gegebenen Offenbarung (voluntarie revelationi ab Eo datae assentiendo). Gegenstand des Glaubens ist der sich offenbarende Gott (Deo revelanti praestanda est oboeditio fidei).[75] Ohne dies unter Berücksichtigung der Breite des biblischen Glaubensverständnisses zu entfalten, wird dadurch stärker der ganzheitlich-personale Charakter des Glaubens als Vertrauen auf den sich offenbarenden Gott hervorgehoben.[76] Der von Erzbischof Šeper am 30. September 1964 gemachte Vorschlag, neben dem personalen auch den gemeinschaftlichen und sozialen Charakter des Glaubens zu berücksichtigten,[77] wurde nicht aufgegriffen. Zwar fehlt dieser Aspekt in der Offenbarungskonstitution nicht; er ist vor allem im Vorwort und im letzten Kapitel über die Heilige Schrift im Leben der Kirche zu finden. Doch betrachtet DV 5 den Glauben stärker in der Perspektive des „Ich glaube" als des „Wir glauben".

Anders als DV 5 ist die Konstitution *Dei Filius* des 1. Vatikanischen Konzils stärker an der Darstellung des Glaubens als eines auf die von Gott geoffenbarten Wahrheiten bezogenen Verstandes- und Willensaktes interessiert.[78] Mit seinem

---

[72] Vgl. Ratzinger, Kommentar 512.
[73] Vgl. AS III/3, 146 f.
[74] Vgl. Observations 624.
[75] Vgl. Stakemeier, Konzilskonstitution 192.
[76] Zur Diskussion s. Lubac, Göttliche Offenbarung 154–184.
[77] Vgl. AS III/3, 499.
[78] Vgl. DH 3011.

„instruktionstheoretischen Offenbarungsmodell"[79] tendiert sie dazu, die Offenbarung mit dem „anvertrauten Glaubensgut"[80] bzw. der „geoffenbarten Glaubenslehre"[81] gleichzusetzen.[82] Natürlich bestreitet DV 5 nicht, dass zum christlichen Glaubensbegriff auch die „fides quae creditur" gehört.[83] Die Schwierigkeit des von *Dei Filius*[84] übernommenen Ausdrucks „Gehorsam des Verstandes und des Willens" (intellectus et voluntatis obsequium) besteht allerdings darin, dass die Antwort auf die ergangene Offenbarung schließlich doch wieder von der verstandesmäßigen und willentlichen Zustimmung zu bestimmten Glaubenswahrheiten her konzipiert wird, womit man dem in DV 2–4 herausgestellten dialogischen Charakter des Offenbarungsgeschehens nicht gerecht werden würde.

Im Anschluss an die 2. Synode von Orange (529)[85], das Tridentinum[86] und das 1. Vatikanische Konzil[87] bezeichnet DV 5 den Glauben als ein Geschenk des Heiligen Geistes, ohne das der Mensch die Offenbarung Gottes nicht annehmen kann. Indem das Konzil den Glauben auf das Wirken des Heiligen Geistes zurückführt, wendet es sich gegen eine Überschätzung der natürlichen Fähigkeit des Menschen. Ohne die „zuvorkommende und helfende Gnade Gottes" (praeveniente et adiuvante gratia Dei) und den Beistand des Heiligen Geistes, der das Herz des Menschen zur Zustimmung bewegt und die „Augen des [menschlichen, H. H.] Geistes" öffnet, könnte der Glaube nicht vollzogen werden.

In der am 30. September 1964 eröffneten Debatte über das neue Schema *De revelatione* äußerte Kardinal Döpfner den Wunsch, den Glauben noch stärker als „Werk Gottes" herauszustellen. Dies sollte durch die Einfügung der Worte „Dei revelantis verbum evadit efficax fidei" zu Beginn des Artikels geschehen.[88] Erzbischof Jäger plädierte dafür, das durch den Hinweis „Beistand des Geistes" angesprochene Verhältnis von Offenbarung und Glauben weiter zu entfalten.[89] Auffallend ist, dass die „Furcht vor der göttlichen Gerechtigkeit"[90], die noch im Trienter Rechtfertigungsdekret als zentrales Glaubensmotiv erscheint, in DV 5 keine Rolle mehr spielt. Der Konzilstext ist dagegen von der im Konzil von Orange betonten Freude der Glaubeszustimmung geleitet, die auch das 1. Vatikanische Konzil erwähnt.[91] „Es entsprach tatsächlich der allgemeinen Tendenz des Konzils, daß es ganz selbstverständlich die Formulierungen des Konzils von Trient durch die Aussagen des Konzils von Orange ergänzte, wobei Trient den scholastischen Aussagen näher stand, Orange mehr personalistisch ausgerichtet

---

[79] Vgl. Seckler, Dei Verbum religiose audiens 223 f.
[80] DH 3070: „revelationem seu fidei depositum".
[81] DH 3020: „fidei doctrina, quam Deus revelavit".
[82] Vgl. Schmitz, Christentum 21.
[83] Vgl. DV 6. Zum Verhältnis von Offenbarung und Offenbarungswahrheit vgl. Pfeiffer, Offenbarung.
[84] Vgl. DH 3008.
[85] Vgl. DH 377.
[86] Vgl. DH 1525.
[87] Vgl. DH 3010.
[88] Vgl. AS III/3, 146.
[89] Vgl. AS III/3, 471 f.
[90] DH 1526.
[91] Vgl. DH 3010.

war."⁹² Auf die Forderung einiger traditionell gesinnter Konzilsväter⁹³, aus apologetischem Interesse auch die objektiven Zeichen zu erwähnen, die einen vernunftgemäßen Glauben ermöglichen, ging man nicht ein.

Wenn es in DV 5 abschließend heißt, dass der Glaube durch den Heiligen Geist vervollkommnet wird, so zeigt dies, wie selbstverständlich sich der Konzilstext an dieser Stelle noch im Sprachspiel der katholischen Gnadenlehre bewegt.⁹⁴ „Damit das Verständnis der Offenbarung aber immer tiefer werde, vervollkommnet derselbe Heilige Geist den Glauben ständig durch seine Gaben." Wenn man den Glauben wie die reformatorische Theologie als Fundamentalentscheidung gegenüber Gott auffasst, kann es im Glauben eine eigentliche Vervollkommnung natürlich nicht geben. Sieht man dagegen im Glauben mit Thomas von Aquin und dem 1. Vatikanischen Konzil⁹⁵ eine übernatürliche Tugend, so ist dieser Gedanke naheliegend. Die „Gaben" des Heiligen Geistes sind seine siebenfältige Gabe.⁹⁶ Das immer tiefere Verständnis der Offenbarung ist nicht zu verwechseln mit der inhaltlichen Entfaltung der Glaubenslehre in der Tradition.⁹⁷

Für das ökumenische Gespräch ist es bedeutsam, dass der Konzilstext den Glauben, durch den wir zu einem tieferen Verständnis der Offenbarung gelangen, nicht – wie noch das 1. Vatikanische Konzil – „ein das Heil betreffendes Werk"⁹⁸ nennt, sondern den Geschenkcharakter des Glaubens hervorhebt, um deutlich zu machen, dass Gott durch den Heiligen Geist, der in uns den Glauben bewirkt, der eigentlich Handelnde bleibt. In der hier berührten Rechtfertigungslehre konnte nach dem Konzil zwischen der Katholischen Kirche und dem Lutherischen Weltbund ein Konsens in entscheindenden Grundfragen erzielt werden.⁹⁹

DV 6 wirkt wie ein Appendix und bietet eine Zusammenfassung der ersten beiden Abschnitte über die göttliche Offenbarung in der Konstitution *Dei Filius*.¹⁰⁰ Er war von der Gemischten Kommission von vornherein vorgesehen, nur Wortlaut und Position waren umstritten.¹⁰¹ Damit wird neben dem dialogischen Charakter der Offenbarung auch ihre inhaltliche Seite (fides quae creditur) betont.

DV 6,1 Abweichend vom 1. Vatikanischen Konzil spricht DV 6,1 allerdings nicht von „revelare", sondern von „manifestare" und „communicare". Dadurch wird noch einmal der dialogische Charakter der Offenbarung Gottes und die Einheit von Offenbarung und Heil hervorgehoben. Den dialogischen Charakter der Of-

---

[92] Lubac, Göttliche Offenbarung 177.
[93] Zum Beispiel die Kardinäle Micara und Parente: AS III/3, 793.
[94] Vgl. Ratzinger, Kommentar 513.
[95] Vgl. DH 3008.
[96] Vgl. Jes 11, 12.
[97] Vgl. DV 8.
[98] Vgl. DH 3010.
[99] Vgl. die „Gemeinsame Offizielle Feststellung" der Katholischen Kirche und des Lutherischen Weltbundes vom 31. Oktober 1999 in Augsburg.
[100] Vgl. DH 3004–3005.
[101] Vgl. Lubac, Göttliche Offenbarung 185.

fenbarung unterstreicht auch die Rede von Gott, der sich selbst offenbart und mitteilt.¹⁰² „Durch die göttliche Offenbarung wollte Gott Sich selbst (Deus Seipsum) und die ewigen Beschlüsse seines Willens bezüglich des Heiles der Menschen (salus hominum) kundtun und mitteilen."

Die inhaltliche Seite der geschichtlichen Offenbarung betrifft das für das Heil der Menschen bedeutsame Geschichtshandeln Gottes, durch welches wir Anteil erhalten am göttlichen Leben. DV 6 spricht von der Teilhabe an den „göttlichen Gütern" (bona divina), die das Erkenntnisvermögen des menschlichen Geistes übersteigen. Um bei der Rede von geoffenbarten Wahrheiten einen Offenbarungspositivismus auszuschließen, müssen Gottes Selbstoffenbarung und die inhaltliche Seite der Offenbarung streng zusammengedacht werden. Das Heil der Menschen ist Gott selbst in seiner geschichtlichen Offenbarung. Diese umfasst aber das ganze heilsbedeutsame Geschichtshandeln Gottes, welches uns durch Verkündigung und Lehre überliefert wird.

DV 6,2 Wie *Dei Filius*¹⁰³ unterscheidet DV 6 bei der geschichtlichen Offenbarung jene Sachverhalte des Glaubens, deren Erkenntnis im Lichte der natürlichen Vernunft zwar an sich möglich, aber aufgrund der durch die Sünde bestimmten „conditio humana"¹⁰⁴ schwierig, unsicher und nicht frei von Irrtum ist. *Dei Filius* verweist hier auf Thomas von Aquin.¹⁰⁵ Wenn DV 6 die natürliche Gotteserkenntnis damit begründet, dass Gott aus den geschaffenen Dingen erkannt werden kann, geht es nicht um die Beweisbarkeit seiner Existenz, sondern wie in DV 3 um die Möglichkeit, Gott auch unabhängig von seiner besonderen heilsgeschichtlichen Offenbarung zu erkennen (Röm 1, 20). Nach Hermann J. Pottmeyer gilt dies auch schon für das 1. Vatikanische Konzil.¹⁰⁶ Doch sagt *Dei Filius* (Kap. 4) ausdrücklich, dass die „rechte Vernunft die Grundlagen des Glaubens beweist" (cum recte ratio fidei fundamenta demonstret)¹⁰⁷, wozu nach der Lehre von den „praeambula fidei" traditionell auch die Existenz Gottes gehört. Auch im „Antimodernisteneid" wird noch an der Beweisbarkeit der Existenz Gottes festgehalten.¹⁰⁸ Dagegen spricht DV 6 nicht mehr vom „Beweis" der Grundlagen des christlichen Glaubens. Vielmehr orientiert sich der Konzilstext bei seinen Aussagen über die natürliche Gotteserkenntnis vollständig an Röm 1, 20.¹⁰⁹ Henri de Lubac schreibt dazu: „Es gibt kraft der geschöpflichen Gottebenbildlichkeit in der Vernunft eines jeden Menschen ein Apriori, das auch die Ursprungssünde nicht zerstören konnte und dem Menschen eine gewisse Gotteserkenntnis ermöglicht."¹¹⁰ Die feierliche Einleitung des zweiten Abschnitts von DV 6 (Confitetur

---

¹⁰² Vgl. Latourelle, La Révélation et sa transmission 24.
¹⁰³ Vgl. DH 3005.
¹⁰⁴ Vgl. GS 13.
¹⁰⁵ Vgl. STh I q.1 a.1.
¹⁰⁶ Vgl. Pottmeyer, Glaube 189–204.
¹⁰⁷ DH 3019.
¹⁰⁸ Vgl. DH 3538.
¹⁰⁹ Anders Stakemeier, Konzilskonstitution 195, der von einem „Gottesbeweis" spricht. – Zur Diskussion um die natürliche Gotteserkenntnis s. Lubac, Göttliche Offenbarung 185–198.
¹¹⁰ Lubac, Göttliche Offenbarung 197.

Sacra Synodus) erklärt sich dadurch, dass der theoretische Atheismus zur Zeit des Konzils als ernsthafte Herausforderung empfunden wurde.[111]

Bei dem engen Anschluss von DV 6 an Kapitel 2 der Konstitution *Dei Filius* ist zu beachten, dass die zitierten Aussagen über die Erkenntnis der besonderen Offenbarung Gottes und seine Erkenntnis aus den geschaffenen Dingen in der Offenbarungskonstitution im Rahmen eines heilsgeschichtlichen Offenbarungsverständnisses gemacht werden. Der Konzilstext behandelt nicht wie *Dei Filius* zunächst die natürliche Gotteserkenntnis, um davon die sogenannte übernatürliche Gotteserkenntnis abzuheben. Vielmehr wird Gottes Offenbarung von ihrem trinitarischen Ursprung und ihrer christologischen Mitte her entfaltet, um schließlich die Möglichkeit einer Gotteserkenntnis unabhängig von der besonderen heilsgeschichtlichen Offenbarung Gottes offenzuhalten. Konsequenterweise findet sich im Konzilstext die Gegenüberstellung von „cognitio Dei naturalis" und „cognitio/revelatio Dei supernaturalis", die das Offenbarungskonzept von *Dei Filius* charakterisiert, nicht mehr.[112]

Zweites Kapitel
Die Weitergabe der göttlichen Offenbarung

Das zweite Kapitel über die „Weitergabe der göttlichen Offenbarung" (De divinae revelationis transmissione)[113], in dem es um die verschiedenen „Bezeugungsinstanzen des Evangeliums"[114] geht, bildet zusammen mit dem Eingangskapitel das systematisch-theologische Herzstück der Konstitution. Dies wird auch von Erzbischof Florit in seiner Relatio während der dritten Sitzungsperiode unterstrichen.[115] Das Eingangskapitel und das zweite Kapitel liefern die Grundlage der folgenden Kapitel über die Heilige Schrift, ihre Interpretation und ihre Stellung im Leben der Kirche.

In den Generalkongregationen führte das zweite Kapitel des Schemas *De revelatione* zu bewegten Diskussionen. Dem endgültigen Text sieht man seinen Kompromisscharakter an. Nirgendwo ist die Grenze der Offenbarungskonstitution so klar erkennbar wie hier. Dies gilt vor allem unter ökumenischer Rücksicht. Auf der anderen Seite handelt es sich bei der Unterscheidung zwischen der Offenbarung und ihrer Weitergabe sowie dem Begriff der einen „Sacra Traditio" um entscheidende Schritte auf dem Weg zu einem angemessenen Verständnis der kirchlichen Glaubensüberlieferung.

---

[111] Vgl. Latourelle, Théologie 358.
[112] Zum veränderten Aufbau vgl. Schutz – Thurian, Das Wort Gottes 62–64.
[113] Vgl. dazu vor allem den Kommentar von Betti, La dottrina 233–283.
[114] Hünermann, Dogmatische Prinzipienlehre 191.
[115] Vgl. AS III/3, 136.

[1. Evangelium, Schrift und Tradition]

DV 7,1 Gottes Offenbarung zielt auf das „Heil aller Völker". Mit dieser universalistischen Aussage beginnt DV 7 seine Ausführungen über die Verkündigung des Evangeliums. Diese erfolgen im Anschluss an die Feststellung von DV 3, der Wille Gottes sei es, allen Menschen das ewige Leben zu schenken. Die ganze Offenbarung (tota revelatio) dieses Gottes, der als der eine und einzige Gott der „höchste Gott" (summus Deus) genannt wird, hat sich in Jesus Christus vollendet (consummatur). Die ganze Offenbarung ist hier natürlich nicht quantitativ, sondern qualitativ gemeint.[116] Jesus Christus ist „das Ja zu allem, was Gott verheißen hat" (2 Kor 1,10), Gottes letztes und entscheidendes Wort. Er erfüllt das von den Propheten verheißene Evangelium, das er selbst verkündet hat. Mit dem Tridentinum[117] wird dieses Evangelium als „Quell" (fons) „aller heilsamen Wahrheit" und „Sittenlehre" (der ethischen Orientierungen) genannt. Dabei ist zu berücksichtigen, dass Heilswahrheit und ethische Orientierungen im biblischen Kontext eng zusammen gehören, sich aber nicht immer säuberlich voneinander trennen lassen.

Mit dem Zitat aus dem Trienter Traditionsdekret ist keine Stellungnahme zur Frage der umstrittenen materialen Schriftsuffizienz verbunden. Das Konzil wollte diese Frage nicht entscheiden, da sie von den Konzilsvätern unterschiedlich beantwortet wurde.[118] Allerdings tendiert der Konzilstext in Richtung einer materialen Schriftsuffizienz, wie sie schon im Konzil von Trient vom Servitengeneral Agostino Bonuccio vertreten wurde. Bonuccio wandte sich wie Pietro Kardinal Bertano und Bischof Giacomo Nacchianti, Bischof von Chioggia, gegen die Gleichstellung von Schrift und Tradition, die im missverständlichen „pari pietatis affectu"[119] zum Ausdruck zu kommen scheint.

Anders als im Schema *De fontibus revelationis* werden in DV Schrift und Tradition nicht mehr als unterschiedliche „Quellen" (fontes) der Offenbarung bezeichnet. Eine Vollständigkeit des Offenbarungszeugnisses der Schrift bedeutet freilich nicht, dass die Schrift sich jemals selbst genügt hätte. Nur durch die lebendige Glaubensüberlieferung der Kirche ist und bleibt die Schrift das lebendige Wort Gottes. Darauf hatte auch Rahner in seinem Schema-Entwurf[120] hingewiesen.[121] Gegenüber dem Tridentinum, das die Verkündigung des Evangeliums nach dem Modell der Gesetzespromulgation (nova lex) konzipiert[122], relativiert DV 7 den neuzeitlichen juridischen Begriff der christlichen Heilsbotschaft, in dem es an erster Stelle mit Jesus jene Person nennt, die das verheißene Evangeli-

---

[116] Vgl. dazu Sauer, Erfahrung und Glaube 417f.
[117] Vgl. DH 1501.
[118] Vgl. Tavard, Dogmatic Constitution 26–30; Stakemeier, Weitergabe der Offenbarung Gottes 185.
[119] Vgl. dazu unten den Kommentar zu DV 9.
[120] Vgl. Rahner, De revelatione 47.
[121] Rahners Sicht wird auf evangelischer Seite von Kühn, Ergebnisse 59, bestätigt. – Zum Verhältnis von „verbum Dei", „viva vox evangelii" und „Traditio" s. unten den Kommentar zu DV 8.
[122] Vgl. DH 1501.

um erfüllt hat (adimplevit).¹²³ Dieser Begriff des Evangeliums entspricht dem Verständnis der Offenbarung im ersten Kapitel, das von den Kommentatoren als personal, dialogisch, geschichtlich und sakramental bezeichnet wird.

Die schriftliche apostolische Verkündigung ist die „Botschaft vom Heil" (nuntium salutis) in den von den Aposteln bzw. apostolischen Männern durch Inspiration des Heiligen Geistes (a Spiritu Sancto suggurente) verfassten Schriften. Bedeutsam ist hier die Ersetzung der vom Tridentinum¹²⁴ und 1. Vatikanischen Konzil verwendeten Formel „Spiritu Sancto dictante" durch das „Spiritu Sancto suggurente". Auch wenn das Tridentinum und das 1. Vatikanische Konzil formell keine Verbalinspiration lehren, so ist doch das „Spiritu Sancto dictante" missverständlich. Fast zwangsläufig lässt diese Formel nämlich an Verbalinspiration denken, wie sie in der Enzyklika *Providentissimus Deus* vom 18. November 1893¹²⁵, im Dekret des Heiligen Offizium *Lamentabili* vom 3. Juli 1907¹²⁶ und in der Enzyklika *Spiritus Paraclitus* vom 15. September 1920¹²⁷ vertreten wird. Die der Schrift angemessenere Formel „Spiritu Sancto suggurente" (Joh 14, 26 Vg.) ist offener und gibt Raum für die im dritten Kapitel anerkannte echte Autorschaft der biblischen Verfasser, die eine Verbalinspiration ausschließt. Die Inspiration bezieht sich zudem auf die niedergeschriebene „Botschaft vom Heil", also nicht auf alles und jedes, was in der Schrift enthalten ist. DV 11 spricht präzise von der Wahrheit, „von der Gott wollte, dass sie um unseres Heiles willen in heiligen Schriften aufgezeichnet werde" (veritatem, quam Deus nostrae salutis causa Litteris Sacris consignari voluit). Schon Robert Kardinal Bellarmin vertrat die Meinung, die Schrift enthalte die für das Heil aller notwendigen Wahrheiten.¹²⁸

Hervorzuheben ist weiter, dass die Konstitution die exegetischen Forschungen zur Frage der Verfasserschaft der neutestamentlichen Schriften berücksichtigt. Anders als das 1. Vatikanische Konzil¹²⁹ rechnet die Konstitution zu den neutestamentlichen Schriftstellern nicht nur die Apostel, sondern ebenso apostolische Männer.¹³⁰ Diese differenzierte Sicht ist als großer Fortschritt zu werten, vergleicht man damit die restriktiven Stellungnahmen der Päpstlichen Bibelkommission in den Jahren zwischen 1907 und 1948.¹³¹ Die Bibelenzyklika *Divino afflante Spiritu* vom 30. September 1943 gibt zwar der modernen Exegese ein Heimatrecht in der katholischen Kirche, doch nimmt sie in der Frage der Verfasserschaft der biblischen Schriften eine noch sehr zögerliche Haltung ein.¹³²

---

¹²³ Vgl. Ratzinger, Kommentar 515 f.
¹²⁴ Vgl. DH 1501.
¹²⁵ Vgl. DH 3291–3292.
¹²⁶ Vgl. DH 3411.
¹²⁷ Vgl. DH 3650–3654.
¹²⁸ Vgl. Bellarmin, De contr. I, lib. IV, c. 11.
¹²⁹ Vgl. DH 3006.
¹³⁰ Vgl. auch den Kommentar zu Art. 11–20.
¹³¹ DH 3394–3397 (Pentateuch); DH 3398–3400 (Johannesevangelium); DH 3505–3509 (Jesajabuch); DH 3561–3567 (Matthäusevangelium); DH 3568–3578 (Markus- und Lukasevangelium); DH 3581–3590 (Apostelgeschichte und Pastoralbriefe); DH 3591–3593 (Hebräerbrief); DH 3862–3864 (Pentateuch).
¹³² Vgl. DH 3828–3829.

Dies gilt auch für die positive, wenn auch insgesamt sehr vorsichtige Stellungnahme zur historisch-kritischen Methode der Exegese in dem vom 16. Januar 1948 datierten Brief des Sekretärs der Bibelkommission an den Erzbischof von Paris, Kardinal Suhard.[133]

Damit allen Geschlechtern, so heißt es im Konzilstext, Gottes Offenbarung unversehrt (integra) weitergegeben wird, hat der Auferweckte den Aposteln den Auftrag gegeben (Mt 28,19f.; Mk 16,15), diese lebensspendende Quelle des Evangeliums öffentlich zu verkünden (praedicare), um den Menschen dadurch Gnadengaben und Charismen (dona divina) mitzuteilen.[134] Bei der apostolischen Verkündigung unterscheidet der Text zwischen nichtschriftlicher und schriftlicher apostolischer Verkündigung. Sie gelten als die beiden zusammenhängenden Anfänge des einen Überlieferungsgeschehens der Offenbarung. Die nichtschriftliche apostolische Verkündigung umfasst das, was die Apostel von Christus empfangen oder (sive) durch Eingebung des Heiligen Geistes gelernt und durch „praedicatio oralis", durch „exempla" und „institutiones" weitergegeben haben. Berücksichtigt man die johanneischen Aussagen über den „Geist der Wahrheit" (Joh 14,26; 16,13f.) kann das „sive", soll es schriftgemäß sein, nicht additiv, sondern nur explikativ gemeint sein.[135] Das Wort des Herrn, der Umgang der Jünger mit ihm sowie seine Werke begründen die apostolische Verkündigung.

DV 7,2 Für die lebendige und authentische Verkündigung des Evangeliums in der Kirche kommt den Bischöfen die besondere Aufgabe zu, in der Nachfolge der Apostel diese Verkündigung durch ihr Lehramt sicherzustellen: „Damit aber das Evangelium in der Kirche stets unversehrt und lebendig bewahrt werde, haben die Apostel als ihre Nachfolger Bischöfe zurückgelassen, wobei sie ihnen ‚ihren eigenen Platz des Lehramtes übergaben'." Diese Aussage liegt auf der Linie von LG 20–21, wo unter den Aufgaben des Bischofs der Verkündigung ein hervorragender Platz eingeräumt wird. Wie in LG 20 wird in DV 7,2 der apostolische Ursprung des Bischofsamts mit Irenäus von Lyon historisch begründet: Die Apostel haben Bischöfe als ihre Nachfolger eingesetzt, denen sie „ihr eigenes Lehramt übergaben"[136]. DV 7,2 geht es allerdings nicht um eine historisch nachweisbare apostolische Sukzession der Bischöfe, sondern um ihre primäre Aufgabe, in der Nachfolge der Apostel für die lebendige und authentische Verkündigung des Evangeliums Sorge zu tragen. Im Blick ist die sachliche Verbindung von Sukzessions- und Traditionsprinzip.[137] Im Interesse der Verkündigung hätte man freilich zwischen dem „Lehramt" der Apostel und demjenigen der nachfolgenden Bischöfe deutlicher unterscheiden können, hat es doch immer wieder Zeiten ge-

---

[133] Vgl. DH 3862–3864.
[134] Nach Stakemeier, Konzilskonstitution 199, sind die „dona divina" die Gnadengaben und Charismen.
[135] Vgl. Sauer, Erfahrung und Glaube 426.
[136] Iren., haer. III 3,1: FC 8/3, 28f.
[137] Vgl. Ratzinger, Kommentar 517.

geben, in denen die Bischöfe ihr Amt nicht im Dienst der authentischen Glaubensüberlieferung ausgeübt haben.[138]

Unvermittelt taucht nun an dieser Stelle der Begriff der „Sacra Traditio" auf: „Diese Heilige Überlieferung (Sacra Traditio) und die Heilige Schrift beider Testamente sind also gleichsam ein Spiegel (veluti speculum), in dem die Kirche während ihrer Pilgerschaft auf Erden Gott, von dem sie alles empfängt, anschaut, bis sie hingeführt wird, Ihn von Angesicht zu Angesicht zu sehen, wie Er ist (vgl. 1 Joh 3,2)." Die „Sacra Traditio" wird mit der authentischen Weitergabe des Evangeliums in der Kirche identifiziert, also nicht einfach mit der faktischen Lehrverkündigung der Bischöfe. Heilige Überlieferung meint hier, was die patristisch-mittelalterliche Theologie unter „traditio" verstand und von den „traditiones" unterschied.[139] Wenn es heißt, die „heilige Überlieferung" und die „Heilige Schrift beider Testamente" seien „gleichsam ein Spiegel", dann darf dies nicht im Sinne einer Gleichrangigkeit von Schrift und Tradition interpretiert werden.[140] Die Gefahr einer möglichen Abweichung der bischöflichen Lehrverkündigung von der Wahrheit des Evangeliums und damit die grundlegende Differenz zwischen Schrift und Tradition darf nicht überspielt werden.[141] Auf der anderen Seite wird ausdrücklich gesagt, dass die Kirche die Offenbarung nicht besitzt, sondern „empfängt" (accipit).

Ziel der Offenbarung ist unsere Verähnlichung mit Gott (1 Joh 3,2), um ihn nicht nur im Spiegel von Schrift und Überlieferung, sondern von Angesicht zu Angesicht zu schauen. Nicht zu überhören ist hier die Anspielung auf das Pauluswort: „Jetzt schauen wir durch einen Spiegel, unklar, dann aber von Angesicht zu Angesicht. Noch ist mein Erkennen Stückwerk. Dann aber werde ich so erkennen, wie ich selbst erkannt bin" (1 Kor 13,12). Deutlich unterscheidet der Konzilstext die Unvollkommenheit menschlicher Gotteserkenntnis im Vergleich zur vollkommenen Gotteserkenntnis. Wie LG 48 anerkennt die Offenbarungskonstitution die für die Zeit der Kirche charakteristische Spannung zwischen dem „Schon" und „Noch nicht". Beides ist für die Auslegung der Schrift sowie für die ökumenische Verständigung über die authentische Glaubensüberlieferung von nicht geringer Bedeutung. Denn hier bietet der Konzilstext einen gewissen Ansatzpunkt für das notwendige und legitime Anliegen der Traditionskritik.[142] Eine nicht zu übersehende Schwäche der Konstitution besteht allerdings darin, dass man sich nicht zu einem klaren Bekenntnis zur Traditionskritik hat durchringen können, „das traditionskritische Moment" vielmehr „so gut wie völlig übergangen hat"[143]. Dies bestätigen auch die Analysen von DV 8–10.

Einen weiteren Ansatzpunkt für das berechtigte Anliegen der Traditionskritik bietet die wichtigste terminologische Abweichung von DV 7,2 gegenüber dem

---

[138] Vgl. Kühn, Ergebnisse 60.
[139] Vgl. zu dieser Unterscheidung Congar, Die Tradition und die Traditionen 74–90.
[140] Anders Kühn, Ergebnisse 61.
[141] Vgl. ebd. 60.
[142] Vgl. Stakemeier, Konzilskonstitution 199–201; Ratzinger, Kommentar 517.
[143] Ratzinger, Kommentar 520.

Tridentinum. Während das Trienter Traditionsdekret den Begriff der Überlieferung im Plural gebrauchte (traditiones), verwendet ihn die Konstitution, abgesehen von einem Schriftzitat (2 Thess 2, 15), im Singular.[144] Der Begriff der Überlieferung wird als theologische Reflexionskategorie in Anspruch genommen: Gegenüber den unterschiedlichen Überlieferungen (traditiones), die Trient im Blick hat (kirchliche Riten, Gebräuche, Gewohnheiten etc.), meint „Sacra Traditio" die authentische und von daher verbindliche Glaubensüberlieferung der Kirche.[145] Von Traditionen, die nicht in der Schrift enthalten sind, ist nicht mehr die Rede.[146] Für das ökumenische Gespräch ist dies ein echter Gewinn[147], richtete sich die Traditionskritik der Reformatoren doch gegen „menschliche Überlieferungen" (traditiones humanae)[148], nicht gegen die Glaubenstradition der Kirche, wie sie sich in den Beschlüssen der altkirchlichen Konzilien niedergeschlagen hat.[149] Allerdings zeigt die kontroverse Diskussion über die Tradition in der Konzilsaula, dass man sich weder über die Polysemie des Traditionsbegriffs[150], die schon im Trienter Konzil für Verwirrung gesorgt hatte, noch über die durch die Konstitution vollzogene Rückkehr zu einem theologisch angemessenen Begriff der Glaubensüberlieferung genügend Klarheit verschafft hat.

DV 8, 1 Die apostolische Überlieferung ist nicht nur dem Lehramt, sondern an erster Stelle der ganzen Kirche, also dem gesamten Volk Gottes anvertraut. So wird die apostolische Predigt (praedicatio evangelica), die in den inspirierten Büchern ihren schriftlichen Ausdruck gefunden hat, durch die Treue der Kirche Jesu Christi zu der ihr anvertrauten Überlieferung authentisch bewahrt.

DV 8, 2 spricht von der lebendigen Gegenwart der apostolischen Überlieferung (Apostolis Traditio) in Lehre (doctrina), Leben (vita) und Kult (cultus) der Kirche. Sie hat die Aufgabe, diese Überlieferung allen Generationen zu verkündigen. Die Überlieferung umfasst alles, was zu einem heiligmäßigen Leben des „Volkes Gottes" und zum Wachstum des Glaubens beiträgt. Die Intervention von Kardinal Meyer[151] konnte bewirken, dass im endgültigen Text nicht mehr gesagt wird, die Kirche gebe die Tradition weiter durch alles, was sie besitzt (omne quod habet). In seiner Relatio erklärte Kardinal Florit, dass sich die authentische Glaubensüberlieferung auf das beschränkt, was wesentlich zur Kirche gehört (ea quae substantialia ecclesiae). Die Gläubigen werden mit Verweis auf Jud 3[152] sowie das 2. Konzil von Nicäa und das 4. Konzil von Konstantinopel aufgefordert, für den

---

[144] Vgl. Bévenot, Traditiones 333.347; Leeuwen, Reifungsprozeß 6.
[145] Zum Verständnis der kirchlichen Traditionen zur Zeit des Tridentinums vgl. Congar, Traditions apostoliques; Rahner – Ratzinger, Offenbarung und Überlieferung 58–64.
[146] Gnilka, Biblische Exegese 6.
[147] Vgl. Kühn, Ergebnisse 58.
[148] Vgl. CA 26 und 28.
[149] Vgl. CA 1 und 3.
[150] Vgl. Jedin, Geschichte des Konzils von Trient 46–53.
[151] Vgl. AS III/3, 150–151.
[152] „Kämpft für den überlieferten Glauben, der den Heiligen ein für allemal anvertraut ist."

schriftlich und mündlich überlieferten Glauben, der die Richtschnur des Glaubens ist[153], zu kämpfen.

DV 8, 3–4 Von der apostolischen Überlieferung heißt es, dass sie einen Fortschritt kennt: „Diese Überlieferung, die von den Aposteln stammt, entwickelt sich in der Kirche unter dem Beistand des Heiligen Geistes weiter: es wächst nämlich das Verständnis der überlieferten Dinge und Worte"[154]. Es handelt sich nicht um ein Wachstum der Überlieferung selbst, sondern um ein Wachstum im „Verständnis" (perceptio) derselben. Erstmals taucht diese Aussage in der revidierten Fassung des Schemas *De revelatione* (Text E) unter der Überschrift „De sacra Traditione" auf.[155] Noch in der 4. Sitzungsperiode hatten 175 Konzilsväter darauf hingewiesen, dass hier jedes Missverständnis zu vermeiden sei. Man solle deshalb nicht von einem Wachstum der Überlieferung, sondern einem Wachstum des Verständnisses oder der Erkenntnis dieser Überlieferung (profectus intelligentiae et cognitionis) sprechen.[156] Doch in seiner offiziellen Relatio vom 30. September 1964 erklärte Florit, dass der vorliegende Text ausreichend deutlich mache, dass es sich nicht um ein Wachstum der Überlieferung selbst handelt.[157] Die Vorstellung einer wachsenden Fruchtbarkeit des Wortes Gottes findet sich schon in der Schrift.[158] Zwar gehört zur Überlieferung, so Kardinal Florit in seiner Relatio, im weiteren Sinne auch die Schrift, sofern es sich bei ihr um ein Traditionszeugnis der Kirche handelt, doch versteht DV 8 unter „Sacra Traditio" die lebendige Überlieferung im Unterschied zur Schrift.[159] Der Einfluss Congars[160] sowie des dynamischen Traditionsbegriffs der Katholischen Tübinger Schule[161] auf das Verständnis der „Sacra Traditio" ist unverkennbar.[162] Kardinal Florit weist darauf hin, dass die Überlieferung als etwas Lebendiges aufzufassen ist. Ihrem Wesen nach gehört zu ihr eine entsprechende lebendige Entfaltung (vitalis progressus). Der endgültige Text von DV 8 macht deutlich, dass damit das vertiefte Verständnis der Überlieferung gemeint ist.

In Text E war noch davon die Rede, dass die Kirche in der Tradition alles weitergibt, „was sie selbst ist, was sie hat und was sie glaubt"[163]. In seiner Rede vom

---

[153] Vgl. DH 602; 650–652.
[154] Hier wird Iren., haer. III 3, 2 (FC 8/3, 26 f.) zitiert, ohne dies anzugeben, da das Konzil die umstrittene Interpretation dieser Stelle nicht entscheiden wollte.
[155] Vgl. AS III/3, 79–80.
[156] Vgl. AS IV/5, 696.
[157] Vgl. AS IV/5, 740; s. auch Stakemeier, Konzilskonstitution 204 f.
[158] Vgl. Kol 1, 16. – Kessler, Gregor der Große 18 f.252 f., weist darauf hin, dass der Gedanke vom Wachstum im Verständnis der apostolischen Überlieferung bzw. Offenbarung von Gregor dem Großen stammt, der die gleiche Terminologie (crescit) wie DV 8 verwendet: „Das Verständnis der Schrift wächst, indem sie gelesen wird; denn man begreift jene um so tiefer, je mehr man sich ihr widmet" (in Ezech. 1, 7,8: CCL 142, 87).
[159] Vgl. AS III/3, 137.
[160] Vgl. Congar, La Tradition et les traditions.
[161] Vgl. die Relatio zum neuen Art. 8: AS III/3, 85. – Zum Traditionsbegriff der Katholischen Tübinger Schule s. Geiselmann, Lebendiger Glaube aus geheiligter Überlieferung; ders., Lebendige Überlieferung als Norm.
[162] So Ratzinger, Kommentar 519.
[163] AS III/3, 80.

30. September 1964 hatte Kardinal Meyer darauf hingewiesen, dass nicht alles, was in der Kirche existiert, deshalb schon legitime Tradition sei. Vielmehr habe es in der Kirche auch illegitime Entwicklungen gegeben.[164] Das Schema *De revelatione* sei an dieser Stelle unzureichend. Im Sinne der Traditionskritik müsse anerkannt werden, dass es in der Kirche auch zu Fehlentwicklungen gekommen sei und als oberster Maßstab immer die Heilige Schrift zu gelten habe. Betont wird dies auch in der zentralen Passage der Rede des Erzbischofs von Chicago: „Doch wächst diese lebendige Tradition nicht immer in allem und macht Fortschritte. Denn indem die Kirche in ihrer zeitlichen Pilgerschaft die göttlichen Dinge betrachtet, kann sie in einigen [ihrer Glieder] abtrünnig werden und wird es auch tatsächlich. Deshalb trägt sie dauernd die Norm der Heiligen Schrift in sich, und indem ihr Leben daran Maß nimmt, korrigiert und vervollkommnet sie sich unaufhörlich."[165] Kritische Stellungnahmen kamen ebenso von Kardinal Léger und Gregory Flahiff, Erzbischof von Winnipeg.[166]

Das dynamische Verständnis der Tradition in DV 8 stellt zunächst einmal einen Fortschritt dar. Die Überlieferung wird nicht mehr statisch als unveränderliche Größe gesehen. Kardinal Ruffini verwarf den Gedanken einer Entwicklung der Überlieferung ausgehend von einem statischen Begriff der apostolischen Überlieferung, für den er sich auf das vom Tridentinum und 1. Vatikanischen Konzil zitierte Traditionsprinzip Vinzenz' von Lérin berief.[167] Eine explizite Bezugnahme auf das Traditionsprinzip Vinzenz' von Lérin im Konzilstext wurde von der „Theologischen Kommission" abgelehnt, weil es gegen Augustinus von einem semipelagianischen Leitgedanken her entworfen ist.[168] Der gegen die Minorität aufgenommene Entwicklungsgedanke bleibt in DV 8 allerdings merkwürdig unklar.[169] So heißt es, dass die Kirche „im Laufe der Jahrhunderte ständig zur Fülle der göttlichen Wahrheit" strebt. Eine solche teleologische Sicht der Tradition betont zu einseitig den Fortschrittsgedanken und erschwert damit die ökumenische Verständigung über das Verhältnis von Schrift und Tradition.[170]

Auf die theologische und ökumenische Grenze des dynamischen Traditionsbegriffs, die von den meisten Konzilsvätern wohl nicht wirklich erkannt wurde, hat Kardinal Léger hingewiesen. Wenn ohne nähere Erklärung von einem Fortschritt der Überlieferung in ihrer Erkenntnis gesprochen wird, drohe der Unterschied zwischen apostolischer und nachapostolischer Überlieferung verwischt zu werden.[171] Nach John K. S. Reid konfrontiert uns die Formel vom Forschritt der Überlieferung in ihrem Verständnis mit der „breitesten und tiefsten Kluft, die die

---

[164] Vgl. AS III/3, 150–151. Kriterien zur Beurteilung sind seit dem Konzil von Trient Apostolizität und gesamtkirchliche Rezeption.
[165] AS III/3, 151.
[166] Vgl. AS III/3, 266. S. dazu Baum, Die Konzilskonstitution 99.
[167] Vgl. AS III/3, 144.
[168] Vgl. Expensio modorum, 21 (= AS IV/5, 697).
[169] Vgl. Kasper, Schrift – Tradition – Verkündigung 168.
[170] Vgl. Kardinal Meyer, in: AS III/3, 151.
[171] Vgl. AS III/3, 183. – Es bestand ja auch unverkennbar die Gefahr, mit Hilfe eines „dynamisierten" Traditionsbegriffs wiederum die Theorie von der Tradition als eigenständiger Quelle der Offenbarung ins Spiel zu bringen. Vgl. Seeber, Das Zweite Vaticanum 191.

Kirchen der Reformation von der römisch-katholischen Kirche"[172] trennt. Cullmann verweist auf seine These, dass mit dem entscheidenden Ereignis der Bildung des Schriftkanons, dem sich die Kirche als Norm unterworfen hat, die Heilsgeschichte ihren Höhepunkt gefunden hat.[173] Auch wenn die Kritik an der unklaren Formel vom Fortschritt der Überlieferung berechtigt ist, unterschätzen Cullmann und Reid die Bedeutung, die der hermeneutischen Aneignung der apostolischen Überlieferung durch die Tradition zukommt. Von der Vierten Vollversammlung von „Glaube und Kirchenverfassung" in Montreal (1963) wurde sie dagegen deutlich herausgestellt.[174] Aufs Ganze gesehen hat freilich das Konzil das traditionskritische Moment in der Offenbarungskonstitution nicht angemessen zur Geltung gebracht und „sich damit einer wichtigen Chance des ökumenischen Gesprächs begeben"[175].

Eine besondere Bedeutung beim Wachstum im Verständnis der Überlieferung wird den Kirchenvätern zugesprochen, sofern sie „die lebendigmachende Gegenwart dieser Überlieferung" bezeugen. Träger dieses Erkenntnisprozesses sind auch die Gläubigen mit ihrer geistlichen Schriftlesung, dem Studium der Schrift und ihrer geistlichen Erfahrung sowie in amtlicher Verantwortung jene, die in der „Nachfolge im Bischofsamt" eine besondere „Gnadengabe" empfangen haben. Diese Aussage wurde im letzten Augenblick in den Text eingefügt.[176] Sie stellt ein Zugeständnis an die Bischöfe der Minorität dar, die einen Hinweis auf das unfehlbare Lehramt der Bischöfe[177] wünschten.[178] Bei der bischöflichen „Gnadengabe der Wahrheit" handelt es sich weder um eine Inspiration[179] noch eine persönliche Unfehlbarkeit, sondern um das Charisma der authentischen Lehrverkündigung. Auch wenn dieses Charisma nicht zu bestreiten ist, dürfte die Sicht des Konzilstextes doch wohl etwas zu optimistisch sein, wenn es am Ende des dritten Abschnittes heißt: „Die Kirche strebt nämlich im Laufe der Jahrhunderte ständig zur Fülle der göttlichen Wahrheit, bis sich an ihr die Worte Gottes erfüllen." Hier wäre es angebracht gewesen, auch an Fehlentwicklungen und Irrtümer in der kirchlichen Lehrverkündigung zu erinnern, wie dies von einzelnen Konzilsvätern angeregt wurde.

Die lebendige Überlieferung verhilft dazu, den Kanon der Heiligen Schriften festzulegen und diese selbst immer tiefer zu verstehen. So ist Gott unaufhörlich mit der Kirche Christi im Gespräch, indem durch den Heiligen Geist, der in alle Wahrheit einführt, in der Kirche und durch sie in der Welt die „viva vox evangelii" gehört wird: „Durch dieselbe Überlieferung wird der Kirche der vollständige Kanon der Heiligen Bücher bekannt, und die Heiligen Schriften selbst werden

---
[172] Vgl. Reid, Die Heilige Schrift 230 f.
[173] Vgl. ebd. 192 f.
[174] Vgl. Dinkler, Theologische Aufgaben 117–127; Schutz – Thurian, Das Wort Gottes 74–79.88–90.
[175] Ratzinger, Kommentar 520.
[176] Vgl. AS IV/5, 696.
[177] Vgl. LG 25.
[178] Es handelt sich bei der Aussage um eine nicht ausgewiesene Paraphrase von Irenäus, haer. IV, 26, 2 (FC 8/4, 206). Auch die Interpretation dieser Stelle ist umstritten.
[179] Vgl. Skydsgaard, Schrift und Tradition 42 f.

in ihr tiefer verstanden und unaufhörlich wirksam gemacht; und so ist Gott, der einst gesprochen hat, ohne Unterlass im Gespräch mit der Braut seines geliebten Sohnes, und der Heilige Geist, durch den die lebendige Stimme des Evangeliums in der Kirche und durch sie in der Welt widerhallt, führt die Glaubenden in alle Wahrheit ein und lässt das Wort Christi in ihnen überreichlich wohnen (vgl. Kol 3, 16)."

Hier stellt der Konzilstext den von der Orthodoxie betonten pneumatologischen Charakter des Überlieferungsprozesses heraus. Der melkitische Erzbischof Edelby verwies in der Diskussion darauf, dass der katholische Überlieferungsbegriff traditionell einseitig von einer inkarnatorischen Christozentrik geprägt gewesen ist.[180] Nach Nikos A. Nissiotis enthält die Offenbarungskonstitution zwar wichtige Neuansätze, bleibt aber hinter einer umfassenden pneumatologischen Sicht des Überlieferungsgeschehens zurück. In der starken Betonung der Rolle des kirchlichen Lehramtes für die Schriftauslegung sieht Nissiotis das Zeichen einer „schwachen Pneumatologie".[181] Wieder aufgenommen wird in DV 8 der Gedanke der Kommunikation zwischen dem sich offenbarenden Gott und den Menschen (DV 2), der für das Geschehen der lebendigen Überlieferung der Offenbarung entfaltet wird. Zugleich begegnet am Ende von DV 8 die für das Selbstverständnis des Konzils zentrale Unterscheidung zwischen der Kirche „ad intra" und der Kirche „ad extra".[182]

[2. Das Lehramt unter dem Wort Gottes]

DV 9–10 behandeln, so Kardinal Florit in seiner Relatio, das Verhältnis von Schrift und Tradition sowie ihr gemeinsames Verhältnis zur Kirche bzw. ihrem Lehramt.[183] Hier vor allem zeigen sich die Grenzen der Offenbarungskonstitution. Von evangelischen Kommentatoren ist darauf immer wieder hingewiesen worden. Zunächst ist allerdings anzuerkennen, dass sich im Text der dynamische Traditionsbegriff (Tradition als lebendige Überlieferung) sowie die von Geiselmann geforderte Abkehr von einer quantitativen Zuordnung der Glaubensüberlieferung in Schrift und Tradition, wie sie im *partim-partim* zum Ausdruck kommt, niedergeschlagen hat. Schrift (Sacra Scriptura) und Überlieferung (Sacra Traditio) entspringen dem gleichen göttlichen Quell.

DV 9 hebt von der Schrift als der „locutio Dei" deutlich die authentische Glaubensüberlieferung ab. Von ihr heißt es, dass durch sie das „Wort Gottes" unversehrt weitergegeben wird. Die Glaubensüberlieferung ist zu unterscheiden von der vom Heiligen Geist inspirierten Schrift (divino afflante Spiritu), die Gottes

---

[180] Vgl. AS III/3, 306–309.
[181] Vgl. Nissiotis, Bericht 123.
[182] Vgl. den Kommentar von Hans-Joachim Sander zur Pastoralkonstitution *Gaudium et spes*.
[183] Vgl. AS III/3, 138 f.

Wort enthält.[184] Schutz und Thurian weisen darauf hin, dass „locutio Dei" an erster Stelle die Tat Gottes meint, der zu uns spricht und erst dann das geschriebene Wort.[185] Die Tradition wird von DV 9 nicht einfach mit dem Wort Gottes identifiziert: Die Tradition ist nicht formell Wort Gottes.[186] Die Tradition trägt das Wort Gottes und gibt es unversehrt weiter.[187] In seiner Relatio während der 3. Sitzungsperiode unterscheidet Kardinal Florit zwischen dem Wort Gottes, das die apostolische Überlieferung konstituiert, und ihrer Auslegung.[188] Den Nachfolgern der Apostel kommt die Aufgabe zu, das Wort Gottes in ihrer Verkündigung (praeconio) treu (fideliter) zu bewahren, zu erklären und auszubreiten. Schrift und Tradition werden in DV 9 nicht mehr, wie noch im Schema *De fontibus revelationis*, als unterschiedliche „Quellen der Offenbarung" betrachtet.[189] Die Rede ist von der „divina scarturigo" (göttlichem Quellgrund), aus der Schrift und Überlieferung hervorgehen.[190] DV 9 befindet sich damit auf der Linie des Konzils von Trient, das von der einen „fons" (Quelle) der göttlichen Offenbarung spricht.[191] DV 9 nimmt also nur eine einzige Quelle der Offenbarungswahrheit an, das Evangelium, das allen Formen der Überlieferung vorausliegt und mit der Schrift als einem Traditionszeugnis nicht einfach identisch ist.

Wenn Ratzinger in seinem Kommentar die These vertritt, DV 9 ermögliche weiterhin, von Schrift und Tradition als „zwei Quellen" zu sprechen[192], so entspricht dies der Intention von DV 9 nur, wenn damit die Pluralität unterschiedlicher Bezeugungsinstanzen (Schrift, Tradition) gemeint ist. Zu Recht weist Ratzinger in seinem Kommentar darauf hin, dass es sich beim reformatorischen „sola scriptura" um ein traditions- und kirchenkritisches Prinzip handelt. Es konnte deshalb auch nicht überraschen, dass die von DV 9 herausgestellte Einheit von Schrift und Überlieferung auf reformatorischer Seite in aller Regel keine Zustimmung fand. Ob allerdings der Konzilstext die Einheit von Schrift und Überlieferung im Sinne einer organisch-evolutiven Einheit versteht[193], muss offen bleiben. Denn statt des ursprünglich vorgesehenen Zusatzes, nicht jede kirchliche Lehre lasse sich direkt aus der Schrift beweisen[194], der an eine organische Entwicklung hätte denken lassen, heißt es im endgültigen Text, „dass die Kirche ihre Gewissheit über alles Geoffenbarte nicht vermittels der Heiligen Schrift allein schöpft".

Der veränderte Zusatz geht auf den Papst zurück. Am 12. Oktober 1965 führte

---

[184] Vgl. DV 24.
[185] Vgl. Schutz – Thurian, Das Wort Gottes 94 f.
[186] Vgl. Stakemeier, Konzilskonstitution 208; Bea, Das Wort Gottes 130; Barth, Conciliorum tridentini et vaticani I 515; Gnilka, Biblische Exegese 6; Söding, Mehr als ein Buch 30.410.
[187] Vgl. Schutz – Thurian, Das Wort Gottes 95.
[188] Vgl. AS III/3, 138.
[189] Vgl. AD II/II 1, 524.
[190] Vgl. Betti, La trasmissione della divina rivelazione 250 f.
[191] Vgl. DH 1501.
[192] Vgl. Ratzinger, Kommentar 523 f.
[193] Vgl. ebd. 524.
[194] Vgl. Expositio modorum, 40. 111 Väter hatten die Einfügung dieses Zusatzes gewünscht: AS IV/5, 700.

er mit den Moderatoren des Konzils ein Gespräch über die noch anstehenden Probleme des Offenbarungsschemas.[195] Am 18. Oktober wurde dem Präsidenten der Theologischen Kommission, Kardinal Ottaviani, ein im Auftrag des Papstes von Kardinal Cicognani verfasstes Schreiben zugestellt, das sieben Vorschläge für einen veränderten Zusatz bezüglich des Verhältnisses von Schrift und Tradition enthielt. Die Theologische Kommission entschied sich für den dritten Textvorschlag, der Eingang in den endgültigen Text fand.[196] Auf evangelischer Seite wurde der Zusatz größtenteils als unbedenklich eingestuft, etwa von Heinrich Ott: „Übrigens steht es doch wohl auch für einen Protestanten, der das Fundament der Reformation nicht vergessen hat, fest: daß wir Gewißheit über Gottes Offenbarung nicht aus der Schrift allein schöpfen, sondern daß sie uns durch die Predigt und das innere Zeugnis des Heiligen Geistes zuteil wird."[197]

Abgelehnt wurde von der Theologischen Kommission eine Einfügung in Art. 10, die auf ein Verständnis der Überlieferung im Sinne einer „traditio constitutiva" hinausgelaufen wäre.[198] Der Konzilstext stellt die hermeneutische Funktion der Tradition heraus, ohne ihre Bedeutung auf eine rein menschliche Interpretation zu reduzieren. Denn nach katholischem Verständnis gibt es Wahrheiten des Glaubens, die nicht allein durch die Schrift erkannt werden können. Die Tradition stellt deshalb aber, so Kardinal Florit in seiner Relatio, keine quantitative Ergänzung zur Offenbarungswahrheit der Schrift dar (veluti quantitativum S. Scripturae supplementum).[199] Auch wenn das Konzil den Streit zwischen denen, für die es sich bei der Tradition um eine „traditio interpretativa" handelte und jenen, die ihr den Charakter einer „traditio constitutiva" zusprachen, nicht entscheiden wollte, tendiert doch die Relatio von Florit wie der Konzilstext selbst zum Verständnis der Tradition als „traditio interpretativa". Erzbischof Franić von der Konzilsminorität hatte schon in seiner Relatio während der 3. Sitzungsperiode die Meinung vertreten, dass Kapitel II des Schemas *De revelatione* ein Verständnis der Tradition als „traditio interpretativa" begünstige.[200] Der von DV 9 festgehaltene Vorrang der Schrift vor der Tradition, der de facto eine kritische Funktion der Schrift gegenüber der Tradition einschließt, droht freilich durch den erklärungsbedürftigen Schlusssatz von DV 9 sogleich wieder relativiert zu werden.

Danach sind Schrift und Tradition „mit dem gleichen Gefühl der Dankbarkeit und der gleichen Ehrfurcht anzunehmen und zu verehren" (pari pietatis affectu ac reverentia suscipienda et veneranda est). Schon auf dem Konzil von Trient war die Formel „pietatis affectu ac reverentia"[201] umstritten gewesen. Sie findet sich der Sache nach schon im „Decretum Gratiani"[202] und wird dort auf Basilius zurückgeführt. Bei Basilius geht es allerdings nicht um das Verhältnis von Schrift

---

[195] Vgl. Stakemeier, Konzilskonstitution 211.
[196] Vgl. AS IV/6, 601.
[197] Ott, Die Offenbarung Gottes 173 f.
[198] Vgl. AS IV/5, 703.
[199] Vgl. AS III/3, 137 f.; s. auch Bea, Das Wort Gottes 130.
[200] Vgl. AS III/3, 124 f.; s. dazu Mœller, Le texte du chapitre II 328 f.
[201] Vgl. DH 1501.
[202] Vgl. D XI c. 5.

und Tradition im späteren Sinne, sondern um die überlieferten Glaubenslehren (δόγματα) und Verkündigungen (κερύγματα) in der Schrift und der Liturgie der Kirche. Dabei versteht Basilius unter einem Dogma – im Unterschied zum Kerygma – eine im Leben der Kirche implizierte Wahrheit einer noch nicht öffentlich verkündeten Glaubenslehre, also nicht eine definierte Lehre.[203] Weder bei Basilius noch im Konzil von Trient geht es um das genaue Verhältnis von Schrift und Tradition, sondern um die Treue zur liturgischen Überlieferung. Im Konzil von Trient ging es vor allem um den Kanon der römischen Messe.

Auch in der Offenbarungskonstitution, die im Unterschied zum Tridentinum nicht einzelne kirchliche Traditionen, sondern die authentische Glaubensüberlieferung im Blick hat, wird mit der Formel nicht beansprucht, das Verhältnis von Schrift und Tradition im Sinne zweier gleichrangiger Größen zu bestimmen. Die Formel „pietatis affectu ac reverantia" ist gleichwohl von reformatorischer Seite wegen ihrer Unbestimmtheit zurückgewiesen worden, droht sie doch den Vorrang der Schrift vor der Tradition wieder aufzuheben.[204] Auf der anderen Seite war von reformatorischer Seite schon während der Konzilszeit weithin anerkannt, dass das „sola scriptura" nicht meint, die Schrift könne unabhängig von ihrer Schriftauslegung verstanden werden. Zum angemessenen Verständnis der Schrift gehört die Geschichte ihrer hermeneutischen Erschließung, ohne dass der Glaubensüberlieferung deshalb die gleiche Autorität wie der Schrift zukäme.[205] Auch das Dokument „Tradition und Traditionen" der Vierten Weltkonferenz von „Glaube und Kirchenverfassung" (1963) betont die hermeneutische Funktion der Glaubensüberlieferung für das Verständnis der Schrift.[206] Die normative Stellung der „kirchlichen Schriftauslegung" ist zwischen den Konfessionen aber bis heute umstritten geblieben.[207]

DV 10,1 zählt die Heilige Überlieferung (Sacra Traditio) und die Heilige Schrift (Sacra Scriptura) zur einen Glaubensüberlieferung des Wortes Gottes. Erinnert wird an die Treue zu dieser Glaubensüberlieferung, wenn das Volk Gottes mit seinen Hirten in der Lehre und Gemeinschaft der Apostel das eucharistische Brot bricht und betet. Zentrale Grundlage für die hermeneutische Erschließung der Schrift durch die Kirche ist nach DV 10 die Feier der einen Eucharistie, das Gebet und das gemeinsame Bekenntnis, durch die Vorsteher und Gläubige miteinander verbunden sind. Mit Verweis u. a. auf ein bekanntes Wort Cyprians[208] wird festgestellt, dass in der Treue zum überlieferten Glauben ein Einklang zwischen den Vorstehern der Kirche und den Gläubigen herrscht. Nicht in den Blick kommt, dass das Verständnis des überlieferten Glaubens zwischen Lehramt, wissenschaftlicher Theologie und den Gläubigen auch einmal strittig sein kann.

---

[203] Vgl. Bas., spir. 27, 66: FC 12, 272–275.
[204] Vgl. Kühn, Ergebnisse 57–59.
[205] Vgl. ebd. 59; Schutz – Thurian, La parole vivante 125f.
[206] S. oben Teil A, 2.
[207] Vgl. Teil C.
[208] Vgl. Cypr., ep. 66, 8: „Ecclesia plebs Sacerdoti audunata et Pastori suo grex adhaerens": CSEL 3/2, 733.

DV 10,2 Im Anschluss an das 1. Vatikanische Konzil[209] spricht der Konzilstext nicht nur vom „geschriebenen", sondern auch vom „überlieferten Wort Gottes" (verbum Dei scriptum vel traditum). Im Sinne von DV 9 kann es sich beim überlieferten Wort Gottes nur um das authentisch weitergegebene Wort der Schrift handeln. Das Wort Gottes ist der Kirche in Schrift und Tradition in unterschiedlicher Weise gegeben. Die Schrift ist Wort Gottes – Gottes Wort in Menschenwort, wie weiter unten (DV 12) im Anschluss an Augustinus[210] erläuternd gesagt wird. Von der Tradition heißt es dagegen, dass sie das Wort Gottes überliefert. Auch in DV 10 wird die Tradition also nicht einfach als Wort Gottes, sondern als das überlieferte Wort Gottes bezeichnet. Ebenso unterscheidet DV 24 deutlich zwischen dem (geschriebenen) „Wort Gottes" und der „Überlieferung". Wenn zu Beginn von DV 10 davon die Rede ist, dass Überlieferung und Schrift (in dieser Reihenfolge werden sie genannt) die „eine heilige Hinterlassenschaft des Wortes Gottes" bilden, „die der Kirche anvertraut ist", dann ist das Wort Gottes hier im Sinne der einen göttlichen Quelle zu verstehen, aus der Schrift und Tradition hervorgehen, ohne dass der Konzilstext die Tradition wie die Schrift mit dem Wort Gottes identifiziert.

Von Kommentatoren ist dies vielfach nicht genügend beachtet worden, etwa von Skydsgaard, wenn er schreibt: „Schrift und Tradition konstituieren zusammen den heiligen Glaubensschatz. Sie sind zusammen das Wort Gottes. Dieser Satz ist außerordentlich bedeutungsvoll, denn er sagt ganz klar, daß unter Wort Gottes nicht nur die Schrift verstanden wird, sondern Schrift und die ganze, immer wachsende Tradition."[211] Von dieser falschen Voraussetzung ausgehend, stuft Skydsgaard die ökumenische Bedeutung der Formel „Das Lehramt steht nicht über dem Wort Gottes, sondern dient ihm" als begrenzt ein. Allerdings ist zuzugestehen, dass die Aussagen über das geschriebene und überlieferte Wort Gottes nicht immer ganz eindeutig sind.

Den „überlieferten Glauben" (fides tradita) in Treue zu leben und weiterzugeben, ist Sache der ganzen Kirche (Gläubige, Theologen), nicht nur des bischöflichen Lehramtes. Auf der letzten Sitzung der Gemischten Kommission (4. März 1963) hatte Congar gefordert, den aktiven Beitrag der Gläubigen bei der Weitergabe des Glaubens deutlich herauszustellen. Congar schlug vor, die Wendung „conspiratio pastorum et fidelium" einzufügen. Kardinal Ottaviani ließ dies als ungeeignet zurückweisen. Im endgültigen Text taucht Congars Vorschlag leicht verändert wieder auf (Antistitum et fidelium conspiratio).[212]

Erstmals wird in DV 10, 2 von einem allgemeinen Konzil der katholischen Kirche die Unterordnung des Lehramtes unter das Wort Gottes anerkannt.[213] Dies geschieht mit der theologisch höchst bedeutsamen und nach dem Konzil immer

---

[209] Vgl. DH 3011: „Porro fide divina et catholica ea omnia credenda sunt, quae in verbo Dei scripto vel tradito continentur et ab Ecclesia sive solemni iudicio sive ordinario et universali magisterio tamquam divinitus revelata credenda proponuntur".
[210] Vgl. Aug., civ. XVIII, 6, 2: PL 41, 537.
[211] Skydsgaard, Schrift und Tradition 44.
[212] Vgl. Grootaers, Zwischen den Sitzungsperioden 462.
[213] Vgl. Ratzinger, Kommentar 527.

wieder zitierten Formel: „Dieses Lehramt steht also nicht über dem Wort Gottes, sondern dient ihm, indem es nur lehrt, was überliefert ist" (DV 10,2). Skydsgaard vermutet, dass die Formel auf Kardinal Bea zurückgeht.[214] Sie könnte aber auch durch eine ähnlich lautende Aussage im Schema-Entwurf Karl Rahners angeregt sein.[215] Seinen Dienst am Wort Gottes erbringt das kirchliche Lehramt dadurch, dass es „nur lehrt, was überliefert ist", indem es das Wort Gottes „nach göttlichem Auftrag und mit dem Beistand des Heiligen Geistes fromm hört, heilig bewahrt und treu darlegt, und all das aus dieser einen Hinterlassenschaft des Glaubens (depositum fidei) schöpft, was es als von Gott geoffenbart zu glauben vorlegt" (DV 10,2). Dieser ökumenisch bedeutsamen Aussage entspricht die im 6. Kapitel über die Schrift im Leben der Kirche erhobene Forderung, dass sich die kirchliche Verkündigung und die christliche Predigt von der Schrift „nähren und sich an ihr ausrichten" (nutriatur et regatur) sollen. In einer früheren Fassung dieses Abschnittes war die Schrift noch als Norm (norma) und Autorität (auctoritas) der kirchlichen Lehrverkündigung bezeichnet worden.[216] Man hätte sich gewünscht, dass der normative Vorrang der Schrift (norma normans) gegenüber der Tradition (norma normata) auch im endgültigen Text so deutlich anerkannt worden wäre.[217]

Wenn auch allen Gläubigen eine aktive Funktion für die Weitergabe des Glaubens zugesprochen wird, kommt doch nur dem „lebendigen Lehramt der Kirche" (vivo Ecclesiae Magisterio), dessen „Vollmacht im Namen Jesu Christi augeübt wird" (cuius auctoritas in nomine Iesu Christi exercetur), die Aufgabe (munus) zu, das geschriebene oder überlieferte Wort Gottes (verbum Dei scriptum vel traditum) authentisch, das heißt (letzt-)verbindlich auszulegen (authentice interpretandi). Damit ist kein Interpretationsmonopol gemeint. Zwar wird eine eigene Auslegungskompetenz von Gläubigen und Theologen in DV 10 nicht eigens erwähnt. Sie wird aber auch nicht bestritten. DV 12 anerkennt die Auslegungskompetenz der Exegeten. Allerdings überspielt der Konzilstext hier das schwierige, bis heute nicht ausreichend geklärte Verhältnis zwischen moderner Exegese, systematischer Theologie und kirchlichem Lehramt. Die verantwortungsvolle Wahrnehmung der dem kirchlichen Lehramt zukommenden Aufgabe einer verbindlichen Auslegung des Wortes Gottes ist an bestimmte Voraussetzungen geknüpft, die man deutlicher hätte benennen können als durch den allgemeinen und indirekten Hinweis, dass das Lehramt „nur lehrt, was überliefert ist". Dass das Lehramt sich unter das Wort Gottes stellt und nichts lehrt, was nicht zur Substanz des überlieferten Glaubens gehört, ist ja keineswegs selbstverständlich.

---

[214] Vgl. Skydsgaard, Schrift und Tradition 44.
[215] Vgl. Rahner, De revelatione 45: „Ecclesia est custos verbi divini in Sacris Scripturis exhibiti, huic verbo inservit, in hoc verbo vivit." S. dazu Ruggieri, Der erste Konflikt 280.
[216] Vgl. AS III/3, 102: „Omnis ergo praedicatio ecclesiastica atque ipsa religio christiana ad Scripturam semper respicere debent tamquam ad normam et auctoritatem, quibus reguntur et iudicantur."
[217] Vgl. Kühn, Ergebnisse 62.

DV 10,3 Wenn am Ende von DV 10 gesagt wird, dass Überlieferung, Schrift und kirchliches Lehramt nicht unabhängig voneinander bestehen, sich vielmehr „untereinander verknüpfen und verbinden" (inter se connecti et consociari), so „dass das eine nicht ohne die anderen bestehen kann" (ut unum sine aliis non consistat), dann wird hier auf die Zusammengehörigkeit der unterschiedlichen Bezeugungsinstanzen des Wortes Gottes hingewiesen. Im Volke Gottes haben sie gemeinsam der „salus animarum" zu dienen, auf je eigene Weise (singuli suo modo). Die Reihenfolge, in der die Bezeugungsinstanzen in DV 10,3 aufgezählt werden (die Überlieferung wird vor der Schrift genannt), muss als unglücklich bezeichnet werden. Sie hängt wohl damit zusammen, dass der Begriff der Überlieferung im zweiten Kapitel in einem engeren und in einem weiteren Sinne verwendet wird[218], um so zum einen Schrift und Tradition voneinander zu unterscheiden und zugleich als zusammengehörige Bezeugungsinstanzen des einen Überlieferungsgeschehens des Wortes Gottes verstehen zu können. Zwar werden Schrift, Tradition und Lehramt nicht auf eine Ebene gestellt. Ihr Verhältnis ist aber nicht immer das eines harmonischen Zusammenspiels.[219] Nicht selten gibt es in der Kirche hinsichtlich der Auslegung des geschriebenen und überlieferten Wortes Gottes Spannungen und Konflikte, die das Lehramt der Kirche nicht unabhängig vom „sensus" bzw. „consensus fidelium" auflösen kann.

Drittes Kapitel
Die göttliche Inspiration der Heiligen Schrift und ihre Auslegung

Während die Konstitution *Dei Filius* nur kurz im Kapitel über die Offenbarung auf die Heilige Schrift zu sprechen kommt[220], ist diese das Generalthema der letzten drei Kapitel von *Dei Verbum*. Das vierte und fünfte Kapitel behandeln die beiden Testamente der christlichen Bibel, das sechste Kapitel die Schrift im Leben der Kirche. Das dritte Kapitel beschäftigt sich mit der Inspiration der Heiligen Schrift, ihrem Charakter als Gotteswort in Menschwort und ihrer Auslegung: DV 11 nimmt Stellung zur umstrittenen Frage der Schriftinspiration, zu ihrem Umfang wie zu ihrem Verständnis. DV 12 formuliert Prinzipien katholischer Schriftauslegung, wobei die wissenschaftliche Schriftauslegung der Exegeten, die in ihrer Bedeutung für das Verständnis der Schrift ausdrücklich gewürdigt wird, und die verbindliche Schriftauslegung des kirchlichen Lehramtes unterschieden und einander zugeordnet werden. DV 13 begründet und entfaltet die zu Beginn von DV 12 eingeführte Charakterisierung der Schrift als Gotteswort in Menschenwort.

---

[218] Vgl. Schutz – Thurian, La parole vivante 95 f.
[219] Vgl. Ratzinger, Kommentar 524.
[220] Vgl. DH 3006 f.

[1. Die göttliche Wahrheit der Heiligen Schrift]

DV 11,1 Wie schon in DV 7 wird die Inspiration der biblischen Bücher auch hier pneumatologisch von der Dynamik des Heiligen Geistes her verstanden und damit in das Heilsgeschehen integriert. Das Wirken des Geistes steht am Ursprung der Entstehung der biblischen Bücher.[221] Auch wenn Offenbarung und inspirierter Text nicht einfach identisch sind, so verdanken sich doch beide dem Wirken des Gottesgeistes. Mit der Inspiration, indirekt aber auch durch Verweis auf den apostolischen Glauben, an den sich die Kirche gebunden weiß, werden Heiligkeit und Kanonizität der biblischen Bücher begründet. Aus der Inspiration der Heiligen Schrift ergibt sich ihre Normativität. Mag diese Begründung auch etwas einseitig sein, so bedeutet die starke Betonung der Kanonizität der biblischen Bücher doch zugleich, ohne dass dies expressis verbis gesagt würde, dass diese der Kirche als primäre Norm ihres Glaubens vorgegeben sind. Immerhin spricht der Konzilstext im Anschluss an die dogmatische Konstitution *Dei Filius* über den katholischen Glauben[222] davon, dass die Bücher des Alten und Neuen Testament auf Gott als ihren Urheber (auctor) zurückgehen und als solche (atque ut tales), das heißt als göttlich inspirierte Schriften, „der Kirche übergeben worden sind" (Ecclesiae traditi sunt). Dass die Inspiration der Heiligen Schrift zum apostolischen Glauben der Kirche gehört, machen vier neutestamentliche Reflexionszitate deutlich (Joh 20,31; 2 Tim 3,16; 2 Petr 1,19–21; 3,15–16). Eine zentrale Rolle spielt dabei 2 Tim 3,16 („jede von Gott inspirierte Schrift"), die zur Schlüsselstelle für die altkirchliche Inspirationslehre geworden ist und am Ende von DV 11 vollständig zitiert wird.

Wenn der Konzilstext Gott den Urheber der heiligen Schrift nennt, ist nicht mehr ein supranaturalistisches Konzept von Inspiration leitend. DV 11 spricht hier eine andere Sprache als die Enzykliken *Providentissimus Deus* und *Spiritus Paraclitus*, in denen mechanistische Vorstellungen vorherrschend sind. So werden die biblischen Schriftsteller nicht mehr als „Schreibwerkzeuge" (instrumenta ad scribendum) bezeichnet. Sie sind keine „Sekretäre Gottes", die unter dem Diktat des Heiligen Geistes (Spiritu Sancto dictante) das von Gott Geoffenbarte aufgezeichnet haben.[223] Vielmehr heißt es nun, dass Gott zur Abfassung der heiligen Bücher Menschen erwählt hat, die als „wahre Verfasser" (veri auctores) mit den ihnen eigenen „Fähigkeiten und Kräften" (facultates et vires) „all das und nur das, was Er selbst wollte" (ea omnia eaque sola, quae Ipse vellet), schriftlich überliefert haben. Gott erscheint nicht mehr, wie in den genannten Enzykliken, als „auctor litterarius". „Alles, was zum auctor litterarius im streng technischen Sinne gehört, ist auf Seiten der menschlichen Verfasser zu suchen."[224] Deshalb sollte man, wenn von Gott als „auctor" der Heiligen Schrift die Rede ist, dies nicht mit „Verfasser"

---

[221] Vgl. Knoch, Gott sucht den Menschen 184f.
[222] Vgl. DH 3006.
[223] Vgl. DH 3292.
[224] Grillmeier, Kommentar 545.

oder „Autor"²²⁵ übersetzen.²²⁶ Die ursprünglich vorgesehene Formel „omnibus facultatibus ac viribus suis utentes" (Text E) hat man fallengelassen, um die volle Menschlichkeit der biblischen Schriftsteller sowie ihre individuelle Begrenztheit anzuerkennen, gibt es unter ihnen doch nicht nur unterschiedliche Begabungen und Fähigkeiten, sondern damit zusammenhängend einen unterschiedlichen Einsatz ihrer Kräfte. Im Schema *De revlelatione* (Text D) werden dagegen die biblischen Schriftsteller noch als „lebendige Instrumente" und Gott als „principalis auctor" bezeichnet.²²⁷ Zwar zitiert DV 11 mit der Erläuterung zum Inhalt des inspirierten Wortes Gottes die Enzyklika *Providentissimus Deus*²²⁸, vertritt allerdings ein anderes Inspirationsverständnis.²²⁹

Die Heilige Schrift beinhaltet die göttliche Offenbarungswahrheit. Gleich zu Beginn des dritten Kapitels heißt es, dass das „von Gott Geoffenbarte, das in der Heiligen Schrift schriftlich enthalten ist und vorliegt, ... unter dem Anhauch des Heiligen Geistes (Spiritu Sancto afflante) aufgezeichnet worden" sei. Die Aussage ist bewusst offen gehalten, um nicht den Eindruck zu erwecken, durch sie solle die umstrittene Frage der materialen Schriftsuffizienz entschieden werden.²³⁰ Ebenso wenig soll der genaue Vorgang der Inspiration geklärt werden. Der Konzilstext will auch keine Entscheidung in der umstrittenen Frage des Vollsinns der Schrift (sensus plenior) treffen.²³¹ Unter dem „sensus plenior" versteht man die von Gott in den Schriftworten intendierte Sinnfülle, die der Hagiograph selbst nicht erkannt oder höchstens erahnt hat.²³² Die Tendenz des Konzilstextes geht freilich dahin, in der Heiligen Schrift das Zeugnis der ganzen göttlichen Offenbarungswahrheit zu sehen und davon ihre Überlieferung zu unterscheiden.²³³

Die heilige Schrift, die als inspiriert betrachtet wird, umfasst die Bücher des Alten und Neuen Testaments. Ohne auf die Frage nach dem Umfang des Kanons oder auf das Verhältnis von Inspiration, Kanon und Kirche einzugehen, wird gesagt, dass der Kirche die Bücher des Alten und Neuen Testaments als „heilig und kanonisch" gelten, und zwar „in ihrer Ganzheit mit allen ihren Teilen" (cum omnibus eorum partibus). Dabei wird vorausgesetzt, dass der Umfang des Kanons für die katholische Kirche mit dem Dekret über die heiligen Bücher des Konzils von Trient endgültig geklärt ist.²³⁴ Anders als die Enzykliken *Providentissimus Deus* (1893)²³⁵ und *Spiritus Paraclitus* (1920) lehrt die Offenbarungskon-

---

[225] So Arenhoevel, Offenbarung? 60.65.
[226] Vgl. Semmelroth – Zerwick, Vaticanum II 28.
[227] Vgl. AS III/3, 89.
[228] Vgl. DH 3293: „ea omnia aequa sola, quae ipse iuberet".
[229] Zum Inspirationsverständnis des Schemas *De fontibus revelationis* s. die Analysen von Gabel, Inspirationsverständnis 22–56; Knoch, Gott sucht den Menschen 174–180.
[230] Vgl. Grillmeier, Kommentar 544; Semmelroth – Zerwick, Vaticanum II 28.
[231] Vgl. AS III/3, 92: „Abstrahitur autem a solvenda quaestione de ,sensu pleniore'".
[232] Vgl. Schildenberger, Sensus plenior; Walter, Sensus plenior.
[233] Vgl. Schutz – Thurian, Das Wort Gottes 114.
[234] Vgl. DH 1501–1505.
[235] Vgl. DH 3293: „ab omni omnino errore esse immunes".

stitution keine „absolute Irrtumslosigkeit" (Inerranz) der Schrift.²³⁶ Noch das verworfene Schema *De fontibus revelationis*²³⁷ ging freilich davon aus, dass die göttliche Inspiration ihrem Wesen nach (per se ipsam) notwendig jeden Irrtum ausschließt.²³⁸

DV 11, 2 richtet sich gegen eine rationalistische Aufspaltung der Schriftaussagen, bei der von den Glaubens- und Sittenwahrheiten, die allein inspiriert sind, die profanen Wahrheiten, vor allem historisch-geschichtlicher Art, unterschieden werden.²³⁹ Da sich Gottes Offenbarung wesentlich in der Geschichte ereignet hat, erschien diese Aufspaltung den meisten Konzilsvätern theologisch inakzeptabel. So hält DV 11, 2 daran fest, dass nicht nur einzelne Teile der Schrift als inspiriert zu betrachten sind, sondern die Schrift insgesamt. Irrtümer in einzelnen Punkten, vor allem im Bereich der „veritas historica", sind dadurch nicht ausgeschlossen. Kardinal König hatte in der 3. Sitzungsperiode auf mehrere Beispiele offensichtlicher chronologischer, geographischer und naturwissenschaftlicher Irrtümer sowie falscher Zitatangaben in der Schrift hingewiesen.²⁴⁰ Wenn aber „historische Angaben und solche im Bereich des naturwissenschaftlichen Wissens gelegentlich von der Wahrheit abweichen"²⁴¹, lässt sich dies mit der göttlichen Inspiration nur dann vereinbaren, wenn diese nicht im Sinne einer Verbalinspiration, sondern geschichtlich aufgefasst wird, so dass ein vereinzelter Irrtum eines biblischen Schriftstellers nicht einen Irrtum Gottes bedeutet.²⁴²

Dem Votum von Kardinal König, das bei der Minorität nahezu einen Schock auslöste²⁴³, folgte eine Reihe prominenter Konzilsväter²⁴⁴, u.a. Kardinal Meyer²⁴⁵, John F. Cornelis, Erzbischof von Lubumbaschi²⁴⁶, sowie Bischof Da Mota e Albuquerque²⁴⁷. Erzbischof Weber von Straßburg betonte, dass die heiligen Schriften zugleich Werk Gottes und Werk des Menschen seien, Gott sich der Fähigkeiten der Hagiographen bediente, was die Interpretation der heiligen Schriften zu berücksichtigen habe, und bei aller Mannigfaltigkeit der biblischen Bücher die Ein-

---

²³⁶ Vgl. DH 3652: „divinum afflatum ad omnes Bibliorum partes sine ullo delectu ac discrimine proferri nullumque in textum inspiratum errorem incidere posse".
²³⁷ Vgl. AS I/3, 14.
²³⁸ Vgl. Grelot, Commentaire du chapitre III 348–359.
²³⁹ Vgl. Enz. *Spiritus Paraclitus*: DH 3652.
²⁴⁰ Vgl. AS III/3, 275 f. Kardinal König nannte drei Beispiele: In Mk 2, 26 werde fälschlicherweise der Hohepriester Abiathar statt Abimelech (1 Sam 21, 2) genannt; bei Mt 27, 9 wird irrtümlich ein Schriftzitat Jeremia statt richtig Zacharias (Zach 11, 12) zugeschrieben; in Dan 1, 1 findet sich eine falsche Datierung.
²⁴¹ AS III/3, 275.
²⁴² Nach der Ankündigung von Papst Paul VI., in der dritten Sitzungsperiode das Offenbarungsschema behandeln zu lassen, hat sich Norbert Lohfink zur Frage der Irrtumslosigkeit der Schrift geäußert und für ein Verständnis der Schriftinspiration plädiert, wie es dann in DV gelehrt wird. Vgl. Lohfink, Über die Irrtumslosigkeit.
²⁴³ Vgl. Sauer, Die dogmatische Konstitution *Dei Verbum* 241.
²⁴⁴ Vgl. den Überblick bei Grillmeier, Kommentar 533.
²⁴⁵ Vgl. AS III/3, 283 f.
²⁴⁶ Vgl. AS III/3, 438.
²⁴⁷ Vgl. AS III/3, 446.

heit der Schrift beachtet werden müsse.[248] Obschon sich die Minorität nicht in der Lage sah, die traditionelle Inerranzlehre aufzugeben, haben in der Konzilsdebatte doch nur zwei Bischöfe explizit eine „absolute Irrtumslosigkeit" der Schrift vertreten, nämlich Bischof Gonzáles von Zamora[249] und John F. Whealon, Weihbischof von Cleveland.[250] Die Kritik von Kardinal König gegenüber der traditionellen Inerranzlehre blieb nicht ungehört. So spricht der in der 3. Sitzungsperiode erarbeitete Text (Text F) in der Überschrift des Artikels über die Schriftinspiration nicht mehr von der Irrtumslosigkeit, sondern von der Wahrheit der Schrift.[251]

Anknüpfen konnte der Konzilstext an die Enzyklika *Divino afflante Spiritu*, die auf die Individualität des biblischen Schriftstellers, die bei der wissenschaftlichen Schriftauslegung zu berücksichtigen sei, hingewiesen hatte.[252] So hat er erheblich dazu beigetragen, die Lehre von der Inspiration zu entmythologisieren. Das veränderte Inspirationsverständnis der Offenbarungskonstitution zeigt sich auch, wenn von den biblischen Büchern gesagt wird, dass sie „sicher, getreu und ohne Irrtum (firmiter, fideliter et sine errore) die Wahrheit lehren (veritatem docere), von der Gott wollte, dass sie um unseres Heiles willen (nostrae salutis causa) in heiligen Schriften aufgezeichnet werde". Dieser Satz kam erst gegen Ende der Konzilsdebatte um die Irrtumslosigkeit der Schrift in den endgültigen Text.[253] Die ursprünglich vorgesehene Formel (Text F) von der „Heilswahrheit" (veritas salutaris), welche die Bücher der Schrift ohne Irrtum lehren[254], hatte unter den Konzilsvätern für erhebliche Unruhe gesorgt. Denn sie hätte die Vorstellung begünstigen können, die Schrift enthalte inspirierte und nicht inspirierte Teile, so als ob die göttliche Wahrheit der Schrift allein die „Heilswahrheit" (veritas salutaris) im engeren Sinne umfassen würde. Der Ausdruck „veritas salutaris" findet sich schon im Traditionsdekret von Trient, hier allerdings im Unterschied zur Sittenlehre.[255]

Mehrere Konzilsväter schlugen vor, wie ursprünglich vorgesehen, einfach von der „Wahrheit" zu sprechen.[256] Andere Vorschläge gingen dahin, von der „göttlichen Wahrheit" zu sprechen, welche die Bücher der Schrift enthalten, oder von

---

[248] Vgl. AS III/3, 290–292.
[249] Vgl. AS III/3, 355 f.
[250] Vgl. AS III/3, 508.
[251] Vgl. AS IV/5, 706.
[252] Vgl. DH 3829: „Interpres igitur omni cum cura, ac nulla quam recentiores pervestigationes attulerint luce neglecta dispicere enitatur, quae propria fuerit sacri scriptoris indoles ac vitae condicio, qua floruerit aetate, quos fontes adhibuerit sive scriptos sive ore traditos, quibusque sit usus formis dicendi. Sic enim satius cognoscere poterit, quis hagiographus fuerit, quidque scribendo significare voluerit. Neque enim quemquam latet summam interpretandi normam eam esse, qua perspiciatur et definiatur quid scriptor dicere intenderit."
[253] Vgl. dazu Potterie, La vérité; Grillmeier, Wahrheit der Heiligen Schrift.
[254] Vgl. AS IV/1, 355: „Cum ergo omni id, quo auctor inspiratus seu hagiographus asserit, retineri debeat assertum a Spiritu Sancto, unde Scripturae libri integri cum omnibus suis partibus veritatem salutarem inconcusse et fideliter, integre et sine errore docere profitendi sunt."
[255] Vgl. DH 1501. DV 7 zitiert die tridentinische Formel „salutaris veritatis et morum".
[256] Vgl. AS IV/1, 355.

der „Wahrheit, die Gott uns mitteilen wollte".[257] In dem vom 18. Oktober 1965 datierten Brief des Staatssekretärs an Kardinal Ottaviani intervenierte Paul VI. im Sinne einer Überprüfung der Formel „veritas salutaris" durch die Theologische Kommission. Diese hatte in der Expensio modorum zwar erklärt, die Formel „veritas salutaris" stelle keine materiale Beschränkung der Wahrheit der Schrift dar, sondern bezeichne den formalen Gesichtspunkt ihrer Wahrheit, so dass sie die Inspiration der Schrift nicht auf den Bereich von „fides et mores" eingrenze. Doch konnten dadurch die Vorbehalte gegenüber der Formel nicht zerstreut werden. Nach intensivem Ringen hat sich die Theologische Kommission dazu entschlossen, die Formel fallen zu lassen. Die Bedenken des Papstes hat in der Theologischen Kommission Kardinal Bea vorgetragen. Die umstrittene Formel wurde durch die Aussage „die Wahrheit, von der Gott wollte, dass sie um unseres Heiles willen in heiligen Schriften aufgezeichnet werde" (veritatem, quam Deus nostrae salutis causa litteris sacris consignari voluit) ersetzt.[258] Der Konzilstext verweist an dieser Stelle auf Augustinus, der in seinem Genesiskommentar bemerkt, dass der Heilige Geist nicht solche Dinge lehren wollte, die in keiner Weise dem Heil des Menschen nützlich sind.[259]

Aufgrund ihres offenen, inklusiven Charakters vermag der endgültige Text die befürchtete Eingrenzung der Inspiration deutlicher auszuschließen. Er geht zurück auf einen Vorschlag von 73 Konzilsvätern, der allerdings an entscheidender Stelle von der Theologischen Kommission modifiziert wurde. Aus „die Wahrheit, die Gott, um unseres Heiles willen, in heiligen Schriften aufzeichnen wollte" (veritatem, quam Deus, nostrae salutis causa, libris sacris consignare voluit) wurde „die Wahrheit, von der Gott wollte, dass sie um unseres Heiles willen in heiligen Schriften aufgezeichnet werde" (veritatem, quam Deus nostrae salutis causa litteris sacris consignari voluit). Das „nostrae salutis causa" wird finaladverbial verstanden und zum Passiv des „consignari" in Beziehung gesetzt, um so noch einmal hervorzuheben, dass es sich bei den inspirierten biblischen Schriftstellern um echte Autoren handelt.[260]

Wenn es von der um unseres Heiles willen geoffenbarten Wahrheit heißt, dass sie die biblischen Büchern sicher, getreu und ohne Irrtum lehren (docere), ist das in ihnen Ausgesagte nicht eine Lehre im doktrinären Sinne. So erklärte die Theologische Kommission in der Expensio modorum, der Ausdruck „docere" solle deshalb beibehalten werden, „weil er sich auf das bezieht, was wirklich ausgesagt wird" (quae agit de illis quae proprie asseruntur).[261] Weil von Gott inspiriert, haben die biblischen Bücher Anteil an Gottes Unfehlbarkeit, Treue und Wahrheit. Die ursprüngliche Aussage, dass die biblischen Bücher die geoffenbarte Wahrheit „integre" lehren, findet sich im endgültigen Text nicht mehr, weil sie im Sinne einer materialen Schriftsuffizienz hätte verstanden werden können. Das „incon-

---

[257] Vgl. AS IV/5, 708.
[258] Vgl. AS IV/5, 714.
[259] Vgl. Aug., Gen. ad litt. II, 9, 20.
[260] Vgl. AS IV/5, 708 f.
[261] Vgl. AS IV/5, 709.

cusse" wurde aus philologischen Gründen fallengelassen und durch „firmiter"[262] ersetzt.[263]

Vergleicht man den Artikel über die Schriftinspiration mit den entsprechenden Aussagen im Schema *De fontibus revelationis*, so sieht man, dass es dem Konzil gelungen ist, die Irrtumslosigkeit der Schrift positiver und offener zu formulieren als in der „absoluten" Inerranzlehre der Enzykliken *Providentissimus Deus* und *Spiritus Paraclitus*. Einzelne Irrtümer in der Schrift (etwa Datierungen) können anerkannt werden, ohne die Inspiration und Wahrheit der Schrift, die als ganze „Gottes Wort" ist, in Frage zu stellen. Dies gilt es gegenüber Kardinal Bea festzuhalten, der in seinem Kommentar die Lehre des Konzils über die göttliche Inspiration noch ganz auf der Linie der Enzykliken *Providentissimus Deus* und *Spiritus Paraclitus* interpretiert.[264] Inspiration und Wahrheit der Schrift dürfen nicht „monophysitisch" oder „supranaturalistisch" verstanden werden, sondern sind mit der menschlichen Begrenztheit der biblischen Schriftsteller zusammenzudenken.

Die größte Herausforderung für die Theologie sind inzwischen nicht mehr vereinzelte Irrtümer in der Schrift, sondern die Tatsache, dass heilsbedeutsame Aussagen über die Person Jesu, seine Sendung, sein Leben und Sterben sowie seine Auferweckung von den Toten zunehmend als zeitbedingt relativiert werden. Grillmeier hat diese Entwicklung schon kurz nach dem Konzil weitsichtig erkannt.[265] Die Konzilsväter waren noch davon überzeugt, dass die Schrift mit ihren kanonischen Büchern die von Gott um unseres Heiles willen geoffenbarte Wahrheit authentisch lehrt und deshalb ihre heilsbedeutsamen Aussagen normativ sind. Diese Voraussetzung biblischer Hermeneutik gilt heute keineswegs mehr als selbstverständlich.

[2. Prinzipien katholischer Schriftauslegung]

DV 12 Besondere Aufmerksamkeit verdienen die Aussagen zu den Prinzipien katholischer Schriftauslegung. Die Grundzüge biblischer Hermeneutik, die hier entworfen werden, genügen heutigen Maßstäben zwar nicht immer vollauf, doch stellen sie gegenüber der Hermeneutik von *Divino afflante Spiritu*[266] einen erkennbaren Fortschritt dar.[267]

DV 12,1 Unter den Konzilsvätern bestand Einmütigkeit darin, dass die Frage des „sensus plenior Scripturae" nicht entschieden werden sollte. Der Antrag von 13

---
[262] Vgl. AS IV/5, 709.
[263] Vgl. Grillmeier, Kommentar 537.
[264] Vgl. Bea, Das Wort Gottes 142–157.
[265] Vgl. Grillmeier, Kommentar 550f.
[266] Vgl. DH 3825–3831.
[267] Dagegen meint der Alttestamentler Norbert Lohfink, mit DV 12 sei die Hermeneutik von *Divino afflante Spiritu* nur auf die Ebene einer Konzilsaussage gehoben worden. Vgl. Lohfink, Die Wahrheit der Bibel 255; ders., Katholische Bibelwissenschaft 14.

Vätern, im Satz „was die Hagiographen wirklich deutlich zu machen beabsichtigten (reapse significare intenderint) und was Gott durch ihre Worte kundzutun beschloß" (eorum verbis manifestare Deo placuerit) das einfache „et" durch ein „quidque" zu ersetzen, wurde vom Konzil abgelehnt, weil damit die Frage nach dem „sensus plenior" positiv entschieden worden wäre.[268] Anders als in *Divino afflante Spiritu*[269] wird vom wörtlichen Schriftsinn (sensus litteralis) nicht ein davon unterschiedener geistlicher Schriftsinn (sensus spiritualis) abgesetzt.[270] Dies hängt damit zusammen, dass die umfassende Aufgabe der Bibelwissenschaftler darin gesehen wird, die Aussageabsicht des Hagiographen und die von Gott „nostrae salutis causa" geoffenbarte Wahrheit, von der in DV 11 die Rede ist, zu erfassen. Diese zweifache, historisch-kritische wie explizit theologische Aufgabe der Bibelwissenschaftler wird damit begründet, dass „Gott in der Heiligen Schrift durch Menschen nach Menschenart gesprochen hat" (Deus in Sacra Scriptura per homines more hominum locutus sit)[271], die Schrift also „Gotteswort in Menschenwort" ist.

Es gibt deshalb neben den Regeln der historisch-kritischen Methode, mit denen Texte und ihre Entstehung, seien es biblische Texte oder andere Texte, untersucht werden können, auch theologische Prinzipien der Schriftinterpretation, wie zum Beispiel das Prinzip der Einheit der beiden Testamente der christlichen Bibel, das Prinzip der Kanonizität oder das Prinzip der Glaubensanalogie (analogia fidei). Die Exegese kann sich deshalb nicht in einer historisch-kritisch oder literaturwissenschaftlich arbeitenden Wissenschaft von den biblischen Büchern erschöpfen. Als theologische Disziplin hat sie es mit dem in der Schrift enthaltenen Wort Gottes zu tun und muss sich von daher von Grund auf als *biblische Theologie* verstehen. Über den Schriftsinn entscheidet natürlich nicht allein der Buchstabe oder der Satz, wie dies nach dem Konzept der Verbalinspiration der Fall ist, sondern die Aussageabsicht des Hagiographen, die vom Bibelwissenschaftler zu erheben ist. Die von Gott geoffenbarte Wahrheit kann davon nicht getrennt werden, fällt aber mit der allein auf historisch-kritischem Wege gesicherten Aussageabsicht des Hagiographen auch nicht einfach zusammen. Auf der anderen Seite könnte eine vom „sensus auctoris" losgelöste Deutung der Schrift nicht mehr beanspruchen, Auslegung der Schrift zu sein. Dies gilt es bei der Frage des „sensus plenior" zu beachten, wie sie bei der „interpretatio christiana" des Alten Testaments besonders virulent wird.[272]

DV 12, 2–3 Um die Aussageabsicht der Hagiographen zu ermitteln, wendet der Bibelwissenschaftler verschiedene exegetische Methoden an (Textkritik, Literarkritik, Form- und Gattungskritik etc.). Eigens gewürdigt wird vom Konzilstext die Form- und Gattungskritik, da die Legitimität dieser Methoden in der vorkonziliaren katholischen Theologie kontrovers diskutiert wurde. Die Bedeutung der

---

[268] Vgl. AS IV/5, 710.
[269] Vgl. DH 3826–3828.
[270] Vgl. Gnilka, Biblische Exegese 10.
[271] Das Konzil zitiert hier Augustinus, civ. XVII, 6, 2.
[272] Vgl. Grillmeier, Kommentar 552.

Form- und Gattungskritik wird damit begründet, dass in unterschiedlichen literarischen Gattungen (genera litteraria) die von Gott geoffenbarte Wahrheit „jeweils anders ... vorgelegt und ausgedrückt" wird, in Texten, die „historisch, prophetisch oder poetisch" sind, oder in anderen „Redegattungen". Das Konzil anerkennt damit, dass sich die Wahrheit der Heiligen Schrift nicht in der im engeren Sinne historischen Wahrheit ihrer Texte erschöpft. Die Frage nach der Historizität der biblischen Bücher, die das Verhältnis zwischen Exegese und Lehramt über Jahrzehnte belastet hat, kann deshalb von den Bibelwissenschaftlern in wissenschaftlicher Freiheit beantwortet werden.

DV 12, 4 Bei der Auslegung der Schrifttexte sind neben den literarischen Gattungen ebenso der allgemeine Denk- und Redestil zu berücksichtigen.[273] Hier wird der Konzilstext konkreter als die Enzyklika *Divino afflante Spiritu*. Die Aussageabsicht des Hagiographen hängt nicht nur von der jeweiligen literarischen Gattung des Textes ab, sondern ebenso von der Situation, in der sich der Hagiograph befindet, also „je nach der Bedingung seiner Zeit und seiner Kultur" (pro sui temporis et suae culturae condicione). Mit einem von Hermann Gunkel geprägten Ausdruck kann man hier, wie dies mehrere Kommentatoren tun[274], vom „Sitz im Leben" sprechen. Gunkel erklärte mit dem „Sitz im Leben" die Wahl literarischer Gattungen. So wollte er in Kult und Liturgie den „Sitz im Leben" für die Psalmenliteratur sehen.[275] Von der heutigen Bibelwissenschaft wird der Ausdruck „Sitz im Leben" in einem weiteren Sinne verstanden. Dies gilt auch für DV 12, wenn dazu aufgefordert wird, bei der Schriftauslegung die kulturell vorgegebenen „Denk-, Sprech- und Erzählweisen" (sentiendi, dicendi, narrandive modos) wie die damals üblichen Weisen des Umgangs miteinander (modi in mutuo hominum commercio) zu berücksichtigen.

Die historisch-kritische Arbeit des Exegeten wird damit vom Konzilstext eingehender und präziser gewürdigt als in der Enzyklika *Divino afflante Spiritu*, die sich zwar in aller Breite auf die Arbeit der Exegeten bezieht, bei ihren Aussagen aber im wesentlichen auf die formgeschichtliche Methode beschränkt bleibt: „Es besteht kein Zweifel, dass in unserem Konzilsdokument die Aufgaben der historisch-kritischen Forschung noch umfassender gewürdigt wurden als in der Bibelenzyklika Divino afflante Papst Pius' XII., wenn diese hier auch ausführlicher dargestellt worden sein mögen."[276] Deutlicher als die Enzyklika, in der noch das Thema der Schriftinnerranz vorherrschend ist, betont der Konzilstext auch, dass die umfassende historische und theologische Arbeit der Exegeten auf die in den von Menschen verfassten biblischen Schriften enthaltene göttliche Wahrheit abzielt.[277]

---

[273] Vgl. Semmelroth – Zerwick, Vaticanum II 37.
[274] Vgl. Grillmeier, Kommentar 553; Semmelroth – Zerwick, Vaticanum II 57.
[275] Vgl. Gunkel, Einleitung in die Psalmen.
[276] Gnilka, Biblische Exegese 8.
[277] Für die wissenschaftliche Forschungsfreiheit der Exegeten und einen kritisch reflektierten Glauben trat besonders Abtpräses Butler ein. Vgl. AS III/3, 353–355.

DV 12,5 formuliert als zentrale hermeneutische Regel katholischer Schriftauslegung, dass „die Heilige Schrift in demselben Geist, in dem sie geschrieben wurde, auch zu lesen und auszulegen ist" (Sacra Scriptura eodem Spiritu quo scripta est etiam legenda et interpretanda sit).[278] Dieser Geist ist kein anderer als der Geist Gottes, der in der authentischen Glaubensüberlieferung bis heute wirksam und der ganzen Kirche, also nicht nur den Theologen, verheißen ist. Die katholische Schriftauslegung verlangt deshalb nicht nur, den historisch-kritisch gesicherten Sinn der einzelnen Schrifttexte zu beachten, sondern ebenso den umfassenderen Inhalt und die Einheit der ganzen Schrift, und zwar unter Berücksichtigung der lebendigen Überlieferung der Kirche und der Analogie des Glaubens. Ohne diese hermeneutischen Prinzipien der katholischen Schriftauslegung sind die folgenden Aussagen zum Verhältnis zwischen Lehramt und Exegese, Glaube und Wissenschaft nicht zu verstehen.

Auf der einen Seite ist es die anerkannte Aufgabe der Exegeten, nach den genannten hermeneutischen Regeln (historisch-kritischer wie theologischer Art) „auf ein tieferes Verstehen und Erklären des Sinnes der Heiligen Schrift hinzuarbeiten" (adlaborare ad Sacrae Scripturae sensum penitius intelligendum et exponendum), um durch solche wissenschaftliche Vorarbeit eine angemessene Schriftauslegung der Kirche zu ermöglichen. Auf der anderen Seite untersteht alles, was „die Art der Schriftauslegung betrifft, … letztlich dem Urteil der Kirche" (de ratione interpretandi Scripturam, Ecclesiae iudicio ultime subsunt). Denn es gehört zu ihrem „göttlichem Auftrag und Dienst, … das Wort Gottes zu bewahren und auszulegen" (verbi Dei servandi et interpretandi divino fungitur mandato et ministerio). Schon in DV 10 wurde erklärt, dass es Aufgabe des Lehramts der Kirche ist, das Wort Gottes authentisch, das heißt verbindlich auszulegen.

Wenn man dem kirchlichen Lehramt die Kompetenz zuspricht, in Fragen des Glaubens in letzter Instanz zu urteilen, dann ist die genannte Aufgabe verbindlicher Schriftauslegung in Verbindung mit dem hermeneutischen Prinzip zu sehen, dass über den Sinn der Schrift nicht unabhängig von der lebendigen Überlieferung der Kirche entschieden werden kann. Dabei ist zugleich zu beachten, dass DV 10 das Lehramt der Kirche dem Wort Gottes unterordnet. Wenn DV 12,5 die exegetische Schriftauslegung dem Urteil der Kirche unterstellt, wird dies keineswegs widerrufen. DV 10 zitiert zwar die dogmatische Konstitution *Dei Filius* über den katholischen Glauben. Doch ist das Kriterium zur Festlegung des wahren Sinns der Schrift nicht das bestehende „Gebäude der christlichen Lehre"[279], sondern die authentische Glaubensüberlieferung. Berücksichtigt man deshalb die beiden zentralen Aussagen in DV 10 und 12 zum Verhältnis von Schrift und Tradition, biblischer Exegese und kirchlichem Lehramt, so kann man sagen, dass der Konzilstext grundsätzlich für das Anliegen legitimer Traditionskritik offen ist, auch wenn dieses Anliegen nicht eigens genannt und gewürdigt wird.

---

[278] Vgl. dazu Grelot, Commentaire du chapitre III 375–377.
[279] DH 3007.

[3. Gotteswort in Menschenwort]

Die Bibel ist eine von Menschen verfasste Sammlung von Schriften, die – weil von Gott inspiriert – Gottes Wort enthalten (DV 24). Dies wird vom Konzilstext zu Beginn von DV 12 und dann eigens im letzten Artikel des dritten Kapitels hervorgehoben. Die historische und theologische Arbeit der Bibelwissenschaftler wird DV 12 damit begründet, dass „Gott in der Heiligen Schrift durch Menschen nach Menschenart gesprochen hat", die Heilige Schrift also „Gotteswort in Menschenwort" ist.

In **DV 13** wird dies weiter entfaltet, indem der Gedanke des sich offenbarenden Gottes, der die Menschen wie Freunde anspricht und mit ihnen kommuniziert (DV 2), wieder aufgenommen wird. Unbeschadet der „Wahrheit und Heiligkeit Gottes", heißt es nun, dass sich in der Heiligen Schrift „eine wunderbare *Herablassung* der ewigen Weisheit" (aeternae Sapientiae admirabilis condescensio) manifestiere, „damit wir die unaussprechliche Güte (benignitas) Gottes kennenlernen und ⟨erfahren⟩, welch große Anpassung (attemperatio) der Redeweise Er gebraucht hat, da er Obacht und Sorge für unsere Natur hatte'". Das Konzil zitiert hier, wie die Enzyklika *Divino afflante Spiritu*, Johannes Chrysostomus, der von einer συνκατάβασις Gottes in seinem menschgewordenen Wort spricht.[280] Das Exsultet[281] der Osternacht gebraucht in ähnlichem Zusammenhang den Ausdruck „dignatio"[282]. Im Neuen Testament wird die συνκατάβασις oder „condescensio" Gottes im Bild von der Entäußerung seines Sohnes ausgedrückt: „Obwohl er in der Gestalt Gottes (ἐν μορφῇ θεοῦ) war, hielt er nicht daran fest, Gott gleich zu sein, sondern er entäußerte sich (ἐκένωσεν) und nahm Knechtsgestalt an, wurde einem Menschen gleich, im Äußeren wie ein Mensch befunden" (Phil 2, 6 f.).[283]

Die Enzyklika *Divino afflante Spiritu* vergleicht die Menschwerdung des Wortes Gottes mit den in menschlicher Sprache ausgedrückten Worten Gottes der Heiligen Schrift, wobei aber zugleich die Inerranz der Schrift betont wird: „Wie nämlich das wesenhafte Wort Gottes den Menschen in allem ähnlich geworden ist, die Sünde ausgenommen (Hebr 4, 15), so sind auch Gottes Worte, durch menschliche Zungen ausgedrückt, in allem der menschlichen Sprache ähnlich geworden, den Irrtum ausgenommen. Diese aus der Vorsehung Gottes stammende συνκατάβασις oder ‚Herablassung' hat schon der heilige Johannes Chrysostomus hoch gefeiert und ihr Vorkommen in den Heiligen Büchern immer wieder vermerkt."[284]

---
[280] Vgl. Jo. Chrys., In Gen. 3, 8 (hom. 17, 1). – „Attemperatio" wird hier wie „condescensio" mit „Herablassung" übersetzt, weil jeweils der Gedanke der συνκατάβασις Gottes gemeint ist.
[281] Vgl. die Strophe: „O mira circa nos tuae pietatis dignatio".
[282] Den Hinweis gibt Stakemeier, Konzilskonstitution 236.
[283] So abweichend von der Einheitsübersetzung.
[284] Zitiert nach Cattin, Heilslehre der Kirche 230–231 (der „Denzinger" berücksichtigt die zitierte Passage der Enzyklika nicht). Die Enzyklika verweist auf verschiedene Chrysostomuszitate (In Gen. 1, 4; In Gen. 2, 21; In Gen. 3, 8; Hom. 51 in Joan., ad 1, 18). Sie zitiert auch Thomas von

DV 13 sieht wie *Divino afflante Spiritu* eine Analogie des Glaubens zwischen der Menschwerdung Gottes in seinem Wort und dem Gotteswort der Heiligen Schrift, betont aber nicht die Irrtumslosigkeit der Schrift, sondern die Wahrheit des in menschlicher Rede zu uns gekommenen Gotteswortes: Wie einst das Wort des ewigen Vaters „durch die Annahme des Fleisches menschlicher Schwachheit den Menschen ähnlich geworden ist" (humanae infirmitatis assumpta carne, hominibus simile factum est), so sind Gottes Worte, „da sie durch menschliche Zungen ausgedrückt sind, menschlicher Redeweise ähnlich geworden" (humanis linguis expressa, humano sermoni assimilia facta sunt). Diese Glaubensanalogie zeigt, worin letztlich das Gotteswort in Menschenwort, das die Heilige Schrift darstellt, begründet ist, im menschgewordenen Wort Gottes, das zu uns Menschen in unserer Sprache gesprochen hat. In menschlicher Sprache sind auch die biblischen Schriften geschrieben. Die Begrenztheit des menschlichen Wortes aber vermag die Geheimnisse Gottes nie vollkommen auszudrücken, so dass „das von Gott Geoffenbarte mit dem Schleier des Glaubens" umhüllt ist, wie es das 1. Vatikanische Konzil ausdrückt: „Denn im Glauben nämlich wandeln wir, und nicht im Schauen" (2 Kor 5, 6f.).[285] Vom 2. Vatikanischen Konzil wird Offenbarung Gottes nicht mehr als Mitteilung übernatürlicher Glaubensgeheimnisse konzipiert, sondern als Selbstmitteilung Gottes.[286]

Viertes Kapitel
Das Alte Testament

Das vierte Kapitel über das Alte Testament (Vetus Testamentum) ist nur kurz. Dies erklärt sich durch die veränderte Situation der katholischen Exegese des Alten Testaments während der Konzilszeit. Seit dem Ende des 19. Jahrhunderts sah sie sich immer wieder mit Interventionen der Päpstlichen Bibelkommission konfrontiert. Durch die Bibelenzyklika *Divino afflante spiritu* (1943) wurde das Existenzrecht der historisch-kritischen Methode auch in der katholischen Exegese anerkannt. Die mit den Schriften des Alten Testaments verbundenen literarischen und historischen Probleme konnten so weitgehend entschärft werden. Die Kanonfrage hatte schon das Konzil von Trient abschließend geklärt. Die Frage des „sensus plenior" wollte das 2. Vatikanische Konzil ebenso wenig entscheiden wie die Frage der Schriftsuffizienz. Das Konzil beschränkte sich darauf, den Charakter der Schriften des Alten Testaments als Wort Gottes, ihre bleibende Gültigkeit auch nach Christus und die Einheit von Altem und Neuem Testament herauszustellen.

Aquin, In Hebr. c. 1, lect. 4: „In der Schrift wird uns das Göttliche auf die Weise überliefert, die die Menschen zu gebrauchen pflegen" (DH 3830).
[285] DH 3016. Vgl. den Beginn von DV 11: „Divinitus revelata, quae in Sacra Scriptura litteris continentur et prostant".
[286] Vgl. oben den Kommentar zu DV 2.

DV 14 Das Kapitel über das Alte Testament, das während seiner Ausarbeitung und Diskussion im Plenum keine größeren Schwierigkeiten bereitet hatte, beginnt mit einem Überblick zur alttestamentlichen Heilsökonomie (oeconomia salutis). „Oeconomia salutis" ist nicht mit „Geschichte des Heils" oder „Geschichtsplan" zu übersetzen, sondern mit „Heilsplan". Dies legt sich vom Neuen Testament her nahe, wo οἰκονομία alles das umfasst, was Gott für das Heil der Menschen angeordnet und getan hat.[287] In der Überschrift zu Art. 14 begegnete im Schema *De revelatione* zunächst der Begriff „historia populi".[288] In den beiden vorletzten Textfassungen (E und F) wurde dieser durch den Begriff „historia salutis" ersetzt.[289] Der Begriff „Heilsgeschichte" war unter den Konzilsvätern allerdings umstritten, ließ er doch an Cullmanns Verständnis von „Heilsgeschichte" denken. Er wurde deshalb durch den Begriff „oeconomia salutis" (Text F) näher erläutert.[290] Im endgültigen Text (Text G) ist die Überschrift und damit der Begriff „historia salutis" weggefallen.[291] Zu den wichtigsten Elementen der alttestamentlichen Heilsökonomie zählt Rigaux Erwählung, Berufung, Bund, Verheißung und Sendung.[292] Unter „Vetus Testamentum" versteht der Konzilstext zum einen den Alten Bund, zum anderen die Sammlung der Schriften des ersten Teils der christlichen Bibel. Zweimal wird im vierten Kapitel „Foedus" statt „Testamentum" gebraucht: „Foedus cum Abraham et plebe Israel per Moysen"[293] und „Novum Foedus".[294]

[1. Theozentrik und Heilsuniversalismus]

Auffallend sind die Theozentrik und der Heilsuniversalismus des vierten Kapitels. Die Erwählung des Volkes und die ihm anvertrauten Verheißungen werden von vornherein auf das Heil des ganzen Menschengeschlechts bezogen (totius humani generis salutem), um das der „überaus liebende Gott" (amantissimus Deus) besorgt ist. DV 14 knüpft damit an DV 3 an, wo ebenfalls von der Sorge Gottes für das Menschengeschlecht die Rede war (sine intermissione generis humani curam egit). Ausdrücklich wird damit die besondere heilsmittlerische Stellung des Volkes Israel unter den Völkern anerkannt. Die Perspektive der Aussage ist ebenso umfassend wie zu Beginn der Konstitution (DV 2–4). Adressat der Offenbarung Gottes ist das zu seinem besonderen Eigentum auserwählte Volk. Ihm gegenüber hat er sich als der wahre und lebendige Gott offenbart. Israel erfährt „die göttlichen Wege mit den Menschen" (divinae cum hominibus viae) an sich. Der Weg, den der Gott Israels mit seinem Volk geht, ist Vorbereitung des Heils für die

---

[287] Vgl. Eph 1, 10; 3, 2.9; Kol 1, 25; 1 Tim 1, 4. – Bea spricht von „Heilsökonomie"; vgl. Bea, Das Wort Gottes 41.179.
[288] Vgl. AS III/3, 93.
[289] Vgl. AS IV/1, 362.
[290] Vgl. die Relatio von Bischof Dodewaard: AS IV/1 380 f.
[291] Vgl. AS IV/6, 604.
[292] Vgl. Rigaux, Kommentar 559.
[293] DV 14.
[294] DV 15.

gesamte Menschheit. Dass Gott nicht einen einzelnen Menschen, sondern ein Volk auserwählte, dem seine besondere Sorge galt, hängt mit dem sozialen Charakter des Heils zusammen, um das Gott für die Menschheit besorgt ist. LG 9 schreibt dazu: „Gott hat es jedoch gefallen, die Menschen nicht einzeln, getrennt von jeder wechselseitigen Verbindung, zu heiligen und zu retten, sondern sie zu einem Volke zu machen, das Ihn in Wahrheit anerkennen und Ihm heilig dienen sollte."[295] Die Offenbarung Gottes gegenüber seinem auserwählten Volk geschah wie Gottes endgültige Offenbarung in Jesus Christus (DV 2) „durch Worte und Taten" (verbis ac gestis).

Der heilsgeschichtliche Überblick beginnt mit dem Bund, den Gott mit Abraham (Gen 15, 8) und Mose (Ex 24, 8) geschlossen hat. Der Konzilstext setzt hier voraus, dass die Kategorie des Bundes für das Verhältnis zwischen Israel und seinem Gott zentral ist. Der Noahbund (Gen 9) wird dabei allerdings ebenso wenig erwähnt wie die Bundestreue Gottes, die sich darin zeigt, dass Gott seine Verheißungen erfüllt (z. B. Landbesitz, Nachkommenschaft, Rückkehr aus dem Exil). Auch die Tora, Israels von Gott gegebene Lebensordnung, bleibt unberücksichtigt, obschon einzelne Konzilsväter, freilich in Voten ganz unterschiedlicher Stoßrichtung, ein Wort zum Gesetz gewünscht hatten.[296] Durch die Verkündigung der Propheten, so DV 14, erkannte Israel deutlicher und tiefer die Einzigkeit seines Gottes und die eigene Stellung unter den Völkern. Der mit Israel geschlossene Bund sowie seine Erneuerung zielen auf eine Sendung des Lichts und des Heils. Der Konzilstext begnügt sich an dieser Stelle mit Andeutungen, indem er auf zentrale heilsuniversalistische Aussagen in den Psalmen 22 und 96 sowie bei Jesaja (2, 1–4) und Jeremia (3, 17) hinweist.

[2. Alter und Neuer Bund]

Die Bücher des Alten Testaments, auf die sich die ersten Christen als die heiligen „Schriften" bezogen haben[297], sind von Gott inspiriert und wie die Schriften des Neuen Testaments „wahres Wort Gottes" (verum Dei verbum). Dieses wird je neu gegenwärtig im Wort der Verkündigung. Die alttestamentlichen Schriften haben einen „unvergänglichen Wert" (perennem valorem), der durch die Geschichte andauert und mit der Offenbarung Gottes in Jesus Christus nicht aufgehoben wurde. So sind die Schriften des Alten Testaments ein wesentlicher Bestandteil der christlichen Liturgie. Die Wertschätzung der Schriften des Alten Testaments durch die katholische Kirche zeigt sich an der erneuerten Leseordnung, die für jede sonntägliche Eucharistiefeier eine auf das Evangelium abgestimmte Lesung aus dem Alten Testament vorsieht, ebenso an der Antiphon nach der 1. Lesung und der Psalmodie der Tageszeitenliturgie.

Der Konzilstext sagt nicht, dass der Alte Bund durch den Neuen Bund abgelöst

---
[295] Vgl. Bea, Das Wort Gottes 180.
[296] Vgl. das Votum von Casimiro M. Gonzáles, Erzbischof von Madrid: AS III/3, 303–306.
[297] DV 14 zitiert hier Röm 15, 4.

Viertes Kapitel: Das Alte Testament **DV 15**

wurde. Die Offenbarungskonstitution vertritt nicht mehr die alte Substitutionstheorie, die gegen das eindeutige Zeugnis von Röm 9–11 davon ausging, dass die Kirche an die Stelle des von Gott verworfenen Israels getreten ist. Vielmehr lehrt DV 14, dass das Alte Testament für die Christen eine bleibende Geltung besitzt. Den bleibenden Wert des Alten Testaments hatte schon Pius XI. in seiner Enzyklika *Mit brennender Sorge* unterstrichen.[298] Luigi M. Carli, Bischof von Segni, kam mit seinem Ansinnen, in der Konstitution über die göttliche Offenbarung müsse etwas über die Vergänglichkeit des Alten Testaments gesagt werden, nicht durch.[299] Da DV 14 vom bleibenden Wert der Schriften des Alten Testaments spricht, ist die These von Diego Arenhoevel unhaltbar, die Offenbarungskonstitution betrachte den Alten Bund nur als vorläufig und relativ.[300]

DV 15 Bestätigt wird hier die bleibende Bedeutung des Alten Testaments, indem der Konzilstext jene, die an Christus glauben, dazu anhält, die Schriften des Alten Testaments voll Erfurcht anzunehmen, weil darin „das Mysterium unseres Heiles verborgen ist" (latet mysterium salutis nostrae). Dabei geht der Konzilstext ganz selbstverständlich davon aus, dass die Schriften des Alten Testaments ihr Ziel in Christus finden, mit dem das Ende der Zeiten erreicht ist. Ohne Abstriche wird eine „interpretatio christiana" des Alten Testaments vertreten und seine typologische Bedeutung herausgestellt, ohne auf die Kontroverse um den „sensus plenior" einzugehen: „Der Heilsplan des Alten Testamentes war vor allem darauf ausgerichtet, die Ankunft Christi, des Erlösers von allem (redemptor universorum), und des messianischen Reiches vorzubereiten, prophetisch zu verkünden (vgl. *Lk 24,44; Joh 5,39; 1 Petr 1,10*) und in vielfältigen Vorbildern (variis typis) anzuzeigen (vgl. *1 Kor 10,11*)." Der Ausdruck „redemptor universorum" ist nicht biblischen Ursprungs, sondern durch 2 Makk 14,35 (Gott des Alls) und den Gedanken der Universalität der Erlösung[301] inspiriert.[302]

Bei der Deutung von Personen und Ereignissen des Alten Testaments als Vorbilder für Personen und Ereignisse des Neuen Testaments (1 Kor 10,11 spricht adverbial von τυπικῶς) ist zu beachten, dass die Enzyklika *Divino afflante Spiritu* (1943) hier zur nüchternen Klugheit mahnt.[303] Die typologische Schriftinterpretation hat ihre Grenze, da nicht alles und jedes als Vorbild dienen kann. An erster Stelle ist deshalb nach dem Literalsinn zu fragen. Es gibt im Alten Testament aber auch echte Vorbilder (τύποι). Die Konzilserklärung *Nostra aetate* bemerkt, dass „das Heil der Kirche im Auszug des erwählten Volkes aus dem Lande der Knechtschaft in mystischer Weise vorgebildet wird"[304]. Paulus sagt, Adam sei das Vorbild

---

[298] Vgl. AAS 29 (1937) 150 f.
[299] Vgl. AS III/3, 823.
[300] Vgl. Arenhoevel, Offenbarung? 77 f.: „Die Vorgeschichte ist vorbei, so wahr der Neue Bund den Alten abgelöst hat. Uns liegt deswegen weniger an der vordeutenden Kraft der Geschichte Israels. Wir könnten auf sie verzichten, denn alles Heil kommt uns durch Christus."
[301] Vgl. Mt 20,28; Phil 2,8; 1 Tim 2,6.
[302] Vgl. Rigaux, Kommentar 560.
[303] Vgl. EnchB 553.
[304] NA 4. – Vgl. den Kommentar von Roman A. Siebenrock.

für Christus, den neuen Adam.[305] Gal 4, 24–31 sieht in Sara und Hagar Vorbilder für die beiden Testamente, 1 Petr 3, 20 f. in der Arche Noe ein Sinnbild für die Taufe.[306]

Die „praeparatio evangelii", die durch eine Fülle von Symbolen, Bildern, Worten und Ereignissen geschieht, wird nach dem aus der Patristik (Origenes u. a.) bekannten Modell der göttlichen Heilspädagogik (divina paedagogia) konzipiert. Die Schriften des Alten Testaments, die nach Joh 5, 39 Zeugnis von Christus ablegen, werden aber zugleich in ihrem Eigenwert gewürdigt. In ihnen begegnet dem Menschen der „gerechte und barmherzige Gott" (Deus iustus et misericors). Die Schriften vermitteln ein Wissen über ihn und einzelne Lehren (Monotheismus, endzeitliche Auferweckung), sie enthalten heilbringende menschliche Lebensweisheit (Weisheitsliteratur) sowie einen wunderbaren Gebetsschatz (Psalmen).[307] Die Tora bleibt hier wiederum unberücksichtigt, was mit divergierenden Positionen unter den Konzilsvätern hinsichtlich des Verhältnisses von Gesetz und Evangelium, Sinaibund und dem in Christus gestifteten Bund zu erklären ist.

Bedeutsam ist, dass vom revelatorischen Charakter der Schriften durchgehend präsentisch gesprochen wird (manifestant, demonstrant, exprimunt).[308] Die präsentischen Aussagen finden sich im Schema *De revelatione* (Text D) noch nicht.[309] Sie wurden aufgrund von Voten einzelner Konzilsväter im überarbeiteten Text (Text E) aufgenommen.[310] Den präsentischen Aussagen entspricht DV 3 und DV 8. Hier wird Gott, der sich durch Mose und die Propheten offenbart hat, als „fürsorgender Vater und gerechter Richter" bezeichnet, der nicht aufhört, „mit der Braut seines geliebten Sohnes" (DV 8) zu sprechen. In den Schriften des Alten Testaments begegnet der Mensch auch heute noch dem Gott Israels, der – vom christlichen Standpunkt – kein anderer ist als der Gott Jesu. Wenn von „Unvollkommenem und Zeitbedingten" (imperfecta et temporaria) in den Schriften des Alten Testaments die Rede ist, so ist zu beachten, was DV 12 unter der Voraussetzung eines veränderten Begriffs der Inspiration über die kulturelle Zeitbedingtheit der ganzen Heiligen Schrift sagt. Elemente, die etwa für die christliche Observanz keine Gültigkeit mehr haben, sind zum Beispiel das jüdische Ritualgesetz, zu dem auch die Reinheitsvorschriften gehören.[311] Das Gesetz wird durch das Evangelium aber nicht einfach abgeschafft.[312] Denn das Gebot der Gottes- und Nächstenliebe, so Jesus, ist die Zusammenfassung des ganzen Gesetzes.[313] So gelten für den Christen weiterhin die religiösen und sittlichen Pflichten der Tora, insbesondere der Dekalog.

---

[305] Vgl. Röm 5, 14; 1 Kor 15, 21 f. 45–49.
[306] Vgl. Bea, Das Wort Gottes 194 f.
[307] Vgl. Alonso Schökel, Commentaire du chapitre IV 394 f.
[308] Vgl. Rigaux, Kommentar 561; Semmelroth – Zerwick, Vaticanum II 41.
[309] Vgl. AS V/1, 442.
[310] Vgl. AS III/3, 94.
[311] Vgl. Mk 7, 1–23 par.
[312] Vgl. Mt 5, 17–20.
[313] Vgl. Mk 12, 28–31 parr.

Viertes Kapitel: Das Alte Testament   DV 16

[3. Einheit von Altem und Neuem Testament]

DV 16 Auf die in der heutigen Exegese intensiv diskutierte Frage nach der Einheit von Altem und Neuen Testament[314] antwortet der Konzilstext mit einer alten antignostischen und antimanichäischen Formel: Die Einheit des Alten und Neuen Testaments, die sie zu einer einzigen Heiligen Schrift verbindet, ist in Gott selbst begründet, der die Schriften beider Testamente durch seinen Geist inspiriert hat und ihr Urheber ist (Deus igitur librorum utriusque Testamenti inspirator et auctor). Dabei wird nicht zwischen primärem und sekundärem Verfasser der Schriften unterschieden. Schon DV 11 hatte die biblischen Schriftsteller als echte Verfasser (veri auctores) anerkannt. DV 15 endete mit der Aussage, dass in den Schriften des Alten Testaments „das Mysterium unseres Heiles verborgen ist" (latet mysterium salutis nostrae). Daran knüpft DV 16 an und bestimmt das Verhältnis von Altem und Neuem Bund durch die klassische Formel Augustins: Der Neue Bund ist im Alten verborgen, der Alte Bund im Neuen erschlossen (Novum in Vetere latet et in Novo Vetus patet). Augustin spricht an der zitierten Stelle vom Verhältnis der beiden Heilsökonomien.[315] Erst die spätere Tradition hat Augustins Formel auf das Verhältnis der Schriften des Alten und Neuen Testaments bezogen. Das Neue Testament erschließt nicht nur das Alte Testament, von diesem fällt auch Licht auf das Neue Testament, auf seinen Ursprung, seine kulturelle und religiöse Umwelt wie auf die tiefe Verwurzelung neutestamentlicher Begriffe und Vorstellungen im Alten Testament.[316]

Christus hat zwar, wie es im lukanischen und paulinischen Abendmahlsbericht heißt[317], „in seinem Blut einen Neuen Bund gestiftet" (in sanguine suo Novo Foedus condidit), doch gehören die Bücher des Alten Testaments als Ganzes zur „Verkündigung des Evangeliums" (praeconio Evangelii) als sein Fundament. Der Konzilstext verweist zur Begründung auf Irenäus[318], Cyrill von Jerusalem[319] und Theodor von Mopsuestia[320]. Auch wenn die Bücher des Alten Testaments ihren vollen Sinn (significationem suam completam) erst durch den Neuen Bund erhalten, so „erhellen und erklären" (illuminant et explicant) sie doch zugleich das Neue Testament. Dies kann nicht ohne Folgen für die Schrifthermeneutik bleiben. Michael Schmaus schreibt in seiner Einleitung zum Text der Offenbarungskonstitution: „Das Alte Testament und seine Schriften sind mit dem Kommen Christi nicht einfach abgetan. Die heiligen Schriften des Alten und jene des Neuen Testamentes gehören zusammen wie Anfang und Ende. Sie bilden ein einheitliches Ganzes. Man kann das Christusereignis nicht verstehen, wenn man es nicht von der Wurzel her versteht, wenn man nicht den ganzen Prozess seines Werdens

---

[314] Vgl. insbesondere die Richtung des „canonical approach", hier v. a. Childs, Die Theologie der einen Bibel.
[315] Vgl. Aug., quaest. in Hept. 2, 73: PL 34, 623.
[316] Vgl. Semmelroth – Zerwick, Vaticanum II 42; Schutz – Thurian, Das Wort Gottes 123.
[317] Vgl. Lk 22, 20; 1 Kor 11, 25.
[318] Vgl. Haer. III, 21, 3: FC 8/3, 258f.
[319] Vgl. Catech. 4, 35: PG 33, 497.
[320] Vgl. In Soph. 1, 4–6: PG 66, 452- 453.

berücksichtigt."³²¹ Die Einheit beider Testamente ist heute ein zentrales Thema der biblischen Hermeneutik und Theologie. Die Fragen, die durch den christlich-jüdischen Dialog in den Vordergrund getreten sind, wie etwa die nach einer Israel bejahenden Erschließung des Schemas Verheißung–Erfüllung oder die Frage nach dem Verhältnis des Gottesvolkes des Alten und des Gottes des Neuen Bundes waren zur Zeit des Konzils noch nicht im Blickfeld. Mit der Erklärung *Nostra aetate*³²² hat sich die Kirche freilich endgültig von der schriftwidrigen Substitutionstheorie verabschiedet.³²³ Auch in DV spielt die Substitutionstheorie keine Rolle mehr.

Die apostolische Verkündigung geht davon aus, dass Gott in den „Schriften" (des Alten Testaments) den Messias vorausverkündigt und die messianische Verheißung in Jesus Christus ihre Erfüllung gefunden hat. Sie beansprucht damit eine authentische Auslegung der „Schriften". DV 16 verweist dazu auf zentrale Stellen im Neuen Testament, die dies deutlich machen.³²⁴ Die Kirchenväter verstanden sich als Interpreten der Schriften beider Testamente und noch bis ins Mittelalter bestand das theologische Schrifttum vor allem aus Schriftkommentaren. Bei der Schrifthermeneutik spielte der geistliche Schriftsinn, der vom späteren „sensus plenior" zu unterscheiden ist, die entscheidende Rolle. Da sich die Einheit beider Testamente wie auch ihre innere Einheit nicht empirisch, etwa literarkritisch, aufweisen lässt, kann eine Exegese des Alten und Neuen Testaments, die ihrer Aufgabe gerecht werden will, sich nicht in philologischer und historischer Kritik erschöpfen, sondern muss sich zugleich der biblischen Theologie öffnen, die zur Grundvoraussetzung die Einheit der Heilsgeschichte beider Testamente hat.

Fünftes Kapitel
Das Neue Testament

[1. Das eine Evangelium und die Schriften des Neuen Bundes]

DV 17, 1 Das Kapitel über das Neue Testament beginnt mit den gleichen Worten wie der Anfang der Konstitution über die göttliche Offenbarung. Vom Wort Gottes (Verbum Dei) heißt es, dass es „in den Schriften des Neuen Testamentes" auf einzigartige Weise zur Darstellung kommt. Leitend ist dabei die Bedeutung, die dem λόγος τοῦ θεοῦ im Neuen Testament, insbesondere in der paulinischen Rechtfertigungslehre, zukommt.³²⁵ Die Konstitution zitiert aus dem Römerbrief: „Gottes Wort [ist] Gottes Kraft (virtus Dei) zum Heil für jeden, der glaubt (in salutem omni credenti) (vgl. *Röm 1, 16*)." Die Verbindung zur Rechtfertigungslehre ergibt sich vom nachfolgenden Vers, von dem man sich gewünscht hätte,

---

³²¹ Schmaus, Dogmatische Konstitution 21.
³²² Vgl. NA 4. Siehe dazu den Kommentar von Roman A. Siebenrock.
³²³ Vgl. Bea, Die Kirche und das jüdische Volk 83–93.
³²⁴ Vgl. Mt 5, 17; Lk 24, 27; Röm 1, 16 f.; 16, 25–26; 2 Kor 3, 14–16.
³²⁵ Vgl. Röm 9, 6; 1 Kor 14, 36; 2 Kor 2, 17; 4, 2.

dass er ebenfalls zitiert worden wäre: „Denn im Evangelium wird die Gerechtigkeit Gottes offenbart aus Glauben zum Glauben, wie es in der Schrift heißt: Der aus dem Glauben Gerechte wird leben" (Röm 1, 17).[326]

Die Schriften des Neuen Testaments beziehen sich auf die in Gal 4, 4 erwähnte „Fülle der Zeit" (plenitudo temporis), in der das gleichwesentliche Wort Gottes Fleisch geworden ist und unter uns gewohnt hat (vgl. Joh 1, 14). Christus, das fleischgewordene Wort Gottes, ist zugleich Offenbarer des Wortes Gottes wie Gegenstand des geoffenbarten Gotteswortes. Mit ihm wird das Reich Gottes unter den Menschen aufgerichtet. Die Offenbarung, die den Vater und den Sohn offenbar macht, geschieht durch das Leben Christi in „Taten und Worten" (factis et verbis), durch seinen Tod, seine Auferweckung und Himmelfahrt sowie die Sendung des Heiligen Geistes. Am Ende des ersten Abschnitts von DV 17 betont der Konzilstext erneut die Universalität des in Christus begründeten Heils: „Von der Erde erhöht, zieht er alle an Sich (vgl. *Joh 12, 32* griech.), Er, der allein Worte des ewigen Lebens hat (vgl. *Joh 6, 68*)." Joh 12, 32 ist auf die Erhöhung Jesu am Kreuz bezogen (vgl. Joh 12, 33), damit aber zugleich auf die Erhöhung zum Vater, da Johannes beides zusammenschaut.

DV 17, 2 Das „Mysterium unseres Heiles" (DV 15) wurde den „heiligen Aposteln und Propheten im Heiligen Geist geoffenbart". Den Generationen vor ihnen war es verborgen. Der Konzilstext zitiert hier Eph 3, 4–6: „Wenn ihr das lest, könnt ihr sehen, welche Einsicht in das Geheimnis Christi mir gegeben ist. Den Menschen früherer Generationen war es nicht bekannt; jetzt aber ist es seinen heiligen Aposteln und Propheten durch den Geist offenbart worden, dass nämlich die Heiden Miterben sind, zu demselben Leib gehören und an derselben Verheißung in Christus teilhaben durch das Evangelium." Die hier erwähnten Propheten sind nicht die Propheten des Alten Testaments, sondern die Propheten Christi, die der deuteropaulinische Epheserbrief zusammen mit den Aposteln das Fundament der Kirche nennt, deren Schlussstein Christus ist.[327] Dagegen schreibt Paulus selbst Christus die Funktion des Fundamentes zu (1 Kor 3, 10 f.).[328]

Die Gründungsaufgabe der Apostel und Propheten ist es, das Evangelium zu verkünden, den Glauben an Jesus Christus zu wecken und die Kirche zu sammeln.[329] Die vom Heiligen Geist inspirierten Schriften des Neuen Testaments sind dafür ein „beständiges und göttliches Zeugnis" (testimonium perenne atque divinum). Sie sind die Gründungsurkunde der Kirche, auf die sie für alle geschichtliche Zeiten verpflichtet ist. Verkündigung und Ausbreitung des Evangeliums sind wie die Kirche ein Werk des Heiligen Geistes. Durch ihn wird das Geheimnis Christi offenbart, das er denen anvertraut, die von Gott zu Aposteln und Propheten bestellt sind (Eph 4, 11). Im Konzilstext ist vom Geheimnis unseres Heils

---
[326] Ursprünglich hatte der Text gelautet: „Verbum Dei quod in Evangelio operatur in salutem omni credenti (cf. Rom 1, 16) praecellenti modo per scripta Novi Testamenti inspirata efficax adest" (AS III/3, 97). Um näher am paulinischen Text zu bleiben, wurde die Aussage modifiziert.
[327] Vgl. Eph 2, 20.
[328] Vgl. 1 Kor 3, 10 f.
[329] Vgl. Mt 10, 40 f.; 23, 34; Lk 11, 49.

nur im Singular die Rede, das Corpus Paulinum kennt dagegen nicht nur das „Geheimnis Christi" (Eph 3, 4) bzw. das „Geheimnis der verborgenen Weisheit Gottes" (1 Kor 2, 7)[330], sondern spricht ebenso von der Offenbarung einzelner Glaubensgeheimnisse, etwa des Geheimnisses der endzeitlichen Auferweckung (1 Kor 15, 51). DV 17, 2 schöpft also die ganze Breite des paulinischen Begriffs des Geheimnisses nicht aus, sondern beschränkt sich auf seinen im engeren Sinne christologischen Gebrauch.

DV 18, 1 Unter den neutestamentlichen Schriften kommt den Evangelien ein Vorrang zu, handelt es sich doch bei ihnen um das „Hauptzeugnis" (praecipuum testimonium) für das „Leben und die Lehre Jesu Christi", des „Fleischgewordenen Wortes Gottes" (de Verbi Incarnati … vita atque doctrina). In der Liturgie wird dem durch die feierliche Gestaltung der Evangeliumsverkündigung Rechnung getragen.

DV 18, 2 bekräftigen die Konzilsväter den apostolischen Ursprung der vier Evangelien: An ihm „hielt und hält die Kirche immer und überall fest" (semper et ubique tenuit ac tenet). Rigaux macht darauf aumerksam, dass „tenuit ac tenet" im Sinne von „credidit et credit" zu verstehen ist, sich also auf den Glauben der Kirche bezieht. Da der apostolische Ursprung der Evangelien aber nicht nur zum „depositum fidei" gehört, sondern zugleich auf menschlicher Überzeugung und Gewissheit beruht, verwende das Konzil die Formel „tenuit ac tenet".[331] Was die Verfasser der Evangelien betrifft, so sprechen die Konzilsväter von Aposteln (apostoli) und apostolischen Männer (apostolici viri). Ohne definieren zu wollen, erklären die Konzilsväter, dass die Apostel und apostolischen Männer „das viergestaltige Evangelium" (quadriforme Evangelium) als „Grundlage des Glaubens" (fidei fundamentum) überliefert haben. Die Konzilsväter berücksichtigen damit die exegetische Forschung zur Frage der Verfasserschaft der Evangelien. Beim Begriff „Evangelium" ist zu berücksichtigen, dass damit bis zu Justin dem Märtyrer[332] nicht die literarische Gattung, sondern die von Jesus verkündete Frohe Botschaft gemeint war.[333]

[2. Die Geschichtlichkeit der Evangelien]

DV 19 ist das Herzstück des fünften Kapitels. Es ist in starkem Maße durch die Instruktion der Bibelkommission *Sancta mater ecclesia* (21. April 1964)[334] zur geschichtlichen Wahrheit der Evangelien beeinflusst – bis hinein in die Formulie-

---

[330] Vgl. Röm 16, 25.
[331] Vgl. Rigaux, Kommentar 566.
[332] Vgl. Iust., 1 apol. 66; dial. 10, 2–2; Clem 8, 5; Theophilus, Autol. 3, 14.
[333] Zum späteren Gebrauch des Begriffs „Evangelium" s. Irenäus von Lyon, haer. III, 11, 8 f.: FC 8/3, 108–121.
[334] Veröffentlicht am 14. Mai 1964 im „Osservatore Romano". Offizieller Text: AAS 56 (1964) 712–718 (vgl. DH 4402–4407).

rungen. Kardinal Bea hat diese Instruktion als Kommentar zur Enzyklika *Divino afflante Spiritu* (1943) bezeichnet.[335] Der Anlass für die Instruktion während des Konzils war, dass einige Konzilsväter die exegetischen Auslegungsprinzipien auf das Alte Testament beschränken wollten. Dagegen wandte sich die Päpstliche Bibelkommission mit ihrer Instruktion: „Der Ausleger wird die Mahnung Pius' XII. seligen Angedenkens beherzigen, der ihm auferlegt, ‚umsichtig … zu untersuchen, was die Redeform bzw. Literaturgattung, die vom heiligen Schriftsteller verwendet wurde, zur wahren und echten Auslegung beiträgt; und er soll überzeugt sein, dass dieser Teil seiner Aufgabe nicht ohne großen Schaden für die katholische Exegese vernachlässigt werden kann.'"[336] Zwar wird die formgeschichtliche Methode von der Instruktion grundsätzlich anerkannt, doch weist sie zugleich auf die Grenzen dieser Methode hin. In Abgrenzung vom Entmythologisierungsprogramm und den Konsequenzen eines rationalistischen Gebrauchs der formgeschichtlichen Methode hält die Instruktion an der Geschichtlichkeit der Evangelien und ihrer Aussagen fest. Die formgeschichtliche Methode dürfe nicht dazu führen, alles im Neuen Testament Überlieferte auf Gemeindebildung zurückzuführen, weil dadurch die geschichtliche Wahrheit der Evangelien in Zweifel gezogen werde, was mit der katholischen Glaubenslehre nicht vereinbar sei.[337]

Von der Sorge um die geschichtliche Wahrheit der Evangelien war auch die Diskussion des fünften Kapitels im Plenum bestimmt.[338] Die historische Kritik hatte zwar zeigen können, dass es unmöglich ist, alles und jedes im Neuen Testament als historische Aussage zu verstehen. Doch ereignet sich die Offenbarung Gottes auf der anderen Seite nicht anders als in geschichtlichen Ereignissen. Mit dem Glauben an Jesus Christus ist deshalb ein historischer Anspruch verbunden. Da der historische Wert der Evangelien von einzelnen Richtungen innerhalb der Exegese weitgehend bestritten wurde, schien es den Konzilsvätern notwendig, die geschichtliche Wahrheit der Evangelien deutlich herauszustellen, vor allem gegenüber dem Programm einer radikalen Entmythologisierung der Schrift und den Konsequenzen eines rationalistischen Gebrauchs der formgeschichtlichen Methode. Dies geschieht in einer feierlichen Erklärung, die freilich nicht den Charakter einer dogmatischen Definition hat: „Die heilige Mutter Kirche hielt und hält beharrlich und aufs standhafteste daran fest, dass die vier aufgezählten Evangelien, deren Geschichtlichkeit (historicitas) sie ohne Bedenken bejaht, zuverlässig überliefern (fideliter tradere), was Jesus, der Sohn Gottes, als Er sein Leben unter den Menschen führte, zu deren ewigem Heil wirklich (reapse) getan und gelehrt hat bis zu dem Tag, da Er aufgenommen wurde (vgl. *Apg 1, 1–2*)."

Die Evangelien sind Glaubenszeugnisse, die historisch zuverlässig überliefern, was Jesus getan und gelehrt hat. Dies unterstreicht auch eine zentrale Aussage zu

---

[335] Vgl. Bea, Die Geschichtlichkeit der Evangelien 1966.
[336] DH 4402. Zitiert wird hier die Enzyklika *Divino afflante Spiritu*: AAS 35 (1943) 343. Vgl. den Kommentar von Fitzmyer, Wahrheit der Evangelien 36–53.
[337] Vgl. DH 4403.
[338] Vgl. AS III/3, 195–197. – Zur Diskussion um die Geschichtlichkeit der Evangelien s. Zerwick, Konzil und Bibelauslegung 218–223.

den Verfassern der Evangelien. Von ihnen heißt es, „dass sie uns Wahres (vera) und Aufrichtiges (sincera) über Jesus mitteilten". Die Formulierung, die Aussagen über Jesus enthalten „Wahres" (vera) und Aufrichtiges" (sincera), empfanden einige Konzilsväter als zu schwach, etwa die Bischöfe William Philbin[339] und Carli[340]. Kritisiert wurde auch die Formulierung, dass die Verfasser der Evangelien die „Form der Verkündigung" (forma praeconii) gewählt hätten, etwa von Garcia y Garcia de Castro[341] oder Antonius Santin, Bischof von Triest[342]. Der Widerstand gegen die Formulierungen zeigte sich auch bei den Abstimmungen. Bei der Einzelabstimmung in der Konzilsaula über das „vera et sincera" stimmten 61 Väter mit non placet, bei der Gesamtabstimmung über das fünfte Kapitel votierten 313 Väter mit placet iuxta modum.[343] Schon bei der vorausgehenden Textfassung (Text E) hatte sich ein ernstzunehmender Widerstand gezeigt. Die Formulierung „vera et sincera", mit der die geschichtliche Wahrheit der Evangelien betont werden sollte, folgte hier nämlich auf ein „non ficta" (nicht erdichtet) und war mit einem weiteren Zusatz versehen, der auf die umstrittene Auffassung Rudolf Bultmanns anspielte, die Evangelien seien „der schöpferischen Kraft der Urgemeinde entsprungen"[344]. In der Exegese wurde Bultmanns Position aber inzwischen selbst von einigen seiner Schüler kritisch beurteilt.[345]

Einflussreiche Konzilsväter konnten in den Textrevisionen des Jahres 1964 die Streichung des beanstandeten „non ficta" erreichen. Die Theologische Kommission sprach sich aber für die Beibehaltung der beanstandeten Formulierung „vera et sincera" aus. In der Relatio Bischof Dodewaards heißt es, „vera" bezeichne die Übereinstimmung zwischen der Aussage und der bezeichneten Wirklichkeit, „sincera" betone die Aufrichtigkeit der biblischen Verfasser, die keine Täuschungsabsichten gehabt hätten.[346] Die von den deutschen Bischöfen autorisierte deutsche Übersetzung bezieht „sincera" (ehrlich) wie die Relatio Dodewaards auf eine Eigenschaft der biblischen Verfasser, während die französische Übersetzung (authentique) und die spanische Übersetzung von Josep Perarnau (auténtico) „sincera" auf das bezieht, was von den biblischen Verfassern ausgesagt wird.[347] Dies gilt auch für die deutsche Übersetzung des „Denzinger"[348], die „sincera" mit „Aufrichtiges", das die biblischen Verfasser mitteilen, wiedergibt. Denn von der grammatikalischen Form und Stellung her kann sich „vera und sincera" nur auf das von den Verfassern der Evangelien Mitgeteilte beziehen, das als wahr und authentisch zu gelten hat.

Eine Gruppe von Konzilsvätern, die die Formulierung „vera et sincera", auch

---

[339] Vgl. AS III/3, 314f.
[340] Vgl. AS III/3, 333f.; AS IV/2, 961.
[341] Vgl. AS III/3, 312f.
[342] Vgl. AS IV/2, 984.
[343] Vgl. AS IV/2, 545f.
[344] Vgl. AS III/3, 98: „Ita semper ut non ficta, ex creatrici potentia primaverae communitatis promanantia, sed vera et sincera."
[345] Vgl. Käsemann, Exegetische Versuche II, 31–69.
[346] Vgl. AS IV/5, 724.
[347] Vgl. Bea, Das Wort Gottes 208.
[348] Vgl. DH 4226.

ohne den Zusatz „non ficta", als zu schwach empfanden, wandte sich an den Papst, der am 18. Oktober 1965 einen Brief an die Theologische Kommission senden ließ, in dem er den Vorschlag unterbreitete, die Formulierung „vera et sincera" durch „vera seu historica fide digna" (wahre, das heißt des geschichtlichen Glaubens würdige" [Mitteilungen]) zu ersetzen.[349] Der Vorschlag wurde von der Theologischen Kommission noch am gleichen Tag zusammen mit den vorgeschlagenen Änderungen für das 2. und 3. Kapitel geprüft. Obschon Kardinal Bea empfahl, den Textvorschlag des Papstes anzunehmen, verwarf ihn die Theologische Kommission, weil „fides historica" keineswegs eindeutig sei, vielmehr im Sinne Bultmanns interpretiert werden könne. Um aber dem Anliegen des Papstes entgegenzukommen, entschied sich die Kommission dafür, den historischen Wert der Evangelien durch die Zufügung „deren Geschichtlichkeit (historicitas) sie ohne Bedenken bejaht" kräftig zu unterstreichen.[350] Dabei ging die Kommission davon aus, dass „historicitas" weniger missverständlich sei als die Begriffe „historia" oder „historica", die im Deutschen mit „Geschichte"/„Historie" und „geschichtlich"/„historisch" wiedergegeben werden können.[351]

Da die romanischen Sprachen keine Möglichkeit haben, die Unterscheidung zwischen „Geschichte" und „Historie" zum Ausdruck zu bringen, werfen die Aussagen über die Geschichtlichkeit der Evangelien einige Fragen auf. Die „Historizität" der Evangelien besteht darin, dass sie „zuverlässig überliefern, was Jesus, der Sohn Gottes, als Er sein Leben unter den Menschen führte, zu deren ewigem Heil wirklich getan und gelehrt hat bis zu dem Tag, da er aufgenommen wurde (vgl. *Apg 1, 1–2)*". Es geht den Konzilsvätern nicht um die Historizität der Evangelien als überlieferter literarischer Zeugnisse. Die Übersetzung von „historicitas" mit „Geschichtlichkeit" ist nicht ohne Probleme, da „Geschichtlichkeit"z. B. in der Philosophie Martin Heideggers ein Existential menschlichen Daseins meint. Von der „Historizität" der Evangelien zu sprechen ist allerdings ebenfalls nicht ganz eindeutig, da es nicht um den historischen Charakter der Evangelien, sondern um ihre historische Zuverlässigkeit geht. Eduard Stakemeier schreibt dazu: „Im Deutschen kann man das lateinische historia sowohl mit ‚Geschichte' wie auch mit ‚Historie' übersetzen, was für bestimmte theologische Richtungen jeweils einen sehr verschiedenen Sinn ergibt. Deshalb hat die Konstitution es vorgezogen, die Realität der berichteten Tatsachen auf konkretere Art zu behaupten und das eindeutige Wort historicitatem in den ersten Satz dieses Artikels aufzunehmen. Der vom Konzil gewählte Ausdruck sollte klar die historische Faktizität der Heilsereignisse des Lebens Jesu aussagen."[352]

Die Frage nach der Historizität der Evangelien lässt sich an der Frage nach der geschichtlichen Wirklichkeit der leiblichen Auferweckung Jesu verdeutlichen, die der Konzilstext selbst indirekt anspricht.[353] Durch die Auferstehung und Himmelfahrt Christi, die österlichen Erfahrungen und den gegebenen Geist der Wahr-

---

[349] Vgl. Léon-Dufour, Commentaire du chapitre V 428.
[350] Vgl. AS IV/5, 723.
[351] Vgl. Léon-Dufour, Commentaire du chapitre V 428.
[352] Stakemeier, Konzilskonstitution 258.
[353] Mit „eventibus gloriosis" (durch die glorreichen Ereignisse) sind nach Stakemeier „Auferste-

heit³⁵⁴ kamen die Apostel zu einem „volleren Verständnis" (pleniore intelligentia) des in Christus begründeten Heils und seiner Botschaft. In der Konzilsdebatte wurde von verschiedener Seite, vor allem von Lorenz Kardinal Jäger, Erzbischof von Paderborn, darauf hingewiesen, dass die Auferstehung Christi nicht nur ein Glaubensgeheimnis sei, sondern in der Geschichte ihre Zeichen und Spuren (z. B. das leere Grab) hinterlassen habe.³⁵⁵ Das geschichtliche Ereignis der Auferweckung Jesu war unter den Konzilsvätern nicht umstritten. Sie meinten, diese sei mit dem Zitat aus der Apostelgeschichte (Apg 1,1 f.) genügend klar zum Ausdruck gebracht.³⁵⁶ Eine explizite Aussage des Konzils zur geschichtlichen Wirklichkeit der Auferweckung Jesu wäre wohl sinnvoll gewesen, zeichneten sich doch die nachkonziliaren Kontroversen um die Historizität der Auferweckung Jesu schon während des Konzils ab. Das bekannte Buch von Willi Marxsen über die Auferstehung Jesu, in dem er die These vertritt, Jesus sei in den Glauben der Jünger hinein auferstanden³⁵⁷, erschien im Jahr der 3. Sitzungsperiode, in dem die überarbeitete Fassung des Schema *De divina revelatione* behandelt wurde.

DV 19 spricht nicht explizit von den Aposteln als den Verfassern der vier Evangelien, sondern unbestimmt von den „auctores sacri". Aus dem, was vom Leben, den Taten und den Worten Jesu überliefert wurde, haben sie das ausgewählt, was ihnen für die Zwecke der Verkündigung bedeutsam erschien, doch immer so, dass sie „Wahres und Aufrichtiges über Jesus mitteilten". Es war ihnen nicht an einer um Vollständigkeit bemühten historischen Biographie der Person Jesu gelegen. Die Evangelien sind Zeugnisse des Glaubens, die durch eine literarische Gesamtkonzeption und einzelne, für sie charakteristische Grundgedanken geprägt sind. Die Instruktion *Sancta mater ecclesia* unterscheidet bei der Entstehung der Evangelien drei Schichten: die Überlieferung der Taten und Worte Jesu durch die Apostel, die apostolische Verkündigung in der Zeit der Gründung der ersten Kirchen und die Redaktion der Evangelien.³⁵⁸ Was die Entstehung der Evangelien betrifft, macht die Konstitution vier Aussagen zu ihrem literarischen Charakter: 1. Die biblischen Verfasser haben die Evangelien redigiert; 2. unter dem, was mündlich und schriftlich überliefert wurde, trafen sie eine Auswahl; 3. sie wählten dabei die „Form der Verkündigung" (formam praeconii); 4. durch ihre Auswahl und unterschiedliche Zusammenfassungen und Überblicke berücksichtigten sie die Verkündigungssituation der unterschiedlichen Kirchen.³⁵⁹

---

hung und Verherrlichung Christi und die österlichen Erfahrungen der Apostel und Jünger Jesu mit ihrem verklärten Herrn gemeint" (ebd.).
³⁵⁴ Vgl. Joh 14, 26; 16, 13.
³⁵⁵ Vgl. AS III/3, 471. Kardinal Jäger berichtet über seine Intervention in der Wochenzeitschrift „Der Dom" (20 [1965] 2). – Zur Diskussion um die Historizität der Auferweckung unter den Konzilsvätern s. Stakemeier, Konzilskonstitution 258 f.
³⁵⁶ Vgl. AS IV/5, 722 f.
³⁵⁷ Vgl. Marxsen, Auferstehung Jesu 25.
³⁵⁸ Vgl. DH 4405 f.
³⁵⁹ Vgl. DH 4006.
³⁶⁰ Vgl. DH 4403.

Im Unterschied zur Instruktion der Bibelkommission[360] wird in der Offenbarungskonstitution die formgeschichtliche Methode nicht eigens erwähnt und positiv gewürdigt. Die Instruktion sagt von den biblischen Verfassern, dass sie das, was mündlich und schriftlich überliefert wurde „mit einer Methode, die dem besonderen Ziel, das sich ein jeder setzte, entsprach, zum Nutzen der Kirche in vier Evangelien aufgezeichnet" haben. „Manches aus der Fülle des Überlieferten auswählend, manches zusammenfassend, manches mit Rücksicht auf den Stand der Kirchen erklärend, bemühten sie sich mit ganzer Kraft, daß die Leser die Zuverlässigkeit jener Worte, über die sie unterrichtet worden waren, erkennen möchten [vgl. Lk 1, 4]."[361] Obschon die Intention der Evangelien eine kerygmatische ist, ist mit ihnen der Anspruch auf historische Wahrheit verbunden.[362] Glaube und Geschichte sind auch für die Konzilsväter kein Gegensatz. So fährt der Konzilstext mit dem Hinweis fort, dass die Verfasser der Evangelien aufgrund eigener Erfahrungen schreiben, entweder als Zeugen des Lebens Jesu oder durch persönlichen Kontakt mit den authentischen Zeugen des Christusereignisses. Sie haben entweder „aus ihrem eigenen Gedächtnis und Erinnern" (memoria et recordatione) geschrieben oder „aufgrund des Zeugnisses jener, ‚die von Anfang an selbst gesehen haben und Diener des Wortes waren'", damit wir die „Wahrheit" (veritas; ἀσφάλεια: vgl. Lk 1,4) der Worte, die uns überliefert wurden, erkennen. Ἀσφάλεια meint die Sicherheit bzw. Zuverlässigkeit des als wahr Erkannten.

DV 20,1 erinnert daran, dass auch die übrigen Schriften des neutestamentlichen Kanons, die Briefe des Apostels Paulus und die anderen apostolischen Schriften, vom Heiligen Geist inspiriert sind. In diesen Schriften wird zum einen die Botschaft Christi bestätigt, zum anderen seine Lehre näher erklärt und das Mysterium des in Christus begründeten Heils verkündet. Die Schriften bezeugen die Gegenwart des erhöhten Herrn bei seinen Aposteln und seiner Kirche durch den Geist der Wahrheit. In der Textfassung, die den Konzilsvätern im Juli 1964 zugesandt wurde, heißt es, dass in den übrigen Schriften des Neuen Testaments von der „Gründung der Kirche" (Ecclesiae institutio) berichtet wird[363]. Da dies indirekt auch für die Evangelien zutrifft, spricht der endgültige Text stattdessen von den „Anfängen der Kirche" (Ecclesiae initia). Das einheitliche Thema aller neutestamentlichen Schriften ist Christus; doch in den Schriften von der Apostelgeschichte bis zur Offenbarung des Johannes wird neben den Anfängen der Kirche vor allem ihre Ausbreitung geschildert. Die eschatologische Dimension der Kirche, die schon ausführlich in LG 3 und 48 behandelt worden war[364], bringt der Konzilstext durch den Hinweis auf die „glorreiche Vollendung" (consummatio gloriosa) der Kirche zum Ausdruck. In der im November 1964 verteilten Textfassung (Text F) lautete der Schluss: „eiusque [Ecclesiae] consummatio gloriosa revelatur"[365]. Ein Konzilsvater schlug vor, das „revelatur" durch „nuntiatur" zu

---

[361] DH 4406.
[362] Vgl. Bea, Das Wort Gottes 210–213.
[363] Vgl. AS V/2, 586.
[364] Vgl. Murray, New Testament and „De Ecclesia".
[365] Vgl. AS IV/1, 356.

ersetzen, weil die Vollendung der Kirche in der Zukunft liege.[366] Für den endgültigen Text wählte man den passenderen Ausdruck „praenuntiatur"[367].

In **DV 20,2** wird die Entstehung des geistgewirkten Kanons sowie die Erwartung der engdültigen Vollendung damit begründet, dass der Kirche der Beistand (Paraklet) des Heiligen Geistes verheißen ist (Mt 28,20), der sie in die Wahrheit einführen wird (Joh 16,13). Der Kanon geht auf das Wirken des Heiligen Geistes zurück und ist Ausdruck des Glaubens der Kirche, die Jesus Christus bis zum Ende der Zeiten zu verkündigen hat.

Sechstes Kapitel
Die Heilige Schrift im Leben der Kirche

Im Schema *De revelatione*, das nach der Wende vom November 1962 von der „Gemischten Kommission" erarbeitet wurde, lautete die Überschrift des sechsten Kapitels ursprünglich „De Scripturae usu in Ecclesia" (Text D). Sie wurde später durch die sprachlich schönere und sachlich angemessenere Überschrift „De Sacra Scriptura in vita Ecclesiae" ersetzt. Das Kapitel „Die Heilige Schrift im Leben der Kirche"[368] ist stärker pastoral ausgerichtet als die vorangegangenen Kapitel. Dennoch enthält es wichtige Hinweise zum Verhältnis von Schrift, Tradition und Kirche, die für das ökumenische Gespräch über Schrift und Tradition von großer Bedeutung sind. Das sechste Kapitel ist auf evangelischer Seite entsprechend begrüßt und theologisch gewürdigt worden.[369] Das Kapitel bekräftigt den Charakter der Schrift als Wort Gottes, ihre Normativität für den Glauben der Kirche und ihre zentrale Stellung für Liturgie und Theologie, bekennt sich zum freien Zugang aller Gläubigen zur Schrift durch muttersprachliche Übersetzungen, zur Exegese der biblischen Schriften, weist auf die Bedeutung von geistlicher Schriftlesung und Gebet hin und fordert schließlich eine an den Heiligen Schriften orientierte Verkündigung.[370]

Schon das von Papst Johannes XXIII. zurückgezogene Schemas *De fontibus revelationis* enthielt ein Kapitel „De Sacra Scriptura in Ecclesia", das aber der zentralen Stellung der Schrift in der Kirche nicht gerecht wurde.[371] Das Einheitssekretariat hatte ein kurzes Schema *De verbo Dei* vorgelegt, das im Wesentlichen auf Bischof Volk zurückging.[372] Auf der Grundlage einer Theologie des Wortes Gottes unterstreicht es die besondere Bedeutung der Schrift für Theologie und Kirche. Bischof Volk, der im Einheitssekretariat bei einer etwaigen Neufassung

---

[366] Vgl. AS IV/5, 726.
[367] Vgl. AS IV/6, 606.
[368] Zur Diskussion um diese Überschrift vgl. Grillmeier, Commentaire du chapitre VI 436f.
[369] Vgl. etwa die positiven Stellungnahmen von Cullmann, Die kritische Rolle der Schrift 197.
[370] In einem beindruckenden Statement machte Erzbischof Edelby auf die pneumatische Dimension der Heiligen Schrift aufmerksam, die nicht nur als Buch, sondern als liturgische und prophetische Wirklichkeit in der Kirche zu verstehen sei. Vgl. AS III/3, 306–309.
[371] Vgl. AS III/3, 23–26.
[372] Vgl. Volk, Wort Gottes.

des Schemas *De fontibus revelationis* für das Kapitel „Die Heilige Schrift in der Kirche" zuständig war, hatte schon als Dogmatikprofessor in Münster eine pastoral ausgerichtete Theologie des Wortes Gottes vorgelegt.[373] Für das neu erarbeitete Kapitel „De Sacra Scriptura in Ecclesia" des Schemas *De revelatione*[374], aus dem in mehreren Revisionen der endgültige Text hervorging, spielte Volks Text eine wichtige Rolle.

[1. Schrift und Eucharistie]

DV 21 Das sechste Kapitel beginnt mit der Erklärung: „Die Kirche hat die göttlichen Schriften wie auch (sicut et) den Herrenleib selbst immer verehrt, weil sie, vor allem in der heiligen Liturgie nicht aufhört, vom Tisch (ex mensa) sowohl des Wortes Gottes (verbi Dei) als auch des Leibes Christi (Corporis Christi) das Brot des Lebens zu nehmen und den Gläubigen darzureichen." Im erstmals überarbeiteten Schema *De revelatione* (Text E) hieß es über die Schrift in der Kirche dagegen: „Die Kirche hat sie [die Heiligen Schriften] immer gleich wie (velut) den Herrenleib verehrt."[375] Viele Konzilsväter äußerten gegen das „velut" Bedenken, weil damit eine zu große Angleichung des Tisches des Wortes an den Tisch des eucharistischen Leibes Christi vorgenommen werde. Dies geht aus den in der Relatio von Bischof Dodewaard erwähnten „modi" hervor.[376]

Die Befürchtung hing vor allem mit den neueren Theorien zur eucharistischen Realpräsenz Christi zusammen, insbesondere den Theorien der Transfinalisation und der Transsignifikation. Die Theorien wurden des Symbolismus verdächtigt. Man sah in ihnen eine Relativierung der einzigartigen Gegenwart Christi in den eucharistischen Gestalten von Brot und Wein. Die Diskussionen um die Theorien der Transfinalisation und Transsignifikation haben mit der Enzyklika *Mysterium fidei* (3. September 1965) noch während des Konzils zu einer negativen lehramtlichen Stellungnahme gegenüber den neuen Theorien geführt: Es ist nicht nur von einer Transfinalisation oder Transsignifikation der eucharistischen Gaben, sondern von einer inneren substantiellen Verwandlung auszugehen. Die Gaben erhalten nicht nur eine andere Bezeichnung. Noch reicht es aus zu sagen, dass sie umgewidmet werden.[377] Zur Bedeutung des Wortgottesdienstes innerhalb der Messe heißt es in dem auf Bischof Volk zurückgehenden Text: „Die Bewertung des Wortes Gottes muss sich vor allem auswirken in der Schätzung wie in dem sorgfältigen und gemäßen Vollzug der Wortverkündigung durch den Gottesdienst; ihr ist volle Beachtung zu schenken, um auch davon die möglichen geistigen Früchte zu empfangen. Jede Abwertung des Gebets- und Lesungsgottesdienstes als eines wesentlichen Teiles der Eucharistiefeier ist zu vermeiden, denn sie

---
[373] Vgl. Volk, Theologie des Wortes Gottes.
[374] Vgl. AS V/1, 444.
[375] AS V/2, 587.
[376] Vgl. AS IV/5, 728. Zur Diskussion s. Lengeling, Liturgie; Grillmeier, Commentaire du chapitre VI 438–442.
[377] Vgl. DH 4410–4413.

würde der Bedeutung des Wortes Gottes als Speise des geistlichen Lebens widersprechen."[378] Um den Bedenken der Konzilsväter gegen eine Relativierung der einzigartigen Gegenwart Christi in den Gestalten von Brot und Wein Rechnung zu tragen, wurde das „velut" (gleich wie) im endgültigen Text durch ein „sicut et" (wie auch) ersetzt (Text G).[379] Um den Zusammenhang der Schriftlesung wie des gesamten Wortgottesdienstes mit der sakramentalen Eucharistie im engeren Sinne deutlich zu machen, fügte man „besonders in der heiligen Liturgie" (maxime in sacra Liturgia) ein. Der Name, der in den Kirchen des Ostens für die Feier der Eucharistie reserviert ist, wird hier auf die aus Wortgottesdienst und Eucharistiefeier im engeren Sinne bestehenden Messe angewendet.

Der Vergleich der Heiligen Schrift mit der Eucharistie in DV 21 ist vor allem unter ökumenischer Rücksicht ein entscheidender Schritt. Für das zweifache „Brot des Lebens" (panem vitae), das wir vom Tisch des Wortes und des Leibes Christi empfangen, berief man sich nicht nur auf Hieronymus[380], Augustinus[381] und andere Kirchenväter[382], sondern vor allem auf die Johannes von Kempen zugeschriebene „Imitatio Christi"[383], auf die auch Bischof Volk verweist.[384] Der zitierte Text aus der „Imitatio Christi" ist durch den Parallelismus von Heiliger Schrift und eucharistischem Brot, also der zwei Tische, bestimmt, ohne dass das Wort Gottes explizit „Brot des Lebens" genannt würde. Vom zweifachen Tisch des Wortes und der Eucharistie ist auch in anderen Texten des Konzils die Rede, so in PO 18 und PC 6.[385] Im gottesdienstlichen Raum wird die Bedeutung, die dem Tisch des Wortes zukommt, durch den Brauch unterstrichen, die geöffnete Bibel auf dem Altar oder an einer besonderen Stelle im Presbyterium aufzulegen. Mag die katholische Kirche ihrem Anspruch, die Schrift wie die Eucharistie verehrt zu haben, in ihrer Geschichte auch nicht immer gerecht geworden sein, so ist es doch mit der einleitenden Erklärung des sechsten Kapitels und der vom 2. Vatikanischen Konzil eingeleiteten Liturgiereform (Erneuerung der Leseordnung)[386] ausgeschlossen, weiterhin von einer „Kirche des Wortes" (Kirchen der Reformation) und einer „Kirche des Sakraments" (katholische Kirche) zu sprechen.[387]

---

[378] Volk, Wort Gottes 249. Zur Verehrung der Heiligen Schrift in den Kirchen der Reformation s. UR 21.
[379] Vgl. AS IV/6, 606.
[380] Vgl. Comm. In Eccl. 3, 13: PL 23, 1039.
[381] Vgl. Serm. 56, 6, 10 (PL 38, 381); 57, 7, 7 (PL 38, 389); 58, 4, 5 (PL 38, 395); 59, 3, 6 (PL 38, 401).
[382] Für weitere Zeugnisse s. Lubac, Exégèse médiévale 523.
[383] Vgl. Lib. IV, c. 11, n. 4: „Dedisti itaque mihi infirmo sacrum corpus tuum ad refectionem mentis et corporis, et posuisti lucernam pedibus meis verbum tuum. Sine his duobus bene vivere non possem; nam verbum Dei lux animae meae, et sacramentum tuum panis vitae. Haec possunt etiam dici mensae duae, hinc et inde in gazophylacio sanctae Ecclesaie positae. Una mensa est sacri altaris, habens panem sanctum, id est corpus Christi pretiosum; altera est divinae legis, continens doctrinam sanctam, erudiens fidem rectam, et firmiter usque ad interiora velaminis, ubi sunt sancta sanctorum, perducens."
[384] Vgl. Volk, Wort Gottes 249.
[385] Vgl. dazu die Kommentare von Ottmar Fuchs und Joachim Schmidl.
[386] Vgl. SC 35.51. S. dazu den Kommentar von Reiner Kaczynski.
[387] Vgl. Sauer, Erfahrung und Glaube 465 f.

[2. Die Normativität der Schrift]

Nach frühchristlichem Verständnis bedeutet das Wort „Kanon" nicht das Verzeichnis der biblischen Schriften, sondern ihren Charakter als maßgebende Richtschnur für den Glauben. Über die „göttlichen Schriften" sagt das Konzil, dass sie „zusammen (una cum) mit der Heiligen Überlieferung" für den Glauben die höchste Richtschnur (suprema regula fidei) darstellten. Das „una cum" ist im Sinne von „in Verbindung mit der Überlieferung" zu lesen, denn nur von den kanonischen Schriften gilt, dass sie „von Gott inspiriert" sind. Obschon in DV 21 die Schrift zusammen mit der Heiligen Überlieferung genannt wird, ist die Schrift und nicht die Tradition das Subjekt des Satzes.[388] Der Heiligen Schrift kommt damit die oberste Normativität im Leben der Kirche zu.[389] So kann man sich also für die schulmäßige Unterscheidung zwischen der Schrift als „norma normans non normata" und der authentischen Glaubensüberlieferung als „norma normata" auf den ersten Artikel des Abschlusskapitels von DV berufen. Die authentische Glaubensüberlieferung hat zwar für den Glauben der Kirche ebenfalls einen normativen Charakter, sie ist aber ihrerseits durch die Schrift normiert. Denn es sind die von Gott inspirierten Schriften, von denen der Konzilstext sagt, dass sie „das Wort Gottes unwandelbar (immutabiliter) vermitteln". In der Verkündigung der Propheten und Apostel vernehmen wir deshalb keine andere Stimme als die „Stimme des Heiligen Geistes" (vocem Spiritus Sancti).

Dazu passt, was DV 24 über die Heiligen Schriften sagt und von der Überlieferung nicht gesagt werden kann: Die Heiligen Schriften „enthalten das Wort Gottes und sind, weil inspiriert, wahrhaft Wort Gottes" (verbum Dei continent et, quia inspiratae, vere verbum Dei sunt). Der Text bringt den Unterschied zwischen dem fleischgewordenen Wort Gottes und seiner Offenbarung sowie dem Wort Gottes der Heiligen Schrift ins Spiel. Hier bestätigt sich, dass für die Offenbarungskonstitution nur die Schrift formell Wort Gottes ist.[390] Der Vorrang der Schrift ergibt sich aus der Forderung, „jede kirchliche Predigt" (praedicatio ecclesiastica) müsse sich „wie die christliche Religion selbst von der Heiligen Schrift nähren und sich an ihr ausrichten" (nutriatur et regatur). Der endgültige Text bedeutet gegenüber der ursprünglichen Fassung des Schemas *De revelatione* (Text E) eine gewisse Abschwächung, die vor allem in ökumenischer Perspektive zu bedauern ist. In Text E lautete der entsprechende Passus: „Jede kirchliche Verkündigung (praedicatio ecclesiastica) muss also wie die christliche Religion selbst immer auf die Schrift als Norm und Autorität (normam et auctoritatem), durch die sie orientiert und beurteilt wird (reguntur et iudicantur), bezogen sein."[391] Hier wird die Schrift als festumgrenzte, unveränderbare Größe angesehen, die der ganzen kirchlichen Verkündigung als Richtschnur normativ und autoritativ gegenübersteht. In Text F findet sich dagegen das spirituelle Bild von der kirchlichen

---

[388] Vgl. Semmelroth – Zerwick, Vaticanum II 52 f.
[389] Vgl. Grillmeier, Commentaire du chapitre VI 442–445.
[390] Vgl. oben das zu DV 9 Gesagte.
[391] AS III/3, 102.

Verkündigung, die durch die Schrift genährt wird.³⁹² Immerhin hat der endgültige Text (Text G) den Anspruch des „regere" wieder aufgenommen.³⁹³

Das Ökumenismusdekret *Unitatis redintegratio* erklärt, dass von der Schrift her gegebenenfalls nicht nur das konkrete Leben der Kirche, sondern auch die Weise der Lehrverkündigung zu korrigieren sei. Im Rahmen der Ausführungen zur Erneuerung der Kirche erfolgt eine Erklärung, die eine Selbstverpflichtung der Kirche darstellt: „Solange die Kirche auf ihrem Weg pilgert, wird sie von Christus zu dieser ständigen Reform (ad hanc perennem reformationem) gerufen, deren sie selbst als menschliche und irdische Einrichtung dauernd bedarf, so dass, wenn etwas nach Sach- und Zeitumständen entweder in den Sitten oder in der kirchlichen Ordnung oder auch in der Weise der Verkündigung der Lehre – die von der Hinterlassenschaft des Glaubens selbst genau unterschieden werden muss – weniger sorgfältig gewahrt worden ist, es zu geeigneter Zeit in richtiger und gebührender Weise wiederhergestellt wird."³⁹⁴ Die Schrift stellt deshalb nicht nur für das „reine Leben gemäß dem Evangelium" (puriorem secundum Evangelium vitam)³⁹⁵, sondern auch gegenüber der Art der kirchlichen Lehrverkündigung eine kritische Norm dar.³⁹⁶

In DV 21 wird auch das dialogische Offenbarungsverständnis zu Beginn der Konstitution (DV 2.8) wieder aufgenommen: In den Büchern der Schrift, so heißt es, kommt „der Vater, der in den Himmeln ist, seinen Kindern liebevoll entgegen (filiis suis permanenter occurrit) und hält mit ihnen Zwiesprache (et cum eis sermonem confert)". Durch die heiligen Schriften spricht Gott die Menschen auch heute noch an. Das Wort Gottes, das in der Schrift begegnet, belebt die Kirche, stärkt den Glauben und ist „ein reiner Quell des geistlichen Lebens" (vitae spiritualis fons purus). „Vitae spiritualis fons purus" ist ein Zitat aus der Enzyklika *Divino afflante Spiritu* (1943), die dabei allerdings ausschließlich das geistliche Leben der Seminaristen im Blick hat.³⁹⁷ Aufgegriffen wird in DV 21 ebenfalls ein Gedanke, der schon in DV 17 begegnete: Das Wort Gottes hat die Kraft zum Heil für jeden, der glaubt. Für die Wirkkraft des Wortes Gottes verweist DV 21 neben Apg 20,32 auch auf Hebr 4,12: „Lebendig und wirksam ist nämlich Gottes Wort".

Alles, was in den abschließenden Artikeln von DV über die Heilige Schrift im Leben der Kirche gesagt wird, ist schon in DV 21 enthalten. Dieser Artikel entspricht damit der Erwartung, die Bischof Volk am Vorabend des Konzils geäußert hatte: „Wenn das Konzil etwas Verheißungsvolles für die Annäherung der getrennten Christen tun und der Wiedervereinigung die Wege ebnen will, dann ist als dringlich anzusehen, dass das Konzil die Bedeutung des Wortes Gottes für die Kirche und für das geistliche Leben aller Gläubigen nachdrücklich betont."³⁹⁸ Für

---

[392] Vgl. AS IV/1, 371.
[393] Vgl. Ratzinger, Kommentar 573.
[394] UR 6.
[395] UR 7.
[396] Vgl. den Kommentar von Bernd Jochen Hilberath zu UR 6–7.
[397] Vgl. AAS 35 (1943) 322.
[398] Volk, Wort Gottes 241.

die Verständigung zwischen der katholischen Kirche und den Kirchen der Reformation ist DV 21 von nicht zu unterschätzender Bedeutung. Dies bestätigt Oscar Cullmann in seinem Kommentar zu DV 21: „Hier stehen Erklärungen, die uns einander in unserer gemeinsamen Haltung gegenüber der Bibel vollkommen nahezubringen geeignet sind. Zu oft hat man von katholischer Seite gegen die protestantische Theorie eingewandt, dass die Bibel ein toter Buchstabe sei, während nur die Tradition ein lebendiges Element darstelle. Demgegenüber lesen wir den wunderbaren Satz: ‚In der Heiligen Schrift begegnet der Vater im Himmel seinen Söhnen und redet mit ihnen'. So gibt es ... viele einzelne Punkte, die uns einander näher bringen. Aber mit dem eben zitierten Satz befinden wir uns auf einer Ebene, auf der völlige Übereinstimmung vorhanden ist."[399]

Dem Stellenwert, den die katholische Kirche der Schrift beimisst, entsprechen die Aussagen des Konzils über die Liturgie des Wortes in der Liturgiekonstitution. Gegenwärtig ist Christus nicht nur „im Opfer der Messe" und in den Sakramenten, sondern ebenso „in seinem Wort, da er ja selbst spricht, während die heiligen Schriften in der Kirche gelesen werden"[400]. „Von größtem Gewicht in der Feier der Liturgie ist die Heilige Schrift. Aus ihr werden nämlich Lesungen gelesen und in der Homilie ausgedeutet, Psalmen gesungen, aus ihrem Anhauch und Antrieb sind liturgische Bitten, Gebete und Gesänge ausgeschüttet worden, und aus ihr empfangen Handlungen und Zeichen ihre Bedeutung."[401] In der Liturgie spricht „Gott zu seinem Volk", in ihr „verkündet Christus noch immer das Evangelium"[402]. Aus diesen Grundsätzen ergeben sich die Forderung nach einer neuen Leseordnung und die Förderung von Wort-Gottes-Feiern.[403]

[3. Bibelübersetzungen]

DV 22 Damit der Zugang der Schrift für alle, die an Christus glauben, weit offen steht, empfiehlt der Konzilstext muttersprachliche Übersetzungen aus dem hebräischen bzw. griechischen Urtext (Biblia Hebraica, Novum Testamentum Graece). Mit seiner Empfehlung wendet sich das Konzil gegen die systematische Abschirmung der Schrift gegen die Lektüre durch einfache Gläubige, wie sie vor allem seit der Gegenreformation mit Verboten durchgesetzt wurde. Statt der missverständlichen Erklärung des Trienter Konzils, dass die Vulgata als „authentisch gelten soll" (pro authentica habeatur)[404], bekräftigt DV 22, die Kirche halte neben der Septuaginta, die sie als ihre eigene Schrift angenommen habe, auch die orientalischen und lateinischen Übersetzungen (alias versiones orientales et versiones latinas) in ihren Ehren, vor allem die Vulgata. Die Vulgata, die Bibelüber-

---
[399] Cullmann, Die Bibel 151.
[400] SC 7.
[401] SC 24.
[402] SC 33.
[403] Vgl. SC 35.92, s. dazu den Kommentar von Reiner Kaczynski.
[404] Vgl. DH 1506.

setzung der alten Kirche des Westens, ist selbst schon ein Stück kirchlicher Schriftauslegung, gehört also zur Überlieferungsgeschichte der Schrift. Deshalb kann ihr nicht der gleiche oder gar ein höherer Stellenwert zugemessen werden als den Urtexten der Schrift oder der Septuaginta. Wenn das Konzil auf den besonderen Wert der Septuaginta und der Vulgata hinweist, wird nicht die Bedeutung des Urtextes geschmälert. Der betonte Rückgriff auf den Urtext der Bibel bedeutet vielmehr eine Neubestimmung des Verhältnisses von Schrift und Tradition. „Hinter die klassischen Übersetzungen zurückgehen auf den Urtext heißt zugleich neu übersetzen und so vorwärts schreiten; sich auf den einen Grundtext besinnen bedeutet zugleich jeder modernen Sprache die Bibel eröffnen."[405] Dies ist ökumenisch deshalb von fundamentaler Bedeutung, weil der biblische Urtext die Quelle ist, die alle Kirchen verbindet, mag es zwischen den christlichen Kirchen auch Unterschiede im Umfang der als kanonisch geltenden Schriften geben. Die in den Kirchen der Reformation als deuterokanonisch geltenden Schriften werden auch dort in ihrem besonderen theologischen Wert geschätzt, weshalb sie in den evangelischen Bibelausgaben heute auch zumeist mit abgedruckt werden.

Die modernen Übersetzungen haben eine ähnliche Funktion wie die Septuaginta, die orientalischen Übersetzungen und die Vulgata zur Zeit ihrer Entstehung.[406] Sie garantieren, dass „das Wort Gottes allen Zeiten zur Verfügung" steht, also allen Völkern und Kulturen, nicht nur für den Gottesdienst, die Verkündigung und Katechese, sondern ebenso für den privaten Gebrauch der Gläubigen. Das Christentum ist keine Buchreligion im strengen Sinne. Gott spricht auch in den übersetzten Schriften beider Testamente. Die Heilige Schrift ist in ihren autorisierten und für die Liturgie zugelassenen Übersetzungen heiliger Text. Die modernen Übersetzungen müssen seelsorglich von Nutzen und richtig sein, das heißt sie müssen den heutigen wissenschaftlichen Anforderungen genügen. Wenn Bibelübersetzungen durch ökumenische Zusammenarbeit zustande kommen und die Zustimmung der entsprechenden kirchlichen Autoritäten erhalten, können sie von den Christen der getrennten Kirchen gemeinsam, auch im Gottesdienst, verwendet werden.

Ein wichtiges Signal war die Gründung der Weltbibelföderation („The World Catholic Federation for the Biblical Apostolate" = WCFBA) im Jahre 1969 durch das römische Sekretariat für die Einheit der Christen.[407] Eine Frucht des Konzils ist ebenso die deutsche „Einheitsübersetzung". Mag sie unter Exegeten auch umstritten sein und sich in der katholischen Kirche stärker durchgesetzt haben als in den Kirchen der Reformation (hier wird wieder verstärkt auf die sprachlich kraftvolle Lutherbibel zurückgegriffen), so stellt sie doch ein bedeutendes ökumenisches Ereignis dar.[408] Während des Konzils wurde auch vielfach der Wunsch geäußert, die Vulgata nach dem Urtext zu verbessern. Dies hätte freilich den

---

[405] Ratzinger, Kommentar 574.
[406] Vgl. dazu Groß, Bibelübersetzungen.
[407] Vgl. Sauer, Die dogmatische Konstitution *Dei Verbum* 248.
[408] Vgl. Sauer, Erfahrung und Glaube 468. – Zur Bedeutung der Schrift für den ökumenischen Dialog s. UR 21.

Rahmen der Konzilsarbeit gesprengt. Nach dem Konzil hat Papst Paul VI. Kardinal Bea mit der Leitung der Revision der Vulgata beauftragt. Die „Nova Vulgata", die 1979 an die Stelle der von Sixtus V. und Clemens VIII. herausgegeben Vulgata von 1592 trat[409], ist eine Übersetzung aus den Urtexten in enger Anlehnung an die Vulgata und das Latein des 4./5. Jahrhunderts.[410]

[4. Die Exegese der Schriften und die Aufgabe des Lehramtes]

DV 23 behandelt die Schriftauslegung, die wissenschaftliche Exegese und Theologie, ihr Verhältnis zueinander sowie ihre Zuordnug zum kirchlichen Lehramt. Als primärer Ort der Schriftauslegung wird in DV 23 die Kirche genannt. Aufgrund ihres konstitutiven Bezugs zum Wort Gottes wird diese als Braut des fleischgewordenen Wortes (Verbi incarnati sponsa) bezeichnet. Da die Kirche ihre Existenz dem Wort Gottes verdankt, ist es ihre Aufgabe, durch den Heiligen Geist zu einem immer tieferen Verständnis der Heiligen Schriften, in dem Gott zum Menschen auch heute noch spricht, vorzudringen. Dass dies nicht im Sinne eines linearen Fortschritts zu verstehen ist, zeigt die Textgeschichte, in welcher eine entsprechende Tendenz in diese Richtung deutlich abgebaut wurde.[411]

Wenn von der Kirche die Rede ist, dann ist hier ihre Hierarchie gemeint. Dies ergibt sich aus den einzelnen Aussagen zum Verhältnis von kirchlichem Lehramt und biblischer Theologie. Die Kirche erscheint als die Mutter, die ihren Kindern (Ecclesiae filii) mit dem verkündigten Wort Gottes die erforderliche Nahrung gibt. Für die angemessene Erschließung des Wortes Gottes wird das Studium der Kirchenväter wie das Studium der heiligen Liturgien als notwendig erachtet[412]; wohl deshalb, weil die Kirchenväter und die heiligen Liturgien mit ihren zum Teil alten Gebeten in besonderer Nähe zum geschichtlichen Ursprung der Kirche stehen. Hier ist auch an den alten Grundsatz „lex orandi – lex credendi" zu erinnern. Zwar wird er in DV 23 nicht erwähnt. Für das ökumenische Gespräch mit den Kirchen der Orthodoxie ist es aber doch von nicht geringer Bedeutung, wenn die Konzilsväter das Studium der Kirchenväter und der heiligen Liturgien für eine angemessene Schriftauslegung fordern. Der ursprüngliche Ort der Schriftauslegung ist die Kirche und ihre Liturgie.

Zur Auslegung der Schrift gehört nach katholischem Verständnis ebenso das Hören auf die authentische Glaubensüberlieferung. Auch die wissenschaftliche Exegese kann nicht losgelöst von der Schriftauslegung durch die Kirche betrachtet werden. Zwar ist die Exegese in ihren wissenschaftlichen Methoden frei. Diese

---

[409] Vgl. AAS 71 (1979) 557–559.
[410] Vgl. Knoch – Scholtissek, Bibelübersetzungen 384.
[411] Zunächst (Text D) hieß es, dass die Kirche „profundiorem in dies Scripturarum Sacrarum intelligentiam assequitur" (AS III/3, 103). In Text E wurde daraus: „ad profundiorem ... intelligentiam assequendam procedit" (ebd.). Im Endtext (Text G) heißt es dann: „profundiorem ... intelligentiam assequendam accedere satagit" (AS IV/6, 607).
[412] In der ursprünglichen Fassung des Schemas *De revelatione* (Text D) fehlte noch der Hinweis auf die Liturgien (AS III/3, 103).

stellen aber keinen Selbstzweck dar. Es gehört zur biblischen Exegese als theologischer Disziplin, dass sie die Schriften in der Kirche denen, die in der Kirche zur Wortverkündigung bestellt sind, so erschließt, dass sie bei den Gläubigen geistlich fruchtbar werde. So wie die Schrift von der Verkündigung her kommt, muss ihre Lektüre auch immer wieder zu ihr hinführen.[413] Wenn in DV 23 von „Dienern des göttlichen Wortes" (divini verbi administri) die Rede ist, so sind wohl nicht nur Kleriker gemeint. In DV 24 umfasst der „Dienst des Wortes" (ministerium verbi) neben der pastoralen Predigt auch die Katechese und die christliche Unterweisung.

Da der angemessene Ort der Schriftauslegung die Kirche ist, hat die Arbeit der Bibelwissenschaftler, zu der das Konzil ausdrücklich ermutigt, „im Geiste der Kirche" (secundum sensum Ecclesiae) zu erfolgen. Die exegetische Arbeit steht deshalb, wie die Arbeit der übrigen Theologen, mit denen die Bibelwissenschaftler zusammen arbeiten sollen, „unter der Aufsicht des Heiligen Lehramts" (sub vigilantia Sacri Magisterii). Zunächst hatte es noch geheißen, dass die Arbeit der Bibelwissenschaftler „unter der Führung des Heiligen Lehramtes" (sub ductu Sacri Magisterii) zu erfolgen habe (Text E).[414] Da das kirchliche Lehramt im Verhältnis zur Exegese und zur übrigen Theologie aber keine Führungsrolle, sondern nur eine negative Wächterfunktion besitzt, ist die Formulierung, dass die Arbeit der Bibelwissenschaftler unter der Aufsicht des kirchlichen Lehramtes steht, angemessener. Schon in DV 12 hatten die Konzilsväter erklärt, dass alles, was die Schriftauslegung betrifft, letztlich dem Urteil der Kirche untersteht.

Beim Verhältnis der Exegese, den übrigen theologischen Disziplinen und dem kirchlichem Lehramt ist auf zwei bis heute ungelöste Probleme hinzuweisen. Sie waren schon zur Zeit des Konzils erkennbar, haben sich aber in der Nachkonzilszeit zum Teil erheblich verschärft. Sie führten und führen immer wieder zu ernsthaften Konflikten. Zum einen handelt es sich um das gestörte und weithin ungeklärte Verhältnis der theologischen Disziplinen und ihrer spezialisierten Methoden untereinander, insbesondere das Verhältnis von Exegese und Dogmatik[415], zum anderen um das Zusammenspiel von akademischer Theologie und kirchlichem Lehramt[416]. Die Aufgabe des kirchlichen Lehramtes ist nicht die wissenschaftliche Theologie, auch wenn sich das kirchliche Lehramt, um seine negative Wächterfunktion erfüllen zu können, auf der Höhe der exegetischen und theologischen Forschung bewegen muss. Nur so kann das Lehramt die Schriftauslegung der Kirche und ihre authentische Glaubensüberlieferung immer wieder im Interesse der Identität des Glaubens angemessen zur Geltung bringen.[417]

---

[413] Vgl. Grillmeier, Commentaire du chapitre VI 449f.
[414] Vgl. AS IV/1, 372.
[415] Schon ein Jahr vor Konzilsbeginn hat Karl Rahner dem Verhältnis von Exegese und Dogmatik einen Aufsatz gewidmet, dem für die weitere Diskussion im deutschsprachigen Raum eine gewisse Schlüsselfunktion zukam. Vgl. Rahner, Exegese und Dogmatik. Von einem „Hiatus zwischen Exegese und Dogmatik" spricht Ratzinger, Schriftauslegung 21.
[416] Vgl. die nachkonziliare Instruktion der Glaubenskongregation zur kirchlichen Berufung des Theologen (DH 4870–4885).
[417] Vgl. Ratzinger, Kirchliches Lehramt und Exegese (zum 100jährigen Jubiläum der Bibelkommission).

[5. Die Schrift als Fundament und Seele der Theologie]

DV 24 nimmt Stellung zur Bedeutung der Schrift für die gesamte Theologie, die wissenschaftliche Theologie im engeren Sinne sowie den Bereich der Verkündigung und Katechese. In mehreren Bildern beschreibt der Konzilstext die konstitutive Funktion der Schrift für Theologie und Verkündigung. Zunächst wird das geschriebene Wort Gottes, zusammen mit der Überlieferung, als bleibendes Fundament der Theologie bezeichnet. Dass hier die Schrift zusammen mit der Überlieferung genannt wird[418], nimmt der Schrift nichts von ihrem Vorrang gegenüber der Tradition, sondern macht noch einmal klar, dass die Schrift nach katholischem Verständnis nicht getrennt und unabhängig von der Glaubensüberlieferung ausgelegt werden kann.[419] Die Schriftauslegung, so hatte schon DV 12 erklärt, soll „unter Berücksichtigung der lebendigen Überlieferung der ganzen Kirche und der Analogie des Glaubens" erfolgen.[420] In diesem Sinne bildet die Schrift das bleibende Fundament der Theologie.

Das Bild des Fundamentes wird durch ein zweites Bild erweitert. Es unterstreicht das unerschöpfliche Erneuerungspotential der Schrift: Die Theologie wird durch ihr Fundament „aufs kräftigste gestärkt und verjüngt sich stets"[421]. „Das ,Haus' der Theologie ist kein ein für allemal errichteter Bau, sondern er steht nur dadurch, daß die Theologie lebendig vollzogen wird, und so ist auch das Fundament das immer Gründende und der immerwährende Ausgangspunkt für das Stehenkönnen der Theologie"[422]. Dazu ist es erforderlich, dass die Theologie „alle im Mysterium Christi verborgene Wahrheit im Lichte des Glaubens durchforscht". Von der Christozentrik der Offenbarung gewinnt die Theologie ihre lebendige Mitte. Wenn von den Heiligen Schriften nicht nur gesagt wird, dass sie das Wort Gottes enthalten (continent), sondern dass sie, weil von Gott inspiriert, Wort Gottes sind (sunt), wird noch einmal der Vorrang der Heiligen Schriften gegenüber der Tradition herausgestellt. Von exegetischer Seite sind gegen die Identifizierung von Schrift und Wort Gottes Bedenken erhoben worden. Zu deutlich habe sich in der wissenschaftlichen Beschäftigung mit der Schrift ihre menschliche Begrenztheit gezeigt. Die Offenbarungskonstitution setzt Schrift und Wort Gottes allerdings nicht differenzlos gleich. Dass zwischen beiden zu unterscheiden ist, zeigt sich an der Bezeichnung der Schrift als „Gotteswort im Menschenwort" (DV 12). In DV 24 wird die Schrift das geschriebene Wort Gottes genannt, um deutlich zu machen, dass die Schrift im Unterschied zur Überlieferung von Gott inspiriert und deshalb formell Wort Gottes ist. Es geht der Konstitution an dieser Stelle um den Offenbarungscharakter der Schrift.[423]

Weil die Schrift Gottes Wort an die Menschen ist, hat das Schriftstudium gleichsam (veluti) als die „Seele" der Theologie zu gelten. Denn Gegenstand der

---
[418] Vgl. DV 21.
[419] Vgl. Voss, Die dogmatische Konstitution „Über die göttliche Offenbarung" 42.
[420] Vgl. auch DV 9–10.
[421] Dieses Bild begegnete schon in der Enzyklika *Humani generis* (DH 3886).
[422] Rigaux, Kommentar 577.
[423] Vgl. Bea, Das Wort Gottes 230 f.

Theologie ist Gott selbst in seiner Offenbarung. Das dritte Bild von der Schrift als Seele der Theologie findet sich schon in der Enzyklika *Providentissimus Deus* (1893). Darin schreibt Papst Leo XIII.: „Es ist äußerst wünschenswert und notwendig, dass der Gebrauch der Heiligen Schrift die gesamte theologische Wissenschaft beherrsche und gleichsam deren Seele sei."[424] Papst Benedikt XV. zitiert diese Worte zustimmend in seiner Enzyklika *Spiritus Paraclitus* (1920).[425] Auch im Priesterausbildungsdekret *Optatam totius* wird das Studium der Heiligen Schrift als Seele der ganzen Theologie bezeichnet.[426] Für die einzelnen theologischen Disziplinen und die Ausbildung von Priestern ergeben sich daraus Konsequenzen, von denen einige im Priesterausbildungsdekret ausdrücklich genannt werden.[427] Der Bitte einiger Konzilsväter, man möge erklären, dass die Tradition (Sacra Traditio) und die Schrift (Sacra Scriptura) zusammen Wort Gottes (verbum Dei) und so gleichsam die Seele der Theologie (anima sacrae Theologiae) seien, wurde nicht entsprochen.[428]

Für die Theologie, vor allem die Dogmatik, bedeutete die vom Konzil geforderte Orientierung am Schriftzeugnis so etwas wie einen Paradigmenwechsel. In der neuscholastischen Dogmatik war der Ausgangspunkt die als „regula proxima" angenommene Lehre der Kirche (doctrina ecclesiae). Erst im Anschluss an ihre positive Darlegung wurde das Zeugnis der Schrift aufgeführt, im Sinne des Schriftbeweises zur Bestätigung der kirchlichen Lehre. Darauf folgten der zusätzliche Beweis aus der Überlieferung und die spekulative Durchdringung der Glaubenslehre. Gegenüber der neuscholastischen Dogmatik wird im Priesterausbildungsdekret gefordert, dass im Aufbau der dogmatischen Theologie zuerst das Zeugnis der Schrift aus der ihr eigenen Perspektive zu behandeln sei.[429] Dem entspricht die Aussage zu Beginn von DV 24, die Theologie beruhe auf dem geschriebenen Wort Gottes wie auf einem bleibenden Fundament. Die Orientierung der Theologie an der Schrift wird nicht nur für die wissenschaftliche Theologie gefordert, sondern für den ganzen „Dienst des Wortes" (ministerium verbi) in Verkündigung (pastoralis praedicatio), Katechese (catechesis), christlicher Unterweisung (instructio christiana) und in der Homilie (homilia liturgica).[430] Die Forderung der regelmäßigen Homilie in der Eucharistie an Sonn- und Feiertagen erhebt SC 52.

---

[424] ASS 26 (1893/84) 283.
[425] Vgl. AAS 12 (1920) 409.
[426] Vgl. OT 16. Vgl. den Kommentar von Ottmar Fuchs und Peter Hünermann in diesem Band.
[427] Vgl. OT 14.16.26. Für die Ausbildung der Katechisten vgl. AG 17. Hier heißt es, dass die Katechisten die katholische Lehre „insbesondere im biblischen und liturgischen Bereich" lernen sollen.
[428] Vgl. Grillmeier, Commentaire du chapitre VI 452 f.
[429] Vgl. OT 16. S. dazu Vaggagini, La teologia dogmatica.
[430] Zur Bedeutung der Schriftauslegung im Neuen Testament s. vor allem Lk 4,21; 24,32.

Sechstes Kapitel: Die Heilige Schrift im Leben der Kirche DV 25

[6. Schriftlesung, Liturgie und Gebet]

DV 25,1 Der Dienst des Wortes verlangt von denen, die diesen Dienst ausüben (insbesondere von den Klerikern[431]), dass sie durch Schriftlesung und Studium mit der Heiligen Schrift vertraut sind, damit keiner von ihnen, wie es Augustinus sagt[432], zu einem äußerlichen Prediger des Wortes Gottes wird, ohne im Inneren Hörer zu sein. Vor allem in der Liturgie sollen jene, die mit dem Verkündigungsdienst beauftragt sind, den Gläubigen „die reichsten Schätze des göttlichen Wortes" (verbi divini amplissimas divitias) mitteilen.[433] Besonders im geistlichen Leben der Priester muss die Schriftlesung eine zentrale Rolle spielen. Entsprechend heißt es im Priesterausbildungsdekret: „Sie [die künftigen Priester] sollen gelehrt werden, Christus zu suchen in der getreuen Meditation des Wortes Gottes, in der tätigen Teilnahme an den hochheiligen Mysterien der Kirche, vor allem in der Eucharistie und im Stundengebet."[434]

Auch die Mitglieder religiöser Gemeinschaften und alle anderen Gläubigen sind gehalten, sich durch Schriftlesung die „Erkenntnis Christi" (Phil 3,8) anzueignen. Dies gilt in besonderer Weise für Laien im pastoralen Dienst, die mit dem „Dienst des Wortes" (minsterium verbi) beauftragt sind.[435] Schon Benedikt XV. und Pius XII. hatten die Schriftlesung für alle Gläubigen in den Enzykliken *Spiritus Paraclitus* (1920) und *Divino afflante Spiritu* (1943) mit Nachdruck empfohlen.[436] Zur Begründung der Empfehlung zitiert der Konzilstext wie die genannten Enzykliken[437] den denkwürdigen Satz des Hieronymus: „Die Schrift nicht kennen heißt Christus nicht kennen."[438] Empfohlen werden deshalb nicht nur die Teilnahme an der heiligen Liturgie, in der das Wort Gottes gehört und ausgelegt wird, sondern ebenso die private Schriftlesung und das Studium der Schrift.[439] Wie bei den Dienern des Wortes Gottes muss die Schriftlesung auch bei den Gläubigen, die sich in das göttliche Offenbarungswort vertiefen, vom Gebet begleitet sein. Nur so kann die Schriftlesung zu einem wirklichen „Gespräch zwischen Gott und Mensch" (colloquium inter Deum et hominem) werden, was bei einer bloß wissenschaftlichen Auslegung der Schrift nicht der Fall ist. Der Konzilstext greift hier erneut den zu Beginn der Konstitution eingeführten dialogischen Offenbarungsbegriff auf. Den Zusammenhang von Schriftlesung und Gebet verdeutlicht der Konzilstext durch ein Ambrosiuszitat: „Ihn reden wir an, wenn wir beten; ihn hören wir, wenn wir die göttlichen Sprüche lesen."[440]

---

[431] Die in Verbindung mit den Priestern und Diakonen ebenfalls erwähnten Katecheten werden nicht zu den Klerikern gerechnet, stehen mit diesen aber in enger Verbindung im pastoralen Dienst.
[432] Vgl. Aug., serm. 179, 1: PL 38, 966.
[433] Hier hört man biblische Anklänge mit: Mt 6,19–21; 13,44–46.
[434] OT 8. Vgl. auch PO 13.19.
[435] Vgl. DV 24.
[436] Vgl. AAS 12 (1920) 404–407; AAS 35 (1943) 303 f.
[437] Vgl. AAS 12 (1920) 418; AAS 35 (1943) 323.
[438] Hier., in Esaiam, praef.: PL 24, 17.
[439] Die Empfehlung zur Schriftlesung findet sich auch in anderen Dokumenten des 2. Vatikanischen Konzils. Vgl. PC 6; AA 4.32.
[440] Ambr., off. I, 20: PL 16, 50.

Die Bedeutung, die dem geoffenbarten Wort Gottes für das Leben der Kirche zukommt, wurde im Konzil durch die Symbolik der feierlichen Inthronisation des Evangeliums zum Ausdruck gebracht. Das Konzil folgte damit dem Brauch der ersten acht ökumenischen Konzilien, den die Konzilien von Ferrara-Florenz und das 1. Vatikanische Konzil wieder aufgegriffen hatten.[441] Der von Vespignani entworfene Thron für das Evangelienbuch, der im 2. Vatikanischen Konzil auf dem Altar der Konzilsaula stand, wurde schon im vorangegangenen Konzil verwendet. Als Evangelienbuch nahm man den „Codex Urbinus latinus 10", der zwischen 1474 und 1482 in Urbino verfasst wurde.[442] Die Inthronisation des Evangeliums macht deutlich, dass im Konzil Christus der eigentliche Vorsitzende, das Haupt der Synode ist.

Zur Symbolik der Inthronisation des Evangeliums schreibt Cyrill von Alexandrien in einem Brief an Kaiser Theodosius II. über das Konzil von Ephesus (431): „Die heilige Synode ... machte zu ihrem Mitglied, zu ihrem Haupt Christus: In der Tat, auf den heiligen Thron wurde das ehrwürdige Evangelium gestellt, das sozusagen den heiligen Bischöfen laut zurief: Richtet nach Gerechtigkeit, entscheidet zwischen den heiligen Evangelisten und dem Geschrei des Nestorius."[443] Der Unterschied des 2. Vatikanischen Konzils zu den ökumenischen Konzilien der Alten Kirche besteht darin, dass im letzten Konzil keine theologischen Lehrfragen entschieden wurden und ganz im Sinne von Papst Johannes XXIII. keine Verurteilungen erfolgten. Es war der Wunsch des Papstes, dass die Konzilsväter zu einem Pastoralkonzil zusammen kommen. Trotz ihrer pastoralen Ausrichtung haben die Konzilsdokumente, vor allem die beiden dogmatischen Konstitutionen, gleichwohl einen lehrhaften Charakter.

Das letzte Ziel der Schriftlesung, so der melkitische Erzbischof Edelby, ist das geistige Verständnis der Schrift. Denn die Schrift ist eine geistliche und liturgische Wirklichkeit. Sie ist Zeugnis des Heiligen Geistes und ihr besonderer Ort ist die Liturgie der Kirche.[444] Zusammen mit der Liturgie und dem (privaten) Gebet sieht DV 25 in der Schriftlesung die grundlegende Form der christlichen Gottesbeziehung.[445] Damit erfolgt eine Zentrierung der christlichen Spiritualität auf die Schrift, die heilige Liturgie und das Gebet, deren Bedeutung für die katholische Kirche kaum überschätzt werden kann. Denn neben der bis zum Konzil eher passiven Teilnahme an der Liturgie war die katholische Frömmigkeit seit dem Mittelalter vor allem durch verschiedene Andachtsformen bestimmt (Rosenkranz, Kreuzweg, Prozessionen etc.). Dagegen spielte die geistliche Schriftlesung im spirituellen Leben der Gläubigen kaum eine Rolle.

---

[441] Zur Geschichte dieser Tradition s. Maio, Il libro del Vangelo 10–22.
[442] Vgl. Stakemeier, Konzilskonstitution 277f.
[443] Zitiert nach Stakemeier, Konzilskonstitution 277. Vgl. auch die Notiz von Patriarch Tarasios von Konstantinopel über das 2. Konzil von Nikaia (787) in seinem Brief an Papst Hadrian: „Nachdem wir uns alle gesetzt hatten, bestellten wir Christus zum Vorsitzenden. In der Tat, auf den heiligen Thron wurde das heilige Evangelium gestellt, das uns allen heiligen Männern, die wir versammelt sind, zurief: Sprecht ein gerechtes Urteil; sprecht Recht zwischen der Kirche Gottes und der aufgekommenen Neuerung." Zitiert nach Stakemeier, Konzilskonstitution 277.
[444] Vgl. AS III/3, 306 f.
[445] Vgl. Ratzinger, Kommentar 579.

Mit der Empfehlung zur Schriftlesung sind erneut die Fragen der Schrifthermeneutik aufgeworfen. Die private Schriftlesung garantiert nicht schon eine angemessene Interpretation der Schrift, insbesondere des Neuen Testaments und hier vor allem der Evangelien.[446] Wissenschaftliche Kommentare und Erklärungen fördern das Verständnis der Heiligen Schrift. Sie sind wohl gemeint, wenn DV 25 von „geeigneten Institutionen" (institutiones aptas) und „anderen Hilfsmitteln" (aliquae subsidia) zur Erschließung der Heiligen Schrift spricht. Im Blick dürften ebenso Bibelkreise, Katechesen und andere Einrichtungen sein.[447]

DV 25, 2–3 Die Schriftlesung verlangt geeignete Übersetzungen mit entsprechenden Erklärungen, wofür die kirchlichen „Vorsteher" (antistes), die für die Weitergabe der apostolischen Lehre verantwortlich sind, zu sorgen haben. Bei den „antistes" ist, entsprechend dem Irenäuszitat[448], wohl nicht nur an die Bischöfe, sondern auch an Priester in leitender Stellung zu denken. Von den „Vorstehern" sind entsprechende Ausgaben der Schrift, die auch Nichtchristen gebrauchen können, in Auftrag zu geben. Die Schrift ist der Kirche zur Verkündigung gegeben und muss deshalb allen Menschen, auch Nichtchristen offen stehen. Das Konzil setzt hier ganz auf die missionarische Kraft des geschriebenen Wortes Gottes.[449] Ziel der Schriftlesung ist es, „von ihrem Geist" durchdrungen zu werden. Die Bischöfe haben ihre Sendung erhalten, damit sie das Wort Gottes treu bewahren, erklären und ausbreiten.[450] Es reicht deshalb nicht, dass sie für die Verbreitung der Schrift sorgen; sie haben ebenso dafür Sorge zu tragen, dass die Schrift richtig verstanden wird.

In DV 25 hat das katholische Lehramt endgültig das Monopol aufgegeben, allein über die Bibel zu verfügen. Jeder kann und soll das geschriebene Wort Gottes selbst lesen und sich aneignen. Dazu schreibt José-Maria González Ruiz: „Mir scheint unbestreitbar, daß die Kirche mit diesem Wort des Konzils so etwas wie den Verzicht auf das Monopol geleistet hat, über die Bibel allein zu verfügen und sie allein lesen zu können. Damit hat sie in aller Einfalt einen Maßstab für die Erneuerung gefunden, die sie in dem so unglaublich kurzen Zeitraum von drei Konzilsjahren einleitete"[451]. Mehrere Konzilsväter, darunter Kardinal Ruffini[452], wünschten nähere Bestimmungen, die vor einer sektiererischen Schriftauslegung warnten. Es war im Text der Konstitution aber schon mehrfach deutlich gemacht worden, dass nach katholischem Verständnis die Schrift in Verbindung mit der Glaubensüberlieferung und der Liturgie der Kirche zu lesen ist.[453] Entscheidend ist, dass die Gläubigen einschließlich jener, die mit der Aufgabe der Verkündigung

---

[446] Zum Vorrang des Neuen Testaments und darin der Evangelien innerhalb der Schriften der christlichen Bibel vgl. DV 17.
[447] Vgl. Sauer, Erfahrung und Glaube 472.
[448] Vgl. Iren., haer. IV, 32, 1: FC 8/4, 252 f.
[449] Zur Bedeutung des unterschiedlichen kulturellen Kontextes für das Studium der Schrift, die Verkündigung des Evangeliums und die Theologie s. AG 22.
[450] Vgl. DV 10.
[451] González Ruiz, Gebrauch der Bibel 238.
[452] Vgl. AS III/3, 273 f.
[453] Vgl. DV 9–10.21.24.

betraut sind, im Raum der Kirche gemeinsam auf das geschriebene Wort Gottes hören und in der Liturgie, als dem zentralen Ort der Schriftlesung, die Gegenwart Christi erfahren. Bischof Volk[454] erklärte, dass das Kapitel über die Schrift im Leben der Kirche nicht nur für die Konstitution über die göttliche Offenbarung zentral sei, sondern zugleich die theologische Grundlage biete für den umfänglichen liturgischen Gebrauch der Schrift entsprechend der Aussage der Liturgiekonstitution: „In der Liturgie spricht nämlich Gott zu seinem Volk; ⟨in ihr⟩ verkündet Christus noch immer das Evangelium."[455]

[*7. Schlusswort*]

DV 26 Schriftlesung und Studium der Schrift sollen der immer größeren Verbreitung des Wortes Gottes dienen. Dies bringen die Konzilsväter im Schlusswort durch ein Zitat aus dem 2. Brief des Apostels Paulus an die Thessalonicher zum Ausdruck: Wie Paulus darum bittet, dass das Wort Gottes „sich ausbreitet und verherrlicht wird", so wünschen die Konzilsväter, Gottes Wort „möge also durch Lesung und Studium der Heiligen Bücher ... ‚seinen Lauf nehmen und verherrlicht werden' (*2 Thess 3, 1*)". Es geht den Konzilsvätern nicht nur um die extensive Verbreitung des Wortes Gottes, sondern vor allem um die innere Erneuerung der Menschen durch dieses Wort. Der „Schatz der Offenbarung" (thesaurus revelationis), welcher der Kirche anvertraut ist, soll „mehr und mehr die Herzen der Menschen erfüllen". Mit diesen beiden Aussagen kehrt die Konstitution am Ende zur universalen Perspektive des Vorwortes zurück. Der Adressat des Wortes Gottes ist nicht nur die Kirche, die durch das Hören auf dieses Wort zur inneren Erneuerung wie zur äußeren Reform gerufen wird, sondern die ganze Menschheit. Denn nicht allein die Kirche, sondern jeder Mensch soll durch das Wort Gottes das Leben aus dem Geist empfangen, das stärker ist als der Tod.

Die Kirche und der einzelne Mensch leben aber nicht nur vom Wort Gottes, sondern ebenso vom Sakrament der Eucharistie. Wort Gottes und der Leib Christi, Wort (verbum audibile) und Sakrament (verbum visibile), gehören zusammen. In ihnen wird die Gegenwart des auferweckten Gekreuzigten bei und in seiner Kirche erfahren. DV 26 nimmt deshalb den Vergleich zwischen dem Wort Gottes und dem Leib Christi wieder auf, der zu Beginn des sechsten Kapitels zur Begründung der Verehrung des Wortes Gottes begegnete. „Wie das Leben der Kirche aus der ständigen Teilnahme am eucharistischen Mysterium Wachstum erfährt, so darf man neuen Antrieb für das geistliche Leben erhoffen aus der gesteigerten Verehrung des Wortes Gottes, das ‚auf ewig bleibt' (*Jes 40, 8; 1 Petr 1, 23–25*)." Der abschließende Satz nimmt in leicht abgeänderter Form den Schluss des vom Einheitssekretariats vorgelegten Schema *De verbo Dei* auf.[456] Verdeutlicht wird dadurch, dass die ganze Konstitution über die göttliche Offen-

---

[454] Vgl. AS III/3, 344.
[455] SC 33.
[456] Vgl. „Verbum autem Domini nostri manet in aeternum" (mit Verweis auf Jes 40, 8).

barung ein geistliches Ziel verfolgt.[457] Durch das beständige Hören auf das Wort Gottes, das lebt und in Ewigkeit bleibt, während das Gras verdorrt und die Blume verwelkt, soll es zu einer Erneuerung der Kirche kommen. Auch wenn das geistliche Leben nicht nur vom Brot des Wortes Gottes genährt wird, sondern ebenso von der Speise der Eucharistie, setzt doch das Konzil über den Bereich der Kirche hinaus vor allem auf die innere Kraft des Wortes Gottes, den „unvergänglichen Samen", durch den wir wiedergeboren sind. Es ist das Wort, von dem es heißt, es werde von Gott ausgehend nicht fruchtlos zurückkehren (Jes 55, 11). Damit wird noch einmal die pastorale Ausrichtung der dogmatischen Konstitution über die göttliche Offenbarung unterstrichen, mit der sie sich in das Gesamtkonzept des 2. Vatikanischen Konzils einfügt.[458]

[8. Bekanntmachung, Approbation und Promulgation]

Da unter den Konzilsvätern hinsichtlich des theologischen Verbindlichkeitsgrades der Konstitution über die göttliche Offenbarung ebenso Unklarheiten bestanden wie hinsichtlich der Kirchenkonstitution, bei der es sich ebenfalls um eine „dogmatische" Konstitution handelt, erfolgte in der 171. Generalkongregation des Konzils am 15. November 1965 eine „Notificatio" (Bekanntmachung) von Kardinal Felici, dem Generalsekretär des Konzils. Darin wird zur Frage der Verbindlichkeit der Konstitution über die göttliche Offenbarung wie in den „Notificationes" zur Konstitution über die Kirche eine Erklärung der Theologischen Kommission vom 6. März 1964 zitiert: „Es ist gefragt worden, welches denn die theologische Qualifikation der Lehre sein sollte, die im Schema der dogmatischen Konstitution über die Göttliche Offenbarung dargelegt und der Abstimmung zugrundegelegt wird. Auf diese Frage hat die Kommission für die Glaubens- und Sittenlehre gemäß ihrer Erklärung vom 6. März 1964 folgende Antwort gegeben: ‚Unter Berücksichtigung des konziliaren Brauchs und der pastoralen Zielsetzung des gegenwärtigen Konzils definiert diese Heilige Synode nur das von den Angelegenheiten des Glaubens und der Sitten als von der Kirche festzuhalten, was sie selbst als solches ausdrücklich erklärt hat. Das Übrige aber, was die Heilige Synode vorlegt, müssen alle und die einzelnen Christgläubigen als Lehre des höchsten Lehramts der Kirche annehmen und umfassen entsprechend der Absicht der Heiligen Synode selbst, die entweder aus dem zugrundeliegenden Gegenstand oder aus der Redeweise deutlich wird, gemäß den Richtlinien der theologischen Auslegung'."[459]

Am Ende des Konzilstextes steht die Formel, mit der Papst Paul VI. am 18. November 1965 die dogmatische Konstitution *Dei Verbum* über die göttliche Offen-

---

[457] Vgl. Ratzinger, Kommentar 581.
[458] Vgl. Sauer, Erfahrung und Glaube 474.
[459] AAS 58 (1966) 836. – Zu den „Notificationes" und der „Nota explicativa praevia" vom 16. November 1964 (DH 4350–4359) s. den Kommentar von Peter Hünermann zur Dogmatischen Konstitution über die Kirche *Lumen gentium* in Bd. 2.

barung approbiert und zur Veröffentlichung angeordnet hat.[460] Wie bei den anderen Konzilstexten erfolgt die Approbation durch den Papst zusammen mit den Konzilsvätern, deren Unterschriften nach der Unterschrift des Papstes folgen.[461] Die Veröffentlichung in den Akten des Apostolischen Stuhls datiert vom 5. November 1966.[462]

---

[460] Vgl. AS IV/6, 687.
[461] Vgl. AS IV/6, 633–686.
[462] Vgl. AAS 58 (1966) 817–835.

C. Würdigung der Konstitution

Mit der dogmatischen Konstitution *Dei Verbum* über die göttliche Offenbarung hat sich erstmals ein Ökumenisches Konzil der katholischen Kirche zu den „grundlegenden und ursprünglichen Kategorien des Christentums"[1] geäußert und nach der Grundgestalt der Offenbarung Gottes gefragt. Gegenüber der neuscholastischen Theologie vollzieht die Konstitution einen entscheidenden Paradigmenwechsel im Verständnis der göttlichen Offenbarung[2], der einen „epochalen Einschnitt"[3] darstellt.[4] Offenbarung wird nicht mehr, wie noch vom 1. Vatikanischen Konzil, im Sinne einer göttlichen Mitteilung übernatürlicher Glaubenswahrheiten konzipiert, sondern als geschichtliche Selbstmitteilung Gottes an die Menschen. Der Akzent verschiebt sich von einem instruktionstheoretischen Offenbarungsverständnis zu einem personalen, geschichtlichen und soteriologischen, auf das Heil der Menschen bezogenen Verständnis der Offenbarung. So wird die göttliche Offenbarung in den ersten beiden Kapiteln als ein die Menschen real angehendes Geschehen charakterisiert, das ohne seine konkreten Vermittlungen gar nicht gedacht werden kann.[5] Auch wenn der Konzilstext an einigen Stellen Schwächen aufweist, ist doch seine ökumenische und pastorale Ausrichtung zu würdigen.[6]

DV fasst Gottes Offenbarung als ein dynamisches Heilsgeschehen auf. Dies ermöglicht es, Geschichte, Schrift und christliche Tradition in einem engeren Zusammenhang zu sehen, so dass Offenbarung und Heilsgeschehen nicht mehr, wie noch im instruktionstheoretischen Offenbarungsverständnis, in Gegensätze auseinandertreten.[7] Die Schrift bezeugt authentisch Gottes Offenbarung, doch wäre sie falsch verstanden, wollte man in ihr ein Kompendium geoffenbarter Satzwahrheiten sehen und so den christlichen Offenbarungsbegriffs auf seine Lehrgestalt reduzieren. Der Glaube ist die Antwort des Menschen auf Gottes Offenbarung. Zu ihrem Gegenstand hat der Glaube den sich in seinem geschichtlichen Handeln offenbarenden Gott. Die Heilige Schrift ist als Gotteswort in Menschenwort das authentische Zeugnis der göttlichen Offenbarung. Als *Glaubens*zeugnis ist die Heilige Schrift auf ihre geschichtliche Bewährung angewiesen.

---

[1] Latourelle, La Révélation et sa transmission 6.
[2] Vgl. Lubac, Göttliche Offenbarung 223 f.
[3] Waldenfels, Theologie der Offenbarung 141.
[4] Vgl. auch Baum, Die Konstitution 107.
[5] Vgl. Hünermann, Dogmatische Prinzipienlehre 187.
[6] Vgl. Vorgrimler, Die Konzilskonstitution 108. – Zur Rezeption von DV s. Buckenmaier, „Schrift und Tradition".
[7] Vgl. Seckler, Der Begriff der Offenbarung 60–93.

Von daher kann sie nicht unabhängig von ihrer Wirkungsgeschichte gelesen werden. Die Wirksamkeit des einen Gottes, der sich von Anfang an gegenüber den Menschen geoffenbart hat, ist auf das Gottesvolk des Alten Bundes und das messianische Gottesvolk des Neuen Bundes nicht beschränkt. Der universale Horizont des Heilshandelns Gottes, der die Erklärung *Nostra aetate* auszeichnet[8], bestimmt auch die Konstitution über die göttliche Offenbarung.[9] Von daher war es konsequent, dass sich die katholische Kirche nach dem Konzil mit großem Engagement auf den Dialog der Religionen eingelassen hat. Unter dem Pontifikat Johannes Pauls II. ist vor allem der Dialog mit dem Judentum intensiviert worden.

Im 1. Kapitel von DV wird mit einem personalen und geschichtlichen Offenbarungsverständnis die Grundlage für die weiteren Aussagen zur Weitergabe der Offenbarung, zur Auslegung der Schriften, den beiden Testamenten der christlichen Bibel und ihrem Stellenwert im Leben der Kirche gelegt. Gottes Offenbarung in Jesus Christus bedeutet, dass Gott *sich selbst* und das Geheimnis seines Willens offenbart. In der Selbstmitteilung Gottes in der Person und Geschichte Jesu Christi bietet Gott den Menschen aus überströmender Liebe seine Freundschaft an. Jesus Christus ist die Fülle der Offenbarung und so ist er der entscheidende Mittler zwischen Gott und den Menschen. Zentral ist die Unterscheidung zwischen der „Offenbarung selbst" und den Orten, an denen sie ihren Ausdruck findet. Abgewehrt wird dadurch ein äußerer Buchstabenglauben sowie eine einseitige Fixierung auf die Lehrtradition.[10]

Im Glauben, der ohne die zuvorkommende und helfende Gnade Gottes nicht vollzogen werden kann, antwortet der Mensch in Freiheit auf den sich offenbarenden Gott. Wie die Konstitution über den katholischen Glauben des 1. Vatikanischen Konzils bekräftigt DV die Möglichkeit einer Gotteserkenntnis durch die geschaffenen Dinge, ohne von einem Gottesbeweis zu sprechen. Die geschichtliche Offenbarung Gottes, sein besonderer Selbsterweis gegenüber seinem auserwählten Volk und seine Selbstmitteilung in Jesus Christus werden mit dem übernatürlichen Ziel des Menschen, seiner Hinordnung auf die ewige Gemeinschaft mit Gott, begründet. Eine Stellungnahme zur theologischen Debatte um das Verhältnis von Natur und Gnade erfolgt nicht. In Jesus Christus, der die Selbstoffenbarung des Vaters ist, wurde der neue und endgültige Bund gestiftet.

Der Glaube, der die Antwort des Menschen auf Gottes Offenbarung in Jesus Christus darstellt, hat in seiner Fundamentalbestimmung nicht die Zustimmung zu einzelnen Glaubenswahrheiten zum Inhalt, sondern er ist das Vertrauen, das der Mensch auf den sich offenbarenden Gott setzt. Offenbarung wird dem entsprechend als dialogischer Prozess zwischen Gott und dem Menschen beschrieben.[11] Auch wenn DV von einem personalen und geschichtlichen Begriff des Glaubens ausgeht, wird doch nicht die inhaltliche Bestimmtheit des Glaubens (fides quae creditur), die in der Konstitution *Dei Filius* noch ganz im Vorder-

---

[8] Vgl. NA 2.
[9] Vgl. DV 1–4.
[10] Vgl. Sauer, Die dogmatische Konstitution *Dei Verbum* 250.
[11] Vgl. ebd.

grund steht, bestritten. In jüngeren Dokumenten der nachkonziliaren Lehrverkündigung[12] sehen manche Theologen gewisse Tendenzen einer neuerlichen instruktionstheoretischen Verengung im Begriff des Glaubensgehorsams (obsequium intellectus et voluntatis).[13]

Im 2. Kapitel zum Verhältnis von Schrift, Tradition und Lehramt zeigt sich die Offenbarungskonstitution vor allem als Kompromisstext. Die Schwäche dieses Kapitels ist immer wieder herausgestellt worden.[14] Doch rechtfertigen es die Aussagen über das Verhältnis von Schrift und Tradition nicht, von einem „kontradiktorischen Pluralismus"[15] zu sprechen. Spannungen im Text, die vor allem im 2. Kapitel unübersehbar sind, bedeuten nicht schon sachliche Widersprüche.[16] Aufgabe von Fundamentaltheologie und Dogmatik ist es, die Spannungen in der Konstitution in Treue zum Konzilstext auszugleichen. Die Frage nach der traditionskritischen Funktion der Schrift gegenüber der Kirche stellt DV nicht. Der Konzilstext legt vielmehr großen Wert darauf, „Schrift und Tradition fest miteinander zu verklammern"[17]. Allerdings enthält der Konzilstext implizit durchaus Motive der Traditionskritik, vor allem in den Ausführungen über die Heilige Schrift, ihre Normativität und ihre Stellung im Leben der Kirche.[18]

Die Konstitution über die göttliche Offenbarung verschweigt nicht, dass es zu den unaufgebbaren Prinzipien katholischer Schriftauslegung gehört, die Schrift nicht in Opposition zur authentischen Glaubensüberlieferung der Kirche zu interpretieren. Die Schrift, die selbst ein kirchliches Traditionszeugnis ist, steht dem geschichtlichen Glaubensbewusstsein der Kirche nicht absolut oder antithetisch gegenüber. Bei der Frage der Lehrentwicklung und dogmatischen Hermeneutik weist DV die Richtung, in der weitergedacht werden müsste. Erstmals wird vom Lehramt der Kirche gesagt, dass es ein Wachstum der lebendigen Tradition gibt, dieses aber nicht im Sinne eines inhaltlichen Zuwachses zu verstehen ist, sondern als Vertiefung des Verständnisses der Offenbarung.[19]

Sicherlich kann das hermeneutische Problem nicht einfach mit Hilfe des Modells einer logischen Explikation beantwortet werden; auch das Modell des organischen Wachstums und Reifungsprozesses dürfte angesichts der tatsächlichen

---

[12] Vgl. die „Professio fidei" vom 9. November 1989, den „Lehrmäßigen Kommentar" der Glaubenskongregation zur „Professio fidei" (1989) und das Motu Proprio *Ad tuendam fidem* Johannes Pauls II. vom 18. Mai 1998 mit den darin angeordneten Ergänzungen zum CIC/1983.
[13] Vgl. Hünermann, Schutz des Glaubens? Zur Lehre von *Ordinatio sacerdotalis*, die vom päpstlichen Lehramt zu den sekundären, mit dem „Depositum fidei" untrennbar verbundenen unfehlbaren Glaubenswahrheiten gerechnet wird, die „definitive tenenda" sind, s. Pottmeyer, Auf fehlbare Weise unfehlbar?
[14] Vgl. exemplarisch Karrer, Das Zweite Vatikanische Konzil 241; Kasper, Schrift – Tradition – Verkündigung 163–165.
[15] Vgl. Seckler, Über den Kompromiß; Pesch, Das Zweite Vatikanische Konzil 272 f.
[16] Kontradiktorisch widersprüchlich sind Aussagen, die sich zur gleichen Zeit und unter derselben Rücksicht einander widersprechen. Solche Aussagen enthält die Konstitution nicht. Dass der Text der Konstitution zwischen unterschiedlichen Positionen einen Ausgleich zu formulieren sucht und in diesem Sinne einen Kompromiss darstellt, trifft für jedes der Konzilsdokumente zu.
[17] Kasper, Schrift – Tradition – Verkündigung 164.
[18] Vgl. ders., Schrift und Tradition 73.
[19] Vgl. Vorgrimler, Die Konzilskonstitution 108.

historischen Entwicklung zu harmonisierend sein. Zudem ist die Gegenwart des Glaubens nicht allein eine Frage der intellektuellen Vermittlung, sondern zugleich und vor allem der geistlichen Erfahrung. Nicht zufällig nimmt der Konzilstext darauf im sechsten Kapitel Bezug, wo er das hermeneutische Problem berührt.[20] Zur Lektüre der Schrift, will diese nicht der fundamentalistischen Versuchung erliegen, gehört zugleich die Wirkungsgeschichte des von der Schrift bezeugten Offenbarungsgeschehens, so dass das bloße Zitieren eines biblischen Textes noch nicht dokumentiert, dass man ihn in seiner Bedeutung verstanden hat.[21]

Beim 3. Kapitel sind zunächst die gänzlich unpolemischen Aussagen über die Schriftinspiration hervorzuheben.[22] Die Hagiographen sind echte menschliche Verfasser der biblischen Schriften. Die Konzilsväter haben die Inspiration nicht auf die Heilswahrheiten beschränkt.[23] Sie beziehen die Inspiration auf die Offenbarungswahrheit, die in der Schrift zum Ausdruck kommt, was einzelne Irrtümer in der Schrift, vor allem historischer Art, nicht ausschließt. Das Konzept einer Verbalinspiration, die jeden Irrtum, auch hinsichtlich historischer Wahrheiten, ausschließt, ist damit überwunden.[24] Der historischen Forschung wird nicht nur der nötige Freiraum gegeben, sondern zugleich wird die Möglichkeit einer innerbiblischen Sachkritik eröffnet. Das veränderte Inspirationsverständnis zeigt, dass das Christentum keine Buchreligion im strengen Sinne wie der Islam ist. Die Schriften der christlichen Bibel sind auch in ihren approbierten Übersetzungen heilige Texte. Denn der für das Christentum zentrale Gedanke ist derjenige der *Inkarnation*, der Menschwerdung Gottes, einschließlich des Pascha-Mysteriums Christi. Die Menschwerdung Gottes in seinem Sohn aber fordert die *Inkulturation* des christlichen Glaubens und seiner heiligen Texte.[25]

Das 4. Kapitel über das Alte Testament fasst die Heilsgeschichte vor Christus zusammen und unterstreicht die besondere Erwählung Israels als Volk Gottes. Es hebt den Bund mit Abraham und den Bund mit Mose hervor, wobei die Gabe der Tora nicht explizit erwähnt wird, wohl aber Gottes Selbsterweis gegenüber Israel durch die Propheten. Wie die Schriften des Neuen Testamentes sind die Schriften des Alten Testamentes, obwohl sie „Unvollkommenes und Zeitbedingtes" enthalten, inspiriert. In ihnen haben wir es mit Gottes Wort an die Menschen zu tun. Unterschieden werden der Alte Bund und Neue Bund mit Hilfe des bekannten, von Augustinus verwendeten Bildes: Der Neue Bund ist im Alten Bund verborgen, der Alte Bund wird durch den Neuen Bund erschlossen. Damit wird keine Substitution des Alten Bundes durch den Neuen Bund oder des Volkes Israel durch die Kirche behauptet. Von einer Verwerfung des Volkes Israels ist im Konzilstext nirgendwo die Rede. Dies entspricht der Sicht der Erklärung *Nostra aetate*, die mit dem Apostel Paulus (Röm 9–11) davon ausgeht, dass Israel im unge-

---
[20] So DV 8. Vgl. Kasper, Schrift – Tradition – Verkündigung 165 f.
[21] Vgl. Hünermann, Dogmatische Prinzipienlehre 259.
[22] Vgl. Beumer, Inspiration der Heiligen Schrift 76.
[23] Vgl. ebd. 78.
[24] Vgl. Grillmeier, Wahrheit der Schrift 179; Lohfink, Wahrheit der Bibel 255.
[25] Zum Offenbarungsverständnis im Christentum und Islam s. Bsteh – Dupré, Christlicher Glaube in der Begegnung mit dem Islam.

kündigten Gottesbund steht. So ist und bleibt das Judentum konstitutiv für das Christentum.

DV vertritt nicht die Theorie des „Einen Bundes", wonach durch Christus, den Messias aus Israel für die Völker diese in den ungekündigten und immer wieder erneuerten Bund Gottes mit Israel aufgenommen worden sind. Vom Bund Gottes mit Israel ist der neue in Christus gestiftete Bund zu unterscheiden. An einer christologischen Hermeneutik der Schriften des Alten Testaments hält deshalb das Konzil auch ausdrücklich fest. Eine Grenze der Aussagen über das Alte Testament besteht darin, dass nicht deutlich wird, dass der Kanon der Schriften der christlichen Bibel für das Alte Testament eine doppelte Leserichtung verlangt, zum einen im Sinne einer Lektüre der Bibel Israels unabängig vom Neuen Testament, zum anderen im Sinne einer Relecture der Schriften des Alten Testamentes im Lichte des Neuen Testaments und einer Lektüre des Neuen Testaments im Licht des Alten Testaments. Der Konzilstext betrachtet die Schriften des Alten Testaments dagegen ausschließlich im Kontext der „interpretatio christiana".

Das 5. Kapitel zum Neuen Testament sieht die Bedeutung des Neuen Bundes darin, dass Jesus Christus in seinem Leben seinen Vater offenbarte und das Leben Christi durch Tod, Auferstehung, Himmelfahrt und Sendung des Geistes vollendet wurde. Die Schriften des Neuen Testamentes sind die Zeugnisse der Offenbarung des Geheimnisses Gottes. Die Evangelien, für die der Konzilstext ihren apostolischen Ursprung und ihre geschichtliche Zuverlässigkeit festhält, stellen das Hauptzeugnis für das Leben und die Lehre des fleischgewordenen Wortes Gottes dar. Mit der differenzierten Stellungnahme zur Entstehung der neutestamentlichen Bücher berücksichtigt der Konzilstext die kulturelle und geschichtliche Einbindung der Heiligen Schrift.[26] Schließlich bekräftigt er den Kanon der neutestamentlichen Bücher und hebt noch einmal hervor, dass die Bücher des Neuen Testamentes inspiriert sind.

Das 6. Kapitel von DV stellt ein Novum in der lehramtlichen Verkündigung dar. Es hebt die Schrift als Norm und Quelle des gesamten christlichen Lebens hervor. Die zentrale Stellung der Schrift für das Leben der Kirche hatte in den Dokumenten des kirchlichen Lehramts bis dahin keine Rolle gespielt. Ökumenisch ist das 6. Kapitel von kaum zu überschätzender Bedeutung: Die Verkündigung der Kirche, so heißt es, muss sich an der Schrift ausrichten, ja die ganze christliche Religion lebt von ihr. Das Wort Gottes, das die Schrift enthält, wird als große Macht und Kraft für das Leben der Kirche bezeichnet. Natürlich ist die Schrift nach katholischem Verständnis im Zusammenhang mit der authentischen Glaubensüberlieferung der Kirche zu lesen, doch kommt ihr für die Identität der Kirche auf ihrem geschichtlichen Weg ein Vorrang zu, da sie Gottes Wort enthält. Zur Lektüre der Schrift gehört eine theologisch verantwortliche Hermeneutik der zweigeteilten christlichen Bibel.[27] Der exegetischen Schriftauslegung kommt deshalb in der Kirche ein wichtiges Wächteramt zu. Zugleich betont DV aber, dass

---

[26] Vgl. Hünermann, Dogmatische Prinzipienlehre 190.
[27] Vgl. ebd. 259.

die Kompetenz zur letztverbindlichen Schriftauslegung dem Lehramt der Kirche zukommt.

Waren die Dokumente des 1. Vatikanischen Konzils wie jene des Tridentinums vor allem darauf bedacht, sich gegen das protestantische Sola-Scriptura-Prinzip kritisch abzugrenzen, während demgegenüber die positive und normative Bedeutung der Schrift kaum gewürdigt wurde, so stellt die Konstitution über die göttliche Offenbarung eine entscheidende Wende dar. Ganz im Sinne Papst Johannes' XXIII., die katholische Lehre nicht polemisch-negativ, sondern positiv darzulegen, wird in der Offenbarungskonstitution die christliche Lehre über die Schrift nach katholischem Verständnis ohne Verurteilungen und abgrenzende Definition vorgetragen. Bei den Bezeugungsinstanzen „Schrift" und „Tradition" nimmt DV wichtige Differenzierungen vor. Unterschieden wird das Evangelium bzw. das Wort Gottes selbst, das durch die Propheten angekündigt und in Jesus Christus proklamiert worden ist. Schrift und Tradition bezeugen authentisch dieses Evangelium.[28] Schrift und Tradition werden dabei nicht auf die gleiche Stufe gestellt. Die Schrift besitzt eine eigene, allein ihr zukommende Normativität, da sie das Wort Gottes nicht nur enthält, sondern im Unterschied zur Tradition aufgrund der Inspiration Wort Gottes ist.[29] Auf der anderen Seite betont der Konzilstext die innere Zusammengehörigkeit von Schrift und Tradition. Die Bücher der Heiligen Schrift sind im Glauben zu lesen und nach der authentischen Glaubensüberlieferung zu interpretieren.[30] Wenn Schrift und Tradition zusammen als oberste Norm des Glaubens bezeichnet werden[31], kommt nicht genügend zur Geltung, dass der Schrift als dem normativen apostolischen Anfang gegenüber der Tradition zugleich eine kritische Funktion zukommt. Auch wenn vom Konzil im letzten Kapitel über die Stellung der Schrift im Leben der Kirche gefordert wird, alle Verkündigung müsse sich „von der Schrift nähren und sich an ihr ausrichten"[32], ist doch eine gewisse Spannung zwischen dem stärker lehrhaften (DV 8–10) und dem mehr pastoralen Teil (DV 21) der Konstitution nicht zu übersehen.[33]

Freilich wäre die Bedeutung der Konstitution über die göttliche Offenbarung zu gering veranschlagt, wollte man ihr Verdienst allein darin sehen, die Frage nach Schrift und Tradition offen gehalten zu haben.[34] Diese Beurteilung übersieht, dass das kirchliche Lehramt sich in DV erstmals der eigenen Grundlagen vergewissert[35] und in Verbindung mit dem neuen Offenbarungsverständnis die

---

[28] Vgl. ebd. 209.
[29] Vgl. DV 8,
[30] Vgl. Lubac, Krise zum Heil 41. – Es ist also nicht richtig, wenn der orthodoxe Theologe Chrysostomos Konstantinidis meint, *Dei Verbum* habe zum Teil einseitig die Schrift als normative Bezugsgröße betont und damit zu viele Konzessionen gegenüber dem reformatorischen „sola scriptura-Prinzip" gemacht. Vgl. Konstantinidis, Dogmatische Konstitution über die göttliche Offenbarung.
[31] Vgl. DV 21.24.
[32] DV 21.
[33] Vgl. Kasper, Schrift – Tradition – Verkündigung 181 f.
[34] So Pesch, Das Zweite Vatikanische Konzil 289.
[35] Vgl. Lubac, Göttliche Offenbarung 222. So auch das Urteil des evangelischen Theologen Georg Günther Blum, Offenbarung und Überlieferung 11.

Bibel, die die christlichen Kirchen und kirchlichen Gemeinschaften miteinander verbindet, ins Zentrum gerückt hat, was unter den Konzilsvätern keineswegs unumstritten war. Man hat hier von einer „Schlacht um die Bibel" gesprochen.[36] Joachim Gnilka sieht in der „wiederentdeckten Bibel" die „folgenreichste Erkenntnis, die mit dem Konzil in Verbindung steht"[37]. Die Option für eine „Kultur der Bibel"[38] zeigt sich in der erneuerten Liturgie ebenso wie in der Würdigung der geistlichen Schriftlesung und dem offenen Umgang mit den Texten der Schrift. Das Bekenntnis des Konzils zur Bibel ist ökumenisch von eminenter Bedeutung.[39] Denn in dem Maße, wie mit diesem Bekenntnis Ernst gemacht wird, bedeutet es das „Ende der Gegenreformation"[40].

Hinsichtlich der Frage nach dem Verhältnis von Schrift und Tradition besteht ein ökumenischer Konsens darin, dass die Schrift als normatives Zeugnis des Glaubens mit ihrer überlieferten Sprachgestalt zugleich der hermeneutischen Erschließung und Rezeption bedarf und so über sich hinausweist.[41] Gemeinsame Überzeugung der christlichen Kirchen ist es, dass die Schrift selbst eine Gestalt der Tradition darstellt und sich die Wahrheit der Schrift nur im Vollzug ihrer Wahrnehmung in der Kirche Jesu Christi bewährt.[42] Die katholische Kirche bekräftigt, dass das Lehramt der Kirche „unter dem Wort Gottes" steht. Gleichwohl ist das Verhältnis von Schrift, Tradition und Lehramt bis heute der neuralgische Punkt des ökumenischen Gesprächs geblieben.[43] Die offenen Fragen betreffen das reformatorische Prinzip der sich selbst auslegenden Schrift, die Kompetenz amtlicher Träger der Schriftauslegung sowie das Problem päpstlicher Infallibilität.[44]

Die schwierige hermeneutische Frage, wie das reformatorische Prinzip der sich selbst auslegenden Schrift präzise zu verstehen ist, muss hier nicht entschieden werden.[45] Jedenfalls hat die Entwicklung der historisch-kritischen Exegese eine unmittelbare Eindeutigkeit der Schrift ebenso fragwürdig erscheinen lassen wie

---

[36] Vgl. Gnilka, Die wiederentdeckte Bibel 26.
[37] Ebd. 25. Vgl. auch Ruiz, Der Gebrauch der Bibel 238 f.; Kirchschläger, Bibel und Konzil. – Schon vor DV vertrat Karl Rahner den Standpunkt, dass wir durchaus ein katholisches „sola scriptura" formulieren können, unter der Bedingung, dass es eine autoritative Bezeugung und Auslegung der Schrift durch das lebendige Wort der Kirche gibt. Vgl. Rahner, Heilige Schrift und Tradition 132.
[38] Vgl. Sauer, Die dogmatische Konstitution *Dei Verbum* 250.
[39] Vgl. Rahner, Was wurde erreicht? 20 f.
[40] Kasper, Schrift – Tradition – Verkündigung 181.
[41] Vgl. Ökumenischer Arbeitskreis, Kanon – Heilige Schrift –Tradition 392 f.
[42] Vgl. Ökumenischer Arbeitskreis, Schriftverständnis und Schriftgebrauch 360–363.
[43] Vgl. Schutz – Thurian, Das Wort Gottes 110; Kirchner, Wort Gottes 155–162; Ökumenischer Arbeitskreis, Schriftverständnis und Schriftgebrauch 378–386.
[44] Vgl. Sattler, Hörende auf Gottes Wort allein 42–52.
[45] Der ökumenische Arbeitskreis evangelischer und katholischer Theologen erklärt dazu: „Akzeptabel und sinnvoll ist die Rede von einer ‚Selbstauslegung' der Schrift indes nur, wenn sie die Tätigkeit des Auslegers bzw. der Auslegung im Verstehensvorgang nicht aus-, sondern einschließt. Die Wahrheit der Schrift bewährt sich nur im Vollzug ihrer Wahrnehmung, so daß ohne solche Wahrnehmung, deren konkreter Ort die Kirche ist, von einer Selbstauslegung der Schrift nicht angemessen die Rede sein kann. Evangelische Theologie teilt diese Einsicht und anerkennt, daß ein adäquater Schriftgebrauch nur in der Kommunikations- und Verantwortungsgemeinschaft der Kirche in der Einheit des Geistes Christi möglich ist" (Ökumenischer Arbeitskreis, Kanon – Heilige Schrift – Tradition 392).

eine strikte Gegenüberstellung von Schrift, Tradition und Kirche, wie sie noch Oscar Cullmanns heilsgeschichtliches Konzept bestimmt[46], das als Grundlage von Theologie und Kirche nicht die „mit der Tradition verbundene Bibel", sondern ausschließlich die Schrift akzeptiert.[47] Die neueren exegetischen Forschungen, insbesondere die Kanonforschung, haben gezeigt, dass die Schrift selbst ein komplexes kirchliches Traditionszeugnis darstellt, so dass Schrift und apostolische Tradition nicht mehr so einander gegenüber gesetzt werden können, wie dies in der traditionellen Lehre von den „loci theologici proprii" geschieht. Das bedeutet auch, dass sich die kontroverstheologische Frage nach der „Suffizienz" oder „Insuffizienz", welche die theologischen Diskussionen auf dem Konzil von Trient und danach bestimmt hat, heute so nicht mehr stellt. Die noch verbleibenden konfessionellen Lehrdifferenzen in der Frage des Verhältnisses von Schrift, Tradition und Lehramt sind letztlich in divergierenden Ekklesiologien begründet, in unterschiedlichen Sichtweisen der sichtbaren Verfassung der „congregatio fidelium" und ihrer autoritativen Instanzen.

Um zu einem ökumenischen Konsens in der Frage nach dem Verhältnis von Schrift, Tradition und Lehramt zu gelangen, müsste stärker als bislang das grundlegende Verhältnis von Schrift und Kirche in den Blick genommen werden.[48] Nach einem Wort von Karl Rahner entstehen die Schriften des Neuen Testamentes als „Lebensvorgänge der Kirche"[49]. Deutlicher als früher erkennen wir heute auch den liturgischen Kontext der Entstehung der neutestamentlichen Schriften. Sie sind Wort Gottes im Lebenszusammenhang der Kirche, die Gottes Wort verkündet. Damit gewinnt die Kirche (congregatio fidelium) den Status einer Hermeneutin der Schriften, auf die sie sich als grundlegende Norm des Glaubens bezieht. Autorität der Schrift und Lehrvollmacht der Kirche müssten nicht von vornherein als Gegensätze erscheinen, wenn zur authentischen Schriftauslegung konstitutiv auch der geschichtliche „consensus fidelium" gerechnet wird, das heißt die Einigkeit im Glauben in der Einmütigkeit der Gläubigen, die vom Lehramt der Kirche nicht missachtet werden darf.

Die römisch-katholische Kirche kennt mit der universalen Gemeinschaft der Bischöfe und dem Petrusamt eine oberste Instanz verbindlicher Schriftauslegung. Im evangelischen Bereich wird eine solche Instanz weithin bestritten.[50] In der Frage des Verhältnisses von Schrift, Tradition und Lehramt konnte deshalb bislang auch kein befriedigender Konsens erreicht werden.[51] Dies gilt ebenfalls für das Verhältnis von wissenschaftlicher Theologie und kirchlichem Lehramt, das auch innerkatholisch kontrovers diskutiert wird. Wie die einschlägigen nachkonziliaren Lehrdokumente zur Frage der Bibelinterpretation hält DV daran fest, dass dem kirchlichen Lehramt eine Wächterfunktion gegenüber der Exegese und

---

[46] Vgl. Ratzinger, Kommentar 525.
[47] Vgl. Cullmann, Das Konzil 189; ders., Sind unsere Erwartungen erfüllt? 49.
[48] Vgl. dazu aus evangelischer Perspektive Kühne, Schriftautorität und Kirche.
[49] Rahner, Schriftinspiration 56.
[50] Vgl. Schmithals, Die Wahrheit der Heiligen Schrift 205–208; Kühn, Autorität der Schrift 174 f.
[51] Vgl. Ökumenischer Arbeitskreis, Schriftverständnis und Schriftgebrauch 370–386.

den anderen theologischen Disziplinen zukommt. Das kirchliche Lehramt hat dafür Sorge zu tragen, dass sich Glaube und Verkündigung der Kirche nicht von ihrem Ursprung entfernen.[52] Doch verbindet die Offenbarungskonstitution „die Treue zur kirchlichen Überlieferung mit dem Ja zur kritischen Wissenschaft und eröffnet damit neu dem Glauben den Weg ins Heute"[53]. Auch wenn viele Fragen offen bleiben, stellt die Offenbarungskonstitution für Kirche und Theologie eine Ermutigung dar, die Vielfalt der theologischen Argumentationsinstanzen des christlichen Glaubens neu miteinander ins Spiel zu bringen, so dass die historisch-kritische Forschung und die geistliche Schriftlesung ebenso wenig als Gegensätze erscheinen wie Schrift und Tradition, Lehramt und Theologie. Das setzt freilich voraus, dass alle Funktionsträger innerhalb der katholischen Kirche einander mit Respekt begegnen und die spezifischen Aufgaben und Kompetenzen der anderen Funktionsträger anerkennen.

Zwar ist der Text der Offenbarungskonstitution nach dem Konzil im kirchlichen Bewusstsein stark in Vergessenheit geraten; nie hat er die Rolle zur Selbstverständigung der katholischen Kirche gespielt wie die Liturgiekonstitution (SC) und die dogmatische Konstitution über die Kirche (LG). Doch sind gerade in den letzten beiden Jahrzehnten bedeutende lehramtliche Stellungnahmen zu Fragen der Bibelhermeneutik erfolgt. Zu erwähnen sind hier die Ansprache von Johannes Paul II. zu den Jubiläen der Bibelenzykliken *Providentissimus Deus* und *Divino afflante Spiritu* (1993) sowie die Dokumente der Päpstlichen Bibelkommission „Bibel und Christologie" (1984), „Die Interpretation der Bibel in der Kirche" (1993) und „Das jüdische Volk und seine Heilige Schrift in der christlichen Bibel" (2001)[54]. Der Papst betont in der oben erwähnten Ansprache, dass die Heilige Schrift keine absolute Bedeutung beanspruche, da Gotteswort in Menschenwort niemals völlig eindeutig sei, vielmehr in jeder Kultur und Zeit jeweils neu gedeutet werden müsse. Jene, die meinen, der Heiligen Schrift komme eine absolute Bedeutung zu, haben von der Absolutheit Gottes eine falsche Vorstellung. Betont man die absolute Bedeutung der Heiligen Schrift, so verfällt man „einer Illusion und lehnt die Wirklichkeit der Geheimnisse der Inspiration der Heiligen Schrift und der Menschwerdung ab, um sich an eine falsche Auffassung vom Absoluten zu klammern."[55]

Das Dokument „Bibel und Christologie" fordert die Bibelhermeneutik dazu auf, das Prinzip der ganzheitlichen Betrachtungsweise (principe de totalité) zu beachten.[56] Die Bedeutung dieses Dokuments liegt zum einen in der Betonung des gesamtbiblischen Christusbildes, an dem sich die Theologie orientieren soll, zum anderen in der positiven Würdigung der unterschiedlichen exegetischen Methoden, die nicht einseitig angewendet werden dürfen.[57] Besonders bei der Christologie ist auf die ganze biblische Überlieferung zu hören, denn sie ist die

---

[52] Vgl. Ratzinger, Ein Versuch 47 f.
[53] Ders., Kommentar 504.
[54] Vgl. dazu Dohmen (Hg.), In Gottes Volk eingebunden.
[55] Johannes Paul. II., Ansprache 13.
[56] Vgl. Päpstliche Bibelkommission, Bibel und Christologie 92 f.
[57] Vgl. Fitzmyer, Kommentar 201 f.

oberste Norm des christlichen Glaubens. Für die Christologie würdigt das Dokument den Zugang zu Jesus vom Judentum her – ein wichtiger Zugang, der aber nicht verabsolutiert werden darf.[58] Die katholische Schriftauslegung hat nach dem Prinzip „Ganzheit der biblischen Botschaft" (totalité du message biblique)[59] zu erfolgen. Die „Gesamtheit" der neutestamentlichen Schriften ist das eine Evangelium. Die Zeugnisse des Neuen Testament „müssen in ihrer umfassenden Ganzheit und Vollständigkeit"[60] angenommen werden. Bei der Exegese der biblischen Schriften wird man immer wieder kritisch fragen müssen, was an gesicherten historischen Erkenntnissen existiert und wo es sich um Hypothesen handelt.[61]

Das Dokument äußert sich auch zum missverständlichen Begriff der Heilsgeschichte. In den romanischen Sprachen und im Englischen hat der Begriff der „Geschichte" (historicitas, history) „nicht denselben Sinn, wenn man etwa einerseits von Jesus als ‚geschichtlicher' Persönlichkeit (personnage ‚historique') und andererseits von der Heils*geschichte* (‚histoire' du Salut) spricht"[62]. Obschon die deutsche Sprache „Historie" und „Geschichte" unterscheiden kann, bleibt der Begriff „Heilsgeschichte" oft zu unbestimmt.[63] Die Historie Jesu ergibt sich durch die Auswertung der historisch zuverlässigen Dokumente, während das, was zur Heilsgeschichte gehört, sich *historisch*, das heißt allein mit den Mitteln der historisch-kritischen Methode, allein nicht zu erschließen vermag, eine angemessene Schrifthermeneutik vielmehr den Glauben voraussetzt.[64] Die Unterscheidung zwischen „Historie" und „Geschichte" muss vor allem für die Christologie beachtet werden, besonders für die Frage der Auferstehung Christi.[65] Diese stellt zwar ein geschichtliches Ereignis, entzieht sich aber einer rein empirischen Feststellbarkeit. Die Wirklichkeit der Auferweckung Christi ist verbunden mit den Erscheinungen Christi und „wird bekräftigt durch die Tatsache des offen und leer aufgefundenen Grabes"[66]. „Aber man darf diese Frage nicht vereinfachen und voraussetzen, dass jeder Historiker allein mit den Mitteln seiner wissenschaftlichen Forschung die Auferstehung als eine *Tatsache* beweisen könnte, die jedem beliebigen Beobachter zugänglich gewesen wäre."[67] Die Schrift bezieht sich allerdings nicht auf mythologische Ereignisse, mit denen kein historischer Anspruch verbunden ist. Denn Gottes Offenbarung ereignet sich in der historischen Person Jesu.

Im Dokument „Die Interpretation der Bibel in der Kirche" werden die Aussagen von DV zur Schrifthermeneutik fortgeschrieben. Während noch in DV fast

---

[58] Vgl. Päpstliche Bibelkommission, Bibel und Christologie 36–41.
[59] Ebd. 62–65.
[60] Ebd. 132 f.
[61] Vgl. ebd. 86–89.
[62] Ebd. 72–75.
[63] Vgl. ebd. 72 f.
[64] Zur theologischen Rede von der Heilsgeschichte s. Hünermann, Geschichte versus Heilsgeschichte.
[65] Vgl. Päpstliche Bibelkommission, Bibel und Christologie 74 f.
[66] Ebd.
[67] Ebd.

ausschließlich die historisch-kritische Methode im Blick ist, werden im genannten Dokument auch die neueren semiotischen, soziologischen, kontextuellen und kanonischen Ansätze in der Exegese gewürdigt.[68] Ebenso werden philosophische und theologische Fragen der Hermeneutik erörtert.[69] Die historisch-kritische Methode wird als „die unerläßliche Methode für die wissenschaftliche Erforschung des Sinns alter Texte"[70] bezeichnet. Unter den neueren Methoden wird der „kanonischen Interpretation" der biblischen Schriften eine besondere Bedeutung beigemessen.[71] Die kanonische Interpretation berücksichtigt nämlich den inneren Zusammenhang, in dem die biblischen Schriften stehen, und auf den jede exegetische Arbeit letztlich bezogen bleiben muss, will sie den Weg zu einer gesamtbiblischen Theologie offen halten. Der besondere Wert der geistlichen Schriftlesung wird wie in DV 25 hervorgehoben.[72]

Die Entwicklung der theologischen Disziplinen, ihre Spezialisierung sowie eine falsch verstandene Autonomie der theologischen Wissenschaft haben dazu geführt, dass in der Theologie der innere Zusammenhang von Schriftauslegung, Glaubensüberlieferung und Liturgie heute immer weniger im Blick ist. Das Problem, das eine einseitige Anwendung der historisch-kritischen Methode für die systematische Theologie, insbesondere für die Dogmatik, aufwirft, kann nicht dadurch gelöst werden, dass man diese Methode ablehnt. Vielmehr ist zu prüfen, was aus den gesicherten historischen Erkenntnissen mit Blick auf die hermeneutische Aneignung der Glaubensüberlieferung folgt. Dies aber kann nicht allein die Aufgabe der Bibelwissenschaft sein. So wie die Exegese des in der Heiligen Schrift enthaltenen Wortes Gottes immer zusammen mit dem Wort der Verkündigung gesehen werden muss, dem sie zu dienen hat, so steht ihre Arbeit untrennbar in Verbindung mit der Schriftauslegung der Kirche. Gefordert ist eine Exegese, die sich zugleich den Prinzipien der historisch-kritischen Exegese verpflichtet weiß wie der authentischen Schriftauslegung der Kirche.[73] Eine der größten theologischen Herausforderungen besteht heute in einer den kanonisierten Schriften der christlichen Bibel verpflichteten gesamtbiblischen Theologie und Hermeneutik.[74] Kardinal Ratzinger schreibt dazu: „Lange Zeit schien es, als zwinge das Lehramt, d. h. die Glaubensverkündigung der Kirche, zu einer dogmatischen Überlagerung des biblischen Textes und hindere eine ruhige historische Auslegung. Heute zeigt sich, daß nur die Verankerung im Glauben der Kirche den historischen Ernst des Textes schützt und eine Wörtlichkeit ermöglicht, die nicht Fundamentalismus ist.

---

[68] Vgl. Päpstliche Bibelkommission, Die Interpretation der Bibel 30–63.
[69] Vgl. ebd. 64–74.
[70] Ebd. 30.
[71] Zum exegetischen Ansatz des „canonical approach" s. Childs, Die Theologie der einen Bibel I–II; Dohmen – Oeming, Biblischer Kanon.
[72] Vgl. Päpstliche Bibelkommission, Die Interpretation der Bibel 107 f. – Zur Frage der biblischen Hermeneutik und zur Methodenvielfalt in der Schriftinterpretation wie zur kanonischen Interpretation und geistlichen Schriftlesung s. Oeming, Biblische Hermeneutik; Dohmen – Oeming, Biblischer Kanon; Hossfeld (Hg.), Wieviel Systematik erlaubt die Schrift?; Kasper, Prolegomena.
[73] Vgl. Freyne, Bibel und Theologie 21.
[74] Vgl. Vanhoye, La parola di Dio 40–45.

Denn ohne das lebendige Subjekt muß man entweder den Buchstaben verabsolutieren, oder er entschwindet ins Unbestimmte."[75]

Wie das Dokument „Die Interpretation der Bibel in der Kirche" äußert sich auch das Dokument „Das jüdische Volk und seine Heilige Schrift in der christlichen Bibel" (2001) zur Frage der „interpretatio christiana". Mit dem Apostel Paulus hält es daran fest, dass den Israeliten „die Worte Gottes anvertraut sind". Es betont deshalb die Bedeutung des ursprünglichen Sinns der Bibel Israels, wie er in der von der christlichen Interpretation unabhängigen Schriftinterpretation im rabbinischen Schrifttum erschlossen wird. Damit geht das Dokument über das 4. Kapitel von DV hinaus, das sich ausschließlich in der Perspektive der „interpretatio christiana" bewegt. Das Dokument unterstreicht die unverzichtbare, konstitutive Bedeutung der Heiligen Schrift Israels für die christliche Bibel: „Ohne das Alte Testament wäre das Neue Testament ein Buch, das nicht entschüsselt werden kann, wie ein Pflanze ohne Wurzeln, die zum Austrocknen verurteilt ist."[76] Zugleich distanziert sich das Dokument von der Substitutionstheorie, die das 2. Vatikanische Konzil schon mit seiner Erklärung *Nostra aetate* hinter sich gelassen hatte.

Gegenüber dem weitreichenden Gebrauch der allegorischen Schriftinterpretation bei den Kirchenvätern und im frühen Mittelalter kam es beginnend mit dem Hochmittelalter zu einer Rehabilitierung des Literalsinnes. Die Vorherrschaft der historisch-kritischen Methode in der modernen Exegese hat dazu geführt, dass mit den Übertreibungen der allegorischen Methode auch die Früchte der patristischen Exegese in Vergessenheit gerieten und die Legitimität einer „interpretatio christiana" immer mehr fraglich wurde. „Von da aus ist das Bemühen in der zeitgenössischen Theologie zu verstehen, in unterschiedlicher, noch nicht einhelliger Weise eine christliche Deutung des Alten Testaments neu zu begründen, die frei von Willkür bleibt und dem ursprünglichen Sinn der Texte gerecht wird."[77] Stärker als bisher hat die christliche Bibelhermeneutik auch die Asymmetrie im Verhältnis von Judentum und Christentum zu beachten. Der Christ, der sich mit seiner eigenen Identität beschäftigt, stößt unabweisbar auf das Judentum. Obschon das Judentum die Existenz des Christentums nicht einfach ignorieren kann, stößt doch ein Jude, der auf seine Identität als Jude reflektiert, nicht mit Notwendigkeit auf das Christentum. Dies hat seinen Grund im doppelten Ausgang der Geschichte Israels: dem auf die Bibel Israels verpflichteten rabbinischen Judentum und dem auf die zweigeteilte christliche Bibel, bestehend aus Altem und Neuen Testament, verpflichteten Christentum.

Die epochale Bedeutung der Konstitution *Dei Verbum*, so lässt sich abschließend sagen, besteht darin, dass sie ein instruktionstheoretisches Offenbarungsverständnis überwunden und die für eine angemessene Bestimmung des Verhältnisses von Schrift, Tradition und Lehramt wichtigen theologischen Grundprinzipien formuliert hat. Mit der Verpflichtung auf die zweigeteilte christ-

---

[75] Ratzinger, Wesen und Auftrag der Theologie 57.
[76] Päpstliche Bibelkommission, Das jüdische Volk 161.
[77] Ebd. 41.

liche Bibel hat die Konstitution die alttestamentlichen bzw. jüdischen Wurzeln des Christentums bekräftigt. Christliche Schrifthermeneutik kann es nicht unabhängig vom Judentum geben. Die Option für die Bibel, die zusammen mit der Tradition die oberste Norm des Glaubens darstellt, ist ökumenisch von kaum zu unterschätzender Bedeutung. Die Konstitution über die göttliche Offenbarung sichert die Freiheit der exegetischen Forschung, erinnert aber zugleich daran, dass es sich bei der Exegese der Schriften des Alten und Neuen Testaments um eine theologische Disziplin handelt, die ihren Lebenskontext in der Glaubens- und Interpretationsgemeinschaft der Kirche hat. Beide Dimensionen katholischer Schriftinterpretation, die historische Methode und die theologische Hermeneutik, werden von der Konstitution in ihrem untrennbaren Zusammenhang herausgestellt. Der Konzilstext geht dabei von der Grundvoraussetzung jeder christlichen Bibelhermeneutik aus: der Einheit der Schrift. Ihr entspricht die hermeneutische Maxime, die Einzeltexte aus dem Ganzen nach der „analogia fidei" zu interpretieren.[78] Von großer ökumenischer Tragweite für die christliche Bibelhermeneutik ist es schließlich, dass der Konzilstext vom Lehramt der Kirche versichert, dass es nicht über dem Wort Gottes steht, vielmehr „der Nachdruck auf den Charakter des Dienstes am Worte Gottes gelegt"[79] wird. Alle Schriftauslegung, sei es die geistliche, exegetische und systematisch-theologische Schriftauslegung oder die authentische Verkündigung des Wortes Gottes durch das Lehramt der Kirche, ist daran zu bemessen, dass sie Gottes Wort für unsere Zeit erschließt und ihm so dient.

---

[78] Vgl. Ratzinger, Schriftauslegung im Widerstreit 19 f.
[79] Schutz – Thurian, Das Wort Gottes 108.

D. Bibliographie

Alberigo, Giuseppe – Wittstadt, Klaus (Hg.), Geschichte des Zweiten Vatikanischen Konzils (1959–1965), 5 Bde., bisher erschienen: Bde. 1–3, Mainz – Leuven 1997–2002.
Alonso Schökel, Luis, Commentaire du chapitre IV: Sur l'Ancien Testament, in: Dupuy (Hg.), La Révélation divine 2, 383–400.
Alonso Schökel, Luis, La palabra de Dios en la historia de los hombres: Comentario temático a la Constitución „Dei Verbum" del Vaticano II sobre la divina revelación: edición de los XXV años de la promulgación (1965–1990), Bilbao 1991.
Alonso Schökel, Luis (Hg.), Commentarios a la constitución Dei Verbum sobre la divina, Madrid 1969.
Arenhoevel, Diego, Was sagt das Konzil über die Offenbarung? (Kleine Konzilskommentare), Mainz 1967.
Balthasar, Hans Urs von, Theologie der Geschichte. Ein Grundriß. Neue Fassung, Einsiedeln ⁵1959 (1950; ⁶1979).
Balthasar, Hans Urs von, Das Ganze im Fragment. Aspekte einer Geschichtstheologie, Einsiedeln 1963 (²1990).
Barth, Karl, Ad Limina Apostolorum, Zürich 1967 (= Conciliorum Tridentini et Vaticani I inhaerens vestigiis?, in: Dupuy (Hg.), La révélation divine 2, 513–522).
Baum, Gregory, Die Konstitution De Divina Revelatione, in: Cath(M) 20 (1966) 85–107.
Bea, Augustin, Die Geschichtlichkeit der Evangelien, Paderborn 1966.
Bea, Augustin, Die Kirche und das jüdische Volk, Freiburg – Basel – Wien 1966.
Bea, Augustin, Das Wort Gottes und die Menschheit. Die Lehre des Konzils über die Offenbarung, Stuttgart 1968.
Benoit, Pierre, Les analogies de l'inspiration, in: Sacra Pagina. Miscellanea Biblica Congressus internationalis catholici de re biblica, Bd. 1, Paris – Gembloux 1959, 86–99.
Berkouwer, Gerrit Cornelis, Das Konzil und die neue katholische Theologie, München 1968.
Betti, Umberto, Commento alla Costituzione dommatica sulla Divina Rivelazione. Introduzione di S. E. il Card. Florit, Ermenegildo, Mailand 1966.
Betti, Umberto, Storia della Costituzione dommatica „Dei Verbum", in: La Costituzione dommatica sulla divina Rivelazione, Torino ⁴1967, 11–68.
Betti, Umberto, La trasmissione della divina rivelazione, in: ebd. 220–262.
Betti, Umberto, La dottrina del concilio Vaticano II sulla trasmissione della rivelazione. Il capítolo II della Costituzione dommatica Dei verbum, Roma 1985.
Betti, Umberto, Pagine di Diario: 11 ottobre 1962 – 20 dicembre 1965, in: La „Dei verbum" trent'anni dopo, 299–373.
Beumer, Johannes, Die katholische Inspirationslehre zwischen Vatikanum I und Vatikanum II, Stuttgart 1966.
Beumer, Johannes, Die Inspiration der Heiligen Schrift (HDG I/3b), Freiburg – Basel – Wien 1968.
Bévenot, Maurice, Traditiones in the Council of Trent, in: HeyJ 4 (1963) 333–347.
Biemer, Günter, Überlieferung und Offenbarung. Die Lehre von der Tradition nach John Henry Newman, Freiburg 1961.

D. Bibliographie

Billot, Louis, De inspiratione Sacrae Scripturae. Theologica Disquisitio, Rom ²1922.

Blum, Georg Günther, Offenbarung und Überlieferung. Die dogmatische Konstitution Dei Verbum des II. Vaticanums im Lichte altkirchlicher und moderner Theologie, Göttingen 1971.

Brinktrine, Johannes, Offenbarung und Kirche, Paderborn ²1947.

Brouwers, Jan A., Vatican II. Derniers préparatifs et première session d'activités conciliaires en coulisses, in: Étienne Fouilloux (Hg.), Vatican II Commence ... Approches Francophones, Leuven 1993, 353–368.

Bsteh, Andreas – Dupré, Wilhelm, Christlicher Glaube in der Begegnung mit dem Islam. Zweite Religionstheologische Akademie St. Gabriel, Mödling 1996.

Buckenmaier, Achim, „Schrift und Tradition" seit dem Vatikanum II. Vorgeschichte und Rezeption, Paderborn 1996.

Bulgakov, Sergej N., Die Lehre von der Kirche in orthodoxer Sicht, in: IKZ 48 (1957) 168–200.

Bulgakov, Sergej N., Dialog zwischen Gott und Mensch. Ein Beitrag zum christlichen Offenbarungsbegriff, Marburg 1961.

Bulgakov, Sergej N., Die Orthodoxie. Die Lehre der orthodoxen Kirche, Trier 1996.

Bulst, Werner, Offenbarung. Biblischer und theologischer Begriff, Düsseldorf 1960.

Burigana, Riccardo, La commissione „De divina revelatione", in: Mathijs Lamberigts u. a. (Hg.), Les Commissions conciliaires à Vatican II, Leuven 1996, 27–61.

Burigana, Riccardo, La Bibbia nel Concilio. La redazione della costituzione „Dei verbum" del Vaticano II, Bologna 1998.

Burtchaell, James T., Catholic Theories of Biblical Inspiration since 1810. A Review and Critique, London – Cambridge 1969.

Caprile, Giovanni, Tre emendamenti allo schema sulla Rivelazione. Appunti per la storia del testo, in: CivCatt 117 (1966) 213–231.

Caprile, Giovanni, Il concilio Vaticano II, 5 Bde., Rom 1966–1968.

Caprile, Giovanni, Entstehungsgeschichte und Inhalt der vorbereiteten Schemata. Die Vorbereitungsorgane des Konzils, in: LThK.E 3, 665–726.

Cattin, Paul, Heilslehre der Kirche. Dokumente von Pius IX. bis Pius XII., dt. Ausg. des frz. Originals v. P. Cattin u. H. Th. Conus besorgt v. Anton Rohrbasser, Freiburg/Schweiz 1953.

Chenu, Marie-Dominique, La parole de Dieu, t. 1–2, Paris 1964.

Childs, Brevard S., Die Theologie der einen Bibel, 2 Bde., Freiburg – Basel – Wien 1995–1996.

Congar, Yves, Traditions apostoliques non écrites et suffisance de l'Écriture, in: Ist 6 (1959) 219–306.

Congar, Yves, Die Tradition und die Traditionen I, Mainz 1965 (= La tradition et les traditions, I: Essai historique [Paris 1960]; II: Essai théologique [Paris 1963]).

Congar, Yves, Erinnerungen an eine Episode auf dem II. Vatikanum, in: Klinger – Wittstadt (Hg.), Glaube im Prozeß 22–32.

Congar, Yves, Schema-Entwurf „De revelatione", in: Klinger – Wittstadt (Hg.), Glaube im Prozeß 51–64.

Cullmann, Oscar, Christus und die Zeit. Die urchristliche Zeit- und Geschichtsauffassung, Zollikon – Zürich ²1948 (¹1945).

Cullmann, Oscar, Die Tradition als exegetisches, historisches und theologisches Problem, Zürich 1954; frz.: La tradition. Problème exégétique, historique et théologique, Paris – Neuchâtel 1953.

Cullmann, Oscar, Zwischen zwei Konzilsperioden, in: ders. – Lukas Vischer, Zwischen zwei Konzilsperioden. Rückblick und Ausschau zweier protestantischer Beobachter, Zürich 1963, 5–38.

Cullmann, Oscar, Heil als Geschichte. Heilsgeschichtliche Existenz im Neuen Testament, Tübingen 1964.
Cullmann, Oscar, Die Bibel und das Zweite Vatikanische Konzil, in: Dialog unterwegs. Eine evangelische Bestandsaufnahme zum Konzil, hg. im Auftrag der Lutherischen Stiftung für Ökumenische Forschung von G. A. Lindbeck, Göttingen 1965, 151.
Cullmann, Oscar, Die kritische Rolle der Schrift, in: Hampe (Hg.), Die Autorität der Freiheit 1, 189–197.
Cullmann, Oscar, Sind unsere Erwartungen erfüllt?, in: Karl Rahner – Oscar Cullmann – Heinrich Fries, Sind die Erwartungen erfüllt?, München 1966, 35–66.
Daniélou, Jean, Essai sur le mystère de l'histoire, Paris 1953; dt.: Vom Geheimnis der Geschichte, Stuttgart 1955.
Daniélou, René, Réponse à Oscar Cullman, in: Dieu vivant 24 (1953) 47–67.
Deneffe, August, Der Traditionsbegriff. Studien zur Theologie, Münster 1931.
Dieckmann, Hermann, De revelatione christiana. Tractatus philosophico-historici, Freiburg 1930.
Diekamp, Franz – Jüssen, Klaudius, Katholische Dogmatik. Nach den Grundsätzen des hl. Thomas, Bd. 1, Münster ¹³1958.
Dinkler, Erich, Theologische Aufgaben der ökumenischen Arbeit heute, in: ÖR 14 (1965) 116–132.
Dizionario del Concilio Ecumenico Vaticano Secundo. In collaborazione S. Garofalo, T. Federici, Roma 1969.
Dohmen, Christoph (Hg.), In Gottes Volk eingebunden. Jüdisch-christliche Blickpunkte zum Dokument der Päpstlichen Bibelkommission „Das jüdische Volk und seine Heilige Schrift der christlichen Bibel", Stuttgart 2003.
Dohmen, Christoph – Oeming, Manfred, Biblischer Kanon warum und wozu? Eine Kanontheologie (QD 137), Freiburg – Basel – Wien 1992.
Dulles, Avery R., Models of Revelation, New York ⁸2002.
Dupuy, Bernard-Dominique (Hg.), La révélation divine. Texte latin et traduction française par J.-P. Torrell. Commentaire par B.-D. Dupuy, J. Feiner, H. de Lubac et al., t. 1–2, Paris 1968.
Dupuy, Bernard-Dominique, Avertissement, in: ders. (Hg.), La révélation divine 1, 13–17.
Dupuy, Bernard-Dominique, Historique de la Constitution, in: ders. (Hg.), La révélation divine 1, 61–117.
Ebeling, Gerhard, „Sola scriptura" und das Problem der Tradition, in: Kristen E. Skydsgaard – Lukas Vischer (Hg.), Schrift und Tradition 95–127 (= Wort Gottes und Tradition. Studien zu einer Hermeneutik der Konfessionen, Göttingen 1964, 91–143).
Eicher, Peter, Offenbarung. Prinzip neuzeitlicher Theologie, München 1977.
Feiner, Johannes, La Contribution du Secrétariat pour l'unité des chrétiens à la Constitution dogmatique sur la Révélation divine, in: Dupuy (Hg.), La Révélation divine 1, 119–153.
Fitzmyer, Joseph A., Die Wahrheit der Evangelien, Stuttgart 1965.
Fitzmyer, Joseph A., Kommentar, in: Päpstliche Bibelkommission, Bibel und Christologie 199–258.
Fogarty, Gerald P., Das Konzil beginnt, in: Alberigo – Wittstadt (Hg.), Geschichte des Zweiten Vatikanischen Konzils 2, 83–127.
Franzelin, Johannes B., Tractatus de Divina Traditione et Scriptura, Rom ⁴1896.
Freyne, Séan, Bibel und Theologie – eine ungelöste Spannung, in: Conc(D) 35 (1999) 18–23.
Fries, Heinrich, J. H. Newmans Beitrag zum Verständnis der Tradition, in: Michael Schmaus (Hg.), Die mündliche Überlieferung. Beiträge zum Begriff der Tradition, München 1957, 63–122.

D. Bibliographie

Fries, Heinrich, Kirche und Offenbarung Gottes, in: Hampe (Hg.), Die Autorität der Freiheit 1, 155–169.

Fuhs, Michael, Buddhavacana and Dei Verbum. A phenomenological and theological comparison of scriptural inspiration in the Saddharmapundarika sutra and the Christian traditon, Leiden 1991.

Gabel, Helmut, Inspirationsverständnis im Wandel. Theologische Neuorientierungen im Umfeld des Zweiten Vatikanischen Konzils, Mainz 1991.

Gardeil, Ambroise, Le donné révélé et la théologie, Juvisy, Saint-et-Oise 1932.

Garrigou-Lagrange, Réginald, De revelatione per Ecclesiam catholicam proposita, o. O. ³1925.

Geiselmann, Josef R., Das Mißverständnis über das Verhältnis von Schrift und Tradition und seine Überwindung in der katholischen Theologie, in: US 11 (1956) 131–150.

Geiselmann, Josef R., Das Konzil von Trient über das Verhältnis der Heiligen Schrift und der nicht geschriebenen Traditionen. Sein Mißverständnis in der nachtridentinischen Theologie und die Überwindung dieses Mißverständnisses, in: Michael Schmaus (Hg.), Die mündliche Überlieferung. Beiträge zum Begriff der Tradition, München 1957, 123–206.

Geiselmann, Josef R., Die Tradition, in: Johannes Feiner – Josef Trütsch – Franz Böckle (Hg.), Fragen der Theologie heute, Einsiedeln 1957.

Geiselmann, Josef R., Schrift – Tradition – Kirche, ein ökumenisches Problem, in: Maximilian Roesle – Oscar Cullmann, Begegnung der Christen. Studien evangelischer und katholischer Theologen, Stuttgart – Frankfurt/Main 1959, 131–159.

Geiselmann, Josef R., Die lebendige Überlieferung als Norm des christlichen Glaubens. Die apostolische Tradition in der Form der kirchlichen Verkündigung – Das Formalprinzip des Katholizismus dargestellt im Geist der Traditionslehre von Joh. Ev. Kuhn, Freiburg – Basel – Wien 1959.

Geiselmann, Josef R., Die Heilige Schrift und die Tradition. Zu den neueren Kontroversen über das Verhältnis der Hl. Schrift zu den nichtgeschriebenen Traditionen, Freiburg – Basel – Wien 1962.

Geiselmann, Josef R., Zur neuesten Kontroverse über die Heilige Schrift und die Tradition, in: ThQ 144 (1964) 31–68.

Geiselmann, Josef R., Lebendiger Glaube aus geheiligter Überlieferung. Der Grundgedanke der Theologie Johann Adam Möhlers und der katholischen Tübinger Schule, Freiburg – Basel – Wien ²1966 (Mainz 1947).

Gnilka, Joachim, Die biblische Exegese im Lichte des Dekretes über die göttliche Offenbarung (Dei verbum), in: MThZ 36 (1985) 5–19.

Gnilka, Joachim, Die wiederentdeckte Bibel, in: Norbert Kutschki (Hg.), Erinnerung an einen Aufbruch. Das II. Vatikanische Konzil, Würzburg 1995, 24–36.

Gonzáles Ruiz, José-Maria, Der Gebrauch der Bibel in der Kirche des Konzils, in: Hampe (Hg.), Die Autorität der Freiheit 1, 232–239.

Grelot, Pierre, L'Inspiration scripturaire, in: RSR 51 (1963) 337–382.

Grelot, Pierre, La Constitution sur la Révélation, I: La préparation d'un schéma conciliaire, in: Études 324 (1966) 99–103.

Grelot, Pierre, La Constitution sur la Révélation, II: Contenu et portée du texte conciliaire, in: Études 324 (1966) 233–246.

Grelot, Pierre, Commentaire du chapitre III: L'inspiration de l'Écriture et son interprétation, in: Dupuy (Hg.), La révélation divine 2, 347–380.

Grelot, Pierre, Zehn Überlegungen zur Schriftinspiration, in: Klinger – Wittstadt (Hg.), Glaube im Prozeß 563–579.

Grillmeier, Alois, Die Wahrheit der Heiligen Schrift und ihre Erschließung. Zum dritten

Kapitel der Dogmatischen Konstitution „Dei Verbum" des Vaticanum II, in: ThPh 41 (1966) 161–187.

Grillmeier, Alois, Kommentar zur Dogmatischen Konstitution „Dei Verbum" über die göttliche Offenbarung (Kap. III), in: LThK.E 2, 528–557.

Grillmeier, Alois, Commentaire du chapitre VI: La sainte Écriture dans la vie de l'Église, in: Dupuy (Hg.), La révélation divine 2, 435–460.

Grootaers, Jan, Zwischen den Sitzungsperioden. Die „zweite Vorbereitung" des Konzils und ihre Gegner, in: Alberigo – Wittstadt (Hg.), Geschichte des Zweiten Vatikanischen 2, 421–617.

Groß, Walter, Bibelübersetzungen heute, Stuttgart 2001.

Guardini, Romano, Die Offenbarung. Ihr Wesen und ihre Formen, Würzburg 1940.

Gunkel, Hermann, Einleitung in die Psalmen. Die Gattung der religiösen Lyrik Israels, Göttingen 1933.

Gunton, Colin E., A Brief Theology of Revelation, Edinburgh 1995.

Hampe, Johann Chr. (Hg.), Die Autorität der Freiheit. Gegenwart des Konzils und Zukunft der Kirche im ökumenischen Disput, 3 Bde., München 1967.

Heinz, Gerhard, Divinam christianae religionis originem probare. Untersuchung zur Entstehung des fundamental-theologischen Offenbarungstraktats der katholischen Schultheologie, Mainz 1984.

Hoping, Helmut, Die Kirche im Dialog mit der Welt und der sapientiale Charakter christlicher Lehre. Pragmatik und Programmatik des II. Vatikanums im Kontext der Globalisierung, in: Peter Hünermann (Hg.), Das II. Vatikanum. Christlicher Glaube im Horizont globaler Modernisierung, Paderborn – München – Wien – Zürich 1998, 83–99.

Hossfeld, Frank-Lothar (Hg.), Wieviel Systematik erlaubt die Schrift? Auf der Suche nach einer gesamtbiblischen Theologie (QD 185), Freiburg – Basel – Wien 2001.

Hünermann, Peter, Schutz des Glaubens? Kritische Rückfragen eines Dogmatikers, in: HerKorr 52 (1998) 455–460.

Hünermann, Peter, Geschichte versus Heilsgeschichte, in: Josef Meyer zu Schlochtern – Dieter Hattrup (Hg.), Geistliche Macht und weltliche Macht. Das Paderborner Treffen 799 und das Ringen um den Sinn der Geschichte, Paderborn u. a. 2000, 189–218.

Hünermann, Peter, Dogmatische Prinzipienlehre. Glaube – Überlieferung – Theologie als Sprach- und Wahrheitsgeschehen, Münster 2003.

Indelicato, Antonio, Difendere la dottrina o anunciare l'evangelo. Il dibattito nella commissione centrale preparatoria del Vaticano II, Genua 1992.

Instruktion „Sancta Mater Ecclesia" der Päpstlichen Bibelkommission (14. Mai 1964), in: AAS 56 (1964) 712–718.

Jedin, Hubert, Geschichte des Konzils von Trient, Bd. 2, Freiburg 1957.

Johannes Paul II., Ansprache, in: Päpstliche Bibelkommission, Die Interpretation der Bibel in der Kirche (VAS 115), Bonn 1993, 7–20.

Kantzenbach, Wilhelm – Vajta, Viamos (Hg.), Wir sind gefragt … Antworten evangelischer Konzilsbeobachter, Göttingen 1966.

Karrer, Otto, Das Zweite Vatikanische Konzil. Reflexionen zu einer geschichtlichen und geistlichen Wirklichkeit, München 1966.

Käsemann, Ernst, Exegetische Versuche und Besinnungen, Bde. 1 und 2, Göttingen ³1964.

Kasper, Walter, Die Lehre von der Tradition in der römischen Schule. Giovanni Perrone, Carlo Passaglia, Clemens Schrader, Freiburg – Basel – Wien 1962.

Kasper, Walter, Schrift – Tradition – Verkündigung, in: ders., Glaube und Geschichte, Mainz 1970, 159–196.

Kasper, Walter, Das Verhältnis von Schrift und Tradition. Eine pneumatologische Perspektive, in: ders., Theologie und Kirche, Bd. 2, Mainz 1999, 51–83.

Kasper, Walter, Prolegomena zur Erneuerung der geistlichen Schriftlesung, in: ebd. 84–100.

Kessler, Stephan Ch., Gregor der Große als Exeget, Innsbruck – Wien 1995.
Kirchner, Hubert, Wort Gottes, Schrift und Tradition, Göttingen 1998.
Kirchschläger, Walter, Dogmatische Konstitution über die göttliche Offenbarung „Dei Verbum". Mit einer Einführung und Kurzkommentar, Klosterneuburg 1985.
Kirchschläger, Walter, Bibel und Konzil. Das Zweite Vatikanum aus der Sicht der Exegese, in: ThPh 136 (1988) 65–74.
Kleutgen, Joseph, Theologie der Vorzeit, Bd. 1, Münster ²1867.
Klinger, Elmar, Die Offenbarungskonstitution – Mitte und Maßstab des Konzils, in: ders., Armut – Eine Herausforderung Gottes. Der Glaube des Konzils und die Befreiung des Menschen, Zürich 1990, 135–142.
Klinger, Elmar – Wittstadt, Klaus (Hg.), Glaube im Prozeß. Christsein nach dem II. Vatikanum (FS Karl Rahner), Freiburg – Basel – Wien 1984.
Kniazeff, Alexis, Réflexions sur les chapitres III a VI de la Constitution sur la Révélation divine, in: Dupuy (Hg.), La Révélation divine 2, 541–556.
Knoch, Otto B. – Scholtissek, Klaus, Art. Bibel III. Bibelübersetzungen, in: LThK³ 2, 382–385.
Knoch, Wendelin, Gott sucht den Menschen. Offenbarung, Schrift, Tradition, Paderborn 1997.
Komonchak, Joseph A., Der Kampf für das Konzil während der Vorbereitung (1960–1962), in: Alberigo – Wittstadt (Hg.), Geschichte des Zweiten Vatikanischen Konzils 1, 189–401.
Kongregation für die Glaubenslehre, Instruktion über die kirchliche Berufung des Theologen (VAS 98), Bonn 1990.
Konstantinidis, Chrysostomos, Zur dogmatischen Konstitution über die göttliche Offenbarung, in: Damaskinos Papandreou (Hg.), Stimmen der Orthodoxie. Zu Grundfragen des II. Vatikanums, Wien – Freiburg – Basel 1969, 11–69.
Koster, Dominikus, Volk Gottes im Wachstum des Glaubens, Heidelberg 1950.
Kühn, Ulrich, Die Ergebnisse des II. Vatikanischen Konzils, Berlin 1967.
Kühn, Ulrich, Autorität der Schrift und Lehrvollmacht der Kirche, in: Petzoldt (Hg.), Autorität der Schrift 171–176.
Kühne, Hans-Jochen, Schriftautorität und Kirche. Eine kontroverstheologische Studie zur Begründung der Schriftautorität in der neueren katholischen Theologie, Göttingen 1980.
Lagrange, Marie-Joseph, L'écriture en Eglise, Paris 1990.
Latourelle, René, La Révélation comme dialogue dans „Ecclesiam suam", in: Gr 46 (1965) 834–839.
Latourelle, René, La Révélation et sa transmission selon la Constitution „Dei Verbum", in: Gr 47 (1966) 1–40.
Latourelle, René, Théologie de la Révélation, Brüssel ²1966.
Latourelle, René, Le Christ Signe de la Révélation selon la constitution „Dei Verbum", in: Gr 47 (1966) 685–709.
La „Dei Verbum" trent'anni dopo. Miscellanea in onore di Padre Umberti Betti o.f.m. a cura di Nicola Ciola.
Leeuwen, Piet van, Der Reifungsprozeß des Zweiten Vatikanischen Konzils in der Lehre über die göttliche Offenbarung und ihre Weitergabe, in: Conc(D) 3 (1967) 2–8.
Lengeling, Emil J., Liturgie. Dialog zwischen Gott und Mensch, in: Theodor Filthaut (Hg.), Umkehr und Erneuerung. Kirche nach dem Konzil, Mainz 1966, 92–135.
Lengsfeld, Peter, Überlieferung, Tradition und Schrift in der evangelischen und katholischen Theologie der Gegenwart, Paderborn 1960.
Lennerz, Heinrich, Scriptura Sola?, in: Gr 40 (1959) 38–53.

Léon-Dufour, Xavier, Commentaire du chapitre V: Sur le Nouveau Testament, in: Dupuy (Hg.), La Révélation divine 2, 403–431.
Leuba, Jean-Loius, Tradition und Traditionen. Entwurf einer systematisch-theologischen Klärung, in: Skydsgaard –Vischer (Hg.), Schrift und Tradition 9–23.
Leuba, Jean-Loius, La Trradition à Montréal et à Vatican II. Convergences et questions, in: Dupuy (Hg.), La Révélation divine 2, 475–497.
Liénart, Achille, Vatican II, in: MSR 33 (1967) 87–92.
Lohfink, Norbert, Die Wahrheit der Bibel und die Geschichtlichkeit der Evangelien. Erste Randglossen zur dogmatischen Konstitution Dei Verbum (Über die göttliche Offenbarung) – verkündet am 18. November 1965, in: Orien 29 (1965) 254–256.
Lohfink, Norbert, Katholische Bibelwissenschaft und historisch-kritische Methode, Kevelaer 1966.
Lohfink, Norbert, Über die Irrtumslosigkeit und die Einheit der Schrift, in: StZ 174 (1964) 161–181.
Loisy, Alfred, Autour d'un petit livre, Paris 1903.
Lossky, Vladimir, La tradition et les traditions, in: Messager de l'exarchat du patriarche Russe en Europe occidentale 10 (1959) 101–121.
Lubac, Henri, Der geistige Sinn der Schrift, Einsiedeln 1952.
Lubac, Henri, Exégèse médiévale. Les quatre sens de l'écriture, t. 1, Paris 1959.
Lubac, Henri, Zwanzig Jahre danach. Ein Gespräch über Buchstaben und Geist des Zweiten Vatikanischen Konzils, München 1985.
Lubac, Henri, Die göttliche Offenbarung. Kommentar zum Vorwort und zum ersten Kapitel der Dogmatischen Konstitution „Dei Verbum" des Zweiten Vatikanischen Kozils. Aus dem Französischen übertr. u. eingel. v. Rudolf Voderholzer, Freiburg 2001; frz.: La révélation divine. Commentaire du préambule et du chapitre I de la constitution „Dei Verbum" du Concile Vatican II, Paris ³1983.
Lubac, Henri, Typologie, Allegorie, Geistiger Sinn. Studien zur Geschichte der christlichen Schriftauslegung. Aus dem Französischen übertr. u. eingel. v. Rudolf Voderholzer, Freiburg 1999.
Lubac, Henri, Krise zum Heil. Eine Stellungnahme zur nachkonziliaren Traditionsvergessenheit. Mit einer Einführung v. Rudolf Voderholzer, Berlin ²2002.
Lubac, Henri de – Cattaneo, Enrico, La Costituzione „Dei Verbum" vent'anni dopo, in: Rassegna di teologia 26 (1985) 385–400.
Maio, Romeo de, Il libro del Vangelo nei Concili Ecumenici, Biblioteca Aspostolica Vaticana 1963.
Marxsen, Willi, Die Auferstehung Jesu als historisches und als theologisches Problem, Gütersloh 1964.
Moeller, Charles, Le texte du chapitre II dans la seconde période du Concile (Sessions II, II et IV), in: Dupuy (Hg.), La Révélation divine 1, 305–344.
Moltmann, Jürgen, Schrift, Tradition, Traditionen. Bericht über die Arbeit der Sektion II, in: ÖR 13 (1964) 104–111.
Mouroux, Jean, Le mystère du temps, Paris 1962; dt.: Eine Theologie der Zeit, Freiburg 1965.
Murray, Robert, New Testament Eschatology and the Constitution „De Ecclesiae" of Vatican II, in: HeyJ 7 (1966) 33–42.
Neuner, Josef, Das Schema über die Offenbarung, in: KNA-Sonderdienst zum Zweiten Vatikanischen Konzil Nr. 56/6. Oktober (Rahner-Archiv, Elmar Klinger, jetzt integriert in das Karl-Rahner-Archiv Innsbruck, Nr. 716), 5–8.
Newman, John H., On the Inspiration of Scripture. Edited with an Introduction by J. D. Holmes and R. Murray, London 1967.
Nissiotis, Nikos A., Die Einheit von Schrift und Tradition von einem östlich-orthodoxen Standpunkt aus, in: ÖR 14 (1965) 271–292.

Nissiotis, Nikos A., Bericht über das Zweite Vatikanische Konzil, in: ÖR 15 (1966) 120–136.
Observations sur le Schéma de Constitution „De Divina Revelatione", rédigées par plusieures professeurs de l'Institut biblique pontifical à l'intention des évêques du Brésil (Rome, 27 septembre 1964), in: Dupuy (Hg.), La Révélation divine 2, 623–629.
O'Collins, Gerald, Rivelazione: passato e precento, in: Vaticano II. Bilancio e prospettive 1, 125–135.
Ökumenischer Arbeitskreis evangelischer und katholischer Theologen, Kanon – Heilige Schrift – Tradition. Gemeinsame Erklärung, in: Pannenberg – Schneider (Hg.), Verbindliches Zeugnis 1, 371–397.
Ökumenischer Arbeitskreis evangelischer und katholischer Theologen, Schriftverständnis und Schriftgebrauch. Abschließender Bericht, in: Schneider – Pannenberg (Hg.), Verbindliches Zeugnis 3, 288–389.
Oeming, Manfred, Biblische Hermeneutik. Eine Einführung, Darmstadt 1998.
Ott, Heinrich, Die Lehre des 1. Vatikanischen Konzils. Ein evangelischer Kommentar, Basel 1963.
Ott, Heinrich, Die Offenbarung Gottes nach dem Konzil, in: Hampe (Hg.), Die Autorität der Freiheit 1, 169–174.
Pannenberg, Wolfhart (Hg.), Offenbarung als Geschichte, Göttingen 1961 (^{2}1963).
Pannenberg, Wolfhart, Dogmatische Thesen zur Lehre von der Offenbarung, in: ders. (Hg.), Offenbarung als Geschichte 91–114.
Pannenberg, Wolfhart, Heilsgeschichte und Geschichte (1959), in: ders., Grundfragen systematischer Theologie, Bd. 1, Göttingen ^{3}1979, 22–78.
Pannenberg, Wolfhart, Hermeneutik und Universalgeschichte (1963), in: ders., Grundfragen systematischer Theologie, Bd. 1, Göttingen ^{3}1979, 91–122.
Pannenberg, Wolfhart – Schneider, Theodor (Hg.), Verbindliches Zeugnis, Bd. 1: Kanon – Schrift – Tradition (Dialog der Kirchen 7), Freiburg – Göttingen 1992.
Pannenberg, Wolfhart– Schneider, Theodor (Hg.), Verbindliches Zeugnis, Bd. 2: Schriftauslegung – Lehramt – Rezeption (Dialog der Kirchen 8), Freiburg – Göttingen 1992.
Päpstliche Bibelkommission, Bibel und Christologie. Ein Dokument in Französisch und Latein. Mit deutscher Übersetzung und Hinführung von Paul-Gerhard Müller, mit einem Kommentar von Joseph A. Fitzmyer und einem Geleitwort von Kardinal Joseph Ratzinger, Stuttgart 1987.
Päpstliche Bibelkommission, Die Interpretation der Bibel in der Kirche (23. April 1993) (VAS 115), Bonn o. J.
Päpstliche Bibelkommission, Das jüdische Volk und seine Hl. Schrift in der christlichen Bibel (24. Mai 2001) (VAS 152), Bonn o. J.
Pernau, Josep, Constitución dogmática sobre la Revelación divina. Edición del texto, traducción, indicación de lugares paralelos, notas – comentario e indices por J. Perarnau, Castellón de la Plana 1966.
Perrone, Giovanni, Praelectiones theologicae, t. III: De locis theologicis, Regensburg 1854.
Pesch, Otto H., Das Zweite Vatikanische Konzil (1962–1965). Vorgeschichte – Verlauf – Ergebnisse – Nachgeschichte, Würzburg 1993.
Petzoldt, Matthias (Hg.), Autorität der Schrift und Lehrvollmacht der Kirche (FS Ulrich Kühn), Leipzig 2003.
Pfeiffer, Helmut, Gott offenbart sich. Das Reifen und Entstehen des Offenbarungsverständnisses im ersten und zweiten vatikanischen Konzil, Frankfurt/Main 1982.
Pfeiffer, Helmut, Offenbarung und Offenbarungswahrheit. Eine Untersuchung zur Verhältnisbestimmung von person-dialogischer Offenbarung Gottes und objektiver Satzwahrheit, Trier 1982.
Potterie, Ignace de la, La vérité de la Sainte Ecriture et l'Histoire du salut d'après la Constitution dogmatique Dei Verbum, in: NRTh 98 (1966) 149–169.

Pottmeyer, Hermann J., Der Glaube vor dem Anspruch der Wissenschaft. Die Konstitution über den katholischen Glauben „Dei Filius" des Ersten Vatikanischen Konzils und die unveröffentlichten theologischen Voten der Vorbereitenden Kommission, Freiburg 1968.

Pottmeyer, Hermann J., Auf fehlbare Weise unfehlbar? Zu einer neuen Form päpstlichen Lehrens, in: StZ 124 (1999) 233–242.

Prignon, Albert, Journal conciliare de la 4e session. Leo Declerck et André Haquin (éd), Louvain-la-Neuve 2003.

Professio fidei et iusiurandum fidelitatis in sucsipiendo officio nomine ecclesiae excercendo, in: AAS 81 (1989) 104–106.

Rahner, Karl, Über die Schriftinspiration (QD 1), Freiburg 1958.

Rahner, Karl, Exegese und Dogmatik (1961), in: ders., Schriften zur Theologie 5, Einsiedeln – Zürich – Köln 1962, 82–111.

Rahner, Karl, Weltgeschichte und Heilsgeschichte (1962), in: ders., Schriften zur Theologie 5, Einsiedeln – Zürich – Köln 1962, 115–135.

Rahner, Karl, Zur Frage der Dogmenentwicklung, in: ders., Schriften zur Theologie 1, Einsiedeln – Zürich – Köln [7]1964.

Rahner, Karl, Heilige Schrift und Tradition, in: ders., Schriften zur Theologie 6, Einsieseln – Zürich – Köln 1965, 121–138.

Rahner, Karl – Ratzinger, Joseph, Offenbarung und Überlieferung (QD 25), Freiburg – Basel – Wien, 1965.

Rahner, Karl, Was wurde erreicht?, in: ders. – Oscar Cullmann – Heinrich Fries, Sind die Erwartungen erfüllt? Überlegungen nach dem Konzil, München 1966, 7–34.

Rahner, Karl, De revelatione Dei et hominis in Jesu Christo facta – Über die Offenbarung Gottes und des Menschen in Jesus Christus (unter Mitarbeit von J. Ratzinger). Aus dem Lateinischen von E. Schrofner, in: Klinger – Wittstadt (Hg.), Glaube im Prozeß 33–50.

Ratzinger, Joseph, Offenbarung – Schrift – Überlieferung, in: TThZ 67 (1958) 13–27.

Ratzinger, Joseph, Die erste Sitzungsperiode des Zweiten Vatikanischen Konzils. Ein Rückblick, Köln 1963.

Ratzinger, Joseph, Das Konzil auf dem Weg. Rückblick auf die zweite Sitzungsperiode, Köln 1964.

Ratzinger, Joseph, Ergebnisse und Problem der dritten Sitzungsperiode, Köln 1965.

Ratzinger, Joseph, Ein Versuch zur Frage des Traditionsbegriffs, in: Karl Rahner – Joseph Ratzinger, Offenbarung und Überlieferung (QD 25), Freiburg – Basel – Wien 1965, 25–69.

Ratzinger, Joseph, Art. Tradition. III. Systematisch, in: LThK[2] 10, 293–299.

Ratzinger, Joseph, Kommentar zur Dogmatischen Konstitution „Dei Verbum" über die göttliche Offenbarung (Einleitung, Kap. 1–2 und Kap. 6), in: LThK.E 2, 498–528.571–581.

Ratzinger, Joseph, Schriftauslegung im Widerstreit. Zur Frage nach Grundlagen und Weg der Exegese heute, in: ders. (Hg.), Schriftauslegung im Widerstreit (QD 117), Freiburg – Basel – Wien 1989, 15–44.

Ratzinger, Joseph, Wesen und Auftrag der Theologie. Versuche zu ihrer Ortsbestimmung im Disput der Gegenwart, Freiburg 1993.

Ratzinger, Joseph, Aus meinem Leben. Erinnerungen (1927–1977), Stuttgart 1998.

Ratzinger, Joseph, Kirchliches Lehramt und Exegese. Reflexionen aus Anlaß des 100-jährigen Bestehens der Päpstlichen Bibelkommission, in: IKaZ 32 (2003) 522–529.

Reid, John K. S., Die Heilige Schrift und das Vaticanum II, in: Hampe (Hg.), Die Autorität der Schrift 1, 223–231.

Rigaux, Béda, Kommentar zur Dogmatischen Konstitution „Dei Verbum" über die göttliche Offenbarung (Kap. IV–V), in: LThK.E 2, 525–570.

Romeo, Antonio, L'enciclia „Divino afflante Spiritu" et le „opiniones novar", in: Divinitas 4 (1960) 387–456.
Rousselot, Pierre, Die Augen des Glaubens, Einsiedeln 1963.
Routhier, Gilles, La réception d'un Concile, Paris 1993.
Ruggieri, Giuseppe, La discussione sullo schema Constitutionis dogmaticae de fontibus revelationis durante la I sessione del concilio Vaticano II, in: Étienne Fouilloux (Hg.), Vatican II Commence ... Approches Francophones, Leuven 1993, 315–328.
Ruggieri, Giuseppe, Der erste Konflikt in Fragen der Lehre, in: Alberigo – Wittstadt (Hg.), Geschichte des Zweiten Vatikanischen Konzils 2, 273–314.
Ruiz, José-Maria G., Der Gebrauch der Bibel in der Kirche des Konzils, in: Hampe (Hg.), Die Autorität der Freiheit 1, 232–239.
Sattler, Dorothea, In Gemeinschaft Hörende auf Gottes Wort allein. Ökumenische Annäherungen bei den Themen „Schriftverständnis" und „Schriftauslegung", in: Petzoldt (Hg.), Autorität der Schrift 37–58.
Sauer, Hanjo, Von den „Quellen der Offenbarung" zur „Offenbarung selbst", in: Klinger – Wittstadt (Hg.), Glaube im Prozeß, 514–545.
Sauer, Hanjo, Erfahrung und Glaube. Die Begründung des pastoralen Prinzips durch die Offenbarungskonstitution des II. Vatikanischen Konzils (Würzburger Studien zur Fundamentaltheologie 12), Frankfurt/Main u. a. 1993.
Sauer, Hanjo, I problemi della dottrina sono i problemi della pastorale, in: Giuseppe Alberigo – Alberto Melloni (Hg.), Storia del concilio Vaticano II. Vol. 4: La chiesa comme comunione. Il terzo periodo e la terza intersessione settembre 1964 – settembre 1965, Bologna – Leuven, 1999, 221–258.
Sauer, Hanjo, Die dogmatische Konstitution über die göttliche Offenbarung *Dei Verbum*, in: Franz X. Bischof – Stephan Leimgruber (Hg.), Vierzig Jahre II. Vatikanum. Zur Wirkungsgeschichte der Konzilstexte, Würzburg 2004, 232–251.
Scheeben, Matthias J., Handbuch der katholischen Dogmatik, Bd. 1, Freiburg 1878.
Scheffczyk, Leo, Die dogmatische Konstitution „Über den katholischen Glauben des Vaticanum I" und ihre Bedeutung für die Entwicklung der Theologie, in: MThZ 22 (1971) 76–94.
Schildenberger, Johannes, Art. Senus plenior, in: LThK[2] 9, 670.
Schillebeeckx, Edward, Animadversiones in primam seriem Schematum Constituionum et Decretorum de quibus disceptabitur in Concilii sessionibus (Rahner-Archiv Elmar Klinger Nr. 319).
Schillebeeckx, Edward, Offenbarung und Theologie (Gesammelte Schriften Bd. 1), Mainz 1965.
Schillebeeckx, Edward, Besinnung auf das zweite Vatikanum, Wien 1966.
Schlier, Heinrich, Mein Bekenntnis zur katholischen Kirche, Zürich 1955.
Schlink, Edmund, Écriture, Tradition et Magistère selon la Constitution Dei Verbum, in: Dupuy (Hg.), La Révélation divine 2, 499–511.
Schmaus, Michael, Dogmatische Konstitution über die göttliche Offenbarung. Authentischer lateinischer Text der Acta Apostolica Sedis. Deutsche Übersetzung im Auftrage der deutschen Bischöfe. Mit einer Einleitung von Michael Schmaus, Münster 1967.
Schmithals, Walter, Die Wahrheit der Heiligen Schrift und das Konzil, in: Hampe (Hg.), Die Autorität der Freiheit 1, 197–208.
Schmitz, Josef, Das Christentum als Offenbarungsreligion im christlichen Bekenntnis, in: Walter Kern – Hermann J. Pottmeyer – Max Seckler, Handbuch der Fundamentaltheologie, Bd. 2: Traktat Offenbarung, Freiburg – Basel – Wien 1985, 15–28.
Schneider, Theodor – Pannenberg, Wolfhart (Hg.), Verbindliches Zeugnis, Bd. 3: Schriftverständnis und Schriftgebrauch (Dialog der Kirchen 10), Freiburg – Göttingen 1998.
Schrift, Tradition und Traditionen (Bericht der Sektion III), in: Patrick C. Rodger, World

Council of Churches/Comission on Faith and Order (Montreal 1963), Zürich 1963, 42–53.

Schutz, Roger – Thurian, Max, Das Wort Gottes auf dem Konzil. Die dogmatische Konstitution über die göttliche Offenbarung. Wortlaut und Kommentar. Mit einem Vorwort von H. de Lubac, Freiburg – Basel – Wien 1967.

Schutz, Roger, La Révélation selon le chapitre II de la Constitution, in: Dupuy (Hg.), La Révélation divine 2, 463–474.

Scrima, Andrea, Révélation et Tradition dans la Constitution dogmatique Dei Verbum selon un point de vue orthodoxe, in: Dupuy (Hg.), La révélation divine 2, 523–539.

Seckler, Max, Über den Kompromiß in Sachen der Lehre, in: ders. – Otto H. Pesch – Johannes Brosseder – Wolfhart Pannenberg (Hg.), Begegnung. Beiträge zu einer Hermeneutik des theologischen Gesprächs, Graz – Wien – Köln 1972, 45–57.

Seckler, Max, Dei Verbum religiose audiens. Wandlungen im christlichen Offenbarungsverständnis, in: Jakob J. Petuchowski – Walter Strolz (Hg.), Offenbarung im jüdischen und christlichen Glaubensverständnis, Freiburg 1981, 214–236.

Seckler, Max, Der Begriff der Offenbarung, in: Walter Kern – Hermann J. Pottmeyer – Max Seckler, Handbuch der Fundamentaltheologie, Bd. 2: Traktat Offenbarung, Freiburg – Basel – Wien 1985, 60–83.

Seeber, David A., Das Zweite Vaticanum. Konzil des Übergangs, Freiburg 1966.

Semmelroth, Otto, Gott und Mensch in Begegnung. Ein Durchblick durch die katholische Glaubenslehre, Frankfurt/Main 1956.

Semmelroth, Otto – Zerwick, Maximilian, Vaticanum II über das Wort Gottes. Die Konstitution „Dei Verbum". Einführung und Kommentar, Text und Übersetzung (SBS 16), Stuttgart 1966.

Seybold, Michael u.a., Offenbarung. Von der Schrift bis zum Ausgang der Scholastik (HDG I/1a), Freiburg – Basel – Wien 1971.

Siebenrock, Roman, „Meine schlimmsten Erwartungen sind weit übertroffen". Analyse der Kritik an den Schemata der Zentralkommission im August/September 1962 durch eine deutsche Gruppe von Theologen und Bischöfen nach den Notizen und Erläuterungen Karl Rahners für Kardinal König, in: Klaus Wittstadt u.a. (Hg.), Der Beitrag der deutschsprachigen und osteuropäischen Länder zum Zweiten Vatikanischen Konzil, Leuven 1996, 121–139.

Skydsgaard, Kristen E., Tradition und Wort Gottes. Ein Beitrag zum ökumenischen Gespräch, in: ders. – Lukas Vischer (Hg.), Schrift und Tradition. Untersuchung einer theologischen Kommission, Zürich 1963, 128–156.

Smulders, Pieter, Zum Werdegang des Konzilskapitels „Die Offenbarung selbst". Dei Verbum, 1. Kapitel, in: Klinger – Wittstadt (Hg.), Glaube im Prozeß 99–120.

Söding, Thomas, Mehr als ein Buch. Die Bibel begreifen, Freiburg – Basel – Wien 1995.

Stakemeier, Eduard, Die Weitergabe der Offenbarung Gottes, in: Hampe, Die Autorität der Freiheit 1, 174–189.

Stakemeier, Eduard, Die Konzilskonstitution über die göttliche Offenbarung. Werden, Inhalt und theologische Bedeutung. Lateinischer und deutscher Text mit Kommentar, (KKTS 18), Paderborn ²1967.

Tavard, Georges H., Scripture, Tradition an History, in: Downside Review 72 (1954) 232–244.

Tavard, Georges H., The Dogmatic Constitution on Divine Revelation of Vatican Council II. Commentary and Translation, Glen Rock, N.J. 1966.

Theobald, Christoph, La chiesa sotto la Parola di Dio, in: Guiseppe Alberigo – Alberto Melloni (Hg.), Storia del concilio Vaticano II. Vol. 5: Concilio di transizione. Il quarto periodo e la conclusione del concilio (1965), Bologna – Leuven 2001, 285–370.

D. Bibliographie

Thurian, Max, Un acte œcuménique du Concile: le vote de la Constitution dogmatique sur la révélation, in: Verbum Caro 76 (1965) 6–10.

Tradition und Traditionen. Berichte der Theologischen Kommission über Tradition und Traditionen an die Vierte Weltkonferenz für Glauben und Kirchenverfasung in Montreal/Kanada (1963), Zürich 1963.

Tromp, Sebastian, De Sacrae Scripturae inspiratione, Rom ^{5}1953.

Tyrrell, George, Through Scylla and Charybdis or The Old Theoloy and the New, London 1907.

Vaggagini, Cypriano, La teologia dommatica nell'art. 16 del Decreto sulla formazione sacerdotale, in: Seminarium 18 (1966) 819–841.

Vanhoye, Albert, La parola di Dio nella vita della Chiesa la recezione della „Dei Verbum", in: Comitatio centrale del grande guibileo dell'anno 2000. Il Concilio Vaticano II. Recezione e attualità alle luce del Guibileo a cura di Rino Fisichella, Milano 2000, 29–45.

Vaticano II. Bilancio e prospettive venticinque anni dopo (1962/1987) I–II. A cura di René Latourelle, Assisi 1987.

Vilanova, Evangelista, Die Intersessio (1963–1964), in: Alberio – Wittstadt (Hg.), Geschichte des Zweiten Vatikanischen Konzils 3, 401–572.

Vischer, Lukas, Nach der vierten Session des Zweiten Vatikanischen Konzils, in: ÖR 15 (1966) 81–120.

Voderholzer, Rudolf, Die Einheit der Schrift und ihr geistiger Sinn. Der Beitrag Henri de Lubacs zur Erforschung von Geschichte und Systematik christlicher Bibelhermeneutik, Freiburg 1998.

Volk, Hermann, Zur Theologie des Wortes Gottes, Münster ^{2}1962.

Volk, Hermann, Wort Gottes, Gabe und Aufgabe, in: Cath(M) 16 (1962) 241–251.

Vorgrimler, Herbert, Die Konzilskonstitution über die göttliche Offenbarung, in: BiLi 39 (1966) 105–110.

Voss, Gerhard, Die dogmatische Konstitution „Über die göttliche Offenbarung", in: US 21 (1966) 30–45.

Waldenfels, Hans, Offenbarung. Das Zweite Vatikanische Konzil auf dem Hintergrund der neueren Theologie, München 1969.

Waldenfels, Hans, Die Offenbarung. Von der Reformation bis zur Gegenwart, unter Mitarbeit v. Leo Scheffczyk (HDG I/1b), Freiburg – Basel – Wien 1977.

Waldenfels, Hans, Einführung in die Theologie der Offenbarung, Darmstadt 1996.

Walter, Peter, Art. Sensus plenior, in: LThK^3 9, 467.

Wassilowsky, Günther, Einblick in die ‚Textwerkstatt' einer Gruppe deutscher Theologen auf dem II. Vatikanum, in: Hubert Wolf – Claus Arnold (Hg.), Die deutschsprachigen Länder und das II. Vatikanum, Paderborn – München – Wien – Zürich 2000, 61–87.

Wassilowsky, Günther, Universales Heilssakrament Kirche. Karl Rahners Beitrag zur Ekklesiologie des II. Vatikanums (ITS 59), Innsbruck – Wien 2001.

Wittstadt, Klaus, Julius Kardinal Döpfner – Ein Lebensbild im Spiegel des Zweiten Vatikanums, in: Peter Pfister (Hg.), Julius Kardinal Döpfner und das Zweite Vatikanische Konzil. Vorträge des wissenschaftlichen Kolloquiums anläßlich der Öffnung des Kardinal-Döpfner-Konzilsarchivs am 16. November 2001, Regensburg 2002, 12–20.

Zerwick, Maximilian, Konzil und Bibelauslegung, in: Hampe (Hg.), Die Autorität der Freiheit 1, 209–223.

Zweites Vatikanisches Konzil. 1.–4. Sitzungsperiode. Dokumente – Texte – Kommentare, Osnabrück 1963–1966.

Register

Personenverzeichnis

Abaelard 607
Abbruzzese, S. 498
Abd el-Jalil, J. 633
Abdullah, M. S. 659
Abel 622
Abraham 604, 622, 659–661, 673
Accattoli, L. 674
Adam, K. 80
Adorno, Th.W. 429
Ahlers, R. 203
Alberigo, G. 73
Alexander VII. 323
Alfrink, B. J. 252, 261–262, 283, 718, 724–725, 727
Ambrosius 297, 365, 801
Amersfoort, J. 619
Ammer, J. 582
Amstutz, J. 650–652
Anawati, G. 616, 660
Anselm v. Canterbury 612
Antoniutti, I. 82, 504, 508–509
Aramburu, Z. 501
Arenhoevel, D. 779
Arinze, F. 667, 669
Arnold, F. X. 344
Arqus, P. 9
Arriba y Castro, B. de 100
Arrighi, J. F. 82, 84
Asmussen, H. 79
Athenagoras 14, 59–60, 83, 86, 103, 205, 640
Audo, J. 9
Auf der Maur, I. 614
Augustinus 299, 380, 601, 657, 722, 738, 757, 763, 770, 781, 792, 801
Aurobindo, Sri G. 629

Baatz, U. 633
Ballauff, Th. 558
Balthasar, H. U. von 80, 344, 539, 707, 713
Baraniak, A. 16
Barbado y Viejo, F. 731
Barros Camara, J. 524
Barth, K. 611–612, 624, 670, 738
Bartholomaios I. 205
Bartolomeu dos Mártires 322, 462
Basilius 761–762

Baudoux, M. 16, 57, 731
Baum, G. 78, 82, 636, 662
Baumann, A. 670
Baumert, N. 543
Bayrle-Sick, N. 558
Bazelaire de Ruppière, L. M. F. de 351
Bea, A. 11, 14, 17, 19, 75, 80–85, 87–90, 92–93, 95–96, 99, 102–103, 105, 115, 144, 148, 155, 178, 192, 202, 296, 357, 513, 595–599, 622, 633–636, 638–644, 646–647, 649, 663, 667, 718–719, 725–727, 729, 764, 770–771, 785, 787, 797
Beck, G. A. 509
Becker, W. 81
Beckmann, J. 188
Becquet, D. 13
Bellarmin, R. 28, 75, 118, 166, 235, 752
Bellini, A. 82
Ben-Chorim, S. 624
Bendel, R. 619, 623
Benedikt von Nursia 517, 523
Benedikt XIV. 8, 48
Benedikt XV. 10, 35, 78, 328, 335, 339, 614, 708, 801
Bengsch, A. 727
Benoit, P. 708
Beozzo, O. 634, 638
Berkouwer, G.C 86
Berlage, A. 710
Bernhard von Clairvaux 456
Bernhardt, R. 601, 611, 629, 671
Bertano, P. 751
Bertram, A. 345
Bérulle, P. de 324–325
Besier, G. 622
Betti, U. 730–731
Bévenot, M. 82, 92
Bidawid, R. 40
Biemer, G. 662, 673
Biesinger, A. 567
Billot, L. 239, 707
Bischofberger, O. 648
Bismarck, O. von 343
Blanchet, E. A. 351
Blank, J. de 84
Blaschke, O. 621, 623

Blavatsky, H. 628
Blée, F. 674
Bloch, E. 555
Bodin, J. 607
Boegner, M. 86
Böhi, A. 353
Bokelmann, H. 579
Bonaventura 434
Bonhoeffer, D. 158, 624
Bonuccio, A. 710, 751
Borrmans, M. 661, 669
Borromäus, K. 322, 462
Boyer, C. 79, 81–82, 91–92
Brechenmacher, Th. 621, 640
Brouwers, J. A. 724
Brown, G. 624
Brown, S. E. 671
Browne, M. 719, 728
Brück, M. von 616
Bsteh, A. 661, 671
Buber, M. 624
Bucher, R. 448, 480
Bucko, J. 16
Buddha 656
Bueno y Monreal, J. 100
Bukatko, G. 16, 99
Bulgakov, S. A. 713–714
Bulst, W. 707
Bultmann, R. 712, 786–787
Burigana, R. 350, 642
Bürkle, H. 600–602
Butler, C. 726, 728, 731–732, 773
Buttaroni, S. 620

Calmels, N. 507
Calvin, J. 123, 189
Cano, M. 357
Capovilla, L. 83
Caprile, G. 183
Cardini, F. 616, 618
Carli, L. M. 244–245, 247, 251, 276, 288, 290, 296, 302, 599, 623, 643, 779, 786
Carraro, G. 351, 364, 369–372, 376
Carroll, J. 524
Casella, M. 328
Caspar, R. 616–618
Cassidy, E. I. 206
Castro, G. y G. de 786
Cerfaux, L. 717–718, 731
Chagall, M. 624
Charles, P. 631
Charrière, F. 81
Charue, A. M. 467, 729–731
Chenu, M.-D. 386, 436, 499, 603, 706
Chrysostomus 365, 775
Cicognani, A. G. 13, 16, 18–19, 24–25, 56, 83, 85, 89, 95–96, 99, 505, 641, 734, 761

Clemens V. 278
Clemens VIII. 47, 797
Clercq, C. de 16
Cody, J. P. 351
Collet, G. 629–631
Colombo, C. 731, 740
Colombo, G. 351, 359, 369–370, 373–374, 378
Colpe, C. 617
Colson, J. 342
Combes, A. 351
Comerford, K. M. 323
Confalonieri, C. 719
Congar, Y. 78–80, 99, 122, 129, 197, 201, 213, 342, 499, 596, 709, 714, 718, 722, 724, 729, 731, 756, 763
Conte a Coronata, M. 329–330
Copello, G. 719
Cornelis, J. F. 768
Corr, G. M. 82
Corsten, W. 621
Coste, P. 323
Cottier, G. 633
Couturier, P. 78–79, 82, 128, 139–140
Crottogini, J. 341
Cuadrado, C. 82
Cullmann, O. 86, 198, 201, 467, 712–713, 728, 742, 758, 777
Cunnigham, J. 82
Cyprian 280
Cyrill von Alexandrien 802
Cyrill von Jerusalem 781

D'Souza, E. 252, 265
Da Silveira d'Ebroux, E. 16
Daem, J. 562, 565
Dahlke, P. 628
Damberg, W. 390
Dammertz, V. J. 544–545
Daniélou, J. 632, 707–708, 713, 722
Dautzenberg, G. 619
David 463
Davids, T. W. R. 628
Davis, F. 82
Dearden, J. 82
De Nobili, R. 615
Degrijse, O. 82
Del Portillo, A. 524
Delahaye, K. 344
Dellepoort, J. 341
Démann, P. 636
Deneffe, A. 709
Devoto, A. 726
Dezza, P. 351, 354, 369–371, 375, 561
Dick, I. 46, 51, 53–54, 59, 64
Diebold, E. 82
Diederich, G. M. 561
Diekamp, F. 239

Personenverzeichnis

Dieker, W. 622
Dietrich, W. 619–620
Dimitrios I. 205
Dingel, I. 606
Dionysius Areopagita 324
Dodewaard, J. van 731–732, 777, 786, 791
Döpfner, J. 244, 277, 284, 353, 357, 364, 369–370, 428, 481, 503–506, 508, 511, 718–721, 725, 727, 740, 746–747
Döring, H. 611
Doumith von Sarba 21
Drey, J. S. 710
Duff, E. 85
Dumont, C. J. 78, 82–83, 152–153
Dumont, P. 81, 83
Duprey, P. 82
Dupuis, J. 671
Dupuy, B.-D. 701
Dupuy, M. 324

Echeverria Ruiz, B. 508
Eckehard, Meister 324
Eckert, W. P. 636
Edamaran, J. 85
Edelby, N. 12–18, 21, 26–32, 34–35, 37–46, 49, 56, 95, 733, 759, 790, 802
Ehrlich, E. 620
Eicher, P. 739
Eid, A. 16
Elchinger, L. A. 100, 142, 201–202, 562, 579, 661, 668, 722
Engelmann, P. 644
Enomiya-Lassalle, H. M. 631, 633
Epalza, M. de 673
Erlinghagen, K. 559
Ess, J. 616
Euler, W. A. 607
Euseb 255
Evdokimov, P. 198
Evers, G. 612–614, 630–631
Ewers, H. 81
Extross, J. 85
Eybel, J. V. 233
Eynde, D. van den 717–718

Fabro, C. 349, 351
Fady, J. 508
Faltin, D. 16
Fantappié, C. 323
Farrugia, J. 659
Feeney, L. 613
Feifel, E. 557
Feil, E. 651
Feiner, J. 80–81, 92, 112, 115, 117, 121, 150, 154, 157, 172, 174, 188–189, 719, 725, 729
Felici, P. 85, 103, 526, 641–642, 727, 730, 805

Ferraz, S. 151–152
Feuerbach, L. 611
Fidora, A. 607
Fiedler, P. 673
Firmian, E. L. von 462
Fischer, B. 80
Fisher, G. F. 84
Fitzgerald, M. L. 667–668
Flahiff, G. 757
Flasch, K. 607–610
Fleischner, E. 672
Florit, E. 716, 730–732, 741, 743, 745, 750, 755–756, 759–761
Flusser, D. 621
Foucauld, Ch. de 618, 633
Fouilloux, E. 347, 499
Franić, F. 732, 734, 761
Franz Joseph (Kaiser) 628
Franz, A. 670
Franzelin, J. B. 705, 707, 709, 725
Frick, R. 556, 559–560, 563, 584
Friedrich II. (König) 620
Fries, H. 198
Frings, J. 291, 357, 718–719, 721, 724–726, 728–729
Fuchs, O. 405, 408, 422, 431, 434, 444, 446, 476–478, 481
Fuente, A. de la 434
Funk, F. X. 328

Gad, H. 16
Gäde, G. 671
Gagnebet, R. 731
Gandhi, M. 615, 629
Gardeil, A. 706
Gargitter, J. 245
Garijo-Guembe, M. M. 215
Garofalo, S. 717–718, 725, 731
Garrigou-Lagrange, R. 706
Garrone, G. 722, 726
Gasser, V. 234
Gastellino 731
Gatz, E. 322, 324, 343, 345
Gaucher, G. 342
Gaudron, M. 599
Geiselmann, J. R. 709–711, 718, 726, 759
Gerhards, A. 673
Gertler, T. 600
Gilson, E. 334
Ginzel, G. 619, 672
Gioia, F. 667, 669
Gonzáles, C. M. 778
Gonzáles, E. M. 726, 769
González Ruiz, J.-M. 803
Gordillo, M. 56
Gori, A. 16
Gotto, K., 623

Gran, N. 82
Grandmaison, P. de 342
Graus, F. 620
Gregor der Große 365, 756
Gregor VII. 659
Gregor XVI. 496
Greiler, A. 348–350, 368, 372, 384, 415, 433, 436, 440, 471
Greinacher, N. 341
Grelot, P. 701, 708
Griffith, B. 631, 674
Grillmeier, A. 702, 731
Grimm, G. 628
Groot, J. C. 85
Grootaers, J. 106, 347–348
Grosche, R. 79
Grote, H. 647
Gstrein, H. 618
Guano, E. 728
Guardini, R. 80, 706, 744
Guasco, M. 327–328, 348
Guerry, E. M. 722, 726
Guggenberger, W. 582
Guise, L. 235
Gunkel, H. 773
Günzel, U. 559

Häcker, E. 540
Hadrian 802
Hagemann, L. 607
Hajjar, J. 8
Hakim, G. 741
Hamer, J. 81
Hanahoe, E. 82
Häring, B. 215
Harms, H. H. 80
Hart, W. 82
Haußig, H.-M. 651
Haubst, R. 607–610
Heck, E. 651
Heenan, J. C. 81, 102, 507, 640
Hegge, Chr. 547
Hehl, U. 622
Heidegger, M. 787
Heiler, F. 79
Heiser, B. 82
Helmsing, C. H. 82, 102, 142
Henrix, H. 619, 624–626, 668–669, 673
Henry, A.-M. 595–596
Herlihy, D. 369–370
Hermaniuk, M. 82, 102
Hernández, F. M. 323–324
Hernández, J. M. 323
Hertling, L. 638
Herzig, A. 539–541
Heuschen, J. 731–732
Hickey, M. 546

Hieronymus 792, 801
Hiller, H. 78
Hitler, A. 344
Hjelde, S. 627
Hochhuth, R. 623, 640
Hock, K. 627, 651
Hoeck, J. M. 15–16, 19, 21–22, 24, 28, 31, 34–36, 39–41, 43, 46, 49, 58–60, 62–64
Höfer, J. 80–81
Hoffer, P. 524
Hoffmann, C. 629–631
Hoffmann, H. 501
Höffner, J. 372, 416, 557, 564–565
Holböck, F. 236
Holland, T. 82
Holstein, H. 342
Holtz, L. 539
Hoping, H. 602, 604, 676
Humboldt, W. von 333
Hünermann, P. 385, 423, 443, 471, 476, 597, 601, 603, 673
Hunke, S. 618
Huntington, S. 669
Hurley, D. 718, 726
Hurley, D. E. 357, 367–371, 376
Hürten, H. 622–624
Huyghe, G. 508, 511

Ignatios P. XVI. Batanian 16
Ignatios Yakub III. 163
Ignatios Zakka I. Iwas 163
Irenäus von Lyon 600–601, 657, 665, 753, 781, 803
Isaac, J. 83, 625–626, 634–635, 662, 668
Isenring, Z. M. 539, 541

Jacobs, J. A. 348
Jacono, V. M. 351
Jaeger, L. 79, 81, 98, 101, 103, 105, 109, 111, 116, 119, 123, 138, 161, 172, 188–189, 191, 199–201, 733, 747, 788
Jansen, M. 16
Jedin, H. 80, 320–322
Jesus Christus 324–325, 336–340, 342, 344, 348–349, 358–363, 367, 374–380, 383, 461–463
Jimenez, A. E. H. 563
Jochum, H. 620
Johan, R. 351
Johannes 513, 545
Johannes, Evangelist 365
Johannes XXIII. 11, 13–14, 19, 24–25, 27, 35, 55–56, 73, 80–85, 87, 89, 94, 97, 122, 136, 146, 148, 199, 201, 212, 231, 302, 331, 338, 346, 360, 362, 376, 390, 394, 453, 501, 514, 517, 565, 577, 596–597, 612, 614, 618, 626, 634, 646, 662, 666, 721, 724, 727, 802, 812

Personenverzeichnis

Johannes Paul II. 40, 60, 133, 155, 202–203, 205, 266, 286, 538, 540, 542–544, 547, 584, 598, 615, 667–671, 674, 701, 809, 815
Johannes von Damaskus 617
Johannes von Kempen 792
Jonas, H. 673
Joseph II. (Kaiser) 620
Jubany, N. 245, 275
Jullien, A. 353, 358
Jungmann, J. A. 80
Justin 601, 606

Kaldany, J. 13
Kallidukil, J. M. 538
Kampling, R. 669
Kantzenbach, F. W. 195–196
Karrer, O. 80, 631
Kasimow, H. 668
Kasper, W. 48, 84, 109, 124–125, 165, 192, 203, 212, 427, 701
Katkoff, A. 82
Kavukatt, M. 16
Kern, W. 613
Kerrigan, A. 731
Ketteler, W. E. 233
Kettern, B. 499
Khalifé, J. 16
Khoury, A. 616–617
Kirchberg, J. 661–662, 668
Kittel, H. 581
Klausner, J. 624
Klein, A. 214
Klein, L. 215
Klemens XIII. 462
Klepacz, M. 726
Kleutgen, J. 115, 233, 707
Klinger, E. 440
Klöcker, M. 557
Klostermann, F. 341
Koch, W. 632
Köhler, O. 334
Komonchak, J. A. 82, 87, 347, 561
König, F. 22, 53, 57, 100, 127, 154, 291, 353, 595–596, 631, 643, 669, 718–719, 723, 725, 768–769
Kopp, M. 640, 668
Korherr, E.-J. 559
Koschel, A. 626, 668
Koster, D. 709
Kraus, W. 668–669
Krüger, R. 561
Kues, N. v. 600, 606–610
Kuhn, J. E. 710–711
Kühn, U. 701
Küng, H. 75, 78, 80, 93, 95, 97, 106, 196–197, 201, 675
Kuschel, K.-J. 628, 673, 675
Kutschera, F. 652

Lackner, P. 353
Lagrange, M.-J. 707
Lai, W. 616
Laínez, D. 234
Lamberigts, M. 347–348
Lambert, B. 78
Lamont, D. 82
Langlois, C. 496
Lanne, E. 213
Lapide, P. 623
Laros, M. 79
Launay, M. 323–324, 332–333, 342
Laurentin, R. 655, 662
Lavaud, B. 351
Lavigerie, C. 618
Le Guillou, M. J. 85
Le Saux, H. 674
Lécuyer, J. 342
Lefebvre, J. 719, 728
Lefebvre, M. 599, 613
Léger, P. E. 100, 353, 357, 363–364, 503, 719, 725, 733, 757
Legrand, H. 188
Lehmann, K. 84, 544, 657
Leimgruber, S. 555, 673
Leiprecht, C. J. 508–509
Lennerz, H. 718
Leo XIII. 8, 10, 76, 99, 233, 252, 260, 327–328, 334–337, 340–341, 346, 351, 358, 360, 371, 374, 376, 382, 433, 496–497, 707–708, 800
Lercaro, G. 22, 53, 256, 641
Lessing, G. E. 607, 628
Leugers, A. 534
Leuze, R. 617, 676
Li, W. 615
Lichtenberg, B. 624
Liebermann, B. 624
Liebmann, M. 623
Liénart, A. 94, 661, 723, 725–726, 728–729
Lienemann-Perrin, C. 671
Limor, O. 606
Lindbeck, G. A. 86
Lippert, P. 542, 545–546
Loffeld, E. 631
Löffler, A. 671
Lohfink, N. 771
Lohrbächer, A. 672
Loisy, A. 706
Lombardi, R. 514
Lorscheider, L. 82
Löser, W. 215
Lossky, V. A. 714
Lubac, H. de 499, 701, 708, 722
Luckner, G. 624, 635
Luhmann, N. 582
Lullus, R. 607
Luna, C. 742

837

Lupi, M. 327
Luther, M. 189
Lutz-Bachmann, M. 607
Lyonnet, S. 717

Maccarone, M. 82
Machado, F. 642
Maier, J. 620
Maimonides 662
Malachias 337
Mansourati, I. 16, 82
Mar Ignatios Yakub III. 205
Marella, P. 82, 230, 256, 279, 288, 301, 667
Maret, H.-L.-Ch. 249
Maria 380
Martelet, G. 324–325
Martin, J. M. 102
Martin, P. 726
Marxsen, W. 788
Massignon, L. 633
Masson, J. 655–656
Mattioli, A. 621, 623
Matura, T. 540–541
Maximos IV. Saigh 11, 16–17, 19–20, 24, 36, 39, 41, 43, 49–50, 55, 58–59, 94, 100, 257, 358, 639, 725
Mayer, A. 368, 371
Mayer, Ph.J. 622
Mayer, S. 498, 622
Mc Gergor, A. B. 628
McEntegart, B. J. 16
McShea, J. 506
Mehmet II. (Sultan) 607
Meiwes, R. 496
Melchisedech 605, 622
Melloni, A. 74, 346, 499
Menges, W. 341
Menjibar, F. R. 743
Méouchi, P. 16, 731, 737
Mérad, A. 618
Mercier, G. 79
Merici, A. 519
Merklein, H. 417
Mertinez, F. G. 741
Merton, T. 674
Mette, N. 557, 580
Metz, J. B. 539, 673, 676
Metzger, M. J. 78–79
Meyer, A. G. 291, 350, 369, 728, 732, 757, 768
Meyer, H. 190
Micara, C. 719, 748
Miccolí, G. 596
Michalon, P. 82
Miquel, P. 323
Mitnacht, A. M. 13
Modegro y Casáus, G. 737
Mödl, L. 476

Moeller, C. 596, 731
Möhler, J. A. 710
Mohler, L. 610
Mohr, D. 500
Moltmann, J. 133, 555
Monchanin, J. 633
Montini, G. B. 359, 373
Moorman, J. 86
Moralejo, R. G. 728
Morcillo, C. 113
Moreno 233
Mortara, E. 621
Mösch, J. 559
Moses 662
Mota e Albuquerque, J. B. da 746, 768
Mouroux, J. 707, 713
Mußner, F. 621
Muhammad 616–617, 659–660, 676
Müller, G. L. 670, 674
Müller, J. 325
Müller, O. 95
Musial, S. 620

Nabaa, F. 18
Nachianti, G. 710, 751
Narendranath Datta, siehe Vivekananda, S.
Negruzzo, S. 324, 340
Nestorius 802
Neuhaus, G. 675
Neumann, K. E. 628
Neuner, J. 394, 400, 414, 419, 423, 434, 437, 445, 596, 615, 633, 655
Neuner, P. 216
Newman, J. H. 79, 575, 707–710
Nicolai, Fr. 558
Niederbacher, B. 603
Nietzsche, F. 628
Niewiadomski, J. 619, 626
Niketas von Byzanz 616
Nissiotis, N. A. 86, 213, 759

O'Donohoe, J. A. 321
Oesterreicher, J. 81, 595–596, 624, 633–638, 641–643, 661, 663
Ogiermann, O. 624
Ohm, Th. 606, 629–630, 633
Olaechea Loizaga, M. 351
Oldenberg, H. 628
Olier, J.-J. 324–325
Onclin, W. H. J. 244, 254
Oort, J. 619
Opstraet, J. 462
Origenes 780
Ostry, H. 634–635, 640, 642
Ott, H. 761
Ottaviani, A. 85, 92–93, 96, 106, 115, 235, 718–719, 723, 725, 727, 729–730, 761, 763, 770

Personenverzeichnis

Palacios, A. 633
Pangrazio, A. 100, 149, 151–154
Pannenberg, W. 713
Paramhamsa, R. 629
Parecattil, J. 16
Parente, P. 106, 729
Paschalis II. 250
Passaglia, C. 705, 709
Paul IV. 621
Paul V. 323
Paul VI. 60, 83, 88, 93, 100, 103, 106, 113, 129, 132, 138, 140, 148, 163, 183, 199, 201–202, 205, 215, 246, 253–256, 262–266, 270, 293–294, 297, 319, 359, 369–371, 416, 537–538, 563, 598, 613–614, 623, 639–640, 642–643, 665, 667, 669, 712, 730–731, 735, 741, 770, 797, 805
Paul II. Cheikho 16
Paulus 73, 77, 110, 124, 151, 182, 365, 513, 522, 526, 543, 599–600, 608–609, 621, 637
Péguy, C. 625
Pelletier, G.-L. 731
Perantoni, P. 524
Perarnau, J. 786
Perniciaro, J. 16
Perrone, G. 705, 707, 709
Pesch, O. H. 125, 152, 154, 191, 557, 618, 634, 645, 701
Peters, R. 617
Petrus 608–609, 621
Petrus Venerabilis 607, 617
Petuchowski, E. 624
Petuchowski, J. 673
Pfarrer von Ars 338
Pfister, P. 596
Philbin, W. 786
Philippe, P. 497–498, 508
Philips, G. 718, 731
Philo von Alexandrien 740
Picht, G. 558
Pie, L. 234, 249, 252
Pies, P. 631
Piolanti, A. 349
Pius V. 461
Pius VI. 259
Pius IX. 8, 233, 260, 330, 496, 613, 621, 703, 707
Pius X. 10, 328, 333, 335, 337–339, 341, 345, 351, 362, 371, 382
Pius XI. 10–11, 35, 77, 331, 335–338, 340, 358, 521, 559, 561, 580, 614, 622, 625, 779
Pius XII. 11–12, 32, 48, 52, 77–78, 163, 196, 235, 331–332, 334–338, 340, 351, 353, 358, 376, 394, 417, 462, 498–503, 505, 512, 514, 517–518, 521, 524, 527, 531–532, 536, 561, 612–614, 623, 625–626, 640, 708, 773, 785, 801
Pizzardo, G. 348–350, 352, 354, 358, 368–369
Plate, M. 581

Platon 601, 609–610
Poage, G. R. 353
Pöggeler, F. 557, 566
Pohlschneider, J. 448, 565, 570, 572
Pole, R. 322
Poliakov, L. 620
Pollak, G. 500, 526, 546
Potter, P. 141
Pottmeyer, H. J. 386, 749
Poulat, E. 342
Pribilla, M. 79
Prignon, A. 731
Primeau, E. 82
Prinetto, L. A. 82
Provenchères, Ch. de 16, 57
Pujol, C. 16

Quiroga Y Palacios, F. 16, 725

Rabban, R. 16, 82
Radcliffe, T. 544
Rademacher, A. 79
Raeder, S. 616, 659
Raem, H. A. 345
Raes, A. 16, 81
Rahner, K. 78, 80, 153, 181, 212, 237–238, 261, 344, 419, 440, 464, 499, 504–505, 539, 561, 595, 612–613, 632, 672, 707–708, 713, 720–724, 726, 729, 731, 743–744, 751, 814
Rainer, M. J. 670
Ramanantoanina, G. 82
Ramiréz, S. M. 731
Ramselaar, A. 636
Ramsey, P. 98
Ratzinger, J. 40, 203, 237, 396, 433, 557, 581, 668, 675, 702, 709, 711, 722–723, 731, 738, 760, 817
Rauscher, J. O. 233
Rautenstrauch, F. J. 324–326, 367, 440, 462
Régamey, P.-R. 541
Reid, J. K. S. 757–758
Remmers, J. G. 13, 81
Rendtorff, R. 623–626, 668–670
Renz, A. 598, 611, 616, 659–660, 669, 673
Repgen, K. 623
Ricci, M. 606, 616
Richaud, P. M. 357, 512
Richelieu, A.-J. 323
Riedl, G. 669
Rigaux, B. 731, 777, 784
Ritter, J. 100, 562, 725
Roddey, T. 601, 670
Roger, J. 636
Rohrbasser, A. 335
Romeo, A. 92, 717
Rosenzweig, F. 624
Rostenstock, E. 624
Rothkranz, J. 599

839

Rotta, A. 82
Rouen, M. von 81
Rousseau, J. 502, 504, 506, 508
Rousseau, O. 78
Rousselot, P. 706
Roux, H. 86
Roy, R. M. 629
Rückert, F. 628
Rudloff, L. 82, 636
Rudolf, H. U. 558
Ruffini, E. 92, 100, 198, 353, 357, 371, 410, 641, 719, 725, 727–729, 757, 803
Ruggieri, G. 17
Ruokanen, M. 649–651, 659
Ruotolo, G. 726, 741
Rupp, J. 501
Rynne, X. 599, 640–642
Rzepkowski, H. 615

Salvini, G. 667
Salzmann, W. 82
Sánchez, J. M. 623
Sander, H.-J. 441, 447, 557
Santin, A. 786
Sapelek, A. 16
Scandar, A. 57
Scapinelli di Leguigno, I. B. 16
Scharpf, F. A. 610
Schauf, H. 235, 731
Schäufele, H. 245, 250, 288, 290, 292
Scheeben, M. J. 709–710
Schelkle, K. H. 344
Schenuda III. 163
Scheuermann, A. 506
Schick, E. 733
Schillebeeckx, E. 707, 724–725
Schirrmacher, C. 617
Schlette, H. R. 629–630, 632, 646, 671
Schlier, H. 710
Schlink, E. 84, 86, 106, 134
Schmaus, M. 239, 343–344, 717–718, 781
Schmemann, A. 86
Schmidlin, J. 631
Schmidt, St. 597, 599, 633–635, 638–639, 641–643
Schmidt, W. 627, 631
Schmidt-Leukel, P. 616, 671
Schmiedl, J. 499–500, 503, 506–507, 509, 512
Schmitt, P. 726, 728
Schmitz, H. 584
Schockenhoff, E. 603
Schoiswohl, J. 501
Scholder, K. 623
Schönberger, R. 604
Schopenhauer, A. 628
Schorr, P. 545–546
Schrader, C. 233

Schreckenberg, H. 620
Schuchart, A. 462
Schutz, R. 86, 701–702, 760
Schwager, R. 673
Schwandt, H. G. 671
Schwarzenberg, F. 232–233
Schwedt, H. H. 333
Seckler, M. 604, 613
Seidenstücker, K. 628
Semmelroth, O. 344, 362, 707, 731
Senyshyn, A. 16
Šeper, F. 661, 668, 746
Sharpe, E. 629
Shehan, L. J. 733
Shenan, L. J. 82
Shenuda III. 205
Sherwin, B. 668
Siebengartner, M. 324
Siebenrock, R. A. 578, 668
Sigaud,G., 599
Silva Henriquez, R. 358, 364, 367, 726
Simons, F. 726
Siri, G. 357, 719, 725, 738
Six, J. F. 323
Sixtus V. 797
Skydsgaard, K. E. 86, 100, 183, 716, 763–764
Slipyi, J. 22, 48
Sloterdijk, P. 555
Smedt, E. J. de 81, 99, 147–148, 150, 725–726
Smulders, P. F. 731
Söding, Th. 673
Soetens, C. 347–348
Soetens, Cl. 596
Spaemann, H. 623, 643
Spellmann, F. 562
Sperber, J. 671
Staffa, D. 348, 369, 371
Stählin, W. 79
Stakemeier, E. 80–81, 92, 199, 211, 702, 729, 787
Stangl, J. 57, 643
Staudenmaier, F. A. 710
Steffes, J. P. 631
Stein, B. 512
Stein, E. 624
Steiner, R. 628
Stephanos I. Sidarouss 16, 21, 639
Stephanou, P. 16
Stickler, A. 237, 351, 362, 369–370
Stingelin, U. 619
Stolz, F. 628, 651
Stransky, T. F. 82, 91, 161–162, 199
Stroßmayer, J. J. 233, 252
Stubenrauch, B. 650, 673
Sturm, A. 497–498
Suenens, L. 229, 367, 503, 532, 723, 725
Suhard, E. C. 341, 390
Surall, F. 624

Personenverzeichnis

Tagore, D. 629
Talatinian, B. 16
Tamburini, P. 233
Tappouni, 639
Tarasios von Konstantinopel 802
Tardini, D. 11, 85
Tavard, G. H. 78, 81, 92, 141
Teilhard de Chardin, P. 499
Tertullian 611
Testa, G. 13, 16, 82
Thangalathil, G. 16
Theobald, C. 334
Theodor von Mopsuestia 781
Theodosius II. 802
Therese von Lisieux 342
Thiede, C. 619
Thieme, K. 635–636
Thijssen, F. 80–81
Thils, G. 81, 124, 126, 155, 183, 188, 199, 342
Thoma, C. 620–621, 673
Thomas von Aquin 145, 174, 189, 234, 252, 327, 330, 339, 348, 350, 355–357, 373, 386, 428, 436, 498, 503, 511–512, 540, 576, 600, 602–606, 611, 613, 629, 748–749
Thurian, M. 86, 701–702, 760
Thurner, M. 610
Tibi, B. 616
Tillard, J.-M. 540
Tisserant, E. 726
Troeltsch, E. 629
Troll, Chr. 617, 633
Tromp, S. 15, 92, 106, 115, 235, 240, 707, 717–719, 727, 731
Tryphon 606
Tüchle, H. 321
Turado, L. 731
Turbanti, G. 642
Tyrrell, G. 706

Urban VIII. 48
Urbani, G. 728

Vajta, W. 86
Valeri, V. 502, 504
Valeske, U. 152
Velati, M. 348
Velsen, G. v. 82
Vérot 260
Veuillot, P. 244–245, 247, 250–252, 254–255, 267, 283, 286, 728
Vian, G. 328
Vilanova, E. 348, 438

Vinzenz von Lerin 194, 757
Vinzenz von Paul 323, 325
Vischer, L. 81, 86, 114, 199–200, 213, 716
Visser't Hooft, W. A. 74, 83–84, 98, 155, 197
Vivekananda, S., 629
Vodopivec, G. 82
Volk, H. 79–81, 92, 539, 541, 720, 722, 725, 727, 733, 737, 790, 792, 794, 804
Volk, L. 622
Vonach, A. 619–620
Vorgrimler, H. 563, 595

Waardenburg, J. 606–607, 616–617
Waldenfels, H. 598, 651, 669, 676
Wandinger, N. 674
Wardi, Ch. 638
Wasken I. 205
Wassilowsky, G. 499
Wattson, P. 78, 140
Weß, P. 628, 671–672
Weber, F. 412
Weber, J. J. 731, 768
Wehr, M. 278
Weigel, G. 78, 82
Weil, S. 624
Weinrich, M. 669
Weinzierl, E. 619
Welykyi, A. G. 13, 16, 18, 95–96
Whealon, J. F. 769
White, J. M. 323–324, 331
Wijlens, M. 203
Willebrands, J. G. M. 80–81, 86–87, 96–97, 165, 204, 214, 727, 731
Witte, J. 96
Wittgenstein, L. 644
Wollasch, H.-J. 624
Wulf, F. 498, 504, 508, 529, 533, 540
Wyszynski, S. 357

Yannoulatos, A. 616
Yemmeru, A. M. 16
Yussef, G. 9

Zenger, E. 673
Zerwick, M. 717
Ziadé, E. 16
Zinelli, F. M. 234
Zinnhobler, R. 328, 332
Zirker, H. 659–660
Zoa, J.-B. 726
Zoghby, E. 18, 58, 94
Zwemer, S. 618
Zwingli, H. 190

Sachverzeichnis

Abbild 338
Abendgebet 331
Abendland, abendländisch 31, 37–38, 42, 46–47, 58
Abendmahl 336, 342
Abendmahlsgemeinschaft, siehe Eucharistiegemeinschaft
Absolutheitsanspruch 627, 629
Abstimmung 372–373
Abtötung 361–362
Achtung 334–335
Actuosa communicatio 361
Ad catholici sacerdotii 335, 337–338, 358
Ad gentes 333, 463
Aeterni Patris 327
Afrika 333, 347–348
Aggiornamento 499, 502, 504, 514, 517, 521, 536, 649
Akkomodationstheorie 629
Aktivismus 522
Al Azira Universität 643
Alcalá 323
Altar 321, 335, 337–338
Altarsakrament 361
Alter Bund 344, 383
Altes Testament 365, 462
Altkatholiken 61
–, siehe auch Kirche, altkatholische
Alumnen 323, 326, 328–331, 347–348, 354–356, 359–361, 363–366, 376–382
Amt 90–91, 96, 98, 112, 117–118, 124–125, 133, 136, 138, 141, 146, 167, 169–170, 179, 181, 187, 189–192, 194, 205–208, 210, 215, 336–338, 343–344, 362, 461–462
–, Konzeption 319
–, sakramentales 465
Amtspriestertum 472
Amtstheologie 334–335, 382–383, 476
–, gegenreformatorische 461–462
Amtsträger 460
Amtsverständnis 342–343
Anbetung 324
Anglikaner (anglikanische Gemeinschaft) 61
–, siehe auch Kirche, anglikanische
Animismus 656

Anthropologie 383, 581
Anthropologie (theologische) 603
Antichrist 617
Antijudaismus 600, 619–620, 635, 664
Antijudaismus (christlicher) 622, 625, 662
Apeldoorn (Arbeitsgemeinschaft) 635
Apokalypse 555
Apologetik 330
Apostel 324, 337, 342, 359, 704, 709–710, 713, 721–722, 733, 737, 745, 752–753, 755–758, 760, 762, 766, 782–784, 788–789, 793, 803–804, 810–812, 814, 818
Apostelamt 344
Apostolat 271, 279, 283–285, 292, 341, 361–362, 365–366, 497, 500–501, 507, 516–517, 520–522, 525–526, 531–532, 543, 545–547, 571–572
apostolisch 17, 20, 25, 43
Apostolische Sukzession 90, 132–133, 153–154, 160–161, 167, 170, 190–191, 205–206, 210
Apostolica sollicitudo 246, 256–258
Apostolische Überlieferung 26
Apostolische und Katholische Kirche des Ostens 6, 16–17, 37–38, 42
Apostolischer Stuhl 6–7, 25, 38, 40, 53–54, 56, 345, 356
Apostolizität, siehe Apostolische Sukzession
Arbeiterpriester 342, 362
Arbeitswelt 348
Arduum sane munus 328
Arme 321, 379–380, 411, 480
Armenier 6, 12–13, 16, 19, 41
Armut 361, 495, 513, 527–528, 531, 547
–, kulturelle 328
–, spirituelle 328
Asien 333, 347
Assisi (Religionstreffen) 599, 669, 671, 673
Aszese 499, 514–515, 517, 539–540
Atheismus 671
Äthiopier 13, 42, 45
Auferstehung 348
Aufgabe 321, 337, 381
Aufklärung 326, 555, 601, 606, 608, 627
Aufklärungsphilosophie 327
Aufrichtigkcit 361
Auftragswissenschaft 431, 448

Sachverzeichnis

Augsburger Reichstag 322
Ausbildung 319–321, 323, 326–328, 330, 332–333, 335, 341–343, 345, 347, 349–351, 353–354, 356–359, 364–368, 373, 375–378, 381–383, 460–461
–, siehe auch Formation
–, akademische 322
–, altsprachliche 332
–, der Ordenspriester 334
–, geistliche 359, 373, 379–381
–, katechetische 331
–, pastorale 366–367, 373, 381, 450
–, philosophische 365, 373
–, religiöse 332
–, tertiäre 332
–, theologische 321, 339
–, wissenschaftliche 328, 365
Ausbildungsgang 320, 327, 334, 356, 364, 366
Ausbildungsordnung 340, 462
Ausbildungsprogramm 334
Ausbildungsstätte 322, 325–327, 354
Ausbildungsziel 378
Auschwitz 623, 625, 668, 672
Autarkie 374
–, der Kirche 340, 346, 382
Autonomie, autonom 9, 11, 28–29, 35, 40, 45–46, 334, 361, 374
Autorität 330, 351, 357, 363, 421
–, des Bischofs 377
–, göttliche 334
–, kirchliche 354, 363
–, staatliche 329–330
Avantgarde 448

Baden 330, 343
Baptisten 84, 209
Basis, gnadentheologische 474
Basis (ökumene) 78, 98, 135, 195, 210–212
Bedeutung 434
Befreiung 336, 655
Begabung 322
Begegnung 341, 362, 380
Beichte 321–322, 329, 331, 501–502
Beichtpraxis 330
Beichtvater 329, 360
Bekehrung 79, 91, 96, 110, 131, 134, 137, 139, 197–199, 216
Belgien 342–343, 367, 462
Benediktiner 325
Benefizium 321–322
Beobachter 73, 77, 82–89, 98, 100–101, 103, 106–107, 111, 114, 133–134, 138, 140, 148, 157, 166, 175, 178–179, 183, 195, 197–200, 208, 210–211
Berater/Peritus, Periti 73, 75, 88, 93, 349, 702, 724, 731

Beruf 326, 343, 348
–, geistlicher 331
–, priesterlicher 355
Berufsvorbereitung 332
Berufswahl 359
Berufung 328, 338, 347, 349–350, 352–353, 362, 379, 382, 396, 409, 451, 464, 512, 519–520, 525, 527, 531, 534, 538, 540, 542
–, kirchliche 352
–, Kriterien 353
–, priesterliche 352–353
Berufungsbestätigung 398
Berufungspastoral 396
Bescheidenheit 326, 361
Bewegungen, Geistliche 526, 546–547
Bhagavadgita 655
Bibel 433, 447–448, 471
–, siehe auch Heilige Schrift
Bibelbewegung 343
Bibelübersetzungen 775, 790, 795–797, 803
Bibelwissenschaft 327
Bibliorum scientiam 331
Bildung 321–322, 342, 349, 355, 364, 374, 376–377, 381, 565
–, des Klerus 327
–, geistliche 322, 347, 360–362, 367, 378
–, klassische 355
–, pastorale 364–365
Bildungsbegriff 481
Bildungsbereich, tertiärer 333
Bildungsgesellschaft 333, 363
Bildungshorizont 348
Bildungsniveau 323
Bildungsreform, staatliche 332
Bildungssystem, öffentliches 333
Bildungswesen 332
Bischof 320–323, 326–327, 329–332, 343, 346–349, 351–355, 358–359, 361–364, 366–368, 371–372, 377, 379–380, 398, 420, 455, 460–462
–, Römischer 331, 363
Bischofsamt 344
Bischofskirche 327, 331, 349
Bischofskollegium 235, 238, 241, 242, 246, 250–257, 265–266, 277, 290–291, 295, 300
Bischofskonferenz 227 243–244, 246, 255, 268, 275, 287–292, 296, 300, 351, 354–355, 371, 378
Bischofsspiegel 322
Bischofssynode 20, 37, 66, 246, 255–257, 265–266, 295, 299–300
Bischofsweihe 460
Botschaft, biblische 413
Braga 322
Brevier 361
Brüderorden 507, 523–524
Bruderschaften 352

843

Buße 361
Buchzensur 328
Buddhismus 615–616, 628, 651, 653, 656
Bund 604–605, 662
Bund, universaler 744–745, 778–782, 808, 810–811
Byzantinische Orthodoxie 6, 31
Byzantinischer Ritus 6, 28, 55

Canonicus theologus 320
Caritas 516, 522
Caritatis studium 336
Catechismus ad parochos 461–462
Cathedra 349
Chaldäer 6, 8–9, 12–13, 16, 19, 40
Chalkedon 389, 399, 425
Charakter 348, 359–360, 462
–, der Weihe 360, 375, 378, 381
–, des Seelsorgers 326
–, eschatologischer 419
–, pastoraler 381
–, priesterlicher 324, 337
–, Taufcharakter 337
–, unauslöschlicher 337–338
Charisma 496, 512–513, 515, 519, 522, 526, 531, 533, 536–537, 541, 543–547
Charismen 96, 116, 198, 408
Christentum-Judentum 618
Christgläubige 337, 339
Christologie 383, 505, 511, 513, 539, 542, 545, 566
Christozentrik 360, 393, 404
Christus 411
Christus Dominus 460
Christusbezug 474
Codex der katholischen Ostkirchen (CCEO) 65–66
Codexreform 562
Coetus internationalis Patrum 599
Collegium Germanicum 322
Collektiv-Erklärung 233, 260
Communicatio Dei et hominum 383
Communicatio in sacris 12–15, 19, 22, 25, 36, 56–57, 59–61, 94, 97, 140–141, 160–161, 163, 169–172, 177, 186, 202
Communio 573
Communio-Ekklesiologie (-Theologie) 29–31, 66, 99, 101, 105–106, 108, 115–117, 122, 126, 162, 166, 202, 213–214
Confessio Augustana 75, 92
Configuratio cum Christo Sacerdote 380
Consecratio 461
Corpus eucharisticum 339
Corpus mysticum 339
Cura animarum 460
Curriculum 327, 329–330, 332–334, 354–356

Dabru Emet 669
Darbringung 337, 339
David 463
De sacrorum alumnis formandis 353
Defectus Ordinis 187–188, 190, 216
Dei Verbum 368
Dekret für die katholischen Ostkirchen 106, 175
Dekret über Dienst und Leben der Priester 319
Demut 414
Depositum fidei 704, 714, 718–719, 721, 729, 747, 764, 784, 809
Deutsche Bischofskonferenz 345
Deutscher Sprachbereich 333
Deutschland 324, 330, 332, 341, 343, 345, 347, 357
Deutschsprachige Länder 322, 343, 347, 367
Dezentralisierung 346
Diakon 47–48, 51, 321, 344, 360, 422
Diakonat 321, 385, 423
Diakonat/Diakonie 90, 193
Diakonia 479
Diakonie 450, 455
Dialektik 479, 481
Dialog 18, 20, 23, 26–27, 34, 39–41, 45, 64–65, 78, 80, 89, 92, 98, 102, 111, 114–115, 127, 129, 131–132, 137, 142–145, 147–149, 151, 155–156, 161, 164, 169, 172, 175, 179–180, 184, 187, 189, 192–193, 197, 202, 204–209, 211, 214–216, 220, 382, 442–443, 576, 607, 671, 676
Dialog der Religionen 647
Dialog mit Nichtchristen 581
Dialogfähigkeit 362, 452, 481
Diener 325–326, 336–337, 344, 360, 378
–, ordinierte 344
Dienst 321–322, 326–327, 331, 335, 337–340, 344, 353, 358, 362, 364–366, 373, 375–378, 381, 383, 460, 462–463, 572
–, amtlicher 461
–, des Bischofs 462
–, des Hirten 377, 460–463
–, des Kultus 377–378
–, des Presbyters 380, 382–383, 460, 463
–, des Wortes 377–378
–, Gottes und der Gläubigen 379
–, göttlicher 359
–, liturgischer 323
–, ordinierter 344, 461
–, pastoraler 366, 376, 381, 461
–, priesterlicher 325, 334, 340, 344, 349, 356, 362, 375, 377
Dienste, funktionale 472
Dienstprofil 475
differenzierter Konsens, siehe Konsens
Differenzierung, funktionale 423
dijhad 616
Dillingen 322
Dimension, kerygmatische 468

Sachverzeichnis

Diözesananstalt 328
Diözesanbischöfe 394
Diözesanklerus 342, 345, 392, 462
Diözesanpriester 345
Diözese 227, 243–244, 246–247, 252, 259–260, 266, 274–275, 281–282, 284, 292, 296, 300, 322–323, 327–329, 341–342, 345, 348, 352–353, 355, 367, 449, 455
–, italienische 323
–, Ortskirche 238, 245, 251, 258, 260, 266–267, 286–287, 289, 294, 296, 300
Dispens 349
Disziplin 325, 329, 331, 333, 347, 356, 358, 362–364, 369
Disziplin (Kirchendisziplin) 8–9, 12–13, 21, 23, 27, 35–36, 50, 53, 57
Disziplinen 330, 350, 356–357, 360, 381
–, der Pastoraltheologie 348, 356
–, philosophische 355
–, theologische 326, 347, 356–357
Divini illius magistri 558–559, 572, 580
Dogma 702, 726, 739, 744, 762, 785
Dogmatik, siehe Theologie, dogmatische
Dogmenentwicklung 348
Doktorat, kirchliches 332
Doktorwürde 329
Domkapitel 322, 330, 332
Domschule 321
Dramatik 601
Drill 363

Ebenbürtigkeit 443
Ecclesia ab Abel 601
Ecclesiae sanctae 246, 271, 273–275, 277, 279, 281–282, 285–286, 287, 289, 293, 302
Ecclesiam suam 613, 640, 642
École Française 323–325, 339
Edinburgher Missionskonferenz 618
Ehe 322, 418–419, 499–500, 504, 513, 526–527
Ehre 336–337
Eifer 353, 360, 379
–, apostolischer 367
–, pastoraler 377
Einführungskurs 478
Einführungsprogramm 427
Einheit 6, 8–10, 14–15, 18, 22–24, 30–32, 35, 38, 40–41, 45, 55–61, 63, 74–76, 79, 89, 91–96, 98–99, 101, 106–112, 114–120, 123, 125, 127–128, 130, 132, 134–135, 137–141, 150–155, 158, 162, 168, 171–172, 175–176, 181, 184–185, 187, 194–195, 199–201, 203–205, 207, 214, 324, 334, 354, 361, 375, 377, 391, 442, 460
–, der Christen 356
–, der Theologie 356
Einheitssekretariat 11, 14–15, 18–19, 23, 56–57, 78, 80–97, 99, 101–103, 105, 107–108, 115, 122, 126–128, 133–134, 136, 138, 142, 144, 147–148, 152, 160–162, 164, 169–172, 178–180, 182, 195–196, 198, 202–204, 208–209, 214, 216
EKD 84, 86
Ekklesiologie 75, 89, 101, 104–105, 112–114, 116–117, 123–124, 126, 133, 159, 167, 170, 179–181, 195–196, 199, 204–205, 209–210, 215, 383, 473, 495, 501, 505, 513, 538–539, 544
–, Communio-Ekklesiologie, siehe Communiokklesiologie (-heologie)
–, Eucharistische Ekklesiologie 116–117, 169
–, kenotische Ekklesiologie 132, 138
–, pneumatologische Ekklesiologie 115, 117–118, 123
–, sakramentale Ekklesiologie 125
–, Volk-Gottes-Ekklesiologie (-Theolgoie) 126
Ekklesiopraxis 167, 195
Elemente (von Kirche) 96, 100, 107, 122–123, 125, 127, 154, 162, 179, 213
–, dona ecclesiae/Gaben 98, 116, 119, 123–124, 133, 155
–, elementa ecclesiae 98, 116, 119, 123, 133, 151, 153–154, 161, 177
–, vestigia ecclesiae/Spuren 80, 98, 123–124
Eltern 321, 331
Elternrecht 562, 568, 570, 582
Emanzipation 334
Engel 339
Entäußerung 392
Entlassung 331
Entwicklung 322–324, 461
Episkopalkirche 84
Episkopat 6, 9, 18, 30, 37, 39–41, 65, 368
Eremiten 507, 522
Erfahrung (religiöse) 665, 671
Erfahrungen, der Gläubigen 448
Erfordernisse, pastorale 393
Erkenntnis 430, 704, 709–710, 719, 723–724, 736, 742–743, 745, 749–750, 754, 756–758, 801, 808, 813, 816
Erkenntnisordnung 704
Erkenntnisprinzip 363
Erklärung der Glaubenskongregation *Dominus Jesus* 611, 670
Erlöser 337–338, 360, 363
Erlösung 336, 374, 378, 383
Erneuerung 319–320, 363, 375, 388, 416, 459
–, der Verkündigung 339
Erneuerungsbestrebungen 376
Erwählung 777, 810
Erziehung 340, 349, 363, 365, 372, 420
–, geistliche 329
Erziehung (göttliche) 601
Erziehungsinstanzen 556, 568
Erziehungsverständnis 395
Erziehungswissenschaften 363
Erziehungsziele 567

845

Eschatologie 503, 512, 526–527
Ethik 355
Eucharistie 30, 47, 49–50, 57, 61, 91, 96, 101, 110, 116–117, 126, 130, 155, 160, 162, 169–170, 178, 180, 185–191, 203, 205–207, 210, 331, 336, 360, 379–380, 411, 455, 462
Eucharistiegemeinschaft 96, 141, 160, 165, 169, 178, 185, 190–191, 201, 203, 206, 216
Eucharistische Gastfreundschaft, siehe Eucharistiegemeinschaft
Eucharistische Gestalten 337
Europa 323–324, 330, 333, 340, 343, 347
Evangelische Räte 495, 497, 500, 504, 506, 511–513, 516, 519–520, 525–526, 535, 538–540, 542
Evangelisierung 325, 340, 342, 463
Evangelium 93, 95, 111, 116, 119, 141, 147, 155–156, 161, 172, 182, 191–192, 197, 207, 325–326, 339–340, 348, 362, 379–380, 708, 711, 715, 717–718, 722–724, 728, 730, 732, 734, 740, 743, 750–754, 758–760, 778, 780–789, 794–795, 802–804, 811–812, 816
–, Predigt des Evangeliums 75, 112, 118, 136–137, 141, 162, 166
Ex corde ecclesiae 584
Examen 321, 323
Exegese 346, 348, 357, 708, 712, 717, 721, 726, 728, 730, 732, 743, 752–753, 764–765, 772–774, 776, 781–782, 784–786, 790, 796–799, 811, 813–814, 816–819
Exegetische Methoden 717, 753, 772–773, 776, 785, 789, 797, 815, 817–819
Exegetismus 357
Exemtion 329, 498, 501–502
Exerzitien 331
Exhorte 331
Experten, römische 13, 15–16, 19–20, 35, 38–40, 43, 46, 65

Faith and Order 76–77, 93, 98, 139, 141, 155, 157, 184, 210
Fakultät 326, 329, 346, 348–349, 356
–, katholisch-theologische 346
–, kirchliche 329
–, theologische 320, 345, 446, 575
Familie 322, 331, 352, 568
Familienvater 362
Faschismus 340
Fasten 336
Feier 339, 342, 362, 366, 377, 379, 383, 461
Feinde 462
Ferien 331, 333, 367
Feudalgesellschaft 330
Fidei donum 258
Fideismus 612, 703
fides 480
Fiesole 323

Finanzierung 323, 329
Finanzkraft 323
Fleischwerdung, siehe Menschwerdung
Florenz 323
Föderationen 500, 518, 521, 534
Förderung, der Priesterberufe 394
Formalobjekt 357
Formation 500, 502, 506–507, 524–525, 532, 537
Formkritik 772–773, 785, 789
Formung 334, 359
–, geistliche 410
Forschung 333, 340, 348, 356, 446
Fortbildung 368
Fortschritt 334, 342, 382, 388–389, 391, 555
Frankreich 324–325, 332–333, 341–343, 347, 351, 362, 367, 462–463
Frauen 372, 466, 471, 496, 507, 509, 518, 523, 530, 532, 537
Freiheit 348, 364, 421, 567, 572, 604–605
Freiheit der Forschung 575
Freiheitsstrafen 343, 345
Freisemester 449
Freizeit 565
Freude 407, 415, 427
Freund 379–380
Freundschaft 570
Friede 461, 607, 610, 664
Frömmigkeit 321, 328, 333, 349, 353, 377, 379
Frömmigkeitsformen 340, 412
Fußwaschung 404
Fundamentaltheologie 568
Funktionsidentität 392

Gäste (des Einheitssekretariats) 86–88, 103, 211
Gattungskritik 717, 772–773, 784–785
Gaudet Mater Ecclesia 231
Gaudium et spes 363, 368
Gebet 332, 335, 349, 352, 360–361, 366, 379, 405
–, öffentliches 360
Gebet (für die Einheit) 73, 76, 78–79, 90, 93, 102, 139–140
Gebetsleben 379
Geduld 363
Gegenwartsanalyse 555
Geheimnis 413, 418, 652
–, Christi 325
–, der Kirche 360–361, 379–380
–, des Glaubens 340
–, Gottes 395
–, Jesu 342
–, österliches 380
Gehorsam 347, 350, 359, 361–362, 364, 495–497, 513, 517–518, 528–529, 537, 543
Gehorsamsbindung 324
Geist 328, 336, 349, 363, 366
–, Christi 359, 375, 377
–, der Armut 361

Sachverzeichnis

–, der Institute 382
–, der Liebe 382
–, der Räte 361–362, 379
–, der Selbstverleugnung 380
–, des Gebets 349, 379
–, des guten Hirten 382
–, Heiliger 360, 365, 380, 383
–, missionarischer 366
–, pastoraler 364–365, 376–377
–, reiner 338
–, selbstlosen Dienstes 362
Geisteswissenschaften 333
Geistliche 320, 330, 332, 343, 345, 363, 366
Geistlicher Ökumenismus 96, 116–117, 121–122, 129–131, 137–139, 142, 146, 212
Gelassenheit 326
Gelübde 496–497, 502, 504, 514, 521, 523, 539
Gemeinde 325, 329, 342, 374, 460–461, 463
–, neutestamentliche 463
–, priesterliche 344
Gemeindeleiter 460
Gemeinsame Synode der Bistümer in der Bundesrepublik Deutschland 584
Gemeinschaft 344, 360, 378–380, 383
–, christliche 356
–, der Glaubenden 383
–, kirchliche 383
–, mit Christus 380
–, mit dem Vater 380, 383
–, religiöse 352
Gemeinschaftsleben 506, 511, 519, 525–527, 529–530, 538, 547
Gemeinschaftsmesse 332
Gemeinwohl 560
Generalkapitel 515, 518–519, 524, 529, 537, 545
Gentechnik 555
Gerechtigkeit 361, 463
Gericht 344, 462–463
Gerichtsbarkeit 321
Gesamtkirche 238, 245–246, 249, 251–252, 254, 258, 260, 276, 291, 301
–, Universalkirche 251, 263, 296, 300
Gesang 322, 330
Geschichte 320, 322, 327, 336, 342, 383, 462
–, profane 330
Geschichtlichkeit 357, 429, 448
Gesellschaft 323, 325, 327, 335, 352, 374, 568
–, christliche 327, 352
–, moderne 332, 341, 463
Gesetz 319, 336
Gesetzgebung 324, 330
Gespräch 446
gesund 420
Gesundheit 408
Getrennte Brüder (und Schwestern), siehe Kirche, getrennte
Getrennte Christen, siehe Kirche, getrennte

Gewalt 232, 239, 242, 246, 249, 252, 255, 262, 289, 295, 462, 640, 664
–, potestas 227, 232–234, 236, 240, 242, 245, 249, 252–254, 261, 269, 276, 294–295, 297–298, 300–301
–, potestates 234, 236, 255
–, Vollmacht 232–233, 235, 238, 244, 249–251, 253–254, 259–263, 294, 300
–, zivile 334
Gewissen 363–364, 560, 603
Gewissensbildung 567
Ghetto 620–621
Glaube 75–77, 92, 104, 111–112, 114, 117, 119, 121–122, 127, 130, 138, 141–151, 153–158, 161–162, 165–170, 173, 180, 184–186, 188, 190, 192–194, 200–201, 203, 205–207, 209, 321, 326, 329, 332, 334, 336, 340, 342, 356, 361–362, 379, 425, 431, 455, 603, 703–705, 707–709, 712–716, 718, 720–721, 733, 736, 738, 743–751, 754–756, 758–759, 762–764, 766, 774, 776, 779, 783–785, 788–790, 793–794, 799, 805, 807–808, 810, 812–817, 819
–, katholischer 344
Glaube und Kultur 585
Glaube und Vernunft 560, 576
Glauben und Kirchenverfassung, siehe Faith and Order
Glaubensfragen 348
Glaubenskongregation 17, 76, 168, 206
Glaubenslehre 326
Glaubenswahrheiten 703, 705–706, 721, 724, 733, 739, 745, 747, 761, 768, 807–809
Gläubige 337–339, 343–345, 358, 360, 362, 366, 374, 377, 379–380, 383
Gleichgestaltung mit Christus 338
Glückseligkeit 603
Gnade 325, 337–339, 366, 382, 396, 412, 462, 477, 605
–, Gottes 395, 399, 478
Gnadengabe 337
Gnadengeschenk 474
Gnadenlehre 383
Gnadenvermittlung 338
Gott 321, 324–326, 333, 335–339, 353, 357, 362, 366, 377, 379, 383, 463
–, Hirte seines Volkes 462
Gott (der dreieinige) 97, 99, 111–113, 117, 119, 121, 124, 138, 151, 163, 178, 180, 185, 188, 193
Gottes- und Nächstenliebe 664, 666
Gottesdienst 91, 118, 137, 141, 148, 156, 192–193, 197, 211, 715, 791–792, 796
Gottesdienstgemeinschaft, siehe Communicatio in sacris
Gottesliebe 605, 630
Gottesmord 619, 638, 640, 642–643, 663
Gottesvolk 437, 441
Gottheit 324

847

Götze 611
Grammatik 320, 322
Gravissimum educationis 351, 369
Griechisch 424
Grunddifferenz 208
Gründer 506, 515, 543–544, 547
Grundkurs 427
Grundsatzprogramm 319
Gruppen 410
Gymnasium 320, 330, 332

Haerent animo 335, 337–339
Haltung der Kirche 596, 633, 645–647, 657, 674
Handlung
–, liturgische 332, 337
–, sakramentale 332
Hedonismus 352, 361
Heide 613, 629, 648
Heidentum 335
Heil 353, 377, 383
–, der Seelen 326
–, Vermittlung 324, 338
Heilige 322
Heilige Schrift 91–92, 97, 102, 111, 123–124, 133, 136–137, 148, 156, 175, 180–184, 191, 322, 326, 329–331, 347, 355, 363, 435
–, Schrift und Tradition 91–92, 94, 98, 136, 147, 156, 173, 175, 210
Heiliger Geist 75, 78, 96, 99, 101, 108, 110–112, 115–119, 121, 124, 128, 131, 133, 137–138, 141, 149, 152–153, 155, 182–183, 193–194, 200
Heiliger Stuhl 328–329, 331, 353, 355
–, siehe auch Apostolischer Stuhl
Heiliges Offiz 349
Heiliges Offizium 78, 82, 84, 111, 115, 139, 144
Heiligkeit 324, 335–336, 340, 358, 360, 501, 505, 512, 516, 520–521, 538–540, 657
–, rituelle 478
Heiligung 335, 377–378, 460
Heiligungsdienst 270
Heilmittel 338
Heilsgeschichte 356–357, 597, 605, 650, 652, 707, 711–713, 721, 723–724, 726, 729, 731–732, 736, 741–742, 744, 749–750, 758, 766, 777–778, 782, 807, 810, 814, 816
Heilshandeln 444
Heilsmittlerschaft 338
Heilsmöglichkeit 614, 629, 631, 649
Heilsmysterium 478, 566
Heilsökonomie 777, 781
Heilsratschluss 651
Heilswille Gottes 580, 604, 652
Heilswille, universaler 713, 723, 742
Herkunftsidentität 392
Hermeneutik 481
Herrenmahl, siehe Eucharistie
Herrlichkeit 336, 339, 353

Herz 380, 382
Hierarchie 12, 27–29, 38–39, 43, 58, 64, 90–91, 94, 96, 100, 106, 118, 127, 149, 151, 153, 156, 165–166, 196, 359
Hierarchische Struktur/Ordnung/Leitung, siehe Hierarchie
Hilfsbereitschaft 361
Hilfswissenschaften 332
Himmel 336–338
Hinduismus 615, 629, 633, 653, 655
Hingabe 335–336, 359, 365
Hirte 336, 345, 364–365, 373, 376–378, 380–383, 403, 412, 460–463, 473, 475
–, göttlicher 365, 376–377
–, Israels 462
Hirtenaufgabe 460–461
Hirtendienst 381, 383
Historizismus 357
Historizität 717, 730, 732, 734, 773, 787–788
Hochmut 326
Hoffnung 321–322, 336, 359, 361–362, 379, 390, 427, 444, 568
Hoherpriester 363, 374
Holland 367
Horizontalismus 469
Humani generis 335, 339, 351
Humanisierung 467
Humanismus 390
Humanwissenschaften 355, 399, 439, 447, 480

Ichstärke 408
Idealisierung 414
Identität
–, des sakramentalen Amtes 477
–, Kern der priesterlichen Identität 470
–, sakramentale 472
Ideologie 344
Indien 350
Industriestaaten 333
Initiation, apostolische 367
Inkarnationsprinzip 480
innerkatholisch 23, 36, 41, 65
Inspiration 702–703, 707–709, 715, 717, 721–722, 725–726, 729–730, 732, 736, 738, 752, 755, 758–759, 765–772, 775, 778–781, 783, 789, 793, 799, 810–812, 815
Institut Catholique 351
Institution 324, 331, 343
–, kirchliche 329, 331, 346
Instruktion, instruktionstheoretisch 704–705, 721, 747, 807, 809, 818
Instrumentalisierung 445
Intellekt 363
Interdisziplinarität 447
Interkommunion, siehe Communicatio in sacris
Internate, kirchliche 402
Interpretation 373

Sachverzeichnis

interrituell 32, 46, 51, 53–54
Irrende 366, 381, 383
Irrtum 348, 356, 363–364
Irrtumslosigkeit 707–708, 717, 722, 730, 732, 734, 749, 768–771, 773, 775–776, 810
–, der Schrift 349
Islam 602, 607, 616, 628, 633, 639, 641, 658, 666, 674
Israel 462, 619, 676
Israel (Staat) 634, 668
Italien 322–324, 328, 340, 347–348, 351, 382

Jansenismus 613
Jerusalem 336
Jesuiten 322, 495
Jesuitencollege 324
Jesus Christus 75, 77, 79, 88–89, 93–94, 99–100, 103, 110–112, 114, 118–119, 121–126, 128, 130, 132, 136–137, 140–141, 148, 151–153, 155, 158, 160–161, 167, 172, 176, 178, 180–182, 184–190, 192–193, 197, 200, 203, 207
Jesus im Islam 659
Juden 81–83, 90, 93, 95, 110, 124
Juden und Vatikan 621
Judentum 598, 661, 666, 670
Jugend 333
Jugendbewegung 343, 559
Jugendverbände 569
Jünger 359, 380, 463
Jungfrauenweihe 540
Jungfräulichkeit 499, 501
Jurisdiktionsprimat 345
Justiz 321

Kampf 328
Kanada 353, 357, 363
Kandidat 321, 323, 329, 347–348
kanonistisch 6, 14, 23, 57, 66
Kanzel- und Altargemeinschaft, siehe Communicatio in sacris
Karfreitagsbitten 618, 626, 634
Karriere 415
Katechese 352, 381, 569
Katechismus 324, 461
Katechismusunterricht 330, 366
Kathedrale 320, 327, 332
Kathedralschule 320–322
Katholikos 41
katholisch 5, 23–24, 31, 33, 52–53, 58–64
Katholische Aktion 341–342, 352
Katholischer Volksverein 343
Katholizität 14, 24, 27, 30, 36, 41, 65, 345
Kerygmatisch 723, 738–739, 789
Keuschheit 347, 353, 495, 513, 526–527
Kind 336, 366, 382
Kinshasa 348
Kirche 319–321, 324–330, 334, 336–337, 339–341, 343–346, 349, 352, 354–356, 359–367, 373–376, 379–383, 413, 431, 444, 451, 461–463, 476, 701–702, 705, 708–716, 720–721, 723, 729–730, 732–734, 736–737, 746, 748, 750–760, 762–767, 774, 778–779, 783–785, 788–805, 807–819
–, altkatholische 76, 86, 98, 102, 127, 165, 177–178, 188, 191, 206
–, anglikanische 74, 76, 79, 84, 86–87, 98, 141, 155, 165, 178, 187, 191, 203, 206, 208, 215
–, der Reformation 80, 86–87, 97–98, 102, 112, 116, 118, 120–122, 127, 130, 139, 141–142, 149, 153, 156, 162, 165–166, 168, 178, 180, 184–185, 207–208, 212
–, des Ostblocks 368
–, empfangende 339
–, erneuerte 319
–, Erneuerung 319
–, evangelisierende 463
–, frühe 342, 460
–, getrennte 73–76, 82, 85–86, 89–91, 95, 97–102, 107, 109–110, 112, 114, 117, 119–120, 122, 124–125, 129, 131, 133, 138–140, 142, 150–152, 155, 157, 159–161, 165–166, 168, 170, 172, 176–184, 187, 189, 192, 197–200, 214
–, katholische 73–79, 97, 99–100, 102, 110, 112–115, 117, 119–120, 122, 124–126, 130, 149–150, 155, 160–163, 168, 177, 179, 188, 194, 197–200, 202, 204–206, 210, 212–214, 216, 328, 343, 368
–, katholische Ostkirche 73, 80, 83, 85, 94, 104, 132, 163–164, 166, 175, 205
–, lateinische 73, 333
–, lutherische 79, 141, 178, 183, 190–191, 207–208, 210–211, 213
–, missionarische 463
–, nichtkatholische, siehe Kirche, getrennte
–, orientalische 80, 83, 86, 94, 96, 100, 159, 163–164, 167, 171, 173–175, 177, 205, 368
–, orthodoxe 73–74, 76–78, 80–83, 86–87, 89, 93–94, 97–98, 100, 112, 116, 120, 126–127, 130, 141, 143–144, 149, 155, 159, 163–164, 166–178, 181, 185–186, 191, 205–206, 215
–, Ortskirche 330, 346, 454, 460
–, pilgernde 135–136, 154, 195, 205
–, presbyterianische 84, 178
–, protestantische 76, 92, 97–99, 125, 142, 152, 181, 187–190, 192, 197, 211
–, reformierte 178, 207–208
–, römisch(-katholische) 74–77, 84, 86, 89–90, 95, 98, 103, 106, 108–114, 119–120, 124, 126–128, 130–132, 134, 142, 159–162, 164, 170–171, 178–179, 184, 186–187, 192, 195–196, 199–200, 205, 208–210, 213, 215–216, 334, 345, 372
–, Sakrament 556

849

Register

–, sichtbar – unsichtbar 601
–, Universalkirche 328, 330, 352
–, vorkonziliare 378
–, votum ecclesiae 75
–, Weltkirche 352, 454
Kirche als Zeichen 577
Kirche und Synagoge 620
Kirchenferne 341
Kirchengemeinschaft 8, 24, 34, 59–60, 63, 66, 76, 161
Kirchengeschichte 329–330, 346, 435, 438
Kirchengliedschaft 90, 103, 122, 125
Kirchenkonstitution 21, 24, 28, 33, 40, 51, 58
Kirchenlehrer 365
Kirchenmitgliedschaft 613
Kirchenprovinz 322–323
Kirchenrecht 5, 14, 35, 45, 47–48, 51–52, 54, 73, 140, 330–331
Kirchlichkeit 360
Klausur 497, 499–502, 506, 521, 523, 531
Kleidung 332
–, geistliche 321–322
–, klerikale 321
Kleidung, religiöse 499, 501–502, 506, 531
Klerikalismus 344
Kleriker 320–321, 328–330, 333, 338, 341, 349, 377, 379, 381
–, verheiratete 321
Klerus 320–324, 327, 329–330, 332, 334–335, 339–343, 347, 349, 367, 372
–, Ausbildung 333
–, Klerustyp 324
Klosterbibliothek 558
Klugheit 329, 349, 363, 377
Knabenseminare 400
Koadjutor 277
Koadjutorbischof 288
–, Auxiliarbischof 276–278, 288
–, Koadjutor- und Auxiliarbischof 244, 276–278
–, Koadjutor- und Weihbischof 243, 246
–, Titularbischof 255, 278
–, Weihbischof 277
Koedukation 349, 573, 580
Kolleg 321–323
Kollegialität 18, 30, 37, 46, 288, 290
Kollegium 291, 323, 329
Kollektivismus 565
Kollektivschuld 626, 662
Kolonialismus 615, 617, 631
Kommission für die (katholischen) Ostkirchen 11, 13, 16, 20, 83, 85, 94
Kommunikation 345, 379, 459
Kommunikationsgeschehen 381, 383
Kommunikator 469
Kommunion 321
Kommunismus 340
Konfessionen 344

Konfessionsverschiedene/-verbindende Ehe, siehe Mischehe
Konflikt, der Interpretationen 467
Konfliktfelder 362
Konfuzianismus 616
Kongregation für die Ostkirchen 5, 10–11, 35
Kongregation für die Seminare und Universitäten 330, 332, 345–346, 348, 351, 354, 357, 369, 371
Kongregationen 497–498, 501, 506, 519, 522–523, 525
König 374, 412, 473
Konsens 121, 167
–, differenzierter Konsens 107, 148, 155, 192, 208
–, Grundkonsens 207–208
Konstantinische Wende 463
Konstitution 701–703, 705, 708, 710, 712, 716, 718, 721, 729–730, 736–738, 741, 746, 748, 750, 752, 754–755, 758–759, 762, 765–766, 768–769, 774, 777, 779, 781–782, 787–789, 793–795, 799, 801–805, 807–809, 812, 815, 819
Konstitutionen, siehe Satzungen
Kontemplation 498, 500, 507, 520–521, 531, 535, 547
Kontext 384, 392
Kontinuität 470
Konvent 320
Konversion 59, 90, 102, 131, 197
Konvikt 343
Konzentrationslager 625
Konzeption 481
Konzessionssystem 262
Konzil, panorthodoxes 54, 62
Konzilien 5, 7–9, 11, 24, 29, 37, 39–41, 43–44, 47–50, 54, 60, 64
Konzilsbeobachter 702, 712, 716, 728, 741
Konzilsväter 321–322, 362, 368, 370, 372–373, 380, 703, 705, 710, 715, 720–721, 723, 725, 727, 729–735, 740–745, 748, 751, 756–758, 760, 768–772, 777–778, 780, 782, 784–789, 791–792, 797–798, 800, 802–806
Kooperation 322, 366
Koordinierungskommission 504–506, 511
Kopten 6, 12, 16, 40
Koran 607, 660
Kraft 336, 338, 374, 379
Kranke 380
Krankenseelsorge 330
Kreativität 408, 413
Kreuz 337, 361, 380
Kreuzesopfer 336, 339
Kreuzzug 616
Krieg, Dreißigjähriger 324
Kriegsdienst 341
Krise 389

Sachverzeichnis

Kritik 326
Kult 336–337, 381, 755, 773
–, heidnischer 336
–, kirchlicher 337
–, öffentlicher 336, 374, 377, 379, 383
Kultdiener 469
Kultisch-sacerdotale Engführung 344, 364, 461
Kultur 330, 355, 363, 601, 608
–, katholisch-integrale 334
–, moderne 363
–, wahre und umfassende 334
Kulturbegriff 346
–, Leos XIII. 374
Kulturen, nichteuropäische 346
Kulturexamen 343
Kulturhoheit, des Staates 341
Kulturkampf 343–344
Kulturverständnis, integrales 382
Kultus 377–378
Künste 322
Kurie 6, 12, 35, 56, 244, 246, 255, 259, 264–266, 300, 328, 350

Laien 265, 273, 279–280, 282, 330, 338–339, 362, 366–367, 453, 506, 522–524, 526, 530, 533, 547
Laienapostolat 338, 409
Landeskirche, portugiesische 322
Lateinamerika 333, 341, 347, 350, 352
Lateinischer Ritus 8–10, 13, 16, 28, 31
Lateinkurs 345
Lateinschulen 320
Lateran 349
Laterankonzil
–, Drittes 320
–, Viertes 320
Lateranuniversität 349, 351
Latinisierung, Latinismus 8, 10, 12, 22, 33–35, 49, 65
Lazaristen 325
Leben 321, 324–325, 328, 332, 335–336, 338, 340, 342, 344, 349, 355–356, 360–362, 366, 376, 378–380, 382–383, 463
–, Christi 377
–, der Kirche 356, 380
–, des Seminars 360
–, geistliches 331, 356, 359–360, 365
–, höheres 338
–, inneres 349, 360
–, Jesu 336, 383
–, liturgisches 361
–, pastorales 328
–, sakramentales 360, 379
–, übernatürliches 338
Lebensaufgabe 335
Lebensbeispiel 354
Lebensform 475
–, der Armut 417

Lebensformen, kirchliche 334, 346
Lebensführung 321
Lebensgemeinschaft 379, 383
Lebenslehre 326
Lebenspraxis 461
Lebensregel 363
Lebensstand 321, 362
Lebensstil 360
Lebenswandel 321
Lebensweg 338
Lebensweise, apostolische 365
Lebenswelt 333
Lebenszeugnis 321
Legaten 264
–, Päpstliche Legaten 264
Lehramt 348, 357, 363, 431–432, 705, 709, 721, 726, 729–730, 732–733, 737, 743, 753, 755, 758–759, 762–765, 773–774, 791, 797–798, 803, 805, 809, 811–815, 817–819
Lehramt/Lehrautorität 201–202, 204, 210
Lehrbücher 331, 333, 346
Lehre 75, 77–78, 84, 91–92, 104–105, 118, 121–123, 132–133, 137, 142–150, 153–155, 158, 165, 170, 172–174, 177, 179, 181–182, 187–189, 191, 193, 197–198, 202–203, 205–208, 216, 319, 327, 329–330, 340, 363, 374, 435, 701, 703–705, 707, 709, 714–716, 718, 721, 724–726, 729, 736, 738–739, 742, 744, 747–749, 751, 755, 760, 762, 766, 769–771, 774, 784–785, 789, 794, 800, 803, 805, 809, 811–812, 814
–, christliche 461
–, Jesu 348
–, katholische 356
–, unveränderliche 346
Lehrer 319, 327, 331–332, 336, 346, 352, 359, 364, 377–378, 381, 403
Lehrerinnen/Lehrer 570, 572, 583
Lehrerlaubnis 350
Lehrkörper 330
Lehrmethoden 445
Leib Christi 338, 344, 365, 476
Leiden Jesu 336–337
Leitbild
–, Christus-Pastor bonus 367, 461
–, Christus-sacerdos 367
–, des Hirten 462
–, kulturelles 355
Leitung 75, 77, 118, 139, 201, 211, 325, 339, 460, 476, 496, 517, 528–530, 547
–, disziplinäre 363
Leitungsaufgaben 362
Lernprozess 5–6, 12, 15, 19, 22–23, 34, 36, 41, 44, 58, 64–66, 368
Lesung der Schrift 361
Leuenberger Kirchengemeinschaft 178, 208
Leuenberger Konkordie 141, 162, 208

Leumund 329
Liebe 326, 359, 361–363, 365, 379, 382, 572
Lima 323
Liturgie 73, 79, 91, 94, 132–133, 136, 155, 169–170, 172–173, 193, 326, 330, 336, 339, 346, 366, 377, 379, 438, 441, 568, 733, 762, 773, 778, 784, 790–792, 795–797, 800–804, 814, 817
Liturgiekonstitution 24, 30, 47, 54–55
Liturgiewissenschaft 357, 439, 478
Liturgische Bewegung 343
Loci (theologici) 184, 191
Logos 600
Logos spermatikos 601
Logostheologie 601
Lokalkirche, siehe Ortskirche (und Universalkirche)
Louvain 348
Luçon 323
Lumen gentium 319, 340, 368, 378, 460, 463
Lutherische Kirchen, siehe Kirche, lutherische
Lutherischer Weltbund 86, 98

Machbarkeit 477
Macht 374, 395, 404, 476
Magie 478
Magister 320, 329
Magisterium 327, 349–350
Mailand 322, 350–351, 462
Malabaren 8, 13, 16, 28, 45, 52
Malankaren 6, 13, 16
Marginalisierung 343
Maria im Islam 659
Marienverehrung 361
Maroniten, maronitisch 6–8, 13, 16, 19, 21, 28, 42, 49, 52, 57
Märtyrer, siehe Zeugnis
Martyria 479
Martyrium 405, 468
Materialismus 352
Materie 462
Mathematik 330, 332, 343
Mecheln 462
Mediator Dei 335, 336, 337–338
Medien 366, 555, 565, 582
Meditation 331–332, 379
Melkiten, melkitisch 6, 8–9, 11–13, 15–22, 25–26, 28, 30, 32, 34, 36, 39, 41–46, 49–51, 55–56, 58–59, 62, 64
Mendikanten 498, 511, 519, 522–523, 527
Mensch 324–326, 333–339, 341, 353, 356, 361, 363, 365–366, 374, 376–377, 379–383, 461, 463
–, innerer 365
Menschenrechte 328, 570, 664
Menschheit 334–335
–, Jesu 324
–, vergöttlichte 324

Menschheit-Kirche 649
Menschheitsgeschichte 597
Menschsein 651
Menschwerdung 601, 605
Menti nostrae 334–335, 338, 351, 353, 358
Messe 321, 331
Messias 336
Messopfer 325, 339
Methode 325, 331, 348, 355–357
–, der Theologie 357
–, exegetische 434
–, historisch-kritisch 327
–, scholastische 347
Metropolit 322
Metropolitankirche 320, 332
Metropolitanschule 320–322
Mexico 323
Ministerium 340, 378
Mischehe 12, 20, 25, 51–53, 62, 90–91, 142, 201–202, 208
Missale 361
Mission 101, 109, 120, 146–147, 175, 181, 213, 325, 341, 367, 507, 516–517, 533, 537, 558, 563, 615
Mission de France 341
Mission de Paris 341
Missionare 463
Missionen 333, 357, 366
Missionsbischof 368
Missionsdekret 109, 147
Missionstätigkeit 333
Missstand 320, 322, 331, 358
Mittel (des Heils) 119–120, 124, 126–128, 130, 153, 160, 179–180, 186, 198, 200
Mittelalter 320
Mittler 324, 339
–, zwischen Gott und Mensch 335
Mittlergestalt 339
Mittlerschaft 335
Mittlertätigkeit 324
Mitverantwortung 330
Moderne 328, 333, 340, 463, 585
Modernisierung 325, 386
Modernismus 328
Monastischer interreligiöser Dialog 674
Mönchengladbach 343
Mönchsklöster 320
Mönchtum 498, 511, 519–523
Monogenismus 742
Morgengebet 331
munus 245, 250, 261, 267–271, 280–281, 291, 296, 298, 301, 374, 460
–, munera 236, 250, 266, 268–270, 298–299
Muslime, siehe Islam
Mutterkirche 18, 31
Muttersprache 346
Mysterien 379, 383

Sachverzeichnis

Mysterium Christi 425–427
Mystici corporis 235, 238, 248, 613
Mystik 324
Mythos 655

Nachfolge 362, 513–514, 516, 519, 522, 529–530, 539, 544
Nächstenliebe 520, 522, 530
Narrativität 448, 481
Nationalsozialismus 344–345, 619, 621–622
Nationalstaat 333–334, 343
Natur 334, 336, 339–340, 352, 361, 363, 461
Natur-Gnade 566, 606, 612, 616, 630, 665
Naturalismus 358, 361, 703
Naturgeschichte 330
Naturgesetz 334
Naturwissenschaft 332–333
Neuer Bund 324, 344
Neues Testament 365, 463
Neuscholastik 334, 706–707, 709, 715, 725, 800, 807
Nicht-Glaubende 362, 383
Nichts 325
Nichtung 325
Niederlande 348, 353, 462
Nonnen 362, 497, 500, 511, 518, 521, 531, 537
Nordamerika 333, 347, 353
Norm 712–713, 715, 721, 723, 757–758, 762, 764, 766, 769, 771, 790, 793–794, 809, 811–814, 816, 819
Nostra aetate 65
Not 340, 352, 366, 382
Notlage 382
Notlösungen 465
Noviziat 516, 532
Novo millenio ineunte 670

Ober-Hirte 460
Obere 421, 458
Offenbarung 356, 435
Offenbarung (natürliche) 611
Offenbarung Gottes 701–713, 716, 718–734, 736–754, 757, 759–761, 764–768, 770–773, 775–780, 782–785, 793–794, 799–802, 804–812, 816, 818
Offenbarungsquellen 356
Offenbarungsschriften 481
Offenheit 351
Officiorum omnium 331
Offiz 361, 380
Ohnmacht Gottes 673
Ökonom 329
Ökumene 441, 580
Ökumene des Lebens 12, 18, 84, 88, 176, 192, 212, 214, 216
Ökumenische Bewegung 10, 12, 23, 25, 30, 45, 58, 75, 77–79, 81, 88, 90, 94, 98–102, 104–105, 107–113, 116, 120, 122–123, 128, 130, 132, 134–135, 137, 140, 147, 157, 164, 172, 174–179, 181, 184–185, 193–195, 197–198, 202, 208, 211, 213–214, 713
Ökumenischer Prozess für Frieden, Gerechtigkeit und Bewahrung der Schöpfung 159
Ökumenisches Direktorium 101, 105, 134, 140, 142, 179, 185, 202, 206
Ökumenisches Gespräch 711–712, 715–716, 748, 755, 758, 790, 796–797, 813
Ökumenismusdekret 11–12, 17, 28, 34, 57–59, 64–65
Ölbaum (fruchtbarer) 662
Ontodynamik 475
Ontologie 475
Opfer 324–325, 335–339, 344, 351, 353, 374, 377–378, 383, 397, 461–462
–, alttestamentliches 336
–, eucharistisches 361, 379
–, Jesu Christi 337, 383
Opfergabe 325, 337
Opferhandlung 337
Opferritus 337
Opferweise 337
Orden 320, 334, 451
–, Dritte 352
Ordensfrauen 382
Ordensgemeinschaft 331
Ordensklerus 349, 357
Ordenskommission 495, 501–506, 508, 511–512, 519, 524, 534
Ordensleute 283–285, 320, 343, 350–351
Ordensmänner 382
Ordensobere 346
Ordenspriester 324, 334, 375
Ordination 320–321, 372, 461
Ordnung 603
Ordo 320–321, 337, 339, 359
Ordodekret 324–325, 461
orientalisch 8–10, 12, 17, 24–25, 33, 36–37, 39–41, 46–47, 49–50, 55–56, 58–59, 65–66
Orientalisch-Orthodoxe Kirchen 6
Orientalische Kirchen 8, 10, 16–18, 26–32, 36, 39–41, 44, 50, 53, 64
–, siehe auch Kirchen, orientalische
Orientalistik 618
ÖRK, siehe Weltrat der Kirchen
Orthodox 713–715, 759, 797, 812
Orthodoxe Kirchen 5–6, 10, 12, 14, 18–20, 22–26, 31–32, 34, 40–42, 46, 52–54, 57–62, 64–65
–, siehe auch Kirche, orthodoxe
Orthodoxie 349
Orthodoxie/Orthopraxis 74, 76, 79, 83, 85, 87, 89, 98, 102, 157–158, 164, 166, 202, 215
Ortskirche (und Universalkirche) 17, 23, 29–30, 47, 65, 97, 125, 161, 163, 167–169, 203, 209–210, 213–215

853

Register

Ostblock 348, 368
Österreich 324–326, 332, 345, 347
Ostkirche, siehe Kirchen, orthodoxe
Ozeanien 347

Pacem in terris 612
Pädagoge 323
Pädagogik 355, 360, 420, 454, 558, 573
Paideia 558
Palermo 353
Papst 5, 14–15, 18, 20, 27, 30–32, 37–41, 44, 60, 323, 327, 330–331, 335, 340, 345, 348–350, 354, 357–358, 360, 362, 365, 370, 372–374, 380
Papstamt 603
Päpstliche Bibelkommission 331
Päpstliches Bibelinstitut 331
Paris 341, 350–351
Parlament der Weltreligionen 628
Partikularkirchen, siehe Teilkirchen
Partizipation 330
Parusie 744–745
Pascha 336
Passau 332, 462
Passion 344
Passivität 339
Pastor 460
–, *aeternus* 233–234
–, bonus 461–462
–, Ecclesiae 461
Pastoral 367, 425, 428, 437, 450, 465, 478, 702, 720, 722, 724–726, 736, 738–739, 759, 790–791, 798, 800–802, 805, 807, 812
–, Leistungspastoral 456
Pastoralbegriff 447, 450, 479
Pastoralbriefe 365
Pastorale munus 244, 262
Pastoralkonstitution 76, 159
Pastoraltheologie 448
Paternae providaeque 358
Patriarchat, patriarchalische Struktur 7–9, 12, 15, 19–20, 22, 24, 28, 34, 36–46, 51
Patriarchen 7–15, 22, 36–45, 52–54, 66
Patriarchen/Patriarchat 83, 86, 94, 163–164, 167, 204–205
Patronatsrecht 330
Periti, siehe Berater
Person 321, 324, 337, 367
Personenwürde 567
Perugia 327
Petrusamt/Primat/Papst(tum) 8, 90, 105, 118, 123, 127, 160, 164, 167, 170, 186, 199, 204–205, 213, 215
Pfarrei 329, 342, 360, 365
Pfarrer 320–321, 323, 328–329, 342, 349, 362, 364, 366–367, 462
Pflicht 321, 327, 382
Pfründe 320, 322

Philosophia perennis 327, 373
Philosophie 327, 330–331, 334, 348–350, 355, 425, 428, 602
–, scholastische 327, 347
Philosophiestudium 355, 428
Pius-Päpste 332, 335, 338, 346, 378
Piusbruderschaft 599
Pluralisierung 333
Pluralismus 556, 580
Pluralismus (Schulen) 570
Pluralismus der Religionen 608, 610, 648, 651
Pluralität 351, 356, 429, 481
Pneumatologie 650
Pogrom 620, 626
Polen 353
Polygenismus 742
Pontifikale 361
Pontifikat 331, 335, 338
Positivismus 565
Potestas
–, priesterliche 339
–, sacramentalis 461
Praeambula fidei 611
Praktisches Christentum 157
Praxis 354–355, 362, 366, 381, 383, 461
–, gegenreformatorische 324
Predigt 319–320, 322, 352, 365, 381, 755, 761, 764, 793, 798, 801
–, reformatorische 320
Presbyter 321, 325, 358, 362, 368, 373–374, 376, 378, 380–383, 460–462, 469
–, neue Konzeption 367
Presbyterat 320
–, Zulassung 321
Presbyterianer, siehe Kirche, presbyterianische
Presbyterium 362
Presbyterorum ordinis 460
Preußen 343
Priester 319–321, 324–325, 327–329, 332, 335–345, 349, 352, 354–355, 359–360, 364, 366–367, 374–375, 377–380, 403, 458, 461–462, 473, 501–502, 507, 519, 523–524, 530, 533–534
–, alter Christus 338, 378
–, Ausbildung 319
–, der Völker 383
–, gewandelte Rolle 367
–, Jesus 374
–, Krise 319
–, Neupriester 457
Priesternachwuchs 341
Priesteramt 337, 344
–, Christi 336
Priesteramtskandidat 323, 341–343, 345–346, 348, 350, 353, 356, 358–361, 363, 365–366, 380–381
Priesterausbildung 324–328, 330–335, 340–341,

Sachverzeichnis

343–346, 348–350, 354, 357–358, 364, 369–370, 375, 382
–, französische 324
–, vorkonziliar 382
Priesterausbildungsstätte 322, 324, 343, 345
Priesterberufe 352
Priesterbild 319, 325, 334–335, 338–340, 346, 354, 358, 362, 364–365, 374–376
–, christozentrisches 360
–, des Hirten 463
–, kultisch-sacerdotales 339, 360, 377–378, 382, 463
–, pianisches 359, 364, 376, 380
–, von Trient 382–383
Priesterdekret 392
Priesterideal 324
Priesterleben 335
Priestermangel 409
Priesternachwuchs 332, 348, 394
Priesterprofil 467
Priesterseminare 328, 331, 333, 345–346, 354, 373, 403
Priestertum 321, 325, 335–336, 339, 344, 357–358, 374–375, 392, 462
–, allgemeines 343
–, alttestamentliches 336, 344, 383
–, christozentrische Konzeption 376
–, gemeinsames 339, 344, 358
–, heidnisches 344
–, Jesu Christi 358, 374
–, kultisches 325
–, neutestamentliches 336
–, sichtbares 325
–, Theologie 335
Priestertum der Gläubigen 90–91
Priesterweihe 343, 349, 360, 367, 375, 461–462
Primat 9, 14, 27, 30–31, 37, 40, 43, 65
Privileg 320–321, 329, 331
Professoren 406, 458
Propaganda-Kongregation 537
Prophet 374, 473
Prophetentum 617
Proselytismus, Proselytenmacherei 25, 33–34, 49, 60, 64–65, 131, 176, 179, 209
Protestantische Kirchen, siehe Kirchen, protestantische
Protestantismus 165, 182–184
Providentissimus Deus 327
Provinzialkonzil 323
Prüfung 320–321
Psychologie 355, 360, 399, 401, 408, 420, 454

Quanto conficiamur moerore 612
Quelle 703, 708, 710, 714, 718–719, 721, 723–724, 726, 729, 733, 751, 757, 760, 763, 811
Quo uberiore 331

Rassenhass 625
Rassismus 664
Räte 361–362, 379
ratio 480
–, Fundamentalis 471
–, Nationalis 471
Ratio studiorum 347, 357, 381
Rationalismus 703, 705, 768, 785
Ratschluss, göttlicher 337
Realinspiration 707–708
Recht 321, 328–330, 334, 338, 347, 349, 461
–, Kanonisches 328
Rechtstradition 328
Reform 74, 76, 97, 100, 108, 129, 135–137, 197–199, 215, 327–328, 332, 382, 462
–, päpstliche 326–327, 335, 340
–, pianische 333
Reformansätze 319
Reformation 80, 86, 97, 100–102, 110, 112, 130, 133, 135, 141–142, 164, 178, 182, 188, 190–192, 216
Reformatoren 320
Reformbemühung 328
Reformbestimmungen 319–320
Reformbischof 322
Reformdebatte 320
Reformdekret 328, 330, 332, 461
Reformierter Weltbund 86, 208
Reformplan 328
Reglementierung 331
Regularkleriker 495
Reifungsprozess 361
Rektor 329
Relatio 716, 718, 723, 725, 729, 731–732, 734, 737, 741, 743–745, 750, 755–756, 759–761, 777, 786, 791
Relevanz, pastorale 393
Religion 325, 330, 335–337, 356
–, alttestamentliche 344
Religionen 442, 444
Religionsbegriff 648, 651
Religionsdialog 600, 606
Religionsfreiheit 581
Religionsgeschichte 654
Religionskrieg 324, 607–608
Religionskritik 657
Religionspädagogik 557
Religionsphilosophie 627
Religionsunterricht 330
Religionswissenschaft 627
Religiosen 353, 355
Religiosengemeinschaft 351
Religiosenkongregation 351, 512, 516, 518, 521, 534, 537, 543
Religiosität 333
Repräsentatio Christi 474
Repression 343, 345

855

Rerum novarum 327
Reservationssystem 262
Residenzpflicht 320
Resignation 478
Revolution, französische 558
Revolution, industrielle 558
Rezeption 77, 100, 107, 115, 176, 193, 198, 201–202, 207–208, 210, 212, 214, 216
Ringparabel 628
Riten (liturgische) 7, 14, 27–29, 32–33, 36, 43, 48, 55, 57, 59
Riten (Teilkirchen) 22, 27–31, 33, 49, 55
Ritenstreit 615
Rituale 361
Ritualmordlegende 620
Ritus 322, 345, 375
Rituswechsel 13, 20, 25, 27, 34
Rom 330–331, 334, 346, 351, 354, 369
römisch-katholisch 5, 25, 47–49, 52, 59–61
Römische Schule 705, 710
Römischer Pontifex, siehe Papst
Rosenkranz 332
Rückkehr(-Ökumene) 9, 51, 57, 76–77, 89, 93, 98, 108, 111, 130, 152, 195, 199, 204
Ruf, göttlicher 328
Ruhm 336

Sacerdos 383, 469
Sacerdotii nostri primordia 338
Sacerdotium hierarchicum et ministeriale 358
Sacramentum ordinis 320, 339, 461
Sacrorum Antistitum 328
Saint-Sulpice 329, 350
Sakramente 15, 28, 46–52, 57, 60–62, 75, 92, 96, 116–118, 123–128, 131–132, 140, 151, 153, 155–156, 162, 166, 169–171, 179–180, 185–191, 205–207, 321, 324, 326, 336–337, 339, 342, 364, 366, 377, 381, 427, 461–462, 473, 477, 604
–, Firmung 320
–, Ordo 359, 461
Sakramentalität 389, 405, 412, 460, 470, 476, 741, 752, 792
Sakramentenspendung 322, 342, 364, 366, 461
Sakramententheologie, mittelalterliche 339
Sakramentenverwaltung 381
Sakristei 327
Säkularinstitute 500, 502, 504, 507, 511, 514, 519, 524–526, 534, 537, 545–547
Säkularisation 495, 558
Säkularisierung 374
Salamanca 323
Salesianum 351, 362, 369
Sammlung 480
Sanftmut 363
Satis cognitum 233, 252, 260

Satzungen 500, 502, 514–515, 517, 519, 523, 528, 531, 537
Schema 702, 716–734, 736–738, 743–744, 746–747, 750–751, 756–757, 760–761, 764, 767–768, 771, 777, 780, 782, 788, 790–791, 793, 797, 804–805
Schisma, nachkonziliares 599
Schoa 621, 626, 672
Scholaren 320
Scholastik 327, 349
Scholastisch 705, 726, 747
Schöpfung 601–602, 706, 720, 740, 742, 749
Schrift 702, 705, 707–712, 714–724, 726, 728–734, 736–738, 743, 746, 750–752, 754–776, 778–785, 789–804, 807–819
Schrift und Tradition 358
Schriftauslegung 319–320, 349
Schriftstudium 433
Schriftsuffizienz 711, 716–719, 721, 731–732, 734, 751, 767, 770, 776, 814
Schulaufsicht 571
Schuld 97, 109, 121, 138–139, 165, 167, 178, 197, 349
–, Schuldbekenntnis 94, 101, 121, 138
Schuld der Kirche 625, 641, 660
Schule 321, 331, 342, 348–349, 369, 569
–, katholische 350, 569, 571, 582
–, nicht-katholische 352
–, theologische 325
Schulmonopol 570
Schulorden 507, 523–524
Schulung
–, geistliche 422
–, pastorale 422
Schwarze Woche 103, 126, 128, 133, 136, 174, 182, 197
Schwarzer Donnerstag, siehe Schwarze Woche
Schweigen 366
Schweiz 353
Schwesterkirche 18, 32, 52–53, 167–168, 182, 205
Sedes sapientiae 334, 351
Seele 326, 338, 342, 349, 360–361, 365, 377–378, 381, 462
Seelenführung 382
Seelisberger Thesen 625–626
Seelsorge 320–321, 326, 339–340, 342, 349, 360
Seelsorger 320, 325–327, 365
Seelsorgsarbeit 462
Sekretariat zur Förderung der Einheit, siehe Einheitssekretariat
Sekundarschulen 332
Selbstüberlieferung Jesu 710, 715
Selbstverleugnung 363, 380
Seminar 319–324, 326, 328–331, 333, 342–343, 347–349, 352, 354–356, 358–362, 364, 367–368, 372–374, 376–377, 379, 381, 407, 409, 420

Sachverzeichnis

–, Ausschluss 329
–, diözesanes 327
–, Errichtung 323, 330
–, Generalseminar 326
–, großes 329–332, 341, 347–348, 359, 377–378
–, interdiözesanes 329, 349, 359
–, kleines 329–334, 341, 345, 347–348, 354–355, 359, 361, 365, 368, 372
–, Leitung 328–329, 347, 359
–, orientalisches 358
–, regionales 328–329, 347, 359
–, Spätberufene 359
–, Verwaltung 329
–, Zulassung 329
Seminarausbildung 323, 331–332, 340, 377, 381
Seminardekret 321
Seminarist 321–323, 327–329, 331–332, 342, 360
Seminarleben 379
Seminarobere 406
Seminarordnung 327, 329, 376
Seminarprofessor 328, 348
Seminarrat 329
Seminarreform 333
Sendung 325, 360, 380, 382, 460, 480, 523, 529, 538, 541, 543, 545
–, amtliche 335
–, des Volkes Gottes 340
–, Jesu Christi 344, 374, 378
–, kirchliche 326
–, pastorale 377
–, priesterliche 326, 339, 342
Sendung der Kirche 658
Sensus fidelium 709, 721, 730, 765, 814
Septuaginta 795–796
Sexualerziehung 567
Sexualität 499–500, 526
Shintoismus 633
Siena 323
Sitten 321, 326, 349, 377
–, böse 326
–, gute 329
Sittenverfall 338
Societas perfecta 76
Sola scriptura 712, 721, 734, 760, 762, 812–813
Solidarisierung 391
Solidarität 466
Sorge 325, 342, 360–362
–, göttliche 336
–, pastorale 381
Soteriologie 383
Sozialethik 327
Sozialforschung 341
Soziallehre 334, 355
Sozialwissenschaften 355

Soziologie 399, 453
Spanien 323–324, 348, 351
Spätberufene 353, 359, 401
Spender (eines Sakraments) 47–49, 57, 60–62
Spezialisierungen 449
Spiritual 360
Spiritualität 339, 380, 411, 507, 515–518, 520, 522–523, 525, 533–534, 538, 541
Sprache 345, 347
–, biblische 356
–, griechische 330
–, Landessprache 330, 346
–, lateinische 321, 330–331, 345–346, 349–350, 354–355, 424
–, Muttersprache 330
–, unveränderliche 345–346
Staat 325, 341, 343, 568
Stadtgemeinden 460
Stand 320, 326, 332, 382, 497–498, 500, 503–504, 511–512, 525, 539
–, geistlicher 329
–, klerikaler 329
Stellvertreter Christi 349, 380
Sterben 383
Sterbendenseelsorge 330
Stiftungsrecht 330
Struktur, hierarchische 413
Studentenseelsorger 362
Studien 328
Studiengänge 347
Studienordnung 348–349, 354–355
Studienplan 328
Studienreform 324–325, 347, 462
Studiorum ducem 331
Studium 321, 327, 330–332, 347–350, 354–356, 360, 365, 381, 428
Subdiakonat 321
Substitutionstheorie 619, 622
Südafrika 357
Sulpizianer 324
Summi Dei Verbum 319, 370
Sünden 338, 344, 461, 601
Sündenbock 620
Sünder 379, 411
Supranaturalistisch 707, 721–722, 725, 730, 766, 771
Syllabus 330
Synodalität 214–215
Synode 11–12, 26, 32, 37, 39–41, 44, 46, 50–51, 53–54, 66, 287, 322–323, 333, 375
–, Gemeinsame Synode 472
Syrer 6, 9, 12–13, 16, 28, 42, 55, 65

Tagesablauf 331–332
Talente 361
Tapferkeit 363
Taufe 75, 89, 92, 97, 117, 119, 121–122, 125–126,

857

141, 155, 162, 179–180, 185–187, 210, 337, 476, 520, 540–543, 567, 605
–, votum baptismi 75
Teilkirchen 14, 19–20, 22, 24–25, 27–32, 34, 50–51, 53–55
Tempel 336
Theodizee 652
Theologe 320, 352, 368
–, mittelalterliche 339
Theologenausbildung 332
Theologenkonvikt 330
Theologie 76, 86, 88, 92, 100, 107, 109–110, 116, 123, 132–133, 136–137, 140, 142–148, 153–154, 158, 162, 164, 169, 173–175, 180–181, 190, 194, 197–198, 201, 204, 208–209, 215–216, 325, 327, 331–333, 348–350, 355–357, 373–374, 436, 464, 466, 480, 575–576
–, biblische 435
–, des Priestertums 335
–, dogmatische 329–330, 332, 343–344, 346–347, 357, 435
–, Fundamentaltheologie 346
–, Moraltheologie 329–330, 332, 346, 438
–, Pastoraltheologie 325–326, 330, 343, 348, 356, 366–367, 439, 451, 462
–, praktische 367
–, Rechtfertigungstheologie 478
–, Religionstheologie 444
–, Sakramententheologie 474
–, scholastische 327
Theologie (politische) 676
Theologie der Religionen 608, 631, 671, 673
Theologie des geweihten Lebens 495, 497, 500–502, 504, 507, 509, 520, 528, 536, 538, 540–542
Theologie Israels 637, 662
Theologiestudium 423–424, 430
Theologische Kommission 230–232, 235, 243, 495, 502
Thomismus 349
Tod 325, 344, 361
Todesopfer 344
Toleranz 607, 617
Tonsur 320–322, 329
Toscana 323
Tradierungskrise des Glaubens 555
Traditio instrumentorum 462
Tradition 6, 10, 12, 20, 24, 26–28, 30, 35, 44, 50–51, 53, 55, 59, 329, 339, 345, 351, 358, 384, 448, 461, 702, 705, 708–711, 713–719, 721, 726, 728–730, 732–734, 748, 751, 754–765, 774, 781, 790, 793, 795–796, 799–800, 807, 809, 812–814, 818
–, kulturelle 333
–, nationale 333
–, philosophische 327
–, theologische 327
Traditionalismus 703

Traditionsbegriff 709–711, 713–714, 716, 720, 725, 729, 732, 755–757, 759
Traditionskritik 716, 754–755, 757–758, 774, 809
Transformation 327
Transformationsprozess 373
Trennung von Kirche und Staat 330, 341
Tridentinum 87, 91, 95, 234, 261, 319–320, 322–330, 332–333, 337, 339, 358, 370, 382–384, 461–462, 495
Trienter Seminarreform 382
Trost 338
Tübinger Schule, Katholische 706, 710, 714, 756
Tugend 329, 338, 347, 379
–, menschliche 361
–, natürliche 377
–, theologische 361, 379

Überforderung 405
Überlastung 452
Überlieferung 326, 701, 703–705, 708–712, 714–716, 718, 723–724, 729–730, 732, 736, 738, 745, 749–751, 753–767, 774, 784–785, 788–789, 793, 796–800, 803, 809, 811–813, 815, 817
–, siehe auch Tradition
Übernatürlichkeit 703–706, 708, 720–721, 733, 739, 748, 750, 776, 807–808
Übungen 364, 366
–, der Frömmigkeit 379
–, geistliche 323, 361
–, praktische 330
Ultramontanismus 496
Umgangsformen 361
Umkehr 12, 18, 24, 61
–, siehe auch Bekehrung
Una-sancta-Bewegung 79, 212
UNESCO 562
Unfehlbarkeit 9, 348
Ungläubige 366, 379, 381, 614, 648
Uniatismus 12–13, 19, 64–65, 205
Unierte 5–6, 8–11, 17, 21, 23, 36, 39, 42, 46, 58, 64
Unierte Kirchen, siehe Kirche, katholische Ostkirche
Union, siehe Einheit
Unionskonzil 74–75, 89, 174
Universität 320–321, 329, 333, 346–349, 355, 369, 480, 575
–, katholische 324, 349, 575, 584
Universitätsausbildung 324
Universitätskollegien 322–323
Universitätspfarrei 576
Unterhalt 322, 330
Unterweisung 333
–, geistliche 380

Sachverzeichnis

Unveränderlichkeit 346, 348
Upanishaden 642, 655
Urbanisation 342
Urteilskraft 361
Urtext 795–796
USA 323–324, 331, 333, 347, 350–351

Vatikanum I 75–76, 87, 89, 115, 216, 229, 232–236, 241–242, 248–249, 252, 260, 285, 294–295, 297, 319, 326, 335, 340, 354, 364, 373–374, 382, 496–497
Vatikanum II 75–76, 78, 104, 136–137, 142, 154–155, 159–160, 172, 176, 191, 195, 202, 204, 212, 216, 319, 324, 326, 335, 340–341, 345–346, 348, 368, 373, 383, 461, 463
Veden 655
Venedig 322
Verantwortlichkeit, pastorale 364
Verantwortung 322, 326–327, 334, 351, 364, 367
Verbalinspiration 707, 717, 722, 726, 752, 768, 772, 810
Verbände 454
Verbandskatholizismus 343
Verehrung 325, 335, 337, 361
Vergebungsbitten (2000) 668, 674
Verheißung 619, 745, 751, 774, 777–778, 782–783, 790
–, biblisch-messianische 462
Verherrlichung 383
Verkündigung 269–270, 339, 366, 383, 460
Vernunft 334, 355, 425, 602–604, 608, 703–705, 721, 749
–, natürliche 334, 612
Vernunftwahrheit 703
Verona 351, 364, 369
Vertikalismus 374
Vertrauen 459
Verwaltungsarbeit 364
Vesper 331
Veterum sapientia 331, 345–346, 358, 382
Vikar 342
Vision 334, 341
Visitation 359
–, apostolische 328
Volk 321, 324, 336, 344–345, 380, 460, 462
–, auserwähltes 336
–, christliches 349, 365
–, jüdisches 336
–, priesterliches 375
Volk Gottes 338–340, 344, 432, 451–452, 454, 460, 463, 475, 480, 743, 755, 762, 765, 777–779, 782, 795, 804, 808, 810
–, messianisches 463
–, priesterliches 340
Volk Gottes (-Theologie) 106, 110, 112, 115, 118, 136, 141, 145, 149, 161, 176, 178, 201–202
Völkerapostel 338

Vollkommenheit 497–498, 500, 511–513, 525, 540
Vollmacht 320–322, 338–339, 374, 382–383
–, der Bischöfe 347, 349
–, jurisdiktionelle 461
–, priesterliche 337, 339
–, sakramentale 461
–, zur Sakramentenspendung 461
Vorbild 338, 377, 404–405
Vorlesung 320, 330–331, 356
Vorsehung 605–606
Votum 348
Vulgata 348, 795–797

Wahrheit 336–337, 348, 363, 377, 461, 601, 608, 628, 657, 703–705, 708–710, 718–725, 731–734, 737, 739, 741, 744–747, 749, 751–754, 757–762, 766–773, 775–776, 778, 784–786, 788–790, 799, 807–810, 813
Wahrheit (prima veritas) 603
Wahrheitsanspruch 444
Wahrheitszeugnis 443
Wahrnehmen 481
Warschau 357
Weihe 321, 323, 360, 378–381, 383, 462, 507, 520, 531, 538, 540–542
–, niedere 321
–, Zulassung 323, 329
Weiheamt 468
Weihecharakter 378
Weihehandlung 462
Weihekandidat 323, 460
Weiheliturgie 462
Weihesakrament, siehe Amt
Weihestufen, niedere 321
Weisheit, menschliche 363
Weissagungen 704
Weisungsbefugnis 329
Weiterbildung 367
–, siehe auch Formation
Weiterstudium 449
Welt 325, 327–328, 333, 337, 339, 341, 349, 361, 363
–, akademische 325
–, christliche 463
–, moderne 327, 463
Weltbezogenheit 420
Weltfriedenstag 674
Weltgebetsoktav 73, 78, 140
Weltgebetstag der Frauen 78, 140
Welthaftigkeit 500, 502, 505, 507, 509, 516, 520, 523, 525–526, 531–532, 538–541, 545–546
Weltkirche 295
Weltklerus 343
Weltkrieg 332, 341–342
–, erster 341, 343, 345
–, zweiter 335, 340, 342, 344

859

Weltparlament der Religionen (1893) 607
Weltpriester 353
Weltrat der Kirchen 74, 78, 80, 84–86, 93, 98, 100, 108, 110–114, 117, 123, 139, 141, 147, 155, 157, 163–164, 179–180, 195–196, 201, 208, 210
Werke der Caritas 382
Wesen, des Priestertums 417
Widerstand 343, 346
Wiederherstellung der Einheit 89, 108, 110–111, 134–135, 197, 199–200
Wien 322, 336
Wille 322, 336, 357, 362, 377
Wirklichkeit 334, 355, 357
Wissenschaft 334, 349, 363, 575
–, positive 356
Wissenschaftlichkeit 426
Wissenschaftsorganisation 333
Wissensstand 321
Wohlstand 326
Wort Gottes 90–93, 133, 137, 141, 182, 199, 357, 377, 379, 612, 701, 705, 710–711, 714–715, 720, 722–724, 726, 728–729, 736–737, 740–745, 751, 756, 758–760, 762–765, 767, 771–772, 774–776, 778, 782–784, 790–794, 796–797, 799–805, 807, 810–815, 817–819
Wort und Tat 443
Wunder 348, 704, 745
Würde des Menschen 603

Württemberg 343
Wüste 457

Yoga 655

Zaire/Kongo 348
Zeichen 704, 720, 741, 744–745, 748, 788, 795
–, der Zeit 436, 466
–, des Heils 466
Zeichen der Zeit 92, 94, 104–105, 107, 116, 119, 128, 157, 515–516, 545
Zen-Buddhismus 631
Zentralisierung 330
Zentralismus, zentralistisch 19–20, 29, 38
Zentralkommission 502–503, 505
Zeremonie 322, 461
Zeugnis 713, 721, 742, 751, 756, 760–761, 767, 779–780, 783–785, 788–789, 800, 802, 807, 809, 811, 813–814, 816
Zeugnis (gemeinsames) 96–97, 101, 103, 112, 121, 133, 147, 156–157, 170, 172, 191, 209, 213
Ziel des Menschen 604
Zionismus 642
Zölibat 47, 51, 338, 361, 372, 415, 468
Zölibatsgesetz 416, 467
Zulassungsbedingungen 397, 464
Zuverlässigkeit 361
Zwangsarbeiter 342
Zwei-Schwerter-Lehre 559